Günter Richter

Lehrbuch der Diätküche

Günter Richter

Lehrbuch der Diätküche

Umfassendes Basiswissen und Zusammenhänge der Diätetik in der Küchenpraxis

Unter Mitarbeit von

Eva-Maria Gotz, Dipl.-Diätassistentin
Gastronomische Akademie
Neuötting-Alzgern (GAST)

Detlev Richter, Küchenmeister und
Diätetisch geschulter Koch DGE
Grünau-Hotel, Berlin

MATTHAES VERLAG GMBH

Vorwort

Der in den letzten Jahren erreichte Wissensstand macht es möglich, die Ernährung des gesunden und des kranken Menschen den jeweiligen Erfordernissen besser als bisher anzupassen. Durch eine geeignete Kost, die diese Erkenntnisse berücksichtigt, kann dem Auftreten von ernährungsbedingten Krankheiten wesentlich besser als bisher vorgebeugt werden. Auch bei der diätetischen Behandlung einer Vielzahl von Erkrankungen kann die Ernährung weiter optimiert werden, wodurch das Auftreten von ernährungsbedingten Ausfallserscheinungen minimiert und ein wichtiger Beitrag zur Wiederherstellung der Gesundheit geleistet werden kann.

Trotz dieser Möglichkeiten einer gesünderen und auf die jeweiligen Bedürfnisse besser abgestimmten Ernährung und einer zunehmenden Intensität bei der Ernährungsberatung nehmen vermeidbare ernährungsbedingte Erkrankungen infolge einer Fehlernährung zu. Eine gewisse Verunsicherung in Ernährungsfragen ist gleichzeitig durch die stürmische Entwicklung von neuen Produkten der Lebensmittelindustrie bedingt, wobei eine kritische Beurteilung dieser Produkte durch das oft nicht vorhandene Grundwissen in vielen Fällen nicht erfolgen kann. Das Ergebnis ist entweder kritiklose Übernahme aller beworbenen Erzeugnisse oder die pauschale Ablehnung aller neuen Produkte und Erkenntnisse, wodurch die erreichten Fortschritte nicht genutzt werden.

Die auf den einzelnen Teilgebieten erzielte Weiterentwicklung ist in zahlreichen vorzüglichen Publikationen veröffentlicht worden. Aber eine zusammenhängende Darstellung aller Teilgebiete in einem Werk fehlt bisher. Das betrifft insbesondere all die Bereiche, die für Personen von außerordentlichem Interesse sind, welche eine besondere Verantwortung für die Ernährung eines größeren Personenkreises von sowohl gesunden als auch kranken Menschen tragen. In dem vorliegenden Buch soll versucht werden, diesem Personenkreis den Wissensstoff der entsprechenden einzelnen Teilgebiete zu vermitteln. Es ist nicht als ein straff gegliedertes Lehrbuch für ein bestimmtes Ausbildungsziel konzipiert. Vielmehr wurde angestrebt, daß es einen Beitrag zum Verständnis der Zusammenhänge liefert und in begrenztem Umfang auch als Nachschlagewerk genutzt werden kann.

Die dargestellten Wissensgebiete sind auf Grund dieser Zielstellung nicht eng begrenzt worden, auch wenn im Rahmen eines solchen Buchs eine umfassende Erörterung des gesamten Wissensstoffs nicht möglich ist. Gleichzeitig wurde danach getrachtet, Bezüge zwischen Theorie und Praxis herzustellen.

Es war Ziel, eine Wiederholung von Wissensstoff weitgehend zu vermeiden, der durch die eingeführten Lehrbücher für Köche und Köchinnen vermittelt wird. Allerdings war es nicht zu umgehen, im Interesse des Verständnisses auf wichtige Punkte des Basiswissens kurz einzugehen und dabei auch unterschiedliche Betrachtungsweisen zu berücksichtigen. Das Buch ist somit auch nicht primär als ein Lehrbuch für die Weiterbildung von Köchen zum/zur „Diätetisch geschulten Koch/Köchin" im Rahmen eines zeitlich eng begrenzten Lehrgangs angelegt, auch wenn es gerade für diesen Personenkreis von besonderem Nutzen sein sollte. Es ist auch und besonders für einen Nutzerkreis gedacht, der sich für das Basiswissen seines Berufs interessiert, um dieses zielgerichtet in seine tägliche Arbeit einfließen zu lassen.

Auf die Aufnahme von umfangreichen Nährstofftabellen wurde bewußt verzichtet. Entsprechende Tabellenwerke stehen ausreichend zur Verfügung. Zum anderen werden in zunehmendem Maße für die Nährstoffberechnung einzelner Speisen, Gerichte und von Kostplänen PC-Programme eingesetzt, so daß sich in der täglichen Praxis die Verwendung von Tabellen im allgemeinen erübrigt.

Bei der Fertigstellung des Manuskripts haben mich die Mitautoren Eva-Maria Gotz und mein Sohn Detlev Richter zusätzlich zu den von ihnen allein bzw. in Zusammenarbeit gestalteten Kapiteln (siehe Inhaltsverzeichnis) durch wertvolle Hinweise und Ratschläge in mannigfacher Weise unterstützt, wofür ich mich bei ihnen vielmals bedanke. Ebenso danke ich Andreas Koziolek (Küchenmeister, Diätetisch geschulter Koch DGE), Dozent an der Wirtschaftsakademie Schleswig-Holstein in Husum, für wertvolle Hinweise. Mein Dank gilt nicht zuletzt dem Matthaes Verlag für das großzügige Eingehen auf meine Vorstellungen und insbesondere Hans-Jürgen Fug-Möller sowie Bruni Fetscher, die mit großer Geduld und Verständnis die Gestaltung des Buchs begleitet haben.

Für Anregungen und kritische Hinweise bin ich den Benutzern sehr dankbar.

Prof. Dr. Günter Richter

Berlin, Herbst 2000

Inhalt

Inhalt

KAPITEL 1

Grundzüge der Chemie

1 Grundzüge der Chemie

Der menschliche Organismus ist auf die Aufnahme von Substanzen aus der Umwelt angewiesen, um durch deren Verwertung alle seine Lebensprozesse aufrechterhalten zu können.

Kapitel 1

Diese mit der Nahrung aufgenommenen Stoffe werden im Körper durch chemische Reaktionen in vielfältiger Weise umgewandelt und abgebaut. Ein Verständnis für die Grundprinzipien der Ernährung setzt einige wenige Kenntnisse über diese Umwandlungsprozesse voraus. Voraussetzung für das Verstehen dieser sog. Stoffwechselreaktionen sind einige Grundkenntnisse über den chemischen Aufbau der Nährstoffe und über die chemischen Reaktionen, die bei deren Um- und Abbau ablaufen.

1.1 Aufbau der Materie

Grundbausteine der Materie sind die chemischen Elemente, die sich in ihren Eigenschaften beträchtlich unterscheiden. Neben den 92 „natürlichen" Elementen, die in der Natur gefunden wurden, sind etwa 20 sog. „künstliche" chemische Elemente bekannt, die mit Hilfe kerntechnischer Verfahren hergestellt werden konnten. Die kleinsten Bausteine der Elemente sind die Atome, die durch klassische physikalische oder chemische Methoden nicht weiter in kleinere Einheiten zerlegt werden können. Eine Veränderung von chemischen Elementen und damit ihrer Atome ist nur mittels kerntechnischer Verfahren (Kernspaltung bzw. Kernfusion) möglich. Außerdem kommt es beim spontanen Zerfall von radioaktiven Elementen zu deren Veränderung.

In chemischen Formeln und in einer abgekürzten Schreibweise werden die Namen der einzelnen Elemente durch Buchstaben wiedergegeben (sog. chemische Symbole).

Eine Reihe von Elementen zeigt auf Grund ihres Atomaufbaus (siehe unten) im Hinblick auf ihr chemisches Verhalten gewisse ähnliche Eigenschaften. Diese Elemente mit ähnlichem Atomaufbau werden bei ihrer systematischen Anordnung im sog. Periodensystem der Elemente in Gruppen zusammengefaßt (weitere Einzelheiten sind in allen Chemielehrbüchern nachzulesen). Für die Ernährungslehre ist diese Gruppeneinteilung nur bei wichtigen Mineralstoffen von besonderem Interesse, da mitunter auch die Gruppennamen benutzt werden (Gruppe der Alkalimetalle mit Natrium und Kalium, Gruppe der Erdalkalimetalle mit Magnesium und Kalzium, Gruppe der Halogene mit Fluor, Chlor und Jod).

Am Aufbau des menschlichen Organismus sind knapp 30 verschiedene chemische Elemente beteiligt, die den unterschiedlichen Gruppen zuzuordnen sind. Darüber hinaus können einige Elemente, die am Aufbau des

Organismus nicht beteiligt sind und für seine Funktion nicht benötigt werden, als Begleitstoffe der Nahrung aufgenommen werden und im Körper in sehr geringen Konzentrationen als Ablagerungen vorkommen (z. B. einige Schwermetalle wie Blei oder Kadmium). Einige dieser Elemente können in höheren Konzentrationen Lebensprozesse negativ beeinflussen, sie wirken dann als Schadstoffe.

Die für den Aufbau und für die Funktion des Organismus wichtigsten Elemente sind

- Sauerstoff (O), Kohlenstoff (C), Wasserstoff (H) und Stickstoff (N)
  Diese Elemente machen etwa 95 % des Körperbestands aus. Kohlenstoff und Wasserstoff sind darüber hinaus die Elemente, die, gebunden in Form chemischer Verbindungen (siehe unten), für die Bereitstellung von Energie verantwortlich sind.
- Schwefel (S), Chlor (Cl) und Phosphor (P)
  Diese Nichtmetalle sind als Bestandteile von Eiweißen (S und P), als Bausteine von wichtigen Biomolekülen (Nucleinsäuren und Nucleotiden, P) und von sog. Phosphorsäureresten (P) sowie als Chloridion am Aufbau der Magensalzsäure und im Mineralstoffwechsel (Cl und P) einbezogen.
- Kalzium (Ca) und Magnesium (Mg)
  Diese Erdalkalimetalle sind am Aufbau der Knochenhartsubstanz (insbesondere Kalzium) und in ionisierter Form (siehe unten) als Reglersubstanzen an zahlreichen Stoffwechselprozessen beteiligt.
- Natrium (Na), Kalium (K)
  Diese Alkalimetalle sind in ionisierter Form die wichtigsten wasserlöslichen Bestandteile der Körperflüssigkeiten und haben Anteil an vielen wichtigen Zellfunktionen.
- Spurenelemente
  Zu den Spurenelementen werden alle die Elemente gerechnet, die in nur sehr geringen Konzentrationen im menschlichen Organismus vorkommen (Eisen [Fe], Jod [J], Fluor [F], Mangan [Mn], Kupfer [Cu], Selen [Se], Zink [Zn], Kobalt [Co] und andere). Sie sind den verschiedensten Gruppen des Periodensystems der chemischen Elemente zuzuordnen. Sie machen in ihrer Gesamtheit etwa 1 % des Körperbestands aus.

1.1.1 Atomaufbau

Die Atome sind die Grundeinheiten der Materie. Jedes chemisches Element besteht aus einer ungeheuer großen Zahl einer einzigen Atomart. Die einzelnen unterschiedlichen Elemente unterscheiden sich somit im Aufbau ihrer Atome.

Jedes Atom besteht aus einem Kern und aus einer den Kern umgebenden Elektronenhülle. Der Atomkern enthält mindestens 1 positiv geladenes Teilchen, ein Proton, und ist somit positiv geladen. Er enthält außerdem elektrisch neutrale Teilchen, sog. Neutronen (nur der Atomkern des Wasserstoffs besteht lediglich aus einem einzigen Proton und enthält somit kein Neutron). Die Elektronenhülle wird von einem oder mehreren negativ geladenen Elektronen gebildet. Diese Elektronen bewegen sich auf geordneten Bahnen um den Atomkern herum. Die Ladungsgröße eines Elektrons entspricht der Ladungsgröße eines Protons, sie ist nur in der Ladungsqualität (negative Ladung) der des Protons entgegengerichtet. Die Anzahl der Elektronen in der Elektronenhülle entspricht der Anzahl der Protonen im Atomkern. Dadurch heben sich positive und negative Ladungen des Atoms gegenseitig auf, das Atom ist nach außen elektrisch neutral (siehe Abb. 1.1).

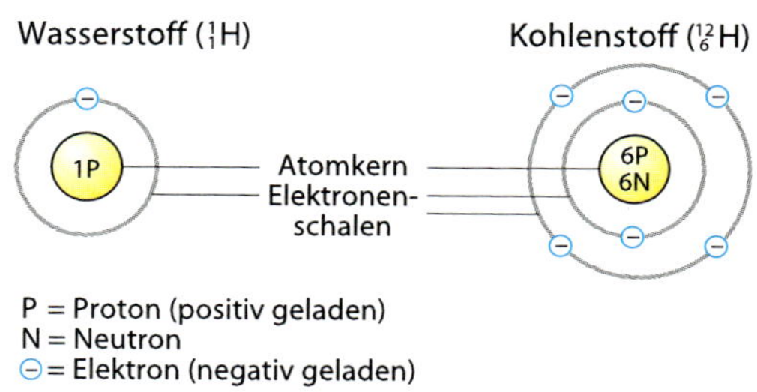

Abb. 1.1: Atomaufbau (schematische Darstellung)

Die Masse eines Protons und die eines Neutrons ist gleich groß, die Masse eines Elektrons ist vergleichsweise sehr klein und kann im Vergleich zur Masse eines Protons oder Neutrons meist vernachlässigt werden (sie beträgt nur knapp das $^{1}/_{2000}$fache eines Neutrons oder Protons). Die Anzahl der Protonen im Atomkern eines Elements wird als Ordnungszahl, die Summe der Neutronen und Protonen als Massezahl bezeichnet. Die Massezahl ist mit dem sog. Atomgewicht praktisch identisch.

1.1.2 Chemische Bindung, Moleküle und Molekulargewicht

2 oder mehrere unterschiedliche Atome können sich zu 1 Molekül zusammenlagern, wobei der Zusammenhalt der Atome im Molekül durch eine chemische Bindung gesichert wird. Die Moleküle unterscheiden sich in ihren Eigenschaften grundlegend von den Eigenschaften der sie bildenden Atome. In einigen Fällen lagern sich auch die Atome eines Elements, also gleichartige Atome, zu 1 Molekül zusammen, wie beispielsweise die Gase der Luft (Sauerstoff = O_2, Stickstoff = N_2) und andere Gase.

Moleküle haben meist eine charakteristische räumliche Struktur, die durch äußere Faktoren stark beeinflußt werden kann. Einige Moleküle oder Molekülabschnitte zeigen dagegen weniger geordnete räumliche Strukturen.

Die unterschiedlichen Elemente und die Anzahl der am Aufbau des Moleküls beteiligten Atome werden am einfachsten in den sog. Summenformeln der Moleküle wiedergegeben. Für die einzelnen Elemente stehen die chemischen Symbole, und die Anzahl der am Molekülaufbau beteiligten Atome des betreffenden Elements werden durch tiefgestellte Indizes angegeben (z. B. $C_6H_{12}O_6$ [Summenformel für Glucose], die aus 6 Kohlenstoff[C]-, 12 Wasserstoff[H]- und 6 Sauerstoff[O]-Molekülen besteht). Für die detailliertere Darstellung des Aufbaus von Molekülen werden sog. Strukturformeln benutzt. Noch genauere Darstellungen des Molekülaufbaus erlauben perspektivische Strukturformeln. Am eindrucksvollsten gelingt jedoch die Darstellung der Raumstruktur von Molekülen durch dreidimensionale Strukturmodelle.

Die Verknüpfung von 2 oder mehreren Atomen zu einem Molekül kann durch verschiedene Bindungsprinzipien, sog. Bindungstypen, erfolgen. Der jeweilige Bindungstyp hängt von den Eigenschaften der an der Molekülbindung beteiligten Elemente ab, die im wesentlichen durch die Gestaltung der Elektronenhüllen der jeweiligen Elemente bedingt sind. Die beiden wichtigen Bindungstypen sind die

- Ionenbindung und die
- kovalente Bindung.

Ionenbindung

Eine Ionenbindung kann sich zwischen 2 verschiedenen Atomen ausbilden, die eines (bzw. 2) der Elektronen ihrer äußeren Elektronenhüllen unterschiedlich stark festhalten. Infolgedessen kann 1 Atom des einen Elements (Atom A) 1 Elektron abgeben, das von einem Atom des zweiten Elements (Atom B) aufgenommen wird. Durch die Abgabe bzw. Aufnahme eines Elektrons verlieren die Atome ihre Elektroneutralität, das Atom A ist infolge der Abgabe eines Elektrons positiv, Atom B ist dagegen infolge der Aufnahme des Elektrons negativ geladen. Solche geladene Partikel, denen ein oder mehrere Elektronen fehlen oder die ein oder mehrere Elektronen im „Überschuß" besitzen, werden als Ionen bezeichnet. Positiv geladene Ionen werden Kationen genannt und negativ geladene Ionen Anionen. Durch die wechselseitige Anziehung der gegensätzlich geladenen Ionen werden die Bausteine des Moleküls zusammengehalten. Dieser Bindungstyp wird als Ionenbindung bezeichnet (siehe Abb. 1.2).

Die für die menschlichen Lebensprozesse und für die Ernährung wichtigsten Substanzen, die durch Ionenbindungen zusammengehalten werden, sind die Salze (die Ionenbindung wird aus diesem Grund mitunter auch als Salzbindung bezeichnet). Das bekannteste Salz ist das Kochsalz (Natriumchlorid, NaCl), das aus positiv geladenen Natriumionen (Na^+) und negativ geladenen Chloridionen (Cl^-) aufgebaut ist. In der festen Form des Kochsalzes sind die Na^+- und Cl^--Ionen in einem Kristallgitter angeordnet, in dem sie im Mengenverhältnis von exakt 1:1 vorliegen. Infolgedessen bleibt auch im Kochsalzkristall die Elektroneutralität nach außen gewahrt (siehe Abb. 1.2).

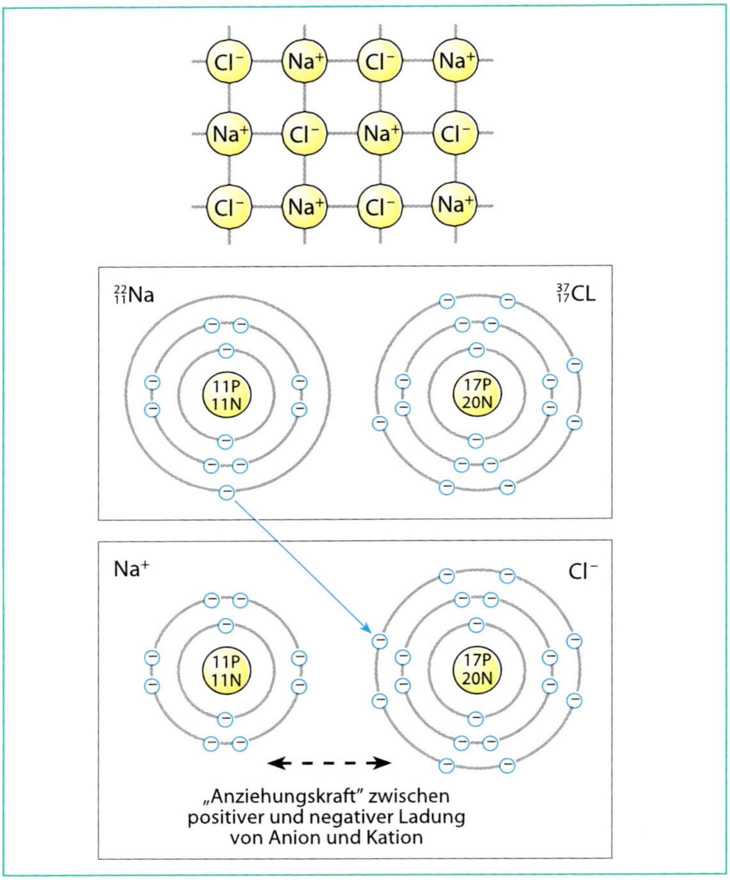

Abb. 1.2: Schematische Darstellung einer Ionenbindung

Sobald Kochsalz in Wasser gelöst wird, lösen sich die Kristalle auf. Dabei dringen Wassermoleküle in das Kristallgitter ein und sprengen dadurch die Ionenbindungen. Die Ionen liegen nunmehr im Wasser in gelöster Form frei beweglich vor, das Kochsalz ist dissoziiert:

$$NaCl \rightarrow Na^+ + Cl^-$$

Auch die anderen Salze lösen sich in Wasser oder wäßrigen Lösungen auf, wobei sie ebenfalls in positiv geladene Ionen (Kationen) und negativ geladene Ionen (Anionen) dissoziieren.

Die Menge an Salzen, die maximal in Wasser gelöst werden kann, ist bei den verschiedenen Salzen unterschiedlich groß. Eine Lösung, in der die maximal mögliche Salzmenge gelöst ist, wird als gesättigte Lösung bezeichnet. Dieses Lösungsverhalten der Salze, die sog. Löslichkeit, hängt zusätzlich von äußeren Faktoren ab wie Temperatur und p_H-Wert (siehe unten). Auf Grund dieses unterschiedlichen Lösungsverhaltens kann zwischen gut und schwer löslichen Salzen unterschieden werden. Überschreitet die Konzentration der gelösten Teilchen die sog. Sättigungsgrenze (z. B. durch Verdampfen von Lösungswasser), so fällt aus der gesättigten Lösung das Salz wieder in fester Form aus. Auf diesen Mechanismus des Ausfallens von Salzen aus einer gesättigten Lösung beruht die Bildung von Nierensteinen.

Eine wäßrige Lösung von Salzen wird oft als Elektrolytlösung bezeichnet (Lösung von „elektrisch geladenen Teilchen"); die Gesamtheit aller in einer wäßrigen Flüssigkeit (wie beispielsweise Körperflüssigkeiten) dissoziiert vorliegenden Salze sinngemäß als Elektrolyte. Der Begriff Elektrolyte wird sehr oft für die Gesamtheit der im Blut oder in den anderen Körperflüssigkeiten gelösten Salze verwendet.

Kovalente Bindung

Bei Elementen, deren Elektronen der äußeren Elektronenhülle von den Atomkernen mit nahezu gleich großen Kräften festgehalten werden, können deren Atome weder Elektronen abgeben noch Elektronen aufnehmen. Sie können keine Ionen bilden, infolgedessen ist auch eine Molekülbildung durch die Ausbildung von Ionenbindungen nicht möglich. In diesem Fall können die Atome der einzelnen Elemente nur in eine Verbindung eintreten, indem die Atomkerne beider Elemente jeweils auch das oder die äußeren Elektronen der Atome des anderen Elements anziehen. Dadurch konkurrieren beide Atomkerne um ihre äußeren Elektronen. Die beiden Atome rücken bedingt durch diese Anziehungskräfte so eng zusammen, daß sich zwischen ihnen ein stabiler Zustand ausbildet. Das Molekül wird durch ein sog. gemeinsames Elektronenpaar zusammengehalten, das beiden Atomen „gehört". Sie sind kovalent zu einem Molekül verbunden (siehe Abb. 1.3).

Dieser kovalente Bindungstyp kann in unterschiedlicher Weise ausgebildet werden. Es ist möglich, daß in die kovalente Bindung nur 1 gemeinsames Elektronenpaar einbezogen wird (je 1 Elektron der beiden Atome). Dieser einfachste kovalente Bindungstyp wird als Einfachbindung bezeichnet. Bei der Einbeziehung von 2 Elektronenpaaren spricht man sinngemäß von einer Doppelbindung. Doppelbindungen (und die selteneр vorkommenden Dreifachbindungen) sind energiereicher. Sie sind auch „steifer“ und engen dadurch die Beweglichkeit der am Aufbau des Moleküls beteiligten Atome meist beträchtlich ein.

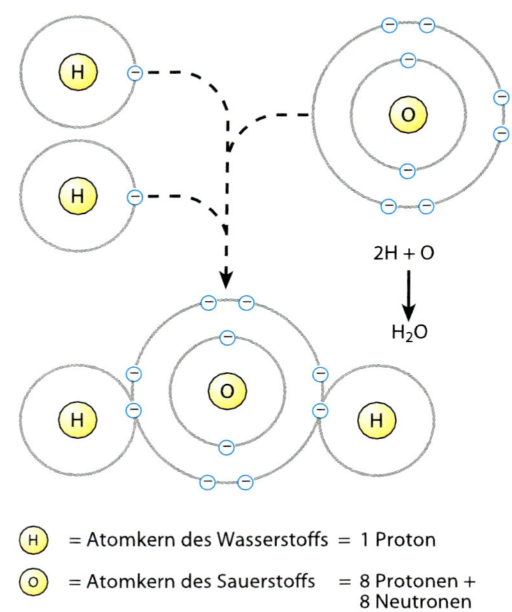

Abb. 1.3: Schematische Darstellung einer kovalenten Bindung

Bei einer einfachen formelmäßigen Darstellung einer Molekülstruktur (sog. Strukturformel) wird eine kovalente Bindung durch einen Strich symbolisiert (Einfachbindung), die stark vereinfacht als sog. „Bindungsarme“ aufgefaßt werden können (siehe Abb. 1.4). Sinngemäß wird eine Doppelbindung durch 2 Striche wiedergegeben.

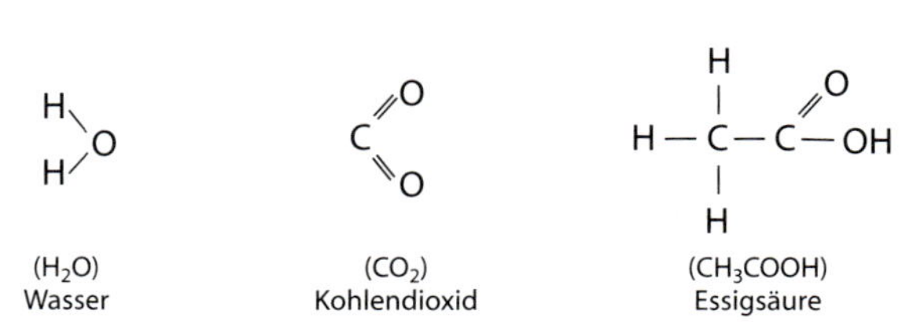

Abb. 1.4: Beispiele für die Darstellung von Molekülstrukturen (Strukturformeln)

<u>Funktionelle Gruppen:</u> Charakteristische Atomanordnungen innerhalb eines Moleküls können ganz spezifische Eigenschaften zeigen. Sie zeigen diese Eigenschaften auch, wenn sie als Gruppe an einen anderen Molekülrest angefügt sind. Solche typischen Anordnungen werden als funktionelle Gruppen bezeichnet. Funktionelle Gruppen zeichnen sich somit durch gleiches bzw.

annähernd gleiches chemisches Verhalten aus und sind somit für die Grundeigenschaften ganzer Familien von chemischen Verbindungen verantwortlich. Sie werden meist mit charakteristischen Namen bezeichnet, bei den aufgegliederten Summenformeln entsprechender Substanzen werden sie meist als eine Einheit wiedergegeben (siehe einige Beispiele):

Methylgruppe	$-CH_3$
Carboxylgruppe (organische Säuregruppe)	$-COOH$
Aldehydgruppe	$-CHO$
*alkoholische OH-Gruppe**	$-OH$

* Diese OH-Gruppe darf nicht mit der Hydroxylgruppe von Basen verwechselt werden.

Kovalente Bindungen ermöglichen auch die Bildung von Molekülen aus gleichartigen Elementen, die infolge der völlig übereinstimmenden Elektronegativität keine Ionenbindungen ausbilden können. Das betrifft insbesondere die Ausbildung von Gasmolekülen wie beispielsweise Wasserstoff (H_2), Sauerstoff (O_2) und Stickstoff (N_2).

Wertigkeit der einzelnen Elemente

Zwischen den einzelnen Elementen können Bindungen über ein oder mehrere gemeinsame Elektronenpaare hergestellt werden. Die Anzahl der maximal möglichen gemeinsamen Elektronenpaare hängt von der Struktur jedes einzelnen Elements ab. Auch bei der Ausbildung von Ionenbindungen wird von einigen Elementen nicht nur 1 Elektron abgegeben, sondern 2 oder mehrere. Die Anzahl dieser Bindungsmöglichkeiten, bildlich gesehen die Anzahl der Bindungsarme, wird als Wertigkeit des betreffenden Elements bezeichnet. Wichtig ist, daß eine Reihe von Elementen, insbesondere Metalle, in verschiedenen Wertigkeitsstufen vorliegen können, beispielsweise Eisen in 2- bzw. in 3wertiger Form (Fe^{2+} bzw. Fe^{3+}).

Wasserstoffbrückenbindung

Wasserstoffbrückenbindungen sind keine echten chemischen Bindungen. Die Bindungskräfte dieser Bindungen sind relativ klein (etwa nur 5 bis 10 % der Stärke einer Ionenbindung). Diese Bindungen treten zwischen polarisierten Molekülen oder Molekülresten auf, die zwar nach außen elektrisch neutral sind, bei denen aber die positive und negative Ladung nicht gleichmäßig im Molekül verteilt ist. Die positive bzw. negative Ladung ist auf die sich gegenüberliegenden Seiten des Moleküls „verschoben". Diese Moleküle stellen somit winzige Dipole dar. Durch die Anziehungskräfte, die zwischen den positiven und negativen Polen dieser Moleküle bestehen, bilden sich zusätzliche stabilisierende Bindungskräfte aus.

Auch die Wassermoleküle sind solche Dipole. Die zwischen den einzelnen Wassermolekülen wirkenden Brückenbindungen halten diese besonders fest zusammen. Infolgedessen sind relativ große Energiemengen erforderlich, um die in großer Anzahl vorhandenen Bindungen zu lösen, wodurch die hohe Schmelz- und Verdampfungswärme des Wassers bedingt ist (siehe Abb. 1.5).

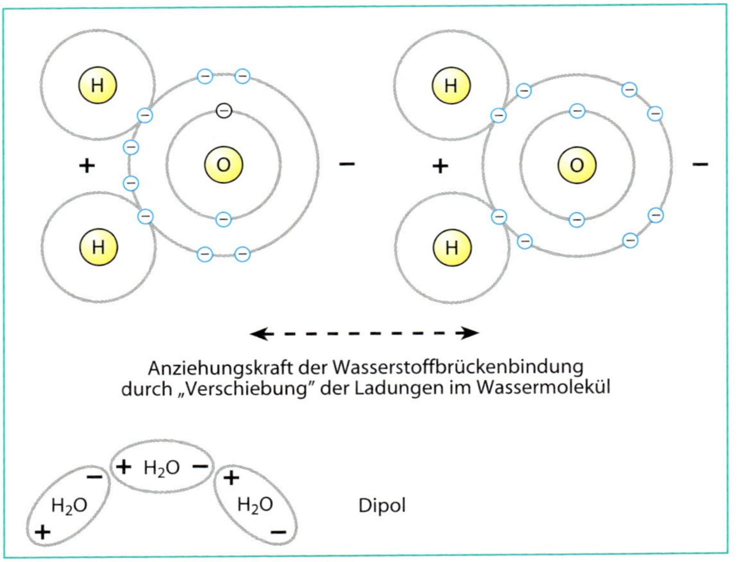

Abb. 1.5: Schematische Darstellung von Wasserstoffbrückenbindungen und des Dipolckarakters des Wassers

Wasserstoffbrückenbindungen sind bei der Stabilisierung der Raumstrukturen von Biopolymeren in größerem Umfang beteiligt. Sie sind für die Stabilisierung der Struktur der Nucleinsäuren, insbesondere der Desoxyribonucleinsäure (DNA), und bei deren identischer Synthese zur Informationsweitergabe verantwortlich (siehe Kap. 2.1). Wasserstoffbrückenbindungen stabilisieren auch die räumliche Struktur vieler Eiweiße, die für deren biologischen Funktionen unabdingbar ist (siehe Kap. 3.4.1).

Molekulargewicht und Molarität

Atome und Moleküle sind in Abhängigkeit von der Anzahl der in den Atomkernen vorliegenden Protonen und Neutronen unterschiedlich schwer, sie haben unterschiedlich große Atom- bzw. Molekulargewichte. Die Masse eines Protons und eines Neutrons ist praktisch gleich groß, sie ist jeweils als 1 (Bezugssystem) festgelegt worden. Die Masse eines Elektrons ist dagegen mit etwa $^1/_{2000}$ eines Protons verhältnismäßig klein.

Das Molekulargewicht einer chemischen Verbindung ist die Summe der Atomgewichte der am Aufbau beteiligten Atome. So beträgt beispielsweise das Molekulargewicht eines Moleküls Wasser (H_2O) 18 (2 Wasserstoffatome [je 1 Proton und Atomgewicht 1] und 1 Sauerstoffatom [8 Protonen und 8 Neutronen und Atomgewicht 16] = 2 H + 1 O =2 + 16 = 18).

Es ist oft zweckmäßig, die Menge bzw. die Konzentration eines Stoffes nicht in Gewichtseinheiten in g, sondern in der (relativen) Anzahl der Moleküle bzw. deren Menge in einem bestimmten Volumen eines Lösungsmittels (Wasser) anzugeben. Die entsprechende Maßeinheit ist das Mol. 1 Mol jeder chemischen Verbindung enthält stets die gleiche Anzahl von Molekülen. Als Bezugseinheit für diese Konzentrationsangabe dient der Wasserstoff. 1 Mol ist die Anzahl der Atome von 1 g Wasserstoff:

1 Mol einer chemischen Verbindung ist ihr Molekulargewicht, in g ausgedrückt.

Die Anzahl der Wasserstoffatome in 1 g (atomarem) Wasserstoff (1 Mol) beträgt 6,023 x 10^{23} (sog. Avogadrosche Zahl, benannt nach dem Chemiker Avogadro). In einem Mol Glucose (Traubenzucker) sind ebenfalls 6,023 x 10^{23} Glucosemoleküle enthalten, sie wiegen aber nicht nur 1 g, sondern entsprechend des Molekulargewichts der Glucose 180 g ($C_6H_{12}O_6$ = 6 [C] x 12 = 72 + 12 [H] x 1 = 12 + 6 [O] x 16 = 96; 72 + 12 + 96 = 180).

Die Konzentrationen der in den Körperflüssigkeiten gelösten Substanzen werden in der Chemie und in der Medizin in mol/l angegeben. Bei einer Angabe in dieser Form sind die Konzentrationen verschiedener Substanzen besser miteinander vergleichbar, da hierbei die Anzahl der gelösten Teilchen und nicht das Gewicht der gelösten Substanzen pro Volumeneinheit verglichen werden. Nur in Ausnahmefällen werden zusätzlich noch die früher üblichen Konzentrationsangaben in g/l (bzw. mg%, Promille u. a.) benutzt, insbesondere aus Rücksicht auf die in weiten Kreisen der Bevölkerung eingebürgerten Konzentrationsangaben (beispielsweise Blutzuckerwerte in mg%, Blutalkoholwerte in Promille).

1.1.3 Säuren und Basen, p_H-Wert, Puffersysteme

Säuren und Basen

Säuren: Säuren sind Verbindungen, die in wäßriger Lösung in positiv geladene Wasserstoffionen (H^+-Ionen) und in negativ geladene Anionen dissoziieren. Für den sauren Charakter dieser Verbindungen sind die (überschüssigen) H^+-Ionen verantwortlich. Die negativ geladenen Anionen sind für jede der zahlreichen Säuren spezifisch, sie unterscheiden sich bei den einzelnen Säuren. Sie werden auch als Säurerest bezeichnet.

Salzsäure, chemisch exakt in Wasser gelöster Chlorwasserstoff (HCl), dissoziiert in H^+-Ionen und Chloridionen (Cl^-):

$$HCl \rightarrow H^+ + Cl^-$$

Basen: Basen (oder Laugen) sind chemische Verbindungen, die in wäßriger Lösung ebenfalls dissoziieren. Dabei werden jedoch keine H^+-Ionen freigesetzt, sondern Hydroxylionen (OH^--Ionen). Die dissoziierten Basen sind in der Lage, H^+-Ionen zu binden. Für den basischen Charakter von Laugen ist der Mangel an H^+-Ionen verantwortlich.

Natronlauge, chemisch exakt Natriumhydroxid (NaOH), dissoziiert in wäßriger Lösung in Natriumionen (Na^+) und in Hydroxylionen (OH^--Ionen):

$$NaOH \rightarrow Na^+ + OH^-$$

Die Stärke einer Säure bzw. Lauge wird von der Menge der jeweils in Lösung vorliegenden H^+- bzw. OH^--Ionen bestimmt. Das Maß für diese Menge ist der p_H-Wert (siehe unten).

Hydrolytische Dissoziation des Wassers

Reines Wasser zerfällt in geringem Maße in seine Bestandteile (H^+- und OH^--Ionen, sog. hydrolytische Dissoziation):

$$H_2O \rightarrow H^+ + OH^-$$

p_H-Wert

Die Mengen der in einer wäßrigen Lösung von Säuren, Basen oder Salzen vorliegenden H^+-Ionen und OH^--Ionen bedingen sich gegenseitig. Bei hohen Konzentrationen an H^+-Ionen ist die Konzentration der Hydroxylionen niedrig. Eine Lösung ist neutral, wenn in ihr H^+- und OH^--Ionen in gleichen Konzentrationen vorliegen.

Da die Angabe der Anzahl der H^+- bzw. OH^--Ionen in einer Lösung zu verwirrenden Zahlen führen würde, wurde eine praktikable Maßeinheit eingeführt. Das Maß für die Acidität bzw. Alkalität einer wäßrigen Lösung ist der p_H-Wert.

p_H-Wert = negativer dekadischer Logarithmus
der Wasserstoffionenkonzentration in mol/l

Aus der Definition des p_H-Werts als negativer dekadischer Logarithmus ergibt sich, daß bei hohen Wasserstoffionenkonzentrationen der p_H-Wert klein ist (negativer Logarithmus besagt, daß der Wert in einem Bruch [Quotient] mit dem Zähler 1 unter dem Bruchstrich steht, er ist der Nenner). Saure Lösungen haben also einen niedrigeren p_H-Wert als basische Lösungen.

Bei einem p_H-Wert von 7 ist die Konzentration der Wasserstoffionen und der Hydroxylionen gleich groß, sie beträgt am Neutralpunkt 10^{-7} mol/l (= 0,000 000 1 mol/l, gewichtsmäßig ausgedrückt $^1/_{10\,000\,000}$ g H^+-Ionen und $^{17}/_{10\,000\,000}$ g Hydroxylionen pro Liter!). Daraus ergibt sich, daß die Konzentrationen der Wasserstoff- bzw. Hydroxylionen in wäßrigen Lösungen relativ niedrig sind.

Die Acidität (Säuregrad) einer Lösung hängt vorrangig von dem Dissoziationsgrad der Säure und zusätzlich von der Konzentration der Säure ab. Es kann somit zwischen starken und schwachen Säuren unterschieden werden.

Starke Säuren unterscheiden sich von schwachen Säuren u. a. durch eine größere Aggressivität. Verätzungen mit starken Säuren sind deswegen besonders gefährlich. Aber auch hoch konzentrierte schwache Säuren können zu gefährlichen Verätzungen führen, beispielsweise Essigsäureessenz. Aus diesem Grund ist die Konzentration der im Handel erhältlichen Essigessenz auf maximal 20 % reduziert worden, aber auch in dieser Konzentration kann die Essigsäure noch zu gefährlichen Verätzungen, insbesondere an den Schleimhäuten führen. Salzsäure und Schwefelsäure sind starke Säuren, die organischen Säuren, die in verschiedenen Lebensmitteln vorkommen und im Stoffwechsel gebildet werden, sind dagegen schwache Säuren (Milchsäure, Essigsäure, Zitronensäure u. a.).

Für Basen gilt sinngemäß das gleiche, auch bei ihnen kann zwischen schwachen und starken Basen unterschieden werden (siehe Tabelle 1.1). Besonders gefährlich sind konzentrierte Basen, insbesondere konzentrierte Natronlauge (NaOH) und Kalilauge (KOH), aber auch hoch konzentriertes in Wasser gelöstes Ammoniak (Ammoniumhydroxid, NH_4OH, „Salmiakgeist"), die zu schweren Verätzungen führen können. Diese Verätzungen sind besonders gefährlich, da durch die Laugen die denaturierten Eiweiße der Haut oder Schleimhäute aufgelöst werden und damit nicht vor dem weiteren Eindringen von Lauge in tiefere Gewebeschichten schützen können.

Tabelle 1.1:
p_H-Werte verschiedener Körperflüssigkeiten, Getränke und Lebensmittel sowie von einigen Säuren und Laugen

Speichel	7,0 bis 7,5	Zitronensaft	2,8 bis 3,0
Magensaft	1,5 bis 2,0	Essig (verdünnt)	etwa 4
Pankreassaft	8,2 bis 8,5	Wein	4,5 bis 5,5
Dünndarmsaft	7,9 bis 8,0	Sauerkraut	4,0 bis 5,0
Blut	7,35 bis 7,45	Salzsäure (konzentriert)	etwa 1,0
		Natronlauge (konzentriert)	<12

Der p_H-Wert der Körperflüssigkeiten wie Blut, extrazellulärer Flüssigkeit und Zellsaft liegt zwischen p_H 7,35 und p_H 7,45 und damit im nahezu neutralen Bereich. Schon geringe Abweichungen von diesem physiologischen p_H-Wert können zu lebensgefährlichen Komplikationen führen. Besonders gefährlich ist eine Übersäuerung der Körperflüssigkeiten (Acidose), die bei verschiedenen Stoffwechselstörungen, insbesondere beim nicht oder nicht ordnungsgemäß behandelten Diabetes auftreten können. Auf der anderen Seite ist der Magensaft durch seinen Gehalt an Magensalzsäure stark sauer (p_H-Wert bei 1 bis 2). Die Magenschleimhaut wird durch sinnvolle Schutzmechanismen vor einer Verätzung geschützt.

Auch der p_H-Wert des Safts der Bauchspeicheldrüse ist mit einem p_H-Wert von etwa 8 wesentlich alkalischer als der der anderen Körperflüssigkeiten.

Puffersysteme

Puffersysteme sind geeignete Gemische von dissoziierenden Substanzen, die in der Lage sind, überschüssige H^+-Ionen bzw. OH^--Ionen abzufangen und so den p_H-Wert einer wäßrigen Lösung auch bei der Zugabe von Säuren oder Basen relativ konstant zu halten. Puffersysteme sind infolgedessen für die Regulation des p_H-Werts von Körperflüssigkeiten von entscheidender Bedeutung, da sie eine zu große Abweichung vom physiologischen p_H-Wert relativ effektiv verhindern können.

KAPITEL 1

Puffersysteme bestehen aus jeweils 2 Komponenten, einer starken Säure (die nahezu vollständig dissoziiert) und dem Salz einer schwachen Säure (das nur wenig dissoziiert).

Das Prinzip der Pufferwirkung sei am Beispiel der Abpufferung von Salzsäure durch einen Acetatpuffer erklärt:

- *Salzsäure dissoziiert in Wasser als starke Säure vollständig.*
  Werden 0,1 ml einer 1 M(molaren) Salzsäure zu 9,9 ml Wasser zugegeben, so erhält man 10 ml einer 0,01 M Salzsäure (die Konzentration der H^+-Ionen ist bei unveränderter Menge auf $^1/_{100}$ verdünnt worden).

Der p_H-Wert dieser Salzsäure beträgt 2 ($10^{-2} = 0{,}01$ mol H^+-Ionen).

- *Ein Acetatpuffer besteht aus Essigsäure und einem Salz der Essigsäure (Acetat), vorzugsweise Natriumacetat.*
  Die schwache Essigsäure dissoziiert weniger stark als die starke Salzsäure, auch Natriumacetat dissoziiert nicht vollständig:

  $$n\, CH_3COOH \leftrightarrow n - x\, CH_3COOH + x\, CH_3COO^- + x\, H^+$$
  $$y\, CH_3COONa \leftrightarrow m - y\, CH_3COONa + y\, CH_3COO^- + y\, Na^+$$

  Im Puffersystem liegen H^+-Ionen, Na^+-Ionen, Acetationen (CH_3COO^--Ionen) und nicht dissoziierte Essigsäure (CH_3COOH) sowie nicht dissoziiertes Natriumacetat (CH_3COONa) vor.
  Der p_H-Wert des Acetatpuffers ist infolgedessen höher als der der Salzsäure, er beträgt bei einer Molarität von 0,1 etwa 4,75.
- *Werden zu 10 ml dieses Puffers ebenfalls 0,1 ml einer 1 M Salzsäure zugegeben, so sinkt der p_H-Wert nicht auf 2 ab. Die H^+-Ionen der vollständig dissoziierten Salzsäure werden vom Puffer nahezu vollständig „weggefangen", sie reagieren mit Acetationen zu nicht dissoziierter Essigsäure:*

  $$H^+ + Cl^- + Na^+ + CH_3COO^- \rightarrow Na^+ + Cl^- + CH_3COOH$$

Der p_H-Wert verschiebt sich infolgedessen nur geringfügig. Er ist nur um etwa 0,2 auf den p_H-Wert von 4,73 abgesunken.

- *Die Pufferkapazität des Acetatpuffers ist (wie die jedes anderen Puffersystems) nicht unbegrenzt. Übersteigt die zugegebene Menge an H^+-Ionen einen Maximalwert, so kann keine (nicht dissoziierte) Essigsäure mehr gebildet werden, da alle Acetationen bereits in undissoziierte Essigsäure überführt worden sind. Die Pufferkapazität ist erschöpft, der p_H-Wert sinkt nunmehr rasch ab (siehe Abb. 1.6).*

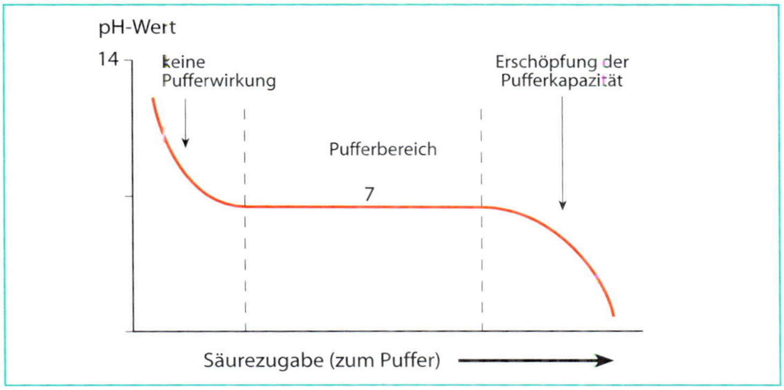

Abb. 1.6: Wirkungsweise eines Puffersystems (sog. Titrationskurve)

Jedes Puffersystem ist nur in einem charakteristischen p_H-Bereich wirksam, der durch die Dissoziationskonstante (Maßeinheit für das Ausmaß der Dissoziation) der Pufferkomponenten bedingt ist. Für die Pufferung von Körperflüssigkeiten sind demzufolge nur Puffersysteme geeignet, die im physiologischen p_H-Bereich wirksam sind:

- Kohlensäure-Hydrogencarbonat-Puffer (Bikarbonatpuffer),
- Phosphatpuffer,
- Proteinpuffer.

<u>Kohlensäure-Hydrogencarbonat-Puffer:</u> Das Puffersystem, das aus Kohlensäure (H_2CO_3) und Hydrogencarbonat (HCO_3^-) besteht, ist das für den menschlichen Organismus wichtigste Puffersystem. Eine entscheidende Besonderheit dieses Puffersystems ist der Fakt, daß es sowohl H^+-Ionen als auch OH^--Ionen mit gleicher Effektivität wegfangen kann, also sowohl Säuren als auch Basen. Infolgedessen ist der Körper in der Lage, mit Hilfe eines einzigen Puffersystems sowohl eine Übersäuerung (Acidose) als auch einen Basenüberschuß (Alkalose) rasch zu verhindern:

$$H^+ + HCO_3^- \rightarrow H_2CO_3$$
$$OH^- + H_2CO_3 \rightarrow HCO_3^- + H_2O$$

OH^--Ionen werden im Organismus allerdings überwiegend durch CO_2 weggefangen. Diese Reaktion läuft jedoch nicht spontan ab, sie wird durch das Enzym Carboanhydrase katalysiert:

$$OH^- + CO_2 \xleftrightarrow{\text{Carboanhydrase}} HCO_3^-$$

Das bei dieser Reaktion gebildete Hydrogencarbonatanion (HCO_3^-) erhöht gleichzeitig die Kapazität des Puffersystems.

Das wichtigste Regulationsorgan im Kohlensäure-Hydrogencarbonat-Puffersystem ist die Lunge. Das in den Körperzellen bei den Verbrennungsprozessen gebildete Kohlendioxid wird in den Körperflüssigkeiten als Kohlensäure gelöst. In der Lunge zerfällt diese mit dem Blut antransportierte Kohlensäure in Wasser und Kohlendioxid, das sofort abgeatmet wird:

$$H_2CO_3 \rightarrow H_2O + CO_2$$

Das zweite wichtige Regulationsorgan für das Säure-Basen-Gleichgewicht sind die Nieren. Sie können bis zu einen gewissen Grad sowohl H^+-Ionen als auch HCO_3^--Ionen mit dem Harn ausscheiden.

Phosphatpuffer: Das Phosphat-Puffer-System ist im Vergleich zum System des Kohlensäure-Hydrogencarbonat-Puffers von untergeordneter Bedeutung. Es ist vorzugsweise im Zellinneren wirksam, wo es die kurzfristige „Feinpufferung" garantiert. Bestandteile dieses Puffersystems sind Phosphorsäure und deren Salze (Natrium- oder Kalium-Hydrogenphosphat bzw. Phosphat).

Proteinpuffer: Nahezu alle Körpereiweiße haben eine gewisse Pufferkapazität, die sich infolge des unterschiedlichen Aufbaus der einzelnen Eiweiße auf einen großen p_H-Bereich erstreckt. Von Bedeutung ist die Pufferung durch das Hämoglobin (roter Blutfarbstoff) in den roten Blutzellen und die Pufferwirkung der Plasmaeiweiße.

1.2 Chemische Reaktionen

Chemische Reaktionen sind die Grundlage aller Lebensprozesse, und die Verwertung von Nährstoffen durch den Organismus ist ein Prozeß zahlreicher aufeinanderfolgender und aufeinander abgestimmter chemischer Reaktionen.

Bei chemischen Reaktionen werden Atome oder Moleküle über chemische Bindungen miteinander verknüpft, oder es werden bestehende Bindungen gespalten. Bei anderen chemischen Reaktionen werden Elektronen entfernt oder zugeführt. Die unterschiedlichsten Arten von chemische Reaktionen sind kaum überblickbar. Nahezu alle dieser unterschiedlichen Reaktionen können jedoch bestimmten spezifischen Reaktionstypen zugeordnet werden. Allerdings kann in diesem Rahmen nur auf eine eng begrenzte Anzahl von solchen Reaktionstypen eingegangen werden, die für die Stoffwechselreaktionen von besonderer Bedeutung sind. Einige wichtige Reaktionen werden in den einzelnen Kapiteln zusätzlich kurz erläutert.

1.2.1 Energieinhalt, Energieübertragung

Chemische Reaktionen sind mit Veränderungen im Energieinhalt der Reaktionspartner verbunden. Beim Ablauf von bestimmten Reaktionen wird Energie freigesetzt (energieliefernde, sog. exotherme Reaktionen), andere Reaktionen benötigen dagegen eine Zufuhr von Energie von außen (energieverbrauchende, sog. endotherme Reaktionen).

Bei exothermen Reaktionen wird die in der chemischen Bindung enthaltene Energie freigesetzt, indem sie an andere Verbindungen abgegeben oder in Wärme umgewandelt wird. Bei im Organismus ablaufenden Reaktionen wird diese Energie zum Knüpfen von neuen, energiereicheren Bindungen und damit für die Synthese von neuen Verbindungen genutzt. Diese neuen Substanzen sind energiereicher als ihre Ausgangssubstanzen. Bei jedem Knüpfen von neuen Bindungen wird ein gewisser Energiebetrag in Wärme überführt. Dieser Energiebetrag ist die sog. Wärmetönung, die bei den einzelnen Reaktionen unterschiedlich groß ist.

Energiereiche Verbindungen werden auch für die Muskelkontraktion benötigt, hierbei wird die chemische Energie in mechanische Arbeit umgesetzt. Auch dabei wird ein Teil der Energie in Wärme umgewandelt und geht somit für die aktive Muskelarbeit verloren.

Das Gesetz der Erhaltung der Energie gilt auch uneingeschränkt für alle chemischen Reaktionen, die im Organismus ablaufen. Dieses Gesetz besagt, daß Energie nicht verlorengehen, sondern nur in andere Formen überführt werden kann. Einen echten Verlust von Energie gibt es nicht, angebliche Verluste betreffen eine vermehrte Wärmebildung und die damit verbundene Wärmeabgabe an die Umwelt.

Die Mehrzahl der Substanzen, die mit der Nahrung aufgenommen werden oder die bereits im Organismus gebildet wurden, können nicht von sich aus in chemische Reaktionen eingehen, sie können nicht spontan reagieren. Ihr Energieinhalt reicht nicht aus, um die bereits bestehenden chemischen Bindungen zu sprengen und nachfolgend neue Bindungen zu knüpfen. Diese Substanzen müssen zunächst aktiviert werden, indem sie durch die Aufnahme von Energie in eine aktivierte, energiereichere Form überführt werden. Erst dann sind die Bindungen zwischen den einzelnen Atomen der Moleküle so gelockert, daß sie gelöst werden können, einzelne Atome oder Gruppen abgespalten oder neue Bindungen geknüpft werden und somit die entsprechende Reaktion ablaufen kann. Dieser von der Zufuhr von einer bestimmten Aktivierungsenergie abhängige Anstoß zum Reaktionsablauf kann verglichen werden mit dem Verbrennen eines Stoffs, bei dem die Aktivierung durch die Zufuhr von Wärmeenergie (Anzünden durch Erhitzen bis zum den Flammpunkt) erfolgt.

Energiereiche Verbindungen im Organismus

Die bei der Oxidation von energiereichen Substanzen, Energielieferanten der Nahrung, gewonnene Energie wird zunächst zu einem beträchtlichen Teil als chemische Energie durch die Bildung von sog. energiereichen Verbindungen gespeichert. Diese in den energiereichen Verbindungen enthaltene Energie wird anschließend genutzt, um andere energieabhängige Reaktionen zu ermöglichen, wobei die energiereiche Substanz wieder in die energieärmere Ausgangssubstanz umgewandelt wird. Die dem Körper zur Verfügung stehende Menge solcher „energiespeichernden" Verbindungen ist allerdings begrenzt, so daß er sich Energiereserven durch die Bildung von Substanzen schafft, die einen hohen Energieinhalt aufweisen (vorzugsweise Fette).

Im Organismus gibt es eine Vielzahl von energiereichen Substanzen. Die wichtigste energiereiche Verbindung, das Adenosintriphosphat (ATP), kann als eine universell einsetzbare Energiemünze angesehen werden. Sie bestreitet mehr als 90 % des Energieumsatzes des Organismus. Die energieärmere Verbindung, mit der das ATP im Wechselspiel steht, ist das Adenosindiphosphat (ADP).

Diese Energieübertragung kann stark vereinfacht durch folgende Gleichungen dargestellt werden:

$$ADP + P_a{}^{*} + Energie \rightarrow ATP$$
$$ATP \rightarrow ADP + Pa + Energie$$

** Pa = anorganisches Phosphat (Salz der Phosphorsäure)*

Die Adeninnucleotide ADP und ATP bestehen aus dem Purinkörper Adenin, an dem über Ribose (ein Fünferzucker) 2 bzw. 3 Phosphorsäurereste angeheftet sind. Das Knüpfen der Bindung zwischen dem 2. und 3. Phosphorsäurerest benötigt einen recht hohen Energiebetrag, der bei der Spaltung wieder freigesetzt wird.

Der Kreisprozeß Energieaufnahme und Energieabnahme, ADP zu ATP und zurück zu ADP unter Energiefreisetzung, wird im Organismus ständig durchlaufen. Das energiereiche ATP wird durch Regeneration des energieärmeren ADP ständig erneut bereitgestellt. Die Menge an ATP, die dabei im Laufe eines Tages gebildet wird, beträgt bei einem Menschen mit durchschnittlicher körperlicher Aktivität etwa sein Körpergewicht. Diese Größe vermittelt einen Eindruck vom Umfang des Energieumsatzes im Organismus.

Biokatalyse (Enzymwirkung)

Die überwiegende Mehrzahl der im Organismus ablaufenden chemischen Reaktionen kann auch in Gegenwart von energiereichen Verbindungen nicht spontan ablaufen. Ursache hierfür ist, daß die zwischen den einzelnen Atomen der Moleküle bestehenden Bindungen nicht ausreichend gelockert werden können. Zu deren Lockerung ist meist eine beträchtliche Energie erforderlich (sog. Aktivierungsenergie), und diese kann unter physiologischen Bedingungen (bei Körpertemperatur und begrenzter Energiedifferenz der energiereichen Phosphatbindung des ATP) oft nicht erreicht werden. Es ist deshalb notwendig, die erforderliche Aktivierungsenergie auf ein niedrigeres Niveau zu senken, auf dem eine Aktivierung durch ATP bzw. eine andere energiereiche Verbindung erfolgen kann.

Eine solche Senkung der Aktivierungsenergie wird durch das Einwirken von jeweils spezifischen Biokatalysatoren, von Enzymen, ermöglicht. Die Enzyme lagern sich an die zu verändernden jeweils spezifischen Substanzen, ihrem Substrat, an, verformen dadurch die bestehenden Bindungen zwischen den einzelnen Atomen des Substratmoleküls und lockern damit den Zusammenhalt der Bausteine des Moleküls. Die erforderliche Aktivierungsenergie wird dadurch erniedrigt, und die chemische Reaktion kann nunmehr stattfinden. Es werden neue Reaktionspartner gebildet, und das Enzym wird unverändert wieder freigesetzt. Es kann sich nun wiederum an ein neues Substratmolekül anlagern und damit die Umsetzung eines weiteren Moleküls ermöglichen.

Enzyme sind hoch spezifische Eiweißkörper. Für jede spezifische Reaktion ist ein jeweils spezifisches Enzym (mitunter 2 oder mehrere) vorhanden. Die einzelnen Enzyme wirken meist hoch spezifisch, und ihre Wirkungsweise ist von zahlreichen Faktoren abhängig, wie beispielsweise Temperatur, p_H-Wert und der Anwesenheit bestimmter Cofaktoren (siehe ausführlich Kap. 3.4.1.3).

1.2.2 Oxidation und Reduktion

Oxidations- und Reduktionsprozesse nehmen im Stoffwechsel eine zentrale Rolle ein. Sie stehen in engem Zusammenhang, sie sind miteinander verknüpft.

Oxidation: Unter einer Oxidation wurde zunächst nur die Aufnahme von Sauerstoff verstanden. Die Aufnahme von Sauerstoff ist jedoch nur eine Sonderform der Oxidation, wenn sie auch im täglichen Leben eine Sonderstellung einnimmt. Alle Verbrennungsprozesse sind Oxidationen.

Allen Oxidationsprozessen ist gemeinsam, daß das zu oxidierende Molekül Elektronen abgibt. In den Oxidationsprozessen des Zellstoffwechsels erfolgt die Elektronenabgabe meist über die Abgabe von Wasserstoffatomen (durch die gleichzeitige Abgabe eines Elektrons und eines Protons). Beim Verbrennen von Nährstoffen im Organismus ist nur der letzte Schritt an die Aufnahme von Sauerstoff gebunden (Endoxidation des Wasserstoffs in der Atemkette zu Wasser, siehe unten sowie Kap. 3.5.4.5).

Reduktion: Unter einer Reduktion versteht man sinngemäß die Aufnahme von Elektronen, ebenfalls meist in der Form von Wasserstoffatomen.

Oxido-Reduktions-Prozesse: Oxidation und Reduktion sind eng miteinander verknüpft, denn die Abgabe von Elektronen (bzw. eines Wasserstoffatoms) durch ein Molekül ist nur möglich, wenn diese Elektronen (bzw. Wasserstoffatom) gleichzeitig von einem anderen Molekül aufgenommen werden. Die Oxidation eines Moleküls bedeutet gleichzeitig die Reduktion eines anderen Moleküls.

Oxido-Reduktions-Reaktionen sind in der Regel energiefreisetzende Prozesse. Die Energiegewinnung im Organismus erfolgt durch die schrittweise Oxidation der mit der Nahrung aufgenommenen energieliefernden Nährstoffe (Kohlenhydrate, Fette, Eiweiße).

Die Oxido-Reduktions-Prozesse werden ebenfalls durch spezifische Enzyme (sog. Oxido-Reduktasen) katalysiert. Die Übertragung der Elektronen bzw. Wasserstoffatome erfolgt dabei mit Hilfe spezifischer Coenzyme, die sowohl in oxidierter als auch in reduzierter Form vorliegen können. Die oxidierte Form des Coenzyms kann Wasserstoffatome aufnehmen und wird dabei in die reduzierte Form überführt. Anschließend kann sie dieses Wasserstoffatom auf ein anderes geeignetes Molekül übertragen, das dadurch reduziert wird. Dieser Oxido-Reduktions-Prozeß ist in vielen Fällen (aber nicht immer) auch rückläufig möglich.

Die wichtigsten Coenzyme für die Übertragung von Elektronen bzw. Wasserstoffatomen sind die Adeninnucleotide NAD und NADP (NAD = Nicotinamid-adenin-dinucleotid, NADP = Nicotinamid-adenin-dinucleotidphosphat). Beides sind kompliziert aufgebaute Coenzyme, die neben dem Purinkörper Adenin das Vitamin Niacin enthalten).

Die Oxido-Reduktions-Reaktion kann vereinfacht wie folgt dargestellt werden:

$$NAD^+ + 2\ H^+ + 2\ \text{Elektronen} \leftrightarrow NADH + H^+$$

Gelegentlich ist die vereinfachte, allerdings unkorrekte Darstellung zu finden:

$$NAD + 2\ H \leftrightarrow NADH_2$$

Eine hoch spezialisierte Form der Elektronenübergabe erfolgt in der sog. Atmungskette, die in den Mitochondrien, den Kraftwerken der Zelle, angeordnet ist. Bei der schrittweisen Übertragung der Elektronen sind komplizierte Eiweißstrukturen und Cofaktoren beteiligt, insbesondere die eisenhaltigen Cytochrome. Bei diesem Durchlauf der Elektronen durch die Atmungskette wird bei jedem Schritt Energie gewonnen, indem jeweils ein Molekül ATP durch die Anlagerung von Phosphat an ADP gebildet wird, und im letzten Schritt werden die Elektronen unter Bildung von Wasser an den Sauerstoff abgegeben. Bei dieser Endoxidation eines Elektronenpaars in der Atmungskette können maximal 3 Moleküle ATP gebildet werden.

1.2.3 Hydrolytische Spaltung

Ein ebenfalls sehr wichtiger Reaktionstyp bei Stoffwechselreaktionen im Organismus und bei der Verdauung von Nahrungsbestandteilen ist die hydrolytische Spaltung. Unter hydrolytischer Spaltung versteht man das Lösen einer chemischen Bindung unter Aufnahme eines Moleküls Wasser.

Mit Hilfe dieser Reaktion ist es möglich, größere Moleküle, die aus gleichen oder unterschiedlichen kleineren Molekülen aufgebaut sind, in ihre Grundbausteine zu zerlegen. Solche großen Makromoleküle, sog. Polymere, sind im Organismus und in den Lebensmitteln weit verbreitet (sie sind aus ihren Grundbausteinen unter Abspaltung von Wasser gebildet worden). Die wesentlichsten Makromoleküle sind die Polysaccharide (Mehrfachzucker), die Eiweiße sowie die Nucleinsäuren. Auch einzelne chemische Gruppen, wie beispielsweise Phosphorsäurereste, können von einem Molekül hydrolytisch abgespalten werden. Auch die Spaltung der Fette in Glycerin und in freie Fettsäuren erfolgt durch diesen Spaltungstyp.

Voraussetzung für eine hydrolytische Spaltung ist das Vorliegen einer Verknüpfung, die unter Austritt von Wasser zustande gekommen ist.

Einige Substanzen zerfallen spontan, sobald sie mit Wasser in Berührung kommen. Ein solcher spontaner Zerfall ist für biologische Reaktionen ohne Interesse. Zur hydrolytischen Spaltung von Biomolekülen ist zwar keine Energiezufuhr in Form von energiereichen Verbindungen erforderlich, die zu spaltende Bindung muß jedoch zuvor durch die Wirkung spezifischer Enzyme (Sammelbegriff Hydrolasen) gelockert werden. Die Hydrolasen sind hoch spezifisch auf jeweils einen Bindungstyp und ein bestimmtes Molekül ausgerichtet, so daß eine geordnete Spaltung, die den Erfordernissen angepaßt ist, ermöglicht wird. Energie wird bei der hydrolytischen Spaltung in der Regel nicht freigesetzt, ausgenommen ist die Spaltung von energiereichen Phosphatbindungen, wie sie im ATP und in einigen sog. Zuckerphosphaten (energiereiche Zwischenprodukte des Stoffwechsels) vorliegen.

Als Beispiel einer hydrolytischen Spaltung sei die Spaltung von Malzzucker, einem Zweifachzucker, in seine Bausteine, 2 Moleküle Glucose, unter der Mitwirkung des hydrolytisch wirkenden Enzyms Maltase angeführt. Die beiden Glucosereste sind im Malzzucker über eine sog. glykosidische Bindung (geknüpft unter Austritt von Wasser) verbunden:

$$C_6H_{11}O_5\text{-}O\text{-}C_6H_{11}O_5 + H_2O \rightarrow 2\ C_6H_{12}O_6$$

Es gibt eine Reihe unterschiedlicher Bindungstypen, die unter Austritt von Wasser gebildet worden sind. An ihnen ist mindestens eine OH-Gruppe beteiligt. Die wichtigsten dieser Bindungstypen sind Esterbindungen, an denen eine sog. alkoholische OH-Gruppe und eine OH-Gruppe einer organischen Säure beteiligt sind. Dieser Bindungstyp liegt bei einer Vielzahl von phosphorylierten Verbindungen in der Zelle, beispielsweise bei den Nucleinsäuren, und bei den Fetten vor. Der zweite wichtige Bindungstyp ist die glykosidische Bindung, über die u. a. Zucker zu Disacchariden und Polysacchariden verknüpft sind. Auch die Verknüpfung von Aminosäuren zu Eiweißen erfolgt unter Wasseraustritt, wobei die Aminogruppe der einen Aminosäure mit der Säuregruppe der benachbarten Aminosäure verknüpft ist (sog. Säureamidbindung, mitunter Peptidbindung genannt).

1.3 Freie Radikale

Der Begriff „freie Radikale" und der Begriff „Sauerstoffradikale" werden im Zusammenhang mit Zellschädigungen und als (mit-)auslösende Ursache vieler Erkrankungen zunehmend gebraucht. Es wird gelegentlich sogar von radikalisch induzierten Erkrankungen gesprochen, an deren Entstehung nach den jetzigen Kenntnissen freien Radikalen zumindest eine Mitwirkung zugesprochen werden kann. Gleichzeitig wird die Eigenschaft von einigen Vitaminen und von einigen Mikronährstoffen, Radikale wegzufangen, besonders herausgestellt.

Freie Radikale sind Atome oder Moleküle, die durch eine Reaktion in eine, chemisch gesehen, instabile Form überführt worden sind. Infolge ihrer instabilen Form zeigen diese Radikale eine große Reaktionsaktivität und gehen somit mit anderen Molekülen umgehend weitere Reaktionen ein. Sie sind dadurch in der Lage, zahlreiche Verbindungen rasch anzugreifen und zu verändern. Es ist verständlich, daß beim vermehrten Auftreten von solchen Radikalen im menschlichen Organismus wichtige Bausteine der Zellen nachhaltig geschädigt werden können.

Eine besondere Stellung nehmen im Organismus freie Sauerstoffradikale ein. Sie entstehen aus molekularem Sauerstoff, bei dem ein einzelnes Elektron entfernt worden ist. Diese freien Sauerstoffradikale können sehr rasch mit anderen Molekülen reagieren und diese dabei verändern:

- Freie Radikale können auf chemisch inaktive Verbindungen einwirken und diese so verändern, daß diese selbst in Radikale überführt werden. Durch diese ständig stattfindende Neubildung von Radikalen kann in einer Art Kettenreaktion die Anzahl der Radikale explosionsartig erhöht werden.
- Freie Radikale wirken auf nahezu alle makromolekularen Biomoleküle ein, wodurch deren biologische Funktion mehr oder weniger stark

beeinflußt werden kann. Sie können insbesondere an den Eiweißen, Nucleinsäuren und den am Aufbau der Biomembranen beteiligten Fetten zu massiven Veränderungen führen. Auch andere Zellbestandteile werden insbesondere durch Sauerstoffradikale oxidiert und damit in ihrer Funktion teilweise beträchtlich beeinträchtigt.

- Besonders empfindlich gegenüber einer oxidativen Veränderung sind Fettsäuren, vorrangig mehrfach ungesättigte Fettsäuren, die am Aufbau der Biomembranen beteiligt sind.
- Das massive Auftreten von Radikalen kann das Auftreten von zahlreichen Krankheiten begünstigen oder sogar die wesentlichste Ursache für ihr Entstehen sein (z. B. arteriosklerotische Veränderungen).

Der Organismus verfügt über Schutzsysteme, die normalerweise die entstehenden Radikale wegfangen und damit unschädlich machen. Das wichtigste Schutzsystem ist das Vitamin E, das in seiner Funktion vom Vitamin C, Mikronährstoffen und enzymatischen Schutzsystemen unterstützt wird (siehe hierzu ausführlich Kap. 3.7.1.3, 3.7.2.9 und 3.7.3).

KAPITEL 2

Grundzüge des Aufbaus und der Funktion des menschlichen Organismus

2 Grundzüge des Aufbaus und der Funktion des menschlichen Organismus

KAPITEL 2

2.1 Aufbau und Funktion der Körperzellen

Die Körperzelle ist die kleinste in sich geschlossene funktionelle Einheit im Organismus. Die Zellen der verschiedenen Organe und Gewebe unterscheiden sich zwar in ihrem Detailaufbau und in den von ihnen erbrachten Stoffwechselleistungen meist recht beträchtlich, im Grundaufbau und in den basalen Stoffwechselleistungen besteht jedoch, von einigen Sonderfällen abgesehen, eine relativ große Übereinstimmung.

Die Zellen werden von einer Membran, der Zellmembran, umschlossen. Im Inneren der Zellen befindet sich der Zellsaft (Cytoplasma), in dem die unterschiedlichen Zellorganellen eingebettet sind. Diese unterschiedlichen Zellorganellen erfüllen im Rahmen einer Arbeitsteilung innerhalb der Zelle unterschiedliche Funktionen (siehe Abb. 2.1.1).

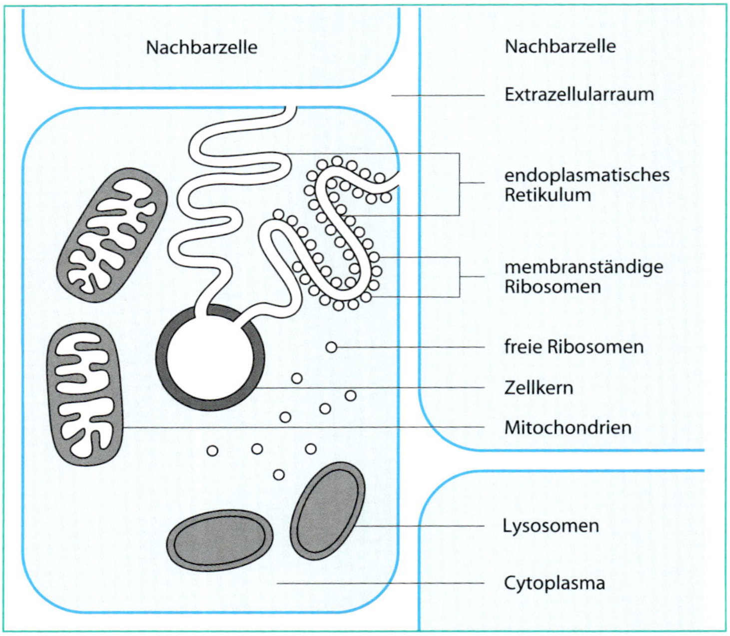

Abb. 2.1.1: Aufbau einer Körperzelle (schematische Darstellung)

Die wichtigsten Zellorganellen sind

- Zellkern,
- Mitochondrien,
- intrazelluläres Membransystem (endoplasmatisches Retikulum),
- Ribosomen,
- Lysosomen.

Es gibt außerdem eine Reihe weiterer Zellorganellen, auf die hier nicht weiter eingegangen werden soll.

Zellmembran

Die Zellmembran grenzt den Zellinhalt von seiner Umgebung ab. Sie stellt teilweise einen direkten Kontakt zu Nachbarzellen her, wodurch Zellverbände gebildet werden. Daneben grenzt sie die Zelle vom sog. Extrazellularraum ab. Für viele niedermolekulare Substanzen ist die Zellmembran frei passierbar (frei permeabel). Einer Reihe von Substanzen können jedoch die Membranen vieler Zellen nicht direkt passieren. Ihre Aufnahme ist von dem Vorhandensein und an dem Funktionieren von spezifischen Transportprozessen abhängig (z. B. Aufnahme von Glucose oder Aminosäuren durch Fettgewebs- und Muskelzellen durch die Vermittlung von Insulin).

Der Extrazellularraum wird von der extrazellulären Flüssigkeit ausgefüllt. Die Zellmembran verhindert somit den Verlust von Zellinhaltsstoffen und das unkontrollierte Eindringen von bestimmten Substanzen aus dem Extrazellularraum in das Zellinnere hinein. Die extrazelluläre Flüssigkeit ist eine Körperflüssigkeit mit nahezu gleicher Zusammensetzung wie die Blutflüssigkeit (Blutplasma). Sie ermöglicht den Transport von Nährstoffen (und Reglerstoffen) zu den einzelnen Zellen, ebenso den Abtransport von Endprodukten des Zellstoffwechsels.

Zellkern

Die Hauptfunktion des Zellkerns ist die sichere „Aufbewahrung" der in ihr enthaltenen genetischen Information und deren gezielte Weitergabe. Diese genetische Information, das sog. genetische Material, ist die Desoxyribonucleinsäure (DNS = DNA, englisch: deoxyribonucleic acid), in der das Erbgut und damit auch die Bauanleitung für alle körpereigenen Eiweiße verschlüsselt ist.

Die DNA besteht aus 2 nach den gleichen Bauprinzipien aufgebauten Molekülketten. Diese Ketten weisen auf Grund ihres Aufbaus einen Richtungssinn auf. Sie sind, gegenläufig angeordnet, schraubenförmig zu einer Doppelspirale (Doppelhelix) aufgewickelt.

Die Bausteine einer Nucleinsäurekette sind

- Purinbasen (Adenin und Guanin),
- Pyrimidinbasen (Cytosin und Thymin),
- Desoxyribose und
- Phosphorsäure.

Die Purin- und Pyrimidinbasen sind in jeder Kette über Zuckerreste (Desoxyribose, einem Zucker mit 5-C-Atomen) und Phosphorsäureresten verknüpft und somit in der Kette perlenförmig aufgereiht. Die Basen sind in der Doppelhelix, dem kompletten DNA-Molekül, nach innen gerichtet, wobei sich jeweils 2 sog. komplementäre Basen gegenüberstehen, die wie Schlüssel und Schloß zueinander passen. Die jeweils komplementären Basenpaare sind die Paarung Adenin und Thymin sowie die Paarung Guanin und Cytosin. Die korrekte Basenpaarung wird durch die Ausbildung von Wasserstoffbrückenbindungen zwischen den betreffenden Basen gesichert (siehe Kap. 1.1.2). Die beiden Nucleinsäureketten des DNA-Moleküls bestimmen mit Hilfe dieses „Schlüssel-Schloß-Mechanismus" gegenseitig ihre Struktur, jede Kette ist das Spiegelbild der gegenüberliegenden Kette.

Die genetischen Informationen sind in der Reihenfolge verschlüsselt, in der die Purin- und Pyrimidinbasen im Molekül aufeinanderfolgen. Werden die beiden Ketten der DNA-Doppelhelix voneinander getrennt, kann an jedem Strang eine neue komplementäre einsträngige DNA-Kette angefügt werden. Auf diese Weise wird bei der Zellteilung die exakte Weitergabe der genetischen Information gewährleistet (siehe Abb. 2.1.2).

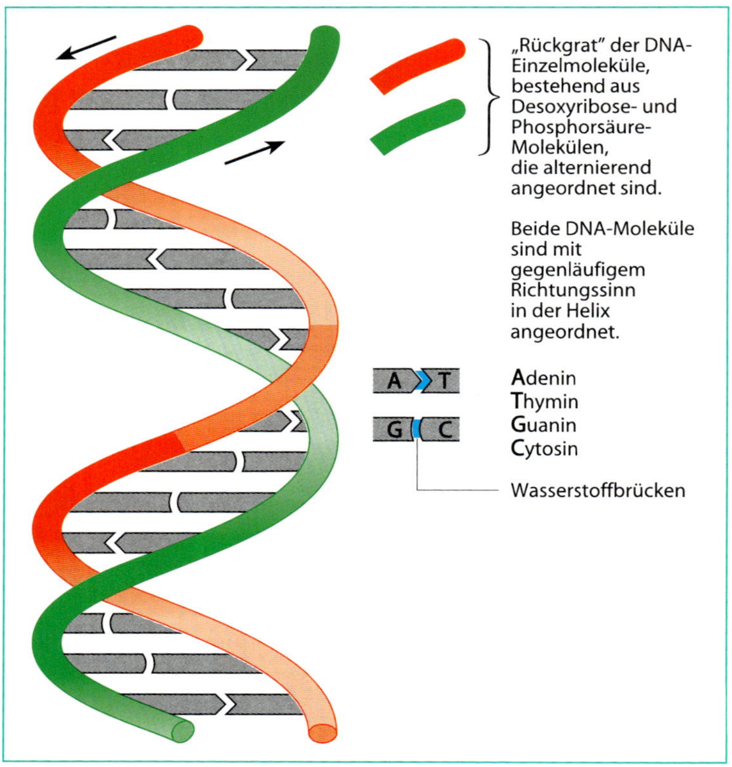

Abb. 2.1.2: DNA-Aufbau (Schema der Doppelhelix)

In der Reihenfolge, in der in der DNA deren Bausteine angeordnet sind, ist die Reihenfolge der Aminosäuren in den einzelnen Eiweißkörpern verschlüsselt, die deren Struktur und Funktion bestimmt. Auf diese Weise diktiert die DNA auch den Aufbau und die spezifischen Stoffwechselleistungen jeder Zelle. Da bei der Bildung einzelner Zellen nur ausgewählte Abschnitte der DNA für die Informationsweitergabe genutzt werden, unterscheiden sich die unterschiedlichen Zellen im Aufbau und in ihren Funktionen.

Bei der Synthese der Eiweiße sind neben zahlreichen Enzymen und Cofaktoren auch Ribonucleinsäuren (RNA) einbezogen. Eine Ribonucleinsäure ist eine Nucleinsäure, an deren Aufbau an Stelle der Desoxyribose der 5er-Zucker Ribose beteiligt und die Pyrimidinbase Thymin durch die Pyrimidinbase Uracil ersetzt ist. In menschlichen und tierischen Zellen vorkommende Ribonucleinsäuren bilden in der Regel keine kompletten Doppelstrangmoleküle. Es gibt verschiedene RNA-Typen, die bei der Eiweißsynthese unterschiedliche Funktionen erfüllen bzw. am Aufbau der Ribosomen beteiligt sind.

Die Synthese der Eiweiße erfolgt in einem sehr komplizierten mehrstufigen Prozeß, an dem nahezu alle Zellorganellen sowie das Cytoplasma beteiligt sind.

- *Die in der DNA verschlüsselte genetische Information wird zunächst in eine jeweils spezifische RNA, in eine Boten-RNA (m-RNA, englisch: messenger-RNA) „umgeschrieben". Bei der Synthese der Boten-RNA wird die Reihenfolge ihrer Purin- und Pyrimidinbasen von den komplementären Basen eines der beiden DNA-Stränge diktiert. Die Boten-RNA ist somit die exakte Kopie der DNA (exakter: die komplementäre, spiegelbildliche, Kopie eines Stranges, des „richtigen" Stranges, der DNA).*
- *Die Boten-RNA wird an die Orte der Eiweißsynthese im Cytoplasma, den Ribosomen (siehe unten) transportiert, an deren Oberfläche die Verknüpfung der Aminosäuren zum kompletten Eiweiß erfolgt.*
- *Die Transfer-RNA (Überträger-RNA, t-RNA) ist eine Familie von sehr ähnlich aufgebauten Nucleinsäuren. An jeweils eine spezifische Transfer-RNA wird im Cytoplasma die jeweils „passende" Aminosäure mit Hilfe spezifischer Enzyme angeheftet (aktiviert). Die Transfer-RNA ist für das Erkennen der in der Boten-RNA verschlüsselten richtigen Reihenfolge der Aminosäuren im zu bildenden Eiweiß verantwortlich.*
- *Die ribosomale RNA (r-RNA) ist ein wesentlicher Baustein der Ribosomen, der Orte der Eiweißsynthese (siehe unten).*

Die neu gebildeten Eiweiße werden von den Ribosomen abgelöst und an ihre Wirkorte transportiert. In der Leber erfolgt die Ausschleusung der Plasmaeiweiße aus der Zelle über das Schlauchsystem des endoplasmatischen Retikulums. Nach erfolgter Synthese ordnen sich die Polypeptidketten in den für sie jeweils charakteristischen räumlichen Strukturen an.

Ribosomen

Die Ribosomen sind sehr kleine Zellorganellen, an deren Oberfläche die Synthese der Eiweiße stattfindet. Die Anzahl der Ribosomen pro Zelle ist sehr groß. Sie sind sehr kompakt aufgebaut und bestehen im wesentlichen aus spezifischen Eiweißen und spezifischen Ribonucleinsäuren, der ribosomalen RNA (r-RNA).

Endoplasmatisches Retikulum

Das endoplasmatische Retikulum ist ein im Zellinneren befindliches Membransystem, an dem eine Vielzahl von wichtigen Stoffwechselprozessen ablaufen. Über dieses schlauchförmig angeordnete Membransystem erfolgt auch das Ausschleusen von solchen höhermolekularen Substanzen in den Extrazellularraum, die zuvor in den Zellen gebildet wurden wie die Eiweiße.

In diesem Membransystem laufen zusätzlich zahlreiche wichtige Stoffwechselprozesse ab. In ihm sind ebenso zahlreiche Entgiftungsfunktionen lokalisiert, einschließlich des Abbaus von zahlreichen Medikamenten.

In den Zellen von solchen Organen, die Eiweiße bilden, die für die Funktion des gesamten Organismus von Bedeutung sind, sind an das endoplasmatische Retikulum Ribosomen angelagert. Die an diesen membranständigen Ribosomen gebildeten Eiweiße werden sofort nach ihrer Bildung über das Ausschleusungssystem der Membranen aus den Zellen ausgeschleust und in die Körperflüssigkeiten abgegeben. Solche Eiweiße sind beispielsweise die Bluteiweißkörper, die in der Leber gebildet werden, und Peptidhormone („Eiweißhormone“) wie das in den Inselzellen der Bauchspeicheldrüse gebildete Insulin.

Mitochondrien

Die Anzahl der Mitochondrien, die sich in einer Zelle befinden, ist bei den verschiedenen Zellen unterschiedlich hoch. Sie beträgt im Durchschnitt etwa 1000 bis 2000. Die Mitochondrien sind Zellorganellen, die durch eine recht stabile Mitochondrienmembran vom Zellsaft abgeschottet werden und die nur für bestimmte Substanzen passierbar ist. Für das Passieren der Membran sind meist spezifische Transportprozesse erforderlich.

Die Mitochondrien sind die Kraftwerke der Zelle. In der in den Mitochondrien angeordneten Atmungskette findet die stufenweise Endverbrennung von Wasserstoff zu Wasser statt. Die dabei frei werdende Energie wird in der universellen Energiemünze Adenosintriphosphat (ATP) gespeichert (siehe Kap. 1.2.1). Diese Endverbrennung liefert den Großteil der Energie. Die Atmungskette ist eine geordnete Aufeinanderfolge von spezifischen Eiweißen und Cofaktoren, insbesondere den eisenhaltigen Cytochromen.

Neben der Hauptfunktion der Mitochondrien, der Endoxidation von Wasserstoff, laufen in ihnen eine Reihe von anderen Stoffwechselprozessen ab, der wichtigste dieser Prozesse ist die Synthese von Fettsäuren.

Lysosomen

Die Lysosomen sind sehr kleine Zellorganellen. Sie sind von einer sehr festen und schwer durchlässigen Membran umhüllt. Die Lysosomen enthalten Enzyme, die eine Vielzahl von Makromolekülen (u. a. Eiweiße und Nucleinsäuren) spalten können. In der intakten, ordnungsgemäß funktionierenden Zelle können diese Enzyme nicht wirken, da sie von der Lysosomenmembran fest umschlossen werden.

Die Membran der Lysosomen wird nach dem Absterben der Zelle verändert, schrittweise abgebaut und dadurch durchlässig. Infolgedessen werden die lysosomalen Enzyme in das Zellinnere hinein freigesetzt und sorgen danach für den schnellen Abbau aller hochmolekularen Zellbausteine und damit für das rasche Auflösen der nicht mehr lebensfähigen Zellen. Dadurch wird verhindert, daß Zellbruchstücke und Bruchstücke von Zellbestandteilen abgestorbener Zellen schädigende Einflüsse auf gesunde Körperzellen ausüben können.

Cytoplasma (Zellsaft)

Das Cytoplasma umströmt alle Zellorganellen. In ihm sind eine Vielzahl löslicher, nicht strukturgebundener Enzyme enthalten, die zahlreiche Stoffwechselfunktionen katalysieren. Der Zellsaft vermittelt außerdem den Austausch von wasserlöslichen Substanzen zwischen den einzelnen Zellorganellen.

2.2 Gewebe

Unter einem Gewebe versteht man den Verband von vorwiegend gleichartigen Zellen. Der Zwischenraum zwischen den Zellen eines Gewebes, der sog. Extrazellularraum, wird von der extrazellulären Flüssigkeit und von Zwischenzellsubstanzen ausgefüllt.

Die verschiedenen Gewebe sind recht unterschiedlich aufgebaut. Nach ihrem unterschiedlichen Aufbau und den unterschiedlichen Funktionen kann zunächst zwischen 4 verschiedenen Arten von Geweben unterschieden werden:

- Epithelgewebe (Deckepithel und Drüsenepithel),
- Binde- und Stützgewebe,

- Nervengewebe,
- Muskelgewebe (glatte, quergestreifte und Herzmuskulatur).

2.2.1 Epithelgewebe

Epithelgewebe sind Oberflächengewebe. Sie haben vorzugsweise eine Schutzfunktion. Darüber hinaus produziert eine große Anzahl verschiedener, speziell differenzierter Epithelgewebe spezifische Wirkstoffe und andere Substanzen und gibt diese an die Umgebung ab.

Deckepithel

Das Deckepithel bekleidet die äußere Haut und die Oberflächen im Inneren des Körpers wie die Schleimhäute des Magen-Darm-Trakts und der Atemwege, die (innere) Oberfläche der Blutgefäße, der Harnwege, Gallengänge und Gallenblase sowie der Ausführungsgänge der Bauchspeicheldrüse.

Die Hauptfunktion des Deckepithels ist der Schutz des darunter gelegenen Gewebes. Dieser Schutzaufgabe ist das Deckepithel entsprechend dem jeweiligen Ort und der dort herrschenden Bedingungen auf verschiedenste Weise angepaßt.

Ein besonders differenziertes Deckepithel sind die Zellen in den verschiedenen Bereichen des Darms (Resorptionsepithel), deren Zellen durch ihre Gestaltung und Ausstattung die Resorption von Nahrungsbestandteilen aus dem Darminneren in den Körper hinein ermöglichen.

Drüsenepithel

Die Zellen des Drüsenepithels produzieren spezifische Substanzen, die sie in das Blut oder an die Umgebung abgeben (sog. Sekrete). Drüsenzellen sind an den verschiedensten Stellen des Körpers zu finden. Sie produzieren recht verschiedenartige Substanzen, die die unterschiedlichsten Wirkungen zeigen.

Drüsenzellen können in andere Zellverbände eingegliedert sein wie beispielsweise verschiedene Schleimdrüsen in die Epithelzellen des Magen-Darm-Trakts, sie können aber auch in großen Verbänden zu den sog. Organdrüsen (kurz Drüsen) zusammengefaßt sein.

Nach dem Mechanismus der Ausscheidung ihrer Sekrete wird zwischen 2 völlig unterschiedlichen Drüsentypen unterschieden:

- exokrine Drüsen,
- endokrine Drüsen.

Exokrine Drüsen: Exokrine Drüsen geben ihr Sekret entweder direkt (z. B. Drüsenzellen im Magen) oder über einen Ausführungsgang an die Körperoberfläche (z. B. Schweißdrüsen der Haut) oder in Körperhohlräume (z. B. Verdauungssäfte der Bauchspeicheldrüse) ab.

Endokrine Drüsen: Endokrine Drüsen haben keine Ausführungsgänge. Sie geben ihre Sekrete, die Hormone, direkt an das Blut ab. Hormone sind Wirkstoffe, die an jeweils bestimmten Organen spezifische regulierende Funktion ausüben (siehe ausführlich Kap. 2.3.7).

2.2.2 Binde- und Stützgewebe

Stütz- und Bindegewebe haben im wesentlichen Halte- und Stützfunktionen zu erfüllen. Sie zeichnen sich durch einen relativ einfachen Aufbau aus.

Dem Binde- und Stützgewebe werden darüber hinaus das lymphatische Gewebe und das Fettgewebe zugerechnet, Zell- und Gewebstypen, deren Funktionen mit einer Halte- oder Stützfunktion nichts zu tun haben. Die Zuordnung dieser Gewebe zum Bindegewebe erfolgt auf Grund der Tatsache, daß sie sich von den gleichen Stammzellen ableiten, aus denen sich im Verlauf der Embryonalentwicklung das eigentliche Bindegewebe heraus entwickelt.

Bindegewebe

Das eigentliche Bindegewebe macht mit etwa 20 % des gesamten Bestands an Körperzellen die mengenmäßig größte Gewebeart des Körpers aus.

Für das Bindegewebe charakteristisch ist die Ausbildung von Bindegewebsfasern, die durch den besonderen Aufbau der spezifischen Bindegewebseiweiße entweder

- hohe Zugkräfte übertragen können (straffes Bindegewebe in Bändern und Sehnen),
- eine pulsierende Druckbelastung abfedern können (elastisches Bindegewebe in den Arterienwänden),
- den Zellverband in Organen stabilisieren und abgrenzen können (retikuläres Bindegewebe in Leber, Niere, Milz),
- die Fugen und Hohlräume zwischen einzelnen Organen, Muskeln und zwischen Körperdecke und den inneren Organen ausfüllen oder durchziehen (lockeres Bindegewebe) oder
- eine tragende und stützende Funktion übernehmen können (Knochen und Knorpel).

Knorpel- und Knochengewebe

Das Knorpel- und das Knochengewebe sind als Stützgewebe besonders reich an festen und elastischen Substanzen.

Die interzelluläre Substanz des Knorpelgewebes ist eine gallertartige Masse, in die kollagene Bindegewebsfasern eingelagert sind. Der Knorpel wird nicht von Blutgefäßen durchzogen, er wird nur durch Diffusion mit Nährstoffen versorgt. Verletzungen des Knorpels heilen infolgedessen äußerst langsam und oft schlecht.

Die außergewöhnliche Festigkeit des Knochengewebes und des Zahnschmelzes ist durch die Einlagerung von Kalksalzen bedingt. Mehr als 99,9 % des gesamten Körperbestands an Kalzium (etwa 1,5 kg) befinden sich in den sog. Hartsubstanzen der Knochen und Zähne. Am Aufbau dieser Hartsubstanzen sind neben Kalziumsalzen auch Magnesiumsalze beteiligt (Phosphate und Karbonate). Die außergewöhnliche Stabilität und Härte von Knochen und Zähnen ist durch die Anordnung der Mineralstoffe in besonderen kristallinen Strukturen bedingt (Hydroxylapatitkristalle). Diese Stabilität und insbesondere die Widerstandsfähigkeit des Zahnschmelzes gegenüber Säuren wird durch die Einlagerung von geringen Mengen an Fluor in das Kristallgefüge (im Austausch gegen einen geringen Anteil von Hydroxylionen) erhöht.

Lympho-retikuläres Bindegewebe

Das lymphatische Bindegewebe ist am Aufbau von Lymphknoten und den Rachenmandeln sowie von anderen kleinen Lymphorganen beteiligt, die an verschiedenen Körperstellen zu finden sind (z. B. in der Darmwand). Dieses Lymphgewebe repräsentiert in seiner Gesamtheit das lymphatische System, das wesentlich an der körpereigenen Abwehr beteiligt ist. Im Lymphgewebe werden die Lymphozyten gebildet, weiße Blutzellen, die in das System der körpereigenen Abwehr eingebunden sind.

Myelo-retikuläres Gewebe

Das myelo-retikuläre Gewebe befindet sich im Knochenmark. Es ist für die Bildung der roten und der (meisten) weißen Blutzellen verantwortlich.

Fettgewebe

Die Zellen des Fettgewebes sind in der Lage, beträchtliche Mengen an Fett zu speichern. Sie können bis zu 95 % aus Fett bestehen. In solchen mit Fett vollgepumpten Zellen sind die funktionellen Zellorganellen und das Cytoplasma auf einen schmalen Ring zusammengedrückt, der sich am Rand der Zellen befindet (sog. Siegelringzellen).

Fettgewebe hat an einigen Körperstellen eine mechanische Schutz- oder Polsterfunktion (Polsterung der Fußsohlen und des Gesäßes, Schutz der Nieren und der Augäpfel). Fettgewebe, das solche Schutzfunktionen erfüllt, wird auch bei länger bestehendem Hunger relativ spät eingeschmolzen.

Das Unterhautfettgewebe und das Fettgewebe im Bauchinneren ist Speicherfett und dient somit als Energiereserve. Es wird rascher eingeschmolzen und zur Energieversorgung genutzt als Fette, die eine mechanische Schutzfunktion erfüllen. Die Geschwindigkeit seines Abbaus ist jedoch auch nicht besonders hoch. Das Unterhautfettgewebe dient darüber hinaus als Schutz vor zu großen Wärmeverlusten.

Im sog. braunen Fettgewebe, vorzugsweise im Brustbereich zwischen den Schulterblättern vorkommend, kann das in ihm deponierte Fett schneller verbrannt werden. Die dabei freigesetzte Energie wird zu einem hohen Prozentsatz in Wärme umgewandelt. Das braune Fettgewebe ist offenbar mit in die Regulation der Körpertemperatur einbezogen und, bis zu einem gewissen Grad, bei der Verwertung von Nahrungsenergie, die dem Körper in Überschuß zugeführt wurde. Die Zellen des braunen Fettgewebes zeichnen sich durch einen höheren Bestand an Mitochondrien aus.

2.2.3 Nervengewebe

Das Nervengewebe ist das am kompliziertesten aufgebaute Gewebe im menschlichen Körper. Viele Besonderheiten des Stoffwechsels sowie Funktionsmechanismen des Nervengewebes sind im Vergleich zu den anderen Geweben noch weitgehend ungeklärt. Das Nervengewebe unterscheidet sich von den anderen Geweben durch seinen relativ hohen Gehalt an Fett und Cholesterin. Eine weitere Besonderheit des Nervengewebes ist seine geringe Fähigkeit, sich nach Schädigungen oder Verletzungen zu regenerieren.

Zum Nervengewebe gehören die eigentlichen Nerven- oder Ganglienzellen, in denen die Erregungsbildung bzw. Erregungsverarbeitung (einschließlich Gedächtnisleistung) stattfinden. Diese Zellen haben unterschiedlich lange „kabelartige" Fortsätze, die den gesamten Organismus, vom Gehirn und Rückenmark ausgehend, nach verschiedenen Richtungen durchziehen (Nervenfasern und aus Nervenfasern zusammengesetzte Nervenstränge).

2.2.4 Muskelgewebe

Die wichtigste Eigenschaft des Muskelgewebes ist seine Fähigkeit, sich zu kontrahieren und damit Muskelarbeit zu leisten. Bei dem dabei stattfindenden Verkürzen der Muskelfasern gleiten einzelne Eiweißkomponenten der Muskelzellen ineinander. Dieser Prozeß der Muskelkontraktion benötigt chemische Energie in Form ATP.

Die rote Farbe des Muskelgewebes ist durch den Muskelfarbstoff Myoglobin bedingt, der sich im Zellsaft der Muskelzellen befindet. Myoglobin ist in seinem chemischen Aufbau mit dem Blutfarbstoff Hämoglobin verwandt. Myoglobin kann Sauerstoff binden und ist damit für den Muskel eine Sauerstoffreserve, auf die bei der Muskelarbeit sofort zurückgegriffen werden kann.

Quergestreifte Muskulatur

Die Skelettmuskeln, die für die Bewegung der Gliedmaßen verantwortlich sind, bestehen aus quergestreifter Muskulatur. Das unter dem Mikroskop zu beobachtende Bild der Querstreifung ist durch den regelmäßigen Aufbau der Muskelfasern bedingt. Die Skelettmuskulatur kann willkürlich erregt werden, und es kann infolgedessen bewußt Muskelarbeit geleistet werden.

Die einzelnen Muskelzellen sind in Muskelfasern organisiert, die mit Bindegewebe umhüllt und zu Bündeln zusammengefaßt sind. Mehrere Bündel werden wiederum zu einem Muskel vereinigt. Die Muskeln werden durch eine mehr oder weniger dicke Bindegewebshülle umschlossen. Am Muskelende geht diese Bindegewebsumhüllung in eine Sehne über, mit der der Muskel am Skelett befestigt ist. Dieses Prinzip des Muskelaufbaus erklärt den Fakt, daß Bindegewebseiweiße einen relativ hohen Anteil am Gesamteiweißbestand der Muskulatur stellen.

Herzmuskulatur

Die Herzmuskulatur ist ebenfalls quergestreiftes Muskelgewebe. Die einzelnen Muskelzellfasern sind im Herzmuskel vielfach verzweigt. Der Herzmuskel besitzt sein eigenständiges Reizbildungs- und Reizleitungssystem (ein spezielles Nervengewebe), das für die ständige und geordnete Kontraktion des Herzens sorgt. Dieses relativ autonome „Nervensystem" des Herzens kann nicht willkürlich beeinflußt werden. Nur das vegetative Nervensystem kann es bis zu einem gewissen Grad beeinflussen (z. B. Erhöhung der Herzfrequenz bei Streß oder Aufregung).

Glatte Muskulatur

Die Kontraktion der glatten Muskulatur erfolgt im Vergleich zur Skelett- und Herzmuskulatur relativ langsam und kann nicht willkürlich beeinflußt werden. Glatte Muskulatur ist überall dort zu finden, wo die Muskelkontraktion unserem Willen entzogen ist (Wände von Blutgefäßen, des Gastrointestinaltrakts und der Ausführungsgänge exokriner Drüsen).

2.2.5 Blut

Das Blut kann als eine besondere Gewebeart aufgefaßt werden, die aus verschiedenartigen Zellen besteht, den roten und weißen Blutzellen, die in einer flüssigen Grundsubstanz, dem Blutplasma, schwimmen. Auch die Blutplättchen sind feste Blutbestandteile. Das Blutplasma macht 55 % der gesamten Blutmenge aus, 45 % entfallen somit auf zelluläre Bestandteile. Das Blutvolumen des Erwachsenen beträgt etwa 5 l.

Die wichtigste Funktion des Bluts ist der Transport von Stoffen einschließlich Gasen, im wesentlichen der Atemgase Sauerstoff (Transport in den roten Blutzellen an Hämoglobin gebunden) und Kohlendioxid (im Blutplasma gelöst). Die weißen Blutzellen sind an wichtigen zellulären Abwehrfunktionen beteiligt. Die Blutplättchen sind in die Blutgerinnung einbezogen.

Rote Blutzellen (Erythrozyten)

Die Erythrozyten sind sehr kleine kernlose runde Scheiben, die in der Mitte leicht eingedellt sind. Ein Kubikmilliliter (mm^3) Blut enthält etwa 5 Millionen Erythrozyten.

Die roten Blutzellen verdanken ihre rote Farbe dem roten Blutfarbstoff Hämoglobin, eine kompliziert aufgebaute Substanz, in der der Grundfarbstoff Häm an einem Eiweißkörper gebunden ist. Hämoglobin bindet Sauerstoff, der somit mit dem Blut von den Lungen an die Gewebe transportiert wird. Dieser Sauerstoff wird vom Hämoglobin in den feinsten Verzweigungen der Blutgefäße, den Kapillaren, abgegeben. Der Sauerstoff tritt dann, in der extrazellulären Flüssigkeit gelöst, in die einzelnen Zellen über und ermöglicht in den Mitochondrien die Endoxidation (Verbrennung) des Wasserstoffs, der aus den energieliefernden Nährstoffen stammt, zu Wasser.

Rote Blutzellen besitzen weder einen Zellkern noch andere Zellorganellen. Diese strukturierten Zellbestandteile sind bei der Reifung der Erythrozyten schrittweise abgebaut worden. Die Stoffwechselleistungen der roten Blutzellen beschränken sich somit auf die Prozesse, die ausschließlich im Cytoplasma ablaufen. Erythrozyten können infolgedessen für ihre Stoffwechselleistungen nur Glucose als Energiequelle nutzen (der Abbau der Glucose erfolgt im Zellsaft der Erythrozyten). Eine vollständige Oxidation der Glucose zu Wasser und Kohlendioxid ist in den Erythrozyten wegen des Fehlens von Mitochondrien nicht möglich.

Weiße Blutzellen (Leukozyten)

Die Leukozyten enthalten, im Gegensatz zu den Erythrozyten, einen Zellkern und Zellorganellen. Die im Blut zirkulierenden Leukozyten sind keine einheitliche Zellpopulation. Zu der großen Gruppe der weißen Blutzellen gehören Zellen mit teilweise recht unterschiedlichen Funktionen. Eine grobe Einteilung ist die Untergliederung in Lymphozyten und Granulozyten. Ein Kubikmillimeter (mm^3) Blut enthält etwa 6000 Leukozyten.

Die Lymphozyten sind Bestandteile des lymphatischen Systems. Sie werden von Zellen des Lymphgewebes gebildet und sind in die Immunabwehr des Körpers einbezogen.

Die Granulozyten haben die Fähigkeit, eingedrungene und als Fremdkörper erkannte Partikel wie Bakterien und Zerfallsprodukte von zerstörten Zellen aufzunehmen, zu „verdauen", und auf diese Weise aus dem strömenden Blut und damit aus dem Körper zu entfernen. Sie bilden eine Art Schutzpolizei des Körpers. Die Hauptmasse des Eiters einer eiternden Wunde sind Granulozyten.

Blutplättchen (Thrombozyten)

Die Blutplättchen sind kernlose feinblättrige Gebilde, die in die Blutgerinnung einbezogen sind. Blutplättchen und die Gerinnungsfaktoren (Eiweiße des Blutplasmas) überführen in Gegenwart von Kalziumionen das Fibrinogen (ein lösliches Eiweiß des Blutplasmas) in das unlösliche Fibrin, wodurch es zur Ausbildung eines Blutgerinnsels kommt.

Blutplasma

Im Blutplasma sind wasserlösliche Eiweiße, Salze und andere wasserlösliche Bestandteile enthalten. Das Blutplasma macht etwa 55 % des Blutvolumens aus.

Im Blutplasma werden wasserlösliche Nährstoffe einschließlich Mineralstoffe und Vitamine und wasserlösliche Stoffwechselendprodukte transportiert. Auch Gase werden, im Plasmawasser gelöst, im Blut transportiert, wie beispielsweise das bei der Endverbrennung entstehende Kohlendioxid, das in der Lunge aus dem Plasmawasser abgegeben und abgeatmet wird. Auch andere Gase, wie z. B. resorbierte Darmgase, werden im Plasmawasser gelöst transportiert und durch die Lungen abgeatmet. Es sei nochmals darauf hingewiesen, daß der Sauerstofftransport im Blut mit Hilfe des Hämoglobins erfolgt und nicht in gelöster Form im Blutplasma.

Im Blutplasma werden auch die wasserunlöslichen Fette und andere wasserunlösliche Verbindungen (z. B. fettlösliche Vitamine, Cholesterin), in sog. Lipoproteinpartikeln verpackt, transportiert. Die Fette sind in diesen Lipoproteinpartikeln von einer feinen Hülle aus spezifischen „wasserfreundlichen" Eiweißen umschlossen, die damit ein „Schwimmen" dieser Partikel im Blutplasma ermöglichen (siehe Kap. 3.5.4.1).

Plasmaproteine

Die Plasmaproteine sind der mengenmäßig größte Anteil der im Blutplasma gelösten Stoffe. Ihre Konzentration beträgt beim Gesunden etwa 75 g/l. Der Gesamtbestand eines erwachsenen Menschen an Plasmaeiweißen im Blut beträgt somit etwa 200 g. Der Großteil der Plasmaproteine (ausgenommen sind die Immunglobuline) wird in der Leber gebildet.

Plasmaproteine sind auch in der extrazelluären Flüssigkeit zwischen den einzelnen Gewebszellen und somit außerhalb des Blutgefäßsystems vorhanden, allerdings in niedrigerer Konzentration als im Blutplasma. Trotz ihrer niedrigeren Konzentration in der extrazellulären Flüssigkeit ist die dort befindliche Menge infolge der Größe des Extrazellularraumes mit etwa 150 g relativ groß und nicht zu vernachlässigen.

Die gesamte Menge an Plasmaproteinen von knapp 400 g ist im Vergleich zum Gesamtbestand der Körpereiweiße von etwa 15 kg nicht groß. Die Plasmaproteine zeichnen sich jedoch durch einen schnellen Umsatz aus, sie werden rasch abgebaut und ebenso schnell wieder neu gebildet.

Die Plasmaproteine sind eine Population von mehr als 100 verschiedenen Eiweißen, die sich durch einen teilweise recht unterschiedlichen Aufbau und durch eine Vielzahl von unterschiedlichen Funktionen unterscheiden.

Die wichtigsten Funktionen der unterschiedlichen Plasmaproteine sind

- Aufrechterhaltung des sog. kolloidosmotischen Lösungsdrucks, der das Plasmawasser an dem Austritt aus den Blutgefäßen hindert (das Wasser wird von den Albuminen festgehalten, die eine besonders hohe Wasserbindungskapazität aufweisen),
- Vermittlung einer Immunabwehr (durch die Immunglobuline, die sog. Antikörper) und eines unspezifischen Schutzes,
- Teilnahme an der Blutgerinnung (Blutgerinnungsfaktoren),
- Übernahme einer Transportfunktion für wasserunlösliche Stoffe wie Fette (siehe oben), Metalle und andere Substanzen, die entweder in sog. Lipoproteinpartikeln verpackt oder an spezifischen Transporteiweißen bzw. wasserlöslichen Plasmaeiweißen locker gebunden in der Art eines „Huckepacktransports" befördert werden,
- Transport von Hormonen, Enzymen und anderen Reglerstoffen (mit Hilfe unterschiedlichster Transportmechanismen).

Neben den spezifischen Plasmaproteinen kommen im Blutplasma auch Proteine vor, die von den verschiedensten Zellen und Geweben des Organismus an das Blut abgegeben worden sind. Diese Eiweiße, insbesondere charakteristische Enzyme, treten bei der Schädigung einzelner Zellen oder Organe aus diesen in größerem Umfang in das Blut über. Die Bestimmung der Aktivität bestimmter charakteristischer Enzyme wird für die Diagnostik einer Vielzahl von Erkrankungen herangezogen (beispielsweise Transaminasen bei Herzinfarkt und Lebererkrankungen).

Die wichtigsten Plasmaproteine sind die Albumine und Globuline

Albumin: Das Plasmaalbumin macht etwa 60 % aller Plasmaeiweiße aus. Es ist in Wasser sehr gut löslich und bildet um sich eine Wasserhülle aus. Albumin kann infolgedessen beträchtliche Mengen an Wasser binden, das dadurch nicht mehr frei beweglich ist und bis zu einer bestimmten Grenze auch entgegen einer Druckdifferenz am Albumin gebunden bleibt. Diese Bindungskraft des Albumins wird kolloidosmotischer Lösungsdruck genannt. Er verhindert, daß in den Kapillaren Plasmawasser durch den Blutdruck aus dem Blutgefäßsystem in den Extrazellularraum der Gewebe gepreßt wird. Die Plasmaalbumine verhindern auf diese Weise die Ausbildung von Ödemen (Wassersucht). Die anderen Plasmaproteine tragen nur zu einem geringen Teil zur Aufrechterhaltung dieses kolloidosmotischen Lösungsdrucks bei.

Albumin kann eine Reihe von wasserunlöslichen Stoffen besonders gut binden und diese im Blut transportieren. Solche von den Albuminen transportierten Substanzen sind insbesondere wasserunlösliche langkettige Fettsäuren (nicht Fette), Kalzium- und Magnesiumionen, der Gallenfarbstoff Bilirubin und geringe Mengen von Cholesterin. Der Transport von Cholesterin erfolgt jedoch vorzugsweise in Lipoproteinpartikeln.

Globuline: Zu den Globulinen rechnet man den überwiegenden Teil aller anderen Plasmaproteine. Die Globuline sind somit eine sehr heterogene Gruppe von Eiweißkörpern. Zu ihnen gehören u. a. Immunglobuline, Transportproteine für den Transport von Eisen, Kupfer und anderen Stoffen, Proteine, die am Aufbau der Lipoproteinpartikel beteiligt sind, Fibrinogen und Blutgerinnungsfaktoren.

2.3 Organe und Organsysteme

Organe und Körperstrukturen, die eine oder mehrere spezifische Leistungen erbringen, werden oft zu Organsystemen zusammengefaßt:

- Skelettsystem (Knochen, Knorpel, Bänder und Gelenke),
- Muskulatur (Skelettmuskulatur),
- Herz-Kreislauf-System (Herz und Blutgefäße wie Arterien und Venen),
- Atemwege und Lunge (Nasenraum, Luftröhre, Bronchien, beide Lungenflügel),
- Gastrointestinaltrakt (Mund, Speiseröhre, Magen, Dünn-, Dick- und Enddarm und die Anhangsdrüsen des Verdauungsapparats wie Speicheldrüsen, Bauchspeicheldrüse und Leber),
- Harn- und Geschlechtsapparat (Nieren, ableitende Harnwege sowie die männlichen und weiblichen Geschlechtsorgane),
- endokrine Drüsen,
- Nervensystem (zentrales Nervensystem, bestehend aus Gehirn und Rückenmark sowie peripheres Nervensystem einschließlich Sinnesorgane).

Nachfolgend soll nur kurz auf die wichtigsten Organsysteme eingegangen werden.

2.3.1 Herz-Kreislauf-System

Das Kreislaufsystem ist eine Art Röhrensystem, in dem das Blut zu allen Organen befördert wird. Dieser Blutfluß wird durch die Pumpwirkung des Herzens angetrieben. Die Richtung des Blutstroms wird durch ventilartige Klappen im Herzen bestimmt, die auch ein Rückströmen des Bluts entgegen der vorgesehenen Fließrichtung verhindern. Der Blutkreislauf sichert die Versorgung aller Organe mit Sauerstoff und Nährstoffen und den Abtransport von Stoffwechselendprodukten von den peripheren Organen zu den Ausscheidungsorganen (Lungen, Nieren, Leber).

Der Kreislauf besteht aus 2 großen Kreislaufsystemen, dem Körperkreislauf und dem Lungenkreislauf. Dem Körperkreislauf ist noch ein kleines spezifisches Gefäßsystem zuzurechnen, das oft als Pfortaderkreislauf bezeichnet wird (siehe Abb. 2.3.1).

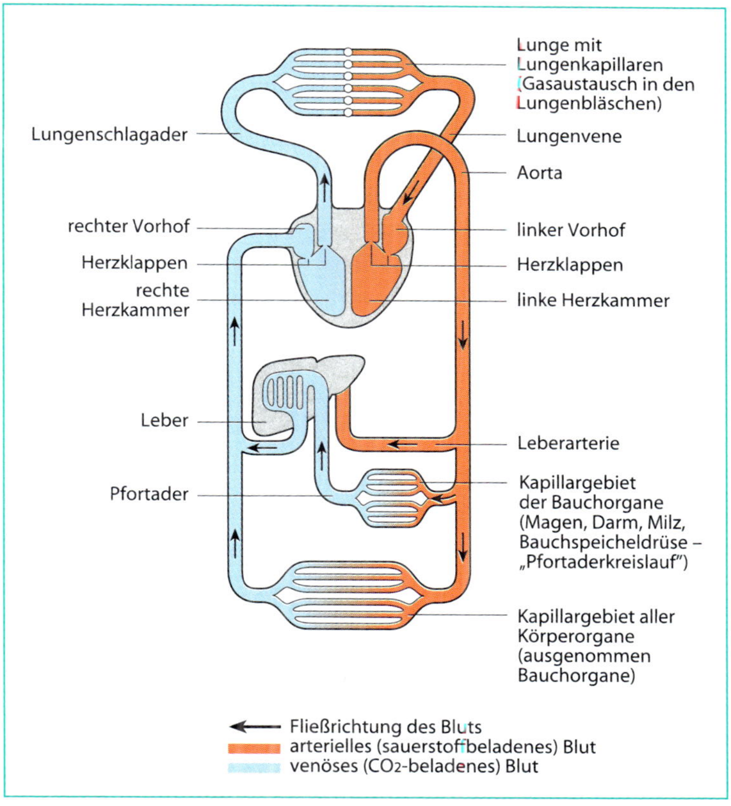

Abb. 2.3.1: Blutkreislauf des Menschen (schematische Darstellung)

Körperkreislauf

Der Körperkreislauf leitet das Blut vom Herz über die große Körperschlagader (Aorta) und den sich weiter aufzweigenden Arterien zu den einzelnen Organen und versorgt sie mit Nährstoffen und Sauerstoff. Dieses

Blut ist sauerstoffbeladenes, sog. arterielles Blut. Der Sauerstoff und die Nährstoffe werden in den peripheren Organen abgegeben. Gleichzeitig werden vom Blut Kohlensäure und andere wasserlösliche Stoffwechsel-Abbauprodukte aufgenommen. Dieses kohlensäurebeladene, sauerstoffarme Blut, sog. venöses Blut, wird in den Venen zum Herz zurücktransportiert.

Lungenkreislauf

Das venöse Blut wird über den Lungenkreislauf vom Herz in den Lungenarterien zu den beiden Lungenflügeln transportiert. Die Kohlensäure wird in den Lungenbläschen abgeatmet, und das Blut wird wieder mit Luftsauerstoff beladen. Dieses sauerstoffreiche, arterielle Blut wird von den Lungenvenen wieder zum Herz zurückgeleitet.

Pfortaderkreislauf

Der Pfortaderkreislauf, exakter das Pfortadersystem, nimmt im Blutkreislauf eine Sonderstellung ein. Er ist ein Nebenweg des Körperkreislaufs. Zum Pfortadersystem gehören die venösen Gefäße der Baucheingeweide (Magen, Darm, Bauchspeicheldrüse und Milz), die das in ihnen enthaltene venöse Blut direkt zur Leber transportieren. Dieses Pfortaderblut wird erst nach Passieren der Leber in die zum Herz zurückführende Hohlvene eingeleitet. Dadurch wird gesichert, daß alle wasserlöslichen Nährstoffe, die im Magen und im Darm resorbiert werden, auf direktem Weg und schnell zur Leber gelangen. In der Leber, der „chemischen Fabrik" des Organismus, können diese Nährstoffe aus dem Blutstrom herausgefiltert und bedarfsgerecht bearbeitet werden (siehe Kap. 2.3.3.1).

Herz

Das Herz ist der Motor des Kreislaufsystems. Es ist ein muskulöser Hohlkörper, der in der linken Seite der Brusthöhle liegt. Durch die regelmäßige Kontraktion des Herzens, dem Herzschlag, wird das Blut unter Druck durch die Gefäße gepumpt (Blutdruck).

Das Herz ist in 2 Herzkammern (mit je einem dazugehörigen Vorhof) unterteilt, die durch eine Scheidewand (Septum) voneinander getrennt sind. Diese Unterteilung des Herzens in ein „linkes" und ein „rechtes" Herz ermöglicht die problemlose Trennung der Blutströme in Körperkreislauf und Lungenkreislauf, ohne daß es bei der synchronen Kontraktion beider Kammern zum Durchmischen von arteriellem und venösem Blut kommt.

- Die linke Herzkammer treibt mit jedem Herzschlag (Systole) sauerstoffbeladenes arterielles Blut in die große Körperschlagader (Aorta), die sich in ein Arteriensystem aufgabelt und damit alle Organe mit Sauerstoff und mit Nährstoffen versorgt.

- Die rechte Herzkammer treibt mit jedem Herzschlag venöses Blut (in dem Kohlensäure gelöst ist) über die Lungenarterie zur Lunge.
- Während der Erschlaffungsphase des Herzmuskels zwischen 2 Herzschlägen (Diastole) fließt in den Venen Blut zum Herz zurück:
  Aus dem Körperkreislauf fließt, von den einzelne Organen kommend, venöses Blut über den rechten Vorhof zur rechten Herzkammer.
  Aus dem Lungenkreislauf fließt, von der Lunge kommend, arterielles Blut über den linken Vorhof in die linke Herzkammer.
- Herzklappen zwischen den Vorhöfen und den Herzkammern einerseits und am Übergang der Herzkammern zur Aorta beziehungsweise zur Lungenarterie andererseits verhindern ein Zurückströmen von Blut entgegen der vorgegebenen Fließrichtung.
- Die Versorgung des Herzmuskels mit Sauerstoff und Nährstoffen erfolgt nicht durch Diffusion aus dem Inneren des Herzens heraus, sondern über die Herzkranzgefäße, die von der Aorta abzweigen. Die Versorgung des Herzens mit Blut erfolgt von „außen".
- Die geordnete Kontraktion des Herzens wird durch ein im Herzmuskel angeordnetes eigenständiges Reizbildungs- und Reizleitungssystem gesteuert. Die Geschwindigkeit (Häufigkeit) des Herzschlags und damit die pro Zeiteinheit geförderte Blutmenge wird den Bedürfnissen (körperliche Leistung) automatisch angepaßt. Bei erhöhtem Sauerstoffbedarf nimmt die Pulsfrequenz zu.

Gefäßsystem

Die Blutgefäße, die Blut vom Herzen zu den peripheren Organen leiten (Arterien), unterscheiden sich im Aufbau ihrer Gefäßwände prinzipiell von denen, die Blut aus der Peripherie zum Herzen zurückleiten (Venen).

Arterien: Die Arterien müssen einem ständig schwankenden Blutdruck standhalten und die Druckschwankungen abpolstern. Sie wandeln die Druckwellen des Herzschlags bis zur Peripherie hin bei kontinuierlich abnehmendem Druck in einen nahezu gleichmäßigen Blutfluß um. Sie sind somit ständig großen Belastungen ausgesetzt, denen der Aufbau ihrer Wände angepaßt ist. Die innere Endothelschicht (Epithelzellen), die in ständigem Kontakt mit dem Blut steht, wird von einer dünnen Schicht von glatter Muskulatur und einer unterschiedlich dicken Schicht von elastischem Bindegewebe umgeben, das aus mehreren Schichten von Bindegewebsfasern besteht. Die Anzahl und die Dicke der Bindegewebsschichten nimmt naturgemäß zur Peripherie hin ab. Das arterielle Gefäßsystem verzweigt sich kontinuierlich mit zunehmender Entfernung vom Herzen in einzelne Arterien, die zu den einzelnen Organen führen. In den einzelnen Organen verästelt es sich weiter zu den englumigen Endarterien (Arteriolen).

Eine krankhafte Verengung des Lumens der Endarterien (oder gar der vollständige Verschluß) führt zu einer mehr oder weniger bedrohlichen Unterversorgung der nachfolgenden Organbereiche. Solche Schädigungen der Arterienwände sind insbesondere arteriosklerotische Veränderungen mit Ablagerungen von Cholesterin und anderen Substanzen (z. B. in den Herzkranzgefäßen). Eine zeitweise Verengung der Herzkranzgefäße führt zu Angina-pectoris-Anfällen, landläufig als Herzanfälle bezeichnet, eine massive Unterversorgung bzw. der vollständige Ausfall der Blutversorgung führt zum Herzinfarkt. Stark verengte Abschnitte der Endarterien können auch durch ein Blutgerinnsel, einem sog. Thrombus, verstopft werden, wodurch die Blutversorgung ebenfalls unterbrochen wird (ausführlich siehe Kap. 7.6.4.2).

Kapillaren: Kapillaren sind die Endverästelungen der Arterien in den einzelnen Organen. Sie haben nur eine hauchdünne Membran, die von einer einreihigen Endothelschicht besetzt ist. Diese Membran ist infolgedessen für viele Stoffe leicht passierbar. In dem weit verästelten Kapillarsystem sinkt der Blutdruck sehr stark, der dadurch bedingte langsame Blutfluß begünstigt den Stoffaustausch zwischen Blut und der extrazellulären Flüssigkeit der umgebenden Gewebe (Abgabe von Sauerstoff und von Nährstoffen; Aufnahme von Kohlendioxid und Stoffwechselendprodukten).

Venen: Die Venen sichern den Rückstrom des Bluts zum Herz. Sie sind wesentlich dünnwandiger aufgebaut als die Arterien, da sie keinen großen Druck des in ihnen fließenden Bluts abzupolstern haben. Die größeren Venen besitzen vereinzelte Klappen, die einen möglichen Blutrückfluß in Richtung Peripherie teilweise verhindern.

Lymphgefäßsystem

Die Lymphgefäße können als ein System von Hilfsgefäßen angesehen werden, das das Venensystem beim Ableiten von Flüssigkeit aus den Geweben und Organen unterstützt. An bestimmten Stellen sind in den Lymphgefäßen sog. Lymphknoten eingeschaltet, die die Lymphflüssigkeit filtern und dabei bestimmte schädliche Substanzen wegfangen können. Sie verhindern so, daß diese Schadstoffe zusammen mit der Lymphflüssigkeit in die Venen des Körperkreislaufs gelangen. Die Lymphknoten bilden außerdem die Lymphozyten, spezielle weiße Blutzellen, die der Immunabwehr dienen.

Eine besondere Funktion hat das Lymphgefäßsystem des Bauchraums. Es transportiert den Hauptteil der resorbierten Nahrungsfette und der anderen fettlöslichen Nahrungsbestandteile (z. B. fettlösliche Vitamine, Cholesterin) in Form von Chylomikronen über den Milchbrustgang bis in den Brustraum, wo dieses große Lymphgefäß in die Hohlvene einmündet (siehe Kap. 3.10.3).

2.3.2 Verdauungsapparat

Der Verdauungsapparat kann als ein mit Schleimhaut ausgekleideter, unterschiedlich gestalteter Schlauch angesehen werden, der von der Mundhöhle bis zum After reicht. An verschiedenen Abschnitten dieses röhrenartigen Schlauchsystems sind zusätzliche Organe (Speicheldrüsen, Leber mit Gallenblase, Bauchspeicheldrüse) angeordnet, die über Ausführungsgänge Hilfsstoffe für die Verdauung in dieses System hinein einleiten (siehe Abb. 2.3.2).

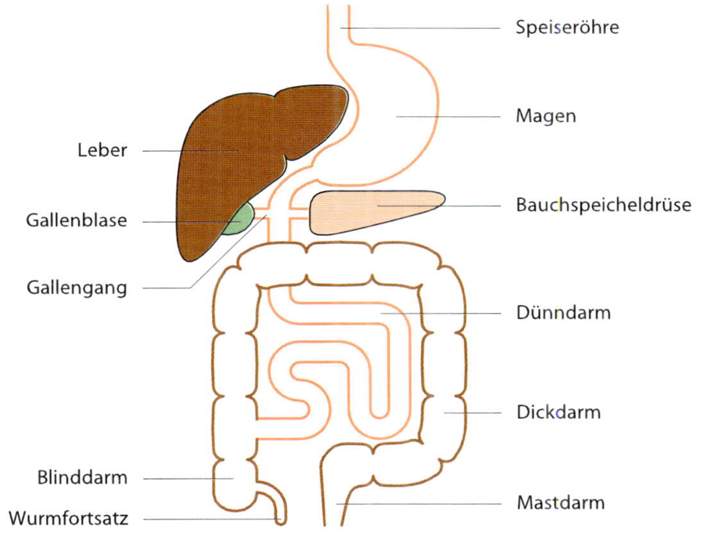

Abb. 2.3.2: Verdauungstrakt des Menschen (stark vereinfachte Darstellung)

Die Aufgabe des Verdauungsapparats besteht darin, die mit der Nahrung aufgenommenen Nährstoffe aufzuschließen und in den Körper aufzunehmen, zu resorbieren, sowie unverdauliche Stoffe und von der Leber gebildete Ausscheidungsprodukte mit dem Stuhl auszuscheiden.

Die Abschnitte des Verdauungsapparats, in denen die eigentliche Verdauung und Resorption stattfindet (Magen und Darm sowie zugeordnete Organe), werden als Gastrointestinaltrakt oder Magen-Darm-Trakt bezeichnet.

2.3.2.1 Mundhöhle

Die Mundhöhle dient der Nahrungsaufnahme. Beim Kauen wird feste Nahrung durch die Zähne zerkleinert, dabei mit Speichel durchmischt und somit gleitfähig gemacht.

Die Zähne (Milchgebiß 20 Zähne, Dauergebiß 32 Zähne) sind aus 3 verschiedenen Hartgeweben aufgebaut (Zahnschmelz, Zahnbein und Zahnzement). Die äußerste Schicht, der Zahnschmelz, ist das härteste Gewebe im menschlichen Körper. Seine Hauptbestandteile sind kalziumhaltige Hydroxylapatitkristalle. Durch die Einlagerung von Fluoridionen an bestimmten Stellen dieser Kristallstrukturen erhält der Zahnschmelz eine noch größere Härte und eine erhöhte Widerstandsfähigkeit gegenüber Säuren, die von den Mundhöhlenbakterien gebildet werden. Durch die Sicherung einer optimalen Fluoraufnahme mit der Nahrung kann somit ein Beitrag zur Kariesprophylaxe geleistet werden.

Die Zunge ist ein muskulöses Organ, dem beim Schluckvorgang eine wichtige Funktion zukommt. Auf dem Zungenrücken sind Geschmackspapillen angeordnet, die jeweils eine der Geschmacksrichtungen süß, sauer, salzig oder bitter wahrnehmen. Die Anzahl der Geschmackspapillen nimmt mit zunehmendem Alter ab, wodurch die bei älteren Personen zu beobachtende Abnahme des Geschmacksempfindens leicht erklärt werden kann. An der Geschmackswahrnehmung (insbesondere der Wahrnehmung der Feinheit der Vielzahl der Aromen) ist der Geruchssinn wesentlich beteiligt.

Es wird diskutiert, daß von der Zunge auch weitere Geschmacksnuancen (über die 4 Grundrichtungen hinaus) wahrgenommen werden können. Als 5. Geschmacksrichtung wird eine sog. UMAMI-Geschmacksrichtung („köstlicher Geschmack") postuliert, die dem Geschmacksverstärker Glutamat zugeschrieben wird (siehe Kap. 5.6.2).

Speichel

Der Speichel wird von 3 paarig angeordneten Speicheldrüsen gebildet. Die Hauptmenge des Speichels liefert die Ohrspeicheldrüse (Parotis). Die Menge des täglich produzierten Speichels beträgt 1 bis 1,5 l.

Der Speichel enthält das stärkespaltende Verdauungsenzym α-Amylase, das früher Ptyalin genannt wurde (siehe Kap. 3.10.1.1). Er enthält weiterhin zahlreiche Salze, darunter Natriumbikarbonat und Kalziumsalze, wodurch die von den Mundhöhlenbakterien gebildeten Säuren neutralisiert werden und kleinste Schmelzdefekte („Mini-Karies-Löcher") durch die Einlagerung von Kalziumsalzen teilweise repariert werden können. Der Speichel enthält weiterhin Schleimstoffe, die beim Schluckvorgang die Gleitfähigkeit der aufgenommenen Nahrung verbessern.

2.3.2.2 Rachenraum (Pharynx) und Speiseröhre (Ösophagus)

Im Rachenraum, der an die Mundhöhle anschließt, kreuzen sich der Weg der Nahrung und der Atemweg. Der unwillkürlich gesteuerte Schluckmechanismus sichert die korrekte Weiterleitung der Nahrung in die Speiseröhre, ohne daß es zu einen Übertritt von Speisenanteilen in die Luftröhre kommt. Ein „Verschlucken" von Nahrung kann die Atemwege rein mechanisch verlegen und damit den Austausch der Atemluft behindern und in schweren Fällen zum Ersticken führen. Außerdem können mit den verschluckten Nahrungsanteilen aufgenommene Keime Infektionen der Luftwege auslösen.

Bei schweren Erkrankungen kann der Schluckmechanismus teilweise gestört sein. Eine flüssige oder gut passierte, breiige Kost kann in diesen Fällen die Gefahr des Verschluckens und das Auftreten von nachfolgenden Komplikationen verringern. Auch im Alter nimmt die Koordination des Schluckvorgangs ab, bei Senioren ist deswegen gegebenenfalls auch auf eine entsprechende Kost zu achten.

Die Speiseröhre ist der engste Abschnitt des Verdauungstrakts. Sie ist ein muskulöser Schlauch, der nur der Weiterleitung der Nahrung durch den Brustraum hindurch zum Magen dient. An der Durchtrittsstelle der Speiseröhre durch das Zwerchfell befindet sich eine Engstelle, an der sie sowohl mechanisch als auch thermisch (heiße Speisen und Getränke) am stärksten belastet wird. An dieser Stelle können sich bei einer bestehenden Leberzirrhose gefährliche Ösophagusvarizen ausbilden (siehe Kap. 7.2.4).

2.3.2.3 Magen (Ventriculus)

Der Magen liegt rechts im Oberbauch und stellt eine Art Speisereservoir dar, das insgesamt maximal 1 bis 1,5 l Nahrungsbrei und Trinkflüssigkeit aufnehmen kann (siehe Abb. 2.3.3). Im entleerten Zustand liegen die Magenwände eng beisammen. Die Form des Magens hängt wesentlich von seinem Füllungszustand ab.

Folgende Abschnitte können am Magen unterschieden werden:

Magenmund (Cardia)

Am Magenmund mündet die Speiseröhre in den Magen. Eine ringförmige Verschlußmuskulatur verhindert am Ende des Ösophagus ein Zurückfließen des Mageninhalts in die Speiseröhre. Dieser Verschlußmechanismus wird nur beim Schluckvorgang geöffnet und gestattet dadurch das Passieren der Nahrung. Bei einem mangelhaften Verschluß kann saurer Magensaft aus dem Magen zurück in die Speiseröhre gelangen und diese reizen (die Schleimhaut der Speiseröhre ist gegenüber Magensalzsäure sehr empfindlich). Die gelegentliche Reizung der Speiseröhren-Schleimhaut wird als Sodbrennen empfunden, eine ständige und massive Reizung (Refluxösophagitis) erfordert eine Ernährung, die dieser Störung Rechnung trägt.

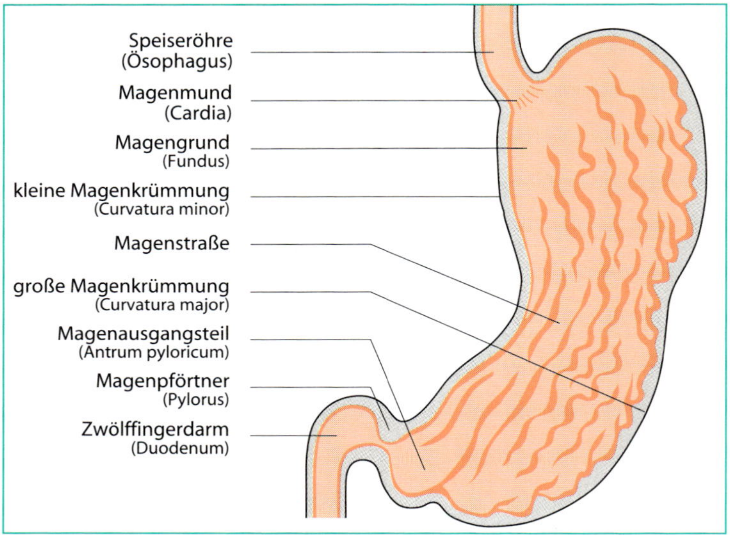

Abb. 2.3.3: Magen (im Längsschnitt)

Magenpförtner (Pylorus)

Der Pförtner grenzt den Magen gegenüber den Zwölffingerdarm ab. Die ringförmig angeordnete Muskulatur des Pförtners verschließt den Magenausgang. Sie gibt den Ausgang nur in gewissen Abständen und kurzfristig frei und gestattet damit nur den portionsweisen Übertritt von angedautem Speisebrei in den Zwölffingerdarm.

Magenwand

Die Magenwand ist aus mehreren Schichten aufgebaut. Die innere Magenschleimhaut (Mucosa) produziert Schleimstoffe, die von der Magensalzsäure nicht angegriffen werden können. Sie bedecken die gesamte Magenschleimhaut und schützen sie so vor dem Angriff und der Verdauung durch den sauren Magensaft. In der Magenschleimhaut sind auch die Drüsen angeordnet, die den Magensaft produzieren.

Magensaft

In der Schleimhaut eingebettete spezifische Drüsenzellen produzieren die einzelnen Bestandteile des Magensafts:

- Magensalzsäure,
- Verdauungsenzym Pepsin (spaltet Eiweiße),
- Verdauungsenzyme, die beim Erwachsenen für die Verdauung ohne Bedeutung sind (Lipase, Renin).

Der Magensaft ist stark sauer (p_H-Wert etwa 1 bis 1,5). In ihm werden nahezu alle Eiweiße denaturiert (ausgefällt). Von dieser Denaturierung ist nur das vom Magen selbst produzierte Verdauungsenzym Pepsin ausgenommen. Das Pepsin daut Nahrungseiweiße an (siehe Kap. 3.10.1.3).

Gastrin

Spezifische Drüsenzellen in der Magenwand produzieren das Verdauungshormon Gastrin. Gastrin wird nicht in das Mageninnere abgegeben, sondern an das venöse Blut und gelangt über den Weg des großen Kreislaufs zum Magen zurück. Hier regt es die Drüsenzellen, die den Magensaft produzieren, zur Bildung der Verdauungssäfte an.

2.3.2.4 Dünndarm

Der Dünndarm schließt sich an den Magen an. Er ist etwa 6 bis 8 m lang. Der Dünndarm kann in 3 Abschnitte eingeteilt werden, die unterschiedliche Funktionen erfüllen. In den einzelnen Abschnitten ist die Schleimhautschicht entsprechend ihren speziellen Funktionen unterschiedlich aufgebaut:

- Zwölffingerdarm (Duodenum),
- Leerdarm (Jejunum),
- Krummdarm (Ileum).

Zwölffingerdarm

Der Zwölffingerdarm ist nur etwa 25 cm lang (das entspricht 12 nebeneinander liegenden Fingern). Er hat die Form eines nach links geöffneten Hufeisens und ist mit der hinteren Bauchwand fest verbunden. In ihn münden der Ausführungsgang der Bauchspeicheldrüse und der Gallengang ein, über den die Gallenflüssigkeit von der Leber bzw. Gallenblase ins Duodenum geleitet wird. Im Zwölffingerdarm wird der aus dem Magen kommende angedaute Speisebrei durch den leicht alkalischen Saft der Bauchspeicheldrüse neutralisiert und mit den Verdauungssäften der Bauchspeicheldrüse sowie mit der Gallenflüssigkeit durchmischt.

Leerdarm und Krummdarm

Leerdarm und der sich nahtlos anschließende Krummdarm werden meist unter dem Namen Dünndarm zusammengefaßt. Im Dünndarm erfolgt die endgültige Aufspaltung der Nahrungsstoffe und die Resorption der entstandenen Spaltprodukte. Die Oberfläche der Schleimhaut des Dünndarms ist beträchtlich vergrößert, um eine vollständige Verdauung und Resorption sicher zu gewährleisten. Zur Vergrößerung der Oberfläche trägt einmal die Länge des Dünndarms bei. Entscheidend ist aber die Ausbildung von Querfalten und von zahlreichen winzigen Zotten, die als Ausstülpungen der Darmschleimhaut in das Darmlumen hineinragen. An diesen Zotten sind hochspezialisierte Darmzellen (Enterozyten oder Mucosazellen) angeordnet, die an der zum Darminneren zugekehrten Seite wiederum eine bürstenartig eingekerbte Zellmembran (Mikrovili) aufweisen. Diese Gestaltung der Oberfläche der Enterozyten hat zu ihrer zusätzlichen Bezeichnung Bürstensaumzellen geführt (siehe Abb. 2.3.4).

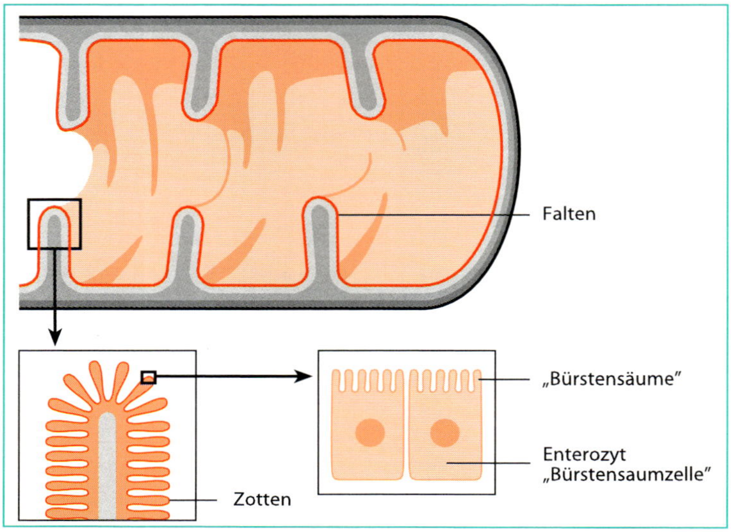

Abb. 2.3.4: Prinzip der Vergrößerung der Resorptionsoberfläche des Dünndarms (schematische Darstellung)

An diesen Enterozyten erfolgt die Endverdauung von Zweifachzuckern und kleinen Eiweißbruchstücken (Peptiden). Gleichzeitig sind die Enterozyten für die Resorption der aufgespaltenen Nährstoffe verantwortlich.

2.3.2.5 Dickdarm (Colon) und Mastdarm (Rectum)

Der Dünndarm (Krummdarm) mündet in den etwa 1 bis 1,5 m langen Dickdarm ein. Der Dickdarm umrahmt mit einem aufsteigenden, querliegenden und absteigenden Ast die im unteren Bauchraum liegenden Schlingen des Dünndarms. An der Einmündung des Dünndarms in den Dickdarm befindet sich der Blinddarm, ein kleiner, blind endender Teil des Dickdarms mit dem ebenfalls blind endenden Wurmfortsatz (Appendix). Das Lumen des Dickdarms ist größer als das des Dünndarms, und seine Schleimhaut ist wesentlich einfacher aufgebaut.

Die Hauptfunktion des Dickdarms ist die Rückresorption von Wasser. Der Dickdarm ist nicht in der Lage, Nährstoffe zu resorbieren. Die Dickdarmzellen können lediglich einige wenige niedermolekulare Substanzen aufnehmen (Buttersäure, Propionsäure, Essigsäure, Alkohol), die beim Abbau von einigen Ballaststoffen durch die Darmbakterien anfallen (siehe Kap. 2.3.2.6).

Der Mastdarm ist der letzte Darmabschnitt. Er ähnelt in seinem Aufbau dem Dickdarm. Sein Durchmesser ist kleiner. In ihm erfolgt ebenfalls eine Rückresorption von Wasser.

2.3.2.6 Besiedlung des Darms mit Darmbakterien

Der Dickdarm und in wesentlich geringerem Umfang der Dünndarm werden von Darmbakterien besiedelt. Die Besiedlungsdichte des Darms mit Mikroorganismen nimmt zu den unteren Darmabschnitten hin kontinuierlich zu. Während im Dünndarm pro g Darminhalt lediglich 10^2 bis maximal 10^9 Keime vorliegen, können es im Dickdarm bis zu 10^{11} Keime sein.

Die Besiedlung des Darms mit Bakterien beginnt bereits kurz nach der Geburt. Diese sich dabei ausbildende normale Darmflora ist für die geregelte Darmfunktion von großer Bedeutung. Die etwa 400 verschiedenen Darmbakterien sind Bakterien, die in der Regel keine Erkrankungen auslösen. Nur etwa 40 dieser Keime sind unter bestimmten Bedingungen in der Lage, Gifte zu bilden und krankmachende Effekte auszulösen (sog. fakultativ pathogene Keime). Sie werden beim Gesunden durch die Integration in einem stabilen Ökosystem, das aus allen Darmbakterien besteht, an ihrer unbegrenzten Vermehrung und der Entfaltung ihrer pathogenen Potenzen gehindert. Auch das Immunsystem des Darms hat mit der Geburt beginnend „gelernt", die Darmschleimhaut vor dem Eindringen krankmachender Keime zu schützen. Nur bei einer Störung des Gleichgewichts zwischen den einzelnen Darmkeimen und einem Überhandnehmen der fakultativ pathogenen Keime kann es zu Störungen in der Darmfunktion kommen, die sich in der Regel in länger andauernden Durchfällen äußern.

Die unterschiedlichen Darmbakterien vollbringen eine Vielzahl von Stoffwechselleistungen, die in der Mehrzahl für den Menschen von Nutzen sind (positive Effekte). Einige Darmbakterien können unter bestimmten Bedingungen (siehe oben) schädliche Stoffwechselprodukte bilden (negative Effekte), die aber nur selten und beim Zusammentreffen mit zusätzlichen Schädigungen zu nachteiligen Folgen führen.

Positive Effekte, die von den Darmbakterien ausgelöst werden können:

- Abbau von Ballaststoffen und anderen schwer aufschließbaren Nahrungsbestandteilen,
- Unterstützung der Verdauung und Resorption,
- Entgiftung von Ausscheidungsprodukten der Leber, die mit der Gallenflüssigkeit eingeleitet werden,
- Abbau von Gallenfarbstoffen,
- Synthese von einigen wasserlöslichen Vitaminen,

- Stimulation der Immunabwehr des Darms,
- Unterdrückung des Wachstums von Fremdkeimen (pathogene Keime, die zu einer Lebensmittelinfektion führen können).

Negative Effekte, die von Darmbakterien ausgelöst werden können:

- Bildung von Bakterientoxinen, die zu einer Schädigung der Mucosazellen führen können,
- Bildung von Fäulnisprodukten,
- Bildung von toxischen Abbauprodukten (insbesondere aus Aminosäuren),
- Bildung von krebsauslösenden (cancerogenen) Stoffen.

Wachstumsbedingungen

Als Nährboden für das Wachstum und die Vermehrung der Darmbakterien dienen Bestandteile der Nahrung. Da die Besiedlung des Dünndarms mit Darmbakterien relativ gering ist, sind leicht aufschließbare Nährstoffe bereits nahezu vollständig resorbiert, ehe es zum Kontakt mit Darmbakterien kommt. Diese Nährstoffe gehen somit für die Versorgung des Organismus nicht verloren. Von den in den tieferen Darmabschnitten in weitaus größerer Zahl vorkommenden Darmbakterien werden deswegen vorrangig schwer aufschließbare Nahrungsbestandteile und Ballaststoffe, die von den Verdauungsenzymen nicht aufgeschlossen werden können, als Nährstoff- und Energiequelle genutzt. Die Darmbakterien sind somit für den Menschen keine Schmarotzer. Sie verwerten nur solche Nahrungsbestandteile, die vom Menschen mit Hilfe seiner eigenen Verdauungssäfte nicht genutzt werden können.

Die beim Abbau der Ballaststoffe und der schwer aufschließbaren Nahrungsbestandteile entstehenden niedermolekularen Verbindungen werden von den Bakterien entweder als Energielieferanten für die eigenen Stoffwechselprozesse verbrannt oder als Bausteine für die Neubildung neuer Bakterien eingesetzt. Diese noch nicht vollständig abgebauten niedermolekularen Stoffwechselprodukte der Darmbakterien können nur in einer fast zu vernachlässigenden minimalen Menge vom Dickdarm resorbiert werden, da die Resorption von Monosacchariden, Aminosäuren und Fettsäuren sowie von Mineralstoffen und Vitaminen nur im Dünndarm erfolgen kann. Im Dickdarm werden nur die durch den Bakterienstoffwechsel gebildeten niedermolekularen organischen Säuren (Essigsäure, Propionsäure, Buttersäure) und Alkohol resorbiert. Diese resorbierten Säuren werden von den Dickdarmzellen direkt verwertet. Die hierbei gewonnene Energie deckt weniger als 5 % des täglichen Energiebedarfs des Organismus, sie kann deswegen vernachlässigt werden (siehe Kap. 3.3.7). Die sehr geringen Mengen an Alkohol werden offensichtlich zur Leber transportiert und dort verstoffwechselt. Lediglich die gebildeten

Darmgase (vorrangig Methan, Wasserstoff, Schwefelwasserstoff und Ammoniak) können in größerem Umfang resorbiert werden. Sie werden mit dem Blut zur Lunge transportiert und abgeatmet. Ammoniak wird in der Leber in Harnstoff überführt, damit entgiftet und durch die Nieren ausgeschieden. Nur in größerem Umfang gebildete Darmgase können nicht vollständig resorbiert werden und führen zu Blähungen.

Die Darmbakterien vermehren sich relativ schnell. Unter sehr günstigen Bedingungen (Überangebot an Nährstoffen) kann sich ihre Zahl innerhalb von 30 Minuten verdoppeln. Die Verdoppelungszeit ist in der Regel aber wesentlich größer. Abgestorbene und auch noch lebende Bakterien werden in beträchtlicher Menge mit dem Stuhl ausgeschieden.

Die Zahl und das Verhältnis, in dem die einzelnen der mehr als 400 verschiedenen Keime am Aufbau der Darmflora beteiligt sind, differiert bei den einzelnen Menschen in geringem Umfang. Beim gesunden Menschen, bei dem keine Erkrankungen des Gastrointestinaltrakts vorliegen, stellt sich zwischen den einzelnen Darmbakterien ein ausgeglichenes Verhältnis ein. Diese ausgewogene Darmflora kann praktisch nur durch äußere Einflüsse gestört werden wie durch die Aufnahme von pathogenen Fremdkeimen mit der Nahrung (Lebensmittelinfektion), durch oral applizierte Antibiotika, die das Wachstum einer Reihe von Darmbakterien hemmen, oder durch eine Fehlernährung mit einem Überangebot an schwer verwertbaren Nahrungsmitteln (beispielsweise bestimmte Zucker bei bestehender spezifischer Nahrungsmittelunverträglichkeit, siehe Kap. 7.1.1.2). Unter diesen Bedingungen können sich auch die fakultativ pathogenen Keime in größerem Umfang vermehren, dadurch die anderen Darmbewohner überwuchern und Erkrankungen auslösen.

Eine Störung im Gleichgewicht der Darmflora zieht in der Regel weitere Störungen in der Darmfunktion nach sich. Die häufigsten Störungen sind Durchfälle.

Die Bakterien der Darmflora können nach ihrer Bedeutung für den Menschen in 3 Gruppen eingeteilt werden:

- Bakterien, die vorzugsweise positive Eigenschaften aufweisen,
- Bakterien, die positive, aber auch schädigende Eigenschaften aufweisen,
- Bakterien, die potentiell schädigende Eigenschaften besitzen.

<u>Bakterien mit positiven Eigenschaften:</u> Die Darmbakterien, die nützliche Darmbewohner sind, stellen mengenmäßig das Hauptkontingent. Sie sind am Abbau von Ballaststoffen beteiligt, ebenso an der Synthese von Vitaminen, deren Resorption aber umstritten ist. Von besonderer Bedeutung sind die positiven Eigenschaften der Lactobacillen (Milchsäurebakterien), der sog. Eubakterien und der Bifidusbakterien.

Die wichtigsten Vertreter dieser Gruppe sind die Bifidusbakterien, die beim Erwachsenen etwa 25 % und beim Säugling bis zu 95 % der gesamten Darmflora ausmachen. Lactobacillen und Bifidusbakterien bilden Milchsäure und verhindern weitgehend die Bildung von Fäulnisprodukten, indem sie durch die Bildung von Milchsäure und Essigsäure den p_H-Wert im Darm senken. Die Bifidusbakterien sind für die Ausbildung einer „gesunden" Darmflora außerdem besonders wichtig, da sie das Wachstum von pathogenen Keimen hemmen. Auch diese Hemmung ist zum Teil auf die Bildung von Milchsäure zurückzuführen, aber auch auf die Bildung von Peptiden, die das Wachstum der pathogenen Keime spezifisch hemmen.

Der positive Effekt von Milchsäurebakterien wird bei den sog. probiotischen Lebensmitteln genutzt, die lebende Milchsäurebakterien enthalten (siehe Kap. 5.7.5.1). In den präbiotischen Lebensmitteln sind dagegen Lebensmittelinhaltsstoffe enthalten, die das Wachstum dieser Keime besonders begünstigen (siehe Kap. 5.7.5.2). Das Wachstum der Bifidusbakterien wird insbesondere durch Oligofructose und durch solche Oligosaccharide gefördert, die aus Galactose aufgebaut sind. Diese beiden Oligosaccharide werden durch die Verdauungssäfte des Menschen nicht gespalten, sie sind den Ballaststoffen zuzurechnen (siehe Kap. 3.3.4 und 3.3.7).

Bakterien, die sowohl positive als auch negative Eigenschaften aufweisen: Zu dieser Gruppe von Mikroorganismen gehören im wesentlichen die fakultativ pathogenen Keime. Im System einer ausgewogenen Darmflora sind diese Keime auch am Abbau der Ballaststoffe beteiligt und sind auch in der Lage, niedermolekulare Fettsäuren (Milchsäure, Essigsäure und Buttersäure) zu bilden. Schädigende Einflüsse gehen von fakultativ pathogenen Keimen nur bei einer Störung des Gleichgewichts der Darmflora und bei einer Schwächung der Abwehrfunktionen des Darms aus. Die einzelnen Stämme einer Bakteriengattung sind unter solchen Bedingungen in unterschiedlichem Maße in der Lage, Toxine oder andere Schadstoffe zu bilden, die sie normalerweise nicht oder nur in verschwindend kleinen Mengen produzieren. Zu dieser Gruppe der Darmbakterien gehören auch verschiedene E. coli-Stämme, die neben den Bifiduskeimen die wichtigsten Darmbakterien sind.

Die verschiedenen E.-coli-Stämme unterscheiden sich in Hinblick auf ihre potentielle Gefährlichkeit für den Menschen beträchtlich. Einige E.-coli-Stämme, die in der normalen Darmflora nicht vorkommen, sind gefährliche pathogene Keime. Sie können schwere Lebensmittelinfektionen auslösen wie der neuerdings vermehrt vorkommende EHEC-Stamm (entero-hämorrhagischer E. coli, siehe Kap. 6.2.2.1.2).

Der Nachweis von E. coli auf Lebensmitteln oder im Trinkwasser dient im Rahmen einer mikrobiologischen Lebensmittelüberwachung als Indiz dafür, daß eine Kontamination mit Fäkalien (oder Stuhl infolge mangelhafter persönlicher Hygiene) stattgefunden hat und daß somit die Möglichkeit einer Verseuchung mit pathogenen Darmkeimen besteht, auch mit gefährlichen Krankheitserregern wie beispielsweise Salmonellen, Typhus oder Ruhr.

<u>Bakterien, die potentiell schädigende Eigenschaften aufweisen:</u> Die zu dieser Kategorie gehörenden Keime sind in der Regel in nur sehr kleinen Mengen im Darm vorhanden. Die gesunde Darmflora ist bemüht, diese Keime möglichst rasch zu überwuchern und damit zu eliminieren, zumindest aber ständig so stark zurückzudrängen, daß sie ihr eigenes Wachstum und damit auch die Gesundheit des Menschen nicht gefährden können. Zu dieser Gruppe sind typische Fäulniserreger wie Pseudomonas, insbesondere Pseudomonas aeruginosa, Proteus und Clostridien, insbesondere Clostridium perfringens, sowie die toxinbildenden Staphylokokken zu rechnen. Die Fäulniserreger sind bei einer Störung im Gleichgewicht der Darmflora vor allem für die mögliche Bildung von potentiell canceroge-nen Verbindungen und toxischen Abbauprodukten, insbesondere toxischer Abbauprodukte von Aminosäuren (Skatol, Indol), sowie für entzündliche Darmerkrankungen verantwortlich.

2.3.3 Leber

Die Leber ist das zentrale Stoffwechselorgan, das eine riesige Zahl von unterschiedlichen Stoffwechselleistungen katalysiert. Sie ist die „chemische Fabrik" des Körpers. Die menschliche Leber wiegt etwa 1,5 kg. Sie liegt im rechten Oberbauch unmittelbar unter dem Zwerchfell.

2.3.3.1 Einbindung der Leber in den Blutkreislauf (Pfortaderkreislauf)

Die Blutversorgung der Leber nimmt eine Sonderstellung ein. Sie erhält über eine aus dem großen Körperkreislauf kommende Leberarterie sauerstoffbeladenes, arterielles Blut. Zusätzlich mündet in ihr die Pfortader, die das von den Eingeweiden (Magen, Darm, Bauchspeicheldrüse und Milz) kommende Blut führt (siehe Abb. 2.3.1). Dieses Blut ist venöses Blut, da es seinen Sauerstoff bereits an die o. g. Organe abgegeben hat. Es enthält aber alle vom Darm resorbierten Nährstoffe und andere über den Gastrointestinaltrakt aufgenommenen Substanzen. Die Blutströme beider Gefäße werden beim Durchfließen der Leber vermischt. Der Blutabfluß aus der Leber erfolgt in einer einheitlichen Lebervene, die in die untere Hohlvene einmündet.

Diese Besonderheit in der Blutversorgung ergibt sich aus der zentralen Stellung der Leber im Stoffwechsel:

- Die Äste der Pfortader, die vom Magen und den einzelnen Darmabschnitten kommen, führen der Leber alle aus dem Gastrointestinaltrakt resorbierten wasserlöslichen Substanzen zu (vorwiegend Nährstoffe [auch Alkohol], aber auch Arzneimittel und mit der Nahrung aufgenommene Schadstoffe sowie Abbauprodukte der Darmbakterien) und in Wasser gelöste Darmgase. Auf diese Weise werden der Leber diese Stoffe direkt zugeführt, wo sie durch die mannigfaltigsten Stoffwechselreaktionen rasch und zielgerichtet verarbeitet werden können.
- Der von der Bauchspeicheldrüse kommende Ast der Pfortader führt der Leber auf kürzestem Weg die Hormone der Inselzellen des Pankreas zu (Insulin und Glucagon), die infolgedessen auf kürzestem Weg und ohne zeitliche Verzögerung steuernd in den Kohlenhydratstoffwechsel der Leber eingreifen können (Glykogensynthese bzw. Glykogenabbau und Abgabe von Glucose an des Blut).
- Der von der Milz kommende Ast der Pfortader leitet die in der Milz beim Abbau von roten Blutzellen aus dem Hämoglobin gebildeten Gallenfarbstoffe (die Milz und Leber sind die Hauptorte des Abbaus von roten Blutzellen) direkt der Leber zu, von der sie über die Gallenflüssigkeit ausgeschieden werden.

2.3.3.2 Feinaufbau der Leber

Die Leber ist aus unzählig vielen kleinen Leberläppchen aufgebaut. Die einzelnen funktionellen Leberzellen (sog. Leberparenchymzellen) sind im Leberläppchen in sog. Leberzellbalken angeordnet (siehe Abb. 2.3.5).

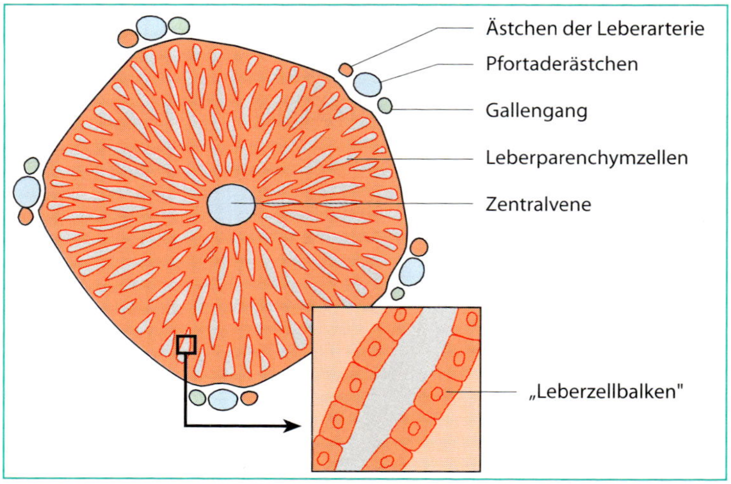

Abb. 2.3.5: Aufbau eines Leberläppchens (stark vereinfachte Darstellung)

Diese Zellbalken stoßen in der Mitte des Leberläppchens fast zusammen, sie sparen nur ein zentrales Blutgefäß, die Zentralvene, aus. Das arterielle Blut und das Pfortaderblut fließen im Läppchen von außen nach innen an den Leberparenchymzellen vorbei. Die Leberzellen filtern sich dabei die verschiedensten Substanzen (einschließlich Sauerstoff) aus dem Blut heraus. Gleichzeitig geben die Leberzellen die von ihnen gebildeten Stoffwechselprodukte an das Blut ab. Dieser Feinaufbau der Leberläppchen, bei dem jede Leberparenchymzelle direkt mit dem Blutstrom in Kontakt kommt, ermöglicht eine effektive Verarbeitung der der Leber zugeleiteten Stoffe und eine rasche und sichere Abgabe der in den Leberzellen gebildeten Stoffwechselprodukte. Lediglich die in der Leber gebildete Gallenflüssigkeit, die sog. Lebergalle, wird nicht an das Blut abgegeben, sondern in einem gesonderten Gang abgeleitet, der in den Gallengang und damit letztendlich in den Zwölffingerdarm bzw. in die Gallenblase endet.

2.3.3.3 Stoffwechselleistungen der Leber

Die Leber nimmt als zentrales Stoffwechselorgan an nahezu allen Stoffwechselprozessen des Organismus teil. Diese Reaktionen sind in ihrer Vielzahl kaum überschaubar.

Eiweißstoffwechsel

Die Leber nimmt im Eiweißstoffwechsel eine herausragende Schlüsselstellung ein (siehe Kap. 3.4.2). Die nachfolgend aufgeführten Stoffwechselreaktionen erfolgen überwiegend oder nahezu ausschließlich in der Leber:

- Transaminierung der Aminosäuren (gegenseitige Umwandlung),
- oxidative Desaminierung der Aminosäuren (Abspaltung der Aminogruppe und damit Einleitung des Abbaus der Aminosäuren),
- Abbau der Ringsysteme von aromatischen und heterozyklischen Aminosäuren (Phenylalanin, Tyrosin, Tryptophan),
- Bildung von Glutamin (aus Glutaminsäure) als wichtige Stoffwechselsubstanz und wichtige Transportform von Aminogruppen,
- Synthese von allen Plasmaproteinen wie Albumine, Globuline einschließlich Transportproteine und Blutgerinnungsfaktoren, die ausschließlich in der Leber gebildet werden. Lediglich die Immunproteine des Blutplasmas werden nicht in der Leber gebildet (ihr Bildungsort ist das lymphatische System).

Kohlenhydratstoffwechsel

Die Leber nimmt auch im Kohlenhydratstoffwechsel eine zentrale Stellung ein (siehe Kap. 3.3.6). Die Leberzellen sind für Glucose frei permeabel (durchlässig), sie unterscheiden sich darin von den Muskelzellen und den

Zellen des Fettgewebes, in die Glucose nur durch die Vermittlung von Insulin eintreten kann.

- Speicherung von Glucose in Form von wasserunlöslichem Glykogen bei ausreichendem Angebot von Glucose (bis maximal 150 g),
- Regulation des Blutzuckerspiegels, der durch den gezielten Abbau von Glykogen konstant gehalten werden kann,
- Abbau von Fructose und Galactose sowie von Zuckeraustauschstoffen (siehe Kap. 5.6.4) über gesonderte Abbauwege.

Lipidstoffwechsel

Die Leber ist zwar kein Speicherorgan für Fette, sie nimmt aber auch im Fettstoffwechsel eine zentrale Stellung ein (siehe Kap. 3.5.4).

- Umbau und Neubildung von Fett
  Die Leber ist der Hauptort für den Umbau von Fettsäuren. Sie bildet aus den kurz- und mittelkettigen Fettsäuren der Nahrungsfette, die ihr über die Pfortader direkt zugeleitet werden, Neutralfette mit einer körperspezifischen Fettsäurezusammensetzung. Außerdem erfolgt in ihr die Neubildung von Neutralfetten aus Glucose.
  Diese Fette werden in Form von Lipoproteinpartikeln an die Peripherie abgegeben. Eine Fettablagerung in der Leber (Fettleber) ist die Folge von krankhaften Veränderungen (siehe Kap. 7.2.3).
- Endverbrennung von Fettsäuren und Bildung von Ketonkörpern
  Ein Großteil der Fettsäuren, die nicht in der Muskulatur bei der Muskelarbeit oxidiert werden, werden in der Leber verbrannt. Bei einem gesteigerten Abbau von Fettreserven und einer gleichzeitigen ungenügenden Endoxidation von Kohlenhydraten fallen in der Leber vermehrt Ketonkörper an (siehe Kap. 3.5.4.6). Zu einem vermehrten Anfall von Ketonkörpern kommt es beim absoluten Hunger und beim unbehandelten Diabetes (siehe Kap. 7.6.1.2 und 7.6.3.4). Größere Mengen an Ketonkörpern können vom Organismus nicht verwertet werden. Sie führen zu einer Acidose (Säuerung des Bluts).

Entgiftungsfunktionen

Die Entgiftung von schädlichen Stoffwechselprodukten und von Stoffen, die mit der Nahrung aufgenommen werden und in höheren Konzentrationen als Giftstoffe wirken, sowie von bestimmten Arzneimitteln erfolgt nahezu ausschließlich in der Leber. Dafür stehen der Leber zahlreiche Stoffwechselreaktionen zur Verfügung, die den jeweiligen chemischen Eigenschaften der zu entgiftenden Substanzen angepaßt sind. Über diese Reaktionswege werden auch einige Hormone inaktiviert.

- Überführung des beim Abbau der Aminosäuren anfallenden giftigen Ammoniaks in den nicht giftigen Harnstoff, der anschließend durch die Nieren ausgeschieden wird (Harnstoffsynthese),

- Abbau von Alkohol,
- Oxidation von zahlreichen Substanzen über ein spezifisches Oxidationssystem, das in den Membranen des endoplasmatischen Retikulums lokalisiert ist (Entgiftung vieler Arzneimittel),
- Verbesserung der Wasserlöslichkeit von ausscheidungspflichtigen und giftigen Substanzen durch die Bildung von Glucuronsäure-Konjugaten (Verknüpfung dieser Substanzen mit Glucuronsäure) und damit Ermöglichung ihrer Ausscheidung durch die Nieren (Glucuronsäure ist ein Oxidationsprodukt der Glucose, das im Zwischenstoffwechsel gebildet wird).

Weitere wichtige Stoffwechselfunktionen der Leber

- Bildung von Cholesterin (endogene Cholesterinsynthese)
  Die Leber ist der Hauptort für die körpereigene Synthese von Cholesterin (Cholesterin kann allerdings auch in nahezu allen Körperzellen gebildet werden). Diese endogene Synthese von Cholesterin beträgt etwa 1 bis 1,5 g pro Tag.
- Bildung von Gallensäuren
  In der Leber werden aus Cholesterin Gallensäuren gebildet, die mit der Gallenflüssigkeit in den Darm ausgeschieden werden und für die Verdauung der Fette benötigt werden (die Leber kann in dieser Hinsicht als eine exokrine Drüse angesehen werden).
- Bildung von Harnsäure
  Die Oxidation der Purinkörper, die bei dem Abbau der Nucleinsäuren freigesetzt werden, zu Harnsäure erfolgt zum Großteil in der Leber.
- Bildung von Gallenfarbstoffen
  In der Leber erfolgt der Endabbau von Hämoglobin zu Gallenfarbstoffen, die mit der Gallenflüssigkeit ausgeschieden werden.
- Speicherung von Vitaminen
  In der Leber können in beträchtlichen Mengen Vitamin A und Vitamin B_{12} gespeichert werden (maximal der reichliche Jahresbedarf). Die Umwandlung des Provitamin A (β-Carotin) in aktives Vitamin A findet ebenfalls vorwiegend in der Leber statt.

2.3.4 Gallenblase und Gallenflüssigkeit

Die Gallenblase liegt hinter der Leber. Sie ist über einen Gang, den Gallenblasengang, mit dem Gallengang verbunden. Der Gallengang ist das Sammelrohr für die in der Leber gebildete Gallenflüssigkeit. Er mündet in den Zwölffingerdarm in unmittelbarere Nachbarschaft zum Ausführungsgang der Bauchspeicheldrüse (siehe Abb. 2.3.2).

In der Wand des Gallengangs ist glatte Muskulatur eingelagert, die sich in der Nähe der Einmündung in den Zwölffingerdarm zu einem Ringmuskel verdickt. Dieser Ringmuskel regelt zusammen mit der Gallenblase die Abgabe von Galle in den Zwölffingerdarm. Spastische Kontraktionen der Wandmuskulatur des Gallengangs, meist durch kleine Gallensteine initiiert, lösen kolikartige Schmerzen aus (Gallenkolik).

Die Lebergalle, die ständig in der Leber gebildet wird, wird in der Gallenblase durch Wasserentzug auf $^1/_3$ bis $^1/_5$ ihres Ausgangsvolumens eingedickt. Diese in der Gallenblase gespeicherte Blasengalle wird bei Bedarf in den Zwölffingerdarm abgegeben. Diese Abgabe wird durch die Verdauungshormone geregelt.

Die wichtigsten Inhaltsstoffe der Gallenflüssigkeit sind die Gallensäuren. Sie liegen bei physiologischen p_H-Werten in Form von gallensauren Salzen vor. Sie sind als ausgezeichnete Emulgatoren von Fetten für die Fettverdauung unentbehrlich.

Mit der Gallenflüssigkeit werden eine Reihe anderer schwer wasserlöslicher Stoffe ausgeschieden wie Cholesterin, Gallenfarbstoffe und verschiedene Salze. Auch sehr geringe Mengen an Eiweiß sind in der Gallenflüssigkeit enthalten. Die geringen Mengen an Eiweiß stabilisieren das in der wäßrigen Blasengalle befindliche, aber nahezu wasserunlösliche Cholesterin. Sie verhindern auf diese Weise das Auskristallisieren von Cholesterin und damit die Bildung von Gallensteinen.

Die gelbe Farbe der Lebergalle beruht auf dem Vorkommen des Gallenfarbstoffs Bilirubin. Dieses Bilirubin wird in der Gallenblase oxidativ verändert. Mit der partiellen Oxidation des Bilirubins ist eine Farbänderung verbunden, so daß die Blasengalle grün bis dunkelbraun gefärbt ist.

2.3.5 Bauchspeicheldrüse (Pankreas)

Die Bauchspeicheldrüse ist ein längliches, etwa 120 g schweres Organ, das im linken Oberbauch fest an die hintere Bauchwandung angewachsen ist. Der sog. Kopf der Bauchspeicheldrüse liegt in der hufeisenförmigen Rundung des Zwölffingerdarms, in der auch ihr Ausführungsgang in nächster Nähe der Einmündung des Gallengangs einmündet (siehe Abb. 2.3.2).

Die Bauspeicheldrüse erfüllt 2 unterschiedliche Funktionen:

- Bildung von Verdauungssäften, die mit dem Ausführungsgang in den Zwölffingerdarm abgegeben werden (exokrine Drüsenfunktion),
- Bildung von Insulin und Glucagon, zwei Hormone, die regulierend in den Kohlenhydratstoffwechsel eingreifen und die von den Inselzellen direkt in das Blut abgegeben werden (endokrine Drüsenfunktion).

Exokrine Drüsenfunktion

Die Bauchspeicheldrüse bildet in den exokrinen Drüsenzellen, die den Hauptanteil des Drüsengewebes ausmachen, täglich etwa 1 bis 1,2 l Verdauungssaft (siehe Kap. 3.10.1.4). Dieser Pankreassaft enthält Natriumhydrogencarbonat (Natriumbikarbonat), das im Duodenum den sauren Magensaft neutralisiert. Wichtigste Bestandteile sind eine Vielzahl von Verdauungsenzymen, die die Spaltung von Eiweißen (Trypsin, Chymotrypsin, Carboxypeptidasen), von Stärke (α-Amylase), von Fett (Lipase) und von anderen in der Nahrung vorkommenden Makromolekülen (Nucleasen, Phospholipasen) katalysieren.

Endokrine Drüsenfunktion

In der Bauchspeicheldrüse sind etwa 1 bis 2 Millionen Inseln von Drüsengewebe, sog. Inselzellen (Langerhans-Inseln), eingebettet, deren Gesamtgewicht etwa 2,5 g beträgt. Bei diesen Inselzellen muß zwischen 2 unterschiedlichen Typen von Inselzellen unterschieden werden, den A-Zellen (α-Zellen) und den B-Zellen (β-Zellen). Die B-Zellen bilden das Hormon Insulin, das bei der Verwertung der Glucose und bei der Regulation des Blutzuckerspiegels eine entscheidende Rolle spielt. Die A-Zellen sind die Bildungsorte des Hormons Glucagon, das ebenfalls regulierend in den Kohlenhydratstoffwechsel eingreift und in gewisser Hinsicht als ein Gegenspieler des Insulins angesehen werden kann. Glucagon hat für die Regulation des Glucosestoffwechsels nicht die überragende Bedeutung wie das Insulin. Insulin und Glucagon werden direkt in das Blut abgegeben und von ihm zu ihren Erfolgsorganen transportiert (siehe Kap. 2.3.7.3, Kap. 3.3.6 und Kap. 7.6.3.1).

2.3.6 Nieren

Die paarig angelegten Nieren sind die harnbereitenden Organe. Sie dienen der Ausscheidung von wasserlöslichen Endprodukten des Stoffwechsels, der sog. harnpflichtigen Substanzen. Außerdem erfüllen sie wichtige Funktionen bei der Regulation des Wasser- und Mineralstoffhaushalts (Osmoregulation).

Die Nieren haben eine bohnenförmige Gestalt und liegen in der Lendengegend außerhalb der Bauchhöhle. Jede Niere hat ein Gewicht von etwa 150 g. Die Nieren sind von einer straffen Bindegewebskapsel umhüllt und durch ein Fettpolster, dem Nierenfett, zusätzlich vor Stoß geschützt.

Das funktionelle Nierengewebe, das sog. Nierenparenchym, ist ein recht festes Gewebe, in dem mit bloßem Auge 2 verschiedene Schichten, Nierenrinde und Nierenmark, unterschieden werden können. Das Nierenmark ist in Form von Pyramiden angeordnet, deren Spitzen nach innen in Richtung des Nierenbeckens weisen. Es ist vollständig von der Nierenrinde umgeben. Das Nierenmark ragt nur an den Pyramidenspitzen direkt in das Nierenbecken hinein.

Der gebildete Harn tritt an den Pyramidenspitzen aus dem Nierenparenchym heraus und wird zunächst im Nierenbecken aufgefangen. Er wird anschließend über den Harnleiter in die Harnblase geleitet. Beim Wasserlassen wird er über die Harnröhre ausgeschieden.

Jede Niere besteht aus etwa 1 Million mikroskopisch kleiner Untereinheiten, den sog. Nephronen. Jedes dieser Nephrone durchzieht die gesamte Schicht des Nierenparenchyms und endet in den Pyramidenspitzen. Die Harnbildung erfolgt in den Nephronen. Jedes Nephron ist für sich allein in der Lage, Harn zu bilden.

2.3.6.1 Funktion der Nieren

Die Funktion der Nieren beschränkt sich nicht auf die Ausscheidung von Wasser und von Endprodukten des Zellstoffwechsels. Die Nieren erfüllen zusätzlich wichtige Aufgaben bei der Regulation des Mineralstoffwechsels und des Blutdrucks sowie der Bildung roter Blutzellen.

Die wichtigsten Nierenfunktionen sind

- Ausscheidung von wasserlöslichen und wasserlöslich gemachten Stoffwechselendprodukten,
- Ausscheidung von wasserlöslichen und wasserlöslich gemachten Fremdstoffen (Gifte, Medikamente, mit der Nahrung aufgenommene Schadstoffe),
- Regulation des Mineralstoffgehalts durch die gezielte Ausscheidung und Rückresorption von Elektrolyten,
- Sicherung des Gleichgewichts im Säure-Basen-Haushalt durch die gezielte Ausscheidung von Kationen oder Anionen (positiv bzw. negativ geladene Ionen),
- Ausscheidung von Wasser und Regulation des Wasserhaushalts,
- Hormonelle Regulationen
  Bildung von Renin, einem Eiweißkörper mit Hormoncharakter, der in die Regulation des Blutdrucks eingreift,
  Bildung des Erythropoetins (EPO), das die Bildung der roten Blutzellen stimuliert.

2.3.6.1.1 Mechanismus der Harnbereitung

Die Funktionsweise der Nieren kann zunächst mit der eines hochspezialisierten Filtersystems verglichen werden, das aus dem die Nieren durchströmenden Blut nahezu alle unerwünschten und somit ausscheidungspflichtigen wasserlöslichen Substanzen herausfiltriert, ohne dabei andere, nicht harnpflichtige und für die Funktion des Organismus wichtige Stoffe mit zu entfernen. Einige wasserlösliche ausscheidungspflichtige Substanzen sind allerdings schwer oder überhaupt nicht filtrierbar. Sie werden außerhalb des Filtersystems konzentriert und dem Filtrat anschließend gezielt zugemischt. Außerdem werden auch wasserlösliche Substanzen filtriert, die vom Organismus benötigt werden. Diese Substanzen werden anschließend durch aktive Prozesse gezielt rückresorbiert.

Die Nieren werden intensiv durchblutet, damit dieser Filtrationsvorgang und damit das Entfernen der harnpflichtigen Substanzen effektiv gestaltet werden kann. Etwa 20 % des vom Herz beförderten gesamten Blutstroms durchströmt ständig die Nieren. Für die Versorgung der Nieren mit Sauerstoff und Nährstoffen wird jedoch nur ein sehr kleiner Teil dieses arteriellen Bluts benötigt. Der überwiegende Teil des die Nieren durchfließenden Bluts wird „nur gefiltert" und dabei von den harnpflichtigen Substanzen weitgehend befreit.

Aufbau und Funktion der Nephrone

Die einzelnen Nephrone sind bei der Harnbereitung parallel geschaltet (siehe Abb. 2.3.6). Ein Nephron besteht aus einem Nierenkörperchen und einem sich anschließenden feinen Röhrchen, einem Harnkanälchen, das als Nierentubulus bezeichnet wird. Der Tubulus geht nahtlos in das sog. Sammelrohr über, das in das Nierenbecken mündet. Das Sammelrohr wird nicht mehr zum Tubulus gerechnet.

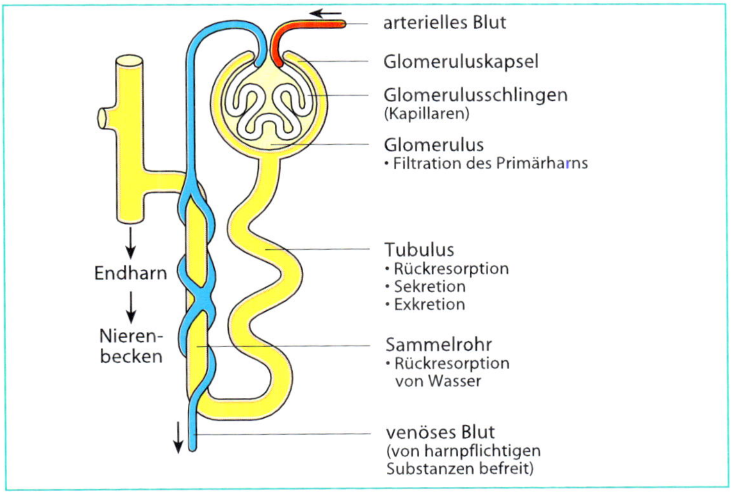

Abb. 2.3.6: Aufbau eines Nephrons (stark vereinfachte Darstellung)

Das Nierenkörperchen wird von einer straffen Kapsel umschlossen. In diese Kapsel mündet eine Kapillare, die arterielles Blut führt. Im Inneren des Nierenkörperchens bildet diese Kapillare ein dichtes Gefäßknäuel, wodurch die Oberfläche enorm vergrößert wird. Das Gefäßknäuel wird auch Glomerulus genannt (Mehrzahl Glomerula). Der abführende Ast der Kapillare umfließt nach Austritt aus der Kapsel den Nierentubulus.

Das ankommende arterielle Blut wird beim Durchströmen des Kapillarknäuels filtriert. Dabei werden Wasser und die niedermolekularen wasserlöslichen Stoffe durch die Kapillarwände hindurch in das Kapselinnere abgepreßt. Dieses Urfiltrat ist der sog. Primärharn. Der Primärharn wird von der Kapsel in das am unteren Pol der Kapsel angeordnete Harnkanälchen abgeleitet. Beide Nieren bilden innerhalb von 24 Stunden etwa 180 l Primärharn.

Der Primärharn wird beim Durchströmen durch den Tubulus „bearbeitet". Die Tubuluszellen resorbieren aus dem Primärharn eine Reihe von Substanzen nahezu vollständig wieder zurück, insbesondere solche Substanzen, die vom Körper unbedingt benötigt werden wie beispielsweise Glucose und Aminosäuren. Auch ein Großteil des Wassers wird im Tubulus wieder zurückresorbiert. Die Tubuluszellen geben gleichzeitig andere Substanzen an den Harn ab. Im Verlauf dieser „Bearbeitung" des Primärharns, die während seiner Passage durch den Tubulus erfolgt, wird schrittweise ein Harn gebildet, der dem Endharn in Hinblick auf die Zusammensetzung der in ihm gelösten Stoffe weitgehend entspricht. Er ist allerdings wesentlich weniger konzentriert. Täglich werden etwa 20 l dieses verdünnten Harns gebildet. Das „überflüssige" restliche Wasser wird erst im anschließenden Sammelrohr aus dem nahezu „fertigen" Endharn rückresorbiert.

Die Harnbereitung in den Nephronen erfolgt durch die Kombination folgender Vorgänge:

- *Filtration in den Nierenkörperchen,*
- *spezifische Rückresorption von Substanzen in den Harnkanälchen,*
- *Ausscheidung von bestimmten Substanzen durch aktive Prozesse in den Harnkanälchen,*
- *Sekretion von solchen Stoffen in den Harnkanälchen, die in der Niere selbst erst gebildet werden (und nicht direkt dem Blut entnommen werden),*
- *Rückresorption von Wasser in den Harnkanälchen und in den Sammelrohren,*
- *Regulation des Säure-Basen-Haushalts des Körpers und Einstellung des p_H-Werts des Harns.*

Aus diesem komplizierten Mechanismus der Harnbereitung ist ersichtlich, daß die verschiedenen Substanzen auf Grund ihrer unterschiedlichen chemischen Eigenschaften bei der Ausscheidung durch die Nieren unterschiedlich behandelt werden müssen. Es gibt Stoffe,

- *die nur filtriert werden,*
- *die filtriert und anschließend (teilweise oder vollständig) wieder rückresorbiert werden,*
- *die (zusätzlich) durch aktive Prozesse ausgeschieden werden (Exkretion),*
- *die durch die Niere nur sezerniert werden.*

Filtration

Beide Nieren werden pro Minute von 1 l Blut durchströmt, am Tag demnach von 1500 l. Dabei werden aus dem Blutplasma etwa 20 % des Wassers und 20 % der in Wasser gelösten Stoffe abfiltriert. Die Menge dieses Primärharns beträgt am Tag folglich 150 bis 180 l. Die Filtrationsarbeit wird allein durch den Blutdruck geleistet, der innerhalb der Kapillaren herrscht. Der kolloidosmotische Lösungsdruck der Plasmaeiweiße wirkt dabei diesem Filtrationsdruck entgegen. In dem so bereiteten Primärharn werden alle wasserlöslichen Bestandteile des Blutplasmas aus dem Blut herausfiltriert. Das betrifft nicht nur wasserlösliche ausscheidungspflichtige Stoffwechselendprodukte und Schadstoffe, sondern auch alle Elektrolyte (Salze), Glucose und andere Monosaccharide, Aminosäuren und wasserlösliche Vitamine. Auch sehr geringe Mengen an Eiweiß können aus dem Blutplasma abgepreßt werden und im Primärharn enthalten sein.

Rückresorption

Eine Reihe von Substanzen werden bereits in den oberen Abschnitten der Nierentubuli wieder rückresorbiert. Das betrifft insbesondere Glucose und Aminosäuren, Hydrogencarbonat, Kalium, Natrium, Phosphat und andere Mineralstoffe sowie Wasser.

Während die Rückresorption der Mineralstoffe unter nahezu allen Bedingungen den Erfordernissen des Körpers nachkommen kann, sind der Rückresorption von Aminosäuren und insbesondere von Glucose Grenzen gesetzt. Sobald die Konzentration dieser Substanzen im Blutplasma und damit im Primärharn einen bestimmten Grenzwert übersteigt, können diese nicht mehr vollständig rückresorbiert werden. Sie werden dann mit dem Harn ausgeschieden. Dieser Grenzwert, die sog. Nierenschwelle, ist für alle diese Stoffe unterschiedlich hoch und hängt im geringem Maße auch noch von zusätzlichen Faktoren ab. Er liegt bei der Glucose bei etwa 180 mg%. Steigt die Blutzuckerkonzentration über diesen Wert, beispielsweise beim unbehandelten Diabetes, wird Glucose mit dem Harn ausgeschieden (Harnzucker).

Besondere Mechanismen liegen der Rückresorption von Eiweißen, im wesentlichen Albuminen, und von Kalzium zugrunde. Eiweiße werden mittels Endozytose aus dem Primärharn zurückgewonnen (die Eiweißmoleküle werden von der Membran der Tubuluszelle umschlossen und anschließend wie bei einer Phagozytose in das Zellinnnere befördert). Zur Rückresorption des Kalziums wird das kalziumbindende Eiweiß benötigt, dessen Bildung durch das aktive Vitamin D induziert wird (siehe Kap. 3.7.1.2 und 3.9.1.2.3).

Exkretion

Eine Vielzahl von Substanzen werden von den Tubuluszellen durch aktive Transportprozesse in den Harn hinein ausgeschieden. Das betrifft auch einige wenige Substanzen, die gut wasserlöslich sind und auch filtriert werden, vor-

rangig aber schwer wasserlösliche Stoffe. Diese Stoffe gelangen ebenfalls über den Blutweg an die Tubuluszellen. Die Tubuluszellen haben die Eigenschaft, diese Stoffe mit sehr großer Effektivität festzuhalten. Das die Nieren durchströmende Blut wird demzufolge nahezu vollständig von diesen Stoffen befreit. Zu diesen Substanzen gehören eine Reihe von organischen Säuren (z. B. Oxalsäure), Harnsäure, Penicillin und viele andere Verbindungen.

Sekretion

Die Tubuluszellen können aus Substanzen, die mit der Blutflüssigkeit herantransportiert werden, neue Substanzen bilden, die anschließend in den Harn sezerniert und damit ausgeschieden werden. Das wichtigste Sekretionsprodukt sind Ammoniumionen, die bei der Abspaltung einer Aminogruppe von den Aminosäuren Glutamin bzw. Glutaminsäure gebildet werden (siehe Kap. 3.4.2.1). Sie werden vorrangig zur Neutralisation eines zu sauren Harns benötigt, beispielsweise bei der Ausscheidung großer Mengen von sauren Ketonkörpern (siehe Kap. 3.5.4.6), die bei lang andauerndem Fasten oder beim diabetischen Koma anfallen (siehe Kap. 7.6.1.2 und 7.6.3.4). In den unteren Abschnitten der Tubuli können aber auch wieder Elektrolyte sezerniert werden, falls dies zur Feinregulation des Elekrolythaushalts erforderlich wird.

Rückresorption von Wasser

Der Primärharn muß während des Durchströmens durch das Röhrensystem der Nephronen etwa 100fach konzentriert werden (180 l Primärharn auf etwa 1,5 l Endharn). Die Rückresorption des Wassers beginnt bereits im Tubulussystem. Danach ist das Volumen des Primärharns (nach Durchströmen des gesamten Tubulusapparats) bereits auf etwa 20 bis 30 l eingeengt worden. Dieser Harn enthält bereits alle Substanzen, die sich im Endharn befinden. Das restliche Wasser wird in den Sammelrohren zurückresorbiert.

Diese Rückresorption von Wasser in den Tubuli wird durch das Hypophysenhormon Vasopressin (auch Adiuretin genannt) gesteuert. Beim Fehlen des Hormons kann der Harn nicht richtig konzentriert werden. Es werden dann täglich 10 bis 20 l eines stark verdünnten Harns ausgeschieden (Diabetes insipidus =„geschmacklose" Zuckerharnruhr).

Regulation des Säure-Basen-Haushalts

Die Nieren haben eine zentrale Funktion bei der Regulation des Säure-Basen-Haushalts des Körpers und damit bei der Aufrechterhaltung des erforderlichen p_H-Werts in den Körperflüssigkeiten. Während die Lungen durch das Abatmen von Kohlendioxid (Kohlensäure) nur einen Säuretyp und damit nur in begrenztem Umfang saure Äquivalente ausscheiden können, ist die Regulationsfähigkeit der Nieren wesentlich größer. Die Nieren können verschiedene saure Äquivalente wie beispielsweise Ketonkörper durch Filtration ausscheiden, und die Nierentubuli können H-Ionen im Austausch gegen

Natrium- oder Kaliumionen abgeben. Auch Hydrogencarbonat-Ionen können von den Tubuli abgegeben werden.

Der p_H-Wert des Harns kann vom Neutralpunkt nur innerhalb eines begrenzten Bereichs abweichen. Zur Einstellung eines gerade noch „tolerierbaren" p_H-Werts des Harns müssen deshalb zusätzlich basische oder saure Äquivalente ausgeschieden werden. Das sind vorrangig Mineralstoffe, die Bestandteile eines Puffersystems sind (Phosphat- und Hydrogencarbonat-Ionen sowie vorzugsweise Natrium- und Kaliumkationen). Beim Ausscheiden von großen Mengen an sauren Äquivalenten, die mit Hilfe dieser Puffersysteme nicht mehr ausreichend neutralisiert werden können, werden vermehrt Ammoniumionen sezerniert (aus Glutamin stammend).

2.3.6.1.2 Hormonelle Funktionen der Nieren

Zusätzlich zu ihrer Hauptfunktion, die Ausscheidung harnpflichtiger Substanzen, bilden die Nieren 2 Eiweißkörper, denen eine Hormonfunktion zukommt. Diese sind, zwar über recht unterschiedliche Wirkungsmechanismen, maßgeblich an Funktionen beteiligt, die dafür sorgen, daß die einzelnen Organe des Körpers stets ausreichend mit Sauerstoff versorgt werden. Die Nieren sind als eine „Meßstelle" für eine mögliche Unterversorgung besonders geeignet (und damit auch Bildungsort von entsprechenden Reglersubstanzen), da sie auf eine ausreichende Durchblutung angewiesen sind, um ihrer Ausscheidungsfunktion voll gerecht zu werden. Eine bessere Sauerstoffversorgung kann auf 2 unterschiedlichen Wegen erreicht werden:

- Erhöhung des Blutdrucks und damit bessere Durchblutung der Organe (Renin-Angiotensin-System),
- Erhöhung der Zahl der Erythrozyten und damit ein verbesserter Transport von Sauerstoff (Erythropoetin).

Renin-Angiotensin-System

Renin ist ein äußerst spezifisch wirkendes eiweißspaltendes Enzym, das in den Nieren gebildet und in das Blut abgegeben wird. Dieses Renin spaltet von einem spezifischen, in der Leber gebildeten Plasmaprotein, dem Hypertensinogen, einen Teil der Polypeptidkette ab. Dadurch wird das inaktive Hypertensinogen in das aktive Hypertensin überführt. Hypertensin bewirkt eine lang andauernde Erhöhung des Blutdrucks.

Bei einer ausreichenden Durchblutung der Nieren bilden diese nur wenig oder nahezu überhaupt kein Renin. Werden jedoch die Nieren unzureichend durchblutet, so geben sie vermehrt Renin an das Blut ab. Durch die gesteigerte Bildung von Hypertensin wird der Blutdruck erhöht und dadurch die Durchblutung der Nieren verbessert. Diese Blutdruckerhöhung verbessert nicht nur die Sauerstoffversorgung der Nieren, sondern auch die Filtrationsleistung der Nieren. Eine ständige Aktivierung dieses Renin-Angiotensin-Systems infolge schlechter Nierendurchblutung oder mangelhafter Sauerstoffbeladung des Bluts führt zur Ausbildung eines sog. renalen Bluthochdrucks (siehe Kap. 7.5.2).

Erythropoetin

Erythropoetin ist ebenfalls ein Eiweiß mit Hormonwirkung, das von den Nieren gebildet und an das Blut abgegeben wird. Es stimuliert im Knochenmark die Bildung von roten Blutzellen. Mit der Menge des von den Nieren gebildeten Erythropoetins kann somit die Menge der im Blut zirkulierenden roten Blutzellen und damit die Transportkapazität des Bluts für Sauerstoff gesteuert werden.

Bei einer Unterversorgung der Nieren mit Sauerstoff wird von den Nieren Erythropoetin vermehrt an das Blut abgegeben. Ursache für eine solche erhöhte Abgabe ist meist ein Mangel an roten Blutzellen (Anämie). Auch bei körperlichen Höchstleistungen, bei denen ein erhöhter Sauerstoffbedarf besteht, kann die Bildung von Erythropoetin erhöht sein. Sie ist besonders ausgeprägt während der Anpassung des Körpers an den Aufenthalt in großen Höhen, in denen der Sauerstoffpartialdruck der Luft wesentlich niedriger ist. Aufsehen erregte das Erythropoetin durch seinen Mißbrauch zum Doping (als „EPO"), bei dem durch die „medikamentös" gesteigerte Bildung von roten Blutzellen eine wesentlich bessere Sauerstoffversorgung und dadurch eine zusätzliche Leistungssteigerung erreicht werden sollte.

2.3.7 Endokrine Drüsen

Die endokrinen Drüsen (Hormondrüsen) sind hochspezialisierte Organe, die ausschließlich Hormone produzieren. Hormone sind hochspezifische Reglerstoffe, die nur in sehr kleinen Mengen gebildet werden. Sie werden von den jeweiligen endokrinen Drüsenzellen an das Blut abgegeben, mit dem sie an die Erfolgsorgane transportiert werden. In diesen Erfolgsorganen steuern die Hormone spezifische Stoffwechselprozesse. Besondere Struktureigenschaften der Zellen des jeweiligen Erfolgsorgans sind dafür verantwortlich, daß das betreffende Hormon nur an ihnen seine spezifische Wirkung entfalten kann. Für diese Selektion sind vorrangig spezifische Strukturabschnitte in den Zellmembranen verantwortlich (sog. Rezeptoren), an denen sich nur das jeweils spezifische Hormon anlagern kann. Einige Hormone können aber auch in die Zellen des jeweiligen Erfolgsorgans eindringen und erst im Zellinneren bestimmte Enzymreaktionen gezielt direkt beeinflussen.

Die verschiedenen Hormone gehören zu unterschiedlichen chemischen Verbindungsklassen. Nach dem chemischen Aufbau kann zwischen folgenden Hormonklassen unterschieden werden:

- Peptidhormone (bestehen aus unterschiedlich langen Peptidketten),
- Steroidhormone (ähneln in ihrem chemischen Aufbau dem Cholesterin),
- Hormone, die von Aminosäuren abstammen.

2.3.7.1 Schilddrüse

Die Schilddrüse ist ein am Hals liegendes hufeisenförmiges Organ. Sie ist der Bildungsort der Schilddrüsenhormone Thyroxin und Trijodthyronin. Ausgangsstoffe dafür sind die Aminosäure Tyrosin und Jod. Beide Hormone unterscheiden sich im chemischen Aufbau nur durch die Anzahl der am Aufbau beteiligten Jodatome (3 [Trijodthyronin, T3], bzw. 4 [Thyroxin, T4] Jodatome), allerdings beträchtlich in ihrer biologischen Aktivität. Trijodthyronin ist wirksamer als Thyroxin, dieses liegt dafür in 10fach höherer Konzentration im Blutplasma vor. Aus Gründen der Vereinfachung wird oft nicht zwischen beiden unterschieden und diese nur als Thyroxin bezeichnet. Thyroxin wird nach seiner Bildung in der Schilddrüse an einen spezifischen Eiweißkörper gebunden und an das Blut abgegeben.

Voraussetzung für die den Anforderungen entsprechende Bildung von Thyroxin ist die ausreichende Verfügbarkeit von Jod, das mit der Nahrung aufgenommen werden muß (siehe Kap. 3.9.2.2). Ein Jodmangel führt infolgedessen zu einer nicht ausreichenden Hormonproduktion und zu Stoffwechselstörungen. Das mit der Nahrung aufgenommene Jod wird in der Schilddrüse akkumuliert. So befinden sich etwa 20 bis 30 % des Körperbestands an Jod (bei einer ausreichenden Jodversorgung etwa 15 mg) in der nur etwa 20 bis 30 g schweren Schilddrüse.

Funktion

Thyroxin stimuliert zahlreiche Stoffwechselfunktionen, insbesondere den Eiweißstoffwechsel, was sich in einer vermehrten Bildung von zellulären Enzymen äußert. Augenfälligstes Zeichen dieser besseren Enzymausstattung der Zellen ist eine Steigerung des Grundumsatzes. Die Erhöhung des Grundumsatzes hat eine geringe Erhöhung der Körpertemperatur und der Herzarbeit zur Folge. Zusätzlich dazu werden eine Reihe wichtiger Stoffwechselprozesse in mannigfaltigster Weise beeinflußt wie das Körperwachstum (bei Kindern) und die Gehirnreifung. Diese Hormonwirkungen sind am eindrucksvollsten an den Veränderungen bei einer Über- bzw. Unterfunktion zu erkennen. Eine Unterfunktion, meist Folge einer unzureichenden Jodversorgung, hat besonders für den noch wachsenden Organismus dramatische Folgen.

KAPITEL 2

Unterfunktion

Eine Unterfunktion der Schilddrüse ist nahezu ausschließlich auf eine Unterversorgung mit Jod zurückzuführen. Die jodfreien Vorstufen des Hormons werden auch bei bestehendem Jodmangel in ausreichendem Maß synthetisiert. Im Bestreben, den Hormonmangel zu kompensieren, wird das Transporteiweiß oft in überschießendem Maß gebildet, was nur bei einer Zunahme der Masse des verfügbaren Drüsengewebes erfolgen kann. Es kommt dadurch zur Ausbildung eines Kropfs, einer sog. Jodmangelstruma. Trotz der Schilddrüsenvergrößerung kann jedoch das komplette (jodhaltige) aktive Hormon infolge des Fehlens von Jod nicht gebildet werden. Folge des Hormonmangels ist bei Erwachsenen eine Erniedrigung des Grundumsatzes, die im Extremfall bis zu 40 % betragen kann (siehe Kap. 3.2.2.1). Ein weiteres Zeichen der Unterfunktion ist die Neigung zur Ausbildung eines Übergewichts bis hin zur Fettsucht und oft eine eingeschränkte geistige Beweglichkeit.

Bei Säuglingen und Kleinkindern sind die Folgen eines Jodmangels und der dadurch bedingten Unterfunktion der Schilddrüse besonders schwerwiegend. Zusätzlich zur Erniedrigung des Grundumsatzes kommt es zu einer Verlangsamung des Wachstums, das auch frühzeitig zum Stillstand kommen kann. Das Endstadium dieser Störung des Körperwachstums ist relativ häufig das Bild eines Zwergwuchses. Schwerwiegender sind die generellen Entwicklungsstörungen und insbesondere Störungen bei der Entwicklung des Gehirns. Die Folge ist ein Zurückbleiben in der geistigen Entwicklung bis hin zu bleibenden schweren Störungen im Intellekt. In besonders schweren Fällen kann sich ein Kretinismus ausbilden.

Das Krankheitsbild des Kretinismus war in entlegenen Tälern von Hochgebirgen, auch in den Alpen, noch zur vorletzten Jahrhundertwende stark ausgeprägt. Das betraf insbesondere solche Täler, in denen der Boden äußerst arm an Jod ist und in denen gleichzeitig infolge ihrer Abgeschlossenheit Lebensmittel aus anderen Regionen (mit höherem Jodgehalt) nicht zur Verfügung standen.

Überfunktion

Bei einer Überproduktion von Thyroxin wird der Grundumsatz erhöht. Die Erhöhung kann in extremen Fällen bis zu 100 % betragen. Zusätzliche und sichtbare Zeichen einer Hyperthyreose, der Basedowschen Krankheit, sind eine gesteigerte psychische Erregbarkeit, eine Zittrigkeit, eine Beschleunigung der Pulsfrequenz sowie die Neigung zu einer ständig gesteigerten Schweißbildung, die sich u. a. in ständig feuchten Händen äußert. Die Schilddrüse ist außerdem vergrößert. In diesem Fall spricht man von einer Basedow-Struma. Bei einer Reihe von Patienten kommt es weiterhin zur Ausbildung von Glotzaugen.

Steuerung der Schilddrüsenfunktion

Die Funktion der Schilddrüse wird durch einen komplizierten Regelkreis gesteuert. Im Zentrum dieses Regulationsmechanismus steht das Thyreotropin, ein Hormon der Hirnanhangsdrüse (Hypophyse). Dieses Hormon regt die Schilddrüse zur Bildung von Thyroxin (und Trijodthyronin) an, beim Fehlen von Thyreotropin atrophiert (schrumpft) die Schilddrüse. Die Bildung dieses Hormons wird wiederum durch 2 Hormone des Hypothalamus (ein Teil des Zwischenhirns) gesteuert, die entweder hemmend (Somatostatin) oder fördernd (Thyroliberin) wirken.

Die Freisetzung von Somatostatin und Thyroliberin aus dem Hypothalamus wird auch vom Hunger- bzw. Sättigungszentrum sowie vom Wärmeregulationszentrum gesteuert. Niedrige Außentemperaturen, welche eine erhöhte Wärmebildung des Organismus erforderlich machen, steigern die Thyroliberinfreisetzung. Dadurch werden die Thyroxinbildung, anschließend die Stoffwechselleistungen und damit der Grundumsatz erhöht, an die eine gesteigerte Wärmebildung gekoppelt ist.

Bei einer überhöhten Energieaufnahme wird mit Hilfe des gleichen Regelmechanismus der Grundumsatz erhöht und damit zumindest ein Teil der überschüssigen Nahrungsenergie verbrannt. Bei einem lang andauernden Hunger wird dagegen die Somatostatinbildung erhöht und damit die Thyroxinbildung und der Grundumsatz gedrosselt. Dadurch werden alle Stoffwechselfunktionen auf ein niedrigeres Niveau gefahren und dem Körper damit ermöglicht, mit seinen Energiereserven ökonomischer zu wirtschaften. Von besonderer Bedeutung ist dabei die Erniedrigung des Eiweißumsatzes.

2.3.7.2 Nebennieren

Die Nebennieren sind kleine Hormondrüsen, die an den oberen Nierenpolen kappenförmig aufgelagert sind. Das Gewicht einer Nebenniere beträgt etwa 10 g. An den Nebennieren sind 2 unterschiedliche Bezirke zu unterscheiden, das Mark und die Rinde.

Nebennierenmark

Das Nebennierenmark produziert 2 Hormone, das Adrenalin und das Noradrenalin. Beide Hormone werden oft unter dem Sammelbegriff Katecholamine zusammengefaßt (der Name ist von ihrem chemischen Aufbau abgeleitet), zu denen aber auch das im Zentralnervensystem gebildete Dopamin und Serotonin zu rechnen sind. Ausgangsstoffe für ihre Synthese sind die Aminosäuren Tyrosin und Phenylalanin.

Adrenalin und Noradrenalin unterscheiden sich nur geringfügig in ihrer Wirkungsweise. Sie beeinflussen innerhalb kürzester Zeit zahlreiche Zell- und Stoffwechselfunktionen, die eine rasche zusätzliche Energiebereitstellung aus zelleigenen Energiespeichern ermöglichen. Sie versetzen den Körper damit in die Lage, rasch auf plötzliche große Anforderungen an seine Leistungsfähigkeit zu reagieren; sie haben eine Notfallfunktion.

Die Adrenalinfreisetzung wird durch äußere Faktoren beeinflußt. Sie ist in der Nacht am niedrigsten, am Tag wird sie auf das 2- bis 5fache gesteigert. Psychische Erregungen und Streß führen innerhalb weniger Sekunden zu einem besonders hohen Adrenalinausstoß.

Die Freisetzung des Noradrenalins wird dagegen durch rein physiologische Reize, die über den Kreislauf wirken, stimuliert. Sie wird bereits beim Aufrichten aus der horizontalen Lage beträchtlich erhöht und steigt bei zunehmender körperlicher Beanspruchung weiter an. Durch Streß wird die Noradrenalinausschüttung nur gering erhöht. Die Bezeichnung der Katecholamine als sog. „Streßhormone" ist nicht korrekt. Unter Streßeinwirkung (psychischer Streß, Verletzungen, Verbrennungen u. a.) beträgt das Verhältnis von freigesetztem Adrenalin zu Noradrenalin etwa 4 zu 1. Zum anderen sind insbesondere für einen Dauerstreß die Glucocorticoide (siehe unten) verantwortlich.

Kälte, Verletzungen und Verbrennungen bewirken eine erhöhte Ausschüttung beider Hormone.

Die augenfälligsten Reaktionen des Körpers auf eine erhöhte Katecholaminausschüttung zeigen sich im

- Zellstoffwechsel,
- Herz-Kreislauf-System und
- Nervensystem.

<u>Zellstoffwechsel:</u> Eine der wichtigsten Funktionen der Katecholamine, insbesondere des Adrenalins, ist die Stimulierung des Abbaus von Glykogen in der Leber und in der Muskulatur und damit der Freisetzung von Glucose, die dann für die rasche Energieversorgung zur Verfügung steht. Die aus dem Leberglykogen freigesetzte Glucose bewirkt eine Erhöhung des Blutzuckerspiegels und damit eine bessere Versorgung aller peripheren Organe einschließlich des Gehirns. Das Adrenalin steigert zusätzlich im Fettgewebe die Lipolyse (Freisetzung von Fettsäuren aus Neutralfetten), so daß auch die Fette, wenn auch zeitlich versetzt und in geringerem Umfang, zu einer verbesserten Energiebereitstellung für nahezu alle Körperleistungen beitragen.

<u>Herz-Kreislauf-System:</u> Die Katecholamine führen in ihrem Zusammenspiel zu einer Blutdruckerhöhung, einer Erhöhung der Herzfrequenz (Pulsbeschleunigung) und der Kontraktionsleistung des Herzens. Damit bewirken sie eine bessere Versorgung von allen Körperorganen mit Sauerstoff und Nährstoffen. Adrenalin erweitert zusätzlich die kleineren arteriellen

Blutgefäße, insbesondere die der Muskeln, und sichert dadurch zusätzlich eine bessere Durchblutung der Organe. Noradrenalin, dessen Wirkung länger anhält als die des Adrenalins, verengt dagegen die kleinen Blutgefäße, wodurch ein zu starker Blutdruckabfall in der Phase der Erschöpfung verhindert wird.

Nervensystem: Im Nervensystem wirkt Noradrenalin als ein stimulierender Neurotransmitter. Es ermöglicht den raschen Ablauf von eingefahrenen Reaktionsfolgen, die entwicklungsgeschichtlich als Notfallreaktionen programmiert sind (Fluchtreflexe u. a.). Denkvorgänge werden dagegen blockiert.

Nebennierenrinde

In der Nebennierenrinde wird eine Vielzahl von Hormonen produziert. Ihre einzige Gemeinsamkeit ist ihre Zugehörigkeit zur Gruppe der Steroidhormone. Sie werden als Corticosteroide bezeichnet.

Diese Corticosteroide greifen in verschiedene Stoffwechselfunktionen ein. Sie können unter dem Gesichtspunkt ihres Angriffsorts in 2 Gruppen unterteilt werden:

- Mineralocorticoide (Hormone, die auf den Mineralstoffwechsel wirken),
- Glucocorticoide (Hormone, die auf den Kohlenhydratstoffwechsel wirken).

Mineralocorticoide: Die Mineralocorticoide (Aldosteron u. a.) regulieren die Natriumausscheidung aller Zellen, somit auch die Natriumausscheidung durch Drüsen der Haut und der Schleimhäute und die Ausscheidung bzw. Retention von Natrium durch die Nieren. Bei einem Mangel an Mineralocorticoiden wird die Fähigkeit der exokrinen Drüsen der Haut und Schleimhäute sowie der Nierentubuli zur Rückresorption von Natriumionen reduziert. Sie steuern dadurch auch die renale Kaliumausscheidung. Zusätzlich regulieren sie die Verteilung von Natrium und Kalium zwischen dem intrazellulären und extrazellulären Raum der Zellen und steuern auf diese Weise die Zellfunktionen, an denen diese beiden Alkalimetalle einbezogen sind.

Die Folge der gestörten Rückresorption von Natriumionen bei einem Mangel an Mineralocorticoiden sind beträchtliche Natriumverluste durch den Schweiß und durch den Harn. Kalium dagegen wird unter diesen Bedingungen vermindert ausgeschieden. Diese Verschiebung in den beiden Elektrolyten führt zu weitreichenden Störungen im Mineralhaushalt, in deren Folge es zu einer Verkleinerung des Extrazellularraums und somit des Volumens der extrazellulären Flüssigkeiten einschließlich des Bluts kommt. Das kleinere Blutvolumen führt zu einer Erniedrigung des Blutdrucks, der wiederum eine Minderdurchblutung der Nieren zur Folge haben kann. Eine dadurch bedingte

Anhäufung von giftigen harnpflichtigen Substanzen kann zu lebensbedrohlichen Vergiftungserscheinungen führen.

Bei einen Mangel an Mineralocorticoiden muß vermehrt Kochsalz aufgenommen werden, um die entstandenen Natriumverluste auszugleichen. Diese zusätzliche Kochsalzaufnahme erfolgt in der Regel mit der Nahrung (kochsalzreiche Kost). Bei Störungen in der Nahrungsaufnahme oder bei großen Flüssigkeitsverlusten muß der Ersatz umgehend durch Kochsalzinfusionen erfolgen.

Ein akutes Versagen der Nebennierenrinde kann bei einer generalisierten Infektion auftreten. Es muß durch die sofortige Injektion von Nebennierenrindenhormonen behandelt werden. Eine chronische Unterfunktion der Nebennierenrinde führt zum Krankheitsbild des Morbus Addison, der sich meist auf der Basis einer chronisch entzündlichen Schädigung der Nebennierenrinde entwickelt.

Ein Überschuß an Mineralocorticoiden führt zu einer Natriumretention bei gleichzeitigem Verlust von größeren Mengen an Kalium. Das dadurch bedingte erhöhte Volumen an extrazellulärer Flüssigkeit begünstigt die Ausbildung von Ödemen. Gleichzeitig kommt es zu einem Kaliummangel, der insbesondere die Herzfunktion schwer beeinträchtigen kann. Infolgedessen muß eine natriumeingeschränkte Diät bei gleichzeitig erhöhter Kaliumzufuhr eingehalten werden.

Eine Überfunktion der Nebennierenrinde ist meist genetisch bedingt und führt zu unterschiedlichen Krankheitsbildern (Cushing-Syndrom, Conn-Syndrom).

<u>Glucocorticoide:</u> Die Glucocorticoide (Cortison, Cortisol) beeinflussen den Kohlenhydrat- und Eiweißstoffwechsel. An bestimmten Zellen und Geweben entfalten sie darüber hinaus spezifische Wirkungen. Sie zeigen zusätzlich auch eine geringe Wirkung auf den Mineralstoffwechsel. Sie können infolgedessen bei Überschuß auch die Bildung von Ödemen begünstigen.

Die Glucocorticoide steigern im gesamten Organismus (bis auf die Leber) den Abbau von Eiweiß. In der Leber stimulieren sie dagegen die Eiweißsynthese, verbunden mit einer Zunahme der leberspezifischen Enzyme einschließlich der der Harnstoffsynthese und des Abbaus von Aminosäuren. Gleichzeitig wird in der Leber der Abbau von Glykogen und damit die Abgabe von Glucose an das Blut erhöht und die Glucoseneubildung aus Aminosäuren (Gluconeogenese) gesteigert. Im Fettgewebe stimulieren die Glucocorticoide die Lipolyse.

Die vielfältigen Funktionen der Glucocorticoide können als eine Sicherungsfunktion angesehen werden, die dem Körper erlaubt, bei längere Zeit andauernden Belastungen ständig auf Energiereserven zurückzugreifen. Sie sind infolgedessen die Hormone, die helfen, einen Dauerstreß zu bewältigen.

Die Glucocorticoide schalten zur Entlastung des Stoffwechsels zugunsten der Energiebereitstellung solche Leistungen ab, die nicht unmittelbar benötigt werden. Sie hemmen die Entwicklung von Bindegewebszellen sowie die Bildung von bindegewebsspezifischen Makromolekülen wie Kollagen und glykosylierten Eiweißen (Eiweiße mit Zuckerresten). Im lymphatischen Gewebe unterdrücken sie die Bildung von Antikörpern. Die Gesamtheit dieser Wirkungen bedingen den therapeutisch genutzten entzündungshemmenden Effekt der Glucocorticoide.

Die Bildung der Nebennierenrindenhormone wird von einem Hormon des Hypophysenvorderlappens, dem Corticotropin (ACTH), angeregt. Die Bildung des ACTH wird wiederum von einem Hormon des Hypothalamus, dem Corticoliberin, gesteuert, dessen Produktion vom Zwischenhirn kontrolliert wird. Daneben sind weitere Faktoren, auf die hier nicht weiter eingegangen werden kann, in die Bildung der Nebennierenrindenhormone einbezogen.

2.3.7.3 Inselzellapparat der Bauchspeicheldrüse

Auf den Aufbau des endokrinen Drüsensystems der Bauchspeicheldrüse, der von ihnen gebildeten Hormone (Insulin und Glucagon) und die Wirkung des Insulins auf den Glucosestoffwechsel wird an anderer Stelle ausführlich eingegangen, ebenso auf die Bedeutung des Insulins für das Entstehen des Diabetes mellitus (siehe Kap. 2.3.5, 3.3.6 und 7.6.3.1).

2.3.7.4 Epithelkörperchen (Nebenschilddrüsen)

Die Epithelkörperchen sind 4 erbsengroße Gebilde, die, paarig angeordnet, mit der Schilddrüse verbunden sind. Sie produzieren das Parathormon, das an der Regulation des Kalzium- und Phosphatstoffwechsels beteiligt ist. Seine Bildung und Abgabe wird durch die Erniedrigung des Blutplasmaspiegels von gelöstem (ionisierten) Kalzium stimuliert. Eine Erhöhung des Kalziumspiegels hemmt die Freisetzung des Parathormons.

Das Parathormon bewirkt eine sehr rasche Freisetzung von Kalzium aus der Knochenhartsubstanz (innerhalb einer Stunde), wodurch es in den Körperflüssigkeiten einen konstanten Spiegel an ionisiertem Kalzium sichert. Gleichzeitig stimuliert es in den Nieren die Ausscheidung von Phosphat. Dadurch wird gesichert, daß das Phosphat ausgeschieden wird, das zusammen mit dem Kalzium aus der phosphorsauren Hartsubstanz des Knochens freigesetzt wurde. Auf diese Weise wird eine Verschiebung in der Zusammensetzung der in den Körperflüssigkeiten gelösten Elektrolyte verhindert.

Ein sehr selten vorkommender genetischer Defekt kann eine Unterfunktion der Epithelkörperchen zur Folge haben. Der dadurch bedingte erniedrigte Kalziumspiegel führt zu einer erhöhten Erregbarkeit der Nerven und der Muskulatur, die sich in Krämpfen (Tetanie) äußert.

Gegenspieler des Parathormons ist das Calcitonin. Es wird von speziellen Zellen gebildet, die im Drüsengewebe der Schilddrüse inselartig angeordnet sind. Im Zusammenspiel mit dem Parathormon sichert es die Feinregelung des Kalziumspiegels, verhindert damit ein überschießendes Einschmelzen von Knochenhartsubstanz und vermeidet auf diese Weise den Verlust von Knochenmasse.

2.3.7.5 Hirnanhangsdrüse (Hypophyse)

Die Hypophyse ist eine sehr kleine Drüse, die in der Schädelhöhle direkt oberhalb der Schädelbasis liegt. In ihren einzelnen Abschnitten (Vorder-, Mittel- und Hinterlappen) werden zahlreiche Hormone gebildet. Außerdem werden in ihr solche Hormone gespeichert, die in benachbarten Bezirken des Gehirns gebildet wurden und die bei Bedarf an das Blut abgegeben werden. Ein Großteil dieser Hormone wirkt steuernd auf die oben beschriebenen Hormondrüsen ein, sie stimulieren die Synthese ihrer spezifischen Hormone.

Das in der Hypophyse gebildete Wachstumshormon stimuliert im gesamten Organismus die Wachstumsprozesse. Das Vasopressin (Adiuretin) steuert die Rückresorption von Wasser in den Sammmelrohren der Nieren (siehe Kap. 2.3.6.1.1).

2.3.7.6 Gewebshormone

Gewebshormone werden nicht von speziellen endokrinen Drüsen gebildet, sondern von Drüsenzellen, die in bestimmten Geweben einzelner Organe eingebettet sind. Diese Gewebshormone wirken oft lokal, indem sie durch einfache Diffusion in die umliegenden Zellen des betreffenden Organs übertreten. Sie können aber auch über den Blutweg durch den gesamten Organismus transportiert werden, an verschiedenen Erfolgsorganen allgemeine Wirkungen ausüben oder an speziellen Zielorganen spezifische Funktionen erfüllen. Zu dieser Gruppe können vor allem folgende Hormone bzw. Hormonsysteme gerechnet werden:

- Renin-Angiotensin-System (blutdrucksteigerndes System der Niere, siehe Kap. 2.3.6.1.2),
- Erythropoetin (siehe Kap. 2.3.6.1.2),

- Gewebshormone des Gastrointestinaltrakts (Verdauungshormone, siehe Kap. 3.10.1.7).

Auch andere Verbindungen, die in vielen Fällen von einer großen Anzahl von unterschiedlichen Zellen gebildet werden können, werden oft den Gewebshormonen zugeordnet. Zu diesen gehören insbesondere die

- Eicosanoide (siehe Kap. 3.5.1.2),
- Histamin und Serotonin (biogene Amine, siehe Kap. 3.4.2.1).

KAPITEL 3

Ernährungslehre

3 Ernährungslehre

Der lebende Organismus muß zur Aufrechterhaltung aller seiner Funktionen wie zur Leistung von Arbeit, zum Wachstum und zum Ersatz von Körperzellen mit der Nahrung ständig Nährstoffe aufnehmen. Diese Nahrung muß außerdem in Hinblick auf Menge und Zusammensetzung ganz konkreten Anforderungen genügen, um ein gesundheitliches Wohlbefinden zu gewährleisten. Gegenstand der Ernährungslehre sind somit Kenntnisse über die Eigenschaften dieser Nahrungsbestandteile, über die Mechanismen ihrer Aufnahme und über ihre Verwertung im menschlichen Organismus sowie Kenntnisse über gesundheitsschädigende Effekte, die bei einer überhöhten bzw. ungenügenden Zufuhr von Nahrungsstoffen auftreten können.

Detaillierte Kenntnisse über diese Grundlagen ermöglichen, konkrete Ernährungsempfehlungen zu geben, die den jeweiligen Erfordernissen Rechnung tragen (siehe Kap. 4).

3.1 Einteilung und Definition der Nährstoffe

Lebensmittel

Lebensmittel sind alle Stoffe oder Produkte, die geeignet sind, in unveränderter oder verarbeiteter Form vom Menschen verzehrt zu werden. Arzneimittel und Drogen werden nicht zu den Lebensmitteln gerechnet. Alle Lebensmittel unterliegen den gesetzlichen Bestimmungen des Lebensmittelrechts. Bei den Lebensmitteln kann zwischen Nahrungsmitteln und Genußmitteln unterschieden werden, im Lebensmittelrecht sind jedoch Nahrungs- und Genußmittel gleichgestellt (siehe Kap. 12.1). Nach ihrem Vorkommen wird zwischen tierischen und pflanzlichen Lebensmitteln unterschieden.

Nahrungsmittel

Nahrungsmittel sind die Stoffe, die Bestandteile der Lebensmittel sind und die zur Aufrechterhaltung von Lebensprozessen benötigt werden. Sie enthalten spezifisch aufgebaute chemische Substanzen, Nährstoffe, die in einer oder in mehreren Stoffwechselfunktionen für den Körper Baustoffe und/oder Energie bereitstellen.

Genußmittel

Genußmittel sind für die ordnungsgemäße Funktion des menschlichen Organismus nicht erforderlich. Sie besitzen eine anregende Wirkung und können, insbesondere bei übermäßiger und mißbräuchlicher Aufnahme, zu gesundheitlichen Schäden führen. Genußmittel besitzen keinen oder nur einen sehr geringen Nährwert. Nur Alkohol besitzt einen hohen Energieinhalt.

Nährstoffe

Die in Nahrungsmitteln enthaltenen Nährstoffe können in verwertbare und nicht verwertbare untergliedert werden. Die verwertbaren Nährstoffe können weiter untergliedert werden in energieliefernde und in Nährstoffe, die keine Energie liefern. Im üblichen Sprachgebrauch werden unter dem Begriff „Nährstoff" oft nur die energieliefernden Nährstoffe verstanden.

- Energieliefernde Nährstoffe
  - Kohlenhydrate,
  - Eiweiße,
  - Fette.

Alkohol wird nicht zu den Nährstoffen gerechnet, obwohl er bei seiner Verbrennung Energie liefert. Die Aufnahme von Alkohol muß bei der Berechnung der Energieaufnahme berücksichtigt werden.

- Nicht energieliefernde Nährstoffe
  - Wasser,
  - Mineralstoffe,
  - Vitamine.

Essentielle Nahrungsfaktoren

Als essentielle Nahrungsfaktoren werden alle Stoffe bezeichnet, die vom Körper nicht gebildet werden können und auf deren Zufuhr er deshalb unbedingt angewiesen ist. Das Fehlen eines essentiellen Nahrungsfaktors in der Nahrung führt zu schwerwiegenden Mangelerscheinungen.

Essentielle Nahrungsfaktoren sind

- Vitamine,
- Mineralstoffe,
- essentielle Fettsäuren (bestimmte Fettbausteine),
- essentielle Aminosäuren (bestimmte Eiweißbausteine).

Nicht verwertbare Nahrungsstoffe

Nicht verwertbare Nahrungsstoffe sind solche Stoffe, die im Verdauungstrakt nicht aufgespalten werden können und die damit nicht direkt an der Aufrechterhaltung der Lebensfunktionen des Organismus beteiligt sind. Viele dieser Stoffe sind jedoch als Ballaststoffe für die ordnungsgemäße Funktion des Magen-Darm-Trakts von großer Bedeutung.

Ballaststoffe können zum Teil in erheblichem Maße von den Darmbakterien abgebaut werden, die diese dabei gewonnenen Baustoffe und Energie für ihr eigenes Wachstum und ihre Vermehrung nutzen. Nur ein sehr geringer Anteil der durch den bakteriellen Abbau freigesetzten Substanzen kann einen kleinen Beitrag zur Energieversorgung beisteuern. Die dabei gewonnene Energie ist jedoch so gering, daß sie bei der Berechnung der Energieaufnahme nicht berücksichtigt wird.

Weitere Lebensmittelinhaltsstoffe

Einige Stoffe, die in sehr geringen Mengen in Lebensmitteln vorkommen können, lassen sich in das übliche Einteilungsschema für Nährstoffe nicht ohne weiteres einordnen. Die wichtigsten solcher Inhaltsstoffe sind

- Mikronährstoffe (sekundäre Pflanzenstoffe), die von verschiedenen Pflanzen in geringer Menge gebildet werden können und nicht den Vitaminen zuzuordnen sind. Ihre für den menschlichen Organismus positiven Effekte sind erst in den letzten Jahren eindeutig nachgewiesen worden.
- Aromastoffe, die für den Genußwert von Lebensmitteln verantwortlich sind.
- Extraktivstoffe, die u. a. die Bildung von Verdauungssäften anregen.

Anforderungen an die Zusammensetzung der Nahrung

Zur Sicherung der Gesunderhaltung und einer optimalen Leistungsfähigkeit ist eine ausgeglichene Ernährung erforderlich, die sowohl die ausreichende Zufuhr aller essentiellen Faktoren, Baustoffe und Energieträger sichert als auch eine übermäßige Aufnahme, insbesondere von Energieträgern, verhindert. Eine solche Forderung kann nur durch eine ausgewogene Auswahl der Lebensmittel auf Grund exakter Kenntnisse über deren Zusammensetzung und der physiologischen Eigenschaften der in ihnen enthaltenen Nährstoffe erfüllt werden (siehe Kap. 4).

3.2 Energiebedarf

3.2.1 Energiebereitstellung

Die für die Aufrechterhaltung aller Lebensprozesse erforderliche Energie wird durch die schrittweise Oxidation (Verbrennung) von Energieträgern gewonnen, die mit der Nahrung aufgenommen werden (Kohlenhydrate, Fette, Eiweiße und Alkohol). Im Verlauf dieser Oxidation werden die energiereichen Energieträger sukzessive in energieärmere Verbindungen überführt. Die dabei frei werdende Energie wird zur Bildung von energiereichem ATP, der universellen Energiemünze des Körpers, genutzt bzw. in

Wärme überführt (siehe Abb. 3.2.1). Die im ATP gebundene Energie ermöglicht praktisch alle energieverbrauchenden Stoffwechselreaktionen des Körpers. Wesentlichste Endprodukte der Oxidation der Energieträger der Nahrung sind Wasser und Kohlendioxid (siehe auch Kap. 1.2.1).

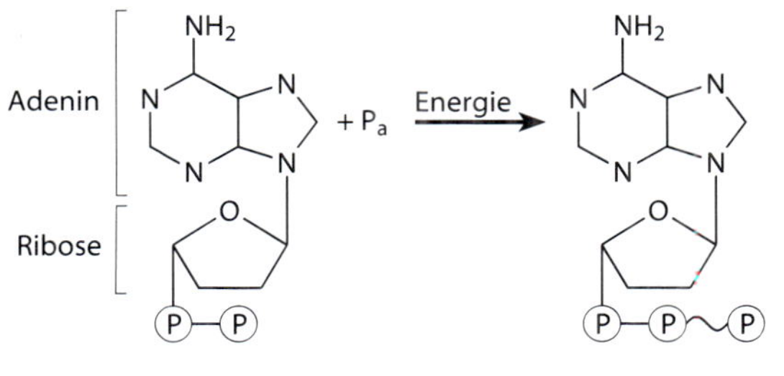

Abb. 3.2.1: Überführung von ADP in energiereiches ATP (vereinfachte Darstellung)

Brennwert der Nährstoffe

Die bei dem im Organismus stattfindenden Verbrennen der Nährstoffe freigesetzte Energie wird als der physiologische Brennwert bezeichnet und damit von dem Brennwert abgegrenzt, der beim vollständigen Verbrennen dieser Stoffe außerhalb des Körpers gewonnen werden kann (physikalischer Brennwert). Beim Verbrennen der Kohlenhydrate und Fette im Organismus wird die gleiche Menge an Energie gewonnen, die auch bei ihrer Oxidation außerhalb des Körpers freigesetzt wird. Physiologischer und physikalischer Brennwert dieser Energieträger sind gleich groß. Die Eiweiße liefern dagegen bei der Oxidation im Körper weniger Energie als beim vollständigen Verbrennen außerhalb des Körpers. Im Körper können ihre Aminogruppen nicht zu Stickstoffdioxid (NO_2) oxidiert werden. Sie werden in einem energieverbrauchenden Prozeß in Harnstoff umgewandelt, der mit dem Harn ausgeschieden wird.

Der physiologische Brennwert (kurz nur Brennwert) wird stets für jeweils 1 g des betreffenden Energieträgers angegeben. Er beträgt für

Kohlenhydrate	17 kJ (4 kcal),
Fett	38 kJ (9 kcal),
Eiweiß	17 kJ (4 kcal).

Die in der Diätetik eingesetzten Zuckeraustauschstoffe können vom Körper meist nicht vollständig resorbiert werden (teilweise nur zu etwa 50 %). Ihr physiologischer Brennwert ist folglich ebenfalls geringer als ihr physikalischer Brennwert. Im Rahmen einer Standardisierung ist in der Diät-Verordnung ihr

Brennwert einheitlich festgelegt worden, auch wenn die tatsächlichen Brennwerte von diesen Werten abweichen können:

Mannit*	8 kJ (2 kcal)
Sorbit	10 kJ (2,5 kcal)
Xylit	10 kJ (2,5 kcal)

Die in Nahrungsmitteln enthaltene Energie steht dem Organismus nicht in voller Höhe zur Verfügung, da diese bei der Verdauung nicht immer vollständig aufgeschlossen und ihre Bausteine nicht immer vollständig resorbiert werden können. Der Energiebetrag, der auf diese Weise verlorengeht, ist allerdings sehr gering. Nur in Ausnahmefällen kann er maximal 10 % betragen.

Ballaststoffe können einen geringen Energiebetrag bereitstellen, da die beim Abbau durch die Darmbakterien entstehenden niedermolekularen Fettsäuren von den Dickdarmzellen verwertet werden können. Dieser Energiebetrag macht weniger als 5 % der gesamten Nahrungsenergie aus und wird bei der Berechnung der Energieaufnahme nicht berücksichtigt. Die Nichtberücksichtigung dieses geringen Energiebetrages ist außerdem gerechtfertigt und korrekt, weil die Ballaststoffe die vollständige Ausnutzung der Nahrungsenergie der Energieträger um bis zu 5 % behindern können, um den gleichen Betrag, den sie maximal zur Energieversorgung beisteuern können.

Gesetz der Isodynamie

Die einzelnen Energieträger können sich im Hinblick auf die Energiebereitstellung entsprechend ihrer Energieinhalte gegenseitig vertreten. Zur Sicherstellung der Energieversorgung ist es also gleichgültig, ob Fette, Kohlenhydrate oder Eiweiße verbrannt werden (Gesetz der Isodynamie, Max Rubner, 1902). Dieses wechselseitige Vertreten der einzelnen Nährstoffe betrifft jedoch nur die Energiebereitstellung. Bei einer Vielzahl von Stoffwechselfunktionen können sich die Nährstoffe nicht gegenseitig vertreten.

Energiebilanzen

Das Gesetz der Erhaltung von Energie besagt, daß Energie nicht verlorengehen kann. Energie, die in verschiedenen Energieformen vorliegen kann, läßt sich nur in eine andere Form überführen. Die Summe der Energie eines geschlossenen Systems bleibt stets konstant.

Im Überschuß aufgenommene Nahrungsenergie, die nicht zur Aufrechterhaltung von Lebensprozessen einschließlich der Aufrechterhaltung der Körpertemperatur und zur Muskelarbeit verbraucht wird, kann im Körper deswegen

* in der Nährwertkennzeichnungs-Verordnung wird abweichend von der Diät-Verordnung auch für Mannit ein Brennwert von 10 kJ (2,5 kcal) festgelegt.

nur in Form von Substanzen gespeichert werden, wodurch es zu einer Zunahme des Körpergewichts kommt. Diese Speicherung von überschüssiger Energie ist praktisch nur in Form der energiereichen Fette möglich.

Dem Verhältnis zwischen der aufgenommenen Nahrungsenergie und dem Energieverbrauch, der Energiebilanz, kommt deswegen eine besondere Bedeutung zu.

Ausgeglichene Bilanz: Beim gesunden normgewichtigen Erwachsenen (siehe Kap. 7.6), dessen Körpergewicht über einen längeren Zeitraum hinweg konstant bleibt, entspricht die Summe der mit der Nahrung aufgenommenen Energie genau der Summe der Energie, die vom Körper für die Aufrechterhaltung der verschiedensten Lebensfunktionen verbraucht wird. Aufgenommene Nahrungsenergie und Energieverbrauch sind gleich groß, die Energiebilanz ist ausgeglichen.

Positive Bilanz: Eine positive Energiebilanz besteht, wenn mehr Energie zugeführt als verbraucht wird. Das bedeutet, daß die in Überschuß aufgenommenen Energieträger vom Körper nicht vollständig verwertet werden. Sie werden als Körpermasse angelegt, nahezu ausnahmslos in Form von Depotfett. Die Folge ist eine Zunahme des Körpergewichts.

Negative Bilanz: Bei einer negativen Energiebilanz ist die Energieaufnahme niedriger als der tatsächliche Energieverbrauch. Das entstandene Energiedefizit muß zur Aufrechterhaltung der Körperfunktionen ausgeglichen werden. Dieser Ausgleich kann nur durch das Verbrennen von Körpersubstanz erreicht werden, und zwar durch das Einschmelzen von Körperfett und Körpereiweiß. Es kommt es zur Abnahme des Körpergewichts.

3.2.2 Energieumsatz

Der Organismus verbraucht Energie zur Aufrechterhaltung aller lebensnotwendigen Körperfunktionen einschließlich der Aufrechterhaltung der Körpertemperatur. Darüber hinaus benötigt er Energie zum Erbringen zusätzlicher, unterschiedlich großer Leistungen wie Nahrungsaufnahme, Muskelarbeit (körperliche Tätigkeit) und Sicherung der Körpertemperatur bei Außentemperaturen, die stark von der Norm abweichen. Während der Energiebedarf für die Grundfunktionen des Körpers relativ konstant ist, kann der Bedarf für die zusätzlichen Leistungen beträchtliche Unterschiede aufweisen. Es kann infolgedessen im Energieumsatz zwischen 2 Kategorien unterschieden werden:

- Grundumsatz,
- variabler Leistungszuwachs.

Grundumsatz und Leistungszuwachs zusammen ergeben den Gesamtumsatz.

3.2.2.1 Grundumsatz

Der Grundumsatz (mitunter BMR [basal metabolic rate] abgekürzt) ist der Energieumsatz, der zur Aufrechterhaltung aller lebensnotwendigen Funktionen benötigt wird, ohne daß in irgendeiner Form körperliche Arbeit geleistet wird. Diese lebensnotwendigen Funktionen sind

- Zellstoffwechsel (Auf- und Umbau von Zellbestandteilen, Sicherung ihres Bestands, Aufrechterhaltung von Konzentrationsunterschieden von gelösten Stoffen in den unterschiedlichen Kompartimenten des Körpers [z. B. Extra- und Intrazellularraum] u. a.) und Aufrechterhaltung der Funktionsfähigkeit aller Organe,
- Herztätigkeit zur Sicherung der Blutversorgung aller Organe,
- Atemtätigkeit zur Sicherung der Sauerstoffversorgung und zur Abgabe des gebildeten Kohlendioxids,
- Nierenfunktion zur Sicherung der Ausscheidung aller im Stoffwechsel gebildeten ausscheidungspflichtigen Substanzen,
- Konstanthalten der Körpertemperatur (bei definierter Umgebungstemperatur).

Der Grundumsatz wird in der Praxis stets unter gleichbleibenden, standardisierten Bedingungen bestimmt, um unterschiedlich große Einflüsse von äußeren Faktoren auf die Höhe des gemessenen Grundumsatzes auszuschließen.

Die Bedingungen für die (standardisierte) Bestimmung des Grundumsatzes sind

- *Bestimmung des Grundumsatzes nach einer Nahrungskarenz von 12 Stunden (keine Nahrungsaufnahme innerhalb der zurückliegenden 12 Stunden), um einen schwer erfaßbaren Energieverbrauch für Verdauungs- und Resorptionsarbeit auszuschließen,*
- *Bestimmung des Grundumsatzes bei der liegenden Person und im wachen Zustand, um Muskelarbeit zur Sicherung der aufrechten Körperhaltung auszuschließen,*
- *Bestimmung des Grundumsatzes in leicht bekleidetem Zustand bei 20 °C Umgebungstemperatur, um das Ausmaß des Energieverbrauchs zur Aufrechterhaltung der Körpertemperatur vergleichbar zu halten.*

Die Höhe des Grundumsatzes hängt von verschiedenen Faktoren ab:

- Geschlecht
  Bei Männern ist der Grundumsatz höher als bei Frauen.
- Körpergewicht
  Mit steigendem Körpergewicht nimmt der Grundumsatz zu.
  Es wäre exakter, den Grundumsatz auf die Körperoberfläche zu beziehen, da die Wärmeabgabe des Körpers proportional zur Körperoberfläche zunimmt. Die Körperoberfläche ist jedoch schwer zu bestimmen. Der Bezug auf das Körpergewicht ist für die (medizinische) Praxis hinreichend genau.

- Lebensalter
  Mit zunehmendem Alter nimmt der Grundumsatz ab.
- Ernährungszustand
  Bei länger andauerndem Hunger, Unterernährung und Untergewicht ist der Grundumsatz erniedrigt.
- Hormonstatus des Körpers

Bei einer erhöhten Produktion des Schilddrüsenhormons Thyroxin und des Nebennierenmark-Hormons Adrenalin ist der Grundumsatz erhöht, bei einer Unterproduktion dieser Hormone ist er erniedrigt.

Die Höhe des Grundumsatzes differiert bei gesunden normgewichtigen Erwachsenen mit durchschnittlicher Körpergröße nur geringfügig. Lediglich bei Kindern und bei älteren Personen weichen die Normwerte ab, sie sind bei Kindern größer und nehmen mit zunehmendem Alter ab.

Die durchschnittliche Höhe des Grundumsatzes für 24 Stunden beträgt

beim Mann	5900 bis 7600 kJ (1410 bis 1820 kcal),
bei der Frau	4900 bis 6100 kJ (1170 bis 1460 kcal).

Für eine grobe Abschätzung der Höhe des Grundumsatzes unter Berücksichtigung der Körpergröße wird oft vorgeschlagen, pro kg Körpergewicht und pro Stunde beim Mann 1 kcal und bei der Frau 0,9 kcal in Rechnung zu stellen. Diese Vorgaben sind allerdings sehr pauschal und berücksichtigen nicht die altersbedingten Unterschiede in der Höhe des Grundumsatzes. Der Wert von 1 kcal gibt bei Männern im Alter von 20 bis 50 Jahren hinreichend genaue Werte. Bei älteren Männern sollten zunehmend kleinere Werte angesetzt werden (bis 0,9 kcal bis zum 65. Lebensjahr, im höheren Alter noch niedriger). Für Frauen im Alter von 20 bis 50 Jahren ist ein Wert von 0,95 kcal realistischer, bei älteren Frauen gibt es, verglichen mit gleichaltrigen Männern, kaum Unterschiede in der Höhe des Grundumsatzes. Bei Jugendlichen ist auf der anderen Seite ein höherer Wert (1,1 bzw. 1,05) zu veranschlagen.

3.2.2.2 Leistungszuwachs

Unter Leistungszuwachs versteht man den Energieumsatz, der für die Körperleistungen benötigt wird, die über den Grundumsatz hinausgehen. Diese Leistungen betreffen

- Muskelarbeit bei aktiver körperlicher Tätigkeit
  In dem für diese Muskelarbeit benötigten Energiebedarf ist auch der höhere Bedarf für die gesteigerte Herztätigkeit und Atmung einbezogen, der sich bei der körperlichen Arbeit ergibt.
- Wärmeregulation
  Die Energie, die zum Konstanthalten der Körpertemperatur bereitgestellt werden muß, ist in der Regel gering.

- Nahrungsaufnahme

  Die Produktion von Verdauungssäften, die Resorption von Nährstoffen, die Darmtätigkeit und der Umsatz der Nährstoffe benötigen Energie (nahrungsinduzierte Thermogenese).

Körperliche Arbeit

Die für eine körperliche Arbeit benötigte Energiemenge ist relativ schwer abzuschätzen. Die früher übliche Einteilung in leichte, mittelschwere und schwere Tätigkeiten ist in der heutigen Arbeitswelt, zumindest in Mitteleuropa, überholt.

Auch die exakte Ermittlung des Energiebedarfs ist schwierig, insbesondere auch infolge individueller Unterschiede im Ausmaß der Verwertung der mit der Nahrung aufgenommenen Energie. Das verläßlichste Verfahren für die Ermittlung des Energiebedarfs ist das sorgfältige Protokollieren der aufgenommenen Nahrungsenergie bei gleichzeitig erfolgender gewissenhafter Gewichtskontrolle.

Tabelle 3.2.1:
Energieverbrauch bei verschiedenen Tätigkeiten, bezogen auf kg Körpergewicht

Tätigkeit	kj (kcal)/kg Körpergewicht	
Grundumsatz (unter Standardbedingungen ermittelt)	4,2	(1,0)
Schlafen	3,8	(0,9)
Sitzen	5,9	(1,4)
Stehen	6,3	(1,5)
Langsames Gehen	12,6	(3,0)
Laufen (5 m/Sekunde)	62,8	(15,0)
Laufen (6,6 m/Sekunde)	356	(85,0)
Schwimmen (0,3 m/Sekunde)	18,4	(4,4)
Schwimmen (1,0 m/Sekunde)	87,9	(21,0)
Radfahren (10 km/Stunde)	18,0	(4,3)
Radfahren (20 km/Stunde)	36,0	(8,6)

Bei Kranken, insbesondere bei bettlägerigen Patienten, ist der Energiebedarf für willkürliche Muskeltätigkeit besonders niedrig. Diesem Fakt muß bei der Krankenernährung Rechnung getragen werden. Bei stationär behandelten Kranken sowie bettlägerigen Patienten wird für die Energiezufuhr ein Abzug von etwa 10 % von der Norm empfohlen, falls nicht aus anderen Gründen ein erhöhter bzw. noch stärker erniedrigter Energiebedarf besteht.

Die Energiemenge, die für körperliche Arbeit oder für sportliche Betätigung benötigt wird, wird oft überschätzt (siehe Tabelle 3.2.1). Daraus resultiert die zusätzliche Fehleinschätzung, eine überhöhte Energiezufuhr lediglich durch eine zeitlich begrenzte sportliche Tätigkeit kompensieren und damit ein Übergewicht verhindern zu können (siehe Tabelle 3.2.2).

Tabelle 3.2.2:
Erforderlicher sportlicher Aufwand („Gegenwert"), der zur vollständigen Verwertung von kleinen Zwischenmahlzeiten erforderlich ist (Durchschnittswert)

Energieinhalt	Lebensmittel	sportlicher Aufwand
400 kJ	Kännchen Kaffee komplett oder	45 Min. Spazierengehen oder
(100 kcal)	4 cl Weinbrand oder	12 Min. Gymnastik oder
	0,25 l Bier	24 Min. Kegeln
800 kJ	1 Pfannkuchen (Berliner) oder	40 Min. Tischtennis oder
(200 kcal)	2 Glas Sekt (je 0,2 l) oder	35 Min. Brustschwimmen oder
	1 Portion Schlagsahne	35 Min. Tanzen (Walzer)
1600 kJ	1 Stück Obstkuchen mit Sahne oder	60 Min. Radfahren (17 km/h) oder
(400 kcal)	0,7 l Bier + 4 cl Weinbrand	40 Min. Laufen (6 km/h)
2800 kJ	1 l leichter Rotwein oder	65 Min. Fußballspielen oder
(700 kcal)	100 g Haselnüsse oder	90 Min. Rudern oder
	1,5 l Bier + 4 cl Weinbrand	135 Min. Gartenarbeit
4000 kJ	200 g Pralinen oder	75 Min. Laufen (12,5 km/h) oder
(1000 kcal)	150 g Walnüsse oder	60 Min. Bergsteigen oder
	2 Knackwürste (je 100 g) oder	75 Min. Skilanglauf (10 km/h) oder
	125 g Blutwurst + 1 Brötchen	110 Min. Radfahren
		(volle Leistung)

Wärmeregulation

Der Energieaufwand für die (zusätzliche) Wärmeregulation wird meist überschätzt. Unter den meisten Bedingungen (leichte Arbeit, der Umgebungstemperatur entsprechend bekleidet) muß zur Aufrechterhaltung der Körpertemperatur keine zusätzliche Energie bereitgestellt werden. Die bei der Verbrennung der Energieträger als Wärmetönung entstehende Wärme sichert in der Regel die Aufrechterhaltung der Körpertemperatur nahezu vollständig. Ein zusätzlicher Energiebedarf besteht in der Regel nur bei niedrigen Außentemperaturen. Es ist davon auszugehen, daß in extrem kalten Klimazonen der Energieverbrauch um etwa 2 bis 5 % erhöht ist. Auch bei hohen Außentemperaturen und/oder schwerer körperlicher Arbeit kann zusätzlich Energie zur Regulation der Körpertemperatur benötigt werden (erhöhte Anforderungen an die Herz-Kreislauf-Funktionen, erhöhte Lungenventilation, gesteigerte Schweißproduktion). In den Tropen kann dieser Mehrbedarf an Energie im Extremfall 10 bis 15 % des Grundumsatzes ausmachen.

Bei Fieber steigt der Energieverbrauch ebenfalls beträchtlich an. Die Erhöhung der Körpertemperatur um jeweils 1 °C bewirkt eine Steigerung des Energieumsatzes um 13 % des Grundumsatzes.

Wärmebildung bei Nahrungsaufnahme (nahrungsinduzierte [postprandiale] Thermogenese)

Ein geringer Energiebetrag wird bei der Nahrungsaufnahme für die Bildung der Verdauungssäfte, für die Peristaltik sowie für die Resorptionsarbeit benötigt. Darüber hinaus ist der Umsatz der Nährstoffe im Intermediärstoffwechsel mit einer zusätzliche Wärmebildung verbunden. Diese postprandiale Thermogenese beträgt bei einer üblichen Mischkost etwa 8 bis 15 % (im Durchschnitt 10 %) der insgesamt aufgenommenen Nahrungsenergie.

Die Höhe dieser postprandialen Thermogenese hängt vom verzehrten Nahrungsmittel ab. Sie beträgt bei Fetten nur 2 bis 4 %, bei Kohlenhydraten 3 bis 7 % und bei Eiweißen 18 bis 25 % des Energieinhalts des betreffenden Lebensmittels. Dieser wärmebildende Effekt einer Nahrungsaufnahme wurde bereits um die vorletzte Jahrhundertwende von Max Rubner bei den Untersuchungen zur Eiweißaufnahme entdeckt und von ihm als spezifisch-dynamische Wirkung bezeichnet.

Höhe des Leistungszuwachses und des Gesamtenergiebedarfs

Die Höhe des Leistungszuwachses hängt im wesentlichen von der Intensität der körperlichen Arbeit ab, die auch die Wärmeregulation und den Umfang der nahrungsinduzierten Thermogenese indirekt beeinflußt. Eine bei schwerer körperlicher Arbeit erforderliche erhöhte Nahrungsaufnahme bewirkt gleichzeitig eine vermehrte Wärmebildung.

Bei der vom überwiegenden Teil der Bevölkerung der westlichen Industrienationen ausgeübten Tätigkeit (leichte Arbeit) liegt der Leistungszuwachs unter Berücksichtigung von Freizeitbeschäftigungen bei etwa 2000 bis 2800 kJ (500 bis 700 kcal). Daraus ergibt sich ein Gesamtenergiebedarf von 9000 bis 10 000 kJ (2200 bis 2400 kcal). Problematisch ist die Abschätzung des zusätzlichen Energiebedarfs für sportliche Freizeitaktivitäten, da verläßliche Angaben über die Dauer und die jeweilige Intensität der Sportausübung schwer zu erhalten sind und der Bedarf auch vom Trainingszustand der betreffenden Person abhängt (gut trainierte Personen haben einen niedrigeren Energiebedarf).

Es wird in zunehmendem Maße dazu übergegangen, diesen Leistungszuwachs nicht nur in Absolutwerten (kJ bzw. kcal) anzugeben, sondern direkt den Gesamtumsatz bei der entsprechenden körperlichen Aktivität. Der jeweilige Gesamtumsatz wird als Mehrfaches des Grundumsatzes berechnet. Die Bezugsgröße für den Leistungszuwachs wird als körperliche Aktivität (PAL, physical activity level) bezeichnet. Der gesamte Energieumsatz (TEE, total energy expenditure) ergibt sich somit aus der Multiplikation des Grundumsatzes mit dem entsprechenden PAL-Wert. Diese PAL-Werte liegen in der Größenordnung von etwa 1,1 (ständig bettlägerige Patienten) bis reichlich 2 (schwere körperliche Arbeit). Für die übliche leichte Arbeit (vorwiegend sitzende bzw. stehende Arbeit) sind Werte von 1,4 bis 1,7 zu veranschlagen.

Die Höhe des Gesamtumsatzes, damit auch die des Leistungszuwachses, und damit die des gesamten täglichen Energiebedarfs läßt sich für verschiedene Tätigkeiten mit Hilfe des entsprechenden PAL-Werts an Hand des individuellen Grundumsatzes hinreichend genau berechnen. Es werden damit sofort die altersabhängigen Unterschiede und die individuellen Besonderheiten des Energieverbrauchs bei gleicher körperlicher Aktivität berücksichtigt (kleine schmächtige Menschen, große athletisch gebaute Menschen). Bei der bisher üblichen Vorgehensweise (Entnahme der Durchschnittswerte für die jeweilige Tätigkeit aus Tabellen) müssen diese Besonderheiten nachträglich berücksichtigt werden.

Die ermittelten Werte für die durchschnittliche Höhe des gesamten Energiebedarfs gelten nur für normgewichtige Personen. Es ist deshalb davon auszugehen, daß in vielen Fällen ein etwas niedrigerer Energiebedarf besteht, auch unter dem Gesichtspunkt von beträchtlichen individuellen Unterschieden in der Verwertung der Nahrungsenergie. Einen sicheren Hinweis für die dem tatsächlichen Bedarf entsprechende Energiezufuhr gibt nur eine regelmäßige Gewichtskontrolle.

3.3 Kohlenhydrate

Kohlenhydrate sind, mengenmäßig gesehen, die für die menschliche Ernährung wichtigsten Nährstoffe. Sie sollen 55 bis 60 % des täglichen Energiebedarfs abdecken.

Der Brennwert der Kohlenhydrate beträgt einheitlich 17 kJ (4 kcal)/g, lediglich der Brennwert der Zuckeraustauschstoffe Sorbit, Xylit und Mannit weicht hiervon ab (siehe Kap. 3.2).

Kohlenhydrate sind neben ihrer Hauptfunktion als Energielieferanten auch Baustofflieferanten für zahlreiche Substanzen, die in den Körperzellen gebildet werden und für deren Funktionen unentbehrlich sind.

Kohlenhydrate sind aus Kohlenstoff (C), Wasserstoff (H) und Sauerstoff (O) aufgebaut. Nur einige wenige, kompliziert aufgebaute Kohlenhydrate enthalten daneben noch andere chemische Elemente. Für die Ernährung des Menschen ist jedoch trotz der Vielzahl der dieser Stoffklasse zuzuordnenden Verbindungen nur eine begrenzte Zahl von Kohlenhydraten von Bedeutung.

Einteilung der Kohlenhydrate

Die wichtigsten als Nahrungsstoffe dienenden Kohlenhydrate werden nach ihrer Molekülgröße in drei große Gruppen eingeteilt:

- Monosaccharide (Einfachzucker),
- Disaccharide (Zweifachzucker),
- Polysaccharide (Mehrfachzucker).

In einigen Nahrungsmitteln kommen darüber hinaus in geringen Mengen Kohlenhydrate vor, die anderen Gruppen zuzuordnen sind:

- Oligosaccharide (aus wenigen, aber aus mehr als 2 Zuckerresten bestehend) und Dextrine,
- gemischte Polysaccharide (Polysaccharide, die zusätzlich anders aufgebaute chemische Gruppen enthalten, z. B. Sulfatreste [Schwefelsäurereste]).

3.3.1 Monosaccharide (Einfachzucker)

Monosaccharide sind relativ einfache Zuckermoleküle. Sie können durch die Verdauungssäfte des Körpers nicht weiter zerlegt werden. Monosaccharide sind in Wasser leicht löslich. Sie schmecken süß.

Die in Lebensmitteln vorkommenden Monosaccharide enthalten 6 Kohlenstoffatome (sog. Hexosen = „Sechserzucker"). Ihre Summenformel ist einheitlich $C_6H_{12}O_6$.

In den Hexosemolekülen sind 5 Kohlenstoffatome unter Einbeziehung eines Sauerstoffatoms in Form eines sechsgliedrigen Rings angeordnet. Eine Ausnahme ist die Fructose, die aus einem fünfgliedrigen Ring aufgebaut ist. Die einzelnen Monosaccharide mit der gleichen Anzahl von Kohlenstoffatomen unterscheiden sich voneinander durch die unterschiedliche räumliche Anordnung der OH-Gruppen am Ring (siehe Abb. 3.3.1).

Die wichtigsten Monosaccharide sind

- Glucose (Traubenzucker),
- Fructose (Fruchtzucker),
- Galactose (Schleimzucker).

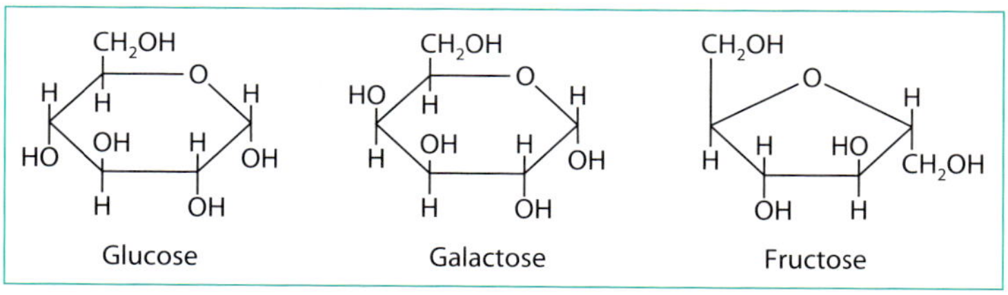

Abb. 3.3.1: Strukturformeln wichtiger Monosaccharide (räumliche Darstellung)

Im Zwischenstoffwechsel und als Bausteine von speziellen Biomolekülen (vorzugsweise Bausteine von Bindegewebsstrukturen) kommen auch Zucker mit einer anderen Anzahl an Kohlenstoffatomen vor. Zu erwähnen sind insbesondere die beiden Pentosen (5 Kohlenstoffatome) Desoxyribose und Ribose, die am Aufbau der Nucleinsäuren und Nucleotide beteiligt sind.

Glucose (Traubenzucker)

Glucose ist der in Nahrungsmitteln am häufigsten vorkommende Einfachzucker. Sie kommt in freier Form in süßen Früchten und Obst sowie im

Honig vor. Sie ist als Baustein in allen wichtigen Disacchariden und Polysacchariden enthalten.

Glucose ist auch im menschlichen Körper das mit Abstand wichtigste Monosaccharid. Sie ist die Transportform der Kohlenhydrate im Organismus, der Blutzucker ist ausschließlich Glucose. Sie ist für die Erythrozyten (rote Blutzellen) die einzige verwertbare Energiequelle (Bedarf etwa 40 g pro Tag). Auch für das Gehirn ist Glucose die wichtigste Energiequelle (Bedarf etwa 140 g pro Tag). Es kann nur einen Teil seines Energiebedarfs durch die Aminosäure Glutamin decken. Lediglich nach einer länger anhaltenden Periode konsequenten Fastens kann das Gehirn im begrenzten Umfang auch sog. Ketonkörper verbrennen. Die roten Blutzellen sind in jedem Fall (auch während einer Hungerperiode) als Energiequelle ausschließlich auf Glucose angewiesen.

Glucose kann von allen Körperzellen sehr rasch umgesetzt werden. Sie wird deswegen bei Energiebedarf vorzugsweise verbrannt und somit den anderen Energielieferanten vorgezogen. Die Muskulatur des Bewegungsapparats ist bei äußerst kurzzeitiger intensiver Arbeitsleistung (z. B. Sprintrennen) ausschließlich auf Glucose als Energielieferant angewiesen.

Glucose wird im Dünndarm sehr rasch resorbiert. Daraus resultiert, nach der Aufnahme von Glucose, ein rascher Anstieg des Blutzuckerspiegels.

Glucose wird in der Diätetik und im Sport zum schnellen Wiederauffüllen von Energiereserven eingesetzt (Dextroenergen und andere glucosehaltige Präparate).

Fructose (Fruchtzucker)

Fructose kommt in süßen Früchten, in Obst und im Honig vor. Fruchtzukker ist außerdem Baustein des Disaccharids Saccharose (Rohrzucker). Auch das selten vorkommende Polysaccharid Inulin ist aus Fructose aufgebaut (Speicherform von Kohlenhydraten in Artischocken, Zichorienwurzel, Schwarzwurzel, Topinamburknollen).

Fructose wird vom Körper langsamer als Glucose resorbiert und über gesonderte Stoffwechselwege langsamer als Glucose abgebaut. Sie erhöht nicht den Blutzuckerspiegel. Da ihr Abbau nicht vom Pankreashormon Insulin gesteuert wird, kann sie als sog. Zuckeraustauschstoff bei der Ernährung von Diabetikern eingesetzt werden. In zahlreichen süßen Diäterzeugnissen für Diabetiker (z. B. Diabetikerkonfitüre) ist der Rohrzucker durch Fructose ersetzt (siehe Kap. 5.6.4 und 7.6.3).

Galactose (Schleimzucker)

Galactose kommt in Lebensmitteln nicht als Einfachzucker vor. Sie ist Baustein des Disaccharids Lactose (Milchzucker). Außerdem ist sie am Aufbau bestimmter gemischter Polysaccharide beteiligt, die Bestandteile bestimmter Schleimstoffe und einiger Ballaststoffe sind.

3.3.2 Disaccharide (Zweifachzucker)

Disaccharide bestehen aus 2 Monosacchariden, die unter Austritt von einem Molekül Wasser miteinander verknüpft sind. Dieser Bindungstyp wird als glykosidische Bindung bezeichnet. Sie stellen den Hauptteil der mit der Nahrung aufgenommenen wasserlöslichen Kohlenhydrate.

Disaccharide können vom Darm nicht resorbiert werden, sie müssen zuvor durch die Verdauungssäfte in die an ihrem Aufbau beteiligten Monosaccharide gespalten werden.

Die wichtigsten Disaccharide sind aus den Monosacchariden Glucose, Fructose und Galactose aufgebaut (siehe Abb. 3.3.2):

Saccharose (Rohrzucker)	Glucose + Fructose
Lactose (Milchzucker)	Glucose + Galactose
Maltose (Malzzucker)	Glucose + Glucose

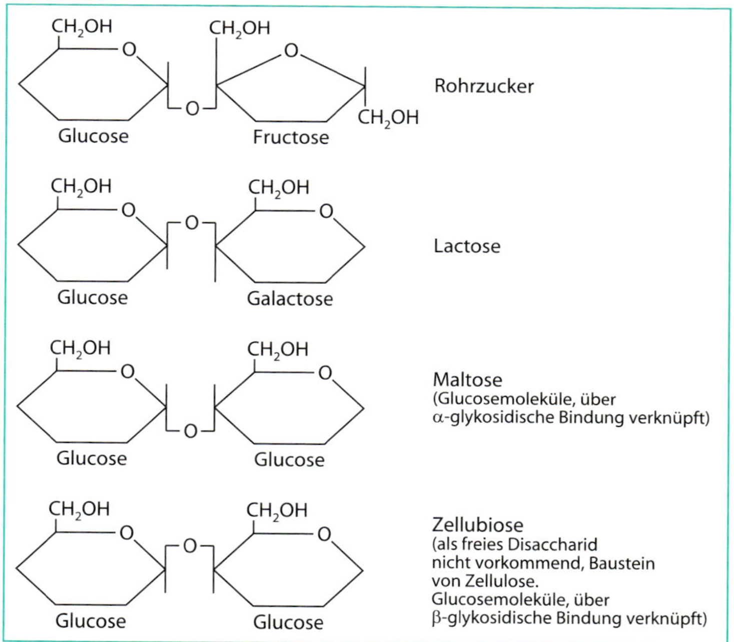

Abb. 3.3.2: Strukturformeln wichtiger Disaccharide (räumliche Darstellung)

Saccharose (Rohrzucker, englisch Sucrose)

Rohrzucker besteht aus je 1 Molekül Glucose und Fructose und ist als Haushaltszucker der Zucker schlechthin. Der aus Zuckerrüben und der aus

Zuckerrohr gewonnene Rohrzucker unterscheiden sich nicht. Bei den in Deutschland herrschenden Ernährungsgewohnheiten werden im Durchschnitt mehr als 15 % der Kohlenhydratkalorien in Form von Rohrzucker aufgenommen.

Lactose (Milchzucker)

Milchzucker besteht aus je 1 Molekül Glucose und Galactose. Lactose wird ausschließlich in den Milchdrüsen gebildet. Kuhmilch enthält 4,8 %, Muttermilch 7 % Lactose. Lactose kommt auch in Milcherzeugnissen vor, ebenso in Frischkäse. Im gereiften Käse ist dagegen meist keine Lactose mehr vorhanden. Sie wird bei der Käsereifung durch die Mikroorganismen abgebaut. Lactose wird im Darm von den Verdauungssäften langsamer als Rohrzucker gespalten.

Maltose (Malzzucker)

Malzzucker setzt sich aus 2 Molekülen Glucose zusammen. Er kommt in unverarbeiteten Nahrungsmitteln nicht vor. Maltose wird bei der Spaltung von Stärke gebildet. Beträchtliche Mengen an Maltose sind im Bier enthalten. Der Malzzucker wird beim Mälzen der Gerste aus deren Stärke gebildet. Im Verlauf der alkoholischen Gärung wird er durch die Bierhefe teilweise in Alkohol umgewandelt. Der relativ hohe Energieinhalt des Biers ist neben seinem Gehalt an Alkohol auf den Gehalt an Malzzucker zurückzuführen.

Lactulose

Lactulose ist ein Disaccharid, das in der Lebensmittelindustrie aus Lactose hergestellt wird (Überführung des Glucoseanteils in Fructose). Die Bausteine der Lactulose sind somit Galactose und Fructose. Lactulose ist süßer als Lactose.

Lactulose wird in sehr geringer Menge auch bei der Hitzebehandlung von Milch gebildet. Der Lactulosegehalt der pasteurisierten Milch beträgt weniger als 1 mg/100 ml, der Gehalt der H-Milch 5 bis 60 mg/100 ml).

Lactulose kann von den Verdauungssäften des Menschen nicht gespalten und folglich nicht resorbiert werden. Von den Darmbakterien wird sie dagegen rasch abgebaut, vorzugsweise zu niederen Fettsäuren, Wasserstoff und Methan. Lactulose soll die Bifidusflora des Darms positiv beeinflussen. Der Lactulosegehalt der Konsummilch ist allerdings so gering, daß er vernachlässigt werden kann.

Lactulose wirkt abführend. Sie wird zur Darmregulation und bei Lebererkrankungen als Süßungsmittel eingesetzt (Leberzirrhose, siehe Kap. 7.2.4).

Trehalose (Pilzzucker)

Trehalose besteht aus 2 Molekülen Glucose, die in atypischer Weise miteinander verknüpft sind. Dieses Disaccharid kann auf Grund des atypischen Bin-

dungstyps von den Verdauungssäften nicht aufgespalten werden. Trehalose kommt in vielen Speisepilzen in unterschiedlichen Mengen vor, lediglich Champignons enthalten keine Trehalose. Die nicht aufschließbare Trehalose kann für die schlechte Verträglichkeit von Speisepilzen mit verantwortlich sein.

3.3.3 Eigenschaften von Mono- und Disacchariden

Mono- und Disaccharide weisen einige ähnliche Eigenschaften aus, unterscheiden sich auf der anderen Seite in solchen Eigenschaften, die auch aus ernährungsphysiologischer Sicht von Bedeutung sind:

- Mono- und Disaccharide sind gut wasserlöslich,
- Disaccharide werden im Darm mit unterschiedlicher Geschwindigkeit in die Monosaccharide aufgespalten,
- nur Monosaccharide können resorbiert werden, die einzelnen Monosaccharide werden jedoch unterschiedlich schnell resorbiert,
- Mono- und Disaccharide entfalten eine unterschiedlich große Süßkraft. Die Süßkraft der einzelnen Zucker wird von einer Reihe von Faktoren beeinflußt wie von der Konzentration des betreffenden Zuckers, vom p_H-Wert des Lösungsmittels und von der Anwesenheit von Begleitstoffen wie z. B. von Salzen. Dadurch sind die kleinen Unterschiede der in verschiedenen Tabellen angegebenen relativen Werte für die Süßkraft der einzelnen Zucker leicht zu erklären, die durch die entsprechenden Testbedingungen und auch durch das subjektive Empfinden der Testpersonen bedingt sind (siehe Tabelle 3.3.1). Dies gilt auch für die anderen Süßungsmittel wie Zuckeraustauschstoffe und Süßstoffe (siehe Kap. 5.6.4 und Kap. 5.6.5).

Tabelle 3.3.1:
Süßkraft von Mono- und Disacchariden, Zuckeraustauschstoffen und Süßstoffen (bezogen auf die Süßkraft von Saccharose = 1,0)

Saccharose	1,0	Xylit	1,0 – 1,2	Cyclamat	20 – 50
Lactose	0,4	Sorbit	0,5	Saccharin	200 – 700
Maltose	0,5	Maltit	0,9	Aspartam	100 – 200
Glucose	0,5 – 0,7	Mannit	0,4	Acesulfam K	etwa 200
Fructose	1,1 – 1,2	Isomalt	0,5 – 0,6	Neohesperidin	etwa 1000
Galactose	0,6	Lactit	0,4	Thaumatin	2000 – 3000
Invertzucker	0,9 – 1,0			Cyclamat-Saccharin-Gemisch*	etwa 200

* Handelsübliches Mischungsverhältnis etwa 90 %/10%

Rasch resorbierbare Zucker

Als rasch resorbierbare Zucker werden die Zucker zusammengefaßt, die vom Körper schnell aus der aufgenommenen Nahrung resorbiert werden können. Neben den rasch resorbierbaren Einfachzuckern werden auch die rasch spaltbaren Disacchariden dieser Gruppe zugerechnet. Rasch resorbierbare Zucker bewirken eine sehr rasche Erhöhung des Blutzuckerspiegels und stehen dem Körper recht schnell als Energiequelle zur Verfügung.

Zu den rasch resorbierbaren Zuckern werden folgende Zucker gerechnet:

- Glucose,
- Rohrzucker,
- Malzzucker.

Lactose wird relativ langsam gespalten und damit die an ihrem Aufbau beteiligte Glucose nur langsam freigesetzt. Diese Glucose tritt deswegen auch nur mit zeitlicher Verzögerung in das Blut über. Lactose wird daher wie Fructose und Galactose nicht den rasch resorbierbaren Zuckern zugerechnet.

3.3.4 Oligosaccharide, Dextrine

Oligosaccharide

Oligosaccharide kommen nur in einigen pflanzlichen Lebensmitteln und in nur geringer Menge vor. In Abhängigkeit von der Anzahl der Zuckerreste, die an ihrem Aufbau beteiligt sind, sind Oligosaccharide wasserlöslich bzw. wasserunlöslich.

Wasserlösliche Oligosaccharide: Wasserlösliche Oligosaccharide bestehen nur aus 3 bis 4 Einfachzuckern. Sie können durch die Verdauungssäfte nicht gespalten werden, wohl aber in beträchtlichem Umfang durch die Darmbakterien.

Wasserlösliche Oligosaccharide kommen nur in sehr wenigen pflanzlichen Nahrungsmitteln und in sehr geringer Konzentration vor. Zu nennen ist die Raffinose (ein Trisaccharid, das in der Zuckerrübe vorkommt und nicht mit der Raffinade, dem gereinigtem Weißzucker, verwechselt werden darf). Von größerem Interesse ist die Stachyose, ein Tetrasaccharid (4 Kohlenstoffatome), die in etwas größeren Mengen in Hülsenfrüchten vorkommt. Stachyose wird von den Verdauungssäften ebenfalls nicht aufgespalten, aber sehr rasch von den Darmbakterien. Dabei werden rasch Darmgase (CO_2) und organische Säuren gebildet, die für die mitunter bereits kurze Zeit nach dem Genuß von Hülsenfrüchten auftretenden Blähungen mit verantwortlich sein können.

Wasserunlösliche Oligosaccharide: Wasserunlösliche Oligosaccharide sind aus einer größeren Anzahl von Monosacchariden (bis zu 20) aufgebaut. Der vorherrschende Baustein ist Fructose. Diese sog. Oligofructose kommt in geringen Mengen in Roggen, Weizen, Pilzen und in einigen Gemüsen vor. Auch diese Oligosaccharide können nicht durch die Verdauungssäfte, sondern nur durch die Enzyme der Darmbakterien abgebaut werden. Oligofructose wird den Ballaststoffen zugerechnet. Mit einer gemischten Kost werden im Verlauf eines Tags durchschnittlich 2 g Oligosaccharide aufgenommen, bei einer rein vegetarischen Kost sollen es sogar bis zu 10 g sein.

Dextrine

Dextrine entstehen als Zwischenprodukte bei der enzymatischen oder chemischen Spaltung von Stärke und Glykogen (siehe Kap. 3.3.4). Dextrine bestehen aus 4 bis 30 Glucoseresten. Dextrine werden durch die Verdauungssäfte weiter zu Glucose abgebaut, allerdings etwas langsamer als Maltose. Dextrine werden in der Lebensmittelindustrie durch die gesteuerte Hydrolyse von Stärke hergestellt.

Dextrine sind wasserlöslich und nahezu geschmacklos. Sie quellen und verkleistern nicht. Infolgedessen eignen sie sich besonders für die Zufuhr von Kohlenhydratenergie, ohne eine voluminöse Mahlzeit (mit hohem Sättigungswert) verabreichen zu müssen. Industriell gefertigte Dextrinpräparate (z. B. Maltodextrin 19) werden als spezielle Diäterzeugnisse für die Bereitung energiereicher Kostformen eingesetzt (siehe Kap. 8.4.2).

3.3.5 Polysaccharide (Mehrfachzucker)

Polysaccharide sind hochmolekulare Kohlenhydrate, die aus etwa 100 bis mehr als 1000 Monosaccharideinheiten aufgebaut sind und lange Molekülketten bilden (siehe Abb. 3.3.3). Die Einfachzucker sind in den Polysacchariden nach dem gleichen chemischen Bindungsprinzip verknüpft, das auch beim Aufbau der Disaccharide zu finden ist.

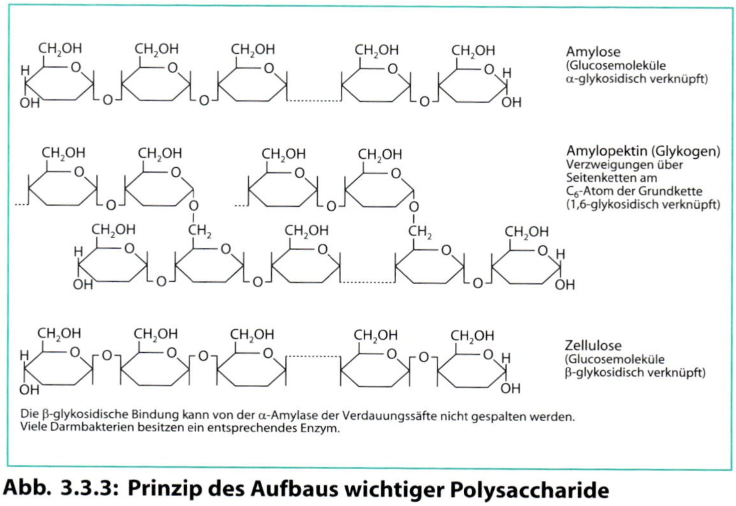

Abb. 3.3.3: Prinzip des Aufbaus wichtiger Polysaccharide

Die in pflanzlichen Lebensmitteln vorkommenden Polysaccharide Stärke und Zellulose bestehen wie das Glykogen, das Speicherkohlenhydrat der Tiere und des Menschen („tierische Stärke"), ausschließlich aus Glucose. Sie unterscheiden sich lediglich darin, daß die Glucosereste zum Teil in unterschiedlicher Weise miteinander verknüpft sind und daß sich daraus in ihren chemischen und physiologischen Eigenschaften einige geringfügige Unterschiede ableiten (ausgenommen Zellulose, die sich beträchtlich von Stärke und Glykogen unterscheidet).

In der Natur kommen neben diesen einfachen, nur aus Zuckern bestehenden Polysacchariden noch eine Vielzahl von komplexen Polysacchariden vor, die zusätzlich chemisch unterschiedliche Bausteine enthalten. Solche im Pflanzenreich vorkommenden komplexen Polysaccharide können durch die Verdauungsenzyme des Menschen meist nicht gespalten werden und somit nicht zur Energiebereitstellung beitragen. Sie sind als Ballaststoffe wichtige Nahrungsbestandteile (siehe Kap. 3.3.6). Im menschlichen und tierischen Organismus kommen solche komplexen Polysaccharide nur in geringen Mengen vor, beispielsweise als Bausteine von Schleimstoffen oder von Blutgruppensubstanzen.

3.3.5.1 Stärke

Stärke ist die Speicherform und somit die Energiereserve, in der die durch die Photosynthese gebildete Glucose in den Pflanzen deponiert wird. Die Stärke ist in Körnern abgelagert, die bei den verschiedenen Pflanzen einen unterschiedlichen, jeweils charakteristischen Aufbau zeigen, der unter dem Mikroskop gut zu erkennen ist.

Stärke stellt den Hauptteil der Kohlenhydrate unserer Nahrung und ist damit der wichtigste Energielieferant. Der Organismus wird nach dem Verzehr von stärkereichen Nahrungsmitteln relativ kontinuierlich mit leicht verwertbarer Energie und Baustoffen versorgt, da im Verlauf der Verdauung Glucose nur langsam aus der Stärke freigesetzt wird.

Aufbau der Stärke

Die einzelnen Glucosemoleküle sind in der Stärke über sog. α-glykosidische Bindungen miteinander verknüpft. Dieser Bindungstyp kann durch die Verdauungssäfte des Menschen leicht gespalten werden (siehe Abb. 3.3.3).

In der ebenfalls aus Glucosemolekülen aufgebauten Zellulose sind diese über einen räumlich anders ausgerichteten Bindungstyp verknüpft (sog. β-glykosidische Bindung). Dieser Bindungstyp kann durch die Verdauungssäfte nicht angegriffen und die Zellulose demzufolge vom Organismus nicht verwertet werden. Die im Darm vorkommenden Bakterien sind dagegen in der Lage, Zellulose aufzuspalten, da sie eine β-Glykosidase enthalten. Die durch die Darmbakterien erst in tieferen Darmabschnitten freigesetzte Glucose kann im Dickdarm nicht mehr resorbiert werden. Zellulose liefert daher für die Darmbakterien, aber nicht für den Menschen Baustoffe bzw. Energie. Lediglich ein sehr geringer Anteil der von den Darmbakterien gebildeten Zwischenstufen des Glucoseabbaus kann vom Menschen zur Energiegewinnung genutzt werden (weniger als 5 %). Zellulose ist deshalb den Ballaststoffen zuzurechnen (siehe Kap. 3.3.7).

Die beiden unterschiedlichen Bindungstypen ergeben sich aus der Tatsache, daß an den in der Verknüpfung einbezogenen Kohlenstoffatomen der beiden Glucosemoleküle jeweils 4 verschiedene Reste angeordnet sind (die C-Atome sind sog. asymmetrische Kohlenstoffatome). Dadurch sind 2 unterschiedliche sterische (räumliche) Ausrichtungen der Bindung möglich (α- bzw. β-glykosidische Bindung), die die Eigenschaften der Moleküle in unterschiedlichem Maße beeinflussen.

Bei der Stärke kann zwischen 2 Formen unterschieden werden:

- Amylose,
- Amylopektin.

Amylose und Amylopektin sind in den Stärken der verschiedenen Pflanzen in unterschiedlichen, aber für die einzelnen Pflanzen jeweils charakteristischen Relationen enthalten. Das Verhältnis von Amylose zu Amylopektin beträgt etwa 1:3 bis 1:4. Abweichungen von diesen Relationen weisen Stärkearten auf, die von züchterisch veränderten Nutzpflanzen gebildet werden.

Amylose: Amylose besteht aus unverzweigten Glucoseketten, an ihrem Aufbau sind etwa 200 bis 3000 Glucosemoleküle beteiligt. Die Ketten sind spiralförmig aufgewunden.

Amylopektin: Im Amylopektin bilden die Glucosestränge Seitenketten aus, die ebenfalls aus Glucoseresten bestehen. Die Verzweigungen der Hauptketten finden sich im Abstand von jeweils etwa 25 Glucoseresten. Das verzweigte Amylopektinmolekül hat somit einen kompakteren Molekülaufbau als das Amylosemolekül. Dieser kompakte Molekülaufbau ermöglicht außerdem wesentlich größere Molekulargewichte (1000 bis 10 000 Glucosemoleküle).

Die Verzweigungen im Amylopektin (und im Glykogen) entstehen dadurch, daß sich die zusätzlichen Seitenketten an der zunächst linearen Glucosekette bilden, indem sich ein 2. Glucosemolekül an eines der Glucosemoleküle der Ursprungskette anheftet (in sog. 1,6-Bindung). Auch dieser Bindungstyp kann durch die menschlichen Verdauungssäfte relativ rasch gespalten werden.

Eigenschaften der Stärke

Stärke ist in kaltem Wasser nicht löslich. In heißem Wasser nehmen die Stärkekörner zunächst Wasser auf, die Stärke quillt. Anschließend bilden die Stärkemoleküle kolloidale Lösungen (Gele), wobei deren Viskosität stark erhöht wird, sie verkleistert. Quellen und Verkleistern erfolgen innerhalb eines bestimmten Temperaturbereichs, der für jede Stärkesorte charakteristisch ist. Beim Abkühlen erstarrt diese hochvisköse Lösung.

Resistente Stärke

Stärke und Stärkeabbauprodukte, die von den Verdauungssäften nicht aufgeschlossen und nicht resorbiert werden können, werden als resistente (widerstandsfähige) Stärke bezeichnet. Diese Stärke passiert damit zum Großteil den Darm und wird mit dem Kot ausgeschieden. Sie wird den Ballaststoffen zugerechnet. Nur ein sehr kleiner Teil der resistenten Stärke kann offenbar von den Darmbakterien abgebaut werden. Der resistenten Stärke wird wie auch anderen Ballaststoffen eine positive Wirkung auf den Stoffwechsel und auf den Gesundheitszustand des Menschen zugeschrieben (siehe Kap. 3.3.7).

Bei der resistenten Stärke können 3 unterschiedliche Fraktionen unterschieden werden:

- Stärke, die in intakten Pflanzenzellen oder in kompakten Lebensmitteln fest eingeschlossen ist, so daß sie den Verdauungssäften nicht zugänglich ist (Stärke in ganzen bzw. nur grob zerkleinerten Getreidekörnern, Teile von Stärke in Hülsenfrüchten).
- Stärke, die in nicht aufgeschlossenen Stärkekörnern angeordnet ist (Stärke roher Kartoffeln, grüner Bananen, bestimmter Maissorten, siehe auch Kap. 5.2.1.2).
- Stärke, die beim Abkühlen von Stärkegelen teilweise gebildet wird, sog. retrogradierte Stärke.

Bildung von retrogradierter Stärke (Retrogradation)

Aus Stärkegelen kann beim Abkühlen wieder Wasser austreten. Dieser Wasseraustritt führt zum Schrumpfen der Gele. Ein Teil des Amyloseanteils der Stärke kann dabei auskristallisieren. Diese auskristallisierte Amylose nimmt eine amorphe Struktur ein, die sich von der der ursprünglichen, nicht gequollenen Stärke unterscheidet und von den Verdauungssäften nicht angegriffen werden kann. Diese auskristallisierte Stärke kann beim erneuten Erhitzen nicht wieder in Lösung gebracht und somit auch dann nicht verdaut werden. Amylopektin kristallisiert beim Abkühlen im Gegensatz zur Amylose nicht aus, retrogradierte Stärke besteht deshalb nur aus auskristallisierter Amylose.

Dieser Prozeß des Auskristallisierens von bereits gelöster Stärke findet in vielen stärkehaltigen Lebensmitteln statt. Der Anteil von retrogradierter Stärke am Gesamtstärkegehalt kann in einigen Lebensmitteln beträchtlich sein. Sie ist neben dem Verlust von Wasser wesentlich mit verantwortlich für das „Altbackenwerden" von Brot (etwa 3 % der Gesamtstärke). Auch in gekochten

Kartoffeln (6,5 % resistente Stärke) bildet sich während des Abkühlens retrogradierte Stärke (insgesamt 14 % resistente Stärke). Beim erneuten Erhitzen (Braten von Bratkartoffeln) kann sich der Anteil an resistenter Stärke noch erhöhen.

3.3.5.2 Glykogen

Glykogen ist die Speicherform von Glucose im tierischen und im menschlichen Organismus. Das sehr geringe Wasserbindungsvermögen des hochmolekularen Glykogens ermöglicht eine Speicherung von Kohlenhydraten in der Leber (maximal 150 g) und in der Muskulatur (maximal 200 g) des Menschen. Die Energiemenge, die vom Körper in Form von Glykogen gespeichert werden kann, ist somit sehr begrenzt. Sie kann mit etwa 1400 kcal (Höhe des Grundumsatzes) den Tagesenergiebedarf im Höchstfall zu 60 bis 80 % abdecken.

Die Glucoseketten sind im Glykogen ähnlich wie im Amylopektin der Stärke verzweigt. Der Verzweigungsgrad ist jedoch im Glykogen wesentlich höher als im Amylopektin. Die Molekülgröße des Glykogens variiert stark, die einzelnen Moleküle können aus bis zu 100 000 Glucosemolekülen bestehen. Diese riesige Molekülgröße wird jedoch nur bei vollständig aufgefüllten Glykogenspeichern erreicht.

Der Glykogengehalt im Fleisch und in der Leber von Schlachttieren schwankt beträchtlich in Abhängigkeit vom Alter und Ernährungszustand der Tiere. Dazu kommt, daß Glykogen während des Schlachtens und beim Abhängen des Fleischs rasch abgebaut wird. Die Glykogenaufnahme und damit die Aufnahme von Kohlenhydraten durch Verzehr von tierischen Lebensmitteln kann deshalb vernachlässigt werden.

Der Glykogengehalt des Pferdefleischs ist etwas höher als der des Fleischs anderer Schlachttiere, und auch der Glykogenabbau erfolgt nach der Schlachtung langsamer. Der etwas süßliche Geschmack von Pferdefleisch ist auf die dadurch vorliegenden geringen Mengen an Glucose zurückzuführen, die während der Reifung bzw. Zubereitung des Fleischs aus dem Glykogen gebildet werden.

Der Glykogengehalt des Fischfleischs ist sehr gering, er beträgt im Höchstfall 0,3 %.

3.3.6 Kohlenhydratstoffwechsel

Die bei einer ausgewogenen gemischten Kost täglich resorbierten Kohlenhydrate (nach erfolgter Spaltung von Di- und Polysacchariden) verteilen sich auf folgende Monosaccharide:

200 bis 300 g Glucose,
20 bis 60 g Fructose,
10 bis 20 g Galactose.

Glucose ist somit das überwiegende Monosaccharid. Der Kohlenhydratstoffwechsel ist daher vorrangig der Umsatz von Glucose.

Glucose wird für folgende Stoffwechselleistungen benötigt:

- Energiegewinnung durch vollständige Oxidation zu Wasser und Kohlendioxid (CO_2),
- Synthese von Glykogen und dessen Speicherung in Leber und Muskel als mengenmäßig begrenzter Kohlenhydratspeicher,
- Umbau zu speziellen Substanzen des Intermediärstoffwechsels (Zwischenstoffwechsels) und zu körpereigenen Stoffen,
- Umbau zu Fetten und deren Speicherung in Fettgewebe (Depotfett). Eine solche Neusynthese von Depotfett erfolgt jedoch erst bei einer Aufnahme von mehr als 400 bis 500 g Glucose pro Tag.

3.3.6.1 Energiebereitstellung aus Kohlenhydraten

Die besondere Bedeutung der Glucose als Energiequelle ist durch folgende Besonderheiten des Zellstoffwechsels bedingt:

- Glucose ist für alle Zellen des Körpers eine leicht verwertbare Energiequelle, bei deren Oxidation ausschließlich Wasser und Kohlendioxid entstehen. Beide Endprodukte können ohne zusätzliche Stoffwechselleistungen leicht und rasch ausgeschieden werden (Abatmung von CO_2, Wasserausscheidung über Atemluft, Harn oder Schweiß). Es entstehen folglich keine Stoffwechselendprodukte, die zusätzlich noch entgiftet oder anderweitig ausscheidungsfähig gemacht werden müssen.
- Ein plötzlich auftretender erhöhter Energiebedarf kann durch den Abbau von Glucose in kürzester Zeit abgedeckt werden, weitaus schneller als durch den Abbau von anderen Energielieferanten.
- Glucose kann auch beim Fehlen von Sauerstoff und der dadurch gestörten Endoxidation teilweise abgebaut werden. Die Energieausbeute ist bei diesem bis zu Zwischenstufen führenden Abbau allerdings wesentlich geringer als bei einer vollständigen Oxidation der Glucose. Beim diesem in Abwesenheit von Sauerstoff stattfindenden Abbau fällt als vorläufiges Endprodukt Milchsäure an. Sobald wieder Sauerstoff zur Verfügung steht, kann diese Milchsäure weiter abgebaut werden.
- Glucose ist für die Zellen des Zentralnervensystems, insbesondere für das Gehirn, der (nahezu) einzige Energielieferant. Der Tagesbedarf des Gehirns beträgt etwa 140 g Glucose. Nur bei einem mehrere Tage

bestehenden absoluten Hunger kann das Gehirn einen Teil der benötigten Energie durch das Verbrennen der bei Hunger vermehrt anfallenden Ketonkörper abdecken und sich damit an die Unterversorgung mit Glucose teilweise anpassen (siehe Kap. 3.5.4.6). Auch die Aminosäure Glutamin liefert unter Stoffwechselbelastungen einen beträchtlichen Beitrag zur Energieversorgung des Gehirns (siehe Kap. 7.6.7).

- Glucose ist ausschließlicher Energielieferant für die Erythrozyten (rote Blutzellen), sie kann hierbei in keinem Fall durch andere Energielieferanten ersetzt werden. Rote Blutzellen enthalten nur die im Zellsaft vorliegenden Enzyme für den Abbau der Glucose bis zu den sog. Dreierzuckern (Enzyme der Glykolyse). Die für die Endoxidation benötigten Enzymsysteme fehlen in ihnen vollkommen. Der Tagesbedarf der roten Blutzellen beläuft sich auf 30 bis 40 g Glucose.
  Die tägliche Aufnahme an verwertbaren, aus Glucose aufgebauten Kohlenhydraten (Stärke, Glucose, Rohrzucker) sollte deswegen auch bei einer stark energiereduzierten Kost 100 bis 120 g nicht unterschreiten.
- Ein plötzlich erhöhter Bedarf an Energie für kurzzeitige, intensive Muskelleistungen (z. B. Sprint in der Leichtathletik) kann nur durch den Abbau von Glucose abgedeckt werden. Der Muskel muß auf andere Energiequellen (zunächst Glykogen, anschließend auf Fett) zurückgreifen, sobald (meist nach wenigen Sekunden) die nur in begrenztem Umfang in der Muskulatur vorliegende freie Glucose verbraucht ist. Dieses „Umschalten" erfordert eine gewisse Anpassungszeit, sie ist im trainierten Muskel wesentlich kürzer als beim nicht trainierten.
  Auch bei länger andauernder intensiver Muskelleistung wird für die Energiebereitstellung vorzugsweise Glucose genutzt. Diese wird durch den Abbau von Glykogen und auch durch die Neubildung aus Eiweiß (Gluconeogenese, siehe Kap. 3.3.6.3 und 3.4.2.1) bereitgestellt. Bei einer Muskelarbeit von mittlerer Intensität wird dagegen relativ frühzeitig auf Fett als Energielieferant zurückgegriffen. Die Geschwindigkeit und das Ausmaß dieser Anpassung hängt wesentlich vom Trainingszustand der Muskulatur ab. Körperliche Höchstleistungen sind demzufolge weniger für den Abbau von Fettreserven geeignet als Dauerleistungen, die dem Leistungsvermögen angepaßt sind.
- Kohlenhydrate und damit Glucose können bei der Energiebereitstellung bis zu einem bestimmten Umfang durch andere Energielieferanten wie Fette und Eiweiße ersetzt werden (Gesetz der Isodynamie). Wird die Kohlenhydratzufuhr auf weniger als 100 bis 120 g gedrosselt, kommt es zum Einschmelzen von Eiweißen und zur Glucoseneubildung (Gluconeogenese) aus den freigesetzten Aminosäuren. Gleichzeitig werden auch vermehrt Fette eingeschmolzen. Im Verlauf des Abbaus der Fettsäuren kann es zur vermehrten Bildung von Ketonkörpern kommen.

3.3.6.2 Glucosetransport im Organismus, Blutzuckerspiegel

Glucose wird nach erfolgter Resorption über die Pfortader direkt zur Leber transportiert. Sie kann somit in der Leber umgehend in den Stoffwechsel einbezogen werden.

Glucose kann ungehindert in die Leberzellen eintreten, die Leberzellen sind für Glucose frei permeabel. In dieser Hinsicht unterscheiden sich die Leberzellen grundlegend von den Zellen der Muskeln und des Fettgewebes, deren Zellmembranen von der Glucose nur durch die Vermittlung von Insulin passiert werden können.

Bei genügend großem Angebot an Glucose wird in der Leber Glykogen gebildet und als Reserve gespeichert. Die Speicherkapazität der Leber für Glykogen ist begrenzt, sie beträgt maximal 150 g. Die Glucose, die nicht als Glykogen gespeichert wird, passiert die Leber und gelangt in den Blutkreislauf und damit an alle Organe. Diese im Blut befindliche Glucose wird als Blutzucker bezeichnet.

Blutzuckerspiegel

Für die ordnungsgemäße Funktion des Organismus ist ein möglichst gleichbleibender Blutzuckerspiegel von 80 bis 100 mg% (Glucose) erforderlich.

Nach der Aufnahme einer kohlenhydrathaltigen Mahlzeit kommt es zu einem zeitweiligen Anstieg des Blutzuckerspiegels, beim Gesunden in der Regel auf Werte bis 140 mg%. Glucose wird bei einem Anstieg des Blutzuckerspiegels über einen Wert von etwa 180 mg% hinaus mit dem Harn ausgeschieden, da bei dieser Konzentration die Nierenschwelle für Glucose überschritten ist (siehe Kap. 2.3.6.1.1). Es kann infolgedessen zu beträchtlichen Verlusten an Glucose und damit an Energie kommen. Solche Energieverluste und damit Gewichtsverluste können beim unbehandelten Typ-1-Diabetes auftreten (siehe Kap. 7.6.3.2).

Niedrige, unter dem Normwert liegende Blutzuckerwerte, eine sog. Hypoglykämie („Unterzuckerung"), führen zu Unwohlsein, Schweißausbrüchen und Heißhunger. Eine Überdosierung von Insulin (Behandlung eines insulinabhängigen Diabetes) kann zu einer drastischen Erniedrigung des Blutzuckerspiegels führen.

Es kann dabei zu Störungen von wichtigen Körperfunktionen kommen, sobald die Blutzuckerwerte auf Werte unter 60 mg% absinken. Die Folge sind Schockzustände (sog. hypoglykämischer Schock, siehe Kap. 7.6.3). Ein solcher hypoglykämischer Schock tritt beim Gesunden nicht auf, auch nicht bei längerem Fasten.

Regulation des Blutzuckerspiegels

Bei der Aufnahme von größeren Mengen an Glucose steigt der Blutzuckerspiegel auch bei einer sofort einsetzenden Glykogensynthese rasch und weit über die Norm hinaus an. Ursache hierfür ist der Fakt, daß die Glucose von den meisten Körperzellen, insbesondere von den Muskel- und Fettzellen, nicht ohne weiteres aufgenommen werden kann. Nur die Membranen der Zellen der Leber, des Gehirns und der roten Blutzellen sind für Glucose ungehindert passierbar.

Der Körper ist jedoch bestrebt, den Blutzuckerspiegel rasch zu normalisieren, um Verluste von Glucose durch Überschreiten der Nierenschwelle zu vermeiden. Schlüsselverbindung für die Regulation des Blutzuckerspiegels ist das Insulin, das bei erhöhtem Blutzuckerspiegel von den Inselzellen des Pankreas vermehrt ausgeschüttet wird. Insulin macht die Membranen der Muskel- und Fettzellen für Glucose (und Aminosäuren) durchlässig. Infolge des insulinbedingten Einströmens von Glucose in die Muskel- und Fettgewebszellen kommt es zu einem raschen Absinken des Blutzuckerspiegels. Nach einer einmaligen Gabe von Glucose oder anderen schnell resorbierbaren Zuckern hat er sich beim Gesunden in der Regel nach spätestens 60 Minuten wieder normalisiert.

Nach dem Verzehr einer größeren Menge an schnell resorbierbaren Zuckern kann es zu einer überhöhten Freisetzung von Insulin kommen, wodurch der anfangs stark erhöhte Blutzuckerspiegel bei der nunmehr einsetzenden Gegenregulation unter den Normwert sinken kann. Die rasche Senkung des Blutzuckerspiegels unter den Normwert bedingt eine schlechtere Versorgung des Gehirns mit Glucose. Als Folge können sich Kopfschmerzen und ein ausgeprägtes Hungergefühl (Heißhunger) einstellen. Das plötzlich auftretende Hungergefühl führt oft zu einer erneuten Nahrungsaufnahme (u. U. wiederum von rasch resorbierbaren Zuckern), wodurch der eben beschriebene Regulationsmechanismus erneut ausgelöst wird.

Bei einem physiologischen Abfall des Blutzuckerspiegels (Verwertung von Glucose von peripheren Organen) wird in der Leber Glykogen abgebaut, die freigesetzte Glucose wird an das Blut abgegeben, und damit wird der Blutzuckerspiegel konstant gehalten. Sobald alle Glykogenvorräte erschöpft sind, wird in der Leber durch das Einschmelzen von Eiweiß Glucose gebildet.

Die Leber ist unter normalen Stoffwechselsituationen das wichtigste Organ zur Regulation des Blutzuckerspiegels.

Verwertung der Glucose im Organismus

Die Glucose, die von der Muskulatur bzw. vom Fettgewebe (beim Verzehr von großen Kohlenhydratmengen) aufgenommen wurde, kann nicht als freie Glucose gespeichert werden. Sie muß durch den Stoffwechsel der einzelnen Zellen rasch umgesetzt werden.

- In den Muskelzellen kann die Glucose sofort zur Energiegewinnung herangezogen und somit verbrannt werden. Bei fehlender Muskelarbeit und/oder einem Überangebot an Glucose wird aus ihr Glykogen gebildet und gespeichert. Die Speicherkapazität der gesamten Skelettmuskulatur beträgt beim Erwachsenen maximal 200 g.
- In den Fettgewebszellen wird die Glucose umgehend zu Fett umgebaut, das als Depotfett gespeichert wird. Da Fett als wasserunlösliche Verbindung nahezu unbegrenzt gespeichert werden kann, kann auch Glucose aus dem Blut nahezu unbegrenzt in die Fettzellen einströmen. Ständig und in größeren Mengen verzehrte schnell resorbierbare Zucker führen bei einer positiven Energiebilanz ebenso zu einer Zunahme der Körperfettmasse wie der übermäßige Verzehr von Fett.

3.3.6.3 Intermediärstoffwechsel der Glucose

Glykolyse

Der Abbau der Glucose über die sog. Glykolyse ist der Stoffwechselweg, über den am schnellsten Energie gewonnen werden kann. Die Energieausbeute ist bei der Glykolyse allerdings im Vergleich zur vollständigen Oxidation der Glucose gering. Für den Glucoseabbau durch die Glykolyse wird Sauerstoff nicht benötigt, der Abbau erfolgt unter anaeroben Bedingungen. Die Einzelschritte der Glykolyse laufen ausschließlich im Zellsaft (Cytoplasma) ab.

Die Glucose wird in diesem mehrstufigen Abbauweg zu energieärmeren Kohlenstoffverbindungen abgebaut. Am Ende dieses anaeroben Abbauweges entsteht Brenztraubensäure (Pyruvat), eine Kohlenstoffverbindung mit 3 C-Atomen. Brenztraubensäure kann beim Fehlen von Sauerstoff nicht weiter abgebaut werden. Sie wird in Milchsäure (ebenfalls 3 C-Atome) umgewandelt, wodurch ein Anstau von Brenztraubensäure und damit ein Stopp des Abbaus von weiterer Glucose verhindert wird. Die Milchsäure selbst kann nicht weiter abgebaut werden. Sie kann entweder von den Muskelzellen abgegeben werden und über den Blutweg zur Leber transportiert werden, oder sie bleibt zunächst in der Zelle liegen und wird wieder zurück in Brenztraubensäure überführt, sobald diese bei Gegenwart von Sauerstoff weiter abgebaut werden kann (siehe Abb. 3.3.4).

Bei der Glykolyse, an der zahlreiche Enzyme beteiligt sind, wird die Glucose zunächst durch ATP in energiereiche, phosphorylierte Formen von Zuckern überführt, die anschließend in jeweils 2 Moleküle mit je 3 C-Atomen gespalten werden. In den anschließenden Schritten, die bis zum Pyruvat führen, wird

Energie in Form von ATP gewonnen. Dabei wird der bei der Oxidation frei werdende Wasserstoff von NAD^+ aufgenommen, das damit in seine reduzierte Form $NADH+H^+$ (unkorrekt abgekürzt $NADH_2$) überführt wird. Die dabei gewonnene erzielte Energieausbeute übertrifft die Energiemenge, die zur Aktivierung der Glucose verbraucht wurde. Der Energiegewinn ist allerdings vergleichsweise gering. Der in der Glykolyse angefallene Wasserstoff ($NADH+H^+$) kann bei Anwesenheit von Sauerstoff in der Atmungskette der Mitochondrien zu Wasser oxidiert werden, wobei die Hauptmenge an Energie gewonnen wird.

Milchsäure, die über den Blutweg zur Leber transportiert wurde, wird dort zur Neubildung von Glucose (Gluconeogenese) genutzt oder in Gegenwart von Sauerstoff verbrannt.

Bildung von Acetyl-CoA und dessen Abbau im Citratzyklus (Zitronensäurezyklus)

Bei Anwesenheit von Sauerstoff wird die Brenztraubensäure in den sich an die Glykolyse anschließenden Stoffwechselwegen schrittweise durch Oxidation weiter abgebaut. Dabei werden ihre Kohlenstoffatome als Kohlendioxid abgegeben (oxidative Decarboxylierung). Der dabei gleichzeitig von dem Kohlenstoffskelett abgegebene Wasserstoff (an NAD^+ bzw. FAD) wird in der Atmungskette zu Wasser verbrannt (siehe unten).

Dieser Abbauprozeß kann in 2 wiederum mehrstufige Teilschritte unterteilt werden (siehe Abb. 3.3.4):

- Bildung von Acetyl-Coenzym A (Acetyl-CoA, „aktivierte Essigsäure"),
- Einschleusen von Acetyl-CoA in den Citratzyklus und schrittweiser Abbau beim Durchlaufen des Zyklus.

Bildung von Acetyl-CoA: Der erste Schritt beim weiteren Abbau des Pyruvats ist die Bildung von „aktivierter Essigsäure" (Acetyl-Coenzym A, kurz Acetyl-CoA). In dieser mehrstufigen komplizierten Reaktion wird vom Pyruvat (3 C-Atome) 1 C-Atom in Form von CO_2 entfernt und der dabei entstehende Essigsäurerest (2 C-Atome) über eine energiereiche Bindung an das Coenzym A angeheftet.

Das Acetyl-CoA nimmt im gesamten Intermediärstoffwechsel eine Schlüsselstellung ein. Es ist auch beim Abbau und bei der Synthese von Fettsäuren, der Bildung von Cholesterin und der Bildung von Ketonkörpern einbezogen (siehe Kap. 3.5.4.5).

An der Bildung von Acetyl-CoA ist Thiamindiphosphat („aktives Vitamin B_1") als Cofaktor der Carboxylase (eines der beteiligten Enzyme) einbezogen. Dieser Fakt erklärt, daß der Bedarf an Vitamin B_1 von der Höhe des Kohlenhydratumsatzes abhängt. Am Aufbau des Coenzym-A-Moleküls, das generell als

Cofaktor bei der Aktivierung von Fettsäuren (nicht nur von Essigsäure) einbezogen ist, ist das Vitamin Pantothensäure beteiligt.

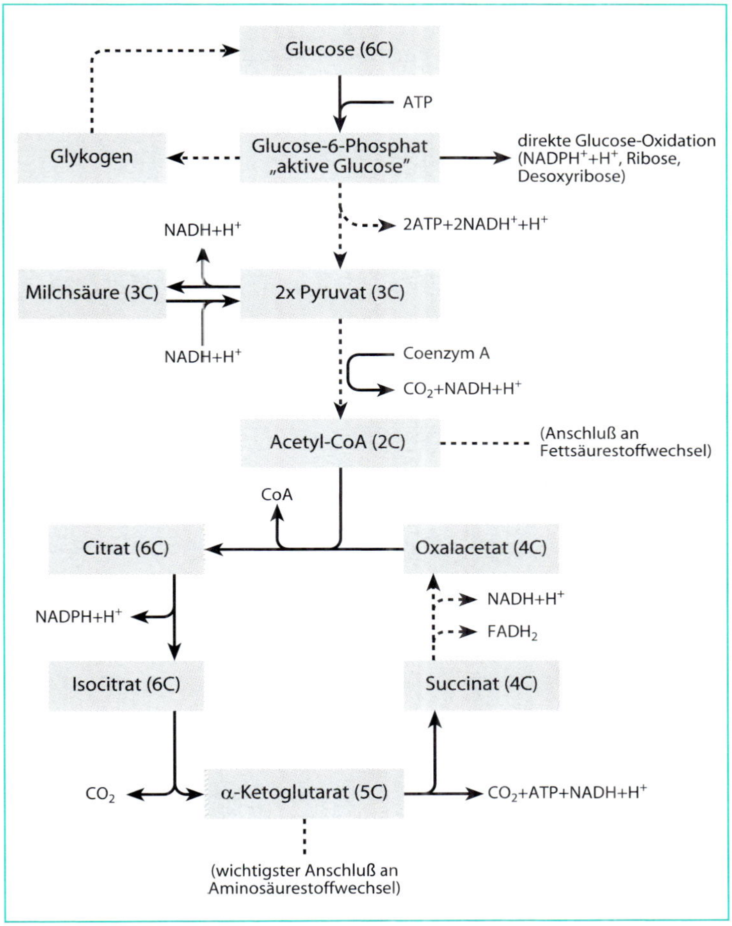

Abb. 3.3.4: Abbau von Glucose zu CO_2 und Wasserstoff (Glykolyse und Citratzyklus, stark vereinfachte Darstellung)

<u>*Citratzyklus:*</u> Der Citratzyklus wird durch die Zusammenlagerung (Kondensation) von Acetyl-CoA (2 C-Atome) mit Oxalessigsäure (Oxalacetat, 4 C-Atome) zur Zitronensäure (Citrat, 6 C-Atome) gestartet. Die Zitronensäure wird beim Durchlaufen dieses mehrstufigen Reaktionszyklus durch das schrittweise Entfernen von Wasserstoff (durch die Bildung von NADH+H^+ bzw. $FADH_2$) und durch das schrittweise Entfernen von 2 C-Atomen (als CO_2) oxidiert. Sie ist nach dem vollständigen Durchlaufen des Zyklus zur Oxalessigsäure, der Startersubstanz des Zyklus, abgebaut worden. Damit ist das Acetyl-CoA vollständig zu CO_2 abgebaut und der Wasserstoff entfernt worden. Dieser Wasserstoff wird anschließend in der Atmungskette verbrannt. Die Oxalessigsäure kann erneut mit einem neuen Molekül Acetyl-CoA unter Bildung von Zitronensäure reagieren und damit erneut einen Durchlauf durch den Citratzyklus starten.

Einige Glieder des Citratzyklus sind nicht nur Zwischenstufen, die beim Abbau des Acetyl-CoA durchlaufen werden müssen, sondern sie sind auch wichtige Verknüpfungspunkte im gesamten Intermediärstoffwechsel. Die α-Ketoglutarsäure kann durch Transaminierung in die Glutaminsäure überführt werden, die für den Transport von Aminogruppen und für die Eliminierung von Ammoniak von großer Bedeutung ist (siehe Kap. 3.4.2.1).

Atmungskette

Die wichtigste energieliefernde Reaktionsfolge bei der Glucoseverwertung (und bei der Endoxidation von Fettsäuren und Aminosäuren) ist die Oxidation des Wasserstoffs von NADH+H^+ und $FADH_2$ zu Wasser, bei der der Großteil der Energie gewonnen wird.

Diese Endoxidation erfolgt in den Mitochondrien. Dabei wird die chemische Energie des Wasserstoffs in mehreren Schritten „portionsweise" für die Bildung von energiereichem ATP genutzt. Erst in der letzten Stufe dieser Reaktionskette reagiert der Wasserstoff mit Sauerstoff unter Bildung von Wasser.

Diese Endoxidation erfolgt an spezifischen Eiweißstrukturen, die in einer geordneten Aufeinanderfolge angeordnet sind. Diese Funktionseinheit wird als Atmungskette oder Elektronentransportkette, und die in der Kette erfolgende Bildung von energiereichem ATP wird als oxidative Phosphorylierung bezeichnet. Während des Durchlaufens von 2 Wasserstoffatomen durch die Atmungskette können maximal 2 Moleküle ATP (bei der Oxidation von $FADH_2$) bzw. maximal 3 Moleküle ATP (bei der Oxidation des Wasserstoffs von NADH+H^+) gebildet werden. Der Großteil der bei der biologischen Oxidation von energieliefernden Nährstoffen gewonnenen Energie wird durch diese Endoxidation des Wasserstoffs in der Atmungskette bereitgestellt (siehe Abb. 3.3.5).

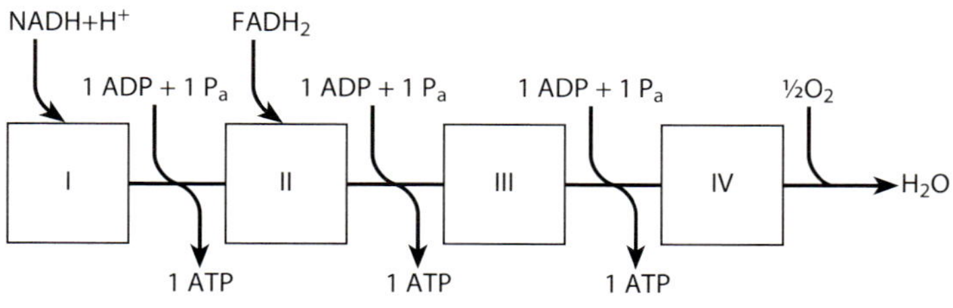

I - IV : Glieder der Atmungskette, die in den Mitochondrien lückenlos hintereinander angeordnet sind. Sie enthalten eisenhaltige Coenzyme (Cytochrome), die die stufenweise Energiefreisetzung (2 bzw. 3 ATP) ermöglichen.
Die Verbrennung des Wasserstoffs von 1 NADH+H^+ liefert max. 3 ATP.
Die Verbrennung des Wasserstoffs von 1 $FADH_2$ liefert max. 3 ATP.

Abb. 3.3.5: Atmungskette (schematische Darstellung)

Glykogensynthese/Glykogenabbau

Die Glykogensynthese aus Glucose benötigt Energie in Form von ATP. Sie erfolgt in einem mehrstufigen Syntheseweg.

Glucose kann sehr rasch aus Glykogen freigesetzt werden. Bei der Abspaltung von Glucosemolekülen vom Glykogen wird keine Energie gewonnen. Die für die Synthese des Glykogens eingesetzte Energie geht somit als chemische Energie verloren, sie wird in Form von Wärme freigesetzt. Eine Stoffwechsellage, bei dem in rascher Folge Glykogen gebildet und wieder zu Glucose gespalten wird, ist aus energetischer Sicht ein nutzloser Kreisprozeß.

Gluconeogenese (Glucoseneubildung)

Der Organismus ist zur Aufrechterhaltung des Blutzuckerspiegels sowie für die Energiebereitstellung für Gehirn und rote Blutzellen unabdingbar auf Glucose angewiesen. Bei fehlender Kohlenhydrataufnahme mit der Nahrung und nach Erschöpfung der körpereigenen Glykogenvorräte ist er somit gezwungen, Glucose selbst zu bilden. Diese Neubildung von Glucose kann im wesentlichen nur aus Aminosäuren und damit aus Eiweiß erfolgen. Die Synthese von Glucose aus anderen Kohlenstoffverbindungen wie beispielsweise Milchsäure (siehe oben) ist mengenmäßig gesehen von absolut untergeordneter Bedeutung. Fettsäuren können zur Glucoseneubildung nicht herangezogen werden.

Der Mechanismus der Gluconeogenese ist im Prinzip eine Umkehrung des Glykolysewegs, bei dem jedoch einige Schritte rückläufig nicht möglich sind und durch Nebenwege umgangen werden müssen. Die Gluconeogenese ist energieaufwendig und benötigt infolge der energieaufwendigen Umgehungsschritte mehr Energie, als beim Abbau der Glucose im Glykolyseweg gewonnen wird (siehe ausführlich Kap. 3.4.2.1).

Direkte Glucoseoxidation

Die direkte Glucoseoxidation ist ein Nebenweg des Glucoseabbaus, der für die Energiegewinnung von untergeordneter Bedeutung ist. Mit Hilfe dieses Wegs werden jedoch Substanzen gebildet, die für die Lebensprozesse jeder Zelle unentbehrlich sind. Die direkte Glucoseoxidation zweigt von der Glykolyse ab. Ausgangspunkt ist das Glucose-6-Phosphat, die „aktivierte Glucose". Über die direkte Glucoseoxidation werden Ribose und Desoxyribose (sog. „5er-Zucker", 5 C-Atome) gebildet, die Bausteine der Nucleotide (beispielsweise ATP) und der Nucleinsäuren sind. Der bei den Oxidationsschritten abgegebene Wasserstoff wird von $NADP^+$ (nicht von NAD^+) übernommen. Das dabei entstehende $NADPH+H^+$ wird u. a. für die Synthese von Fettsäuren benötigt, da die Enzyme die Fettsäuresynthese $NADH+H^+$ nicht als Wasserstoffdonatoren nutzen können (siehe Abb. 3.3.4).

3.3.6.4 Verwertung von Fructose und Galactose

Fructose und Galactose werden mit einer üblichen Mischkost nur in geringen Mengen aufgenommen. Sie werden in der Leber über jeweils gesonderte Stoffwechselwege abgebaut. Ihre Abbauprodukte (ebenfalls sog. 3er-Zucker wie beim Glucoseabbau) münden erst in unteren Abschnitten in die Glykolyse ein. Der Blutzuckerspiegel (Glucosespiegel) wird von beiden Monosacchariden praktisch nicht beeinflußt.

Fructoseverwertung

Fructose wird wesentlich langsamer als Glucose abgebaut und kann erst bei Aufnahme einer größeren Menge zu einer kurzfristigen Energiebereitstellung beitragen. Die beim Verbrennen von Fructose frei werdende Energie wird somit dem Organismus nicht schlagartig, sondern über einen längeren Zeitraum verteilt zur Verfügung gestellt. Bei bestehender positiver Energiebilanz wird auch Fructose in Fett umgewandelt und trägt damit auch zur Gewichtszunahme bei.

Fructose kann infolge ihres langsamen Abbaus erst in höheren Konzentrationen den Abbau der Glucose indirekt verlangsamen. Sie kann jedoch bei bestehendem Glucosemangel zur Gluconeogenese genutzt werden.

Die tägliche Aufnahme von Fructose sollte auch unter Berücksichtigung des Anteils, der als Zuckeraustauschstoff aufgenommen wird, nicht mehr als 50 g betragen. Diese Grenzwerte gelten sowohl für den Gesunden als auch für den Diabetiker.

Galactoseverwertung

Lactose (und damit Milch und Milcherzeugnisse) ist der einzige Nährstoff, der Galactose enthält. Das Disaccharid wird im Darm nur sehr langsam gespalten. Deswegen wird Galactose nur langsam resorbiert. Die Verwertung der Galactose erfolgt in gesonderten Stoffwechselwegen. Infolge des geringen Angebots an Galactose läuft ihr Abbau beim Stoffwechselgesunden ohne Probleme ab.

Während der Stillperiode wird dagegen der Großteil der resorbierten Galactose in den Milchdrüsen ohne vorhergehenden Umbau direkt für die Synthese des Milchzuckers eingesetzt.

Ein genetischer Defekt bei der Galactoseverwertung (Galactoseintoleranz) führt zu schweren Stoffwechselstörungen (siehe Kap. 7.6.6.1).

3.3.6.5 Zusammenfassende Einschätzung der ernährungsphysiologischen Bedeutung der Kohlenhydrate

Kohlenhydrate sind unentbehrliche Nahrungsbestandteile, die wesentliche Funktionen des Organismus ermöglichen.

- Kohlenhydrate sind wichtige Energielieferanten (17 kJ [4 kcal]/g).
- Glucose ist der wichtigste Zucker im Organismus. Sie ist die Transportform der Kohlenhydrate. Der Blutzucker ist ausschließlich Glucose.
- Glucose ist für die roten Blutzellen und unter gewissen Einschränkungen für das Gehirn die einzige Energiequelle.

  Das Gehirn kann nach mehrtägigem absolutem Hungern auch Ketonkörper mit für die Energieversorgung heranziehen, ebenso Glutamin.
- Glucose ist bei kurzzeitigen körperlichen Höchstleistungen für die Muskulatur (z. B. Sprint) die einzige Energiequelle.
- Glucose ist Ausgangssubstanz für die Neubildung zahlreicher körpereigener Substanzen.
- Kohlenhydrate können in Form von Glykogen in der Leber (maximal 150 g) und in der Muskulatur (maximal 200 g) gespeichert werden.

Empfehlungen für die Aufnahme von Kohlenhydraten

- Kohlenhydrate sollen etwa 55 bis 60 % des Bedarfs an Nahrungsenergie abdecken.
- Die Kohlenhydratzufuhr sollte vorwiegend in Form von Stärke erfolgen. Dabei sind Lebensmittel zu bevorzugen, die gleichzeitig reich an Ballaststoffen sind (Gemüse, Getreideerzeugnisse, Kartoffeln).
- Rasch resorbierbare Zucker (Glucose, Rohrzucker, Malzzucker) sind weitgehend zu meiden. Sie sollten auch vom Gesunden nur unter großer Zurückhaltung verzehrt werden. Eine Empfehlung für eine als unbedenklich deklarierte Menge kann zum gegenwärtigen Zeitpunkt noch nicht gegeben werden. Vorläufig kann davon ausgegangen werden, daß rasch resorbierbare Zucker im Höchstfall 10 % der gesamten Kohlenhydratzufuhr bestreiten sollten.
- Eine unzureichende Zufuhr von Kohlenhydraten führt zu Störungen im gesamten Stoffwechsel des Menschen. Bei einer Aufnahme von weniger als 100 g pro Tag besteht die Gefahr, daß Körpereiweiß eingeschmolzen und zur Gluconeogenese genutzt wird. Es kann außerdem zu einer Stoffwechselentgleisung mit ernsten gesundheitlichen Schäden kommen (Bildung von Ketonkörpern, Säuerung der Gewebe [Acidose], siehe Kap. 7.6.1.2).
- Bei einer überhöhten Zufuhr von Kohlenhydraten (in Form von Stärke) besteht die Gefahr einer gesundheitlichen Schädigung zunächst nicht, falls damit nicht gleichzeitig eine überhöhte Energieaufnahme erfolgt. Die zwangsläufig entstehende unausgewogene Kostzusammensetzung führt jedoch zu einer Fehlernährung infolge eine Unterversorgung mit essentiellen Nahrungsstoffen. Das betrifft insbesondere eine Reihe von Vitaminen und wichtigen Mineralstoffen, Eiweiß, essentielle Fettsäuren sowie Mikronährstoffe.

3.3.7 Ballaststoffe

Ballaststoffe sind ausschließlich pflanzlichen Ursprungs. Sie sind unverdaubare Polysaccharide und andere hochmolekulare Pflanzenbausteine. Tierische Lebensmittel enthalten keine Ballaststoffe.

Die durch die Verdauungssäfte des Körpers nicht aufspaltbaren hochmolekularen Pflanzenstoffe gelangen unverdaut in den Dickdarm. Sie liefern demzufolge praktisch keinen Beitrag zur Versorgung des Organismus mit Nährstoffen und Energie. Aus diesem Grund wurden sie zu Beginn des letzten Jahrhunderts als nutzlos eingeschätzt und fälschlicherweise als Ballaststoffe bezeichnet. Diese Bezeichnung hat sich eingebürgert und ist aus Gewohnheit beibehalten worden, obwohl die Ballaststoffe für die ordnungsgemäße Funktion des Verdauungstrakts und für die Gesunderhaltung von außerordentlicher Bedeutung sind.

Ballaststoffe erhöhen auf Grund ihrer Unverdaulichkeit das Volumen des Darminhalts. Sie regen damit die Darmperistaltik an und tragen daher wesentlich zu einer geregelten Passage der angedauten Nahrung durch den Darm und zu einem geregelten Stuhlgang bei. Sie verhindern auf diese Weise den zu langen Verbleib von unverdauten Speiseresten und die Gefahr, daß bei deren Zersetzung durch Darmbakterien toxische oder cancerogene Substanzen im Überschuß gebildet werden.

Ballaststoffe binden in beträchtlichem Maße Wasser und andere Darminhaltsstoffe (sog. Faserhypothese). Das Volumen des Darminhalts wird dadurch zusätzlich erhöht. Außerdem werden auch schädliche Darminhaltsstoffe wie Abbauprodukte der Darmbakterien gebunden und somit ihre rasche Ausscheidung mit dem Stuhl ermöglicht.

Ballaststoffe werden in den unteren Darmabschnitten (vorrangig im Dickdarm) von den Darmbakterien in unterschiedlichem Ausmaß abgebaut. Sie sind die wesentlichsten Energie- und Baustofflieferanten für die Darmbakterien. Die Bakterien der gesunden Darmflora steuern ebenfalls zu einer geordneten Funktion des Verdauungstrakts bei, indem sie das Wachstum von schädlichen Mikroorganismen behindern und im Dickdarm Fäulnisprozesse unterdrücken. Noch lebende und schon abgestorbene Darmbakterien bilden einen mengenmäßig großen Anteil des Stuhlvolumens.

Beim Abbau der Ballaststoffe durch die Darmbakterien entstehen Darmgase, vorzugsweise Kohlendioxid, daneben auch Wasserstoffgas und Methan. Diese Darmgase werden, in Wasser gelöst, bis zu einem gewissen Grad resorbiert und mit der Ausatmungsluft ausgeschieden. Beim Abbau von Ballaststoffen entstehen keine übelriechende Darmgase wie beispielsweise Schwefelwasserstoff oder Ammoniak. Diese Gase sind Abbauprodukte von Eiweißen, die von abgestorbenen Darmbakterien oder von schwer aufschließbaren Nahrungsproteinen stammen.

Die abbaubaren Ballaststoffe werden von den Darmbakterien nicht ausschließlich als Baustoffe und als Energiequelle für ihre Vermehrung und ihren eigenen Stoffwechsel genutzt. Einen Teil der niedermolekularen Abbauprodukte, die von ihrem Stoffwechsel gebildet werden, geben die Bakterien in das Darmlumen hinein ab. Diese geringen Mengen an kurzkettigen Fettsäuren (Essigsäure, Propionsäure und Buttersäure) sowie Ethanol werden von den Dickdarmzellen resorbiert. Sie werden von ihnen als schnell verfügbare und leicht abbaubare Energielieferanten genutzt. Nur die geringen Mengen an Ethanol werden über das Pfortadersystem der Leber zugeleitet und dort umgehend abgebaut. Glucose oder andere Monosaccharide, Aminosäuren und Fettsäuren können im Dickdarm nicht mehr resorbiert werden. Es wird angenommen, daß die Dickdarmzellen teilweise auf die Bereitstellung dieser niedermolekularen Verbindungen angewiesen sind bzw. daß ein Mangel an diesen Substanzen zu einer Schädigung der Dickdarmzellen führt mit der Gefahr der Begünstigung der Ausbildung von Dickdarmkrebs.

Die Energie, die dem Organismus durch die teilweise Verwertung der Ballaststoffe zur Verfügung gestellt wird, beträgt weniger als 5 % der gesamten zugeführten Nahrungsenergie. Ballaststoffe werden deswegen bei der Berechnung des Energieinhaltes der Nahrung nicht berücksichtigt.

Die unter dem Sammelbegriff Ballaststoff zusammengefaßten Substanzen unterscheiden sich in ihrer chemischen Struktur und in ihren physikochemischen und physiologischen Eigenschaften teilweise recht beträchtlich. Sie können nach unterschiedlichen Gesichtspunkten eingeteilt werden. Unter ernährungsphysiologischen Gesichtspunkten ist es zweckmäßig, die einzelnen Ballaststoffe 2 großen Gruppen zuzuordnen:

- wasserunlösliche Ballaststoffe,
- wasserlösliche Ballaststoffe.

Wasserunlösliche Ballaststoffe

Zu der Gruppe der wasserunlöslichen Ballaststoffe gehört eine Reihe in chemischer Sicht recht unterschiedlich aufgebauter Polysaccharide mit teilweise sehr abweichenden Eigenschaften. Der Hauptteil dieser Gruppe wird von solchen Pflanzenbausteinen gestellt, die für die Stabilität der Pflanzenteile (Pflanzenstengel) und für den mechanischen Schutz von Pflanzensamen (Samenschalen) verantwortlich sind. Auch einige Makromoleküle, die sich in ihrem Aufbau wesentlich unterscheiden, sind aus funktionellen Gesichtspunkten dieser Gruppe zuzuordnen:

- Zellulose,
- Hemizellulose,
- Pentosane,

- Lignin,
- Inulin und Oligosaccharide (insbesondere Oligofructose),
- resistente Stärke.

Die meisten wasserunlöslichen Ballaststoffe zeichnen sich durch eine besonders hohe Wasserbindungsfähigkeit aus. Sie werden durch die Darmbakterien nur teilweise abgebaut. Lediglich die Zellulose, Inulin und Oligofructose können von den Darmbakterien recht gut verwertet werden. Die meisten dieser Ballaststoffe erhöhen somit infolge ihrer relativ niedrigen Abbaurate und ihrer großen Wasserbindungskapazität das Stuhlvolumen beträchtlich. Sie regen infolgedessen die Darmperistaltik besonders gut an und verkürzen so die Verweildauer des Stuhls im Dickdarm.

Die meisten wasserunlöslichen Ballaststoffe zeichnen sich außerdem durch eine ausgeprägte Faserstruktur aus. An diese Fasern können sich verschiedene potentiell schädliche und schlecht wasserlösliche Abbauprodukte fest anlagern. Sie werden auf diese Weise mit dem Stuhl rasch ausgeschieden, ehe sie die Darmzellen schädigen können. Zu diesen von den Ballaststoffasern gebundenen Substanzen gehören u. a. Gallensäuren, Cholesterin, Gallenfarbstoffe und Abbauprodukte des Stoffwechsels der Darmbakterien. Die auf diesen Eigenschaften der Ballaststoffe beruhende sog. „Faserhypothese" sieht darin einen wichtigen Schutz vor dem Entstehen von Darmkrebs.

Größere Mengen an wasserunlöslichen Ballaststoffen sind in Vollkornerzeugnissen aus Weizen, Roggen, Buchweizen und Mais sowie in geringerem Maße in solchen aus Hafer und Gerste enthalten. Sie sind in der Frucht- und Samenschale der Getreidekörner konzentriert. Das ballaststoffreichste Lebensmittel ist Weizenkleie. Neben den Getreideerzeugnissen sind Hülsenfrüchte und einige Ölsamen (Leinsamen, Sonnenblumenkerne u. a.) sehr ballaststoffreiche Lebensmittel.

Auch die Kartoffel kann zu dieser Gruppe von Lebensmitteln gerechnet werden, obwohl, auf Frischgewicht bezogen, ihr Ballaststoffgehalt (vorzugsweise Zellulose) vergleichsweise gering ist. Außerdem ist zu berücksichtigen, daß die β-glykosidische Bindungen, mit der die Glucosereste im Zellulosemolekül verknüpft sind, von den Enzymen der Darmbakterien recht effektiv gespalten werden. Zellulose ist für die Darmbakterien somit eine recht gute Energiequelle, sie trägt auf der anderen Seite nur wenig für die Zunahme des Stuhlvolumens bei.

Auch Oligosaccharide werden von den Darmbakterien nahezu vollständig verwertet. Der Hauptvertreter, die Oligofructose, kommt in größerer Menge in Getreidekörnern vor. Mit einer ausgeglichenen Mischkost, bei der in ausreichendem Maße auf Vollkornerzeugnisse zurückgegriffen wird, können täglich etwa 2 g Oligofructose aufgenommen werden, die somit 10 bis 15 % der gesamten Ballaststoffaufnahme ausmachen können. Die Oligosaccharide sind möglicherweise wichtige Ausgangsstoffe für die Bildung von Buttersäure und anderen niedermolekularen Säuren durch die Darmbakterien.

Inulin besteht ausschließlich aus Fructose. Es kommt in größeren Konzentrationen nur in Schwarzwurzeln, Artischocken, Topinamburknollen und in der Zichorienwurzel vor. Inulin und Oligofructose haben offenbar als sog. Bifidusfaktor einen günstigen Einfluß auf die Entwicklung der Darmflora des Säuglings (siehe Kap. 2.3.2.6). Sie werden auf Grund dieser Eigenschaften zu Herstellung sog. präbiotischer Lebensmittel eingesetzt (siehe Kap. 5.7.5.2).

Resistente Stärke verhält sich im Magen-Darm-Trakt wie ein wasserunlöslicher Ballaststoff. Die in der resistenten Stärke in kristalliner Form vorliegenden Amylosemoleküle sind wasserunlöslich. Ihre α-glykosidischen Bindungen können deswegen weder von den Verdauungssäften noch von den Enzymen der Darmbakterien gespalten werden (siehe Kap. 3.3.5.1).

Pentosane sind Polysaccharide, die vorwiegend aus Pentosen (Zucker mit 5 Kohlenstoffatomen) aufgebaut sind. Diese Zucker (Arabinose, Xylose u. a.) kommen als Bausteine der Pflanzenzellwände nahezu ausnahmslos nur in Ballaststoffen vor. Pentosane sind weit verbreitet und sind in besonders hoher Konzentration in den Hüllschichten von Getreidekörnern zu finden.

Hemizellulose, die ebenfalls ein Baustein der pflanzlichen Zellwand ist, unterscheidet sich von der Zellulose in der Hinsicht, daß an ihrem Aufbau neben Glucose auch Pentosen beteiligt sind.

Lignin (Baustein des Holzes) ist kein Polysaccharid, sondern ein Kondensationsprodukt aus Phenylpropan. Lignin kann weder von den Verdauungssäften noch von den Darmbakterien angegriffen werden.

Wasserlösliche Ballaststoffe

Die verschiedenen wasserlöslichen Ballaststoffe sind aus chemischer Sicht recht unterschiedlich aufgebaut. Sie sind fast ausnahmslos komplexe, meist verzweigte Polysaccharide, an deren Aufbau neben Glucose auch Zuckersäuren (Glucuronsäure, Galacturonsäure) und selten vorkommende Zucker (Arabinose, Xylose, Mannose) beteiligt sind. Sie enthalten außerdem weitere chemische Gruppen wie Schwefelsäurereste u. a.

Die meisten dieser Ballaststoffe können beträchtliche Mengen an Wasser binden und Gele bilden. Sie werden von den Darmbakterien relativ schnell und nahezu vollständig abgebaut. Infolgedessen tragen sie weniger zur Zunahme des Stuhlvolumens bei, fördern aber besonders das Wachstum der Darmbakterien und steuern neben der Oligofructose offenbar wesentlich zur Bildung von kurzkettigen Fettsäuren bei.

Zu dieser Gruppe von Ballaststoffen gehören

- Pektine,
- Schleimstoffe aus Pflanzensamen,
- Schleimstoffe aus Algen,
- Pflanzengummis,
- lösliches Pektin,
- wasserlösliche Oligosaccharide (Tri- und Tetrasaccharide).

Pektine: Pektine sind bei einer üblichen Mischkost die wichtigsten wasserlöslichen Ballaststoffe. Bei ihnen muß zwischen unlöslichen und löslichen Pektinen unterschieden werden.

Beim unlöslichen Pektin handelt es sich um kompliziert aufgebaute Kalziumsalze des Pektins, die zur Stabilisierung von pflanzlichen Strukturen beitragen. Dieses native Pektin (sog. Protopektin) ist in kaltem Wasser nicht bzw. nur schwer löslich. Mit zunehmender Temperaturerhöhung geht es jedoch schrittweise in Lösung über. In heißem Wasser löst es sich vollständig auf. Wasserunlösliches Pektin kommt vorwiegend in den Zellwänden von Früchten und in deren Stielen vor.

Wasserunlösliche Pektine können in großem Umfang Wasser und Fremdstoffe binden und so deren Resorption verhindern. Wegen der von ihnen gleichzeitig angeregten beschleunigten Darmentleerung werden die gebundenen Fremdstoffe (Fäulnisprodukte, Bakterientoxine) relativ rasch mit dem Stuhl ausgeschieden. Auf dieser Eigenschaft der Pektine beruht die positive Wirkung von Äpfeln bei Darmerkrankungen (Rohapfeldiät nach Moro).

In Fruchtsäften (Äpfel, Zitrusfrüchte, Quitten) kommt primär lösliches Pektin weit verbreitet vor. Das lösliche Pektin wird durch pektinspaltende Enzyme der Darmbakterien gespalten und anschließend von den Darmbakterien weitgehend verstoffwechselt.

In der Lebensmittelindustrie eingesetzte wasserlösliche Ballaststoffe: Isolierte wasserlösliche Ballaststoffe werden in der Lebensmittelindustrie auf Grund ihrer hohen Wasserbindungskapazität in zunehmendem Maße als Dickungs- und Geliermittel eingesetzt, vorzugsweise bei der Produktion von Convenience-Produkten. In der Diätetik werden sie aus dem gleichen Grund als Abführmittel genutzt.

Die wichtigsten der in der Lebensmittelindustrie eingesetzten wasserlöslichen Ballaststoffe sind

- Pektine
  Pektine werden bei der Herstellung von Marmeladen und Konfitüren, insbesondere von zuckerarmen Diätkonfitüren, verwendet, ebenso als Dickungsmittel bei der Produktion von Fertigmilchprodukten, Eiscremes u. a.

- Johannisbrotkern-Mehl

  Johannisbrotkern-Mehl wird aus den Samen des im Mittelmeerraum beheimateten Johannisbrotbaums gewonnen. Es wird vorwiegend als Dickungsmittel bei energiereduzierten Fertignahrungen und pulverförmigen Convenience-Produkten eingesetzt. Gelegentlich wird darauf hingewiesen, daß solche Produkte, in größeren Mengen verzehrt, eine gewisse abführende Wirkung entfalten können.
- Guar(kern)mehl

  Das mit dem Johannisbrotkern-Mehl vergleichbare Guarkernmehl wird aus dem Samen eines in Indien beheimateten „Guar"-Baums gewonnen. Es macht etwa 35 % des gesamten Samens aus. Guarmehl hat etwa die 8fache Verdickungskapazität von Stärke. Es wird als Dikkungsmittel bei meist energiereduzierten Convenience-Produkten eingesetzt. Eine abführende Wirkung ist bisher nicht beschrieben worden.
- Agar-Agar

  Agar-Agar wird aus Rotalgen gewonnen, ist farb- und geschmacklos und in kaltem Wasser unlöslich, löst sich aber in heißem Wasser auf. Beim Abkühlen auf 45 °C bildet Agar-Agar ein festes Gel. Agar-Agar wird weder von den Verdauungssäften noch von Mikroorganismen abgebaut. Agar-Agar wird in der Lebensmittelindustrie als Dickungsmittel und zur Herstellung von Diäterzeugnissen eingesetzt. In der Mikrobiologie wird es zur Herstellung von festen Nährböden verwendet.

Ballaststoffaufnahme und ballaststoffreiche Lebensmittel

Die regelmäßige und ausreichende Aufnahme von Ballaststoffen ist für die geordnete Funktion des Verdauungstrakts von außerordentlicher Bedeutung. Sie ist bei der deutschen Bevölkerung mit etwa 25 g pro Tag gegenwärtig zu niedrig. Es wird eine Aufnahme von 30 g empfohlen (D-A-CH-Richtwert). Die Aufnahme dieser Ballaststoffmenge kann mit einer abwechslungsreichen Kost leicht realisiert werden, in der ballaststoffreiche Lebensmittel in ausreichendem Umfang berücksichtigt sind (siehe Tabelle 3.3.2).

Die Grundregeln für die Zusammenstellung einer solchen Kost sind:

- Bevorzugter Verzehr von Vollkornprodukten bzw. Produkten aus Mehlen mit einem niedrigen Ausmahlungsgrad (dunkles Brot), weitgehender Verzicht auf Weißbrot und Feingebäck,
- Bevorzugung von ballaststoffreichen Sättigungsbeilagen (Kartoffeln, Hülsenfrüchte, Vollkornteigwaren, Naturreis),
- reichlicher Verzehr von Gemüse und Salaten (Rohkostsalate),
- reichlicher Verzehr von Obst.

Tabelle 3.3.2:
Ballaststoffgehalt ausgewählter Lebensmittel (in g/100 g verzehrfertiges Frischgewicht)*

Weizenkleie	50	Weiße Bohnen (trocken)	17
Leinsamen	39	Linsen (trocken)	11
Roggenmehl, Type 1800	14	Schwarzwurzeln	9,5
Roggenmehl, Type 1150	8	Rosenkohl	4
Knäckebrot	15	Möhren	2,9
Mischbrot	6	Gemüsepaprika	2,8
Weißbrot, Brötchen	3	Sauerkraut	2,1
Weizenkeime	18	Wirsingkohl	1,9
Vollkornnudeln (roh)	8	Kartoffeln (geschält)	1
Eiernudeln	3,4	Salatgurke	0,4
Weizenmehl, Type 405	4	Apfel	2,1
Cornflakes	4	Kirschen	0,9

** Die Angaben über den Ballaststoffgehalt können beträchtliche Unterschiede aufweisen. Die Differenzen sind auf unterschiedliche Bestimmungsmethoden zurückzuführen. Mit der vor Jahrzehnten benutzten Methode (Ermittlung des Rohfasergehalts) wurden zwar gut reproduzierbare, aber zu niedrige Werte bestimmt, die dem tatsächlichen Ballaststoffgehalt nicht entsprechen (die wasserlöslichen Ballaststoffe werden größtenteils nicht miterfaßt).*

Eine Obergrenze für die Ballaststoffzufuhr kann nicht exakt festgelegt werden. Gesundheitliche Schäden infolge einer überhöhten Ballaststoffaufnahme sind nicht bekannt. Es muß an dieser Stelle daran erinnert werden, daß um 1900 die tägliche Ballaststoffzufuhr der deutschen Bevölkerung noch bis zu 100 g (und mehr) betrug. Diese Höhe ergab sich aus der Notwendigkeit, die infolge schwerer körperlicher Arbeit erforderliche hohe Energiezufuhr abzusichern. Unter den heutigen Lebens- und Ernährungsbedingungen sollte die Zufuhr von Ballaststoffen 60 bis 70 g nicht übersteigen. Die Aufnahme von einer größeren Ballaststoffmenge kann bei einer gesunden ausgewogenen Ernährung nicht realisiert werden.

Bei einer Erhöhung einer zu niedrigen Ballaststoffzufuhr, die über einen längeren Zeitraum praktiziert wurde, darf die Zulage von Ballaststoffen nur schrittweise erfolgen. Die Steigerung sollte pro Tag jeweils nur 5 bis 10 g betragen. Bei einer rascheren Steigerung der Ballaststoffzufuhr werden diese von den Darmbakterien nicht vollständig abgebaut, da die Darmflora noch nicht an das erhöhte Ballaststoffangebot angepaßt ist. Der dadurch eingeschränkte Abbau der Ballaststoffe bedeutet eine beträchtlich erhöhte Bindung von Wasser, so daß dieses Wasser vom Dickdarm nicht mehr in ausreichendem Maße resorbiert werden kann. Außerdem fallen bei dem begrenztem Abbau der Ballaststoffe durch die Darmbakterien vermehrt Säuren wie Milchsäure und auch Darmgase an, die zu einer Reizung der Dickdarmschleimhaut führen können. Die Folge sind Darmbeschwerden, in extremen Fällen massive Durchfälle.

3.4 Eiweiße (Proteine)

Da der Mensch und die Tiere nicht in der Lage sind, Stickstoff (N) aus anorganischen Stoffen oder gar aus der Luft für die Synthese der stickstoffhaltigen Körpereiweiße zu nutzen, sind sie auf die Aufnahme von Eiweiß mit der Nahrung angewiesen. Eiweiße nehmen folglich unter den Nährstoffen eine Sonderstellung ein. Nahrungseiweiß ist an erster Stelle ein Lieferant von Baustoffen für die Bildung der eigenen Körpereiweiße. Die Bereitstellung von Energie ist bei der Eiweißzufuhr von zweitrangiger Bedeutung. Eiweiße sind als wesentliche Bausteine aller Körperzellen, als funktionelle Bestandteile aller Körperflüssigkeiten und als Enzyme (Biokatalysatoren) für den geregelten Ablauf aller Lebensfunktionen unersetzlich.

Der Stickstoffanteil der Eiweiße kann bei deren Abbau im Körper nicht oxidiert werden. Infolgedessen ist im Körper die Energieausbeute geringer als beim vollständigen Verbrennen von Eiweiß außerhalb des Körpers. Der Stickstoff der Eiweiße wird in Form von Harnstoff ausgeschieden. Der Energieinhalt des Harnstoffs geht für den Organismus verloren. Der physiologischer Brennwert vom Eiweiß beträgt daher nur 17 kJ (4 kcal).

Der physikalische Brennwert (Energieausbeute beim vollständigen Verbrennen außerhalb des Körpers) beträgt 23 kJ (5,6 kcal).

3.4.1 Aufbau, Struktur und Funktion der Eiweiße

3.4.1.1 Aufbau von Eiweißen

Eiweiße sind Makromoleküle, die aus einer unterschiedlich großen Anzahl von Aminosäuren aufgebaut sind. An ihrem Aufbau können bis zu 20 verschiedene Aminosäuren beteiligt sein (Tabelle 3.4.1). Nahezu alle Aminosäuren (die Ausnahme ist die Aminosäure Prolin) sind nach einem einheitlichen Grundbauplan aufgebaut. Sie besitzen eine stickstoffhaltige Aminogruppe (NH_2-Gruppe) und eine organische Säuregruppe (Carboxylgruppe oder kurz COOH-Gruppe). Die Unterschiede zwischen den einzelnen Aminosäuren bestehen im Aufbau des restlichen Molekülteils (siehe Abb. 3.4.1).

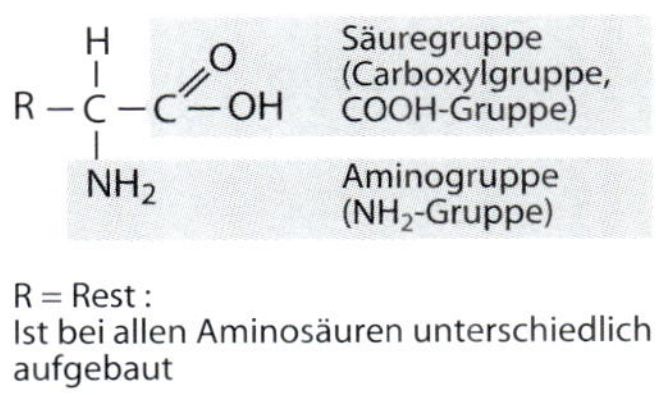

Abb. 3.4.1: Prinzipieller Aufbau von Aminosäuren

Tabelle 3.4.1:
Aminosäuren, die am Aufbau von Körpereiweißen beteiligt sind

Nichtessentielle Aminosäuren	Essentielle (unentbehrliche) Aminosäuren
Glycin	Leucin
Alanin	Isoleucin
Asparaginsäure	Valin
Asparagin	Methionin
Glutaminsäure	Phenylalanin
Glutamin	Tryptophan
Arginin	Threonin
Cystein	Lysin
Tyrosin	
Prolin	
Histidin	
Serin	

Aminogruppe und Carboxylgruppe sind in allen Aminosäuren, die am Aufbau von Eiweißen beteiligt sind, am gleichen Kohlenstoffatom angeheftet (am sog. α-C-Atom). Diese einheitliche Anordnung der sog. funktionellen Gruppen ermöglicht eine relativ regelmäßige Struktur der Polypeptidketten der verschiedenen Eiweiße.

Essentielle und nichtessentielle Aminosäuren

Der menschliche Organismus ist nicht in der Lage, die Aminogruppe der Aminosäuren aus anderen stickstoffhaltigen Verbindungen oder gar aus dem Stickstoff der Luft zu bilden. Er ist somit nicht in der Lage, Aminosäuren vollkommen neu zu synthetisieren. Er kann jedoch einen Teil der Aminosäuren durch die Übertragung (Transaminierung) der Aminogruppe einer anderen Aminosäure auf eine sog. Ketonsäure bereitstellen, d. h., ein Teil der Aminosäuren kann ineinander umgewandelt werden (siehe ausführlich Kap. 3.4.2.1). Diese Transaminierung erfolgt vorwiegend in der Leber. Sie wird durch spezifische Enzyme, die Transaminasen, ermöglicht. Die Geschwindigkeit der Transaminierung ist bei den einzelnen Aminosäuren unterschiedlich hoch. Diese Transaminierung erlaubt dem Körper, seinen Bedarf an bestimmten Aminosäuren zu decken, auch wenn diese im Nahrungseiweiß nicht in ausreichender Menge enthalten sind. Er ist somit bei ausreichender Eiweißversorgung auf deren Zufuhr nicht unbedingt angewiesen. Diese Aminosäuren sind für ihn nicht essentiell.

Der Körper kann im Gegensatz zu diesen nichtessentiellen Aminosäuren eine Gruppe von Aminosäuren nicht durch Umwandlung aus anderen Aminosäuren bilden. Solche Aminosäuren müssen mit dem Nahrungseiweiß aufgenommen werden, sie sind essentiell. Sie werden neuerdings auch als unentbehrliche Aminosäuren bezeichnet.

Von den 20 am Aufbau von Eiweißen beteiligten Aminosäuren sind 12 Aminosäuren nichtessentiell, 8 Aminosäuren sind essentiell (siehe Tabelle 3.4.1).

<u>Bedingt essentielle Aminosäuren:</u> *Einige der nichtessentiellen Aminosäuren sind für besonders wichtige Stoffwechselleistungen des Körpers von besonderer Bedeutung. Es kann deswegen in bestimmten Situationen zu einem Mangel an diesen Aminosäuren kommen, der nicht mehr durch eine Transaminierung ausgeglichen werden kann. Ursache hierfür ist meist eine Überforderung der Transaminierungskapazität des Organismus für diese speziellen Aminosäuren. Diese Aminosäuren müssen dann ebenfalls mit der Nahrung in ausreichender Menge aufgenommen werden.*

Solche Stoffwechselbelastungen (metabolischer Streß) treten bei schweren Erkrankungen auf, insbesondere bei Verletzungen und Verbrennungen sowie bei extremen körperlichen Belastungen (siehe Kap. 7.6.7). Auch der Stoffwechsel des gesunden Säuglings ist noch nicht in der Lage, diese bedingt essentiellen Aminosäuren in ausreichendem Maße selbst bereitzustellen.

Zu diesen bedingt essentiellen Aminosäuren gehören insbesondere das Glutamin sowie Arginin, Histidin und Tyrosin.

Aufbau und Primärstruktur der Eiweiße

Die Aminosäuren sind nach einem einheitlichen Schema zum Eiweißmolekül zusammengefügt. Bei diesem Bauprinzip werden jeweils die Aminogruppe und die Säuregruppe zweier benachbarter Aminosäuren verknüpft und bilden eine sog. Peptid- oder Säureamidbindung. Das dabei entstandene neue Molekül aus 2 (oder mehreren) Aminosäuren bestehend wird als Peptid bezeichnet. Durch das ständige Wiederholen dieses Verknüpfungsprinzips entstehen lange Ketten von aneinandergereihten Aminosäuren, sog. Peptidketten (siehe Abb. 3.4.2). Allen diesen Peptidketten ist gemeinsam, daß sie infolge des einheitlichen Bauschemas eine Art „Rückgrat" besitzen. Sie unterscheiden sich durch die unterschiedlichen Reste der verschiedenen Aminosäuren, die aber stets im gleichen Abstand an diesem „Rückgrat" angeordnet sind. Diese unterschiedliche Aufeinanderfolge der verschiedenen Aminosäuren innerhalb der Peptidkette wird als Primärstruktur des Eiweißes bezeichnet (siehe unten).

Die Peptide unterscheiden sich zunächst durch die Anzahl der an ihrem Aufbau beteiligten Aminosäuren:

- Peptide
  Peptide sind die kleinsten durch die Verknüpfung von Aminosäuren gebildeten Moleküle. Sie bestehen nur aus wenigen, aber mindestens aus 2 Aminosäuren. Sie werden nach der Anzahl der Aminosäuren benannt: Dipeptide (2), Tripeptide (3), Tetrapeptide (4) usw.

- Oligopeptide

  Oligopeptide sind aus mehreren Aminosäuren aufgebaut. Eine exakte Festlegung der Anzahl der Aminosäuren gibt es nicht. Es bestehen fließende Übergänge zwischen der Bezeichnung Peptid und Oligopeptid.
- Polypeptide (Eiweiße)

  Polypeptide bestehen aus einer größeren Anzahl von Aminosäuren. Eine exakte Abgrenzung zwischen Oligopeptiden und Polypeptiden in Hinblick auf die Anzahl der Aminosäuren besteht ebenfalls nicht.

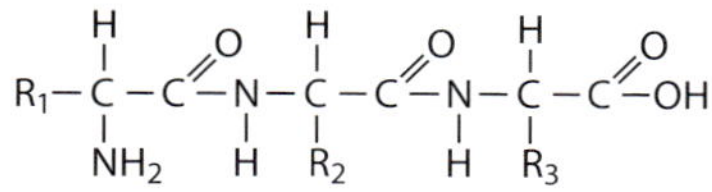

Abb. 3.4.2: Verknüpfung von Aminosäuren über Säureamidbindungen zur Peptidkette

Strukturelle Unterschiede von verschiedenen Eiweißen

Die unterschiedlichen Eigenschaften der verschiedenen Eiweiße werden vorrangig durch Unterschiede in der räumlichen Struktur bedingt, die die Polypeptidketten nach erfolgter Synthese einnehmen. Diese Struktur wird durch die spezifischen Anordnung der am Aufbau beteiligten Aminosäuren festgelegt. Darüber hinaus haben auch die Eigenschaften der Aminosäuren, die in bestimmten Bezirken der Polypeptidkette angeordnet sind, Einfluß auf die von den einzelnen Eiweißen gezeigten unterschiedlichen spezifischen Funktionen (z. B. Ausbildung des aktiven Zentrums von Enzymen, siehe unten).

Die spezifische Reihenfolge der einzelnen Aminosäuren in der Peptidkette ist die sog. Primärstruktur. Die räumlichen Strukturen, die die Eiweiße nach erfolgter Synthese einnehmen, werden als Sekundär- und Tertiärstruktur bezeichnet. Unter einer Quartärstruktur wird die Anordnung von mehreren Eiweißmolekülen zu einem Komplex verstanden, der als funktionelle Einheit wirksam wird. Sekundär-, Tertiär- und Quartärstruktur können vereinfacht als Raumstruktur des Eiweißes zusammengefaßt werden.

Primärstruktur der Eiweiße: Die als Primärstruktur bezeichnete Reihenfolge der Aminosäuren ist in der genetischen Information der Zelle, der DNA, festgelegt. Das in der Sequenz der einzelnen Purin- und Pyrimidinbasen der DNA festgelegte Bauprinzip wird im Prozeß der Proteinsynthese korrekt in die Reihenfolge der einzelnen Aminosäuren im betreffenden Eiweiß übertragen.

Die verschiedenen Eiweiße können sich in folgenden Punkten voneinander unterscheiden:

- in der Länge der Polypeptidkette,
- im mengenmäßigen Verhältnis, in dem die einzelnen Aminosäuren am Aufbau beteiligt sind,

- in der charakteristischen Reihenfolge, in der die Aminosäuren in der Polypeptidkette angeordnet sind.

Raumstruktur der Eiweiße: Die Primärstruktur eines Eiweißes bestimmt definitiv seine charakteristische räumliche Struktur, die es nach erfolgter Neusynthese einnimmt. Diese räumliche Struktur kann nur durch größere Veränderungen in den äußeren Bedingungen (p_H-Wert, Konzentration verschiedener Salze, Temperatur) beeinflußt bzw. verändert werden. Diese äußeren Faktoren können somit die Struktur stabilisieren bzw. destabilisieren, sie wird aber in den meisten Fällen innerhalb eines relativ großen Bereichs nicht grundlegend verändert. Diese spezifische Raumstruktur bestimmt die spezifischen Funktionen der verschiedenen Eiweiße.

Als Sekundärstruktur wird die Ausbildung von spezifischen georaneten räumlichen Strukturen bezeichnet, die durch die Aufeinanderfolge bestimmter Aminosäuren bedingt ist und die deren charakteristische Anordnungen in der Peptidkette ermöglichen. Typische Anordnungen sind schraubenförmige Bezirke (sog. α-Helix), in denen das Grundskelett der Peptidkette eine exakte, stets identische korkenzieherartige Kette ausbildet (siehe Abb. 3.4.3) bzw. leicht gewellte, aber relativ glatte Regionen (sog. Faltblattstrukturen). In diesen Faltblattstrukturen verlaufen jeweils 2 Peptidketten parallel bzw. antiparallel (entsprechend ihrem Richtungssinn) und stabilisieren diese Struktur durch die Ausbildung von zahlreichen Wasserstoffbrücken zwischen den benachbarten Ketten (siehe Abb. 3.4.4).

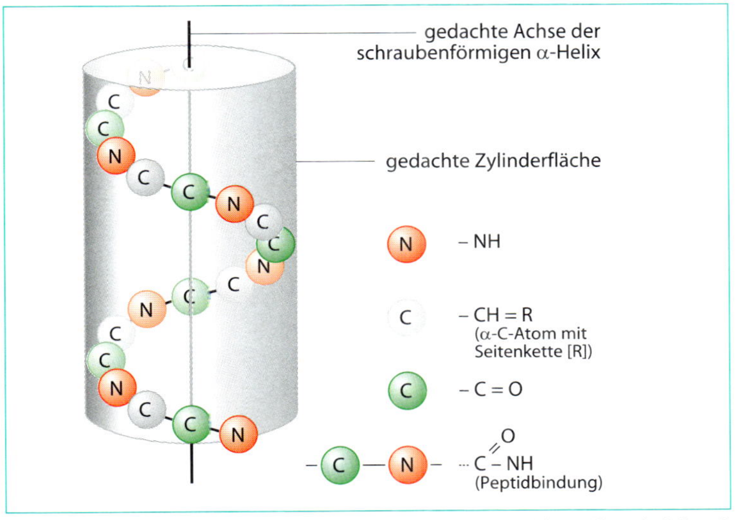

Abb. 3.4.3: Schematische Darstellung einer α-Helix (die Helix wird durch Wasserstoffbrückenbindungen zwischen räumlich benachbarten Peptidbindungen stabilisiert, hier nicht dargestellt)

Als Tertiärstruktur wird die gesamte räumliche Struktur eines einzelnen Eiweißmoleküls bezeichnet, die über die spezifischen Anordnungen in Sekundärstrukturen hinausgehen. In dieser räumlichen Anordnung kann eine Pep-

tidkette teilweise Faltblattstrukturen, α-Helix-Abschnitte und ungeordnete Regionen aufweisen (siehe Abb. 3.4.5). Erst die Ausbildung von Tertiärstrukturen ermöglicht die Vielfalt der Funktionen der einzelnen Eiweiße.

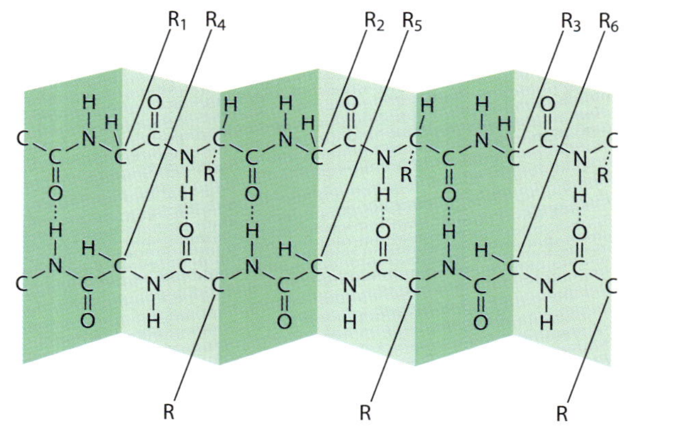

Zwischen 2 parallel (bzw. antiparallel) angeordneten Peptidketten bilden sich Wasserstoffbrücken aus. Diese stabilisieren die Struktur in der Faltblattstruktur. Die Seitenketten der Aminosäuren ragen nach oben bzw. unten aus der Molekülstruktur heraus.

Abb. 3.4.4: Faltblattstruktur von Eiweißen

Eine Quartärstruktur entsteht durch die Zusammenlagerung von 2 oder mehreren Eiweißmolekülen zu einem Komplex. Die Ausbildung von Quartärstrukturen erfolgt nur bei bestimmten Eiweißen, die nur in der jeweils spezifischen Anordnung in der Quartärstruktur ihre biologischen Funktionen ausüben können. Am Aufbau einer Quartärstruktur können in Abhängigkeit vom jeweiligen Eiweiß sowohl nur identische Einzelmoleküle als auch unterschiedlich aufgebaute Einzelmoleküle beteiligt sein.

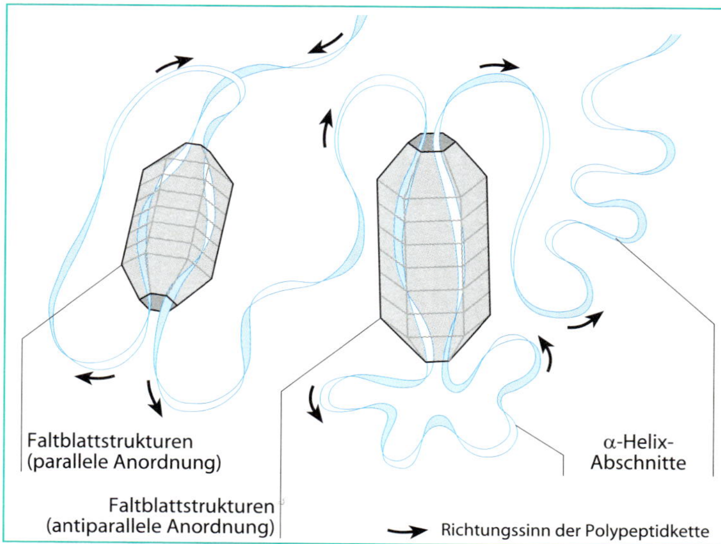

Abb. 3.4.5: Schematische Darstellung der Möglichkeiten für die Ausbildung von Tertiärstrukturen von Eiweißen

Einteilung der Eiweiße

Die Systematik, nach der einzelne Proteine unterschiedlichen Gruppen zugeordnet werden, kann verschiedenen Gesichtspunkten folgen. Im wesentlichen werden bei der Zuordnung der einzelnen Proteine zu bestimmten Gruppierungen 3 unterschiedliche Kriterien benutzt, die sich gegenseitig nicht ausschließen:

- Einteilung nach der Zusammensetzung (einfache und zusammengesetzte Eiweiße),
- Einteilung nach der Raumstruktur,
- Einteilung nach der biologischen Funktion.

Aus biologischer, ernährungswissenschaftlicher und medizinischer Sicht ist die Einteilung nach den jeweiligen Funktionen am zweckmäßigsten.

Zusammengesetzte Eiweiße: Am Aufbau und an der Funktion einiger, aber nicht aller Eiweiße sind auch Nichteiweiß-Bausteine beteiligt, die chemisch völlig unterschiedlich aufgebaut sind (Zuckerreste, Phosphorsäurereste, Nucleinsäuren u. a.). Diese Eiweiße können nach diesen zusätzlichen Bausteinen benannt werden. Die in der deutschen Nomenklatur früher übliche Unterscheidung zwischen Proteinen und Proteiden (einfache Eiweiße bzw. zusammengesetzte Eiweiße) wird in Anpassung an die international gebräuchliche (englische) Nomenklatur nicht mehr konsequent eingehalten.

Die wichtigsten zusammengesetzten Eiweiße sind

- Lipoproteine
- Glykoproteine
- Phosphoproteine
- Chromoproteine
- Nucleoproteine
- Metalloproteine

Einteilung nach der Raumstruktur: Die Einteilung nach der Raumstruktur ist besonders im Hinblick auf das physikochemische Verhalten der Eiweiße von Bedeutung. Stark vereinfacht kann zwischen globulären und fibrillären Proteinen unterschieden werden. Globuläre Eiweiße nehmen eine kompakte Raumstruktur ein, in der die funktionell wirksamen Bezirke der Polypeptidkette nach außen gerichtet sind. Die Struktur dieser Proteine wird meist durch ein kompaktes Kettenknäuel im Inneren des Moleküls relativ gut stabilisiert. Fibrilläre Proteine zeigen dagegen eine meist wesentlich geordnetere Struktur, die leichter auf äußere Einflüsse reagiert.

Einteilung nach der Funktion: Der Einteilung nach biologischen Gesichtspunkten fehlt eine einfache Systematik, wenn von der sehr umfangreichen Enzymnomenklatur der Internationalen Union für Biochemie (IUB) abgesehen wird. Aus den den Eiweißen zugeordneten Bezeichnungen läßt sich aber ihre spezifische Funktion gut ableiten und erübrigen somit langatmige Erläuterungen der katalysierten Reaktionen.

Die nachfolgend aufgeführten Beispiele einer Gliederung nach biologischen Funktionen erheben keinen Anspruch auf Vollständigkeit:

- Transportproteine
  Eiweiße, die eine Vehikelfunktion ausüben und verschiedene, jeweils spezifische und meist wasserunlösliche Substanzen im Blut und in anderen Körperflüssigkeiten transportieren (im sog. „Huckepackverfahren"),
- kontraktile Proteine
  Eiweiße der Muskelzellen, die an der Verkürzung der Muskelfasern, der Muskelkontraktion, beteiligt sind,
- Strukturproteine
  Proteine, die in mannigfaltigster Weise am Aufbau der Zellstrukturen beteiligt sind und Stütz- und Haltefunktionen erfüllen,
- Plasmaproteine
  Proteine, die im Blutplasma gelöst sind und vielfältigste Funktionen erfüllen, beispielsweise auch Transportfunktionen innerhalb des Blutplasmas,
- Immunproteine
  Proteine, die bei der Immunabwehr eingeschaltet sind wie beispielsweise die Antikörper,
- Enzyme
  Eiweißkörper, die als Biokatalysatoren wirken,
- Peptidhormone
  Proteine mit Hormonwirkung,
- Speicherproteine
  Eiweiße, die als Speichereiweiß deponiert werden; echte Speichereiweiße kommen nur in Pflanzen vor, beispielsweise die Eiweiße in Hülsenfrüchten.

3.4.1.2 Physikochemische Eigenschaften von Eiweißen

Die physikochemischen Eigenschaften der einzelnen Eiweiße sind auf Grund der unterschiedlichen Eigenschaften der an ihrem Aufbau beteiligten Aminosäuren teilweise recht unterschiedlich. Die Proteine zeigen aber in ihrem Verhalten auch eine Reihe von Gemeinsamkeiten, die auch in ernährungsphysiologischer und küchentechnischer Hinsicht von Interesse sind.

Wasserbindungsvermögen

Eiweiße sind bis zu einem bestimmten Grad in der Lage, Wasser zu binden. Die in Wasser gelösten Eiweiße umgeben sich mit einer Wasserhülle

(Hydratationshülle). Das Ausmaß dieses Wasserbindungsvermögens ist bei den einzelnen Eiweißen recht unterschiedlich ausgeprägt. Es hängt von der Menge ihrer nach außen gerichteten elektrischen Ladungen ab, an die sich die Wassermoleküle infolge ihres Dipolcharakters (siehe Kap. 1.1.2) anlagern können.

Die Albumine des Blutplasmas können Wasser sehr gut binden und relativ gut festhalten, sie verhindern damit den Übertritt von Wasser aus dem Blut in die umgebenden Gewebe. Diese Wasserbindung, die auch gegen einen Druck aufrechterhalten wird, wird als kolloidosmotischer Lösungsdruck bezeichnet. Die Wasserbindungskapazität der Bindegewebseiweiße ist dagegen vergleichsweise gering.

Das Wasserbindungsvermögen der Eiweiße hängt außerdem von zusätzlichen äußeren Faktoren ab wie Temperatur, p_H-Wert und von Salzen, die im Lösungswasser gelöst sind. Solche Faktoren sind beispielsweise für die Abnahme der Wasserbindungskapazität des schlachtfrischen Fleischs während seines Reifungsprozesses (Abhängen) verantwortlich, insbesondere die Senkung des p_H-Werts.

Löslichkeit in Wasser

Eiweiße sind in Wasser unterschiedlich gut löslich. Die Löslichkeit der einzelnen Eiweißmoleküle ist durch die Ausbildung einer Hydratationshülle bedingt (siehe oben). Bei vielen Eiweißen hängt diese Löslichkeit zusätzlich vom Salzgehalt des Lösungswassers ab. Ihr Lösungsverhalten wird meist durch eine geringe Salzkonzentration verbessert. Ein Beispiel für diese verbesserte Löslichkeit ist Extrahierbarkeit von Proteinen aus Fleisch, die bei der Herstellung von Fleischextrakt oder von Fleischbrühe ausgenutzt wird.

Höhere Salzkonzentrationen bewirken auf der anderen Seite das Ausfällen von Eiweißen aus wäßrigen Lösungen (sog. Aussalzen). Die Salze benötigen selbst Lösungswasser, das sie der Hydratationshülle der Eiweiße entziehen, so daß diese schrumpft und schließlich zerstört wird. Auch Veränderungen der Temperatur und des p_H-Werts beeinflussen das Lösungsverhalten von Eiweißen.

Ausbildung dünner Filme

In Wasser gelöste Eiweiße können an der Wasseroberfläche ultradünne Filme ausbilden. Diese Filme können Partikel oder Molekülanhäufungen umschließen. Solche mit einem dünnen Eiweißfilm umgebenen Mikropartikel werden in einer wäßrigen Phase in der Schwebe gehalten, da die nach außen gerichteten Eiweißmoleküle eine Hydratationshülle ausbilden. Dieser Mechanismus ist beispielsweise für das Schweben von Fetttröpfchen in der Milch verantwortlich. Auch die eigentlich wasserunlöslichen Blutfette werden mit einem dünnen Film von spezifischen Eiweißen umhüllt und in Form von sog. Lipoproteinpartikeln im Blutplasma transportiert. Die Bildung und die Stabilität von Eischnee beruht ebenfalls auf der Ausbildung von dünnen Eiweißfilmen.

Denaturierung von Eiweißen

Die geordnete räumliche Struktur der Eiweiße kann durch äußere Einflüsse zerstört werden, wobei sich die physikalischen, physikochemischen und biologischen Eigenschaften des betreffenden Eiweißes verändern. Die spezifischen funktionellen Eigenschaften der Eiweiße gehen dabei verloren. Diese Zerstörung der geordneten Raumstruktur und der dadurch bedingte Verlust der spezifischen Eigenschaften wird als Denaturierung bezeichnet.

Die Wasserlöslichkeit der Eiweiße geht bei der Denaturierung in der Regel verloren. Die Eiweiße flocken aus der wäßrigen Lösung aus. Denaturierte Eiweiße können durch die Verdauungssäfte leichter gespalten werden.

Eine Denaturierung kann durch die unterschiedlichsten äußeren Faktoren ausgelöst werden. Allen diesen Reaktionen ist gemeinsam, daß sie sowohl die Ladungsverteilungen an der Oberfläche des Eiweißmoleküls als auch die im Inneren des Moleküls bestehenden geordneten Bindungen (intramolekulare Bindungen) zerstören:

- Hitzekoagulation
  Beim Überschreiten einer für jedes Eiweiß jeweils charakteristischen Temperatur gerinnt das Eiweiß und flockt aus.
- Säure- bzw. Alkalidenaturierung
  Eiweiße sind nur innerhalb eines jeweils charakteristischen p_H-Bereichs löslich. Beim Unter- bzw. beim Überschreiten eines kritischen p_H-Werts erfolgt eine rasche Denaturierung. Bei der Säuredenaturierung flockt das Eiweiß in der Regel aus. Bei vielen Eiweißen kommt es dagegen bei einer Denaturierung durch starke Laugen zu einer weitergehenden Auflösung der Molekülstruktur. Dadurch können Eiweiße, die im nativen Zustand in den Aufbau von stabilen Zellstrukturen einbezogen sind, aufgelöst werden. Zell- und Gewebsstrukturen wie die Haut oder die Hornhaut des Auges werden dadurch schwer geschädigt oder sogar zerstört. Verätzungen mit starken Laugen (z. B. Natronlauge) sind somit besonders gefährlich. Laugenverätzungen der Hornhaut des Auges können zur Erblindung führen. Es ist deshalb äußerst wichtig, daß bei Kontakt der Haut, der Schleimhäute oder der Augen mit Säuren oder Laugen als Erste-Hilfe-Maßnahme umgehend (blitzartig) mit reichlich Wasser gespült wird, um so solche gefährlichen Verätzungen möglichst zu verhindern. Bei umfangreicheren Schäden und bei Verätzungen der Augen ist anschließend umgehend

ein Arzt aufzusuchen, um mögliche Spätschäden (Fortschreiten der Denaturierung in tieferen Bezirken) zu unterbinden.

- Denaturierung durch andere Substanzen
  Eine Vielzahl von Substanzen führen oberhalb einer jeweils kritischen Konzentration ebenfalls zu einer Eiweißdenaturierung. Von praktischem Interesse ist die Eiweißdenaturierung durch Alkohol und andere organischen Lösungsmittel, durch Detergentien (waschaktive Substanzen) und durch zahlreiche Salze.

3.4.1.3 Enzyme (Biokatalysatoren)

Enzyme sind hochspezifisch wirkende Eiweiße. Sie ermöglichen und beschleunigen solche chemische Reaktionen, die ohne ihr Mitwirken überhaupt nicht ablaufen könnten. Bei einer solchen durch ein spezifisches Enzym katalysierten Reaktion lagert sich das Enzym an die Substanz an, die im Verlauf der Reaktion verändert werden soll. Durch diese Anlagerung des Enzyms werden innerhalb dieser Substanz, dem Substrat, die Bindungskräfte zwischen einzelnen am Molekülaufbau beteiligten Atomen so abgeschwächt, daß die betreffenden Bindungen schließlich gelöst werden können und daß somit die mit dem Reaktionspartner angestrebte Reaktion ablaufen kann. Die Enzyme selbst werden im Verlauf der Enzymreaktion nicht verbraucht. Sie stehen am Ende der Reaktion unverändert wieder für die Katalyse einer neuen Stoffumsetzung zur Verfügung.

Enzymreaktionen finden nur in Gegenwart von Wasser (in wäßriger Lösung) statt. Bei einer Abnahme der Menge des frei verfügbaren Wassers verlangsamt sich die Geschwindigkeit des enzymatisch katalysierten Stoffumsatzes, um beim Unterschreiten einer kritischen Menge an verfügbarem Wasser zum Stillstand zu kommen.

In den tierischen, menschlichen und pflanzlichen Zellen sowie in den Mikroorganismen katalysieren eine Vielzahl von Enzymen eine kaum überschaubar große Zahl von unterschiedlichen Reaktionen (in einer einzigen Körperzelle bis zu mehr als 2000 unterschiedliche Stoffwechselschritte). Ohne die Mitwirkung von Enzymen sind Lebensprozesse überhaupt nicht möglich. Auch der Verderb von Lebensmitteln ist zum großen Teil durch den enzymatischen Abbau von Lebensmittelinhaltsstoffen bedingt. Die Veränderungen in Lebensmitteln, die bei Reifungsprozessen ablaufen, sind ebenfalls das Ergebnis von Enzymreaktionen. In der Lebensmittelindustrie werden außerdem die verschiedensten Enzyme gezielt zu Stoffumwandlungen eingesetzt.

Mechanismus der Enzymwirkung

Die spezifische Wirkung eines Enzyms hängt von seiner räumlichen Struktur ab. An einer Stelle der Enzymoberfläche, die eine ganz spezifische räumliche

Struktur aufweist, dem sog. aktiven Zentrum, lagern sich die zu verändernden Reaktionspartner, die sog. Substrate, an. Diese Anlagerung des Substrats bzw. der Substrate an das Enzym wird durch die Ausbildung von spezifischen Bindungen zwischen dem Substrat und dem aktiven Zentrum ermöglicht (vorzugsweise Ionenbindungen bzw. Wasserstoffbrücken-Bindungen). Im Substratmolekül werden dadurch die Bindungen zwischen einzelnen Atomen so beeinflußt, daß ihr Energieinhalt erniedrigt wird, die Bindungen werden „gelockert". Dadurch wird der Energiebetrag, der zum Lösen der betreffenden Bindung benötigt wird, die sog. Aktivierungsenergie, so stark erniedrigt, daß die zur Verfügung stehende Energie nunmehr ausreicht, die entsprechende Reaktion einzuleiten, eine zunächst nicht mögliche Reaktion kann stattfinden (siehe Abb. 3.4.6). Das Ausgangssubstrat wird dadurch verändert, und es entstehen neue Substanzen, die Produkte der betreffenden Enzymreaktion. Als Ergebnis dieser Reaktion haben sich auch die Bindungskräfte zwischen Enzym und ehemaligem Substrat abgeschwächt. Das Enzym wird in unveränderter Form wieder freigesetzt.

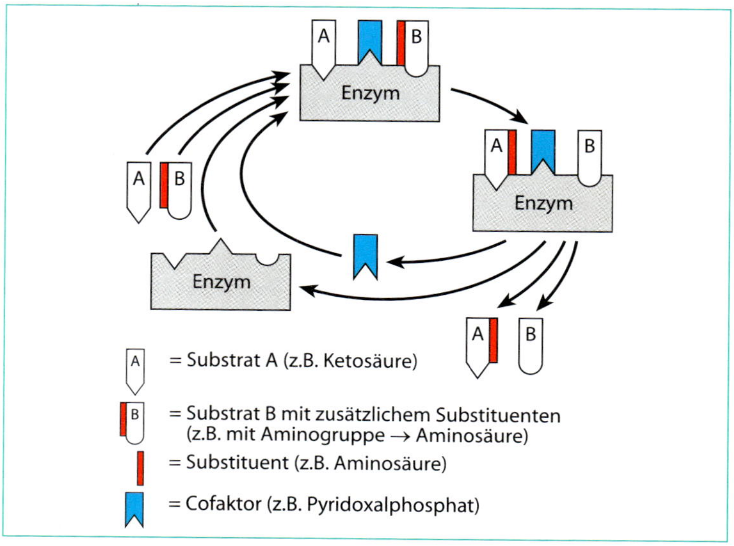

Abb. 3.4.6: Schematische Darstellung der Wirkungsweise von Enzymen (am Beispiel einer Transaminasereaktion)

Faktoren, die enzymatische Reaktionen beeinflussen

Die Reaktion eines Enzyms ist in hohem Maße von äußeren Bedingungen und Faktoren abhängig, die die betreffende Reaktion überhaupt erst ermöglichen und zusätzlich die Geschwindigkeit der Reaktion beeinflussen. Diese Bedingungen sind für jedes Enzym und für seine optimale Funktion jeweils spezifisch. Die wichtigsten dieser Faktoren sind Temperatur und p_H-Wert. Eine Reihe von Enzymen benötigt für ihre Funktion auch die Anwesenheit von sog. Effektoren, andere die Mitwirkung von Cofaktoren. Auf der anderen Seite können spezifische Hemmstoffe (sog. Inhibitoren) Enzymreaktionen spezifisch hemmen.

Temperatur: Enzyme wirken in einem für sie jeweils charakteristischen Temperaturbereich. Mit steigender Temperatur nimmt die Geschwindigkeit der Enzymreaktion wie bei allen chemischen Reaktionen zu. Nach Überschreiten eines Temperaturoptimums verlangsamt sich die Reaktionsgeschwindigkeit wieder, um oberhalb einer bestimmten Temperatur ganz zum Erliegen zu kommen. Bei einer weiteren Temperaturerhöhung werden die Enzymeiweiße oberhalb einer für sie spezifischen kritischen Temperatur denaturiert. Ihre Enzymaktivität geht dabei irreversibel verloren.

Unterhalb einer kritischen Temperatur sind Enzyme wirkungslos, sie werden aber dabei meist nicht inaktiviert. Viele Enzyme „vertragen" sogar Temperaturen von –20 °C, bei denen sie allerdings völlig wirkungslos sind, da das Reaktionswasser gefroren ist. Nach dem Auftauen, beispielsweise von tiefgekühlten frischen Lebensmitteln, können die Enzyme wieder wirksam sein.

p_H-Wert: *Jedes Enzym ist nur innerhalb eines bestimmten p_H-Bereichs aktiv und zeigt ein ausgeprägtes, oft sehr enges p_H-Optimum. Bei größeren Abweichungen des pH-Werts von diesem Optimum in den sauren bzw. alkalischen Bereich werden die Enzyme infolge Denaturierung des Enzymeiweißes meist sehr rasch irreversibel inaktiviert.*

Cofaktoren: Für bestimmte Enzymreaktionen ist die Mitwirkung von spezifischen Cofaktoren erforderlich. Die Cofaktoren werden bei diesen Enzymen aktiv in die Enzymreaktion einbezogen. Auch die Cofaktoren werden bei der Reaktion wie die Enzymeiweiße selbst nicht verbraucht. Sie werden aber verändert, indem sie von den Substraten chemische Gruppen, Atome oder Ionen aufnehmen, die sie umgehend bzw. bei Bedarf an andere Substrate weitergeben. Nach der Weitergabe dieser Reaktionspartner sind auch die Cofaktoren wieder in ihre Ausgangsform zurückverwandelt worden.

Cofaktoren werden für Gruppenübertragungen (beispielsweise die Übertragung der Aminogruppe bei der Transaminierung von Aminosäuren) oder für die Übertragung von Wasserstoffatomen bzw. H^+-Ionen bei Oxidations- und Reduktionsprozessen benötigt.

Eine Reihe solcher Cofaktoren kann vom Organismus nicht selbst vollständig gebildet werden. Diese Cofaktoren werden im Organismus aus bestimmten Vitaminen synthetisiert, die als deren Vorstufen fungieren. Der Großteil der wasserlöslichen Vitamine sind Vorstufen für solche Cofaktoren.

Effektoren: Einige Enzyme benötigen für ihre Wirksamkeit die Anwesenheit von spezifischen Effektoren. Für die Aktivität bestimmter Enzyme sind jeweils spezifische Ionen, beispielsweise Kalzium-, Magnesium-, Mangan- oder Zinkionen, unverzichtbar.

3.4.2 Eiweißstoffwechsel

Alle Eiweiße, die am Aufbau des menschlichen Körpers und an der Aufrechterhaltung seiner Funktionen beteiligt sind, unterliegen einem ständigen Umsatz. Eiweiß wird ständig abgebaut und muß ständig durch eine parallel verlaufende Neusynthese ersetzt werden. Alle Körpereiweiße unterliegen demzufolge einer ständigen Erneuerung. Von diesem Umbauprozeß sind täglich etwa 200 bis 400 g Körpereiweiß betroffen. Der Abbau von Eiweiß wird als Katabolismus, der Aufbau als Anabolismus bezeichnet.

Die Geschwindigkeit, mit der dieser Umbau abläuft, ist bei den verschiedenen Eiweißen unterschiedlich hoch. Jedes Eiweiß hat aber eine jeweils spezifische Erneuerungsrate. Es gibt Eiweiße mit einer kurzen Lebensdauer (z. B. Eiweiße der Leber, der Dünndarmzellen und auch die Plasmaeiweiße) und Eiweiße mit einer langen Lebensdauer (z. B. Eiweiße des Bindegewebes).

Das Maß für die Lebensdauer eines Eiweißes im Organismus ist die biologische Halbwertszeit (angelehnt an die physikalische Halbwertszeit beim Zerfall von radioaktiven Isotopen). Die biologische Halbwertszeit ist die Zeit, nach der von der ursprünglich im Körper vorhandenen Menge des betreffenden Eiweißes nur noch die Hälfte vorliegt. Eiweiße, die rasch erneuert werden, haben eine kleine Halbwertszeit.

Eiweißhaushalt des Körpers

Der Mensch ist auf die Zufuhr von Eiweiß mit der Nahrung angewiesen, um mit ihnen Eiweißverluste ausgleichen zu können bzw. sein Körperwachstum zu ermöglichen. Er ist bekanntlich nicht in der Lage, Eiweiß aus anderen stickstoffhaltigen Substanzen zu bilden oder sogar Stickstoff aus der Luft zu fixieren. Eiweißverluste treten auch beim gesunden erwachsenen Menschen ständig auf. Sie entstehen während der Umbauprozesse, in deren Verlauf Aminosäuren verbrannt werden und somit nicht mehr in ausreichender Menge für eine Neusynthese zur Verfügung stehen. Diese Verluste treten auch dann auf, wenn Fette und Kohlenhydrate in ausreichender Menge zur Verfügung stehen, so daß ein Abbau von Eiweißen für die Energiebereitstellung nicht erforderlich ist. Daraus ergibt sich, daß zwischen dem Eiweiß- und Aminosäurebestand des Körpers, den Eiweißverlusten und der Eiweißaufnahme mit der Nahrung enge Beziehungen bestehen.

Bei der Einschätzung des Eiweißstoffwechsels kann deshalb, ähnlich wie bei der Beurteilung des Energiestoffwechsels, zwischen einer positiven, negativen bzw. einer ausgeglichenen Eiweiß- bzw. Stickstoffbilanz gesprochen werden. Es bestehen allerdings gegenüber den Energiebilanzen einige entscheidende Unterschiede, die ein einfaches Gleichsetzen beider Bilanzen verbietet:

- Im Körper werden nur funktionelle Eiweiße gebildet. Eiweiße können im Körper nicht in Form von Speichereiweißen (wie bei einigen Pflanzen, z. B. in Hülsenfrüchten) deponiert werden.

- Beim gesunden erwachsenen Menschen ist die Eiweißbilanz immer ausgeglichen, solange er die ständigen physiologischen Eiweißverluste durch die Aufnahme von Nahrungseiweiß ausgleichen kann. Auch bei einer überhöhten Eiweißzufuhr mit der Nahrung bleibt die Eiweißbilanz ausgeglichen.
- Eine positive Eiweißbilanz besteht nur beim Wachstum und bei dem Ersatz von Körpereiweiß, das verlorengegangen ist. Solche außergewöhnlichen Verluste können durch massive Blutverluste, krankheitsbedingten erhöhten Eiweißabbau und durch eine vorangegangene Eiweißmangelernährung verursacht worden sein.
- Eine negative Eiweißbilanz tritt immer auf, wenn die Zufuhr von Nahrungseiweiß zu klein ist, um die physiologischen bzw. pathologischen Eiweißverluste vollständig auszugleichen.

Die Beurteilung des Eiweißhaushalts ist deshalb auch beim gesunden Erwachsenen differenzierter vorzunehmen. Dabei müssen folgende Parameter berücksichtigt werden:

- Höhe des Körperbestands an Eiweiß
  Der Gesamtbestand beträgt beim Erwachsenen etwa 14 bis 15 kg.
- Gesamtbestand des Körpers an freien Aminosäuren
  Die Menge der in allen Körperflüssigkeiten (Blutplasma, extrazelluläre Flüssigkeit und Zellsaft) gelösten Aminosäuren beträgt etwa 100 g.
- Höhe der Eiweißverluste
  Die Höhe der Eiweißverluste ist großen Schwankungen unterworfen. Sie wird an Hand der mit dem Harn ausgeschiedenen stickstoffhaltigen Abbauprodukte erfaßt. Die Ausscheidung des Stickstoffanteils der Eiweiße (resp. Aminosäuren) erfolgt vorzugsweise als Harnstoff. Die Ausscheidung von 10 g Stickstoff (in Form von Harnstoff oder von anderen stickstoffhaltigen Substanzen) entspricht dem Abbau von etwa 60 g Eiweiß. Die zusätzlichen Stickstoffverluste des Körpers, die nicht über den Harn erfolgen, können infolge ihres sehr geringen Anteils an den Gesamtverlusten normalerweise vernachlässigt werden (Verluste durch Haare und Nägel, Abschilferung von Haut- und Darmzellen). Größere zusätzliche Stickstoffverluste sind nur bei Blutverlusten zu beachten.
- Endogene (körpereigene) Synthese von stickstoffhaltigen Substanzen aus Aminosäuren (bzw. Eiweißen)
  Für die Bildung von wichtigen funktionellen Substanzen werden täglich etwa 6 g Aminosäuren (etwa 1 g Stickstoff) verbraucht. Die wichtigsten stickstoffhaltigen Substanzen, die vom Körper synthetisiert werden, sind Purin- und Pyrimidinkörper (Bausteine von Nucleotiden und Nucleinsäuren), Creatin (Bestandteile der Muskelzellen), Hormone wie das Adrenalin u. a. Diese Substanzen bzw. ihre stickstoffhaltigen Abbauprodukte, beispielsweise Creatinin, werden ebenfalls mit dem Harn ausgeschieden.

- Höhe der Gluconeogenese (endogenen Neubildung von Glucose aus Eiweißen)
  Das Ausmaß des Einschmelzens von Eiweißen zur Bildung von Glucose hängt wesentlich vom Ernährungszustand sowie von der ausreichenden und regelmäßigen Versorgung mit Fetten und Kohlenhydraten zur Sicherung des Energiebedarfs ab.

Die beim ständig stattfindenden Abbau der Körpereiweiße freigesetzten wasserlöslichen Aminosäuren fließen in die Körperflüssigkeiten ein. Auf der anderen Seite werden die für die ebenfalls ständig stattfindende Neusynthese von Eiweißen benötigten Aminosäuren aus den Körperflüssigkeiten wieder entnommen (siehe Abb. 3.4.7). Der Großteil dieser Aminosäuren geht somit für den Körper nicht verloren, und die Konzentration der freien Aminosäuren bleibt in den Körperflüssigkeiten nahezu unverändert. Dieser sog. Pool von Aminosäuren wird auch als die sog. labile Mischphase bezeichnet, aus der sich die Körperzellen aller Organe nach Bedarf bedienen können.

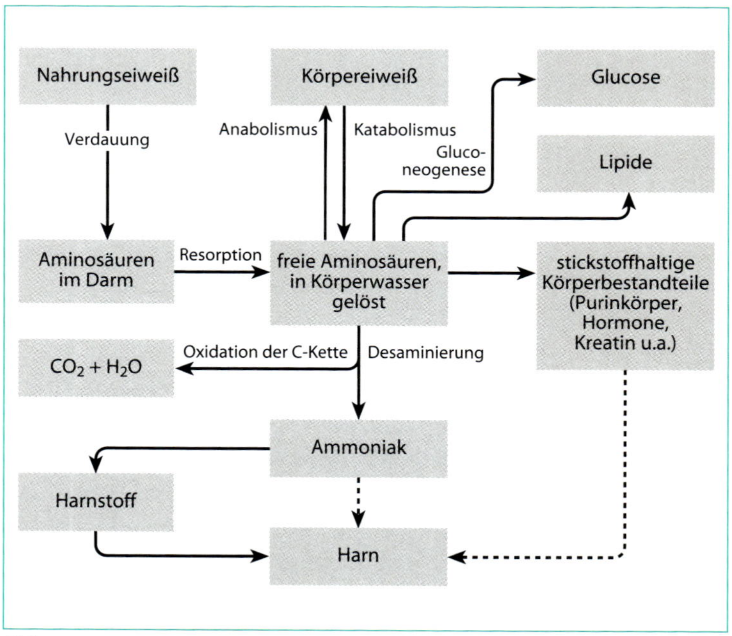

Abb. 3.4.7: Umsatz von Aminosäuren und Eiweiß im Körper

Bei diesen ständig stattfindenden Umbauprozessen kommt es auch zum Abbau von Aminosäuren. Das betrifft vorrangig solche Aminosäuren, die für einen begrenzten, kurzzeitigen Zeitraum im Übermaß vorliegen und nicht bzw. nicht schnell genug durch Transaminierung (siehe Kap. 3.4.2.1) in gerade benötigte Aminosäuren umgewandelt werden können. Ihr Kohlenstoffanteil wird bei ihrem Abbau zu Wasser und Kohlendioxid verbrannt, das aus der Aminogruppe entstehende giftige Ammoniak wird in der Leber in Harnstoff überführt und damit entgiftet. Der Harnstoff wird über die Nieren ausgeschieden.

Die dadurch entstehenden Verluste von Aminosäuren müssen durch die Aufnahme von Nahrungseiweiß ausgeglichen werden. Bei fehlender oder unzureichender Eiweißaufnahme mit der Nahrung wird zum Ausgleich der Aminosäureverluste Körpereiweiß eingeschmolzen.

3.4.2.1 Aminosäure-Stoffwechsel

Das Muster der in den Körperflüssigkeiten befindlichen freien Aminosäuren sollte zu jedem Zeitpunkt dem jeweiligen Bedarf aller Organe an bestimmten Aminosäuren entsprechen. Die verschiedenen Körpereiweiße, die sich in der mengenmäßigen Zusammensetzung der unterschiedlichen Aminosäuren unterscheiden, werden jedoch nicht immer in der gleichen Menge und in gleichbleibenden Relationen gebildet. Auch das Aminosäuremuster der verschiedenen Nahrungseiweiße ist teilweise recht unterschiedlich. Daraus ergibt sich, daß es in der labilen Mischphase ständig zu Verschiebungen im Aminosäurespektrum kommt. Das erforderliche Gleichgewicht wird jedoch relativ schnell wieder hergestellt. Für diese Wiederherstellung des Gleichgewichts stehen dem Organismus verschiedene Möglichkeiten zur Verfügung, die in ihrer Gesamtheit wesentliche Reaktionen des Stoffwechsels der Aminosäuren sind.

- Transaminierung
  Umwandlung von im Überschuß vorliegenden (nichtessentiellen) Aminosäuren in solche, an denen ein aktueller Mangel besteht, und damit eine teilweise Optimierung des Aminosäuremusters,
- Abbau durch Oxidation und Harnstoffbildung (oxidative Desaminierung)
  Abbau der nicht benötigten Aminosäuren durch die Oxidation des Kohlenstoffskeletts und der organischen Säuregruppe und durch die Umwandlung der Aminogruppe in Harnstoff und dessen Ausscheidung mit dem Harn,
- Abbau der Aminosäuren über spezifische Abbauwege
  Das Kohlenstoffskelett einiger Aminosäuren (insbesondere von aromatischen und heterozyklischen Aminosäuren) kann nicht durch einfache Oxidation zu Kohlendioxid und Wasser über Citratzyklus und Atemkette erfolgen. Ihr Abbau erfolgt über gesonderte Stoffwechselwege. Diese Aminosäuren treten zumindest in quantitativer Hinsicht in den Hintergrund.

Darüber hinaus werden Aminosäuren in einer Reihe von spezifischen Stoffwechselwegen für die Bildung von wichtigen Körperbausteinen wie Purin- und Pyrimidinbasen (Bausteine der Nucleinsäuren und ATP) sowie

Creatin und von Hormonen, beispielsweise Adrenalin und Thyroxin, genutzt. Auch die Bildung von sog. biogenen Aminen erfolgt durch den Abbau von Aminosäuren (Decarboxylierung). Diese zusätzlichen Stoffwechselwege werden ständig, aber stets in nur begrenztem Umfang beschritten. Sie werden nicht für die Regulation des physiologischen Aminosäurespektrums genutzt.

Eine besonders wichtige Stellung im Zellstoffwechsel nehmen neben den essentiellen Aminosäuren die Glutaminsäure und das aus ihr gebildete Glutamin ein.

Transaminierung

Bei der Transaminierung wird die Aminogruppe einer Aminosäure auf eine sog. Ketosäure übertragen (Zwischenprodukte des Kohlenhydrat- oder des Fettsäurestoffwechsels). Die Ketosäure wird dabei in eine (neue) Aminosäure überführt, und gleichzeitig entsteht aus der alten Aminosäure eine neue Ketosäure (siehe Abb. 3.4.8). An dieser Übertragung der Aminogruppe ist das Vitamin B_6 als Cofaktor in Form von Pyridoxalphosphat beteiligt.

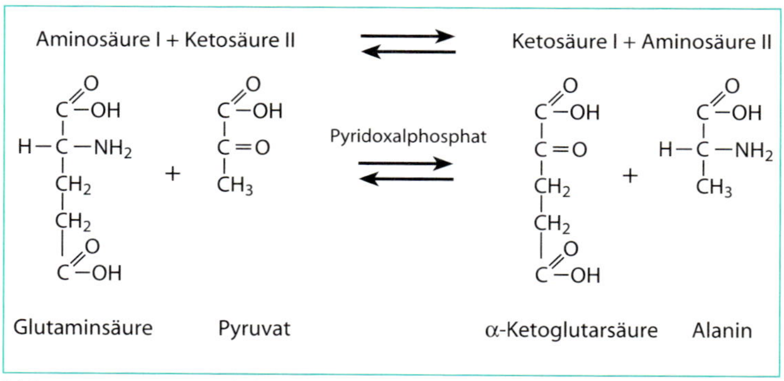

Abb. 3.4.8: Transaminierung

Da der Körper bestrebt ist, die Verluste an Aminosäuren und damit an Eiweiß so klein wie möglich zu halten, sind insbesondere die Leberzellen gut mit Transaminasen ausgestattet. Die Transaminierung kann somit mit recht hoher Geschwindigkeit ablaufen. Es kommt jedoch trotz dieser leistungsfähigen Transaminierung ständig zu einem Abbau von Aminosäuren und damit zu Verlusten, die durch Nahrungseiweiß ausgeglichen werden müssen.

Dafür sind folgende Fakten verantwortlich zu machen:

- Durch Transaminierung können nur nichtessentielle Aminosäuren ineinander umgewandelt werden. Die Bildung von essentiellen Aminosäuren durch Transaminierung ist dagegen nicht möglich, da der Körper entweder nicht in der Lage ist, das Kohlenstoffskelett der essentiellen Aminosäuren selbst zu bilden, oder über keine spezifischen Transaminasen für diese Aminosäuren verfügt.

- Die Transaminierungskapazität ist einem plötzlichen Anfall eines sehr großen Überschusses an einer oder mehreren Aminosäuren nicht gewachsen, so daß das entstandene Ungleichgewicht auf diesem Weg nicht rasch genug ausgeglichen werden kann.

Die Leber nimmt bei den Transaminierungsreaktionen eine zentrale Stellung ein. Diese hohe Transaminierungskapazität ist durch ihre herausragende Stellung im Eiweißstoffwechsel bedingt. Diese wird nicht nur durch die hohe Rate der in ihr stattfindenden Eiweißsynthese dokumentiert, sondern auch durch den Fakt, daß ihr über die Pfortader direkt die Aminosäuren aus den Nahrungseiweißen zufließen, die oft ein stark schwankendes Aminosäurespektrum aufweisen.

Desaminierung und Harnstoffsynthese

Der erste Schritt beim Abbau der meisten der Aminosäuren ist das Entfernen der Aminogruppe. Das verbleibende Kohlenstoffskelett wird im Intermediärstoffwechsel schrittweise abgebaut und am Ende zu CO_2 und Wasser verbrannt.

Aus der abgespaltenen Aminogruppe entsteht Ammoniak, das ein starkes Zellgift ist. Es muß deswegen umgehend entgiftet und anschließend entfernt werden. Die Entgiftung des Ammoniaks erfolgt durch die Umwandlung in Harnstoff. Die Harnstoffsynthese ist ein äußerst energieaufwendiger Prozeß. Er findet fast ausschließlich in der Leber statt. Anschließend wird der Harnstoff durch die Nieren ausgeschieden (siehe Abb. 3.4.9).

$$2\,NH_3 + CO_2 + 3\,ATP \longrightarrow O{=}C(NH_2)_2 + 2\,H_2O + 3\,ADP + 3\,P_a$$

Abb. 3.4.9: Bildung von Harnstoff

Beim Verzehr einer gemischten Kost werden im Körper innerhalb von 24 Stunden etwa 30 g Harnstoff gebildet und anschließend ausgeschieden. Bei einer eiweißreichen Kost kann die Menge des gebildeten Harnstoffs bis auf das 3fache und mehr ansteigen. Auch beim Einschmelzen von Eiweiß (beispielsweise beim Fasten) steigt trotz fehlender Eiweißaufnahme die Menge des gebildeten Harnstoffs an, insbesondere in der frühen Phase des Fastens.

Decarboxylierung

Bei der Decarboxylierung werden die Säuregruppen (Carboxylgruppen) der Aminosäuren entfernt. Als Reaktionsprodukte entstehen Amine, die wegen ihrer Bildung durch Stoffwechselprozesse des Organismus biogene Amine genannt werden:

$$R\text{-}CHNH_2\text{-}COOH \text{ ----> } R\text{-}CH_2\text{-}NH_2 + CO_2$$

Der Abbau von Aminosäuren durch Decarboxylierung dient nicht dem Entfernen von überflüssigen Aminosäuren. Einige dieser biogenen Amine sind hochwirksame Reglersubstanzen, die gezielt und in kleinen Mengen gebildet werden. Sie können als Reglersubstanzen bei der Signalübertragung in Nervenzellen fungieren (Serotonin), andere senken den Blutdruck und fördern die Magensaftproduktion (Histamin).

Durch Mikroorganismen katalysierte Decarboxylierungsreaktionen spielen beim Verderb von eiweißhaltigen Lebensmitteln eine große Rolle. Die dabei gebildeten biogenen Amine sind in höheren Konzentrationen giftig (siehe Kap. 6.6.2.3). Sie wirken größtenteils durch eine drastische Senkung des Blutdrucks und sind damit für Unwohlsein sowie für das Auftreten eines Kreislaufkollapses verantwortlich (siehe Tabelle 6.6.1). Bei empfindlichen Personen können solche biogene Amine pseudoallergische Reaktionen auslösen (siehe Kap. 7.1.2).

Schlüsselstellung von Glutaminsäure und Glutamin im Aminosäurestoffwechsel

Glutaminsäure (Glu) und Glutamin ($GluNH_2$) bilden gemeinsam ein System, daß im Stoffwechsel eine Schlüsselstelle einnimmt (siehe Abb. 3.4.10). Glutamin unterscheidet sich von der Glutaminsäure durch das Vorhandensein einer zusätzlichen Aminogruppe (sie ist an die 2. Carboxylgruppe der Glutaminsäure angeheftet).

Beide Substanzen können ineinander überführt werden. Glutaminsäure wird in einer energieabhängigen Reaktion mit Hilfe der Glutaminsynthetase durch die Aufnahme von Ammoniak im Zellsaft in Glutamin überführt. Die gegenläufige Reaktion von Glutamin in Glutaminsäure läuft in Gegenwart der Glutaminase in den Mitochondrien rasch und nahezu unbegrenzt ab. In dieser Glutaminasereaktion werden Ammoniumionen freigesetzt. Die Bindungsenergie geht in Form von Wärme verloren, ATP wird nicht gebildet. Die Synthese von Glutamin ist dagegen insbesondere unter bestimmten Stoffwechselsituationen eingeschränkt. Das betrifft insbesondere Reaktionen, die mit einem stark erhöhten Bedarf an Energie einhergehen. Unter diesen Bedingungen führt eine unzureichende Zufuhr von Glutamin mit der Nahrung zu Ausfallserscheinungen (metabolischer Streß, siehe Kap. 7.6.7). Auch bei einem Mangel an Glutaminsäure, dem wichtigsten Bindeglied bei der Verknüpfung des Aminosäurestoffwechsels mit dem Kohlenhydratstoffwechsel, können eine Reihe wichtiger Zellfunktionen empfindlich gestört sein.

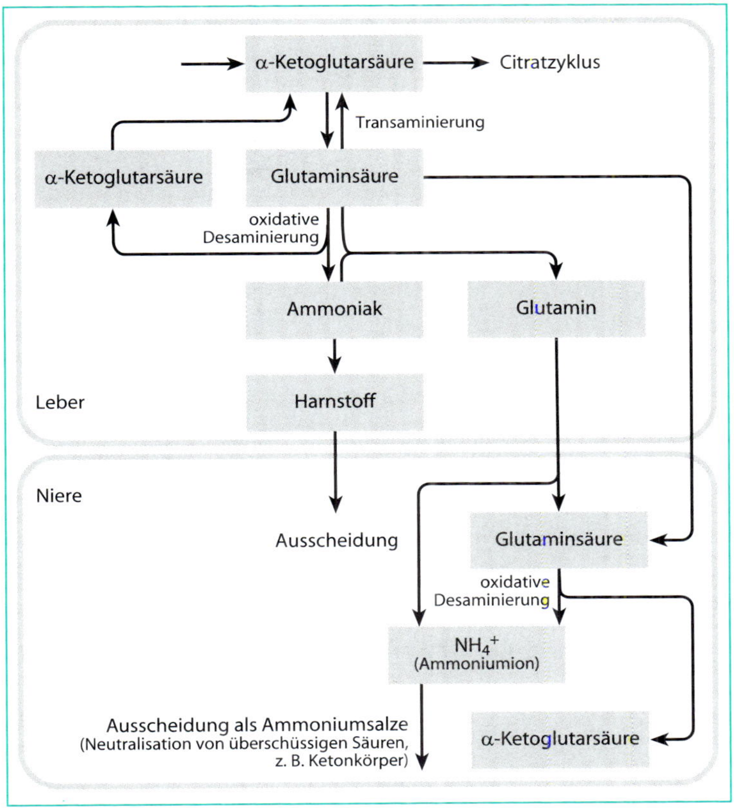

Abb. 3.4.10: Schlüsselstellung von Glutaminsäure und Glutamin im Intermediärstoffwechsel

Glutaminsynthetase-Reaktion

$$COOH\text{-}CH_2\text{-}CH_2\text{-}CHNH_2\text{-}COOH + NH_3 + ATP \rightarrow CONH_2\text{-}CH_2\text{-}CH_2\text{-}CHNH_2\text{-}COOH + H_2O + ADP$$

Glutaminase-Reaktion

$$CONH_2\text{-}CH_2\text{-}CH_2\text{-}CHNH_2\text{-}COOH + H_2O \rightarrow COOH\text{-}CH_2\text{-}CH_2\text{-}CHNH_2\text{-}COOH + NH4^+ + OH^-$$

Glutaminsäure: Über die Glutaminsäure läuft der Großteil der Transaminierungsreaktionen ab. Mit Hilfe dieses von Glutaminsäure und α-Ketoglutarsäure gebildeten Systems wird zum Großteil das ausgeglichene Spektrum der nichtessentiellen Aminosäuren gesichert. Die α-Ketoglutarsäure ist ein Glied des Citratzyklus, wodurch die Verknüpfung des Aminosäurestoffwechsels mit dem Kohlenhydratstoffwechsel erfolgt. Bei einem Mangel an Glutaminsäure kann α-Ketoglutarsäure aus dem Kohlenhydratstoffwechsel entnommen und durch Transaminierung (Aufnahme der NH_2-Gruppe von einer anderen Aminosäure) in Glutaminsäure überführt werden.

Glutaminsäure ist für die Hirnfunktion von außerordentlicher Bedeutung. Sie wird in den Zellen des zentralen Nervensystems durch Transaminierung gebildet. Ihre Konzentration wird innerhalb der Nervenzellen recht konstant gehalten. Die sog. Blut-Liquor-Schranke verhindert die freie Permeabilität von Glutaminsäure aus dem Blutplasma in die Hirnflüssigkeit (Liquor). Sie schützt auf diese Weise vor Konzentrationsänderungen im Gehirn, die zu Funktionsstörungen führen könnten. Eine erhöhte Glutaminsäureaufnahme mit der Nahrung oder durch das Einnehmen von entsprechenden Präparaten, die als gesundheitsfördernde Mittel angepriesen werden könnten, führt zu keinem Anstieg der Glutaminsäurekonzentration im Gehirn und kann infolgedessen auch keinen Einfluß auf die Hirnfunktion haben.

Glutaminsäure bzw. Glutamat (Salze der Glutaminsäure) ist ein Geschmacksverstärker und für die fünfte Geschmacksrichtung „Umami" verantwortlich. Die geschmacksverstärkende Wirkung des Glutamats ermöglicht eine Reduzierung der Kochsalzzugabe beim Abschmecken von herzhaften Gerichten.

Glutamin: Glutamin stellt 20 % der in den Körperflüssigkeiten und im Zellsaft vorliegenden freien Aminosäuren. Es ist somit mit Abstand die mengenmäßig am häufigsten vorkommende freie Aminosäure. Im Skelettmuskel ist die Glutaminkonzentration noch höher, Glutamin stellt hier mehr als 50 % der freien Aminosäuren.

Glutamin ist für die Bereitstellung von NH_2-Gruppen verantwortlich, die für zahlreiche Synthesereaktionen benötigt werden. Die wichtigsten Reaktionen sind die Synthese des Purin- und des Pyrimidinrings (Baustein für Nucleotide und Nucleinsäuren). Glutamin ist weiterhin steuernder (limitierender) Faktor der endogenen Proteinbiosynthese. Dieser Fakt macht verständlich, daß bei einem Glutaminmangel Heilungsprozesse verlangsamt ablaufen.

Glutamin ist außerdem ein wichtiger Energielieferant für Körperzellen, die eine hohe Erneuerungsrate aufweisen (Dünn- und Dickdarmzellen), sowie für die Zellen des Immunsystems. Sie ist somit für die Aufrechterhaltung der Abwehrfunktionen des Organismus von besonderer Bedeutung. Die Enterozyten und Colonozyten (Schleimhautzellen des Dünn- bzw. Dickdarms) verbrennen täglich 10 bis 15 g Glutamin. Ein Glutaminmangel führt zu einer Schädigung dieser Zellen, die dann in ihrer Funktion beträchtlich eingeschränkt sind. Sie können dann auch rascher von Toxinen, Viren, Bakterien und wahrscheinlich auch von makromolekularen Nahrungsbestandteilen wie Eiweißen passiert werden.

Glutamin ist die Substanz, mit der innerhalb des Organismus der Transport von Aminogruppen erfolgt, vorrangig von der Leber zur Niere. Die Bildung von Glutamin in der Leber ist meist an den Abbau von Eiweiß und den anschließenden Abbau von Aminosäuren gekoppelt, wobei die freigesetzte Aminogruppe übernommen wird und sich damit ihre Entgiftung zu Harnstoff erübrigt. In den Nieren werden aus dem Glutamin mit Hilfe der Glutaminasereaktion Ammoniumionen (NH_4^+) freigesetzt, die zur Neutralisation von sauren Ausscheidungsprodukten benötigt werden. Glutamin ist somit auch an der Regulation des Säure-Basen-Haushalts beteiligt.

Gluconeogenese (Glucoseneubildung im Körper)

Beim Sinken des Blutzuckerspiegels und nach dem Abbau aller Glykogenreserven des Organismus muß Glucose durch Umbau von anderen Körperbausteinen gebildet werden. Die Neubildung von Glucose ist für den Menschen lebensnotwendig, da der Blutzuckerspiegel aufrechterhalten werden muß und Glucose als einzige Energiequelle für die roten Blutzellen und für das Gehirn benötigt wird. Hauptsächlicher Lieferant für die Gluconeogenese sind die Kohlenstoffketten der Aminosäuren. Andere Stoffwechselprodukte wie Milchsäure stehen hierfür nicht immer und dann nur in sehr begrenztem Umfang zur Verfügung. Ein Umbau von Fettsäuren in Glucose ist nicht möglich. Gluconeogenese bedeutet somit stets ein Einschmelzen von Körpereiweiß.

Der minimale Tagesbedarf des Menschen an Glucose beträgt reichlich 100 g. Die Effektivität der Gluconeogenese aus Eiweiß ist nicht besonders groß. Das ergibt sich aus dem Fakt, daß die Aminogruppen der Eiweiße keinen Kohlenstoff enthalten. Weiterhin können nicht alle Aminosäuren zur Gluconeogenese genutzt werden. Beim Einschmelzen von 100 g Körpereiweiß können aus diesem Grunde nur etwa 60 g Glucose gebildet werden.

Die Gluconeogenese ist ein energieaufwendiger Prozeß. Bei ihr werden viele Schritte des Abbauwegs der Glucose, der Glykolyse, „rückwärts" durchlaufen. Einige Schritte des Glucoseabbaus können aber aus energetischen Gründen nicht rückläufig beschritten werden. Diese Schritte müssen durch energieaufwendige „Nebenwege" umgangen werden. Das betrifft auch die Startersubstanz der Gluconeogenese, die Phosphoenoltraubensäure, die aus Oxalacetat, einem Glied des Citratzyklus, gebildet werden muß. Daher wird für die Gluconeogenese mehr Energie benötigt, als beim Abbau der Glucose im Glykolyseweg gewonnen werden kann. Da außerdem der aus den Aminogruppen der abgebauten Aminosäuren gebildete Ammoniak durch einen energieaufwendigen Prozeß in Harnstoff überführt werden muß, ist der Nettoenergiegewinn beim anschließenden Verbrennen dieser Glucose für den Körper sehr gering.

3.4.2.2 Eiweiß-(Stickstoff-)Bilanz, Anforderungen an die Eiweißaufnahme

Auf Grund der vollständigen Abhängigkeit des Menschen von der Aufnahme von Nahrungseiweiß ergibt sich für die Höhe dieser Eiweißaufnahme eine Reihe von Erfordernissen, die vom Ernährungs- und Gesundheitszustand sowie bei jungen Menschen vom Wachstum wesentlich beeinflußt werden. Die wichtigsten sich hieraus ergebenden Gesichtspunkte sind folgende:

- Beim Säugling und beim heranwachsenden Kind und Jugendlichen ist, bezogen auf das Körpergewicht, eine hohe Zufuhr von Nahrungseiweiß erforderlich, um die Neubildung von Körpereiweiß, Körperzellen und Wachstum zu ermöglichen.
- Beim gesunden Erwachsenen darf eine minimale Menge an aufgenommenem Eiweiß nicht unterschritten werden, damit die bei dem ständigen Umbau von Körpereiweiß auftretenden Eiweißverluste ersetzt werden können und eine Abnahme des Bestands an funktionellem Körpereiweiß verhindert wird. Diese mit der Nahrung unbedingt aufzunehmende Eiweißmenge ist das sog. Bilanzminimum.
- Die zur Sicherung einer optimalen Eiweißversorgung erforderliche Eiweißaufnahme ist größer als das Bilanzminimum, da eine kontinuierliche Aufnahme von Nahrungseiweiß in der Praxis nicht zu realisieren ist. Aus diesem Grunde muß ein Sicherheitsbetrag berücksichtigt werden.
- Eiweiß kann nicht in Form eines spezifischen Speichereiweißes deponiert werden. Bei einer Eiweißzufuhr, die höher ist als der augenblickliche Bedarf, werden lediglich alle funktionellen Körpereiweiße (Enzym- und Struktureiweiße) in maximal möglichem Umfang gebildet. Bei einer zu geringen Eiweißaufnahme werden diese Reservebestände an funktionellem Eiweiß eingeschmolzen. Es ist nicht korrekt und auch irreführend, diese Eiweiße als „labile Eiweißreserve" zu bezeichnen.
- Nahrungseiweiß, das in größeren Mengen aufgenommen wird und nicht mehr in funktionelles Körpereiweiß umgebaut werden kann, wird verbrannt. Sein Stickstoffanteil wird in Form von Harnstoff ausgeschieden.

Eiweiß-(Stickstoff-)Bilanz

Die wechselseitigen Beziehungen im Eiweißhaushalt des gesunden Erwachsenen werden an Hand der unterschiedlichen Stickstoffbilanzen leicht verständlich (siehe Abb. 3.4.11).

Ausgeglichene Bilanz: Beim gesunden erwachsenen Menschen wird von einer ausgeglichenen Bilanz gesprochen, wenn zwischen aufgenommenem Eiweiß und der Stickstoffausscheidung durch den Harn ein Gleichgewicht besteht. Dabei entspricht die Stickstoffmenge, die mit dem Harn ausgeschieden wird, mengenmäßig der Stickstoffmenge, die mit dem Nahrungseiweiß aufgenommen wird. Voraussetzung hierfür ist, daß die Menge an Nahrungseiweiß hinreichend groß ist, alle funktionellen Eiweiße bereits in maximal möglicher Menge gebildet sind und daß gleichzeitig ausreichend Nahrungsenergie in Form von Kohlenhydraten und Fett aufgenommen wird, um einen zusätzlichen Eiweißabbau zur Sicherung der Energieversorgung zu verhindern.

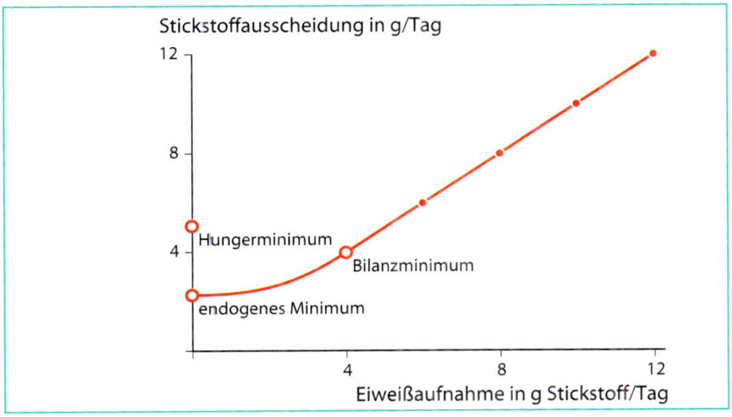

Abb. 3.4.11: Stickstoffbilanzen (Beziehung zwischen Eiweißaufnahme und Stickstoffausscheidung)

Bilanzminimum: Beim schrittweisen Einschränken der Aufnahme von Nahrungseiweiß wird letztendlich ein Punkt erreicht, bei dem mit einer minimalen Menge an Nahrungseiweiß gerade noch eine ausgeglichene Eiweißbilanz gesichert werden kann. Voraussetzung hierfür ist, daß der Energiebedarf durch die ausreichende Zufuhr von Fett und Kohlenhydraten sicher abgedeckt wird. Diese hierzu erforderliche Menge an Nahrungseiweiß wird als Bilanzminimum bezeichnet.
Die Menge an Eiweiß, mit der dieses Bilanzminimum eingestellt werden kann, ist bei den verschiedenen Nahrungseiweißen unterschiedlich groß. Sie hängt von der Aminosäurezusammensetzung des verzehrten Nahrungseiweißes ab (biologische Wertigkeit des Eiweißes, siehe unten).

Negative Bilanz: Bei einer weiteren Reduzierung der Eiweißzufuhr (unter das Bilanzminimum) wird die Ausscheidung von Stickstoff nicht mehr proportional zur Eiweißaufnahme verringert, die Menge des ausgeschiedenen Stickstoffs ist größer als die Menge an Stickstoff, die in Form von Nahrungseiweiß aufgenommen wird. Die Ausscheidung von Stickstoff wird nur geringfügig weiter eingeschränkt als Folge von Sparprozessen, die vom Organismus eingeleitet werden. Daraus ergibt sich, daß es trotz dieser Einsparungsmaßnahmen zu Stickstoffverlusten als Folge eines Einschmelzens von funktionellem Körpereiweiß kommt.

Endogenes Minimum: Unter dem endogenen Minimum werden die Stickstoffverluste verstanden, die bei völlig fehlender Aufnahme von Nahrungseiweiß auftreten, obwohl die vom Körper eingeleiteten Sparmechanismen voll wirksam geworden sind. Voraussetzung für die maximal mögliche Wirksamkeit dieser Sparfunktionen ist, daß der Energiebedarf vollständig durch Kohlenhydrate und Fett abgedeckt wird. Unter diesen

Bedingungen werden die Verluste an Körpereiweiß auf ein Minimum begrenzt. Diese absolut unumgänglichen Eiweißverluste sind das endogene Minimum.

Hungerminimum: Bei einem absoluten Hunger (neben fehlender Eiweißzufuhr auch keine Aufnahme von Fetten und Kohlenhydraten) müssen neben Körperfett auch Eiweiße vermehrt eingeschmolzen werden. Daraus ergibt sich, daß die Stickstoffverluste mit dem Harn beträchtlich höher sind. Sie übersteigen nicht nur die Werte des endogenen Minimums, sondern sind höher als die Werte des Bilanzminimums.

Biologische Wertigkeit von Eiweißen (Proteinqualität)

Beim Verzehr von Nahrungseiweißen unterschiedlicher Herkunft müssen unterschiedlich große Mengen aufgenommen werden, um die Stickstoffbilanz ausgeglichen zu gestalten. Das bedeutet, daß die einzelnen Nahrungseiweiße eine unterschiedlich große biologische Wertigkeit besitzen. Beim Verzehr von Nahrungseiweißen mit einer niedrigen biologischen Wertigkeit muß eine größere Menge aufgenommen werden, um die physiologischen Eiweißverluste sicher auszugleichen, als beim Verzehr von Eiweißen mit einer hohen biologischen Wertigkeit.

Die unterschiedliche biologische Wertigkeit der einzelnen Nahrungseiweiße ist durch ihre unterschiedliche Aminosäure-Zusammensetzung bedingt. Diese weicht mehr oder weniger stark vom Muster der in den menschlichen Körperflüssigkeiten gelösten Aminosäuren (labile Mischphase) ab. Bei einem starken Abweichen von diesem Muster werden die im Überfluß vorliegenden und nicht gebrauchten Aminosäuren rasch abgebaut, falls nicht innerhalb kürzester Zeit durch Transaminierungen ein ausgeglichenes Aminosäurespektrum eingestellt werden kann.

Die Höhe der biologischen Wertigkeit wird prinzipiell von allen am Aufbau des betreffenden Proteins beteiligten Aminosäuren mitbestimmt. An erster Stelle sind es jedoch die essentiellen Aminosäuren, die für die Höhe der biologischen Wertigkeit verantwortlich sind. Die Wertigkeit kann jedoch auch durch größere mengenmäßige Unterschiede im Anteil der nichtessentiellen Aminosäuren beeinflußt werden, sobald diese Unterschiede so groß sind, daß sie nicht schnell genug durch Transaminierung ausgeglichen werden können.

Definition und Maßsystem der biologischen Wertigkeit: Für eine hinreichend exakte Bestimmung der biologischen Wertigkeit der Nahrungseiweiße ist es erforderlich, ein aussagekräftiges Meßverfahren zu benutzen und ein eindeutig definiertes Bezugssystem festzulegen. Als zuverlässigste und aussagekräftigste Methode hat sich die Bestimmung der Proteinmenge erwiesen, mit der ein Bilanzminimum gerade noch eingestellt werden kann. Eine hohe biologische Wertigkeit besitzt infolgedessen ein Eiweiß, von dem nur eine geringe Menge benötigt wird, um das Bilanzminimum einzustellen. Sinngemäß werden dazu von einem Eiweiß mit einer niedrigen biologischen Wertigkeit wesentlich größere Mengen benötigt.

Als Bezugsprotein für die Definition der biologischen Wertigkeit und als Referenzwert für alle anderen Eiweiße dient das Eiweiß des Volleies. Dieses Protein (besser Gemisch von unterschiedlichen Eiweißen) weist von allen bekannten Proteinen die höchste biologische Wertigkeit auf. Die biologische Wertigkeit des Volleiproteins wird gleich 100 gesetzt. Beim Verzehr von Vollei als einzige Eiweißquelle kann beim gesunden Erwachsenen eine gerade ausgeglichene Eiweißbilanz (Bilanzminimum) mit etwa 20 bis 25 g Eiweiß erzielt werden. Bei einem Nahrungseiweiß mit der biologischen Wertigkeit von 50 muß zum Einstellen des Bilanzminimums doppelt so viel Eiweiß aufgenommen werden als beim Verzehr von Volleiprotein.

Für die Bestimmung der biologischen Wertigkeit eines Eiweißes sind in der vergangenen Zeit auch andere Methoden benutzt und die Wertigkeit nach unterschiedlichen Kriterien definiert worden. Es ist dazu der Anteil der essentiellen Aminosäuren am gesamten Bestand an Aminosäuren herangezogen worden oder auch der Wachstumswert der Eiweiße für junge, heranwachsende Versuchstiere. Die mit den verschiedenen Verfahren bestimmten Werte differierten meist nur geringfügig. Dadurch bedingt, sind in älteren Veröffentlichungen gelegentlich noch Angaben über die Höhe der biologischen Wertigkeit einzelner Eiweiße zu finden, die geringgradig von den heute gültigen Werten abweichen. Auch die ursprünglich von Karl Thomas (1883–1969) vorgeschlagene Definition der biologischen Wertigkeit wird nicht mehr gebraucht (Karl Thomas, ein Schüler von Max Rubner, hatte den unterschiedlichen biologischen Wert verschiedener Nahrungseiweiße entdeckt und den Begriff biologische Wertigkeit eingeführt). Er definierte die biologische Wertigkeit als die Menge von Nahrungseiweiß in g, die in der Lage ist, 100 g (verlorengegangenes) Körpereiweiß zu ersetzen. Diese Definition ist aus wissenschaftlicher Sicht zwingend logisch, aber es ist aus methodischen Gründen äußerst schwierig, ein geeignetes Bestimmungsverfahren zu praktizieren, das auf dieser Definition basiert.

Wertigkeit unterschiedlicher Nahrungsproteine: Die einzelnen Nahrungsproteine besitzen teilweise recht unterschiedliche biologische Wertigkeiten (siehe Tabelle 3.4.2).

Tabelle 3.4.2:
Biologische Wertigkeit von Proteinen verschiedener Nahrungsmittel

Vollei	100	Kartoffel	90 – 95
Milch (Kuh)	84 – 88	Soja	84
Rindfleisch	83 – 93	Reis	83
Edamer Käse	85	Roggen	76 – 83
Gelatine	0	Bohnen	73
		Weizen	59
		Kohlrüben	25

Ernährungslehre

Bei einer sehr pauschalen, orientierenden Bewertung gilt zunächst, daß tierische Proteine in der Regel biologisch hochwertiger sind als pflanzliche Proteine. Es bestehen jedoch folgende wichtigen Ausnahmen:

- Pflanzliche Eiweiße
  Bei den pflanzlichen Eiweißen haben das Eiweiß der Kartoffel, der Hülsenfrüchte sowie des Reises (insbesondere des Wildreises) eine relativ hohe biologische Wertigkeit.
- Tierische Eiweiße
  Bei den tierischen Eiweißen ist die biologische Wertigkeit der Gelatine praktisch gleich Null. In der Gelatine fehlen eine Reihe wichtiger Aminosäuren. Auch beim Verzehr von sehr großen Mengen an Gelatine als alleinige Eiweißquelle gelingt es nicht, eine ausgeglichene Eiweißbilanz zu erreichen. Gelatine kann aber, mit anderen Eiweißen ergänzt, wesentlich zu Eiweißversorgung beisteuern (siehe unten).

Ergänzungswert von Proteingemischen

Mit einer gemischten Kost werden stets unterschiedliche Proteingemische mit unterschiedlichen Aminosäure-Zusammensetzungen verzehrt. Die einzelnen Eiweiße ergänzen sich im Hinblick auf die Aminosäure-Zusammensetzung in vielen Fällen gegenseitig. Die biologische Wertigkeit eines Proteingemischs ist daher meist höher als die der einzelnen Eiweiße. Daraus folgt, daß beim Verzehr eines Gemischs aus unterschiedlichen Nahrungsproteinen der Eiweißbedarf bereits mit kleineren Mengen gedeckt werden kann, das Bilanzminimum kann mit einer kleineren Eiweißmenge eingestellt werden.

Die Zunahme der biologischen Wertigkeit eines Proteingemischs, sein sog. Ergänzungswert, hängt von folgenden Faktoren ab:

- von den Eiweißen, die das Proteingemisch bilden,
- von dem Mengenverhältnis, in dem die betreffenden Proteine im Gemisch vorliegen,
- von der gleichzeitigen Aufnahme der das Gemisch bildenden Eiweiße.

Das Ausmaß der gegenseitigen Ergänzung ist bei den verschiedenen Proteingemischen unterschiedlich groß. Viele Proteine können sich gegenseitig gut ergänzen (hoher Ergänzungswert), bei einigen Eiweißen ist jedoch die gegenseitige Ergänzung gering.

Das Optimum der Ergänzung eines Gemischs aus 2 unterschiedlichen Proteinen wird stets bei einem konstanten Mischungsverhältnis erzielt. Dieses Mischungsverhältnis ist bei unterschiedlichen Proteinen verschieden.

Dieser Effekt der gegenseitigen Ergänzung und Aufwertung von Proteinen ist nur bei der gleichzeitigen Aufnahme (innerhalb einer Mahlzeit) zu beobachten, nicht aber beim Verzehr verschiedener Eiweiße zu unterschiedlichen Zeiten. Bei einer zeitlich getrennten Aufnahme der verschiedenen Eiweiße sind die Aminosäuren, die im zuerst verzehrten Protein im Überschuß vorkommen, bereits als nicht verwertbar abgebaut worden und stehen damit für die Ergänzung des später verzehrten Eiweißes nicht mehr zur Verfügung. Dieser Verlust des Ergänzungswerts muß auch bei der Hayschen Trennkost berücksichtigt werden (siehe Kap. 9.6.2).

Tierische Eiweiße, die meist eine höhere biologische Wertigkeit aufweisen, und die meist weniger wertvollen pflanzlichen Eiweiße ergänzen sich gegenseitig gut (siehe Tabelle 3.4.3). Beim Verzehr einer üblichen Mischkost (vollwertige Ernährung) wird dieser Effekt relativ gut ausgenutzt, auch wenn dabei naturgemäß nicht auf exakte Mischungsverhältnisse der einzelnen Nahrungsproteine geachtet wird.

Tabelle 3.4.3:
Ergänzungswerte ausgewählter Proteingemische bei optimalem Mischungsverhältnis (in Prozent) und Höhe der dabei erzielten biologischen Wertigkeit

Proteingemisch	Mischungsverhältnis	biologische Wertigkeit
Vollei/Kartoffel	35/65	137
Vollei/Milch	71/29	122
Vollei/Weizen	68/32	118
Milch/Kartoffel	51/49	114
Bohnen/Mais	52/48	101
Fleisch/Gelatine	k. A.	>Fleisch

k. A. = keine Angaben gefunden

Es fällt auf, daß günstige Eiweißkombinationen auch bei einer recht großen Anzahl von traditionellen bodenständigen Gerichten zu finden sind. Offenbar haben sich hier die Erfahrungen niedergeschlagen, die von vielen Generationen über Jahrzehnte hinweg über die möglichen Vorteile einer zweckmäßigen Ernährung (bei oft stark eingeschränktem Zugriff zu Lebensmitteln) intuitiv gemacht wurden. Von ernährungsphysiologischer Bedeutung ist auch die Tatsache, daß durch die Kombination von „wertloser" Gelatine mit anderen tierischen Eiweißen (Fleisch oder Fisch), z. B. in Aspik, nicht nur eine ausgewogene Eiweißbilanz erreicht werden kann, sondern daß die Wertigkeit dieses Eiweißgemischs sogar höher ist als die des Fleischs. Bei der Kombination mit pflanzlichem Eiweiß (Gemüse in Aspik) kommt es dagegen kaum zu einer Steigerung der Wertigkeit des Pflanzeneiweißes.

Die Bestimmung des Ergänzungswerts von Proteingemischen ist mit hinreichender Genauigkeit nur bei einen Gemisch von ausschließlich 2 unterschiedlichen Nahrungsproteinen möglich. Den höchsten Ergänzungswert zeigt die Kombination von Kartoffeleiweiß und Volleiprotein. Das Gemisch aus 35 % Volleiprotein und 65 % Kartoffelprotein hat eine biologische Wertigkeit von 137. Ein hoher Ergänzungswert ist für die Diätetik von besonderer Bedeutung, da durch die richtige Kombination von Nahrungsproteinen die Menge an Nahrungseiweiß stark begrenzt werden kann, ohne daß es dabei zu einer ernsthaften Eiweißunterversorgung kommt. Entsprechende eiweißarme Kostformen werden bei der Ernährung von Patienten mit chronischen Nierenerkrankungen oder einer Leberzirrhose eingesetzt. Das klassische Beispiel solcher Diäten ist die Kartoffel-Ei-Diät, bei der Kartoffeln und Eier im optimalen Mischungsverhältnis verabreicht werden (siehe Kap. 8.5.1.1.2).

3.4.2.3 Folgen einer Eiweißmangelernährung

Eine länger andauernde Unterversorgung mit Eiweiß führt zu ernsten gesundheitlichen Schäden. Der Körper besitzt kein Speicherprotein und demzufolge auch keine Proteinspeicher, aus denen bei einer unzureichenden Eiweißaufnahme Eiweiße mobilisiert und damit Eiweißverluste ausgeglichen werden können. Infolge des Fehlens von Speichereiweiß wird funktionelles Körpereiweiß eingeschmolzen.

Der zunächst begrenzte Verlust von funktionellen Eiweißen führt in den meisten Fällen nicht zu sofort feststellbaren Funktionseinschränkungen, da viele dieser Eiweiße (vorhergegangene ausreichende Proteinzufuhr vorausgesetzt) in Mengen gebildet wurden, die über den augenblicklichen Bedarf hinausgehen. Solche Sicherheitsmengen erlauben auch unter extremen körperlichen Belastungen (körperliche Höchstleistung, Erkrankungen) eine optimale Funktion des Organismus.

Bei auftretendem Eiweißmangel werden jedoch vorrangig Eiweiße abgebaut, die einem schnellen Umsatz unterliegen und die für die Funktion des Körpers von entscheidender Bedeutung sind. Es sind dies u. a. die Eiweißkörper des Blutplasmas (Albumine, Globuline, Blutgerinnungsfaktoren, Immunglobuline). Die augenscheinlichsten Folgen eines Eiweißmangels sind eine erhöhte Infektanfälligkeit, eine verlängerte Blutgerinnungszeit, verzögerte Heilungsprozesse und eine Erniedrigung der Wasserbindungskapazität des Blutplasmas mit nachfolgendem Austritt von Blutplasmawasser in die Gewebe (Ödembildung, Wassersucht). Auch die funktionellen Eiweiße der Mucosazellen des Dünndarms werden infolge ihrer hohen Umsatzgeschwindigkeit rasch eingeschmolzen und unzureichend erneuert.

Das Einschmelzen von Muskeleiweiß erfolgt wesentlich später und langsamer. Eine Abnahme von Muskelmasse ist das Zeichen eines ausgeprägten Eiweißmangels, der bereits über einen längeren Zeitraum hinweg besteht.

3.4.2.4 Empfehlungen für die Höhe der Eiweißzufuhr

Bei der Festlegung von Empfehlungen für die Höhe der täglichen Eiweißzufuhr ist eine Reihe von unterschiedlich einzuordnenden Gesichtspunkten zu berücksichtigen. Daraus folgt, daß eine genaue Empfehlung ohne Berücksichtigung dieser Faktoren undenkbar ist. Es ist nur möglich, unter Beachtung dieser Faktoren Sicherheitsbeträge mit einzubeziehen. Solche Sicherheitsfaktoren sind bei den D-A-CH-Empfehlungen voll berücksichtigt.

Die Höhe der Eiweißmenge, die für die optimale Versorgung des Menschen täglich mit der Nahrung aufgenommen werden sollte, hängt generell von folgenden Faktoren ab:

- Qualität des zur Verfügung stehenden Nahrungseiweißes
  Die Qualität betrifft die biologische Wertigkeit des Eiweißes und den Ergänzungswert, der bei einer zweckmäßigen Kombination unterschiedlicher Nahrungseiweiße erzielt werden kann. Dieser Faktor spielt in Ländern der dritten Welt eine entscheidende Rolle, in denen biologisch hochwertige tierische Eiweiße mit hohem Ergänzungswert nur in sehr begrenztem Umfang oder praktisch nicht zur Verfügung stehen.
- Erhöhter Proteinbedarf bei besonderen physiologischen Bedingungen
  Der Eiweißbedarf ist in der Wachstumsphase des Kindes und des Jugendlichen, bezogen auf das Körpergewicht, wesentlich höher als beim Erwachsenen. Das betrifft ebenfalls den Eiweißbedarf während einer Schwangerschaft und in der Stillperiode.
- Erhöhter Proteinbedarf bei extremen körperlichen Belastungen
  Der Eiweißbedarf ist bei intensiver körperlicher Arbeit, wie bei Schwer- und Schwerstarbeitern, sowie bei der Ausübung von Ausdauersportarten im Höchstleistungssport, bei extremen klimatischen Bedingungen, wie bei tropischen bzw. arktischen Temperaturen, und bei anderen außergewöhnlichen Belastungen, z. B. bei lang anhaltenden Streßsituationen, erhöht.
- Erhöhter Proteinbedarf bei Erkrankungen
  Bei einer Reihe von Erkrankungen ist der Eiweißumsatz oft erhöht. Das betrifft z. B. fiebrige Infekte und Heilungsprozesse (Wundheilung, Heilung von Knochenbrüchen u. a.).
- Individuelle Unterschiede
  In Abhängigkeit von der Höhe des Grundumsatzes und individuellen Schwankungen in der hormonellen Stoffwechselregulation bestehen auch geringe individuelle Schwankungen in der Höhe des Eiweißbedarfs, die aber vergleichsweise gering sind.

Unter Berücksichtigung der Tatsache, daß der überwiegende Teil der Bevölkerung in Mitteleuropa seinen Eiweißbedarf durch den Verzehr von Lebensmitteln deckt, die biologisch hochwertiges Eiweiß enthalten, daß bei der empfohlenen abwechslungsreichen Kost der Ergänzungswert der verschiedenen Eiweiße weitgehend ausgenutzt wird und der Großteil der Bevölkerung einer leichten Arbeit nachgeht, wird für den Erwachsenen eine Aufnahme von

0,8 g Eiweiß pro kg Körpergewicht

empfohlen. Die empfohlene Eiweißaufnahme beträgt für einen Erwachsenen mit einem Körpergewicht von 75 kg demnach 60 g. Dieser empfohlene Wert wird vom Großteil der Bevölkerung geringfügig überschritten. Es werden in der Regel etwa 12 bis 15 % der gesamten aufgenommenen Nahrungsenergie als Eiweiß einverleibt. Als tatsächliche durchschnittliche Eiweißaufnahme ergeben sich somit für den Großteil der Bevölkerung etwa 60 bis 80 g.

Inwieweit eine in Grenzen bleibende ständig überhöhte Eiweißzufuhr beim Gesunden gesundheitliche Nachteile nach sich zieht, ist noch umstritten. Eine Reihe von Beobachtungen sprechen dafür, daß bei bis zu 2,0 g Eiweiß pro kg Körpergewicht keine nachteiligen Folgen zu erwarten sind. Das entspricht einer Eiweißaufnahme von 120 bis 140 g (Frauen bzw. Männer). Eine über diese Mengen hinausgehende Eiweißzufuhr bedeutet jedoch eine erhöhte Nierenbelastung (Ausscheidung der Abbauprodukte der Aminosäuren einschließlich Harnstoff). Auch eine erhöhte Ausscheidung von Kalziumsalzen mit der Niere und die Gefahr des Auftretens von Kalziumoxalatsteinen (siehe Kap. 7.4.6) sowie des erhöhten Abbaus von Knochenhartgewebe kann die Folge eines ständigen übermäßigen Eiweißverzehrs sein.

Für Kinder und Jugendliche sowie in der Schwangerschaft und während der Stillperiode gelten die angegebenen Empfehlungen nicht. Bei diesem Personenkreis ist, wie bereits ausgeführt, der Eiweißbedarf infolge Wachstums und zusätzlicher Eiweißsynthese wesentlich höher. Die für diesen Personenkreis geltenden Empfehlungen sind unbedingt einzuhalten, um schwere gesundheitliche Schäden sowie Wachstums- und Entwicklungsstörungen zu vermeiden (siehe Kap. 4.5, 4.6, 4.7 bzw. 4.8).

3.5 Lipide (Fette, Cholesterin und andere Fettbegleitstoffe)

Unter dem Oberbegriff Lipide werden Fette und Fettbegleitstoffe zusammengefaßt. Diese Substanzen weisen eine Reihe gemeinsamer Eigenschaften auf, obwohl sie in chemischer Sicht unterschiedlich aufgebaut sind. Sie kommen in vielen Lebensmitteln vergesellschaftet vor. Auch beim Aufbau von Zellstrukturen, insbesondere von Biomembranen, bilden die verschiedenen Lipide oft eine funktionelle Einheit.

Lipide sind nicht in Wasser, aber gut in organischen Lösungsmitteln löslich, wie in Alkohol, Benzol, Äther und anderen Stoffen (sog. Fettlösungsmittel).

Die Lipide können in folgende große Gruppen eingeteilt werden (Lipide, die für den Aufbau des menschlichen Körpers bzw. als Nahrungsmittel bzw. Lebensmittelbegleitstoffe ohne bzw. von nur untergeordneter Bedeutung sind, werden nicht berücksichtigt):

- einfache Lipide (Neutralfette),
- komplexe Lipide (Phosphatide wie Lecithin, Glykolipide),
- sog. Isoprenabkömmlinge (Cholesterin, Carotinoide u. a.).

3.5.1 Neutralfette

Neutralfette, landläufig kurz als Fette bezeichnet, sind aus 1 Molekül Glycerin (ein 3wertiger Alkohol) und 3 Molekülen Fettsäure aufgebaut. Diese Bausteine sind in allen Fetten nach dem gleichen Bauprinzip verknüpft. Fette werden deswegen auch als Triglyceride bezeichnet (siehe Abb. 3.5.1). Die Säuregruppen der Fettsäuren sind im Fettmolekül mit den alkoholischen OH-Gruppen des Glycerins verestert. Die Fettsäurereste haben dadurch ihren sauren Charakter verloren, woraus sich die Bezeichnung Neutralfett ableitet.

Die unterschiedlichen Eigenschaften der verschiedenen Fette sind wegen des einheitlichen Bauprinzips nur durch die am Aufbau beteiligten unterschiedlichen Fettsäuren bedingt.

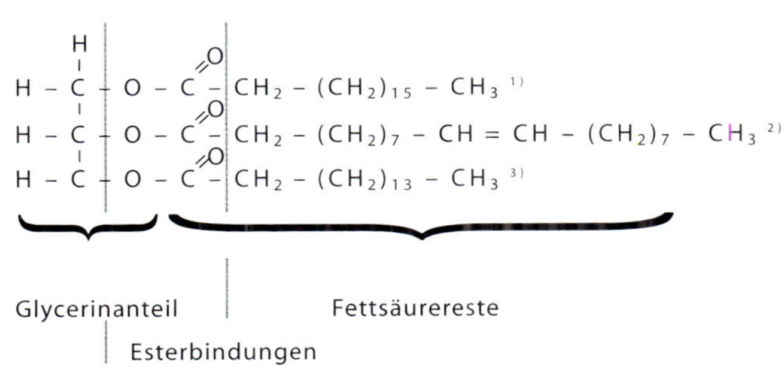

1) Stearinsäure
2) Ölsäure
3) Palmitinsäure

Abb. 3.5.1: Bauprinzip von Neutralfetten (Triglyceride)

Bedeutung der Fette für den Organismus

- Energielieferant

  Fette sind die Lieferanten von Nahrungsenergie mit dem höchsten Energieinhalt pro Gewichtseinheit; bei der Verbrennung von 1 g Fett werden 38 kJ (9 kcal) freigesetzt. Bei einem sehr hohen Energiebedarf (körperliche Schwerstarbeit) können Fette eine ausreichende Energieversorgung gewährleisten.

  Die gesamte Energiezufuhr des gesunden Erwachsenen soll maximal nur zu 30 % durch Fett abgedeckt werden. Eine Senkung der Fettaufnahme auf 25 % des Energiebedarfs ist anzustreben. Einen höheren Anteil zur Energiebereitstellung (bis 35 %) sollten Fette nur bei schwerer körperlicher Arbeit beisteuern. Beim Säugling müssen dagegen mehr als 50 % des Energiebedarfs durch Fette abgedeckt werden.

- Bausteine in allen Körperzellen

  Fette sind unentbehrliche funktionelle Bestandteile jeder Körperzelle. Sie sind am Aufbau von Zellstrukturen, insbesondere von Biomembranen, beteiligt. Der Fettgehalt der Körperzellen (Ausnahmen sind Fettzellen und Zellen des Zentralnervensystems) ist allerdings nicht hoch. Er beträgt etwa 3 % des Feuchtgewichts der Körperzelle.

- Depotfett als Energiereserve

  Fett kann infolge seiner Unlöslichkeit in Wasser in großem Umfang im Fettgewebe gespeichert werden (Depotfett). Das als langfristige Energiereserve in den Fettzellen gespeicherte Depotfett wird bei einer negativen Energiebilanz wieder mobilisiert und verbrannt.

  Das Fettgewebe besteht in der Regel zu 70 bis 80 % aus Fett. Bei Übergewichtigen kann der Fettgehalt einer Fettzelle auf 90 % ihres Gewichts ansteigen.

- Wärmeisolation

  Das im Unterhautfettgewebe befindliche Fett verhindert als guter Wärmeisolator übermäßige Wärmeverluste. Bei übergewichtigen Personen kann die vermehrte Fettablagerung im Unterhautfettgewebe die Wärmeabstrahlung und damit die Wärmeregulation empfindlich beeinträchtigen und einen Beitrag zur überhöhten Belastung des Kreislaufs liefern.

- Mechanisches Schutzpolster

  Fett übernimmt an exponierten Körperstellen eine mechanische Schutz- und Polsterfunktion (Nierenfett im Nierenlager, Polsterung des Augapfels in der Augenhöhle). Die Fettsäure-Zusammensetzung der Fette dieser Fettpolster unterscheidet sich beträchtlich von der der anderen Körperfette. Diese veränderte Fettsäurezusammensetzung ist für den höheren Schmelzpunkt und für die festere Konsistenz dieser Fette verantwortlich. Sie zeichnet sich durch einen höheren Anteil an gesättigten Fettsäuren aus (siehe unten).

- Vorläufer für Eicosanoide

  Mehrfach ungesättigte Fettsäuren sind Ausgangsstoffe für die Bildung von sehr kurzlebigen Reglerstoffen, der sog. Eicosanoide (Prostaglandine, Thromboxane, Leukotriene). Mehrfach ungesättigte Fettsäuren können vom Körper nicht selbst gebildet werden, sie sind essentiell und müssen mit der Nahrung aufgenommen werden.
- Transporteur für fettlösliche Vitamine

  Fette ermöglichen die Resorption von fettlöslichen Vitaminen, die vom Körper beim Fehlen von Fett nicht aufgenommen werden können. Auch der Transport von fettlöslichen Vitaminen im Körper erfolgt nur in Verbindung mit dem Transport von Fetten.
- Ausbildung eines Sättigungsgefühls

  Fette können als Bestandteile von Speisen mitverantwortlich sein für die Ausbildung eines Sättigungsgefühls, da fettreiche Mahlzeiten eine verlängerte Verweildauer im Magen haben. Unter der meist erforderlichen Einschränkung der Energiezufuhr tragen jedoch fettreiche Mahlzeiten und insbesondere Fette nicht dazu bei, die Nahrungsaufnahme mengenmäßig und die damit verbundene hohe Energiezufuhr ausreichend zu begrenzen. Die dazu erforderliche Nahrungsaufnahme ist bereits lange überschritten, ehe ein Sättigungsgefühl eintritt. Eine zu fettreiche Ernährung ist die Hauptursache für die Ausbildung eines Übergewichts.
- Aromaträger

  Fette sind ausgezeichnete Aromaträger für die größtenteils fettlöslichen Aromastoffe und damit wesentlich mitverantwortlich für die Ausbildung des typischen Geschmacks von Nahrungsmitteln und Speisen. Besonders gute Aromaträgerfunktionen haben feine Fettfilme, wie sie beispielsweise in Verbindung mit Eiweißfilmen in der Schlagsahne vorliegen.

3.5.1.1 Fettsäuren, Einteilung und Eigenschaften

Die teilweise recht unterschiedlichen Eigenschaften von Fetten unterschiedlicher Herkunft werden ausschließlich durch die an ihrem Aufbau beteiligten unterschiedlichen Fettsäuren bestimmt.

Nahezu alle in natürlichen, als Nahrungsfette verwendeten Fetten vorkommenden Fettsäuren enthalten eine geradzahlige Anzahl von Kohlenstoffatomen. Fettsäuren mit ungeradzahliger Anzahl von Kohlenstoffatomen bzw. mit verzweigten Kohlenstoffketten werden nur in geringem Umfang im Stoffwechsel einiger Mikroorganismen gebildet wie durch die im Pansen der Rinder vorkommenden Bakterien. Die beim Wiederkäuen von diesen Bakterien gebildeten ungeradzahligen Fettsäuren (ebenso sehr geringe Mengen von ungewöhnlich langkettigen Fettsäuren und Trans-Fettsäuren) werden nach ihrer Resorption unverändert in das Milchfett eingebaut. Ungeradzahlige Fettsäuren sind in geringen Mengen von weniger als 1 % nahezu ausschließlich im Milchfett enthalten. Die Spuren dieser Fettsäuren, die in anderen Lebensmitteln vorkommen, sind letztendlich auch bakteriellen Ursprungs.

Die Vielzahl der in Körper- und Nahrungsfetten vorkommenden Fettsäuren (siehe Tabelle 3.5.1) können nach zwei unterschiedlichen Ordnungsprinzipien eingeteilt werden:

- Kettenlänge
  Die Kettenlänge wird bestimmt durch die Anzahl der Kohlenstoffatome, die am Molekülaufbau beteiligt sind.
- Sättigungsgrad
  Der Sättigungsgrad hängt ab von der Anzahl der Doppelbindungen, die zwischen jeweils benachbarten Kohlenstoffatomen des Moleküls angeordnet sind.

Tabelle 3.5.1:
In Nahrungsfetten vorkommende Fettsäuren

Trivialname	Anzahl der C-Atome	bevorzugtes Vorkommen
Gesättigte Fettsäuren		
Buttersäure	4	Milchfett
Laurinsäure	12	Kokosfett und Palmkernöl, Milchfett
Myristinsäure	14	Kokosfett und Palmkernöl
Palmitinsäure	16	zahlreiche Fette
Stearinsäure	18	vorwiegend tierische Fette
Ungesättigte Fettsäuren		
Einfach ungesättigt		
Ölsäure	18	zahlreiche Fette, insbes. Olivenöl
Erucasäure	22	Rapsöl (in sog. 0/0-Sorten nur in Spuren)
Mehrfach ungesättigt (Anzahl der Doppelbindungen in Klammern)		
ω-3-Reihe		
Linolensäure (3 DB)	18	Leinöl, einige andere Fette in Spuren
Eicosapentaensäure (5 DB)	20	Fischöle
Docosahexaensäure (6 DB)	22	Fischöle
ω-6-Reihe		
Linolsäure (2 DB)	18	Pflanzenöle
Di-homo-γ-Linolensäure (3 DB)	20	Körperzellen
Arachidonsäure (4 DB)	20	Körperzellen

Einteilung nach der Kettenlänge

Bei der Einteilung der Fettsäuren nach ihrer Kettenlänge kann zwischen folgenden Gruppen unterschieden werden:

- kurzkettige Fettsäuren (4 bis 6 C-Atome),

- mittelkettige Fettsäuren (8 bis 10 C-Atome),
- langkettige Fettsäuren (mehr als 10 C-Atome, in der Regel bis maximal 18 C-Atome).

In einigen Nahrungsfetten, insbesondere im Milchfett, können in sehr geringen Mengen Fettsäuren mit bis zu 24 C-Atomen vorkommen. Solche extrem langkettigen Fettsäuren werden ebenfalls fast ausschließlich im Stoffwechsel verschiedener Mikroorganismen gebildet. Einige längerkettige Fettsäuren können auch in den Fetten von einigen wenigen Ölsamen vorkommen.

Kurz- und mittelkettige Fettsäuren: Kurz- und mittelkettige Fettsäuren sind bis zu einem gewissen Grad wasserlöslich, mit zunehmender Kettenlänge allerdings zunehmend schwerer. Fette, die solche wasserlöslichen Fettsäuren enthalten, sind wie alle Fette selbst nicht wasserlöslich. Langkettige Fettsäuren sind auch als freie Fettsäuren wasserunlöslich.

Die kurz- und mittelkettigen Fettsäuren können nach der Spaltung der Fette im Dünndarm auf Grund ihrer Wasserlöslichkeit relativ leicht resorbiert und im Blutplasma gelöst umgehend zur Leber transportiert werden. Fette, die nahezu nur kurz- und mittelkettige Fettsäuren enthalten, werden von der Lebensmittelindustrie als besondere diätetische Lebensmittel hergestellt. Diese sog. MCT-Fette (englisch: middle chain triglycerides = „Triglyceride mittlerer Kettenlänge") werden bei der diätetischen Behandlung von Fettresorptionsstörungen und von bestimmten Störungen des Fettstoffwechsels eingesetzt (siehe Kap. 8.8).

Langkettige Fettsäuren: Langkettige Fettsäuren sind wasserunlöslich. Triglyceride, die ausschließlich aus langkettigen Fettsäuren aufgebaut sind, werden auch als LCT-Fette bezeichnet (englisch: long chain triglycerides = „Triglyceride langer Kettenlänge").

Einteilung nach dem Sättigungsgrad

- gesättigte Fettsäuren
  Fettsäuren, die in ihrer Kohlenstoffkette keine Doppelbindungen aufweisen,
- ungesättigte Fettsäuren
  Fettsäuren, in deren Kohlenstoffkette sich 1 oder mehrere Doppelbindungen befinden.

Gesättigte Fettsäuren: Bei gesättigten Fettsäuren sind alle Bindungsstellen der C-Atome (ausgenommen ist die Säuregruppe) durch Wasserstoffatome „abgesättigt", sie besitzen infolgedessen keine Doppelbindungen. Gesättigte Fettsäuren haben recht unterschiedliche Kettenlängen, sie können kurz-, mittel- und langkettig sein. Sie sind im Vergleich zu den ungesättigten Fettsäuren chemisch relativ stabil, insbesondere gegenüber der Oxidation durch Luftsauerstoff.

Ungesättigte Fettsäuren: Bei ungesättigten Fettsäuren sind zwei benachbarte C-Atome der Kohlenstoffkette über eine Doppelbindung verknüpft. Daher ist an diesen beiden C-Atomen jeweils nur 1 Wasserstoffatom angeheftet (an Stelle von 2 bei gesättigten Fettsäuren), diese C-Atome sind nicht vollständig mit Wasserstoffatomen „abgesättigt", die Fettsäure ist ungesättigt. Ungesättigte Fettsäuren sind stets langkettig.

Nach der Anzahl der Doppelbindungen, die im Fettsäuremolekül vorliegen, unterscheidet man zwischen

- einfach ungesättigten Fettsäuren,
- mehrfach ungesättigten Fettsäuren.

Einfach ungesättigte Fettsäuren: Einfach ungesättigte Fettsäuren enthalten nur 1 Doppelbindung. Die wichtigste einfach ungesättigte Fettsäure ist die Ölsäure. Die Doppelbindung befindet sich stets an der gleichen Stelle des aus 18 C-Atomen gebildeten Fettsäuremoleküls, stets nach dem 9. C-Atom (also zwischen den C-Atomen 9 und 10), von dem Ende der Kohlenstoffkette gerechnet, an dem die Carboxylgruppe nicht angeheftet ist. Ölsäure ist als Bestandteil vieler Nahrungsfette weit verbreitet und auch am Aufbau zahlreicher Fette im menschlichen Organismus beteiligt. Ölsäure kommt insbesondere in zahlreichen Pflanzenölen, in besonders hoher Konzentration im Olivenöl und im Rapsöl, vor.

Der menschliche Organismus ist in der Lage, benötigte Ölsäure aus der Stearinsäure selbst herzustellen (aus der gesättigten Fettsäure mit ebenfalls 18 C-Atomen). Bei dieser enzymatisch gesteuerten Umwandlung wird an den benachbarten C-Atomen je 1 Wasserstoffatom entfernt, und es entsteht eine Doppelbindung. Das Einfügen einer 2. Doppelbindung ist im menschlichen Organismus infolge Fehlens eines dazu benötigten spezifischen Enzyms nicht möglich.

Ölsäure bewirkt eine Senkung der Cholesterinkonzentration im Blutplasma, insbesondere eine Senkung des als „schlechtes Cholesterin" bezeichneten LDL-Cholesterins (siehe Kap. 3.5.4.1).

Mehrfach ungesättigte Fettsäuren (PUFA), essentielle Fettsäuren

Mehrfach ungesättigte Fettsäuren, in der wissenschaftlichen Literatur oft abgekürzt PUFA bezeichnet (englisch: = polyunsaturated fatty acids), haben 2 oder mehrere Doppelbindungen. Die 2. Doppelbindung ist in der Kohlenstoffkette der Fettsäure nach der 1. Doppelbindung (in Richtung zur Säuregruppe) angeordnet, Doppelbindung und 2 Einfachbindungen wechseln sich in der Kette ab.

Mehrfach ungesättigte Fettsäuren sind im menschlichen Organismus am Aufbau zahlreicher Fette und Phosphatide einbezogen. Insbesondere die am Aufbau von Biomembranen beteiligten Fette enthalten einen größeren Anteil an mehrfach ungesättigten Fettsäuren. Eine besondere Rolle spielen sie im Nervengewebe. Außerdem sind diese Fettsäuren Vorstufen für äußerst kurzlebige Reglerstoffe, für die Eicosanoide (siehe Kap. 3.5.1.2). Mehrfach ungesättigte Fettsäuren sind auch am Aufbau von Nahrungsfetten, insbesondere von Samenfetten und Keimölen, beteiligt.

Der menschliche Organismus ist nicht in der Lage, mehrfach ungesättigte Fettsäuren selbst zu bilden. Er ist daher darauf angewiesen, diese Fettsäuren als sog. essentielle Fettsäuren mit entsprechenden Nahrungsfetten aufzunehmen. Er kann aber in bereits mehrfach ungesättigte Fettsäuren in begrenztem Umfang weitere Doppelbindungen einführen.

Die Linolsäure (2 Doppelbindungen) kann in die Arachidonsäure (4 Doppelbindungen nach zusätzlich erfolgter Verlängerung der Kohlenstoffkette) umgewandelt werden, allerdings mit sehr geringer Geschwindigkeit. Auch die α-Linolensäure (3 Doppelbindungen) kann mit ebenfalls sehr geringer Geschwindigkeit in Eicosapentaensäure (5 Doppelbindungen) und in Docosahexaensäure (6 Doppelbindungen) überführt werden. Diese Umwandlung von Linolsäure und von Linolensäure in die hoch ungesättigten Vorstufen der Eicosanoide ist für den Organismus bei ausreichender Versorgung mit den hoch ungesättigten Fettsäuren von untergeordneter Bedeutung.

Bei den mehrfach ungesättigten Fettsäuren muß zwischen zwei unterschiedlichen Gruppen unterschieden werden:

- ω-3-Fettsäuren (auch als n-3-Fettsäuren bezeichnet),
- ω-6-Fettsäuren (auch als n-6-Fettsäuren bezeichnet).

Der Unterschied zwischen den Fettsäuren der beiden Reihen besteht in der Anordnung der Doppelbindungen in den Fettsäuremolekülen. Diese unterschiedliche Anordnung wird bereits während der Synthese der Fettsäuren festgelegt. Fettsäuren der beiden Reihen können nicht wechselseitig ineinander umgewandelt werden.

Der Unterschied besteht in der Position der ersten der in der Kohlenstoffkette vorliegenden Doppelbindungen, wobei die Numerierung mit dem endständigen Kohlenstoffatom beginnt (an dem die Säuregruppe nicht angeordnet ist). In den ω-3-Fettsäuren (die auch als n-3-Fettsäuren bezeichnet werden), befindet sich die erste Doppelbindung nach dem 3. C-Atom, in den ω-6-Fettsäuren nach dem 6. C-Atom (siehe Abb. 3.5.1).

Fettsäuren der ω-3-Reihe: Fettsäuren dieser Reihe sind nur in äußerst geringem Umfang am Aufbau von Speicherfetten beteiligt. Sie sind in Fetten und in Phosphatiden zu finden, die mit am Aufbau der Biomembranen beteiligt sind. Aber auch in den Biomembranen ist ihr Anteil an der gesamten Menge der Fettsäuren relativ gering.

Die wichtigsten Fettsäuren der ω-3-Reihe sind:

- α-Linolensäure (C 18 : 3ω-3)*
  Die α-Linolensäure kommt in größeren Mengen nur in Leinöl, außerdem in Rapsöl, Sojaöl und Walnußöl vor. Sie kann nur vom Erwachsenen (nicht vom Säugling) in ausreichendem Maße in die höher ungesättigten Fettsäuren dieser Reihe überführt werden, die als Vorstufen für die Synthese der Eicosanoide benötigt werden.
- Eicosapentaensäure (C 20 : 5ω-3)
  Eicosapentaensäure (EPA) kommt in den Fetten von fettreichen Seefischen vor, insbesondere in Makrele, Hering, Lachs, Lachsforelle, Thunfisch und Heilbutt (nicht im Aal). Die Fettsäuren dieser Reihe werden vom Plankton gebildet, sie gelangen über die Nahrungskette bis in die o. g. Seefische, die sie in ihrem Speicherfett ablagern können.
- Docosahexaensäure (C 22 : 6ω-3)
  Docosahexaensäure (DHA) kommt ebenfalls in den genannten Seefischen vor. Sie kann vom Erwachsenen aus der α-Linolensäure durch Kettenverlängerung und durch die Einführung von zusätzlichen Doppelbindungen gebildet werden. Zwischenstufe bei dieser endogenen Bildung der Docosahexaensäure ist die Eicosapentaensäure.

Bei Säuglingen und Kleinkindern ist diese Bildung dieser beiden hoch ungesättigten Fettsäuren nicht oder nur in völlig unzureichendem Umfang möglich (siehe Kap. 3.5.1.2). Dieser Personenkreis ist deshalb auf die Zufuhr von Eicosapentaensäure und Docosahexaensäure besonders angewiesen. Dazu kommt, daß der wachsende Organismus wesentlich mehr von diesen ungesättigten Fettsäuren benötigt, da sie als essentielle Bausteine für den Aufbau des sich entwickelnden Nervengewebes, insbesondere des Gehirns, benötigt werden.

Docosahexaensäure (DHA) wird in größerer Menge auch von einigen Algen gebildet. Neuerdings werden von der Nahrungsgüterwirtschaft „neuartige" Eier angeboten, sog. „DHA-Eier". Durch das Verfüttern von Algenpräparaten, die reich an DHA sind, an Hühner werden in dem Eidotter Fette gebildet, die einen gewissen Prozentsatz an DHA enthalten. Diese Eier werden als gesundheitsfördernd beworben (sog. funktionelle Lebensmittel, siehe Kap. 5.7.5). Ein besonderer gesundheitlicher Wert solcher Eier kann angezweifelt werden.

Die erforderliche Versorgung mit den Fettsäuren der ω-3-Reihe kann durch den gelegentlichen Verzehr der o. g. Seefische wesentlich preisgünstiger und effektiver gesichert werden, wobei gleichzeitig das Fettsäuremuster generell günstiger ist und auch die Versorgung mit Jod verbessert wird. „DHA-Eier" enthalten dagegen wie alle Hühnereier relativ viel Chole-

* (C 18 = 18 C-Atome, : 3 = 3 Doppelbindungen, ω-3 = Position der ersten Doppelbindung).

sterin, dessen Aufnahme auf möglichst 300 mg pro Tag eingeschränkt werden sollte. Außerdem werden vom einschlägigen Handel Fischölkapseln als Nahrungsergänzungsmittel angeboten, die Fette enthalten, die reich an mehrfach ungesättigten Fettsäuren der ω-3-Reihe sind.

Fettsäuren der ω-6-Reihe: ω-6-Fettsäuren kommen in beträchtlicher Menge in einer Reihe pflanzlicher Fette vor, nahezu ausnahmslos in Form der 2fach ungesättigten Linolsäure (C 18 : 2 ω-6). Besonders reich an Linolsäure sind die Öle aus Pflanzensamen wie Sonnenblumenkerne und Samen der Färberdistel sowie die Öle aus Keimlingen (Maiskeim- bzw. Weizenkeimöl).

Im menschlichen Organismus kann die Linolsäure durch Kettenverlängerung und Entfernung von Wasserstoff in die 4fach ungesättigte Arachidonsäure (C 20 : 4 ω-6) überführt werden. Sie ist ebenfalls in Fetten enthalten, die am Aufbau von Biomembranen und insbesondere am Aufbau von Nervenzellen beteiligt sind. Arachidonsäure ist ebenfalls ein Vorläufer von Eicosanoiden, die sich in ihrer Wirkung allerdings teilweise von den aus Eicosapentaensäure und Docosahexaensäure gebildeten unterscheiden. Die aus Arachidonsäure gebildeten Eicosanoide begünstigen insbesondere entzündliche Prozesse.

Eine Sonderstellung nehmen die bei der Umwandlung von Linolsäure in Arachidonsäure als Zwischenstufen gebildete γ-Linolensäure (C 18 : 3 ω-6) und insbesondere die Dihomo-γ-Linolensäure (C 20 : 3 ω-6) ein (die γ-Linolensäure darf nicht mit der α-Linolensäure der ω-3-Reihe verwechselt werden, siehe oben). Die Dihomo-γ-Linolensäure ist Vorstufe für Eicosanoide, die entzündungshemmend wirken können.

In tierischen Fetten kommt Linolsäure nicht oder nur in geringen Mengen vor. Das in dem Fleisch der Schlachttiere eingelagerte Fett enthält dagegen nicht zu vernachlässigende Mengen an Arachidonsäure. Der Bedarf des Menschen an Arachidonsäure wird bei einer üblichen Mischkost meist vollständig mit der in Fleisch und Fleischwaren aufgenommenen Arachidonsäure gedeckt.

Konjugierte Linolsäure (CLA = englisch: conjugated linolic acid)

Die konjugierte Linolsäure unterscheidet sich von der α-Linolsäure durch die Anordnung der beiden Doppelbindungen innerhalb des Moleküls (Einfachbindung und Doppelbindung wechseln sich direkt ab, sog. konjugierte Doppelbindungen), wodurch eine andere räumliche Struktur bedingt wird (siehe Abb. 3.5.2). Bei ihr sind 16 verschiedene isomere Formen möglich (unterschiedliche räumliche Anordnungen). Die konjugierte Linolsäure kommt ausschließlich und in nur sehr geringer Konzentration (weniger als 1 %) im Milchfett vor. Sie wird durch die Bakterien des Pansens gebildet. Diese Fettsäure soll im Körper nach neueren Untersuchungen den Abbau von Fettsäuren begünstigen und dadurch der raschen Ablagerung von Nahrungsfett in den Fettdepots entgegenwirken. Obwohl dieser beschriebene Effekt noch nicht hinreichend abgesichert werden konnte, werden im Handel bereits entsprechende Präparate angeboten, insbesondere für Bodybuilder (Nahrungsergänzungsstoffe, siehe Kap. 5.7.6). Von solchen Präparaten ist abzuraten. Sollte sich dieser positive Effekt der konjugierten Linolsäure eindeutig bestätigen, so kann die möglicherweise anzuratende Versorgung mit konjugierter Linolsäure in ausreichendem Maße durch den Verzehr von Milch und Käse gesichert werden. Darüber hinaus wird der konjugierten Linolsäure eine antioxidative Wirkung zugeschrieben, wodurch sie der Entstehung von arteriosklerotischen Veränderungen und der Ausbildung von Haut- und Brustkrebs entgegenwirken soll.

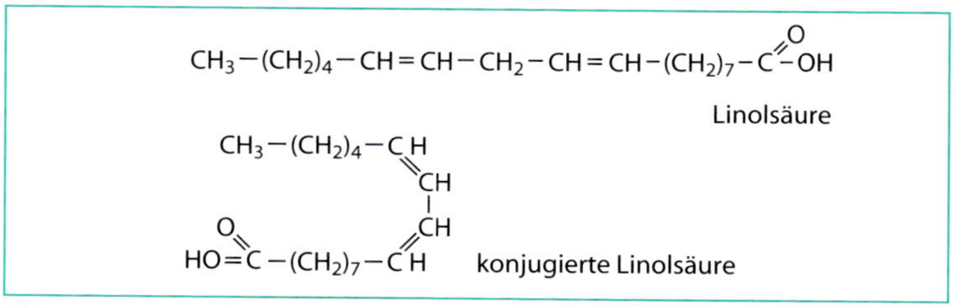

Abb. 3.5.2: Strukturelle Unterschiede zwischen Linolsäure und konjugierter Linolsäure

Trans-Fettsäuren

Trans-Fettsäuren sind ungesättigte Fettsäuren, die eine „unnatürliche" Raumstruktur aufweisen.

Die Beweglichkeit der Kettenreste der Fettsäure, die sich an die beiden Kohlenstoffatome einer Doppelbindung anschließen, ist infolge der veränderten Bindungskräfte so stark eingeschränkt, daß sie nicht mehr frei beweglich sind. Sie können innerhalb des Fettsäuremoleküls nur 2 verschiedene, fest fixierte räumliche Anordnungen einnehmen (siehe Abb. 3.5.3). Die Kettenreste können entweder nach der gleichen Seite gerichtet sein (sog. cis-Form), oder sie weisen in jeweils entgegengerichtete Seiten (trans-Form).

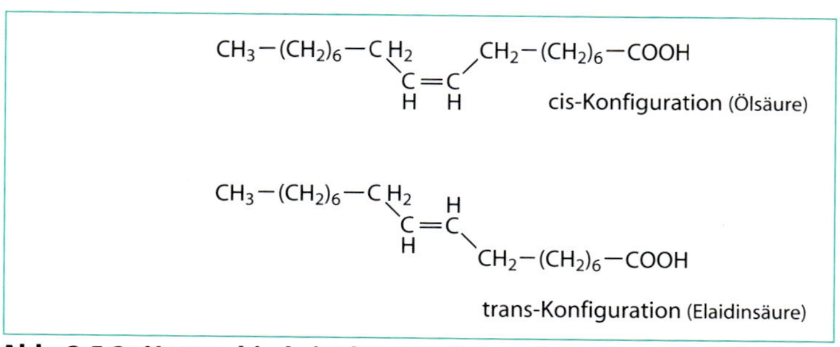

Abb. 3.5.3: Unterschiede in der räumlichen Anordnung der cis- bzw. trans-Konfiguration ungesättigter Fettsäuren

Der Energieinhalt der cis-Form ist geringgradig höher als der der trans-Form. Die cis-Form kann in die trans-Form umgewandelt werden. Dabei wird ein Kettenrest des Fetts praktisch „umgekippt". Voraussetzung für diese Umwandlung ist die Zufuhr einer geringen Energiemenge, damit die zunächst auch relativ festen Bindungen in der cis-Form gelockert werden. Die dazu benötigte Energie kann beim Erhitzen auf sehr hohe Temperaturen (Braten, Fritieren) oder durch die Verfahren bei der Fetthärtung, beispielsweise bei der Margarineherstellung, bereitgestellt werden. Die umgekehrte Umwandlung von der cis-Form in die trans-Form ist im menschlichen (und tierischen) Organismus nicht möglich.

Einige Mikroorganismen, die auch als normale Flora im Pansen von Wiederkäuern wie Kühen und Schafen vorkommen, bilden dagegen Trans-Fettsäuren. Diese Trans-Fettsäuren werden resorbiert und in den Milchdrüsen der Tiere unverändert in das Milchfett eingebaut. Sie gelangen auf diese Weise in die menschliche Nahrung.

Trans-Fettsäuren erfüllen im menschlichen Organismus keine spezifischen Funktionen wie beispielsweise die Ölsäure oder die mehrfach ungesättigten Fettsäuren. Sie sind weder Bausteine für Biomembranen noch Vorstufen für Eicosanoide. Sie können aber wie jede Fettsäure verbrannt werden. Sie dienen somit ausschließlich der Energieversorgung und können aus ernährungsphysiologischer Sicht mit den gesättigten langkettigen Fettsäuren verglichen werden. Der Abbau der Trans-Fettsäuren erfolgt allerdings mit geringerer Geschwindigkeit als der der gesättigten Fettsäuren. Geringe Mengen an Trans-Fettsäuren, die mit der Nahrung aufgenommen werden, werden durch ihre Verstoffwechslung rasch wieder eliminiert.

Bei der Aufnahme von größeren Mengen an Trans-Fettsäuren können diese nicht mehr umgehend verbrannt werden. Sie können dann, ähnlich wie gesättigte langkettige Fettsäuren, in gesundheitlicher Hinsicht negative Effekte auslösen. Sie erhöhen wie diese die Konzentration des LDL-Cholesterins („schlechtes Cholesterin") und erniedrigen zusätzlich das HDL-Cholesterin („gutes Cholesterin"). Diese nach der Aufnahme von größeren Mengen an Trans-Fettsäuren beschriebenen negativen Effekte können allerdings auch durch eine Unterversorgung mit Ölsäure und essentiellen Fettsäuren sowie mit Vitamin E bedingt sein, die sich bei einer atypischen Zusammensetzung des Nahrungsfetts meist ergibt (siehe Kap. 3.5.1.4).

Nach dem Kenntnisstand zu Beginn des neuen Jahrhunderts kann die tägliche Aufnahme von bis zu 2 bis 3 g Trans-Fettsäuren (weniger als 1 % der Nahrungsenergie) als gesundheitlich unbedenklich angesehen werden. Mit der in der Bundesrepublik üblichen Kost werden diese Mengen kaum überschritten, die Aufnahme erfolgt zu etwa gleichen Teilen mit tierischen Fetten und mit partiell gehärteten pflanzlichen Fetten.

Die in letzter Zeit geführte Diskussion über die Gefahren des Verzehrs von Fetten, die reich an Trans-Fettsäuren sind, muß mit Zurückhaltung bewertet werden. Folgende Punkte sind dabei zu beachten:

- Trans-Fettsäuren entstehen nicht nur bei der Fetthärtung zur Margarineherstellung, sondern sie sind auch im Milchfett (Butter) und in anderen tierischen Fetten enthalten.
- Der Gehalt an Trans-Fettsäuren in der Butter unterliegt jahreszeitlichen Schwankungen (abhängig vom Futter und den dadurch entstehenden Wachstumsbedingungen für die Mikroorganismen des Pansens). Er beträgt, ebenso wie der Gehalt in Rinder- und Hammelfett, durchschnittlich 2 bis 4 %. Im Fett von Schweinen, Geflügel, Kaninchen und Pferden ist der Trans-Fettsäure-Gehalt sehr gering.
- Der unterschiedliche Gehalt an Trans-Fettsäuren in verschiedenen Margarinesorten hängt vom Herstellungsverfahren ab sowie von dem prozentualen Anteil von gehärteten Fetten im Endprodukt. Das Ausmaß der Bildung von Trans-Fettsäuren bei der Fetthärtung konnte in den letzten Jahren durch den Einsatz von neuartigen Katalysatoren wesentlich verringert werden. Der Gehalt der einzelnen Margarinesorten an Trans-Fettsäuren hängt somit auch in gewissem Maße von den Produktionsbedingungen ab. In Pflanzenfettmargarinen (Streichfett) und in Reformmargarinen beträgt er etwa 1 % oder weniger, in Diätmargarinen sind nur Spuren enthalten. In Standardmargarinen und Backmargarinen kann der Gehalt größer sein (bis 5 %). Pflanzenöle sind praktisch frei von Trans-Fettsäuren.
- Back- und Bratfette zeigen oft einen recht unterschiedlichen Gehalt an Trans-Fettsäuren (0,1 bis 30 %), abhängig von unterschiedlichen Ausgangsmaterialien und dadurch bedingten unterschiedlich hohen Hydrierungsraten sowie von unterschiedlichen Produktionstechniken.
- Fritierte Speisen und Snacks haben ebenfalls stark differierende Gehalte an Trans-Fettsäuren. Die Differenzen sind durch unterschiedliche Qualitäten der eingesetzten Fritierfette sowie vom Zustand des Fritierfetts bedingt. Sie können unter günstigen Bedingungen frei von Trans-Fettsäuren sein, bei der Verwendung von ungeeignetem Fritierfett und übermäßig langer Benutzung kann der Gehalt in Ausnahmefällen bis auf 20 % des Fettanteils ansteigen (durch längere Hitzeeinwirkung kommt es zur Umlagerung von Cis- in Trans-Fettsäuren).
- Die mengenmäßig höchste Aufnahme von Trans-Fettsäuren erfolgt in den meisten Fällen beim Verzehr von solchen fritierten Speisen, die relativ viel Fritierfett aufnehmen (Pommes frites, Kartoffelchips) und die bei relativ niedrigen Fritiertemperaturen sowie in bereits verbrauchtem Fritierfett produziert wurden (lange Garzeit).

3.5.1.2 Eicosanoide

Eicosanoide sind kurzlebige Reglersubstanzen, die als Gewebshormone angesehen werden können. Sie werden bei Bedarf aus mehrfach ungesättigten Fettsäuren mit 3, 4 bzw. 5 Doppelbindungen gebildet. Eicosanoide sind sehr kurzlebig, ihre biologische Halbwertszeit beträgt oft nur wenige Sekunden. Die Vorstufen stammen aus den beiden Reihen der mehrfach ungesättigten Fettsäuren:

- Di-homo-γ-Linolensäure und Arachidonsäure (ω-6-Reihe) bzw.
- Eicosapentaensäure und Docosahexaensäure (ω-3-Reihe).

Die als Vorstufen dienenden Fettsäuren sind Bausteine von Fetten bzw. Phosphatiden, die am Aufbau von zellulären Membranen beteiligt sind, insbesondere des endoplasmatischen Retikulums. Die entsprechenden Fettsäuren werden bei Bedarf schnell und selektiv durch spezifische Lipasen (Phospholipase A) aus den Fett- bzw. Phosphatidmolekülen herausgelöst und in rasch ablaufenden Reaktionsfolgen in die Wirkstoffe umgewandelt. Diese Bildung der Wirkstoffe kann über unterschiedliche Synthesewege erfolgen. Die gebildeten Eicosanoide können 3 unterschiedlichen Gruppen zugeordnet werden, die sich in Hinblick ihrer Struktur, ihrer Funktion und ihrer bevorzugten Bildungsorten unterscheiden (siehe Abb. 3.5.4):

- Prostacycline,
- Leukotriene,
- Thromboxane.

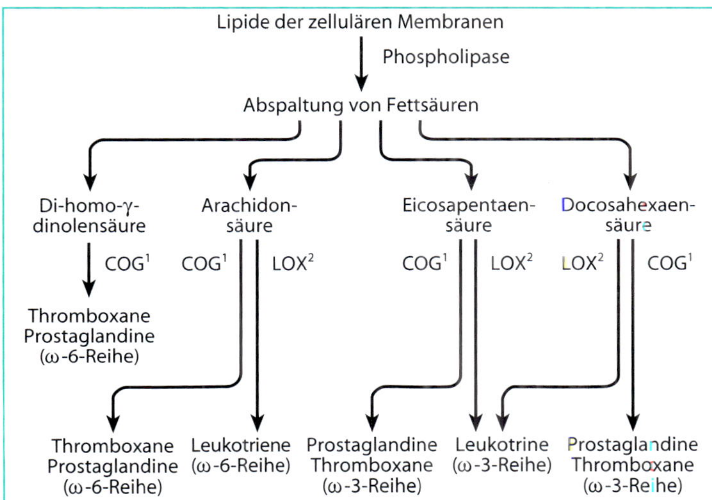

[1] COG = Cyclooxygenase: Schlüsselenzym, das die Bildung von Thromboxanen und Prostaglandinen einleitet. Die COG kann durch Azetylsalicylsäure gehemmt werden (entzündungshemmende und schmerzlindernde Wirkung von Aspirin), da die Prostaglandine vermindert gebildet werden, die entzündungsbegünstigende Eigenschaften zeigen.
Die verminderte Bildung von Thromboxanen (jedenfalls der ω-6-Reihe) bedingt eine verminderte Aggregation von Blutplättchen (Infarktprophylaxe).
[2] LOX = Lipoxygenase

Abb. 3.5.4: Bildung von Eicosanoiden

Die Zahl der verschiedenen Eicosanoide, die aus den beiden Reihen der Fettsäuren gebildet werden können, ist relativ groß. Sie unterscheiden sich auch in ihren Wirkungsweisen teilweise recht beträchtlich.

Eicosanoide beeinflussen in den verschiedensten Organen eine Vielzahl von kaum überschaubaren Zellfunktionen. Hervorzuheben sind ihre Wirkungen an der glatten Muskulatur verschiedener Organe wie des Magen-Darm-Trakts, der Gefäßwände kleiner Arterien, der kleinen Bronchialäste in den Lungen. Weiterhin beeinflussen die Eicosanoide die Blutgerinnung, die Anlagerung von Monocyten (weiße Blutzellen) an Gefäßzellen und Entzündungsreaktionen sowie Immunprozesse. Sie sind somit an der Ausbildung bzw. an der Verhütung zahlreicher Erkrankungen einbezogen wie beispielsweise bei der Ausbildung von arteriosklerotischen Veränderungen, insbesondere an den Herzkranzgefäßen und damit am Entstehen einer ischämischen Herzkrankheit, bei entzündlichen und immunologisch bedingten Erkrankungen wie beispielsweise bei rheumatischen Erkrankungen, beim Bronchialasthma und Störungen in der Immunantwort.

Die Eicosanoide aus den beiden Reihen der mehrfach ungesättigten Fettsäuren wirken teilweise gleichsinnig, teilweise wirken sie gegenläufig. So wirken die Eicosanoide aus der ω-3-Reihe den Prozessen entgegen, die zur Ausbildung von arteriosklerotischen Gefäßveränderungen und zur zusätzlichen Gefäßverengung durch die Bildung von Mikrothromben führen. Das seltene Auftreten von Herzinfarkten bei Eskimos ist vor Jahren auf die atypische Ernährungsweise der Eskimos (äußerst fettreich, aber mit einem sehr hohen Gehalt der Nahrungsfette an Eicosapentaensäure und Docosahexaensäure [ω 3-Reihe]) zurückgeführt worden. Die daraus abgeleitete Makrelendiät soll der Infarktprophylaxe dienen.

Den Prostaglandinen der ω-3-Reihe werden eine Vielzahl von positiven Effekten zugeschrieben. Sie sollen bis zu einem gewissen Grad Entzündungsreaktionen, Aggregationen von Thrombozyten und Anlagerungen von Schaumzellen (siehe Kap. 7.6.4.2) an den Arterienwänden hemmen und den Blutdruck sowie den Blutspiegel von Neutralfetten senken können. Auf diese Weise sollen sie teilweise der entzündungsfördernden Wirkung von einigen Prostaglandinen der ω-6-Reihe entgegenwirken und dadurch auch für einen abgeschwächten Verlauf von chronisch entzündlichen Erkrankungen (z. B. rheumatische Erkrankungen) sorgen können.

Die seit langem bekannte entzündungshemmende und schmerzlindernde Wirkung von Acetylsalicylsäure ist auf die Hemmung der Cyclooxygenase zurückzuführen, die ein Schlüsselenzym bei der Bildung der Prostaglandine und Thromboxane ist. Acetylsalicylsäure wird aus dem gleichen Grund zur Prophylaxe eines Zweitinfarkts eingesetzt.

Die Ursachen für das Entstehen der arteriellen Veränderungen, die zu einer verminderten Blutversorgung des Herzens führen, sind jedoch vielschichtig und nicht durch das einfache Einhalten einer Makrelendiät zu eliminieren. Es sei deshalb bereits darauf hingewiesen, daß eine einseitige Auswahl von Fetten und damit eines unausgewogenen Fettsäurespektrums zu Stoffwechselstörungen und zu schweren gesundheitlichen Schäden führen kann (siehe Kap. 3.5.1.4).

3.5.1.3 Fettverderb

Wie alle Nahrungsmittel verderben auch Fette bei unsachgemäßer und zu langer Lagerung. Bei unsachgemäßer Verarbeitung von Fetten können außerdem schädliche Umwandlungsprodukte gebildet werden. Einige dieser beim Verderb entstehenden Substanzen sind geruch- und geschmacklos. Sie können deswegen oft nicht wahrgenommen werden, sie sind demzufolge besonders gefährlich. Pathogene Bakterien können sich in Fetten infolge des fehlenden oder zu geringen Wassergehalts in der Regel nicht vermehren, sie können deshalb auch keine Gifte bilden. Typische Lebensmittelinfektionen und Lebensmittelvergiftungen, die meist mit Störungen in der Magen-Darm-Funktion verbunden sind, werden durch verdorbene Fette nicht ausgelöst. Daher wird hinsichtlich lebensmittelhygienischen Gesichtspunkten mit Fetten und Ölen in ungerechtfertigter Weise oft recht sorglos umgegangen.

Ranzigwerden von Fett

Fette können durch Lipasen (fettspaltende Enzyme), die von Mikroorganismen gebildet werden, in Glycerin und freie Fettsäuren aufgespalten werden. Voraussetzung hierfür ist das Vorhandensein von Spuren an Wasser (z. B. in der Butter oder in Fettzellen wie im Speck). Diese Fettspaltung ist zunächst unbedenklich, da vom Körper sowohl die freigesetzten Fettsäuren als auch das Glycerin verwertet werden können. Zu einem gesundheitlichen Risiko in Hinblick einer Spätschädigung könnte jedoch eine anschließende Oxidation der freigesetzten Fettsäuren werden, falls das ranzig gewordene Lebensmittel bis zum Verzehr noch längere Zeit aufbewahrt wird (siehe unten). Die freigesetzten kurzkettigen Fettsäuren, insbesondere die Buttersäure, riechen jedoch unangenehm bis penetrant. Außerdem können alle freien Fettsäuren in Gegenwart von Salzen Seifen bilden, die intensiv seifig schmecken. Auf Grund dieses unangenehmen Geruchs und Geschmacks werden ranzig gewordene Fette bereits aus rein sensorischen Gründen als ungenießbar angesehen und verworfen.

Fettsäureoxidation

Fettsäuren werden in Gegenwart von Sauerstoff oxidativ verändert. Bei dieser Reaktion entstehen zunächst sog. Fettsäure-Sauerstoff-Radikale. Radikale sind kurzlebige, aber äußerst reaktionsfähige Verbindungen. Sie reagieren sehr rasch mit anderen Stoffen, die dadurch ebenfalls verändert werden. Bei dieser Folgereaktion entstehen in vielen Fällen wieder Verbindungen, die nunmehr selbst einen Radikalcharakter aufweisen. Dadurch kann eine sich lawinenartig ausbreitende Kettenreaktion ausgelöst werden, in deren Verlauf eine ständig zunehmende Anzahl von Radikalen gebildet wird (siehe Kap. 1.3). In diese radikalbildende Kettenreaktion werden immer neue Fettsäuremoleküle einbezogen, so daß die Fettsäuren mit ständig zunehmender Geschwindigkeit oxidiert werden.

Die oxidierten Fettsäuren mit radikalischem Charakter können wie alle freien Radikale (insbesondere Sauerstoffradikale) im Körper mit einer Vielzahl von Zellbestandteilen reagieren. Diese werden dabei so verändert, daß sie nicht mehr funktionsfähig sind. Das betrifft neben den Fettsäuren in Biomembranen auch wichtige Enzymeiweiße und die Nucleinsäuren, die irreversibel geschädigt werden können.

Solche an den wichtigen Biomolekülen auftretenden Schädigungen können von den Körperzellen teilweise wieder repariert werden. Frühe Schäden sind deswegen meist nicht nachweisbar, die Gefahr sind mögliche Spätschäden, die bei einer fortwährenden Einwirkung von Radikalen erst durch die Kumulation von einzelnen Schadeffekten ausgelöst werden.

Fettsäureradikale reagieren besonders leicht mit mehrfach ungesättigten Fettsäuren. Bei dieser Reaktion entstehen oxidierte Fettsäuren (u. a. Fettsäureperoxide) und kurzkettige Spaltprodukte. Fettsäureperoxide und die kurzkettigen Spaltprodukte sind zelltoxisch. Durch die Bildung von kurzkettigen Spaltprodukten werden auch die physikalischen Eigenschaften der Fette beeinflußt, insbesondere nimmt die Thermostabilität der Fette ab, der Rauchpunkt wird erniedrigt. Fritierfett, das einen erniedrigten Rauchpunkt aufweist, ist bereits in erheblichem Maße oxidiert. Sein Verzehr, auch in kleinen Mengen (am Fritiergut haftend) kann zu gesundheitlichen Schäden führen, die sich erst nach längerer Zeit auswirken können.

Die Geschwindigkeit, mit der Fettsäuren, und somit Fette, oxidiert werden, hängt von verschiedenen Faktoren ab:

- Anwesenheit von Luftsauerstoff
  Bei weitgehendem Ausschluß von Luftsauerstoff ist die Oxidationsrate gering. Beim Aufbewahren von Lebensmitteln ist ein vollständiger Ausschluß von Luftsauerstoff nur in Ausnahmefällen möglich, z. B. bei unter Schutzgas (Stickstoff) verpackten Instantprodukten.
- Anzahl der Doppelbindungen
  Das Vorliegen von Doppelbindungen beschleunigt die Oxidationsrate beträchtlich (siehe Tabelle 3.5.2). Sie nimmt mit jeder zusätzlichen Doppelbindung um etwa eine Größenordnung zu. Dadurch sind Fette mit einem hohen Anteil an ungesättigten Fettsäuren zunächst besonders gefährdet. Sie werden in den pflanzlichen Fetten durch das

in den Fetten vorkommende Vitamin E geschützt, das als Radikalfänger fungiert (siehe Kap. 3.7.1.3).

Tabelle 3.5.2:
Geschwindigkeit der Oxidation von Fettsäuren mit unterschiedlicher Anzahl an Doppelbindungen (relative Werte, bezogen auf die gesättigte Stearinsäure = 1)

Fettsäure	Anzahl der Doppelbindungen	relative Geschwindigkeit
Stearinsäure	0	1
Ölsäure	1	100
Linolsäure	2	1200
Linolensäure	3	2500

- Temperatur

  Mit zunehmender Temperatur nimmt die Oxidationsgeschwindigkeit zu. Sie ist besonders hoch in der Nähe des Rauchpunkts des betreffenden Fetts, z. B. im Fritierbad. Oberhalb des Rauchpunkts entstehen weitere, meist giftige Zersetzungsprodukte. Daraus folgt, daß Fette und Öle kühl aufbewahrt werden müssen und ein zu hohes Erhitzen vermieden werden sollte.
- Licht

  Tageslicht und insbesondere ultraviolettes Licht beschleunigen die Fettsäureoxidation beträchtlich. Fette und Öle sind möglichst lichtgeschützt aufzubewahren.
- Katalysatoren

  Metalle mit hoher katalytischer Aktivität wie Eisen und Kupfer sowie katalytisch wirkender Kohlenstoff (fein verteilt mit riesiger Oberfläche) beschleunigen die Oxidation beträchtlich. Eisernes oder kupfernes Geschirr mit nicht versiegelter Oberfläche ist deshalb zum Braten und zum anderweitigen Erhitzen von Fetten nicht geeignet.

Verbrauchtes Fritierfett muß frühzeitig ausgewechselt werden, verkohlte Verbrennungsrückstände (z. B. verbrannte Panade) sind umgehend zu entfernen. Ein eindeutiges Zeichen für eine nicht mehr vertretbare Zersetzung von Fritierfett gibt es noch nicht. Es wird versucht, mit Hilfe einer Bestimmung des p_H-Werts Hinweise für einen Verderb zu erhalten. Diese Methode beruht auf dem Fakt, daß der p_H-Wert bei der Zersetzung des Fetts in Glycerin und freie Fettsäuren etwas sinkt (Säurecharakter von freien Fettsäuren). Es muß aber beachtet werden, daß bei der nachfolgenden Oxidation der freien Fettsäuren zunächst ebenfalls saure Produkte gebildet werden, diese aber mit fortschreitender Zersetzung in Aldehyde und andere weniger saure Produkte umgewandelt werden können. Die Prüfung des Fritierfetts mit Papiermeßstreifen (frifri-Schnelltest) kann einen beginnenden Verderb wahrscheinlich mit größerer Sicherheit erfassen als einen fortgeschrittenen Verderb.

In den pflanzlichen Fetten und Ölen und in den intakten Körperzellen werden die mehrfach ungesättigten Fettsäuren in der Regel durch effektive Schutzsysteme vor einer Oxidation geschützt. In den Pflanzenfetten ist es das in ihnen vorkommende Vitamin E. Dieser Schutz geht verloren, wenn das Vitamin E verbraucht ist (zu lange Lagerung unter Bedingungen, die die Oxidation beschleunigen wie Luftsauerstoff, erhöhte Temperatur, Einwirkung von UV-Licht). Im menschlichen Körper sind neben dem Vitamin E noch andere Schutzsysteme wirksam, die sich gegenseitig ergänzen und auch andere Radikale und Oxidationsprodukte wegfangen (siehe Kap. 3.7.1.3).

Weitere Fettzersetzungsprodukte

Bei Temperaturen oberhalb des Rauchpunkts werden Fette nahezu vollständig zersetzt. Dieser Fettzersetzung wird relativ wenig Beachtung geschenkt, da sie in der Regel selten bzw. nur in sehr begrenztem Umfang erfolgt. Es ist jedoch zu bedenken, daß bei der Fettzersetzung eine größere Anzahl von Verbindungen entsteht, die recht giftig und auch cancerogen sind. Das gilt insbesondere für das Acrolein, das durch die Zersetzung von Glycerin bei Temperaturen um 300 °C entsteht. Acrolein reizt zusätzlich die Schleimhäute (Tränen der Augen). Der Verzehr von überhitztem Fett ist daher unbedingt zu vermeiden.

3.5.1.4 Empfehlungen für die Aufnahme von Nahrungsfett

Der Aufnahme von Nahrungsfetten ist sowohl in Hinblick auf die Menge als auch auf die Auswahl der einzelnen Nahrungsfette besondere Beachtung zu schenken, da viele der ernährungsbedingten Erkrankungen auf eine zu hohe Fettaufnahme und falsche Auswahl der Nahrungsfette zurückzuführen sind. In nahezu allen westlichen Industrieländern ist der Fettverzehr zu hoch und die Auswahl der Nahrungsfette in vielen Fällen nicht dazu geeignet, einen Beitrag zu einer gesunden Lebensführung beizusteuern:

- Der Fettverzehr ist in weiten Kreisen der Bevölkerung generell zu hoch. Für die energetische Überernährung und das dadurch bedingte Übergewicht sind nahezu ausschließlich die energiereichen Fette verantwortlich. Die mit der Nahrung im Überschuß zugeführten Fette werden im Fettgewebe rasch gespeichert. Gleichzeitig mit den Fetten aufgenommene Kohlenhydrate und Eiweiße werden dagegen vorzugsweise verbrannt. Sie werden erst in Fett umgebaut und im Fettgewebe gespeichert, wenn auch durch ihre Zufuhr eine positive Energiebilanz entsteht.
- Der Anteil von tierischen Fetten mit einem hohen Gehalt an gesättigten Fettsäuren ist in der üblichen Kost in der Regel zu hoch. Außerdem

wird beim Verzehr von tierischen Lebensmitteln (insbesondere bei Wurstwaren) die Menge an verborgenem Fett oft unterschätzt. Die langkettigen, gesättigten Fettsäuren werden besonders rasch in das Depotfett eingebaut. Sie begünstigen außerdem die endogene Cholesterinsynthese und erhöhen die Konzentration der LDL („schlechtes Cholesterin“) im Blutplasma (siehe Kap. 3.5.4.1). Besonders die Fettsäuren mit 12, 14 und 16 C-Atomen (Laurin-, Myristin- und Palmitinsäure) steigern die Cholesterinsynthese. Bei einem überhöhten Verzehr von tierischen Fetten kann außerdem die Versorgung mit essentiellen Fettsäuren unzureichend sein.

- Der Anteil von pflanzlichen Fetten und Ölen in der Nahrung ist prozentual gesehen meist zu gering. Infolgedessen wird eine ausreichende Versorgung mit Ölsäure und mit essentiellen Fettsäuren oft nicht erreicht. Ölsäure wird relativ gut verstoffwechselt, ölsäurereiche Fette werden deshalb nicht so rasch im Depotfett abgelagert wie tierische Fette. Ölsäure trägt außerdem zu einer Senkung der LDL bei. Der Verzehr von ölsäurereichen Fetten bzw. Ölen (Olivenöl, Rapsöl) ist deswegen auf Kosten tierischer Fette zu steigern.
  Die Aufnahme von mehrfach ungesättigten Fettsäuren ist unentbehrlich, sie sind als Bausteine von Biomembranen und als Vorstufen für Eicosanoide essentielle Nahrungsbestandteile. Auch die ausreichende Versorgung mit Vitamin E kann nur durch den Verzehr von pflanzlichen Fetten und Ölen gesichert werden.

Die D-A-CH-Richtwerte für die Fettaufnahme berücksichtigen diese Einschätzungen:

- Durch Fette sollen nicht mehr als 30 % des gesamten Energiebedarfs bestritten werden, als optimaler Wert sind 25 % der Energiezufuhr anzustreben.
- Das Verhältnis von gesättigten Fettsäuren zu einfach ungesättigten Fettsäuren (Ölsäure) und mehrfach ungesättigten Fettsäuren sollte sich verhalten wie 1 : 1 : 1. Es sollte besonders darauf geachtet werden, daß sowohl die Aufnahme von gesättigten als auch von mehrfach ungesättigten Fettsäuren jeweils keinesfalls mehr als 10 % der gesamten Energieaufnahme übersteigt. Eine Erhöhung des Anteils der Ölsäure (im Rahmen des Richtwerts für die gesamte Fettaufnahme) ist wünschenswert.
- Das Verhältnis von mehrfach ungesättigten zu ω-3-Fettsäuren sollte beim Erwachsenen und bei Kindern etwa 5 : 1 betragen. Für ω-6-Fettsäuren wird eine Aufnahme von 2,5 Energieprozente empfohlen (bei Säuglingen und Kindern bis zum 4. Lebensjahr 4,0 bzw. 3,0 %), für die Zufuhr von ω-3-Fettsäuren wird generell ein Schätzwert von 0,5 Energieprozente (jeweils bezogen auf die gesamte Energieaufnahme) angegeben. Die noch bestehende Unsicherheit in der genauen men-

genmäßigen Vorgabe ist auf die Unterschiede in der Effektivität zurückzuführen, mit der einzelne Fettsäuren dieser Reihe als Vorstufen für die Eicosanoidsynthese genutzt werden können.
Der früher als Richtwert für die Auswahl der Nahrungsfette übliche P/S-Quotient wird nicht mehr benutzt, da in ihm die Ölsäure nicht berücksichtigt wird. Wird dennoch auf ihn verwiesen, so sollte er bei 1 liegen.*

3.5.2 Komplexe Lipide

Unter dem Begriff komplexe Lipide werden eine Reihe von fettähnlichen Verbindungen zusammengefaßt, die im Körper am Aufbau von Zellstrukturen, insbesondere von Biomembranen, beteiligt sind. Am Aufbau dieser Substanzen sind neben Glycerin (bei einigen komplexen Lipiden durch Sphingosin, einer kompliziert aufgebauten Verbindung, ersetzt) und Fettsäuren weitere chemische Gruppen beteiligt. Alle komplexen Lipide können vom Körper selbst aufgebaut werden, sie müssen nicht mit der Nahrung aufgenommen werden.

Das unter ernährungsphysiologischen Gesichtspunkten wichtigste komplexe Lipid ist das Lecithin. Lecithin kommt, wie auch andere komplexe Lipide, in vielen Nahrungsmitteln als Fettbegleitstoff vor, insbesondere in Getreidekeimen, Ölsamen und in besonders hoher Konzentration im Eigelb. Auf Grund seines chemischen Aufbaus ist Lecithin ein außerordentlich effektiver Emulgator (Lösungsvermittler zwischen Fetten und Wasser).

3.5.3 Cholesterin

Das Grundgerüst des Cholesterins ist ein kompliziertes aufgebautes Ringsystem, von dem sich unterschiedliche Substanzen, sog. Sterine oder Sterole, ableiten. Cholesterin (mitunter ist auch die Bezeichnung Cholesterol zu finden) unterscheidet sich von den anderen Sterinen durch unterschiedliche Seitenketten (siehe Abb. 3.5.5). Obwohl Cholesterin in chemischer Hinsicht mit den Fetten nicht verwandt ist, bestehen zwischen beiden Stoffgruppen enge Beziehungen. Cholesterin ist wie die Fette nicht wasserlöslich, es kann aber selbst in Fetten gut gelöst werden. Ausgangssubstanz für die Biosynthese des Cholesterins im menschlichen und tierischen Organismus ist das Acetyl-CoA (aktivierte Essigsäure), das auch die Ausgangssubstanz für die Neusynthese von Fettsäuren ist. Aus den Eigenschaften des Cholesterins ist weiterhin gut zu verstehen, daß es nur in Verbindung mit Fett in Lebensmitteln vorkommt. Auch die Resorption von Cholesterin erfolgt nur gemeinsam mit der Resorption von Nahrungsfetten.

---

* Verhältnis von mehrfach ungesättigten (polyunsaturated fatty acids) zu gesättigten Fettsäuren (saturated fatty acids).

Cholesterin kommt nur in tierischen Nahrungsmitteln vor. Pflanzliche Lebensmittel enthalten kein Cholesterin. Die in pflanzlichen Lebensmitteln vorkommenden cholesterinähnlichen Verbindungen (sog. Phytosterine oder Phytosterole, das bekannteste ist das Sitosterin) werden im Vergleich zu Cholesterin sehr schwer resorbiert. Sie zeigen im menschlichen Körper keine cholesterinspezifische Eigenschaften (siehe auch unten).

Cholesterin ist für die Funktion aller Körperzellen und des gesamten Organismus unentbehrlich. Nur erhöhte Konzentrationen von Cholesterin im Blutplasma, insbesondere erhöhte Konzentrationen der LDL (sog. „schlechtes Cholesterin", siehe Kap. 3.5.4.1), können zu gesundheitlichen Schäden führen. Sie sind ein Risikofaktor für das Entstehen von arteriosklerotischen Veränderungen, wobei Cholesterin in den Gefäßwänden von vorgeschädigten Arterien abgelagert wird. Offenbar ist jedoch nicht nur das Cholesterin selbst für diese pathologischen Effekte verantwortlich, sondern auch oxidiertes Cholesterin (siehe Kap. 7.6.4.2).

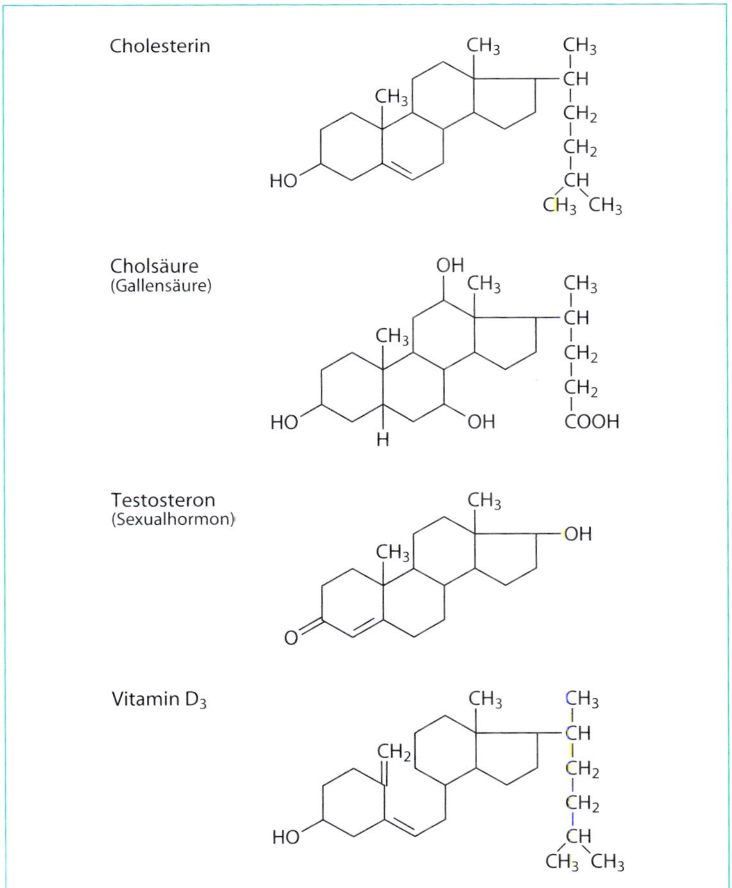

Abb. 3.5.5: Chemische Verwandtschaft verschiedener Steranabkömmlinge

Die wesentlichen Funktionen, an denen Cholesterin beteiligt ist bzw. als Ausgangssubstanz dient, sind

- Beteiligung am Aufbau aller Biomembranen (Zellmembranen, intrazelluläre Membranstrukturen),
- Ausgangssubstanz für die Bildung von Gallensäuren (Emulgatorwirkung bei der Fettverdauung und Ausscheidungsform des Cholesterins),
- Ausgangssubstanz für die endogene Bildung von Vitamin D,
- Ausgangssubstanz für die Synthese von Steroidhormonen.
  Als Steroidhormone werden Hormone bezeichnet, die sich von einem einheitlichen Grundkörper, dem Steranring, ableiten und somit chemisch nahe verwandt sind. Sie werden von verschiedenen Hormondrüsen gebildet und haben trotz chemischer Ähnlichkeiten unterschiedlichste Funktionen (Nebennierenrindenhormone mit Regelfunktionen im Mineral- bzw. Glucosestoffwechsel, Sexualhormone).

Der Bedarf des Organismus an Cholesterin wird aus zwei Quellen gedeckt:

- endogene (körpereigene) Synthese von Cholesterin,
- mit der Nahrung aufgenommenes Cholesterin.

Cholesterin kann vom Körper nicht verbrannt werden. Es wird überwiegend in Form von Gallensäuren mit der Gallenflüssigkeit ausgeschieden, die in der Leber gebildet wird. Die Gallensäuren, die in der Leber durch oxidative und andere Umwandlungen aus Cholesterin gebildet werden, sind nur in geringem Maße wasserlöslich. Ihre Wasserlöslichkeit wird durch die Verknüpfung mit Glycin bzw. Taurin verbessert (sog. konjugierte Gallensäuren). Die mit der Gallenflüssigkeit ausgeschiedenen konjugierten Gallensäuren sind als Emulgatoren wesentlich an der Fettverdauung beteiligt. Sie werden im Dünndarm zum größten Teil wieder resorbiert und gelangen über den Pfortaderweg wieder zur Leber zurück (sog. enterohepatischer Kreislauf der Gallensäuren).

Geringe Mengen von Cholesterin können auch direkt mit der Galle ausgeschieden werden. Infolge der nahezu vollständigen Unlöslichkeit des Cholesterins in Wasser kann es sehr leicht ausfällen und Gallensteine bilden. Dieses Ausfällen kann durch Eiweiße teilweise verhindert werden, die in der Gallenflüssigkeit als sog. Schutzkolloide das Cholesterin in einem dünnen Eiweißfilm verpackt in der Schwebe halten.

Minimale Cholesterinmengen gehen mit abgeschilferten Hautzellen verloren. Diese so entstehenden Verluste sind so gering, daß sie für die Cholesterinausscheidung vernachlässigt werden können.

Endogene Synthese des Cholesterins

Der Körper ist jederzeit in der Lage, seinen gesamten Bedarf an Cholesterin durch Eigensynthese zu decken, so daß eine Aufnahme von Cholesterin mit der Nahrung nicht erforderlich ist. Diese endogene Synthese findet zum größten Teil in der Leber statt, obwohl hierzu auch nahezu alle Körperzellen in der Lage sind. Ausgangssubstanz für die Cholesterinsynthese ist das Acetyl-Coenzym A (Acetyl-CoA), die „aktivierte Essigsäure", die beim Abbau von Fettsäuren und Kohlenhydraten anfällt.

Die im Körper täglich gebildete Menge an Cholesterin beträgt etwa 1 bis 1,5 g. Die Höhe der endogenen Synthese wird bis zu einem gewissen Grad durch die Cholesterinkonzentration im Blut gesteuert. Nur bei selten vorkommenden genetisch bedingten Störungen des Lipidstoffwechsels kann das Ausmaß der körpereigenen Cholesterinneubildung weit über den Bedarf hinaus gehen und zu stark erhöhten Blutwerten führen (siehe Kap. 7.6.4.2).

Das Ausmaß der endogenen Synthese des Cholesterins wird jedoch wesentlich durch das mit der Nahrung aufgenommene Fett und von der vorhandenen Körperfettmasse beeinflußt. Eine überhöhte Fettaufnahme hat offenbar einen größeren Einfluß auf die Blutwerte des Cholesterins als eine überhöhte Aufnahme von Nahrungscholesterin selbst.

Bei der Beeinflussung der endogenen Cholesterinsynthese bestehen folgende Zusammenhänge und Besonderheiten:

- Die Cholesterinsynthese wird durch Nahrungsfette, die reich an gesättigten Fettsäuren mit 12, 14 und 16 C-Atomen sind (Laurin-, Myristin- und Palmitinsäure), besonders stark gesteigert. Gleichzeitig wird besonders die Konzentration des LDL-Cholesterins im Blut erhöht. Stearinsäure (18 C-Atome) beeinflußt dagegen die Höhe der endogenen Cholesterinsynthese nicht.
- Die endogene Cholesterinsynthese steigt proportional mit der Zunahme des Körpergewichts an. Dieser Anstieg ist offenbar auf die mit der Gewichtszunahme einhergehende Zunahme der Körperfettmasse zurückzuführen.
- Bei einer sehr geringen Aufnahme von Cholesterin mit der Nahrung wird die endogene Synthese erhöht.
- Ölsäure beeinflußt die endogene Cholesterinsynthese offenbar nicht. Der günstige Einfluß des Verzehrs von ölsäurereichen Fetten und Ölen auf die LDL-Cholesterinwerte im Blut ist durch die bessere Fettsäurerelation bedingt (geringere Aufnahme von gesättigten Fettsäuren).

Daraus folgt, daß bei erhöhten Cholesterinwerten im Blut einer Einschränkung der Aufnahme von Fett und insbesondere der Aufnahme von Fetten, die reich an gesättigten Fettsäuren sind, eine wesentliche Bedeutung zukommt. In diesen Fällen ist, falls keine speziellen Ernährungsregimes erforderlich sind (siehe Kap. 7.6.4.2.3), besonders exakt auf die Einhaltung der D-A-CH-Richtwerte zur Fettaufnahme zu achten; Pflanzenfette, insbesondere Oliven- und Rapsöl, sind zu bevorzugen, und tierische Fette sind weitgehend zu meiden.

Aufnahme von Nahrungscholesterin

Cholesterin kommt nur in tierischen Lebensmitteln in Vergesellschaftung mit Fett vor und wird vom Dünndarm nur bei gleichzeitiger Resorption von Fett aufgenommen (siehe Kap. 3.10.2.3). Die Resorptionsrate von Cholesterin ist begrenzt. Bei einer cholesterinreichen Nahrung wird nicht das gesamte in der Nahrung enthaltene Cholesterin resorbiert. Das Ausmaß der Resorption hängt von zahlreichen Faktoren ab. Die Menge an Cholesterin, die im Verlauf eines Tages aufgenommen werden kann, ist daher nicht genau bekannt. Es kann davon ausgegangen werden, daß bei einer üblichen Ernährung täglich kaum mehr als 800 mg Cholesterin resorbiert werden können, auch wenn die mit der Nahrung aufgenommene Menge größer ist. Bei der in den westlichen Industrieländern üblichen Ernährung beträgt die täglich mit der Nahrung zugeführte Cholesterinmenge etwa 500 bis 600 mg.

Die Resorption von Cholesterin wird durch eine ballaststoffreiche Nahrung behindert. Die Fasern der wasserunlöslichen Ballaststoffe können Cholesterin relativ fest binden und somit dessen Resorption verhindern. Das an diese Ballaststoffe gebundene Cholesterin wird mit dem Stuhl ausgeschieden. Eine ballaststoffreiche Ernährung trägt somit zu einer Normalisierung des Serumcholesterinspiegels mit bei.

Ballaststoffe binden neben Cholesterin auch Gallensäuren in erheblichem Maße, wodurch deren Rückresorption behindert und deren Rücktransport zur Leber über den enterohepatischen Kreislauf mengenmäßig eingeschränkt wird. Gallensäuren werden in diesem Fall ebenfalls vermehrt mit dem Stuhl ausgeschieden. Zur Sicherung der Bereitstellung der erforderlichen Gallensäuren müssen diese in der Leber vermehrt aus Cholesterin synthetisiert werden, wodurch erhöhte Serumcholesterinwerte ebenfalls gesenkt werden können.

Die in Pflanzen vorkommenden Sterine (sog. Phytosterine oder Phytosterole), die in ihrem Aufbau dem Cholesterin ähnlich sind, verhalten sich im menschlichen Organismus anders als Cholesterin. Sie werden nur zu einem sehr geringen Prozentsatz resorbiert. Zusätzlich behindern sie offenbar die Resorption von Cholesterin. Die sehr geringen Mengen an resorbierten Phytosterinen entfalten positive Effekte, indem sie offenbar die Konzentration des LDL-Cholesterins senken. Sie werden allerdings von der Leber rasch mit der Gallenflüssigkeit ausgeschieden. Phytosterine sind wegen dieses Stoffwechselverhaltens aus ernährungsphysiologischer Sicht eher positiv zu bewerten. Der bekannteste der zahlreichen pflanzlichen Steranabkömmlinge ist das Sitosterin.

Vorkommen von Cholesterin in Lebensmitteln

Cholesterin kommt ausschließlich in tierischen Lebensmitteln als Fettbegleitstoff vor. Die wichtigsten cholesterinreichen Lebensmittel sind Innereien, Eier, Butter, fettreiche Milcherzeugnisse und fettreicher Käse (siehe Tabelle 3.5.3). Auch Schalen- und Krustentiere haben im Gegensatz zu Fischen einen hohen Cholesteringehalt (siehe Tabelle 5.1.6).

Höhe der empfohlenen Cholesterinaufnahme

Die bisherigen Vorgaben für die Cholesterinaufnahme orientieren als Richtwert auch weiterhin darauf, diese beim Gesunden auf maximal 300 mg pro Tag zu begrenzen.

Es ist außerdem von entscheidender Bedeutung, die Aufnahme von Fett zu begrenzen, insbesondere von Fetten mit langkettigen gesättigten Fettsäuren, um die endogene Cholesterinsynthese nicht zu stimulieren (siehe oben). Bei übergewichtigen Personen ist außerdem eine Gewichtsreduktion unerläßlich (siehe Kap. 7.6.1.3).

Tabelle 3.5.3:
Cholesteringehalt wichtiger cholesterinreicher Lebensmittel (in mg/100 g Frischgewicht)

Innereien	
Hirn	etwa 3000
Rinder- und Schweineleber, Nieren	etwa 300
Herz	etwa 150
Eier	
Gesamtei (Hühnerei)	550
1 Ei enthält etwa 250 bis 300 mg	
Eidotter	etwa 1500
Milch und Michprodukte (Milchfett)	
Vollmilch	10
Butter	250
Schlagsahne	130
Käse 45 % F. i. Tr.	etwa 100
Tierische Fette und Öle	
Rinder- und Hammeltalg, Gänseschmalz	100
Schweineschmalz	90
Lebertran	500
Fleisch	
Schieres Fleisch aller Schlachttiere*	70
Mageres Geflügelfleisch	80

* Ohne sichtbare Fettanteile, sichtbares Fett erhöht den Cholesteringehalt, er differiert bei den unterschiedlichen Fleischteilstücken beträchtlich.

3.5.4 Fettstoffwechsel

3.5.4.1 Fetttransport

Fette können infolge ihrer Unlöslichkeit in Wasser in den Körperflüssigkeiten (Blut und Lymphe) nur in Form von sog. Lipoproteinpartikeln transportiert werden. Wichtiger Baustein der Lipoproteinpartikel sind spezifische Proteine. Diese Eiweiße bilden um die tröpfchenförmig angeordneten Fette eine ultradünne Hüllschicht aus und umschließen somit die Fette und andere wasserunlösliche, aber fettlösliche Substanzen. Dieser dünne Eiweißfilm ist so angeordnet, daß die wasserfreundlichen (hydrophilen) Bereiche der Proteinmoleküle nach außen gerichtet sind. Sie bilden auf diese Weise mit dem Wasser der Körperflüssigkeiten eine Hydratationshülle (Wasserhülle) aus, halten damit diese Partikel in der Schwebe und ermöglichen deren Transport in Blut und Lymphflüssigkeit. Die hydrophoben („wasserfeindlichen") Regionen der Eiweißmoleküle sind nach innen gerichtet. Sie ermöglichen eine kompakte Anordnung der wasserunlöslichen Fette im Inneren des Lipoproteinpartikels.

Von diesem Transportprinzip abweichend können nur freie Fettsäuren transportiert werden. Kurzkettige und mittelkettige Fettsäuren sind wasserlöslich, sie können ohne Transportvermittlung in gelöstem Zustand transportiert werden. Langkettige, wasserunlösliche freie Fettsäuren können an Plasmaalbumine gebunden in der Art eines sog. „Huckepackverfahrens" transportiert werden, ohne daß sie in Lipoproteinpartikel verpackt werden müssen.

Den unterschiedlichen Transportaufgaben entsprechend existieren verschiedene Typen von Lipoproteinpartikeln. Sie unterscheiden sich zunächst durch die am Aufbau beteiligten Eiweiße, die dann die unterschiedliche Zusammensetzung der von ihnen transportierten wasserunlöslichen Substanzen (Neutralfett, Phospholipide, Cholesterin, fettlösliche Vitamine u. a.) weitgehend bestimmen. Zusätzlich steuern diese Hüllproteine die Verteilung der Partikel im Organismus und den Ort, wo ihre transportierten Substanzen abgegeben bzw. aufgenommen werden.

Die unterschiedlichen Lipoproteinpartikel können relativ einfach an Hand ihrer unterschiedlichen Dichte unterschieden werden. Diese unterschiedliche Dichte der Partikel wird durch die unterschiedliche Dichte der in ihnen verpackten wasserunlöslichen Substanzen bestimmt. Besonders fettreiche Partikel haben infolge der geringen Dichte des Fetts eine besonders niedrige Dichte. Auf der anderen Seite sind Partikel mit einem hohen Cholesterinanteil schwerer. Es muß allerdings berücksichtigt werden, daß die Zusammensetzung der Partikel einer bestimmten Klasse schwanken kann und daß dadurch auch geringe Unterschiede in der Dichte der Partikel auftreten können. Auch beim sukzessiven Abbau der Partikel, bei dem Zwischenstufen auftreten, kommt es zu Veränderungen in der Dichte der Partikel.

Für das Verständnis der Grundzüge des Fetttransports genügt es, zwischen 4 unterschiedlichen Typen von Lipoproteinpartikeln zu unterscheiden (siehe Abb. 3.5.6):

- Chylomikronen,
- very light density lipoproteins (VLDL),

- light density lipoproteins (LDL),
- high density lipoproteins (HDL).

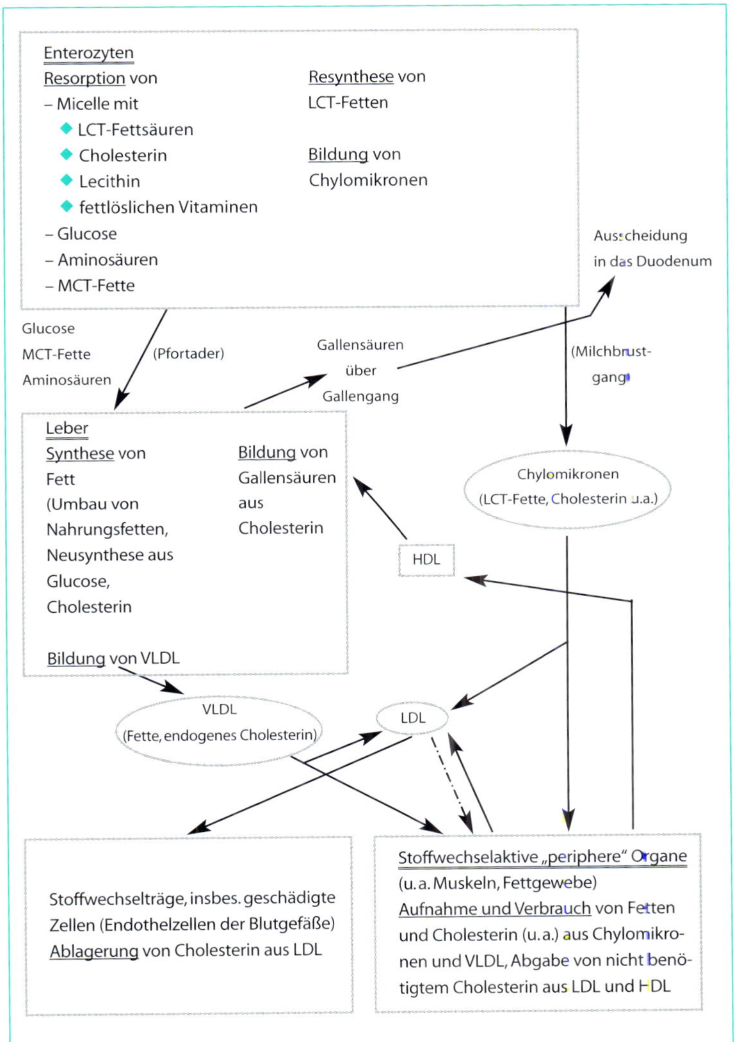

Abb. 3.5.6: Funktionen der unterschiedlichen Lipoproteinpartikel im Fett- und Cholesterinstoffwechsel (stark vereinfachte Darstellung)

Chylomikronen

Die Chylomikronen haben die geringste Dichte. Ihr Proteinanteil ist sehr gering (0,2 %). Sie transportieren das von den Mucosazellen des Dünndarms resorbierte Fett, das reich an langkettigen Fettsäuren ist, zusammen mit Cholesterin, fettlöslichen Vitaminen und Phosphatiden (Lecithin) über den Milchbrustgang in die untere Hohlvene. Über diesen Weg gelangen die Chylomikronen direkt in den großen Körperkreislauf und somit direkt an die einzelnen Organe. Die in ihnen transportierten Bestandteile aus den resorbierten Nährstoffen gelangen nicht zuerst zur Leber wie die wasserlöslichen Nährstoffe, die über die Pfortader abtransportiert werden. In den peripheren Organen werden die einzelnen Inhaltsstoffe der Chylomikronen schrittweise aus diesen herausgelöst. Die Chylomikronen werden dadurch über Zwischenstufen allmählich abgebaut (siehe Kap. 3.10.2).

VLDL (very light density lipoproteins)

Die Lipoproteinpartikel mit sehr geringer Dichte werden in der Leber gebildet. Sie transportieren die in der Leber gebildeten Neutralfette (aus kurz- und mittelkettigen Fettsäuren der Nahrungsfette und aus Glucose gebildet), die in der Leber gebildeten Phospholipide und das Cholesterin zu den Zellen der peripheren Organe.

LDL (light density lipoproteins)

Die Lipoproteinpartikel mit geringer Dichte entstehen beim schrittweisen Abbau der Chylomikronen und der VLDL. Sie übernehmen auch Neutralfette, die vom Fettgewebe bei der Fettmobilisierung abgegeben werden. Die LDL enthalten relativ viel Cholesterin, das sie an Gewebe, vorzugsweise an geschädigte Gewebe wie z. B. geschädigte Arterienwände, abgeben können. Erhöhtes LDL-Cholesterin begünstigt das Entstehen der Arteriosklerose (siehe Kap. 7.6.4.2).

Die LDL (korrekter wäre in LDL enthaltenes Cholesterin) werden als „schlechtes Cholesterin" bezeichnet.

HDL (high density lipoproteins)

Diese Lipoproteinpartikel mit relativ hoher Dichte transportieren vorrangig Cholesterin von den peripheren Geweben zur Leber, wo dieses in Gallensäuren umgewandelt werden kann. HDL geben das von ihnen transportierte Cholesterin nur an Leberzellen, nicht aber an andere Zellen ab. HDL wird als „gutes Cholesterin" bezeichnet, da über diese Partikel ein erhöhter Cholesterinblutspiegel gesenkt werden kann und das überschüssige Cholesterin letztendlich aus dem Körper entfernt wird.

3.5.4.2 Speicherung von Fett

Fett kann in beträchtlichem Umfang nur in den Zellen des Fettgewebes gespeichert werden. Ein Teil des Fettgewebes erfüllt Schutz- und Polsterfunktionen (Unterhautfettgewebe, Nierenfett als Nierenpolster, Polsterung für Augapfel). Der überwiegende Teil des Fettgewebes ist lediglich Speichergewebe, in dem im Übermaß aufgenommene Energie in Form von Fett deponiert wird. Fettablagerungen in anderen Körperzellen resp.

Organen erfolgen nur als Folge einer spezifischen Zellschädigung oder nach einer lang andauernden hyperkalorischen Fehlernährung (Leberzellverfettung bei der alkoholischen Fettleber bzw. bei der Mastfettleber infolge stark überhöhter Aufnahme von Fett und Kohlenhydraten, im wesentlichen als Zucker).

Die Fettablagerung erfolgt nach dem Verzehr von verschiedenen Energielieferanten unterschiedlich schnell. Nahrungsfette werden besonders schnell im Fettgewebe deponiert. Bei einer ausreichenden Versorgung mit Kohlenhydraten oder Eiweißen als Energielieferanten werden sie nicht verbrannt und müssen in diesem Fall als Depotfett abgelagert werden. Die zu hohe Aufnahme von Fett ist die wichtigste Ursache für das Entstehen eines Übergewichts.

Kohlenhydrate und Eiweiße, neben den Fetten im Übermaß aufgenommen, werden zunächst in der Leber in Fett umgebaut, in den VLDL verpackt an die peripheren Organe abgegeben und, soweit sie nicht als Energielieferanten verbrannt werden, ebenfalls in den Fettgewebszellen abgelagert.

Das im Fettgewebe deponierte Neutralfett widerspiegelt in den wenigsten Fällen das Fettsäuremuster des aufgenommenen Nahrungsfetts, sondern es weist eine spezifische Fettsäurezusammensetzung auf. Das ist darauf zurückzuführen, daß die Fettsäuren des Nahrungsfetts im Körper zum großen Teil umgebaut werden. Dieser Umbau erfolgt teilweise sehr rasch und sofort im Anschluß an die Nahrungsaufnahme. Andere Fettsäuren werden erst im Verlaufe der Zeit umgebaut. Nur die Stearinsäure und die Ölsäure können offenbar ohne Umbau direkt in die Triglyceride des Speicherfetts eingebaut werden. Die gesättigten Fettsäuren mit 12 bis 16 C-Atomen werden dagegen offenbar zunächst abgebaut (teilweise oder vollständig bis zu Acetyl-CoA). Solche Umbauprozesse sichern auch die unterschiedliche Zusammensetzung der Fette der einzelnen Depots (Unterschiede zwischen Nierenfett und Fett des Unterhautfettgewebes).

3.5.4.3 Mobilisierung und Abbau der Fette

Das in den Fettzellen deponierte Fett nimmt nur in begrenztem Umfang am Stoffwechsel teil. Eine Freisetzung von Fett (Lipolyse) erfolgt vorzugsweise bei einem erhöhten Energiebedarf, der nicht durch die aufgenommene Nahrungsenergie und durch das in der Leber und in der Muskulatur gespeicherte Glykogen gedeckt werden kann. Auch bei einem erhöhten Energiebedarf kommt die Lipolyse in den Fettzellen nur langsam in Gang. Sie verläuft auch bei einem bestehenden Energiemangel wesentlich langsamer als die Neubildung und Speicherung von Fett.

Die Triglyceride werden bei der Lipolyse durch spezifische Lipasen der Fettgewebszellen in Glycerin und Fettsäuren gespalten. Das Glycerin wird sofort in die Glykolyse eingeschleust und zu Pyruvat abgebaut (siehe Kap. 3.3.6.3). Die freien, meist wasserunlöslichen Fettsäuren werden, an Plasmaalbumin gebunden, zu den Organen transportiert, die die Energie benötigen, vorwiegend aber zur Leber.

Die Geschwindigkeit der Lipolyse wird in einem komplexen Mechanismus durch Hormone gesteuert. Die Bildung der zur Lipolyse erforderlichen Enzyme kann durch ständiges körperliches Training angeregt (induziert) werden, wodurch die Verwertung von Depotfett für die Energiegewinnung wesentlich gesteigert werden kann. Dieser Mechanismus erklärt, daß durch ständige körperliche Aktivitäten das Einschmelzen von überschüssigem Depotfett begünstigt wird.

Eine ausreichende körperliche Tätigkeit (Bewegung, Sport) ist einer der entscheidenden Faktoren bei der Reduktion eines Übergewichts.

Fettsäureoxidation („β-Oxidation")

Das Verbrennen der Fettsäuren im Körper ist ein komplizierter Prozeß, der in mehreren Schritten erfolgt und an dem mehrere Enzyme und Cofaktoren beteiligt sind. Diese Fettsäureoxidation erfolgt in den Mitochondrien und somit in engster räumlicher Nachbarschaft zur Atmungskette, in der die Endoxidation des Wasserstoffs erfolgt. Somit kann der während der Fettsäureoxidation abgegebene und von NAD^+ bzw. FAD aufgenommene Wasserstoff (diese Coenzyme werden dabei in $NADH+H^+$ bzw. in $FADH_2$ überführt) sofort unter Gewinnung von Energie (ATP) zu Wasser verbrannt werden.

Diese Oxidation der Fettsäuren erfolgt schrittweise in einem spiralförmig zu durchlaufenden Kreisprozeß (sog. Fettsäurespirale). Zum Start dieses Oxidationsprozesses muß die Fettsäure zunächst in eine aktivierte Form überführt werden. Das erfolgt durch Anlagerung eines Moleküls Coenzym A, wozu Energie in Form von ATP benötigt wird. Die aktivierte Fettsäure (Acyl-CoA) durchläuft anschließend den mehrstufigen Kreisprozeß, in dem Wasserstoffatome entfernt werden. Nach vollständigem Durchlaufen des Kreisprozesses wird aktivierte Essigsäure (Acetyl-CoA) freigesetzt, wodurch die Fettsäure um 2 Kohlenstoffatome verkürzt wird.

Die um 2 C-Atome verkürzte Fettsäure kann wieder durch Coenzym A aktiviert und somit erneut in den Kreisprozeß der Fettsäureoxidation eingeschleust werden. Durch das mehrfache Durchlaufen der Fettsäurespirale kann die ursprünglich langkettige Fettsäure vollständig zu Acetyl-CoA abgebaut werden (siehe Abb. 3.5.7).

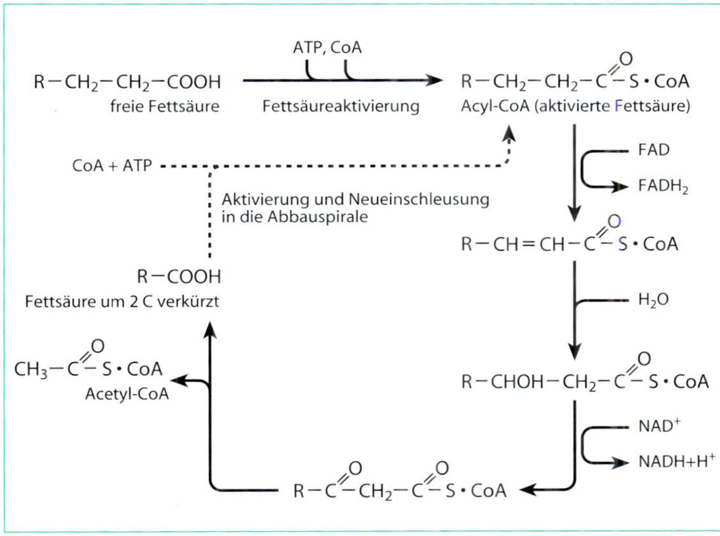

Abb. 3.5.7: Abbau von Fettsäuren („Fettsäurespirale", schematische Darstellung)

Abbau des Acetyl-CoA

Der weitere Abbau der durch die Fettsäureoxidation gebildeten aktivierten Essigsäure erfolgt im Citratzyklus (siehe Kap. 3.3.6.3). Es ist dabei völlig gleichgültig, ob das Acetyl-CoA durch den Abbau von Glucose oder durch den Abbau von Fettsäuren gebildet wurde. Die aktivierte Essigsäure ist somit ein wichtiges Bindeglied, über das Kohlenhydrat- und Fettstoffwechsel eng miteinander verknüpft sind.

Die Endoxidation des im Citratzyklus anfallenden Wasserstoffs erfolgt in der Atmungskette.

Energieausbeute bei der Fettsäureoxidation

Beim vollständigen Verbrennen von Fetten wird mit 9 kcal ein sehr hoher Energiebetrag gewonnen. Die Energieausbeute ist in den einzelnen Teilschritten der Oxidation des Fettmoleküls unterschiedlich groß. In einer groben Einteilung können 3 verschiedene energieliefernde Teilschritte unterschieden werden:

- Abbau des Glycerinanteils der Fettsäure
  Glycerin wird in die Glykolyse eingeschleust. Die vollständige Oxidation liefert etwa 4 kcal. Da jedoch Glycerin weniger als 10 % des gesamten Fettmoleküls ausmacht, ist der aus Glycerin gewonnene Energiebetrag so gering, daß er nicht ins Gewicht fällt.
- Oxidation der Fettsäuren zu Acetyl-CoA (β-Oxidation)
  Die bei der β-Oxidation anfallenden hydrierten Coenzyme ($NADH+H^+$ und $FADH_2$) liefern bei ihrer Endoxidation in der Atmungskette der

Mitochondrien Energie in Form von ATP. Die dabei gewonnene Energie macht etwa 30 % des Energieinhalts der Fettsäuren aus.

- Endoxidation des bei der β-Oxidation anfallenden Acetyl-CoA
  Der Energiebetrag, der durch den Abbau des angefallenen Acetyl-CoA beim Durchlaufen des Citratzyklus zu CO_2 und durch die Endoxidation der im Citratzyklus gebildeten hydrierten Coenzyme in der Atmungskette gewonnen wird, stellt mit etwa 70 % den größten Teil der Energieausbeute bei der Fettverbrennung.

Voraussetzung für die Endoxidation des Acetyl-CoA und damit für die vollständige Fettverbrennung ist das Vorliegen von Oxalacetat als Startersubstanz des Citratzyklus. Bei einem Mangel an Oxalacetat kann der Citratzyklus nicht ausreichend schnell ablaufen. Als Folge ist der Endabbau von Acetyl-CoA eingeschränkt. Die Folgen einer solchen Einschränkung sind ein Anstau von Acetyl-CoA und eine stark verminderte Energieausbeute pro eingeschmolzenem Fettmolekül. Zu einem Mangel an Oxalacetat und einer eingeschränkten Kapazität des Citratzyklus kann es bei einer unzureichender Versorgung mit Glucose kommen wie beispielsweise nach mehrtägigem Hungern oder bei Störungen im Glucosestoffwechsel wie beim Diabetes.

Ein solches unvollständiges Verbrennen der Fettsäuren hat folgende Konsequenzen:

- Bildung von Ketonkörpern
  Eine Beseitigung des Anstaus von Acetyl-CoA ist nur durch die Bildung von Ketonkörpern möglich. Ketonkörper können vom Körper nur in sehr geringem Umfang verbrannt werden, sie tragen nur unwesentlich zur Energieversorgung bei. Ketonkörper sind sauer, ihr Anstau führt zu einer Säuerung der Körperflüssigkeiten (Acidose) und dadurch zu ernsten Stoffwechselstörungen (siehe Kap. 3.5.4.6).
- Vermehrtes Einschmelzen von Fett
  Die durch die ausbleibende Endoxidation des Acetyl-CoA nicht bereitgestellte Energie wird durch ein verstärktes Einschmelzen von Fett und durch eine nachfolgend gesteigerte β-Oxidation ausgeglichen. Dadurch wird der Anfall von Acetyl-CoA und von Ketonkörpern weiter erhöht.

3.5.4.4 Fettsäuresynthese

Ausgangsstoff für die Neusynthese von Fettsäuren ist ebenfalls Acetyl-CoA, das beim Abbau von Glucose, von Fettsäuren oder beim Abbau einiger Aminosäuren, von sog. ketoplastischen Aminosäuren, anfällt.

Die Neusynthese von Fettsäuren ist nicht ein rückläufiges Durchlaufen der Fettsäure-Abbauspirale, auch wenn rein formal ein Großteil der Synthesereaktionen nach dem gleichen Schema verläuft. Die Fettsäuresynthese findet im Cytoplasma statt und nicht in den Mitochondrien wie die β-Oxidation. Zusätzlich ist zum Start der Fettsäuresynthese ein Aktivierungsschritt erforderlich. Das Acetyl-CoA muß in eine energiereiche „Startersubstanz" (Malonyl-CoA) überführt werden. Der Energieaufwand für die Synthese ist infolgedessen geringfügig höher als der Energiegewinn, der beim Fettsäureabbau erzielt wird.

Die wesentlichsten Schritte der Fettsäuresynthese sind folgende:

- *Malonyl-CoA ist eine energiereiche C-3-Verbindung, die durch die energieabhängige Anlagerung von aktivierten CO_2 (Biotin-CO_2) an Acetyl-CoA gebildet wird. Anschließend wird an das Malonyl-CoA ein neues Molekül Acetyl-CoA angelagert, dabei wird CoA und CO_2 abgespalten.*
- *Die schrittweise Umwandlung zu der um 2 C-Atome verlängerten Fettsäure erfolgt an einem Multienzymkomplex.*
- *Bei den Reduktionsschritten kann als Wasserstofflieferant nur NADPH+H^+ fungieren, das nicht durch NADH+H^+ ersetzt werden kann. NADPH+H^+ wird bei einigen, im Cytoplasma stattfindenden Stoffwechselreaktionen gebildet (überwiegend bei der direkten Glucoseoxidation, siehe Kap. 3.3.6.3). Bei der Fettsäureoxidation wird der Wasserstoff dagegen auf NAD^+ bzw. FAD übertragen.*

Die Fettsäuresynthese kann bei einem Anstau von Acetyl-CoA und einem gleichzeitig bestehenden Energieüberschuß wesentlich rascher ablaufen als die Fettsäureoxidation. Verantwortlich hierfür ist die Ansiedlung der Fettsäuresynthese im Cytoplasma und die dadurch bedingte leichte Zugänglichkeit des Synthesesystems für Acetyl-CoA und NADPH+H^+. Bei der Fettsäureoxidation, die in den Mitochondrien stattfindet, müssen die Fettsäuren erst in die Mitochondrien eingeschleust werden.

Die Bildung von Neutralfetten erfolgt ebenfalls im Cytoplasma. Das dabei erforderliche Glycerin wird über einem Nebenweg der Glykolyse (die ebenfalls im Cytoplasma abläuft) sehr rasch und in ausreichender Menge bereitgestellt.

Dieser Mechanismus der Fettbildung ermöglicht es dem Körper, im Übermaß zugeführte Nahrungsenergie sehr rasch in Fett umzuwandeln und als Depotfett zu speichern.

3.5.4.5 Schlüsselstellung von Acetyl-Coenzym A im Intermediärstoffwechsel

Das bei dem Abbau von Fettsäuren und von Glucose anfallende Acetyl-CoA nimmt im Intermediärstoffwechsel eine Schlüsselstellung ein. Acetyl-CoA kann in verschiedene Stoffwechselwege einfließen, die der jeweiligen

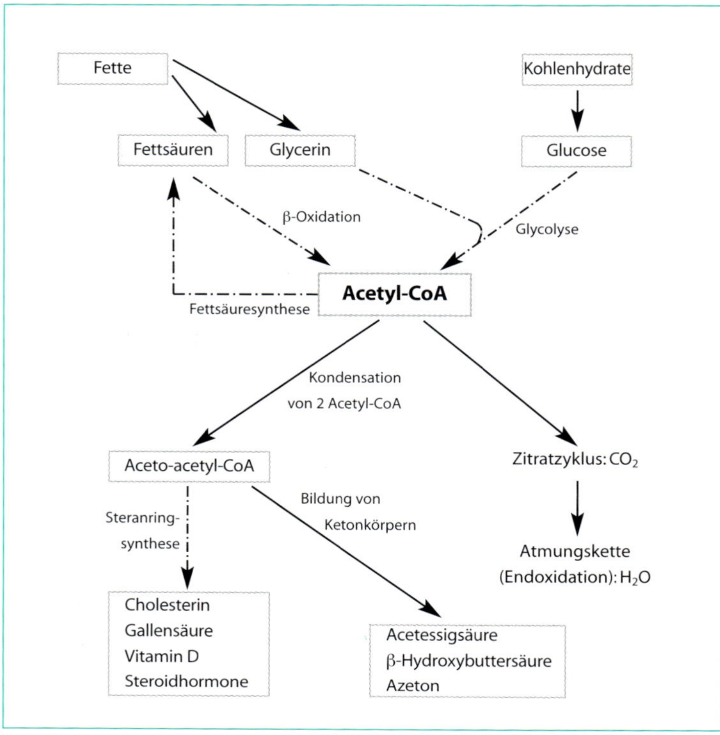

Abb. 3.5.8: Schlüsselstellung des Acetyl-CoA im Stoffwechsel

Stoffwechselsituation entsprechend mit unterschiedlicher Intensität beschritten werden (siehe Abb. 3.5.8):

- Abbau im Citratzyklus (Energiegewinnung)

  Die Kondensation mit Oxalacetat zu Citrat und die schrittweise Oxidation beim Durchlaufen des Citratzyklus (siehe Kap. 3.3.6.3) unter Freisetzung von 2 Molekülen CO_2 ist der Hauptweg des Acetyl-CoA im Intermediärstoffwechsel. Das als Endprodukt dieses Abbaus entstehende Oxalacetat ist gleichzeitig Startersubstanz für ein erneutes Durchlaufen des Citratcyklus. Der bei dieser Oxidation von den Coenzymen NAD^+ und FAD aufgenommene Wasserstoff wird in der Atmungskette verbrannt unter Bildung von ATP (siehe Kap. 3.3.6.3).

- Synthese von Fettsäuren (Speicherung von überschüssiger Energie in Depotfett)

  Die Synthese von Fettsäuren ist der Weg des Acetyl-CoA, der bei einem Energieüberschuß und dem dadurch bedingten Anstau von $NADH + H^+$ und $FADH_2$ vorrangig beschritten wird (siehe Kap. 3.5.4.4). Infolge des Anstaus der hydrierten Formen der Coenzyme stehen nicht genügend NAD^+ und FAD zur Verfügung, so daß der Citratzyklus nicht beschritten werden kann.

- Bildung von Ketonkörpern (Entlastungsreaktion)

  Die Bildung von Ketonkörpern ist eine „Ausweichreaktion" zum Entfernen von überschüssigem Acetyl-CoA (siehe Kap. 3.5.4.6), das infolge Fehlens von Oxalacetat nicht in den Citratzyklus und wegen gleichzeitigen Fehlens von Energie (Fehlen von NADPH $+H^+$) auch nicht in die Fettsäuresynthese eingeschleust werden kann.

- Synthese von Cholesterin und Cholesterinfolgeprodukten
  Die endogene Synthese von Cholesterin und der sich von ihm ableitenden wichtigen Substanzen (Gallensäuren, Vitamin D, Steroidhormone) ist ein sich fast vollkommen selbst regulierender Stoffwechselprozeß. Er wird in seinem Umfang durch ein unterschiedlich großes Angebot von Acetyl-CoA vergleichsweise nur gering beeinflußt.

  Die bei erhöhtem Angebot geringgradig erhöhte Rate der Cholesterinsynthese kann jedoch zu einer beträchtlichen Erhöhung der Cholesterinwerte im Blut führen.

3.5.4.6 Ketonkörperbildung

Die Bildung von Ketonkörpern ist ein Nebenweg des Stoffwechsels, der beim Gesunden nur in geringem Umfang beschritten wird. Ketonkörper entstehen durch die Kondensation (Zusammenlagerung) von 2 Molekülen Acetyl-CoA, wobei Coenzym A freigesetzt wird. Die Bildung von Ketonkörpern ist jedoch die einzige Möglichkeit, mit der der Körper einem Anstau von Acetyl-CoA infolge einer gleichzeitigen Blockierung des Citratzyklus und der Fettsäuresynthese entgegenwirken kann.

Zu den Ketonkörpern sind folgende Substanzen zu rechnen (siehe Abb. 3.5.9):

- Acetessigsäure (4 C-Atome),
- β-Hydroxybuttersäure (4 C-Atome),
- Aceton (3 C-Atome).

Bei der Kondensation von 2 Molekülen Acetyl-CoA entsteht zunächst Acetessigsäure, aus der anschließend die beiden anderen Ketonkörper gebildet werden können. Ketonkörper sind wasserlöslich, sie haben einen sauren Charakter (sie sind Säuren).

Ketonkörper werden ausschließlich in der Leber gebildet. Die Leber ist jedoch nicht in der Lage, Ketonkörper zu verwerten. Ketonkörper können nur von den Muskelzellen verbrannt werden, insbesondere von den Zellen des Herzmuskels. Die Kapazität der Muskelzellen für die Oxidation von Ketonkörpern ist allerdings begrenzt. Die vom gesunden und sich normal ernährenden Menschen täglich gebildete Menge von etwa 10 bis höchstens 30 g Ketonkörpern kann jedoch vollständig verbrannt werden.

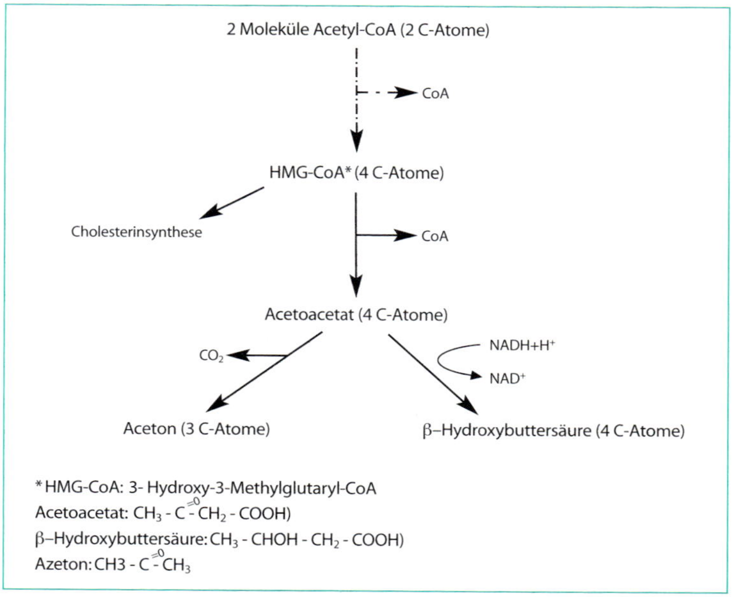

Abb. 3.5.9: Bildung von Ketonkörpern

Bei einem Anstau von Acetyl-CoA infolge überhöhten Fettsäureabbaus (absoluter Hunger) oder Stoffwechselstörungen (Diabetes) können jedoch täglich 100 g und mehr Ketonkörper gebildet werden, die vom Körper nicht mehr problemlos verwertet werden können (siehe Abb. 3.5.10).

Bei über einen längeren Zeitraum erfolgenden erhöhtem Anfall von Ketonkörpern und gleichzeitig bestehendem Mangel an Kohlenhydraten kann der Körper die Verwertung von Ketonkörpern steigern, insbesondere durch ihre verstärkte Oxidation in der Skelettmuskulatur. Auch das Gehirn kann bei einer über Tage bestehenden mangelhaften Versorgung mit Glucose (mehrtägiges vollkommenes Fasten) Ketonkörper in begrenztem Umfang zur Energiegewinnung heranziehen. Das Gehirn ist aber auch unter diesen Stoffwechselbedingungen auf eine Mindestmenge an Glucose (etwa 40 bis 50 g) angewiesen, die notfalls durch Gluconeogenese bereitgestellt werden muß.

Ausscheidung von nicht verwertbaren Ketonkörpern

Ketonkörper sind sauer reagierende Substanzen, die in größeren Konzentrationen relativ rasch zu einer Säuerung des Bluts und der anderen Körperflüssigkeiten und damit zu schwerwiegenden Störungen führen (sog. Acidose). Diese überschüssigen Ketonkörper, die trotz einer Steigerung der Verwertungskapazität im Muskel und im Gehirn nicht verbrannt werden können, müssen ausgeschieden werden. Durch das Ausscheiden dieses Anteils der angefallenen Ketonkörper geht dem Körper die Energie verloren, die als chemische Energie in den Ketonkörpern enthalten ist. Diese Energieverluste können beträchtliche Ausmaße annehmen.

Die Ausscheidung der überschüssigen Ketonkörper kann über folgende Wege erfolgen:

- Abatmen mit der Ausatmungsluft,
- Ausscheidung mit dem Harn.

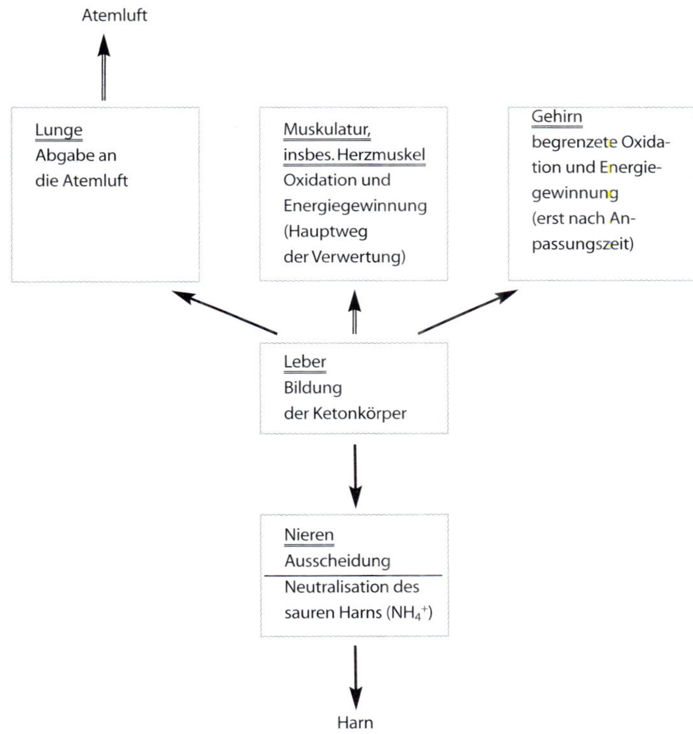

* Neutralisation des sauren Harns durch Ammoniumionen, deren Bereitstellung einen zusätzlichen Abbau von Eiweißen bedingt (Eiweißabbau → Glutamin → Glutaminsäure + NH_4^+).

Abb. 3.5.10: Verwertung und Ausscheidung von verstärkt anfallenden Ketonkörpern (vereinfachte Darstellung)

Abatmen: Ketonkörper können in nur sehr begrenztem Maß mit der Atemluft abgeatmet werden (wenige g pro Tag). Sie führen bereits in sehr geringer Konzentration zu einem typischen obstartigen Geruch der Ausatmungsluft, der mitunter schon nach kurzzeitigem Hunger wahrgenommen werden kann (wenige Stunden).

Ausscheidung mit dem Harn: Die Ausscheidung von überschüssigen Ketonkörpern erfolgt nahezu vollständig mit dem Harn. Die Ausscheidung von größeren Mengen an Ketonkörpern bedeutet jedoch für die Nieren eine Belastung, die sie nur durch zusätzliche Regulationsprozesse bewerkstelligen können. Die Ketonkörper sind relativ starke Säuren, die bereits in geringen Konzentrationen den p_H-Wert des Harns schon innerhalb der Nierentubuli so stark erniedrigen, daß eine ordnungsgemäße Nierenfunktion nicht mehr möglich ist. Sie müssen deshalb in den Nieren durch basische Äquivalente neutralisiert werden.

Der Körper und insbesondere die Nieren verfügen normalerweise nur über ein eng begrenztes Reservoir an basischen Äquivalenten, die zur Neutralisation von Säuren einsetzen werden können. Für eine erhöhte Ausscheidung von Ketonkörpern müssen deshalb basische Äquivalente zusätzlich bereitgestellt werden. Diese zusätzliche Bereitstellung von basischen Äquivalenten kann nur in Form von Ammoniumionen (NH_4^+-Ionen) erfolgen, die in den Nieren durch die Desaminierung von Glutamin gebildet werden (siehe Kap. 3.4.2.1). Die Folge dieser Desaminierung von Glutamin ist eine rasche Verarmung des Blutplasmas an Aminosäuren, die durch das Einschmelzen von Körpereiweiß umgehend ausgeglichen werden muß. Die Ausscheidung von Ketonkörpern bedeutet für den Körper somit nicht nur einen Verlust von Energie, sondern auch den Verlust von Körpereiweiß.

Ketonkörper behindern in den Nierentubuli zusätzlich die Ausscheidung von Harnsäure. Deshalb kann bei einem Anstau von Ketonkörpern der Blutplasmaspiegel an Harnsäure erhöht werden, wodurch Gichtanfälle ausgelöst werden können (siehe Kap. 7.6.5). Da es beim Einschmelzen von Körpereiweiß auch zum Untergang von Körperzellen kommt, werden ebenso die Nucleinsäuren der untergegangenen Zellen abgebaut, wodurch es zu einem erhöhten Einstrom von Harnsäure in das Blutplasma kommt. Die Gefahr eines Anstiegs des Harnsäurespiegels wird durch diesen Fakt zusätzlich erhöht.

Anhäufung von Ketonkörpern im Blut (Ketoacidose)

Die Kapazität der Nieren, Ketonkörper auszuscheiden, kann bei einer stark erhöhten Bildung von Ketonkörpern überfordert werden. Die Folge ist eine Erhöhung der Konzentration der Ketonkörper im Blutplasma. Sobald auch die Leistungsfähigkeit des Organismus zum Abpuffern der nicht ausgeschiedenen sauren Ketonkörper erschöpft ist, kommt es in den Körperflüssigkeiten zu einem Abfall des p_H-Werts. Diese Säuerung (Acidose) führt im gesamten Organismus zu einer massiven Störung des Säuren-Basen-Gleichgewichts. Die Folge sind schwere Störungen im Stoffwechsel, die letztendlich zum Tod führen. Eine solche durch Stoffwechselstörungen bedingte Säuerung (metabolische Acidose) ist wesentlich an der Ausbildung eines Komas beim nicht behandelten Diabetes beteiligt (siehe Kap. 7.6.3.4).

3.6 Alkohol

Alkohol (Ethanol, Ethylalkohol) ist kein Nahrungsmittel, sondern ein Genußmittel (im deutschen Lebensmittelrecht werden handelsübliche Genußmittel, also auch Alkohol, den Lebensmitteln gleichgestellt, siehe hierzu auch Kap. 12.1). Beim Verbrennen von Alkohol im Organismus wird jedoch Energie freigesetzt. Der Brennwert des Alkohols ist mit 7 kcal (29 kJ) pro g relativ hoch (1 g reiner Alkohol entspricht 1,27 ml). Alkohol kann somit, in größeren Mengen konsumiert, einen beträchtlichen Anteil zur Energieversorgung des Organismus beitragen.

Tabelle 3.6.1:
Alkoholgehalt, Gehalt an Mono- oder Disacchariden (KH) und Energieinhalt ausgewählter alkoholischer Getränke pro 100 ml (Die Werte für Weine und Spirituosen sind Durchschnittswerte im Rahmen der gesetzlich erlaubten Schwankungsbreiten der Erzeugnisse)

Getränk	Alkohol		KH	Energieinhalt	
	(Vol.-%)	g	g	kJ	kcal
Diätbier[1]	4	3,2	0,8	110	27
Malzbier	1,25	1,0	8,6	213	52
Pilsner Lager	4,9	3,9	2,5	172	42
Exportbier	4,9	3,9	2,9	176	43
Weizenbier	4,4	3,5	2,8	176	43
Berliner Weiße	3,5	2,8	4,9	188	46
Altbier	3,5	2,8	2,8	160	39
Doppelbockbier	6,8	5,4	3,8	242	59
Bockbier, dunkel	8			290	70
Alkoholfreies Bier[2]	0,25	0,2	5,6	115	28
Alkoholreduziertes Bier	2,9	2,3	2,0	106	26
Apfelwein	6,3	5,0	2,6	190	45
Diabetikerwein[3]	etwa 11	etwa 9	0,4	250	65
Weißwein (trocken)	etwa 11	etwa 9	0,8	330	80
Weißwein (lieblich)	etwa 10	etwa 8	4,5	303	74
Dessertwein	etwa 20	etwa 16	etwa 12	475	160
Eierlikör	etwa 14	etwa 11	etwa 12	720	175
Creme-Liköre	20	16	etwa 30	950	230
Weinbrand	36	28		820	200

[1] Diätbier (bedingt für Diabetiker geeignet): Malzzuckergehalt ist zwar reduziert, aber nicht der Alkoholgehalt und damit der Energieinhalt.
[2] Der Alkoholrestgehalt der von den verschiedenen Brauereien angebotenen Biere kann unterschiedlich hoch sein und teilweise unter den angegebenen Werten liegen.
[3] Trockener Wein mit einem Restzuckergehalt von weniger als 4 g/l darf mit dem Zusatz „Für Diabetiker geeignet" deklariert werden (Diät-Verordnung).

Die berauschende Wirkung des Alkohols und seine Folgen sind allgemein bekannt. Ein über einen längeren Zeitraum erfolgter Alkoholabusus kann zu schweren Schäden an den verschiedenen Organen führen, nicht nur am Zentralnervensystem mit den bekannten Folgen der Zerstörung der

Persönlichkeitsstruktur. Bei einem nicht zu geringen Prozentsatz von Personen besteht bei regelmäßigem Alkoholkonsum die Gefahr, daß sich eine Sucht ausbildet, begleitet von den Zeichen einer Alkoholkrankheit.

Der regelmäßige und häufig übermäßige Alkoholkonsum ist bei der Bevölkerung der Industrieländer weit verbreitet. Aus diesem Grund sind genauere Kenntnisse über die Wirkungen von Alkohol im Organismus insbesondere unter ernährungsphysiologischen und gesundheitlichen Gesichtspunkten von großem Interesse.

Alkohol beeinflußt wie kaum ein anderer Nahrungsbestandteil eine Vielzahl von Stoffwechselleistungen des menschlichen Körpers. Alkohol wird im Organismus vollständig zu Wasser und Kohlendioxid verbrannt. Der Energieinhalt alkoholischer Getränke wird meist unterschätzt, da die meisten dieser Getränke zusätzlich einen nicht zu vernachlässigenden Zuckergehalt aufweisen (siehe Tabelle 3.6.1). Die von Alkohol (und den Zuckern der alkoholischen Getränke) bereitgestellte Energie muß infolgedessen beim Aufstellen der Energiebilanz des Körpers mit berücksichtigt werden. Auch bei einem sehr mäßigen, aber kontinuierlichen Konsum kann Alkohol eine beträchtliche Menge an Energie bereitstellen und so zum Entstehen eines Übergewichts beitragen.

Alkohol selbst und die durch seinen Abbau bedingten Beeinflussungen von Stoffwechselreaktionen beeinflussen eine Vielzahl von Zell- und Organfunktionen:

1. Stoffwechselfunktionen

- Alkohol bewirkt bei seinem Verbrennen eine intensive Wärmebildung (Thermogenese).
  Diese zusätzliche Wärmebildung kann vom Körper zur Aufrechterhaltung der Körpertemperatur genutzt werden. Eine zusätzliche Oxidation von anderen Energieträgern (Fett, Kohlenhydrate) für diese Aufgabe wird daher überflüssig oder kann zumindest eingeschränkt werden.
- Bei der Oxidation von Alkohol wird Vitamin B_1 verbraucht. Bei chronischem Alkoholabusus ist der Bedarf an Vitamin B_1 erhöht.
- Die veränderte Stoffwechsellage (u. a. vermehrter Anfall von Acetyl-CoA durch den Abbau von Alkohol und u. U. von Kohlenhydraten) begünstigt die Synthese von Fettsäuren und damit die rasche und vermehrte Bildung von Depotfett (Bierbauch).
- Der durch Alkohol bedingte raschere Abbau von Kohlenhydraten kann eine kurzzeitige Senkung des Blutzuckerspiegels bewirken. Dieser Effekt wird gelegentlich von Diabetikern genutzt, um erhöhte Blutzuckerwerte vor stattfindenden routinemäßigen Kontrollen zu senken und so das Nichteinhalten von Diätvorschriften zu vertuschen.

- Als Zwischenprodukt des Alkoholabbaus entsteht der giftige Acetaldehyd, der insbesondere für die irreversiblen Spätschäden verantwortlich zu machen ist, die an den verschiedenen Organen auftreten können.
- Alkohol beeinflußt die Synthese von Lipoproteinen. Geringe Alkoholmengen steigern geringfügig die Synthese der Lipoproteine, die für die Bildung der HDL („gutes Cholesterin") benötigt werden. Die Proteine der LDL („schlechtes Cholesterin") werden erst bei etwas höheren Alkoholkonzentrationen vermehrt gebildet (siehe Kap. 3.5.4.1 und 7.6.4.2).

2. Organfunktionen

Bei den alkoholbedingten Beeinflussungen von Organfunktionen muß zwischen den akuten Alkoholwirkungen und den Schädigungen unterschieden werden, die sich erst längere Zeit nach einem langfristigen Alkoholabusus einstellen. Diese Schäden sind teilweise auf die direkte Alkoholeinwirkung zurückzuführen. Alkohol ist ein effektives Fettlösungsmittel und kann so insbesondere lipidhaltige Membransysteme der Körperzellen wie das endoplasmatische Retikulum schädigen. Auf der anderen Seite ist eine Reihe von Schädigungen auf den beim Abbau gebildeten giftigen Acetaldehyd und auf andere alkoholbedingte Zellschädigungen zurückzuführen.

- Zentralnervensystem
  Kleine Alkoholmengen wirken euphorisierend. Größere Mengen wirken enthemmend und führen zu akut auftretenden Funktionsstörungen. Chronischer Alkoholabusus führt zu bleibenden Schäden in der Persönlichkeitsstruktur und zu einer Verminderung der geistigen Leistungsfähigkeit. Ein chronischer Alkoholmißbrauch kann zur Sucht, einer Alkoholkrankheit, führen, bei der es zu Entzugserscheinungen kommen kann.
- Herz-Kreislauf-System
  Die durch Alkohol ausgelösten Effekte hängen in beträchtlichem Maße von der aufgenommenen Alkoholmenge ab. Es ist außerdem zwischen den Effekten zu unterscheiden, die akut unmittelbar nach einer Alkoholaufnahme auftreten und zwischen Wirkungen als Folge eines chronischen Alkoholabusus (siehe Kap. 3.6.3).
- Magen-Darm-Trakt
  Alkohol stimuliert in kleinen Mengen die Magensaftproduktion. Diese stimulierende Wirkung kann durch Bitterstoffe verstärkt werden, die in einigen alkoholischen Getränken enthalten sind, wie Bitterstoffe des Hopfens im Bier, Extrakte aus Wermut in Wermutweinen und Kräuterextrakte in Kräuterlikören (verdauungsfördernde Wirkung von Aperitifs bzw. Digestifs). In größeren Mengen und insbesondere bei der Konsumption von hochprozentigen Alkoholika kann Alkohol die Magenschleimhaut schädigen und zu einer akuten bzw. chronischen Magenschleimhautentzündung führen (sog. Alkoholgastritis).

- Leber
  Die Funktion der Leber kann durch mittelfristigen bzw. chronischen Alkoholabusus schwer beeinträchtigt werden, zur Einlagerung von Neutralfett (Fettleber) bzw. zur Zerstörung von funktionellem Lebergewebe (Leberzirrhose) und zu lebensbedrohlichen Krankheitsbildern führen.
- Bauchspeicheldrüse
  Beim chronischen Alkoholabusus kann es zu einer fortschreitenden Zerstörung von Drüsengewebe kommen, die bis zum nicht mehr kompensierbaren Funktionsausfall der Pankreasfunktionen führt (chronische Pankreatitis).
- Skelettsystem
  Beim chronischen Mißbrauch kann es zu einer Schädigung der knochenbildenden Zellen (Osteoblasten) und dadurch zu einer Störung beim Knochenumbau kommen. Die Folge ist eine Abnahme der Knochenmasse und die erhöhte Gefahr des Auftretens von Knochenbrüchen.
- Schädigung des Embryos während der Schwangerschaft
  Alkoholkonsum während einer Schwangerschaft kann zu schweren Störungen in der Entwicklung des Embryos führen, insbesondere bei der Entwicklung des Zentralnervensystems (sog. embryofetales Alkoholsyndrom).

3.6.1 Alkoholresorption

Alkohol ist sowohl in Wasser als auch in Fett sehr gut löslich. Er wird nach seiner Aufnahme auf Grund dieses Löslichkeitsverhaltens sehr rasch resorbiert. Die Resorption beginnt bereits im Magen. Unter günstigen Bedingungen können in ihm bereits bis zu 20 % des aufgenommenen Alkohols resorbiert werden. Solche die Aufnahme begünstigenden Faktoren sind ein leerer Magen, insbesondere aber das Fehlen von fetthaltigen Speiseresten. Kohlensäurehaltige Getränke wie Sekt und Bier beschleunigen ebenfalls die Alkoholaufnahme. Kohlensäure erweitert die den Magen versorgenden Blutgefäße, verbessert damit die Durchblutung der Magenschleimhaut und im Gefolge den Abtransport von resorbiertem Alkohol.

Alkohol wird dagegen in Fetten in beträchtlicher Menge gelöst und damit der wäßrigen Phase des Mageninhalts entzogen. Fette verzögern deshalb die Alkoholresorption im Magen. Infolge der langen Verweildauer von fettreichen Speisen im Magen verzögern Fette aber auch den Übertritt von Mageninhalt in das Duodenum und damit von Alkohol in den Dünndarm.

Die Hauptmenge des aufgenommenen Alkohols wird nach seine Übertritt in den Dünndarm bereits in dessen oberen Abschnitten (Jejunum) sehr rasch resorbiert.

Der Blutalkoholspiegel erreicht nach einer einmaligen Alkoholgabe seinen höchsten Wert nach 1 bis 2 Stunden.

3.6.2 Alkoholabbau

Alkohol wird im Körper zu mehr als 95 % verbrannt. Die Ausscheidung von nicht verstoffwechseltem Alkohol (weniger als 5 %) kann vernachlässigt werden. Der Hauptanteil dieser geringen nicht verstoffwechselten Alkoholmengen wird über die Lungen abgeatmet. Die Alkoholausscheidung mit dem Schweiß beträgt maximal etwa 0,5 %. Über den Harn wird Alkohol nicht ausgeschieden. Die Nierenschwelle für Alkohol ist so hoch, so daß der im Primärharn abfiltrierte Alkohol in den Nierentubuli auch bei sehr hohem Blutalkoholspiegel vollständig rückresorbiert wird.

Der Abbau des Alkohols erfolgt überwiegend in der Leber, meist zu mehr als 90 %. Kleinere Mengen an Alkohol können auch in der Magenschleimhaut und sehr geringe Mengen in den Nieren, in der Muskulatur und im Gehirn verbrannt werden.

Der Alkoholabbau erfolgt zunächst durch spezifische Enzyme in 2 aufeinanderfolgenden Oxidationsschritten. Produkt dieser Oxidation ist die Essigsäure. Die Essigsäure selbst wird dann in die Stoffwechselwege des Intermediärstoffwechsels eingeschleust. Die Essigsäure wird durch Coenzym A aktiviert und dabei in Acetyl-CoA (aktivierte Essigsäure) überführt, das in den Gesamtpool des Acetyl-CoA einfließt. Das Acetyl-CoA kann anschließend über den Citratzyklus weiter oxidiert oder zur Synthese von Fettsäuren genutzt werden (siehe Kap. 3.5.4.5). Zum Abbau der Essigsäure wird Vitamin B_1 als Cofaktor benötigt. Bei ständigem Alkoholkonsum ist daher der Bedarf an Vitamin B_1 erhöht. Bei Alkoholikern besteht oft ein ausgeprägter Vitamin-B_1-Mangel.

Die Besonderheit des Alkoholabbaus besteht somit nur in den spezifischen Oxidationsschritten bis zur Essigsäure (siehe Abb. 3.6.1). Die beiden aufeinanderfolgenden Schritte der Oxidation des Ethylalkohols sind

- Oxidation des Ethylalkohols zu Acetaldehyd,
- Oxidation des Acetaldehyds zu Essigsäure.

Als Zwischenprodukt des Abbaus von Ethylalkohol entsteht somit zunächst Acetaldehyd. Acetaldehyd ist ein gefährliches Zellgift. Die beim chronischen Alkoholmißbrauch auftretenden Organschäden werden vorrangig dem Acetaldehyd angelastet.

Die aus dem Acetaldehyd anschließend entstehende Essigsäure kann dagegen durch Umwandlung in Acetyl-CoA rasch entfernt werden. Sie ist außerdem nicht giftig, und sie kann gegebenenfalls von den Puffersystemen der Körperflüssigkeiten in ausreichendem Maße abgepuffert werden.

Der Alkoholabbau in der Leber ist auf die Mitwirkung von Enzymen angewiesen, die 2 unterschiedlichen Enzymsystemen zuzurechnen sind:

- Alkoholdehydrogenase (ADH),
- mikrosomales ethanoloxidierendes System (MEOS).

Beide Enzyme bauen den Alkohol (Ethanol) in der bereits erwähnten 2stufigen Reaktion über Acetaldehyd zu Essigsäure ab. Die dem 1. Schritt folgende Oxidation des Acetaldehyds zu Essigsäure wird in beiden Systemen durch die gleiche Acetaldehyddehydrogenase katalysiert.

Die Unterschiede zwischen beiden Systemen bei der Bildung von Acetaldehyd bestehen in ihrer unterschiedlichen Lokalisation in der Zelle, in ihrer unterschiedlichen Ansprechbarkeit auf unterschiedlich hohe Alkoholkonzentrationen, in dem Vorhandensein bzw. Fehlen eines eigenständigen Steuerungsmechanismus und in ihrer unterschiedlichen Spezifität (die Beschränkung auf die ausschließliche Oxidation von Alkohol bzw. die Fähigkeit, auch andere Substanzen oxidieren zu können).

Hauptweg

Alkoholdehydrogenase (zu 90 % in der Leber)

$CH_3CH_2OH + NAD^+ \Longleftrightarrow CH_3CHO$ (Acetaldehyd) $+ NADH + H^+$

Acetaldehyddehydrogenase

$CH_3CHO + NAD^+ \Longleftrightarrow CH_3COOH$ (Essigsäure) $+ NADH + H^+$

CH_3OOH + ATP + Coenzym A ——> Acetyl-CoA ——> Citratzyklus

Nebenweg

Mikrosomales ethanoloxidierendes System (MEOS)

* Alkohol (Ethanol) wird bei diesem Weg ebenfalls zu Acetaldehyd oxidiert, die Oxidation wird aber nicht durch den gebildeten, noch nicht abgebauten Acetaldehyd gehemmt (Anstau des zelltoxischen Acetaldehyds).

* Das Enzymsystem muß durch Alkohol oder bestimmte Pharmaka induziert werden (Neusynthese der Enzyme).

Abb. 3.6.1: Abbauwege des Alkohols im Organismus

Alkoholdehydrogenase

Die Alkoholdehydrogenase (ADH) ist das wichtigste alkoholabbauende Enzym. Die ADH kommt vorzugsweise in der Leber vor, in wesentlich geringerer Menge auch in anderen Organen wie in der Magenschleimhaut. Sie katalysiert ausschließlich die Oxidation von Alkohol zum Acetaldehyd.

Die ADH weist besondere Eigenschaften auf, in denen sie sich von dem mikrosomalen ethanoloxidierendem System (MEOS) unterscheidet:

- Das Gleichgewicht der ADH-Reaktion ist in Richtung des Alkohols verschoben. Das bedeutet, daß die ADH nur dann Alkohol zu Acetaldehyd oxidiert, wenn dessen Konzentration wieder nahezu auf Null gesunken ist (nach erfolgter Oxidation zu Essigsäure). Dadurch wird gesichert, daß im Körper die Konzentration des giftigen Acetaldehyds ständig sehr niedrig gehalten wird.

- Die ADH liegt in der Leber immer in aktiver Form vor, auch wenn überhaupt kein Alkohol konsumiert wird. Sie kann daher jederzeit den Abbau von anfallendem Alkohol katalysieren. Sie ist der einzige Abbauweg, zumindest aber der Hauptabbauweg, der bei gelegentlichem und moderatem Alkoholgenuß beschritten wird.
- Die ADH ist im Cytoplasma (Zellsaft) lokalisiert. Resorbierter Alkohol gelangt deshalb rasch an das abbauende Enzym.
- Die Aktivität der ADH bleibt konstant. Sie kann weder durch einen ständigen noch durch einen überhöhten Alkoholkonsum gesteigert werden. Auch Veränderungen im Intermediärstoffwechsel (besonderes Ernährungsregime) oder konsumierte biologisch aktive Verbindungen (z. B. Coffein oder Pharmaka) haben keinen Einfluß auf die ADH-Aktivität.

Mikrosomales ethanoloxidierendes System (MEOS)

Das mikrosomale ethanoloxidierende System (MEOS) kommt nur in der Leber vor, nicht aber in den anderen Organen, in denen auch die ADH in geringer Aktivität vorliegt.

Das MEOS unterscheidet sich in folgenden Punkten von der ADH:

- Das MEOS ist ein vergleichsweise kompliziert aufgebautes Enzymsystem, das in den Membranen des endoplasmatischen Retikulums (früher als Mikrosomen bezeichnet) lokalisiert ist.
- Die Enzyme, die das MEOS repräsentieren, sind nicht ständig vorhanden. Sie werden erst bei Bedarf wie beim Vorliegen von höheren Alkoholkonzentrationen gebildet (sog. Enzyminduktion, die Synthese von Enzymen, die erst durch das abzubauende Substrat angeregt wird).
- Das MEOS oxidiert den Alkohol ebenfalls zu Acetaldehyd. Im Gegensatz zur ADH wird das MEOS durch den bei der Alkoholoxidation gebildeten Acetaldehyd nicht gehemmt. Sobald die Enzyme des MEOS durch Induktion gebildet sind, bauen sie daher den vorliegenden Alkohol mit nahezu gleichbleibender Geschwindigkeit ab. Aus diesem Grunde können beim Abbau von Alkohol über diesen Weg größere Mengen an giftigem Acetaldehyd anfallen als bei dessen ausschließlichem Abbau über den ADH-Weg.
  Beim gelegentlichen, mengenmäßig begrenzten Alkoholgenuß wird der Abbauweg über das MEOS offenbar nicht beschritten. Beim Alkoholiker ist dagegen das MEOS ständig aktiviert. Die Spätschäden eines ständigen Alkoholabusus sind möglicherweise durch den dabei auftretenden Anstau von Acetaldehyd bedingt.

- Das alkoholinduzierbare MEOS oxidiert neben Alkohol auch eine Reihe von Arzneimitteln, die dadurch entgiftet werden. Die Bildung der Enzyme dieses Systems wird auch durch diese Medikamente induziert. Bei der Einnahme solcher Medikamente und gleichzeitigem Alkoholkonsum kann sich deren Abbau über das MEOS in nicht mehr überschaubarer Weise wechselseitig beeinflussen. Es können sich dadurch Komplikationen bis hin zu lebensbedrohlichen Situationen ausbilden (insbesondere zu hohe Konzentrationen des Arzneimittels im Körper infolge eines verminderten Abbaus). Das strikte Verbot von Alkohol bei Einnahme bestimmter Medikamente ist damit eindeutig begründet und konsequent einzuhalten.

First Pathway des Alkoholabbaus

Eine Besonderheit stellt der sog. First Pathway (erster Abbauweg) des Magens dar. Dieser First Pathway wird durch eine Alkoholdehydrogenase der Magenschleimhaut katalysiert. Diese ADH ermöglicht, daß ein unterschiedlich hoher Anteil des aufgenommenen Alkohols (maximal 20 %) bereits im Magen abgebaut werden kann. Dieser Alkohol wird somit bereits vor oder während der Resorption verstoffwechselt, er kann aus diesem Grunde, da nicht mehr vorhanden, überhaupt nicht mehr in den Blutkreislauf übertreten.

Die Geschwindigkeit und das Ausmaß dieses Abbaus ist von vielen Faktoren abhängig (Magenfüllung und damit Verweildauer des Alkohols im Magen, Zusammensetzung der gleichzeitig aufgenommenen Nahrung, Ernährungszustand u. a.). Bei Magenerkrankungen, insbesondere bei einer Magenschleimhautentzündung, ist dieser Abbau erniedrigt. Die Abbauraten sind bei Männern generell höher als bei Frauen, und sie nehmen mit zunehmendem Alter ab.

Höhe der Abbaurate im Organismus

Die Geschwindigkeit des Alkoholabbaus ist eine konstante Größe, die durch exogene Faktoren nicht beeinflußt werden kann. Sie hängt nahezu ausschließlich vom Körpergewicht und vom Geschlecht ab. Es gibt allerdings kleine individuelle Unterschiede, die möglicherweise auf Unterschiede in der Aktivität des First Pathway zurückzuführen sind.

Die durchschnittliche Abbaurate beträgt

- beim Mann etwa 100 mg Alkohol pro kg Körpergewicht und Stunde und
- bei der Frau etwa 85 mg Alkohol pro kg Körpergewicht und Stunde.

Die oft diskutierte Beeinflussung der Abbaurate durch verschiedene Medikamente oder Verhaltensweisen hat sich stets als nicht haltbar erwiesen. Coffein und Medikamente sind unwirksam, und auch durch körperliche Aktivitäten einschließlich einer willkürliche Hyperventilation (erhöhte Atmung) kann der Blutalkoholspiegel nicht schneller gesenkt werden. Lediglich durch eine kohlenhydrat- und eiweißreiche Kost soll in sehr begrenztem Maße die Stoffwechsellage so beeinflußt werden können, daß der Alkoholabbau geringfügig beschleunigt wird (vermehrter Anfall von Oxalacetat und Steigerung der Synthese von Fettsäuren).

Bei fettreicher Kost und im Hungerzustand ist dagegen der Alkoholabbau verlangsamt. Das steht nicht im Widerspruch zu der Tatsache, daß bei einer fettreichen Mahlzeit Alkohol besser vertragen wird.

In diesem Fall kann zwar möglicherweise ein etwas größerer Teil des Alkohols über den First Pathway abgebaut werden, aber im wesentlichen wird er infolge der langen Verweildauer der fettreichen Mahlzeit im Magen langsamer resorbiert. Dadurch steigt der Blutalkoholspiegel langsamer und auch nicht so hoch an, er sinkt aber auch langsamer wieder ab, Restalkohol ist länger nachweisbar.

Isoenzyme der Alkoholdehydrogenase

Die Alkoholdehydrogenase kann in Form von unterschiedlichen Enzymvarianten, sog. Isoenzymen, vorliegen. Unter Isoenzymen versteht man Enzyme, die zwar die gleiche chemische Reaktion katalysieren, sich aber infolge geringer Unterschiede im Molekülaufbau in Eigenschaften unterscheiden, die die Enzymaktivität beeinflussen können. Diese Unterschiede sind genetisch bedingt. Unterschiedliche Eigenschaften sind z. B. unterschiedliche Temperaturoptima, Umsatzgeschwindigkeiten oder Hemmbarkeit durch Hemmstoffe.

Die verschiedenen Isoenzyme der ADH sind mit unterschiedlicher Häufigkeit anzutreffen. Die meisten Menschen, zumindest in Mitteleuropa, besitzen die gleiche ADH mit den oben beschriebenen Eigenschaften. Nur bei wenigen Menschen wird eine andere ADH, ein Isoenzym der ADH, gebildet. Eines dieser ADH-Isoenzyme wird durch den gebildeten Acetaldehyd weniger effektiv gehemmt, so daß es nach Alkoholgenuß zum raschen Anstieg von Acetaldehyd kommt, da dieser nicht ausreichend schnell weiter zu Essigsäure abgebaut werden kann. Aus diesem Grunde kann der Acetaldehyd seine akut toxische Wirkung entfalten. Sein plötzlicher Anstau bewirkt eine rasche Weitstellung der Kapillaren. Die Folge ist eine plötzliche Rötung des Gesichts und ein rascher Blutdruckabfall, der zu einer schlagartig auftretenden Übelkeit und in schweren Fällen zur Ohnmacht (Kreislaufkollaps) führen kann. Dieses ADH-Isoenzym ist bei Mitteleuropäern kaum, häufiger aber bei Ostasiaten zu finden.

Methanol (Methylalkohol)

Methanol ist wesentlich giftiger als Ethanol. Die einmalige Aufnahme von 10 bis 90 ml Methanol führt zur Erblindung, 100 bis 200 ml sind tödlich. Methanol wird ebenso wie Ethanol von der Alkoholdehydrogenase der Leber abgebaut. Als erstes Oxidationsprodukt entsteht Formaldehyd (anstelle von Acetaldehyd), der wesentlich giftiger als Acetaldehyd ist. Der Formaldehyd wird anschließend zu Ameisensäure abgebaut. Die Ameisensäure kann wie Formaldehyd nicht über die üblichen Abbauwege des Intermediärstoffwechsels abgebaut werden. Beide Verbindungen können im Organismus nur sehr langsam eliminiert werden.

Methanol kommt in geringer Konzentration in einigen Alkoholika vor (Obstbranntweine wie Obstler, Slibowitz, Calvados). Dieses Methanol entfaltet als Bestandteil dieser Alkoholika keine der oben beschriebenen toxischen Wirkungen, da beim gleichzeitigen Genuß von Ethanol und Methanol (Trinken von Obstbranntweinen) beide Alkohole um die Alkoholdehydrogenase konkurrieren. Ihre Abbauraten entsprechen etwa den jeweils vorliegenden Konzentrationen. Dadurch fallen wesentlich geringere Mengen an Formaldehyd an als nach der ausschließlichen Aufnahme von Methanol. Diese geringen Mengen an Formaldehyd und Ameisensäure können vom Körper hinreichend schnell entgiftet werden.

3.6.3 Alkoholwirkungen im Organismus

Bei den Alkoholeinwirkungen auf den Organismus muß zwischen den sofort auftretenden Wirkungen unterschieden werden, die auf die toxische Wirkung des Alkohols und des beim Abbau gebildeten Acetaldehyds direkt zurückzuführen sind, und den chronischen Schäden, die erst nach unterschiedlich langer Zeit als Folge der chronischen Schädigung von Geweben und Organen auftreten. Die chronischen Schäden können an den einzelnen Organen zu einer mit dem Leben nicht mehr vereinbaren Funktionseinschränkung führen.

Akut auftretende Alkoholwirkungen

Neben den bekannten Alkoholwirkungen auf das Zentralnervensystem, die konzentrationsabhängig zu psychischen Veränderungen (Enthemmung), Beeinflussung der Reaktionsfähigkeit und Koordinationsstörungen führen, werden durch Alkohol eine Reihe von Organ- und Zellfunktionen fast ausschließlich negativ beeinflußt. Nach einem Konsum von überhöhten Mengen an Alkohol kommt es letztendlich zu so ernsthaften Störungen der Körperfunktionen, die zum Tod führen. Bei einem Blutalkoholspiegel von mehr als 4 Promille muß jederzeit mit dem Versagen der Körperfunktionen gerechnet werden. Hauptsächliche Todesursache ist eine Lähmung der zentralnervösen Regelzentren (Atmung, Blutdruck, Herzfunktion) und der dadurch bedingte Ausfall dieser Organfunktionen.

Blutgefäßsystem: Unter Alkoholeinwirkung kommt es zu einer Weitstellung von kleinen arteriellen Blutgefäßen und insbesondere von Kapillaren. Diese Weitstellung der arteriellen Endbahnen fördert die Durchblutung der Organe. Diese verbesserte Durchblutung macht sich besonders auffällig an der Haut und an den Extremitäten bemerkbar. Alkohol führt zu einem erhöhten Wärmegefühl („Aufheizen von innen"), das Ausdruck einer erhöhten Wärmeabgabe ist. Diese gesteigerte Wärmeabgabe verbraucht allerdings, zumindest bei mäßigem Alkoholkonsum, nur einen geringen Teil der durch den Alkohol bereitgestellten Energie.

Nach dem Konsum von sehr großen Alkoholmengen können die Blutgefäße extrem weit gestellt sein. Es kann dann insbesondere bei niedrigen Außentemperaturen zu einer überhöhten Wärmeabgabe und nachfolgend zu einer Unterkühlung mit einer Abnahme der Körpertemperatur kommen. Im Extremfall können im Freien eingeschlafene Personen erfrieren. Dieser Kältetod wird durch eine alkoholbedingte Lähmung des Wärmeregulationszentrums im Zentralnervensystem begünstigt.

Die Erweiterung der peripheren Gefäße kann auch zu einer Erniedrigung des Blutdrucks führen. Eine mögliche Blutdruckerniedrigung nach Alkoholgenuß hängt jedoch von mehreren Faktoren ab, insbesondere von der Ausgangslage der betreffenden Personen. Bei Patienten mit Bluthochdruck kann es insbesondere nach dem Konsum von größeren Alkoholmengen sogar zu einer weiteren Blutdruckerhöhung kommen.

Nierenfunktion: Durch Alkohol wird in den Nieren die Rückresorption von Wasser und Mineralstoffen teilweise gehemmt. Infolgedessen kommt es nach Alkoholgenuß zu Wasser- und Mineralstoffverlusten (vorzugsweise von Natrium und Kalium). Die Wasserverluste sind auch beim Genuß von Getränken mit geringerem Alkoholgehalt höher als die zusätzliche Wasseraufnahme durch diese Getränke (beispielsweise Konsum von größeren Mengen an Bier).

Die Wasser- und Mineralstoffverluste müssen im Interesse der Sicherung eines ausgeglichenen Wasser- und Mineralstoffhaushalts durch eine erhöhte Zufuhr von Wasser und Mineralstoffen ausgeglichen werden. Bereits geringe Verschiebungen im Wasserhaushalt führen rasch zu einer teilweisen Dehydratation (Wasserverarmung) des Gehirns, deren erstes wahrnehmbares Zeichen das Auftreten von Kopfschmerzen ist. Neben dem Ersatz des verlorengegangenen Wassers betrifft das insbesondere die Natriumverluste, da Kalium mit der üblichen Nahrung in ausreichendem Maße zugeführt wird. Im besonderen Fall eines erhöhten Alkoholkonsums (durchgefeierte Nacht) ist es ausnahmsweise angebracht, am nachfolgenden Tag die empfohlene begrenzte tägliche Natriumaufnahme (5 bis 6 g Kochsalz) zu überschreiten („Katerfrühstück"). Es ist daher verständlich, daß ein Alkoholmißbrauch bei Patienten mit Störungen im Wasser- und Mineralstoffhaushalt und bei Nierenerkrankungen schwerwiegendere Konsequenzen haben kann als beim Gesunden.

Alkohol hemmt außerdem die Harnsäureausscheidung durch die Nieren. Im Gefolge von Alkoholexzessen kann deshalb bei bestehender Veranlagung zu einer Gicht der Harnsäurespiegel im Blut so erhöht werden, daß akute Gichtanfälle ausgelöst werden (siehe Kap. 7.6.5).

Magen-Darm-Trakt: Die Alkoholwirkungen auf den Magen-Darm-Trakt sind recht vielfältig. Bei einer gelegentlichen geringen Alkoholaufnahme wird die Magensaftproduktion angeregt, kleine Alkoholmengen können appetitanregend wirken. Bei empfindlichen Personen können dagegen bereits geringe Alkoholmengen eine akute Magenschleimhautentzündung (Gastritis) auslösen, oft verbunden mit Übelkeit und Erbrechen. Bei einer bereits bestehenden Gastritis werden die Beschwerden durch Alkohol wesentlich verstärkt.

Effekte bei chronischer Alkoholeinwirkung

Ein länger andauernder Alkoholmißbrauch führt an allen Körperzellen zu Schädigungen. Allerdings werden bestimmte Zellen und Organe bevorzugt und stärker geschädigt. Für diese Schädigungen sind einmal der Alkohol selbst und zum anderen der beim Abbau entstehende giftige Acetaldehyd verantwortlich zu machen. Zusätzlich können auch alkoholbedingte Störungen im Zwischenstoffwechsel und eine Unterversorgung mit essentiellen Nahrungsfaktoren bei der Ausbildung der chronischen Schäden beteiligt sein. Das betrifft beispielsweise das Vitamin B_1. Der beim Alkoholiker bestehende erhöhte Bedarf wird mit der bei Alkoholikern oft anzutreffenden einseitigen Ernährung nicht gedeckt.

Zentralnervensystem: Im Vordergrund der gesundheitlichen Schäden des Alkohols stehen die Schädigungen am Zentralnervensystem, die zu psychischen Veränderungen, Verlust der geistigen Leistungsfähigkeit und zur Alkoholabhängigkeit führen. Der Alkoholismus und die Alkoholkrankheit sind eines der wichtigen Probleme der Gesellschaft.

Der ständige Alkoholmißbrauch ist bei einer großen Zahl von Menschen der Beginn des sozialen Abstiegs. Die Behandlung der gesundheitlichen Schäden infolge des Alkoholmißbrauchs bedeutet für die Gesellschaft eine enorme finanzielle Belastung. Eine eingehende Besprechung dieser Problematik würde jedoch den Rahmen dieses Buchs sprengen.

Verdauungstrakt: Ein ständig überhöhter Alkoholkonsum, insbesondere von hochprozentigen Alkoholika, kann zu ernsthaften Störungen der Funktionen des Verdauungstrakts führen. Häufige Folgen sind eine vermehrte Speichelsekretion und eine Entzündung der Speiseröhre und der Magenschleimhaut (Alkoholgastritis). Eine akute Alkoholgastritis geht bei fortdauerndem Alkoholkonsum oft in eine chronische Gastritis über. Die Folge dieser Störungen sind vielfältige Magenbeschwerden, die oft zu einer Appetitlosigkeit und zu einer unzureichenden sowie unausgewogenen Nahrungsaufnahme führen. Rauchen begünstigt das Entstehen einer alkoholbedingten Gastritis.

In schweren Fällen des Alkoholmißbrauchs kann auch der Dünndarm geschädigt werden, was bis zum Auftreten von Resorptionsstörungen führen kann. Eine Fehlbesiedlung des Dünndarms mit Darmbakterien tritt dagegen häufiger auf. Es kommt dabei zu einer Besiedlung der unteren Abschnitte des Dünndarms mit Darmbakterien, die normalerweise erst im Dickdarm anzutreffen sind. Auch eine Besiedlung mit Fremdkeimen und damit die Ausbildung einer uncharakteristischen Darmflora ist möglich. Die Folge sind Verdauungsstörungen und Durchfälle.

Eine weitaus größere Gefahr ist das Entstehen von bösartigen Geschwülsten durch die Entartung der chronisch geschädigten Epithelzellen des Magen-Darm-Trakts, insbesondere das Auftreten von Speiseröhren- und Magenkrebs. Die Ausbildung von bösartigen Geschwülsten im oberen Teil des Magen-Darm-Trakts (Speiseröhre, Magen) wird durch die cancerogenen Bestandteile des Tabakrauchs enorm begünstigt.

Leber: Die Leber ist das Organ, das beim Alkoholmißbrauch meist am stärksten geschädigt wird. Dieser Umstand ist leicht verständlich, da die Leber der Hauptort des Alkoholabbaus ist und der toxische Acetaldehyd infolgedessen primär in der Leber anfällt. Diese alkoholbedingte Leberschädigung kann wegen der zentralen Rolle der Leber im Stoffwechsel des Organismus zu einer lebensgefährlichen Bedrohung werden.

Folgende Krankheitsbilder können sich als Folge des chronischen Alkoholkonsums ausbilden (siehe ausführlich Kap. 7.2):

- Alkoholische Fettleber
  Eine alkoholische Fettleber kann sich bei einem exzessiven Alkoholmißbrauch (100 bis 160 g pro Tag) bereits nach 4 bis 6 Wochen ausbilden. Bei einer nachfolgenden konsequenten Abstinenz bildet sich die Leberverfettung in einer Reihe von Fällen voll zurück unter der Voraussetzung, daß keine zusätzliche Leberschädigung vorliegt.
- Akute Alkoholhepatitis
  Bei einer vorgeschädigten Leber (Alkohol oder anderweitige Schädigung) kann durch einen akuten Mißbrauch von großen Alkoholmengen diese so geschädigt werden, daß sie eine Vielzahl ihrer Funktionen schlagartig nicht mehr erfüllen kann. Es besteht dann die Gefahr eines plötzlichen, oft tödlich endenden Leberversagens.
- Leberzirrhose
  Eine Leberzirrhose (Schrumpfleber) entwickelt sich auf der Basis einer über Jahre anhaltenden Leberschädigung, vorzugsweise durch Alkoholmißbrauch. Das Krankheitsbild der Zirrhose wird bedingt durch eine kontinuierlich fortschreitenden Wucherung des Bindegewebes der geschädigten Leber und damit zum Einschnüren des funktionellen Leberparenchyms.

Dementsprechend nimmt die Zahl der funktionellen Leberzellen ständig ab, so daß die Leber unterhalb einer Restmenge an Leberzellen ihre vielfältigen Funktionen nicht mehr voll erfüllen kann. Der Ausfall von Lebergewebe ist ab einem kritischen Punkt mit dem Leben nicht mehr vereinbar.

Bauchspeicheldrüse (Pankreas): Nach langjährigem Alkoholmißbrauch (6 bis 8 Jahre, täglich 120 g und mehr) kann es zu einer fortschreitenden Entartung des Pankreasgewebes kommen. Die Menge der gebildeten Verdauungssäfte nimmt daher kontinuierlich ab (chronische Pankreatitis). Auch die Insulinproduktion durch die Inselzellen des Pankreas kann dabei stark vermindert sein, so daß es zur Ausbildung eines sog. sekundären Diabetes mellitus kommen kann. Ein exzessiver Alkoholgenuß kann auch eine akute Pankreatitis auslösen.

Herz-Kreislauf-System: Die Wirkungen auf Herz und Kreislauf sind wesentlich von der Menge des aufgenommenen Alkohols abhängig. Hierbei gibt es auch enge Zusammenhänge mit den akuten Alkoholwirkungen auf das Gefäßsystem.

- Kleine Alkoholmengen

  Der regelmäßige Konsum von kleinen Mengen an Alkohol senkt offenbar das Risiko, einen Herzinfarkt zu erleiden. Dieser als „French Paradoxon" bezeichnete Effekt ist seit vielen Jahren bekannt, er wurde aber oft angezweifelt. Unter dem Begriff French Paradoxon wurde der zunächst schwer erklärbare Widerspruch verstanden, daß Franzosen trotz eines regelmäßigen Alkoholkonsums weniger oft an einem Herzinfarkt verstarben als die Bewohner der Nachbarländer, deren Alkoholkonsum nicht so hoch war.

  Diese prophylaktische Wirkung eines regelmäßigen, aber mengenmäßig begrenzten Alkoholkonsums beruht offenbar auf mehreren Mechanismen. Diese Mechanismen wirken zusammen mit weiteren Faktoren der Ausbildung von arteriosklerotischen Veränderungen an den Herzkranzgefäßen entgegen, die die wesentlichen Wegbereiter für die ischämische Herzkrankheit sind (siehe Kap. 7.6.4.2).

  Die mögliche protektive Wirkung von kleinen Mengen an Alkohol und von Inhaltsstoffen einiger alkoholischer Getränke sind auf folgende Mechanismen zurückzuführen:

  1. gefäßerweiternde Wirkung des Alkohols an kleinen Arterien, insbesondere an den Herzkranzgefäßen,
  2. Veränderungen des Lipoproteinstoffwechsels (einschließlich des Cholesterinstoffwechsels) über eine Erhöhung der Konzentration von HDL („gutes Cholesterin"),
  3. antioxidative Wirkung von Mikronährstoffen (Polyphenole, Flavonoide), die im Wein, insbesondere im Rotwein enthalten sind (siehe Kap. 3.7.3).

Die begrenzte Weitstellung der Herzkranzgefäße verbessert die Durchblutung des Herzmuskels und damit seine Sauerstoffversorgung. Diese Weitstellung trägt nur in begrenztem Umfang zu der Schutzwirkung bei, da durch arteriosklerotische Veränderungen verengte Kranzgefäße nicht beliebig weit gestellt werden können (siehe unten).

Hauptursache für das Auftreten von ischämischen Herzkrankheiten sind arteriosklerotische Veränderungen an den Herzkranzgefäßen, in deren Verlauf stoffwechselträge Substanzen, insbesondere Cholesterin, in die geschädigten Endothelzellen der Gefäßinnenwand eingelagert werden, dadurch das Gefäßlumen einengen und außerdem die Anlagerung von feinsten Blutgerinnseln begünstigen. Kleine Alkoholmengen (maximal 25 g pro Tag beim Mann, 20 g pro Tag bei der Frau) stimulieren die Synthese der Lipoproteine, die für die Bildung der HDL benötigt werden. Über diesen Mechanismus bewirken diese kleinen Alkoholmengen eine Erhöhung der HDL („gutes Cholesterin"). Die HDL transportieren das Cholesterin zur Leber, wo es in Gallensäuren umgewandelt und ausgeschieden wird. HDL begünstigen aber nicht die Ablagerung von Cholesterin in anderen Organen und Zellen. Als Folge kommt es zu einer geringeren Cholesterinablagerung in den Endothelzellen der arteriellen Gefäße (siehe hierzu auch Kap. 3.5.4.1). Alkohol begünstigt allerdings auch die Bildung von LDL („schlechtes Cholesterin"), allerdings erst bei höheren Konzentrationen. In diesem Fall kann die Cholesterinablagerung in vorgeschädigten Gefäßwänden erhöht sein, so daß durch Alkoholmengen von mehr als 20 bis 25 g pro Tag das Entstehen eines Herzinfarkts begünstigt werden kann.

Die protektive Wirkung der Mikronährstoffe mit Radikalfangeigenschaften ist darauf zurückzuführen, daß das Entstehen von arteriosklerotischen Veränderungen durch freie Radikale begünstigt wird, die an der primären Schädigung der Endothelzellen der Blutgefäße, der Ausbildung von sog. Schaumzellen und an der Bildung von oxidiertem Cholesterin beteiligt sind (siehe auch Kap. 7.6.4.2.1 und 7.6.4.2.2).

- Große Alkoholmengen

Größere Mengen an Alkohol führen zu einer beträchtlichen Erweiterung der Herzkranzgefäße, von peripheren arteriellen Gefäßen und von Kapillaren. Die extreme Weitstellung kann zu einem starken Abfall des Blutdrucks in den Herzkranzgefäßen führen, wodurch die Strömungsgeschwindigkeit des Bluts stark herabgesetzt wird. Die Folge ist eine Unterversorgung des Herzmuskels mit Sauerstoff und Nährstoffen, die ebenfalls zu ischämischen Zuständen und zum Herzinfarkt führen können.

Größere Mengen an Alkohol (mehr als 25 g pro Tag) bewirken außerdem einen Anstieg der LDL („schlechtes Cholesterin"), wodurch der Ausbildung von arteriosklerotischen Veränderungen Vorschub geleistet wird. Langfristig gesehen bedeutet ein hoher Alkoholkonsum ein erhöhtes Infarktrisiko (siehe oben).

Ein chronischer Alkoholmißbrauch kann zu einer Schädigung der Herzmuskelzellen (Kardiomyopathie) führen, wodurch es zu mannigfaltigen Leistungseinschränkungen des Herzens kommt, die bis zu einem Herzversagen führen können.

Skelettsystem: Ein ständiger Alkoholmißbrauch führt zu einer Störung der Funktion der Osteoblasten (knochenbildende Zellen). Die Osteoblasten steuern die Einlagerung von Mineralstoffen in die Knochenhartsubstanz. Als Folge eines ständigen Alkoholmißbrauchs und einer dadurch bedingten Leberschädigung kann auch die endogene Synthese von Vitamin D gestört sein. Bei einem Vitamin-D-Mangel kommt es zu einer verminderten Kalziumeinlagerung in die Knochenhartsubstanz und damit zu einer Verringerung der Knochendichte (siehe Kap. 3.9.1.2). Aus diesem Grund ist bei Alkoholikern die Gefahr des Auftretens von Knochenbrüchen erhöht.

Embryofetales Alkoholsyndrom: Alkoholkonsum während der Schwangerschaft kann bereits bei kleinen Mengen zu schwerwiegenden Schädigungen in der Embryonalentwicklung führen, insbesondere bei der Entwicklung des Zentralnervensystems (ZNS). Diese bei Kindern von Alkoholikerinnen schon seit langem bekannten Schäden führen zu einer Beeinträchtigung der geistigen Leistungsfähigkeit bis hin zum ausgeprägten Schwachsinn. Sie sind meist schon kurz nach der Geburt feststellbar. Störungen in der embryonalen Entwicklung des ZNS können aber auch bei nur gelegentlichem und maßvollem Alkoholgenuß auftreten. Solche „leichten" Schädigungen werden nicht sofort nach der Geburt bemerkt, sie äußern sich erst beim Kleinkind in Form von Lern- und Verhaltensstörungen.

3.6.4 Ernährungsphysiologische und gesundheitsbezogene Einschätzung von Alkohol

Der Genuß von Alkohol ist auf Grund seiner schädlichen Wirkungen zunächst grundsätzlich abzulehnen. Das betrifft sowohl die Schäden und Konsequenzen, die sofort nach einem Alkoholkonsum auftreten und nur zeitlich begrenzt das Befinden und den Gesundheitszustand beeinflussen, als auch die Schäden, die durch den chronischen Alkoholmißbrauch bedingt sind.

Ein moderater Alkoholkonsum hat eine prophylaktische Wirkung in Hinblick auf das Entstehen einer ischämischen Herzkrankheit. Beim gesunden Erwachsenen wird deswegen der Konsum von 20 g Alkohol (Männer) bzw. 10 g (Frauen) als unbedenklich angesehen. Ein regelmäßiger moderater Alkoholkonsum und insbesondere ein Konsum, der über diese Werte hinausgeht, ist abzulehnen, zumindest aber mit großer Zurückhaltung zu bewerten. Die bei einer regelmäßigen Alkoholaufnahme möglichen Organschäden, insbesondere an Leber und Bauchspeicheldrüse, können eine weitaus größere Gefährdung der Gesundheit bedeuten (z. B. Leberzirrhose oder chronische Pankreatitis, embryofetales Alkoholsyndrom). Letztendlich ist die Gefahr der Ausbildung einer Alkoholabhängigkeit (Sucht) mit der Konsequenz der Alkoholkrankheit zu bedenken, die nahezu ausnahmslos mit einem geistigen Verfall verbunden ist, zumindest aber mit einer starken Einschränkung der geistigen Leistungsfähigkeit.

Alkoholkonsum bedeutet weiterhin die Aufnahme von sog. „leeren Kalorien". Mit der Aufnahme von Alkohol werden dem Körper weder Vitamine, Mineralstoffe oder andere essentielle Nahrungsfaktoren zugeführt. Statt dessen werden beim Alkoholabbau zusätzlich Vitamine verbraucht, insbesondere Vitamin B_1, und es kommt durch die durch den Alkohol induzierte erhöhte Harnproduktion zu Verlusten an Mineralstoffen.

3.7 Vitamine und Mikronährstoffe

Vitamine sind niedermolekulare Nahrungsbestandteile, die für die geordnete Funktion des Organismus unentbehrlich sind, von ihm aber nicht gebildet werden können. Sie müssen als essentielle Nahrungsfaktoren mit der Nahrung aufgenommen werden.

Als Provitamin wird eine Substanz bezeichnet, die selbst nicht als Vitamin wirkt, im Körper ebenfalls nicht gebildet werden kann, aber vom Körper in ein Vitamin umgewandelt werden kann (β-Carotin ist das Provitamin A).

Unter bestimmten Voraussetzungen können im Körper einige Vitamine in unterschiedlichem, meist begrenztem Ausmaß gebildet werden. Zu diesen Vitaminen gehören das Niacin und das Vitamin D, die aus der Aminosäure Tryptophan bzw. in begrenztem Umfang aus Cholesterin gebildet werden können. Einige Vitamine werden auch von den Darmbakterien synthetisiert, ihre Verwertbarkeit ist aber infolge der in den unteren Darmabschnitten äußerst geringen Resorptionskapazität stark begrenzt.

Vitamine können in wasserlösliche und in fettlösliche Vitamine unterteilt werden. Fettlöslich sind die Vitamine A, D, E und K.

Nomenklatur der Vitamine

Die Nomenklatur der Vitamine macht für manche Betrachter einen oft recht verwirrenden Eindruck. Diese teilweise unterschiedliche, manchmal unlogisch erscheinende Bezeichnung ist historisch bedingt. In der frühen Phase der Vitaminforschung wurden die einzelnen Vitamine durch den Zusatz von Großbuchstaben charakterisiert. Als es sich herausstellte, daß das ursprünglich als Vitamin B bezeichnete Isolat aus mehreren unterschiedlichen Vitaminen bestand, wurden diese durch Indices (tiefgestellte

Zahlen) zusätzlich charakterisiert. Später wurden neu entdeckte Vitamine nicht mehr mit neuen Großbuchstaben bezeichnet, es wurden zusätzlich zu den genauen chemischen Bezeichnungen sog. Trivialnamen („Eigennamen") eingeführt. Die Trivialnamen sollten die alte Nomenklatur der Vitamine mit Großbuchstaben gänzlich ersetzen. Sie haben sich jedoch noch nicht generell durchgesetzt. Für einige der relativ spät entdeckten Vitamine gibt es jedoch nur die Trivialnamen.

Wirkungsweise der Vitamine

Die Mehrzahl der Vitamine (insbesondere wasserlösliche Vitamine) wirken direkt oder nach einer im Körper erfolgten Modifikation als Cofaktoren von Enzymen. Einige andere Vitamine zeigen recht spezifische Wirkungsweisen. Diese können teilweise mit einer Hormonwirkung verglichen werden (Vitamin D), teilweise entwickeln sie spezifische Schutzfunktionen (Oxidationsschutz durch das Vitamin E und Vitamin C).

Vitaminbedarf

Der Vitaminbedarf des Menschen ist bei den einzelnen Vitaminen unterschiedlich groß. Der Bedarf an einem bestimmten Vitamin hängt außerdem von zahlreichen Faktoren ab, wie unterschiedliche Leistungsanforderungen, Wachstum, Schwangerschaft, Erkrankungen und andere Faktoren. Es ist deswegen notwendig, bei der Ermittlung des Bedarfs zusätzliche Sicherheitszuschläge zu berücksichtigen, die diesen möglichen Mehranforderungen Rechnung tragen und somit unter allen Bedingungen einen Vitaminmangel verhindern.

Die wünschenswerte (optimale) Zufuhr der einzelnen Vitamine kann meist recht genau, bei einigen Vitaminen aber aus verschiedenen Gründen nicht immer exakt angegeben werden. Für die Sicherung einer optimalen Versorgung werden deshalb Empfehlungen bzw. Schätzwerte angegeben (D-A-CH-Referenzwerte). Die Empfehlungen bzw. Schätzwerte werden auch in der Zukunft in regelmäßigen Abständen überprüft und gegebenenfalls korrigiert.

Der tägliche Vitaminbedarf kann mit einer ausgewogenen Kost (unter Einbeziehung von reichlich Rohkost und bei Einsatz von schonenden Garmethoden) ausreichend gedeckt werden. Nur ein stark erhöhter Vitaminbedarf, der bei bestimmten Krankheitszuständen bestehen kann, muß durch die Gabe von Vitaminpräparaten entsprechend der Festlegung des Arztes abgesichert werden. Das betrifft auch die Vitaminprophylaxe bei Schwangeren (Folsäure) und die Vitamin-D-Gabe bei Neugeborenen.

Speicherung von Vitaminen

Fettlösliche Vitamine können vom Körper relativ gut gespeichert werden. Die Speichermöglichkeit ist bei wasserlöslichen Vitaminen dagegen sehr gering oder fehlt nahezu vollkommen. Echte Speicher für wasserlösliche Vitamine gibt es nicht. Im Überfluß zugeführte wasserlösliche Vitamine werden größtenteils unverändert mit dem Harn wieder ausgeschieden. Einige als Cofaktoren von Enzymen wirkende Vitamine können allerdings (als „fertige" Cofaktoren) relativ fest an das Enzymeiweiß gebunden werden. In diesen Fällen ist eine gewisse „Bevorratung" möglich, und es kann auch bei einer ungenügender Vitaminzufuhr für eine gewisse Zeit das Auftreten von Ausfallserscheinungen verhindert werden. Voraussetzung hierfür ist jedoch, daß vor Beginn der kurzzeitigen mangelhaften Versorgung das oder die betreffenden Enzyme mit dem betreffenden Cofaktor gesättigt sind.

Vitaminmangel

Eine Unterversorgung mit Vitaminen bewirkt eine Einschränkung der Stoffwechselprozesse, an dem das jeweilige Vitamin in Form des betreffenden Cofaktors beteiligt ist. Diese Behinderung einzelner spezifischer Stoffwechselleistungen führt letztendlich zu Ausfallserscheinungen, die sich in spezifischen Krankheitsbildern manifestieren.

Ein vollständiger oder nahezu vollständiger Vitaminmangel wird als Avitaminose bezeichnet. Eine über längere Zeit bestehende Avitaminose ist mit dem Leben nicht vereinbar. Avitaminosen treten in den westlichen Industrieländern nicht mehr auf.

Eine weniger ausgeprägte Unterversorgung wird als Hypovitaminose bezeichnet. In diesen Fällen können die entsprechenden Stoffwechselleistungen mit gerade noch ausreichender Intensität ablaufen, bei erhöhten Anforderungen kommt es aber zu partiellen Ausfallserscheinungen. Eine partielle Unterversorgung mit einzelnen Vitaminen führt in vielen Fällen zu (meist unspezifischen) Leistungseinschränkungen.

Eine solche leichte Hypovitaminose ist wesentlich häufiger anzutreffen, als angenommen wird. Eine leichte Unterversorgung mit einigen Vitaminen ist als Folge von unausgewogenen Ernährungsgewohnheiten in nicht zu seltenen Fällen bei der Bevölkerung der Bundesrepublik zu beobachten, vorrangig bei Senioren. Das betrifft insbesondere die Versorgung mit den Vitaminen A, D, B_1, B_6 und Folsäure. Bei Veganern (strenge Vegetarier) kann außerdem die Versorgung mit Vitamin B_{12} gefährdet sein.

Hypervitaminose („Vitaminvergiftung")

Eine Überversorgung mit wasserlöslichen Vitaminen ist praktisch nicht möglich, da die nicht benötigten Vitamine umgehend mit dem Harn ausgeschieden werden. Eine drastisch überhöhte Zufuhr der fettlöslichen Vitamine A und D (in Form von überhöht dosierten Vitaminpräparaten aufgenommen) kann zu Störungen des Stoffwechsels und zu Krankheitsbildern führen. Mit einer ausgeglichenen Ernährung ist es nicht möglich, eine solche Hypervitaminose auszulösen.

Während einer Schwangerschaft kann eine überhöhte Zufuhr von Vitamin A zu Schädigungen des Embryos führen. Aus diesem Grund ist von Schwangeren der Verzehr von Leber, das Lebensmittel mit dem höchsten Gehalt an Vitamin A, weitgehend zu meiden.

Eine überhöhte Zufuhr von Vitamin D kann Störungen in der Knochenentwicklung zur Folge haben. Eine solche Gefahr besteht jedoch nur bei der unkontrollierten Einnahme von Vitamin-D-Präparaten.

In letzter Zeit sind einige Fälle beschrieben worden, bei denen es auch bei einer extremen Überdosierung von einigen wasserlöslichen Vitaminen (Vitaminpräparate) über einen längeren Zeitraum hinweg zu mehr oder weniger schädlichen Nebenwirkungen gekommen sein soll. Diese noch nicht eindeutig aufgeklärten Effekte sind für die Ernährung ohne Bedeutung.

Eine neue Situation, die bisher ohne größere Bedeutung war, kann sich aus der zunehmenden Vermarktung von sog. funktionellen Lebensmitteln ergeben (siehe Kap. 5.7.5). In diesen Lebensmitteln kann eine Anreicherung mit Vitaminen erfolgen, so daß bei deren überhöhten Aufnahme eine Überversorgung mit Vitaminen möglich ist, die zu negativen Effekten führen kann. Diese ungünstigen Effekte können durch eine unkontrollierte Aufnahme von Nahrungsergänzungsmitteln und Vitaminpräparaten noch schwerwiegendere Konsequenzen nach sich ziehen. In diesen Fällen besteht die Gefahr, daß auch bei einigen wasserlöslichen Vitaminen die Ausscheidungskapazität des Organismus für im Überschuß zugeführte Vitamine überfordert ist und gesundheitlich nachteilige Effekte ausgelöst werden.

Aus diesem Grund muß vor einer solchen überhöhten Vitaminaufnahme gewarnt werden. Generelle Richtwerte einer Obergrenze für die Aufnahme von einzelnen Vitaminen werden in den D-A-CH-Referenzwerten für die Nährstoffaufnahme nicht angegeben, da hierfür noch keine genauen Zahlen vorliegen. Es ist aber damit zu rechnen, daß in absehbarer Zeit zumindest für einige Vitamine solche Richtwerte (sog. UL-Werte, tolerable upper intake level = höchster tolerierbarer Wert einer Aufnahme) empfohlen werden (in den USA und in Kanada werden z. Z. der Drucklegung solche Werte diskutiert). In den Empfehlungen der deutschen, österreichischen und schweizerischen Gesellschaften für Ernährung werden zunächst Warnhinweise für die Vitamine gegeben, bei denen eine überhöhte Zufuhr nachweislich zu gesundheitlich nachteiligen Folgen führt (Vitamin A und β-Carotin, Vitamin D, Vitamin E sowie Vitamin C).

Resorption von Vitaminen

Wasserlösliche Vitamine werden im Dünndarm in der Regel gut und meist vollständig resorbiert. Zu einer mangelhaften Resorption kommt es praktisch nur bei massiven Durchfallerkrankungen. Die Resorption der fettlöslichen Vitamine ist an die gleichzeitige Aufnahme von Fett gekoppelt. Provitamin A (β-Carotin) wird mit nur geringer Effektivität und ebenfalls nur in Gegenwart von Fett resorbiert. Es gibt neuerdings Hinweise, daß β-Carotin möglicherweise auch bei Fehlen von Fett in geringem Maße resorbiert werden kann. Die Resorption des Vitamin B_{12} benötigt die Mitwirkung des Intrinsic Factors, eines Eiweißfaktors, der von der Magenschleimhaut gebildet wird.

Stabilität der Vitamine

Die Vitamine sind gegenüber äußeren Einflüssen unterschiedlich empfindlich (Luftsauerstoff, Hitze, Säure, Lauge). Das Vermeiden von Vitaminverlusten bei der Lagerung von Lebensmitteln und deren Verarbeitung spielt für die ausreichende Vitaminversorgung eine wichtige Rolle (siehe Tabelle 3.7.1).

Tabelle 3.7.1:
Empfindlichkeit von Vitaminen gegenüber äußeren Einflüssen und durchschnittliche Höhe der Kochverluste (in Prozent)

Vitamin	Säure	Alkali	Luftsauerstoff	Licht	Hitze	Kochverlust
Vitamin A	–	–	++	++	–	10 –30
Vitamin D	–	+	++	+	–	gering
Vitamin E	–	–	++	+	–	etwa 50
Vitamin K	–	+	–	++	–	gering
Vitamin B_1	–	++	+	–	++	etwa 50
Vitamin B_2	–	+	–	++	+	10 –50
Niacin	–	–	–	–	–	10 –30
Vitamin B_6	–	–	–	++	+	10 –20
Pantothensäure	+	+	–	–	++	10 –45
Folsäure	(+)	(+)	–	+	++	bis 90
Vitamin B_{12}	–	–	(+)	+	–	gering
Vitamin C	–	++	+	+	+	20 – 80

– = unempfindlich + = empfindlich ++ = sehr empfindlich

3.7.1 Fettlösliche Vitamine

Fettlösliche Vitamine sind die Vitamine A (Retinol), D (Calciferol), E (Tokopherol) und K (Phyllochinon). Auch das β-Carotin (Provitamin A) kann in gewisser Weise den fettlöslichen Vitaminen zugerechnet werden.

3.7.1.1 Vitamin A (Retinol)

Vitamin A ist eine kompliziert aufgebaute Verbindung, deren wesentlicher Grundbaustein ein sog. β-Iononring ist (siehe Abb. 3.7.1). Der β-Iononring ist auch Baustein des β-Carotins.

Funktion

Vitamin A ist in Form seiner aktiven Wirkform (Retinsäure, siehe Abb. 3.7.1) in wichtige Schritte beim Zellwachstum und bei der Zelldifferenzierung (insbesondere von Haut und Schleimhäuten) sowie bei der Bildung von Bindegewebsbestandteilen und beim Knochenstoffwechsel in komplexer Weise einbezogen. Darüber hinaus ist es bei der Infektabwehr beteiligt. Offenbar ist es auch für die Funktion des gesamten Immunsystems sowie für die Schutzfunktion der Epithelien der Haut sowie des Darms und der Lunge vor dem Eindringen von Keimen und Schadstoffen von Bedeutung. Vitamin A ist weiterhin als Bestandteil des Sehpurpurs der Netzhaut in den Sehvorgang einbezogen. Ein Mangel an Vitamin A beeinträchtigt das Dämmerungssehen (sog. Nachtblindheit).

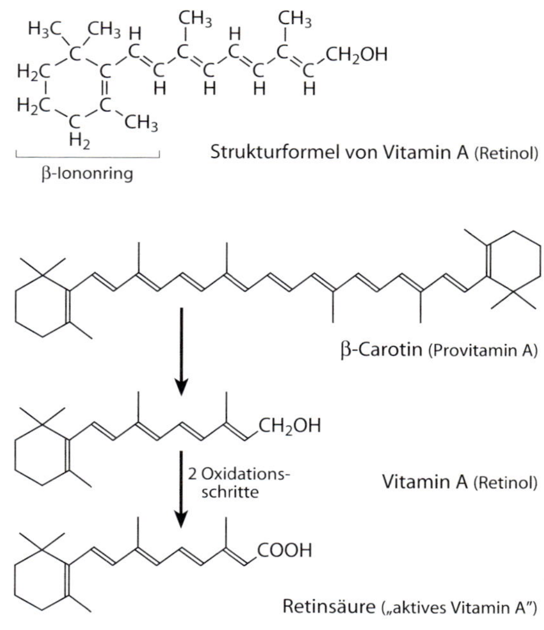

Abb. 3.7.1: Vitamin A und seine Bildung aus β-Carotin

Resorption und Speicherung

Vitamin A wird in Gegenwart von Fett im Dünndarm sehr rasch resorbiert. Seine Resorption ist bei allen Erkrankungen beeinträchtigt, die mit einer gestörten Fettverdauung und Fettresorption einhergehen (gluteninduzierte Enteropathie, chronische Pankreatitis, Mucoviscidose, siehe Kap. 7.1.1.2.2 sowie 7.3.2 und 7.3.3).

Vitamin A kann in der Leber gespeichert werden. Die Speicherkapazität anderer Gewebe ist dagegen begrenzt. Während beim Menschen in früheren Jahren oft eine Vitaminreserve in Höhe des Bedarfs von 1 bis 2 Jahren vorhanden war, werden in jüngster Zeit meist nur noch Reserven für etwa 2 Monate gefunden. Ursachen für die Unterschiede dürften die zwischenzeitlich veränderten Ernährungsgewohnheiten sein (es werden weniger Innereien verzehrt). Bei Säuglingen und Kindern ist die Speichermöglichkeit generell geringer.

Vorkommen

Vitamin A kommt ausschließlich in tierischen Lebensmitteln vor. Die wichtigste Quelle für die übliche Ernährung sind Leber, Eier und Streichfette (Butter, Margarine). Fleisch trägt nur bei regelmäßigem Verzehr wesentlich zur Versorgung bei (siehe Tabelle 3.7.2).

Tabelle 3.7.2:
Vitamin-A-Gehalt ausgewählter Lebensmittel (in mg/100 g Frischgewicht)

Fischlebertran und Fischöle	6	bis	25
Rinder- und Schweineleber	3	bis	10
Rinderniere	0,3	bis	0,4
Muskelfleisch		bis	0,02
Butter	0,3	bis	0,9
Vollei	0,2	bis	0,3
Eidotter		etwa	0,5
Margarine (Vitamin A wird zugesetzt)			0,9

Tagesbedarf (D-A-CH-Empfehlung)

Der Bedarf an Vitamin A von 0,8 mg (Frauen) bis 1,0 mg (Männer) wird in sog. Retinoläquivalenten angegeben, da zu seiner Bedarfsdeckung auch das β-Carotin (Provitamin A) beisteuern kann (siehe ausführlich unten unter β-Carotin). Bei Schwangeren (ab 4. Monat) und bei Stillenden ist der Bedarf etwas höher (1,1 bzw. 1,5 mg Retinol-Äquivalente). Eine Überdosierung von Vitamin A, insbesondere in den frühen Schwangerschaftsmonaten, birgt dagegen Gefahren für den Embryo (siehe unten).

Neben der Bedarfsangabe in mg ist auch noch die Angabe in Internationalen Einheiten (I. E.) gebräuchlich. 1 I. E. entspricht 0,3 µg Retinol, 1 mg Retinol entspricht etwa 3300 I. E.

Mangelerscheinungen

Die bekannteste und am frühesten auftretende Ausfallerscheinung eines Vitamin-A-Mangels ist das eingeschränkte Dämmerungssehen (Nachtblindheit). Weiterhin kommt es zu Störungen in sich rasch erneuernden Geweben, insbesondere in der Bindegewebsneubildung in solchen Geweben. Diese betreffen vorwiegend Haut und Schleimhäute (verstärkte Verhornung der Epithelzellen, Veränderungen an der Bindehaut der Augen und an den Tränendrüsen mit vermindertem Tränenfluß). Ein ausgeprägter Vitamin-A-Mangel kann zu eitrigen Bindehautentzündungen führen, die in schweren Fällen bis zum Verlust des Augapfels fortschreiten können. Bei Kindern kann es bei einem Vitamin-A-Mangel zu Fehlentwicklungen an Knochen und Zähnen kommen.

Vitamin-A-Überdosierung

Eine Überdosierung (keine Vitamin-A-Vergiftung) ist beim gesunden Erwachsenen kaum zu erwarten. Eine selten auftretende chronische Überdosierung führt zu mannigfaltigen, teilweise recht uncharakteristischen Funktionsstörungen wie Kopfschmerzen, Gelenk- und Muskelschmerzen, Schleimhautblutungen und Störungen bei der Verhornung (brüchige Nägel, trockene, rissige Haut). Bei Kindern ist die Gefahr einer chronischen Überdosierung größer als bei Erwachsenen. Eine solche besteht bei der unkontrollierten Einnahme von Vitaminpräparaten sowie bei einem übermäßigen und ständigen Verzehr von Leber. Für den Erwachsenen wird die tägliche Aufnahme von 3 mg Vitamin A (Obergrenze) als unbedenklich angesehen.

Eine chronischen Überdosierung bei Schwangeren birgt ernsthafte Gefahren für den Embryo. Bei der Aufnahme von großen Mengen an Vitamin A (über 2,4 mg pro Tag) besteht die Gefahr von Mißbildungen. Die größte Gefahr besteht in den ersten Tagen der Embryonalentwicklung. Es kann auch zu Fehlgeburten kommen. Bei einer vollwertigen Ernährung und selbst bei reichlicher Aufnahme von β-Carotin (Möhren und Gemüsesäfte) kann eine solche Menge an Vitamin A, die zu solchen Störungen führen kann, nicht aufgenommen werden. Eine Gefahr besteht nur bei einer unkontrollierten Einnahme von Vitaminpräparaten und in geringerem Maße bei ständigem Verzehr von Leber (100 g Leber können bis zu 10 mg und mehr Vitamin A enthalten). Aus diesem Grund sollte bei bestehendem Kinderwunsch und während den ersten Monaten einer Schwangerschaft auf Lebergerichte verzichtet werden.

Vitamin-A-Vergiftungen

Bei einer stark überhöhten Zufuhr von Vitamin A kann es zu akuten Vergiftungserscheinungen kommen, die sich durch Kopf- und Gliederschmerzen, Müdigkeit, Hautblutungen, schuppige, trockene Haut und Haarausfall bemerkbar machen. Diese Beschwerden klingen sehr rasch ab, wenn die Vitamin-A-Zufuhr auf normale Werte reduziert wird. Solche Vergiftungserscheinungen sind nach dem Verzehr von Eisbärenleber beschrieben worden (100 g Eisbärenleber enthalten bis zu 7 g Vitamin A, 100 g Rinderleber etwa 5 bis 10 mg). Eine Vitamin-A-Vergiftung kann auch durch den Verzehr von sehr großen Mengen an Rinder- oder Schweineleber nicht ausgelöst werden, allerdings durch eine massive Überdosierung von Vitamin-A-Präparaten. Auf die Gefahren einer erhöhten Vitamin-A-Aufnahme während der Schwangerschaft wurde bereits hingewiesen (siehe oben).

Stabilität

Vitamin A wird durch Luftsauerstoff und durch Lichteinwirkung zerstört. Gegenüber Hitze, schwachen Säuren und schwachen Laugen ist es relativ stabil. Lagerverluste können durch luftdichten Verschluß, Aufbewahren unter Vakuum oder unter Schutzgas sowie im Dunkeln weitgehend verhindert werden. Kochverluste in Höhe von 10 bis 30 % sind im wesentlichen durch eine Oxidation mittels Luftsauerstoff bedingt.

β-Carotin (Provitamin A)

Carotine sind ausschließlich pflanzliche Produkte. Sie sind gelb bis grün gefärbt und in unterschiedlichen Mengen in allen gefärbten Pflanzen enthalten. Bisher sind etwa 500 verschiedene Carotinoide (carotinähnliche Verbindungen) isoliert worden, von denen etwa 50 eine Provitamin-A-Aktivität von unterschiedlichem Ausmaß zeigen. Das als Provitamin A besonders wirksame β-Carotin ist besonders reichlich in Möhren, Spinat und anderen grünen Gemüsen, Paprika sowie in gefärbten Früchten wie Hagebutten, Orangen und Aprikosen enthalten.

Carotine sind kompliziert aufgebaute Moleküle, die an jedem Molekülende einen Iononring enthalten. Die zahlreichen unterschiedlichen Iononringe unterscheiden sich in ihrem chemischen Aufbau. Am Aufbau des Vitamin A ist der β-Iononring beteiligt. Die Carotine können nach ihrer Resorption sofort in den Dünndarmzellen gespalten werden. Ausschließlich die Carotine, die den β-Iononring enthalten (β-Carotine), können in Vitamin A überführt werden.

Resorption: Die Carotinoide werden infolge ihrer Fettlöslichkeit nur in Gegenwart von Fett resorbiert. Ihre Resorptionsrate ist relativ gering und kann auch nicht durch eine überhöhte Fettzufuhr gesteigert werden. Es wird angenommen, daß bei einer durchschnittlichen täglichen Aufnahme von 2 bis 4 mg Carotin, die als D-A-CH-Schätzwert empfohlen wird, unter optimalen Bedingungen etwa 50 % resorbiert werden. Die Carotinverwertung wird zusätzlich durch den Fakt erschwert, daß das Carotin nur nach ausreichendem Aufschluß der Pflanzenzellen resorbiert werden kann. So kann Carotin aus Rohkostsalaten von Gemüsen mit sehr stabilen Zellwänden (Karotte) nur mangelhaft resorbiert werden. Durch kurzzeitiges Erhitzen (partieller Aufschluß der Zellwände) kann die Resorption wesentlich verbessert werden. Aus Gemüsesäften und fein geraspelten Möhren ist dagegen Carotin relativ gut resorbierbar.

Mögliche Gefahren einer überhöhten Carotinaufnahme: Eine zusätzliche Zufuhr von β-Carotin durch den Konsum von Lebensmitteln, die mit Vitaminen angereichert wurden (Functional Foods, siehe Kap. 5.7.5) oder durch besondere Präparate, sog. Nahrungsergänzungsmittel (siehe Kap. 5.7.6), ist nicht erforderlich. Es ist zunächst davon auszugehen, daß dieses Carotin nur zu einem geringen Prozentsatz resorbiert werden kann. Eine tägliche Aufnahme von 10 mg β-Carotin wird als unbedenklich angesehen. Neuere Untersuchungen haben allerdings gezeigt, daß insbesondere bei Rauchern eine erhöhte β-Carotinzufuhr (täglich 20 bis 30 mg durch die Einnahme von entsprechenden Präparaten) zu einer Erhöhung des Risikos für das Entstehen eines Lungenkarzinoms führen kann.

Retinoläquivalente: Da an der Vitamin-A-Versorgung sowohl das in den tierischen Lebensmitteln vorkommende eigentliche Vitamin A (Retinol) als auch das in pflanzlichen Lebensmitteln vorkommende Provitamin β-Carotin beteiligt sind, wird der Bedarf an Vitamin A in sog. Retinoläquivalenten angegeben:

1 Retinoläquivalent entspricht 1 mg Vitamin A oder der Menge an Carotin, aus der 1 mg Vitamin A gebildet werden kann.

Es wird davon ausgegangen, daß aus etwa 6 mg β-Carotin 1 mg Vitamin A gebildet wird.

Neuere Untersuchungen weisen darauf hin, daß die Bildungsrate von Vitamin A aus anderen Carotinen, die als Farbstoffe in vielen Gemüsen vorkommen, offenbar wesentlich niedriger ist und zur Bildung von 1 mg Vitamin A 12 mg dieser Carotine benötigt werden.

Physiologische Wirkung von Carotinen: Carotine können bis zu einen gewissen Grad in Fettgeweben gespeichert werden. Sie werden aber offenbar nicht in Biomembranen eingebaut. Diese Speicherung der Carotine ist besonders eindrucksvoll bei älteren Säuglingen zu beobachten, die bei einer Ernährung mit relativ viel Karotten eine typische Hautfärbung infolge einer Carotineinlagerung im Unterhautfettgewebe aufweisen.

Neben der beschriebenen Provitaminwirkung der β-Carotine besitzen alle Carotine eine Antioxidanswirkung. Diese Wirkung der Carotine ist an die Iononringstruktur gebunden. Carotine sind damit an der wichtigen Funktion der Unterdrückung der Schadwirkung von freien Radikalen und der Oxidation von Zellstrukturen beteiligt (siehe ausführlich Kap. 3.7.1.3).

3.7.1.2 Vitamin D (Cholecalciferol)

Unter dem Namen Vitamin D wurden mehrere eng verwandte Verbindungen zusammengefaßt, die alle als gemeinsamen Grundkörper ein Steranringsystem besitzen und die sich nur in den am Aufbau beteiligten Seitenketten unterscheiden (sog. Calciferole). Nur 2 dieser Calciferole zeigen jedoch eine Vitaminwirkung (siehe Abb. 3.7.2). Das Cholecalciferol (Vitamin D_3), das in tierischen Lebensmitteln vorkommt, ist das eigentliche Vitamin D. Das in Pflanzen vorliegende Ergocalciferol (Vitamin D_2, früher auch Ergosterin genannt) kann infolge seines geringen Vorkommens als Vitaminquelle für die Versorgung des Menschen völlig vernachlässigt werden. Neben der Versorgung mit Vitamin D aus tierischen Lebensmitteln steht dem Menschen auch das im eigenen Körper gebildete Vitamin D zur Verfügung (endogene Synthese).

Endogene Synthese und Aktivierung des Vitamin D

Ausgangssubstanz für die endogene Synthese von Vitamin D ist das Cholesterin. Diese erfolgt in einer 2stufigen Reaktionsfolge. Auch die nachfolgende Überführung in die aktive Form (Calcitriol) ist ein zweistufiger Prozeß (siehe Abb. 3.7.2):

- Das Cholesterin wird in der Leber oxidiert (an einer Stelle des Steranrings). Das gebildete 7-Dehydrocholesterin wird über den Blutweg zur Haut transportiert.

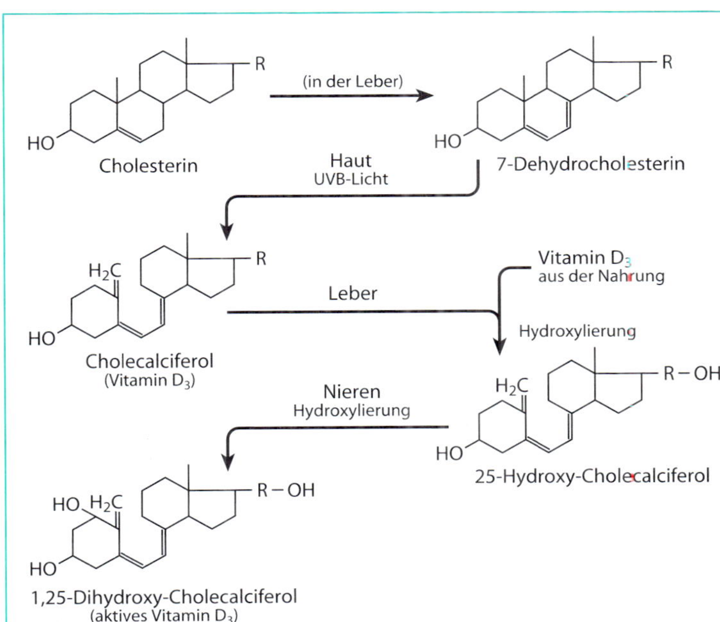

Abb. 3.7.2: Endogene Synthese von Vitamin D und seine Umwandlung in die Wirkform (aktives Vitamin D_3)

- In der Haut wird das 7-Dehydrocholesterin durch die Energie des UV-Anteils des Sonnenlichts (UVB-Licht, Wellenlänge 290 bis 315 nm) in das Vitamin D_3 (Cholecalciferol) umgewandelt.
- Das Vitamin D_3 selbst, sowohl das endogen gebildete als auch das mit der Nahrung zugeführte Vitamin, ist im Organismus erst nach der Überführung in eine aktive Form wirksam. Diese Aktivierung des Vitamins zu seiner aktiven Form („aktives Vitamin D") erfolgt zunächst in der Leber und anschließend in den Nieren, wo es in 2 Reaktionsschritten in die wirksame Form (1,25-Dihydroxy-Cholecalciferol, „aktives Vitamin D") überführt wird.

Funktion

Das aktive Vitamin D wird über den Blutweg zu den Enterozyten des Dünndarms und zu den Tubuluszellen der Nieren transportiert. Es induziert in den Enterozyten und in den Tubuluszellen die Bildung eines kalziumbindenden Proteins. Seine Wirkung kann mit dem Wirkungsmechanismus von einigen Hormonen verglichen werden. Dieses Protein ermöglicht sowohl die Resorption von Kalzium aus dem Darm als auch die Rückresorption von Kalzium aus dem Primärharn. Beim Fehlen dieses Proteins wird daher der Kalziumbestand des Körpers auf Grund unzureichender Resorption aus dem Darminhalt und ungenügender Rückresorption von Kalzium aus dem Harn rasch erniedrigt. Auch die Resorption von Phosphat durch den Darm wird durch Vitamin D gefördert.

Vitamin D ist somit für die Sicherung der Kalziumversorgung des Organismus von großer Bedeutung, wobei eine ausreichende Kalziumaufnahme mit der Nahrung vorausgesetzt werden muß (in der Nahrung nicht enthaltenes Kalzium kann auch bei einem intakten Resorptionsmechanismus nicht resorbiert werden). Vitamin D ist weiterhin in Prozesse des Knochenstoffwechsels einbezogen und maßgeblich an der Verknöcherung des Skeletts (Einlagerung von Kalziumsalzen) beteiligt.

Resorption, Speicherung

Das mit der Nahrung aufgenommene Vitamin D wird zusammen mit Nahrungsfett resorbiert. Das (noch nicht aktivierte) Vitamin kann in gewissen Umfang in der Muskulatur gespeichert werden. Eine Speicherung in der Leber ist nicht möglich, da in der Leber abgelagertes Vitamin D umgehend in die aktive Form umgewandelt würde.

Vorkommen

Vitamin D kommt ausschließlich in tierischen Lebensmitteln vor (siehe Tabelle 3.7.3). Die höchsten Konzentrationen finden sich in den Leberölen von Fischen. Für die Versorgung über eine vollwertige Kost sind die Streichfette (Butter, Margarine), Fettkäse und Fettfische verantwortlich.

Tabelle 3.7.3:
Vitamin-D-Gehalt ausgewählter Lebensmittel (in μg/100g Frischgewicht)

Eier	etwa	10
Fettfische wie Hering	etwa	8
Rinder- und Schweineleber	etwa	3
Fettkäse und Butter	etwa	2
Margarine (Vitamin D wird zugesetzt)		2,5

Bedarf

Der tatsächliche Bedarf des Körpers an Vitamin D ist auf Grund der endogenen Synthese und deren Abhängigkeit von der Einwirkung von UV-Licht auf die Haut überaus schwer einzuschätzen. Daher ist auch die Menge an Vitamin D, die mit der Nahrung zugeführt werden muß, unterschiedlich groß. Sie hängt von zahlreichen Faktoren ab und ist insbesondere bei fehlendem Aufenthalt an der frischen Luft (Bettlägerige, Stubenhocker) höher als bei Erwachsenen, die sich regelmäßig an der frischen Luft aufhalten. Diese Erwachsenen sind möglicherweise überhaupt nicht auf die Zufuhr von Vitamin D mit der Nahrung angewiesen.

Der kindliche Organismus benötigt im Gegensatz zum Erwachsenen zur Gewährleistung der Knochenentwicklung die regelmäßige Zufuhr von Vitamin D, da bei ihm zusätzlich die endogene Synthese der Vorstufe des Vitamins (in der Leber) noch nicht voll ausgebildet ist und sein Bedarf, bezogen auf das Körpergewicht, wesentlich größer ist als beim Erwachsenen.

Beim Säugling wird daher zur Sicherung einer optimalen Entwicklung seines Skelettsystems (und das des Kleinkindes) eine Vitamin-D-Prophylaxe durchgeführt. Diese dem Neugeborenen verabreichten medikamentösen Vitamin-D-Gaben werden vom Arzt festgelegt. Sie sind im Interesse der frühkindlichen Entwicklung unabdingbar, da die Vitamin-D-Zufuhr mit der Nahrung beim Säugling nicht optimal ist und der Säugling bei der Geburt nicht mit ausreichenden Vitamin-D-Reserven ausgestattet ist. Auch bei Senioren ist der Bedarf an Vitamin D höher als beim jüngeren Erwachsenen.

D-A-CH-Empfehlung: Die Empfehlung für die Vitamin-D-Zufuhr mit der Nahrung beträgt für Erwachsene und Kinder 5 μg, bei Säuglingen (bis zum 12. Lebensmonat) und Senioren (Altersgruppe älter als 65 Jahre) 10 μg pro Tag. Mit diesen Mengen können Mangelerscheinungen sicher verhindert werden, auch wenn die endogene Synthese stark eingeschränkt ist. Diese empfohlene Menge an Vitamin D sollte auch bei regelmäßigem Aufenthalt an der frischen Luft aufgenommen werden, da das Ausmaß der bei der betreffenden Person tatsächlich stattfindenden endogenen Synthese nicht sicher vorausgesagt werden kann. Säuglinge haben einen erhöhten Bedarf von 10 µg. Die Deutschen Gesellschaft für Kinderheilkunde empfiehlt zur Rachitisprophylaxe (siehe unten), unabhängig von der Vitaminzufuhr durch die Muttermilch bzw. durch die Säuglingsnahrung und von einer Vitaminbildung durch Bestrahlung mit UV-Licht, eine tägliche medikamentöse Vitamingabe von 10 bis 12,5 µg.

Mangelerscheinungen

Bei einem Vitamin-D-Mangel ist die Resorption von Kalzium aus der Nahrung und dessen Rückresorption aus dem Primärharn gestört. Es kommt dadurch im Organismus zu einem Kalziummangel (siehe ausführlich Kap. 3.9.1.2.3). Dieser Kalziummangel und die gleichzeitig fehlende Mitwirkung des Vitamin D bei der Mineralisierung der Knochen führt beim Kind zum Krankheitsbild der Rachitis. Bei der Rachitis kommt es zu einer mangelhaften Ablagerung von Knochenhartsubstanzen (Kalziumsalze) in den wachsenden Knochen. Die Knochen erhalten dadurch nicht die nötige Festigkeit, es kommt zu Verformungen der Knochen (insbesondere der Rippen, des Beckengürtels und der Beine) und zu Wachstumsverzögerungen.

Bei Erwachsenen führt ein ausgeprägter Mangel zur Osteomalazie (Knochenerweichung). Hierbei kommt es zu einer Entmineralisierung des Skelettsystems, die Knochen verbiegen sich unter der Last des Körpers, und es kommt zu spontanen Knochenbrüchen. Durch eine suboptimale Versorgung, insbesondere bei Senioren, wird durch den entstehenden Kalziummangel der raschen Entwicklung einer Osteoporose (Entkalkung der Knochen) Vorschub geleistet, wodurch die Gefahr des Auftretens von Knochenbrüchen (vorzugsweise Schenkelhalsbrüche) wesentlich erhöht wird.

Vitamin-D-Überdosierung

Eine ständig überhöhte Zufuhr von Vitamin D führt zu Vergiftungserscheinungen mannigfaltigster Art (Übelkeit, Erbrechen, Blutdrucksteigerungen, Krämpfe u. a.). Solche Vergiftungserscheinungen sind bereits nach einer täglichen Aufnahme von mehr als 50 µg über einen längeren Zeitraum hinweg beschrieben worden, d. h. nach Aufnahme der 10fachen Menge der D-A-CH-Empfehlung. Der Wert von 50 µg wird als gerade noch tolerierbare Tagesdosis vorgegeben. Eine solche Überdosierung kann jedoch nur durch die unkontrollierte Einnahme von Vitaminpräparaten erreicht werden. Auch bei einer ausgesprochen Vitamin-D-reichen Nahrung gelingt es nicht, solche Mengen an Vitamin D aufzunehmen, und es kann folglich nicht zu einer solchen Vergiftung kommen.

Stabilität

Vitamin D ist relativ unempfindlich gegenüber schwachen Säuren, Lichteinwirkung und erhöhten Temperaturen. Gegenüber schwachen Laugen ist es weniger stabil. Durch die Einwirkung von Luftsauerstoff wird Vitamin D rasch zerstört. Die Kochverluste sind in der Regel gering, sie werden auf etwa 10 % geschätzt. Das ist darauf zurückzuführen, daß das im Fett von Lebensmitteln vorkommende Vitamin D relativ gut vor einer Sauerstoffeinwirkung geschützt ist.

3.7.1.3 Vitamin E (Tokopherole)

Zum Vitamin E gehören 8 Substanzen (Tokopherole), die alle den gleichen Grundbaustein (ein Chromanringsystem) besitzen und sich nur durch geringe Unterschiede im restlichen molekularen Aufbau unterscheiden. In den pflanzlichen Lebensmitteln, in denen diese ausschließlich gebildet werden, kommen in größeren Mengen nur 4 Tokopherole vor (α-, β-, γ-, δ-Tokopherol). Diese natürlich vorkommenden Tokopherole werden als RRR-Tokopherole bezeichnet (siehe Abb. 3.7.3).

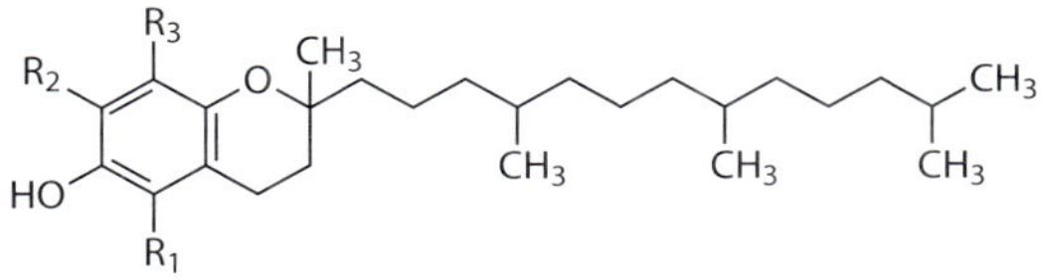

Die Tokopherole mit Vitaminwirkung unterscheiden sich nur in den mit R bezeichneten Substituenten am Chromanring (Methylgruppen, bzw. H-Atome)

	R_1	R_2	R_3	Wirkung*
α-Tokopherol	$-CH_3$	$-CH_3$	$-CH_3$	100
β-Tokopherol	$-CH_3$	$-H$	$-CH_3$	50
γ-Tokopherol	$-H$	$-CH_3$	$-CH_3$	25
δ-Tokopherol	$-H$	$-H$	$-CH_3$	1-2

* in Prozent der Wirkung von α-Tokopherol (α-Tokopherol-Äquivalente)

Abb. 3.7.3: Strukturformeln von Tokopherolen mit Vitaminwirkung

Die einzelnen Tokopherole unterscheiden sich in ihrer biologische Wirksamkeit beträchtlich. Die höchste Effektivität zeigt das α-Tokopherol. Es ist deshalb üblich geworden, den Vitamin-E-Gehalt von Lebensmitteln in sog. α-Tokopherol-Äquivalenten anzugeben. Dadurch ist es leichter, die Wirkung der verschiedenen Tokopherole miteinander zu vergleichen. Es kann dann auch auf eine gesonderte Auflistung der einzelnen Tokopherole verzichtet werden.

Die Aktivität des δ-Tokopherols, das in größeren Mengen in einigen Ölsamen (insbesondere in der Sojabohne) vorkommt, beträgt nur 1 bis 2 % der Aktivität des α-Tokopherols. Auch das γ-Tokopherol (höhere Konzentrationen insbesondere im Maiskeimöl) ist weniger wirksam als das α-Tokopherol (25 %), ebenso das β-Tokopherol (50 %, Weizenkeimöl). Die Ursachen für die unterschiedliche Aktivität der einzelnen Tokopherole sind noch nicht bekannt. Einige Hinweise sprechen dafür, daß nur das α-Tokopherol längere Zeit im Körper verbleibt. Die anderen Tokopherole können entweder nicht in die Biomembranen eingebaut werden, oder sie können durch die Regenerationssysteme des Organismus nicht wieder oder nur weniger effektiv regeneriert werden. Es ist noch ungeklärt, ob die einzelnen Tokopherole auch in den Pflanzen, in denen sie gebildet werden, unterschiedliche Aktivitäten zeigen. Der Schutz der pflanzlichen Fettsäuren (insbesondere der mehrfach ungesättigten Fettsäuren) vor einer Fettsäureoxidation dürfte bei allen Tokopherolen nahezu gleich sein.

Funktion

Vitamin E wirkt im Organismus als Radikalfänger und Antioxidans. Vitamin E wird dabei selbst oxidiert. In der oxidierten Form ist es unwirksam. Es kann jedoch im Körper bis zu einem gewissen Grad wieder regeneriert werden.

Auch in Lebensmitteln wirkt Vitamin E als Radikalfänger. Der hohe Gehalt der Samen von Ölpflanzen an Vitamin E verhindert die Oxidation der mehrfach ungesättigten Fettsäuren, die in diesen Ölen in besonders hoher Konzentration vorkommen.

Vitamin E wurde in der Vergangenheit die Funktion eines Antisterilitätsvitamins zugeschrieben (auf Grund von Ergebnissen, die an Ratten erhoben wurden). Entsprechende Wirkungen konnten beim Menschen nicht bestätigt werden.

Schutzsysteme des Körpers vor freien Radikalen: Freie Radikale, insbesondere Sauerstoffradikale, entstehen ständig im Verlauf des Zellstoffwechsels. Sie können mit den verschiedensten Zellbestandteilen reagieren und diese dabei schädigen. Am schnellsten werden mehrfach ungesättigte Fettsäuren durch Radikale oxidiert, wodurch die Biomembranen der Zellen (in denen Fette wichtige Bausteine sind) geschädigt und sogar vollständig zerstört werden können. Aber auch andere funktionelle Zellbestandteile wie Nucleinsäuren und Eiweiße können durch Radikaleinwirkung chemisch verändert und damit in ihren Funktionen gestört werden.

Der Organismus ist mit einem mehrfachen System von Schutzmechanismen ausgestattet, die diese Radikale sofort nach ihrer Bildung wegfangen, damit inaktivieren und somit Zellschädigungen verhindern. Zu einer Schädigung des Organismus kommt es nur, wenn dieses Schutzsystem gestört ist oder wenn es durch krankhafte Prozesse (bestimmte Erkrankungen) bzw. durch die Wirkung von radikalbildenden Giften zu einem stark erhöhten Anfall von Radikalen kommt, und damit die Kapazität des Schutzsystems überfordert wird.

An diesem Mechanismus des Wegfangens von Radikalen sind mehrere Systeme beteiligt, die sich gegenseitig ergänzen.

- Vitamin E

  Vitamin E ist als fettlösliche Substanz in den lipidhaltigen Biomembranen der Körperzellen eingebaut. Es ist offenbar der wichtigste Radikalfänger, da er an Ort und Stelle (in den Biomembranen) die Fettsäuren in den Fetten und Phosphatiden sowie das Cholesterin vor einer Oxidation schützt.
- Carotinoide

  Carotinoide einschließlich β-Carotin (Provitamin A) können ebenfalls wie das Vitamin E Radikale wegfangen. Sie wirken möglicherweise bevorzugt an solchen Stellen, in denen die Vitamin-E-Konzentration geringer ist (Unterhautfettgewebe, Schutz vor Radikalen, die bei der Einwirkung von UV-Licht auf die Haut entstehen).
- Vitamin C

  Vitamin C (siehe Kap. 3.7.2.9) wirkt meist nicht direkt als Radikalfänger. Es regeneriert das beim Wegfangen von Radikalen oxidierte und damit wirkungslos gewordene Vitamin E offenbar direkt an dessen Wirkort in den Membranstrukturen, so daß ein Austausch des oxidierten Vitamin E durch neues, aktives Vitamin E nicht erforderlich wird. Vitamin C selbst wird dabei oxidiert und verliert dabei seine biologische Aktivität. Vitamin C ist somit ein sog. Synergist (Unterstützer) des Radikalfangmechanismus.

  In einigen Fällen kann Vitamin C offenbar freie Radikale direkt abfangen.
- Enzymsysteme

  Die Körperzellen sind mit Enzymsystemen ausgestattet, die ebenfalls Sauerstoffradikale oder das aus diesen entstandene giftige Wasserstoffperoxid (H_2O_2) sowie Fettsäureperoxide inaktivieren können.

  Das wichtigste dieser Enzymsysteme ist das Glutathionperoxidase-System, in dem Glutathion* eingebunden ist. Reduziertes Glutathion kann Sauerstoffradikale wegfangen. Es wird dabei oxidiert. Anschließend muß es wieder in die aktive, reduzierte Form rückverwandelt werden, um erneut Sauerstoffradikale wegfangen zu können. Diese beiden Reaktionen, Wegfangen von Radikalen und Regeneration von Glutathion, werden von Enzymen katalysiert: Die Glutathionperoxidase ermöglicht die Oxidation des Glutathions und somit das Einfan-

* Glutathion ist ein Tripeptid (bestehend aus Glutaminsäure, Cystein und Glycin, die atypisch miteinander verknüpft sind). Es kommt in besonders hoher Konzentration in der Leber und im Gehirn vor, in Organen, in denen vergleichsweise viel freie Radikale entstehen bzw. zu folgenschweren Schäden führen können.

gen von Radikalen, die Glutathiontransferase katalysiert die Regeneration des oxidierten Glutathions. Voraussetzung für die ordnungsgemäße Funktion der Glutathionperoxidase, die als Cofaktor Selen benötigt, ist eine ausreichende Versorgung des Organismus mit Selen. Wasserstoffperoxid kann außerdem durch die Enzyme Katalase und Superoxiddismutase inaktiviert werden.

- Weitere Radikalfänger

  Es gibt eine Reihe weiterer Substanzen, die ebenfalls als Radikalfänger wirksam werden können. Es mehren sich die Hinweise, daß Mikronährstoffen, insbesondere Polyphenole (Flavonoide), in diesem komplexen Schutzsystem eine größere Bedeutung zukommt, als bisher angenommen wurde (siehe Kap. 3.7.3.2). Andere Radikalfänger wie einige Stoffwechselprodukte, beispielsweise die Harnsäure (Endprodukt des Abbaus der Purinkörper), haben aber im Vergleich zum Vitamin E und den anderen, oben aufgeführten Systemen offenbar eine wesentlich geringere Bedeutung.

Resorption und Speicherung

Vitamin E wird wie alle fettlöslichen Vitamine gemeinsam mit Fett resorbiert, allerdings nicht in den Micellen verpackt, sondern offenbar zusammen mit kurz- und mittelkettigen Fettsäuren. Der Großteil des Vitamin E ist in den Biomembranen der Körperzellen eingebaut, eine zusätzliche, möglicherweise begrenzte Speicherung ist offenbar in der Leber und im Fettgewebe möglich.

Vorkommen

Vitamin E kommt im wesentlichen in pflanzlichen Ölen und Fetten vor. Der Gehalt der einzelnen Pflanzenfette an den verschiedenen Tokopherolen unterscheidet sich beträchtlich. Auf die Problematik der Bewertung der einzelnen Fette und Öle, auch im Hinblick auf ihre Bedeutung für die Versorgung mit Vitamin E, wird in Kap. 5.3.2.4 eingegangen.

Stabilität

Tokopherole sind relativ beständig. Sie werden vorzugsweise durch Luftsauerstoff inaktiviert. Bei Abwesenheit von Sauerstoff (und Peroxiden) sind sie auch beim Erhitzen bis auf 200 °C stabil. Die Zubereitungsverluste werden auf 10 % eingeschätzt, sie sind am höchsten beim Braten und Grillen. In mehrfach benutzten Brat- und Fritierfetten ist das Vitamin E vollständig zerstört.

Bedarf

Auf Grund der Komplexität der Tokopherolwirkungen sind genaue Aussagen über den Vitamin-E-Bedarf relativ schwer zu machen. Ein wesentlicher Anteil des Vitamin E wird zum Schutz von ungesättigten Fettsäuren in der Nahrung vor einer Oxidation benötigt. Der Grundbedarf für den Oxidationsschutz von leicht oxidierbaren Produkten des Zellstoffstoffwechsels (insbesondere Verbindungen mit Doppelbindungen) wird mit 4 mg α-Tokopherol-Äquivalenten veranschlagt. Für die wünschenswerte Aufnahme von Vitamin E mit der Nahrung wird deswegen vorläufig nur ein D-A-CH-Schätzwert von 11 bis 15 mg α-Tokopherol-Äquivalente pro Tag angegeben. Der Bedarf nimmt mit zunehmenden Alter ab, er ist bei Männern geringfügig höher als bei Frauen (die höheren Werte gelten demzufolge für jüngere Männer). Als noch tolerierbare Tokopherolzufuhr werden 200 mg angesehen.

Auf Grund der großen Bedeutung der Tokopherole als Antioxidans wurde lange Zeit eine Erhöhung der zu empfehlenden Tagesdosis auf 60 bis 100 mg diskutiert, eine Forderung, der bei der erfolgten Neufestlegung der Referenzwerte für die Nährstoffzufuhr zu Recht nicht entsprochen wurde. Zunächst ist anzumerken, daß durch den Verzehr von Nahrungsmitteln kaum mehr als 15 bis 20 mg Vitamin E (α-Tokopherol-Äquivalente) aufgenommen werden können. Weiterhin ist zu berücksichtigen, daß Vitamin E im gesunden Organismus direkt am Ort seiner Wirkung sehr rasch regeneriert werden kann, falls die Versorgung mit Vitamin C ausreichend hoch ist, die anderen Radikalfangmechanismen effektiv wirken können (u. a. ausreichende Versorgung mit Selen) und auch Mikronährstoffe mit Radikalfangmechanismus in ausreichendem Maße mit der Nahrung aufgenommen werden. Bei Erkrankungen oder Vergiftungen, die mit umfangreichen Zellschädigungen und mit einem gesteigerten Anfall von freien Radikalen verbunden sind, dürfte jedoch eine erhöhte Tokopherolzufuhr angebracht sein. Der Verzehr von Nahrungsfetten mit einem hohen Gehalt an ungesättigten Fettsäuren erhöht zwar den Bedarf an Vitamin E, dieser erhöhte Bedarf wird allerdings bei den meisten dieser Öle oft durch ihren Gehalt an Vitamin E mehrfach gedeckt.

3.7.1.4 Vitamin K (Phyllochinon)

Vitamin K ist als Cofaktor bei der spezifischen Bildung von einigen spezifischen Proteinen einbezogen, deren gemeinsame Eigenschaft ist, Kalzium zu binden. Ihnen kommt damit eine besondere Bedeutung für kalziumabhängige Stoffwechselreaktionen zu. Die offenbar augenfälligste Funktion einiger dieser Proteine ist die Mitwirkung bei der Bildung der Blutgerinnungsfaktoren in der Leber, die als spezifische Eiweiße des Blutplasmas in die Blutgerinnung einbezogen sind. Darüber hinaus sind andere solcher kalziumspezischer Proteine in den Stoffwechsel des Knochens einbezogen.

Das mit der Nahrung aufgenommene Vitamin K stammt vorwiegend aus grünen Gemüsen. Nur Pflanzen und Mikroorganismen sind in der Lage,

Vitamin K zu bilden. Es wird nur in Gegenwart von Fett resorbiert. Vitamin K wird auch von den Darmbakterien gebildet. Inwieweit das in den unteren Abschnitten des Dünndarms gebildete Vitamin K resorbiert und somit vom Körper genutzt werden kann, ist noch umstritten. Eine zumindest partielle Ausnutzung dieses Vitamin K ist aber sehr wahrscheinlich.

Ein Vitamin-K-Mangel ist beim gesunden Erwachsenen nicht bekannt, er ist aber oft bei Frühgeburten zu beobachten. Auch bei schweren Resorptionsstörungen kann eine Unterversorgung mit Vitamin K beobachtet werden. Ein Vitamin-K-Mangel äußerst sich in einer erhöhten Blutungsbereitschaft. Es gibt Hinweise, daß ein Vitamin-K-Mangel möglicherweise eine verminderte Knochenfestigkeit bedingen und damit ein erhöhtes Risiko für Knochenbrüche sein kann.

Für den Bedarf an Vitamin K können jedoch nur Schätzwerte angegeben werden. Sie betragen beim Mann 70 µg und bei der Frau 60 µg, sie sind aber in den späteren Lebensjahren höher (80 bzw. 65 µg ab dem 51. Lebensjahr).

3.7.2 Wasserlösliche Vitamine

Die wasserlöslichen Vitamine kommen vorwiegend, aber nicht ausschließlich, in pflanzlichen Lebensmitteln vor. Sie werden (Ausnahme Vitamin B_{12}) im Dünndarm relativ schnell resorbiert und können, zumindest in größeren Mengen, im Körper nicht gespeichert werden (Ausnahme Vitamin B_{12}). Eine gewisse Bevorratung von einigen wasserlöslichen Vitaminen im Organismus ist möglich, indem sie die Enzyme absättigen, an deren Wirkung sie als Cofaktoren einbezogen sind. Im Überfluß zugeführte wasserlösliche Vitamine werden über die Nieren ausgeschieden. Darüber hinaus können Vitamine in begrenztem Umfang auch im Stoffwechsel abgebaut werden.

3.7.2.1 Vitamin B_1 (Thiamin, Aneurin)

Vitamin B_1 (Thiamin) ist eine kompliziert aufgebaute Verbindung (sog. Thiazolabkömmling), die eine hohe Strukturspezifität zeigt.

Funktion

Vitamin B_1 wird im Körper in Thiamindiphosphat umgewandelt, das Cofaktor von solchen Enzymen des Kohlenhydratstoffwechsels ist, die Schlüsselreaktionen des Zellstoffwechsels katalysieren (siehe Abb. 3.7.4). Thiamindiphosphat wirkt auch beim Endabbau des Alkohols mit (Abbau der anfallenden Essigsäure). In den Nervenzellen wird Vitamin B_1 für den geordneten Ablauf der Erregungsleitung benötigt.

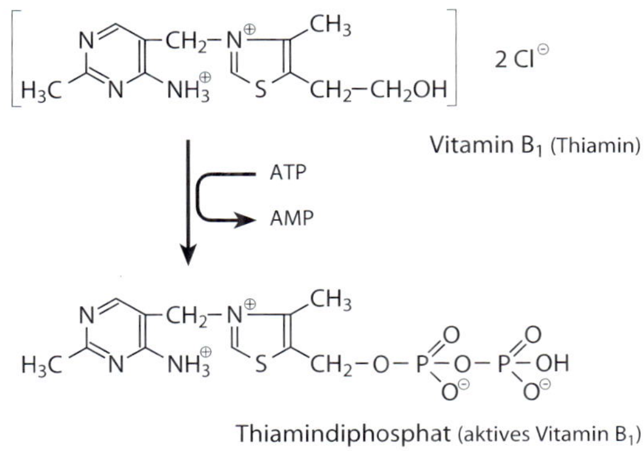

Abb. 3.7.4: Strukturformeln von Vitamin B_1 und seiner Wirkform

Vorkommen

Vitamin B_1 kommt sowohl in pflanzlichen als auch in tierischen Lebensmitteln vor. Die wichtigsten Quellen für die Sicherung des Bedarfs sind (Angaben pro 100 g Frischgewicht)

- 1 bis 8 mg
  Hefe, Fischrogen und Getreidekeimlinge (diese Lebensmittel sind für die Vitaminversorgung kaum von Bedeutung, mit der Ausnahme von Keimlingen bei der Vollwerternährung).
- 0,3 bis 1 mg
  Fleisch (insbesondere Schweinefleisch), Innereien, Eier, Vollkornprodukte (die Hüllen des Getreidekorns [Samenschale, Aleurinschicht] und der Keimling sind reich an Vitamin B_1).
- 0,1 bis 0,3 mg
  Kartoffeln, Milch, Fisch, Gemüse, einige Früchte.

Bedarf

Der tatsächliche Tagesbedarf an Vitamin B_1 hängt ab von der mit der Nahrung aufgenommenen Menge an Kohlenhydraten (und an Alkohol), bedingt durch die Schlüsselstellung des Thiamindiphosphats bei deren Abbau. Er beträgt etwa 0,13 mg pro 1000 kJ Kohlenhydratenergie (0,6 mg pro 1000 kcal). Den Empfehlungen für die tägliche Aufnahme wird der Bedarf bei einer durchschnittlichen körperlichen Tätigkeit und einer Ernährung mit einer gemischten Kost zugrunde gelegt unter Berücksichtigung von ausreichenden Sicherheitsreserven. Eine Aufnahme (D-A-CH-Empfehlung) für die unterschiedlichen Altersgruppen von 1,0 bis 1,3 mg reicht zur Deckung des Bedarfs hinreichend aus. In der Schwangerschaft und während der Stillperiode besteht nur ein gering erhöhter Bedarf (D-A-CH-Empfehlung 1,2 bzw. 1,4 mg). Der Bedarf an Vitamin B_1 ist außerdem erhöht bei schwerer körperlicher Arbeit, bei hohen Außentemperaturen und bei hohem Alkoholkonsum.

Da Vitamin B_1 als wasserlösliches Vitamin nicht gespeichert werden kann und auch die Vitamin-B_1-abhängigen Enzyme nur sehr wenig Thiamindiphosphat binden können, ist auf eine regelmäßige Zufuhr besonders zu achten. Es wird abgeschätzt, daß es bei völlig fehlender Vitaminzufuhr bereits nach 2 bis 6 Tagen zu ersten Funktionseinschränkungen im Kohlenhydratstoffwechsel kommen kann.

Vitaminmangel

Bei vielen Menschen ist die Versorgung mit Vitamin B_1 nicht optimal, obwohl ausgeprägte Mangelerscheinungen relativ selten zu beobachten sind. Mangelerscheinungen finden sich jedoch bei Alkoholikern, da sie trotz des erhöhten Bedarfs meist weniger Vitamin B_1 aufnehmen als der Durchschnitt der Bevölkerung auf Grund einer zusätzlich praktizierten Fehlernährung. Die bei Alkoholikern oft zu beobachtenden Ausfallserscheinungen am Zentralnervensystem können möglicherweise durch einen Vitamin-B_1-Mangel mit bedingt sein.

Bei einem ausgeprägten Vitaminmangel entsteht das als Beriberi bezeichnete Krankheitsbild. Diese Avitaminose tritt in den Industrieländern nicht auf, sie ist aber in Entwicklungsländern immer noch zu beobachten. Bei der Beriberi („steifer Gang") ist die Skelettmuskulatur sehr stark zurückgebildet, insbesondere an Beinen und Armen. Dadurch kommt es zu Gehstörungen und bei anhaltendem Vitaminmangel zu Lähmungen. In fortgeschrittenen Stadien kann es auch zu einer Rückbildung der Herzmuskulatur kommen. Die dadurch bedingte Beeinträchtigung der Herztätigkeit ist eine der häufigsten Todesursachen der Beriberi.

Die Entdeckung des holländischen Arztes Eijkman (1896 auf Java), daß die Beriberi durch das Fehlen eines Nahrungsfaktors bedingt ist und daß sie durch die Zulage dieses Faktors zur Nahrung geheilt werden kann, war der erste Hinweis auf die Existenz eines Vitamins. Eijkman fand, daß die in früheren Zeiten nicht bekannte Beriberi auftrat, nachdem fast ausschließlich geschälter Reis an Stelle von ungeschältem Reis als Nahrungsmittel eingesetzt wurde, und daß die Beriberi durch die Zulage von Reiskleie geheilt werden konnte. Er schloß daraus, daß beim Schälen des Reises ein wichtiger Nahrungsfaktor zusammen mit dem Silberhäutchen entfernt worden war.

Die Bezeichnung Vitamin wurde erst später eingeführt, auch das wirksame Prinzip für die Verhütung der Beriberi, das Vitamin B_1, konnte erst später isoliert und identifiziert werden. Karl Lohmann (1898 bis 1978) fand schließlich, daß Thiamindiphosphat (als aktive Form des Vitamin B_1) Cofaktor für die Decarboxylierung des Pyruvats und der Bildung von Acetyl-CoA ist (siehe Kap. 3.3.6.3). Damit wurde erstmalig gezeigt, daß Vitamine oder Reaktionsprodukte der Vitamine als Cofaktoren von Enzymen regulierend in das Stoffwechselgeschehen eingreifen können.

Stabilität

Vitamin B_1 ist außerordentlich hitzeempfindlich. Es ist außerdem empfindlich gegenüber Oxidation durch Luftsauerstoff und gegenüber Lichteinwirkung. Die Verluste an Vitamin B_1 schwanken bei der küchentechnischen Zubereitung von Nahrungsmitteln zwischen 20 und 40 % und mehr, insbesondere in Abhängigkeit von der Dauer der Garprozesse. Beim Einsatz schonender Garprozesse sollte mit etwa 30 % Verlust gerechnet werden.

3.7.2.2 Vitamin B_2 (Riboflavin)

Funktion

Vitamin B_2 ist Bestandteil von Coenzymen (Flavinadenindinucleotid [FAD], Flavinadeninmononucleotid [FMN]), die in vielfältiger Form an der Übertragung von Wasserstoff und somit an der biologischen Oxidation beteiligt sind.

Vorkommen

Die für die Ernährung wichtigsten Vitaminquellen sind Milch und Milchprodukte. Vitamin B_2 wurde als ein Bestandteil der Molke entdeckt, es wurde früher deshalb auch Lactoflavin genannt. Gute Quellen von Vitamin B_2 sind außerdem Fleisch, Innereien, Fisch, Eier und Vollkornprodukte.

Bedarf

Der Bedarf hängt von der Höhe des Gesamtenergieumsatzes ab. Es wird die tägliche Aufnahme von 1,2 bis 1,5 mg empfohlen.

Vitaminmangel

Ein ausgeprägter Vitaminmangel ist bei Gesunden nicht bekannt. Inwieweit das von den Darmbakterien synthetisierte Vitamin B_2 resorbiert und damit zur Bedarfsdeckung beitragen kann, ist nicht bekannt.

Bei einem experimentell erzeugten Riboflavinmangel wurden leichte Hautveränderungen (Schuppenbildung, entzündliche Veränderungen) und Risse an den Mundwinkeln beobachtet. Zeichen eines Mangels an Vitamin B_2 sollen insbesondere bei einer gleichzeitigen Unterversorgung mit Niacin (siehe Kap. 3.7.2.3) auftreten. Auch bei Veganern besteht die (zwar geringe) Gefahr eines Riboflavinmangels.

Hohe Riboflavindosen haben offensichtlich keine nachteilige Wirkungen, 400 mg pro Tag werden ohne Nebenwirkungen vertragen.

Stabilität

Vitamin B_2 ist relativ hitzestabil, es wird durch die Einwirkung von Licht, insbesondere UV-Licht, und durch schwache Laugen zerstört. Milch sollte deswegen lichtgeschützt aufbewahrt werden. Die Kochverluste werden auf etwa 20 % geschätzt.

3.7.2.3 Niacin (Nicotinsäure und Nicotinamid)

Funktion

Nicotinsäure und Nicotinamid sind beide gleichermaßen als Vitamin wirksam. Sie sind Bausteine von Coenzymen (Nicotinamid-adenin-dinucleotid [NAD] bzw. NAD-Phosphat [NADP]), die bei einer Vielzahl von zellulären Oxidations- und Reduktionsprozessen (etwa 200 verschiedene) als Cofaktoren von wasserstoffübertragenden Enzymen mitwirken.

Diese Cofaktoren übertragen bei der Endoxidation von Energieträgern den Wasserstoff zur Atmungskette, wo dieser zu Wasser oxidiert wird. Darüber hinaus sind sie als Oxidoreduktasen bei zahlreichen Umbau- und Syntheseprozessen beteiligt, wie z. B. bei der Synthese von Fettsäuren.

Resorption

Niacin wird als wasserlösliches Vitamin sehr gut resorbiert. Eine echte Speicherung im Organismus ist nicht möglich, eine gewisse Bevorratung ist durch die maximale Sättigung aller Enzyme möglich, die NAD bzw. NADP als Cofaktoren benötigen.

Vorkommen

Niacin kommt in ausreichender Menge in Leber, Fleisch, Eiern, Fisch und Getreideprodukten vor. Auch Kartoffeln enthalten nicht zu vernachlässigende Mengen an Niacin (1 mg/100 g). Auch beim Rösten von Kaffee wird Niacin gebildet. Eine Tasse Kaffee soll 1 bis 2 mg Niacin enthalten.

Bedarf

Der Bedarf an Niacin hängt vom Gesamtenergieumsatz ab. Schwere körperliche Arbeit, hohe Umgebungstemperaturen und Sonneneinstrahlung sowie Schwangerschaft und Stillperiode erhöhen ebenfalls den Niacinbedarf.

Die empfohlene tägliche Aufnahme von 13 bis 17 mg wird unter den Ernährungsgewohnheiten der westlichen Industrienationen meist überschritten, die Aufnahme beträgt etwa 40 mg.

Umstritten ist noch eine mögliche Überdosierung von Niacin. Eine Überdosierung von Niacin (einmalige Gabe von mehr als 35 mg) führt zu einer schlagartigen Erweiterung von Kapillaren im Bereich der Haut mit einer plötzlich einsetzenden Mehrdurchblutung und Rötung des Gesichts (sog. Flush). Dieser Flush führt allerdings kaum zu einem Blutdruckabfall und zu einem Kreislaufkollaps. Eine Überdosierung soll auch zu Entzündungen der Magenschleimhaut und Leberzellschädigungen führen.

Verboten ist der Einsatz von Niacin als sog. Schönungsmittel zu Hackfleisch, bei dem es eine Graufärbung infolge einer Stabilisierung des oxidierten Myoglobins und Hämoglobins verhindern kann. Diese Wirkung des Niacins ist offenbar auf seine Wirkung als effektiver Hemmstoff der sog. NADase zurückzuführen, die den raschen Abbau von NAD^+ katalysiert. NAD^+ bildet mit NADH + H^+ ein Redox-System (siehe Kap. 1.2.2), welches für diese Stabilisierung verantwortlich ist.

Endogene Synthese

Der Niacinanteil der Cofaktoren NAD und NADP kann im Körper selbst gebildet werden. Ausgangssubstanz für diese endogene Synthese ist die Aminosäure Tryptophan. Dadurch ist der Körper nicht ausschließlich, u. U. überhaupt nicht, auf die Zufuhr von Niacin mit der Nahrung angewiesen. Voraussetzung ist allerdings die ausreichende Aufnahme von Eiweiß mit hoher biologischer Wertigkeit. Aus 60 mg Tryptophan kann im Körper etwa 1 mg Niacin gebildet werden (60 mg Tryptophan = 1 Niacin-Äquivalent). Bei der in den westlichen Industrieländern üblichen Ernährung mit biologisch hochwertigem Eiweiß steht dem Körper somit jederzeit genügend Tryptophan zum Ausgleich einer möglichen Unterversorgung mit Niacin zur Verfügung.

Vitaminmangel

Ein Niacinmangel kann nur auftreten, wenn eine unzureichende Vitaminversorgung mit einer gleichzeitigen mangelhaften Versorgung mit Eiweiß einhergeht. Außerdem muß das in nur geringer Menge aufgenommene Nahrungseiweiß eine niedrige biologische Wertigkeit aufweisen, vorrangig muß es arm an Tryptophan sein. Die Avitaminose Pellagra („rauhe Haut") wurde nur beobachtet, wenn als Hauptnahrungsmittel Mais verzehrt wurde und gleichzeitig die wesentlichste Eiweißquelle war. Mais enthält Niacin in einer an ein Peptid gebundenen Form, die von den Verdauungsenzymen schlecht aufgespalten werden kann (auch in anderen Getreiden ist ein Teil des Niacins an ein Peptid gebunden). Außerdem kommt im Maiseiweiß (Zein) Tryptophan nicht vor. Das für eine ausreichende Versorgung fehlende Niacin kann daher nicht durch endogene Synthese bereitgestellt werden.

Pellagra tritt gelegentlich nur noch in einigen Ländern Lateinamerikas auf. Vereinzelte Pellagrafälle sind im vergangenen Jahrhundert noch in armen Regionen Italiens beschrieben worden, in denen Mais das alleinige Grundnahrungsmittel war.

Die Pellagra ist charakterisiert durch das Auftreten von Durchfällen, Hautveränderungen und Zuständen von geistiger Verwirrtheit (sog. 3-D-Krankheit = Diarrhö, Dermatitis, Dementia).

Stabilität

Niacin ist gegenüber äußeren Einflüssen relativ stabil. Verluste treten im wesentlichen nur bei längerem Wässern oder Kochen durch Auslaugen des gut wasserlöslichen Vitamins auf. Die Zubereitungsverluste werden auf etwa 10 % geschätzt.

3.7.2.4 Vitamin B_6 (Pyridoxin)

Pyridoxin ist der Sammelbegriff für 3 Modifikationen des Vitamin B_6, die leicht ineinander überführt werden können. Diese 3 Modifikationen haben alle die gleiche biologische Aktivität.

Das Pyridoxol (Alkoholform), Pyridoxal (Aldehydform) und Pyridoxamin (Aminform) unterscheiden sich in der Struktur der aktiven Gruppe am Pyridinring, des Grundbausteins des Vitamins, die in die vom Pyridoxin gesteuerten Stoffwechselprozesse einbezogen wird (siehe Abb. 3.7.5).

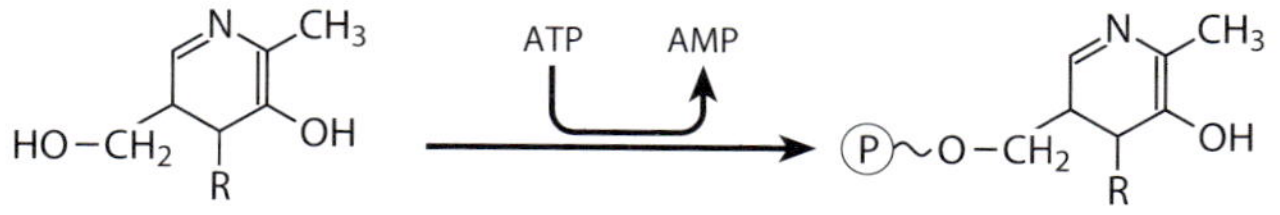

Vitamin B_6 — aktive Form

	R
Pyridoxol (Pyridoxinphosphat)	$-CH_2OH$
Pyridoxal (Pyridoxalphosphat)	$-CHO$
Pyridoxamin (Pyridoxaminphosphat)	$-NH_2$

Ⓟ∼ = „energiereich" gebundener Phosphorsäurerest

Abb. 3.7.5: Strukturformel von Vitamin B_6 und seiner Wirkform (Pyridoxalphosphat)

Funktion

Vitamin B_6 wird im Körper in seine aktive Form, das Pyridoxalphosphat, überführt. In dieser Form ist es als Cofaktor von zahlreichen Enzymen des Aminosäure-Stoffwechsels wirksam.

Die wichtigsten Enzymreaktionen, an denen das Pyridoxalphosphat beteiligt ist, sind die Transaminierungsreaktionen (siehe Kap. 3.4.2.1). Darüber hinaus ist Pyridoxalphosphat in den Abbau einiger aromatischer Aminosäuren einbezogen und auch in die Synthese der am Aufbau des Hämoglobins beteiligten Pyrrolringe. Auch beim Abbau des Homocysteins (eine Aminosäure, die nicht Baustein von Eiweißen ist, aber beim Abbau der essentiellen Aminosäure Methionin entsteht), wird Pyridoxalphosphat benötigt.

Der bei der ischämischen Herzkrankheit (Angina pectoris, Herzinfarkt) erhöhte Blutspiegel von Homocystein ist möglicherweise auf eine Unterversorgung mit Folsäure sowie mit Vitamin B_6 und Vitamin B_{12} zurückzuführen und nicht auf eine überhöhte Eiweißzufuhr.

Vorkommen

Vitamin B_6 kommt in zahlreichen tierischen und pflanzlichen Nahrungsmitteln vor. Lediglich Milch und Milchprodukte weisen einen sehr geringen Gehalt auf (Vollkornbrot 25 mg, Fleisch 30 mg, Milch 2 mg pro 100 g Frischgewicht).

Bedarf

Der Bedarf an Vitamin B_6 hängt u. a. von der Höhe der Eiweißaufnahme ab, er steigt mit ihr an. Da jedoch die eiweißreichen Lebensmittel in der Regel gute Vitamin-B_6-Quellen sind, wird beim reichlichen Verzehr solcher Lebensmittel der erhöhte Bedarf gleichzeitig mit abgedeckt.

Die empfohlene Tagesaufnahme (D-A-CH-Empfehlung) beträgt für Erwachsene 1,2 bis 1,6 mg. Während der Schwangerschaft (ab 4. Monat) und Stillperiode ist der Bedarf mit 1,9 mg erhöht, ebenso bei der ständigen Zufuhr von Östrogenen (Antibabypille).

Eine Überversorgung mit Vitamin B_6 ist praktisch, insbesondere mit der Aufnahme von Lebensmitteln, nicht möglich. Erst bei einer täglichen Aufnahme von mehr als 100 mg soll es zu Störungen in dem Tast- und Berührungsempfinden kommen.

Vitaminmangel

Eine suboptimale Versorgung mit Vitamin B_6 beeinträchtigt die Immunabwehr, wodurch sich eine erhöhte Infektanfälligkeit entwickeln kann und allergische Reaktionen verstärkt auftreten können. Bei der Bevölkerung der Bundesrepublik ist eine leichte Unterversorgung relativ oft zu beobachten, insbesondere bei Senioren. Eine ausgesprochene Hypovitaminose, die sich in Wachstumsstörungen, Funktionsstörungen der Leber und Entzündungen an den Schleimhäuten äußert, ist bei der Bevölkerung der westlichen Industrieländer nicht zu beobachten.

Stabilität

Vitamin B_6 ist empfindlich gegenüber der Einwirkung von Licht und gegenüber Temperaturerhöhung, dagegen ist es gegenüber der Einwirkung von Luftsauerstoff sowie von verdünnten Säuren und Basen relativ unempfindlich. Die Verluste bei der Speisenzubereitung werden auf etwa 20 % geschätzt.

3.7.2.5 Biotin

Funktion

Biotin wirkt in den Zellen als Cofaktor von Enzymen, die Carboxylgruppen übertragen. Biotin, an das eine Carboxylgruppe angeheftet ist, kann als „aktiviertes CO_2" bezeichnet werden. In den Zellen finden zahlreiche Carboxylierungsreaktionen (Übertragung einer CO_2-Gruppe) statt, in die aktives Biotin einbezogen ist. Wichtige Carboxylierungsreaktionen sind beispielsweise die Bildung von Malonyl-CoA bei der Fettsäuresynthese, Reaktionen zum Start der Gluconeogenese und Schritte bei der Purinringsynthese.

Vorkommen

Biotin kommt in einer Vielzahl von Lebensmitteln vor, so daß ein Vitaminmangel bei einer ausgeglichenen Ernährung nicht bekannt ist. Reich an Biotin sind Leber, Niere, Eigelb, Nüsse, Haferflocken, Champignons, Spinat und Hefe. Biotin wird in beträchtlichem Umfang auch von den Darmbakterien gebildet. Es ist allerdings noch nicht eindeutig geklärt, inwieweit dieses, vorwiegend in tieferen Darmabschnitten gebildete Biotin resorbiert werden kann. Es gilt als sehr unwahrscheinlich.

Bedarf

Der Bedarf an Biotin wird auf 30 bis 60 µg pro Tag geschätzt (D-A-CH-Schätzwert).

Vitaminmangel

Vitaminmangelerscheinungen sind beim gesunden Menschen nicht zu beobachten. In vereinzelten Fällen soll es bei Leberschädigungen und nach Magenoperationen zu einem Biotinmangel gekommen sein, der sich in Haarausfall, Hautentzündungen und niedrigem Blutdruck äußert.

Im Eiklar kommt das Nucleoprotein Avidin vor. Avidin ist in der Lage, Biotin zu binden und dadurch seine Resorption zu verhindern. Die Biotinmenge, die von Avidin gebunden werden kann, ist jedoch sehr gering. Beim Erhitzen geht diese Bindungsfähigkeit des Avidins (infolge Eiweißdenaturierung) verloren.

Ein Biotinmangel, der durch diese Eigenschaft des Avidins bedingt würde, könnte deshalb nur beim ständigen Verzehr von rohen Eiern bzw. Eiklar (etwa 20 Eier pro Tag) ausgelöst werden.

Stabilität

Biotin ist gegenüber äußeren Einflüssen relativ stabil, so daß bei der Lagerung und bei der Zubereitung von Nahrung mit größeren Verlusten nicht zu rechnen ist.

3.7.2.6 Folsäure

Unter dem Oberbegriff Folate (abgeleitet von folium, lateinisch Blatt) werden sowohl die freie Folsäure als auch die sog. Folate zusammengefaßt. Freie Folsäure und Folate unterscheiden sich nicht nur in ihrem chemischen Aufbau, sondern auch in ihrer Wirksamkeit, die im wesentlichen auf Unterschiede in der Resorption zurückzuführen ist (siehe Abb. 3.7.6). Bei den Empfehlungen für die Folsäurezufuhr wird dem Rechnung getragen und der Bedarf in Folat-Äquivalenten angegeben (siehe unten). Es müssen diese Begriffe deswegen genau auseinandergehalten werden:

- Folsäure (sog. freie Folsäure, PGA),
- Folate,
- Folat-Äquivalente.

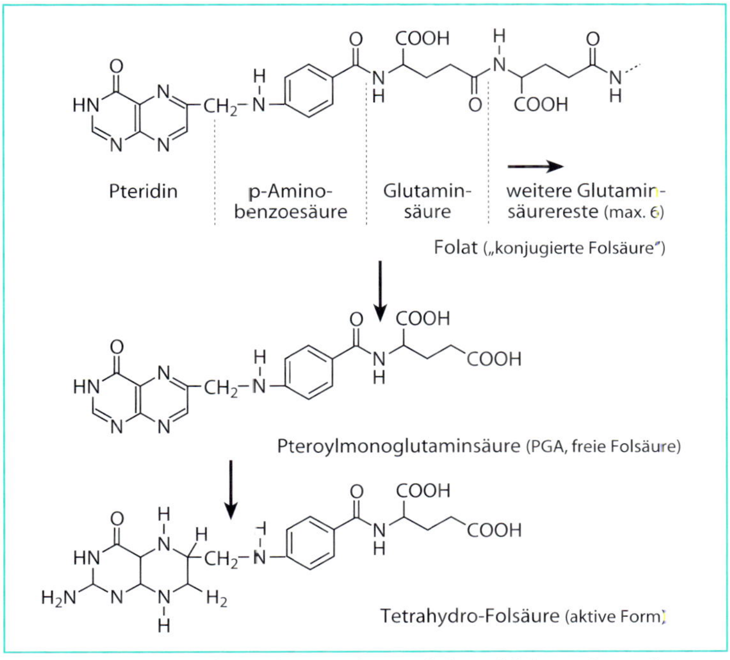

Abb. 3.7.6: Strukturformel von Folat und der Wirkform der Folsäure

Folsäure: Die eigentliche (freie) Folsäure ist eine kompliziert aufgebaute Verbindung, bestehend aus einem Pteridinring, an dem 1 Molekül p-Aminobenzoesäure und endständig 1 Glutaminsäurerest angefügt sind (Pteroylmonoglutaminsäure [PGA]). Sie ist die stabilste Form des Vitamins und wird nahezu vollständig resorbiert. PGA kann synthetisch hergestellt werden.

Folate: Unter dem Begriff Folate werden alle Verbindungen zusammengefaßt, die Folsäurewirkung zeigen und in Lebensmitteln vorkommen. Hierzu gehören neben der freien Folsäure auch solche Verbindungen, bei denen am Folsäuremolekül (an der endständigen Glutaminsäure) zusätzlich eine unterschiedliche Anzahl von Glutaminsäuremolekülen (bis zu 6) angeheftet sind (früher auch als Folsäure-Konjugate bezeichnet). Freie Folsäure und „Folsäure-Konjugate" unterscheiden sich in ihrer Bioverfügbarkeit beträchtlich. Von den Folsäure-Konjugaten müssen erst die zusätzlichen Glutaminsäurereste abgespalten werden, ehe die Resorption des eigentlichen Vitamins (freie Folsäure) erfolgen kann. Die Abspaltung der zusätzlichen Glutaminsäurereste erfolgt im Magen-Darm-Trakt und nur in begrenztem Umfang, so daß nur etwa 50 % der in dieser Form vorliegenden Folate resorbiert werden können.

Folsäure-Äquivalent: Die Empfehlungen für die Folsäureaufnahme werden in Folat-Äquivalenten angegeben. Dadurch wird der unterschiedlichen Bioverfügbarkeit Rechnung getragen:

1 µg Folat-Äquivalent = 1 µg Nahrungsfolat
= 0,5 µg synthetische Folsäure (PGA)

Funktion

Folsäure (nachfolgend wird dieser Begriff für die biologisch aktive Form gebraucht) und insbesondere ihre hydrierten Formen (Anlagerung von Wasserstoff, siehe Abb. 3.7.6) sind Cofaktoren von Enzymen, die sog. C_1-Kohlenstoffeinheiten (chemische Gruppen mit nur einem C-Atom) übertragen. Die Übertragung von solchen C_1-Einheiten findet bei zahlreichen fundamentalen Synthesereaktionen statt (Purinring- und Pyrimidinringsynthese als Vorstufen für die Nucleinsäuresynthese, Umbau des Kohlenstoffskeletts von Aminosäure u. a.). Es ist somit verständlich, daß Folsäure für die Zellfunktion und Zellentwicklung von außerordentlicher Bedeutung ist und daß ein Folsäuremangel weitreichende Störungen nach sich ziehen kann, insbesondere in Zellsystemen mit einer hohen Zellteilungsrate und bei der embryonalen Entwicklung.

Ein Mangel an Folsäure, verbunden mit einen Mangel an Vitamin B_6 und Vitamin B_{12}, ist offenbar auch für die Erhöhung des Homocysteinspiegels im Blut verantwortlich, der auf ein erhöhtes Infarktrisiko hinweist. Folsäure wird für die Umwandlung von Homocystein in Methionin benötigt (Bereitstellung einer Methylgruppe, siehe Kap. 7.6.4.2).

Resorption

Folsäure wird relativ gut (zu etwa 90 %) resorbiert. Da die Folsäure jedoch nur als freie Folsäure resorbiert werden kann, muß die in Konjugaten gebundene Folsäure (Folate) erst durch Verdauungsenzyme, die die Glutaminsäurereste abspalten, aus den Konjugaten freigesetzt werden. Die Resorption der in Folaten vorliegenden Folsäure ist infolgedessen eingeschränkt und unterliegt außerdem breiten Schwankungen. Sie wird von der Zusammensetzung der Nahrung (u. a. vom p_H-Wert) und anderen Faktoren (z. B. Geschwindigkeit der Passage der Nahrung im Magen-Darm-Trakt) beeinflußt. Es wird davon ausgegangen, daß nur etwa 50 % resorbiert werden (siehe auch oben).

Vorkommen

Folate kommen in allen tierischen und pflanzlichen Lebensmitteln vor, bei denen Zellstrukturen vorhanden sind bzw. vor der Verarbeitung vorhanden waren und nicht entfernt wurden. Bei der Bewertung des Folatgehalts der unterschiedlichen Lebensmittel ist ihre Bioverfügbarkeit (freie bzw. gebundene Folsäure) zu berücksichtigen, die allerdings innerhalb der einzelnen Lebensmittel ebenso wie der Gesamtgehalt beträchtlich schwanken können.

In tierischen Lebensmitteln liegen Folate häufiger als freie Folsäure vor als in pflanzlichen Lebensmitteln.

Tierische Lebensmittel: Einen besonders hohen Folatgehalt haben Innereien, insbesondere Leber (etwa 150 µg/100 g), aber auch Fleisch, Eier und einige Käsesorten sind relativ reich an Folaten.

Milch und Milchprodukte sind dagegen ärmer an Folaten. Allerdings wird das in ihnen vorliegende Folat recht gut resorbiert.

Pflanzliche Lebensmittel: Relativ reich an Folaten sind Gemüse und Blattsalate (etwa 35 µg Folat-Äquivalente/100 g). Hervorzuheben sind insbesondere Tomaten, Kohlarten und Gurken. Auch Orangen, Weintrauben, Vollkornerzeugnisse und Kartoffeln sind gute Folatquellen. Besonders gute Folatquellen sind Keimlinge von Getreide (Weizen) und Bohnen (Sojabohnen).

Der Mehlkörper des Getreides enthält keine Folat; infolgedessen enthalten auch Weißbrot, Teigwaren aus Mehl mit geringem Ausmahlungsgrad und Feingebäck praktisch keine Folate. In England und in den USA wird dem Mehl Folat zugesetzt.

Bedarf

Der Bedarf an Folsäure hängt in beträchtlichem Maße von den Stoffwechselleistungen ab, die vom Organismus zu erbringen sind, insbesondere von Zellteilungs- und Wachstumsprozessen (siehe unten). Sie differieren deswegen bei den einzelnen Gruppen beträchtlich. Die D-A-CH-Empfehlungen betragen für Kinder ab dem 10. Lebensjahr und für Erwachsene 400 µg, für Kleinkinder 200 bis 300 µg, für Säuglinge 60 bis 80 µg und für Schwangere sowie Stillende 600 µg.

Für Frauen mit Kinderwunsch wird eine zusätzliche prophylaktische Aufnahme von 400 µg Folsäure („freie" [synthetische] Folsäure [PGA]) pro Tag empfohlen (siehe unten).

Vitaminmangel

Eine Folsäure-Unterversorgung tritt bei der Bevölkerung der Bundesrepublik häufiger auf, als früher angenommen bzw. beobachtet wurde. Ursache hierfür ist offenbar eine veränderte Auswahl an Lebensmitteln, wie u. a. der Verzicht auf die folsäurereichen Innereien, insbesondere auf Leber.

Eine unzureichende Bedarfsdeckung während einer Schwangerschaft kann beim Embryo zu schweren Entwicklungsstörungen führen. Das gilt insbesondere bereits für die ersten Tage der Schwangerschaft. Ein Folsäuremangel bewirkt vorrangig eine Störung in der Nucleinsäuresynthese. Störungen in der Nucleinsäuresynthese wirken sich bei der frühen Zelldifferenzierung im Embryo besonders verheerend aus. Ein Folsäuremangel kann deshalb bereits in den ersten Tagen der Schwangerschaft Mißbildungen des Neugeborenen induzieren, insbesondere bei der Entwicklung des Nervensystems (Entstehen von sog. Neuralrohrdefekten). Darum ist auch bei Frauen im gebärfähigen Alter und insbesondere bei bestehendem Kinderwunsch besonderer Wert auf eine ständig optimale Folsäureversorgung zu legen.

Ein sekundärer Folsäuremangel (mangelhafte Resorption trotz ausreichendem Folsäureangebot mit der Nahrung) kann bei Erkrankungen des Darmtrakts auftreten, die mit Resorptionsstörungen einhergehen. Auch Alkoholiker weisen oft einen Folsäuremangel auf.

Beim Erwachsenen kommt es bei einem ausgeprägten Folsäuremangel infolge der gestörten Nucleinsäuresynthese zu einer verminderten Bildung von roten und weißen Blutzellen (Anämie bzw. Leukopenie) und von Blutplättchen.

Umstritten ist noch die mögliche Gefahr einer Überdosierung von Folsäure. Eine extreme Überdosierung von Folsäure kann offenbar zu einer Verstärkung von Ausfallserscheinungen bei einem Vitamin-B_{12}-Mangel führen. Als mögliche Grenzdosis für das Auftreten solcher Schädigungen wird augenblicklich die tägliche Aufnahme von 1 g Folsäure diskutiert.

Stabilität

Folsäure wird durch hohe Temperaturen und durch Licht relativ rasch zerstört. Gegenüber der Einwirkung schwacher Säuren und Laugen sowie von Luftsauerstoff ist sie stabil. Erhebliche Folsäureverluste können bei der Speisenzubereitung entstehen (durchschnittlich 50 bis 70 %, bei besonders intensiven Garmethoden bis zu 90 %), wofür neben der Hitzeempfindlichkeit die außerordentlich gute Wasserlöslichkeit (vor allem die der freien Folsäure) verantwortlich ist. Da jedoch ein beträchtlicher Teil der Lebensmittel, die zur Folatversorgung beitragen, ohne vorhergehende Hitzebehandlung verzehrt werden, können die durchschnittlichen Zubereitungsverluste mit etwa 35 % veranschlagt werden.

3.7.2.7 Pantothensäure

Pantothensäure ist Bestandteil des Coenzym A, das Cofaktor von Enzymen ist, die Acylgruppen übertragen (aktivierte Essigsäure und andere aktivierte Fettsäurereste).

Pantothensäure kommt in nahezu allen tierischen und pflanzlichen Nahrungsmitteln vor. Ein Pantothensäuremangel ist nicht bekannt.

Eine exakte Bedarfsangabe kann nicht gemacht werden. Der D-A-CH-Schätzwert für die tägliche Aufnahme beträgt 6 mg.

Pantothensäure ist hitzelabil und instabil gegenüber Säuren und Laugen. Die Verluste bei der Speisenzubereitung werden gering bis maximal 45 % eingeschätzt (Durchschnittswert 30 %).

3.7.2.8 Vitamin B_{12} (Cobalamin)

Vitamin B_{12} ist ein kompliziert aufgebautes ringförmiges Molekül, in dessen Zentrum ein Kobaltatom angeordnet ist.

Funktion

Vitamin B_{12} ist als Coenzym an einer Reihe von grundlegenden Stoffwechselprozessen beteiligt, bei denen Methylgruppen und Alkylreste übertragen werden (Synthese der Nucleinsäuren, Aminosäureumbau und Aminosäureabbau, Abbau von Fettsäuren mit einer ungeraden Anzahl an C-Atomen).

Vitamin B_{12} ist auch bei der Rückumwandlung von Homocystein in Methionin beteiligt. Da Homocystein mit der Ausbildung der ischämischen Herzkrankheit in Beziehung gebracht wird, könnte ein Mangel an Vitamin B_{12} neben einem Mangel an Vitamin B_6 und Folsäure für deren Entstehen mit verantwortlich gemacht werden.

Resorption und Speicherung

Die Resorption des Vitamin B_{12} unterscheidet sich grundlegend von der Resorption aller anderen Vitamine. Zu seiner Aufnahme durch die Dünndarmzellen bedarf es der Mitwirkung eines von der Magenschleimhaut gebildeten Glykoproteins (Intrinsic Factor, früher auch als Transcorrin bezeichnet). Vitamin B_{12} selbst wurde vor seiner Isolierung und Charakterisierung als extrinsic factor bezeichnet. Beim Fehlen dieses Glykoproteins wird Vitamin B_{12} überhaupt nicht resorbiert.

Das resorbierte Vitamin B_{12} kann als einziges wasserlösliches Vitamin in sehr großer Menge in der Leber gespeichert werden, die maximale Speicherkapazität deckt den Bedarf von 2 bis 3 Jahren.

Vorkommen

Vitamin B_{12} kommt ausschließlich in tierischen Lebensmitteln vor, obwohl es primär von Mikroorganismen gebildet wird. Die mit Abstand höchste Konzentration findet sich in der Leber. Einen ebenfalls hohen Gehalt haben die anderen Innereien sowie Fettseefische wie Makrele, Hering und Lachs. Auch Fleisch, Milch und Eier sind relativ gute Vitamin-B_{12}-Quellen.

Bedarf

Der Bedarf wird mit 3 µg angegeben (entspricht der D-A-CH-Empfehlung). Er wird in der Regel durch die Nahrung voll abgedeckt. Ein erhöhter Bedarf besteht während der Schwangerschaft (3,5 µg) und der Stillperiode (4 µg). Inwieweit das Vitamin B_{12}, das von den Darmbakterien gebildet wird, resorbiert werden kann und damit für die Bedarfsdeckung zur Verfügung steht, ist nicht eindeutig geklärt. Vieles spricht dafür, daß zumindest ein geringer Prozentsatz in den unteren Abschnitten des Dünndarms resorbiert werden kann.

Vitaminmangel

Ein Vitamin-B_{12}-Mangel ist bei Gesunden, die sich mit einer üblichen Mischkost ernähren, nicht bekannt. Eine leichte Vitaminunterversorgung soll bei strengen Vegetariern gelegentlich auftreten (Veganer, siehe Kap. 9.2.2). Typische Ausfallserscheinungen (siehe unten) treten aber auch bei Veganern nicht auf.

Ein ausgeprägter Vitamin-B_{12}-Mangel tritt nur im Gefolge einer gestörten Resorption auf, die durch unzureichende oder vollständig fehlende Bildung des Intrinsic Factors durch die Magenschleimhaut bedingt ist. Dieses Krankheitsbild ist die sog. perniziöse Anämie, deren Ursachen im wesentlichen unbekannt sind. Auch bei einer Atrophie (Rückbildung) der Magenschleimhaut, kann es zu einer Minderproduktion diese Glykoproteins und damit zu einer verminderten Resorption von Vitamin B_{12} kommen.

Infolge der gestörten Vitamin-B_{12}-abhängigen Stoffwechselfunktionen, vor allem infolge der gestörten Nucleinsäuresynthese, kommt es zu einer stark verminderten Neubildung von Blutzellen und somit zu einer hochgradigen Blutarmut (Anämie, Abnahme der roten Blutzellen), verbunden mit einer Abnahme der weißen Blutzellen (Leukopenie). Die dadurch stark eingeschränkte Sauerstoffversorgung führt zu einer generellen Einschränkung der Leistungsfähigkeit des Organismus. Im fortgeschrittenen Stadium der perniziösen Anämie sind zusätzlich Ausfälle im peripheren Nervensystem mit Lähmungen zu beobachten. Ohne parenterale Zufuhr von Vitamin B_{12} (unter Umgehung des Magen-Darm-Trakts) führt eine perniziöse Anämie zum Tod.

Stabilität

Vitamin B_{12} ist relativ stabil, es wird in Gegenwart von Luftsauerstoff und Licht nur in geringem Maße abgebaut. Kochverluste sind sehr gering und können vernachlässigt werden.

3.7.2.9 Vitamin C (Ascorbinsäure)

Vitamin C ist das Vitamin, das von der Mehrzahl der Säugetiere selbst gebildet werden kann. Nur beim Menschen sowie bei Affen, Meerschweinchen, Reh und Präriehund sind die genetischen Informationen für die Bildung von 2 Enzymen des Syntheseweges des Vitamin C (aus Glucose) im Laufe der Evolution verlorengegangen, so daß diese Tiere wie der Mensch auf die Zufuhr von Vitamin C angewiesen sind.

Funktion

Vitamin C ist in eine Vielzahl von Stoffwechselreaktionen einbezogen. Es kann in vielen unterschiedlich ausgerichteten Reaktionen andere Verbindungen reduzieren (an diese Verbindungen Wasserstoff abgeben) oder hydroxylieren (unter Mitwirkung von Sauerstoff eine Hydroxylgruppe [OH-Gruppe] einführen). Vitamin C wird dabei oxydiert, die dabei entstehende Dehydroascorbinsäure zeigt keine Vitaminwirkung. Diese Dehydroascorbinsäure kann jedoch unter geeigneten Stoffwechselsituationen teilweise wieder zurück in die aktive Form überführt werden (siehe Abb. 3.7.7). Für den geordneten Ablauf der Stoffwechselfunktionen sind von der Vielzahl der Vitamin-C-abhängigen Stoffwechselprozesse folgende von besonderer Bedeutung:

- Mitwirkung bei der Bildung von Bindegewebe (Hydroxylierung von Lysin und Prolin)

  Vitamin C katalysiert die Hydroxylierung von Lysin und Prolin und damit die Bildung der Aminosäuren Hydroxylysin und Hydroxyprolin. Hydroxylysin und Hydroxyprolin sind Bausteine des Kollagens, die nicht durch andere Aminosäuren ausgetauscht werden können. Kollagen ist das wichtigste Bindegewebseiweiß. Vitamin-C-Mangel bewirkt daher eine Vielzahl von Störungen, die durch fehlendes oder unzureichend festes Bindegewebe bedingt sind.

- Mitwirkung bei einer Reihe weiterer Hydroxylierungsreaktionen
  Bei dem Abbau der aromatischen Aminosäuren sind Hydroxylierungsschritte einbezogen, ebenso bei der Entgiftung von einigen Stoffwechselendprodukten und bestimmten Arzneimitteln (in der Leber). Hydroxylierungsreaktionen laufen auch bei der Bildung von Nebennierenrinden- und Sexualhormonen ab.
- Mitwirkung bei Synthese von Carnitin
  Carnitin ist in den Transport von Fettsäuren aus dem Zellsaft in das Innere der Mitochondrien einbezogen, in denen die Fettsäureoxidation erfolgt. Carnitin ist eine stickstoffhaltige Verbindung, die zuerst, wie der Name sagt, im Fleisch entdeckt wurde.
- Regeneration von Vitamin E
  Vitamin C fungiert als wichtigster Synergist im Antioxidanssystem des Organismus bei der Regenration von oxidiertem (unwirksamem) Vitamin E (siehe Kap. 3.7.1.3). Es ist darüber hinaus offenbar vorrangig für die Verhütung der Oxidation des Cholesterins in den LDL verantwortlich.
- Mitwirkung beim Abfangen von freien Radikalen (siehe Kap. 3.7.1.3)
- Schutz des LDL-Cholesterins vor einer Oxidation
- Mitwirkung bei der Bildung von Antikörpern
- Überführung der Folsäure in biologisch aktive Formen (siehe auch Kap. 3.7.2.6)
- Verbesserung der Eisenresorption (vorrangig „pflanzliches" Eisen) und Mitwirkung beim Transport und der Speicherung von Eisen (siehe Kap. 3.9.2.1)
- Hemmung der Bildung von (cancerogen) Nitrosaminen aus Nitrit und Aminen im Magen (siehe Kap. 6.6.2.5)

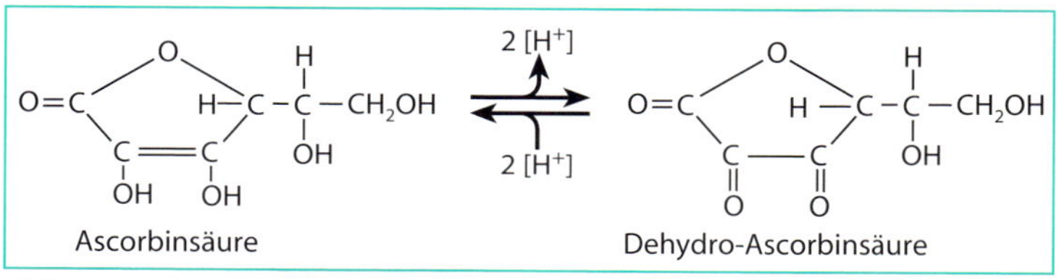

Abb. 3.7.7: Vitamin C und Dehydroform

Resorption, Speicherung

Vitamin C wird sehr rasch und bei der Aufnahme von physiologischen Mengen nahezu vollständig resorbiert, bei Tagesdosen bis zu 200 mg zu etwa 90 %. Der Körper verfügt über keine echten Depots, in denen das wasserlösliche Vitamin C als solches gespeichert werden kann. Der Mensch kann jedoch über Vitaminreserven von etwa 3 g verfügen, wenn alle Vitamin-C-abhängigen Enzyme infolge einer guten Vitaminversorgung maximal mit Vitamin C gesättigt sind. Bei einer solchen maximalen Absättigung dieser Enzyme treten beim gesunden Menschen die ersten Zeichen einer Avitaminose erst 2 bis 3 Monate nach dem Beginn einer vollständig fehlender Vitaminzufuhr auf.

Vitamin C ist im Körper nicht gleichmäßig verteilt. Im Auge, in den weißen Blutzellen, im Gehirn, Leber und anderen Organen und in der Nebennierenrinde sind wesentlich höhere Konzentrationen an Vitamin C zu finden als in den übrigen Geweben; diese Gewebe halten das Vitamin C bei einem Vitaminmangel auch am längsten gebunden.

Im Überfluß aufgenommenes Vitamin C wird nach Absättigung der entsprechenden Enzyme durch die Nieren ausgeschieden. Bei einer verminderten Zufuhr wird durch eine gesteigerte Rückresorption versucht, den Körperbestand an Vitamin C möglichst lange konstant zu halten.

Die Rückresorptionsleistung der Nieren für Vitamin C ist bei Frauen effektiver als bei Männern. Aus diesem Grund zeigen Männer bei einer Unterversorgung auch frühzeitiger Ausfallserscheinungen. Bei Einnahme von Acetylsalicylsäure (Aspirin®) ist die Rückresorption von Vitamin C erniedrigt.

Ein nur geringer Teil des Vitamin C wird zu Oxalsäure abgebaut und als solche im Harn ausgeschieden. Eine überhöhte Vitamin-C-Aufnahme ist deshalb nicht, wie gelegentlich postuliert, ein Risikofaktor für die Bildung von Oxalatnierensteinen.

Vorkommen

Vitamin C kommt in zahlreichen pflanzlichen Nahrungsmitteln vor, allerdings in recht unterschiedlich hohen Konzentrationen. Dabei ist zu berücksichtigen, daß der Vitamin-C-Gehalt der pflanzlichen Lebensmittel jahreszeitlichen Schwankungen sowie unterschiedlichen klimatischen und vegetationsabhängigen Bedingungen unterliegt. Diese durch äußere Faktoren bedingten Schwankungen in der Konzentration sind beim Vitamin C in der Regel stärker ausgeprägt als bei den anderen wasserlöslichen Vitaminen.

Eine Schlüsselstellung für die Sicherung der erforderlichen Vitamin-C-Aufnahme nimmt bei der Bevölkerung in Mitteleuropa Gemüse und die Kartoffel ein. Obst (ohne Zitrusfrüchte) ist meist mit weniger als 20 % an der Versorgung mit Vitamin C beteiligt. Eine Ausnahme bilden die Zitrusfrüchte, die besonders saisonal bedingt (in den Wintermonaten) einen höheren Beitrag zur Versorgung beisteuern. Beim konsequenten Einhalten einer vollwertigen Ernährung mit zahlreichen kleinen Zwischenmahlzeiten, vorzugsweise Obst, kann jedoch der Anteil von Obst und Früchten an der Vitamin-C-Versorgung wesentlich höher liegen.

Der Vitamin-C-Gehalt einiger Lebensmittel, die in unseren Breiten vorrangig für die Vitamin-C-Versorgung verantwortlich sind, ist aus Tab. 3.7.4 ersichtlich.

Tabelle 3.7.4:
Vitamin-C-Gehalt ausgewählter Lebensmittel (in mg/100 g Frischgewicht)

100 – 800	Hagebutten (4000), Paprika (rot>gelb>grün), schwarze Johannisbeeren, Petersilie
30 – 100	Rosenkohl, Schnittlauch, Zitrusfrüchte, Erdbeeren, Erbsen, Grünkohl, Rotkohl, Spargel, Sauerkraut
10 – 30	Gurken, Tomaten, rote Johannisbeeren, Himbeeren, Kartoffeln
2 – 10	Äpfel, Kirschen, Birnen und andere Obstarten, Kartoffeln nach langer und unsachgemäßer Lagerung

Bedarf

Für den Erwachsenen, den Jugendlichen und für das ältere Kind wird eine tägliche Aufnahme von 100 mg Vitamin C empfohlen (D-A-CH-Empfehlung). Bei Schwangeren (110 mg) und Stillenden (150 mg) ist der Bedarf erhöht (Vitamin C wird in geringem Maße mit der Muttermilch abgegeben). Mit dieser Vitaminmenge ist beim Gesunden offenbar die Versorgung aller wesentlichen Vitamin-C-abhängigen Stoffwechselleistungen garantiert.

Beim Vitamin C differieren die Empfehlungen für die Aufnahme besonders stark, die von den zuständigen nationalen Gremien der verschiedenen Staaten gemacht werden. Dieses Fakt ist darauf zurückzuführen, daß gerade beim Vitamin C die Höhe der optimalen Zufuhr sehr schwer einzuschätzen ist und daß die verschiedensten Kriterien für diese Einschätzung herangezogen werden können. Während in einigen Ländern die Menge als Bedarf empfohlen wurde, welche die Ausbildung des Skorbuts (Vitamin-C-Avitaminose, siehe unten) sicher verhindert (30 mg), wird in den D-A-CH-Empfehlungen mit 100 mg die Menge empfohlen, die nach dem jetzigen Erkenntnisstand (bei Drucklegung) auch die Vitamin-C-abhängige Stimulation der Immunabwehr ausreichend absichert.

Der Bedarf an Vitamin C ist in einer Reihe von physiologischen als auch von pathologischen Stoffwechselsituationen erhöht. Ein nachweislich höherer Bedarf an Vitamin C besteht insbesondere bei

- Schwangerschaft und während der Stillperiode (siehe oben),
- sehr hohen und sehr niedrigen Außentemperaturen,
- körperlichen Höchstleistungen (Ausdauersportarten, Hitzearbeiter),
- Heilungsprozessen (Wundheilung, ausgedehnte Verbrennungen, Knochenbrüche),

- fieberhaften Erkrankungen und Infektionen,
- länger anhaltenden Durchfällen und chronischen Magen- und Darmerkrankungen, bei denen Resorptionsstörungen auftreten,
- ständiger Einnahme von Acetylsalicylsäure (Aspirin®), z. B. bei einer Prophylaxe vor einem Zweitinfarkt, und von einigen anderen Medikamenten (z. B. Barbiturate, Tetrazyklin-Antbiotika),
- Rauchern (bei 20 Zigaretten pro Tag wird eine Erhöhung des Bedarfs um 50 mg angenommen und eine entsprechend erhöhte Zufuhr empfohlen),
- hohem Alkoholkonsum.

Die Höhe des zusätzlichen Bedarfs ist für den jeweiligen konkreten Fall kaum exakt anzugeben. Es empfiehlt sich daher, entsprechende Sicherheitsreserven zu berücksichtigen.

Eine Erhöhung der Zufuhr von Vitamin C auf ein bis mehrere g („Megadosen" nach der Empfehlung von Nobelpreisträger Linus Pauling) ist nutzlos. Bei einer stark überhöhten Aufnahme von Vitamin C nimmt die „normale" Resorptionsrate von nahezu 100 % stark ab, sie beträgt bei der Zufuhr von 3 g nur noch etwa 40 %. Darüber hinaus wird die Ausscheidung von Vitamin C durch die Nieren beträchtlich erhöht, und es erfolgt ein zusätzlicher Abbau zu Oxalsäure, die ebenfalls mit dem Harn ausgeschieden wird. Eine erhöhte Gefahr der Bildung von Oxalatnierensteinen scheint jedoch auch bei der Zufuhr von Megadosen an Vitamin C nicht zu bestehen. Aus Sicherheitsgründen wird empfohlen, die Zufuhr auf maximal 1 g pro Tag zu begrenzen.

Vitaminmangel

Die Vitamin-C-Avitaminose ist als Skorbut der Erwachsenen bekannt, bei Säuglingen und Kleinkindern als Möller-Barlowsche Krankheit. Die typischen Bilder eines Skorbuts treten etwa 4 Monate nach Beginn einer Vitamin-C-freien Ernährung auf. Die Ausfallserscheinungen sind vorrangig auf eine gestörte Kollagensynthese und der dadurch bedingten ungenügenden Funktionsfähigkeit des Bindegewebes zurückzuführen:

- Blutungen aus feinen Gefäßen des Kapillarnetzes, die infolge fehlender Bindegewebsfasern durchlässig bzw. brüchig geworden sind. Diese Blutungen sind insbesondere als Zahnfleischbluten und großflächige Hautblutungen zu beobachten, später treten auch Blutungen in die Gelenkspalten hinein und in inneren Organen auf.
- Lockerung des Binde- und Stützgewebes mit der Folge von Schwellungen des Zahnfleischs, Lockerung von Zähnen und Zahnausfall, Störungen in der Zahn- und Knochenbildung. Die Störungen in der Knochenbildung sind besonders bei Kindern ausgeprägt.
- Rissigwerden der Haut,

- verzögerte Wundheilung und verzögerte Heilung von Knochenbrüchen,
- eingeschränkte körperliche Leistungsfähigkeit,
- Störungen in der Herztätigkeit.

Darüber hinaus ist die fehlende oder eingeschränkte Mitwirkung des Vitamin C im Schutzsystem vor freien Radikalen und des Oxidationsschutzes für eine Reihe von Ausfallserscheinungen verantwortlich zu machen, wie z. B. für eine Schwächung der Immunabwehr.

Ein ausgeprägter Vitamin-C-Mangel mit den Zeichen eines Skorbuts kommt in westlichen Industrieländern nicht mehr vor. Formen einer leichten Unterversorgung sind jedoch gelegentlich zu beobachten, obwohl die Vitamin-C-Versorgung der Bevölkerung der Bundesrepublik im wesentlichen gut ist.

Stabilität

Vitamin C kann relativ schnell zerstört werden. Es ist sehr empfindlich gegenüber dem Einwirken von Hitze, Licht, Luftsauerstoff und insbesondere Alkali (bereits bei p_H-Werten, die minimal über p_H 7,0 liegen). Im schwach sauren Bereich ist es dagegen recht stabil. Die Zerstörung durch Luftsauerstoff wird durch Metallkatalyse (Eisen, Kupfer) beträchtlich beschleunigt.

Bei der Lagerung und küchentechnischen Zubereitung von vitaminreichen Lebensmitteln sind diese Eigenschaften des Vitamin C besonders zu beachten. Die in einigen Untersuchungen angegebenen Kochverluste von bis zu 80 % können bei einer umsichtigen Speisenzubereitung wesentlich unterboten werden. Verluste von 20 % müssen aber in der Regel in Kauf genommen werden. Folgende Punkte sind zur Vermeidung von größeren Verlusten besonders zu beachten:

- Keine Verwendung von eisernem oder kupfernem Kochgeschirr,
- nicht in unverschlossenen Gefäßen (ohne Deckel) kochen, um eine zusätzliche Oxidation durch eintretenden Luftsauerstoff zu verhindern,
- weitgehender Einsatz von schonenden Garmethoden (Dampfdruckgaren, Konvektomat),
- kein unnötig langes Warmhalten von gegarten Speisen (Kartoffeln, die wenige Stunden in Thermophoren aufbewahrt werden, enthalten überhaupt kein Vitamin C mehr),
- Unterbindung der Wirkung der Ascorbatoxidase*, die Vitamin C oxidiert und damit inaktiviert: Gemüse erst kurz vor der Zubereitung put-

* *Die Ascorbatoxidase ist ein Enzym, das in zahlreichen Pflanzenzellen vorkommt. Sie ist in der intakten Zelle nicht aktiv, wird aber bei einer Verletzung der Zellwände aktiviert (Schneiden von Gemüse). Sie zeigt dann in Gegenwart von Luftsauerstoff eine recht hohe Aktivität, die aber bereits durch schwache Säuren (Zitronensäure, Essigsäure) effektiv gehemmt wird.*

zen und schneiden, nicht oder nur so lange wie unbedingt erforderlich in Wasser liegen lassen, Rohkostsalate sofort mit dem sauren Dressing anrichten.

3.7.3 Mikronährstoffe (sekundäre Pflanzenstoffe)

Unter Mikronährstoffen werden Pflanzeninhaltsstoffe verstanden, die nur in geringer Menge vorkommen, keinen Beitrag zur Energieversorgung liefern und keine essentiellen Nahrungsbestandteile sind. Es handelt sich bei ihnen überwiegend um Produkte des sog. Sekundärstoffwechsels der Pflanzen. Diese Produkte sind für die grundlegenden Lebensprozesse der Pflanzen, im Gegensatz zu Kohlenhydraten, Eiweißen, Fetten, Vitaminen, Mineralstoffen oder Chlorophyll, offensichtlich ohne Bedeutung. Die Funktionen der sekundären Pflanzenstoffe in der Pflanze sind noch nicht eindeutig geklärt, sie sind offenbar für besondere spezifische Leistungen erforderlich wie beispielsweise Reifung, Schutz vor Schädlingsbefall oder vor Infektionen u. a.

Bisher sind mehr als 30 000 solcher sekundären Pflanzenstoffe gefunden worden, die unterschiedlichen Substanzgruppen zuzuordnen sind. Allerdings sind nicht alle dieser Naturstoffe auch Bestandteile von pflanzlichen Lebensmitteln. Es wird geschätzt, daß der Mensch mit einer gemischten Kost etwa 5000 bis 10 000 verschiedene Mikronährstoffe aufnehmen kann. Die täglich aufgenommene Menge an sekundären Pflanzenstoffen soll etwa 1,5 g betragen. Bei einer vegetarischen Kost liegt die Aufnahme jedoch deutlich höher.

Die sekundären Pflanzenstoffe besitzen keinen Vitamincharakter, eine fehlende Zufuhr bewirkt beim Menschen keine Ausfallserscheinungen, wie sie bei einem Vitaminmangel auftreten. Es hat sich aber in jüngster Zeit gezeigt, daß einige dieser Substanzen offenbar in der Lage sind, Stoffwechselleistungen des Organismus zu unterstützen und somit einen Beitrag zur Gesunderhaltung beizusteuern. Ihnen wird insbesondere eine protektive (schützende) Wirkung im Hinblick auf eine Krebsentstehung zugeschrieben. Sie werden deswegen als Mikronährstoffe bezeichnet.

Trotz dieser positiven Bewertung der Mikronährstoffe dürfen sie in ihrer gesundheitsfördernden Wirkung nicht überbewertet werden, wie es in letzter Zeit häufig der Fall ist. Es besteht bei einer solchen Überbewertung der Mikronährstoffe die Gefahr, daß ihre möglichen positiven Effekte in den Vordergrund gestellt werden und Präparate von solchen Mikronährstoffen als gesundheitsfördernde Nahrungsergänzungsmittel mit großem Erfolg propagiert werden. Eine solche Situation kann dann dazu führen, daß diese Mittel in großem Umfang konsumiert und die Empfehlungen für eine gesunde Ernährung weniger ernst genommen werden. Für eine optimale Aufnahme von Mikronährstoffen wird statt dessen eine ausgewogene vollwertige Kost empfohlen, die pro Tag mindestens 200 g Gemüse, 75 g Blattsalat und 200 bis 250 g Obst enthalten sollte. Es muß dabei allerdings berücksichtigt werden, daß für eine mögliche Krebsprophylaxe einer solchen Nahrung auch deren Gehalt an Ballaststoffen und Vitaminen zu einem beträchtlichen Teil mit verantwortlich sein kann.

Folgende Fakten müssen bei einer generell positiven Einschätzung berücksichtigt werden:

- einigen Mikronährstoffen wurden fälschlicherweise Vitamineigenschaften zugeschrieben,
- einige Mikronährstoffe können möglicherweise in höheren Konzentrationen eine Schadwirkung entfalten, obwohl die Mengen, die mit einer gemischten Nahrung aufgenommen werden, absolut unbedenklich sind und positiv zu bewertende Wirkungen zeigen,
- bei einigen Mikronährstoffen ist die Wirkung auf den menschlichen Organismus noch nicht eindeutig aufgeklärt, in einigen Fällen werden noch recht widersprüchliche Einschätzungen vertreten,
- eine beträchtliche Anzahl von Stoffen des sekundären Pflanzenstoffwechsels ist noch nicht eingehend auf mögliche gesundheitsfördernde Wirkungen untersucht worden.

3.7.3.1 Substanzen, denen fälschlicherweise Vitamineigenschaften zugeschrieben wurden

Bei einer Vielzahl der Stoffe, denen in vergangenen Jahren ein Vitamincharakter zugeschrieben wurde, konnte unmißverständlich gezeigt werden, daß sie für den Funktionsablauf des menschlichen Organismus nicht benötigt werden. Bei anderen Substanzen, die eindeutig in wichtige Stoffwechselfunktionen einbezogen sind, konnte andererseits bewiesen werden, daß sie vom menschlichen Organismus jederzeit in ausreichender Menge selbst gebildet werden.

Die wichtigsten dieser „Pseudovitamine" sind folgende Stoffe:

Coenzym Q_{10} (Ubichinon 10, Vitamin Q_{10})

Ubichinone sind Bestandteile der Atmungskette der Mitochondrien und damit für die Endoxidation der Nährstoffe unentbehrlich. Die Menge der in den Mitochondrien und somit im Organismus vorliegenden Ubichinone ist dabei exakt auf die Konzentration der anderen Glieder der Atmungskette abgestimmt. Der Körper ist weiterhin in der Lage, Ubichinone jederzeit in der benötigten Menge zu synthetisieren. Er ist deswegen auf deren Zufuhr mit der Nahrung nicht angewiesen.

Es ist bekannt, daß bei eingeschränkter Herztätigkeit oder im Alter in der Muskulatur niedrigere Ubichinonkonzentrationen gefunden werden. Die unter diesen Lebensumständen zu beobachtende verminderte Herzmuskelleistung ist jedoch nicht Folge eines Ubichinonmangels. Für die geringere Arbeitsleistung des Herzmuskels ist vielmehr eine geringere Energiebereitstellung ausreichend, damit auch eine niedrigere Oxidationsrate in der Atmungskette und folglich eine verminderte Ubichinonmenge. Die von einigen Firmen propagierte Zufuhr von Ubichinonen mittels Einnahme entsprechender Präparate ist somit völlig nutzlos. Darüber hinaus ist zu berücksichtigen, daß in vielen Nahrungsmitteln relativ große Mengen an Ubichinonen vorkommen, wie in Fleisch, Leber, Fisch und Eiern. Auch pflanzliche Lebensmittel enthalten Ubichinone.

Vitamin P

Einem als Vitamin P bezeichneter Stoff wurden Effekte an den Kapillaren zugeschrieben, deren Permeabilität positiv beeinflußt werden sollte. Diese Substanz sollte den Austritt von Blutzellen und von Makromolekülen aus der Blutbahn in die extrazelluläre Flüssigkeit verhindern können.

Die Flavonoide, die offenbar als das chemische Substrat des Vitamin P identifiziert wurden, wirken im Organismus als Radikalfänger. Sie sind eindeutig den Mikronährstoffen zuzurechnen, Vitamine im eigentlichen Sinne sind sie nicht (siehe Kap. 3.7.3.2). Die beschriebenen, die Permeabilität beeinflussenden Effekte können durch die Radikalfangeigenschaften erklärt werden.

3.7.3.2 Ausgewählte Mikronährstoffe

Bei den Mikronährstoffen handelt es sich um sowohl relativ neu entdeckte Stoffe als auch solche, die schon lange bekannt sind und denen von jeher gesundheitsfördernde Effekte zugeschrieben wurden. Die bisher bekannten Mikronährstoffe sind offenbar vorzugsweise als Antioxidantien wirksam und ergänzen somit die Funktion der antioxidativ wirksamen Vitamine E und C.

Carotinoide

Im Pflanzenreich kommen mehr als 500 verschiedene Carotinoide vor. Sie sind neben dem Chlorophyll die wichtigsten Pflanzenfarbstoffe. Carotinoide, die einen β-Iononring enthalten, können in Vitamin A überführt werden (siehe Kap. 3.7.1.1). Sie werden deshalb wie ihr wichtigster Vertreter, das β-Carotin, auch dem Provitamin A zugerechnet.

Alle Carotinoide können offensichtlich als Radikalfänger und somit als Antioxidans wirken. Sie unterstützen somit die Funktion des Vitamin E. Bei der Einschätzung einer potentiellen Schutzfunktion der Carotinoide muß berücksichtigt werden, daß die Carotinoide nur bei gleichzeitig stattfindender Fettresorption aufgenommen werden können und daß die Resorptionsrate des Dünndarms für Carotinoide begrenzt ist. Dazu kommt, daß sich die verschiedenen Carotinoide bei der Resorption gegenseitig behindern.

Bei Rauchern führt eine überhöhte Aufnahme von Carotinoiden zu einer Erhöhung des Lungenkrebsrisikos. Dieser vor kurzem erhobene alarmierende Befund weist eindringlich darauf hin, daß der kritiklose Einsatz von solchen Substanzen in weit überhöhten Dosen mit ernsthaften gesundheitlichen Gefahren verbunden sein kann. Eine solche überhöhte Aufnahme ist allerdings nur mit entsprechenden Präparaten (Nahrungsergänzungsmittel) und durch die Aufnahme von Nahrungsmitteln zu erreichen, die mit Carotinoiden (und Vitaminen) angereichert sind (beispielsweise die sog. ACE-Getränke, die den funktionellen Lebensmitteln zugerechnet werden können). Die mit einer an Gemüse und Obst reichen Nahrung aufgenommenen Mengen an Carotinoiden sind absolut unbedenklich, sie sind vielmehr als Radikalfänger von gesundheitlichem Nutzen.

Lycopin: Das Lycopin, das auch den Carotinoiden zuzurechnen ist, kommt in relativ großer Menge in Tomaten vor (3 mg/100 g). Ihm wird eine besonders große Effektivität als Radikalfänger zugeschrieben.

Lutein: Den Carotinoiden ist auch das im Spinat in hoher Konzentration vorkommende Lutein (10 mg/100 g) zuzuordnen.

Stabilität der Carotinoide: Die meisten Carotinoide, insbesondere die Carotinoide, die in den grünen Blättern von Gemüsen und Salaten vorkommen, sind hitzelabil und werden beim Kochen rasch zerstört. Eine Ausnahme sind die echten Carotine wie das β-Carotin der Möhren, die hitzestabil sind.

β-Cryptoxanthin

Dieser Pflanzenfarbstoff kommt in vielen Früchten vor. Er gehört in chemischer Sicht nicht zu den Carotinoiden, ist aber als sehr effektives Antioxidans wirksam.

Polyphenole (Flavonoide)

Polyphenole sind die Mikronährstoffe, denen als Antioxidantien und als Radikalfänger offenbar eine besonders große Bedeutung zugeschrieben werden kann. Sie stabilisieren möglicherweise auch das in Gemüse und Obst vorkommende Vitamin C. Inwieweit sie im menschlichen Körper Vitamin C stabilisieren, ist noch nicht geklärt.

Der größte Anteil der gesundheitsfördernden Wirkung von Gemüse und Obst, der nicht auf deren Gehalt an Vitaminen, Mineralstoffen und Ballaststoffen zurückzuführen ist, ist wahrscheinlich den Polyphenolen zuzuschreiben. Der Gehalt der einzelnen Obstarten und Gemüse an Flavonoiden schwankt beträchtlich in Abhängigkeit von der Reife, den klimatischen Bedingungen und der Sorte. Der Gehalt ist direkt unter der Schale bzw. in den äußeren Partien des Gemüses höher als im Inneren. Auch im schwarzen Tee sind relativ große Konzentrationen an Flavonoiden enthalten.

Es wird geschätzt, daß mit einer üblichen Mischkost täglich etwa 10 bis 30 mg Flavonoide aufgenommen werden.

Zu den Polyphenolen gehören, bei einer groben Einteilung, 3 chemisch verwandte Gruppen, die in den einzelnen Gemüsen und Obstsorten in unterschiedlichen Konzentrationen vorkommen:

- Flavonole,
- Flavone,
- Anthocyane.

Flavone und Flavonole werden oft unter dem Namen Flavonoide zusammengefaßt (Flavonole unterscheiden sich von den Flavonen lediglich durch eine zusätzliche OH-Gruppe). Es bürgert sich aber zunehmend ein, auch die Anthocyane den Flavonoiden zuzuordnen und unter diesen Namen alle die Gruppen von Polyphenolen zusammenzufassen, die Eigenschaften von Mikronährstoffen zeigen.

Flavonole und Flavone: Die Vertreter dieser wasser- und alkohollöslichen Substanzgruppen sind im Pflanzenreich weit verbreitet. Sie sind meist gelb gefärbt und für die gelbe Farbe von verschiedenen Obstsorten verantwortlich. Sie kommen, mengenmäßig gesehen, vorwiegend in Gemüsen vor. Die Flavonole sind meist mit Zuckerresten verknüpft.

Die wichtigsten Flavonole sind das Quercetin, das Rutin und das Kämpferol. Wichtige Quellen für Flavonoide sind Zwiebeln, Knoblauch, Grünkohl und andere Kohlsorten und Blattsalat sowie Äpfel und Aprikosen, die besonders reich an Quercetin sind.

Anthocyane: Die Anthocyane sind wichtige Pflanzenfarbstoffe (rot, violett, blau) und für die Farbe von Obst (vor allen von Beeren) und von Rotkohl verantwortlich. Besonders hohe Konzentrationen finden sich in schwarzen Johannisbeeren, Brombeeren, Blaubeeren, blauen Weintrauben und Süßkirschen. In größeren Konzentrationen kommen Anthocyane auch im Rotwein vor. Die vorwiegend in den Schalen und in den Stielen der Weintrauben vorkommenden Anthocyane gehen beim Pressen der Beeren teilweise in den Traubensaft über. Ihr Gehalt ist besonders im Rotwein hoch, da bei der Rotweinherstellung infolge des Maischens des Weins zusammen mit den Schalen wesentlich mehr Anthocyane extrahiert werden als bei der Bereitung des Weißweins. Die besonders gute protektive Wirkung von geringen Mengen an Rotwein vor Herzinfarkten (French Paradoxon) ist offenbar auf die hohe Konzentration von Anthocyanen zurückzuführen (siehe Kap. 3.6.3). Auch an die Anthocyane sind meist Zuckerreste angeheftet.

Anthocyane sind im Gegensatz zu den Flavonolen und Flavonen weniger stabil und werden bei längerer und unsachgemäßer Lagerung von Obst teilweise abgebaut. Im in gut verkorkten Flaschen abgefülltem Rotwein sind sie offenbar recht stabil (kein oxidativer Abbau durch Luftsauerstoff).

Mikronährstoffe des Knoblauchs

Knoblauch wird eine arterioskleroseverhindernde Wirkung zugeschrieben, die durch eine Senkung des Cholesterinspiegels im Blut bewirkt werden soll. Außerdem verbessert er die Fließeigenschaften des Bluts, indem seine wirksamen Substanzen die Aggregation der Blutplättchen verringern. Auch ein erhöhter Blutdruck soll zumindest teilweise gesenkt werden können.

Diese offenbar vorhandenen Wirkungen sind von der Menge des verzehrten Knoblauchs abhängig. Sie sind außerdem nur zu beobachten, wenn Knoblauch regelmäßig und über einen längeren Zeitraum verzehrt wird. Über die Höhe des unbedingt notwendigen Knoblauchverzehrs existieren unterschiedliche Angaben. Die Aufnahme von nur einer Zehe pro Tag wird meist als unzureichend angesehen. In den meisten Fällen werden nachweisbare Effekte erst ab 10 bis 12 g Knoblauch pro Tag beschrieben. Auch die Wirkung von Knoblauchextrakten oder Pulvern wird unterschiedlich beurteilt und in einigen Untersuchungen als wirkungslos eingeschätzt. Die Wirkungslosigkeit vieler Präparate ist offenbar auf eine nicht ausreichend schonende Aufarbeitung zurückzuführen.

Der für die beschriebenen Wirkungen verantwortliche Inhaltsstoff des Knoblauchs ist offenbar Alliin, eine schwefelhaltige Verbindung (Sulfid), die selbst unwirksam ist. Dieses Alliin wird beim Zerkleinern der Knoblauchzehen durch eine Alliinase in das Allicin überführt. Allicin lagert sich in Ajoene um, die für die oben beschriebenen Effekte verantwortlich gemacht werden. Das Alliin kann nur durch schonende, in der Kälte erfolgende Aufarbeitung isoliert werden. Bei weniger schonender Aufarbeitung (und auch im menschlichen Körper) werden eine Reihe anderer, unwirksamer Verbindungen gebildet, darunter schwefelhaltige Verbindungen mit dem typisch stechenden Knoblauchgeruch.

Neuerdings wird diskutiert, daß die im Knoblauch in hoher Konzentration vorkommenden Polyphenole die wesentlich wirksameren Schutzsubstanzen sein sollen.

Weitere antioxidativ wirkende Mikronährstoffe

Einer Vielzahl weiterer Produkte des pflanzlichen Sekundärstoffwechsels sind antioxidative Eigenschaften zugeschrieben worden. Relativ sicher scheinen diese Effekte bei folgenden Stoffgruppen zu sein:

- *Phytate,*
- *Isothiocyanate,*
- *Cumarine.*

Diese Verbindungen kommen besonders in Knoblauch, Kohlgemüse, Zwiebeln, Karotten, Ingwer und Zitrusfrüchten vor.

In höheren Konzentrationen können Cumarine (höchste Konzentrationen im Waldmeister) und Isothiocyanate auch eine toxische Wirkung zeigen (siehe Kap. 6.6.1). Von den in Lebensmitteln (vorwiegend im Kohl) vorkommenden Mengen an Isothiocyanaten sind keine Schäden zu erwarten, da auch bei reichlichem Verzehr von Kohlgemüse die toxisch wirkende Menge nicht aufgenommen wird.

Einem Großteil dieser antioxidativ wirkenden Substanzen wird auch die Funktion von „blocking agents" (blockierende Substanzen) zugeschrieben. Sie sollen, indem sie sich an die DNA des Zellkerns anlagern, diese vor einem Angriff von krebsauslösenden, kanzerogenen Substanzen schützen. Andere sollen auch als „suppressing agents" (unterdrückende Substanzen) die Vermehrung bereits krebsartig entarteter Zellen unterdrücken.

Phytoöstrogene (Lignane)

Unter Phytoöstrogenen werden eine Reihe von Substanzen verstanden, die in verschiedenen Pflanzen vorkommen und die im Körper eine Wirkung auslösen können, die der Funktion der Östrogene (weibliche Sexualhormone) entspricht. Es wird angenommen, daß diese Phytohormone in der Lage sind, eine gewisse Schutzfunktion vor dem Auftreten von hormonabhängigen Krebsformen (Prostata- und Brustkrebs) entfalten zu können. Die wichtigsten Vertreter dieser Phytoöstrogene sind offenbar die Lignane, die eine gewisse Verwandtschaft mit den Bausteinen des Lignins haben. Sie kommen in vielen Pflanzen, in höheren Konzentrationen in Ölsamen, insbesondere im Leinsamen vor (Leinsamen etwa 350 mg, Sonnenblumenkerne etwa 0,6 mg, Knoblauch etwa 0,4 mg, Weizenkleie etwa 0,1 mg jeweils pro 100 g).

3.8 Wasser

Der Wassergehalt des erwachsenen Menschen macht etwa 60 % seiner Körpermasse aus. Bei Neugeborenen ist der Anteil des Wassers an der Körpermasse am höchsten, er beträgt 75 %. Im Alter nimmt der Wassergehalt des Körpers ab. Wasser ist auch der mengenmäßig größte Bestandteil der Körperzellen.

Der Wassergehalt des Körpers wird innerhalb sehr enger Grenzen nahezu konstant gehalten. Die Schwankungsbreite beträgt maximal etwa 0,2 % des Körpergewichts. Übersteigen die Wasserverluste 0,5 % des Körpergewichts, entsteht ein quälender Durst. Den Geweben wird Wasser entzogen, und die Fließeigenschaften des Bluts verändern sich („Eindickung" des Bluts), es wird dickflüssiger und durchströmt die kleinen Gefäße langsamer, insbesondere die Kapillaren. Mit zunehmendem Wasserverlust verschlechtert sich als Folge der eingeschränkten Durchblutung die Sauerstoff- und Nährstoffversorgung der Organe beträchtlich. Bei Verlusten von 10 % und mehr kommt es zu einer Dehydratation (Wasserverarmung) des Gehirns. Als Folge treten Zustände von Verwirrtheit auf. Wasserverluste von 20 % sind mit dem Leben nicht mehr vereinbar. Bei Säuglingen, Kleinkindern und bei Senioren sind Wasserverluste besonders gefährlich.

Die besondere Bedeutung des Wassers für den Organismus ergibt sich aus der Tatsache, daß praktisch alle Lebensprozesse die Anwesenheit von Wasser benötigen:

- Alle im Organismus stattfindenden Stoffumwandlungen können nur in wäßriger Lösung ablaufen,
- der Austausch von Stoffen innerhalb der Zelle und zwischen den Zellen erfolgt nur in gelöster Form,
- Wasser ermöglicht als Hauptbestandteil der extrazellulären Flüssigkeiten, des Bluts und der Lymphe den Stofftransport im Körper,
- Wasser ist auf Grund seiner hohen Wärmekapazität, Verdampfungswärme und Wärmeleitfähigkeit in die Regulation des Wärmehaushalts einbezogen.

Es ist verständlich, daß die ständig stattfindenden Wasserverluste umgehend ausgeglichen werden müssen. Das Ausmaß der täglich auftretenden Wasserverluste kann beträchtlich variieren. Folgende Faktoren beeinflussen die Höhe der Wasserverluste in besonderem Maße:

- Klimatische Faktoren
  Hohe Außentemperaturen führen zu vermehrten Wasserverlusten infolge gesteigerter Schweißproduktion; extrem niedrige Außentemperaturen (oft gekoppelt mit niedriger Luftfeuchtigkeit) führen ebenfalls zu hohen Wasserverlusten durch die erhöhte Abgabe von Wasserdampf mit Ausatmungsluft.
- Höhe der Körpertemperatur (Fieber)
  Die Wasserverluste variieren in Abhängigkeit von der Körpertemperatur. Der zusätzliche Verlust kann pro Grad erhöhter Körpertemperatur mehr als 1 l betragen.
- Intensität der körperlichen Aktivität
  Die bei der Muskelarbeit gebildete Wärme wird durch Schweiß und Wasserdampf der Atemluft abgegeben. Die täglichen Wasserverluste können bei Hitzearbeitern 5 l und mehr betragen.
- Menge der aufgenommenen ausscheidungspflichtigen Stoffe
  Diese ausscheidungspflichtigen Stoffe, im wesentlichen Mineralstoffe (Kochsalz, Kaliumsalze) sowie Eiweiß (Ausscheidung des beim Abbau entstehenden harnpflichtigen Harnstoffs), beanspruchen eine Mindestmenge an Lösungswasser und zu ihrer Ausscheidung die Bildung einer Mindestmenge an Harn.

Der Austausch von Wasser zwischen einzelnen Kompartments (voneinander abgegrenzte Räume) des Körpers erfolgt sehr rasch. Das betrifft sowohl die Geschwindigkeit der Resorption von Wasser durch den Darm als auch den Austausch von Wasser zwischen den Körperflüssigkeiten und den intrazellulären Räumen. Ein gestörtes Verteilungsgleichgewicht, das zwischen den zellulären und extrazellulären Räumen entstanden ist, beispielsweise durch längeres Dursten, wird nach dem Trinken einer ausreichenden Menge an Wasser beim Gesunden innerhalb von 20 Minuten wieder ausgeglichen. Bei Erkrankungen kann dieser Ausgleich beträchtlich verzögert sein. Bei bestehenden Ödemen können dazu bis zu 3 Stunden erforderlich sein. Daher ist insbesondere bei kranken Menschen (sowie bei Senioren, Säuglingen und Kleinkindern) nicht nur auf eine ausreichende, sondern auch auf eine regelmäßige Flüssigkeitszufuhr zu achten.

Regulation des Wasserhaushalts

Wasser wird vom Körper als Trinkflüssigkeit und als Bestandteil von Speisen aufgenommen. Außerdem entsteht im Körper bei der Verbrennung der Nährstoffe Oxidationswasser. Wasserverluste erfolgen über den Harn, über die Abgabe von Wasserdampf mit der Ausatmungsluft, über das im Stuhl befindliche Wasser und über den Schweiß. Der tägliche Wasserumsatz des Menschen beträgt etwa 2,5 bis 3 l (siehe Tabelle. 3.8.1).

Tabelle 3.8.1:
Wasserumsatz des erwachsenen Menschen pro Tag

	Aufnahme		Ausscheidung			
Quellen	Menge (ml)	Anteil (%)	Organ	Menge (ml)	Anteil (%)	Schwankungs-breite
Trinkflüssigkeit	1200	48	Lunge	500	20	300 – 3000
Feste Nahrung	1000	40	Haut	500	20	200 – 5000
Oxidation	300	12	Niere	1400	56	700 – 2500
			Darm	100	4	100 – 5000
Gesamtmenge	2500			2500		

Eine wichtige Rolle bei der Aufrechterhaltung eines ausgeglichenen Wasserhaushalts spielt das Durstgefühl. Die Regulation des Durstgefühls erfolgt durch das sog. Durstzentrum im Zwischenhirn. Mit zunehmendem Alter spricht dieses Durstzentrum immer schwerer auf einen Wassermangel an. Senioren trinken deshalb oft zu wenig. Die benötigte Menge an täglicher Trinkflüssigkeit muß ihnen gegebenenfalls vorgegeben werden, um einen ausgeglichenen Wasserhaushalt zu gewährleisten. Auch bei hohem Fieber kann es zu einer partiellen Lähmung des Durstzentrums kommen und im Gefolge zu einer Wasserverarmung, falls nicht auf eine ausreichende Flüssigkeitszufuhr geachtet wird.

Besondere Beachtung ist den Wasserverlusten zu schenken, die durch eine erhöhte Schweißbildung bedingt sind. Da mit dem Schweiß auch größere Mengen an Mineralstoffen ausgeschieden werden, bedeuten Flüssigkeitsverluste durch den Schweiß auch Verluste von Mineralstoffen.

Beim Schwitzen muß zwischen der Produktion eines konzentrierten und der Bildung eines verdünnten Schweißes unterschieden werden. Zu Beginn einer Schweißproduktion und generell vom nicht trainierten Organismus wird ein konzentrierter Schweiß ausgeschieden, der relativ reich an Mineralstoffen ist. Erst nach einer längeren Anpassungsperiode (Aufenthalt in den Tropen und bei sog. „Hitzearbeitern") wird ein verdünnter Schweiß abgesondert, in dem im günstigsten Fall die Salzkonzentration nur noch etwa 10 % der Konzentration im unverdünnten Schweiß beträgt. Durch die Produktion eines verdünnten Schweißes können beträchtliche Mengen an Mineralstoffen eingespart werden. Diese möglichen Unterschiede im Salzgehalt des Schweißes müssen beim Ersatz von Wasser und Mineralstoffen durch die Trinkflüssigkeit berücksichtigt werden. Die maximale Schweißproduktion von anfänglich bis zu 4 l pro Stunde nimmt wegen einer „Ermüdung" der Schweißdrüsen relativ schnell ab.

Die Wasserverluste über den Magen-Darm-Trakt bedürfen beim Gesunden keiner besonderen Beachtung. Bei erhöhten Verlusten, die bei länger anhaltenden Durchfällen sowie Erbrechen auftreten, sind neben den Verlusten von Wasser auch Verluste von Salzen auszugleichen.

Erforderliche Wasserzufuhr

Die generelle Empfehlung für die Menge an Trinkflüssigkeit beläuft sich für den gesunden Erwachsenen auf 1,5 bis 2 l pro Tag. Dabei ist das zusätzlich mit Speisen und Gerichten aufgenommene Wasser, das mit einer üblichen Mischkost verzehrt wird, nicht mit berücksichtigt. Treten durch äußere Bedingungen höhere Wasserverluste auf, so sind diese durch eine zusätzliche Wasseraufnahme zu ergänzen.

Bei Senioren sollte diese Menge an Trinkflüssigkeit besonders konsequent eingehalten werden, um die Nieren bei der Konzentrationsarbeit zu entlasten, auch wenn in vielen Fällen eine etwas geringere Flüssigkeitszufuhr als ausreichend angesehen wird. Wegen des oft reduzierten Durstgefühls der älteren Menschen ist es ratsam, die unbedingt notwendige Tagesration an Trinkflüssigkeit bereits am Morgen bereitzustellen.

3.9 Mineralstoffe einschließlich Spurenelemente

Mineralstoffe und Spurenelemente sind für die Körperfunktion unerläßlich. Sie müssen mit der Nahrung ständig aufgenommen werden, um sie als Baustoffe (z. B. für die Knochenbildung) bzw. Reglerstoffe nutzen zu können und um die ständig erfolgenden Verluste durch Harn, Schweiß und Stuhl zu ergänzen. Der Anteil der Mineralstoffe am Aufbau des Körpers beträgt etwa 4 % des Körpergewichts.

Mineralstoffe sind bei nachfolgend aufgeführten Körperfunktionen beteiligt:

- Regulation des osmotischen Drucks und des Volumens der Körperflüssigkeiten,
- Regulation des p_H-Werts der Körperflüssigkeiten und der Körperzellen,
- Teilnahme am Aufbau von Stütz- und Hartsubstanzen (Knochen, Zähne),
- Bausteine von funktionell wichtigen Körpersubstanzen wie Hämoglobin (roter Blutfarbstoff, Eisen), Thyroxin (Schilddrüsenhormon, Jod), Vitamin B_{12} (Kobalt) u. a.,
- Wirkung als Cofaktoren von Enzymen (Magnesium, Kalzium, Kupfer, Zink u. a.),
- Wirkung als Reglersubstanzen für spezifische Funktionen (z. B. Kalzium bei der Erregungsleitung in Nerven, bei der Muskelkontraktion und bei der Blutgerinnung).

Durch eine ausgeglichene vollwertige Ernährung ist es leicht möglich, den Bedarf an fast allen Mineralstoffen voll abzudecken. Lediglich die Versorgung mit Jod ist auch bei einer vollwertigen Ernährung durch die Nahrung allein nicht zu gewährleisten.

Bei einigen Mineralstoffen kann es bei einer unausgewogenen, einseitigen Ernährung zu einer Unterversorgung kommen, insbesondere bei Kalzium und Eisen. Außerdem ist zu beachten, daß bei einer unsachgemäßen Zubereitung von Lebensmitteln (Auslaugen von Mineralstoffen bei langem Wässern, Verluste mit dem Kochwasser) oder durch eine intensive industrielle Bearbeitung von Nahrungsmitteln (geschälter Reis, Getreide mit niedrigem Ausmahlungsgrad) Mineralstoffverluste und damit eine unzureichenden Mineralstoffzufuhr möglich sind.

Eine überhöhte Zufuhr von Mineralstoffen wird bei Gesunden in den meisten Fällen durch eine vermehrte Ausscheidung mit dem Harn ausgeglichen und führen meist zu einer Zunahme der Harnmenge. Gesundheitliche Nachteile ergeben sich vorrangig nur beim Natrium. Eine überhöhte Natriumaufnahme in Form von Kochsalz führt nicht nur zu kurzzeitigen Störungen im Wasserhaushalt, sondern ist ein Risikofaktor für die Ausbildung eines Bluthochdrucks.

Die Mineralstoffe werden entsprechend ihres mengenmäßigen Vorkommens im Organismus in 2 Gruppen unterteilt:

- Makroelemente oder Mengenelemente (Mineralstoffe im engeren Sinne)

Hierzu gehören Natrium, Kalium, Kalzium, Magnesium, Chlor, Phosphor und Schwefel.

- Mikroelemente oder Spurenelemente

Die wichtigsten Spurenelemente sind Kupfer, Kobalt, Zink, Mangan, Jod, Selen, Fluor. Eisen nimmt, obwohl es den Spurenelementen zuzurechnen ist, wegen seiner besonderen Bedeutung für den Stoffwechsel eine Sonderstellung ein.

3.9.1 Makroelemente

Die Makroelemente sind im Organismus nicht gleichmäßig verteilt. Während Kalzium nahezu ausschließlich in kristalliner Form am Aufbau der Hartgewebe (Knochen und Zähne) einbezogen ist, kommen die übrigen Mineralstoffe vorwiegend gelöst in den Zellen und in den Körperflüssigkeiten vor. Kalium und Phosphat sind in relativ hohen Konzentrationen im Inneren der Zelle zu finden, Natrium und Chlorid sind dagegen vorwiegend in den extrazellulären Flüssigkeiten gelöst. Diese Unterschiede in der Verteilung der Mineralstoffe auf die unterschiedlichen Flüssigkeitsräume bedeuten ständig bestehende Konzentrationsunterschiede, die durch fortwährend stattfindende, energieabhängige Transportprozesse aufrechterhalten werden.

3.9.1.1 Alkalimetalle (Natrium, Kalium) und Chlorid

Natrium und Kalium sowie Chlorid stehen mengenmäßig (nach Kalzium) an zweiter Stelle der Mineralstoffe des Körpers (Natrium und Chlorid je etwa 100 g, Kalium etwa 150 g). Eine Unterversorgung mit diesen Mineralstoffen ist beim Gesunden und bei einer üblichen Ernährung nicht bekannt.

Natrium, Kalium und Chlorid kommen in beträchtlichen Mengen in Form von Salzen in vielen Nahrungsmitteln vor. Tierische Lebensmittel sind in der Regel reich an Natrium, pflanzliche Lebensmitteln dagegen reich an Kalium. Das kaliumreichste Nahrungsmittel ist die Kartoffel, in ihr beträgt das Verhältnis von Natrium zu Kalium etwa 1 zu 150 (zum Vergleich: Käse 4 zu 1 bis 10 zu 1, Milch 1 zu 3, Fleisch 1 zu 4, aber Wurstwaren, bedingt durch den Zusatz von Kochsalz, 3 zu 1 bis 6 zu 1).

Natrium

Natrium wird mit der Nahrung vorwiegend als Kochsalz (Natriumchlorid) aufgenommen, das den Lebensmitteln und Speisen als Würzmittel zugesetzt wird. Nur ein kleinerer Anteil der Natriumzufuhr erfolgt durch den Verzehr von natriumreichen tierischen Lebensmitteln. Die tägliche Aufnahme hängt somit wesentlich von den Ernährungsgewohnheiten ab, sie beträgt im Durchschnitt etwa 4 g Natrium (dem entsprechen etwa 10 g Natriumchlorid = Kochsalz). Die durchschnittliche tägliche Kochsalzaufnahme der Bevölkerung ist meist niedriger, als in der Literatur häufig angegeben. Diese zu hohen Mengenangaben kommen dadurch zustande, daß die Aufnahme pro Kopf der Bevölkerung aus der Gesamtmenge des Kochsalzes berechnet wurde, die für den menschlichen Verzehr bereitgestellt wurde. Darin sind auch die Mengen enthalten, die nicht verbraucht bzw. bei der Speisenherstellung verworfen wurden (z. B. mit dem Kochwasser).

Der Mensch ist auf die ständige Zufuhr einer geringen Kochsalzmenge angewiesen, um Verluste zu ersetzen, die täglich mit dem Harn und mit dem Schweiß verlorengehen. Die Menge, die zum Ersatz dieser Verluste mit der Nahrung unbedingt aufgenommen werden muß, beträgt etwa 1 g. Sie ist größer, wenn zusätzliche Verluste als Folge von starkem Schwitzen, von Durchfällen oder von Erbrechen auftreten.

Bei einem Verzicht auf stark gesalzene Lebensmittel und Speisen werden mit einer Mischkost am Tag etwa 5 g Kochsalz aufgenommen, eine Menge, die den Empfehlungen der DGE entspricht.

Natriumionen sind vorrangig in die Regulation des osmotischen Drucks der Körperflüssigkeiten einbezogen. In Wasser gelöstes Natriumchlorid zerfällt in Natrium- und in Chloridionen und bindet Wasser. Eine erhöhte Kochsalzaufnahme ist insbesondere bei Ödemen und Ascites, bei Herz-Kreislauf-Erkrankungen und bei Nierenerkrankungen zu vermeiden.

Kalium

Kalium kommt in größerer Menge vorrangig in pflanzlichen Nahrungsmitteln vor. Das kaliumreichste Lebensmittel ist, wie ebenfalls schon oben erwähnt, die Kartoffel. Die tägliche Aufnahme an Kalium beträgt etwa 2 bis 3 g. Kalium befindet sich vorwiegend im Zellinneren im Gegensatz zum Natrium, das in den extrazellulären Flüssigkeiten konzentriert ist.

Kaliumionen sind ein wichtiger Effektor für viele Enzymreaktionen des Intermediärstoffwechsels. Sie sind weiterhin für Funktionen des Nervensystems und für die Muskelkontraktion erforderlich. Eine wichtige Funktion der Kaliumionen ist weiterhin ihre Mitwirkung bei der Erregungsbildung im Herz (die Bildung der Reizströme für die geregelte Herzmuskelkontraktion).

Ein Kaliummangel tritt beim Gesunden nicht auf und ist auch bei Erkrankungen sehr selten zu beobachten. Er ist auch bei chronischen Durchfällen und bei lang anhaltendem Erbrechen nur in Ausnahmefällen zu beobachten. Ein Kaliummangel äußert sich in Störungen der Herz- und der Darmfunktion. Eine Erniedrigung der Kaliumionen-Konzentration beschleunigt im Herzen die Erregungsbildung und die Ausbreitungsgeschwindigkeit der Reizströme. Es kann dadurch zu Extrasystolen („Fehlschlägen" des Herzens) und anderen Reizleitungsstörungen kommen.

Bei Erkrankungen der Nieren kann die Ausscheidung von Kalium gestört sein und zu erhöhten Kaliumkonzentrationen in den Körperflüssigkeiten führen. In diesen Fällen ist eine kaliumarme Kost erforderlich. Eine stark erhöhte Kaliumkonzentration bremst die Erregungsbildung im Herzen und kann bis zum Herzstillstand führen.

Chlor (Chlorid)

Chlor ist als Chloridanion das häufigste Gegenion von Natrium- und Kaliumionen. Chlorid trägt somit im Körper wesentlich zur Sicherung der Elektroneutralität bei. Chlorid ist weiterhin Bestandteil der Salzsäure (HCl) des Magensaftes. Ein Chloridmangel ist nicht bekannt, abgesehen von massiven Verlusten von Magensaft bei ständigem Erbrechen.

3.9.1.2 Erdalkalimetalle (Magnesium, Kalzium) und Phosphat

Magnesium, Kalzium und Phosphor in Form von Phosphaten (Salze der Phosphorsäure) sind die mengenmäßig wichtigsten Bausteine von Hartsubstanzen (Knochen, Zähne). Sie sind außerdem in ionisierter Form bzw. als Bestandteile von wasserlöslichen Salzen an den unterschiedlichsten Funktionen im Organismus beteiligt.

3.9.1.2.1 Magnesium

Der gesamte Körperbestand an Magnesium beträgt etwa 20 g. Die durchschnittliche tägliche Aufnahme beträgt bei einer ausgeglichenen Ernährung knapp 1 g und deckt in der Regel den Bedarf völlig ausreichend (D-A-CH-Empfehlung 350 [Männer] bzw. 300 mg [Frauen]). Magnesium ist als Cofaktor bei der Aktivierung verschiedener Enzymsysteme beteiligt sowie bei der Bildung energiereicher Verbindungen und der Energieübertragung.

Ein Magnesiummangel ist beim Gesunden kaum zu beobachten. Er kann jedoch bei chronischen Durchfällen und bei Resorptionsstörungen auftreten. Häufiger ist ein Mangel bei chronischem Alkoholkonsum zu beobachten, da die Rückresorption des Magnesiums in den Nieren durch Alkohol gehemmt wird. Zusätzlich kann der Magnesiummangel bei Alkoholikern durch die bei ihnen oft zu beobachtende Fehlernährung (magnesiumarm) noch verstärkt werden.

Bei einer Unterversorgung mit Magnesium kann es zu Herzrythmusstörungen und zu Muskelkrämpfen kommen. Neuere Untersuchungen weisen darauf hin, daß erniedrigte Magnesiumkonzentrationen für eine Reihe funktioneller Störungen verantwortlich sein können (z. B. erhöhte Lärmempfindlichkeit, Schlafstörungen, rasche Ermüdbarkeit).

Störungen infolge einer Überversorgung mit Magnesium sind nur bei einer überhöhten Magnesiumzufuhr durch eine unkontrollierte medikamentöse Zufuhr (Functional Foods, Nahrungsergänzungsmittel) möglich. Sie können sich in osmotisch bedingten Durchfällen bei medikamentösen Magnesiumgaben in Form von leicht wasserlöslichen Salzen von mehr als 350 mg äußern. Sie entsprechen den abführenden Wirkungen von entsprechenden Trinkkuren mit magnesiumreichen Quellwässern.

3.9.1.2.2 Phosphat

Phosphate (Salze der Phosphorsäure) sind in Lebensmitteln weit verbreitet. Die wesentlichsten Quellen sind Fleisch und Fleischwaren, Getreideerzeugnisse sowie Milch und Milcherzeugnisse. Der Bedarf wird durch die Nahrung voll gedeckt, es bestehen bei einer normalen Ernährung keinerlei Versorgungsprobleme mit Phosphat.

Zwischen Phosphat- und Kalziumhaushalt besteht eine enge Beziehung. Beide Mineralstoffe beeinflussen sich im Körper gegenseitig, so daß auch eine ausgewogene, aufeinander abgestimmte Relation bei der Zufuhr beider Elemente mit der Nahrung anzustreben ist. Durch eine stark erhöhte Phosphataufnahme kann die Kalziumresorption behindert werden, und durch einen erhöhten Phosphatspiegel im Blutplasma kann es zu einer erhöhten Freisetzung von Kalzium aus dem Knochenhartgewebe kommen. Eine genau festgelegte Empfehlung für die Höhe der täglichen Phosphataufnahme gibt es infolgedessen nicht. Entscheidend ist die Relation zwischen aufgenommenem Phosphat und Kalzium.

Es wird für die Aufnahme von Phosphat (wird in mg Phosphor angegeben, da der gewichtsmäßige Anteil an Phosphor in den unterschiedlichen Phosphaten [Salze der Phosphorsäure] differiert) ein Verhältnis von Phosphor zu Kalzium von 1 zu 1,5 empfohlen (das sind bei der empfohlenen Kalziumaufnahme von etwa 1 g die empfohlenen 700 mg Phosphor). Bei einer vollwertigen Ernährung wird dieses Verhältnis annäherungsweise eingehalten, da in vielen Lebensmitteln beide Elemente in einem ausgewogenen Verhältnis vorliegen. Eine ungünstige Verschiebung der Relation kann fast nur bei einer ausgesprochen kalziumarmen Kost auftreten, so daß eine relativ zu hohe Phosphataufnahme erfolgt.

Die in der Laienpresse lange Zeit heftig diskutierten Gefahren einer erhöhten Phosphataufnahme durch Lebensmittel, die unter Zusatz von

Phosphaten hergestellt werden, ist unbegründet, da diese Konzentrationen zu niedrig sind, um eine Auslenkung des Mineralstoffwechsels zu bewirken. Die Gefahr einer erhöhten Phosphataufnahme ist allerdings bei einem überhöhten Genuß einiger Cola-Getränke möglich, bei denen ein Zusatz von maximal 700 mg Phosphorsäure pro l zugelassen ist.

Bei der Herstellung von Brühwurst unter Verwendung von phosphathaltigen Kutterhilfsmitteln dürfen mit diesen maximal 30 mg Phosphat pro 100 g Wurst zugesetzt werden (Lebensmittelzusatzstoff-Verordnung). Eine Verschiebung der Kalzium-Magnesium-Relation, die als nicht mehr vertretbar angesehen wird, könnte aber unter ungünstigen Bedingungen erst durch die zusätzliche Aufnahme von etwa 200 bis 300 mg Phosphat erreicht werden. Diese Menge an Phosphaten wird erst bei dem täglichen Verzehr von etwa 1 kg Brühwurst aufgenommen, die unter Zusatz der maximal zulässigen Phosphatmenge hergestellt wurde.

Ein Phosphatmangel ist nur bei einigen seltenen Krankheitsbildern zu beobachten wie beim chronischen Alkoholismus, bei einer Malabsorption, in fortgeschrittenen Stadien von Krebserkrankungen und bei schweren Störungen im Säure-Basen-Haushalt, die bei einer länger bestehenden Ketoacidose im Verlauf eines nicht behandelten Diabetes auftreten können.

3.9.1.2.3 Kalzium

Kalzium ist der Mineralstoff, der im Körper als wesentlicher Bestandteil von Knochen und Zähnen mit 1 bis 1,5 kg mengenmäßig am meisten vertreten ist. Die ausreichende Kalziumversorgung des Körpers ist deswegen von großer Bedeutung. Die sorgfältige Beachtung einer ausreichenden Kalziumversorgung verdient zusätzlich große Beachtung, da ausreichende Mengen an Kalzium in nur wenigen Nahrungsmitteln vorkommen.

Funktion

Der Hauptteil des Kalziums (99,9 %) ist in den Hartsubstanzen (Knochen, Zähne) in Form von unlöslichen Kalziumsalzen gebunden. Nur 0,1 % des gesamten Körperbestands an Kalzium ist in den Körperflüssigkeiten gelöst (sog. ionisierbares Kalzium).

Das ionisierbare Kalzium ist für den Körper leicht verfügbar und in eine Reihe wichtiger Stoffwechselfunktionen einbezogen (Cofaktor für zahlreiche Enzymreaktionen, Mitwirkung bei der Blutgerinnung und bei Transportvorgängen an Membranen sowie bei der Muskelkontraktion, insbesondere auch bei der Kontraktion des Herzmuskels). Der Plasmaspiegel an Kalzium wird vom Körper infolgedessen ständig auf konstanter Höhe gehalten. Bei einer unzureichenden Zufuhr von Kalzium mit der Nahrung erfolgt dies durch die umgehende Freisetzung von Kalzium aus den Hartgeweben. Es kann infolgedessen zu einem Abbau von mineralischer Knochenhartsubstanz in recht erheblichem Ausmaß kommen, wodurch die Festigkeit der Knochen stark vermindert wird.

Regulation des Kalziumstoffwechsels

An der Regulation des Kalziumstoffwechsels sind vorrangig das Vitamin D und 2 Hormone einbezogen, das Parathormon, das Hormon der Epithelkörperchen, und das Calcitonin, das Hormon spezifischer, in der Schilddrüse eingelagerter Zellen. Vitamin D reguliert die Resorption des Kalziums durch den Dünndarm und dessen Rückresorption aus dem Primärharn durch die Nierentubuli (siehe unten). Außerdem begünstigt es die Mineralisierung der Knochenhartsubstanz, indem es die knochenbildenden Zellen, die Osteoblasten, stimuliert. Auch Fluor stimuliert offenbar die Osteoblasten, Knochenhartsubstanz aufzubauen.

Parathormon und sein Gegenspieler Calcitonin sind vorrangig für die rasche Regulation des Plasmaspiegels an ionisiertem Kalzium verantwortlich. Bei einer Erniedrigung dieses Spiegels mobilisiert das Parathormon den Abbau von Kalziumphosphatsalzen aus der Knochenhartsubstanz und sichert dadurch die Aufrechterhaltung der Konzentration von ionisiertem Kalzium im Plasma. Es stimuliert gleichzeitig die Ausscheidung von Phosphat durch die Nieren und verhindert dadurch einen Anstieg von Phosphat im Plasma. Calcitonin hemmt dagegen bei ausreichend hohem Plasmaspiegel an ionisiertem Kalzium die Freisetzung von Kalzium aus der Knochenhartsubstanz.

Resorption

Die Kalziumresorption im Dünndarm ist ein komplizierter Mechanismus, der von einer Reihe verschiedener Faktoren gesteuert wird. Zunächst muß festgehalten werden, daß das mit der Nahrung aufgenommene Kalzium nicht vollständig resorbiert wird. Die Resorptionsrate beträgt beim Gesunden bei einem ausreichenden Kalziumangebot und optimal wirkendem Resorptionsmechanismus etwa 20 bis 25 %, unter für die Resorption besonders günstigen Bedingungen bis 45 %. Ein besonders hohes Kalziumangebot mit der Nahrung verringert die Aufnahme. Säuglinge sind andererseits in der Lage, bis zu 75 % des in der Milch vorliegenden Kalziums zu resorbieren.

Die Kalziumresorption wird durch folgende Faktoren gesteuert bzw. beeinflußt:

- Vitamin D
  Die Resorption von Kalzium ist abhängig von der Anwesenheit eines spezifischen kalziumbindenden Proteins in den Mucosazellen des Dünndarms. Die Synthese dieses Proteins erfolgt in den Mucosazellen

selbst und wird durch „aktives Vitamin D" (1,25-Dihydroxy-Cholecalciferol, siehe Kap. 3.7.1.2) induziert. Bei Fehlen des aktiven Vitamin D findet keine Synthese des kalziumbindenden Proteins und somit keine Kalziumresorption statt, auch wenn mit der Nahrung ausreichende Mengen an Kalzium angeboten werden. Die Resorption des Kalziums ist somit vollständig vom Vitamin D abhängig.

Die Rückresorption von Kalzium aus dem Primärharn wird in den Nieren über den gleichen Mechanismus gesteuert, und damit werden größere Kalziumverluste über den Harn vermieden. In diesem Fall wird das kalziumbindende Protein nach Induktion durch das aktive Vitamin D direkt in den Nierentubuli gebildet.

- Kalziumbindende Lebensmittelinhaltsstoffe

  Die Resorption von Kalzium wird durch Substanzen behindert, die mit Kalzium unlösliche Komplexe bilden können. Solche Substanzen wie Oxalsäure und Phytinsäure kommen in einigen Nahrungsmitteln vor, insbesondere im Rhabarber und Spinat und anderen Gemüsen (Oxalsäure) und in Vollkornerzeugnissen (Phytinsäure, die in den äußeren Schalen der Getreidekörner vorkommt). Phytinsäure wird bei der Reifung des Sauerteigs zum Großteil durch eine Phytase der Milchsäurebakterien abgebaut.

  Die Resorption von Kalzium kann auch durch wasserunlösliche Ballaststoffe behindert werden, die in der Lage sind, Kalzium relativ fest zu binden. Die eingeschränkte Kalziumaufnahme infolge dieser Behinderung wird durch den relativ hohen Kalziumgehalt der ballaststoffreichen Lebensmittel wieder voll ausgeglichen.

- Die Kalziumresorption begünstigende Lebensmittelinhaltsstoffe

  Die Resorption von Kalzium wird durch Zitronensäure und Aminosäuren sowie in gewissem Maße durch schnell resorbierbare Zucker begünstigt. Eine ausgewogene Mischkost begünstigt somit auch die Kalziumversorgung.

Die Höhe der Resorptionsrate kann individuelle Unterschiede zeigen, die offensichtlich genetisch bedingt sind. Diese Unterschiede können beträchtlich sein, so daß einige Menschen ihren Kalziumbedarf bereits mit einer relativ geringen Kalziummenge decken können, die unterhalb der empfohlenen Zufuhr liegt. Es ist aber nicht im voraus erkennbar, ob eine solche erhöhte Resorptionsleistung vorliegt, so daß in jedem Fall die empfohlene Kalziummenge aufgenommen werden sollte.

Es bestehen weiterhin altersabhängige Unterschiede in der Resorptionsrate. Die Resorptionsleistung nimmt mit zunehmendem Alter ab.

Die Rückresorption von Kalzium durch die Nieren kann durch eine Nahrung, die extrem reich an tierischen Proteinen ist, behindert werden. Tierische Eiwei-

ße sind besonders reich an schwefelhaltigen Aminosäuren, deren Schwefelanteil als Sulfatanion über die Nieren ausgeschieden wird und gleichzeitig die Rückresorption von Kalzium in den Nierentubuli hemmt. Eine gleichzeitig erfolgende reichliche Zufuhr von Phosphat, beispielsweise durch den Verzehr von Milch bzw. Milcherzeugnissen, wirkt diesem Prozeß entgegen. Bei einer ausgeglichenen vollwertigen Ernährung hat eine Kost, die auch einen höheren Anteil an Fleisch und Fleischwaren enthält, keinen negativen Einfluß auf den Kalziumstoffwechsel.

Auch eine erhöhte Ausscheidung von Natriumionen durch die Nieren als Folge einer überhöhten Kochsalzaufnahme zieht eine gesteigerte Ausscheidung von Kalzium nach sich.

Vorkommen

Die wichtigsten Kalziumquellen sind Milch, Milcherzeugnisse und Käse. Mit ihnen können mindestens 50 % des Kalziumbedarfs abgedeckt werden. Die restliche Kalziumzufuhr wird durch eine Vielzahl anderer Nahrungsmittel gesichert, deren Kalziumgehalt wesentlich geringer ist. Das Kalzium dieser Lebensmittel ist außerdem oft nicht so gut verfügbar wie das Kalzium der Milch (siehe Tabelle 3.9.1).

Tabelle 3.9.1:
Kalziumgehalt ausgewählter Lebensmittel (in mg/100 g Frischgewicht bzw. 100 ml)

Milch und Milcherzeugnisse		
Kuhmilch		120
Kondensmilch		250
Frauenmilch		30
Hartkäse (Emmentaler, Parmesan)	etwa	1200
Schnittkäse (Edamer, Tilsiter)	etwa	800
Weichkäse (Camembert, Brie)	etwa	400
Sauermilchkäse	etwa	200
Speisequark	etwa	90
Getreideerzeugnisse		
Haferflocken	etwa	70
Roggenvollkornbrot	etwa	50
Knäckebrot	etwa	150
Gemüse		
Grünkohl	etwa	230
Sojabohnen	etwa	260
weiße Bohnen, Brokkoli	etwa	100
Nüsse		
Haselnüsse, Mandeln	etwa	230
Pistazien	etwa	130

Bedarf

Der Bedarf an Kalzium hängt von verschiedenen Faktoren ab. Er ist während des Knochenwachstums besonders erhöht, infolgedessen benötigen Kinder, bezogen auf das Körpergewicht, eine besonders hohe Kalziumzufuhr. Im Alter von 10 bis 20 Jahren ist der absolute Bedarf sogar größer als beim Erwachsenen (1,1 bis 1,2 g pro Tag). Auch bei der Heilung von größeren Knochenbrüchen ist der Bedarf erhöht, ebenso während einer Schwangerschaft und während der Stillperiode. Bei Resorptionsstörungen und bei Durchfällen muß dem Körper vermehrt Kalzium zugeführt werden. Diese Gesichtspunkte, insbesondere auch altersbedingte Unterschiede, werden in den D-A-CH-Empfehlungen für die tägliche Aufnahme von Kalzium berücksichtigt. Als Orientierungswert für die erforderliche Mindestaufnahme bei gesunden Erwachsenen wird 1 g Kalzium pro Tag angesehen.

Die empfohlene Kalziumaufnahme kann durch eine ausgeglichene vollwertige Ernährung voll gedeckt werden, wenn bei der Aufstellung des Kostplans täglich Milch, Milcherzeugnisse und Käse in ausreichender Menge berücksichtigt werden. Insbesondere ist bei Kindern und Senioren auf die tägliche ausreichende Versorgung mit Kalzium zu achten.

Eine ausreichende Kalziumversorgung kann lediglich beim Bestehen einer Milchzuckerunverträglichkeit oder einer Kuhmilchallergie einige Probleme bereiten (siehe Kap. 7.1.2), die aber durch eine geschickte Umstellung des Kostplans gelöst werden können. Während bei Personen mit einer Milchzuckerunverträglichkeit der Kalziumbedarf durch gereiften Käse gedeckt werden kann, ist bei bestehender Kuhmilchallergie eine Bedarfsdeckung nur durch das Ausweichen auf Milch und Käse anderer Tierarten (Schaf, Ziege) und durch die Gabe von Kalziumpräparaten möglich.

Mangelerscheinungen

Eine Unterversorgung mit Kalzium ist bei einem nicht zu kleinen Anteil der Bevölkerung zu beobachten, bei dem die Kalziumaufnahme oft weit unter den Empfehlungen liegt. Diese unzureichende Kalziumversorgung ist meist bedingt durch die Ernährungsgewohnheiten in der modernen Industriegesellschaft.

Eine unzureichende Kalziumzufuhr führt zu einer ungenügenden Mineralisierung der Knochen und Zähne. Bei einem länger andauernden Kalziummangel werden bereits in den Hartsubstanzen eingelagerte Kalziumsalze wieder mobilisiert, um den Kalziumspiegel im Blutplasma konstant zu halten. Dadurch wird die Festigkeit des Skelettsystems geschwächt, und die Gefahr von Knochenbrüchen nimmt zu.

Kalziummangel kann das Fortschreiten einer Osteoporose wesentlich begünstigen, bei der es zu einer kontinuierlichen Entmineralisierung der Knochen kommt. Die Osteoporose ist ein komplexer Prozeß mit teilweise noch ungeklärten Ursachen. Osteoporoseprozesse laufen mit zunehmendem Alter bei allen Menschen ab, meist nach dem 30. Lebensjahr beginnend, auch wenn die Kalziumversorgung optimal ist. Dieser Prozeß bewirkt eine kontinuierliche Abnahme der Knochenmasse (im Durchschnitt um 1 % pro Jahr). Es bestehen jedoch große individuelle Unterschiede in Hinblick auf das Ausmaß und die Geschwindigkeit des Verlaufs dieser Prozesse. Frauen sind meist stärker betroffen als Männer. Von einer Osteoporose als Krankheit wird in der Regel nur dann gesprochen, wenn dieser (physiologische) Abbau von Knochenhartsubstanz über das durchschnittliche Maß hinausgeht und zu typischen Beschwerden bzw. zu Knochenbrüchen führt. Es gibt Hinweise, daß der Kalziumbedarf bei einer Osteoporose erhöht sein kann (etwa 1,5 g pro Tag).

Durch eine ständige optimale Kalziumversorgung wird diesen Osteoporoseprozessen gegengesteuert, sie können aber dadurch nicht gänzlich verhindert werden. Bei einer unzureichenden Kalziumversorgung werden diese Abbauprozesse beschleunigt und in ihrem Ausmaß beträchtlich verstärkt. Ein bereits eingetretener Abbau von Knochenmasse infolge einer mangelhaften Kalziumversorgung kann durch eine nachträglich erfolgende gute Versorgung nicht mehr rückgängig gemacht werden. Eine ausreichende Kalziumversorgung ist deswegen bereits schon im frühen Lebensalter von besonderer Bedeutung, um den bis zum 30. Lebensjahr stattfindenden Aufbau von Knochenmasse optimal zu gestalten.

Eine angemessene körperliche Belastung wirkt dem Abbau von Knochenmasse entgegen. Sie ist insbesondere im Alter zusammen mit einer ausreichenden Kalziumzufuhr ein wesentlicher Faktor für die Osteoporose-Prophylaxe.

Kalziumüberdosierung

Eine überhöhte Kalziumaufnahme ist durch die Aufnahme von Lebensmitteln in der Regel nicht möglich. Nur bei Personen, die eine äußerst effektive, aber schlecht regulierbare Kalziumresorption zeigen, kann eine Zufuhr von mehr als 2,5 g Kalzium pro Tag zu einem sog. Milch-Alkali-Syndrom führen. Bei dieser Stoffwechselstörung, die eine vermehrte Ausscheidung von Kalzium zwangsläufig nach sich zieht, ist es möglich, daß auch die Bildung von kalziumhaltigen Nierensteinen wesentlich begünstigt wird mit der Folge des gehäuften Auftretens von Nierensteinkoliken. Diese Komplikationen können bei Personen mit der entsprechenden Disposition bei einem regelmäßigen Konsum von mehr als 2 l Milch pro Tag auftreten (sog. „Milchtrinkerkrankheit").

3.9.2 Spurenelemente

Die Menge aller im Organismus vorliegenden Spurenelemente beträgt im Durchschnitt 10 g, etwa die Hälfte dieser Menge ist Eisen.

Nach dem derzeitigen Wissensstand werden für die verschiedensten Funktionen des Organismus mindestens 11 verschiedene Spurenelemente benötigt. Sie sind entweder Bausteine von Hormonen (z. B. Jod), von Enzymen (z. B. Selen und Zink), eines Vitamins (Kobalt im Vitamin B_{12}) oder wie Eisen wichtiger Baustein von sauerstofftransportierenden bzw. sauerstoffbindenden Verbindungen (Hämoglobin und Myoglobin sowie die Cytochrome der Atmungskette). Auch für Fluor, Mangan, Chrom, Molybdän und Nickel konnten physiologische Wirkungen nachgewiesen werden.

Bei weiteren Spurenelementen konnte bisher eine physiologische Wirkung nicht nachgewiesen werden, obwohl diese nicht auszuschließen ist. Sie werden als Ultraspurenelemente bezeichnet. Bei einigen dieser Elemente sind in höheren Konzentrationen toxische Wirkungen bekannt.

Spurenelemente (ausgenommen Eisen) kommen in den Lebensmitteln in etwa den gleichen Konzentrationen vor wie in dem Ackerboden, auf dem die Pflanzen als Lebensmittel bzw. Tierfutter gewachsen sind (abgesehen von wenigen Ausnahmen wie Jod in Seefischen). Bei einer Verarmung des Bodens an Spurenelementen ist auch mit einer verminderten Zufuhr dieser mit der Nahrung zu rechnen. Es ist vorstellbar, daß es auch bei einer längerfristig stark eingeschränkten Düngung mit Mineraldünger zu einer Verarmung an Spurenelementen kommen könnte. Auch bei einer intensiven Verarbeitung von Grundlebensmitteln durch die Lebensmittelindustrie können Spurenelemente in größerem Umfang entfernt werden.

3.9.2.1 Eisen

Ein Eisenmangel hat weitreichende Konsequenzen für den Gesundheitszustand. Ein solcher ist nach Erhebungen der WHO der im Weltmaßstab am häufigsten vorkommende Mangel an einem Nahrungsbestandteil. Eine Unterversorgung mit Eisen wird jedoch oft nicht registriert, da die typischen Zeichen einer unzureichenden Versorgung erst relativ spät auftreten, insbesondere eine Anämie (Blutarmut). Einer ausreichenden Eisenversorgung wird infolgedessen meist nicht die erforderliche Beachtung geschenkt. Auf der anderen Seite wird im zunehmenden Maße darauf hingewiesen, daß eine überhöhte Eisenaufnahme in einzelnen Fällen zu nachteiligen Folgen führen kann. Diese Befürchtungen scheinen jedoch relativ unbegründet, da die Resorption von Eisen sehr gut gesteuert wird.

Funktion

- Etwa 60 % des Körperbestands an Eisen befinden sich im Hämoglobin. Es ist somit als funktioneller Bestandteil des Hämoglobins maßgeblich in den Sauerstofftransport von der Lunge zu den Geweben einbezogen.
- Eisen ist am Aufbau des Myoglobins (Muskelfarbstoff) beteiligt, das Sauerstoff binden und damit als „Sauerstoffvorrat" für eine kurzfristig erforderliche Energiebereitstellung für Muskelarbeit fungieren kann. Etwa 15 % des Körperbestands an Eisen befinden sich im Myoglobin.
- Eisen ist ein essentieller Baustein der Cytochrome (sauerstoffübertragende Bestandteile der Atmungskette, die für die Zellatmung unentbehrlich sind). Dieser funktionell sehr wichtige Anteil des Körpereisens macht jedoch nur etwa 0,2 % des gesamten Eisenbestands aus.
- Etwa 25 % des Eisenbestands des Körpers sind als Ferritin in Eisenspeichern (Knochenmark, Milz, Leber) deponiert.
- Etwa 0,2 % des Körpereisens befindet sich als Transferrin, der Transportform des Eisens, im Blutplasma.

Resorption

Das in den Lebensmitteln vorkommende Eisen kann nur zu einem geringen Teil und in unterschiedlichem Ausmaß resorbiert werden. Das Eisen tierischer Lebensmittel wird wesentlich besser ausgenutzt (Resorptionsrate etwa 20 %) als das Eisen aus pflanzlichen Nahrungsmitteln (Resorptionsrate nur etwa 5 %). Die sog. Bioverfügbarkeit ist bei tierischem Eisen wesentlich besser.

Tierisches und pflanzliches Eisen unterscheiden sich durch die unterschiedliche (chemische) Wertigkeit. In tierischen Lebensmitteln liegt Eisen in 2wertiger Form (Fe^{2+}) vor, das Eisen pflanzlicher Lebensmittel ist dagegen 3wertig (Fe^{3+}). Eisen kann ausschließlich in der 2wertigen Form resorbiert werden. Das 3wertige Eisen aus pflanzlichen Lebensmitteln muß infolgedessen in 2wertiges Eisen umgewandelt werden, ehe es resorbiert wird. Diese reduktive Umwandlung erfolgt im Körper in nur begrenztem Umfang im sauren Mageninhalt. Sie kann in begrenztem Umfang durch Vitamin C beschleunigt werden.

Die Resorption des (2wertigen) Eisens erfolgt im Dünndarm. Sie ist an ein System gekoppelt, dessen Mechanismus noch weitgehend unbekannt ist. Bei einem Eisenmangel (entleerte Speicher) kann die Eisenresorption verbessert werden, maximal auf etwa 35 % der mit der Nahrung aufgenommenen Menge. Dieses Resorptionssystem wird allerdings bei gefüllten Speichern nicht merklich gedrosselt. Deshalb kann es bei einer ständig stark überhöhten Eisenzufuhr und vollständiger Auffüllung aller Eisendepots zu einer Überladung des Körpers mit Eisen kommen.

Die Resorption von Eisen wird durch Kalzium teilweise gehemmt. Beim Verzehr von Milch und Milchprodukten gemeinsam mit Fleisch oder Fleisch- und Wurstwaren innerhalb einer Mahlzeit (z. B. erweitertes Frühstück, mit Käse überbackenes Steak) kann deshalb die Resorptionsrate für Eisen erniedrigt werden. Diese Verminderung der Resorptionsrate ist jedoch so gering, daß sie bei einer ausreichenden Eisenversorgung zu vernachlässigen ist. Bei bestehendem Eisenmangel sollte jedoch dieser Effekt berücksichtigt und der gleichzeitige Verzehr von kalzium- und eisenreichen Lebensmitteln innerhalb einer Mahlzeit weitgehend vermieden werden.

Speicherung und Umsatz

Die schlechte Resorbierbarkeit von Eisen erfordert vom Körper eine hohe innere Ökonomie der Eisenverwertung. Das bedeutet, eine möglichst vollständige Wiederverwertung des Eisens zu garantieren, das beim Abbau der eisenhaltigen Zellbestandteile, insbesondere beim Abbau des Hämoglobins, freigesetzt wird.

Durch den (physiologischen) Abbau von roten Blutzellen werden täglich etwa 25 mg Eisen freigesetzt, die vollständig wieder verwertet werden. Eisen geht im wesentlichen nur mit abgestorbenen Körperzellen verloren wie bei Zellabschilferungen (Haut- und Darmzellen). Auch mit Schweiß und mit der Gallenflüssigkeit können sehr kleine Mengen an Eisen verlorengehen. Diese Eisenverluste betragen insgesamt etwa 1 mg pro Tag. Zusätzliche und größere Verluste treten durch Blutungen nach Verletzungen auf und bei Frauen als monatliche Blutung, bei der die durchschnittlichen Eisenverluste etwa 20 mg betragen.

Der Körper verfügt für die Speicherung von Eisen über 2 Depots, die sich in ihrem Fassungsvermögen unterscheiden und in der Fähigkeit, das gespeicherte Eisen mit unterschiedlicher Effektivität festzuhalten. Es wird demzufolge zwischen einem labilen (Knochenmark) und einem stabilen Speicher (Leber und Milz) unterschieden, aus denen gespeichertes Eisen rasch bzw. nur langsam mobilisiert werden kann:

- Labiler Speicher (Knochenmark)

  Die Speicherkapazität des Knochenmarks beträgt maximal 125 mg Eisen. Aus dieser Reserve können täglich bis zu 10 mg freigesetzt werden. Bei einem stark erhöhten Eisenbedarf wie nach großen Blutverlusten ist dieser labile Speicher, der für den raschen Ersatz von Eisenverlusten verantwortlich ist, nach kurzer Zeit erschöpft.
- Stabiler Speicher (Leber und Milz)

  In Leber und Milz kann eine größere Menge an Eisen, bis zu 1 g, gespeichert werden. Aus ihnen ist täglich jedoch nur insgesamt 1 mg mobilisierbar. Mit dieser Eisenmenge können nur die täglichen physiologischen Eisenverluste (Blutungen nicht einbezogen) ergänzt werden, falls die Eisenversogung mit der Nahrung unzureichend ist. Größere Eisenverluste, wie sie bei größeren Blutungen auftreten, können durch eine Mobilisierung von Eisen aus den stabilen Speichern zumindest nicht kurzfristig ausgeglichen werden.

Diese Besonderheiten des Stoffwechsels und der Speichermöglichkeit für Eisen erklären, warum einer kontinuierlichen und ausreichenden Eisenversorgung eine besonders große Bedeutung zukommt.

Vorkommen

Die wichtigsten Eisenquellen sind tierische Lebensmittel, bedingt durch die bessere Bioverfügbarkeit des tierischen (2wertigen) Eisens.

Besonders reich an Eisen sind Innereien, insbesondere Leber (8 bis 22 mg/100 g). Die wichtigsten Eisenlieferanten sind bei einer vollwertigen Ernährung das Fleisch (2 bis 4 mg/100 g) und Eier (2 mg/100 g).

Bei dem Eisengehalt von pflanzlichen Lebensmitteln ist dessen geringere Bioverfügbarkeit zu berücksichtigen. Diese geringere Verfügbarkeit wird in Nährwerttabellen bei der Angabe des Eisengehalts von Lebensmitteln nicht berücksichtigt. Diese Werte dürfen deswegen nicht ohne Einschränkung mit dem Eisengehalt der tierischen Nahrungsmittel verglichen werden. Der Eisengehalt von verschiedenen nicht verarbeiteten pflanzlichen Nahrungsmitteln unterscheidet sich nicht wesentlich. Er liegt bei Gemüse im Bereich von 1 bis 2 mg/100 g (bei Spinat 3 mg/100 g). Lediglich bei Vollkornerzeugnissen ist er etwas höher, da sich Eisen wie die anderen Mineralstoffe vorwiegend in den äußeren Schichten des Getreidekorns konzentriert. Bei der Verarbeitung der Lebensmittel kann es jedoch zu erheblichen Eisenverlusten kommen. Der Eisengehalt des Brots differiert je nach Ausmahlungsgrad des Backmehls, allerdings nur geringfügig. Er liegt zwischen 0,6 und 4 mg/100 g.

Eisenmangel

Eisenmangel ist in den Entwicklungsländern ein ernstes Ernährungsproblem. Die Schätzungen der WHO gehen von 500 bis 600 Millionen Menschen aus, die von einem Eisenmangel betroffen sind. Aber auch in den Industrieländern ist mit einer meist geringgradigen Unterversorgung mit Eisen zu rechnen. Betroffen sind insbesondere Frauen im gebärfähigen Alter und Schwangere. Bei diesem Personenkreis leiden vermutlich etwa 10 bzw. 20 % an einem Eisenmangel. Charakteristische Ausfallserscheinungen als Folge eines Eisenmangels treten relativ spät auf. Die ersten Mangelerscheinungen sind uncharakteristisch, so daß sie nur selten als Eisenmangel erkannt werden (Hautschäden und Wachstumsstörungen der Nägel sowie Schleimhautveränderungen im Mund und an der Speiseröhre). Erst im späteren Stadium eines Eisenmangels treten charakteristische Symptome wie eine verminderte Hämoglobinneubildung und die dadurch bedingte Abnahme der Hämoglobinwerte auf. Noch später ist dann auch die Bildung von roten Blutzellen vermindert. Es kommt zum Bild einer sog. Eisenmangelanämie. Deshalb ist es verständlich, daß eine latente Eisenunterversorgung leicht übersehen werden kann. Weitere Folgen eines Eisenmangels sind Störungen in der Thermoregulation und in der Immunabwehr.

Die Gefahr eines Eisenmangels besteht vorrangig bei Frauen (siehe oben). Bei Mädchen sollten die Eisenspeicher vor Einsetzen der Regelblutung gut aufgefüllt sein.

Eine Unterversorgung mit Eisen kann auch bei Vegetariern auftreten. Daher muß bei einer rein vegetarischen Ernährung auf die Eisenzufuhr besonders geachtet werden. Außerdem sollte die Möglichkeit voll ausgeschöpft werden, die Bioverfügbarkeit des pflanzlichen Eisens durch gleichzeitige Aufnahme von Vitamin C in Form von Vitamin-C-reichen Lebensmitteln zu verbessern.

Die Gefahr einer Unterversorgung mit Eisen besteht auch bei älteren Säuglingen und Kleinkindern. Neugeborene verfügen bei ihrer Geburt über eine Eisenreserve, die den Bedarf der ersten 4 Lebensmonate deckt. In dieser Zeit werden sie gestillt oder erhalten eine künstliche Säuglingsnahrung auf der Basis von Kuhmilch. Milch enthält sehr wenig Eisen. Deshalb ist die Eisenreserve am Ende der üblichen Stillperiode aufgebraucht. Der beim raschen Wachstum des Säuglings bzw. Kleinkinds bestehende hohe Eisenbedarf kann nach Ablauf dieser Zeit nur durch die Umstellung auf eine geeignete Kost gedeckt werden, die ausreichend Eisen enthält. Die empfohlene Säuglingsnahrung trägt diesen Anforderungen Rechnung.

Bedarf

Die Höhe der erforderlichen Eisenzufuhr hängt von einer Reihe von Faktoren ab, insbesondere von Alter und Geschlecht. Es wird für den Mann eine tägliche Eisenzufuhr von 10 mg und für die Frau von 15 mg empfohlen.

Unter Berücksichtigung der physiologischen Besonderheiten der Frauen im gebärfähigen Alter sollten diese Frauen der Eisenzufuhr besondere Beachtung schenken. Für Schwangere wird eine Zufuhr von 30 mg empfohlen. Dieser hohe Bedarf ist dadurch bedingt, daß in Föten beträchtliche Eisenvorräte für die ersten Lebensmonate des Säuglings angelegt werden müssen. Bei stillenden Frauen sollte die Zufuhr 20 mg betragen, die erhöhte Zufuhr ist erforderlich, um die Verluste, die während Schwangerschaft und Geburt entstanden sind, wieder auszugleichen.

Mögliche Gefahr einer Überversorgung mit Eisen

Bei hohen Eisenkonzentrationen könnten vermehrt Sauerstoffradikale gebildet werden, da Eisen Oxidationsprozesse katalysieren kann. Es ist weiterhin denkbar, daß eine vermehrte Bildung von Sauerstoffradikalen oxidative Schädigungen auslösen könnten (sog. oxidativer Streß). Inwieweit eine solche Schädigung tatsächlich möglich ist, wird kontrovers diskutiert. Dabei muß zunächst bedacht werden, daß die Eisenresorption beim Gesunden bis zu einem gewissen Grad gedrosselt wird, sobald eine optimale Eisenplasmakonzentration erreicht ist und alle Eisenspeicher gesättigt sind. Weiterhin ist zu berücksichtigen, daß freie Radikale sofort nach ihrer Bildung weggefangen und somit unschädlich gemacht werden, falls eine optimale Versorgung mit den Vitaminen E und C, mit anderen Radikalfängern sowie die volle Leistungsfähigkeit der enzymatischen Radikalfangmechanismen gesichert ist. Für den gesunden und gesundheitsbewußt lebenden Menschen dürfte deswegen die Gefahr eines solchen oxidativen Stresses nicht bestehen.

Bei Erkrankungen mit verstärkter Bildung von freien Radikalen und bei mangelhafter Versorgung mit antioxidativen Vitaminen ist eine solche Gefahr eher vorstellbar, aber noch nicht eindeutig bewiesen.

<u>Hämochromatose:</u> Als Hämochromatose wird eine selten vorkommende vererbbare Krankheit bezeichnet, bei der die Eisenresorption gesteigert ist und auch bei einer Sättigung aller Eisenspeicher nicht gehemmt werden kann. Die dadurch entstehende Übersättigung des Körpers mit Eisen führt zur Ablagerung von Eisen auch in solchen Organen, die physiologischerweise nicht als Eisenspeicher vorgesehen sind. Diese Organe werden durch die Eisenablagerung geschädigt, insbesondere die Leber, in der die normale Speichermenge weit überschritten wird, und die Bauchspeicheldrüse. Es kommt in diesen Organen zum Untergang von funktionellem Gewebe, gefolgt von einer Einschränkung der Organfunktionen. Die diätetische Behandlung dieser Krankheit durch eine extrem eisenarme Kost führt kaum zu einem Erfolg, da bei der Hämochromatose auch geringe Eisenmengen mit hoher Effektivität resorbiert werden.

Neuerdings wird diskutiert, daß eine überhöhte Eisenversorgung, insbesondere bei Männern, vermieden werden sollte, um das Auftreten von leichten, sich schleichend entwickelnden Formen der Hämochromatose zu verhindern.

3.9.2.2 Jod

Jod ist der einzige Mineralstoff, bei dem eine ausreichende Versorgung durch Nahrungsmittel allein in der Regel nicht gewährleistet werden kann. Eine Bedarfsdeckung ist in der Bundesrepublik und in weiten Teilen der Welt nur durch die Anreicherung von Speisesalz und kochsalzhaltigen Nahrungsmitteln mit Jodsalzen zu gewährleisten.

Funktion

Jod ist als Baustein des Schilddrüsenhormons Thyroxin ein unentbehrlicher Nahrungsbestandteil (siehe Kap. 2.3.7.1).

Die Schilddrüse produziert 2 Hormone, die sich nur durch die Anzahl der im Molekül enthaltenen Jodatome unterscheiden (Trijodthyronin und Tetrajodtyronin). Beide Hormone sind offenbar in gleicher Weise wirksam, obwohl der molekulare Mechanismus, über den ihre Stoffwechselleistungen umgesetzt werden, noch nicht vollständig aufgeklärt ist. Es gibt Hinweise, daß offenbar das Trijodthyronin die eigentliche Wirkform ist und am Wirkort aus dem Tetrajodthyronin gebildet wird (durch Abspaltung eines Jodatoms).

Mangelerscheinungen

Ein Mangel an Jod bedingt einen Mangel an aktivem Schilddrüsenhormon, da das komplette (nicht ausreichend jodierte) und damit funktionstüchtige Schilddrüsenhormon nicht mehr in ausreichendem Maße gebildet werden kann. Weil die Schilddrüse infolge des Mangels an aktivem Hormon angeregt wird, vermehrt das Trägereiweiß und die (inaktiven) Vorstufen des Hormons zu bilden (und so den Mangel möglichst zu beheben), kommt es zu einer Zunahme von Drüsengewebe und zu einer Vergrößerung der Schilddrüse (sog. Jodmangelstruma). Trotz dieser gesteigerten Bildung von Drüsengewebe bleibt der Mangel an Schilddrüsenhormon bestehen.

Ein ausgeprägter Jodmangel und der dadurch bedingte Thyroxinmangel verursacht folgende Ausfallserscheinungen:

- Erniedrigung des Grundumsatzes,
- Ausbildung eines Jodmangelkropfs (Jodmangelstruma),
- Störungen bei der Entwicklung der Hirnfunktion.
  Es kommt bei Kindern zum Zurückbleiben in der geistigen Entwicklung. Das bedingt eine eingeschränkte geistige Leistungsfähigkeit, die auch im Erwachsenenalter bestehenbleibt.
  Bei einem ausgeprägten Jodmangel der Mutter während einer Schwangerschaft kann es zu schwersten Störungen bei der Hirnentwicklung des Embryos kommen, die sich in einem völligen, oft lebenslangen Ausbleiben einer geistigen Entwicklung (Kretinismus), Taubstummheit und motorischen Störungen (Störungen in den Bewegungsabläufen) äußern.
  Zusätzlich zu diesen Schäden können auch Entwicklungsstörungen des Skelettsystems auftreten (Kleinwüchsigkeit, Deformierungen an den Knochen der Beine und Arme, runde Schädelform).

Jodmangel ist, weltweit gesehen, die häufigste ernährungsbedingte Ursache für das Auftreten von geistigen Schäden. Eine Erhebung der WHO aus dem Jahr 1990 hat ergeben, daß auf der Welt insgesamt 20 Millionen Menschen Gehirnschäden infolge eines Jodmangels aufweisen, 200 Millionen an einem Jodmangelkropf leiden und 1 Milliarde Menschen einer Jodmangel-Risikogruppe zugeordnet werden können. Die Menschen der Risikogruppe weisen eine solche Jodunterversorgung auf, die bei ihnen jederzeit das Auftreten von sichtbar wahrnehmbaren Mangelerscheinungen erwarten läßt.

Deutschland ist ebenfalls ein Jodmangelgebiet. Noch vor einigen Jahrzehnten war ein ausgesprochenes Nord-Süd-Gefälle zu beobachten, das erst in den letzten Jahren infolge eines regen Austauschs von Lebensmitteln ausgeglichen wurde. Während an der Nordseeküste die Jodversorgung noch relativ gut war, nahm nach Süden hin das Risiko eines Jodmangels zu und war in einigen Alpentälern besonders hoch. Da die Versorgung mit Jod mit dem Jodgehalt im Ackerboden nahezu parallel verläuft, ist dieses Risiko beim ausschließlichen Verzehr von Nahrungsmitteln aus dem eigenen regionalen Anbau in ausgesprochenen Jodmangelgebieten besonders hoch. Es wird beim verstärkten Konsum überregionaler Produkte etwas abgeschwächt (Belieferung mit Lebensmitteln über die großen Handelsketten).

Einsatz von jodiertem Speisesalz

Der ungenügende Jodgehalt der meisten Lebensmittel kann nur durch die regelmäßige zusätzliche Aufnahme von Jod ausgeglichen werden, mit der in frühester Kindheit begonnen und die lebenslang eingehalten werden muß. Die effektivste Maßnahme hierfür ist die Jodierung des Speisesalzes durch Zusatz von Jodsalzen (Zusatz von 15 bis 25 mg Jod pro kg, meist als Jodat [Bundesrepublik] oder als Jodid).

Jodid und Jodat sind in ihrer Wirkung identisch. Jodat hat gegenüber dem Jodid den Vorteil einer besseren chemischen Stabilität und ist deswegen in der Bundesrepublik als Zusatz zugelassen. Es wird damit gerechnet, daß in Deutschland auch Jodid wie in einigen anderen Ländern der EU zugelassen wird.

Der Einsatz von jodiertem Speisesalz in der Gemeinschaftsverpflegung und in Gaststätten ist in der Bundesrepublik erst seit 1989 gesetzlich zugelassen. Zuvor galt jodiertes Speisesalz in Deutschland als diätetisches Lebensmittel und unterlag den Bestimmungen der Verordnung über diätetische Lebensmittel. Allerdings gilt auch heute noch das Freiwilligkeitsprinzip. Infolgedessen wird im Handel immer noch nichtjodiertes Speisesalz angeboten (parallel zu jodiertem [und fluoriertem] Speisesalz) und darf auch wie das jodierte eingesetzt werden.

Jodiertes Speisesalz darf seit 1989 auch zur Herstellung von industriell und in Handwerksbetrieben gefertigten Lebensmitteln eingesetzt werden (Backwaren sowie Fleisch- und Wurstwaren). Die durchgängige Verwendung von jodiertem Speisesalz in den einschlägigen Betrieben des lebensmittelproduzierenden Handwerks (Bäcker, Fleischer) und der Lebensmittelindustrie sind für die ausreichende Jodversorgung der

Bevölkerung von entscheidender Bedeutung. Da aber auch hier das Freiwilligkeitsprinzip gilt, wird nur zu etwa 35 % jodiertes Salz eingesetzt und einer Unterversorgung der Bevölkerung mit Jod Vorschub geleistet.

Eine gesundheitliche Gefahr besteht bei der Verwendung von jodiertem Speisesalz nicht. Die von Gegnern einer Jodierung vertretene Behauptung, daß es dabei, zumindest bei einigen Personen, zu der Ausbildung eines Überfunktionskropfs kommen könnte, ist nicht zutreffend. Dies konnte auch in der Schweiz gezeigt werden, in der jahrelang jodiertes Speisesalz in großem Umfang eingesetzt wurde. Diese Unbedenklichkeit einer generellen Jodierung des Speisesalzes konnte auch in der ehemaligen DDR überzeugend demonstriert werden. In diesem Gebiet war seit Mitte der 70er Jahre des letzten Jahrhunderts die Jodierung von Speisesalz für dessen Verwendung im Haushalt, im Handwerk (Bäckerei und Fleischerei) sowie in der Lebensmittelindustrie gesetzlich vorgeschrieben. Als Ergebnis dieser Maßnahme konnte eine signifikante Abnahme der Fälle von Jodmangelstrumen und anderer Jodmangelerscheinungen beobachtet werden.

Meersalz: Meersalz ist entgegen der oft vertretenen Ansicht für die Jodprophylaxe nicht geeignet, da sein Jodgehalt sehr gering ist. Der Jodgehalt des Meersalzes ist praktisch genauso hoch wie der des nicht jodierten Speisesalzes, das in Salinen gewonnen wird (Steinsalz).

Vorkommen

Der Jodgehalt von pflanzlichen Lebensmitteln hängt im wesentlichen vom Jodgehalt des Ackerbodens ab, der Gehalt von tierischen Lebensmitteln vom Jodgehalt des Futters. Der Jodgehalt beider Lebensmittelgruppen ist in der Regel relativ gering.

Seefische sind die einzigen Lebensmittel, die einen höheren Jodgehalt aufweisen und in größerem Umfang zur Jodversorgung beisteuern können. Es ist jedoch nahezu unmöglich, den Jodbedarf nur durch den häufigen Verzehr von Seefisch bei deren Jodgehalt von 50 bis maximal 250 µg/100 g zu decken (siehe Tabelle 5.1.6). Zu beachten ist dabei auch, daß der Jodanteil nicht gleichmäßig im Seefisch verteilt ist. So ist der Jodgehalt der Haut bis zu 20fach höher als im Fischfleisch. Bei Fischen mit einem hohen Fettgehalt ist der Jodanteil im Fett ebenfalls höher.

Bedarf

Der Bedarf für die einzelnen Altersgruppen sowie für Schwangere und Stillende wird für Deutschland und Österreich einerseits und für die Schweiz andererseits unterschiedlich eingeschätzt auf Grund der langjährigen erfolgreichen Jodprophylaxe in der Schweiz und der dadurch erzielten Auffüllung des Körperbestands an Jod. Deutschland und Österreich sind dagegen trotz aller Anstrengungen für eine Verbesserung der Jodversorgung noch ausgesprochene Jodmangelgebiete. Die Empfehlungen für die Bevölkerung dieser Länder differieren infolgedessen, sie liegen für die Schweiz um etwa 25 % niedriger.

Die empfohlene Zufuhr von 180 (Personen älter als 50 Jahre) bzw. 200 µg Jod (Kinder älter als 13 Jahre und Erwachsene) kann nur durch den regelmäßigen Einsatz von jodiertem Speisesalz im Haushalt bzw. in der Gemeinschaftsverpflegung (Salzen und Würzen von Speisen), beim Backen von Brot und bei der Herstellung von Fleisch- und Wurstwaren sowie durch den öfteren Verzehr von Seefisch gesichert werden. Bei generellem Gebrauch von Jodsalz wird der Jodbedarf jeweils zu einem Drittel von den einzelnen Lebensmittelgruppen (Brot bzw. Fleisch- und Wurstwaren) bzw. durch das zum Würzen der Speisen eingesetzte Salz und den Verzehr von Seefisch abgedeckt. Mit dem im Haushalt verwendeten jodierten Speisesalz werden nur etwa 20 µg Jod zugeführt, also nur etwa 10 % der empfohlenen Aufnahme. Bei ausschließlicher Verwendung von nicht jodiertem Speisesalz (zum Salzen und zur Herstellung der Lebensmittel) wird meist nur $^1/_3$ der empfohlenen Jodmenge aufgenommen.

Bei einer kochsalzarmen oder streng kochsalzarmen Kost muß die zwangsläufig unzureichende Jodzufuhr berücksichtigt werden. Der Jodbedarf ist in diesen Fällen durch die Zufuhr von Jodsalzen in Tablettenform zu sichern, insbesondere bei einer länger dauernden Einhaltung der Diät.

Der Tagesbedarf an Jod (200 µg) könnte ohne Einsatz von jodiertem Speisesalz nur durch den täglichen Verzehr einer größeren Menge an Seefisch abgedeckt werden. Mit anderen Nahrungsmitteln ist das nicht möglich.

Die empfohlenen 200 µg könnten rein theoretisch nur mit den nachfolgend aufgeführten Lebensmittelmengen abdeckt werden:

80 bis 200 g Seefisch (der Jodgehalt schwankt beträchtlich, siehe Tabelle 5.1.6) oder
4 kg Hartkäse oder
5 kg Kartoffeln oder
30 l Trinkwasser.

Dem regelmäßigen Verzehr von Seefisch kommt auch bei einem generellen Einsatz von jodiertem Speisesalz eine besonders große Bedeutung zu. Unter Berücksichtigung der maximal zulässigen Jodierung des Salzes, der Empfehlung für die Kochsalzaufnahme (5 bis 6 g) und einer ausnahmslosen Verwendung von jodiertem Speisesalz bei der Herstellung von Fleisch- und Wurstwaren sowie von Backwaren (Brot, Brötchen) werden nur 100 bis 120 µg Jod aufgenommen. Das sich ergebende Defizit kann nur durch den regelmäßigen Verzehr von Seefisch als einziges jodreiches Lebensmittel gedeckt werden.

Eine besondere Bedeutung hat die Jodversorgung von Schwangeren und Stillenden, da ein Jodmangel verhängnisvolle Auswirkungen auf die Gesundheit des Neugeborenen haben kann

3.9.2.3 Fluor

Die Bedeutung von Fluor wird auf seine prophylaktische Wirkung bei Karies („Zahnfäule") begrenzt. Es gibt jedoch Hinweise, daß Fluor als Spurenelement möglicherweise noch weitere Wirkungen im Stoffwechsel des Menschen entfalten kann.

Fluor kann in die Hydroxylapatitkristalle des Zahnschmelzes eingebaut werden. Der Zahnschmelz gewinnt dadurch eine erhöhte Festigkeit, und seine Resistenz gegenüber einer Säureeinwirkung wird dabei gleichzeitig beträchtlich erhöht. Fluor kommt damit eine wesentliche Bedeutung bei der Kariesprophylaxe zu.

Unter Karies versteht man das Herauslösen von Hartsubstanzen aus dem Zahnschmelz unter der Einwirkung von Säuren, wodurch Schmelzdefekte („Löcher") entstehen, die letztendlich zur vollständigen Zerstörung des Zahns führen können. Säuren werden in der Mundhöhle beim Abbau von Zucker aus Nahrungsresten durch die Mundhöhlenbakterien gebildet. Da sich die Bakterien bevorzugt am Zahnschmelz anheften, sich dort vermehren und dabei sog. Plaques bilden, ist die Säurekonzentration an der Zahnoberfläche besonders hoch.

Fluor kann offenbar auch die Mineralisierung von Knochenhartsubstanzen stimulieren. Es gibt Hinweise, daß ein Fluormangel den Verlauf einer Osteoporose negativ beeinflussen kann, und daß andererseits der knochenabbauende Prozeß durch Fluorsalze teilweise gehemmt werden kann (siehe Kap. 3.9.1.2).

Fluor kommt als Fluorid praktisch nur im Trinkwasser vor. Der Fluoridgehalt des Trinkwassers schwankt in Abhängigkeit von den geologischen Besonderheiten im Umfeld der Trinkwasserquellen beträchtlich. In den meisten Trinkwasserreservoiren ist der Fluoridgehalt völlig unzureichend. Der Fluoridgehalt in Lebensmitteln ist dagegen äußerst gering. Geringe Mengen sind lediglich in Seefischen zu finden, und in diesen vorzugsweise in den Gräten, die nur selten mitverzehrt werden. Lediglich einige Sorten von schwarzem Tee enthalten nennenswerte Fluoridmengen, die bei langem Ziehen das 5- bis 10fache des Fluoridgehalts des Trinkwassers ausmachen können.

Eine Optimierung der Fluoridversorgung wurde zunächst durch den Zusatz von Fluorid zum Trinkwasser vorgenommen (Trinkwasserfluoridierung). Diese erstmals in der Schweiz praktizierte und später in der ehemaligen DDR in großem Umfang durchgeführte Trinkwasserfluoridierung ist jedoch in den letzten Jahren aus ökonomischen Gründen größtenteils wieder aufgegeben worden. Außerdem ist sie infolge des unterschiedlich hohen Trinkwasserkonsums der einzelnen Menschen nicht ganz unproblematisch. Der Zusatz von Fluorsalzen zum Speisesalz („Speisesalz mit Fluor" bzw. „Jodsalz mit Fluor") hat sich als wesentlich kostengünstiger erwiesen. Nur bei hohen Fluoridkonzentrationen im Trinkwasser ist die Verwendung von Speisesalz mit Fluoridzusatz überflüssig.

Die ausreichende Fluoridversorgung ist besonders für die kindliche Zahnentwicklung wichtig, aber auch bei dem voll ausgebildeten Gebiß des Erwachsenen. Die durch die Säureeinwirkung im Zahnschmelz ständig entstehenden Mikrolöcher, die durch die Einlagerung von Salzen aus dem Speichel mit neuer Hartsubstanz wieder verschlossen werden können, werden durch den gleichzeitigen Einbau von Fluor in die Hydroxylapatitkristalle gegenüber einer neuerlichen Säureeinwirkung widerstandsfähiger.

Die Fluoridprophylaxe bei Kindern und Jugendlichen erfolgt durch (ärztlich verordnete) Fluortabletten. Für die Ernährung der Erwachsenen empfiehlt es sich, im Haushalt jodiertes Speisesalz mit Fluoridzusatz zu verwenden. Dieses Salz kann auch bei der Kost von Kindern und Jugendlichen unbeschadet einer zusätzlichen Fluoridprophylaxe mit Tabletten eingesetzt werden. Auch die zusätzliche Verwendung von Zahnpasten, die Fluorverbindungen enthalten, kann einen gewissen Beitrag zur Kariesprophylaxe leisten.

Der empfohlene Richtwert für die Fluoridaufnahme von Erwachsenen beträgt 3,1 bis 3,9 mg pro Tag. Bei der ausschließlichen Verwendung von fluoriertem (und jodiertem) Speisesalz im Haushalt werden etwa 1 mg Fluorid aufgenommen, etwa $^1/_4$ des empfohlenen Werts. Salz mit Fluoridzusatz darf vom Handwerk und der Lebensmittelindustrie zur Herstellung von Backwaren (Brot und Brötchen) sowie von Fleisch- und Wurstwaren nicht eingesetzt werden.

Die gelegentlich diskutierte mögliche Gefahr einer Fluoridvergiftung besteht demzufolge bei der Verwendung von fluoridiertem Speisesalz im Haushalt nicht. Fluorid ist erst bei einer Aufnahme von mehr als 1 mg pro kg Körpergewicht toxisch (das 20fache der empfohlenen Aufnahme).

3.9.2.4 Selen

Die Bedeutung des Selens für den Organismus besteht in seiner Einbeziehung in den Aufbau einiger Enzyme und Proteine. Von besonderem Interesse ist dabei die Glutathionperoxidase, die am Schutz der Zellen vor einer oxidativen Schädigung beteiligt ist (siehe ausführlich Kap. 3.7.1.3). Es ist daraus abzuleiten, daß es bei einer nicht ausreichenden Selenversorgung zu einer Schwächung des antioxidativen Schutzes der Zellen kommen kann. Diese Schwächung des antioxidativen Schutzes kann allerdings von den anderen Antioxidantien bis zu einem gewissen Grade ausgeglichen werden. Auch einem Selenoprotein P werden antioxidative Wirkungen zugeschrieben. Darüber hinaus sind selenhaltige Enzyme im Stoffwechsel der Schilddrüsenhormone sowie bei der Zellteilung und Zelldifferenzierung beteiligt.

Selen wird offenbar relativ gut resorbiert, die Resorptionsrate kann sich dem Selenangebot in der Nahrung in gewissem Maße anpassen. Selen kann im Organismus kaum gespeichert werden.

Vorkommen

Die Höhe des Selengehalts in Lebensmitteln hängt maßgeblich von dem Selengehalt im Ackerboden ab. Der Selengehalt ist in tierischen Lebensmitteln meist höher als in pflanzlichen Lebensmitteln, da dem Viehfutter eine begrenzte Menge an Selensalzen zugesetzt werden darf. Besonders gute Selenlieferanten sind Schweinefleisch und Nieren, die den höchsten Gehalt aufweisen. Auch Geflügel und Eier sowie Seefische sind gute Selenquellen. Von den pflanzlichen Lebensmitteln enthalten nur Vollkornprodukte (einschließlich Naturreis) und Hülsenfrüchte nennenswerte Mengen an Selen.

Bedarf

Der Bedarf wird auf 30 bis 70 µg pro Tag geschätzt (D-A-CH-Schätzwert). Diese Menge kann durch die Nahrung hinreichend gedeckt werden. Es ist jedoch zu beachten, daß Selen kaum gespeichert werden kann und deswegen mit der Nahrung regelmäßig aufgenommen werden muß. Bei gesunden Vegetariern besteht offenbar keine Gefahr eines Selenmangels. Es gibt allerdings auch Hinweise, daß die durchschnittliche Selenversorgung der Bevölkerung der Bundesrepublik an der unteren Grenze der empfohlenen Aufnahme liegen könnte. Eine Ergänzung der Selenversorgung durch die (medikamentöse) Gabe von Selensalzen, wie durch manche Werbekampagnen empfohlen, ist jedoch nicht erforderlich. Es ist in diesem Zusammenhang darauf hinzuweisen, daß eine überhöhte Selenzufuhr (> 800 µg pro Tag) zu einer Selenvergiftung führen kann.

Mangel

Ein Selenmangel ist nur in ausgesprochenen Selenmangelgebieten (Provinz Hubai in China, einige Gegenden Ostsibiriens, in Finnland und in bestimmten Regionen von Amerika) beobachtet worden. Er äußert sich in Schäden an der Leber, am Herzmuskel und an den Keimdrüsen. Es sind auch einige Todesfälle infolge eines Herzmuskelversagens beschrieben worden. In den betroffenen Gebieten Chinas konnte diese ernährungsbedingte Erkrankung durch eine konsequente Selensubstitution ausgerottet werden.

3.9.2.5 Weitere Spurenelemente

Eine Reihe weiterer Spurenelemente ist für die ordnungsgemäße Funktion des Stoffwechsels ebenfalls unentbehrlich. Sie werden mit der Nahrung in der Regel in ausreichender Menge aufgenommen, so daß bei vielen Spurenelementen Mangelerscheinungen nicht bekannt sind. Die meisten dieser Spurenelemente wirken als Cofaktoren von verschiedenen Enzymen.

Zink

Zink ist nach dem Eisen das zweithäufigste Spurenelement und als Cofaktor von zahlreichen Enzymen (schätzungsweise fast 200 verschiedene Enzyme) für die ordnungsgemäße Funktion des Organismus von großer Bedeutung. Die wichtigsten dieser Enzyme sind die Carboanhydrase, die in den Erythrozyten die rasche Umwandlung des CO_2 in Bikarbonat katalysiert und damit wesentlich zum schnellen Abtransport und zur Abatmung der Kohlensäure beiträgt.

Zink ist auch Bestandteil von Enzymen der Nucleinsäuresynthese und der Speicherform des Insulins. Als Cofaktor der Superoxid-Dismutase ist es am Wegfangen von Sauerstoffradikalen beteiligt. Zink kann im Körper kaum gespeichert werden, das im Körper vorkommende Zink (etwa 2 bis 3 g) ist in den „Zinkenzymen" gebunden (zu etwa 75 % in der Carboanhydrase der Erythrozyten).

Zink kommt sowohl in tierischen als auch in pflanzlichen Lebensmitteln vor. Höhere Konzentrationen sind in Fleisch, Fisch und insbesondere in Innereien zu finden. Zink aus tierischen Lebensmitteln wird deutlich besser resorbiert als Zink pflanzlicher Lebensmittel. In Pflanzen vorkommende Inhaltsstoffe wie Oxalate, Phytate und Phosphate behindern die Zinkresorption. Die Deckung des Zinkbedarfs erfolgt daher bei einer gemischten Kost vorwiegend durch Fleisch und Fisch (geschätzte Aufnahme etwa 15 mg, D-A-CH-Empfehlung 10 [Männer] bzw. 7 mg [Frauen], von denen etwa 2 bis 3 mg resorbiert werden).

Die Folgen eines Zinkmangels sind Störungen in der Zellaktivität, die sich in Minderwuchs, Haarausfall, in einer gestörten Wundheilung und anderen Symptomen bemerkbar machen können. Auch die Immunabwehr ist als Folge der nicht optimal ablaufenden Proteinsynthese geschwächt.

Zink ist auch in vergleichsweise hohen Konzentrationen nicht giftig, die Obergrenze für die Zinkzufuhr wird auf etwa 50 mg pro Tag geschätzt. Eine akute Vergiftung tritt erst bei der Aufnahme von 2 g Zink auf (akute Gastroenteritis, Fieber). Die Gefahr einer entsprechend hohen Zinkaufnahme besteht beim Verzehr von säurehaltigen Lebensmitteln und Speisen, die verbotenerweise in verzinkten Gefäßen aufbewahrt wurden (siehe auch Kap. 12.2.9).

Kupfer

Kupfer ist Cofaktor verschiedener Oxidoreduktasen. Es ist außerdem in den Eisenstoffwechsel eingebunden. Die Eisenresorption ist bei einer unzureichenden Versorgung mit Kupfer behindert. Kupfer kann im Körper bis zu einem gewissen Grad gespeichert werden, vorwiegend in der Leber. Der Kupferbestand des Erwachsenen beträgt etwa 80 mg.

Die Kupferversorgung ist bei der Bevölkerung der westlichen Industrieländer offenbar niedriger, als früher angenommen wurde. Ursache hierfür sind offenbar veränderte Ernährungsgewohnheiten, wobei auf den Verzehr der an Kupfer reichen Innereien zunehmend verzichtet wird. Auch der Verzicht auf die Verwendung von kupfernem Kochgeschirr kann eine zusätzliche Ursache für die niedrigere Kupferversorgung sein. Besonders reich an Kupfer ist die Leber. Weitere wichtige Kupferlieferanten sind Fleisch und Fisch. Milch und pflanzliche Nahrungsmittel sind dagegen arm an Kupfer. Nur Vollkornprodukte, Hülsenfrüchte, Kakao und Nüsse können einen gewissen Beitrag zur Kupferversorgung liefern. Der D-A-CH-Schätzwert für den Kupferbedarf beträgt 1 bis 1,5 mg.

Eine überhöhte Kupferaufnahme kann bei Säuglingen möglicherweise zu Leberschädigungen führen (der Kupfergehalt der Leber des Neugeborenen ist wesentlich höher als in der Leber des Erwachsenen, da sie mit einer Kupferreserve ausgestattet ist). Das Auftreten von frühkindlichen Leberzirrhosen ist möglicherweise auf einen höheren Kupfergehalt im Trinkwasser zurückzuführen (mehr als 10 mg/l). Mit der Nahrungsaufnahme ist eine solche überhöhte Kupferzufuhr nicht möglich. Eine Gefahr besteht nur durch die Aufnahme von kupferhaltigem Trinkwasser, falls in die Hauswasserversorgung Kupferrohre eingebaut sind. In diesem Fall können aus den Rohren durch Trinkwasser mit leicht saurem p_H*-Wert Kupferionen herausgelöst werden, insbesondere wenn das Wasser längere Zeit im Rohrsystem steht. Ein leicht saurer* p_H*-Wert ist bei relativ hartem Leitungswasser möglich, da es aus chemischen Gründen bei der Wasseraufbereitung nicht ausreichend neutralisiert werden kann (was für sich absolut unbedenklich ist). Beim Bestehen dieser Umstände sollte zur Zubereitung von Säuglingsnahrung Mineralwasser verwendet werden, da das Ablaufenlassen des gestandenen Wassers keine absolute Sicherheit bietet. Bei innen verzinnten Kupferrohren besteht diese Gefahr nicht. Das Trinkwasser aus der öffentlichen Trinkwasserversorgung (bis zur Einspeisung in die Hauswasserversorgung) ist selbst auch in Hinblick des Kupfergehalts unbedenklich.*

Chrom

Chrom ist in die Regulation des Glucosestoffwechsels einbezogen. Eine als Glucosetoleranzfaktor bezeichnete chromhaltige Substanz, die noch nicht näher charakterisiert werden konnte, begünstigt möglicherweise die Wirkung des Insulins an den Membranen der Muskelzellen. Dadurch soll der Körper besser auf eine (erhöhte) Glucosezufuhr reagieren können, so daß die Glucosetoleranz verbessert wird. Die Höhe des Chrombedarfs kann zum gegenwärtigen Zeitpunkt (2000) nur geschätzt werden, er wird mit 30 bis 100 µg angegeben.

Als Lieferanten für die Chromversorgung kommen vor allem Fleisch, Leber und Eier in Frage, aber auch einige pflanzliche Lebensmittel wie Tomaten, Haferflocken und Blattsalate.

3wertige Chromationen (die Form, in der Chrom in Lebensmitteln vorliegt) sind in den in Lebensmitteln vorkommenden Konzentrationen völlig ungiftig, im Gegensatz zum 6wertigen Chromat, die Form, in der Chrom in vielen Chemikalien vorliegt, und die für entsprechende Berufskrankheiten verantwortlich sein kann.

Aluminium

Aluminium, das zu den Ultraspurenelementen gerechnet wird, und Aluminiumionen konnten bisher keine wichtige Funktion im Stoffwechsel nachgewiesen werden. Es gibt jedoch Hinweise, daß Aluminium in höheren Konzentrationen Schädigungen am Gehirn (Enzephalopathien) auslösen kann. Bei Drucklegung des Buchs kann auch die Frage nicht eindeutig beantwortet werden, ob und inwieweit die Alzheimersche Krankheit durch eine erhöhte Aluminiumzufuhr bedingt oder begünstigt wird. Es muß jedoch bedacht werden, daß die Resorptionsrate für Aluminium sehr gering ist, und unterhalb einer kritischen Grenze der Aluminiumkonzentration findet überhaupt keine Resorption statt.

Aluminium wird allerdings in nahezu allen Lebensmitteln gefunden, vor allen Dingen in Getreide und in Gemüsen. Der Aluminiumgehalt von Speisen wird durch ihre Zubereitung und Aufbewahrung in aluminiumhaltigem Geschirr gesteigert, insbesondere in Gegenwart von Säuren. Besonders Tomaten und Tomatensaft lösen relativ viel Aluminium aus Aluminiumgeschirr heraus. Es ist deswegen zu empfehlen, auf die Verwendung von Aluminiumgeschirr zu verzichten.

3.10 Verdauung und Resorption

Eine übliche Mischkost setzt sich zum Großteil (meist zu 90 % und mehr) aus hochmolekularen Nährstoffen wie Eiweiß, Stärke und Fett zusammen. Unter den niedermolekularen Nährstoffen, die den Rest der Nahrungsstoffe ausmachen, befinden sich weiterhin Substanzen, die aus mehr als einem Grundbaustein aufgebaut sind wie beispielsweise die Disaccharide. Die Mucosazellen des Dünndarms, die nahezu ausschließlich für die

Resorption von Nährstoffen verantwortlich sind, können jedoch nur niedermolekulare Stoffe resorbieren. Infolgedessen müssen die höhermolekularen Nährstoffe zuvor in niedermolekulare, resorbierbare Stoffe zerlegt werden (Monosaccharide, Aminosäuren, Fettsäuren und Glycerin). Auch einige andere Nahrungsbestandteile müssen vor einer Resorption aus höhermolekularen Verbindungen freigesetzt werden wie beispielsweise die in konjugierter Form vorliegende Folsäure. Diese im Magen-Darm-Trakt ablaufenden Prozesse werden unter dem Begriff Verdauung zusammengefaßt.

Die nahezu unüberwindbare Schranke der Mucosazellmembranen für Makromoleküle ist ein wichtiger Schutzmechanismus des Körpers. Er verhindert das Eindringen von Makromolekülen, insbesondere von Eiweißen, die der Organismus als Fremdkörper ansehen und deren Eindringen mit der Bildung von spezifischen Antikörpern beantworten würde. Als Folge einer solchen Antikörperbildung könnten allergische Reaktionen gegen eine Vielzahl von Nahrungsbestandteilen ausgelöst werden. Nur in Ausnahmefällen und dann nur in ganz geringem Umfang kann die Dünndarmschleimhaut von größeren Molekülen passiert werden. Solche Ausnahmefälle können spezifische Erkrankungen des Dünndarms sein. Aber auch der Dünndarm der Säuglinge und Kleinkinder kann in begrenztem Umfang von solchen Molekülen passiert werden. Als Folge einer solchen unerwünschten Passage ist in vereinzelten Fällen das Auftreten von Lebensmittelallergien möglich.

Die Leistungsfähigkeit und die Leistungsreserven des Magen-Darm-Trakts für Verdauung und Resorption sind außerordentlich groß. Nur bei der Verdauung und Resorption von Fetten sind die Sicherheitsreserven kleiner, so daß bei Störungen im Gastrointestinaltrakt die Verwertung der Fette der zuerst auftretende limitierende Faktor bei der Ausnutzung von Nahrungsbestandteilen ist.

Die Gesamtmenge der täglich gebildeten Verdauungssäfte einschließlich der Gallenflüssigkeit beträgt etwa 6 bis 10 l. In diesem relativ großen Volumen an Verdauungssäften sind insgesamt 6 bis 10 g Enzymeiweiße (Verdauungsenzyme) enthalten. Die Mengen an den täglich gebildeten jeweils spezifischen Enzymen wären rein theoretisch in der Lage, innerhalb von 24 Stunden etwa 175 kg Stärke zu Glucose und etwa 100 kg Eiweiß zu Aminosäuren aufzuspalten.

3.10.1 Einzelschritte der Verdauung

3.10.1.1 Mundhöhle

Die aufgenommene Nahrung wird in der Mundhöhle während des Kauvorganges zerkleinert und mit dem Speichel durchmischt. Sie wird dadurch gleitfähig gemacht, damit sie ohne Schwierigkeiten geschluckt und über die Speiseröhre in den Magen geleitet werden kann.

Im Verlauf eines Tages werden von den Speicheldrüsen insgesamt etwa 1,5 l Speichel gebildet. Der Speichel enthält eine Reihe von Mineralstoffen, unter anderem Natrium- und Kalziumsalze, als Anion vorwiegend das leicht alkalische Hydrogencarbonat (Bikarbonat). Weitere Bestandteile des Speichels sind Mucopolysaccharide (Schleimstoffe), die als Gleitstoffe dienen, sowie als einziges Verdauungsenzym eine α-Amylase (früher als Ptyalin bezeichnet). Die α-Amylase spaltet ausschließlich im Inneren von Stärke und Glykogen α-glykosidische Bindungen, wodurch eine größere Anzahl von kleineren, aber noch höhermolekularen Spaltprodukten gebildet wird. Glucose wird durch die α-Amylase nicht abgespalten. Infolge der kurzen Einwirkungszeit der Amylase ist das Ausmaß der Stärkespaltung in der Mundhöhle sehr begrenzt. Die Amylase kann allerdings für eine begrenzte Zeit auch noch im Magen wirken.

Mit dem Speichel werden auch geringe Mengen anderer Substanzen ausgeschieden. Es handelt sich dabei um spezifische Eiweiße wie z. B. Blutgruppensubstanzen, die in der Rechtsmedizin für die Identifizierung vermutlicher Täter genutzt wurden, sowie Nucleinsäuren (DNA), die neuerdings an Stelle von Blutgruppensubstanzen als Nachweis dienen („genetischer Fingerabdruck"). Auch Gifte wie z. B. Blei und Nitrit (das im Körper aus dem mit der Nahrung aufgenommenen Nitrat gebildet wurde) können mit dem Speichel ausgeschieden werden. Das mit dem Speichel ausgeschiedene Nitrit stellt in vielen Fällen den Hauptteil des gesamten im Gastrointestinaltrakt befindlichen Nitrits (siehe Kap. 6.6.2.1).

3.10.1.2 Rachenraum und Speiseröhre

Die im Mund zerkleinerte Nahrung wird beim Schluckvorgang in die Speiseröhre geleitet. Sie kreuzt dabei den Atemweg. Reflektorisch ausgelöste Schutzmechanismen verhindern, daß dabei Nahrung in die Luftröhre gelangt.

Bei Säuglingen, Kleinkindern, Senioren und Schwerkranken ist dieser Schluckreflex noch nicht vollständig entwickelt bzw. partiell gestört. Die Gefahr eines Verschluckens ist bei diesen Personen wesentlich größer. Verschluckte Speisenreste, die rasch bis in die Bronchialäste gelangen können, bergen die große Gefahr einer Infektion der Atemwege. Insbesondere bei Säuglingen und Schwerstkranken führen angesaugte (aspirierte) Speisenreste rasch zu einer gefährlichen Bronchopneumonie (Lungenentzündung). Der bei den genannten Personengruppen bestehenden Gefahr ist durch die Auswahl geeigneter Lebensmittel und Speisen Rechnung zu tragen. Aus der Kost ist alles zu eliminieren, was zu einer Reizung des Rachenrings und damit zum Verschlucken führen kann wie beispielsweise scharf gewürzte Speisen, schlecht und ungleichmäßig zerkleinerte Speisen oder grätenhaltige Fischmahlzeiten. Bei pürierten Speisen ist infolgedessen auf ein sorgsames Pürieren zu achten.

Die Speiseröhre ist lediglich ein Verbindungsrohr für den Transport der Nahrung vom Rachenraum in den Magen. Die in der Speiseröhrenwand ringförmig angeordnete glatte Muskulatur unterstützt durch ihre koordinierte Kontraktion den Transport von fester Nahrung. Die Speiseröhre ist mit einer Schleimhautschicht ausgekleidet, die gegenüber sehr heißen Speisen und Getränken, weniger verdünnten Säuren, hochprozentigen Alkoholika und anderen reizenden Stoffen sehr empfindlich ist.

Die Speiseröhre tritt durch eine Öffnung im Zwerchfell (Diaphragma) in die Bauchhöhle ein und mündet unmittelbar danach in den Magen. Die ringförmige Muskulatur der Speiseröhrenwand ist in diesem Bereich verstärkt ausgebildet. Mit Hilfe dieser Ringmuskulatur wird das Lumen der Speiseröhre verschlossen und damit ein Rückfluß von saurem Mageninhalt in die Speiseröhre weitgehend verhindert. Dieser Verschluß wird nur im Verlauf des reflektorisch ablaufenden Schluckvorgangs kurzzeitig freigegeben. Ein vermehrtes Rückströmen von Mageninhalt in die Speiseröhre führt zu deren Entzündung, die sich als Sodbrennen unangenehm bemerkbar macht.

3.10.1.3 Magen

Der Magen hat nicht nur für die Aufnahme von Speisen und Mahlzeiten die Funktion, eine diskontinuierliche Aufnahme von Nahrung zu ermöglichen, sondern ihm fallen auch für die beginnende Verdauung der Nahrung wichtige Aufgaben zu.

Die wichtigsten Funktionen des Magens sind

- Reservoirfunktion,
- Produktion des Magensafts (Salzsäure und Verdauungsenzyme),
- Produktion von Schleimstoffen (Magenschleim),
- Bildung des Verdauungshormons Gastrin,
- Bildung des Intrinsic Factors für die Resorption des Vitamin B_{12} (siehe Kap. 3.7.2.8).

Im Magen findet keine Resorption von Nährstoffen statt. Eine Ausnahme ist lediglich die Resorption eines geringen Prozentsatzes von Alkohol. Ein kleiner Anteil des resorbierten Alkohols kann bereits im Magen im sog. First Pathway abgebaut werden (siehe Kap. 3.6.1 und 3.6.2).

Reservoirfunktion

Der Magen speichert die während einer Mahlzeit aufgenommenen größeren Nahrungsmengen, um sie nach partieller Andauung in kleinen Portionen dosiert in den Zwölffingerdarm weiterzuleiten. Diese dosierte Abgabe von Nahrungsbrei in den Darm verhindert eine zeitweilige Überlastung des Darms bei seiner Verdauungs- und Resorptionsarbeit. Der Magen trägt damit wesentlich zu der vollständigen Endverdauung der Nahrungsstoffe und deren möglichst vollständigen Resorption bei.

Die Verweildauer aufgenommener Lebensmittel im Magen ist unterschiedlich groß. Sie hängt von zahlreichen Faktoren ab wie Füllungszustand des Magens, Beschaffenheit und Zusammensetzung der Nahrung (fettreiche Mahlzeiten verlängern die Verweildauer), individuelle Unterschiede, psychische Faktoren u. a. Reine Trinkflüssigkeit wie beispielsweise Wasser passiert den Magen sehr rasch, insbesondere den leeren Magen.

Die Verweildauer verschiedener Speisen können als Anhaltspunkt für ihren Sättigungswert dienen (siehe Tabelle 3.10.1).

Tabelle 3.10.1:
Durchschnittliche Verweildauer verschiedener Speisen im Magen

Getränke	bis zu 1 Stunde
Weißbrot, Brötchen, Kartoffeln (gekocht), Reis	bis zu 2 Stunden
Schwarzbrot (Mischbrot), zahlreiche Gemüse, Magerfisch	bis zu 3 Stunden
Eier (gekocht), Fische mit festem Fleisch, mageres Geflügel	bis zu 4 Stunden
Fleischgerichte, Fettfische	bis zu 5 Stunden
ausgesprochen fette Speisen wie Gans, fetter Schweinebraten, Aal	bis zu 6 Stunden
Ölsardinen, Dorschleber in Öl, Schillerlocken, Räucheraal	bis zu 7 Stunden

Bildung des Magensafts

Die einzelnen Bestandteile des Magensafts werden von unterschiedlichen spezifischen Drüsenzellen gebildet, die in verschiedenen Bezirken der Magenschleimhaut angesiedelt sind. Der Magensaft besteht aus

- Magensalzsäure,
- Verdauungsenzymen (vorrangig Pepsin).

Magensalzsäure: Die Salzsäure des Magens wird in einem energieabhängigen Prozeß in spezifischen Drüsenzellen gebildet, den Beleg- oder Parietalzellen. Salzsäure ist eine starke Säure, die vollständig in H^+-Ionen und Cl^+-Ionen (Chloridionen) zerfällt (dissoziiert). Der p_H-Wert des Magensafts ist bei ordnungsgemäßer Funktion der Salzsäureproduktion infolgedessen sehr niedrig. Er liegt zwischen 1,5 und 2. Die H^+-Ionen-Konzentration im Magensaft ist gegenüber der der anderen Körperflüssigkeiten um den Faktor 10^6 erhöht.

Diese starke Säuerung des Mageninhalts hat folgende Konsequenzen:

- Es werden nahezu alle Eiweiße denaturiert. Die denaturierten Nahrungseiweiße können von Verdauungsenzymen wesentlich leichter und schneller gespalten werden als native Eiweiße, deren geordnete Raumstruktur erhalten ist.

- Eine Vielzahl von Bakterien, Hefen und Schimmelpilzen werden bei niedrigen p_H-Werten inaktiviert, zumindest aber so stark gehemmt, daß ein Wachstum und eine Vermehrung nicht mehr möglich ist. Dadurch wird ein Großteil der mit der Nahrung aufgenommenen Mikroorganismen abgetötet. Das gilt auch für viele pathogene Keime und Fäulniserreger. Einige besonders säureresistente Keime können die Passage durch den sauren Magen überleben und sich anschließend im nahezu neutralen Darmsaft wieder vermehren (Ausbildung der natürlichen Darmflora, Auslösen von Darminfektionen). Mykotoxine und viele Bakterientoxine werden durch die Magensalzsäure nicht inaktiviert. Die Gefahr einer Lebensmittelvergiftung durch Lebensmittel, die mit pathogen Keimen kontaminiert sind, oder durch verdorbene Lebensmittel besteht somit auch bei intakter Magensaftproduktion (siehe Kap. 6.2 und 6.3).
- Die α-Amylase des Speichels wird im saurem Milieu inaktiviert. Dadurch wird die in der Mundhöhle begonnene Spaltung von Stärke und Glykogen unterbrochen.
  Bei einer voluminösen Mahlzeit läuft der Stärkeabbau im Magen noch eine gewisse Zeit weiter, und zwar so lange, bis die Magensalzsäure in das Innere des Speisebreis eingedrungen ist. Es wird angenommen, daß im Magen bereits bis zu 50 % der glykosidischen Bindungen der Stärke gespalten sein können.

<u>Verdauungsenzyme:</u> In der Magenschleimhaut wird eine Reihe von Verdauungsenzymen gebildet, von denen allerdings nur das eiweißspaltende Pepsin von Bedeutung ist. Die im Magen gebildeten Verdauungsenzyme unterscheiden sich von fast allen Eiweißen in ihrer großen Säurestabilität, die selbst bei vergleichsweise niedrigen p_H-Werten nicht verlorengeht. Die dafür verantwortliche kompakte räumliche Struktur dieser Enzyme ist dagegen im neutralen Milieu weniger stabil. Deshalb werden die Verdauungsenzyme des Magensafts bei nahezu neutralen p_H-Werten denaturiert und damit inaktiviert.

Pepsin, eine Protease (eiweißspaltendes Enzym), ist offenbar das einzige Verdauungsenzym des Magens, das beim Erwachsenen aktiv ist. Es wird in den sog. Hauptzellen der Magenschleimhaut gebildet, die vorzugsweise im Fundusgebiet des Magens angeordnet sind. Die Hauptzellen bilden zunächst eine inaktive Vorstufe des Pepsins, das sog. Pepsinogen, das zunächst noch keine Enzymwirkung zeigt. Es wird erst im Magen in das aktive Pepsin überführt.

Dieses Prinzip der primären Bildung einer inaktiven Vorstufe verhindert, daß bereits die Drüsenzellen durch ein aktives Pepsin zerstört werden und durch eine solche Selbstverdauung für die Enzymproduktion ausfallen. Die säurestabile Schleimschicht des Magens schützt dagegen vor einer Andauung der Magenwand durch das aktive Pepsin.

Pepsin ist nur im stark sauren p_H-Bereich aktiv, wie er im Mageninhalt vorliegt (p_H 1 bis 2). Bei neutralem p_H-Wert ist Pepsin unwirksam, es wird gleichzeitig irreversibel denaturiert. Pepsin spaltet Peptidbindungen ausschließlich im Inneren der Eiweißketten, es ist eine sog. Endopeptidase. Aminosäuren werden dabei nicht freigesetzt. Dieses Spaltungsprinzip des Pepsins sorgt dafür, daß die höhermolekularen Nahrungseiweiße in relativ kurzer Zeit in eine größere Anzahl von Eiweißbruchstücken kürzerer Kettenlängen zerlegt werden.

Bei der Synthese des inaktiven Pepsinogens wird zunächst eine lange Polypeptidkette gebildet, die aus der (vollständigen) Polypeptidkette des aktiven Pepsins und einem zusätzlichen Peptidfragment besteht. Das fertige Pepsinogenmolekül ist länger als das des aktiven Pepsins. Dieses Pepsinogenmolekül nimmt eine räumliche Struktur ein, die sich von der des aktiven Pepsins unterscheidet und die Ausbildung eines aktiven Zentrums verhindert, das für die Pepsinaktivität verantwortlich ist. Das aktive Zentrum ist im Pepsinogenmolekül „maskiert". Das zusätzliche Peptidfragment wird vom Pepsinogenmolekül erst durch das Einwirken der Magensalzsäure abgespalten. Das dadurch gebildete Pepsinmolekül nimmt die vorprogrammierte Raumstruktur ein unter Ausbildung des aktiven Zentrums und ist damit aktiviert.

Die weiteren im Magen gebildeten Verdauungsenzyme sind zumindest beim Erwachsenen für die Verdauung völlig bedeutungslos oder von nur untergeordneter Bedeutung. Sie sind nur bei schwach sauren p_H-Werten aktiv, nicht aber im stark sauren p_H-Bereich, wie er im Magen des Gesunden herrscht.

Das Rennin, ein eiweißspaltendes Enzym, das dem Labenzym des Kälbermagens ähnelt, sowie eine spezifische Lipase (fettspaltendes Enzym) sind nur im schwach sauren Bereich (p_H-Werte von 3 bis 4) wirksam. Sie könnten möglicherweise nur bei einer mangelhaften Bildung von Salzsäure eine gewisse Bedeutung haben. Beim Säugling kommt an Stelle des Rennins das nahe verwandte Gastricin im Magensaft vor. Diese Enzyme, Gastricin und Magenlipase, könnten bei ihm möglicherweise eine gewisse Bedeutung haben, da bei ihm die Salzsäureproduktion noch gering ist und sein Mageninhalt infolgedessen oft einen höheren p_H-Wert aufweist als der des Erwachsenen.

Gastrin

Gastrin ist ein Peptidhormon. Es wird in spezifischen Drüsenzellen der Magenschleimhaut gebildet, als Gewebshormon von den Drüsenzellen direkt an das Blut abgegeben und über den Umweg des gesamten Körperkreislaufs zu den magensaftproduzierenden Drüsenzellen transportiert, die nunmehr vom Gastrin zur Bildung von Magensalzsäure angeregt werden (siehe auch Kap. 3.10.1.7).

3.10.1.4 Zwölffingerdarm (Duodenum)

Der bereits angedaute Speisebrei wird vom Magen portionsweise in den Zwölffingerdarm abgegeben, in dem in engster räumlicher Nachbarschaft der Gallengang und der Ausführungsgang der Bauchspeicheldrüse einmündet. Im Duodenum wird dieser saure Speisebrei mit den leicht alkalischen Verdauungssäften des Pankreas und der Gallenflüssigkeit durchmischt und dabei neutralisiert.

Pankreassaft

Der Pankreassaft enthält Natriumhydrogencarbonat (Bikarbonat) und eine Vielzahl von Verdauungsenzymen, die einen wesentlichen Anteil am Endabbau der Nahrungsstoffe haben. Störungen in der exogenen Pankreasfunktion können demzufolge zu schwerwiegenden Verdauungsstörungen führen.

Die wichtigsten Bestandteile des Pankreassafts sind

- Natriumhydrogencarbonat (Bikarbonat),
- α-Amylase,
- Lipase,
- eiweißspaltende Enzyme (Trypsin, Chymotrypsin, Carboxypeptidasen, Aminopeptidasen, Elastase u. a.),
- Nucleasen,
- Phospholipasen.

Natriumhydrogencarbonat: Natriumhydrogencarbonat wird stets in solchen Mengen gebildet, die eine vollständige Neutralisation des sauren Magensafts und darüber hinaus einen leicht alkalischen p_H-Wert des Darminhalts garantieren. Dieser leicht alkalische p_H-Wert ist zur optimalen Wirkung der Verdauungsenzyme der Bauchspeicheldrüse und der Dünndarmschleimhaut erforderlich, deren p_H-Optima bei pH-Werten von 7,5 bis 8 liegen. Er verhindert gleichzeitig eine Reizung bzw. Schädigung der säureempfindlichen Darmschleimhaut.

α-Amylase: Die α-Amylase des Pankreassafts ist in ihrer Wirkung mit der α-Amylase des Speichels identisch. Sie setzt die im sauren Mageninhalt unterbrochene Spaltung der Stärke und des Glykogens fort. Endprodukt der Amylasespaltung ist zum überwiegenden Teil Maltose. Ein weiteres Spaltprodukt ist Isomaltose, die jedoch im Vergleich zur Maltose mengenmäßig nicht ins Gewicht fällt. Glucose wird bei der α-Amylase-Wirkung nur in sehr geringen Mengen freigesetzt.

Isomaltose (die beiden Glucosereste sind über eine 1,6-glykosidische Bindung an Stelle einer 1,4-glykosidischen Bindung verknüpft) entsteht bei der Spaltung der Verzweigungspunkte im Amylopektin und Glykogen, da die 1,6-glykosidischen Bindungen von der α-Amylase nicht gespalten werden können.

Lipase: Die Lipase des Pankreassafts ist das fettspaltende Verdauungsenzym, das in der Regel allein für die Spaltung der Nahrungsfette verantwortlich ist.

Eiweißspaltende Enzyme: Der Pankreassaft enthält eine größere Anzahl unterschiedlich wirkender eiweißspaltender Enzyme. Diese Enzyme werden in den Drüsenzellen des Pankreas als inaktive Vorstufen gebildet und erst außerhalb der Drüsenzellen aktiviert. Diese Aktivierung erfolgt nach dem gleichen Prinzip wie die Aktivierung des inaktiven Pepsinogens zum aktiven Pepsin durch die Abspaltung eines Peptidrests von der höhermolekularen Vorstufe.

Die wichtigsten eiweißspaltenden Enzyme des Pankreassafts sind

- Trypsin und Chymotrypsin (inaktive Vorstufen Trypsinogen und Chymotrypsinogen),
- Carboxypeptidasen A und B,
- Aminopeptidasen,
- Elastase.

Trypsin und Chymotrypsin: Beide Enzyme sind Endopeptidasen und spalten ebenfalls nur Peptidbindungen, die sich im Inneren der Polypeptidketten befinden. Sie spalten die durch die Wirkung des Pepsins entstandenen größeren Bruchstücke der Nahrungseiweiße weiter auf. Damit wird erreicht, daß die noch relativ langkettigen Polypeptide sehr rasch in eine große Anzahl von mittel- und kurzkettigen Peptiden aufgespalten werden. Für die nachfolgende Endspaltung der Peptide, die schrittweise von den Kettenenden der Peptide ausgeht, sind somit für die entsprechenden Enzyme zahlreiche Angriffspunkte neu geschaffen worden. Trypsin und Chymotrypsin (und auch Pepsin) unterscheiden sich nur darin, daß sie Peptidbindungen zwischen unterschiedlichen Aminosäuren bevorzugt spalten. Diese Spezifität in ihrer Enzymwirkung ist jedoch nicht besonders stark ausgeprägt.

Peptidasen: Carboxypeptidasen und Aminopeptidasen sind Exopeptidasen. Sie spalten die durch die Wirkung der Endopeptidasen gebildeten Peptide weiter bis zu den einzelnen Aminosäuren auf, indem sie, jeweils an einem der beiden Enden des Peptids angreifend (an der endständigen Carboxylgruppe bzw. Aminogruppe), schrittweise Aminosäuren abspalten.

Weitere Verdauungsenzyme des Pankreas: Der Pankreassaft enthält eine Reihe weiterer Enzyme, die Makromoleküle aufspalten, die nur in geringen

Mengen in der Nahrung vorkommen. Sie sind für die Ausnutzung der Nahrungsstoffe ohne bzw. von nur untergeordneter Bedeutung. Die wichtigsten dieser Enzyme sind Phospholipasen (sie spalten Phospholipide wie Lecithin), Nucleasen (spalten Nucleinsäuren) und eine Elastase (spaltet atypische Aminosäuresequenzen, die bevorzugt in Eiweißen des elastischen Bindegewebes vorkommen).

Eine besonders wichtige Funktion der Nucleasen besteht offenbar darin, daß sie DNA (und RNA) und damit genetisches Material aus pflanzlichen oder tierischen Lebensmitteln spalten, das andernfalls als intaktes fremdes Genmaterial in die Darmzellen und damit in den Körper eindringen könnte. Über mögliche Konsequenzen eines solchen Eindringens fremder Nucleinsäuren in das Körperinnere ist wenig bekannt. Aus unerklärlichen Gründen bestand bis zum Aufkommen der Diskussionen über Nutzen und Gefahren von gentechnisch veränderten Lebensmitteln relativ wenig Interesse an dieser Problematik. Die bei der Nucleinsäurespaltung freigesetzten Nucleotide bzw. Nucleoside werden resorbiert oder mit dem Kot ausgeschieden. Die resorbierten Nucleinsäurebausteine werden in den Intermediärstoffwechsel eingeschleust, bei den Zellfunktionen genutzt und nach schließlich erfolgtem Abbau wieder ausgeschieden (Purinkörper in Form von Harnsäure).*

Gallensaft

Die in der Leber gebildete Lebergalle wird in der Gallenblase durch Wasserentzug eingedickt. Diese Blasengalle enthält die Gallensäuren, die zur Emulgierung der Fette und damit für die Fettverdauung benötigt werden. Mit dem Gallensaft werden weitere Abbauprodukte der Leber wie beispielsweise Gallenfarbstoffe (Abbauprodukte des Hämrings des Hämoglobins), Salze und Cholesterin ausgeschieden.

3.10.1.5 Dünndarm

Im Dünndarm erfolgt die Endverdauung der Nahrungsstoffe und deren Resorption. Er ist der Ort, in dem die Pankreasenzyme die bereits stark angedauten Stärke- und Eiweißmoleküle weitgehend aufspalten. Die Lipase des Pankreas spaltet die Fette zunächst zu Di- und Monoglyceriden und anschließend in freie Fettsäuren und in Glycerin.

Verdauungsfunktion des Dünndarms

Die Dünndarmzellen (Mucosazellen, Enterozyten, Bürstensaumzellen) produzieren Enzyme (Disaccharidasen und Peptidasen), die für die Endverdauung der relativ niedermolekularen Bruchstücke verantwortlich sind,

---

* *Purin- und Pyrimidinbasen, an die Ribose, bzw. Desoxyribose (Nucleoside), und 1 Phosphorsäurerest (Nucleotide) angeheftet sind.*

welche durch die Wirkung der Pankreasenzyme gebildet wurden, aber die noch nicht resorbiert werden können (Maltose und Isomaltose und Peptide). Zusätzlich werden die mit der Nahrung aufgenommenen Disaccharide zu den Monosacchariden aufgespalten, die den Verdauungstrakt bis in den Dünndarm unverändert passiert haben. Die Dünndarmzellen geben die von ihnen gebildeten Verdauungsenzyme offenbar nicht in das Dünndarmlumen hinein ab. Diese Enzyme spalten vorzugsweise direkt an der Oberfläche der Mucosazellen, an den sog. Bürstensäumen, an denen sich die zu spaltenden Bruchstücke anlagern. Die Spaltung dieser Bruchstücke und die Resorption der Spaltprodukte sind räumlich miteinander gekoppelt.

Disaccharidasen: Die unterschiedlichen, mit der Nahrung aufgenommenen sowie die bei der Spaltung von Stärke und Glykogen entstandenen Disaccharide werden durch jeweils hoch spezifische Disaccharidasen in die Monosaccharide gespalten.

- Maltase,
- Saccharase-Isomaltase-Komplex (Sucrase-Isomaltase-Komplex),
- Lactase (β-Galactosidase).

Die 4 Disaccharidasen werden von den Dünndarmzellen in unterschiedlichen Mengen gebildet, Saccharase und Isomaltase sind in einem Enzymkomplex zusammengefaßt. Die Enzyme unterscheiden sich im Hinblick auf ihre Spaltungsgeschwindigkeit beträchtlich.

Maltase ist die wichtigste Disaccharidase. Sie spaltet den beim Stärkeabbau in großen Mengen anfallenden Malzzucker mit sehr großer Geschwindigkeit in Glucose. Die aus ernährungsphysiologischer Sicht günstige langsame Resorption von Stärke ist durch die langsamere und schrittweise erfolgende Freisetzung von Maltose aus den Stärkemolekülen bedingt.

Rohrzucker und Isomaltose werden durch die Saccharase bzw. Isomaltase gespalten, die in einem einheitlichen Enzymkomplex, dem Saccharase-Isomaltase-Komplex, vorliegen. Auch diese im Enzymkomplex vorliegenden Disaccharidasen spalten mit hoher Geschwindigkeit.

Die Spaltungsgeschwindigkeit der Lactase ist dagegen wesentlich niedriger als die der anderen Disaccharidasen, aus diesem Grund fallen die Bausteine der Lactose (Galactose und Glucose) wesentlich langsamer an und gelangen folglich auch langsamer in den Blutkreislauf. Die Glucose des Milchzuckers führt deshalb auch zu einer kaum feststellbaren Erhöhung des Blutzuckerspiegels. Eine vollständige bzw. teilweise eingeschränkte Bildung von Lactase durch die Mucosazellen (Lactasemangel) führt zu einer vollständigen bzw. teilweisen Hemmung der Milchzuckerspaltung (siehe Kap. 7.1.1.2.1).

Peptidasen: Die Mucosazellen bilden eine Reihe spezifischer Peptidasen, die die Spaltung von niedermolekularen Peptiden in freie Aminosäuren katalysieren. Die einzelnen Peptidasen unterscheiden sich durch ihren unterschiedlichen Angriffspunkt, sie spalten entweder von der Aminogruppe oder von der Carboxylgruppe ausgehend. Darüber hinaus werden auch solche Peptidbindungen bevorzugt gespalten, die zwischen 2 jeweils spezifischen Aminosäuren bestehen. Spezielle Dipeptidasen spalten schließlich die beim Abbau gebildeten Dipeptide zu den freien Aminosäuren. Auch die Peptidasen wirken offenbar direkt an der Oberfläche der Bürstensaumzellen des Dünndarms, ohne daß sie zuvor in das Lumen des Dünndarms abgegeben wurden.

Resorption

Die Resorption der Nährstoffe beginnt bereits in den oberen Abschnitten des Dünndarms. Sie ist bei einer durchschnittlichen Passagegeschwindigkeit des Speisebreis in der Regel abgeschlossen, bevor dieser die untersten Abschnitte des Dünndarms erreicht hat. Dadurch wird eine vollständige Ausnutzung der aufgenommenen Nahrungsbestandteile gewährleistet (siehe ausführlich Kap. 3.10.2).

3.10.1.6 Dickdarm

Im Dickdarm erfolgt die Rückresorption von Wasser und der partielle Aufschluß der von den Verdauungssäften nicht aufschließbaren Nahrungsbestandteile, insbesondere der Ballaststoffe, durch die Darmbakterien (siehe Kap. 2.3.2.6). Aminosäuren, Monosaccharide, Fettsäuren der Nahrungsfette und Mineralstoffe können im Dickdarm nicht mehr resorbiert werden. Das trifft grundsätzlich auch für die Vitamine zu.

Die beim Abbau der Ballaststoffe entstandenen niedermolekularen Bausteine und die dabei freigesetzte Energie wird zum überwiegenden Teil von den Darmbakterien für ihr eigenes Wachstum und ihre Vermehrung genutzt. Nur ein sehr geringer Teil dieser Abbau- und Stoffwechselprodukte kann von den Dickdarmzellen resorbiert werden. Das betrifft ausschließlich kurzkettige Fettsäuren (Essigsäure, Propionsäure, Buttersäure) und Alkohol.

Diese resorbierten niedermolekularen, gut wasserlöslichen Substanzen werden von den Dickdarmzellen verbrannt und tragen somit zu deren Energieversorgung bei, die durch die Energieträger, welche über den Blutkreislauf zur Verfügung gestellt werden, möglicherweise nicht optimal abgesichert werden kann.

Alkohol, der von einigen Mikroorganismen in sehr geringen Mengen gebildet wird, kann von den Dickdarmzellen infolge Fehlens einer Alkoholdehydrogenase nicht verbrannt werden. Er wird über den Pfortaderweg zur Leber transportiert, von der er rasch abgebaut wird.

Der vom Körper durch die Oxidation der kurzkettigen Fettsäuren und des Alkohols erzielte Energiebetrag ist so minimal (weniger als 5 % der gesamten Nahrungsenergie), so daß dieser aus den Ballaststoffen gewonnene Energiebetrag bei der bei Aufstellung von Energiebilanzen unberücksichtigt bleibt (siehe auch Kap. 3.3.7).

Vitamin B_{12}, Biotin, Vitamin K und Folsäure, die von den Darmbakterien in unterschiedlichen Mengen gebildet werden, sollen von den Dickdarmzellen resorbiert werden können. Wahrscheinlicher ist aber, daß diese Vitamine bereits in den unteren Dünndarmabschnitten gebildet werden und, falls überhaupt, bereits dort resorbiert werden. Der Beitrag, den sie zur Vitaminversorgung des Menschen beisteuern können, ist sehr umstritten.

Die im Dickdarm anfallenden Darmgase (Methan, Kohlendioxid, Wasserstoffgas und Schwefelwasserstoff) werden in Abhängigkeit von den angefallenen Mengen vollständig oder nur teilweise resorbiert. Die resorbierten Darmgase werden im Blut gelöst zur Lunge transportiert und dort abgeatmet. Anfallendes Ammoniak wird in Form von sehr gut wasserlöslichen Ammoniumsalzen über die Pfortader direkt zur Leber geleitet, in ihr in Harnstoff umgewandelt und damit entgiftet.

Toxisch wirkende Abbau- und Umbauprodukte des Bakterienstoffwechsels können teilweise resorbiert werden, offenbar aber bereits in den unteren Abschnitten des Dünndarms. Solche toxischen Produkte entstehen insbesondere beim Abbau von Eiweiß aus abgestorbenen Darmbakterien, nur in seltenen Fällen aus nicht verdautem Nahrungseiweiß. Anderen Abbauprodukten des Bakterienstoffwechsels werden cancerogene Eigenschaften zugeschrieben. Bei einer raschen Entleerung des Darminhalts (geregelter Stuhlgang) werden weniger solcher Abbauprodukte gebildet, und es wird gleichzeitig die Zeit verkürzt, in der diese auf die Dickdarmzellen einwirken können. Ihre schädliche Wirkung wird somit begrenzt.

3.10.1.7 Steuerung der Verdauung und der Produktion von Verdauungssäften

Die Steuerung der Verdauungsvorgänge ist ein sehr komplexer Vorgang, bei dem mechanische, chemische, hormonelle und nervale Prozesse eng zusammenwirken. Bei dieser Steuerung kann zwischen 3 unterschiedlichen Phasen unterschieden werden:

- nervale (kephale) Phase oder Steuerung,
- Magenphase oder gastrische Phase,
- intestinale Phase.

Nervale (kephale) Steuerung

Die Bedeutung, die der nervalen (besser kephalen Phase) der Steuerung der Verdauung zukommt, wird oft unterschätzt. Unter dem Begriff kephale Phase werden alle Regulationsmechanismen verstanden, die durch den Anblick, durch den Geruch oder nur durch die bildliche Vorstellung einer bestimmten Speise ausgelöst werden. Auch der Geschmack einer Speise kann die kephale Steuerung der Verdauung wesentlich beeinflussen. Diese äußeren Faktoren lösen bedingte Reflexe aus, die nicht nur den Appetit anregen, sondern auch die Produktion von Verdauungssäften vorbereiten und bis zu einem gewissen Grad auch einleiten können. Das betrifft beispielsweise eine vermehrte Speichelproduktion (das Wasser läuft im Munde zusammen) und die Produktion von Magensaft. Durch diese kephale Phase wird der gesamte Magen-Darm-Trakt für die Verdauung und Resorption der aufzunehmenden Nahrung vorbereitet, ohne daß die Nahrung bereits verzehrt worden ist.

Magenphase

Die Magenphase der Verdauung wird durch Reize eingeleitet, die durch die Berührung der Magenschleimhaut durch Nahrungsbestandteile ausgelöst werden. In spezifischen Drüsenzellen der Magenschleimhaut wird im Gefolge dieser Reizung das Verdauungshormon Gastrin gebildet. Gastrin wird über den Blutweg an die magensaftbildenden Zellen der Magenschleimhaut transportiert und regt diese zur Magensaftproduktion an. Die Gastrinbildung kann sowohl durch rein mechanische als auch durch chemische Reize ausgelöst werden.

Eine rein mechanische Berührung der Magenschleimhaut durch den Speisebrei genügt zur Stimulierung der Gastrinbildung. Dieser Reiz wird verstärkt und die Gastrinproduktion gesteigert, wenn die Magenwand bei der Aufnahme einer voluminösen Mahlzeit stärker gedehnt wird. Die Folge ist eine verstärkte Produktion von Magensaft.

Die Produktion von Magensaft kann durch verschiedene Substanzen, sog. Saftlocker, sehr effektiv stimuliert werden. In diesem Fall ist das Volumen der Speise völlig nebensächlich, entscheidend ist nur die Konzentration der Saftlocker. Besonders effektive Saftlocker sind Extraktivstoffe aus Fleisch und Röstprodukte, die bei der Zubereitung von Lebensmitteln gebildet werden (vorrangig aus Fleisch oder anderen eiweißhaltigen Lebensmitteln). Ein ebenfalls besonders wirksamer Saftlocker ist das biogene Amin Histamin. Auch Bitterstoffe wie Hopfenextrakte und andere pflanzliche Extraktivstoffe (z. B. Extrakte aus Wermut) sind ausgezeichnete Saftlocker. Alkohol stimuliert in niedrigen Konzentrationen ebenfalls die Gastrinproduktion, ebenso Coffein und eine Reihe anderer niedermolekularer Nahrungsbestandteile.

Fette und Öle drosseln die Bildung von Gastrin, sobald sie mit der Magenschleimhaut in Berührung kommen. Die Verweildauer von fetthaltigen Mahlzeiten im Magen wird dadurch verlängert.

Intestinale Phase

Die intestinale Phase der Verdauung wird im wesentlichen vom Dünndarm aus gesteuert. Ihre Steuerung ist gleichzeitig eine Rückkopplungsreaktion, die die Geschwindigkeit der Verdauungsprozesse im Magen und die Geschwindigkeit des Übertritts von Mageninhalt dem Leistungsvermögen des Dünndarms anpaßt.

Bei der intestinalen Phase kann zwischen folgenden Regulationsschritten unterschieden werden, die sich in gewissem Maße wechselseitig beeinflussen können:

- Sekretinbildung und Steuerung des Übertritts von Speisebrei in das Duodenum,
- Bildung von Cholecystokinin-Pankreozym (CCK-PKZ) und Steuerung der Abgabe von Galle und Pankreassaft.

Sekretinbildung: Beim Übertritt von saurem Mageninhalt wird in speziellen Drüsen der Dünndarmschleimhaut Sekretin gebildet, ein Gewebshormon, das nach seiner Bildung über den Blutweg zur Magenschleimhaut gelangt. Sekretin drosselt in den Parietalzellen der Magenschleimhaut die Produktion von Salzsäure, es drosselt aber nicht die in den Hauptzellen stattfindende Produktion von Pepsinogen. Das Sekretin stimuliert den Pankreas gleichzeitig zur vermehrten Produktion von Hydrogencarbonat, wodurch die Neutralisation des in das Duodenum gelangten sauren Speisebreis beschleunigt wird. Durch den Übertritt eines zusätzlich fettreichen Mageninhalts wird die Sekretinproduktion nachhaltiger stimuliert und hält länger an. Dadurch wird die Salzsäureproduktion im Magen stärker gedrosselt, wodurch die Verweildauer des Speisebreis im Magen verlängert wird. Die Verweildauer wird auf diesem Weg der begrenzten Leistungsfähigkeit bei der Verdauung und Resorption der Fette im Dünndarm angepaßt. Die Sekretinproduktion des Dünndarms wird gedrosselt, sobald der ins Duodenum übergetretene Magensaft durch den alkalischen Pankreassaft neutralisiert ist.

Steuerung der Abgabe von Galle und Pankreassaft

In der Schleimhaut des Duodenums wird neben dem Sekretin auch das Verdauungshormon Cholecystokinin-Pankreozym (CCK-PKZ) gebildet, sobald die spezifischen hormonbildenden Zellen mit saurem Speisebrei, aber insbesondere mit Fetten in Kontakt kommen. Dieses Hormon erhöht den Enzymgehalt des Pankreassafts (gesteigerte Abgabe von „vorgefertigten“ Enzymen und gesteigerte Neusynthese von Enzymen) und stimuliert gleichzeitig die Abgabe von Gallenflüssigkeit aus der Gallenblase in den Zwölffingerdarm.

3.10.2 Verdauung und Resorption der einzelnen Nahrungsbestandteile (zusammenfassender Überblick)

3.10.2.1 Kohlenhydrate (siehe Tab. 3.10.2)

Verdauung

Polysaccharide (Stärke und Glykogen): Die Spaltung erfolgt zunächst durch die α-Amylase des Speichels. Sie wird im Magen infolge der Inaktivierung der α-Amylase durch die Magensalzsäure unterbrochen. Nach Übertritt des Speisebreis in das Duodenum wird die Spaltung durch die α-Amylase des Pankreassekrets fortgesetzt.

Die α-Amylase spaltet die α-glykosidischen Bindungen zwischen den Glucosemolekülen im Inneren der Polysaccharidmoleküle. Endprodukte der α-Amylasewirkung sind Maltose und geringe Mengen an Isomaltose, die von den Verzweigungsstellen im Amylopektin- und Glykogenmolekül stammen.

Tabelle 3.10.2: Übersicht über die Spaltung und Resorption von Kohlenhydraten

Ort im Magen-Darm-Trakt	Enzym	Kohlenhydrattyp und gebildete Spaltprodukte: Stärke	Disaccharide	Monosaccharide
Mundhöhle	α-Amylase	Spaltung in Bruchstücke		
Magen	Salzsäure	Inaktivierung der α-Amylase		
Dünndarm				
Pankreassaft	α-Amylase		Maltose+ Isomaltose ——>	
Mucosazellen	Disaccharidasen			Monosaccharide
Resorption (Mucosazellen)				Monosaccharide

Disaccharide: Disaccharide (mit der Nahrung aufgenommen oder durch den Abbau von Stärke oder Glykogen gebildet) werden erst an den Mucosazellen des Dünndarms durch spezifische Disaccharidasen (Maltase, Saccharase-Isomaltase-Komplex, Lactase) mit unterschiedlicher Geschwindigkeit gespalten.

Resorption der Monosaccharide

Die Resorption von Kohlenhydraten erfolgt durch die Mucosazellen des Dünndarms ausschließlich in Form von Monosacchariden. Sie ist ein energieabhängiger Prozeß (er verbraucht ATP) und ist an spezifische Transportrezeptoren der Mucosazelle gebunden. Dieser energieverbrauchende aktive Prozeß ermöglicht die Resorption von Monosacchariden auch entgegen einem Konzentrationsgefälle. Glucose und andere Monosaccharide werden auch dann resorbiert, wenn die Monosaccharidkonzentration im Darm (wesentlich) höher ist als im Inneren der Mucosazelle.

Die Transportmechanismen für die einzelnen Monosaccharide arbeiten unterschiedlich schnell. Die Geschwindigkeit der Aufnahme von Monosacchariden ist außerdem von der Spaltungsgeschwindigkeit der Disaccharidasen abhängig:

- Glucose und Galactose werden rasch, Fructose wird dagegen langsamer resorbiert.
- Saccharose und Maltose werden rasch gespalten und resorbiert. Sie sowie Glucose werden als schnell resorbierbare Zucker bezeichnet.
- Lactose wird nur langsam in Glucose und Galactose gespalten, infolgedessen ist auch deren Resorption verzögert (die Monosaccharide fallen verzögert an). Milchzucker bewirkt daher keine rasche Erhöhung des Blutzuckerspiegels, er wird nicht zu den rasch resorbierbaren Zuckern gerechnet.
- Sorbit und Xylit werden sehr langsam resorbiert. Größere Mengen dieser Zuckeraustauschstoffe, die während der Passage durch den Dünndarm nicht vollständig resorbiert werden können, binden zunächst größere Mengen an Wasser und werden in den tieferen Darmabschnitten anschließend durch die Darmbakterien sehr rasch abgebaut. Die dabei gebildeten Abbauprodukte (Milchsäure, Darmgase u. a.) reizen die Darmschleimhaut und führen zu Durchfällen. Die tägliche Aufnahme an Sorbit (und Xylit) sollte deswegen 30 g nicht überschreiten.

3.10.2.2 Eiweiße (siehe Tab. 3.10.3)

Tabelle 3.10.3:
Übersicht über die Spaltung und Resorption von Eiweißen

Ort im Magen-Darm-Trakt	Enzym	Spaltprodukte
Magen	Pepsin	Polypeptidbruchstücke
Dünndarm		
Pankreassaft	Trypsin und Chymotrypsin (Endopeptidase)	Kleinere Polypeptidbruchstücke
	Exopeptidasen	freie Aminosäuren + Peptide
Mucosazellen	Di- und Tripeptidasen	freie Aminosäuren
Resorption		freie Aminosäuren

Ernährungslehre

Verdauung

Die Verdauung der Eiweiße kann in 3 Phasen unterteilt werden, die kontinuierlich ineinander übergehen:

- Spaltung durch Pepsin im Magen
  Das Pepsin spaltet als Endopeptidase Peptidbindungen im Inneren des Eiweißmoleküls. Es entstehen als Spaltprodukte unterschiedlich große Polypeptide. Aminosäuren werden von den Kettenenden nicht abgespalten. Pepsin wirkt nur im stark sauren Magensaft. Es wird beim Übertritt des angedauten Speisebreis in den Zwölffingerdarm und der dabei erfolgenden Neutralisation inaktiviert.
- Spaltung durch Trypsin und Chymotrypsin im Dünndarm
  Die beiden Enzyme des Pankreassafts wirken im alkalischen Darmsaft ebenfalls als Endopeptidasen. Sie spalten die durch die Pepsinwirkung gebildeten Peptidketten weiter zu kleineren, ebenfalls unterschiedlich großen Spaltstücken (Peptiden) auf, freie Aminosäuren werden dabei ebenfalls nicht freigesetzt. Trypsin und Chymotrypsin unterscheiden sich in der unterschiedlichen Bevorzugung von Peptidbindungen zwischen bestimmten Aminosäuren (auch Pepsin hat eine gewisse Bevorzugung für die Spaltung von Bindungen zwischen bestimmten Aminosäuren).
- Spaltung durch Exopeptidasen
  Die durch die Wirkung der Endopeptidasen gebildeten unterschiedlich großen Peptide werden durch Exopeptidasen schrittweise weiter zu den Aminosäuren abgebaut. Exopeptidasen werden im Pankreas gebildet (Carboxypeptidasen und Aminopeptidasen), außerdem werden spezifische Peptidasen von den Mucosazellen des Dünndarms bereitgestellt. Die Exopeptidasen wirken hochspezifisch (im Hinblick auf die abzuspaltende Aminosäure) von jeweils einem der beiden (unterschiedlichen) Enden des Peptidmoleküls (Amino- bzw. Carboxylende) unter Freisetzung von jeweils einer Aminosäure.

Resorption der Aminosäuren

Die Resorption der Aminosäuren erfolgt durch die Mucosazellen des Dünndarms. Sie ist wie die Resorption der Monosaccharide ein energieabhängiger Prozeß, an dem unterschiedliche Transportproteine für jeweils verschiedene (chemisch ähnliche Eigenschaften aufweisende) Aminosäuregruppen beteiligt sind. Die Resorption der Aminosäuren kann auch entgegen einem möglicherweise bestehenden Konzentrationsgradienten stattfinden.

3.10.2.3 Fette

Verdauung der Fette

Die Verdauung und die Resorption von Fetten ist infolge ihrer Wasserunlöslichkeit komplizierter als die der Kohlenhydrate und Eiweiße. Fettspaltende Enzyme, die als in Wasser lösliche Eiweiße in Fett nicht löslich sind, können nur an einer engen Grenzschicht zwischen Wasser und Fett wirksam werden. Die Spaltung von Fetten in Glycerin und in freie Fettsäuren hängt infolgedessen wesentlich von der Größe dieser Grenzfläche ab. Je feiner die aufgenommenen Fette in Form von kleinen Tröpfchen verteilt werden können, um so effektiver ist die Wirkung der fettspaltenden Lipase des Pankreassafts.

Emulgieren der Fette

Entscheidend für die Fettspaltung ist das Emulgieren der aufgenommenen Nahrungsfette. Das Ausmaß dieses Emulgierens hängt wesentlich von der Anwesenheit von Emulgatoren ab, die als oberflächenaktive Substanzen eine Vermittlung zwischen den Fetten und der wäßrigen Phase des Darminhalts herstellen. Sie verteilen das Fett in feinste Tröpfchen, umhüllen diese und ermöglichen, daß diese Fetttröpfchen von einem dünnen Wasserfilm umgeben werden. Das Ausmaß des Emulgierens der Fette hängt jedoch nicht nur von der emulgierenden Aktivität und der Konzentration des Emulgators ab, sondern sie wird auch durch die Eigenschaften des betreffenden Fetts selbst und durch andere Faktoren wie beispielsweise durch die Temperatur beeinflußt. Fette, die bereits als Emulsion oder fein verteilt vorliegen wie beispielsweise in Form von Butter oder in Form von feinsten Fetttröpfchen in der homogenisierten Konsummilch, werden leichter emulgiert als feste Fette. Auch Fette mit einem hohen Schmelzbereich werden schwerer emulgiert, insbesondere wenn der Schmelzbereich oberhalb der Körpertemperatur liegt wie beispielsweise bei Rinder- oder Hammeltalg.

Als Emulgatoren von Nahrungsfetten können wirksam werden

- Gallensäuren,
- Emulgatoren, die als Lebensmittelinhaltsstoffe aufgenommen werden,
- Mono- und Diglyceride, die erst bei der Fettspaltung als Zwischenprodukte gebildet werden.

Eine herausragende Emulgatorwirkung haben die Gallensäuren, die mit der Gallenflüssigkeit in das Duodenum eingeleitet werden. Die in einigen Lebensmitteln vorkommenden natürlichen Substanzen mit einer emulgierenden Wirkung können dieses Emulgieren zwar unterstützen, sind allein aber nicht in der Lage, dies in ausreichendem Maße zu bewerkstelligen. Die wichtigsten dieser natürlichen Emulgatoren sind die Phosphatide, insbesondere das Lecithin. Lecithin kommt in relativ hoher Konzentration im Eigelb vor, darüber hinaus in geringerer Konzentration im Milchfett. Auch in anderen tierischen Lebensmitteln können geringe Mengen an Lecithin als Fettbegleitstoffe und als Bestandteile von Biomembranen vorkommen. Lecithin wird in der Lebensmittelindustrie als Zusatzstoff eingesetzt, generell bei der Margarineherstellung.

Die zunächst als Spaltprodukte der Triglyceride gebildeten Mono- und Diglyceride besitzen polaren Charakter (sie haben „wasser- und fettfreundliche" funktionelle Gruppen) und können damit als Emulgatoren wirken. Diese Eigenschaft ist dadurch bedingt, daß diese Mono- bzw. Diglyceride infolge der Fettsäureabspaltung nunmehr 1 bzw. 2 freie OH-Gruppen am Glycerinrest aufweisen. Mono- und Diglyceride werden in der Lebensmittelindustrie ebenfalls als Emulgatoren eingesetzt (Zusatzstoffe).

Spaltung durch die Pankreaslipase: Die emulgierten Fette werden im Dünndarm durch die vom Pankreas gebildete Lipase aufgespalten. Dabei werden 1 bzw. 2 Fettsäuren von den jeweiligen endständigen C-Atomen des Glycerins abgespalten unter Bildung von Di- bzw. Monoglyceriden (Glycerinmoleküle, an denen nur noch 2 bzw. 1 Fettsäurereste angeheftet sind). Im weiteren Verlauf der Spaltung wird schließlich noch die 3. Fettsäure abgespalten.

Resorption

Die Resorption der freien Fettsäuren und des Glycerins ist im Gegensatz zur Resorption von Aminosäuren und Monosacchariden ein energieunabhängiger Prozeß. Sie läuft aus diesem Grund langsamer ab und kann nicht entgegen einem bestehenden Konzentrationsgradienten stattfinden. Hohe Konzentrationen von Fettsäuren in der Mucosazelle bremsen oder verhindern die Resorption. Eine solche Erhöhung der Fettsäurekonzentration in den Mucosazellen kann erfolgen, wenn die aufgenommenen Fettsäuren nicht schnell genug aus den Dünndarmzellen abtransportiert werden. Die Resorption der unterschiedlich langen Fettsäuren (wasserlöslich bzw. wasserunlöslich) erfolgt durch 2 unterschiedliche Mechanismen:

- Kurz- und mittelkettige Fettsäuren (bis zu einer Kettenlänge von 10 C-Atomen) sind wasserlöslich (siehe Kap. 3.5.1.1). Sie werden von den Dünndarmzellen aufgenommen, indem sie deren Zellwand langsam passieren (einfache Permeation). Die Geschwindigkeit ihrer Aufnahme wird durch den Konzentrationsunterschied zwischen den Fettsäuren im Darminhalt und im Zellinneren der Mucosazelle bestimmt. Um eine relativ rasche und vollständige Resorption zu gewährleisten, müssen diese Fettsäuren aus den Darmzellen über den Blutweg rasch abtransportiert werden (Pfortaderweg zur Leber).
- Langkettige Fettsäuren sind wasserunlöslich. Sie werden in sog. Micellen verpackt resorbiert. Micellen entstehen durch die geordnete Zusammenlagerung einer größeren Anzahl von langkettigen Fettsäu-

remolekülen. Diese werden dabei in Art einer Doppelschicht so angeordnet, daß ihre hydrophilen (wasserfreundlichen) Molekülanteile, die Säuregruppen, nach außen und die hydrophoben (wasserfeindlichen) Molekülanteile, die langen Kohlenstoffketten, nach innen gerichtet sind. Durch diesen „Kunstkniff" können die Micellen nach Anlagerung an die Mucosazellen in diese eingeschleust werden, ohne daß dazu Energie benötigt wird. Im Inneren dieser Micellen können auch andere fettlösliche Substanzen eingeschlossen werden wie Cholesterin, fettlösliche Vitamine, Carotine u. a. Eine Resorption dieser Verbindungen ist ohne dieses „Huckepackverfahren" im Inneren der Micellen nicht möglich.

Es gibt Hinweise, daß einige Monoglyceride auch ohne Abspaltung des letzten Fettsäurerests resorbiert werden können, wobei offenbar die Kettenlänge des noch am Glycerin verbliebenen Fettsäurerests von Bedeutung ist. Während der am Glycerinmolekül verbliebene Rest einer langkettigen Fettsäure die Resorption des Monoglycerids offenbar behindert, können Monoglyceride, an denen eine kurz- oder mittelkettige Fettsäure angeheftet ist, möglicherweise leichter resorbiert werden. Dieser Befund könnte die bei Störungen der Fettverdauung bessere Resorption von MCT-Fetten zusätzlich erklären.

3.10.3 Abtransport der resorbierten Nährstoffe

Der Abtransport der resorbierten Nährstoffe erfolgt über 2 verschiedene Wege:

- Pfortaderweg,
- Lymphweg.

Pfortaderweg

Alle wasserlöslichen Substanzen wie Monosaccharide, Aminosäuren, wasserlösliche kurz- und mittelkettige Fettsäuren, nahezu alle Mineralstoffe (Ausnahme Eisen*), wasserlösliche Vitamine (Ausnahme Vitamin B_{12}*) und Glycerin werden, im Blutplasma gelöst, über die Pfortader direkt zur Leber transportiert (siehe Kap. 2.3.3.1). In der Leber können diese Stoffe sofort umgewandelt, nach Durchströmen der Leber an den großen Kreislauf weitergeleitet bzw. in der Leber selbst gespeichert werden (z. B. Glucose in Form von Glykogen). Auch Mono- und möglicherweise Diglyceride mit kurz- bzw. mittelkettigen Fettsäuren können offenbar über diesen Weg aus den Dünndarmzellen abtransportiert werden.

* *Benötigen spezifisches Transportsystem.*

Lymphweg

Aus den wasserunlöslichen Fettsäuren werden in den Dünndarmzellen nach erfolgter Resorption durch Verknüpfung mit Glycerin sofort wieder Fette gebildet. Diese Fette sowie die anderen wasserunlöslichen Verbindungen werden anschließend in Chylomikronen verpackt, wodurch ihr Transport in einer wäßrigen Phase ermöglicht wird (siehe Kap. 3.5.4.1). Die Chylomikronen werden von den Mucosazellen an die Lymphe abgegeben und über den Milchbrustgang mit dem Lymphstrom zur unteren Hohlvene und somit in den großen Kreislauf eingeleitet.

KAPITEL 4

Ernährungsempfehlungen

4 Ernährungsempfehlungen

Die Nährstoffversorgung der überwiegenden Mehrheit der Bevölkerung westlicher Industriestaaten hat sich in den letzten Jahrzehnten ungünstig entwickelt. Diese unerfreuliche Entwicklung ist durch mehrere Faktoren bedingt:

- Änderung der Arbeitsbedingungen
  Der Wegfall schwerer körperlicher Arbeit wird von vielen Menschen nicht oder nicht in ausreichendem Maße durch sportliche Freizeitaktivitäten kompensiert. Die bisherigen Eßgewohnheiten werden jedoch beibehalten, obwohl ein geringerer Energiebedarf besteht. Als Ergebnis wird mehr Nahrungsenergie aufgenommen als benötigt.
- Wesentlich verbesserter Lebensstandard (Wohlstand)
  Breiten Bevölkerungskreisen ist der Kauf von ausreichenden Mengen an Lebensmitteln jederzeit möglich, ohne daß andere Ansprüche in der Lebensführung zurückgestellt werden müssen. Insbesondere die energiereichen Grundnahrungsmittel (Fette, Öle, Zucker) sind ausgesprochen preisgünstig.
- Erleichterung der Nahrungszubereitung
  Das vielfältige Angebot an vorgefertigten und tischfertigen Gerichten verleitet zu einer häufigeren Nahrungsaufnahme. Eine Reihe dieser Fertigprodukte weist, zumindest augenblicklich noch, eine unausgewogene, meist zu energiereiche Nährstoff-Zusammensetzung auf. Es ist jedoch festzustellen, daß Fertigprodukte mit einer ausgewogenen Nährstoff-Zusammensetzung immer häufiger angeboten werden.
- Erweiterung des Imbißangebots
  Preisgünstige Angebote von Fastfood-Ketten, Schnellrestaurants der Systemgastronomie und verschiedenen Imbißständen sichern insbesondere in den Großstädten eine flächendeckende „Versorgung" zum Stillen des sog. „kleinen Hungers". Das Speisenangebot dieser Versorgungseinrichtungen ist jedoch vorzugsweise hochkalorisch und fettreich. Besonders bedenklich ist, daß diese Speisen ausgerechnet von Kindern bevorzugt angenommen werden.
- Überangebot an Snacks
  Der Markt wird zunehmend mit neuen Erzeugnissen der Lebensmittelindustrie (insbesondere der Süßwarenbranche) überschwemmt, denen die Werbung außergewöhnliche geschmackliche Eigenschaften zuschreibt, und die, oft gedankenlos, zusätzlich zu den üblichen Mahlzeiten verzehrt werden (Knabbern vor dem Fernsehapparat).
- Alkoholkonsum
  Durch den gestiegenen Genuß von alkoholischen Getränken werden in großem Umfang zusätzlich „leere" Kalorien aufgenommen (Energieinhalt des Alkohols und des Zuckers süßer Alkoholika einschließ-

lich Bier). Der ständige Konsum von größeren Mengen an Alkohol birgt zusätzlich die Gefahr der Ausbildung einer Alkoholabhängigkeit und von alkoholbedingten Organschäden.

Diese Veränderungen in den Verzehrgewohnheiten vieler Menschen bedingen eine ungünstige Relation der Nährstoffe in der täglichen Kost. Der Großteil der Bevölkerung der westlichen Industrieländer verzehrt

- zu viel Fett (insbesondere tierisches Fett), Zucker und Fleisch und trinkt zu viel Alkohol,
- zu wenig Milch und Milchprodukte, Brot, Kartoffeln, Reis und Teigwaren sowie Frischgemüse und Obst.

Die Folgen dieses Eßverhaltens und der dadurch bedingten unausgewogenen Ernährung sind

- Übergewicht und Fettsucht als Folge einer überhöhten Energiezufuhr (positive Energiebilanz),
- Unterversorgung mit essentiellen Nahrungsfaktoren mit nachfolgendem Mangel an Vitaminen (insbesondere an den Vitaminen C, B_1, A, D und Folsäure), an Mineralstoffen (insbesondere an Kalzium, Eisen und Jod) sowie an essentiellen Fettsäuren (in Relation zu gesättigten Fettsäuren) und zusätzlich die zu geringe Aufnahme von Ballaststoffen.

Eine Unterversorgung mit essentiellen Nahrungsfaktoren ist bei Risikogruppen (Schwangere, Senioren, aber auch Schulkinder) besonders häufig und führt bei ihnen besonders rasch zu gesundheitlichen Schäden.

Infolge der sehr ausgeprägten Fähigkeit des menschlichen Organismus, sich innerhalb einer großen Spannweite an äußere Bedingungen anzupassen, führt auch eine Fehlernährung erst nach längerer Zeit zu leicht wahrnehmbaren gesundheitlichen Beeinträchtigungen und ernährungsbedingten Erkrankungen. Diese sind dann in vielen Fällen infolge einer völligen Erschöpfung der Regulationsmechanismen mit schwerwiegenden Störungen verbunden, die oft nur schwer oder in manchen Fällen überhaupt nicht mehr zu beheben sind. Die Kosten, die dem Gesundheitswesen in Deutschland wegen ernährungsbedingter Krankheiten jährlich entstehen, werden auf mehr als 100 Milliarden DM beziffert.

4.1 Zielsetzung von Ernährungsempfehlungen

Ziel der Empfehlungen ist die Orientierung auf eine optimale Versorgung des menschlichen Körpers mit den Nährstoffen, die für die Erhaltung der Gesundheit und der körperlichen und geistigen Leistungsfähigkeit erforderlich sind (insbesondere essentielle Nahrungsfaktoren), und auf ein Vermeiden einer überhöhten Zufuhr von bestimmten Nährstoffen, die, in Übermaß zugeführt, zu gesundheitlichen Schäden führen können (Energieträger, vorrangig Fett, gesättigte Fettsäuren [tierisches Fett], Kochsalz, Cholesterin, Alkohol). Hierbei wird besonders auf die Einschränkung des zu hohen Verzehrs von tierischen Fetten, oft als verborgenes Fett in fetten Fleisch- und Wurstwaren, sowie in Kuchen und Torten einschließlich Schlagsahne und von großen Mengen an Süßwaren gezielt. Eine Senkung der Kochsalzzufuhr ist zur Verringerung der Gefahr von Herz- und Kreislauferkrankungen (Bluthochdruck u. a.) sowie von Nierenerkrankungen ebenfalls anzustreben.

Besondere Empfehlungen sind den unterschiedlichen Bedürfnissen der verschiedenen Altersgruppen unter Berücksichtigung des Geschlechts angepaßt sowie den Erfordernissen, die bei Schwangeren und Stillenden an die Nährstoffzufuhr gestellt werden.

Empfehlungen für eine gesunde Ernährung betreffen sowohl Vorgaben für eine optimale Gestaltung des Speiseplans und der Auswahl der hierfür besonders geeigneten Lebensmittel als auch Vorgaben für die Menge der einzelnen Nährstoffe, die zugeführt werden sollten, um Gesundheit sowie physisches und psychisches Wohlergehen weitgehend zu sichern. Diese Vorgaben wurden für Deutschland bisher von der Deutschen Gesellschaft für Ernährung e. V. (DGE) erarbeitet. Sie basierten auf den Ergebnissen der ernährungswissenschaftlichen und medizinischen Grundlagenforschung sowie von Reihenuntersuchungen an großen Bevölkerungsgruppen (sog. epidemiologische Studien). Zusätzlich wurden die Empfehlungen internationaler Gremien wie der Weltgesundheitsorganisation (WHO), der Food and Agriculture Organisation (FAO, Spezialorganisation der UNO für Nahrungsmittel und Landwirtschaft) sowie der zuständigen EU-Kommissionen berücksichtigt.

Der in den letzten Jahren gewonnene immense Erkenntniszuwachs machte eine umfangreiche Überarbeitung der Vorgaben für eine optimale Nährstoffzufuhr erforderlich. Diese wurde erstmalig gemeinsam von der DGE, der Österreichischen Gesellschaft für Ernährung (ÖGE), der Schweizerischen Gesellschaft für Ernährungsforschung (SGE) und der Schweizerischen Vereinigung für Ernährung (SVE) vorgenommen, wodurch für diese Länder nunmehr einheitliche Vorgaben existieren. Die Gesamtheit dieser Vorgaben werden als Referenzwerte der DGE, ÖGE, SGE und SVE für die Nährstoffzufuhr bezeichnet („D-A-CH-Referenzwerte").

Bei der Aktualisierung der bisherigen Empfehlungen haben sich auf Grund der erreichten wissenschaftlichen Fortschritte einige Neuerungen ergeben, die sich vor allem auf eine Differenzierung der Werte für eine optimale Nährstoffzufuhr beziehen, wofür neue Begriffe eingeführt bzw.

bereits benutzte eindeutig definiert wurden. Darüber hinaus wird zwischen nutritiven und präventiven Aspekten der Nährstoffe unterschieden. Diese Begriffe sind

- Referenzwerte,
- Empfehlungen,
- Schätzwerte bzw.
- Richtwerte.

Referenzwerte: „Referenzwerte für die Nährstoffzufuhr" ist der übergeordnete Begriff, unter dem die Empfehlungen, Schätzwerte und Richtwerte für die Zufuhr einzelner Nährstoffe zusammengefaßt werden. Die nutritiven Referenzwerte sind die Werte für die Nährstoffzufuhr, die nach dem derzeitigen wissenschaftlichen Erkenntnisstand bei nahezu allen gesunden Personen der Bevölkerung die Gesundheit erhalten und fördern und damit die Lebensqualität sowie die lebenswichtigen physischen und psychischen Funktionen sicherstellen.

Empfehlungen: Empfehlungen für die Höhe der Zufuhr eines bestimmten Nährstoffs werden für solche Nährstoffe gegeben, bei denen der Bedarf mit großer Sicherheit ermittelt werden kann. Hierbei werden die individuellen physiologischen Schwankungen berücksichtigt, entsprechende Sicherheitsbeträge zugeschlagen, und es wird damit außerdem gesichert, daß im Körper jederzeit ein ausreichender Vorrat von dem betreffenden Nährstoff verfügbar ist.

Empfehlungen werden gegeben für Eiweiß, für essentielle Fettsäuren, für die meisten Vitamine und für zahlreiche Mineralstoffe (Kalzium, Phosphor, Magnesium, Eisen, Jod, Zink).

Schätzwerte: Schätzwerte werden für solche Nährstoffe angegeben, bei denen der Bedarf und damit die wünschenswerte Zufuhr trotz intensiver Forschung noch nicht mit hinreichender Genauigkeit angegeben werden kann.

Schätzwerte werden gegeben für die Vitamine E und K, β-Carotin, Pantothensäure, Biotin, für eine Reihe weiterer Mineralstoffe (Natrium, Kalium, Selen, Kupfer, Mangan, Chrom, Molybdän) sowie für Chlorid.

Richtwerte: Richtwerte werden für solche Nährstoffe angegeben, bei denen die Zufuhr innerhalb gewisser Grenzen liegen bzw. bestimmte Grenzen nicht überschreiten sollte, um ernährungsbedingte gesundheitliche Beeinträchtigungen zu vermeiden.

Richtwerte werden vorgegeben für die gesamte Energiezufuhr und für die Aufnahme von Fett, Kohlenhydraten, Ballaststoffen, Cholesterin, Alkohol, Wasser sowie Fluorid.

Die nunmehr in einer beträchtlich erweiterten Form vorliegenden D-A-CH-Referenzwerte für die Nährstoffzufuhr* sind mit ihrem umfangreichen Tabellenwerk sowie den zusätzlichen Erläuterungen die Grundlage für eine exakte und zeitsparende Berechnung der erforderlichen Nährstoffzufuhr der unterschiedlichsten Altersgruppen einschließlich Säuglinge, Kinder, Senioren sowie Schwangere und Stillende.

Die in anderen Staaten von den jeweils zuständigen Gremien erarbeiteten Werte für die Zufuhr einzelner Nährstoffe können in einzelnen Punkten von diesen Werten abweichen, wofür verschiedene Gründe verantwortlich sind. So werden beispielsweise bei den Empfehlungen zu der Höhe der Vitaminaufnahme zu dem ermittelten Mindestbedarf unterschiedlich hohe Sicherheitsbeträge zugeschlagen (z. B. beim Vitamin C in Großbritannien niedrigere Sicherheitszuschläge). In der Nährwertkennzeichnungs-Verordnung (siehe Kap. 12.2.2), die im Rahmen der Umsetzung einer entsprechenden Richtlinie der EU erlassen wurde, sind ebenfalls Empfehlungen über die Höhe der täglichen Aufnahme von Vitaminen und Mineralstoffen enthalten. Diese weichen kaum von den D-A-CH-Referenzwerten ab. Bei bestehenden Abweichungen wird im Rahmen der D-A-CH-Referenzwerte auf diese eingegangen und die Unterschiede erläutert.

<u>Obergrenzen für die Aufnahme einzelner Nährstoffe:</u> Auf eine generelle Festlegung einer Obergrenze für die Aufnahme einzelner Nährstoffe, bei deren Überschreitung mit gesundheitsschädigenden Effekten gerechnet werden muß, wird in den D-A-CH-Referenzwerten zunächst noch verzichtet. Solche mögliche Schädigungen als Folge einer überhöhten Zufuhr durch entsprechende Präparate sind zwar in einigen Fällen bekannt, genaue Untersuchungen am Menschen fehlen aber aus erklärlichen Gründen. Es kann aber davon ausgegangen werden, daß in der Zukunft solche Grenzwerte festgelegt werden, bei deren Einhaltung mit Sicherheit gerade noch keine schädigenden Wirkungen zu erwarten sind (sog. Tolerable Upper intake Level = UL-Wert = Menge des Nährstoffs, die bei täglicher Aufnahme beim gesunden Menschen mit Sicherheit keine gesundheitlich nachteiligen Effekte auslöst). Bei solchen Nährstoffen, von denen bei einer überhöhten Zufuhr schädigende Effekte eindeutig bekannt sind, werden aber entsprechende Angaben gemacht. Es kann aber festgestellt werden, daß bei einer vollwertigen Ernährung mit den im Handel angebotenen Lebensmitteln eine solche mögliche Gefährdung nicht besteht.

<u>Berücksichtigung von Lagerungs- und Zubereitungsverlusten:</u> Die Referenzwerte für die Zufuhr der einzelnen Nährstoffe beziehen sich auf die Mengen der betreffenden Nährstoffe, die zum Zeitpunkt des Verzehrs

* Deutsche Gesellschaft für Ernährung, Österreichische Gesellschaft für Ernährung, Schweizerische Gesellschaft für Ernährungsforschung, Schweizerische Vereinigung für Ernährung: Referenzwerte für die Nährstoffzufuhr. Umschau Braus, Frankfurt 2000.

noch im Lebensmittel vorhanden sind. Nährstoffverluste, die bei der Lagerung bzw. bei der Zubereitung der Lebensmittel auftreten, müssen demnach entsprechend berücksichtigt werden. Solche Verluste betreffen vorwiegend Vitamine. Auf die durchschnittliche Höhe dieser Verluste, mit denen bei der üblichen Zubereitung von Speisen und Gerichten im Haushalt zu rechnen ist, wird nur pauschal hingewiesen. Ausführlicher wird auf diese Problematik in Kap. 11.3.2 eingegangen (Verluste an Nährstoffen generell, an Mineralstoffen und Vitaminen bei der Lagerung von Lebensmitteln und bei unterschiedlichen Zubereitungsarten).

Aufstellung von Wochenspeiseplänen: Die als Tagesbedarf angegebenen Mengen der Nährstoffe müssen nicht exakt an jedem Tag aufgenommen werden. Es genügt, diese Vorgaben innerhalb eines begrenzten Zeitraums einzuhalten, etwa innerhalb einer Woche, wenn dabei die Durchschnittswerte pro Tag der empfohlenen Zufuhr entsprechen. Es ist allerdings zu vermeiden, einzelne Nährstoffe, insbesondere essentielle Nahrungsfaktoren, in einzelnen größeren Dosen „stoßweise" aufzunehmen. Da bei einigen Nährstoffen die Resorptionsrate begrenzt ist, könnten dadurch größere Mengen von diesen Nährstoffen unter Umständen nicht in ausreichendem Maße verwertet werden. Es muß jedoch nachdrücklich darauf hingewiesen werden, daß bei einer Reihe von speziellen Ernährungsregimes und Diäten die täglich vorgegebene Nährstoffzufuhr exakt eingehalten werden muß.

Beachtung von präventiven Aspekten: Eine zunehmende Bedeutung gewinnen präventive (vorbeugende) Aspekte einzelner Nährstoffe und Nahrungsinhaltsstoffe. Obwohl eine gesunde, vollwertige Ernährung (siehe Kap. 4.4) nach wie vor die beste Ernährungsform zur Prophylaxe von ernährungsbedingten Erkrankungen ist, wird einzelnen Nährstoffen und Nahrungsinhaltsstoffen verstärkt eine Bedeutung zugeordnet werden, insbesondere unter dem Gesichtspunkt ihres Einsatzes in funktionellen Lebensmitteln und Nahrungsergänzungsmitteln (siehe Kap. 5.7.5 und 5.7.6). Es empfiehlt sich, diesen Gesichtspunkten vorrangig durch die zielgerichtete Auswahl von solchen Lebensmitteln Rechnung zu tragen, die reich an solchen Inhaltsstoffen sind. Das betrifft insbesondere den reichlichen Verzehr von Obst und Gemüse, in denen die unter diesen Aspekten als besonders wertvoll angesehenen Vitamine und Mikronährstoffe in relativ großen Mengen vorkommen (siehe Kap. 3.7.3).

4.2 Referenzwerte für die Ernährung des Erwachsenen

Die Referenzwerte für die Ernährung gesunder Erwachsener beziehen sich auf normgewichtige Personen bei leichter körperlicher Arbeit. Diese Werte sind Richtgrößen, sie differieren in Abhängigkeit von Körpergröße,

Geschlecht und Alter, vorrangig bei der erforderlichen Zufuhr von Energieträgern. Darüber hinaus bestehen auch individuelle Unterschiede im Nährstoffbedarf, auch hier wiederum insbesondere in Hinblick auf die benötigte Energiemenge. Bei der Zufuhr von essentiellen Nahrungsbestandteilen sind in der Regel keine individuellen Anpassungen erforderlich, da die Empfehlungen bzw. Schätzwerte einen ausreichend großen Sicherheitsbetrag enthalten.

4.2.1 Richtwerte für die Energiezufuhr

Generelle Empfehlungen für die Höhe der Energiezufuhr sind Richtwerte und beziehen sich stets auf normgewichtige, gesunde Menschen mit leichter körperlicher Tätigkeit, da dieser Personenkreis einen relativ großen Anteil an der Gesamtbevölkerung stellt. Auch für ältere Personen (rüstige Rentner) kann von einer vergleichbaren körperlichen Belastung ausgegangen werden. Die unter diesen Bedingungen benötigte Energiezufuhr nimmt mit zunehmenden Alter ab und ist bei Männern höher als bei Frauen:

- Männer
  Abnahme des Energiebedarfs von etwa 12 500 kJ (3000 kcal) im 20. Lebensjahr auf etwa 10 500 kJ (2500 kcal) im 65. Lebensjahr, Höhe des Bedarfs bei Senioren nur noch etwa 9500 kJ (2300 kcal),
- Frauen
  Abnahme des Energiebedarfs von etwa 10 000 kJ (2400 kcal) im 20. Lebensjahr auf etwa 8500 kJ (2000 kcal) im 65. Lebensjahr, Höhe des Bedarfs bei Seniorinnen nur noch etwa 7500 kJ (1800 kcal).

In vielen Fällen muß bei einer Vorgabe für die Energiezufuhr von diesen Werten abgewichen werden. Das betrifft einmal Menschen mit einer sehr geringen körperlichen Tätigkeit wie beispielsweise bettlägerige Patienten, die einen beträchtlich niedrigeren Energiebedarf haben (sie benötigen nur einen Zuschlag von 10 bis 15 % zum Grundumsatz), und zum anderen solche Personen, die ständig erhöhte körperliche Leistungen erbringen, insbesondere bei schwerer körperlicher Arbeit oder sportlichen Ausdauerleistungen. In diesen Fällen ist eine zusätzliche Energiezufuhr erforderlich. Es ist in diesen Fällen zweckmäßig, von dem jeweils erforderlichen Grundumsatz auszugehen und diesem den entsprechenden Leistungszuwachs zuzuschlagen (siehe Tabelle 4.2.1). Die Richtwerte für diesen zusätzlichen Energiebedarf (zusätzlich zum Leistungszuwachs bei leichter körperlicher Tätigkeit), die oft vorgegeben werden, sollten nur bei gesunden und normgewichtigen Personen als grobe Orientierung dienen.

Bei Abweichungen von der durchschnittlichen Körpergröße und damit auch vom mittleren Körpergewicht sowie bei unterschiedlichen körperlichen Aktivitäten ist es jedoch zweckmäßig, die Höhe der erforderlichen Energiezufuhr individuell zu kalkulieren. Hierbei ist es zweckmäßig, den Grundumsatz nicht nur überschlagsweise zu ermitteln (siehe Kap. 3.2.2.1), sondern diesen für die betreffende Person entsprechend dem Lebensalter und Geschlecht individuell zu ermitteln (siehe Kap. 3.2.2.2). Aber auch die bei dieser Vorgehensweise erhaltenen Werte für den Grundumsatz sind Durchschnittswerte, der tatsächliche Grundumsatz kann von diesem beträchtlich abweichen, ohne daß eine durch Krankheiten bedingte Veränderung vorliegt. Dem so ermittelten Grundumsatz ist der jeweilige Leistungszuwachs zuzuschlagen. Durch die regelmäßige Kontrolle des Körpergewichts sollte überprüft werden, ob die als erforderlich ermittelte (und auch eingehaltene) Energieaufnahme dem tatsächlichen Bedarf entspricht und damit garantiert, daß das Normgewicht erhalten bleibt.

Tabelle 4.2.1:
Richtwerte für den zusätzlichen Energiebedarf (Leistungszuwachs) bei unterschiedlich schweren körperlichen Tätigkeiten

Mittelschwere Arbeit (Hauswirtschaft, Handwerker mit größerer manueller Tätigkeit wie z. B. Tischler, Maler)	2500 kJ (600 kcal)
Schwere Arbeit (Landwirtschaftliche Berufe, Bauarbeiter, Masseure, Ausdauersportarten im Leistungssport)	5000 kJ (1200 kcal)
Schwerstarbeit (Steinbruch- und Waldarbeiter, ausgewählte Arbeiten im Hüttenwesen, Hochleistungssportler)	6700 kJ (1600 kcal)

Bei größeren Abweichungen vom Normalgewicht (siehe Kap. 4.2.1.1) muß dieses durch adäquate Ernährungsregimes entsprechend korrigiert werden (siehe Kap. 7.6.1 bzw. 7.6.2). Nach einer erfolgreichen Korrektur der Abweichungen des Körpergewichts sollte unabhängig von der regelmäßigen Gewichtskontrolle eine individuelle Berechnung der erforderlichen Energiezufuhr vorgenommen werden.

4.2.1.1 Normalgewicht (Sollgewicht)

Unter Normal- oder Sollgewicht wird das Körpergewicht verstanden, bei dem auf der Basis des derzeitigen Kenntnisstands mit dem bestmöglichen körperlichen Wohlbefinden und der längsten Lebenserwartung zu rechnen ist. Das optimale Körpergewicht hängt neben der Körpergröße auch von weiteren Faktoren ab wie Körperstatur, Geschlecht und Alter, die bei den üblichen einfachen Verfahren zur Ermittlung des Sollgewichts nicht berücksichtigt werden können. Die mit den einfachen Methoden ermittelten Werte für die Höhe des Sollgewichts sind jedoch hinreichend genau, wenn eine gewisse individuelle Schwankung der Werte akzeptiert wird.

Die vor einigen Jahren genutzten Tabellenwerke für das Sollgewicht, bei denen Körperbau, Alter und Geschlecht berücksichtigt wurden, sind umfangreich, umständlich zu handhaben und erlauben keine eindeutige Bewertung (das Einstufen der einzelnen Personen in eine der Kategorien eines Katalogs unterschiedlicher Typen der Körperstatur z. B. [gedrungener Körperbau] bereitet oft Schwierigkeiten). Sie haben sich in der Praxis nicht bewährt.

Zur Berechnung des Sollgewichts sind verschiedene Verfahren vorgeschlagen worden, die alle mit mehr oder weniger großen Vor- und Nachteilen behaftet sind. In der Praxis haben sich zwei Berechnungsverfahren bewährt, das sog. Normgewicht nach Broca und der Körpermasse-Index (Body-Mass-Index [BMI]). Das nicht mehr benutzte sog. „Idealgewicht" leitet sich vom Broca-Gewicht ab, es ergibt zu niedrige Sollwerte.

Normgewicht nach Broca

Das Normgewicht nach Broca (Broca-Gewicht, Sollgewicht) wird nach folgender Formel berechnet:

Broca-Gewicht (in kg) = Körperlänge (in cm) –100

Der Vorteil des Broca-Gewichts besteht darin, daß es sehr leicht und schnell berechnet werden kann. Unterschiede im Körperbau, Alter und Geschlecht werden dabei aber nicht berücksichtigt. Das Broca-Gewicht ist trotz aller Einschränkungen für die Praxis dann hinreichend genau, wenn nur kleinere Abweichungen vom wünschenswerten Körpergewicht erfaßt und beurteilt werden müssen. Bei eindeutig bestehendem Übergewicht sollte das Broca-Gewicht als Richtgröße zur Beurteilung nicht herangezogen werden.

Idealgewicht

Das sog. „Idealgewicht" wurde vor Jahrzehnten von Versicherungsanstalten für die Berechnung der Prämien von Lebensversicherungen eingeführt. Es wurde dabei (bewußt) zu niedrig angesetzt. Unter der angenommenen Prämisse, daß durch ein erhöhtes Körpergewicht die Lebenserwartung sinkt, müßten die Personen, deren Körpergewicht höher als das als normal angesehene Gewicht ist, für eine Lebensversicherung höhere Prämien entrichten. Dieses „Idealgewicht" ergab sich aus dem Broca-Gewicht nach Abzug eines Korrekturwerts:

Idealgewicht (bei Frauen) = Broca-Gewicht –15 %

Idealgewicht (bei Männern) = Broca-Gewicht –10 %

Dieses sog. Idealgewicht läßt sich nicht nur schwer realisieren, sondern es ist auch für die meisten Menschen zu niedrig angesetzt. Personen mit einem „Idealgewicht" sind in der Regel gegenüber normgewichtigen Menschen (nach Broca) gesundheitlich benachteiligt. Sie erkranken wesentlich häufiger an banalen Infektionen und sind generell weniger widerstandsfähig. Das „Idealgewicht" wird deswegen zur Berechnung des optimalen Körpergewichts nicht mehr benutzt.

Body-Mass-Index (BMI)

Der Body-Mass-Index (BMI) korreliert recht gut mit der Körperfettmasse, die in erster Linie für ein erhöhtes Körpergewicht verantwortlich ist. Der Body-Mass-Index ist deswegen besonders geeignet zur Beurteilung eines bereits bestehenden Übergewichts. Das ist besonders bei solchen Personen wichtig, bei denen neben dem Übergewicht weitere Risikofaktoren bestehen wie ein Bluthochdruck oder Diabetes. Als Meß- und Bezugsgröße von wissenschaftlichen Untersuchungen wird ausschließlich der Body-Mass-Index verwendet, der nach folgender Formel berechnet wird:

$$\text{BMI} = \text{Körpergewicht [in kg]} : (\text{Körperlänge [in m]})^2$$

Der Body-Mass-Index sollte 20 bis 25 (Männer) bzw. 19 bis 24 (Frauen) betragen. Zur raschen Ermittlung des BMI sind oft Nomogramme benutzt worden, die eine Berechnung ersparen sollten. Die mit Hilfe von Nomogrammen ermittelten Werte sind jedoch infolge von Ungenauigkeiten und Fehlern beim Ablesen nicht so genau wie die errechneten Werte, die bei Zuhilfenahme eines Taschenrechners ebenfalls sehr rasch ermittelt werden können.

Beurteilung des Körpergewichts

Als normalgewichtig werden Personen eingestuft, deren Gewicht im Bereich des errechneten Broca-Gewichts bei einer Schwankungsbreite von 5 % bis maximal 10 % liegt bzw. in den oben angeführten Schwankungsbreiten des Body-Mass-Indexes.

Die Beurteilung des Körpergewichts von Kindern muß an Hand von Tabellen erfolgen (Forschungsinstitut für Kinderernährung, Dortmund), da das Normgewicht von Kindern nicht mit Hilfe von Formeln berechnet werden kann.

Abweichungen von diesem als normalgewichtig angesehenen Körpergewicht können sowohl als Übergewicht bzw. Fettsucht als auch als Magersucht zu ernsthaften gesundheitlichen Schäden führen (siehe Kap. 7.6.1 und 7.6.2).

4.2.1.2 Verteilung der Energiezufuhr auf einzelne Energieträger und Mahlzeiten

Verteilung auf die einzelnen Energieträger

- Kohlenhydrate

  Der Anteil der Kohlenhydratenergie sollte etwa 55 % betragen. Die Kohlenhydrataufnahme sollte zum Großteil in Form von Stärke erfolgen, vorzugsweise mit ballaststoffreichen Lebensmitteln. Schnell resorbierbare Zucker, im wesentlichen Rohrzucker, sollten maximal 15 % der Kohlenhydrataufnahme ausmachen, ein geringerer Zuckeranteil ist jedoch anzustreben. Schnell resorbierbare Zucker sollten vorzugsweise als Bestandteile von Speisen aufgenommen werden.
- Eiweiße

  Eiweiße sollten mit etwa 12 bis 15 % an der Energieversorgung beteiligt sein. Gleichzeitig wird empfohlen, auf ein ausgewogenes Verhältnis von pflanzlichen und tierischen Eiweißen zu achten. Tierisches Eiweiß sollte mindestens 30 % der Zufuhr bestreiten. Insbesondere ist es wichtig, auf die Ausnutzung des Ergänzungswerts der einzelnen Eiweiße zu achten, was durch eine ausgewogene Mischkost gewährleistet werden kann.
- Fette

  Es wird empfohlen, den Energiebedarf durch maximal 30 % Fett zu decken. Ein geringerer Anteil (etwa 25 %) ist wünschenswert, kann aber bei einer abwechslungsreichen Kost schwer realisiert werden. Ein so niedriger Anteil von Fett an der gesamten Energiezufuhr ist nur bei einer relativ hohen Energieaufnahme leicht einzuhalten, wie sie bei mittelschwerer körperlicher Arbeit oder bei intensiver sportlicher Betätigung erforderlich wird.

Verteilung auf die einzelnen Mahlzeiten

Es wird empfohlen, die Nahrungsaufnahme auf 5 Mahlzeiten zu verteilen. dadurch werden dem Körper die einzelnen Nährstoffe kontinuierlicher zugeführt als bei der Aufnahme von größeren Mengen an Nahrungsmitteln mit wenigen Mahlzeiten. Bei der Aufnahme von mehreren kleineren Mahlzeiten können die einzelnen Nährstoffe besser verwertet werden, und die Gefahr des Umbaus von nicht benötigten Kalorien in Fett und deren Speicherung wird vermindert.

Die tägliche Energieaufnahme sollte einschließlich der Mittagsmahlzeit zu diesem Termin zu 65 % erfolgt sein. Insbesondere energiereiche Abendmahlzeiten begünstigen eine Gewichtszunahme infolge einer gesteigerten zusätzlichen Neubildung von Depotfetten. Der Energiebedarf ist am Abend infolge geringer körperlicher Tätigkeit besonders niedrig.

Für die Verteilung der Nahrungsenergie auf die einzelnen Mahlzeiten werden folgende Werte empfohlen:

Frühstück	25 %
1. Zwischenmahlzeit	10 %
Mittagessen	30 %
2. Zwischenmahlzeit	10 %
Abendbrot	25 %

Können entgegen den empfohlenen 5 Mahlzeiten aus zwingenden Gründen nur 3 Mahlzeiten pro Tag eingenommen werden, so sollte die Energieaufnahme wie folgt verteilt werden:

Frühstück	*30 %*
Mittagessen	*40 %*
Abendessen	*30 %*

Beim gesunden und normgewichtigen Menschen ist es nicht erforderlich, die Empfehlungen für die tägliche Energiezufuhr an jedem Tag exakt einzuhalten. Es reicht vollkommen aus, wenn die Richtwerte im Wochendurchschnitt eingehalten werden. Diese Empfehlung steht auch in Einklang mit dem Befund, daß das Körpergewicht bei gesunden normgewichtigen Personen in einem sich wiederholenden Rhythmus von etwa 14 Tagen innerhalb einer Schwankungsbreite pendelt, die selbst über einen längeren Zeitraum hinweg konstant bleibt.

Es muß jedoch ausdrücklich darauf hingewiesen werden, daß diese relative Freizügigkeit in der Verteilung der Nahrungsenergie innerhalb des Zeitraums von einer Woche bei bestehendem Übergewicht nicht zulässig ist. Auch bei den meisten Diäten, nicht nur bei einer Reduktionskost, müssen die Vorgaben für die Energiezufuhr sowie für die Zufuhr von anderen Nahrungsbestandteilen täglich genau eingehalten werden.

4.2.2 Empfehlungen für die Eiweißzufuhr

Die D-A-CH-Empfehlung für die Höhe der Eiweißzufuhr von 0,8 g pro kg Körpergewicht, etwa 45 bis 60 g beim Erwachsenen, geht von den üblichen Ernährungsgewohnheiten des Großteils der deutschen Bevölkerung aus. Bei der allgemein üblichen Mischkost wird ein Gemisch von Eiweißen aus verschiedenen Quellen verzehrt.

Nach diesen Empfehlungen sollte der Eiweißbedarf zu $^2/_3$ durch pflanzliches Eiweiß und zu $^1/_3$ durch tierisches Eiweiß gedeckt werden. Der Anteil an biologisch hochwertigem tierischem Eiweiß ist in der Kost vieler Menschen meist höher. Es ist darauf hinzuweisen, daß durch den Verzehr von Kartoffeln als Sättigungsbeilage ein pflanzliches Eiweiß mit einer sehr hohen biologischen Wertigkeit und einem sehr hohen Ergänzungswert aufgenommen wird.

Bei den üblichen Ernährungsgewohnheiten wird von der deutschen Bevölkerung etwas mehr Eiweiß aufgenommen, als empfohlen wird. Die Eiweißaufnahme bestreitet etwa 12 bis 15 % der gesamten Energiezufuhr, etwa knapp 1 g/kg Körpergewicht. Beim Gesunden ist diese etwas höhere Eiweißaufnahme unbedenklich. Dieses Eiweiß kann bei einem Mangel an Glucose (zeitweilige geringere Aufnahme von Kohlenhydraten) für die Gluconeogenese genutzt werden. Andernfalls wird es verbrannt (Luxuskonsumption infolge höherer nahrungsinduzierter Thermogenese) mit zwangsläufig erhöhtem Anfall von Ammoniak und einer gesteigerten Harnstoffsynthese.

Beim Gesunden sind bei einer täglichen Aufnahme von Eiweiß, die doppelt so hoch ist wie empfohlen, bisher noch keine gesundheitlichen Schäden beobachtet worden.

Bei einigen Erkrankungen der Leber und der Nieren führt eine normale und insbesondere eine erhöhte Eiweißaufnahme zu einer dramatischen Verschlechterung des Krankheitsbilds bis hin zu Todesfällen. Eine eiweißreduzierte Diät, die bei solchen Erkrankungen verordnet wird, ist deswegen konsequent einzuhalten.

Eine erhöhte Eiweißaufnahme erfordert eine größere Entgiftungsleistung der Leber und eine vermehrte Ausscheidung von Harnstoff durch die Nieren. Die bis vor kurzem vertretene Ansicht, daß eine ständig überhöhte Eiweißzufuhr auf lange Sicht infolge einer dadurch erfolgenden ständigen Stimulierung der Nierenfunktion zu einer Überlastung der Nieren führen würde, scheint sich nicht zu bestätigen. Es ist jedoch nicht auszuschließen, daß bei leichten, mitunter nicht erkannten Nierenerkrankungen eine erhöhte Eiweißaufnahme zu einer Verschlechterung des Krankheitsbilds führen kann.

4.2.3 Richtwerte für die Fettzufuhr

Die empfohlene Höhe der Fettzufuhr von maximal 30 % der gesamten Nahrungsenergie (anzustreben sind 25 %) orientiert sich an der durchschnittlichen körperlichen Aktivität des Großteils der Bevölkerung in den westlichen Industrieländern. Nur bei schwerer körperlicher Arbeit kann die Fettzufuhr zur Abdeckung des erhöhten Energiebedarfs gesteigert werden, sollte aber auch dann 35 % nicht überschreiten.

Die Fettaufnahme ist möglichst gleichmäßig auf die einzelnen Mahlzeiten zu verteilen. Insbesondere am Abend sind fettreiche Mahlzeiten zu meiden. Das mit einer energiereichen Mahlzeit aufgenommene Fett wird umgehend im Fettgewebe gespeichert, falls es nicht infolge intensiver

Muskelarbeit umgehend zur Energiegewinnung verbrannt wird. Vorrangig werden jedoch die gleichzeitig aufgenommenen Kohlenhydrate und die im Überschuß zugeführten Eiweiße verbrannt.

Bei der Auswahl der Fette sind pflanzliche Fette den tierischen Fetten vorzuziehen, da letztere reich an gesättigten Fettsäuren sind. Bei Fleisch sowie Fleisch- und Wurstwaren ist besonders auf verborgenes Fett zu achten.

Das Verhältnis von gesättigten zu einfach ungesättigten zu mehrfach ungesättigten Fettsäuren soll 1 : 1 : 1 betragen, wobei der Anteil der Ölsäure (einfach ungesättigte Fettsäure) überwiegen darf und sollte, also mehr als $^1/_3$ der Gesamtmenge. Ein hoher Anteil an Ölsäure ist infolge der durch sie hervorgerufenen Senkung des LDL-Cholesterins unbedingt anzustreben.

Die empfohlene Höhe der Aufnahme von mehrfach ungesättigten Fettsäuren (essentielle Fettsäuren) richtet sich nach der Gesamtmenge der Nahrungsenergie. Sie sollte 2,5 % der Energie bei ω-6-Fettsäuren und 0,5 % der Energie bei ω-3-Fettsäuren betragen. Diese Forderung kann durch die bevorzugte Verwendung von pflanzlichen Fetten und Ölen und den häufigen Verzehr von fettreichen Seefischen wie Makrele, Hering, Lachs, Lachsforelle, Heilbutt oder Thunfisch, die reich an ω-3-Fettsäuren sind, erfüllt werden.

Bei der Auswahl der pflanzlichen Öle sind Oliven- und Rapsöl verstärkt zu berücksichtigen, die einen hohen Anteil an Ölsäure aufweisen und deswegen besonders als Bratfett eingesetzt werden sollten. Die Versorgung mit mehrfach ungesättigten Fettsäuren der ω-6-Reihe (Linolsäure) kann durch die Verwendung von Pflanzenfett- oder Sonnenblumenmargarine als Brotaufstrich und von Sonnenblumen- bzw. Keimöl als Salatöl gedeckt werden.

Bei den Bemühungen, die Fettzufuhr zu drosseln, ist jedoch zu beachten, daß eine Mindestzufuhr von Fett auch zur Sicherung der Versorgung mit fettlöslichen Vitaminen erforderlich ist.

4.2.4 Richtwerte für die Kohlenhydratzufuhr

Kohlenhydrate sollten etwa 55 % der Energieversorgung absichern. Sie sind überwiegend in Form von Polysacchariden, vorzugsweise Stärke, aufzunehmen. Dabei ist gleichzeitig der Verzehr von ballaststoffreichen Lebensmitteln (Gemüse, Kartoffeln, Getreideerzeugnisse) zu bevorzugen.

Es wird empfohlen, den Anteil an rasch resorbierbaren Zuckern möglichst klein zu halten.

Eine Überversorgung mit Kohlenhydraten (mehr als 60 % der Nahrungsenergie) führt an sich zu keinen gesundheitlichen Schädigungen. Mit einem so extrem hohen Kohlenhydratanteil kann allerdings eine vollwertige, ausgeglichene Kost nicht realisiert werden. Die prozentual überhöhte Kohlenhydrataufnahme führt zwangsläufig zu einer Unterversorgung mit Eiweißen, Vitaminen und Mineralstoffen sowie mit essentiellen Fettsäuren.

4.2.5 Richtwerte für die Ballaststoffzufuhr

Die Ballaststoffzufuhr sollte 30 g betragen (D-A-CH-Richtwert). Diese Menge kann mit einer ausgewogenen Mischkost relativ leicht realisiert werden. Die durchschnittliche Aufnahme beträgt bei der Bevölkerung in Deutschland aber nur etwa 25 g. Es ist deswegen verstärkt auf den Verzehr von ballaststoffreichen Lebensmitteln wie Vollkornerzeugnissen, Gemüse und Kartoffeln sowie Obst zu achten.

Eine Ballaststoffzufuhr, die wesentlich höher als empfohlen ist, hat keine nachteiligen Folgen. Es ist allerdings zu beachten, daß eine Steigerung der Ballaststoffzufuhr nur langsam erfolgen darf. Eine plötzliche übermäßige Steigerung der Ballaststoffzufuhr führt zu Verdauungsstörungen (Blähungen, Durchfälle). Eine extrem ballaststoffreiche Ernährung läßt sich bei der üblichen Lebensmittelauswahl infolge der sich dadurch ergebenden voluminösen Mahlzeiten schlecht realisieren. Bei der als diätetische Maßnahme erforderlichen ballaststoffreichen Kost (bis etwa 70 g Ballaststoffe pro Tag) werden spezielle Ballaststoffpräparate eingesetzt, die auf der Basis von Weizenkleie hergestellt werden (siehe Kap. 8.4.3).

4.2.6 Referenzwerte für die Zufuhr von essentiellen Nahrungsfaktoren

Vitaminzufuhr

Die beim gesunden Erwachsenen erforderliche Vitaminzufuhr kann bei Einhaltung der D-A-CH-Referenzwerte bei allen Vitaminen durch die geeignete Auswahl der Lebensmittel und das Vermeiden unnötiger Vitaminverluste bei der Lagerung der Lebensmittel und der Zubereitung der Speisen gewährleistet werden (siehe Tabelle 4.2.2). Die Ergänzung der Nahrung durch Vitaminpräparate ist nach dem derzeitigen Wissensstand beim Gesunden in der Regel nicht erforderlich, abgesehen von wenigen Ausnahmen.

Eine wichtige Ausnahme ist bei bestehendem Kinderwunsch und in der Schwangerschaft die ausreichende Versorgung mit Folsäure (Schutz vor

Neuralrohrdefekten, siehe Kap. 3.7.2.6), die durch die Nahrung nicht gesichert werden kann (siehe Kap. 4.8). Auch die ausreichende Versorgung von Neugeborenen mit Vitamin D (siehe Kap. 3.7.1.2) kann nicht durch die Nahrung garantiert werden. In diesen Fällen ist die zusätzliche Gabe der betreffenden Vitamine in Form von Präparaten unbedingt erforderlich (siehe Kap. 4.5).

Bei einer vollwertigen Mischkost besteht keine Gefahr des Auftretens von Hypervitaminosen. Es ist jedoch darauf hinzuweisen, daß während der Schwangerschaft eine Überversorgung mit Vitamin A (Verzehr von Leber) zu vermeiden ist (siehe Kap. 3.7.1.1 und 4.8).

Tabelle 4.2.2:
Empfehlungen für die Vitaminzufuhr bei Erwachsenen (bei differierenden Vorgaben für Männer und Frauen die Werte für Frauen in Klammern)

Vitamin A (in mg Retinol-Äquivalente)	1,0	(0,8)
Vitamin D (in µg)	5	
Personen älter als 65 Jahre	10	
Vitamin E (in mg α-Tokopherol-Äquivalente)*	15	(12)
Personen älter als 65 Jahre	12	(11)
Vitamin K (in µg)	70	(60)
Personen älter als 51 Jahre	80	(65)
Vitamin B_1 (in mg)	1,3	(1,0)
Vitamin B_2 (in mg)	1,5	(1,2)
Niacin (in mg Niacin-Äquivalente)	17	(13)
Vitamin B_6 (in mg)	1,6	(1,2)
Folsäure in µg Folat-Äquivalente*	400	
Vitamin B_{12} (in µg)	3,0	
Vitamin C (in mg)	100	
Raucher	150	

* Schätzwerte

Mineralstoffzufuhr

Die erforderliche Versorgung mit Mineralstoffen (siehe Tabelle 4.2.3) kann nahezu vollständig durch die Nahrung gedeckt werden. Eine Ausnahme bildet das Jod, dessen ausreichende Versorgung (200 µg pro Tag, bei älteren Personen ab dem 50. Lebensjahr 180 µg, bei Schwangeren und Stillenden 230 bzw. 260 µg pro Tag) nur durch den Einsatz von jodiertem Speisesalz gesichert werden kann, sowohl bei der Herstellung von Backwaren sowie von Fleisch- und Wursterzeugnissen als auch im Haushalt zum Würzen der Speisen. Da die Gefahr einer Überdosierung von Jod beim Verzehr von Lebensmitteln, die unter Verwendung von jodiertem Speisesalz hergestellt wurden, und dessen Einsatz als Würzmittel nicht besteht, ist zu empfehlen, im Haushalt nur jodiertes Speisesalz einzusetzen. Durch das Verwenden des zusätzlich mit Fluorsalzen versetzten jodierten Speisesalzes als Würzmittel ist zusätzlich eine gewisse Kariesprophylaxe möglich.

Als Ergebnis der seit Jahren in der Schweiz erfolgreich durchgeführten Jodprophylaxe ist für deren Bevölkerung eine etwas niedrigere Jodzufuhr ausreichend als für die von Deutschland und Österreich. Diese Länder sind immer noch Jodmangelgebiete.

Tabelle 4.2.3:
Empfehlungen für die Mineralstoffzufuhr bei Erwachsenen (bei differierenden Vorgaben für Männer und Frauen die Werte für Frauen in Klammern)

Kalzium (in mg)	1000	
Magnesium (in mg)	350	(300)
Eisen (in mg)	10	
(Frauen bis 51. Lebensjahr	15)	
Phosphor (in mg)	700	
Zink (in mg)	10	(7)
Jod (in µg) in D und A	200	
Personen ab 51. Lebensjahr	180	
in der CH	150	

Bei einem Teil der Bevölkerung bestehen für einige Mineralstoffe Versorgungslücken, die durch eine nicht immer ausgeglichene Ernährung bedingt sind. Unter solchen Bedingungen werden die empfohlenen Mengen an Mineralstoffen oft nicht aufgenommen. Das betrifft insbesondere die Versorgung mit Kalzium. Da Milch, Milcherzeugnisse und Käse die wichtigsten Kalziumquellen unserer Nahrung sind, ist auf ihre ausreichende Berücksichtigung bei der Aufstellung der Tageskostpläne besonders zu achten.

Für eine Reihe weiterer Mineralstoffe liegen Schätzwerte für eine optimale Versorgung vor. Das betrifft Selen (30 bis 70 µg), Kupfer (1,0 bis 1,5 mg), Mangan (2 bis 5 mg), Chrom (30 bis 100 µg) und Molybdän (50 bis 100 µg). Der Richtwert für Fluor ist für die Kostzusammenstellung von untergeordneter Bedeutung (die Gefahr einer Überdosierung besteht nur bei der kritiklosen Verwendung von Fluoridpräparaten zur Kariesprophylaxe).

Für Schwangere und Stillende liegt die empfohlene Aufnahme für Mineralstoffe höher (siehe Kap. 4.8).

Bei der Zusammenstellung der Kost sind Höchstwerte für die Zufuhr von Mineralstoffen, die nicht überschritten werden sollten, zunächst nicht zu beachten. Eine Ausnahme ist die empfohlene Begrenzung der Aufnahme von Kochsalz auf 5 bis 6 g. Eine mögliche Schädigung durch eine überhöhte Eisenaufnahme ist zur Zeit noch umstritten. Eine solche besteht jedoch bei Patienten, die an einer Eisenspeicherkrankheit leiden.

4.2.7 Richtwerte für die Flüssigkeitszufuhr

Die tägliche Menge an Trinkflüssigkeit sollte mindestens 1,5 l betragen. Diese Menge gilt als Richtwert für Erwachsene mit leichter körperlicher Arbeit und bei durchschnittlichen klimatischen Bedingungen. In der empfohlenen Menge an Trinkflüssigkeit ist die Aufnahme des in Lebensmitteln und Speisen enthaltenen Wassers nicht berücksichtigt.

Auf die Einhaltung einer ausreichenden Zufuhr von Trinkflüssigkeit muß besonders geachtet werden, da ein Durstgefühl in vielen Fällen erst verspätet und nicht in ausreichendem Maße wahrgenommen wird. Das Durstgefühl ist bei Senioren besonders schlecht ausgeprägt, so daß bei ihnen sehr auf eine ausreichende Flüssigkeitszufuhr geachtet werden muß. Das gleiche trifft auf Säuglinge zu, die der Umwelt ihre Bedürfnisse noch nicht eindeutig mitteilen können. Eine ungenügende Flüssigkeitszufuhr führt bei ihnen infolge des erhöhten Bedarfs und des wesentlich rascheren Umsatzes sehr schnell zu Störungen im Wasserhaushalt, die lebensbedrohlich werden können. Bei Kindern ist das Durstgefühl gut ausgeprägt, ihrem Verlangen nach Trinkflüssigkeit sollte jederzeit entsprochen werden.

Erhöhte Wasserverluste können beim Erwachsenen durch mannigfaltige Ursachen bedingt sein. Sie müssen durch die Aufnahme von zusätzlicher Trinkflüssigkeit wieder aufgefüllt werden. Dabei ist zu beachten, daß mit Wasserverlusten oft auch Verluste an Mineralstoffen einhergehen, die ebenfalls wieder auszugleichen sind.

Wasserverluste treten insbesondere unter folgenden Bedingungen auf:

- Schwere körperliche Arbeit oder intensive sportliche Betätigung
  Die Wasserverluste entstehen durch eine gesteigerte Schweißproduktion und durch Verluste mit der Ausatmungsluft. Letzteres ist Folge einer erhöhten Atemfrequenz und eines größeren Atemvolumens. Zusätzlich gehen mit dem Schweiß beträchtliche Mengen an Mineralstoffen verloren.
- Erhöhte Körpertemperatur
  Die Verluste sind durch die erhöhte Schweißproduktion bedingt sowie durch eine verstärkte Abgabe von Wasserdampf mit der Ausatmungsluft.
- Hohe Außentemperaturen
  Erhöhte Verluste werden durch eine vermehrte Schweißproduktion verursacht, mit der einem Anstieg der Körpertemperatur gegengesteuert wird. Mit dem Schweiß gehen teilweise beträchtliche Mengen an Mineralstoffen verloren.
- Sehr niedrige Außentemperaturen
  Bei Außentemperaturen, die beträchtlich unterhalb des Gefrierpunkts liegen, kommt es durch die Ausatmungsluft zu erhöhten Wasserverlu-

sten. Die absolute Luftfeuchtigkeit der eingeatmeten Luft, d. h. ihr Wassergehalt, ist bei niedrigen Temperaturen in den Lungen sehr gering. Die eingeatmete Luft nimmt in den Lungen infolgedessen wesentlich mehr Wasser auf. Sie wird während des in den Lungenbläschen bei 37 °C stattfindenden Gasaustauschs mit Wasserdampf gesättigt. Diese Wasserverluste sind bei gleichzeitig stattfindender körperlicher Aktivität besonders hoch, beispielsweise beim Wintersport.

- Aufnahme von sehr salzhaltiger Nahrung
  Zur Ausscheidung der vermehrt aufgenommenen Mineralstoffe durch die Nieren, insbesondere von Kochsalz, wird eine entsprechend größere Menge an Lösungswasser benötigt, da der Harn nicht beliebig stark konzentriert werden kann. Die Wasserverluste werden in vielen Fällen durch spontane Flüssigkeitszufuhr infolge des rasch auftretenden intensiven Durstgefühls ausgeglichen.
- Überdurchschnittliche Verluste durch den Stuhl
  Die Flüssigkeitsverluste bei Durchfällen können beträchtliche Ausmaße erreichen, sie sind oft von Mineralstoffverlusten begleitet.
- Überdurchschnittliche Verluste bei ständigem Erbrechen
  Die Flüssigkeitsverluste gehen mit Verlusten von Chloridionen einher (Chloridionen der Magensalzsäure), die durch erhöhte Kochsalzzufuhr ausgeglichen werden können.
- Akuter überhöhter Alkoholkonsum
  Alkohol hemmt in den Nieren die Rückresorption von Wasser aus dem Primärharn. Die Folge ist eine erhöhte Harnproduktion. Mit der oft stark erhöhten Harnmenge werden auch größere Mengen an Mineralstoffen ausgeschieden, obwohl der Harn weniger konzentriert ist.

Auswahl der Getränke

Auf die richtige Auswahl der Getränke ist besonders zu achten. Obwohl das Wasser aus der öffentlichen Trinkwasserversorgung allen hygienischen und ernährungsphysiologischen Anforderungen entspricht, wird es immer seltener als Trinkflüssigkeit konsumiert. Als Alternative sind Früchte- und Kräutertees besonders geeignet. Bei Limonaden, Frucht- und Obstsäften ist auf den Zuckergehalt zu achten. Stark gesüßte Getränke sind als ständige Trinkflüssigkeit infolge des hohen Energieinhalts nicht geeignet. Sie stillen außerdem den Durst in weit geringerem Umfang als ungezuckerte Getränke. Für den Fall, daß solche zuckerhaltigen Getränke trotzdem konsumiert werden, muß ihr Zuckergehalt bei der Bilanzierung der Energieaufnahme berücksichtigt werden. Zum Süßen von Erfrischungsgetränken eignet sich Süßstoff.

Anregende Getränke wie Kaffee, colahaltige Getränke sowie schwarzer und grüner Tee sind als Genußmittel mit Zurückhaltung zu konsumieren. Sie sind nicht dazu geeignet, Wasserverluste zu kompensieren.

Alkoholhaltige Getränke sind als Trinkflüssigkeit zur Sicherung der notwendigen Flüssigkeitsaufnahme ungeeignet.

4.3 Bewertung der Lebensmittel unter dem Gesichtspunkt der Ernährung

Die Auswahl geeigneter Lebensmittel bei der Aufstellung eines Kostplans wird durch eine Klassifizierung der Lebensmittel nach ernährungsphysiologischen Gesichtspunkten erleichtert, die allerdings eine exakte Berechnung und Kalkulation des Kostplans nicht ersetzen kann.

4.3.1 Nährstoffdichte

Mit der Nährstoffdichte kann der Wert eines Lebensmittels im Hinblick auf die Versorgung mit einem bestimmten wichtigen Nährstoff gut charakterisiert werden. Die Nährstoffdichte eines Lebensmittels ist der Quotient aus dem Gehalt des Nährstoffs und dem Brennwert des betreffenden Lebensmittels.

In der Praxis haben sich die Werte der Nährstoffdichte allerdings noch nicht durchgesetzt. Es wird meist die gebräuchliche Charakterisierung und Bewertung der Lebensmittel durch die Mengenangabe des Nährstoffs pro g bzw. kg des gesamten Lebensmittels benutzt.

4.3.2 Ernährungskreis

Im Ernährungskreis der DGE sind die unter ernährungsphysiologischen Gesichtspunkten näherungsweise gleichwertig einzuschätzenden Lebensmittel in 7 Gruppen zusammengefaßt. Diese Einteilung weicht teilweise von der aus lebensmittelchemischer Sicht vorgenommenen Zuordnung der Lebensmittel zu chemisch charakterisierten Gruppen ab. Die Anordnung der einzelnen Gruppen von Lebensmitteln in verschieden große Segmente eines Kreises wirkt rein optisch recht einprägsam und ermöglicht damit eine anschauliche Ernährungsberatung von breiten Kreisen der Bevölkerung.

Im Ernährungskreis sind alle Lebensmittel in einer Gruppe zusammengefaßt, die gegenseitig ausgetauscht werden können, ohne daß es zu einer unausgewogenen Ernährung kommt. Bei der Aufstellung von Kostplänen zur Sicherung einer gesunden Ernährung müssen Lebensmittel aus allen Gruppen des Ernährungskreises in einem ausgeglichenen Verhältnis berücksichtigt werden.

Die einzelnen Gruppen des Ernährungskreises sind

- Milch und Milchprodukte,
- Fleisch und Wurstwaren, Innereien, Geflügel, Wild, Fisch und Eier,
- Getreide und Getreideerzeugnisse sowie Kartoffeln,
- Gemüse und Hülsenfrüchte,
- Obst und Nüsse,
- Fette und Öle,
- Getränke.

Milch und Milchprodukte

Milch und Milchprodukte sind wichtige Lieferanten von biologisch hochwertigem Eiweiß. Milch selbst ist eines der preisgünstigsten hochwertigen Nahrungsmittel. Darüber hinaus sind diese Lebensmittel die Hauptquellen für die Kalziumversorgung.

Der Milchzucker als einzige Kohlenhydratquelle der Milch wird langsam gespalten und resorbiert, so daß der Blutzuckerspiegel nicht oder nur geringfügig beeinflußt wird. Gereifter Käse enthält keine Lactose, in Ausnahmefällen nur noch Spuren. Er sollte daher bei einer bestehenden Milchzuckerunverträglichkeit zur Sicherung der Kalziumversorgung bevorzugt verzehrt werden.

Das Milchfett besitzt eine relativ günstige Fettsäure-Zusammensetzung (hoher Gehalt an Ölsäure, geringer Prozentsatz an MCT-Fetten), obwohl essentielle Fettsäuren kaum vorkommen. Im Milchfett sind fettlösliche Vitamine (A und D) enthalten.

Der Energieinhalt ist bei Vollmilch, Sahneerzeugnissen und Käsen mit hoher Fettgehaltsstufe beträchtlich. In der Regel sollten teilentrahmte Milch und Magerkäse bevorzugt werden.

Fleisch und Wurstwaren, Innereien, Geflügel, Wild, Fisch, Eier

In dieser Gruppe sind alle tierischen Lebensmittel, ausgenommen Milch und Milchprodukte, zusammengefaßt. Dadurch wird ihrer Bedeutung als Lieferanten von biologisch hochwertigem Eiweiß Rechnung getragen. Die Lebensmittel dieser Gruppe steuern im Gegensatz zu Milch und Milcherzeugnissen nicht zur Kalziumversorgung bei. Sie sind aber die wichtigsten Quellen für Eisen mit einer hohen Bioverfügbarkeit.

Die einzelnen Lebensmittel dieser Gruppe sind unter anderen Gesichtspunkten in ernährungsphysiologischer Bedeutung recht unterschiedlich einzuschätzen. Sie unterscheiden sich im Fettgehalt und im Fettsäuremuster (z. B. ω-3-Fettsäuren), im Cholesteringehalt, im Gehalt an Mineralstoffen und Vitaminen.

Getreide und Getreideerzeugnisse sowie Kartoffeln

In dieser Gruppe sind die Hauptlieferanten von Stärke und Ballaststoffen zusammengefaßt. Sie können sich bei einer Mahlzeit weitgehend gegenseitig ersetzen. In ihrer Gesamtheit sind die Lebensmittel dieser Gruppe wesentliche Bestandteile einer gesunden Kost, die durch Lebensmittel aus einer der anderen Gruppe keinesfalls ersetzt werden können. Sie sind außerdem Lieferanten von Eiweiß, das im Fall der Kartoffel eine hohe biologische Wertigkeit aufweist. Außerdem steuern sie zur Vitaminversorgung bei: Kartoffeln mit Vitamin C, Getreideerzeugnisse mit Vitaminen der B-Gruppe. Vollkornprodukte sind außerdem wichtige Mineralstofflieferanten.

Gemüse und Hülsenfrüchte

Gemüse und Hülsenfrüchte sind in einer Gruppe als wichtige Ballaststoff- und Mineralstofflieferanten zusammengefaßt. Im Eiweißgehalt und dessen Qualität bestehen aber zwischen Gemüsen und Hülsenfrüchten beträchtliche Unterschiede. Gemüse sind eiweißarm, die biologische Wertigkeit des Eiweißes ist außerdem gering. Hülsenfrüchte haben einen hohen Eiweißgehalt mit relativ hoher biologischer Wertigkeit. Gemüse steuern wesentlich zur Versorgung mit wasserlöslichen Vitaminen bei.

Obst und Nüsse

Obst und Nüsse sind trotz völlig unterschiedlicher Zusammensetzung in einer Gruppe zusammengefaßt. Ihnen ist gemeinsam, daß sie sich besonders als kleine Zwischenmahlzeit eignen (vorrangig Obst). Bei Nüssen ist der hohe Fettgehalt (und damit der hohe Energieinhalt) zu beachten. Das gilt vorzugsweise für übergewichtige Personen und einen Verzehr in solchen Mengen, der die üblichen Gewohnheiten beträchtlich überschreitet.

Fette und Öle

Fette weisen die höchste Energiedichte auf. Bei Einschätzung der einzelnen Fette und Öle ist deren Fettsäure-Zusammensetzung (essentielle Fettsäuren, Ölsäure) und der Gehalt an fettlöslichen Vitaminen zu beachten (siehe Kap. 5.3).

Getränke

Die Getränke werden als besondere Gruppe aufgeführt. Dadurch soll gesichert werden, daß bei der Aufstellung des täglichen Kostplans die Flüssigkeitszufuhr in der erforderlichen Höhe nicht übersehen wird und daß die geeigneten Getränke ausgewählt werden.

4.3.3 Einteilung in säure- bzw. basenbildende Lebensmittel

Die Einteilung in säure- bzw. basenbildende Lebensmittel und die daraus abgeleitete Charakterisierung einer säure- bzw. basenüberschüssigen Kost hat in der Regel keine praktische Bedeutung. Eine solche in früheren Jahren gelegentlich erfolgte Bewertung der Kost findet sich jedoch heute noch bei einer Reihe von Außenseiterdiäten. Dabei wird ein angeblich besonders großer Vorteil von basenbildenden Lebensmitteln hervorgehoben.

Beim gesunden Menschen sind die Nieren jederzeit in der Lage, den Säure-Basen-Haushalt des Körpers über die Ausscheidung von überschüssigen sauren bzw. basischen Äquivalenten zu regulieren. Auch bei einem überhöhten Anfall von sauren Äquivalenten, beispielsweise bei körperlichen Höchstleistungen oder hoch fiebrigen Erkrankungen, verfügen die Nieren und somit der Organismus über ausreichende Reserven für deren Ausscheidung.

Es muß jedoch darauf hingewiesen werden, daß eine Säuerung (Acidose) als Folge einer unzureichenden Ausscheidung von sauren Äquivalenten bei schwerwiegenden Störungen im Säure-Basen-Haushalt auftreten kann, ebenso bei einer stark eingeschränkten Nierenfunktion, die stets mit einer verminderten Ausscheidungskapazität gekoppelt ist. Die in diesen Fällen erforderlichen diätetischen Maßnahmen werden vom Arzt festgelegt. Bei den entsprechend einzuhaltenden Diäten ist aber bereits aus anderen Gründen eine Auswahl von Lebensmitteln erforderlich, die nicht zu einer erhöhten Säurebildung beitragen (in der Regel eiweißreduzierte Kostformen).

Die tägliche Ausscheidungskapazität der gesunden Nieren beträgt etwa 300 bis 400 mmol saure Äquivalente. Bei einer üblichen Mischkost fallen etwa 50 bis 80 mmol saure Äquivalente an. Diese Menge kann bei einer extrem einseitigen Ernährung auf maximal 150 mmol ansteigen (extrem eiweißreiche Kost, die durch den übermäßigen Verzehr von Fleisch und Käse bedingt ist, siehe unten). Die Aussscheidungskapazität der Nieren nimmt allerdings im höheren Alter etwas ab. Die bei Senioren meist geringere Nahrungsaufnahme und oft zu beobachtende Abneigung gegenüber Fleisch und Wurstwaren sowie Käse berechtigt zu der Annahme, daß auch im höheren Alter keine gesundheitliche Gefahr infolge einer überschüssigen Säurebildung besteht.

Säurebildend sind solche Lebensmittel, die Bestandteile enthalten, bei deren Oxidation saure Äquivalente entstehen, die nicht über die Lunge abgeatmet werden können. Kohlendioxid, das bei der Oxidation von kohlenstoffhaltigen Nährstoffen gebildet wird und das, in Wasser gelöst, die schwache Kohlensäure bildet, kann deshalb unter diesen Gesichtspunkten nicht zu den sauren Äquivalenten gerechnet werden.

Saure Äquivalente, die mit den Nieren ausgeschieden werden müssen, entstehen bei der Oxidation von Nährstoffen, die die Elemente Schwefel und Phosphor enthalten. Schwefelhaltige Verbindungen werden nahezu vollständig zu Schwefelsäure oxidiert, die mit Hilfe von basischen Äquivalenten (Kationen wie Natrium) neutralisiert als Sulfate im Körper transportiert bzw. ausgeschieden werden. Der in chemischen Verbindungen vorliegende Phosphor (meist in Form von Phosphaten) wird in Form von Phosphaten, den Salzen der Phosphorsäure, ausgeschieden.

Säurebildende Bestandteile von Nährstoffen sind schwefelhaltige Aminosäuren von Eiweißen und phosphorhaltige Bausteine, die vorwiegend in Käse, Fleisch und Getreide vorkommen.

Basische Äquivalente werden bei der Oxidation von mineralstoffreichen, vorzugsweise kaliumreichen Lebensmitteln gebildet.

Überwiegend basenbildende Lebensmittel sind Kartoffeln, Gemüse und Obst.

4.4 Prinzipien einer vollwertigen Ernährung

Eine ausgeglichene Ernährung soll der Gesunderhaltung dienen und gleichzeitig Wohlbefinden erzeugen. Wenn sie alle benötigten Nährstoffe enthält, dann wird eine zusätzliche Aufnahme von essentiellen Nahrungsfaktoren in Form von Präparaten überflüssig. Für eine Ernährung, die diese Bedingungen erfüllt, ist von der DGE der Begriff „vollwertige Ernährung" geprägt worden. An sie sind folgende Anforderungen zu stellen:

- vielseitig und abwechslungsreich, aber keine übermäßige Zufuhr von Nahrungsstoffen und insbesondere von Nahrungsenergie,
- weniger Fette und fettreiche Lebensmittel,
- weniger tierisches Eiweiß, statt dessen Milch und Milchprodukte (fettarme Milch),
- würzig, aber nicht salzig, Kräuter und Gewürze unterstützen den Eigengeschmack der Speisen,
- wenig Süßes (schnell resorbierbare Zucker weitgehend meiden),
- reichlich Vollkornprodukte,
- reichlich Gemüse, Kartoffeln und Obst
  (mindestens 200 g Gemüse, 75 g Blattsalat und 200 bis 250 g Obst pro Tag),
- ausreichende Menge an Trinkflüssigkeit, aber Alkohol weitgehend meiden,
- öfters kleinere Mahlzeiten einnehmen: 5 Mahlzeiten am Tag; einschließlich der Mittagsmahlzeit sollten etwa $^{2}/_{3}$ der täglichen Energiezufuhr zu diesem Zeitpunkt erfolgt sein,
- nährstoffschonende Zubereitung der Speisen.

Festlegung der Höhe der Nährstoffzufuhr

Die Einhaltung der Prinzipien der vollwertigen Ernährung erfordert eine Berechnung der Nährstoffzufuhr und die Aufstellung von Kostplänen. Dabei sind die empfohlenen Mengen der essentiellen Nahrungsfaktoren und der Mineralstoffe zu berücksichtigen, und der Energiebedarf ist den jeweiligen Erfordernissen anzupassen (siehe hierzu auch Kap. 11.1).

Die tägliche Berechnung der Höhe der aufgenommenen Nahrungsenergie und der einzelnen Nährstoffe wird auch für den gesundheitsbewußten Bürger, der keine Diät einhalten muß und keine Gewichtsprobleme hat, zu einem (zumindest auf die Dauer) nicht ständig realisierbaren Vorhaben. In diesem Fall kann eine grobe Orientierung nach der „Halbe-Pfund-Regel" (R. Kluthe) sehr hilfreich sein, die es ermöglicht, mit geringem rechnerischem Aufwand eine ausgewogene, vollwertige Nahrung zusammenzustellen.

Diese einfache Regel empfiehlt die tägliche bzw. wöchentliche Aufnahme von jeweils einem halben Pfund (250 g) einzelner Lebensmittel bzw. Lebensmittelgruppen:

täglich je 250 g Kartoffeln, Brot oder andere Vollkornerzeugnisse, Gemüse, Obst, Fruchtsaft, Milch oder Sauermilcherzeugnisse,

wöchentlich je 250 g Fleisch oder Fisch, Wurstwaren, Eier (4 bis 5 Stück), Fett (100 g Butter, 100 g Margarine, 50 g Öl), Reis oder Teigwaren, Getreidekörner (gereinigt, ganz oder gemahlen), Honig, Konfitüre oder andere Süßigkeiten.

Bei einer danach ausgerichteten Ernährung werden täglich (Durchschnittswert von 7 Tagen) folgende Nährstoffmengen aufgenommen: 70 g Eiweiß, 75 g Fett, davon 10 g Linolsäure (dieser Wert entspricht nicht ganz den D-A-CH-Referenzwerten; durch den Ersatz eines gewissen Prozentsatzes von Butter durch Margarine bzw. Oliven-, Raps- oder Sonnenblumenöl können die D-A-CH-Empfehlungen für die Aufnahme von essentiellen Fettsäuren nahezu eingehalten werden), 290 g Kohlenhydrate, 400 mg Cholesterin, 1 g Kalzium, 19 mg Eisen, 260 mg Vitamin C, 1,7 mg Vitamin B_1. Der Energieinhalt dieser Kost beträgt 2150 kcal (9000 kJ) pro Tag.

Mit diesen einfachen (und zweckmäßigen) Empfehlungen können jedoch verständlicherweise nicht alle Gesichtspunkte für eine optimale Ernährung berücksichtigt werden. Zu ergänzen sind sie durch Hinweise über die Bedeutung des öfteren Verzehrs von Seefischen mit hohem Gehalt an ω-3-Fettsäuren, der möglichen Vitaminverluste durch eine unsachgemäße Zubereitung der Nahrung, mögliche Gefahren bei dem Verzehr von (ungereinigten) Getreidekörnern und eines unbeschadeten Weglassens von Lebensmitteln mit schnell resorbierbarem Zucker (Honig usw.) und dem Süßen mit Süßstoffen.

4.5 Ernährung von Säuglingen

Die Ernährung von Säuglingen unterscheidet sich auf Grund vielfältiger Besonderheiten grundlegend von der Ernährung des Erwachsenen. Sie muß insbesondere der Tatsache Rechnung tragen, daß sich der Säugling erst an die Verdauung und Resorption von Nährstoffen und deren schubweisem Angebot anpassen muß. Während seiner Entwicklung im Mutterleib wurden ihm über die Plazenta alle benötigten Nährstoffe in bereits „aufgearbeiteter" Form kontinuierlich zur Verfügung gestellt. Zusätzliche Anforderungen an die Nährstoffzufuhr ergeben sich durch das Wachstum des Säuglings.

Bei der Ernährung des Säuglings müssen folgende Punkte besonders berücksichtigt werden:

- Der Grundumsatz des Säuglings, bezogen auf das Körpergewicht, ist etwa doppelt so hoch wie der des Erwachsenen. Daraus ergibt sich, daß der auf das Körpergewicht bezogene Energiebedarf des Säuglings wesentlich höher ist als der des Erwachsenen. Gleiches gilt für den Bedarf an essentiellen Nahrungsfaktoren.
- Die Wachstumsgeschwindigkeit des Säuglings ist sehr hoch. Er hat sein Geburtsgewicht nach etwa 5 Monaten verdoppelt, bis zum Ende des 1. Lebensjahres verdreifacht. Daraus ergibt sich, daß der Eiweißbedarf und der Bedarf an wichtigen Mineralstoffen wie Kalzium und Eisen vergleichsweise hoch ist.
- Die Produktion von Verdauungssäften ist beim Säugling zunächst noch eingeschränkt, bei den einzelnen Verdauungssäften allerdings in unterschiedlichem Maß. Das betrifft insbesondere die Bildung von Gallensäuren, die erst im 2. Lebensjahr voll ausgebildet ist. Diese verzögerte Gallensäurebildung ist bedingt durch die erst nach der Geburt beginnende Entwicklung der Leberfunktionen, die während der Schwangerschaft nicht benötigt wurden (die Leber war während der Entwicklung im Mutterleib vorwiegend ein Organ der Blutbildung). Bei der Magensalzsäure wird die maximale Bildungsrate sogar erst nach dem 15. Lebensjahr erreicht.
- Die Verdauung der Nährstoffe erfolgt noch nicht mit optimaler Geschwindigkeit. Insbesondere die Fettspaltung verläuft langsamer als beim Erwachsenen. Auch einige Eiweiße werden vom Säugling langsamer gespalten. Infolgedessen können insbesondere höhermolekulare Spaltprodukte von Klebereiweißen (Gliadine des Weizens, Roggens, Hafers und der Gerste) zu einer Schädigung der Dünndarmschleimhaut und zur Ausbildung einer Zöliakie führen (siehe Kap. 7.1.1.2.2). Daraus folgt, daß beim Säugling der Auswahl der Nahrungsfette große Sorgfalt zu schenken ist und der Säugling zum Vermeiden

des Risikos der Ausbildung einer Zöliakie in den ersten Lebensmonaten gliadinfrei ernährt werden sollte (keine Mehlspeisen, Speisen aus Weizenstärke, Hafermehl oder Haferflocken, keine Gräupchen).

- Die Funktionen des Darms sind noch nicht voll ausgeprägt. Das betrifft insbesondere die Mucosazellen. Infolge der geringeren Aktivität ihrer Peptidasen kann die Aufspaltung von Peptiden zu den freien Aminosäuren vermindert sein. Dazu kommt, daß infolge der noch nicht voll entwickelten Zellmembranen der Mucosazellen solche unvollständig aufgespaltenen Nahrungsbestandteile und sogar größere Moleküle aus dem Darm in die Mucosazellen und damit in das Körperinnere gelangen können. Das betrifft auch Nahrungseiweiße, die vom Immunsystem des Säuglings als körperfremd erkannt werden. Die Folge kann die Ausbildung von Lebensmittelallergien sein (z. B. Kuhmilchallergie). Säuglingen sollten deswegen zumindest in den ersten 6 Lebensmonaten keine Lebensmittel oder Bestandteile von Lebensmitteln zugeführt werden, die als besonders allergieauslösend bekannt sind (z. B. Kuhmilch und Milch anderer Tiere, Eier, Nüsse, Tomaten, Erbsen). Besondere Vorsicht ist bei Säuglingen mit einem erhöhten Allergierisiko geboten (Vorliegen einer Allergie in der Familie).

  Auch die Darmflora ist beim Säugling noch nicht voll entwickelt, wodurch pathogenen Keimen oder Fäulniserregern die Ansiedlung erleichtert wird. Säuglinge sind deswegen gegenüber Darminfektionen besonders anfällig und reagieren auf Diätfehler oft mit massiven Durchfällen.
- Die Nierenfunktion, insbesondere ihre Konzentrationsfähigkeit, ist noch nicht voll entwickelt. Infolgedessen können Stoffwechselendprodukte, mit der Nahrung aufgenommene körperfremde Stoffe und im Überschuß aufgenommene Mineralstoffe nur mit einer relativ großen Harnmenge ausgeschieden werden. Daraus ergibt sich, daß der Säugling einen erhöhten Wasserbedarf hat (auch bedingt durch erhöhte Wasserverluste durch Atmung und Schweiß) und daß bei ihm ein Flüssigkeitsmangel besonders schnell zu schweren Schädigungen führt (Austrocknung). Außerdem ist eine überhöhte Zufuhr von Kochsalz strikt zu vermeiden.
- Die vielschichtige Funktion der Leber als zentrales Stoffwechsel- und Entgiftungsorgan entwickelt sich nur langsam. Daraus ergeben sich vielfältige Konsequenzen für die Ernährung des Säuglings: Giftstoffe aus der Nahrung können schlechter entgiftet werden (z. B. Ammoniak, der in überhöhter Menge durch Eiweißzersetzung im Darm gebildet werden kann [aus Hülsenfrüchten], Alkohol u. a.). Die Speicherung von Glucose in Form von Glykogen erfolgt langsamer, ebenso der Umbau von Fetten.

Für die Ernährung des Säuglings sind daher folgende Schlußfolgerungen zu ziehen:

Energiebedarf

Der Energiebedarf des Säuglings ist pro kg Körpergewicht größer als beim Erwachsenen, um dem erhöhten Energieumsatz und dem Körperwachstum gerecht werden zu können. Er nimmt mit zunehmendem Körpergewicht ab, obwohl der absolute Energiebedarf ständig ansteigt von etwa 1900 bis 2000 kJ (450 bis 500 kcal) in den ersten 4 Monaten auf etwa 2900 bis 3000 kJ (700 bis 750 kcal) zum Ende des 1. Lebensjahrs.

Eiweiß

Der Eiweißbedarf des Säuglings ist infolge des raschen Körperwachstums mit 10 bis 12 g pro Tag sehr hoch. In den ersten Lebenswochen werden etwa 50 % der Proteinzufuhr für die Neubildung von Körperzellen (Wachstum) benötigt und nur die restlichen 50 % für den Ersatz von Eiweißverlusten im Rahmen des Eiweißkatabolismus. Der Eiweißbedarf für das Körperwachstum nimmt allerdings bereits im 1. Lebensjahr rasch ab, er beträgt zum Ende des 1. Lebensjahrs weniger als 10 % des Gesamtbedarfs.

Fett

Der Anteil von Fett ist in der Säuglingsnahrung im Vergleich zur Kost des Erwachsenen relativ hoch. Er deckt etwa 50 % der Energiebedarfs. Für den Säugling ist die optimale Versorgung mit mehrfach ungesättigten Fettsäuren besonders wichtig, da sie insbesondere zum Aufbau des Gehirns und der Entwicklung der Augen benötigt werden. Eine optimale Versorgung ist mit der Muttermilch gesichert (siehe auch unten). Künstlicher Nahrung müssen pflanzliche Öle mit mehrfach ungesättigten Fettsäuren zugesetzt werden.

Kohlenhydrate

Der Kohlenhydratanteil der Säuglingsnahrung ist mit etwa 40 % geringer als bei der Ernährung des Erwachsenen. Eine Unterschreitung dieses Werts, insbesondere das zeitweise Fehlen von Kohlenhydraten, kann zu schweren Störungen führen. Kohlenhydrate sind auch beim Säugling essentielle Energielieferanten für Gehirn und rote Blutzellen. Die Neubildung von Glucose durch Gluconeogenese ist beim Säugling aber noch nicht im gleichen Umfang wie beim Erwachsenen möglich.

Die Muttermilch enthält bestimmte Oligosaccharide (Oligofructose), die als sog. Bifidusfaktor den Aufbau einer optimalen Darmflora begünstigen.

Die Besiedlung des Säuglingsdarms mit Mikroorganismen erfolgt erst nach der Geburt, so daß der Zufuhr dieser Oligosaccharide mit der Muttermilch eine besonders große Bedeutung zukommt. Bei ungeeigneter Ernährung des Säuglings wird die Besiedlung des Darms mit unerwünschten Keimen (z. B. Fäulniserregern) begünstigt.

Wasser

Säuglinge haben zusätzlich zu dem hohen Körperwassergehalt (etwa 70 bis 80 % des Körpergewichts) einen wesentlich höheren Wasserumsatz. Dazu kommt die Tatsache, daß bei Säuglingen die Konzentrationsarbeit der Nieren noch nicht voll entwickelt ist und die Wasserverluste über die Körperoberfläche (Haut) größer sind als beim Erwachsenen. Weiterhin treten Durchfälle und damit Wasserverluste wesentlich häufiger auf. Der Bedarf an Wasser, das mit der Nahrung zugeführt wird, ist beim Säugling, auf das Körpergewicht bezogen, aus diesem Grund wesentlich größer als beim Erwachsenen (120 bis 180 ml/kg Körpergewicht, etwa das 5- bis 6fache im Vergleich zum Erwachsenen).

Die Flüssigkeitsaufnahme des Säuglings beträgt während der Stillperiode etwa 700 ml pro Tag. Nach dem Abstillen werden etwa 500 ml Wasser mit der Nahrung (Breie) und etwa 400 ml mit der Trinkflüssigkeit aufgenommen.

Vitamine

Der Bedarf an und die Versorgung mit Vitaminen ist beim Säugling differenziert einzuschätzen. Der Säugling ist bei der Geburt von der Mutter nur mit einer begrenzten Menge an Vitaminen ausgestattet worden. Diese Vorräte werden unterschiedlich schnell verbraucht, so daß der Bedarf an einigen Vitaminen bereits kurz nach der Geburt relativ hoch ist.

Der Gehalt an einigen Vitaminen ist in den zur Ernährung des Säuglings eingesetzten Nahrungsmitteln einschließlich der Muttermilch relativ niedrig. Die ungenügende Versorgung mit Vitamin D wird durch eine prophylaktische Vitamingabe (ärztliche Verordnung) ausgeglichen. Auch ein möglicher Mangel an Vitamin K kann auf gleiche Weise ausgeglichen werden. Der Bedarf an anderen Vitaminen wird während der normal dauernden Stillperiode durch die Muttermilch gedeckt.

Beim Übergang auf eine künstliche Ernährung kann die Vitamin-C- und Vitamin-A-Zufuhr mit Kuhmilch nicht voll gedeckt werden, da ihr Gehalt an diesen Vitaminen geringer ist als der der Muttermilch. Durch die Zugabe von Karottensaft (β-Carotin = Provitamin A) und von Obstsäften (Vitamin C) kann der Mangel ausgeglichen werden.

Die Empfehlungen für die Vitaminversorgung von Säuglingen enthalten entsprechende Sicherheitszuschläge, wodurch eine ausreichende Versorgung gesichert ist und gleichzeitig eine Überdosierung vermieden wird (siehe Tabelle 4.5.1).

Tabelle 4.5.1:
Vitaminbedarf von Säuglingen nach erfolgtem Abstillen (4. bis 12. Monat)

Vitamin A (in mg Retinol-Äquivalente)	0,6
Vitamin D (in µg)	10
Vitamin E (in mg α-Tokopherol-Äquivalente)*	4
Vitamin K (in µg)	10
Vitamin B_1 (in mg)	0,4
Vitamin B_2 (in mg)	0,4
Niacin (in mg Niacin-Äquivalente)	5
Vitamin B_6 (in mg)	0,3
Folsäure (in µg Folat-Äquivalente)	80
Vitamin B_{12} (in µg)	0,8
Vitamin C (in mg)	55

* Schätzwerte

Mineralstoffe

Der Großteil des Bedarfs des Säuglings an Mineralstoffen kann sowohl durch die Muttermilch als auch durch eine künstliche Ernährung gesichert werden. Nach dem Abstillen (in der Regel nach dem 4. Lebensmonat) ist dann auf die ausreichende Mineralstoffzufuhr mit der Nahrung besonders zu achten (siehe Tabelle 4.5.2).

Der hohe Kalziumbedarf zur Sicherung des schnellen Knochenwachstums wird durch die Milch als Hauptnahrungsmittel ausreichend abgedeckt. Die Resorption des Kalziums muß allerdings durch eine ausreichende Versorgung mit Vitamin D gewährleistet sein.

Besonderes Augenmerk muß der Eisenversorgung geschenkt werden. Der Säugling ist bei der Geburt mit Eisenvorräten ausgestattet, die den Bedarf der ersten Lebensmonate decken. Dadurch wird der äußerst geringe Eisengehalt der Mutter- und Kuhmilch kompensiert. In der zweiten Hälfte des 1. Lebensjahrs beginnend, muß deswegen auf eine ausreichende Eisenversorgung durch die Zufütterung von Obst- und Gemüsesäften, später durch Fleisch und evtl. Eigelb sowie Gemüse geachtet werden.

Auch die Jodversorgung des Säuglings ist meist nicht optimal. Der gestillte Säugling erhält nur dann eine ausreichende Menge an Jod, wenn die Jodversorgung der Mutter gut ist (siehe Kap. 4.8). Da nach dem Abstillen eine ausreichende Jodzufuhr mit Hilfe von jodiertem Speisesalz nicht möglich ist (die dazu erforderliche Kochsalzmenge ist viel zu hoch), kann diese nur durch die Verwendung von jodangereicherten Getreidebreien bei der Herstellung von Beikost bzw. durch den Einsatz von industriell gefertigten jodangereicherten Fertignahrungen gesichert werden.

Tabelle 4.5.2:
Mineralstoffbedarf von Säuglingen nach erfolgtem Abstillen (4. bis 12. Lebensmonat)

Kalzium (in mg)	400
Magnesium (in mg)	60
Phosphor (in mg)	300
Eisen (in mg)	8
Zink (in mg)	2
Jod (in µg) für Deutschland und Österreich	80
Jod (in µg) für die Schweiz	50

Muttermilch (Frauenmilch, Humanmilch)

Die natürlichste Ernährung des Säuglings ist die Ernährung mit Muttermilch (Stillen). Die Muttermilch ist in ihrer Nährstoffzusammensetzung optimal auf die Bedürfnisse des Säuglings abgestimmt. Das betrifft insbesondere die Relationen zwischen Kohlenhydraten und Eiweiß sowie zwischen den einzelnen Mineralstoffen, die sich von denen in der Kuhmilch unterscheiden (siehe Tabelle 4.5.3).

Im Vergleich zur Kuhmilch ist der Eiweißgehalt der Muttermilch niedriger (der Säugling wächst langsamer als ein Kalb), der Kohlenhydratgehalt dagegen höher (der Energiebedarf des Säuglings ist, relativ gesehen, höher).

Auch nahezu alle essentiellen Nahrungsfaktoren sind in ausreichender Menge in der Muttermilch enthalten. Eine Ausnahme stellen Eisen, Vitamin C und in gewissem Maß Vitamin D dar, auch wenn der Gehalt der Muttermilch an Vitamin D und C höher ist als in der Kuhmilch.

Da beim Stillen des Säuglings die Versorgung mit einigen Vitaminen nicht optimal ist, wird empfohlen, ab der 6. Lebenswoche Vitamin-C-haltige Obstsäfte und Möhrensaft zuzufüttern.

Ein entscheidender Vorteil der Muttermilch gegenüber der Kuhmilch ist die Tatsache, daß die Eiweiße der Muttermilch vom Säugling nicht als artfremd erkannt werden, wenn sie, in kleinen Mengen, nicht oder nur teilweise gespalten die Darmwand passieren. Sie lösen infolgedessen keine Fremdmilchallergie (Kuhmilchallergie) aus. In der Muttermilch sind außerdem geringe Mengen von spezifischen Oligosacchariden (sog. Bifidusfaktor) enthalten, die die Ausbildung der normalen, gesunden Darmflora fördern.

Das Milchfett der Muttermilch ist feiner verteilt als das der Kuhmilch, es hat einen höheren Gehalt an ungesättigten Fettsäuren (Ölsäure und mehrfach ungesättigte Fettsäuren). Der Gehalt an kurzkettigen Fettsäuren (Buttersäure) ist jedoch sehr gering.

Der Säugling wird über die Muttermilch mit ganz spezifischen Antikörpern (Immunglobuline) gegen Krankheitserreger versorgt, die ihm, zumindest für die Dauer der Stillperiode, eine gewisse Immunität gegenüber banalen Infektionen garantieren. Durch diese Immunglobuline wird aber kein absolut zuverlässiger Schutz vor einer Infektion, insbesondere kein Langzeitschutz, erreicht, infolgedessen ist der für Säuglinge und Kleinkinder empfohlene Impfschutz unerläßlich.

Tabelle 4.5.3:
Zusammensetzung von Frauenmilch und Kuhmilch (Angaben pro 100 ml)

	Frauenmilch	Kuhmilch
Lactose (in g)	7	4,8
Fett (in g)	3,8	3,8
Eiweiß (in g)	1,1	3,4
Kalzium (in mg)	31	120
Phosphor (in mg)	14,5	95
Kalium (in mg)	52	150
Natrium (in mg)	15	47
Chlorid (in mg)	42	103
Magnesium (in mg)	3,7	12
Eisen (in µg)	30	10
Vitamin C	4,4	1

Mögliche Gefährdungen des Säuglings durch Nahrungsinhaltsstoffe

Der sich rasch entwickelnde Organismus des Säuglings ist auf Grund des schnellen Wachstums und der Besonderheiten seiner Stoffwechsel- bzw. Organfunktionen durch potentielle Schadstoffe generell wesentlich stärker gefährdet. Besondere Beachtung muß bei der künstlichen Ernährung von Säuglingen der Qualität des Trinkwassers geschenkt werden, das zur Bereitung von Säuglingsnahrung eingesetzt wird. Das betrifft insbesondere eine mögliche Belastung des Trinkwassers mit Nitrit bzw. Kupferionen. Auch eine übermäßige Belastung mit Nitrit aus überlagertem Blattgemüse (Spinat) ist zu vermeiden. Neuerdings wird auch vor der Verwendung von Bienenhonig als Süßungsmittel gewarnt.

Nitrit: Nitrit wandelt das Hämoglobin des Neugeborenen (sog. fetales Hämoglobin) wesentlich rascher als das Erwachsenen-Hämoglobin in Methämoglobin um, das nicht mehr für den Sauerstofftransport zur Verfügung steht. Die Rückumwandlung des Methämoglobins in funktionelles Hämoglobin läuft dagegen beim Säugling nicht schneller ab als beim Erwachsenen. Die Folge ist eine mangelhafte Sauerstoffversorgung aller Organe des Säuglings infolge Fehlens von ausreichenden Mengen an funktionellem Hämoglobin (siehe Kap. 6.6.2.1.3). Die Gefahr einer erhöhten Nitritbelastung besteht jedoch nur bei der Aufnahme von Wasser aus hauseigenen Brunnenanlagen und nur dann, wenn diese in morastiger Umgebung angelegt sind. In diesen Fällen muß für die Ernährung des Säuglings ausschließlich Mineralwasser eingesetzt werden. Wasser aus der öffentlichen Trinkwasserversorgung hat niemals erhöhte Nitritwerte (Trinkwasser-Verordnung).

Beim Lagern von nitrathaltigen Gemüsen kann das in ihnen enthaltene Nitrat durch nitratreduzierende Bakterien in Nitrit umgewandelt werden. Diese Gefahr ist bei Blattgemüse besonders groß (Spinat). Diese Gemüse müssen bei der Bereitung von Säuglingsnahrung infolgedessen auch aus diesem Grund sofort nach der Ernte zubereitet werden, ein längeres Aufbewahren, auch bei Kühlraumtemperatur, ist zu vermeiden. Die Verwendung von Tiefkühlware ist dagegen unbedenklich.

Kupfer: Auch Trinkwasser aus Kupferrohren sollte nicht zur Bereitung von Säuglingsnahrung eingesetzt werden, da höhere Kupferkonzentrationen zu einer Schädigung der kindlichen Leber führen können und für das Auftreten von frühkindlichen Leberzirrhosen verantwortlich gemacht werden (siehe Kap. 3.9.2.5 und 12.2.9). Ebenso sollte bei der Umstellung auf die Breikost auf die Zugabe von Kalbsleber verzichtet werden, da diese gelegentlich einen höheren Kupfergehalt aufweist (siehe Kap. 5.1.2.2). Die besondere Gefährdung der Leber des Säuglings ist durch den in ihr stattfindenden Umbauprozeß zu erklären. Die Leber ist im Embryonalstadium vorrangig ein Blutbildungsorgan, die meisten Stoffwechselleistungen, die Entgiftungsfunktionen eingeschlossen, werden von der Leber der Mutter wahrgenommen. Diese leberspezifischen Funktionen werden in der Leber des Neugeborenen nach der Geburt erst schrittweise aufgebaut. Das betrifft auch das Eliminieren von überflüssigen Metallionen.

Bienenhonig: Eine besondere Gefährdung für den Säugling kann von Bienenhonig ausgehen. Er sollte deswegen Säuglingen im 1. Lebensjahr nicht verabreicht werden. Die Gefahr geht nicht vom Bienenhonig an sich aus, sondern von geringen Mengen an Botulismuserregern (Clostridium botulinum) bzw. von Botulismustoxinen, die im Bienenhonig enthalten sein können (von den Bienen aus der Umwelt in den Honig eingebracht). Für das Kleinkind und den Erwachsenen sind diese möglicherweise vorkommenden geringen Mengen absolut unbedenklich, beim Säugling können sie aber zu schweren Vergiftungserscheinungen führen. Auch einige schwer erklärbare Fälle des plötzlichen Kindstods könnten möglicherweise durch eine Botulinusintoxikation bedingt sein. Die gleiche Gefahr kann auch von Ahornsirup ausgehen.

Künstliche Ernährung des Säuglings

Eine künstliche Ernährung des Säuglings infolge von Stillproblemen oder Ernährungsstörungen wird nur durch den Kinderarzt angewiesen. Hierzu stehen geeignete Fertignahrungen als spezielle Diäterzeugnisse zur Verfügung. Die Selbstherstellung einer solchen Nahrung erfordert genaue Kenntnisse, peinlichste Einhaltung aller hygienischen Vorkehrungen und in Einrichtungen der Pflege sowie des Gesundheitswesens das Vorhandensein eines gesonderten Raums (sog „Milchküche"). Auch ist der dazu notwendige Aufwand kostenintensiver als der Kauf von entsprechenden Fertigerzeugnissen.

Das Grundprinzip dieser künstlichen Säuglingsernährung unter Verwendung von Kuhmilch beruht darauf, daß der Nährstoffgehalt der Kuhmilch dem der Frauenmilch angepaßt wird.

Das Hauptproblem ist der hohe Salz- und Eiweißgehalt der Kuhmilch. Da bei der Ausscheidung der überschüssigen Salze durch die noch nicht voll funktionsfähigen Nieren erhebliche Flüssigkeitsmengen verlorengehen würden, könnte es zu bedrohlichen Störungen im Wasserhaushalt kommen. Weiterhin kann das giftige Ammoniak, das beim Abbau des im Überschuß zugeführten Eiweißes entsteht, von der noch nicht voll funktionsfähigen Leber nicht in ausreichendem Umfang entgiftet werden. Auch dieses Ammoniak kann zu lebensbedrohlichen Vergiftungserscheinungen führen, insbesondere zu einer Schädigung des Zentralnervensystems. Die Kuhmilch muß daher entsprechend verdünnt werden. Gleichzeitig muß der zu geringe Gehalt an Kohlenhydraten (Milchzucker) durch Anreicherung mit anderen Kohlenhydraten (z. B. Getreideschleime) kompensiert werden.

Bei den industriell gefertigten Säuglingsnahrungen muß zwischen 2 Typen unterschieden werden:

- adaptierte Säuglingsnahrung,
  der Muttermilch weitgehend angepaßt,
- teiladaptierte Säuglingsnahrung,
  der Muttermilch nur teilweise angepaßt.

Adaptierte Säuglingsnahrung: Diese Nahrung ist in ihrer Zusammensetzung der Muttermilch soweit wie möglich angepaßt. Das betrifft insbesondere die Mengen an Eiweiß, Fett und Kohlenhydraten. Der verdünnten Kuhmilch (Reduzierung des zu hohen Eiweißgehalts) wird Pflanzenöl, meist Maiskeimöl, zugesetzt, um den Gehalt an essentiellen Fettsäuren zu erhöhen. Zur Erhöhung des Kohlenhydratanteils wird ausschließlich Milchzucker verwendet. Sie enthält außerdem alle Mineralstoffe und Vitamine entsprechend den Empfehlungen für die optimale Zufuhr. Diese (voll) adaptierte Milch ist für Säuglinge bis zum Alter von 6 Wochen bestimmt.

Teiladaptierte Säuglingsnahrung: Diese Nahrung ist der Muttermilch nur teilweise angepaßt. Sie ist für Säuglinge bestimmt, die älter als 6 Wochen sind, und kann bis zum Ende des 6. Lebensmonats verabfolgt werden. Sie unterscheidet sich von der oben genannten Nahrung durch einen höheren Energiegehalt, der durch einen verstärkten Zusatz von pflanzlichen Ölen und Kohlenhydraten in Form von speziellen Stärkepräparaten erzielt wird. Dadurch wird ein höherer Sättigungswert erreicht. Auch der teiladaptierten Säuglingsnahrung werden in der Regel Vitaminpräparate zugesetzt, um eine optimale Vitaminversorgung zu garantieren.

4.6 Ernährung von Kleinkindern

Die Anforderungen an die Ernährung von Kleinkindern hängen in großem Maße vom Lebensalter ab. Dabei sind folgende Gesichtspunkte besonders zu beachten:

Energie

Die Zufuhr der Nahrungsenergie muß den konkreten Erfordernissen angepaßt sein. Eine exakte Festlegung auf eine bestimmte Kalorienmenge ist für die optimale Ernährung eines einzelnen Kinds nicht zweckmäßig. Es muß immer bedacht werden, daß eine überhöhte Energiezufuhr, insbesondere in Form von Fett und schnell resorbierbarem Zucker, bereits bei Kleinkindern zu Übergewicht führen kann. Die dadurch ausgelöste Bildung einer zu großen Anzahl von Fettzellen als Folge der hyperkalorischen Ernährung im Kindesalter wird als eine der möglichen Ursachen für ein schwer beeinflußbares Übergewicht im Erwachsenenalter angesehen.

Tabelle 4.6.1:
Richtwerte für die Höhe der Energiezufuhr bei Kleinkindern in kJ (kcal)

	1 bis 3 Jahre	4 bis 6 Jahre
Jungen	4,7 (1100)	6,4 (1500)
Mädchen	4,4 (1000)	5,8 (1400)

Bei einer Verköstigung von Kindern in der Gemeinschaftsverpflegung (Kinderheime, Kindertagesstätten, Sanatorien und Kliniken) ist die Energiezufuhr vorrangig nach dem Alter der Kinder auszurichten. Die als D-A-CH-Richtwerte angegebenen Werte für die Energiezufuhr (siehe Tabelle 4.6.1) sind dann bei der Verköstigung von normgewichtigen Kindern wichtige Orientierungshilfen. Individuelle Unterschiede müssen durch die Größe der Portionen bzw. durch individuelle Zulagen ausgeglichen werden. Bei einer Reduzierung der Portionsmenge muß darauf geachtet werden, daß die notwendige Zufuhr von Vitaminen und Mineralstoffen sowie von anderen essentiellen Nährstoffen (Eiweiß, essentielle Fettsäuren) mengenmäßig gesichert ist (siehe unten).

Eiweiß

Der Bedarf an Eiweiß pro kg Körpergewicht ist bei Kindern infolge des Körperwachstums etwas größer als beim Erwachsenen (1,0 g/kg Körpergewicht = etwa 14 g pro Tag [1 bis 3 Jahre] bzw. 0,9 g/kg Körpergewicht = etwa 16 g pro Tag [4 bis 6 Jahre]). Eiweißmangel kann zu verzögertem Wachstum und darüber hinaus zu körperlichen und geistigen Entwicklungsstörungen führen. Bei Kindern ist in Anbetracht des erhöhten Eiweißbedarfs besonders auf eine hohe biologische Wertigkeit des Nahrungseiweißes zu achten. In der Regel ist auch bei Kleinkindern die Eiweißzufuhr höher als empfohlen.

Fett

Die Empfehlungen für die Fettaufnahme, auf die gesamte Energieaufnahme bezogen, liegen bei Kindern mit 35 bis 40 % (1 bis 3 Jahre) bzw. 30 bis 35 % (4 bis 6 Jahre) höher als bei Erwachsenen, bedingt durch den relativ höheren Energiebedarf des Kinds. Diese empfohlenen höheren Richtwerte sollten aber auf keinen Fall überschritten werden. Bereits bei Kleinkindern kann es in der Folge von Übergewicht und erhöhten Blutfettwerten zu ersten arteriosklerotischen Veränderungen an den Gefäßwänden kommen. Diese Gefahr ist bei genetisch bedingten Störungen des Lipidstoffwechsels besonders groß.

Die Auswahl der Nahrungsfette muß bei Kindern besonders sorgfältig erfolgen, tierische Fette sind weitgehend zu meiden. Das für Erwachsene empfohlene Verhältnis von gesättigten Fettsäuren zu Ölsäure und mehrfach ungesättigten Fettsäuren (1 : 1 : 1) sollte auch bei Kindern gewissenhaft eingehalten werden, der Anteil an Ölsäure darf und sollte mehr als $^1/_3$ betragen. Auch die Empfehlung für die Zufuhr an essentiellen Fettsäuren orientiert sich wie beim Erwachsenen an der zugeführten gesamten Nahrungsenergie (2,5 % bei ω-6-Fettsäuren, 0,5 % bei ω-3-Fettsäuren).

Kohlenhydrate

Der prozentuale Anteil, den Kohlenhydrate zur Energieversorgung beitragen, ist bei Kindern geringer als bei Erwachsenen. Er steigt mit zunehmendem Lebensalter kontinuierlich an.

Wie beim Erwachsenen sollte die Kohlenhydratzufuhr weitestgehend in Form von Stärke erfolgen.

Eine erhöhte Aufnahme von Rohrzucker, insbesondere in Form von Süßigkeiten (Schokolade und Bonbons), begünstigt am besonders empfindlichen Milchgebiß der Kinder das Entstehen von Karies. Zu beachten ist, daß Cornflakes eine besonders hohe Kariogenität aufweisen (ein Teil der Stärke ist zu Dextrinen abgebaut, die für die Mundhöhlenbakterien als

„Klebstoff" für ihr Anhaften am Zahnschmelz dienen [sog. Plaquebildung], außerdem sind Cornflakes oft zusätzlich mit einer sehr dünnen Zuckerschicht überzogen).

Die mit dem Verzehr von Milch und Milcherzeugnissen erfolgende Aufnahme von Milchzucker ist auch bei Kindern unproblematisch, da die kariogene Wirkung des Milchzuckers wesentlich geringer ist als die des Rohrzuckers. Mit einer erworbenen Milchzuckerunverträglichkeit, die einen mengenmäßig größeren Milchkonsum verbietet, ist bei Kindern noch nicht zu rechnen. Ein genetisch bedingter, angeborener Lactasemangel, der die Aufnahme von Milch verbietet, kommt recht selten vor.

Wasser

Der Anteil von Wasser an der gesamten Körpermasse und die Wasserverluste sind auch beim Kleinkind noch wesentlich höher als beim Erwachsenen. Infolgedessen ist auch beim Kleinkind auf eine ausreichende Flüssigkeitszufuhr zu achten. Da bei Kleinkindern (und Kindern überhaupt) das Durstzentrum in der Regel ausgezeichnet funktioniert, ist dem natürlichen Drang der Kleinkinder zum Trinken stets stattzugeben, wodurch der Flüssigkeitsbedarf in den meisten Fällen relativ gesehen höher ist als bei Erwachsenen. Für die Menge der täglichen Trinkflüssigkeit können 950 bis 1100 ml angesetzt werden. Bei intensiver körperlicher Aktivität dürfte die optimale Trinkmenge, besonders im Sommer, noch höher liegen.

Vitamine

Eine gute Vitaminversorgung ist bei Kindern unerläßlich (siehe Tabelle 4.6.2), wobei die gleichen Gesichtspunkte wie für die Vitaminversorgung des Erwachsenen gelten.

Tabelle 4.6.2:
Empfehlungen für die Vitaminzufuhr bei Kleinkindern

	1 bis unter 4 Jahre	4 bis unter 7 Jahre
Vitamin A (in mg Retinol-Äquivalente)	0,6	0,7
Vitamin D (in µg)	5	5
Vitamin E (in mg α-Tokopherol-Äquivalente)*	6 (5)	8
Vitamin K (in µg)	15	15
Vitamin B_1 (in mg)	0,6	0,8
Vitamin B_2 (in mg)	0,7	0,9
Niacin (in mg Niacin-Äquivalente)	7	10
Vitamin B_6 (in mg)	0,4	0,5
Folsäure (in µg Folat-Äquivalente)	200	300
Vitamin B_{12} (in µg)	1,0	1,5
Vitamin C (in mg)	60	70

* Schätzwerte

Auf die ausreichende Versorgung mit Vitamin D ist besonders hinzuweisen. Kleinkinder sind auf die Zufuhr von Vitamin D mit der Nahrung unbedingt angewiesen, da bei ihnen, im Gegensatz zum Erwachsenen, die endogene Synthese von Vitamin D den erhöhten Bedarf auf keinen Fall im benötigtem Umfang ergänzen kann.

Mineralstoffe

Der Mineralstoffbedarf ist bei Kleinkindern, bezogen auf das Körpergewicht, infolge des raschen Wachstums besonders hoch (siehe Tabelle 4.6.3). Besonders zu achten ist auf eine ausreichende Zufuhr von Kalzium, das zum Aufbau des Skelettsystems benötigt wird. Der Kalziumbedarf kann in ausreichendem Maße nur durch Milch, Milcherzeugnisse und Käse gedeckt werden.

Tabelle 4.6.3:
Täglicher Mineralstoffbedarf von Kleinkindern (D-A-CH-Empfehlungen, bei der Jodzufuhr gelten die Werte in Klammern für Kinder in der Schweiz)

	1 bis unter 4 Jahre	4 bis unter 7 Jahre
Kalzium (in mg)	600	700
Magnesium (in mg)	80	120
Phosphor (in mg)	500	600
Eisen (in mg)	8	8
Zink (in mg)	3	5
Jod (in µg)	100 (90)	120 (90)

Besondere Beachtung verdient auch eine ausreichende Eisenzufuhr. Das betrifft bereits den Säugling, der abgestillt und auf Breie umgestellt wird (siehe Kap. 4.5). Wegen der guten Bioverfügbarkeit des Eisens von tierischen Lebensmitteln ist eine angemessene Menge an Fleisch oder an Fleischprodukten frühzeitig in den Kostplan aufzunehmen. Der Eisenbedarf kann bei Kleinkindern durch den ausschließlichen Verzehr von eisenhaltigen pflanzlichen Nahrungsmitteln nicht ausreichend gedeckt werden, auch wenn die Resorptionsrate durch gleichzeitige Aufnahme von Vitamin C erhöht wird. Eine rein vegetarische Kost (Veganer) führt bei Kindern zu ernsten Wachstums- und Entwicklungsstörungen (siehe Kap. 9.2.2).

Ebenso ist eine ausreichende Jodzufuhr bei Kindern unerläßlich, da Jodmangel nicht nur zur Ausbildung von Jodmangelkröpfen führt, sondern auch die geistige Entwicklung in ganz erheblichem Maß behindert. Jodmangel ist im Weltmaßstab die häufigste Ursache für geistiges Zurückbleiben von Kindern, das bis zur Ausbildung von Schwachsinn (Debilität) führen kann (siehe Kap. 3.9.2.2).

Die ausreichende Versorgung mit Fluor kann infolge des meist geringen Fluorgehalts des Trinkwassers nur durch die Verwendung von jodiertem

Speisesalz mit Fluorzusatz gesichert werden. Sie ist für die Entwicklung des Zahnschmelzes von großer Bedeutung (Ausbildung von säureresistenteren Fluor-Hydroxylapatit-Kristallen).

Eßverhalten und Speisenauswahl bei Kleinkindern

Das im Kleinkindalter „gelernte" Eßverhalten und die in früher Kindheit praktizierte Speisenauswahl prägen die Gewohnheiten der Nahrungsaufnahme, die dann oft das ganze Leben lang eingehalten werden. Hierbei muß zwischen geschmacklichen Präferenzen von Kleinkindern und anerzogenem Verhalten unterschieden werden, das besonders durch die Vorbildwirkung der Erwachsenen, insbesondere der Eltern, geprägt wird.

Unbestritten ist die Vorliebe der meisten Kleinkinder für die süße Geschmacksrichtung. Diese wird durch die Erwachsenen oft unnötigerweise noch verstärkt, indem Schokolade und Süßigkeiten als besondere Belohnung eingesetzt werden. Dadurch wird nicht nur der Ausbildung von Karies Vorschub geleistet, sondern auch für das spätere Leben eine besondere Vorliebe für Süßes geprägt, die Ursache für die überhöhte Aufnahme von rasch resorbierbarem Zucker und letztendlich eines erhöhten Körpergewichts sein kann.

Größte Bedeutung kommt der Vorbildwirkung zu. Kleinkinder übernehmen meist mit bewundernswerter Konsequenz die Ernährungsgewohnheiten und die geschmacklichen Präferenzen der Eltern. Damit werden unbewußt bis ins spätere Leben hinein die Anzahl der Mahlzeiten und Speisenauswahl festgelegt und sowohl schlechte als auch gute Ernährungsprinzipien fixiert.

Bei der Ernährung von Kleinkindern sind folgende Punkte besonders zu beachten:

- Das Verlangen nach intensiv gesalzenen Speisen wird in der Regel anerzogen. Kleinkinder, denen nur leicht gesalzene Speisen vorgesetzt wurden, verbrauchen auch im späteren Leben weniger Salz. Ihnen fällt es später nicht schwer, die empfohlene Kochsalzaufnahme von maximal 5 g einzuhalten.
- Die Vorliebe für fettreiche Speisen ist ebenfalls eine Erziehungs- bzw. Gewohnheitsfrage. Menschen, die in ihrer Kindheit sehr fettarm gegessen haben, zeigen auch im späteren Leben kein besonderes Verlangen nach fetten Speisen.
- Bei Kleinkindern ist das Sättigungs- und Hungergefühl noch besonders gut ausgeprägt. Es ist deshalb grundsätzlich falsch, Kleinkinder zum Aufessen zu zwingen, da durch dieses Verhalten die natürliche Regulation der Nahrungsaufnahme gestört werden kann. Es darf dann allerdings nicht gestattet werden, eine andere Speise (süßer

Nachtisch) als „Ausgleich" zu essen. Dadurch kann der natürliche Regelkreis von Sättigungs- und Hungergefühl sowie die Nahrungsaufnahme völlig gestört werden.

- Das Durstgefühl ist bei gesunden Kleinkindern intakt. Es reagiert allerdings nicht immer im ausreichenden Maße, so daß die spontane Flüssigkeitsaufnahme mitunter ungenügend ist. Es muß stets auf die ausreichende Zufuhr von Trinkflüssigkeit geachtet werden (1 bis 1,5 l). Von Kindern bevorzugte zuckerhaltige Getränke wie Limonaden sind ungeeignet. In den meisten Fällen wird jedoch ein bestehender Durst nach kurzer Zeit als so quälend empfunden, daß er dann mit ungesüßten Getränken gestillt wird. Bei der Auswahl der Getränke spielt die Vorbildwirkung der Erwachsenen eine besonders große Rolle.

4.7 Ernährung von Schulkindern und Jugendlichen

Für die Ernährung von Schulkindern und Jugendlichen gelten im allgemeinen die gleichen Empfehlungen wie für Kleinkinder. Die Mengen der einzelnen Nährstoffe werden jedoch allmählich den Bedarfsmengen der Erwachsenen angeglichen. Bei älteren Jugendlichen übersteigt der Bedarf an einigen Nährstoffen sogar den der Erwachsenen. Zwischen Jungen und Mädchen bilden sich bei der Höhe der empfohlenen Nährstoffzufuhr als Folge ihrer unterschiedlichen, hormonell bedingten Entwicklung kleine Unterschiede heraus.

Der Bedarf an allen wichtigen Nährstoffen, Vitaminen und Mineralstoffen kann mit einer ausgewogenen Mischkost ausreichend gedeckt werden. Der Versorgung mit Eiweiß, Kalzium und Eisen ist besondere Aufmerksamkeit zu schenken.

Energiebedarf

Bei der Deckung des Energiebedarfs ergeben sich keinerlei Versorgungsprobleme, da das Hungergefühl vom betroffenen Personenkreis in der Regel noch nicht unterdrückt wird. Infolgedessen paßt sich die Energiezufuhr in vielen Fällen automatisch dem Bedarf an. Die meist übliche intensive sportliche Betätigung verhindert zusätzlich die Ausbildung eines Übergewichts. Eine überhöhte Energieaufnahme und das dadurch bedingte Übergewicht betrifft eine zahlenmäßig kleinere Anzahl dieser Altersgruppe. Für diese übergewichtigen Jugendlichen ist die Energiebedarf exakt zu ermitteln, wobei gleichzeitig eine negative Energiebilanz anzustreben ist (siehe Kap. 7.6.1.2). Für eine überhöhte Energiezufuhr ist oft ein zu hoher Konsum von energiereichen Getränken verantwortlich.

Eine unzureichende Energieaufnahme ist fast ausnahmslos bei einigen Mädchen im Teenageralter zu beobachten, die bereits einem Schönheitsideal nacheifern und erste Zeichen einer Unterernährung, Anorexie oder Bulimia zeigen (siehe Kap. 7.6.1.2).

Die Richtwerte für die Höhe der Energiezufuhr bei Schulkindern und Jugendlichen sind wichtige Anhaltspunkte bei der Verköstigung von größeren Gruppen in Heimen oder ähnlichen Einrichtungen der Gemeinschaftsverpflegung (siehe Tabelle 4.7.1).

KAPITEL 4

Tabelle 4.7.1:
Richtwerte für die Höhe der Energiezufuhr bei Schulkindern und Jugendlichen in kJ (kcal)

	7 bis 10 Jahre	10 bis 13 Jahre	13 bis 15 Jahre	15 bis 19 Jahre
Jungen	7,9 (1900)	9,4 (2300)	11,2 (2700)	13,0 (3100)
Mädchen	7,1 (1700)	8,5 (2000)	9,9 (2200)	10,5 (2500)

Eiweiß

Bei der Eiweißzufuhr ist auf eine optimale Bedarfsdeckung während der gesamten Wachstumsphase zu achten. Obwohl das Wachstum vom Schulkindalter bis zum Jugendalter abnimmt und damit auch der Eiweißbedarf pro kg Körpergewicht sinkt, steigt durch die Zunahme des Körpergewichts die tatsächlich benötigte Eiweißzufuhr trotzdem an. Der Eiweißbedarf pro kg Körpergewicht beträgt 0,9 g und verringert sich erst nach Eintritt der Pubertät bei Mädchen auf 0,8 g, während er bei Jungen konstant bleibt (0,9 g).

Zur Deckung des Eiweißbedarfs eignen sich besonders Milch, Milcherzeugnisse und Käse, da sie gleichzeitig die Kalziumversorgung sichern. Zusätzlich sind Fleisch, Fisch und die pflanzlichen Eiweiße der Kartoffeln, Hülsenfrüchte und Getreideerzeugnisse wichtige ergänzende Eiweißlieferanten mit hohem Ergänzungswert.

Flüssigkeitszufuhr

Der Bedarf an Flüssigkeit ist verhältnismäßig hoch, er beträgt wie beim Erwachsenen etwa 1,5 bis 2 l. Es ist aber zu beachten, daß in dieser Altersgruppe der Bedarf recht unterschiedlich, aber oftmals höher ist, bedingt durch die meist intensive körperliche Aktivität bei Spiel und Sport.

Vitamine

Der Vitaminbedarf des Schulkinds und des Jugendlichen unterscheidet sich bei vielen Vitaminen nur geringfügig von dem des Erwachsenen. Das betrifft insbesondere die Vitamine A, B_1, B_2, C, Niacin und Folsäure. Die Zufuhr von Vitamin D sollte mit 5 µg der entsprechen, die auch für den Erwachsenen empfohlen wird. Bei den anderen Vitaminen orientieren die Empfehlungen auf geringfügig kleinere Werte (siehe Tabelle 4.7.2). Es empfiehlt sich deswegen in der Regel (Verköstigung in der Familie), die Vitaminzufuhr an den Empfehlungen für Erwachsene zu orientieren.

Tabelle 4.7.2:
Empfehlungen für die tägliche Vitaminzufuhr bei Schulkindern und Jugendlichen (bei differierenden Vorgaben für Jungen und Mädchen die Werte für Mädchen in Klammern)

Alter in Jahren	7 bis 10	10 bis 13	13 bis 15	15 bis 19
Vitamin A (in mg RÄ)[1]	0,8	0,9	1,1 (1,0)	1,1 (0,9)
Vitamin D (in µg)	5	5	5	5
Vitamin E (in mg TÄ)[2*]	10 (9)	13 (11)	14 (12)	15 (12)
Vitamin K (in µg)	30	40 50	70 (60)	
Vitamin B_1 (in mg)	1,0	1,2 (1,0)	1,4 (1,1)	1,3 (1,0)
Vitamin B_2 (in mg)	1,1	1,4 (1,2)	1,6 (1,3)	1,5 (1,2)
Niacin (in mg NÄ)[3]	12	15 (13)	18 (15)	17 (13)
Vitamin B_6 (in mg)	0,7	1,0	1,4	1,6 (1,2)
Folsäure (in µg FÄ)[4]	300	400	400	400
Vitamin B_{12} (in µg)	1,8	2,0	3,0	3,0
Vitamin C (in mg)	80	90	100	100

* Schätzwerte
[1] RÄ = Retinol-Äquivalente
[2] TÄ = α-Tokopherol-Äquivalente
[3] NÄ = Niacin-Äquivalente
[4] FÄ = Folat-Äquivalente

Mineralstoffe

Bei den Mineralstoffen ist besonders auf die ausreichende Versorgung mit Kalzium, Eisen und Jod zu achten (siehe Tabelle 4.7.3). Die ausreichende Versorgung mit Kalzium ist in Anbetracht des Knochenwachstums auch noch in dieser Altersgruppe von besonderer Wichtigkeit. Die optimale Kalzifizierung der Knochenhartsubstanz und die dadurch bedingte maximal mögliche Knochendichte kann nur im jugendlichen Alter erfolgen. Dadurch wird der Grundstein der guten Stabilität des Skelettsystems für die Dauer des gesamten Lebens gelegt. Eine in der Jugend mangelhaft erfolgte Bildung der Knochenhartsubstanz kann jenseits des 20. Lebensjahrs kaum noch nachgeholt werden, auch bei einer dann erfolgenden ausreichenden Kalziumaufnahme.

Tabelle 4.7.3:
Mineralstoffbedarf von Schulkindern und Jugendlichen (bei differierenden Vorgaben für Jungen und Mädchen die Werte für Mädchen in Klammern, bei Jodzufuhr gelten die Werte in eckigen Klammern für die Schweiz)

Alter in Jahren	7 bis 10	10 bis 13	13 bis 15	15 bis 19
Kalzium (in mg)	900	1100	1200	1200
Magnesium (in mg)	170	230 (250)	310	400 (350)
Phosphor (in mg)	800	1250	1250	1250
Eisen (in mg)	10	12 (15)	12 (15)	12 (15)
Zink (in mg)	7	9 (7,0)	9,5 (7,0)	10 (7,0)
Jod (in µg)	140 [120]	180 [120]	200 [150]	200 [150]

Ebenfalls ist eine optimale Eisenversorgung zu beachten. Insbesondere ist dafür Sorge zu tragen, daß die Eisendepots der heranwachsenden Mädchen vor Eintritt der Regelblutung maximal aufgefüllt sind.

Ernährungsberatung und Gesundheitserziehung bei Schulkindern und Jugendlichen

Der Gesundheitserziehung und altersgerechten Ernährungsberatung kommt in dieser Altersgruppe eine besondere Bedeutung zu, jedoch nicht mehr der Vorbildfunktion der Erwachsenen, insbesondere der Eltern, wie es bei Kleinkindern der Fall ist. Bei einer fehlenden gezielten Beratung werden allerdings auch von dieser Altersgruppe Erfahrungen und Gewohnheiten aus dem Elternhaus bis weit in das Erwachsenenalter hinein übernommen. Das betrifft in diesem Alter insbesondere die Auswahl der Produkte (Frischware oder Convenience-Produkte) und Getränke sowie der Schwerpunktmahlzeiten.

Die Auswahl der Getränke verdient besondere Beachtung, da der Flüssigkeitsbedarf noch relativ hoch ist. Doch gerade in diesem Bereich ist mit „Geschmacksdifferenzen" zu rechnen. Häufig sind zuckerhaltige Limonaden die Favoriten. Die Alternativen, Früchtetees, Milch, verdünnte Obst- und Gemüsesäfte, ungesüßte Tee-Saft-Getränke, Mineralwasser (kohlensäurearm), wären zu bevorzugen, aber sie haben ein vergleichsweise schlechtes Image. Untersuchungen zeigen, daß die Kinder und Jugendlichen sehr wohl über die ernährungsphysiologischen Vorteile von Alternativen informiert sind, aber die Attraktivität der zuckerhaltigen und häufig wesentlich besser vermarkteten Produkte macht eine vernunftgetragene Entscheidung oft schwer, da die Neigung zum Süßen angeboren und oft noch zusätzlich anerzogen ist.

Auch hier kommt den Erwachsenen in der Familie eine besondere Rolle zu. Es konnte gezeigt werden, daß der vernünftige Umgang mit gesüßten Getränken und Speisen innerhalb der Familie allein durch die Vorbildwirkung langfristig übernommen wird, ohne daß Druck ausgeübt oder Verbote ausgesprochen werden. Es zeigte sich auch, daß diese Kinder und Jugendlichen eher außerfamiliären Einflüssen wie dem Gruppendruck durch Gleichaltrige und dem Trend zu Mode- und Markenprodukten widerstanden.

Es ist festzustellen, daß Kinder und Jugendliche den Wunsch haben, sich Kenntnisse über die Ernährung, insbesondere über die moderne Lebensmitteltechnologie, anzueignen. Das Wissen um eine gesunde Lebensführung besitzt bei ihnen einen hohen Stellenwert. Eine ungesunde Lebensführung wird von den meisten Jugendlichen nur bei den Zwischenmahlzeiten praktiziert. Hier liegt eine der wichtigen Aufgaben der Ernährungsberatung von Jugendlichen.

4.8 Ernährung während der Schwangerschaft und in der Stillzeit

Eine wesentliche Voraussetzung für einen komplikationslosen Verlauf einer Schwangerschaft ist der gute Ernährungszustand Schwangerer bereits zum Beginn der Schwangerschaft. Das Wachstum des Kindes und der dadurch bedingte zusätzliche Bedarf des mütterlichen Organismus erfordert eine Mehraufnahme an Nahrungsstoffen, die jedoch nicht alle Nahrungsstoffe in gleichem Ausmaß betrifft. Mangelerscheinungen an bestimmten Nahrungsfaktoren können in der Schwangerschaft deshalb schneller auftreten. Das bedeutet, daß eine erhöhte Gefahr der Fehlernährung auch bei der Ernährung mit besonderen Kostformen mit atypischer Zusammensetzung besteht, verbunden mit nachteiligen Konsequenzen für den Gesundheitszustand der werdenden Mutter und/oder den des Neugeborenen.

Nahrungsenergie

Die während der Schwangerschaft und in der Stillperiode zusätzlich erforderliche Energiemenge wird oft überschätzt. Eine überhöhte Energieaufnahme führt auch in der Schwangerschaft zu Übergewicht, das über die physiologische (und notwendige) Gewichtszunahme hinausgeht. Ein solches Übergewicht kann besonders bei Schwangeren zu beträchtlichen gesundheitlichen Problemen führen wie der Ausbildung von Diabetes oder Bluthochdruck. Es kann auch auslösender Faktor für ein überhöhtes Geburtsgewicht des Kindes sein mit einem dadurch bedingten erhöhten Risiko des Auftretens von Geburtskomplikationen.

Der physiologisch bedingte erhöhte Energiebedarf nimmt im Verlauf der Schwangerschaft kontinuierlich zu, der zusätzliche Bedarf beträgt in der zweiten Schwangerschaftshälfte etwa 1200 kJ (300 kcal). Während der Stillperiode beträgt der Mehrbedarf etwa 2700 kJ (650 kcal).

Eiweiß

Der Bedarf an Eiweiß ist während der Schwangerschaft erhöht. Bei einer ausgeglichenen Ernährung mit biologisch hochwertigem Eiweiß sollte die zusätzliche Zufuhr ab dem 4. Schwangerschaftsmonat etwa 10 g betragen. Dabei ist darauf zu achten, daß mit der erhöhten Eiweißaufnahme nicht eine unverhältnismäßig große Menge an verborgenem Fett verzehrt wird. Die Eiweißzulage sollte deswegen vorrangig durch Milch (vorzugsweise teilentrahmt) bzw. fettarme Milcherzeugnisse erfolgen, wodurch gleichzeitig der erhöhte Bedarf an Kalzium abgedeckt werden kann (siehe unten).

Während der Stillperiode ist der Eiweißbedarf nochmals erhöht. Die zusätzliche Aufnahme sollte jetzt etwa 15 g betragen. Auch hier sind Milch bzw. fettarme Milchprodukte als Eiweißlieferanten zu bevorzugen.

Fett

Schwangere und Stillende haben entgegen der in weiten Kreisen der Bevölkerung oft vertretenen Auffassung keinen erhöhten Bedarf an Fett. Der Fettanteil der Nahrung kann im Höchstfall in Relation zu den anderen Energieträgern heraufgesetzt werden, um den gesteigerten Energiebedarf mit abzudecken. Zu empfehlen ist allerdings, daß zur Sicherung des gering erhöhten Energiebedarfs vorzugsweise Kohlenhydrate eingesetzt werden. Bei der Auswahl der Nahrungsfette ist besonders auf die ausreichende Aufnahme von Fetten und Ölen mit einfach und mehrfach ungesättigten Fettsäuren sowohl der ω-6-Reihe als auch der ω-3-Reihe zu achten (Oliven-, Raps-, Sonnenblumen- und Keimöle, Margarine bzw. fettreiche Seefische). Die ausreichende Aufnahme von Docosahexaensäure (DHA) und anderen Fettsäuren der ω-3-Reihe ist wegen ihrer Bedeutung für die Entwicklung des Gehirns und der Augen von besonderer Wichtigkeit, sowohl während des gesamten Schwangerschaftsverlaufs als auch in der Stillperiode (DHA wird in die Fett der Muttermilch eingebaut). Die empfohlene Aufnahme von mindestens 200 mg DHA kann durch den regelmäßigen Verzehr der entsprechenden Seefische (möglichst 2mal pro Woche) realisiert werden (siehe auch Kap. 3.5.1.1 und 5.1.5.1). Andernfalls sollte die erforderliche DHA-Zufuhr durch Fischölkapseln erfolgen.

Kohlenhydrate

Auch während der Schwangerschaft und während des Stillens sollte die Versorgung mit Kohlenhydraten vorrangig durch Stärke erfolgen, die mit ballaststoffreichen Lebensmitteln aufgenommen wird. Durch eine Sicherung des Mehrbedarfs vorrangig mit Obst und Gemüse wird gleichzeitig der vermehrte Bedarf an Mineralstoffen und Vitaminen abgedeckt. Auch die Zufuhr an Ballaststoffen darf nicht eingeschränkt werden. Eine Aufnahme von Zucker ist nicht erforderlich. Erhöhter Verzehr von Zucker begünstigt das Entstehen von Übergewicht und fördert die Ausbildung von Karies. Zahnschäden treten bei Schwangeren gehäuft auf.

Vitamine

Schwangere und Stillende haben bei einer Reihe von Vitaminen einen Mehrbedarf (D-A-CH-Empfehlungen siehe Tabelle 4.8.1). In den meisten Fällen kann dieser mit der Nahrung voll abgedeckt werden, falls die Empfehlungen der DGE für eine vollwertige Ernährung eingehalten werden. Ausgenommen hiervon ist die Sicherstellung der ausreichenden Versorgung mit Folsäure. Besonderes Augenmerk ist auch auf Vitamin D zu legen (siehe unten, Sicherstellung der Kalziumversorgung). Schwangere müssen auf der anderen Seite eine übermäßige Aufnahme von Vitamin A vermeiden.

Tabelle 4.8.1:
Empfehlungen für die tägliche Vitaminzufuhr bei Schwangeren und Stillenden

	Schwangere	Stillende
Vitamin A (in mg Retinol-Äquivalente)	1,1	1,5
Vitamin D (in µg)	5	5
Vitamin E (in mg α-Tokopherol-Äquivalente*)[1]	13	17
Vitamin K (in µg*)	60	60
Vitamin B_1 (in mg)[1]	1,2	1,4
Vitamin B_2 (in mg)[1]	1,5	1,6
Niacin (in mg Niacin-Äquivalente)[1]	15	17
Vitamin B_6 (in mg)	1,9	1,9
Folsäure (in µg Folat-Äquivalente)[2]	600	600
Vitamin B_{12} (in µg)	3,5	4,5
Vitamin C (in mg)	110	150

* Schätzwerte
[1] ab 4. Monat der Schwangerschaft
[2] bei Kinderwunsch Mehrbedarf beachten (siehe Text)

Folsäure: Ein Folsäuremangel führt bereits in den ersten Tagen der Schwangerschaft zu schwerwiegenden Schäden bei der Entwicklung des embryonalen Nervensystems (sog. Neuralrohrdefekte), die zu folgenschweren Mißbildungen führen. Sie verursachen meist bleibende geistige Schäden und enden mitunter mit dem frühen Tod des Kinds (siehe auch Kap. 3.7.2.6).

Schäden in der frühen embryonalen Entwicklung und während der weiteren Entwicklung des Embryos können durch eine optimale Versorgung der Schwangeren mit Folsäure verhindert werden. Die dazu benötigten Mengen (600 µg Folat-Äquivalente) liegen weit höher als die Empfehlungen für Erwachsene. Deswegen wird aus prophylaktischen Erwägungen heraus allen Frauen mit Kinderwunsch geraten, bereits vor Beginn einer Schwangerschaft auf die entsprechend hohe Zufuhr von Folsäure zu achten (insgesamt 1000 µg Folat-Äquivalente pro Tag). Diese hohen Dosen können durch den Verzehr von Lebensmitteln nicht abgedeckt werden, so daß zusätzlich Folsäurepräparate (täglich 400 µg synthetische Folsäure [PGA]) eingenommen werden sollten.

Für Stillende wird die Aufnahme von 600 µg Folat-Äquivalente empfohlen.

Vitamin A: Bei der Aufnahme von großen Mengen an Vitamin A (über 2,4 mg pro Tag) besteht für den Embryo die Gefahr von Mißbildungen.

Eine erhöhte Aufnahme von Vitamin A erfolgt vor allem beim Verzehr von Leber (100 g Leber können bis zu 10 mg und mehr Vitamin A enthalten). Aus diesem Grund sollte während der Schwangerschaft auf Lebergerichte verzichtet werden. Bei Verzicht auf Leber besteht bei einer vollwertigen Ernährung selbst bei reichlicher Aufnahme von β-Carotin (Möhren und Gemüsesäfte) diese Gefahr nicht, sondern nur bei einer unkontrollierten Einnahme von Vitaminpräparaten. Da in Deutschland ein Vitamin-A-Mangel kaum vorkommt, ist insbesondere bei Schwangeren die zusätzliche Zufuhr von Vitamin A in Form von Vitaminpräparaten generell nicht erforderlich (siehe Kap. 3.7.1.1).

Mineralstoffe

Der Bedarf an Mineralstoffen ist in der Schwangerschaft und während der Stillperiode erhöht. Das betrifft insbesondere Kalzium, Eisen, Zink und Jod.

Kalzium: Die Kalziumaufnahme (D-A-CH-Empfehlung) sollte bei Schwangeren und Stillenden 1000 mg betragen, bei Frauen (jünger als 19 Jahre) mit 1200 mg wesentlich höher sein. Diese großen Mengen an Kalzium können nur durch den Konsum erheblicher Mengen an (entrahmter oder teilentrahmter) Milch und/oder Milcherzeugnissen aufgenommen werden.

Um eine möglichst effektive Resorption des (oft nicht in der empfohlenen Menge) aufgenommenen Kalziums zu gewährleisten, muß auf die ausreichende Versorgung mit Vitamin D und eine ausreichende Sonnenexposition (Aufenthalt an der frischen Luft) geachtet werden. Außerdem ist zu berücksichtigen, daß Phytinsäure und Oxalsäure die Kalziumresorption behindern, so daß oxalsäure- und phytinsäurehaltige Lebensmittel weitgehend zu meiden sind. Das gilt jedoch nicht für Vollkornprodukte, da deren Kalziumgehalt wesentlich höher ist als der entsprechender Produkte aus höher ausgemahlenem Mehl. Kalziumverluste, die durch Phytinsäure bedingt sind, werden somit hinreichend ausgeglichen. Bei der Zubereitung von Vollkornbroten wird außerdem die Phytinsäure während der Sauerteigbereitung weitgehend abgebaut.

Eine Unterversorgung mit Kalzium schädigt die Schwangere, da fehlendes Kalzium durch eine Kalziummobilisierung aus der Knochenhartsubstanz ergänzt und so dem Fötus auf Kosten der Mutter bereitgestellt wird. Es kommt bei der Mutter zu einer Kalziumverarmung des Skeletts und der Hartsubstanzen der Zähne. Bei einer aus objektiven Gründen nicht realisierbaren ausreichenden Kalziumversorgung über die Nahrung muß diese medikamentös (Kalziumtabletten) ausgeglichen werden.

Eisen: Der Eisenbedarf ist bei Schwangeren stark erhöht, da der sich entwickelnde Embryo beträchtliche Mengen an Eisen zur Bildung von Hämoglobin, Myoglobin und eisenhaltigen Zellfaktoren (Cytochrome der Atmungskette) benötigt. Die empfohlene Zufuhr beträgt pro Tag bei

Schwangeren	30 mg (das Doppelte des Werts für die nichtschwangere Frau),
Stillenden	20 mg.

Eisenmangel (oft in Verbindung mit einer zusätzlich vorhandenen Unterversorgung mit Vitamin B_{12} und Folsäure) führt zu einer Anämie der Mutter. Zusätzlich besteht offenbar ein Zusammenhang zwischen mangelhafter Eisenversorgung und dem Auftreten von Frühgeburten und niedrigem Geburtsgewicht.

Eine ausreichende Eisenversorgung ist während der Schwangerschaft nur durch vollwertige gemischte Kost unter ausreichender Berücksichtigung von Fleisch zu erreichen. Darüber hinaus ist die Verwertung von pflanzlichem Eisen durch den gleichzeitigen Verzehr von Vitamin-C-reichen Gerichten (mit Zitronensaft angerichtete Salate) zu verbessern (siehe auch Kap. 3.9.2.1).

Zink: Der Zinkbedarf ist während der Schwangerschaft erhöht. Zink ist Cofaktor zahlreicher Enzyme, insbesondere von Enzymen, die in Zellteilungsprozessen einbezogen sind (DNA-, RNA- und Eiweißsynthese). Ein Zinkmangel kann daher die Embryonalentwicklung empfindlich stören und bei der Schwangeren zu einem Zinkmangel führen. Während des Stillens werden erhebliche Mengen an Zink mit der Muttermilch ausgeschieden. Die empfohlene Zinkzufuhr beträgt pro Tag bei

Schwangeren	10 mg,
Stillenden	11 mg.

Jod: Jodmangel ist weltweit die häufigste Ursache für ein geistige Unterentwicklung, die in Gebieten eines ausgeprägten Jodmangels im Extremfall zum Kretinismus führen kann. Auch Deutschland ist ein Jodmangelgebiet. Jodmangel führt darüber hinaus zu einer erhöhten Säuglingssterblichkeit, zu Kropfausbildung beim Säugling und zu unterschiedlich stark ausgeprägten Hemmung in der geistigen Entwicklung des Kindes. Auch bei der Schwangeren führt eine Unterversorgung mit Jod zur verstärkten Ausbildung einer Jodmangelstruma (siehe auch Kap. 3.9.2.2).

Die D-A-CH-Empfehlung für die Jodzufuhr (die Werte in Klammern gelten für Bewohner der Schweiz) beträgt bei

Schwangeren	230 (200) µg,
Stillenden	260 (200) µg.

Die Sicherung der geforderten Jodzufuhr ist meist nur durch die zusätzliche (medikamentöse) Einnahme von Jodsalztabletten möglich, auch wenn Seefisch häufig verzehrt und nur Brot gegessen wird, das unter Verwendung von Jodsalz gebacken wurde. Wegen der Gefahr einer erhöhten Quecksilberaufnahme ist außerdem von reichlichem Verzehr der meisten Seefische abzuraten (siehe unten).

Risikogruppen

Bei Frauen, die aus unterschiedlichen Gründen bestimmte Kostformen oder Ernährungsregimes einhalten wollen oder müssen, besteht die Gefahr einer Fehlernährung, die sowohl für die Schwangere, Stillende als auch für das Neugeborene zu gesundheitlichen Schäden führen kann. Hier gilt es, bei der Aufstellung des Kostplans und der Bilanzierung der Ernährung zu versuchen, Diskrepanzen nach Möglichkeit weitestgehend auszugleichen.

Veganer: Diese extreme Form der vegetarischen Ernährung darf während einer Schwangerschaft und der Stillperiode auf keinen Fall praktiziert werden. Sie führt zu schweren Ausfallserscheinungen, die sowohl für die werdende Mutter als auch für den heranwachsenden Embryo und Säugling verheerende gesundheitliche Folgen und Spätschäden nach sich ziehen.

Bei einer streng vegetarischen Ernährung kann keine ausreichende Versorgung mit Eiweiß gesichert werden. Auch die Fettaufnahme ist zu niedrig, und es kommt zu einer raschen Erschöpfung der mütterlichen Speicher von Vitamin B_{12} und Vitamin D.

Zu geringe Versorgung mit Eiweiß kann insbesondere bei der Schwangeren rasch zu entsprechenden Mangelerscheinungen führen.

Bei einer Erschöpfung der mütterlichen Vitamin-B_{12}-Speicher kann es zu Störungen im Zentralnervensystem des Embryos mit der Ausbildung von bleibenden Intelligenzdefekten kommen, die beim Säugling auch noch in der Periode des Stillens möglich sind.

Besonders gefährlich bei einer unzureichenden Fettzufuhr ist neben der dadurch bedingten ungenügenden Energiezufuhr ein Mangel an fettlöslichen Vitaminen, vordergründig ein Mangel an Vitamin D. Bei der Mutter äußert sich dieses Defizit im Auftreten einer Osteomalazie (Knochenerweichung), während beim Neugeborenen Krämpfe auftreten können und die Ausbildung einer Rachitis möglich ist. Diese Gefahr ist besonders groß, wenn beim Neugeborenen keine Vitamin-D-Prophylaxe durchgeführt wird.

Milchzuckerunverträglichkeit: Bei einer Lactoseintoleranz bestehen Probleme bei der optimalen Versorgung der Schwangeren mit Kalzium. Es ist zu versuchen, die meist noch vorhandene Toleranz gegenüber kleinen Mengen an Milchzucker weitgehend auszunutzen, indem kleine Mengen an Milch und Milcherzeugnissen, die gerade noch vertragen werden, auf möglichst alle Mahlzeiten verteilt werden. In den täglichen Kostplan sind größere Mengen an gereiftem Käse (der keinen Milchzucker mehr enthält) aufzunehmen, außerdem möglichst viel Joghurterzeugnisse mit lebenden Milchsäurebakterien, sog. probiotische Lebensmittel (siehe Kap. 5.7.5.1 und 7.1.1.2.1).

Lebensmittelallergien: Sollten Lebensmittelallergien auftreten, dann sind die entsprechenden Kostpläne in Abstimmung mit dem Arzt individuell zu erstellen, falls durch die jeweils bestehende Allergie bedingt eine ausreichende Versorgung mit allen wichtigen Nahrungsfaktoren nicht möglich ist.

Von Schwangeren und Stillenden zu meidende Nahrungs- und Genußmittel

Nahrungs- und Genußmittel, von denen gesundheitliche Schädigungen ausgehen können, sind von Schwangeren und Stillenden zu meiden. Das gilt insbesondere für Alkohol, Tabakrauch, Lebensmittel, die Infektionen auslösen können, und große Mengen an Vitamin A.

Alkohol: Bei dem Konsum von Alkohol während der Schwangerschaft besteht die Gefahr der Schädigung des Embryos (fetales Alkoholsyndrom, siehe ausführlich Kap. 3.6.3). Es muß damit gerechnet werden, daß auch beim Genuß von geringen Mengen an Alkohol geringgradige Schädigungen des Embryos auftreten, die als solche nicht erkannt oder gar nicht wahrgenommen werden. Das betrifft insbesondere gewisse Einschränkungen in der geistigen Leistungsfähigkeit, die erst während der ersten Lebensjahre auftreten können. Es ist deshalb dringend zu empfehlen, während einer Schwangerschaft überhaupt keinen Alkohol zu trinken.

Tabakrauch und Nikotin: Tabakrauch und das in ihm enthaltene Nikotin führen zur Wachstumsverzögerung des Embryos, die sich auch noch nach der Geburt fortsetzt. Die Verzögerung des Längenwachstums kann in einigen Fällen selbst bis zum Schulalter nicht vollkommen aufgeholt werden. Auch Früh- und Fehlgeburten und plötzlicher Kindstod können ihre Ursache im Rauchen während der Schwangerschaft haben.

Neben der Schädigung durch das Nikotin des Tabakrauchs kann es auch durch das in ihm enthaltene Kohlenmonoxid zu einer Umwandlung von Teilen des aktiven Oxy-Hämoglobins in Kohlenmonoxid-Hämoglobin kommen. Dieses CO-Hämoglobin kann nicht mehr Sauerstoff transportieren. Bei einer Umwandlung von 20 % des Oxy-Hämoglobins in CO-Hämoglobin, die bei starkem Rauchen (20 Zigaretten pro Tag) beobachtet wird, ist auch die Transportkapazität des Bluts für Sauerstoff um 20 % erniedrigt. Diese mangelhafte Sauerstoffversorgung der Schwangeren betrifft im gleichen Maße auch das ungeborene Kind.

Potentiell cancerogene Substanzen im Tabakrauch können besonders für solche Neugeborenen gefährlich werden, die gestillt werden, da eine Reihe dieser Substanzen leicht in die Muttermilch übertreten, die deswegen eine relativ hohe Konzentration der genannten Substanzen aufweisen kann.

Quecksilberbelastung durch Fische: Während die naturgemäße, allerdings meist geringe Belastung von Fischen (vorzugsweise von Seefischen) mit Quecksilber für die Verbraucher generell keinerlei gesundheitliche Gefährdung darstellt (die maximale Aufnahme beträgt bei regelmäßigem Fischverzehr etwa 30 % der zulässigen Menge), wird ein regelmäßiger Verzehr von größeren Mengen an Seefisch (und Hecht) bei Schwangeren als bedenklich angesehen. Die Schwangeren selbst werden wie alle Erwachsenen nicht geschädigt, aber ein Teil des Quecksilbers (das als Methylquecksilber in einer giftigeren Form vorliegt) kann leicht die Plazenta passieren, damit direkt in den Embryo gelangen und zu Entwicklungsstörungen führen. Auch ein Übertritt dieser giftigen Form des Quecksilbers in die Muttermilch ist möglich.

Die Belastung von Seefischen mit Quecksilber ist unterschiedlich groß, einige Arten sind in der Regel stärker belastet. Sie schwankt außerdem in Abhängigkeit von Lebensraum, Alter und Lebensbedingungen (alte Fische und Raubfische sind in der Regel höher belastet). Die zulässige Höchstmenge an Quecksilber ist für die unterschiedlichen Fische differenziert festgelegt (0,5 mg bzw. 1 mg/kg). Deswegen wird Schwangeren und stillenden Frauen empfohlen, den Verzehr von den möglicherweise höher belasteten Seefischen vorsorglich einzuschränken. Das gilt auch für Erzeugnisse, die aus diesen Fischen hergestellt wurden.

Zu den Fischen, bei denen die höhere Quecksilberbelastung (1,0 mg/kg) zugelassen ist, und die deswegen von Schwangeren weitgehend zu meiden sind (gegen den gelegentlichen Verzehr bestehen keine ernsthaften Bedenken), gehören u. a. folgende Speisefische: Thunfisch und alle Bonito-Arten, Aal, Haifisch, Stör, Rotbarsch, Barsch, Heilbutt, Hecht, Blauleng, Seeteufel, Rochen und Steinbeißer. Zu den weniger belasteten und deswegen relativ unbedenklichen Speisefischen gehört u. a. der Seelachs.

Lebensmittelinfektionen

Jede Infektion ist für die Schwangere eine besondere Belastung. Darum sind auch mögliche Lebensmittelinfektionen durch kritische Auswahl der Lebensmittel und das strikte Einhalten aller Hygienemaßnahmen zu verhüten.

Besondere Bedeutung hat für die Schwangere die Toxoplasmose, da die Infektion der Mutter mit Toxoplasmen (einzellige Sporentierchen) zu schweren Entwicklungsstörungen des Embryos führen kann. Eine solche Gefahr besteht nur bei einer Erstinfektion der Mutter während der Schwangerschaft. Sie besitzt in diesem Fall noch keine Antikörper gegen die Toxoplasmen, so daß diese über den Blutweg und die Plazenta ungehindert auf den Embryo übertragen werden können.

Schwangere sollten aus diesem Grunde rohes oder unvollständig gegartes Fleisch sowie rohe oder ungenügend erhitzte Eier meiden, Lebensmittel, die vorrangig für eine Infektion mit Toxoplasmen verantwortlich zu machen sind. Besonders gründliches Waschen von Obst und Gemüse (Rohkost) versteht sich selbstredend.

4.9 Ernährung von Senioren

Der Anteil der über 65 Jahre alten Menschen an der Gesamtbevölkerung nimmt ständig zu (in Deutschland 16 % der Gesamtbevölkerung, davon ist ein Drittel 75 Jahre alt und älter). Die Anfälligkeit von älteren Menschen gegenüber Erkrankungen und Stoffwechselentgleisungen ist wesentlich größer als die von jüngeren Personen. Dazu kommt, daß die Stoffwechselprozesse im alternden Organismus langsamer ablaufen und die Resorption von einigen essentiellen Nährstoffen mit geringerer Effektivität erfolgt.

Ernährungsbedingte Erkrankungen treten bei älteren Menschen häufiger auf. Sie werden in den Anfangsstadien oft übersehen. Die Ursachen dafür liegen oft in einer unausgewogenen (bis ungesunden) Ernährung, die bereits im Kindesalter begonnen haben kann und sich bis ins spätere Leben fortgesetzt hat. Gesichtspunkte, die bei der Ernährung des alternden Menschen besonders berücksichtigt werden müssen, gewinnen folglich zunehmend an Bedeutung. Mit einer gesunden, altersgerechten Ernährung kann wesentlich zur Erhaltung der Gesundheit, auch in höherem Lebensalter, beigetragen werden.

Die wichtigsten ernährungsbedingten Erkrankungen der älteren Menschen sind auf eine überhöhte Energiezufuhr, insbesondere in Form von Fett (vorrangig tierische Fette mit einem hohen Anteil an gesättigten Fettsäuren), raffiniertem Zucker sowie teilweise durch Alkohol zurückzuführen sowie auf einen zu geringen Verzehr von Ballaststoffen und einer mangelhaften Versorgung mit einigen Vitaminen und Mineralstoffen. Im Vordergrund der Erkrankungen stehen der Typ-2-Diabetes (sog. „Altersdiabetes"), arteriosklerotische Veränderungen am Gefäßsystem, verbunden mit Störungen des Fettstoffwechsels mit Schädigungen (Durchblutungsstörungen des Herzmuskels, Infarktgefahr, Schlaganfallgefahr) und Bluthochdruck.

Altersspezifische Probleme bei der Ernährung von Senioren

Die Ernährung von Senioren unterscheidet sich zunächst nicht grundsätzlich von der des gesunden Erwachsenen. Die Unterschiede bestehen auf den ersten Blick nur in dem erniedrigten Energiebedarf, der auf eine altersbedingte Reduzierung des Grundumsatzes und eine verminderte körperliche Aktivität bei genereller Bewegungsarmut zurückzuführen ist. Daraus ergibt sich, daß bei einer dem verminderten Energiebedarf angepaßten Ernährung auch die Zufuhr von essentiellen Nahrungsfaktoren erniedrigt ist, falls diese mögliche Unterversorgung nicht durch eine veränderte Auswahl der Lebensmittel ausgeglichen wird. Insofern muß bei der Ernährung der Senioren auf die bedarfsgerechte Zufuhr von Vitaminen und Mineralstoffen besonders geachtet werden.

Eine Fehlernährung kann bei einzelnen Senioren auch im Rahmen der Teilnahme an einer Gemeinschaftsverpflegung in Seniorenheimen beobachtet werden, obwohl diese voll den Anforderungen entspricht, die an eine altersgerechte Ernährung zu stellen sind. Ursache hierfür ist, insbesondere bei hochbetagten Personen, meist eine zu geringe Nahrungsaufnahme trotz ausreichendem Angebot und eine falsche Auswahl der Nahrungskomponenten. Dieses Fehlverhalten kann durch folgende, meist altersspezifische Probleme bedingt sein:

- Appetitlosigkeit
  Für die Appetitlosigkeit können verschiedene Faktoren verantwortlich gemacht werden wie massive Störungen im Hunger- und Sättigungsgefühl, Abnahme der Bildung von Verdauungssäften (vorrangig Magensaft) und Verdauungshormonen.
- Verminderte Lust am Essen
  Eine verminderte Lust und Freude am Essen kann Auswirkung eines verminderten Geschmacks- und Geruchsempfindens sein (höherer Schwellenwert für alle 5 Geschmacksqualitäten und des geruchsbedingten Geschmacks) sowie fehlender Bewegung und Folge von Einsamkeit und/oder Depressionen.
- Gestörtes Durstempfinden infolge einer „Ermüdung" des Durstzentrums
  Senioren leiden oft unbemerkt an Störungen des Wasser- und Elektrolythaushalts, die durch die verminderte Leistungsfähigkeit der Nieren verstärkt werden.
- Kau- und Schluckbeschwerden
  Diese Beschwerden treten wegen Zahnverlusten, schlecht sitzenden Zahnprothesen oder Entzündungen im Mundbereich auf, oft bedingt durch mangelnde Mundhygiene. Sie haben zur Folge, daß die betroffenen Personen oft eine monotone und mengenmäßig zu geringe Nahrung von weichen, zerkochten und oft wieder aufgewärmten Speisen in Form von Breien und Mehlsuppen zu sich nehmen. Neben

der kalorisch unzureichenden Nahrungsaufnahme kommt es dadurch zu einem recht beträchtlichen Vitamin- und Mineralstoffmangel und zur unzureichenden Aufnahme von Ballaststoffen.

- Krankheiten bzw. Medikamente
  Bestehende Krankheiten sowie die Einnahme von Medikamenten, die das Allgemeinbefinden, den Appetit oder die Nahrungsaufnahme behindern, führen oft zu einer unzureichenden Ernährung.
- Störungen am Magen-Darm-Trakt
  Altersspezifische Veränderungen am Magen-Darm-Trakt und an der Leistungsfähigkeit der Verdauungsdrüsen führen infolge der vorhandenen großen Leistungsreserven relativ selten zu einer eingeschränkten Verdauung und Resorption. Eine durch gestörte Verdauung und Resorption bedingte Unterversorgung mit Nährstoffen ist also verhältnismäßig selten.

Zusätzliche Probleme und daraus resultierende Fehlernährung entstehen oft bei Senioren, die sich ihre Nahrung selbst zubereiten:

- Einseitige Bevorzugung von bestimmten Lebensmitteln
  Als Folge eines veränderten Geschmacksbewußtseins sowie des nachlassenden Hunger- und Sättigungsgefühls werden bei der Lebensmittelauswahl wichtige Nahrungskomponenten nur wenig oder gar nicht berücksichtigt. Diese eintönige und unausgeglichene Ernährung schafft Risikofaktoren für die Ausbildung von Typ-2-Diabetes, Arteriosklerose und Bluthochdruck sowie von Magersucht.
  Bei Senioren besteht oft eine Aversion gegenüber Fleisch, Fisch, Milch und Milchprodukten sowie Gemüse. Das dadurch bedingte weitgehende Weglassen dieser Lebensmittel aus dem Kostplan führt zur Unterversorgung mit Eiweiß, Mineralstoffen (insbesondere Eisen) und Vitaminen.
  Von Senioren werden andererseits wegen des geringeren Geschmacksempfindens intensiv gesüßte, stark gesalzene und sehr fette Speisen (Fette und Öle sind exzellente Aromaträger) bevorzugt.
- Eintönigkeit des Speiseplans
  Bei Senioren ist oft eine Veränderung in der geschmacksspezifischen Sättigung zu beobachten. Sie „überessen" sich nur sehr selten an einem Gericht, der Wunsch nach Abwechslung im Speisenangebot ist häufig verkümmert. Deswegen wird oft und über einen längeren Zeitraum hinweg eine monotone, einseitige Nahrung aufgenommen. Das mehrfach wiederholte Aufwärmen von Speisen, die an einem der Vortage zubereitet wurden, wird nicht als eintönig empfunden.
- Manuelle Schwierigkeiten bei der Zubereitung und Aufnahme von Speisen
  Körperliche Behinderungen (zittrige Hände, Lähmungen, Sehstörungen) bereiten nicht selten Schwierigkeiten bei der Zubereitung von

Speisen und beim Essen, die Nahrungsaufnahme wird im Hinblick auf Menge und Anzahl der Mahlzeiten stark eingeschränkt.

- Gleichgültigkeit gegenüber der eigenen Gesundheit
  Auf Grund des Nachlassens der geistigen Spannkraft und einer mitunter bestehenden Interesselosigkeit kommt es zu mangelnder Sorgfalt in der persönlichen Hygiene inklusive der Hygiene bei der Speisenzubereitung. Ein häufigeres Auftreten von Lebensmittelvergiftungen führt bei der gleichzeitig bestehenden größeren Anfälligkeit der Senioren gegenüber Infekten zu schweren Krankheitsbildern (fataler Verlauf von Salmonelleninfektionen bei Senioren).
- Veränderungen in der Persönlichkeitsstruktur
  Psychische Veränderungen wie Verwirrtheit, Einsamkeit und Depressionen haben mitunter eine Verweigerung der Nahrungsaufnahme zur Folge, in anderen Fällen wird Essen und Trinken schlicht „vergessen".

Neben den jeweils spezifischen Krankheitsbildern einer Fehlernährung sind auch zahlreiche Erkrankungen ernährungsbedingt, die im Alter gehäuft auftreten, aber nicht oder nur teilweise altersspezifisch sind. Dazu sind auch die auf eine Fehlernährung zurückzuführenden Risikofaktoren zu rechnen:

- Beeinträchtigtes Allgemeinbefinden
  Der Mangel an essentiellen Nahrungsfaktoren sowie Über- oder Untergewicht können zu mannigfaltigen Behinderungen im Stoffwechsel des Gesamtorganismus führen, welche die Leistungsfähigkeit einschränken, rasch zu Ermüdungserscheinungen und Schlafstörungen führen und damit das Wohlbefinden negativ beeinflussen können.
- Häufigeres Auftreten von Knochenbrüchen
  Bei einer ausgeprägten Osteoporose, die von Kalziumunterversorgung und Vitamin-D-Mangel begünstigt wird, besteht erhöhte Gefahr von Knochenbrüchen.
- Verzögerte Wundheilung
  Die Heilung von Wunden und Knochenbrüchen ist oft verzögert. Neben verlangsamt ablaufenden Stoffwechselprozessen können Eiweiß- und Vitaminmangel, insbesondere ein Mangel an Vitamin C, die Verzögerung der Heilungsprozesse verstärken.

Gesichtspunkte für eine altersgerechte Ernährung

Bei der Ernährung von Senioren ist die individuelle Ausrichtung des Kostplans von wesentlich größerer Bedeutung als bei der Ernährung von Erwachsenen, die noch im Berufsleben stehen. Besondere Anforderungen ergeben sich daraus für die Gemeinschaftsverpflegung. Folgende Gesichtspunkte sind besonders zu beachten:

Energiebedarf

Die Energiezufuhr muß dem im Alter verminderten Energiebedarf angepaßt sein, der allerdings bereits in jüngeren Jahren sinkt (siehe Tabelle 4.9.1). Die Richtwerte für die Energiezufuhr sind zum Teil beträchtlich höher als bisher angegeben. Sie basieren auf neuen Untersuchungen über den Energieverbrauch mit Hilfe neuer Methoden und berücksichtigen gleichzeitig die sich zunehmend verändernden Verhaltensweisen der Menschen mittleren und fortgeschrittenen Alters (Zunahme der körperlichen Aktivität bei der Freizeitgestaltung). Für körperlich inaktive Senioren dürften diese Werte zu hoch angesetzt sein, allerdings ist bei diesen meist eine zu geringe Nahrungsaufnahme und damit auch eine zu niedrige Energiezufuhr zu beobachten.

Tabelle 4.9.1:
Abnahme des Energiebedarfs mit fortschreitendem Lebensalter bei durchschnittlicher körperlicher Aktivität und mittlerer Körpergröße in kJ (kcal)

	Männer	Frauen
26 bis 50 Jahre	12 000 (2900)	10 000 (2300)
51 bis 65 Jahre	10 500 (2500)	8 500 (2000)
65 Jahre und älter	9 500 (2300)	7 500 (1800)

Ursache für den auf jeden Fall verminderten Energiebedarf ist die Abnahme des Grundumsatzes, die Verringerung der fettfreien Körpermasse, insbesondere der Muskelmasse und des Wassergehalts der Gewebe, und eine meist verminderte körperliche Aktivität. Auch die Intensität anderer Körperfunktionen wie Leber- und Nierenfunktion, Darmperistaltik und die Menge der gebildeten Verdauungssäfte nimmt mit zunehmendem Alter ab.

Bereits bei einer geringgradig überhöhten Energiezufuhr entsteht bei Senioren rasch Übergewicht, das ein Risikofaktor für das Entstehen zahlreicher Erkrankungen ist (erhöhte Gefahr von Knochenbrüchen und arteriosklerotischen Veränderungen sowie dadurch bedingt das Risiko einer ischämischen Herzkrankheit mit der erhöhten Gefahr eines Infarkts, des Auftretens von Bluthochdruck und Schlaganfällen sowie der Ausbildung eines Typ-2-Diabetes).

Bei unzureichender Energiezufuhr besteht das Risiko der Ausbildung von Untergewicht, bei dem eine gesteigerte Infektanfälligkeit die größte gesundheitliche Bedrohung darstellt.

Kohlenhydrate

Die Fähigkeit des Organismus, selbst regulierend in seinen Kohlenhydratstoffwechsel einzugreifen, ist mit zunehmendem Alter eingeschränkt. Das betrifft insbesondere die Insulinempfindlichkeit der peripheren Organe und die Speicherkapazität des Muskels für Glykogen. Der Körper kann auf einen erhöhten Blutzuckerspiegel infolge der meist erniedrigten Anzahl der Insulinrezeptoren an den Membranen der Muskelzellen und der Abnahme von Muskelmasse nicht mehr so rasch wie in jungen Jahren reagieren. Die Glucosetoleranz ist im Alter generell eingeschränkt. Daraus resultieren erhöhte Blutzuckerwerte, die nach einer Nahrungsaufnahme über längere Zeit bestehen bleiben, und ein verstärktes Abfließen von Glucose in die Fettzellen und in Depotfett, wodurch eine weitere Gewichtszunahme und die Ausbildung eines Typ-2-Diabetes begünstigt wird. Daraus folgt, daß besonders Senioren auf die Aufnahme von schnell resorbierbaren Zuckern weitgehend verzichten sollten. Neben der Vermeidung einer Gewichtszunahme wird damit gleichzeitig der Ausbildung eines Typ-2-Diabetes entgegengewirkt.

Es ist zu empfehlen, besonders im Alter Süßstoff zum Süßen von Speisen zu verwenden. Auch Kuchen und Konditorei-Erzeugnisse mit Cremefüllung sind weitgehend zu meiden. Auf den Genuß von süßen Weinen und von Likören sollte möglichst verzichtet, der Konsum von Bier stark eingeschränkt werden.

Generell ist der reichliche Verzehr von ballaststoffreichen und stärkehaltigen Nahrungsmitteln anzustreben. Bei der Auswahl der kohlenhydrathaltigen Lebensmittel sind deshalb Vollkornprodukte, Gemüse und Kartoffeln sowie Obst zu bevorzugen. Der Verzehr von Erzeugnissen aus Weißmehl ist dagegen einzuschränken.

Eine ballaststoffreiche Ernährung ist für Senioren von besonderer Bedeutung, da sie die Darmperistaltik anregt, die im Alter oft verlangsamt ist. Dadurch kann der Gefahr einer Verstopfung (Obstipation) gegengesteuert werden.

Eiweiß

Die Höhe des Eiweißumsatzes nimmt mit zunehmendem Alter parallel zur Abnahme der Zellmasse, insbesondere der Muskelmasse, ab. Trotz dieser Tatsache sollte die Eiweißaufnahme des alternden Menschen nicht erniedrigt werden, sondern, auf das Körpergewicht bezogen, etwas höher als beim jüngeren Erwachsenen sein. Sie ist deswegen in Relation zu den anderen Energieträgern höher. Durch eine etwas gesteigerte Eiweißaufnahme werden die Verluste an Aminosäuren ausgeglichen, die wegen eines im Alter verlangsamten Aminosäurestoffwechsels auftreten können (Herabsetzung der Transaminaseaktivität). Es muß bei der Höhe der Eiweißversorgung auch berücksichtigt werden, daß der Umsatz und damit der Bedarf an Eiweiß bei vielen Erkrankungen erhöht ist und Senioren gegenüber verschiedenen Erkrankungen (insbesondere Infekten) anfälliger sind als jüngere Personen. Bei ausreichender Eiweißversorgung ist die Bildung von Immuneiweißen nicht zusätzlich eingeschränkt, wodurch die Anfälligkeit gegenüber Infekten verringert werden kann.

Da von vielen Senioren weniger eiweißreiche Nahrungsmittel besonders bevorzugt werden, muß auf die Aufnahme der empfohlenen Eiweißmenge besonders geachtet werden. Es ist auch auf ein ausgeglichenes Verhältnis von tierischem und pflanzlichem Eiweiß sowie auf den Ergänzungswert der einzelnen Eiweiße zu achten. Besonderer Wert ist auf ausreichende Zufuhr von Milch, Milcherzeugnissen und Käse sowie von Fleisch und Fisch zu legen (hoher Ergänzungswert und gleichzeitig Sicherung der Kalzium- und Eisenversorgung). Der Verzehr von Eiern sollte dagegen begrenzt werden (Einschränkung der Cholesterinaufnahme).

Fett

Der Fettbedarf sinkt parallel zum Energieverbrauch. Die verminderte Energieaufnahme sollte möglichst ausschließlich durch Einschränkung der Aufnahme von Fett erreicht werden. Auf die Einhaltung der empfohlenen Fettzufuhr muß auch deswegen besonders geachtet werden, da diese bei Senioren in der Regel zu hoch ist. Weiterhin ist der Verzehr von tierischen Fetten (einschließlich verborgenem Fett) einzuschränken. Durch die Aufnahme von pflanzlichem Fett kann die Versorgung mit essentiellen Fettsäuren sichergestellt werden.

Eine erhöhte Fettaufnahme, insbesondere von gesättigten Fettsäuren, ist für Senioren außerdem besonders gefährlich, da sie darauf besonders rasch und intensiv mit einem Anstieg der Blutfett- und Blutcholesterinwerte, hauptsächlich des LDL-Cholesterins, reagieren.

Mineralstoffe

Der Mineralstoffbedarf von Senioren unterscheidet sich praktisch nicht von dem jüngerer Personen. Die Empfehlungen bzw. Schätzwerte für die anzustrebende Mineralstoffzufuhr sind mit denen für junge Erwachsene identisch. Vorrangig ist eine ausreichende Versorgung mit Kalzium zu berücksichtigen, um dem schnellen Fortschreiten von Osteoporoseprozessen entgegenzuwirken. Darüber hinaus ist auf ausreichende Zufuhr von Eisen zu achten.

Neuere Untersuchungen haben gezeigt, daß bei vielen Senioren die Versorgung mit Jod und Zink noch unbefriedigender ist als bei jüngeren Erwachsenen. Durch den konsequenten Einsatz von jodiertem Speisesalz und dem häufigen Verzehr von Seefischen kann dem Jodmangel meist nur teilweise begegnet werden. Die Ergänzung der Jodzufuhr durch Jodsalztabletten ist deswegen anzustreben. Der beobachtete Zinkmangel dürfte auf einen stark eingeschränkten Verzehr von Fleisch und Wurstwaren zurückzuführen sein.

Vitamine

Der Vitaminbedarf der Senioren ist prinzipiell unverändert im Vergleich zu demjenigen jüngerer Erwachsener. Eine bei Senioren mehr oder weniger oft bestehende Unterversorgung ist auf zu geringe Zufuhr und nicht, abgesehen von Ausnahmen, auf eingeschränkte Resorption zurückzuführen. Für die ausreichende Versorgung mit Vitamin D ist besonders bei einem zeitlich begrenzten Aufenthalt an der frischen Luft zu sorgen (bettlägerige bzw. behinderte Senioren). Zusätzlich ist besonderes Augenmerk auf die ausreichende Aufnahme von Vitamin A (und Provitamin β-Carotin) zu richten. Ein Engpaß in der Vitaminversorgung von Senioren ist das Folat. Besondere Beachtung ist der ausreichenden Versorgung mit Vitamin B_{12} zu schenken. Auf Grund einer bei älteren Menschen häufig bestehenden atrophischen Gastritis ist bei diesen auch die Produktion des Intrinsic Factors vermindert, wodurch die Resorption von Vitamin B_{12} erschwert wird. Dem Bedarf an Vitaminen ist durch den reichlichen Verzehr von frischem Obst und Gemüse Rechnung zu tragen. Nur in Ausnahmefällen sollten Nahrungsergänzungsmittel oder Vitaminpräparate (auf ärztliche Anordnung) eingesetzt werden.

Flüssigkeitsbedarf

Der Flüssigkeitsbedarf ist im Alter, bezogen auf das Körpergewicht, nicht erniedrigt, obwohl die Menge des Körperwassers im Alter abnimmt. Als Ergebnis der verlangsamten Prozesse bei der Regulation des Wasserhaushalts einschließlich einer geringeren Konzentrationsfähigkeit der Nieren kann es bei zu geringer Wasserzufuhr schneller zu Störungen des Wasserhaushalts kommen als beim jüngeren Erwachsenen. Das muß besonders bei erhöhter Kochsalzzufuhr berücksichtigt werden, da es dabei wegen der geringeren Harnkonzentration besonders schnell zu einer Wasserimbalanz kommen kann. Es ist daher auch aus dieser Sicht eine hohe Kochsalzzufuhr, die über die D-A-CH-Empfehlungen hinausgeht, zu vermeiden.

Nach den D-A-CH-Empfehlungen sollte bei Senioren die Menge der täglichen Trinkflüssigkeit mindestens 1 l betragen, vorausgesetzt, es entstehen keine zusätzlichen Wasserverluste. Es ist jedoch anzuraten, die gewohnte Trinkmenge von 1,5 l beizubehalten, falls dem keine Erkrankungen entgegenstehen. Die größere Wasseraufnahme erleichtert die Konzentrationsarbeit der Nieren, und sie vermindert die Gefahr der Austrocknung. Zur Sicherung einer ungestörten Nachtruhe empfiehlt es sich jedoch, die höhere Flüssigkeitszufuhr auf den Vormittag bis zum frühen Nachmittag zu legen.

KAPITEL 5

Lebensmittelkunde

5 Lebensmittelkunde

5.1 Tierische Lebensmittel

Die meisten tierischen Lebensmittel zeigen trotz ihrer Vielfalt eine Reihe von Gemeinsamkeiten, in denen sie sich von den meisten pflanzlichen Nahrungsmitteln unterscheiden:

- Tierische Lebensmittel zeichnen sich aus durch einen relativ hohen Gehalt an Eiweiß mit hoher biologischer Wertigkeit (ausgenommen sind tierische Fette).
- Tierische Lebensmittel enthalten keine Ballaststoffe.
- Tierische Lebensmittel sind meist ausgezeichnete Lieferanten für wichtige Mineralstoffe wie Kalzium (Milch und Milchprodukte), Eisen (Fleisch) und für andere Spurenelemente.
- Tierische Lebensmittel sind an der Vitaminversorgung nicht vorrangig beteiligt (Ausnahmen sind einige Lebensmittel, die zur Versorgung mit fettlöslichen Vitaminen, insbesondere Vitamin A und D, sowie mit den wasserlöslichen Vitaminen Folsäure und Vitamin B_{12} wesentlich bzw. ausschließlich beitragen).
- Tierische Lebensmittel sind infolge ihres oft hohen Wassergehalts in der Regel weniger gut lagerfähig, ihre Lagerhaltung ist aufwendiger als die der meisten pflanzlichen Lebensmittel, und sie sind relativ anfällig gegenüber einem Verderb.

5.1.1 Milch und Milchprodukte

Die Hauptbestandteile der Milch (Eiweiße, Fette und Milchzucker) sind in der Milch der verschiedenen Tierarten und in der Muttermilch in unterschiedlichen Mengen enthalten. Die Milch schnell wachsender Tiere zeichnet sich durch einen höheren Eiweißgehalt und einen niedrigeren Milchzuckergehalt aus.

5.1.1.1 Milch

Soweit nicht ausdrücklich darauf hingewiesen wird, wird unter Milch ausschließlich Kuhmilch verstanden.

Die Zusammensetzung der frisch gemolkenen Kuhmilch schwankt in geringem Maße innerhalb eines relativ engen Grenzbereichs in Abhängigkeit von verschiedenen Faktoren (Futter, Ernährungszustand, Rasse). Bei der Verwendung von Rohmilch oder Vorzugsmilch muß mit solchen geringfügigen Schwankungen gerechnet werden. Sie können aber in Anbetracht der meist minimalen Abweichungen (die maximal mögliche Schwankungsbreite des Fettgehalts liegt zwischen 3,2 und 4,0 %) meist unberücksichtigt bleiben.

In den Molkereien wird der Fettgehalt der Milch (Konsummilch) und damit auch in gewissem Maße der Gehalt an den anderen Milchbestandteilen standardisiert (auf 3,5 % Fett bei Vollmilch).

Rohmilch und Vorzugsmilch

Rohmilch: Rohmilch ist das unveränderte Gemelk einer Kuh oder mehrerer Kühe, das nicht erhitzt worden ist. Diese Milch ist auch beim Einhalten strengster Hygienemaßnahmen bei der Tierhaltung und beim Melken stets mit Mikroorganismen belastet (zwar in unterschiedlichem Ausmaß), die für deren raschen Verderb verantwortlich sind. Rohmilch ist somit für den alsbaldigen Verbrauch bestimmt.

Eine besondere Gefahr ist die mögliche Belastung der Rohmilch mit pathogenen Keimen, insbesondere mit pathogenen E.-coli-Bakterien und mit Listerien. EHEC-Infektionen (entero-hämorrhagische E. coli) können vorzugsweise bei Kleinkindern schwere Krankheitsbilder mit Todesfällen auslösen (siehe Kap. 6.2.2.1.2).

Vorzugsmilch: Vorzugsmilch ist Rohmilch, die abgepackt in den Handel gelangt. Die an den Erzeuger gestellten Hygieneanforderungen (Tierhaltung) sind hier besonders streng, ebenso werden strenge Anforderungen an die Verkaufsbedingungen gestellt (Einhaltung der Kühlkette auch bei der Anlieferung, strenge Beachtung des Verfalltermins von 96 Stunden nach der Gewinnung). Auch Vorzugsmilch ist für den alsbaldigen Verbrauch bestimmt.

Wegen der Gefahr einer Lebensmittelvergiftung sind Rohmilch und Vorzugsmilch für die Ernährung von Kranken, Kindern und in der Gemeinschaftsverpflegung nicht geeignet. Die Abgabe oder Verwendung von Rohmilch und Vorzugsmilch in Einrichtungen der Gemeinschaftsverpflegung (Krankenhäuser, Pflegeheime, Kinderheime, Schulen) ist in der Bundesrepublik verboten.

Molkereimilch (Konsummilch)

In Molkereien wird die Milch einer Wärmebehandlung unterzogen, wodurch die sie belastenden Keime größtenteils abgetötet werden, insbesondere die darmpathogenen Erreger. Die Wärmebehandlung kann mit unterschiedlicher Intensität und Dauer vorgenommen werden, entsprechend wird zwischen unterschiedlichen Sorten von Konsummilch unterschieden:

- pasteurisierte Milch,
- ultrahocherhitzte Milch (H-Milch),
- sterilisierte Milch.

Pasteurisierte Milch: Beim Pasteurisieren wird die Milch kurzzeitig (15 bis 30 Sekunden) auf 72 bis 75 °C erhitzt. Dabei werden die meisten Keime abgetötet und die in der Milch enthaltenen Enzyme inaktiviert. Die Sporen von sporenbildenden Keimen werden beim Pasteurisieren nicht abgetötet. Die Haltbarkeit der pasteurisierten Milch ist begrenzt, da die nicht abgetöteten Sporen wieder auskeimen können und dann in der Milch einen idealen Nährboden vorfinden. Die Haltbarkeitsdauer der pasteurisierten Milch beträgt, bei Kühlschranktemperatur aufbewahrt, maximal 4 bis 6 Tage. Das Sauerwerden der pasteurisierten Milch ist in den meisten Fällen auf das Bewachsen mit Hefen (aus der Raumluft oder aus dem nicht gründlich gereinigten Kühlschrank) und der von diesen gebildeten Essigsäure zurückzuführen.

Ultrahocherhitzte Milch (H-Milch): Beim Ultrahocherhitzen wird die Milch zunächst auf etwa 75 °C erwärmt, anschließend kurzzeitig (1 bis 2 Sekunden) auf 135 bis 150 °C erhitzt und sofort wieder schlagartig auf 80 °C abgekühlt. Bei diesem „Schockerhitzen" werden alle Keime und alle Bakteriensporen abgetötet. H-Milch ist, unter sterilen Bedingungen abgepackt, monatelang haltbar. H-Milch ist aus Gründen der lebensmittelhygienischen Sicherheit für die Gemeinschaftsverpflegung dringend zu empfehlen.

Von Gegnern der H-Milch werden folgende (angebliche) Nachteile der H-Milch angeführt:

- *unangenehmer Kochgeschmack (wird individuell unterschiedlich beurteilt),*
- *Zerstörung von Vitamin C (der Vitamin-C-Gehalt der Rohmilch ist mit 1 mg/100 ml bereits sehr klein und für die Versorgung ohne Bedeutung),*
- *partielle Denaturierung von Milcheiweißen (denaturierte Proteine können aber bei der Verdauung leichter als native Proteine aufgeschlossen werden).*

Sterilisierte Milch: Die Milch wird 10 bis 30 Minuten lang auf 110 bis 120 °C erhitzt, wodurch auch die Sporen von sporenbildenden Bakterien (Bazillen) abgetötet werden. Sterilisierte Milch wird seit der Einführung von H-Milch kaum noch produziert und verwendet. Durch die lange und besonders hohe Erwärmung kommt es zu umfangreichen Veränderungen an Milchbestandteilen, die zu einer gewissen Geschmacksbeeinträchtigung führen.

Zusammensetzung der Vollmilch (Konsummilch)

- Fett (3,5 %)

  Das Milchfett ist in Form von feinen Fetttröpfchen, die von einem sehr dünnen Eiweißfilm umhüllt sind, in der Milch suspendiert.

  In den Fetttröpfchen sind außerdem Cholesterin, Phosphatide und fettlösliche Vitamine enthalten. Freie Fettsäuren kommen nur in sehr geringer Menge vor.
- Eiweiß (3,5 %)

  Die biologische Wertigkeit des Milcheiweißes ist hoch (88). Der Hauptteil des Milcheiweißes, etwa 80 %, ist Casein, ein Phosphoprotein, das im sauren Milieu ausflockt. Die restlichen Eiweiße fallen beim Ansäuern nur teilweise aus. Die beim Ansäuern in Lösung bleibenden Eiweiße werden als Molkeneiweiße bezeichnet.
- Kohlenhydrate (4,5 bis 4,8 %)

  Milchzucker (Lactose) ist der wesentlichste Kohlenhydrat-Bestandteil der Milch. Die geringen Mengen an speziellen komplexen Polysacchariden wie geringe Mengen an Blutgruppensubstanzen, Immunglobulinen u. a. können als Energielieferanten vollkommen vernachlässigt werden.
- Mineralstoffe (insgesamt 0,8 %)

  Wesentlichste Mineralstoffe in der Milch sind Kalzium (120 mg/100 ml) und Phosphor (900 mg/100 ml). Der Eisengehalt der Milch ist gering (0,1 mg/100 ml) und für die Eisenversorgung ohne Bedeutung.
- Vitamine

  Im Milchfett sind alle fettlöslichen Vitamine, insbesondere die Vitamine A und D, sowie das Provitamin A, β-Carotin, enthalten. Wasserlösliche Vitamine sind mit Ausnahme von Vitamin B_2 nur in geringen Mengen vorhanden (z. B. Vitamin C 1 mg/100 ml). Sie sind für die Vitaminversorgung ohne größere Bedeutung.
- Zitronensäure

  Zitronensäure kommt in der frischen Milch in relativ hoher Konzentration vor (0,15 %). Sie ist mit für den typischen Geschmack frischer Milch verantwortlich, wird aber beim Stehen der Milch relativ schnell abgebaut.

Molkereimilch unterschiedlicher Fettgehaltsstufen

Molkereimilch wird im Handel mit unterschiedlichen Fettgehaltsstufen angeboten. Das Herabsetzen des Fettgehalts ist im Interesse einer energie- und fettarmen Ernährung positiv einzuschätzen. Der Gehalt an Eiweiß, Milchzucker und Mineralstoffen (Kalzium) unterscheidet sich in der Milch mit reduziertem Fettgehalt nicht von dem in der Vollmilch. Lediglich der Gehalt an fettlöslichen Vitaminen ist erniedrigt (entsprechend dem erniedrigten Fettgehalt). Folgende Milchsorten mit unterschiedlichen

Fettgehaltsstufen und damit unterschiedlichen Brennwerten sind im Handel erhältlich (EU-Verordnung für Milch und Milcherzeugnisse):

- Standardisierte Vollmilch
  Fettgehalt 3,5 % (mindestens), Brennwert 270 kJ (65 kcal)/100 ml.
- Teilentrahmte Milch
  Fettgehalt 1,5 % (maximal 1,8 %), Brennwert 195 kJ (47 kcal)/100 ml.
- Entrahmte Milch
  Fettgehalt 0,5 % (maximal), Brennwert 155 kJ (38 kcal)/100 ml (bei 0,3 % Fettgehalt).

Da der Fettgehalt der entrahmten Milch unterschiedlich hoch eingestellt werden darf, ist es vorgeschrieben, den jeweiligen Fettgehalt auf der Verpackung anzugeben. Für entrahmte Milch ist neuerdings wieder die Verkehrsbezeichnung „Magermilch" zugelassen.

Der typische „rahmartige" Milchgeschmack wird durch den Fettgehalt bestimmt, der eine gewisse Grenze nicht unterschreiten darf. Bei einem Fettgehalt von mehr als 1,2 % sind sensorische Unterschiede zur Vollmilch kaum feststellbar.

Nach der EU-Verordnung für Milch und Milcherzeugnisse ist auch eine nichtstandardisierte Vollmilch gestattet. Diese darf jedoch nach dem Melken nicht verändert werden (z. B. partielles Entrahmen). Ihr Fettgehalt muß mindestens 3 % betragen.

Ernährungsphysiologische Bedeutung der Milch

Milch ist ein sehr hochwertiges und preisgünstiges, aber kein vollwertiges Nahrungsmittel (vollwertige Lebensmittel gibt es überhaupt nicht, es gibt nur eine vollwertige Ernährung).

- Milch enthält biologisch hochwertiges Eiweiß (Wertigkeit 88), das leicht verdaulich ist.
- Milch ist der wichtigste Lieferant von Kalzium. Mit 1 l Milch kann der gesamte Tagesbedarf an Kalzium gedeckt werden. Bei einer abwechslungsreichen, vollwertigen Ernährung ist die tägliche Aufnahme von 0,5 l Milch zu empfehlen.
  Milch liefert außerdem andere wichtige Mineralstoffe, insbesondere Phosphat.
- Milchfett hat eine relativ günstige Fettsäurezusammensetzung (30 % Ölsäure, 10 % kurz- und mittelkettige Fettsäuren). Es kann bei der Verdauung relativ gut aufgeschlossen werden.
- Milch trägt zur Versorgung mit fettlöslichen Vitaminen bei. Ihr Gehalt an wasserlöslichen Vitaminen ist dagegen sehr gering, abgesehen von relativ hohen Konzentrationen an Vitamin B_2.

- Milch enthält Kohlenhydrate in Form von Milchzucker, der im Dünndarm relativ langsam gespalten wird. Es kommt dadurch zu keinem raschen Anstieg des Blutzuckerspiegels („Milchzucker tröpfelt ins Blut").

Neben der generell positiven Einschätzung sind folgende Eigenschaften der Milch besonders zu beachten:

- Der Gehalt der Milch an Eisen ist sehr gering. Bei Säuglingen, die über einen längeren Zeitraum als üblich ausschließlich gestillt werden, besteht demzufolge die Gefahr eines Eisenmangels. Ihre bei der Geburt vorhandenen Eisenvorräte reichen nur für die ersten 4 bis 5 Monate. Auch bei Lactovegetariern (siehe Kap. 9.2.1) besteht die Gefahr eines Eisenmangels, falls die Eisenversorgung nicht durch ausreichende Aufnahme von pflanzlichem Eisen gesichert wird (siehe Kap. 3.9.2.1).
- Der Vitamin-C-Gehalt der Milch ist sehr gering. Milch liefert keinen Beitrag zur Versorgung mit Vitamin C.
- Die Aufnahme an Nahrungsenergie kann durch den Genuß größerer Mengen an Vollmilch beträchtlich erhöht werden und zur Ausbildung eines Übergewichts führen. Dieser Gefahr kann durch den Austausch der Vollmilch durch teilentrahmte oder entrahmte Milch begegnet werden.
- Bei bestehender Milchzuckerunverträglichkeit (Lactasemangel, siehe Kap. 7.1.1.2.1) kann Milch nicht oder nur in stark begrenztem Umfang konsumiert werden. Zur Sicherung des Kalziumbedarfs ist auf geeignete Milcherzeugnisse (gereifter Käse, nicht pasteurisierter Joghurt und andere probiotische Milchprodukte) auszuweichen (siehe Kap. 5.7.5.1).
- Bei bestehender Kuhmilchallergie (siehe Kap. 7.1.2) werden Milch und Milchprodukte nicht vertragen.
- Eine ständig weit überhöhte Aufnahme von Milch (mehr als 1 l pro Tag) kann bei wenigen, entsprechend disponierten Personen zur Bildung von Nierensteinen führen (sog. Milch-Alkali-Syndrom, „Milchtrinkerkrankheit"). Eine solche Gefahr besteht bei der empfohlenen Tagesration von 500 ml pro Tag nicht, auch nicht bei einem Konsum von 1 l Milch pro Tag (siehe Kap. 3.9.1.2.3).

5.1.1.2 Milcherzeugnisse

Unter dem Begriff Milcherzeugnisse werden nach der Milcherzeugnis-Verordnung nahezu alle aus Milch hergestellten Lebensmittel zusammengefaßt (auch Milchmischerzeugnisse, Trockenmilch, Molkenerzeugnisse u. a.). Butter und Käse werden nach der Verordnung nicht zu den Milcherzeugnissen gerechnet (für sie sind gesonderte Verordnungen erlassen worden). Die Butter wird den Fetten zugeordnet, Käse wird oft den sog. Milchprodukten zugeordnet. Dieser Begriff wird im Lebensmittelrecht nicht gebraucht.

Die in der Praxis oft getroffene Unterscheidung zwischen Milcherzeugnissen und Milchprodukten ist durch die recht unterschiedliche Verarbeitungsweise (z. B. beim Käse) und die dadurch bedingten unterschiedlichen Eigenschaften gerechtfertigt, auch wenn sie aus ernährungsphysiologischer Sicht als nicht unbedingt notwendig anzusehen ist.

Milcherzeugnisse dürfen in der Bundesrepublik nur aus pasteurisierter Milch hergestellt werden. Das betrifft nicht Käse, bei dem aber der Einsatz von Rohmilch nur für die Herstellung von Hartkäse durchgängig praktiziert wird.

Bei den Milcherzeugnissen kann zwischen Frischmilcherzeugnissen und Sauermilcherzeugnissen unterschieden werden.

5.1.1.2.1 Frischmilcherzeugnisse

Sahneerzeugnisse (Rahm)

Sahneerzeugnisse enthalten mindestens 10 % Fett. Mit zunehmendem Fettgehalt nimmt der Gehalt an Eiweiß und Milchzucker ab. Sie sind auf Grund ihres hohen Fettgehalts sehr energiereiche Lebensmittel (siehe Tabelle 5.1.1) und sollten mit größter Zurückhaltung eingesetzt werden.

Sahneerzeugnisse werden nach der Herstellung in der Regel einer zusätzlichen (zweiten) Hitzebehandlung unterworfen, um ihre Haltbarkeit zu verbessern. Dieses zweite Pasteurisieren ist jedoch gesetzlich nicht vorgeschrieben. Sahneerzeugnisse dürfen mit Milcheiweiß angereichert werden (Ausnahme: Kaffeesahne mit 10 % Fettgehalt [und höher] darf nicht angereichert werden).

Tabelle 5.1.1:
Fett-, Eiweiß- und Lactosegehalt sowie fettfreie Trockenmasse (T-Masse) der wichtigsten Sahneerzeugnisse (Gehalt in %)

	Fett	Eiweiß	Lactose	T-Masse
Kaffeesahne (Standardsorte)	10	3,4	4,2	8,2
Schlagsahne (nicht angereichert)	30 (mind.)	2,6	3,0	5,9
Crème double (nicht angereichert)	43	2,0	2,4	4,7

Buttermilch

Die beim Verbuttern von Rahm anfallende Milch wird als Buttermilch bezeichnet. Dabei wird (nach dem Gesetz) nicht unterschieden, ob Süß-

rahm oder Sauerrahm die Ausgangsprodukte beim Verbuttern waren. Aus ernährungsphysiologischen Gesichtspunkten ist die Buttermilch der entrahmten Milch trotz ihres gering höheren Fettgehalts gleichzusetzen (siehe Tabelle 5.1.2).

In der Molkereiwirtschaft wird zwischen Süßrahm- und Sauerrahm-Buttermilch unterschieden. Die Süßrahm-Buttermilch wird durch den Zusatz von Milchsäurebakterien nachträglich gesäuert, um einen mit der Sauerrahm-Buttermilch vergleichbaren Geschmack und eine vergleichbare Haltbarkeit zu erzielen. Da der Großteil der in den Handel gelangenden Butter mild gesäuerte Süßrahmbutter ist, ist auch die Buttermilch vorwiegend Süßrahm-Buttermilch. Diese ist im Vergleich zur Sauerrahm-Buttermilch länger haltbar (21 Tage statt 10 Tage). In der Zusammensetzung und in ernährungsphysiologischer Sicht bestehen keine Unterschiede.

Tabelle 5.1.2:
Nährstoffgehalt der Buttermilch (in %)

Eiweiß	3,5
Lactose	3,8
Fett	0,6
Milchsäure	0,8

Der Mineralstoffgehalt ist gegenüber der Konsummilch nicht verändert.

Kondensmilch

Kondensmilch wird aus Milch oder Sahne durch schonenden Wasserentzug bei 80 bis 100 °C hergestellt. Sie wird durch Sterilisation, Ultrahocherhitzen oder durch Zuckerzusatz haltbar gemacht. Der Zuckergehalt von gezuckerter Kondensmilch beträgt 60 bis 64 % (bezogen auf den Wassergehalt).

Die Standardsorten (ausgenommen gezuckerte Kondensmilch) können vereinfacht als konzentrierte Milch, aber nicht als konzentrierte Vollmilch angesehen werden. Die Konzentrationsangabe bezieht sich ausschließlich auf den Fettgehalt, nicht auf den Gehalt an Milchzucker und Eiweiß. Diese Unterschiede können in der Regel vernachlässigt werden, sie müssen jedoch bei genau bilanzierten Kostformen, insbesondere bei eiweißdefinierten Diäten, sorgfältig berücksichtigt werden. Die Zusammensetzung von Kondensmilch unterschiedlicher Fettgehaltsstufen ist aus Tabelle 5.1.3 ersichtlich.

Der Kondensmilch dürfen Stabilisatoren zugesetzt werden, die auch Kalzium binden können (Citrate und Phosphate). Sie müssen nicht deklariert werden. Eine Beeinflussung der Kalziumversorgung ist durch die geringe Konzentration dieser Zusätze nicht zu befürchten, Phosphate und Citrate sind außerdem auch in anderen Nahrungsmitteln enthalten.

Tabelle 5.1.3:
Nährstoffgehalt von Kondensmilch unterschiedlicher Fettgehaltsstufen (in %)*

	ungezuckerte Kondensmilch				gezuckerte Kondensmilch
Fett	15,0	10,0	7,5	4,0	8,0
Eiweiß	12,9	8,8	7,5	6,5	8,2
Lactose	19,0	12,5	10,8	9,7	11,2
Kalzium	0,5	0,33	0,26	0,24	0,29
Eindickungsgrad	1,3	1,7	1,8	2,0	

* Nach Römpp, Lexikon der Lebensmittelchemie, Herausgeber Eisenbrand und Schreier, Stuttgart, New York, Georg Thieme, 1995.

KAPITEL 5

5.1.1.2.2 Sauermilcherzeugnisse

Sauermilcherzeugnisse werden in der Regel durch das Sauerlegen von pasteurisierter Milch oder Sahne mit Hilfe von Milchsäurebakterien hergestellt.

Die Lactose wird beim Sauerlegen durch die Milchsäurebakterien unter Bildung von Milchsäure partiell abgebaut. Dadurch wird der p_H-Wert gesenkt und die Eiweiße, insbesondere das Casein, partiell denaturiert und dadurch ausgefällt (die Milch wird dickgelegt). Die Milchsäurebakterien bauen in geringem Umfang auch andere Milchbestandteile (Fett, Eiweiß) ab, wobei typische Aromastoffe gebildet werden.

Sauermilcherzeugnisse enthalten etwa 0,5 bis 1 % Milchsäure, ihr p_H-Wert liegt zwischen 4 und 5. Sie sind infolgedessen wesentlich besser haltbar als Frischmilch (ungünstige Wachstumsbedingungen für zahlreiche Mikroorganismen in schwach saurem Milieu). Der Gehalt an Milchzucker ist infolge des partiellen Abbaus wesentlich geringer als in der Vollmilch.

Sauermilcherzeugnisse werden mit unterschiedlichem Fettgehalt hergestellt (durch Sauerlegen von Milch oder Sahne mit unterschiedlichem Fettgehalt).

Sauermilcherzeugnisse werden meistens ein zweites Mal pasteurisiert (nach dem Sauerlegen am Ende des Produktionsprozesses). Dadurch werden die Milchsäurebakterien (und mögliche Fremdkeime) inaktiviert und die Haltbarkeit verbessert.

Neuerdings wird bei bestimmten Produkten (insbesondere Joghurt) auf dieses zweite, gesetzlich nicht vorgeschriebene Pasteurisieren verzichtet. Ein Teil der dadurch nicht abgetöteten Milchsäurebakterien kann bis in den Dünndarm gelangen (der Großteil wird durch die Magensalzsäure inaktiviert) und die Darmflora somit zumindest zeitweilig ergänzen. Bei einer bestehenden Milchzuckerunverträglichkeit werden solche Erzeug-

nisse offenbar besser vertragen, da die mit ihnen aufgenommenen Milchsäurebakterien die noch vorhandenen Reste von Milchzucker im Darm zu Milchsäure abbauen. Durch den Einsatz spezieller Bakterienstämme wird angestrebt, Erzeugnisse herzustellen, die besonders gesundheitsfördernde Eigenschaften aufweisen sollen. Diese Erzeugnisse werden als probiotische Lebensmittel bezeichnet (siehe Kap. 5.7.5.1).

D-Milchsäure

Die von den Milchsäurebakterien gebildete Milchsäure wird vom Menschen anstandslos vertragen. Gesundheitlich nachteilige Effekte, wie vor einiger Zeit noch postuliert wurde, gehen von ihr nicht aus. Diese (falschen) Annahme basierte auf der hinreichend bekannten Eigenschaft der Milchsäurebakterien, neben der „natürlichen" L-Milchsäure (die im menschlichen Organismus vorkommt) auch D-Milchsäure zu produzieren, die bei den Stoffwechselprozessen im menschlichen Organismus nicht gebildet wird.

Milchsäure enthält ein Kohlenstoffatom, an dem die 4 unterschiedlichen Molekülgruppierungen in räumlich unterschiedlicher Ausrichtung angeheftet sind. Solche C-Atome werden als asymmetrische Kohlenstoffatome bezeichnet und die beiden unterschiedlichen Raumstrukturen der betreffenden Moleküle als L- bzw. D-Konfiguration (siehe Abb. 5.1.1).

D(–)-Milchsäure L(+)-Milchsäure

* asymmetrisches Kohlenstoffatom

Abb. 5.1.1: Schematische Darstellung der Unterschiede in der Raumstruktur von D- und L-Milchsäure (sog. Stereoisomerie)

Während beim Abbau der Glucose im menschlichen Organismus ausschließlich die L-Form entsteht, bilden bestimmte Milchsäurebakterien ein Gemisch (Razemat) aus L- und D-Milchsäure (wobei die L-Milchsäure in Abhängigkeit von den zum Dicklegen eingesetzten Stämmen meist überwiegt, etwa 80 bis 90 %). D-Milchsäure wird vom Menschen ebenso wie L-Milchsäure resorbiert und im menschlichen Organismus weiter abgebaut, allerdings langsamer als L-Milchsäure. D-Milchsäure kann außerdem auch von Darmbakterien gebildet werden.

Die früher von der WHO empfohlenen Grenzwerte für die Aufnahme von D-Milchsäure sind wieder aufgehoben worden, da durch D-Milchsäure keine Gesundheitsbeeinträchtigung ausgelöst wird. In der Säuglingsnahrung sollte aus Sicherheitsgründen D-Milchsäure nicht enthalten sein.

Sauermilch und Dickmilch

Sauermilch und Dickmilch werden in 3 unterschiedlichen Fettgehaltsstufen hergestellt (0,3, 1,5 und 3,5 %). Der Unterschied zwischen Sauermilch und Dickmilch beruht im wesentlichen auf Unterschieden in der Technologie zu ihrer Herstellung. Ernährungsphysiologisch sind sie (bei gleichem Fettgehalt) gleichwertig.

Saure Sahne (Sauerrahm), Schmant und Crème fraîche

Für diese Erzeugnisse sind Mindestfettgehalte vorgeschrieben:

- Saure Sahne
  Der Fettgehalt muß mindestens 10 % betragen. Je höher der Fettgehalt, um so besser ist die Konsistenz (optimaler Fettgehalt 18 bis 24 %), der Energieinhalt beträgt bei einen Fettgehalt von 10 % etwa 500 kJ (120 kcal)/100 g.
- Schmant
  Schmant ist mit 24 % Fettgehalt eine Sonderform des Sauerrahms, der Energieinhalt beträgt 1000 kJ (240 kcal)/100 g.
- Crème fraîche
  Der Fettgehalt muß mindestens 30 % betragen, der Energieinhalt beträgt (Fettgehalt 30 %) etwa 1300 kJ (300 kcal)/100 g.

Der Energieinhalt dieser Milcherzeugnisse ist beträchtlich. Sie sind deswegen sparsam einzusetzen, bei der Zubereitung von energiereduzierten Speisen ist auf ihre Verwendung gänzlich zu verzichten.

Joghurterzeugnisse

Joghurterzeugnisse werden ebenfalls aus Milch oder Rahm mit unterschiedlichem Fettgehalt hergestellt. Sie unterscheiden sich von den anderen Sauermilcherzeugnissen dadurch, daß zum Sauerlegen spezielle Milchsäurebakterien eingesetzt werden, deren Wachstumsoptimum bei 42 °C liegt (thermophile [wärmeliebende] Bakterien wie Streptococcus thermophilus oder Lactobacillus bulgaricus). Bei diesen Temperaturen kann das Wachstum einer Reihe von solchen Mikrorganismen, die einen Verderb bewirken können, schon zum Erliegen gekommen sein.

Zwischen Joghurt und Sauermilcherzeugnissen bestehen, abgesehen von Geschmacksunterschieden, keine ernährungsphysiologischen Unterschiede. Der Gehalt an D-Milchsäure ist bei Joghurterzeugnissen (und Kefir) höher als bei anderen Sauermilcherzeugnissen.

In neuerer Zeit werden in erhöhtem Maße neue gezüchtete Stämme von Milchsäurebakterien zur Joghurtherstellung eingesetzt, die sich durch eine bessere (vollständigere) Vergärung des Milchzuckers und durch die ausschließliche Bildung von L-Milchsäure auszeichnen. Sie werden den probiotischen Lebensmitteln zugerechnet. Besondere ernährungsphysiologische Vorteile besitzen diese Produkte beim Gesunden nicht (ausgenommen bei Patienten mit einer atypischen Besiedlung des Dünndarms mit Darmbakterien nach Dünndarmresektion und bei bestehender Milchzuckerunverträglichkeit). Es sei darauf hingewiesen, daß eine Reihe der „klassischen" Milchsäurebakterien ebenfalls ausschließlich L-Milchsäure bilden.

Kefirerzeugnisse

Kefirerzeugnisse werden durch Sauerlegen von Milch oder Rahm mit Hilfe von sog. Kefirknöllchen hergestellt. Kefirknöllchen sind eine Mischung von symbiotisch zusammenlebenden (sich gegenseitig unterstützenden) Milchsäurebakterien und Hefen. Die Hefen bewirken neben der Milchsäurebildung auch eine geringfügige alkoholische und essigsaure Gärung. Der Alkoholgehalt des Kefirs beträgt etwa 0,2 bis 0,8 Vol.-% (gesetzlich geforderte Mindestkonzentration 0,05 Vol.-%). Da bei der alkoholischen Gärung auch CO_2 gebildet wird, kann es zu einer Wölbung der Deckel von Kefirbechern kommen. Eine solche Wölbung ist in der Regel kein Zeichen für einen Verderb. Kefirerzeugnisse müssen aber aus diesem Grund besonders sorgfältig auf einen möglichen Verderb überprüft werden (Geruch, Verfärbung).

Joghurt- und Kefirerzeugnisse werden nach der Herstellung in der Regel ein zweites Mal pasteurisiert. Durch das dabei erfolgte Abtöten der Milchsäurebakterien wird der Abbau von Milchbestandteilen gestoppt und damit die Haltbarkeit der Erzeugnisse wesentlich verbessert.

Bei ausgewählten Produkten (insbesondere Joghurterzeugnissen) wird auf diese zweite Wärmebehandlung verzichtet. Damit bleiben lebensfähige Milchsäurebakterien erhalten, aber die Haltbarkeit dieser Erzeugnisse ist wesentlich schlechter. Das erfordert eine strikte Einhaltung der Kühlkette. Diese teureren Produkte (den probiotischen Lebensmitteln zugerechnet) werden bei bestehender Milchzuckerunverträglichkeit wesentlich besser vertragen als die pasteurisierten Standardprodukte (siehe Kap. 7.1.1.2.1).

Ernährungsphysiologische Einschätzung von Sauermilcherzeugnissen

- Leichtere Verdaubarkeit des Eiweißes
  Die bei der Produktion langsam einsetzende Säuerung führt zu einer zunächst nur partiellen Denaturierung des Milcheiweißes, das fein-

flockig ausfällt. Es kann deshalb durch die Verdauungsenzyme besser gespalten werden. Frischmilch flockt im Magen durch die Einwirkung der Magensalzsäure grobkörnig aus und kann demzufolge nicht ganz so leicht aufgespalten werden.

- Geringerer Gehalt an Milchzucker
  Der Milchzucker ist zu einem beträchtlichen Teil in Milchsäure umgewandelt worden. Infolgedessen sind Sauermilcherzeugnisse besser verträglich, insbesondere bei leichten Verdauungsstörungen oder bei einer unspezifischen Nahrungsmittelunverträglichkeit. Auch bei einem partiellen Lactasemangel, bei dem nur geringe Mengen an Milchzucker toleriert werden, werden Sauermilcherzeugnisse in der Regel besser vertragen als Frischmilch und Süßrahmerzeugnisse.
- Bessere Haltbarkeit
  Die Gefahr der Ansiedlung von pathogen Keimen oder Fäulniserregern ist durch den leicht sauren Charakter wesentlich herabgesetzt, die Gefahr einer Lebensmittelvergiftung damit auch geringer. Dieser Fakt ist besonders bei der Ernährung infektanfälliger oder geschwächter Personen zu berücksichtigen (Kranke, Kinder, Senioren).
- Besondere Situation bei fettreichen Produkten
  Fettreiche Sauermilcherzeugnisse (saure Sahne, Schmant, Crème fraîche) haben einen sehr hohen Energieinhalt. Ihr Verzehr ist auf ein Mindestmaß zu begrenzen. Bei bestehendem Übergewicht und Fettstoffwechselstörungen sind sie unbedingt zu meiden.

5.1.1.2.3 Milchmischerzeugnisse

Milchmischerzeugnisse sind Produkte, die zu mindestens 70 % aus Milch oder Milcherzeugnissen bestehen müssen. Neben einem Zusatz von anderen Lebensmitteln (in der Regel Früchte) in Höhe von maximal 30 % dürfen diesen Produkten Gelatine, Stärke und/oder Dickungsmittel (Lebensmittelzusatzstoffe) sowie Vitamine zugesetzt werden.

Eine pauschale Einschätzung dieser Erzeugnisse ist nicht möglich. Diese muß im jeweiligen Fall an Hand der Zutatenliste erfolgen. Insbesondere ist auf einen möglichen Zusatz von Rohrzucker zu achten.

5.1.1.3 Käse

Käse werden aus dickgelegter Milch hergestellt. Sie werden entweder frisch oder in verschiedenen Reifegraden zum Verzehr angeboten. Käse ist eine Art „konzentrierte" Milch, die meist gut haltbar ist. Die Vielzahl der Käsesorten, die nach verschiedenen Verfahren bereitet werden, erfordert jedoch aus ernährungsphysiologischer Sicht eine gewisse differenzierte Einschätzung. Das betrifft insbesondere Unterschiede im Fettgehalt, im möglichen Restgehalt an Milchzucker und in mitunter beträchtlichen Unterschieden im Mineralstoffgehalt.

Die zur Käseherstellung verwendete Milch muß nicht pasteurisiert werden. In den meisten Fällen wird jedoch eine Wärmebehandlung vorgenommen. Beim Einsatz von nicht pasteurisierter Rohmilch besteht die Gefahr, daß nicht abgetötete Fäulniserreger zum vorzeitigen Verderb des Käses und damit zu wirtschaftlichen Verlusten führen. Außerdem kann beim Einsatz von definierten Kulturen von Mikroorganismen für die Käsereifung nur eine vorgeschaltete Wärmebehandlung eine „Fremdreifung" durch unerwünschte Keime verhindern. Da das Pasteurisieren der Milch aber auf der anderen Seite die Labfällung beeinträchtigt, wird die Milch für die Herstellung von Labkäse nur schwach wärmebehandelt (z. B. Hartkäse).

5.1.1.3.1 Einteilung der Käsearten

Die Vielzahl der Käsearten kann nach unterschiedlichen Ordnungsprinzipien in verschiedene Gruppen eingeordnet werden.

Mögliche Einteilungsprinzipien für Käse sind

- Herkunft der zur Käsebereitung verwendeten Milch (Kuh, Schaf, Ziege, Büffel),
- Art der Dicklegung der Milch bei der Käsebereitung (Säure oder Lab),
- Art und Weise der Weiterbehandlung (Frischkäse oder gereifter Käse),
- Wassergehalt (und somit Konsistenz) des Käses,
- Fettgehalt des Käses.

Herkunft der Milch

Die Herkunft der Milch (die überwiegende Menge der Käse wird aus Kuhmilch hergestellt) spielt im wesentlichen nur aus geschmacklichen Gesichtspunkten eine Rolle. Der unterschiedliche Fettgehalt der Milch der verschiedenen Tierarten ist bei der Käseherstellung von untergeordneter Bedeutung.

Bei einer bestehenden Kuhmilchallergie, die auch den Verzehr des aus dieser Milch hergestellten Käses verbietet, können möglicherweise allergische Reaktionen vermieden werden, wenn auf Käse ausgewichen wird, der aus der Milch einer anderen Tierart hergestellt wurde (Schafs- oder Ziegenkäse). Allerdings dürfen bei der Herstellung dieser Käse nicht unterschiedlich große Anteile von Kuhmilch beigemengt werden, wie es aus Kostengründen häufig der Fall ist.

Dicklegung

Nach der Art der Dicklegung ist zwischen Sauermilch- und Labkäse (Süßrahmkäse) zu unterscheiden. Bei der Herstellung von Sauermilchkäse erfolgt die Dicklegung durch die Säuerung mit Hilfe von Milchsäurebakterien (siehe oben, Sauermilcherzeugnisse).

Zur Rationalisierung des Produktionsprozesses kann die Dicklegung durch den direkten Zusatz von Milchsäure beschleunigt werden. Bei der in diesem Fall rasch erfolgenden Säuerung wird ein kleiner Teil des Kalziums der Milch nicht vom Casein gebunden und geht somit bei der Abtrennung der Molke mit dieser verloren. Dieses Verfahren der Säurezugabe wird in der Regel nur bei der Herstellung von preisgünstigen Frischkäsen (Quark und andere Frischkäse) eingesetzt. Der Kalziumgehalt dieser Milchprodukte ist infolgedessen niedriger und kann bei unterschiedlichen Chargen auch beträchtlich schwanken.

Zur Herstellung des Süßmilchkäses erfolgt die Dicklegung durch den Zusatz von Lab (Chymosin). Das im Kälbermagen enthaltene Labenzym bewirkt als hochspezifische Endoprotease eine begrenzte Spaltung des Caseins, das dadurch ausfällt und den Großteil des Kalziums der Milch als Kalziumcasein bindet. Zur Beschleunigung der Dicklegung können zusätzlich noch Milchsäurebakterien zugesetzt werden.

Süßmilchkäse wird nicht als Frischkäse verzehrt, sondern stets einer Reifung unterzogen.

Weiterbehandlung

Die nach Abtrennung der Molke erhaltene Käsemasse kann als Frischkäse (bei Sauermilchkäse) verzehrt werden oder einem Reifeprozeß unterzogen werden.

Frischkäse: Frischkäse sind ausgezeichnete Eiweißlieferanten bei meist geringem Fettgehalt (in Abhängigkeit von der Fettgehaltsstufe). Der geringere Kalziumgehalt des fettarmen Frischkäses infolge des höheren Wassergehalts wird durch die mengenmäßig meist größere Aufnahme ausgeglichen.

Gereifte Käse: Die Reifung der Käse erfolgt durch die Stoffwechselleistungen von speziellen Schimmelpilz- und Bakterienkulturen, die teilweise bereits der Milch zugesetzt werden. Diese Mikrorganismen bewirken im Verlauf der Reifung den Abbau der Lactose, einen partiellen Abbau des Eiweißes und des Fetts sowie die Bildung von Aromastoffen und geringen Mengen an biogenen Aminen. Mit der Reifung verbunden ist ein kontinuierlicher Verlust von Wasser.

Die zur Käsereifung eingesetzten Schimmelpilzkulturen bilden nachweislich keine Mykotoxine. Sie verhindern in der Regel den Befall des Käses durch unerwünschte Schimmelpilze, die möglicherweise Mykotoxine bilden könnten (siehe Kap. 6.2.4).

Durch den Zusatz von genetisch genau definierten Schimmelpilzkulturen kann die Ansiedlung von mykotoxinbildenden Schimmelpilzen und von anderen Mikroorganismen mit großer Sicherheit verhindert und eine gleichbleibende Qualität garantiert werden. Auf den Zusatz von definierten Pilzkulturen wird nur noch in Ausnahmefällen bzw. von kleinen Käsereien verzichtet (Reifung des „echten" Camemberts).

Wassergehalt

Die Käse werden entsprechend ihrem unterschiedlichen Wassergehalt (Wassergehalt in Prozent in der fettfreien Käsemasse) in unterschiedliche Käsesorten eingeteilt (Käse-Verordnung, siehe Kap. 12.2.7). Der unterschiedliche Wassergehalt der verschiedenen Käsesorten ist insbesondere bei der Kalkulation der Energieaufnahme zu berücksichtigen, insbesondere bei energiereduzierten Kostformen (siehe Tabelle 5.1.4).

Tabelle 5.1.4:
Einteilung der Käse nach dem Wassergehalt
(in % in der fettfreien Käsemasse)

Käsesorte	Wassergehalt in %
Frischkäse	mehr als 72
Weichkäse	mehr als 67
Sauermilchkäse	60 bis 73
halbfester Schnittkäse	61 bis 69
Schnittkäse	54 bis 63
Hartkäse	weniger als 56

Fettgehalt

Die Käse werden zusätzlich zur Einteilung nach dem Wassergehalt in unterschiedliche Fettgehaltsstufen unterteilt, deren Fettgehalt in Prozent Fett in der Trockenmasse (% F. i. Tr.) ebenfalls durch die Käse-Verordnung festgelegt ist (siehe Tabelle 5.1.5).

Tabelle 5.1.5:
Einteilung der Käse nach Fettgehaltsstufen
(Fettgehalt in % Fett in der Trockenmasse [% F. i. Tr.])

Fettgehaltsstufe	% F. i. Tr.
Doppelrahmstufe	bis 85
Rahmstufe	bis 60
Vollfettstufe	bis 50
Fettstufe	bis 45
Dreiviertelfettstufe	bis 40
Halbfettstufe	bis 30
Viertelfettstufe	bis 20
Magerstufe	bis 10

Der Fettgehalt in der Trockenmasse ist für die Einschätzung des Fettgehalts pro Gewichtseinheit wenig aussagekräftig. Zur (hinreichend genauen) Umrechnung auf den tatsächlichen Fettgehalt im verzehrfertigen Käse (g Fett/100 g Käse) dienen folgende Faktoren:

Frischkäse	F. i. Tr. x 0,3
Weichkäse	F. i. Tr. x 0,5
Schnittkäse	F .i. Tr. x 0,6
Hartkäse	F .i. Tr. x 0,7

Schmelzkäse

Schmelzkäse ist die wichtigste (zusätzliche) Konservierungsform für Käse. Durch die Hitzebehandlung wird ein möglicherweise erst später eintretender Verderb relativ sicher verhindert. Der Wassergehalt und damit der Energieinhalt des Schmelzkäses zeigt bei verschiedenen Schmelzkäsen der gleichen Fettgehaltsstufe kaum Schwankungen. Schmelzkäse eignet sich deswegen besonders gut für energiedefinierte Kostformen. Eine einmal vorgenommene Nährwertkalkulation kann auch bei unterschiedlichen Lieferungen ohne erneute Korrektur übernommen werden.

Zur Herstellung von Schmelzkäse ist der Zusatz von sog. Schmelzsalzen erforderlich, vorrangig Citrate und Lactate (Salze der Zitronensäure bzw. der Milchsäure) sowie Phosphate. Für die Herstellung natriumarmer Diäterzeugnisse werden an Stelle der Natriumformen der Schmelzsalze entsprechende Kaliumsalze eingesetzt.

Bei der gesetzlich begrenzten Menge an zugesetzten Schmelzsalzen besteht keine Gefahr einer erhöhten Phosphataufnahme mit nachteiligen Folgen für den Kalziumstoffwechsel.

5.1.1.3.2 Ernährungsphysiologische Einschätzung von Käse

- Eiweißquelle
  Käse ist Lieferant eines Eiweißes mit hoher biologischer Wertigkeit (88). Der Eiweißgehalt der verschiedenen Käsesorten liegt zwischen 10 und 30 %. Bei der Käsereifung wird ein geringer Teil des Caseins infolge enzymatischer Spaltung (Proteasen der Schimmelpilze) in kurzkettigere Polypeptidketten (Peptone) umgewandelt, wodurch deren Spaltbarkeit durch die Verdauungsenzyme erleichtert wird. In geringem Umfang werden auch Aminosäuren freigesetzt.
- Kalziumquelle
  Käse ist neben Milch und Milcherzeugnissen eine der wichtigsten Kalziumquellen. Der Kalziumgehalt der verschiedenen Käsesorten differiert jedoch in Abhängigkeit vom Herstellungsverfahren beträcht-

lich. Er hängt weiterhin vom Reifegrad (unterschiedlicher Wassergehalt) ab.

Ausgezeichnete Kalziumlieferanten sind verschiedene Hartkäsesorten (z. B. Emmentaler, Parmesan, Pecorino; bei allen etwa 1.2 g/100 g). Der Kalziumgehalt anderer Käsesorten schwankt, auch in Abhängigkeit vom Fettgehalt (Camembert von 400 bis 600 mg/100 g).

Sauerrahmkäse und Frischkäse mit relativ hohem Wasseranteil haben dagegen einen relativ niedrigen Kalziumgehalt (80 bis 125 mg/100 g).

- Kochsalzgehalt

  Der Natriumgehalt der meisten Käse ist wesentlich höher als der der Milch, bedingt durch den Zusatz von Kochsalz. Das gilt insbesondere für gereiften Käse. Bei einer natriumarmen Kost ist aus diesem Grund der Verzehr von Käse stark zu begrenzen bzw. ganz zu unterlassen. Das gilt nicht für ungesalzenen Frischkäse sowie für natriumarme Diäterzeugnisse (Diätschmelzkäse).
- Phosphatgehalt

  Käse ist ein guter Lieferant für Phosphat. Phosphate und Kalzium liegen im Käse in einem ausgewogenen Verhältnis vor.
- Vitamingehalt

  Käse enthält wasserlösliche Vitamine der B-Gruppe, fettreiche Käsesorten enthalten außerdem die fettlöslichen Vitamine A und D. Vitamin C kommt im Käse nicht vor.
- Milchzuckergehalt

  Der Milchzuckergehalt von Frischkäse ist sehr gering, und Sauermilchkäse enthalten meist nur Spuren von Milchzucker.

  Gereifter Käse enthält überhaupt keinen Milchzucker, da er bei der Käsereifung vollständig abgebaut wird. Gereifter Käse wird bei bestehender Lactoseunverträglichkeit meist problemlos vertragen.
- Fettgehalt

  Der Fettgehalt differiert bei den einzelnen Käsen beträchtlich. Bei bestehendem Übergewicht sollte auf fettreiche gereifte Käsesorten verzichtet werden.
- Biogene Amine

  Bei der Käsereifung entstehen durch den Abbau von freigesetzten Aminosäuren biogene Amine, vorrangig Tyramin, aber auch Histamin. Biogene Amine, insbesondere Histamin, regen als Saftlocker die Magensaftproduktion an. Die Gefahr einer Vergiftung durch die biogenen Amine im Käse (Kreislaufkollaps) besteht nicht (Ausnahme: Einnahme von Medikamenten, die als Monoaminoxidasehemmer wirken, siehe Kap. 6.6.2.3).
- Aromastoffe

  Aus freigesetzten Fettsäuren und Aminosäuren werden durch die Wirkung der Schimmelpilze und der zugesetzten Bakterienstämme Aromastoffe gebildet, die für das typische Käsearoma verantwortlich sind.

5.1.2 Fleisch und Fleischerzeugnisse einschließlich Wurstwaren

Der besondere Wert von Fleisch (einschließlich Innereien) und Fleischerzeugnissen sowie Wurstwaren beruht auf der hohen biologischen Wertigkeit des Fleischeiweißes und der hohen Bioverfügbarkeit des in ihnen enthaltenen Eisens. Diese Lebensmittel sind außerdem wichtige Lieferanten von einigen Spurenelementen, insbesondere von Selen.

Der hohe Fettgehalt bestimmter Fleischteilstücke und der oft hohe Gehalt an verborgenem Fett in Fleisch- und Wurstwaren sowie der hohe Kochsalzgehalt vieler Wurstwaren ist aus ernährungsphysiologischer Sicht von Nachteil. Der hohe Kochsalzgehalt verbietet bei Erkrankungen, bei denen eine kochsalzarme Kost eingehalten werden muß, den Verzehr von handelsüblichen Fleisch- und Wurstwaren oder macht in leichteren Fällen eine strikte Begrenzung der Verzehrmenge erforderlich. Der Handel bietet kochsalzarme Zubereitungen als Diäterzeugnisse an.

5.1.2.1 Fleisch

Der unterschiedliche Fettgehalt einzelner Teilstücke, der auf unterschiedlich ausgebildete Fetteinlagerungen zwischen den einzelnen Muskelpaketen und auf unterschiedlich große Anteile von Depotfett (Speck) zurückzuführen ist, bleibt bei der nachfolgenden Einschätzung des Fleischs unberücksichtigt. Dieses Fett kann bei der küchentechnischen Vorbereitung des Fleischs durch fachgerechtes Parüren zum Großteil entfernt werden.

Der Fettgehalt der Schlachttiere hat in den letzten Jahrzehnten zum Teil beträchtlich abgenommen, bedingt durch die durchgängige Haltung von neu gezüchteten Rassen mit höherem Fleischertrag und geringerem Fettansatz sowie durch frühzeitige Schlachttermine. Die Fettgehaltsangaben älterer Nährwerttabellen entsprechen deswegen nicht mehr dem augenblicklichen Stand, sie sind in der Regel zu hoch. Bei Nährwertberechnungen sind deswegen die in den letzten Jahren erhobenen Daten zu verwenden (neue Nährwerttabellen, moderne Computerprogramme, Tabellen der Bundesanstalt für Fleischforschung, Kulmbach).

Das schiere Fleisch der verschiedenen Schlachttiere (Rind, Schwein, Lamm [Hammel]) unterscheidet sich in seiner Zusammensetzung nur geringfügig. Die Geschmacks- und Qualitätsunterschiede sind vorrangig auf geringe Unterschiede im Gehalt an Bindegewebe und dessen Vernetzung (siehe unten), auf Unterschiede in der Fettsäure-Zusammensetzung der Fette und der Aromastoffe zurückzuführen.

Aufbau des Muskelfleischs

Das Muskelfleisch wird von quergestreiften Muskelfasern gebildet, die durch zartes Bindegewebe miteinander verbunden sind. Diese sind wiederum zu Bündeln zusammengefaßt, die von einer Bindegewebshülle umgeben sind. Mehrere solcher Pakete sind zum eigentlichen Muskel zusammengefaßt, der von einer festen Bindegewebslage zusammengehalten wird. Diese bindegewebigen Umhüllungen gehen in die straffen Sehnen über. In die Muskelfaserpakete ist eine begrenzte Menge von Fett eingelagert (Marmorierung). Ein System von Blutgefäßen sichert die Versorgung mit Sauerstoff und Nährstoffen.

Das Bindegewebe macht einen beträchtlichen Anteil des Fleischs aus. Der Bindegewebsanteil des gesamten Schlachtkörpers (bezogen auf Eiweiß) beträgt etwa 20 % der gesamten Fleischmasse, nach Entfernen von Sehnen, Blutgefäßen und Knorpel aber immer noch etwa 12 %. Der Bindegewebsgehalt nimmt im Tier von oben nach unten zu (hoher Bindegewebsanteil in der Rinderhesse) und ist somit nicht gleichmäßig auf die einzelnen Teilstücke verteilt.

Qualitätsunterschiede bei Fleisch

Die oft großen Qualitätsunterschiede zwischen unterschiedlichen Fleischstücken und den gleichen Fleischstücken verschiedener Tiere haben vielfältige Ursachen. Die wichtigsten sind die Beschaffenheit des Bindegewebes, die Menge des in die Muskeln und zwischen die einzelnen Muskelpakete eingelagerten Fetts und der Trainingszustand des Schlachttiers. Der Wassergehalt und die Farbe des Fleischs sind von untergeordneter Bedeutung. Letztendlich haben auch das Alter der Tiere, der Reifezustand (abgehangenes Fleisch) und mögliche Fleischfehler (siehe Kap. 5.1.2.1.5) Einfluß auf die Fleischqualität.

Zarte Fleischstücke zeichnen sich durch einen relativ niedrigen Bindegewebsanteil aus. Der Anteil des Bindegewebseiweißes am Gesamteiweiß beträgt im Filet nur etwa 5 %. Die Bindegewebsmenge weist bei jungen und alten Schlachttieren kaum Unterschiede auf. Die bekannten Unterschiede in der Zartheit von gleichen Fleischteilen junger bzw. alter Tiere sind auf die Veränderungen in der Bindegewebsstruktur (zunehmende Verdrillung und Vernetzung der Bindegewebsfasern) zurückzuführen, die mit fortschreitendem Alter auftreten (siehe unten).

Entscheidend für die Qualität des Fleischs ist ein guter „Trainingszustand" der Muskulatur des Schlachttiers. Ein solcher besserer Trainingszustand ist für die bessere Qualität des Fleischs von Tieren verantwortlich, die aus einer Freilandhaltung stammen. Der Wassergehalt der Muskelzellen, der mit zunehmendem Alter etwas abnimmt, ist für sich allein gesehen kaum für Qualitätsunterschiede verantwortlich.

Die Farbe des Fleischs hängt von zahlreichen Faktoren ab und ist, losgelöst von anderen Eigenschaften, kein geeignetes Qualitätskriterium. Insbesondere ist eine helle Farbe bei Kalbfleisch nicht unbedingt ein Qualitätszeichen, obwohl eine solche helle Farbe von vielen Verbrauchern gewünscht wird. Eine gesunde Rotfärbung deutet auf einen guten Ernährungszustand (ausreichende Eisenaufnahme) und auf ausreichende Bewegung hin. Bei besonders hellem Kalbfleisch ist größte Vorsicht angebracht. Die bei der Aufzucht von Kälbern gelegentlich geübte Praxis, durch eine längere Fütterung mit Milch, die extrem arm an Eisen ist, helleres Kalbfleisch zu produzieren, ist aus ernährungsphysiologischer Sicht abzulehnen. Bei diesem Fleisch, das sich weder im Hinblick auf die Zusammensetzung der Nährstoffe noch im Hinblick auf den Geschmack vom herkömmlichen Kalbfleisch unterscheidet, jedoch eine hellere Farbe aufweist, ist der Eisengehalt fütterungsbedingt erniedrigt. Es muß außerdem damit gerechnet werden, daß dem Futter möglicherweise auch Kupfersalze zugesetzt wurden. Kupfer hemmt die Bildung von funktionsfähigem Hämoglobin und insbesondere von Myoglobin, indem in beiden Molekülen Eisen teilweise durch Kupfer verdrängt und damit über diesem Mechanismus eine hellere Farbe des Fleisches bewirkt wird.

Zusammensetzung des Fleischs

Die Angaben für die mengenmäßige Zusammensetzung sind Durchschnittswerte für schieres Fleisch aller Schlachttiere. Sie sind für die meisten Fälle hinreichend genau. Für noch genauere Angaben, insbesondere für die Zusammenstellung von Kostplänen bei eiweiß- oder energiedefinierten Diäten, sind die Werte einschlägiger Nährwerttabellen zu benutzen.

- Eiweiß (21 %)

  Fleischeiweiß hat eine hohe biologische Wertigkeit, sie beträgt durchschnittlich 90 bis 92. Ein unterschiedlich hoher Anteil an Bindegewebe hat relativ wenig Einfluß auf die biologische Wertigkeit, bedingt durch den hohen Ergänzungswert des Bindegewebseiweißes.
- Fett (2 %)

  Der Fettgehalt des gut parierten, schieren Fleischs ist nur in seltenen Fällen größer als 2 %. Das im Muskel eingelagerte Fett ist für die Saftigkeit und als Aromaträger für die geschmackliche Qualität des Fleischs verantwortlich (gut marmoriertes Fleisch). Der Fettgehalt nimmt mit zunehmendem Alter des Schlachttiers geringfügig ab.

  Mit Fett durchwachsene Fleischstücke (z. B. Schweinekamm) haben natürlich einen teilweise beträchtlich höheren Fettgehalt.

  Die Fettsäure-Zusammensetzung unterscheidet sich bei den Fetten der einzelnen Schlachttiere. Sie ist für den jeweils typischen Geschmack des Fleischs wesentlich mit verantwortlich. Das Futter hat, insbesondere bei einer artgerechten Haltung und Fütterung der Tiere, kaum Einfluß auf die Fettsäure-Zusammensetzung. In der Regel sind Fette außerdem nicht Bestandteil des Viehfutters. Geringe Mengen an aufgenommenem Fett werden verbrannt bzw. zu artspezifischen Fetten umgebaut. Nur bei der Verfütterung einer extrem hohen Menge von artfremden Fetten werden diese im Fett der Tiere abgelagert und beeinflussen damit den Geschmack des Fleischs (kurzzeitiges Mästen von Truthähnen mit Walnüssen, traniger Geschmack bei der Verfütterung von Fischabfällen).

- Kohlenhydrate (bis 0,5 %)

  Der Hauptanteil an Kohlenhydraten des schlachtfrischen Fleischs ist das Muskelglykogen. Sein Gehalt differiert stark in Abhängigkeit vom Ernährungszustand des Tiers, seines Alters und möglichen Streßsituationen vor dem Schlachten. Das Glykogen wird nach der Tötung sehr rasch zu Glucose abgebaut, die bei der Fleischreifung zu Milchsäure umgewandelt wird. Lediglich im Pferdefleisch sind noch geringe, geschmacklich feststellbare Mengen an Glucose (aus dem Glykogenabbau stammend) vorhanden.

- Mineralstoffe (1 %)

  Der Eisengehalt des Fleischs ist aus ernährungsphysiologischer Sicht von besonderer Bedeutung (2 bis 4 mg/100 g). Das Eisen ist vorzugsweise am Aufbau des Myoglobins (roter Muskelfarbstoff) beteiligt. Dieses sog. Häm-Eisen ist für die frische rote Farbe des Fleischs verantwortlich. Es ist als 2wertiges Eisen gut resorbierbar.

  Fleisch ist relativ reich an Kalium und arm an Natrium. Das Verhältnis Natrium: Kalium beträgt 1:4. Diese ernährungsphysiologisch günstige Relation wird durch das aus geschmacklichen Gründen erfolgende Salzen von Fleischgerichten zugunsten von Natrium verschoben.

- Vitamine

  Der Gehalt des Fleischs an Vitaminen der B-Gruppe ist nicht unerheblich. Das betrifft insbesondere Vitamin B_1, dessen Gehalt recht hoch ist (maximal 1 mg/100 g). Insbesondere Schweinefleisch ist reich an Vitamin B_1. Die Verluste des sehr hitzeempfindlichen Vitamins können bei einigen zeitintensiven Garverfahren allerdings recht beträchtlich sein. Wichtig ist auch der Gehalt an Vitamin B_6, das für den Eiweißumsatz von großer Bedeutung ist. Neben Leber ist Fleisch der wichtigste Lieferant für Vitamin B_{12}.

- Cholesterin

  Der Cholesteringehalt des schieren Muskelfleischs beträgt etwa 50 bis 70 mg/100 g. Größere Unterschiede im Cholesteringehalt des Fleischs verschiedener Tierarten bestehen nicht. Der Cholesteringehalt des Schweinefleischs unterscheidet sich kaum von dem des Geflügelfleischs.

- Purinkörper

  Fleisch ist bei einer üblichen Mischkost die wichtigste Quelle von Purinkörpern (etwa 150 mg/100 g), unter der Voraussetzung, daß sich der Verzehr von Innereien (und Kaviar), die einen sehr hohen Gehalt an Purinkörpern aufweisen, in Grenzen hält. Bei erhöhten Harnsäurewerten im Blut und bei einer Gicht ist deswegen der Fleischkonsum durch eine purinarme Kost entsprechend zu begrenzen (siehe Kap. 7.6.5).

- Extraktiv- und Aromastoffe
  Die Extraktivstoffe des Fleischs sind wasserlösliche Substanzen, die beim Kochen des Fleischs relativ langsam aus den Muskelzellen herausgelöst werden. Eine Vielzahl von zusätzlichen Aromastoffen wird erst beim Erhitzen des Fleischs auf höhere Temperaturen gebildet. Bei diesen Brattemperaturen entstehen Umwandlungsprodukte mit unterschiedlichen Eigenschaften. Bis jetzt sind mehr als 1000 solcher Stoffe nachgewiesen worden, die vorzugsweise aus Eiweißbausteinen gebildet werden. Allerdings sind nicht alle dieser Produkte auch Aromastoffe. Einigen dieser Stoffe, die bei besonders hohen Temperaturen (Grilltemperaturen) gebildet werden, werden krebserregende Eigenschaften zugeschrieben (siehe Kap. 11.3.1.2.2.3). Eine gesundheitliche Gefahr besteht jedoch bei dem Einsatz der üblichen Küchentechniken wie Elektrogrill und bei den üblichen Verzehrgewohnheiten nicht (siehe Kap. 6.6.2.6).
  Einige der Extraktivstoffe, vorrangig biogene Amine und insbesondere das Histamin, besitzen als Magensaftlocker ernährungsphysiologisch günstige Eigenschaften. Auch die Aromastoffe können über die Geschmacks- und Geruchsnerven zur Stimulierung der Magensaftproduktion beitragen. Einige Extraktivstoffe wie Glutaminsäure (Glutamat) sowie Inosin- und Guanylsäure (Zwischenstufen des Abbaus der Purinkörper) wirken außerdem als Geschmacksverstärker.

5.1.2.1.1 Bindegewebe des Fleischs

Bindegewebseiweiß macht etwa 20 bis 25 % der gesamten Eiweißmenge des Schlachtkörpers aus. In diesen Betrag ist auch das Bindegewebe der Sehnen, des Knorpelgewebes und der Bindegewebsanteil der Knochen einbezogen. Bei nicht zerlegtem Fleisch macht der Bindegewebsanteil immerhin noch durchschnittlich 12 %, bei parierten Fleischteilen im Schnitt etwa 7 % aus. Der Bindegewebsgehalt der einzelnen Fleischstücke ist unterschiedlich groß. Er nimmt beim Schlachttier von oben nach unten zu. Das bindegewebsreichste Fleischstück ist die Rinderhesse, den geringsten Bindegewebsanteil hat die Lende, insbesondere das Filetstück.

Das Bindegewebe besitzt eine außerordentliche Festigkeit und kann im nativen Zustand durch Verdauungssäfte nur schwer aufgeschlossen werden. Seine Struktur muß durch Abhängen und durch die dabei ablaufenden Reifungsprozesse erst aufgelockert werden. Bindegewebsreiche

Fleischstücke, deren Kollagen durch die Fleischreifung nicht ausreichend gelockert wurde, sind zäh und schwer verdaulich (siehe Kap. 11.3.1.2.2.2). Mit zunehmendem Alter der Schlachttiere nimmt die Festigkeit des Bindegewebes zu, nicht aber seine Menge.

Die Hauptmenge des im Fleisch vorkommenden Bindegewebes ist sog. kollagenes Bindegewebe, dessen wichtigster Eiweißanteil das Kollagen ist. Kollagenes Bindegewebe umhüllt alle Muskelfasern und ist Hauptbestandteil der Sehnen. Elastisches Bindegewebe kommt dagegen im Körper insgesamt und auch in den einzelnen Fleischstücken in wesentlich geringerer Menge vor. Es ist vorwiegend am Aufbau der Wände der Blutgefäße beteiligt. Zusätzlich kommen im Fleisch noch geringe Mengen an lockerem Bindegewebe vor, die einzelne Muskelpakete umhüllen und voneinander trennen. Die Eiweiße dieses Bindegewebstyps sind relativ leicht aufschließbar, insbesondere auch durch Mikroorganismen. Sie sind deshalb wesentlich mit für den beginnenden Verderb von Fleischstücken verantwortlich (Beschlagen, Ausbildung eines schmierigen Belags).

Die außerordentliche Festigkeit des kollagenen Bindegewebes ist durch den Feinaufbau des Kollagens und der anderen Bindegewebseiweiße bedingt.

Kollagen weist einige charakteristische Merkmale auf, die für die Veränderungen der Bindegewebseigenschaften im Verlauf der Alterungsprozesse verantwortlich sind:

- Am Aufbau des Kollagens sind nur wenige Aminosäuren beteiligt. 4 Aminosäuren (Alanin, Glycin, Prolin und Hydroxyprolin) stellen $^2/_3$ aller Eiweißbausteine des Kollagens. Eine Reihe von Aminosäuren, insbesondere einige essentielle Aminosäuren, sind im Kollagen nicht enthalten. Mit Kollagen (oder Gelatine) als einzige Eiweißquelle kann keine ausgeglichene Eiweißbilanz erreicht werden. Der Ergänzungswert des Kollagens ist jedoch in Verbindung mit anderen Eiweißen hoch (siehe Kap. 3.4.2.2).
- Die am Aufbau des Kollagens beteiligten Aminosäuren Hydroxyprolin und Hydroxylysin kommen in anderen Eiweißen nicht vor. Sie werden aus den Aminosäuren Prolin und Lysin erst nach erfolgter Synthese der Polypeptidkette des späteren Kollagens gebildet. Für diese Hydroxylierung ist die Mitwirkung von Vitamin C erforderlich.
- Das Kollagenmolekül besteht aus 3 Polypeptidketten, in denen identische Aminosäuresequenzen vorkommen, die sich in den einzelnen Ketten ständig wiederholen. Die 3 Ketten sind schraubenförmig umeinander aufgewickelt (wie ein aus 3 Einzelfäden bestehender Strick), sie bilden eine sog. Tripelhelix.
- Zwischen den einzelnen Aminosäuren der Tripelhelix bestehen Quervernetzungen (zusätzliche Bindungen, vorzugsweise Wasserstoff-

brücken- und Ionenbindungen), die die Stabilität des Kollagens verstärken. Mit zunehmendem Alter nimmt die Zahl dieser Quervernetzungen zu.

- Das Bindegewebseiweiß kann durch langsames Erhitzen partiell extrahiert werden. Dieser Extraktionsprozeß, dem ein Quellen des Kollagens vorausgeht, läuft sehr langsam ab. Durch das übliche Kochen kann nur ein sehr geringer Teil des Kollagens, der nicht stark vernetzt ist, extrahiert werden. Dieses in Lösung gebrachte Kollagen ist die Gelatine. Die Extrahierbarkeit kann durch Kochsalz und insbesondere durch verdünnte Salzsäure verbessert werden (Gelatineherstellung in der Lebensmittelindustrie).
- Stärkeres Verdrillen der Tripelhelix und Zunahme der Zahl der Quervernetzungen bewirken, daß das Kollagen des Bindegewebes alter Schlachttiere weniger quellfähig ist als das von jüngeren Tieren, deswegen schlechter extrahiert und damit auch von Proteasen schwerer angegriffen werden kann. Es bleibt auch nach längeren Garprozessen zäh. Diese so erreichte größere Stabilität des Kollagens von älteren Schlachttieren ist für die schwere Aufschließbarkeit von Fleischstükken solcher Tiere verantwortlich.

5.1.2.1.2 Belastung des Fleischs durch Mikroorganismen, Fleischverderb

Die Muskulatur gesunder Tiere ist in der Regel nahezu keimfrei. Geringe Mengen an Keimen können jedoch, durch Streß beim Transport und beim Schlachtvorgang ausgelöst, in die Muskulatur gelangen. Lymphgefäße und Lymphknoten sowie Innereien sind dagegen bereits im lebenden Tier gering mit Keimen belastet. Neben dieser primären Kontamination des Fleischs mit Mikroorganismen kann es während des Schlachtprozesses sehr leicht zu einer sekundären Kontamination des Fleischs mit Keimen aus der Luft und durch kontaminierte Gerätschaften kommen. Schlachtfrisches Fleisch ist somit auch bei peinlichster Einhaltung aller Hygienemaßnahmen stets mit Mikroorganismen belastet, wenn auch, in Abhängigkeit vom Gesundheitszustand der Tiere, in unterschiedlichem Ausmaß. Diese Belastung ist zunächst unbedenklich, wenn die entsprechenden Hygienevorschriften auch im Anschluß an den Schlachtprozeß eingehalten werden. Die straffen Bindegewebshüllen, die die einzelnen Muskeln und Muskelpakete einhüllen, behindern ein rasches Ausbreiten der Mikroorganismen und damit auch ihre explosionsartige Vermehrung. Bindegewebe kann außerdem von den meisten Mikroorganismen relativ schwer aufgeschlossen werden. Ausgenommen hiervon sind nur relativ lockere Bindegewebsanteile, die zwischen den einzelnen Muskeln angeordnet sind und für Mikroorganismen ein relativ guter Nährboden sind. Zusätzlich behindert der leicht saure p_H-Wert des frisch geschlachteten Fleischs die Vermehrung vieler Keime.

Die Gefahr eines raschen Verderbs besteht bei einer zusätzlichen Verschmutzung des Fleischs und der damit verbundenen zusätzlichen Belastung mit Keimen sowie bei unsachgemäßer Lagerung, insbesondere bei zu hohen Temperaturen, da es ein ausgezeichneter Nährboden für Mikroorganismen ist. Ideale Bedingungen für die Vermehrung von Mikroorganismen werden bei der Herstellung von Hackfleisch geschaffen. Durch die vielfach vergrößerte Oberfläche und die Zerstörung der Muskelzellmembranen, wodurch alle Zellinhaltsstoffe frei verfügbar sind, ist für die Mikroorganismen ein idealer Nährboden geschaffen worden. Die Verwendung von Hackfleisch erfordert insbesondere in der Gemeinschaftsverpflegung, vorrangig bei der Versorgung von Kleinkindern, Senioren und Kranken, besondere Sorgfalt und strikte Einhaltung aller Auflagen der Hackfleisch-Verordnung (siehe Kap. 5.1.2. 1.4 und 12.2.4.3).

Beim Verderb von Fleisch kann zwischen 2 verschieden ablaufenden Prozessen unterschieden werden, die getrennt voneinander, aber auch gemeinsam ablaufen können:

- Oberflächenverderb,
- Tiefenverderb oder Innenfäulnis („stickige" Reifung).

Oberflächenverderb

Der Oberflächenverderb ist die häufigste Form eines Fleischverderbs. Aus der Umgebung stammende Keime können sich auf der Oberfläche des Fleischs rasch ansiedeln. Sie finden insbesondere auf Schnittstellen und auch auf dem aufliegenden lockeren Bindegewebe einen guten Nährboden. Die vordergründig für den Verderb verantwortlichen Fäulniserreger bauen besonders rasch die bereits vorliegenden freien Aminosäuren ab, greifen aber das Fleischeiweiß weniger schnell an. Sie sind für das Schmierigwerden der Fleischoberfläche und für das Auftreten des typischen Geruchs nach „altem" Fleisch verantwortlich.

Die oft vertretene Ansicht, daß ein solches Fleischstück durch gründliches Abreiben mit Salz wieder genußfähig wird, ist irrig und gefährlich. Die Annahme, daß nur an der Oberfläche locker haftende Zersetzungsprodukte gebildet wurden und dort liegengeblieben sind, kann sich als falsch erweisen. Solche toxische Abbauprodukte können bereits in die Randbezirke des Fleischstücks eingedrungen sein, außerdem ist auch eine Besiedlung mit pathogenen Keimen möglich, die eine Lebensmittelvergiftung auslösen könnten. Die einzige Möglichkeit, ein solches Fleischstück noch zu verwenden, besteht darin, alle Randbezirke großzügig abzuschneiden und zu verwerfen.

Bei ansteigender Lagertemperatur und im weiteren Verlauf des Oberflächenverderbs können sich vermehrt pathogene Keime ansiedeln. Der infolge der Besiedlung mit Fäulnisbakterien ansteigende p_H-Wert fördert die Vermehrung dieser Keime und den weiteren Verderbs des Fleischs.

Tiefenverderb

Für einen Tiefenverderb sind Keime verantwortlich, die bereits vor dem Schlachtprozeß in der Muskulatur des Schlachttiers angesiedelt waren als Folge von leichten, bei der Fleischbeschau unerkannt gebliebenen Erkrankungen, und solche Keime, die während des Schlachtvorgangs eingebracht wurden. Das kann durch Verletzung von Lymphknoten erfolgen oder über kontaminierte Gerätschaften.

Der Tiefenverderb wird vorrangig von anaeroben Keimen ausgelöst (siehe Kap. 6.1.1.1 und 6.3). Verbunden ist dieser Verderb mit der Bildung von Gasen, dem Auftreten eines üblen Geruchs und dem Weichwerden der vorrangig befallenen Stellen. Besonders gefährdet sind große, nicht ausreichend gekühlte Fleischstücke und Bezirke, die direkt an nicht ausgelöste Knochen angrenzen. Diese werden auch bei einer Konservierung durch Pökeln schlecht erreicht wie beispielsweise die entsprechenden Partien von großen Knochenschinken, die früher als Botulismusquellen besonders gefürchtet waren.

Vor einem Tiefenverderb sind auch solche Fleischstücke besonders gefährdet, bei denen der Prozeß der Fleischreifung gestört ist und bei denen es zu keiner ausreichenden Senkung des p_H-Werts kommt (vorrangig bei DFD-Fleisch, siehe Kap. 5.1.2.1.5).

Dieser Verderb, der nahezu ausnahmslos unter anaeroben Bedingungen erfolgt, wird auch als stickige Fleischreifung bezeichnet.

5.1.2.1.3 Lagerung von Fleisch

An die Lagerbedingungen für Fleisch sind auf Grund seiner naturgemäßen Belastung mit Mikroorganismen besondere Ansprüche zu stellen. Fleisch sollte infolgedessen stets kühl gelagert werden, insbesondere auch bereits vorbereitete Portionsstücke.

Die Lagerempfehlungen beziehen sich auf die Lagerung von ordnungsgemäß gereiftem (abgehangenem) und zerlegtem Fleisch (siehe Kap. 11.3.1.2.2.1).

Kühllagerung

Die Lagertemperatur soll 2 bis 4 °C betragen, und die Lagerdauer für Fleisch sollte dabei folgende Zeiträume nicht überschreiten:

Rindfleisch	3 bis 4 Tage
Schweinefleisch	2 bis 3 Tage
Innereien	1 bis 2 Tage
gegartes Fleisch	2 bis 3 Tage
Hackfleisch	1 Tag (siehe Kap. 5.1.2.1.4).

Fleisch ist von Wild in der Decke, Geflügel und pflanzlichen Lebensmitteln (insbesondere nicht gereinigten) getrennt zu lagern. Diese Lebensmittel sind naturgemäß außerordentlich stark mit Keimen belastet, unter denen einige gefährliche Krankheitserreger sein können. Bei Haarwild besteht die Gefahr, daß Keime und Bakteriensporen, die in der Decke in der Regel vermehrt vorkommen (unkontrollierbare Möglichkeiten einer Kontamination in freier Wildbahn), besonders leicht auf andere Lebensmittel übertragen werden.

Größere Fleischteilstücke werden am besten im Stück hängend aufbewahrt. Bei kleineren Stücken muß darauf geachtet werden, daß das Fleisch an der Oberfläche nicht austrocknet. Sie sollten nicht in Klarsichtfolie eingeschlagen werden. Es empfiehlt sich statt dessen das Einschlagen in Pergamentpapier. Auch das Einreiben mit Öl ist zu empfehlen. Der Ölfilm verhindert den ungehinderten Zutritt von Luftsauerstoff und behindert damit bis zu einem gewissen Grad die Vermehrung von solchen Mikroorganismen, die zu ihrem Wachstum auf die Anwesenheit von Luftsauerstoff angewiesen sind. Gleichzeitig werden Wasserverluste (Austrocknen) und Oxidationsprozesse reduziert.

Tiefkühllagerung

Die sicherste Lagerung von Fleisch ist die Tiefkühllagerung. Die maximal zulässige Lagerdauer wird im wesentlichen durch den unterschiedlichen Fettgehalt des Fleischs und dessen Zusammensetzung bestimmt. Das Fett des Schweinefleischs hat den höchsten Anteil an ungesättigten Fettsäuren und damit eine kürzere Lagerdauer. Es eignet sich für eine Tiefkühllagerung aus diesem Grund auch im Hinblick auf mögliche Qualitätsverluste nicht ganz so gut wie das Fleisch anderer Schlachttiere.

Folgende Zeiträume sollten nicht überschritten werden:

Schweinefleisch, fett	3 Monate
Schweinefleisch, mager	6 Monate
Kalbfleisch	8 Monate
Lammfleisch	8 Monate
Rindfleisch	12 Monate

Vakuumlagerung

Die Kühllagerung von Fleisch unter Vakuumverpackung verbessert die Lagerfähigkeit im Vergleich zur einfachen Kühllagerung bei 4 °C beträchtlich. Allerdings muß beachtet werden, daß diese Verbesserung der Haltbarkeit von Fall zu Fall unterschiedlich groß sein kann. Sie hängt im wesentlichen von dem Ausmaß und der Art der mikrobiellen Belastung des Fleischs ab. Der im vakuumverpackten Fleisch herrschende niedrige Sauerstoffpartialdruck bewirkt eine Hemmung des Wachstums von aeroben (sauerstoffabhängigen) Keimen, er behindert dagegen nicht das Wachstum von anaeroben Keimen, insbesondere von Fäulniserregern, die nicht auf das Vorkommen von Sauerstoff angewiesen sind. Deswegen kann es bei einer Belastung mit Keimen zu einem insbesondere vom Inneren des Fleischstücks ausgehenden langsamen Verderb kommen (stickige Reifung, siehe auch Kap. 5.1.2.1.2).

Die Vakuumlagerung bietet den zusätzlichen Vorteil, daß die Fettsäureoxidation im Fettanteil des Fleischs durch das Fehlen von Luftsauerstoff stark verzögert wird.

Während einer Vakuumlagerung ist auch ein Nachreifen von frisch geschlachtetem Fleisch möglich. Voraussetzung hierfür ist eine sehr geringe Belastung des Fleischs mit Keimen (einwandfreies gesundes Tiermaterial und hygienisch einwandfreie Schlachtbedingungen) und die Berücksichtigung der Startbedingungen für eine geregelte Fleischreifung (siehe Kap. 11.3.1.2.2.2). Die bei der Fleischreifung erfolgende Bildung von Milchsäure und die dadurch bedingte Erniedrigung des p_H-Werts verbessert die Haltbarkeit.

Einwandfrei vakuumverpacktes Fleisch kann bei 0 °C bis zu 8 Wochen aufbewahrt werden, ohne daß es zu Qualitätsabweichungen kommt (Geruch, Geschmack). DFD-Fleisch, das sich durch einen relativ hohen p_H-Wert auszeichnet, kann unter Vakuumlagerung bereits nach 3 Wochen verdorben sein. Auch bei Fleischstücken, die mikrobiell stark belastet sind, kann ein Verderb trotz der Vakuumlagerung relativ früh auftreten.

Lagerung unter Schutzgas (CA-Verpackung)

Der Einsatz von sog. Schutzgas (40 % CO_2 + 60 % O_2) bei der CA-Verpakkung (controlled atmosphere) verbessert die Haltbarkeit wesentlich. Der Sauerstoff konserviert die rote Farbe des Fleischs (rotes Oxy-Myoglobin wird nicht in das graue reduzierte Myoglobin überführt). Die relativ hohe Konzentration an CO_2 verhindert das Wachstum von aeroben Fäulniserregern (siehe auch Kap. 6.5.4.8).

5.1.2.1.4 Hackfleisch

Frisch zubereitetes Hackfleisch ist mit etwa 100 000 Keimen pro g Frischgewicht belastet. Bei unsachgemäßer Lagerung oberhalb von 4 °C vermehren sich diese Mikroorganismen explosionsartig. Pathogene Keime können dann zu schweren Lebensmittelvergiftungen führen. Aber auch andere, apathogene Keime können das Hackfleisch partiell zersetzen unter Bildung von toxischen Abbauprodukten.

Die gleiche Gefahr besteht auch bei Fleisch, dessen Oberfläche durch andere mechanische Maßnahmen aufgelockert wurde (geklopft oder durch den Steaker gezogen). Auf diese Weise vorbereitete Fleischstücke, auch Dönerspieße, fallen ebenfalls unter die Hackfleisch-Verordnung.

Folgende Punkte sind beim Umgang mit Hackfleisch und mit Produkten, die der Hackfleisch-Verordnung unterliegen (siehe auch Kap. 12.2.4.3), besonders zu beachten:

- Die Aufbewahrungstemperatur darf 4 °C nicht überschreiten; nur während des Transports (z. B. Ausladen aus Kühltransportern) ist ein kurzzeitiger Temperaturanstieg auf maximal 7 °C zulässig.
- Die Aufbewahrungszeit darf höchstens 1 Tag (eine Verkaufsperiode) betragen. Nach Überschreiten dieser Zeit muß das Hackfleisch gründlich durcherhitzt werden.
- Der Zusatz von Nitritpökelsalz, von Sulfit und Schönungsmitteln (z. B. Niacin) zu Hackfleisch ist verboten.
  Nitrit und Niacin bewirken eine stabile Rotfärbung des Fleischs, wodurch eine Grauverfärbung verhindert wird. Eine Grauverfärbung ist ein sicheres Zeichen einer zu langen (und zu warmen) Lagerung. Sulfit (schweflige Säure) unterdrückt sehr effektiv jeglichen Verwesungsgeruch.
- Tiefgefrorenes Hackfleisch darf nur aus frisch geschlachtetem Fleisch hergestellt werden. Die Kühlkette (–18 °C) muß durchgehend korrekt eingehalten werden. Es ist weiterhin verboten, aufgetautes Hackfleisch erneut einzufrieren. Die maximal zulässige Lagerdauer beträgt 6 Monate.
  Nach Ablauf der zulässigen Lagerdauer ist jegliche Verwendung verboten (die zulässige Lagerdauer ist keine Mindesthaltbarkeitsdauer!). Erlaubte Zusätze (bei tiefgefrorenem Hackfleisch ist der Zusatz von Pökelsalz erlaubt) müssen deklariert werden.

Bei der Aufnahme von Hackfleischgerichten in den Speisenplan, die bei Kindern, Senioren und Kranken besonders beliebt sind, ist der relativ hohe Fettgehalt des Hackfleischs zu beachten. Die bisher gültigen Grenzwerte für den maximal zulässigen Fettgehalt sind nicht mehr absolut bindend.

Sie sind empfohlene Richtwerte, die aber auch weiterhin als Maximalwerte eingehalten werden sollten. Sie betragen bei

Tatar	6 %
Schabe- und Hackfleisch vom Rind	20 %
Hackfleisch vom Schwein	35 %
Hackfleisch vom Rind und Schwein gemischt	30 %

5.1.2.1.5 Fleischfehler

Unter einem Fleischfehler wird eine Qualitätsminderung verstanden, die weder auf eine zu hohe Belastung mit Mikroorganismen oder auf einen dadurch bedingten Verderb noch auf einfache Haltungsfehler wie mangelhafte und ungeeignete Fütterung oder zu hohes Alter der Schlachttiere zurückzuführen ist. Fleischfehler können verschiedene Ursachen haben und zu unterschiedlich gearteten Qualitätsminderungen führen. Diese Ursachen sind vorrangig Fehler bei der Schlachtung und bei der Lagerung des frisch geschlachteten Fleischs, bei denen teilweise die Besonderheiten von Neuzüchtungen nicht hinreichend beachtet wurden.

Cold Shortening Effect

Unter dem Begriff eines Cold Shortening Effects („Kälteverkürzungseffekt") wird eine Qualitätsminderung verstanden, die nur auf eine unsachgemäß durchgeführte Fleischreifung zurückzuführen ist (siehe auch Kap. 11.3.1.2.2.2). Sie kann bei Rind- und Schaffleisch auftreten, wenn das schlachtfrische Fleisch zu rasch auf Temperaturen unter 10 °C abgekühlt oder im Extremfall gefroren wird. Auch beim unsachgemäßen Abkühlen von Rotwild kann dieser Effekt auftreten. Es kommt dabei zu einer zu raschen Ausbildung der Totenstarre. Ursache hierfür ist das Ausbleiben des raschen Glykogenabbaus und die dadurch ausbleibende Bildung von Milchsäure. Deshalb werden die sauren Hydrolasen der Lysosomen, insbesondere das Kathepsin, nicht aktiviert, deren Wirkung für eine ordnungsgemäße Fleischreifung unabdingbar ist. Bei zu tiefen Temperaturen kann das kälteempfindliche Kathepsin sogar inaktiviert werden. Daher wird das Bindegewebe nicht gelokkert, das Fleisch bleibt zäh. Weitere Folgereaktionen sind das fehlende oder stark eingeschränkte Lösen der Totenstarre und ein schlechtes Wasserbindungsvermögen des Fleischeiweißes, das zu erhöhten Tropfverlusten führt.

Wegen der meist eingetretenen Inaktivierung des Kathepsins ist es auch nicht möglich, die Struktur dieses Fleischs durch Marinieren in einer sauren Marinade zu lockern. Sollte dieses Fleisch nicht verworfen werden, so kann man nur versuchen, es durch eine Verarbeitung zu Hackfleischgerichten verzehrbar zu machen oder zur Herstellung einer Jus einzusetzen.

PSE-Fleisch

Der Fleischfehler PSE-Fleisch (englisch: pale [blaß], soft [weich], exsudative [wäßrig]) tritt nur bei Schweinen auf. Die primäre Ursache ist genetisch bedingt und betrifft Neuzüchtungen, die vermehrt Muskelmasse bilden bei gleichzeitig reduziertem Fettansatz. Diese Tiere zeigen außerdem eine erhöhte Streßanfälligkeit (Ergebnis einer sog. Überzüchtung). Bei ungewohnter Umgebung und bei einer nicht sorgsamen Behandlung während des Transports und vor der Schlachtung (sogar durch eine unsachgemäße Betäubung) werden bei diesen Schweinen die Streßhormone Adrenalin und Noradrenalin vermehrt ausgeschüttet. Diese Hormone führen zu einem verstärkt ablaufenden Zellstoffwechsel, im Muskel insbesondere zu einem raschen Abbau von Glykogen und zu einer vermehrten Bildung von Milchsäure und damit zu einer raschen Senkung des p_H-Werts, ein Prozeß, der bereits vor der Schlachtung einsetzt. Nach der Tötung läuft die weitere Milchsäurebildung überdurchschnittlich schnell ab. Mit dem Auftreten dieses Fleischfehlers ist zu rechnen, sobald der p_H-Wert von 7 (Wert im Muskel des lebenden Schweins) nach der Schlachtung innerhalb von 45 Minuten auf p_H 5,8 oder tiefer absinkt. Die Temperatur im Fleisch steigt parallel zum raschen Sinken des p_H-Werts auf 41 bis 42 °C an als Folge der mit erhöhter Geschwindigkeit ablaufenden Stoffwechselprozesse (die Fleischtemperatur sinkt während dieses Zeitraums normalerweise von 38 auf 36 °C).

Der niedrige p_H-Wert und die erhöhte Temperatur führen zu einer partiellen Denaturierung von einigen Muskeleiweißen und zu Veränderungen an den Zellmembranen. Die ausgefällten Eiweiße lassen das Fleisch heller erscheinen (pale). Die geschädigten Zellmembranen erleichtern den Austritt von Flüssigkeit, die durch das im schwach sauren Bereich verringerte Wasserbindungsvermögen des Fleischs begünstigt wird (exsudative). Dadurch verliert das Fleisch seine feste Konsistenz, es wird weich (soft).

Der frühzeitige überstürzte Abbau von Glykogen hat zur Folge, daß Milchsäure anfangs zwar rasch, im weiteren Verlauf aber in geringerem Umfang gebildet wird. Die Prozesse der Fleischreifung können deswegen nicht optimal ablaufen: Es wird nur wenig Kathepsin freigesetzt, und die Kollagenstruktur kann weniger effektiv gelockert werden (siehe Kap. 11.3.1.2.2.1).

PSE-Fleisch zeichnet sich durch hohe Tropfsaftverluste aus, die bis zu 15 % des Fleischgewichts betragen können (bei normalem Fleisch betragen sie etwa 3 %). Diese Verluste an Fleischsaft können bei Garprozessen, insbesondere beim Braten, noch gesteigert werden (verstärktes Spritzen des Bratguts). Mit dem Fleischsaft gehen gleichzeitig Extraktivstoffe verloren, so daß das PSE-Fleisch auch an Geschmack verliert. Schließlich kann das PSE-Fleisch wegen unzureichend abgelaufener Reifungsprozesse auch nach längeren Garzeiten hart und zäh bleiben.

DFD-Fleisch

Dieser Fleischfehler (dark [dunkel], firm [fest], dry [trocken]) tritt auf, wenn die Schlachttiere längere Zeit vor dem Schlachtvorgang unter Streß stehen, der möglicherweise durch Hunger und Durst verstärkt wird. Unter diesen Bedingungen wird das Muskelglykogen bereits vor dem Schlachtvorgang abgebaut und die im Überschuß gebildete Milchsäure über den Blutweg abtransportiert (zur Leber, in der sie zur Gluconeogenese genutzt werden kann). Dadurch kann nach erfolgtem Schlachten kein Glykogen mehr abgebaut und auch keine Milchsäure gebildet werden. Die für die Fleischreifung benötigte p_H-Senkung bleibt aus, der p_H-Wert des DFD-Fleischs beträgt etwa 6,2.

Auf Grund des relativ hohen p_H-Werts nimmt das Wasserbindungsvermögen des Fleischs nur gering oder überhaupt nicht ab, und es kommt kaum zu einem Austritt von Fleischsaft und somit zu Tropfverlusten. Der hohe p_H-Wert bedingt außerdem eine stärkere Quellung von Bindegewebsfasern. Beide Effekte, erhöhtes Wasserbindungsvermögen und stärker gequollene Bindegewebsfasern, sind für die trockene und feste Beschaffenheit des DFD-Fleischs verantwortlich. Bei neutralem p_H-Wert kann schließlich das Myoglobin den Sauerstoff fester binden. Die höhere Sauerstoffsättigung des Myoglobins ist für die dunklere Farbe des DFD-Fleischs verantwortlich.

Der hohe p_H-Wert des DFD-Fleischs birgt die wesentlich größere Gefahr eines mikrobiellen Verderbs. Es muß daher rasch verarbeitet werden, ist aber für Rohfleischwaren nicht geeignet. Zur Verbesserung des Genußwerts kann versucht werden, die Fleischstruktur durch ausreichend langes Marinieren zu lockern. Bei einem länger andauernden Marinieren ist es angebracht, den p_H-Wert der Marinade zu kontrollieren und auf deren ausreichender Säuerung (etwa p_H 5,4) zu achten.

DFD-Fleisch tritt vor allem bei Jungbullen auf und wird als „dark cutting beef" bezeichnet. Bei Kühen ist DFD-Fleisch relativ selten zu beobachten. Beim Schwein werden nur einzelne Muskeln oder Teilstücke von diesem Fleischfehler betroffen.

5.1.2.2 Innereien

Innereien (Leber, Nieren, Herz, Hirn, Lunge, Zunge, Bries und Kutteln) sind in vielen Belangen, besonders im Hinblick auf den Eiweiß- und Eisengehalt, dem Muskelfleisch gleichzusetzen. Sie weisen jedoch im Vergleich mit Fleisch einige Besonderheiten auf.

- Innereien haben einen hohen Cholesteringehalt (ausgenommen Herz, das den Innereien zugerechnet wird, obwohl es ein spezieller Muskel ist).

- Innereien (ausgenommen Herz) haben nicht die kompakte Struktur wie Muskelfleisch und enthalten weniger Bindegewebe. Ihre Zellen haben eine andere, meist wesentlich reichhaltigere Enzymausstattung, sie enthalten relativ viel hydrolytisch spaltende Enzyme. Innereien sind daher besonders leicht verderblich.
- Leber und Nieren können Lebensmittelrückstände, insbesondere Schwermetalle (Blei, Kupfer, Strontium, Kadmium), speichern. Die Gefahr einer Belastung der Innereien mit Schwermetallen ist allerdings seit 1980 wesentlich zurückgegangen. Eine gesundheitliche Gefährdung durch Schwermetalle geht von Innereien, die im Handel angeboten werden, nicht aus.

Herz

Herz ist aus ernährungsphysiologischer Sicht dem Muskelfleisch gleichzusetzen. Der Fettgehalt des Herzens beträgt etwa 3 bis 4 %. Dieses Fett zeichnet sich durch einen sehr hohen Gehalt an mehrfach ungesättigten Fettsäuren (Linolsäure und Arachidonsäure, etwa 33 %) aus. Der Cholesteringehalt beträgt etwa 150 mg/100 g und ist damit höher als im Skelettmuskel. Herz ist ein guter Lieferant für die Vitamine B_1 und B_2 sowie für 2wertiges Eisen, das gut verfügbar ist. Der Kohlenhydratgehalt des Herzens ist mit etwa 2 % relativ hoch.

Auch der Anteil an Bindegewebe ist im Herz verhältnismäßig hoch. Dieses Bindegewebe ist zusätzlich stark vernetzt und weist dadurch eine kompakte Struktur auf. Es wird auch nach längerer Lagerung kaum gelockert und auch nicht partiell abgebaut. Herz bleibt aus diesem Grund beim Garen lange hart und zäh. Es ist somit für die Ernährung von Kindern, Senioren und Kranken wenig geeignet.

Leber

Die in gastronomischer Hinsicht differenzierte Einschätzung der Leber von unterschiedlichen Schlachttieren gilt nicht für ihre ernährungsphysiologische Bewertung. In dieser Hinsicht bestehen kaum Unterschiede.

Folgende Besonderheiten der Leber sind hervorzuheben:

- Die Leber (Eiweißgehalt etwa 20 %) ist Lieferant eines biologisch hochwertigen Eiweißes,
- der Cholesteringehalt ist verhältnismäßig hoch (300 bis 350 mg/100 g),
- der Gehalt an Purinkörpern ist hoch (etwa 200 bis 250 mg/100 g),
- Leber ist ein ausgezeichneter Lieferant von wichtigen Vitaminen (Vitamin A und D sowie Folsäure, Vitamin B_{12} und in geringerem Maße Vitamin C),
- Leber ist ein guter Lieferant für Eisen, Kupfer und Selen.

Der relativ hohe Gehalt der Leber an Purinkörpern und Cholesterin schmälert ihren ernährungsphysiologischen Wert beträchtlich. Aus diesem Grund ist von einem zu häufigen Verzehr von Leber abzusehen. Gegen einen gelegentlichen Verzehr von Leber ist beim Gesunden allerdings nichts einzuwenden, eine Ausnahme sind Schwangere bzw. Frauen mit bestehendem Kinderwunsch (hoher Gehalt an Vitamin A, siehe unten). Der hohe Cholesterin- bzw. Purinkörpergehalt verbietet generell ihren Einsatz bei einer purinarmen bzw. cholesterinarmen Kost.

Die Leber ist das Lebensmittel mit dem höchsten Gehalt an Vitamin A, das in hohen Dosen zu einer Vergiftung (Hypervitaminose) führen kann. Eine solche Gefahr besteht beim gelegentlichen Verzehr von Leber nicht. Bei dem ständigen Verzehr von Leber über einen längeren Zeitraum hinweg kann es jedoch zu einer chronischen Überversorgung kommen. Da eine Überversorgung mit Vitamin A in der Schwangerschaft zu Mißbildungen führen kann, wird Schwangeren und Frauen, die schwanger werden wollen, empfohlen, auf den häufigen Verzehr von Leber zu verzichten (siehe Kap. 3.7.1.1). Das bedeutet gleichzeitig, daß Leber bedauerlicherweise nicht für die Versorgung dieser Frauen mit Folsäure eingesetzt werden kann, die zur Verhinderung von Defekten in der Entwicklung des embryonalen Zentralnervensystems (Neuralrohrdefekte) benötigt wird (siehe Kap. 3.7.2.6).

Der relativ hohe Kupfergehalt kann wesentlich zur Versorgung des Organismus mit Kupfer beitragen.

In Kalbslebern wurden gelegentlich extrem hohe Kupferkonzentrationen gefunden, die zu Diskussionen über eine mögliche Kupfervergiftung durch Kalbsleber geführt haben. Kalbsleber enthält in der Regel keine überdurchschnittlich große Kupfermengen. Die stark überhöhten Werte waren offenbar durch den Zusatz von unvertretbar großen Mengen an Kupfersalzen zum Futter verursacht worden. Durch diese Beimischung sollte ein besonders „weißes Kalbfleisch" erzielt werden (Verdrängung des Eisens aus dem Myoglobin durch Kupfer, wodurch die rote Farbe verlorengeht, siehe auch Kap. 5.1.2.1).

Mit zunehmendem Alter der Schlachttiere nimmt der Gehalt der Lebern an Rückständen und Schwermetallen zu. Die Leber filtert aus dem Blut überschüssige Metalle heraus, die nicht wasserlöslich gemacht und durch die Nieren ausgeschieden werden können. Um eine mögliche Belastung des Organismus mit Schwermetallen und anderen Rückständen zu vermeiden, sind die Lebern von Zuchttieren (insbesondere Eber und Stiere), Pferden, alten Kühen und Wild nicht zum Verzehr geeignet. Sie dürfen nicht in den Handel gebracht werden.

Das mitunter ungleichmäßige Aussehen der Leberoberfläche und der Leberschnittfläche (unterschiedliche Farbtöne) ist durch den relativ hohen Gehalt der Leber an Hämfarbstoffen bedingt (Hämoglobin, Cytochrome), die rasch in grünlich gefärbte Gallenfarbstoffe umgewandelt werden können. Diese Veränderungen sind aus ernährungsphysiologischer Sicht keine Qualitätsminderung.

Für die Lebern des Hausgeflügels gelten sinngemäß die gleichen Einschätzungen, ausgenommen ist hierbei die Gänsestopfleber.

Nieren

Nieren sind im Hinblick auf den Eiweiß- und Eisengehalt dem Fleisch gleichzusetzen. Das spezielle Bindegewebe der Nieren kann durch Abhängen nicht gelockert werden. Darum behalten Nieren trotz intensiven Garens eine relativ feste Konsistenz. Sie können aus diesem Grund nicht ohne weiteres in den Kostplan von Kranken, Kindern oder Senioren aufgenommen werden.

Bei der ernährungsphysiologischen Einschätzung der Nieren sind zusätzlich folgende Gesichtspunkte zu berücksichtigen:

- Der Natriumgehalt der Nieren ist gering höher als der des Fleischs und der anderen Innereien. Dieser etwas höhere Natriumgehalt muß jedoch erst bei einer stark kochsalzeingeschränkten Kost besonders beachtet werden.
- Nieren haben einen hohen Gehalt an Purinkörpern (etwa 200 mg/100 g), wobei im Vergleich zu anderen Lebensmitteln der Anteil an Harnsäure relativ hoch ist. Die Purinkörper (und die Harnsäure) werden auch durch ausgiebiges Wässern nicht entfernt. Nieren sind deshalb bei einer Gicht und der gleichzeitig einzuhaltenden purinarmen Kost verboten (siehe Kap. 7.6.5 und 8.7.4).
  Der Uringeruch frisch geschlachteter Nieren ist im wesentlichen durch den nicht giftigen Harnstoff bedingt, der als gut wasserlösliche Verbindung durch hinreichend langes Wässern entfernt werden kann.
- Der Cholesteringehalt der Nieren ist hoch, er beträgt etwa 330 mg/100 g und verbietet somit bei einer cholesterinarmen Kost den Einsatz von Nieren.
- Die Nieren können Rückstände aus Futtermitteln speichern, insbesondere Schwermetalle. Die gespeicherten Mengen nehmen mit zunehmendem Alter der Schlachttiere zu. Aus diesem Grund sind Nieren von Zuchtsauen und Pferden für die menschliche Ernährung nicht zugelassen. Nieren von Wild sind ebenfalls nicht als Nahrungsmittel geeignet.
  Die Schwermetallgehalte der in den Handel gelangenden Nieren von Rind, Kalb und Schwein sind geringer als die zulässigen Grenzwerte. Der gelegentliche Verzehr von solchen Nieren ist deshalb absolut unbedenklich.

Weitere Innereien

Zunge: Zunge zeichnet sich durch einen hohen Fettgehalt aus (16 bis 18 %). Lediglich Kalbszungen sind fettärmer (6 bis 10 %). Ansonsten hat das muskulöse Organ etwa die gleiche Zusammensetzung wie Muskelfleisch.

Hirn: Hirn ist das Nahrungsmittel mit dem höchsten Cholesteringehalt (2 g/100 g). Das Fett des Hirns (10 %) ist relativ reich an mehrfach ungesättigten Fettsäuren (etwa 25 %). Der Gehalt an Purinkörpern beträgt etwa 100 mg/100 g. Zum Schutz vor einer möglichen BSE-Infektion ist in der Bundesrepublik das Inverkehrbringen und die Verarbeitung von Hirn von Rindern, Schafen oder Ziegen verboten.

Milz: Milz wird in der Regel nur zur Herstellung von Wurstwaren eingesetzt. Milz hat einen relativ hohen Gehalt an Vitamin C (etwa 30 mg/100 g) und ist ein guter Eisenlieferant. Da die Milz von Rindern (und Kälbern) sowie von Schafen und Ziegen nach neuesten Erkenntnissen mit dem BSE-auslösenden Agens belastet sein kann, ist es verboten, sie in den Verkehr zu bringen bzw. zu Lebensmitteln zu verarbeiten.

Kalbsbries: Bei Kalbsbries ist der sehr hohe Gehalt an Purinkörpern (1,2 g/100 g) zu beachten. Bei einer purinarmen Kost (Gicht) ist Kalbsbries streng verboten.

Kutteln: Kutteln unterscheiden sich in ihrer Zusammensetzung kaum vom Fleisch. Zu beachten ist ihr relativ hoher Anteil an Bindegewebe und der Fakt, daß dieses infolge ausbleibender Reifungsprozesse (Fehlen von Glykogen) schwer aufschließbar ist. Im Fett (etwa 4 %) ist der Anteil an gesättigten Fettsäuren relativ hoch.

Lunge: Lunge ist für die Ernährung von geringer Bedeutung. Sie wird vorwiegend zur Herstellung von bestimmten Wurstwaren verarbeitet. Gerichte aus Lunge sind nur in wenigen Regionen von gewisser Bedeutung (z. B. Beuscherl in Bayern). Das Fett der Lunge (2 bis 3 %) ist reich an mehrfach ungesättigten Fettsäuren (etwa 20 %). Auch der Cholesteringehalt ist hoch. Er beträgt etwa 320 mg/100 g.

5.1.2.3 Fleisch- und Wurstwaren

Bei Fleisch- und Wurstwaren ist zunächst der im Vergleich zum Fleisch wesentlich erhöhte Kochsalzgehalt zu beachten, bedingt durch den Zusatz von Salz bei der Produktion dieser Erzeugnisse. Die meisten dieser Waren weisen einen geringeren Wassergehalt und einen höheren Fettgehalt auf. Der Fettgehalt ist insbesondere bei vielen Wurstwaren besonders hoch. Er kann bei einigen Wurstsorten bis zu knapp 50 % des Gewichts ausmachen. Er unterliegt, auch bei der gleichen Wurstsorte, oft beträchtlichen Schwankungen. Das in der Wurst vorliegende Fett ist zum Großteil Depotfett, es hat einen hohen Anteil an gesättigten langkettigen Fettsäuren.

Kennzeichnungspflicht im Hinblick auf die Höhe des Fettgehalts der Wurst besteht nicht. Eine zuverlässige Angabe über die Höhe des Fettgehalts findet sich nur bei diätetischen Lebensmitteln. Der Fettgehalt von fettarmen Wursterzeugnissen, die als fettarm oder energiereduziert deklariert werden, muß um mindestens 30 % gegenüber dem einer vergleichbaren traditionellen Wurstsorte erniedrigt sein. Der Zusatz von Speisesalz ist bei Wurstwaren aus geschmacklichen Gründen sehr hoch, und seine Höhe muß ebenfalls nicht deklariert werden. Wurstwaren sind deshalb für eine salzarme Diät generell ungeeignet. Eine Ausnahme bilden kochsalzarme Diäterzeugnisse.

Die Haltbarkeit von Wurstwaren (eine gewisse Ausnahme bilden Dauerwurstwaren) ist begrenzt. Die Konzentration des zugesetzten Speisesalzes ist zu niedrig, um eine Vermehrung von Mikroorganismen langfristig sicher zu verhindern. Durch den Zusatz von Pökelsalz wird die Haltbarkeit bestimmter Wurstwaren (Rohwurst, Brühwurst) verbessert. Das Nitrit des Pökelsalzes hemmt Lipasen und verzögert somit das Ranzigwerden, ebenso hemmt es bis zu einem gewissen Grad die Fettsäureoxidation. Nitrit hemmt außerdem das Wachstum des Botulismuserregers (Clostridium botulinum, siehe Kap. 6.2.3.4). Die durch den Nitritzusatz erzielte Umrötung dient lediglich dem besseren Aussehen.

Durch den Zusatz von Vitamin C zu Wurstwaren kann die Fettsäureoxidation ebenfalls bis zu einem gewissen Umfang verzögert werden. Die dadurch erzielte Verbesserung der Haltbarkeit wird von Großerzeugern vorzugsweise bei der Herstellung von Kochwürsten genutzt.

Bei der industriellen Produktion von Brühwürsten ist aus technologischen Gründen der Zusatz von Phosphaten (Diphosphat) erforderlich. Beim Abkühlen des Fleischs geht die hohe Bindungskapazität für Wasser verloren, die beim schlachtwarmen Fleisch noch vorhanden ist. Im Großbetrieb kann im Gegensatz zur Hausschlachtung das Fleisch nicht sofort zur Wurstherstellung weiterverarbeitet werden. Durch den Zusatz von Phosphaten wird wieder ein ausreichendes Wasserbindungsvermögen des Bräts erreicht. Der Zusatz von Phosphaten ist in der zugelassenen Menge unbedenklich.

5.1.3 Schlachtgeflügel

In seiner Zusammensetzung und damit auch in ernährungsphysiologischer Hinsicht unterscheidet sich das Fleisch des Schlachtgeflügels nur gering von dem der Schlachttiere.

Folgende Gesichtspunkte müssen jedoch beachtet werden, bei denen beträchtliche Unterschiede bestehen können:

- Fettgehalt
  Der Fettgehalt des Fleischs von Schlachtgeflügel muß differenziert eingeschätzt werden. Er ist bei jungen Tieren sehr gering, nimmt aber mit zunehmendem Alter und bei der Mast zu. Das betrifft insbesondere Fettablagerungen zwischen den einzelnen Muskelpaketen. Hier bestehen auch zum Teil beträchtliche Unterschiede zwischen den einzelnen Geflügelarten (fette Gans und fette Mastente, dagegen magere Taube, Wachtel und mageres Stubenküken). Auch die Tierhaltung und die Tierrasse haben Einfluß auf den Fettgehalt.
- Cholesteringehalt
  Der Cholesteringehalt (bezogen auf das reine Muskelfleisch) unterscheidet sich entgegen der weitverbreiteten Ansicht kaum von dem des Fleischs der Schlachttiere.
- Bindegewebsgehalt
  Der Anteil von Bindegewebe ist im Fleisch des im Handel angebotenen Schlachtgeflügels etwas geringer, und dessen Vernetzungsgrad ist weniger ausgeprägt. Diese Tatsache ist zum Teil auch auf die meist schon im jungen Alter vorgenommene Schlachtung zurückzuführen. Deshalb ist das Geflügelfleisch zarter, und die Garzeiten sind kürzer. Geflügelfleisch eignet sich deswegen besonders für leichtverdauliche Gerichte, insbesondere für Kinder, Senioren und Kranke (leichte Vollkost, Basisdiät).
- Salmonellenbelastung
  Geflügelfleisch kann außergewöhnlich stark mit Salmonellen belastet sein, da der Enddarm des Geflügels deren wichtigster Wirtsort ist (siehe Kap. 6.2.2.1.1).

Aus der Gefahr einer hohen Salmonellenbelastung des Geflügelfleischs ergeben sich exakt einzuhaltende Anforderungen für die Lagerung und für die Verarbeitung von Schlachtgeflügel (Geflügelfleischhygiene-Verordnung, siehe auch Kap. 12.2.4.5):

- Geflügel ist von anderen Lebensmitteln (einschließlich Fleisch) getrennt zu lagern.
- Beim Auftauen von tiefgefrorenem Geflügel ist besondere Sorgfalt erforderlich (von anderen Lebensmitteln getrennt auftauen, Tauwasser auffangen, desinfizieren und verwerfen, Auffanggefäße desinfizieren).
- Geflügel ist auf einem gesonderten Arbeitsplatz getrennt von anderen Lebensmitteln zu verarbeiten.
- Geflügel ist ausreichend zu erhitzen (durcherhitzen); eine Kerntemperatur von 70 °C muß mindestens für die Dauer von 10 Minuten eingehalten werden (Temperaturkontrolle).

- Bei der Verarbeitung von Geflügel sind Hygienevorschriften besonders penibel einzuhalten.

5.1.4 Wild (Haar- und Federwild)

Das Fleisch von Wild hat nahezu die gleiche Zusammensetzung wie das Fleisch von Schlachttieren bzw. Schlachtgeflügel. Es bestehen deswegen auch aus ernährungsphysiologischer Sicht keine wesentlichen Unterschiede.

Unterschiede bestehen lediglich dahingehend, daß vergleichbare Fleischteile aller Wildtiere generell weniger Fett enthalten als die entsprechenden Teile der vergleichbaren Schlachttiere. Wildgerichte eignen sich deswegen besonders für eine energiereduzierte Kost.

Das jetzt im Handel angebotene Wildfleisch stammt von Wild, das zum Großteil bereits in vergleichsweise jungem Lebensalter bejagt wird. Es ist daher meist zarter als das in früheren Jahren vom Handel angebotene Wildfleisch. Das Bindegewebe ist weniger vernetzt, obwohl die Gesamtmenge an Bindegewebe nicht verringert ist. Eine Ausnahme ist das Fleisch älterer Hirsche und von Wildschweinen.

Der Glykogengehalt ist im Fleisch aller gejagten Wildtiere sehr gering, da die Tiere beim Bejagen oft unter Streß stehen (Treibjagd) und da es bei der Flucht des getroffenen Tieres zum raschen Glykogenabbau zu Glucose und deren raschen Verstoffwechslung kommt. Beim Abhängen des erlegten Wilds kann infolge des Fehlens von Glykogen und Glucose keine (oder nur sehr wenig) Milchsäure gebildet werden. Das führt dazu, daß das Kollagen des Bindegewebes infolge der fehlenden Säuerung in nur geringem Ausmaß abgebaut wird und somit eine Fleischreifung kaum stattfindet. Beim längeren Abhängen von Wild besteht die Gefahr eines Anstiegs des p_H-Werts und damit die Gefahr einer raschen partiellen Zersetzung des Muskeleiweißes durch Mikroorganismen und Hydrolasen des Fleischs. Bei dieser Zersetzung kann es außerdem zur Bildung von giftigen Zersetzungsprodukten kommen.

Die Innereien von Wildtieren sind mit Schwermetallen und anderen Umweltgiften in der Regel wesentlich stärker belastet als die von Schlachttieren. Ursache hierfür ist die oft stärkere Belastung der dem Wild als Äsung dienenden Pflanzen mit Schadstoffen wie beispielsweise Schädlingsbekämpfungsmittel. Einige Waldpilze (insbesondere Maronenröhrlinge) akkumulieren Schwermetalle mit besonders großer Effektivität, auch radioaktives Strontium. Lebern von Wildtieren sollten deswegen nicht verzehrt werden.

5.1.5 Fische, Schalen- und Krustentiere

Fische sind aus ernährungsphysiologischer Sicht wertvolle Lebensmittel. Die einzelnen Fische unterscheiden sich durch ihren unterschiedlichen Fettgehalt:

Magerfische	<1 % Fett
mittelfette Fische	1 bis 10 % Fett
fette Fische	>10 % Fett

Sie unterscheiden sich auch nach ihrem Lebensraum (Salzwasser-[See-] und Süßwasserfische).

Schalen- und Krustentiere sowie Weichtiere sind aus ernährungsphysiologischer Sicht mageren Fischen gleichzusetzen. Lediglich ihr Cholesteringehalt ist höher. Bei ihnen ist jedoch die Gefahr eines Verderbs meist größer als bei Fischen, bedingt durch die meist längeren Transportwege und die größere Oberfläche der meist kleinen Tiere. Bei Muscheln und Austern begünstigt der hohe Wassergehalt einen raschen Verderb zusätzlich.

5.1.5.1 Zusammensetzung von Fischfleisch

Eiweiß

Der Eiweißgehalt der Fische beträgt etwa 17 bis 19 % des Feuchtgewichts (Ausnahme: Aal mit nur 13 % Eiweiß). Fischeiweiß hat eine hohe biologische Wertigkeit (etwa 90).

Der Bindegewebsanteil ist bei allen Fischen geringer als bei Fleisch. Das Kollagen des Bindegewebes ist im Fischfleisch außerdem weniger verdrillt und vernetzt. Aus diesem Grund quillt dieses Bindegewebe wesentlich schneller, wodurch die Struktur des Fischfleischs schnell aufgelockert wird. Fettarmer Fisch ist deshalb leicht verdaulich und für einige Diäten und Kostformen (leichte Vollkost, Basisdiät) besonders geeignet. Die Schrumpftemperatur des Fischkollagens liegt mit etwa 45 °C wesentlich niedriger als die des Kollagens der Schlachttiere. Darum ist bei Fischen auch die Garzeit kürzer.

Die lockere Struktur des Fischeiweißes begünstigt aber auch den Verderb durch Mikroorganismen, die einen leicht aufspaltbaren Nährboden vorfinden und außerdem leicht in das lockere Fischfleisch eindringen können.

Kohlenhydrate

Der Glykogengehalt von Fischfleisch ist sehr niedrig, er liegt bei maximal 0,3 %. Wegen des geringen Glykogengehalts wird im Fischfleisch nur eine geringe Menge an Milchsäure gebildet. Der p_H-Wert sinkt bei Lagerung nicht unter 6,2. Auch dadurch wird ein schneller Verderb von Fisch begünstigt, da ein p_H-Wert um 6,5 für das Wachstum von Mikroorganismen besonders günstig ist.

Fette

Der Fettgehalt der Fische schwankt innerhalb weiter Grenzen. Es gibt Magerfische mit einem Fettgehalt von 0,1 bis 0,3 % (Schellfisch, Kabeljau) und besonders fettreiche Fettfische mit einem Fettgehalt von 15 bis 25 % (Aal, Hering, Thunfisch, Makrele). Der Fettgehalt schwankt auch bei den einzelnen Fischarten beträchtlich in Abhängigkeit von der Jahreszeit (Makrele im Frühjahr teilweise nur 3 %, im Winter bis über 25 % Fett), vom Alter der Fische und von deren Nahrungsbedingungen.

Eine Reihe von Fettfischen (Makrele, Hering, Lachs, Lachsforelle, Thunfisch, schwarzer Heilbutt, nicht aber Aal) zeichnet sich durch einen hohen Gehalt an den mehrfach ungesättigten Fettsäuren der ω-3-Reihe (Eicosapentaensäure und Docosahexaensäure) aus (siehe Tabelle 5.1.6). Auch der Gehalt an diesen essentiellen Fettsäuren unterliegt beträchtlichen Schwankungen. Er hängt wesentlich vom Alter der Fische und ihrem Ernährungszustand ab (die ω-3-Fettsäuren werden im Plankton gebildet und gelangen über die Nahrungskette in diese Fische, wo sie in deren Depotfett abgelagert werden). Auf die ernährungsphysiologische Bedeutung der ω-3-Fettsäuren als Vorläufer von Eicosanoiden mit wichtigen Funktionen wurde bereits hingewiesen (siehe Kap. 3.5.1.2), auf ihre Rolle bei der Prophylaxe der ischämischen Herzkrankheit wird in Kap. 7.6.4.2 ausführlich eingegangen.

Entgegen der früher vertretenen Ansicht enthalten auch Zuchtlachse meist beträchtliche Mengen an Eicosapentaensäure und Docosahexaensäure. Der Gehalt hängt wesentlich von den Fütterungsbedingungen ab (in vielen Fällen Fütterung mit Fischabfällen aus benachbarten Fischverarbeitungsbetrieben).

Cholesterin

Der Cholesteringehalt der Fische ist in der Regel geringer als der des Fleischs der Schlachttiere (etwa 40 bis 60 mg/100 g Frischfisch). Fettreichere Fische haben meist einen etwas höheren Cholesteringehalt, dieser geht aber nicht mit dem Fettgehalt parallel (siehe Tabelle 5.1.6). Eine Ausnahme sind Tintenfische sowie Schalen- und Krustentiere, die einen höheren Cholesteringehalt aufweisen (150 bis 250 mg/100 g).

Vitamine

Fettfische sind wichtige Quellen für fettlösliche Vitamine, insbesondere für die Vitamine A und D (siehe Tabelle 5.1.6). Einen besonders hohen

Gehalt weisen die Fischleberöle auf. Sie wurden noch vor einigen Jahrzehnten als Vitaminpräparate genutzt (Lebertran).

Fische sind darüber hinaus gute Quellen für die wasserlöslichen Vitamine B_1, B_2 und Niacin.

Mineralstoffe

Seefische (sowie Schalen- und Krustentiere) sind die einzigen Nahrungsmittel mit einem nennenswerten Gehalt an Jodsalzen. Der Jodgehalt der verschiedenen Seefische unterscheidet sich jedoch teilweise recht beträchtlich (etwa 50 bis 240 µg/100g). Schalen- und Krustentiere haben einen mittleren Jodgehalt (etwa 130 µg/100 g). Ein Seefischgericht reicht in der Regel für die Deckung des täglichen Jodbedarfs (siehe Tabelle 5.1.6). Es ist jedoch zu beachten, daß trotz regelmäßigen Verzehrs von Seefisch (z. B. entsprechend der Empfehlung der DGE zweimal wöchentlich Fisch) eine ausreichende Jodversorgung nur durch die Verwendung von jodiertem Speisesalz zu gewährleisten ist (siehe Kap. 3.9.2.2). Der Jodgehalt von Süßwasserfischen beträgt dagegen nur etwa 2 bis 4 µg/100 g und ist somit vernachlässigbar niedrig. Der Mineralstoffgehalt der Fische unterscheidet sich von dem des Fleischs durch eine niedrigere Kaliumkonzentration.

Tabelle 5.1.6:
Durchschnittlicher Gehalt an Fett und ω-3-Fettsäuren (in g), Cholesterin (in mg), Vitamin A und Jod (in µg) in Seefischen und Schalen- und Krustentieren pro 100 g Frischgewicht

	Fett	ω-3-Fettsäuren	Cholesterin	Vitamin A	Jod
Fettarme Fische					
Kabeljau	0,6	0,32	35	10	120
Scholle	0,8	0,25	55	–	190
Schellfisch	0,6	0,2	29	17	243
Seelachs (Köhler)	0,8	–	33	10	200
Mittelfette Fische					
Sardelle	2,3	1,8	k. A.	20	32
Dornhai	9,5	3,0	52	k. A.	k. A.
Thunfisch	6,0	2,4	38	370	53
Wildlachs	5,5	2,3	35	65	34
Fettreiche Fische					
Schwarzer Heilbutt	11,6	1,5	46	32	52
Hering	12,3	3,1	60	38	52
Makrele	20,0	5,1	50	60	74
Sprotte	16,6	2,1	39	k. A.	k. A.
Aal	24,5	1,1	70	900	4,0
Schalen- und Krustentiere					
Austern	1,2	–	220	93	58
Garnele	1,4	–	138	140	k. A.
Miesmuschel	1,9	–	150	54	130

Eine besondere Situation besteht bei der möglichen Belastung von Seefischen und von Hecht mit Quecksilber. Größere Mengen an Quecksilber sind in seltenen Fällen und vor Jahrzehnten mit Industrieabwässern in Flüsse und in das

Meer eingeleitet worden und haben so zu einer starken Belastung der Fische geführt. Diese Gefahr besteht nicht mehr (siehe auch Kap. 6.6.3). Seefische sind trotzdem das Nahrungsmittel mit dem höchsten, in der Regel aber unbedenklichen Quecksilbergehalt. Der Gehalt in den verschiedenen Seefischen kann beträchtlich schwanken in Abhängigkeit von Fischart, Lebensraum, Alter und Lebensbedingungen der Fische. Für einzelne Fischarten sind für das Inverkehrbringen unterschiedlich hohe Grenzwerte festgelegt, der für die Arten, die naturgemäß stärker belastet sein können, höher ist (0,5 mg bzw. 1 mg/kg). Zu den Fischen mit einem potentiell höheren Quecksilbergehalt gehören u. a. folgende Speisefische: Thunfisch und alle Bonito-Arten, Aal, Haifisch, Stör, Rotbarsch, Barsch, Heilbutt, Hecht, Blauleng, Seeteufel, Rochen, Steinbeißer, zu den weniger belasteten u. a. der Seelachs.

Eine zu beachtende Gefahr besteht während der Schwangerschaft und der Stillperiode, da Quecksilber in Form des besonders giftigen Methylquecksilbers die Plazenta leicht passieren und beim Embryo zu Entwicklungsstörungen führen kann. Auch ein Übertritt von Methylquecksilber in die Muttermilch ist möglich. Deswegen wird Schwangeren und stillenden Frauen empfohlen, den Verzehr von den möglicherweise höher belasteten Seefischen vorsorglich einzuschränken. Das gilt auch für Erzeugnisse, die aus diesen Fischen hergestellt wurden (siehe auch Kap. 4.8).

5.1.5.2 Lagerung von Fisch

Der leichte Verderb von Fischen stellt hohe Ansprüche an ihre Lagerung:

Lebende Fische

Die sicherste, aber auch aufwendigste Methode ist die Bevorratung als lebende Fische (bei Süßwasserfischen sowie bei Hummern und Krebsen möglich, bei Seefischen in der Praxis nicht durchführbar). Die Wassertemperatur muß 9 bis 15 °C betragen, außerdem ist eine ausreichende Belüftung und das öftere Reinigen der Aufbewahrungsgefäße (Aquarien, Tanks) erforderlich.

Frischfisch

Der sofort nach dem Fang getötete, gereinigte und ausgenommene Fisch, u. U. zerteilt (filetiert), muß bei 0 bis 2 °C gelagert werden, am besten auf Crash-Eis.

Gefrosteter Fisch

Die Aufbewahrung von tiefgekühltem Fisch ist problemlos. Die Lagertemperatur darf −18 °C nicht übersteigen, auf die ständige Einhaltung der Kühlkette ist zu achten. Wegen der großen Gefahr der Besiedlung mit Mikroorganismen und eines Verderbs darf angetauter Fisch auf keinen Fall wieder gefrostet werden. Die zulässige Lagerdauer hängt wesentlich vom Fettgehalt ab. Sie beträgt bei Fettfischen 3 und bei Magerfischen 6 Monate.

5.1.5.3 Fischvergiftungen

Unter dem Begriff einer Fischvergiftung werden landläufig alle Gesundheitsschädigungen zusammengefaßt, die auf den Verzehr von verdorbenem Fisch zurückzuführen sind. Ihnen ist trotz unterschiedlicher Ursachen gemeinsam, daß ihr Entstehen durch den lockeren, bindegewebsarmen Aufbau des Fischfleischs begünstigt wird.

Bakterielle Zersetzung und Toxinbildung

Fischeiweiß ist ein idealer Nährboden für nahezu alle Mikroorganismen. Beim Befall mit toxinbildenden Bakterien können Vergiftungserscheinungen durch die Bakterientoxine auftreten. Am häufigsten werden solche Vergiftungen durch Staphylokokkentoxine ausgelöst, in selteneren Fällen treten auch Salmonellenvergiftungen auf.

Für die bakterielle Zersetzung von Fischeiweiß sind vorrangig Fäulnisbildner verantwortlich, die sich in der Regel schon bei so niedrigen Temperaturen stark vermehren können, bei denen pathogene Keime zunächst noch eine geringe Stoffwechselaktivität zeigen. In diesen Fällen sind für das Vergiftungsbild vorrangig toxische Abbauprodukte des Fischeiweißes verantwortlich.

Der Fakt, daß es bei der Lagerung der Fische infolge des sehr geringen Glykogengehalts praktisch zu keiner Bildung von Milchsäure und somit zu keinem Abfall des p_H-Werts kommt, begünstigt zusätzlich das Wachstum von Mikroorganismen.

Eigenzersetzung von Fischeiweiß

Das Fischeiweiß kann auch durch aktivierte zelleigene Enzyme partiell abgebaut werden, wobei ebenfalls toxische Zersetzungsprodukte gebildet werden können. Diese Eigenzersetzung wird durch die lockere Struktur des Fischfleischs begünstigt. Neben einer Vielzahl von Eiweißspaltprodukten von unterschiedlichen Molekulargewichten werden relativ viel Aminosäuren freigesetzt, die zu zahlreichen Abbauprodukten weiter gespalten werden. Von diesen sind die biogenen Amine von besonderer Bedeutung.

Scombroid-Vergiftung

Die sog. Scombroid-Vergiftung wurde zunächst als typische Vergiftung nach dem Verzehr von verdorbenen Schalen- und Krustentieren beschrieben. Es handelt sich bei ihr um eine Vergiftung, für die in sehr hohem Maße das biogene Amin Histamin verantwortlich ist, das aus der Aminosäure Histidin entsteht. Das Histamin (und andere biogene Amine) führen zum Zusammenbrechen der Kreislauffunktionen, wobei Übelkeit, Erbrechen, Schweißausbrüche und ein Kreislaufkollaps im Vordergrund des Krankheitsbildes stehen. Dieses Krankheitsbild kann bei besonders disponierten Menschen als Resultat einer sog. pseudoallergischen Reaktion bereits durch geringe Histaminmengen ausgelöst werden (siehe Kap. 7.1.2).

Besonders reich an Histidin ist das Fleisch von Muscheln, Austern und von Makrelen. Erhöhte Histaminkonzentrationen finden sich besonders häufig in geräucherten Makrelen.

Biogene Amine sind relativ hitzestabil, sie werden bei der Speisenzubereitung nicht zerstört. Auch die in Fischräucherwaren gefundenen Mengen an Histamin sind für den Gesunden meist ungefährlich. Biogene Amine werden in den Mucosazellen des Dünndarms durch deren Monoaminoxidasen umgehend inaktiviert. Erst beim Verzehr von hohen Konzentrationen an biogenen Aminen kann diese Entgiftungsfunktion überfordert werden, so daß dann größere, gefährlich werdende Mengen resorbiert werden. Mit leichten Vergiftungserscheinungen muß in der Regel erst ab 20 mg Histamin pro 100 g Fisch gerechnet werden.

Werden Medikamente eingenommen, deren wirksames Prinzip ein Monoaminoxidase-Hemmstoff ist (sog. MAO-Blocker, u. a. einige Psychopharmaka), so kann auch die Inaktivierung der biogenen Amine in den Mucosazellen gehemmt sein. Diese Monoaminoxidase-Hemmer blockieren nämlich auch die Entgiftung der biogenen Amine in den Dünndarmzellen. Deshalb werden die biogenen Amine als aktive Wirkstoffe resorbiert und führen zu den bekannten Vergiftungserscheinungen.

Bei der Einnahme von solchen Medikamenten ist auf die Frische des Fischs besonders sorgfältig zu achten. Auf den Verzehr von Fischräucherwaren, insbesondere Räuchermakrele, sollte dann aus Sicherheitsgründen verzichtet werden.

Fischeigene Gifte

Natürliche Giftstoffe, die von Fischen gebildet werden, spielen als auslösende Ursache von Vergiftungen praktisch keine Rolle, wenn man die Vergiftungen durch das Gift der Innereien des japanischen Igelfischs (Tetratoxin) unberücksichtigt läßt. Das Tetratoxin kommt nur in den Innereien des Igelfischs (Fugu) vor. Das Fischfleisch kann mit dem hochaktiven Gift verunreinigt werden, falls beim Ausnehmen des Fischs die Innereien verletzt werden. In Japan soll es infolge einer Tetratoxinvergiftung jährlich zu etwa 100 Todesfällen kommen.

Im Blut von Aal und Neunaugen sowie im Rogen und Milchner von Karpfen und Hecht sind in sehr geringen Mengen schwach giftige Substanzen gefunden worden. Diese sind ausnahmslos sehr hitzeempfindlich, sie werden, wenn überhaupt vorhanden, bei der Speisenzubereitung vollständig inaktiviert.

In Fischen aus tropischen Gewässern sind ebenfalls Gifte beschrieben worden. Es handelt sich hierbei nicht um eigentliche Fischgifte, sondern um Gifte, die von Algen und Einzellern gebildet werden, die innerhalb von Lagunen und Riffen leben. Diese Gifte können sich im Fischfleisch anreichern, wenn diese Fische (Barracuda, Seebarsch, Papageienfisch) in von Algen und Einzellern besiedelten Gewässern leben und gefangen werden. Die gleichen Fische, auf hoher See gefangen, enthalten diese Gifte nicht.

Auch die „giftigen" Austern und Muscheln bilden kein eigenes Gift. Die kurz nach dem Verzehr von solchen Schalen- bzw. Krustentieren als leichte Vergiftung zu beobachtenden Erscheinungen (prickelndes Gefühl an Lippen und Fingern) sind auf ein Gift (Saxitoxin) zurückzuführen, das von Flagellaten (Geißeltierchen) gebildet wird, wenn sich diese bei Temperaturen oberhalb von 14 °C vermehren und in die Nahrungskette der o. g. Tiere einbezogen wurden.

5.1.6 Eier

Eier sind hochwertige und preisgünstige Lebensmittel. Unter dem Begriff Ei wird in der Regel (falls nicht explizit anders deklariert) das Hühnerei verstanden.

Vom Gesamtgewicht eines Eis entfallen etwa 10 % auf die Schale, 33 % auf das Eidotter und 57 % auf das Eiklar.

Bei der Lagerung des Eis diffundiert das im Eiklar gelöste CO_2 aus diesem heraus, gleichzeitig wird der Gasraum im Ei (Luftkammer) mit Wasserdampf gesättigt, wodurch die Luftkammer größer wird. Dieser Prozeß wird bei der Schwimmprobe zur Kontrolle des Alters der Eier ausgenutzt. Die größere Luftkammer sorgt für einen Auftrieb, und das Ei schwimmt auf dem Wasser.

Eiklar und Eidotter (Eigelb) weisen in ihrer Zusammensetzung große Unterschiede auf. Diese Unterschiede müssen auch bei einer Einschätzung aus ernährungsphysiologischer Sicht beachtet werden, falls bei der Speisenzubereitung Eiklar und Eigelb getrennt eingesetzt werden. In den meisten Fällen werden Eier nicht in Eiklar und Eidotter getrennt. Hierbei wird, meist unbewußt, der Tatsache Rechnung getragen, daß sich Eigelb und Eiklar in ernährungsphysiologischer Sicht gegenseitig ergänzen.

Hühnereier werden in unterschiedliche Gewichtsklassen eingeteilt (seit August 1996 gelten EU-einheitliche Gewichtsklassen):

S	bis 53 g
M	53 bis 63 g
L	63 bis 73 g
XL	über 73 g

5.1.6.1 Zusammensetzung von Eiern

Eiweiß

Der Eiweißgehalt des Volleis beträgt etwa 12 %, ein Ei enthält somit etwa 7 g Eiweiß. Das Eiweiß des Volleis hat die höchste biologische Wertigkeit aller bekannten Nahrungseiweiße (sie wird gleich 100 gesetzt).

Einige Eiweiße des Hühnereis können allergische Reaktionen auslösen. Für eine solche Hühnereiallergie (siehe Kap. 7.1.2) können sowohl 2 verschiedene Eiweiße des Eiklars als auch 2 verschiedene Eiweiße des Eidotters verantwortlich sein.

Eiklar: Der Eiweißgehalt des Eiklars beträgt etwa 10 %. Eiklar ist ein Gemisch aus mindestens 12 verschiedenen Eiweißen, eine im Vergleich zu anderen eiweißhaltigen Lebensmitteln sehr geringe Anzahl. Die wichtigsten Eiweiße des Eiklars sind

- Eieralbumin (Ovalbumin)
  Ovalbumin bestreitet mehr als die Hälfte des Eiweißgehalts. Es unterscheidet sich in seiner Aminosäure-Zusammensetzung, im Aufbau und in seinen Eigenschaften grundlegend vom Plasmaalbumin des Menschen. Gewisse Ähnlichkeiten bestehen lediglich im Lösungsverhalten.
- Globuline
  Globuline machen nur etwa 10 % des Eiklareiweißes aus. Auch sie haben keine Gemeinsamkeiten mit den Globulinen des Blutplasmas. Einige Globuline sind infolge ihrer in wäßriger Lösung entfalteten hohen Oberflächenspannung gute Schaumbildner. Sie sind für die Stabilität von Eischnee verantwortlich.
- Lysozym
  Lysozym, etwa 4 % des Eiweißbestands, ist ein Eiweiß, das eine spezifische Enzymwirkung zeigt. Es kann die Zellwände verschiedener Bakterien angreifen und teilweise auflösen. Es verhindert bis zu einem gewissen Grad das Wachstum dieser Bakterien. Offenbar wird durch diese Lysozymwirkung die Vermehrung der Bakterien teilweise gehemmt, die von außen durch die poröse Eischale hindurch in das Ei eindringen. Im Verlauf der Lagerung von Eiern geht diese Hemmwir-

kung des Lysozyms infolge seiner fortschreitenden Denaturierung verloren. Diese Denaturierung wird durch die Lagerung der Eier bei Temperaturen nahe oberhalb 0 °C verzögert. Der durch Lysozym vermittelte Schutz trägt offenbar zur Verbesserung der Haltbarkeit der Eier bei, wenn sie bei Kühlschranktemperaturen gelagert werden. Andere Eiweiße des Eiklars zeigen möglicherweise auch bakterienhemmende Wirkungen.

- Avidin

  Avidin kommt nur in sehr geringen Mengen vor. Es kann im nativen Zustand das Vitamin Biotin binden und damit inaktivieren. Beim Erhitzen geht dieser Effekt verloren. Diese früher oft beschriebene Wirkung des Avidins fällt für die Biotinversorgung überhaupt nicht ins Gewicht und ist ohne Bedeutung (siehe Kap. 3.7.2.5).

Eidotter: Ein Großteil der Eiweiße des Eidotters (16 %) sind Lipoproteine. Die Anzahl der verschiedenen Eiweiße ist kaum überschaubar.

Lipide

Der gesamte Bestand des Eis an Neutralfetten und anderen Lipiden (12 %) ist ausschließlich im Eidotter zu finden, das damit zu mehr als 30 % aus Lipiden besteht. Die Fette sind im Eidotter an Proteine gebunden (Lipoproteine).

Neutralfette machen etwa $^2/_3$ des gesamten Bestands an Lipiden aus. Das restliche $^1/_3$ wird von Phospholipiden gestellt (davon etwa 75 % Lecithin), womit das Eidotter das Lebensmittel mit der höchsten Konzentration an Phospholipiden ist. Lecithin ist als ausgezeichneter Emulgator für die guten küchentechnischen Eigenschaften des Eigelbs verantwortlich.

Cholesterin: Eier sind neben Hirn und Butter die cholesterinreichsten Lebensmittel. Der Cholesteringehalt beträgt bereits im Vollei 600 mg/100 g. Ein Ei enthält somit je nach Gewicht 350 bis 400 mg Cholesterin. Da das Cholesterin ausschließlich im Eidotter lokalisiert ist, ist hier seine Konzentration besonders hoch (1600 mg/100 g Eigelb).

Kohlenhydrate

Der Kohlenhydratgehalt der Eier liegt unter 1 %. Es handelt sich bei dem Kohlenhydratanteil um Zuckerreste, die am Aufbau von Glykoproteinen beteiligt sind. Kohlenhydrate in Form eines Polysaccharids wie beispielsweise Glykogen kommen im Ei nicht vor.

Vitamine

Die im Ei vorkommenden Vitamine befinden sich zum Großteil im Eidotter. Es handelt sich dabei um fettlösliche Vitamine (im wesentlichen A und

D), die in beträchtlicher Menge vorkommen. Auch einige wasserlösliche Vitamine der B-Gruppe sind im Ei zu finden.

Mikronährstoffe

Die gelbe Farbe des Eidotters ist durch den Gehalt an Carotinoiden und Xanthophyllen bedingt. Deren Konzentration und damit die Intensität der Farbe hängt von deren Gehalt im Futter der Hühner ab.

Mineralstoffe

Die im Ei enthaltenen Mineralstoffe sind zu etwa gleichen Teilen auf Eiklar und Eidotter verteilt. Eine Ausnahme hiervon macht das Eisen, das im Eidotter konzentriert ist. Eier können wesentlich zur Mineralstoffversorgung beitragen (Gehalt an gut verfügbarem 2wertigen Eisen, 2 mg/ 100 g Vollei), nur der Kalziumgehalt ist relativ gering (60 mg/100 g Vollei).

5.1.6.2 Salmonellenbelastung von Eiern (Hühnereier und Enteneier)

Eier können mit Salmonellen belastet sein. Die Kontamination erfolgt in den meisten Fällen während des Legens der Eier durch infizierte Hennen. Der Enddarm von Geflügel ist das wichtigste Reservoir von Salmonellen. Die Salmonellen und in seltenen Fällen auch andere Keime, die der Eischale anhaften, können danach durch die poröse Schale leicht in das Ei eindringen. Sie finden insbesondere im Eidotter ideale Vermehrungsbedingungen vor. Das Ei kann auch bereits bei seiner Bildung im Eierstock mit Salmonellen infiziert werden. Dieser Infektionsweg wird offenbar bei massiv infizierten Hennen beschritten, die total von Salmonellen durchseucht sind (einschließlich des Muskelfleischs).

Die Vermehrung der Salmonellen im Ei wird mit steigender Temperatur beschleunigt. Erst bei Temperaturen unterhalb von 8 °C ist ihre Vermehrung nahezu gestoppt. Die Salmonellen werden aber auch bei Temperaturen um 4 °C nicht abgetötet, sie können sich nach Erwärmen wieder rasch vermehren.

Die Anzahl der gemeldeten Salmonelleninfektionen hat seit 1990 ständig zugenommen (in der Bundesrepublik mehr als 100 000 gemeldete Erkrankungsfälle mit mehr als 100 Todesfällen im Jahr). Ein schwerer Verlauf der Erkrankung ist insbesondere bei Kleinkindern, Senioren und bei Personen zu beobachten, die durch bereits bestehende Krankheiten in ihrer Abwehrkraft geschwächt sind.

Salmonellen können durch Erhitzen auf 70 °C innerhalb von 10 Minuten abgetötet werden. Aus Sicherheitsgründen ist dringend zu empfehlen, als

Gartemperatur mindestens 80 °C zu wählen, um alle Salmonellen auch im Inneren des Eis abzutöten. Das bedeutet gleichzeitig, daß eine Salmonelleninfektion beim Verzehr von weichgekochten Eiern nicht mit 100%iger Sicherheit ausgeschlossen werden kann, ebenso nicht bei (einseitig) gebratenen Spiegeleiern (Setzeiern), bei denen das Eidotter nicht vollständig gestockt ist. Hartgekochte Eier (Kochzeit mindestens 10 Minuten) garantieren dagegen ein vollständiges Abtöten der Salmonellen (siehe Kap. 6.2.2.1.1). Bei der Verwendung von pasteurisiertem Flüssigei an Stelle von rohen Eiern besteht die Gefahr einer Salmonelleninfektion nicht.

Eine wesentliche Verringerung der Gefahr einer Salmonellenbelastung könnte durch eine unmittelbar nach dem Legen vorgenommene Kühllagerung der Eier und einer Aufrechterhaltung der Kühlkette bis einschließlich Verkauf erreicht werden. Eine sofortige Kühllagerung von angelieferten Eiern kann zwar einen großen Beitrag zur Verringerung der Salmonellenvermehrung leisten, sie kann aber das vorgeschriebene Erhitzen der Eier bei der Zubereitung nicht ersetzen. Eier mit aufgestempeltem Legedatum, das nur wenige Tage zurückliegt, tragen zu einer weiteren Verminderung des Infektionsrisikos bei.

In den USA sind Verfahren zum Pasteurisieren der rohen Eier (in der Schale) entwickelt worden. Eine generelle Einführung wird wegen der hohen Kosten als sehr unwahrscheinlich angesehen.

Hühnereier-Verordnung

Zur Eindämmung der Salmonelleninfektionen und zum Schutz der Verbraucher ist die Hühnereier-Verordnung erlassen worden (siehe Kap. 12.2.6). Sie regelt die Abgabe, Lagerung und Kennzeichnung der Eier bzw. der Verpackungen und enthält Auflagen für die Lebensmittelindustrie, Gastronomie und Gemeinschaftsverpflegung, die beim Umgang mit Eiern beachtet werden müssen. Bei der konsequenten Einhaltung dieser Verordnung können Salmonelleninfektionen sicher verhindert werden.

Enteneier

Enteneier wie auch die Eier anderer Vögel (Gans, Wachtel, Möwe, Perlhuhn, Zwerghuhn) unterscheiden sich in ihrer Zusammensetzung praktisch nicht von Hühnereiern. Angebliche Vorzüge bestimmter Eier sind nur aus wirtschaftlichen Interessen beschrieben worden.

Enteneier sind jedoch wesentlich häufiger mit Salmonellen und meist mit höheren Keimzahlen belastet als die Eier der anderen Vögel.

Die Enteneier-Verordnung (siehe Kap. 12.2.6) schreibt deswegen zu Recht vor, daß Enteneier vor dem Verzehr mindestens 10 Minuten zu kochen sind und daß jedes Entenei mit kochechter Farbe beschriftet sein muß („Entenei! 10 Minuten kochen“). Enteneier dürfen in der Gemeinschaftsverpflegung nicht verwendet werden.

5.1.6.3 Ernährungsphysiologische Bewertung von Eiern

Eier sind, bis auf gewisse Einschränkungen, als ein hochwertiges Nahrungsmittel einzuschätzen:

- Eier sind neben der Milch ein preisgünstiger Lieferant von tierischem Eiweiß.
- Das Eiweiß des Volleis hat die höchste biologische Wertigkeit (100), es zeigt bei der Kombination mit anderen Eiweißen (mit geringerer biologischer Wertigkeit) zusätzlich einen hohen Ergänzungswert.
- Eier enthalten fett- und wasserlösliche Vitamine.
- Der hohe Gehalt der Eier an Cholesterin erfordert eine zurückhaltende Aufnahme von Eiern in den Speiseplan (Empfehlung: 2mal wöchentlich ein Ei). Bei einer cholesterinarmen Kost sind Eier zu meiden.
- Die Verdaulichkeit der Eier ist von der Zubereitungsweise abhängig: Rohe Eier sind infolge des nicht denaturierten Eiweißes schwer verdaulich, ebenso hartgekochte Eier. In diesen hat die lange Hitzeeinwirkung zu einer strukturellen Umlagerung des denaturierten Eiweißes geführt. Es weist eine kompaktere Struktur auf, wodurch die Spaltung der Peptidbindungen wesentlich erschwert wird.
  In Speisen erhitztes Ei und weichgekochte Eier sind dagegen gut verdaulich, das Eiweiß kann von den Verdauungssäften infolge erfolgter Hitzedenaturierung leicht aufgespalten werden.

5.1.6.4 Eiprodukte

Eiprodukte bieten gegenüber frischen Eiern unter den verschiedensten Gesichtspunkten eine Reihe von Vorteilen:

- sie können in der Regel besser und länger gelagert werden und stellen an die Lagerbedingungen geringere Anforderungen,
- sie sind bei sachgemäßer Herstellung und Lagerung frei von pathogenen Mikroorganismen.

Flüssigeiprodukte (pasteurisiertes Ei)

Die Eier werden (nach Trennung von Eidotter und Eiklar) pasteurisiert und damit keimfrei gemacht. Flüssigeiprodukte müssen in den Lieferverpackungen gekühlt aufbewahrt werden. Auch bei sachgemäßer und gut verschlossener Aufbewahrung ist ihre Haltbarkeit begrenzt. Ein Aufbewahren in nicht sterilisierten Behältnissen ist nicht statthaft. Eine Kontamination mit Fremdstoffen (Gefahr der Übertragung von Keimen) muß sorgfältigst vermieden werden, da Flüssigei ein idealer Nährboden für nahezu alle Mikroorganismen ist.

Gefriereiprodukte

Gefriereiprodukte bestehen niemals aus Vollei. Bei ihnen wird stets Eiklar bzw. Eidotter getrennt aufgearbeitet. Diese werden pasteurisiert und anschließend bei –25 °C eingefroren. Eidotter ist im gefrorenen Zustand etwa 10 Monate haltbar, Eiklar wesentlich länger. Durch das Einfrieren wird die Viskosität des Eidotters erhöht, wodurch seine Verarbeitung erschwert wird. Es gibt Bestrebungen, diese Viskositätserhöhung durch eine geeignete Vorbehandlung zu unterbinden. Die verminderte Aufschlageigenschaft von gefrostetem Eiklar wird durch Zugabe von Glycerin weitgehend wieder normalisiert. Gefriereiprodukte stellen hohe Anforderungen an den Transport (strikte Einhaltung der Kühlkette) und an die Lagerung.

Trockeneiprodukte

Trockeneipulver wird durch Sprühtrocknung bei 120 °C des zuvor pasteurisierten Eis hergestellt. Bei diesem Trocknungsverfahren kommt es zu unerwünschten Reaktionen, die zwar die ernährungsphysiologischen Eigenschaften der Eier nicht verändern und auch keine schädlichen Substanzen entstehen lassen, aber geschmackliche Beeinträchtigungen und eine schlechte Wasserlöslichkeit bewirken. Trockeneipulver wird vorzugsweise in der Lebensmittelindustrie eingesetzt.

Eiersatzprodukte

Eiersatzprodukte (in Pulverform) werden als Diäterzeugnisse hergestellt, die (praktisch) frei von Cholesterin sind. Sie bestehen in der Regel aus Eiklar, Magermilchpulver und Fetten mit definierter Fettsäure-Zusammensetzung.

5.2 Pflanzliche Lebensmittel

Die verschiedenen pflanzlichen Lebensmittel sind wertvolle Nahrungsmittel, die aus ernährungsphysiologischer Sicht eine Reihe von Gemeinsamkeiten aufweisen, obwohl sie sich in ihrer Zusammensetzung teilweise recht beträchtlich unterscheiden. Als Gemeinsamkeiten sind folgende Punkte besonders hervorzuheben:

- Pflanzliche Lebensmittel stellen mengenmäßig den Großteil der Nahrung.
- Pflanzliche Lebensmittel tragen wesentlich zur Energieversorgung bei (etwa 50 bis 60 %).
- Pflanzliche Lebensmittel sind nahezu die einzigen Lieferanten von Kohlenhydraten.

- Pflanzliche Lebensmittel sind die einzigen Lieferanten von Ballaststoffen.
- Pflanzliche Lebensmittel sind wichtige Lieferanten von wasserlöslichen Vitaminen. Die Versorgung mit Vitamin C und mit dem fettlöslichen Vitamin E erfolgt nahezu ausschließlich durch pflanzliche Nahrungsmittel.
- Pflanzliche Lebensmittel sind reich an Mineralstoffen, sie sind der wichtigste Lieferant von Kalium und im Vergleich zu tierischen Lebensmitteln relativ arm an Natrium. Sie sind nur zu einem geringen Teil an der Versorgung mit Kalzium und Eisen beteiligt.
- Pflanzliche Lebensmittel enthalten in unterschiedlicher Menge Mikronährstoffe.
- Pflanzliche Fette sind in der Regel arm an gesättigten Fettsäuren.

5.2.1 Getreide und Getreideerzeugnisse

Getreide ist für die Ernährung der Weltbevölkerung das wichtigste Nahrungsmittel, das weltweit gesehen den Energiebedarf zu knapp 60 % abdeckt. In den westlichen Industrieländern werden immerhin noch knapp 50 % der Nahrungsenergie, etwa 70 % der Kohlenhydrate, etwa 25 % des Nahrungseiweißes und etwa die Hälfte der Vitamine der B-Gruppe in Form von Getreideerzeugnissen aufgenommen. Getreideerzeugnisse sind zusammen mit Gemüse die wichtigsten Lieferanten von Ballaststoffen.

5.2.1.1 Getreidearten

Die einzelnen Getreidearten (Weizen, Roggen, Gerste, Hafer, Reis, Mais und Hirse sowie Dinkel [unreif Grünkern]) unterscheiden sich in ihrem Gehalt an Stärke, Eiweiß und Fett nur unwesentlich. Auch der Gehalt an Mineralstoffen und wasserlöslichen Vitaminen, die in den Randschichten des Getreidekorns konzentriert sind, weist keine größeren Unterschiede auf.

Die größten Abweichungen zwischen den einzelnen Getreidesorten bestehen in der Menge und der Beschaffenheit des Klebereiweißes (Kleber), das für die Backfähigkeit von Mehlen und bei der gluteninduzierten Enteropathie für die Unverträglichkeit von bestimmten Getreideerzeugnissen verantwortlich ist. Reis und Mais enthalten überhaupt keine Klebereiweiße vom Glutentyp (siehe Kap. 5.2.1.3 und 7.1.1.2.2).

Buchweizen wird aus rein praktischen Gründen den Getreiden zugerechnet, obwohl es sich bei ihm aus botanischer Sicht um kein Getreide, sondern um ein Knöterichgewächs handelt (Buchweizen ist, botanisch gesehen, eher mit dem Rhabarber verwandt). Wildreis ist ebenfalls kein Getreide, er ist den Gräsern zuzuordnen.

Weizen

Die beiden Weizensorten (Hartweizen, Weichweizen) unterscheiden sich gegenüber den anderen Getreidearten durch ihren relativ hohen Klebergehalt.

Hartweizen: Hartweizen ist besonders reich an Klebereiweiß, das sich außerdem durch eine besonders zähe Konsistenz auszeichnet. Er enthält andererseits etwas weniger Stärke als Weichweizen. Hartweizen stellt hohe Ansprüche an die Vegetationsbedingungen (warmes Klima) und wird deswegen vorwiegend in Südeuropa (Italien) und in entsprechenden Klimazonen der USA angebaut. Hartweizen wird vor allem zur Herstellung von Teigwaren und Grieß verwendet. Er liefert ein besonders „griffiges" Mehl.

Weichweizen: Weichweizen zeichnet sich durch einen geringeren Klebergehalt aus, sein Stärkegehalt ist dagegen etwas höher. Seine Ansprüche an die klimatischen Bedingungen sind nicht so hoch wie beim Hartweizen. Er liefert ein sehr weißes Mehl, das hauptsächlich zur Herstellung von Backwaren eingesetzt wird.

Roggen

Roggen stellt wesentlich geringere Ansprüche an die klimatischen Bedingungen. Er ist die Getreidesorte der nördlichen Länder. Roggen hat einen geringeren Klebergehalt als Weizen. Die relativ gute Backfähigkeit von Roggenmehl wird zusätzlich durch seinen relativ hohen Gehalt an spezifischen komplexen Polysacchariden gesichert, die bei der Bereitung des backfähigen Teigs durch die Mikroorganismen des Sauerteigs aufgeschlossen werden.

Gerste

Gerste ist relativ eiweißarm. Sie wird vorzugsweise in der Vollwertküche eingesetzt. Aus ihr werden außerdem Graupen und Kaffee-Ersatz (Malzkaffee) hergestellt. Das wichtigste Einsatzgebiet der Gerste ist das Bierbrauen. Beim Keimen der Gerste (Mälzen) wird besonders rasch Maltose gebildet.

Hafer

Hafer ist neben Mais die fettreichste Getreidesorte, auch der Eiweißgehalt des Hafers ist relativ hoch. Hafer wird vorzugsweise in Form von Haferflocken verzehrt. Der Nachteil des Hafers besteht darin, daß er bei der Lagerung sehr rasch ranzig wird und dann bitter schmeckt (Fettspaltung durch den hohen Gehalt des Hafers an Lipase, Oxidation von mehrfach ungesättigten Fettsäuren und Ausbildung von Fehlaromen aus den dabei entstehenden Abbauprodukten). Bei der Produktion von Haferflocken wird ein Großteil dieser Enzyme inaktiviert, aus diesem Grund sind Haferflocken besser lagerfähig als der nicht verarbeitete Hafer.

Dinkel

Dinkel ist verhältnismäßig reich an Eiweiß mit einem prozentual hohen Kleberanteil. Er stellt hohe klimatische Ansprüche und liefert nur geringe Ernteerträge. Im Mittelalter war Dinkel die im süddeutschen Raum am häufigsten angebaute Getreidesorte. Unreif geernteter und anschließend gedarrter Dinkel ist der Grünkern. Dinkel und Grünkern werden in der regionalen Küche (Süddeutschland) und in der Vollwertkost eingesetzt.

Mais

Mais zeichnet sich durch einen relativ hohen Fettgehalt mit einem hohen Anteil an mehrfach ungesättigten Fettsäuren (Maiskeimöl) und durch einen hohen Gehalt an Vitamin E (überwiegend in Form des biologisch weniger aktiven γ-Tokopherols) aus. Maiseiweiß hat eine sehr geringe biologische Wertigkeit, bedingt durch das Fehlen der essentiellen Aminosäure Tryptophan. Der Vitamingehalt des Maises, abgesehen vom Vitamin E, ist im Vergleich zu den anderen Getreidearten gering.

Maiseiweiß ist frei von Kleber. Maismehl ist somit nicht backfähig, es eignet sich nur zum Backen von Fladenbroten. Maismehl, Maisgrieß sowie Maisstärke können bei einer gluteninduzierten Enteropathie verzehrt werden.

Cornflakes, die aus Mais hergestellt werden, enthalten produktionsbedingt beträchtliche Mengen an Dextrinen. Dextrine sind verantwortlich für das Anhaften der Mundhöhlenbakterien am Zahnschmelz (Plaquebildung). Beim Verzehr von Zucker müssen Dextrine von den Mundhöhlenbakterien erst aus Zucker neu gebildet werden. Cornflakes stellen deshalb ein beträchtliches Kariesrisiko dar, insbesondere bei nicht sorgfältig durchgeführter Zahnpflege.

Hirse

Hirse ist die Sammelbezeichnung verschiedener Getreidearten, für die kleine rundliche Körner charakteristisch sind. In tropischen Regionen, insbesondere in Afrika, ist Hirse infolge ihres geringen Wasserbedarfs das wichtigste Getreide. Hirse enthält keine Klebereiweiße, sie eignet sich für die glutenfreie Kost.

Junge, frische Pflanzen der Sorghumhirse (wichtigste Hirsesorte) bilden das Glykosid Dhurrin, aus dem Blausäure freigesetzt werden kann. Beim Verzehr von Hirsekeimlingen kann es deswegen zu einer Blausäurevergiftung kommen. Da Blausäure leicht flüchtig ist, entweicht sie beim Erhitzen (Kochen, Backen). Hirsegerichte, die ausreichend erhitzt wurden, sind deshalb nicht giftig und können ohne Bedenken verzehrt werden.

Reis

Das Reiskorn unterscheidet sich im Aufbau nur geringfügig von dem der Körner anderer Getreidearten. Der wesentlichste Unterschied besteht darin, daß beim Reis Frucht- und Samenschale sowie Aleuronschicht zusammengewachsen sind und das Silberhäutchen bilden.

Reis ist relativ arm an Eiweiß (etwa 7,5 %), dessen biologische Wertigkeit aber etwas höher ist als die der anderen Getreideeiweiße. Reis enthält keine Klebereiweiße vom Glutentyp. Er ist für eine glutenfreie Kost besonders geeignet. Der Gehalt an Stärke (etwa 75 %) ist höher als bei anderen Getreidearten.

Naturreis: Beim Naturreis (auch Braunreis genannt) ist das Silberhäutchen nicht entfernt. Er enthält somit den Großteil der im Silberhäutchen konzentrierten wasserlöslichen Vitamine und Mineralstoffe und ist außerdem reich an Ballaststoffen. Naturreis quillt langsamer und weniger gut als Weißreis und benötigt daher eine längere Kochzeit. Naturreis ist aus ernährungsphysiologischer Sicht dem Weißreis überlegen. Lediglich für eine Aufbaukost nach akuten Magen-Darm-Beschwerden ist Naturreis wegen seiner etwas schwereren Aufschließbarkeit nicht geeignet.

Weißreis: Beim Weißreis ist das Silberhäutchen entfernt (Schleifen des Reises), ebenso der beim Schleifen entstandene Stärkestaub (Polieren des Reises). Durch das Entfernen des Stärkestaubs wird ein Verklumpen der einzelnen Reiskörner während des Kochens verhindert. Bei preisgünstigem Reis, der zum Verklumpen neigt, ist dieser Stärkestaub nicht sorgfältig genug entfernt worden. Es gelingt meist, diese staubförmigen Stärkereste durch gründliches Wässern in ausreichendem Maße zu entfernen.

Polierter Reis ist besonders arm an Ballaststoffen, Vitaminen und Mineralstoffen. Er kann durch die Verdauungssäfte sehr leicht aufgeschlossen werden. Weißreis eignet sich daher besonders bei Erkrankungen des Magen-Darm-Trakts, auch bei solchen, die mit einer unspezifischen Nahrungsmittelunverträglichkeit vergesellschaftet sind.

Langkornreis (Patna-Reis): Langkornreis hat einen relativ hohen Gehalt an Klebereiweißen, die nicht dem Glutentyp zuzurechnen sind. Er kann deswegen bei einer glutenfreien Kost ebenfalls eingesetzt werden. Das Reiskorn ist infolge des höheren Gehalts an diesen spezifischen Klebereiweißen härter, quillt weniger und behält während des Kochens eine festere Konsistenz. Ausgequollener Langkornreis ist ebenfalls leicht verdaulich.

Rundkornreis (Milchreis): Rundkornreis hat einen niedrigeren Gehalt an Klebereiweiß als Langkornreis. Er quillt demzufolge stärker, das Reiskorn zerfällt leichter, und es bildet sich beim voll ausgequollenen Reis eine pastöse puddingartige Masse. Zwischen Rundkorn- und Langkornreis bestehen aus ernährungsphysiologischer Sicht kaum Unterschiede.

Parboiled Reis: Bei der Herstellung von Parboiled Reis wird Naturreis (fast ausnahmslos Langkornreis) unter Druck mit Wasserdampf behandelt. Dabei werden aus dem Silberhäutchen beträchtliche Mengen an Mineralstoffen und Vitaminen gelöst und in den gelockerten Stärkekern des Reiskorns gepreßt. Beim anschließenden Schleifen des so vorbehandelten Reises werden diese Mineralstoffe und Vitamine nicht entfernt und gehen somit nicht verloren. Aus ernährungsphysiologischen Gesichtspunkten (Vitamin- und Mineralstoffversorgung) ist dem Parboiled Reis der Vorzug zu geben.

Schnell kochender Reis: Zur Herstellung von schnell kochendem Reis wird Reis, vorzugsweise Langkornreis, vorgegart und anschließend schonend getrocknet. Durch dieses Vorgaren wird lediglich die Kochzeit verkürzt. Aus ernährungsphysiologischer Sicht ist schnell kochender Reis dem Weißreis gleichzusetzen. Beim Schnellkochreis neigen die Reiskörner zum Verkleben.

Reismehl: Reismehl wird durch Vermahlen von geschältem Reis hergestellt. Es quillt ausgezeichnet und ist daher für die Herstellung von Schleimsuppen besonders geeignet. Reismehl enthält im Gegensatz zur Reisstärke, die als Nahrungsmittel kaum eingesetzt wird, Eiweiß und geringe Mengen an Vitaminen der B-Gruppe.

Wildreis

Wildreis unterscheidet sich in ernährungsphysiologischer Sicht von den „echten" Reissorten lediglich durch die höhere biologische Wertigkeit seines Eiweißes.

Buchweizen

Die Zusammensetzung des Buchweizenkorns ähnelt der des Getreidekorns. Auch in küchentechnischer Hinsicht bestehen große Ähnlichkeiten mit den Getreiden. Buchweizenprodukte zeichnen sich im Vergleich zu denen aus Getreiden durch einen kräftigen Geschmack aus, so daß Buchweizenmehl meist nur mit Getreidemehlen gemischt verwendet wird.

Buchweizen enthält keine Klebereiweiße, so daß er bei der glutenfreien Kost eingesetzt werden kann. Bei der glutenfreien Kost dürfen Buchweizenprodukte nicht mit kleberhaltigen Mehlen (Weizen, Roggen, Gerste, Hafer) gemischt werden.

Seltene und neuartige Getreidesorten

Es ist davon auszugehen, daß in Zukunft vom Handel in zunehmendem Maße neuartige Getreidesorten angeboten werden, bei denen es sich um Neuzüchtungen oder um importierte exotische Getreidesorten handelt.

<u>Triticale:</u> Triticale ist eine Kreuzung aus Weizen und Roggen, bei der die geringe Anspruchslosigkeit des Roggens an die klimatischen Bedingungen mit der guten Backfähigkeit des Weizens verknüpft werden soll. Der Proteingehalt liegt mit etwa 14 % höher als bei Weizen und Roggen. Die Erträge sind relativ gering, so daß Triticale derzeit nur in klimatisch ungünstigen Gebieten angebaut wird.

<u>Amaranth:</u> Amaranth ist kein Getreide (wie Buchweizen und Quinoa), sondern ein Fuchsschwanzgewächs. Er war in Süd- und Mittelamerika heimisch und Hauptnahrungsmittel der Azteken und Inkas. Die spanischen Eroberer verboten seinen Anbau, so daß er in seiner eigentlichen Heimat für Jahrhunderte ohne Bedeutung war. In den Hochlandregionen Asiens wurde er dagegen zunehmend angepflanzt. Die Blätter des Amaranth werden in einigen tropischen Ländern als Gemüse verzehrt.

Neuzüchtungen dieser Getreidesorte werden seit einiger Zeit in Nordamerika unter dem Namen Tampala angebaut. Der Proteingehalt des Korns ist beträchtlich höher als der der anderen Getreidesorten, der Lysingehalt etwa dreimal so hoch wie im Weizenprotein (Weizen- und andere Getreideeiweiße sind arm an Lysin). Das Korn wird vielfältig verwendet (Mehle, Popcorn). Amaranth wird augenblicklich kaum importiert, es ist aber damit zu rechnen, daß er wegen seines hohen Proteingehalts und insbesondere wegen des hohen Lysingehalts als besonders hochwertiges Lebensmittel propagiert wird. Bei einer ausgeglichenen vollwertigen Ernährung ist jedoch eine „Anreicherung" der Kost mit Amaranth-Erzeugnissen nicht erforderlich.

Nach Europa kam Amaranth als Zierpflanze wegen seiner leuchtend roten Blütenstände. Der rote Farbstoff Naphtholrot S (E 123) trägt den Trivialnamen Amaranth. Er ist in der Bundesrepublik nur für bestimmte Lebensmittel zugelassen und wird kaum eingesetzt.

<u>Kamut:</u> Kamut ist eine uralte Getreidesorte aus dem alten Ägypten, die sich durch sehr große Getreidekörner auszeichnet.

<u>Quinoa:</u> Quinoa ist eine Meldeart, die in Südamerika heimisch ist und auch in großen Höhen (in den Anden) noch kultiviert werden kann. Quinoa enthält geringe Mengen an Saponin, ein Alkaloid mit bitterem Geschmack, so daß nur kleinere Mengen verzehrt werden können.

5.2.1.2 Aufbau des Getreidekorns

Mehlkörper

Der Mehlkörper, etwa 80 % des Korns, besteht aus Stärke, die in Stärkekörnern angeordnet ist. Diese Stärkekörner sind von einer dünnen Eiweißhülle umgeben. Zwischen den einzelnen Stärkekörnern ist zusätzlich Protein eingelagert. Bei Mehlen aus backfähigen Getreidearten handelt es sich bei diesen Eiweißen um Klebereiweiße. Etwa 80 % des gesamten Eiweißgehalts des Getreidekorns befinden sich im Mehlkörper.

Keimling

Der Keimling birgt in Form von DNA die genetische Information des Getreides. Daneben enthält der Keimling Eiweiße, vorzugsweise Enzymeiweiße, und Fett (2 bis 5 %). Der hohe Fettanteil und das Vorkommen von Lipasen im Keimling bewirken das bei längerer Lagerung auftretende Ranzigwerden von Getreide, das besonders beim Hafer zu beobachten ist. Beim Auskeimen des Keimlings werden Lectine gebildet, Eiweiße, die eine gewisse Toxizität aufweisen (siehe Kap. 6.6.1). Sie werden durch Hitzeeinwirkung inaktiviert. Ausgekeimte Keimlinge sollten deswegen vor dem Verzehr zumindest blanchiert werden.

Aleuronschicht

Die Aleuronschicht umhüllt den Mehlkörper und den Keimling. Sie enthält Reserveeiweiße, Fett, Mineralstoffe und wasserlösliche Vitamine.

Frucht- und Samenschale

Frucht- und Samenschale sind fest miteinander verwachsen und bilden die äußere Umhüllung des Getreidekorns. Sie bestehen zu einem beträchtlichen Teil aus Ballaststoffen (15 %) und enthalten Mineralstoffe sowie einige Vitamine. Frucht- und Samenschale sind in Vollkornerzeugnissen noch vorhanden.

Spelzen

Spelzen bilden die äußere Schutzschicht des Getreidekorns. Sie werden nicht mehr zum Getreidekorn gerechnet. Sie sind aus ligninreichen Faserstoffen aufgebaut und unverdaulich.

Spelzen müssen vor der Verarbeitung und dem Verzehr des Getreidekorns stets entfernt werden, da auf ihnen möglicherweise Umweltschadstoffe abgelagert wurden. Auf den Spelzen können sich außerdem Mikroorganismen ansiedeln und bei günstigen Wachstumsbedingungen vermehren. Eine besondere Gefahr besteht beim Befall mit dem Schimmelpilz Claviceps purpura, der stark giftige Mutterkornalkaloide bildet (siehe Kap. 6.2.4). Das unbedingt erforderliche Entfernen der Spelzen ist deshalb auch bei der Zubereitung von Vollwertkost zu berücksichtigen.

5.2.1.3 Zusammensetzung des Getreidekorns

Die Zusammensetzung des Korns unterscheidet sich bei den verschiedenen Getreidearten nur geringfügig (siehe Tabelle 5.2.1).

Tabelle 5.2.1:
Gehalt von Weizen, Weizenmehlen unterschiedlicher Ausmahlungsgrade sowie von Kleie und Keimling des Weizens an Eiweiß, Fett, verwertbaren Kohlenhydraten und Ballaststoffen (in g) sowie von Eisen, Kalzium und Vitamin B_1 (in mg) pro 100 g Frischgewicht

	Eiweiß	Fett	Kohlenhydrat	Ballaststoffe	Eisen	Kalzium	Vitamin B_1
Gesamtes Korn	11,5	2,0	59,4	10,6	3,3	43,7	0,48
Mehl, Type 1700	12,1	2,1	60,4	9,0	3,3	41,0	0,47
Mehl, Type 1050	12,1	1,75	65,1	4,2	2,8	14,0	0,43
Mehl, Type 405	10,6	0,98	72,8	2,2	1,95	15,0	0,06
Kleie	16,0	4,65	14,1	42,4	3,6	43,0	0,65
Keimling	26,6	9,2	28,0	8,1	8,1	69,0	2,0

Kohlenhydrate

Im Getreidekorn kommen nahezu ausschließlich Polysaccharide vor, die etwa 70 % dessen Gesamtgewichts ausmachen. Mono-, Di- und Trisaccharide sind nur in sehr geringen Mengen vorhanden (etwa 1 bis 2 %).

Stärke: Stärke macht mit etwa 50 bis 60 % (bei Hafer etwa 40 %) den Hauptteil des Getreidekorns aus. Sie ist in Form von Stärkekörnern im Mehlkörper konzentriert. In der Regel sind etwa 25 % der Stärke Amylose und 75 % Amylopektin.

Ballaststoffe: Die Ballaststoffe (etwa 10 %) sind größtenteils in den äußeren Schichten des Getreidekorns enthalten. Wichtigste Ballaststoffe sind Hemizellulose, Pentosane und Zellulose. Relativ viel Pentosane finden sich im Roggen (beim Roggen auch in geringer Menge im Mehlkörper). Pentosane quellen intensiv, sie verbessern, nach vorangegangenem Aufschluß durch Mikroorganismen im Sauerteig, die Backfähigkeit von Roggenmehl und verzögern das Altbackenwerden.

In Hafer und Gerste kommen in relativ großer Menge Lichenine vor (Zellulose mit teilweise atypischer Verknüpfung der Glucosereste, sog. „Moosstärke"). Lichenine haben ein sehr großes Quellvermögen. Die besonders ausgeprägte Schleimbildung von Hafer- und Gerstenerzeugnissen (Haferschleimsuppe) beruht auf dem hohen Licheningehalt dieser Getreide. Es gibt Bestrebungen, diese Eigenschaft der Lichenine industriell für die Herstellung spezifischer Diäterzeugnisse zu nutzen.

Lipide

Der Lipidgehalt des Getreidekorns ist mit knapp 2 % sehr gering (Ausnahme Hafer mit 7 %). Die Lipide sind vorwiegend im Keimling enthalten.

Eiweiß

Getreidekörner enthalten zwischen 9 und 12 % Eiweiß (Ausnahme Reis mit nur 7 %). Der größte Teil, etwa 80 %, befindet sich im Mehlkörper. Das Gesamtprotein des Getreides hat einen recht hohen Gehalt an Glutaminsäure. Dagegen ist der Gehalt an den essentiellen Aminosäuren Lysin, Tryptophan und Methionin sehr gering, im Maiseiweiß ist Tryptophan überhaupt nicht vorhanden (siehe hierzu auch Niacinmangel [Pellagra], Kap. 3.7.2.3).

Die biologische Wertigkeit des Getreideeiweißes differiert bei den einzelnen Getreidearten; sie liegt zwischen 60 und 80. Sie hängt zusätzlich vom Ausmahlungsgrad des Mehls ab. Weizeneiweiß hat generell eine etwas niedrigere biologische Wertigkeit (etwa 60), Roggen und Reis dagegen mit etwa 80 eine relativ hohe. Wildreis hat mit 93 die höchste biologische Wertigkeit aller „Getreide"-Arten.

Die biologische Wertigkeit des Getreideeiweißes nimmt beim Backen ab (insbesondere in der braunen Kruste des Brots). Das ist darauf zurückzuführen, daß hierbei der bereits geringe Lysingehalt weiter erniedrigt wird. In die nichtenzymatische Bräunungsreaktion (Maillard-Reaktion) werden vorzugsweise Lysinreste des Eiweißes einbezogen und dabei chemisch verändert (siehe hierzu Kap. 11.3.1.1). Der geringe Lysingehalt von Getreideerzeugnissen ist bei der Ernährung mit einer vollwertigen Mischkost ohne Bedeutung, da der Ergänzungswert der anderen Nahrungseiweiße ausreichend hoch ist. Mit einem Lysinmangel muß nur gerechnet werden, wenn der Eiweißbedarf nahezu vollständig durch Getreideeiweiß gedeckt wird (einseitige Kostformen, Ernährung in Entwicklungsländern).

Klebereiweiße: Die Klebereiweiße (Glutene) sind Speichereiweiße. Sie können in kleberhaltigen Getreiden bis zu etwa 80 % des gesamten Getreideeiweißes ausmachen. Sie sind vorwiegend im Mehlkörper lokalisiert und für die Backfähigkeit der Mehle verantwortlich.

Bei den Klebereiweißen ist zwischen den Gliadinen und den Gluteninen zu unterscheiden. Die Gliadine des Weizens, des Roggens, der Gerste und des Hafers können bei entsprechend disponierten Personen eine Schädigung der Dünndarmschleimhaut auslösen (gluteninduzierte Enteropathie, Zöliakie bzw. Sprue). In diesen Fällen ist die strikte Einhaltung einer glutenfreien Kost erforderlich (siehe Kap. 7.1.1.2.2).

Die Gliadine des Weizens und des Roggens weisen sehr große Ähnlichkeiten auf. Die Gliadine der Gerste (Hordeine) und des Hafers (Avenine) unterschei-

den sich in ihrem Aufbau etwas von denen des Weizens und des Roggens. Auch sie lösen, entgegen anderslautenden Ansichten, bei disponierten Personen in gleicher Weise eine gluteninduzierte Enteropathie aus. Erzeugnisse, die Gerste oder Hafer enthalten, sind deswegen ebenfalls aus der Kost solcher Patienten konsequent zu eliminieren.

Albumine und Globuline: Ihr Anteil am gesamten Eiweißbestand des Getreidekorns beträgt etwa 20 %.

Enzymeiweiße: Im Getreidekorn sind in geringer Menge auch Enzyme enthalten, vorwiegend im Keimling. Sie sind infolge des geringen Wassergehalts des getrockneten und bei niedriger Luftfeuchtigkeit gelagerten Getreides praktisch nicht aktiv, können aber bei zu langer und unsachgemäßer Lagerung aktiviert werden. Sie führen dann zu einem langsamen Verderb des Getreides. Getreide verdirbt bei nicht fachgerechter Lagerung allerdings vorzugsweise durch den Befall von Mikroorganismen.

Mineralstoffe

Der Mineralstoffgehalt des Getreidekorns beträgt etwa 2 %, davon sind etwa 60 % in der Aleuronschicht lokalisiert, der Mehlkörper enthält nur etwa 20 % der Mineralstoffe des gesamten Korns. Kalium und Phosphat stellen den Großteil der Mineralstoffe. Der Gehalt an Eisen (3wertiges, schlecht verwertbares Eisen) beträgt etwa 2 mg/100 g, der Kalziumgehalt etwa 50 mg/100 g.

Da die Mineralstoffe zum überwiegenden Teil in den Hüllschichten lokalisiert sind, geht beim Ausmahlen des Korns ein beträchtlicher Teil mit der Kleie verloren.

Vitamine

Die Vitamine, vorzugsweise wasserlösliche Vitamine der B-Gruppe und Vitamin E, sind vorwiegend in der Aleuronschicht und im Keimling zu finden, das Vitamin E als fettlösliches Vitamin ausschließlich im Keimling. Besonders reich an Vitamin E sind Weizen, Roggen und Mais (1,5 bis 2 mg/100 g). Vollkornerzeugnisse aus Weizen und Roggen können somit wesentlich zur Versorgung mit Vitamin E beisteuern. Vitamin C ist im Getreidekorn nicht vorhanden.

Phytinsäure

Im Getreidekorn ist etwa 1 % Phytinsäure enthalten, vorwiegend in den Randschichten (Aleuronschicht und Frucht- und Samenschale). Ihr Gehalt ist deshalb in der Kleie sehr hoch, in hellen Mehlen dagegen niedrig. Phytinsäure behindert die Resorption von Kalzium, Magnesium und Eisen. Beim Gehen von Hefe- und Sauerteig wird die Phytinsäure durch eine in der Hefe bzw. in den Bakterien des Sauerteigs vorkommende Phytase teilweise zerstört (besonders gründlich im Sauerteig). Das Ausmaß der Resorptionsbehinderung von Mineralstoffen durch die Phytinsäure wird oft überbewertet.

Phytinsäure ist eine ringförmig aufgebaute Substanz mit 6 C-Atomen (Inosit), an der 6 Phosphorsäurereste angeheftet sind. Sie liegt im Getreide vorwiegend als Kalium-Magnesium-Salz vor. In wäßrigen Lösungen (wie im Darminhalt) dissoziieren diese Salze. Die nunmehr frei vorliegende Phytinsäure kann jetzt mit Eisen-, Magnesium- und Kalziumionen unlösliche Komplexe (Chelate) bilden, die nicht resorbiert werden können. Phytinsäure kommt auch in vielen anderen Pflanzen vor, sie ist für diese eine Speicherform für anorganisches Phosphat.

Wasser

Der Wassergehalt der getrockneten Getreidekörner macht etwa 12 bis 14 % des Gesamtgewichts aus. Dieser Restwassergehalt ist fest gebunden, das Wasser ist nicht frei verfügbar. Ein Verderb des getrockneten Kornes infolge eines hydrolytischen Abbaus durch die Enzyme des Korns oder infolge eines Bewuchses durch Mikroorganismen findet daher nicht statt, solange die Luftfeuchtigkeit im Lagerraum niedrig gehalten wird.

5.2.1.4 Getreideerzeugnisse

5.2.1.4.1 Mühlenerzeugnisse (Mehle)

Der unterschiedliche Bearbeitungsgrad von Mühlenerzeugnissen hat beträchtliche Auswirkungen auf die Zusammensetzung und auf die ernährungsphysiologische Bedeutung der aus ihnen hergestellten Lebensmittel.

Bei den einzelnen Mühlenprodukten muß zwischen den Feinheitsgrad (Zerkleinerungsgrad) und dem Ausmahlungsgrad unterschieden werden. Während der Ausmahlungsgrad die Zusammensetzung und damit den Nährwert wesentlich beeinflußt (siehe Tabelle 5.2.1), ist der Feinheitsgrad der Mehle nur für küchentechnische Gesichtspunkte von Bedeutung.

Eine gewisse Sonderstellung nimmt das ganze Korn (Vollkorn) ein.

Vollkorn

Beim Vollkorn sind die Spelzen und in der Regel auch die äußeren Fruchtschalen entfernt, die im wesentlichen nur wasserunlösliche Ballaststoffe enthalten, aber kaum Mineralstoffe und Vitamine. Die Verwertung des Getreidekorns im Magen-Darm-Trakt wird durch das Entfernen der Fruchtschalen verbessert.

Besonders wichtig ist die gründliche Reinigung des Getreides und die Entfernung der Spelzen, da dadurch möglicherweise aufgelagerte Schadstoffe oder giftbildende Mikroorganismen, insbesondere mykotoxinbildende Schimmelpilze, mit Sicherheit entfernt werden. Dies trifft in besonderem Maße auf Getreide aus alternativem Anbau zu. Vor dem Verzehr von ungereinigtem Getreide („Direktbezug" vom Erzeuger), in der Vollwertkost mitunter praktiziert, muß dringend gewarnt werden.

Kleie und Mehle mit unterschiedlichem Ausmahlungsgrad

Kleie: Vom gereinigten Vollkorn können vor dem eigentlichen Mahlprozeß Frucht- und Samenschale, Keimling und Aleuronschicht in unterschiedlichem Ausmaß entfernt werden. Die Gesamtheit dieser Bestandteile, die nicht dem Mehlkörper zuzurechnen sind, ist die Kleie. Kleie (etwa 17 % des Korns) enthält beträchtliche Mengen an Ballaststoffen, Mineralstoffen, Eiweißen und Vitaminen.

Die Zusammensetzung der im Handel angebotenen Kleie differiert beträchtlich in Abhängigkeit vom Ausmahlungsgrad. Sie wird gereinigt (sog. Speisekleie) und in der Diätetik als Ballaststoffpräparat eingesetzt. Die von den Anbietern von Diäterzeugnissen in den Handel gebrachten Produkte sind standardisiert und lebensmitteltechnologisch bearbeitet.

Ausmahlungsgrad: Als Maß für den Ausmahlungsgrad dient der Mineralstoffgehalt (Typenzahl). Die Typenzahl eines Mehls gibt an, wieviel Asche, in mg angegeben, beim Verbrennen von 100 g Mehl zurückbleibt (beim vollständigen Verbrennen des Mehls werden alle organischen Verbindungen zu gasförmigen Stoffen oxidiert, nur die Mineralstoffe bleiben als feste Metalloxide [Asche] zurück).

Bei Vollkornmehl und Vollkornschrot sowie bei dunklen Mehlen ist der Ausmahlungsgrad sehr niedrig, die Typenzahl folglich hoch (z. B. Type 1700), ebenso der Gehalt an Mineralstoffen, Vitaminen und Ballaststoffen. Bei hellen Auszugsmehlen mit hohem Ausmahlungsgrad ist die Typenzahl niedrig (z. B. Type 405), ebenso der Gehalt an Ballaststoffen, Mineralstoffen und Vitaminen. Aus ernährungsphysiologischer Sicht sind gering ausgemahlene Mehle mit einer hohen Typenzahl zu bevorzugen.

Feinheitsgrad der Mühlenprodukte

Je nach dem Zerkleinerungsgrad unterscheidet man zwischen ganzem Korn (unzerkleinert), Graupen, Gräupchen, Grütze, Grieß, Dunst und Mehl. Der Zerkleinerungsgrad hat zunächst prinzipiell keinen Einfluß auf die ernährungsphysiologische Wertigkeit von Speisen, die aus diesen unterschiedlich zerkleinerten Getreideerzeugnissen zubereitet wurden. Allerdings sind folgende Gesichtspunkte zu beachten:

- Je gröber ein Mühlenprodukt ist, um so länger sind die Garzeiten, mit denen ein möglichst vollständiger Aufschluß und Ausnutzung der Inhaltsstoffe gesichert werden kann. Das betrifft insbesondere das vollständige Quellen der Stärke.
- Bei Verdauungs- und Resorptionsstörungen ist die Verdaubarkeit von Graupen oder Grieß mitunter weniger vollständig.
- Die peristaltikfördernde Wirkung von Ballaststoffen ist bei gleicher Typenzahl bei grob ausgemahlenen Produkten (Schrot) stärker ausgeprägt als bei fein ausgemahlenen Mehlen. Die Nährstoffausnutzung kann beim Schrotbrot, insbesondere bei rascher Darmpassage, u. U. nicht vollständig sein.

5.2.1.4.2 Brot und Backwaren

Entscheidend für die ernährungsphysiologische Einschätzung von Brot und Backwaren ist der Ausmahlungsgrad der verwendeten Mehle. Vollkorn- und Schwarzbrote sind wegen ihres hohen Gehalts an Ballaststoffen und Mineralstoffen sowie an Vitaminen besonders wertvoll. Die den zahlreichen Spezialbroten zugeschriebenen besonderen zusätzlichen gesundheitsfördernden Eigenschaften (Reformbrote) sind wissenschaftlich nicht begründbar. Solche Brote ergänzen jedoch das Brotangebot und tragen somit zu einer abwechslungsreichen Kost bei.

Feinbackwaren sind aus ernährungsphysiologischer Sicht mit Vorbehalten zu betrachten (niedriger Ballaststoff-, Mineralstoff- und Vitamingehalt), obwohl ein gelegentlicher Verzehr auf Grund ihres Genußwerts nicht generell abzulehnen ist.

Der oft hohe Gehalt von Feinbackwaren an Fett und Zucker erfordert bei bestimmten Erkrankungen (z. B. Diabetes mellitus) sowie bei bestehendem Übergewicht deren Einschränkung bzw. vollkommenen Verzicht.

Brotarten/Brottypen

Die Mannigfaltigkeit des Brotangebots ist in Deutschland besonders groß. In der Bundesrepublik werden mehr als 1000 verschiedene Brotsorten angeboten. Die verschiedenen Mischbrote haben mit mehr als 50 % den größten Marktanteil, gefolgt von Roggenbroten (18 %), Toastbroten (9 %) und Weizenbroten (2 %).

Die verschiedenen Brotarten unterscheiden sich in verschiedenen Parametern wie

- Ausmahlungsgrad und Feinheit des eingesetzten Mehls
  helle und dunkle Brote, Schrotbrot, Vollkornbrot,

- Getreideart
  Weizenbrot, Roggenbrot, Mischbrot,
  Roggenbrot enthält mindestens 90 % Roggenmehl,
  Roggenmischbrot (aus Roggen- und Weizenmehl) enthält mindestens 51 % Roggenmehl,
  Weizenmischbrot enthält mindestens 51 % Weizenmehl,
- Teigführung
  Sauerteig,
  Hefeteig,
- Backtemperatur
  niedrige Temperatur bei Pumpernickel.

Roggenbrote bzw. Roggenmischbrote: Roggenbrote und Roggenmischbrote werden aus Sauerteig hergestellt, da die Pentosane (Polysaccharide) des Roggens nur bei der Sauerteigbereitung partiell aufgeschlossen werden und damit die Backfähigkeit (Ausbildung der Krume) sichern können. Das Klebereiweiß des Roggenkorns reicht dazu mengenmäßig nicht aus. Der typische leicht säuerliche Geschmack von Sauerteigbroten ist durch geringe Mengen an Milchsäure bedingt, die von den Milchsäurebakterien während des Gehens des Sauerteigs gebildet wird. Die Verträglichkeit des Brots wird dadurch nicht verschlechtert.

Die aufgeschlossenen Pentosane des Roggenmehls besitzen eine hohe Wasserbindungsfähigkeit. Roggenbrote oder Roggenmischbrote trocknen deshalb nicht so schnell aus wie reine Weizenbrote.

Weizenbrote: Bei Weizenbroten genügt die weniger arbeits- und zeitaufwendige Teigführung mit Hefe. Die gequollenen Klebereiweiße des Weizenbrots haben eine geringere Wasserbindungsfähigkeit als die Pentosane des Roggenbrots, Weizenbrot trocknet deswegen wesentlich schneller aus. Durch verschiedene Zusätze zu vielen Weißbrotsorten soll das Austrocknen verzögert werden (z. B. Zusatz von Milch bei Toastbrot).

Wegen der kürzeren Teigführung und der fehlenden Wirkung der Milchsäurebakterien ist in der Krume des Weißbrots die Ausbildung von typischen Brotaromen weniger ausgeprägt. Für das Aroma des Weißbrots sind im wesentlichen Substanzen verantwortlich, die bei der nichtenzymatischen Bräunung (Krustenbildung) entstehen.

Spezialbrote: Die Vielzahl der Spezialbrote (Grahambrot, Schlüterbrot, Steinmetzbrot u. a.) zeigen aus ernährungsphysiologischer Sicht kaum Besonderheiten. Sie unterscheiden sich im wesentlichen durch Besonderheiten bei der Müllerei (Mahlvorgang), der Teigführung und der Backtemperatur. Abweichungen gibt es praktisch nur in geschmacklicher Hinsicht.

Wesentliche Unterschiede bestehen jedoch beim Pumpernickel (Roggenschrot), der bei niedrigen Temperaturen (100 bis 180 °C) überdurchschnittlich lange gebacken wird (bis zu 36 Stunden). Dadurch wird ein relativ großer Anteil der Stärke partiell zu Dextrinen abgebaut und diese teilweise in Karamel umgewandelt. Außerdem werden beträchtliche Mengen an Melanoidinen (Reaktionsprodukte der nichtenzymatischen Bräunungsreaktion zwischen Eiweißen und Kohlenhydraten, siehe Kap. 11.3.1.1) gebildet. Pumpernickel ist wegen seiner festen Konsistenz schwerer verdaulich, obwohl die Dextrine rascher als die Stärke gespalten werden.

Knäckebrot wird ohne Hefe- bzw. Sauerteigführung gebacken. Als Triebmittel wirkt der Wasserdampf, der bei den dünnen Lagen und einer Backtemperatur von 350 °C schlagartig entsteht. Knäckebrot ist aus diesem Grund gut verträglich, Aromastoffe entstehen nur durch die nichtenzymatische Bräunungsreaktion.

Altbackenwerden von Brot

Die Veränderungen, die bei einer längeren Lagerung von Brot zu dessen Altbackenwerden führen, können in Abhängigkeit von den Lagerbedingungen recht unterschiedlich sein. Im Vordergrund stehen meist Wasserverluste durch Austrocknung. Ein reiner Wasserverlust führt indes kaum zu einer ernährungsphysiologischen Veränderung des Nährwerts.

Entscheidend für das Altbackenwerden ist die Tatsache, daß auch ein geringer Teil des Wassers abgegeben wird (etwa 2 %), der von der gequollenen Stärke fest gebunden worden war. Durch diese Abgabe von gebundenem Wasser kristallisiert ein Teil des Amyloseanteils der Stärke wieder aus (Retrogradation); er wird in resistente Stärke überführt. Da resistente Stärke nicht erneut quellen kann, kann sie durch die Verdauungssäfte nicht gespalten werden, sie verhält sich wie ein Ballaststoff. Dadurch vermittelt altbackenes Brot ein Gefühl von Schwerverdaulichkeit (siehe Kap. 3.3.7).

Backwaren aus Mehlen mit einem hohen Proteingehalt sowie solche aus Roggenmehl besitzen ein besseres Frischhaltevermögen, da das Wasser vom Eiweiß bzw. von den Pentosanen des Roggenbrots besser festgehalten werden kann.

Auch der Gesamtwassergehalt eines Brots oder einer anderen Backware hat einen wesentlichen Einfluß auf das Altbackenwerden. Wasserarme Backwaren (Knäckebrot, Zwieback, Kekse) werden nicht oder kaum altbacken.

Das Altbackenwerden hängt außerdem stark von der Lagertemperatur ab. Es erfolgt am schnellsten bei 0 °C (Brot nicht im Kühlschrank aufbewahren), unterhalb von –7 °C findet dagegen ein Altbackenwerden nicht mehr statt (ein Einfrosten von Brot und Backwaren ist deshalb möglich).

Verderb von Brot

Brotschimmel: Brot wird relativ schnell schimmlig, insbesondere beim Aufbewahren bei zu hoher Luftfeuchtigkeit. Da stets die Gefahr besteht, daß die Schimmelausbildung durch mykotoxinbildende Schimmelpilze bedingt ist, ist schimmliges Brot für den Verzehr ungeeignet und vollständig zu verwerfen. Es genügt nicht, nur die befallenen Stellen großflächig auszuschneiden.

Die Schimmelpilzgifte (Ochratoxine und Aflatoxine) sind Lebergifte. Sie werden vom Pilzmycel gebildet, das kaum sichtbar in der Krume im Inneren des Brots in die Tiefe wächst. Der sichtbare äußere Pilzbefall sind lediglich die Sporenständer mit den Pilzsporen (siehe ausführlich Kap. 6.2.4).

Fadenziehen: Das vorzugsweise bei Hefeteigbackwaren (Weißbrot) und nur schwach gesäuerten Weizenmischbroten zu beobachtende Fadenziehen in der Brotkrume ist in den meisten Fällen auf einen Befall durch sporenbildende Erdbakterien (Bazillen) zurückzuführen. Da Bakteriensporen erst bei 120 °C abgetötet werden, überstehen sie den Backprozeß im Inneren des Brotlaibs problemlos (die Temperatur überschreitet dort nie 100 °C). Das so verdorbene Brot ist ungenießbar.

5.2.1.4.3 Teigwaren

Hartweizenerzeugnisse

Hartweizenteigwaren werden ausschließlich aus Hartweizenmehl oder Hartweizengrieß hergestellt. Sie kochen auf Grund des höheren Klebergehalts des Hartweizens weniger ab als Teigwaren, die aus Weichweizen hergestellt wurden. Italienische Teigwaren dürfen (italienisches „Reinheitsgebot") nur aus Hartweizen hergestellt werden; Eier (auch Eipulver oder Flüssigei) dürfen ihnen (in Italien) nicht zugesetzt werden. Hartweizenerzeugnisse sind auf Grund des etwas höheren Gehalts des Hartweizens an β-Carotin intensiver gelb gefärbt als Produkte aus Weichweizen (ohne Eizusatz).

Weichweizenerzeugnisse

Weichweizenteigwaren kochen auf Grund des geringeren Klebergehalts des Weichweizens stärker ab als Hartweizenerzeugnisse. Sie sind im gekochten Zustand wesentlich weicher als Hartweizenteigwaren.

Vollkornteigwaren

Vollkornteigwaren sind im Gegensatz zu den traditionellen Teigwaren wesentlich reicher an Ballaststoffen und Mineralstoffen. Sie enthalten außerdem etwas Fett, das bei unsachgemäßer Lagerung relativ rasch gespalten und oxidiert wird (Ranzigwerden und Ausbildung von Fehlaromen). Vollkornteigwaren sind weniger gut lagerfähig und deshalb bis zum alsbaldigen Verbrauch besonders trocken und lichtgeschützt zu lagern.

Eierteigwaren

Eierteigwaren werden unter Zusatz von Ei hergestellt (2 bis 6 Eier pro kg Mehl). Durch den Eizusatz soll eine optische Aufbesserung (gelbe Farbe), eine ernährungsphysiologische Aufwertung (Ergänzungswert des Volleieiweißes) und eine Verbesserung des Geschmacks erreicht werden. Außerdem verbessert der Eizusatz die Kochfestigkeit insbesondere von Weichweizenerzeugnissen. In der Bundesrepublik dürfen Eier auch Teigwaren aus Hartweizenmehl zugesetzt werden (im Gegensatz zu Italien, siehe oben).

Mit dem Zusatz von Ei wird den Teigwaren automatisch auch eine dem Eizusatz entsprechende Menge an Cholesterin hinzugefügt. Eierteigwaren enthalten deswegen maximal 150 bis 200 mg Cholesterin/100 g (Trockengewicht), außerdem etwas Fett und andere Lipide.

Gefärbte Teigwaren

Industriell gefertigte Teigwaren dürfen nicht mit Farbstoffen gefärbt werden (auch nicht mit zugelassenen Zusatzstoffen). Zum Färben ist ausschließlich der Zusatz von Tomatenpulver oder Spinat (oder Spinatkonzentrate) sowie von Tintenfisch (schwarze Nudeln) erlaubt.

Ernährungsphysiologische Bewertung von Teigwaren

Teigwaren sind vorrangig Lieferanten von komplexen Kohlenhydraten (70 % der Trockenmasse) sowie von Eiweißen (etwa 15 % der Trockenmasse). Ihr Fettgehalt ist mit etwa 3 % gering. Bei Eierteigwaren ist der Cholesteringehalt zu beachten, der von der Menge der zugesetzten Eier abhängt (bei Zusatz von 5 Eiern pro kg etwa 100 mg pro 100 g Trockenware). Teigwaren nehmen beim Kochen das 2- bis 3fache des Trockengewichts an Wasser auf.

Während in Deutschland zur Herstellung von Teigwaren nur Weizengrieß oder Weizenmehl zugelassen ist (in Ausnahmefällen auch Roggenmehl), werden in anderen Ländern auch andere Getreidesorten zur Teigwarenherstellung eingesetzt. Reismehl wird insbesondere in Ostasien zur Herstellung der verschiedenen Erzeugnisse verwendet. In anderen Ländern dienen auch Mehle aus Mais, Hirse, Gerste, Buchweizen, Eßkastanien und aus der Maniokwurzel als Ausgangsstoffe für Teigwaren.

5.2.2 Speisekartoffeln

Speisekartoffeln sind zusammen mit Getreideerzeugnissen die wichtigsten Sättigungsbeilagen. Sie sind aus ernährungsphysiologischer Sicht ein wertvolles Grundnahrungsmittel, das sich durch einen relativ niedrigen Energieinhalt (380 kJ [95 kcal]/100 g) und durch eine günstige Mineralstoff-Zusammensetzung auszeichnet. Sie sind das kaliumreichste Lebensmittel. Kartoffeln sind weiterhin reich an Vitamin C. Kartoffeln sind mit einem durchschnittlichen Wassergehalt von 80 % verhältnismäßig wasserreiche Lebensmittel.

5.2.2.1 Nährstoffgehalt von Kartoffeln

Die frisch geernteten, ausgereiften Kartoffeln unterscheiden sich kaum in ihrem Nährstoffgehalt, unabhängig von der Zuordnung zu einer der zahlreichen Kartoffelsorten bzw. einer der verschiedenen Kochtypen (festkochend, vorwiegend festkochend, mehlig kochend). Auch zwischen frühen und späten Sorten sind kaum Unterschiede nachweisbar. Nährstoffverluste treten bei der Lagerung auf, die in Abhängigkeit von den Lagerbedingungen, der betreffenden Sorte und dem Reifegrad bei der Ernte unterschiedlich groß sein können.

Die Kartoffelschale besteht zum überwiegenden Teil aus korkartigen Polymeren. Diese sind unverdaulich und können auch von den Darmbakterien nicht aufgeschlossen werden, sie werden deshalb nicht den Ballaststoffen zugerechnet.

Kohlenhydrate

Verwertbare Kohlenhydrate in Form von Stärke sind mit etwa 15 % der Hauptbestandteil der Kartoffeln. Die Kartoffelstärke besteht zu etwa 80 % aus Amylopektin und zu 20 % aus Amylose.

Kartoffelstärke weist gegenüber den anderen Pflanzenstärken eine Besonderheit auf. Ihre Stärkemoleküle sind, wenn auch in sehr geringen Maße, über Querverbindungen, die von Phosphorsäureestern gebildet werden, untereinander vernetzt (der Gehalt der Stärke an Phosphorsäure beträgt etwa 0,001 %). Diese Quervernetzung ist für die typischen Eigenschaften der Kartoffelstärke verantwortlich: Verzögerte Quellung und weitgehende Konstanz der Viskosität auch beim längeren Erhitzen (diese besondere Eigenschaft von phosphorylierter Stärke wird auch bei der Herstellung spezieller modifizierter Stärken genutzt).

Rohe oder unzureichend gequollene Kartoffelstärke ist im Vergleich zur Getreidestärke noch schwerer verdaulich. Kartoffeln müssen infolgedessen ausreichend lange gegart werden. Auch bei ausreichend langer Kochzeit liegen im Durchschnitt 4 % der Stärke noch als resistente Stärke vor und sind demzufolge nicht verwertbar. Beim Abkühlen von gekochten Kartoffeln kommt es zu einer zusätzlichen partiellen Regradation der Amylose und damit zur Bildung von resistenter Stärke (siehe auch Kap. 3.3.5.1). Diese resistente Stärke kann beim erneuten Erhitzen nicht wieder quellen. Es kommt beim erneuten Erhitzen vielmehr zu einer zusätzlichen Regradation von Amylose. Im Kartoffelsalat liegen etwa 6 bis 8 % und in Bratkartoffeln aus gekochten Kartoffeln bis zu 14 % der Stärke als resistente Stärke vor (siehe Kap. 3.3.7). Auch in Bratkartoffeln aus rohen Kartoffeln ist die Stärke meist nicht zu 100 % gequollen und damit auch nur unvollständig verwertbar. Die in der Regel sehr kurz gehaltene Bratzeit reicht zum vollständigen Ausquellen der Stärke nicht aus.

Eiweiß

Der Eiweißgehalt der Kartoffeln beträgt 2 %. Kartoffeleiweiß besitzt eine hohe biologische Wertigkeit (90 bis 100) und zeigt im Gemisch mit anderen Eiweißen einen sehr hohen Ergänzungswert. Das Gemisch aus Kartoffeleiweiß und dem Eiweiß des Volleis (im Mischungsverhältnis von 65 % zu 35 %) hat mit 137 die höchste Wertigkeit, die bisher ermittelt werden konnte. Dieses Gemisch wird bei proteinarmen Diäten als Kartoffel-Ei-Diät genutzt (siehe Kap. 8.5.1.1.2).

Fett

Der Fettgehalt der Kartoffel beträgt etwa 0,1 %. Er kann vollkommen vernachlässigt werden.

Ballaststoffe

Der Gehalt der Kartoffeln an Ballaststoffen ist mit nur etwa 1 % niedriger als oft angenommen. Bezogen auf die wasserfreie Kartoffelmasse beträgt er aber immerhin 5 % und ist somit dem Ballaststoffgehalt von Vollkornerzeugnissen fast gleichzusetzen. Zu den eigentlichen Ballaststoffen muß jedoch noch eine unterschiedlich große Menge an resistenter Stärke hinzugerechnet werden.

Die Hauptmenge der eigentlichen Ballaststoffe ist Zellulose (als Baustein der Zellwände). Daneben sind in der Kartoffel geringe Mengen an Lignin und Hemizellulose enthalten. Somit unterscheiden sich die Ballaststoffe der Kartoffel in ihrer Zusammensetzung beträchtlich von denen der Getreide. Die Ballaststoffe der Kartoffeln werden von den Darmbakterien im Gegensatz zu den Ballaststoffen der Getreideerzeugnisse in beträchtlichem Umfang abgebaut.

Mineralstoffe

Kalium: Die Kartoffel ist das kaliumreichste Lebensmittel (450 mg/100 g). Der Natriumgehalt ist dagegen gering (3 mg/100 g). Deswegen benötigen Kartoffelgerichte eine relativ hohe Kochsalzzugabe, um unseren Geschmacksvorstellungen zu entsprechen. Bei der ernährungsphysiologischen Bewertung der Salzzugabe zu Kartoffelgerichten ist jedoch zu berücksichtigen, daß der hohe Kaliumgehalt beim Gesunden bis zu einem gewissen Grad der (negativen) Wirkung der Natriumionen des zugegebenen Kochsalzes entgegenwirkt.

Die mit dem Verzehr eines Kartoffelgerichts verbundene mengenmäßig große Kaliumaufnahme bedingt eine erhöhte Kaliumausscheidung mit dem Harn, da der Kaliumbestand des Körpers konstant gehalten werden muß. Infolgedessen wird die Harnmenge erhöht, da zur Ausscheidung von Kaliumsalzen durch die Nieren eine entsprechende Menge an Lösungswasser erforderlich ist. Üppige, am Abend verzehrte Kartoffelgerichte können aus diesem Grund zu einem nächtlichen Harndrang und damit zu einer Störung der Nachtruhe führen.

Weitere Mineralstoffe: Kartoffeln enthalten nahezu alle anderen Mineralstoffe in der für Gemüse charakteristischen Höhe mit Ausnahme von Kalzium und Eisen, deren Gehalt zu vernachlässigen ist. Ihr Gehalt an Magnesium und Phosphor liegt etwas höher. Kartoffeln liefern somit einen nicht unerheblichem Beitrag zur Mineralstoffversorgung.

Vitamine

Kartoffeln sind eine wichtige Quelle für Vitamin C und tragen bei einer vollwertigen Ernährung wesentlich zur Versorgung mit diesem Vitamin bei. Der Vitamin-C-Gehalt der Kartoffeln schwankt in Abhängigkeit vom Reifegrad, aber insbesondere in Abhängigkeit von den Lagerbedingungen. Außerdem können bei ungeeigneten Garmethoden beträchtliche Verluste von Vitamin C entstehen.

Der Vitamin-C-Gehalt von frisch geernteten Kartoffeln beträgt etwa 20 mg/100 g. Er nimmt im Verlauf der Lagerung ständig ab, ist aber bei sachgemäßer Lagerung auch im Frühsommer noch ausreichend hoch. Bei unsachgemäßer Aufbewahrung kann er jedoch bereits im Frühjahr auf 2 mg/100 g abgesunken sein. Die günstigsten Bedingungen für die langfristige Bevorratung (Temperatur, Luftfeuchtigkeit, Dunkelheit) können mit vertretbarem Aufwand nur in speziellen Lagerräumen gewährleistet werden.

Die Kochverluste werden durch den Kontakt mit Luftsauerstoff (Kochen im offenen Topf) und durch Metallkatalyse (Eisen, Kupfer) wesentlich erhöht. Sie können durch Dampfdruckgaren bzw. durch Garen im Konvektomaten beträchtlich verringert werden. Sie betragen in Abhängigkeit von der Art des Garverfahrens 25 bis 80 %. Große Verluste treten beim Warmhalten von gegarten Kartoffeln auf. Vitamin C ist in Kartoffeln, die in Thermophoren aufbewahrt werden, nach 1 bis 2 Stunden vollständig zerstört.

Weitere Vitamine: Kartoffeln enthalten außer Vitamin C und den Vitaminen B_1 und Niacin kaum nennenswerte Mengen an anderen Vitaminen.

Solanin

Kartoffeln enthalten wie alle Nachtschattengewächse das giftige Alkaloid Solanin, allerdings in meist zu vernachlässigenden Konzentrationen. Solanin führt, in größerer Menge aufgenommen, zu Kopfschmerzen, Erbrechen und Magen-Darm-Beschwerden.

Der Solaningehalt der Kartoffeln ist stark vom Reifezustand abhängig, er nimmt mit zunehmender Reife ab. Die in ausgereiften Kartoffeln vorliegende Menge an Solanin (weniger als 10 mg/100 g) ist gesundheitlich absolut unbedenklich. Das gut wasserlösliche, aber relativ hitze- und säurebeständige Solanin geht außerdem teilweise in das Kochwasser über, mit dem es verworfen werden kann. Bei ausgereiften Knollen ist Solanin meist nur noch direkt unter der Schale zu finden. Auch die beim Verzehr von Pellkartoffeln aufgenommene Solaninmenge ist unbedenklich.

Höhere Solaninkonzentrationen finden sich in den Keimen (bis zu 5 %), in den Augen und in solchen Stellen der Knollen, die dem Licht ausgesetzt waren. In der Regel sind solche Stellen durch das gleichfalls unter Lichteinwirkung gebildete Chlorophyll grün gefärbt. Vor dem Verzehr von Kartoffelkeimen (auch blanchiert) muß dringend gewarnt werden. Auch grüne Knollen sind vollständig zu verwerfen (siehe auch Kap. 6.6.1).

Nitrat

Der Nitratgehalt der Kartoffeln ist sehr gering, insbesondere im Vergleich zum Nitratgehalt vieler Gemüse. Leicht erhöhte Nitratwerte sind nur dann vereinzelt beobachtet worden, wenn beim Anbau mit Gülle an Stelle von Kunstdünger gedüngt wurde.

5.2.2.2 Lagerung von Kartoffeln

In den Zellen der Kartoffelknolle findet auch nach der Ernte noch ein Stoffwechsel statt, wenn auch mit wesentlich geringerer Intensität. Im Verlauf dieser Stoffwechselprozesse werden ständig geringe Mengen an Stärke abgebaut. Die dabei freigesetzte Glucose wird umgehend zur Energiegewinnung verbrannt. Im Verlauf dieser Stoffwechselprozesse gehen auch geringe Mengen an Vitamin C verloren. Unter optimalen Lagerbedingungen (Lichtausschluß, Temperaturen von 4 bis 8 °C, mittlere Luftfeuchtigkeit) sind diese Abbauprozesse auf ein Minimum begrenzt. Unter der Einwirkung von Licht werden nicht nur alle Stoffwechselprozesse beschleunigt, sondern es kommt auch zu einer erneuten Bildung von Solanin.

Bei kältegeschädigten Kartoffeln („erfrorenen Kartoffeln") muß es nicht zu einem Gefrieren des Wassers in den Kartoffeln verbunden mit dem Zerstören der Zellwände gekommen sein. Die Enzyme, die den Abbau der Stärke zu Glucose katalysieren, werden bei Temperaturen nahe oder knapp unter 0 °C nicht geschädigt, wohl aber die Enzyme, die die Glucose weiter abbauen. Darum kann es zu einem Anstau von Glucose in den geschädigten Kartoffeln kommen, die dann süß schmecken. In den Zellen der erfrorenen Kartoffeln wird außerdem wegen des nicht mehr stattfindenden Glucoseabbaus keine Energie bereitgestellt. Nach einiger Zeit sterben diese Zellen infolge Energiemangels ab, und die Kartoffeln verderben.

5.2.2.3 Ernährungsphysiologische Bedeutung der Kartoffeln

Kartoffeln sind ein ideales Grundnahrungsmittel. Sie zeichnen sich durch folgende Eigenschaften aus:

- Kartoffeln sind ein energiearmes Lebensmittel mit relativ hohem Sättigungswert (geringe Nährstoffdichte).
- Kartoffeln enthalten Eiweiß mit hoher biologischer Wertigkeit und mit einem sehr hohen Ergänzungswert.
- Kartoffeln tragen wesentlich zur Versorgung mit Vitamin C bei.
- Kartoffeln tragen neben Getreideerzeugnissen und Gemüse wesentlich zur Versorgung mit Ballaststoffen bei.
- Kartoffeln sind ein hervorragender Lieferant von Kalium, sie sind das kaliumreichste Lebensmittel. Eine reichliche Kaliumaufnahme kann die gesundheitlich negative Wirkung einer überhöhten Natriumaufnahme etwas abschwächen, bewirkt durch die begrenzte Gegenspielerfunktion des Kaliums.

Lediglich in speziellen Fällen der Krankenernährung können Kartoffeln nicht unbegrenzt eingesetzt werden: Bei bestehender Hyperkalämie (überhöhte Blutkaliumwerte) und der dadurch erforderlichen kaliumarmen Kost dürfen Kartoffeln erst nach gründlichem Wässern und nur mengenmäßig begrenzt eingesetzt werden (siehe Kap. 8.6.2.1).

5.2.3 Gemüse (ohne Berücksichtigung von Hülsenfrüchten)

Die Sortenvielfalt der Gemüse erlaubt nur schwer eine zusammenfassende Einschätzung. Es können jedoch einige Gemeinsamkeiten herausgestellt und somit eine generelle ernährungsphysiologische Bewertung der verschiedenen Gemüsesorten vorgenommen werden, wobei jedoch die Besonderheiten der einzelnen Sorten gegebenenfalls zusätzlich berücksichtigt werden müssen.

Allen Gemüsearten sind folgende Eigenschaften gemeinsam:

- Gemüse sind ballaststoffreiche Lebensmittel mit einer geringen Energiedichte.
- Der Eiweißgehalt von Gemüse ist relativ gering (1 bis 3 %), die biologische Wertigkeit dieser Eiweiße ist meist niedrig.
- Gemüse sind die wichtigsten Lieferanten für wasserlösliche Vitamine und für viele Mineralstoffe.
- Gemüse sind reich an Mikronährstoffen.
- Gemüse verdirbt relativ rasch wegen des relativ hohen Wassergehalts von 80 bis 90 %, der bei einigen Gemüsen noch höher sein kann.

5.2.3.1 Zusammensetzung der Gemüse

Die einzelnen Gemüsearten differieren teilweise beträchtlich im Hinblick auf ihren Nährstoffgehalt. Eine pauschalisierende Einschätzung kann deshalb nur für eine grobe Orientierung dienen. Für die differenzierte Einschätzung sind die Angaben von Nährstofftabellen heranzuziehen.

Eiweiß

Der Eiweißgehalt der meisten Gemüsearten ist sehr gering, er beträgt etwa 1 bis 3 %. Die biologische Wertigkeit dieser Eiweiße ist ebenfalls relativ niedrig, sie ist meist kleiner als 50. Das Eiweiß der Gemüse sind funktionelle Eiweiße (meist Enzymeiweiße). Ein spezifisches Speichereiweiß kommt lediglich in Hülsenfrüchten vor.

Die große Palette der Enzymeiweiße des Gemüses enthält eine Reihe von Enzymen, die den hydrolytischen Abbau von Makromolekülen (vorzugsweise von Polysacchariden) und die oxidative Veränderungen von Inhaltsstoffen beschleunigen. Eine Reihe dieser Enzyme, die offenbar eine wichtige Rolle bei den Reifungsprozessen spielen, sind auch im bereits geernteten Gemüse noch wirksam (Nachreifung). Sie sind u. a. auch für die Bildung von typischen Aromen verantwortlich. Andere Enzyme werden dagegen erst durch die Zerstörung der Zellstrukturen aktiviert und führen beispielsweise zum Verlust von festen Strukturen infolge des Abbaus von polymeren Stoffen (Welken von Blattgemüse) und Verluste an Vitamin C.

Diese Enzyme können durch das Blanchieren weitgehend inaktiviert werden, wodurch nicht nur eine unerwünschte Verfärbung und das Entstehen von Fehlaromen vermieden werden kann, sondern auch die Oxidation von Vitamin C. Ein frühzeitiges, vor der Weiterverarbeitung vorgenommenes Blanchieren trägt somit wesentlich zum Erhalt des Nähr- und Genußwerts bei.

Die Oxidation von Vitamin C wird durch die Ascorbatoxidase katalysiert, die in zahlreichen Gemüsesorten, insbesondere auch im Blattsalat, vorkommt. Sie wird erst bei der Zerstörung der Pflanzenzelle aktiviert (Zerkleinern durch Schneiden oder Zerreißen) und erfordert das Einwirken von Luftsauerstoff. In saurem Milieu wird die Ascorbatoxidase gehemmt. Vitamin-C-Verluste können somit durch eine umgehende Säuerung von zerkleinertem Salat (saures Salatdressing) weitgehend verhindert werden.

Auch die Oxidation von phenolischen Verbindungen, einschließlich Farbstoffen, und deren anschließende Kondensation (Zusammenlagerung zu größeren Molekülen) unter Braunfärbung (sog. enzymatische Bräunung) kann bei einer Hemmung der Oxidasen durch Säure oder durch konsequente Verhinderung des Kontakts mit Luftsauerstoff weitgehend unterbunden werden.

Kohlenhydrate

Der Kohlenhydratgehalt der Gemüse ist unterschiedlich hoch. Er beträgt in der Regel 3 bis 6 g verwertbare Kohlenhydrate pro 100 g Frischgewicht. Gemüse enthalten darüber hinaus unterschiedliche Mengen an Ballaststoffen.

Mono- und Disaccharide und Zuckeralkohole: Glucose und Fructose sowie Rohrzucker kommen in einigen Gemüsen in unterschiedlichen Konzentrationen vor. Der Zuckeralkohol Mannit ist in Gurken und in Zucchini sowie im Kohlrabi und Rettich zu finden.

Polysaccharide: Stärke ist zwar als Reservekohlenhydrat in Gemüse weit verbreitet, sie kommt aber in der Regel nur in relativ geringer Menge vor. Nur in Knollen- und Wurzelgemüse ist der Stärkegehalt etwas höher und kann bis 5 g/100 g betragen. In Schwarzwurzeln und Artischocken kommt als Reservekohlenhydrat Inulin vor. Inulin ist ein aus Fructose aufgebautes Polysaccharid.

Ballaststoffe: Der Gehalt an Ballaststoffen, vorwiegend Hemizellulose, Zellulose und Pektine, ist bei den einzelnen Gemüsesorten unterschiedlich hoch.

Organische Säuren

In pflanzlichen Lebensmitteln können eine Vielzahl von organischen Säuren in unterschiedlichen Konzentrationen vorkommen, vorrangig Äpfelsäure und Zitronensäure.

In einigen Gemüsearten findet sich auch Oxalsäure, allerdings meist in sehr geringer Konzentration. Lediglich in Rhabarber, Mangold, Spinat, roten Rüben und Sauerampfer sowie in Kakao ist der Oxalsäuregehalt höher.

Oxalsäure wird unverändert mit dem Harn ausgeschieden. Sie kann mit Kalziumionen schwer lösliche Salze (Kalziumoxalat) bilden, die im Nierenbecken auskristallisieren und damit Nierensteine bilden können. Bei einer Veranlagung zur Bildung von Nierensteinen sind Rhabarber und Spinat sowie die anderen oxalsäurereichen Lebensmittel zu meiden.

Vitamine

Gemüse ist die wichtigste Quelle für die meisten wasserlöslichen Vitamine. Bei einer ausgewogenen Mischkost tragen Gemüse in größerem Umfang zur Vitaminversorgung bei als das Obst.

Eine besondere Bedeutung kommt dem Gemüse, gemeinsam mit den Kartoffeln, als wichtigste Vitamin-C-Quelle zu. Obst ist zwar ebenfalls eine gute Vitamin-C-Quelle, es wird aber in dieser Hinsicht oft überbewertet. Eine Ausnahme bilden die Zitrusfrüchte, die mit ihrem hohen Vitamin-C-Gehalt wesentlich zur Vitamin-C-Versorgung beitragen können.

Der Gehalt der verschiedenen Gemüse an den einzelnen wasserlöslichen Vitaminen ist unterschiedlich hoch. Allerdings ergänzen sich die einzelnen Vitamine bei einer ausgeglichenen Ernährung wechselseitig, so daß keine bestimmten Gemüse als besonders wertvoll hervorzuheben sind. Es muß jedoch auf eine sorgsame Lagerung und Zubereitung des Gemüses geachtet werden, um unnötige Vitaminverluste zu vermeiden.

Einige Gemüse, die für die Versorgung mit einzelnen Vitaminen einen überdurchschnittlichen Beitrag liefern können, sind in Tabelle 5.2.2 aufgeführt. Besonders vitaminreiche Kräuter wie beispielsweise Petersilie werden in ihrer Bedeutung für die Vitaminversorgung oft überbewertet, da sie nur in vergleichsweise geringen Mengen verzehrt werden.

Einige wasserlösliche Vitamine sind in Gemüsen kaum oder nur in geringer Menge enthalten. Ihr Bedarf muß durch andere Quellen gedeckt werden:

- Vitamin B_1
  Die wichtigsten Quellen sind Getreideerzeugnisse und Fleisch.

- Folsäure

  Die wichtigsten Quellen sind Leber und Fleisch. Blattgemüse trägt zwar zur Versorgung bei, kann aber den Bedarf allein nicht decken. In Gemüsen liegt Folsäure außerdem in konjugierter Form vor (Folat), die weniger gut verwertet werden kann.
- Vitamin B_{12}

  Vitamin B_{12} kommt ausschließlich in Leber, Fleisch und Innereien vor.

Tabelle 5.2.2:
Vitamingehalt von Gemüse und Obst (Vitamin C in mg, Vitamin A [β-Carotin] in mg Retinol-Äquivalenten pro 100 g Frischgewicht)

Vitamin C	
über 400 mg	Hagebutten (1200), Sanddorn (450)
100 bis 400 mg	schwarze Johannisbeeren (190), Petersilie (170), Paprikafrucht (140), Brokkoli (110), Rosenkohl (100), Kiwi (100), Eberesche (100)
40 bis 100 mg	Blumenkohl (70), Papaya (70), Erdbeeren (60), Zitronen (50), Apfelsinen (50), Grapefruit (45)
unter 50 mg	Kartoffeln (20 bis 25)
Vitamin A (β-Carotin)	
über 1000 mg	Löwenzahnblätter (1300), Petersilie (1200), Möhren (1100)
500 bis 1000 mg	Grünkohl (830), Fenchel (800), Spinat (800), Feldsalat (650)
bis 500 mg	Brunnenkresse (450), Brokkoli (320), Endivien (330), Chicorée (200)

Mikronährstoffe

Mikronährstoffe sind in Gemüsen in unterschiedlichen Mengen enthalten. Hervorzuheben sind die Carotinoide und verwandte Verbindungen wie das Lycopin der Tomaten und die antioxidativ wirkenden Flavonoide, bei denen das Quercetin der wichtigste Vertreter ist. Besonders reich an Quercetin ist die Zwiebel (siehe ausführlich Kap. 3.7.3).

Mineralstoffe

In Gemüsen sind mit Ausnahme von Kalzium praktisch alle wichtigen Mineralstoffe enthalten, Hauptvertreter ist das Kalium. Gemüse sind allerdings relativ natriumarm. Der Gehalt der Gemüse an Spurenelementen korreliert weitgehend mit deren Gehalt im jeweiligen Ackerboden.

Eisen liegt im Gemüse in der schwer verwertbaren 3wertigen Form vor, es muß, um resorbiert werden zu können, im Magen-Darm-Trakt in das besser verfügbare 2wertige Eisen überführt werden. Vitamin C kann diese Umwandlung fördern.

5.2.3.2 Schadstoffe in Gemüsen

Gemüse können in Abhängigkeit von der Schadstoffbelastung des Ackerbodens und der Umwelt sowie von den Vegetationsbedingungen in unterschiedlichem Ausmaß mit Schadstoffen belastet sein. Für alle Substanzen, die für den Menschen potentielle Schadstoffe sein können, sind Grenzwerte festgelegt, die von den in den Handel gelangenden Gemüsen nicht überschritten werden dürfen. Dadurch soll eine gesundheitliche Gefährdung der Bevölkerung vermieden werden. Diese Grenzwerte werden bei dem in der Bundesrepublik in den Handel gebrachten Gemüse nicht überschritten. Der Schadstoffgehalt liegt bedingt durch die in den letzten beiden Jahrzehnten geleistete zielstrebige Arbeit zur Reduzierung einer solchen Belastung auch beim traditionell angebauten Gemüse wesentlich unterhalb der zulässigen Grenzwerte.

Nitrat

Gemüse enthalten unterschiedliche Mengen an Nitrat, das aus dem Boden mit dem Wasser aufgenommen wird und von den einzelnen Gemüsen mit unterschiedlicher Intensität gespeichert werden kann (siehe Tabelle 5.2.3).

Tabelle 5.2.3: Unterschiedliche Akkumulation von Nitrat in verschiedenen Gemüsen

hoher Nitratgehalt	mittlerer Nitratgehalt	niedriger Nitratgehalt
Blattgemüse Eisbergsalat, Endivien, Kopfsalat, Mangold, Feldsalat, Fenchel, Spinat	**Wurzel- und Knollengemüse** Möhren, Kohlrabi, Sellerie	**Fruchtgemüse** Erbsen, grüne Bohnen, Tomaten, Gurken, Paprika
Kohlgemüse Chinakohl, Grünkohl, Weißkohl, Wirsing	**Kohlgemüse** Blumenkohl, Brokkoli	**Kohlgemüse** Rosenkohl
Wurzelgemüse rote Rüben, Rettich, Radieschen	**Zwiebelgemüse** Lauch	**Zwiebelgemüse** Zwiebeln, Knoblauch
	Fruchtgemüse Auberginen, Zucchini	**Obst** **Getreide** **Kartoffeln**

Der aktuelle Nitratgehalt der einzelnen Gemüse hängt von verschiedenen Faktoren ab, insbesondere vom Nitratgehalt des Grundwassers, der durch die Bodenverhältnisse beeinflußt wird. Morastige Böden haben einen hohen Nitratgehalt, verursacht durch in ihnen vorkommende stickstoffbindende (und nitratbildende) Bodenbakterien.

Ein erhöhter Nitratgehalt kann weiterhin auf Stickstoffdünger zurückzuführen sein, der in überhöhten Mengen eingebracht wurde. Der Nitratgehalt wird beim unkontrollierten Einbringen von Gülle besonders stark erhöht. Die sachgerechte Düngung mit Kunstdünger erhöht den Nitratgehalt kaum. Durch das Einströmen von Grundwasser aus benachbarten, überdüngten Feldern kann der Nitratgehalt auch im Grundwasser wenig oder nicht gedüngter Felder relativ hoch sein.

Auch unterschiedliche Vegetationsbedingungen beeinflussen den Nitratgehalt. Bei intensiver Sonneneinstrahlung ist er geringer als bei ungünstigen Vegetationsvoraussetzungen (verregneter Sommer). Auch bei Gemüse aus dem Gewächshaus bzw. der Hydrokultur ist der Nitratgehalt höher. Das aufgenommene Nitrat wird bei den durch die Lichteinwirkung im Freiland stimulierten Stoffwechselprozessen zur Synthese von Eiweiß und anderen stickstoffhaltigen Verbindungen eingesetzt und nicht im Gemüse abgelagert.

Nitrat ist selbst nicht giftig. Giftig ist ab bestimmten Konzentrationen das durch Reduktion aus dem Nitrat gebildete Nitrit.

Eine solche Umwandlung in Nitrit kann bereits bei einer unsachgemäßen Lagerung des Gemüses erfolgen. Diese Bildung von Nitrit erfolgt besonders schnell im Spinat. Da besonders für Säuglinge eine akute Nitritvergiftung gefährlich werden kann, ist bei der Verwendung von Spinat für die Ernährung des (älteren) Säuglings besonders auf die absolute Frische von Spinat zu achten (siehe auch Kap. 6.6.2.1). In Fertigerzeugnissen und Tiefkühlprodukten findet diese Umwandlung nicht statt.

Die Umwandlung von Nitrat und Nitrit erfolgt aber auch im menschlichen Organismus (siehe ausführlich Kap. 6.6.2.1).

In der Nitrat-Verordnung der EU (seit 15. 2. 1997 in der Bundesrepublik in Kraft) sind Grenzwerte für die höchstzulässige Nitratbelastung festgelegt, die besonders für Spinat und Kopfsalat gelten. Diese Werte bewegen sich je nach Erntezeit zwischen 2000 und 4500 mg/kg. Unverändert bleibt der Grenzwert für Säuglingsnahrung, der mit 250 mg/kg dem in der Diät-Verordnung festgelegten Wert entspricht.

Weitere Schadstoffe

Schwermetalle: *Noch vor wenigen Jahren wurde auf eine verstärkte Belastung von Blatt- und Kohlgemüse mit Blei hingewiesen, die durch Bleiablagerungen aus Auspuffgasen von Autos bei Einsatz von verbleitem Benzin verursacht wurde. Diese Ablagerungen sind praktisch nicht mehr nachweisbar. Das damals empfohlene Entfernen der äußeren Blätter von Gemüse sollte aber auf jeden Fall beibehalten werden, da auch Umweltgifte abgelagert sein können, die sich durch gründliches Waschen ebenfalls nur schwer entfernen lassen.*

Einige Gemüse (und Pilze) speichern schädliche, möglicherweise im Acker- oder Waldboden vorkommende Schwermetalle.

Kadmium wird besonders gut von Möhren angereichert. In früheren Jahren wurde im Ackerboden nach dem Düngen mit Klärschlamm eine erhöhte Kadmiumkonzentration beobachtet. Deshalb ist seit Jahren die Verwendung von Klärschlamm als Dünger verboten. Die im Handel angebotenen Möhren (und anderes Wurzelgemüse) überschreiten die zulässigen Grenzwerte bei weitem nicht.

Waldpilze (insbesondere Röhrenpilze) akkumulieren Strontium. In den letzten Jahren ist in der Presse wiederholt auf eine mögliche Belastung durch radioaktives Strontium (Fall-out) hingewiesen worden. Diese Belastung und die daraus resultierenden Gefahren wurden oft überbewertet. Aus Sicherheitsgründen wird jedoch empfohlen, Waldpilze nur gelegentlich in den Speiseplan aufzunehmen.

Solanin: In grünen Tomaten (und in geringerem Maße in den Stielansätzen reifer Tomaten) können beträchtliche Mengen an Solanin (eigentlich das nahe verwandte Tomatidin, das in seiner Wirkung dem Solanin entspricht) vorkommen (bis 30 mg/100 g). Da bei der Produktion von süß-sauer eingelegten (unreifen grünen) Tomaten Solanin nicht entfernt wird, ist vom Verzehr größerer Mengen solcher Tomaten abzuraten. In reifen Tomaten ist der Solaningehalt äußerst gering (maximal 1 mg/100 g), so daß diese auch in größeren Mengen ohne Bedenken verzehrt werden können.

Lectine: Grüne Bohnen enthalten Lectine (Phythämagglutinine), die Eiweiße denaturieren und dadurch giftig sind (Phasin). Sie sind hitzelabil und werden somit beim Erhitzen vollständig inaktiviert. Grüne Bohnen dürfen aus diesen Grund nicht roh verzehrt werden, sondern nur nach (kurzem) Erhitzen.

Goitrogene Substanzen (kropfbildende Substanzen): In einigen Kohl- und Krautarten sowie Rübensorten, Rettich und Radieschen, Zwiebeln und Senfsamen sind Substanzen enthalten (Thioglucosinolate), deren Abbauprodukte (Thiocyanate) die Jodaufnahme der Schilddrüse hemmen. Die früher beschriebenen Kohlkröpfe, die auf Jodmangel und eine darauf zurückgeführte verringerte Synthese des Schilddrüsenhormons Thyroxin erklärt wurden, können sich jedoch nur beim ständigen Verzehr von sehr großen Kohlmengen und bei gleichzeitiger permanenter Unterversorgung mit Jod ausbilden. Die mit einer ausgewogenen Mischkost verzehrten Kohlmengen sowie der anderen genannten Gemüsen sind absolut unbedenklich. Nur bei einer bestehenden Jodmangelstruma (Jodmangelkropf) sollte der übermäßige Verzehr solcher Gemüsesorten unterbleiben.

5.2.3.3 Gemüseerzeugnisse

Gemüseerzeugnisse zeigen in Abhängigkeit von der Verarbeitungstechnologie teilweise Eigenschaften, die beträchtlich von denen des frischen Gemüses abweichen.

Trockengemüse

Trockengemüse hat nicht nur einen geringeren Wassergehalt (4 bis 8 %) als frisches Gemüse (wodurch ein gewisser Konservierungseffekt erreicht wird), sondern weist oft geschmackliche und strukturelle Veränderungen auf. Diese strukturellen Veränderungen ziehen ein schlechtes Quellvermögen nach sich und damit auch eine schwere Verdaulichkeit.

Eine Ausnahme stellen gefriergetrocknete Gemüse dar, die sehr gut verdaulich sind und auch keine Fehlaromen aufweisen.

Gemüsekonserven

Vorteile der Gemüsekonserven (Vollkonserven) sind ihre gute Haltbarkeit und Keimfreiheit (Sterilkonserven). Bei der Konservierung treten Vitaminverluste auf, die durch den Einsatz von modernen Verfahren minimiert werden konnten. Der Vitamingehalt mancher Konserve ist höher als der Restgehalt an Vitaminen in unsachgemäß und zu lange gelagerten „frischen" Gemüsen.

Tiefkühlgemüse

Tiefkühlgemüse zeichnen sich dadurch aus, daß die Nährstoffe weitestgehend erhalten sind und daß es zu keinen größeren strukturellen Veränderungen gekommen ist. Geringe Vitaminverluste sind bei der Vorbereitung zum Einfrosten (Putzen, Waschen, Blanchieren) nicht vollständig zu vermeiden. TK-Gemüse ist beim Fehlen von qualitativ hochwertigen Frischgemüsen der geeignetste Ersatz.

Gärungsgemüse

Zur Herstellung von Gärungsgemüse überläßt man Gemüse (Weißkohl, Gurken u. a.) einer spontanen Milchsäuregärung. Die dabei stattfindende Erniedrigung des p_H-Werts (bis etwa p_H 3,5) verhindert das Wachstum von schädlichen, säureempfindlichen Mikroorganismen (pathogene Keime und Fäulniserreger). Gleichzeitig bewirkt das saure Milieu eine Lockerung des Zellgefüges und damit eine bessere Verdaulichkeit. Der Zusatz von Kochsalz erhöht die konservierende Wirkung. Das saure Milieu sichert den weitgehenden Erhalt des Vitamin C. Gleichzeitig erfolgt die Ausbildung des typischen Aromas.

Durch die Lockerung des Zellgefüges können die von den Darmbakterien verwertbaren Ballaststoffe des Gemüses leichter und schneller angegriffen und abgebaut werden. Gärungsgemüse (z. B. Sauerkraut) ist deswegen besonders blähungsfördernd.

Gärungsgemüse ist auf Grund des nahezu vollständig erhalten gebliebenen Vitamin C, des hohen Ballaststoffgehalts und der großen mikrobiologischen Sicherheit ein wertvolles Nahrungsmittel. Sein einziger Nachteil besteht darin, daß es bei empfindlichen Personen relativ oft eine unspezifische Lebensmittelunverträglichkeit auslöst (siehe Kap. 7.1.1.1).

Salzgemüse

Salzgemüse wird durch den Zusatz von Kochsalz haltbar gemacht. Wegen des hohen Salzgehalts ist das Wachstum von Milchsäurebakterien gehemmt, so daß eine Säuerung nicht eintreten kann. Das Auftreten eines säuerlichen Geschmacks wird in der Regel auf einen Verderb durch Bewuchs mit halophilen („salzfreundlichen") Mikroorganismen verursacht, die Essigsäure und andere organische Säuren bilden.

Salzgemüse ist aus ernährungsphysiologischer Sicht in Anbetracht des hohen Kochsalzgehalts nicht zu empfehlen. Bei dem Versuch, den hohen Salzgehalt durch gründliches Wässern zu erniedrigen, gehen die noch vorhandenen wasserlöslichen Vitamine zum Großteil verloren.

Gemüsesaft, Gemüsemark

Gemüsesäfte und Gemüsemark enthalten weniger Ballaststoffe als das unverarbeitete Gemüse. Die zur Herstellung von Säuglingsnahrung eingesetzten Gemüse müssen in Hinblick auf mögliche Begleitstoffe höheren Ansprüchen genügen (Diät-Verordnung).

5.2.4 Hülsenfrüchte (Leguminosen)

Unter dem Begriff Hülsenfrüchte werden die reifen Samen von Bohnen, Erbsen, Linsen, Sojabohnen und Erdnüssen zusammengefaßt. Halbreife Bohnen und Erbsen (grüne Bohnen, Zuckererbsen) werden zu den Gemüsen gerechnet.

Hülsenfrüchte zeichnen sich durch ihre ausgezeichnete Lagerfähigkeit aus. Die bei der längeren Lagerung von Linsen auftretende Braunfärbung ist aus ernährungsphysiologischer Sicht keine Qualitätseinbuße.

Zusammensetzung von Hülsenfrüchten

Die Nährstoffzusammensetzung der einzelnen Hülsenfrüchte unterscheidet sich nur unwesentlich:

- Hülsenfrüchte zeichnen sich durch ihren hohen Eiweißgehalt aus. Nur Sojabohnen und Erdnüsse weichen in ihrer Zusammensetzung von der der anderen Hülsenfrüchte ab. Sojabohnen sind noch proteinreicher und Erdnüsse fettreicher.
- Hülsenfrüchte sind reich an Kohlenhydraten und Ballaststoffen.
- Hülsenfrüchte können bei einer relativ großen Anzahl von Menschen zu einer unspezifischen Nahrungsmittelunverträglichkeit führen.

Eiweiße

Der Eiweißgehalt der meisten Hülsenfrüchte liegt bei etwa 20 bis 25 %. Es handelt sich dabei vorwiegend um Speichereiweiß. Auf Grund des weitgehenden Fehlens von schwefelhaltigen Aminosäuren besitzt dieses Eiweiß nur eine mittlere biologische Wertigkeit. Es kann jedoch durch andere Eiweiße sehr gut ergänzt werden. Die geringen Mengen an Enzymeiweißen sind durch den Trocknungsprozeß irreversibel denaturiert worden.

Der Eiweißgehalt der Sojabohne beträgt etwa 40 %. Die biologische Wertigkeit des Sojaproteins ist mit etwa 70 höher als die der Eiweiße der anderen Hülsenfrüchte. Sojaeiweiß läßt sich recht gut isolieren und technologisch leicht weiter verarbeiten. Es wird daher von der Lebensmittelindustrie in großem Umfang für die Herstellung der verschiedensten Halbfertig- und Fertigerzeugnisse eingesetzt (Convenience-Produkte).

Kohlenhydrate

Kohlenhydrate sind mit 60 bis 70 % der Hauptbestandteil der Hülsenfrüchte. Nur Sojabohnen (35 %) und Erdnüsse (25 %) sind wesentlich ärmer an Kohlenhydraten.

Den Hauptteil der Kohlenhydrate (etwa 75 bis 80 %) stellt die Stärke. Neben Stärke kommen in den Hülsenfrüchten auch Disaccharide und Oligosaccharide vor. Für Hülsenfrüchte charakteristisch ist das Vorkommen der Tetrasaccharide Stachyose und Verbascose. Diese Zucker können von den Verdauungssäften nicht angegriffen werden. Sie werden jedoch sehr rasch von den Darmbakterien unter Bildung von Darmgasen abgebaut und sind daher für die Blähungen verantwortlich, die nur kurze Zeit nach dem Verzehr von Hülsenfrüchten auftreten.

Der Ballaststoffanteil der Hülsenfrüchte beträgt etwa 12 %. Neben Zellulose und Hemizellulose ist der Gehalt an Pentosanen relativ hoch. Die Ballaststoffe befinden sich vorzugsweise in den Schalen. In geschälten getrockneten Erbsen ist daher der Ballaststoffgehalt wesentlich niedriger als in ungeschälten.

Fette

Der Fettgehalt der meisten Hülsenfrüchte liegt bei 1 bis 2 %. Ausnahmen sind die Sojabohnen (etwa 25 %) und Erdnüsse (etwa 50 %), deren Öle als Speiseöle, zur Herstellung von Fetten und anderweitig in der Lebensmittelindustrie genutzt werden (siehe Kap. 5.3.2).

Vitamine

Der Vitamingehalt der meisten Hülsenfrüchte ist relativ gering. Er beschränkt sich auf die Vitamine der B-Gruppe.

Sojabohnen enthalten mengenmäßig relativ große Mengen an fettlöslichen Vitaminen, vor allen Dingen Vitamin E. Der Anteil des besonders wirksamen α-Tokopherols am gesamten Gehalt an Vitamin E ist jedoch verhältnismäßig gering (siehe Kap. 3.7.1.3). Auch Erdnüsse enthalten fettlösliche Vitamine.

Mineralstoffe

Der Mineralstoffgehalt der Hülsenfrüchte ist mit 2 bis 7 % nicht unbedeutend. Hülsenfrüchte spielen jedoch für die Mineralstoffversorgung keine besondere Rolle, da der Großteil der Mineralstoffe Kalium und Phosphat ist, die in der üblichen Mischkost in ausreichender Menge vorliegen. Der Kalziumgehalt von etwa 100 mg/100 g kann nur einen Beitrag zur Kalziumversorgung liefern.

Giftstoffe

In einigen Hülsenfrüchten kommen geringe Mengen von toxisch wirkenden Substanzen wie Enzyminhibitoren vor. Diese Giftstoffe werden durch Erhitzen ausnahmslos denaturiert und damit inaktiviert.

Saponine

Hülsenfrüchte, insbesondere Sojabohnen, enthalten Saponine (maximal bis 6 %). Saponine sind Glykoside, die in Wasser kolloidale, seifenartige Lösungen bilden (sapo, lateinisch Seife). Glykoside bestehen aus einem Oligo- oder Polysaccharidanteil (meist mit atypischen Zuckerresten) und einem Nichtzuckeranteil. Die oberflächenaktive Wirkung der Saponine geht beim Erhitzen verloren. Saponine sind in den Konzentrationen, in denen sie in Hülsenfrüchten vorkommen, für den menschlichen Organismus vollkommen unschädlich. Ihr Zuckeranteil wird zum Großteil von den Darmbakterien verwertet, der Nichtzuckeranteil mit dem Stuhl unverändert ausgeschieden.

5.2.5 Obst

Obst ist in seiner Bedeutung für die Ernährung auf Grund der Vielzahl der Obstarten differenziert einzuschätzen. Es kann jedoch generell als wertvoller Anteil der Nahrung eingestuft werden, der bei einer ausgewogenen Ernährung nicht fehlen darf.

Obst wird in seiner ernährungsphysiologischen Bedeutung als Vitaminlieferant im Vergleich zu Gemüse oft überbewertet, insbesondere im Hinblick auf die Versorgung mit Vitamin C. Obst ist ein ausgezeichneter Lieferant von Ballast- und Mineralstoffen.

Obst hat eine große Bedeutung als alleiniger oder wesentlicher Bestandteil von Zwischenmahlzeiten. Durch seinen hohen Gehalt an Ballaststoffen vermittelt es ein hohes Sättigungsgefühl. Der Gehalt an geringen Mengen von schnell resorbierbaren Kohlenhydraten verhindert einen Abfall des Blutzuckerspiegels unter die Norm; die Energiezufuhr ist trotzdem gering.

Zusammensetzung des Obstes

- Der Wassergehalt liegt bei den meisten Obstarten zwischen 80 und 90 %.
- Der Eiweißgehalt beträgt meist weniger als 1 %. Es handelt sich bei den Eiweißen ausschließlich um Enzymproteine. Obst spielt für die Eiweißversorgung keine Rolle.
- Der Gesamtgehalt an Kohlenhydraten liegt zwischen 10 und 20 %. Es handelt sich dabei vorwiegend um Zucker wie Glucose, Fructose und Saccharose. Obst enthält in der Regel im Gegensatz zum Gemüse keine Stärke. Stärke kommt nur in unreifen Früchten sowie in Bananen vor.
- Der Ballaststoffgehalt von Obst kann bis zu 3 % betragen (etwa 25 % der Trockenmasse). Als Ballaststoffe kommen vorwiegend Hemizellulose, Zellulose und relativ viele wasserlösliche Pektine vor. Insbesondere Äpfel und Quitten zeichnen sich durch einen hohen Pektingehalt aus. Während der Reifung des Obstes können sich Art und Anteil der Pektine stark verändern.
- Der Fettgehalt des Obstes mit weniger als 1 % kann vernachlässigt werden.
- Organische Säuren (vorrangig Äpfelsäure, Zitronensäure und Weinsäure) sind sowohl in freier Form als auch als Ester (Verknüpfung mit alkoholischen OH-Gruppen anderer Inhaltsstoffe) wichtige Aromabildner des Obstes.
- Der Vitamingehalt ist bei vielen Obstarten relativ gering. Das betrifft insbesondere die Vitamine der B-Gruppe; andere wasserlösliche Vitamine und Provitamin A sind dagegen häufiger vertreten. Nur wenige Obstarten zeichnen sich durch einen hohen Gehalt an Vitamin C aus. Reich an Vitamin C sind die Zitrusfrüchte, die insbesondere im Winterhalbjahr eine wichtige Rolle für die Sicherung der Vitamin-C-Versorgung spielen. Die anderen Vitamin-C-reichen Obstarten wie Erdbeere, schwarze Johannisbeere sowie Kiwi sind infolge des saisonal abhängigen Angebots für die Versorgung mit Vitamin C von geringerer Bedeutung.
- Der Mineralstoffgehalt des Obstes ist unauffällig. Außer Kalzium sind nahezu alle Mineralstoffe vertreten, Kalium stellt dabei etwa 50 %. Bei den üblichen Verzehrgewohnheiten liefert Obst trotz seiner guten Mineralstoffausstattung nur einen untergeordneten Beitrag zur Mineralstoffversorgung.

5.2.6 Nüsse

Nüsse (die Samen von Schalenobst) werden oft dem Obst zugerechnet. Auf Grund ihrer beträchtlich unterschiedlichen Zusammensetzung erscheint das jedoch zumindest aus lebensmittelchemischer Sicht nicht sinnvoll. Diese Zuordnung ist nur unter dem Gesichtspunkt zu verstehen, daß Nüsse zusammen mit Obst bevorzugte Bestandteile von Zwischenmahlzeiten und von Müsli sind.

- Nüsse sind fettreich (50 bis über 60 g Fett pro 100 g) und damit sehr energiereich (z. B. Walnüsse ohne Schale = 3000 kJ = 700 kcal /100 g).
- Der Proteingehalt der Nüsse ist mit 15 bis 25 % ebenfalls hoch.
- Nüsse sind reich an Vitamin B_1 (0,2 bis 0,4 mg/100 g). Sie spielen aber für die Versorgung mit Vitamin B_1 keine Rolle. Der Tagesbedarf an Vitamin B_1 könnte durch den Verzehr von etwa 500 g Nüssen gedeckt werden, eine solche Menge, bei deren Verzehr gleichzeitig etwa 15 000 kJ (3500 kcal) aufgenommen würden.

Nüsse müssen trocken gelagert werden. Auch unter trockenen Bedingungen ist die Lagerungsmöglichkeit zeitlich begrenzt, da Nüsse nur einen geringen natürlichen antioxidativen Schutz besitzen (der Gehalt an Vitamin E ist gering, Vitamin C fehlt). Darüber hinaus siedeln sich auf den Nüssen sehr rasch Schimmelpilze an, vorrangig auf geschälten Nüssen, die Mykotoxine bilden können. Besonders häufig sind Erdnüsse befallen, wozu ihre Herkunft aus tropischen Ländern und der zwangsläufig lange Transportweg beitragen. Sie können beträchtliche Mengen an Ochratoxinen und Aflatoxinen enthalten (siehe Kap. 6.2.4).

5.3 Fette und Öle (Speisefette)

5.3.1 Tierische Fette

Tierische Fette werden in der Regel als weniger wertvoll wie pflanzliche Fette eingeschätzt. Das trifft für die meisten tierischen Fette zu. Eine pauschale Bewertung ist jedoch aus ernährungsphysiologischer Sicht nicht gerechtfertigt.

Die meisten tierische Fette weisen folgende Gemeinsamkeiten auf:

- Der Gehalt an langkettigen gesättigten Fettsäuren ist meist hoch (eine Ausnahme bildet das Milchfett).
- Der Anteil an essentiellen Fettsäuren ist gering (eine Ausnahme bilden die Fette von fettreichen Seefischen).
- Es besteht nur ein geringer Schutz vor einer Fettsäureoxidation wegen des weitgehenden Fehlens von Vitamin E (einen geringen Schutz bieten in einigen Fetten nur Carotinoide und Vitamin A).

- Die Gefahr eines raschen Verderbs durch Ranzigwerden ist bei einigen Fetten wegen eines relativ großen Restwassergehaltes hoch (eine Ausnahme sind hoch gereinigte und nahezu wasserfreie Fette wie Butterschmalz).

5.3.1.1 Butter

Butter ist eine Wasser-in-Fett-Emulsion, bei der der Fettgehalt mindestens 82 % betragen muß. Das Fettsäuremuster des Milchfetts weist nur geringe Schwankungen auf (siehe Tabelle 5.3.1). Die auftretenden Schwankungen sind jahreszeitlich und fütterungsmäßig bedingt.

Die Butter enthält im Milchfett weitere fettlösliche Substanzen:

- Cholesterin (280 mg/100 g),
- Vitamine A und D,
- Schwankende Mengen an β-Carotin (das für die gelbe Farbe der Butter verantwortlich ist).

Der Gehalt des Milchfetts an Vitamin E und Vitamin K ist dagegen gering.

Die Butter enthält eine Vielzahl von Aromastoffen, die von den Milchsäurebakterien beim Sauerlegen des Rahms gebildet werden (das typische Butteraroma [Hauptaroma] ist das Biacethyl). An der Ausbildung des Aromas sind auch Spuren von Milchsäure und Zitronensäure beteiligt.

Die Butter enthält neben Wasser (etwa 16 %) geringe Mengen an Molkeneiweiß, Spuren von Milchzucker und geringe Mengen an Kochsalz.

Der gesonderte Zusatz von Kochsalz muß deklariert werden („gesalzen"), sobald der Salzgehalt der Butter 0,1 % überschreitet. Der Salzgehalt der als gesalzen deklarierten Butter beträgt in der Regel 1,5 bis 3,0 %.

Tabelle 5.3.1:
Fettsäuremuster der Butter
(Fettsäuren in Gewichts-% des gesamten Fettsäuregehalts)

Langkettige gesättigte Fettsäuren	etwa 55 %
Ölsäure	etwa 25 %
Linolsäure (davon etwa 0,5 % konjugierte Linolsäure)	etwa 2 %
Linolensäure	etwa 2 %
Kurz- und mittelkettige Fettsäuren	etwa 10 %
Trans-Fettsäuren	etwa 2,4 bis 4 %

Ernährungsphysiologische Einschätzung der Butter

- Der niedrige Schmelzbereich der Butter begünstigt das Emulgieren des Milchfetts und seine Spaltung durch die Pankreaslipase. Butter ist infolgedessen vergleichsweise gut bekömmlich. In wenigen seltenen Fällen kann Butter trotz dieser günstigen Eigenschaften für eine unspezifische Nahrungsmittelunverträglichkeit verantwortlich sein (siehe Kap. 7.1.1.1).

- Der Anteil an kurz- und mittelkettigen Fettsäuren ist mit 10 % relativ gering. Er wird in der Regel überbewertet.
- Der verhältnismäßig hohe Gehalt an Cholesterin verbietet den Verzehr von Butter bei einer cholesterinreduzierten Kost. Beim Gesunden darf der Cholesteringehalt der Butter nicht überbewertet werden, falls sich der Butterverzehr in Grenzen hält. Es ist zu berücksichtigen, daß die endogene Cholesterinsynthese mehr als 1 g beträgt.
- Butter ist eine wichtige Quelle für Vitamin A und für Vitamin D.
- Der geringe Anteil an Trans-Fettsäuren von 2 bis 4 % kann bedenkenlos toleriert werden (siehe Kap. 3.5.1.1).
- Der Gehalt an konjugierter Linolsäure (CLA) begünstigt möglicherweise die Fettverbrennung. Es wird diskutiert, daß damit einer verstärkten Ablagerung von Fett in Fettdepots, allerdings in begrenztem Maß, entgegengesteuert wird (siehe Kap. 3.5.1.1). Eine endgültige Bewertung dieses Effekts erscheint jedoch als noch verfrüht.

5.3.1.2 Fette von Schlachttieren

Bei den Fetten der Schlachttiere muß zwischen nicht ausgelassenen und ausgelassenen Fetten unterschieden werden. Nicht ausgelassenes Fett (Liesen [Flomen], grüner Speck) ist wegen seines Restwassergehalts leicht verderblich. Dieser Restwassergehalt ist in den in den Fetten verbliebenen Fettgewebsteilen konzentriert, so daß an diesen Stellen ein sehr hoher a_W-Wert herrscht. Diese im Fett verbliebenen Zellbestandteile verfügen außerdem noch über eine nicht zu vernachlässigende Lipaseaktivität. Die Haltbarkeit dieser Fette wird durch Räuchern verbessert, da die konservierenden Rauchbestandteile (Phenole, Kresole) die Lipase und die Fettsäureoxidation hemmen.

Auch bei ausgelassenem Fett (Schmalz) ist die Haltbarkeit wegen fehlenden Oxidationsschutzes begrenzt. Im Fett verbleibende Fremdbestandteile und Grieben begünstigen als Katalysatoren die Fettsäureoxidation.

Schweineschmalz

Schweineschmalz hat einen verhältnismäßig hohen Gehalt an Ölsäure (etwa 50 %) sowie an Linolsäure (etwa 10 %). Es ist das einzige Fett von Schlachttieren, in dem auch sehr geringe Mengen an ω-3-Fettsäuren vorkommen. Die verbleibenden 40 % des Fettsäurebestands sind langkettige gesättigte Fettsäuren.

Der Cholesteringehalt beträgt etwa 70 mg/100 g. Der Gehalt an Vitaminen ist zu vernachlässigen.

Der Schmelzpunkt liegt zwischen 26 und 39 °C.

Schweineschmalz verdirbt auch bei kühler und lichtgeschützter Aufbewahrung relativ schnell. Es verursacht auch verhältnismäßig häufig eine unspezifische Nahrungsmittelunverträglichkeit.

Trotz des vergleichsweise hohen Gehalts an Ölsäure ist Schweineschmalz aus ernährungsphysiologischer Sicht nicht besonders zu empfehlen (Fehlen von fettlöslichen Vitaminen, rascher Verderb, hoher Cholesteringehalt, Gefahr der Unverträglichkeit).

Rindertalg und Hammeltalg

Rindertalg und Hammeltalg (durch Auspressen gewonnen) sind für die menschliche Ernährung nicht zu empfehlen. Der Schmelzbereich beider Fette liegt zwischen 45 und 50 °C und damit oberhalb der Körpertemperatur. Beide Fette sind daher sehr schwer verdaulich. Der Anteil der gesättigten Fettsäuren ist höher als beim Schweineschmalz, der Ölsäuregehalt liegt bei 30 bis 40 %.

5.3.2 Pflanzliche Fette und Öle

Pflanzliche Fette und Öle sind aus ernährungsphysiologischer Sicht im Vergleich zu tierischen Fetten meist als wertvoller einzuschätzen. Zwischen den einzelnen pflanzlichen Fetten bestehen jedoch auf Grund der teilweise recht unterschiedlichen Fettsäure-Zusammensetzung und des unterschiedlichen Gehalts an fettlöslichen Vitaminen zum Teil beträchtliche Unterschiede.

Generelle Bewertung von Pflanzenfetten und Pflanzenölen

Pflanzenfette und Pflanzenöle weisen gegenüber tierischen Fetten folgende Vorteile auf:

- Pflanzenfette enthalten kein Cholesterin. In einigen Pflanzenfetten kommen geringe Mengen von pflanzlichen Sterinen (Sterolen) vor. Diese ähneln zwar dem Cholesterin in ihrem chemischen Aufbau, sie zeigen aber ein gänzlich anderes Stoffwechselverhalten: sie sind schwer resorbierbar, werden, falls resorbiert, umgehend wieder ausgeschieden; sie behindern außerdem die Resorption von Cholesterin. Nach neueren Untersuchungen senken sie sogar den Cholesterinspiegel (siehe auch Kap. 3.5.3).
  In den USA werden Streichfette und Salatsaucen, denen solche pflanzlichen Sterole zugesetzt sind (etwa 2 %), bereits als funktionelle Lebens-

mittel auf den Markt gebracht („Take Control" [Unilever], „Benecol" [McNeil], siehe Kap. 5.7.5).

- Pflanzenfette (insbesondere Samenfette) sind in der Regel reich an Vitamin E. Der Gehalt an Vitamin E verhindert einmal die Fettsäureoxidation im Fett bzw. Öl, zum anderen sind einige Pflanzenfette für den Menschen die wichtigsten Vitamin-E-Quellen.
- Pflanzenfette sind in der Regel reich an mehrfach ungesättigten Fettsäuren der ω-6-Reihe (vorwiegend Linolsäure).

Einfluß der Gewinnungsverfahren auf die Eigenschaften der Pflanzenöle

Für die Gewinnung der Pflanzenöle und Pflanzenfette werden unterschiedliche Verfahren angewendet, die zum Teil durch das Vorkommen von verschiedenen Begleitstoffen diktiert werden. Auf der anderen Seite werden den technologisch aufwendigeren Verfahren ernährungsphysiologische Nachteile nachgesagt, die in den meisten Fällen unbegründet sind. Einige Pflanzenöle sind erst nach gründlicher Reinigung für den Verzehr geeignet.

Kaltgepreßte Öle

Das Öl wird bei Raumtemperatur (oder gering erhöhter Temperatur) ausschließlich durch mechanischen Druck aus den Ölfrüchten oder Ölsamen herausgepreßt. Die Reinigung des gewonnenen Rohöls erfolgt ausschließlich durch rein physikalische Verfahren (Absetzenlassen, Filtern), u. U. mit Hilfe von Wasserdampf (Durchleiten durch das Öl zum Entfernen von flüchtigen Begleitstoffen).

Vorteile: Die Öle werden äußerst schonend gewonnen, sie haben noch alle Aromastoffe und Mikronährstoffe.

Nachteile: Die Öle enthalten u. U. noch eine beträchtliche Menge an Begleitstoffen, die die Qualität und die Haltbarkeit des Öls negativ beeinflussen können. Solche mögliche unerwünschte Begleitstoffe sind freie Fettsäuren (unangenehmer beißender Geschmack), Farbstoffe (z. B. Chlorophyll), Spuren von Eiweiß (Enzyme wie Lipasen), Schleimstoffe, Pestizid- und Schwermetallrückstände und möglicherweise Mykotoxine.

Chlorophyll und Schwermetallrückstände beschleunigen auch die Fettsäureoxidation und beeinträchtigen dadurch die Haltbarkeit.

Bei einigen Pflanzenölen werden beim Verfahren des Kaltpressens schädliche Begleitstoffe nicht entfernt, diese Öle müssen durch Raffination gereinigt werden. Sie dürfen nicht als kaltgepreßte Öle in den Handel gebracht werden (z. B. Baumwollsaatöl).

Kaltgepreßte Öle erfordern größte Sorgfalt bei der Aufbewahrung (lichtgeschützt und kühl). Die wichtigsten dieser so gewonnenen Öle sind Olivenöl, Leinöl und Kürbiskernöl.

Raffinierte Öle

Das Öl wird aus den zermahlenen und mit Wasserdampf behandelten Ölsamen (Inaktivierung von Lipasen und anderen Enzymen) mit Hilfe von Fettlösungsmitteln (Hexan, Petrolether) extrahiert. Die Fettlösungsmittel werden anschließend mittels Destillation wieder entfernt und die Öle in mehreren Schritten gereinigt (Entfernung von Schleimstoffen, freien Fettsäuren, Farbstoffen, Eiweißen, Schwermetallspuren, unerwünschten Aromastoffen).

Vorteile: Raffinierte Öle sind frei von unerwünschten Begleitstoffen. Sie sind wesentlich besser haltbar als kaltgepreßte Öle. Ihre Fettsäurezusammensetzung wird durch die Raffination nicht, der Vitamingehalt (insbesondere der an Vitamin E) kaum oder nur wenig verändert. Das Extraktionsmittel ist wieder vollständig entfernt.

Nachteile: Ernährungsphysiologisch bestehen keinerlei Nachteile. Nachteile können lediglich in geschmacklicher Hinsicht bestehen, da einige Aromastoffe teilweise entfernt worden sind (Olivenöl). Die Bedeutung einiger Mikronährstoffe, die auch entfernt wurden, ist noch umstritten.

Unterscheidung der Öle nach ihrer Herkunft

Nach der Herkunft der Fette bzw. Öle kann zwischen Fruchtfleisch-, Samen- und Keimölen bzw. -fetten unterschieden werden. In Hinblick auf die Fettsäure-Zusammensetzung können zwischen beiden Fetten keine allgemeingültigen Gemeinsamkeiten genannt werden.

Die generell feststellbaren Unterschiede betreffen den Gehalt an Fettbegleitstoffen:

- Fette aus Fruchtfleisch enthalten relativ große Mengen an β-Carotin und, insbesondere beim Olivenöl, Chlorophyll. Sie sind vergleichsweise arm an Vitamin E.
- Fette und Öle aus Ölsamen und Getreidekeimen (Weizenkeimöl, Maiskeimöl) zeichnen sich durch einen hohen Gehalt an Vitamin E aus. Sie sind arm an Mikronährstoffen und frei von Chlorophyll.

5.3.2.1 Fruchtfleischfette und Fruchtfleischöle

Olivenöl

Olivenöl ist reich an Ölsäure (etwa 75 %), von dem sich der hohe ernährungsphysiologische Wert des Olivenöls ableitet. Der Gehalt an essentiellen Fettsäuren ist dagegen verhältnismäßig gering (etwa 10 % Linolsäure). Die als gesundheitsfördernd eingeschätzte mediterrane Kostform (Mittelmeerkost) beruht neben dem reichlichen Verzehr von Gemüse und Teigwaren auf der bevorzugten Verwendung von Olivenöl.

<u>Kaltgepreßtes Olivenöl:</u> Das kaltgepreßte Olivenöl ist auf Grund des Vorkommens von Chlorophyll mehr oder weniger intensiv grün gefärbt. Neben Chlorophyll sind in ihm eine Reihe weiterer Begleitstoffe, insbesondere Aromastoffe, sowie freie Fettsäuren enthalten. Ein vergleichsweise hoher Gehalt an freien Fettsäuren ist für einen leicht bitteren, kratzigen Geschmack verantwortlich. Kaltgepreßtes Olivenöl oxidiert wesentlich schneller als raffiniertes Olivenöl. Es ist deshalb besonders sorgfältig aufzubewahren (kühl und lichtgeschützt). Die Mindesthaltbarkeitsdauer ist besonders zu beachten. In der Kälte ausgeflockte Fettanteile (mit hohem Schmelzpunkt) beeinflussen die Qualität des Öls nicht.

Kaltgepreßtem Olivenöl wird eine antioxidative Schutzwirkung zugeschrieben, die nicht nur auf das Vitamin E (das bei der Raffination nicht entfernt wird), sondern auch auf bestimmte Mikronährstoffe (Polyphenole) zurückgeführt wird. Genauere Untersuchungen liegen hierzu aber noch nicht vor.

Die Einteilung kaltgepreßter Olivenöle in unterschiedliche Qualitätsstufen erfolgt an Hand des Gehalts an freien Fettsäuren:

Natives Olivenöl, extra (extra fin vierge)	<1 % freie Fettsäuren
Natives Olivenöl, fein (fin vierge)	<1,5 % freie Fettsäuren
Natives Olivenöl, mittelfein (semi fin vierge)	<3 % freie Fettsäuren

<u>Raffiniertes Olivenöl:</u> Raffiniertes Olivenöl ist aus ernährungsphysiologischer Sicht dem kaltgepreßten Öl mindestens gleichwertig. In der Fettsäure-Zusammensetzung unterscheiden sie sich nicht. Die Fettsäuren des raffinierten Olivenöls werden infolge des Fehlens von Chlorophyll (hellere Farbe) und anderer Begleitstoffe langsamer oxidiert. Das raffinierte Olivenöl ist länger haltbar. Es unterscheidet sich lediglich in geschmacklicher Hinsicht vom kaltgepreßten Öl (Fehlen von Aromastoffen).

<u>Olivenölverschnitte:</u> Die oft als „Olivenöl" deklarierten Verschnitte aus kaltgepreßtem und raffiniertem Olivenöl sind preisgünstiger. Die Stabilität dieser Verschnitte ist nicht besser als die der kaltgepreßten Öle, da die Begleitstoffe aus dem Anteil von kaltgepreßtem Öl die Fettsäureoxidation ebenfalls beschleunigen.

Palmöl

Das aus dem Fruchtfleisch der Ölpalme gewonnene Palmöl wird in der Lebensmittelindustrie ausschließlich zur Margarineherstellung (vorrangig Reform- und Diätmargarine) und zur Herstellung von Shortenings (siehe Kap. 5.3.3.3) eingesetzt. Palmöl enthält etwa 10 % Linolsäure. Der Rest der

Fettsäuren verteilt sich zu etwa gleichen Teilen auf Ölsäure und Palmitinsäure.

5.3.2.2 Samenfette und Samenöle

Die Samenfette bzw. Öle sind die wichtigsten Speisefette. Sie sind in 2 Gruppen einzuteilen, die auch aus ernährungsphysiologischer Sicht unterschiedlich einzuschätzen sind:

- Fette mit einem hohen Gehalt an gesättigten Fettsäuren: Kokos- und Palmkernfett sowie Kakaobutter,
- Fette und Öle mit einem hohen Gehalt an mehrfach ungesättigten Fettsäuren und unterschiedlich hohem Gehalt an Vitamin E: alle restlichen Samenfette.

Die Fettsäure-Zusammensetzung der wichtigsten Samenfette ist aus Tabelle 5.3.2 ersichtlich.

Tabelle 5.3.2:
Fettsäure-Zusammensetzung pflanzlicher Fette (Angaben in %)

	gesättigt gesamt	gesättigt C12–C16	gesättigt C18	Ölsäure	PUFAs[1]
Olivenöl	15	12	3	75	10
Kokosfett	91[2]	74	2	7	2
Palmkernfett	83[3]	72	3	15	2
Maiskeimöl	13	10	3	27	60
Sonnenblumenöl	11	7	5	25	64
Distelöl	9	k. A.	k. A.	13	78
Sojaöl	13	10	4	23	64
Leinöl	10	7	3	18	72[4]
Erdnußöl	14	11	3	56	30
Deli-Reform-Margarine	20–25	k. A.	k. A.	20–25	55–60
becel-Diätmargarine[5]	20	k. A.	k. A.	25	55

[1] mehrfach ungesättigte Fettsäuren
[2] davon 15 % MCT-Fettsäuren
[3] davon 8 % MCT-Fettsäuren
[4] 58 % Linolensäure, 14 % Linolsäure
[5] 87 % Sonnenblumenöl (Angabe „Grüne Liste" 1995)

Kokosfett und Palmkernfett

Beide Fette haben einen hohen Anteil an Laurin- und Myristinsäure (gesättigte Fettsäuren mit 12 bzw. 14 C-Atomen). Diese Fettsäuren begünstigen die endogene Synthese von Cholesterin (siehe Kap. 3.5.3), so daß diese Fette aus ernährungsphysiologischer Sicht als weniger wertvoll einzuschätzen sind.

Auf Grund ihrer ausgeprägten Schmelzwärme schmelzen beide Fette im Mund mit deutlichem Kühleffekt. Sie sind deswegen für Schokoladenglasuren und für Waffelfüllungen im Einsatz. Beide Fette werden auch zur Herstellung von Pflanzenmargarinen verwendet.

Hydriertes Palmkernfett ist ein ausgezeichnetes Fritierfett mit hohem Rauchpunkt. Aus ernährungsphysiologischer Sicht (siehe oben) sollte das Fritierfett sorgfältig vom Fritiergut entfernt und nicht mit verzehrt werden (Nachbraten mit Butter).

Kakaobutter

Kakaobutter (aus der Kakaobohne) ist reich an Palmitin- und Stearinsäure (gesättigte Fettsäuren mit 16 bzw. 18 C-Atomen). Auch Kakaobutter zeigt beim Schmelzen im Mund einen Kühleffekt.

Sonnenblumenöl

Sonnenblumenöl zeichnet sich durch einen hohen Gehalt an Linolsäure (55 bis 75 %) aus. Dieser schwankt in Abhängigkeit von den klimatischen Bedingungen im Anbaugebiet. Er ist in den Samen aus kälteren Gebieten höher. Ölsäure trägt mit etwa 25 % zum gesamten Fettsäurebestand bei. Sonnenblumenöl ist reich an Vitamin E.

Safloröl (Färberdistelöl, kurz: Distelöl)

Distelöl ist das Öl mit dem höchsten Linolsäureanteil (70 bis 80 %). Die restlichen Fettsäuren entfallen auf Ölsäure (etwa 12 %) und auf einige gesättigte Fettsäuren (etwa 10 %). Distelöl enthält weniger Vitamin-E-Gehalt als Sonnenblumenöl.

Mit der gezielten Züchtung neuer Sorten der Färberdistel ist es in den USA gelungen, Öle mit anderer Fettsäure-Zusammensetzung zu erhalten (Ölsäure etwa 80 %, Linolsäure etwa 15 %). Diese Öle werden als oxidationsstabile Bratöle empfohlen. Diese Neuzüchtungen werden aber noch nicht im großen Umfang angebaut.

Sojaöl

Sojaöl enthält etwa 50 % Linolsäure, 20 % Ölsäure und 10 % Linolensäure. Der Gehalt an Vitamin E ist relativ hoch, allerdings ist der Großteil des Vitamins das weniger wirksame δ-Tokopherol. Außerdem enthält das Sojaöl geringe Mengen an Lecithin. Sojaöl neigt infolge des Gehalts an Linolensäure rasch zur Autoxidation.

Rapsöl (Rüböl)

Rapsöl ist reich an Ölsäure (50 bis 65 %). Daneben sind Linolsäure (etwa 20 %) und Linolensäure (etwa 10 %) die wichtigsten Fettsäuren des Rapsöls. Gesättigte Fettsäuren kommen demzufolge in nur geringen Mengen vor (etwa 6 bis 10 %). Auch Rapsöl enthält beträchtliche Mengen an Vitamin E. Infolge des relativ hohen Anteils an Ölsäure, der sehr geringen Menge an gesättigten Fettsäuren und des mäßigen Gehalts an Linolsäure ist Rapsöl aus ernährungsphysiologischer Sicht besonders zu empfehlen.

Das im Handel angebotene Rapsöl wird aus sog. 0/0-Rapssorten gewonnen, die seit 1974 in allen europäischen Rapsanbaugebieten ausschließlich angebaut werden. Es handelt sich bei diesen Sorten um Neuzüchtungen, deren Öl weniger als 2,5 % Erucasäure enthält (meist wesentlich weniger) und die außerdem keine Thioglucosinolate bilden (Thioglucosinolate sind in höheren Konzentrationen giftig, sie bewirken eine Kropfbildung). Das Öl alter Rapssorten enthielt bis zu 50 % Erucasäure, eine einfach ungesättigte Fettsäure mit 22 C-Atomen. Die Erucasäure zeigt in Tierversuchen ab einer bestimmten Konzentration Vergiftungserscheinungen. Sie wird wie alle Fettsäuren von den Körperzellen aufgenommen, kann aber nicht so schnell wie die anderen Fettsäuren verbrannt werden. Sie häuft sich deswegen in den Körperzellen an, insbesondere im Herzmuskel, in dem sie zu einer Herzverfettung führen kann. Der Herzmuskel „lernt" allerdings nach einiger Zeit, auch die Erucasäure rasch zu verbrennen, und eine bereits bestehende Herzverfettung verschwindet wieder. Nach der 1977 erlassenen Erucasäure-Verordnung (i. d. F. vom 26. 10. 1982) dürfen Speiseöle nur aus 0/0-Rapssorten hergestellt werden, und als oberer Grenzwert für den Erucasäuregehalt von Speiseölen wurden 5 % festgelegt.

Leinöl

Leinöl ist sehr reich an Linolensäure (etwa 50 %). Dieser hohe Linolensäuregehalt ist für die sehr rasch erfolgende Autoxidation des Leinöls verantwortlich. Die dabei entstehenden Oxidationsprodukte neigen zu einer Polymerisation. Auch diese Polymerisationsprodukte sind als gesundheitlich bedenklich einzuschätzen. Kaltgepreßtes (geschlagenes) Leinöl enthält außerdem Begleitstoffe, die die Fettsäureoxidation beschleunigen. Leinöl muß deswegen besonders sorgfältig aufbewahrt werden (kühl und lichtgeschützt) und sollte möglichst nur frisch geschlagen verwendet werden.

Die Umwandlung der ω-3-Linolensäure im Körper in Eicosapentaensäure und Docosahexaensäure erfolgt nur sehr langsam, so daß Leinöl kaum zur Versorgung des Körpers mit wirksamen Vorstufen für Eicosanoide der ω-3-Reihe beiträgt.

Erdnußöl

Erdnußöl weist in Abhängigkeit vom Anbaugebiet recht unterschiedliche Fettsäure-Zusammensetzungen auf. Wichtigste Fettsäuren des Erdnußöls sind Ölsäure und Linolsäure. Erdnüsse können wegen eines häufig vorkommenden Schimmelpilzbefalls mit Mykotoxinen belastet sein, insbesondere mit Ochratoxinen und Aflatoxinen. Bei der Raffination des Erdnußöls werden Mykotoxine zuverlässig entfernt.

Baumwollsaatöl

Baumwollsaatöl wird vorwiegend in den USA und in Ländern der GUS gewonnen. Es ist mit einem Gehalt von 45 bis 60 % relativ reich an Linolsäure (Ölsäuregehalt etwa 15 bis 20 %). Es wird nach Raffination vorwiegend als Bratfett und zur Margarineherstellung eingesetzt. Das in Baumwollsaat enthaltene giftige Gossypol wird bei der Raffination vollständig entfernt. Nicht raffiniertes Baumwollsaatöl ist infolgedessen für den Verzehr ungeeignet. Es kann damit gerechnet werden, daß mit der Ausdehnung des internationalen Warenaustauschs auch Baumwollsaatöl und daraus hergestellte Produkte auf dem deutschen Markt vermehrt angeboten werden.

5.3.2.3 Keimöle

Keimöle werden aus den Keimlingen von Weizen und Mais gewonnen, die in der Lebensmittelindustrie bei der Herstellung von Mehl bzw. Stärke anfallen. Im Handel wird vorzugsweise Maiskeimöl angeboten.

Weizenkeimöl

Weizenkeimöl ist reich an Linolsäure (etwa 50 %) und Ölsäure (etwa 30 %), es enthält außerdem etwa 7 % Linolensäure. Die besondere ernährungsphysiologische Bedeutung des Weizenkeimöls beruht auf seinem sehr hohen Gehalt an Vitamin E, vorzugsweise α-Tokopherol. Die Oxidation der Linolensäure wird durch das Vitamin E beträchtlich gehemmt. Um jedoch einer Oxidation der Linolensäure möglichst weitestgehend vorzubeugen, empfiehlt es sich, auch Weizenkeimöl kühl und lichtgeschützt aufzubewahren.

Maiskeimöl

Maiskeimöl enthält im Gegensatz zum Weizenkeimöl nahezu keine Linolensäure und an Stelle von α-Tokopherol vorwiegend das wesentlich weniger biologisch wirksame α-Tokopherol. Im Gehalt an Ölsäure und im Gesamtgehalt an mehrfach ungesättigten Fettsäuren unterscheidet es sich kaum vom Weizenkeimöl.

5.3.2.4 Ernährungsphysiologische Einschätzung der pflanzlichen Fette und Öle

Pflanzenöle sind bei entsprechender Berücksichtigung ihres hohen Energieinhalts im Gegensatz zu den tierischen Fetten (ausgenommen die Seefettfische mit Fettsäuren der ω-3-Reihe) als wertvoll einzuschätzen. Diese Einschätzung ergibt sich aus dem

- Gehalt an Ölsäure,
- Gehalt an essentiellen Fettsäuren, insbesondere Linolsäure,
- Gehalt an Vitamin E,
- Fehlen von Cholesterin.

Gehalt an Ölsäure

Sowohl Olivenöl als auch Rapsöl sind mit einen Ölsäuregehalt von 60 bis 75 % die besten Lieferanten für Ölsäure, die entsprechend den D-A-CH-Empfehlungen mindestens $^1/_3$ der gesamten aufgenommenen Fettsäuren ausmachen sollte.

Gehalt an Linolsäure

Besonders reich an dieser essentiellen Fettsäure (mehr als 50 %) ist Distelöl, gefolgt von Sonnenblumenöl und Sojaöl. Mit diesen Ölen kann eine ausreichende Versorgung mit Linolsäure erfolgen, die ebenfalls etwa $^1/_3$ der aufgenommenen Fettsäuren stellen sollte.

Gehalt an Vitamin E

Vitamin E wird als Radikalfänger und Antioxidans zunehmend eine sehr große Bedeutung beigemessen. Bei der Einschätzung des Vitamin-E-Gehalts der einzelnen Pflanzenöle ist jedoch zu berücksichtigen, daß das Vitamin E keine einheitliche Substanz ist, sondern eine Gruppe aus 4 verschiedenen Tokopherolen mit unterschiedlichen biologischen Wertigkeiten, wobei das α-Tokopherol die höchste Vitaminwirkung aufweist (siehe Kap. 3.7.1.3). Diese unterschiedliche Vitamin-E-Aktivität der verschiedenen Tokopherole wird durch die Umrechnung der Wirksamkeit auf die des α-Tokopherols berücksichtigt und der Gehalt (sowie der Bedarf) an Vitamin E einheitlich in α-Tokopherol-Äquivalenten angegeben.

Vitamin E wird darüber hinaus in den Pflanzenölen selbst als Oxidationsschutz für die ungesättigten Fettsäuren wirksam. Da deren Oxidationsrate mit zunehmender Anzahl der Doppelbindungen stark ansteigt, wird von Ölen mit einem hohen Gehalt an mehrfach ungesättigten Fettsäuren wesentlich mehr Vitamin E als Antioxidans zu deren Schutz benötigt und steht somit nicht für die Sicherung der eigentlichen Vitaminversorgung zur Verfügung. Wird diese Menge an Vitamin E vom gesamten Tokopherolgehalt des betreffenden Öls abgezogen, so ergibt sich die Menge an α-Tokopherol-Äqivalenten, die im Organismus als effektives Vitamin wirksam werden kann (K-Werte). Dieser Wert ist teilweise wesentlich niedriger als der Vitamin-E-Gehalt des betreffenden Öls (siehe Tabelle 5.3.3).

Unter diesem Gesichtspunkt ist Weizenkeimöl die beste Vitamin-E-Quelle, gefolgt von Sonnenblumenöl, Baumwollsaatöl und Distelöl. Die anderen Pflanzenöle tragen dagegen möglicherweise kaum zur ausgeglichenen Vitamin-E-Versorgung bei. Allerdings muß eine solche Einschätzung noch mit größter Zurückhaltung erfolgen, da es noch zu viele ungelöste Fragen über den Umsatz und über die Regeneration des Vitamin E im Organismus gibt. Bei den Ölen mit einem (rechnerisch) negativen K-Wert ist es denkbar, daß der Gehalt an Vitamin E von vornherein so niedrig ist, daß er vollständig für den Schutz der Fettsäuren vor einer Oxidation benötigt wird (und daß dazu möglicherweise auch Vitamin E aus anderen Quellen zum Oxidationsschutz herangezogen wird). Der beträchtlich negative K-Wert des Leinöls erklärt auch die Tatsache, daß Leinöl mit sehr hoher Geschwindigkeit oxidiert wird.

Tabelle 5.3.3:
Charakterisierung der Tokopherol-Gehalte einiger Pflanzenöle nach Umrechnung auf α-Tokopherol-Äquivalente (Gehalt) sowie Angabe der Menge an α-Tokopherol-Äquivalenten, die nach Abzug der Menge, die zum Schutz der im Öl enthaltenen mehrfach ungesättigten Fettsäuren gebunden werden (K-Wert), für eine Vitaminversorgung des Menschen zu Verfügung stehen; Angaben in mg/100 g (modifiziert nach Gassmann et al., Ernährungsumschau 43, 172 (1996)

Ölsorte	Gehalt	K-Wert	Ölsorte	Gehalt	K-Wert
Weizenkeimöl	178	+150	Olivenöl	12	+ 4
Sonnenblumenöl	62	+ 35	Palmkernöl	9	+ 3
Baumwollsaatöl	38	+ 17	Erdnußöl	10	− 2
Saflor-(Distel-)Öl	45	+ 14	Sojaöl	18	− 9
Maiskeimöl	34	+ 11	Sesamöl	4	−15
Rapsöl	23	+ 6	Leinöl	6	−33
Traubenkernöl	32	+ 4			

5.3.3 Margarine und Sonderfette

Margarine und Sonderfette gewinnen für die gesunde Ernährung zunehmend an Bedeutung. Sie werden nahezu ausschließlich aus pflanzlichen Fetten und Ölen hergestellt.

Bei der ausschließlichen Verwendung von pflanzlichen Ölen zur Margarineherstellung muß ein Teil dieser Öle verändert werden, um ein festes, streichfähiges Produkt zu erhalten. Das gleiche gilt für die Gewinnung von

Spezialfetten und Ölen, die besondere Eigenschaften, z. B. einen hohen Rauchpunkt bei Fritierfetten, aufweisen sollen.

Mit folgenden technologischen Verfahren können die Eigenschaften der Fette verändert werden:

- Fetthärtung (Fetthydrierung),
- Fettfraktionierung,
- Umesterung.

Fetthärtung

Durch die partielle Hydrierung der ungesättigten Fettsäuren (Anlagerung von Wasserstoff an die Doppelbindungen) wird der Schmelzpunkt des Fetts erhöht, flüssiges Öl wird in festes Fett umgewandelt. Dadurch werden Teile der ernährungsphysiologisch wertvollen ungesättigten Fettsäuren in weniger wertvolle Fettsäuren überführt. Bei dieser Fetthärtung wird ein kleiner Prozentsatz der ungesättigten Fettsäuren in Trans-Fettsäuren umgewandelt (siehe Kap. 3.5.1.1).

Durch den Einsatz spezieller Katalysatoren kann die Bildung von Trans-Fettsäuren stark reduziert werden. Außerdem ist es möglich, die Reaktion so zu steuern, daß vermehrt die (weniger wertvolle) Linolensäure in Ölsäure umgewandelt und die Hydrierung der Linolsäure zurückgedrängt wird.

Fettfraktionierung

Bei der Fettfraktionierung werden Fette in Fraktionen mit unterschiedlichen Schmelzpunkten aufgetrennt. Das geschieht mit Hilfe aufwendiger Schmelz- und Abkühlungsverfahren, die bei unterschiedlichen Temperaturen vorgenommen werden. Das Verfahren kann mit dem Ausflocken von einzelnen Fraktionen aus Olivenöl bei Kühlraumtemperaturen verglichen werden. Die Fettfraktionierung ist für die Herstellung großer Mengen von Streichfetten wegen des großen technischen Aufwands und der damit verbundenen hohen Kosten augenblicklich noch von untergeordneter Bedeutung.

Umesterung

Bei einer Umesterung werden die Fettsäuren zunächst vom Glycerinmolekül abgespalten. Diese Abspaltung erfolgt bei erhöhten Temperaturen mit Hilfe geeigneter Katalysatoren. Beim anschließenden gezielten schrittweisen Abkühlen bilden sich erneut Triglyceride aus. Durch die Wahl geeigneter Reaktionsbedingungen können dabei gezielt Fettfraktionen mit unterschiedlichen Fettsäure-Zusammensetzungen erhalten werden. Es gelingt somit, „maßgeschneiderte“ Fette aus natürlichen Fetten zu gewinnen, ohne daß dabei an den Fettsäuren Veränderungen erfolgen.

5.3.3.1 Margarine

5.3.3.1.1 Zusammensetzung der Margarine

Die Zusammensetzung der einzelnen Margarinesorten ist in der Bundesrepublik durch die Margarine- und Mischfett-Verordnung festgelegt, so daß eine eindeutige Beurteilung möglich ist. Das betrifft neben der klassischen Margarine auch Halbfettmargarine und Mischfetterzeugnisse, die nach den Festlegungen der Margarine-Verordnung keine Margarineerzeugnisse sind.

Margarine ist wie die Butter eine Emulsion vom Wasser-in-Öl-Typ. Sie besteht aus folgenden Komponenten (zulässige Abweichungen bzw. Einschränkungen sind bei einzelnen Sorten möglich bzw. bindend einzuhalten, Einzelheiten siehe unten):

Fett

Der Fettgehalt, vorwiegend pflanzliche Fette, beträgt (mindestens) 80 %. Die eingesetzten Öle dürfen teilweise durch Fetthärtung, Fraktionierung oder Umesterung modifiziert werden. Ein zulässiger Milchfettanteil darf höchstens 1 % des Gesamtfettgehalts betragen.

Eiweiß

Der Eiweißgehalt beträgt etwa 0,5 %. Das Eiweiß stammt zum größten Teil aus der bei der Herstellung zugesetzten Milch (meist Magermilch), wodurch Butteraromastoffe in die Margarine eingebracht werden und beim Erhitzen ein Braunwerden (wie bei der Butter) bewirkt werden soll (nichtenzymatische Bräunung: Reaktion des Milcheiweißes mit der Lactose, siehe Kap. 11.3.1.1).

Kohlenhydrate

Der Kohlenhydratgehalt beträgt etwa 0,5 %. Es handelt sich dabei ausschließlich um Lactose, die aus der zugesetzten Milch stammt.

Emulgatoren

Zur Stabilisierung der Wasser-in-Fett-Emulsion ist der Zusatz von Emulgatoren erforderlich. Als Emulgator dient vorzugsweise Lecithin, es werden aber auch Mono- und Diglyceride eingesetzt.

Vitamine

Der Margarine werden meist die fettlöslichen Vitamine A und D zugesetzt, um ihren Vitamingehalt dem der Butter anzugleichen (Vitamin A

600 µg/100 g, Vitamin D 2,5 µg/100 g). Weiterhin ist der Zusatz von 0,5 mg Vitamin E pro g Linolsäure erlaubt, um diese vor einer Oxidation zu schützen. Die verschiedenen Margarinesorten enthalten darüber hinaus unterschiedliche Mengen an Vitamin E, das aus den eingesetzten Pflanzenölen stammt (Vitamin E wird bei der Fetthärtung nur teilweise zerstört). Der Zusatz von β-Carotin muß entsprechend den Bestimmungen der Zusatzstoff-Zulassungsverordnung als Farbstoff deklariert werden, obwohl es als Provitamin A wirksam ist.

Weitere Zusätze

Zur Geschmacksverbesserung dürfen in begrenztem Umfang Kochsalz (0,1 bis 0,2 %) und Butteraromen (Biacethyl, Buttersäure und andere Fettsäureabkömmlinge) zugesetzt werden.

Durch den Zusatz von Zitronensäure, seltener Milchsäure, wird der p_H-Wert auf etwa 4,5 abgesenkt, dadurch wird die Haltbarkeit verbessert. Ab einem Wassergehalt von mehr als 15 % ist Sorbinsäure als Konservierungsstoff zugelassen.

Neben β-Carotin als Farbstoff ist auch der Zusatz von Kurkumin (E 100) und von Annatto, Bixin bzw. Norbixin (E 160 b) erlaubt. Auch diese Farbstoffe müssen deklariert werden, sie werden aber kaum eingesetzt (es ist üblich, nur β-Carotin zuzusetzen).

5.3.3.1.2 Margarinesorten

Standardmargarine

Standardmargarine muß mindestens 50 % Pflanzenfett enthalten, der restliche Anteil können geeignete, unveränderte tierische Fette sein (eine Modifizierung von tierischen Fetten, z. B. Umesterung, ist in der Bundesrepublik verboten). Standardmargarine, im Einzelhandel meist in Würfelform angeboten, ist aus ernährungsphysiologischer Sicht nicht als Brotaufstrich zu empfehlen. Sie eignet sich aber als Bratfett, falls keine entsprechenden Spezialfette zur Verfügung stehen. Der Gehalt an Trans-Fettsäuren kann, muß aber nicht höher sein als in anderen Margarinesorten.

Pflanzenmargarine

Pflanzenmargarine muß einen Mindestanteil an pflanzlichen Fetten von 97 % aufweisen, wobei die Art des Pflanzenfetts völlig freigestellt ist und auch nicht deklariert werden muß. Mindestens 50 % des Fetts dürfen nicht verändert worden sein (Fetthärtung), und der Linolsäuregehalt muß mindestens 15 % betragen. Eine als „linolsäurereich" deklarierte Pflanzenmargarine muß mindestens 30 % Linolsäure enthalten. Ein höherer Linolsäuregehalt darf deklariert werden, er muß dann aber auch tatsächlich vorhanden sein.

Der Gehalt an Trans-Fettsäuren ist in den auf dem deutschen Markt angebotenen Margarinesorten sehr gering, er beträgt im Durchschnitt weniger als 1 %.

Pflanzenmargarinesorten sind preisgünstig, weil die Lebensmittelindustrie verschiedene pflanzliche Fette entsprechend dem jeweiligen, auf dem Weltmarkt herrschenden Angebot einsetzen darf. In zunehmendem Maße wird für die Produktion von Pflanzenmargarine Rapsöl eingesetzt.

Sonnenblumenmargarine

Für eine als Sonnenblumenmargarine deklarierte Margarine gelten zunächst die gleichen grundsätzlichen Festlegungen wie für Pflanzenmargarinen generell. Der Name Sonnenblumenmargarine besagt aber bereits, daß sie nur unter ausschließlicher Verwendung von Sonnenblumenöl hergestellt werden darf.

Sonnenblumenmargarine hat eine nahezu konstante Fettsäure-Zusammensetzung (Linolsäure 40 %, Ölsäure 18 %, gesättigte Fettsäuren 35 %, Trans-Fettsäuren meist weniger als 1 %).

Sonnenblumenmargarine kann auf Grund ihrer Fettsäure-Zusammensetzung, ihres relativ hohen Gehalts an Vitamin E und der in der Regel gleichbleibenden Qualität aus ernährungsphysiologischer Sicht besonders empfohlen werden.

Für andere Pflanzenmargarinen, die mit den Namen einer bestimmten Ölpflanze versehen sind, gelten sinngemäß die gleichen Festlegungen. Die Bewertung ist jedoch von der Fettsäure-Zusammensetzung des betreffenden Pflanzenfetts abhängig.

Reformmargarine

Zur Herstellung von Reformmargarine dürfen keine gehärteten Pflanzenfette verwendet werden. Sie hat infolgedessen einen sehr geringen Gehalt an Trans-Fettsäuren. Als Austausch für die gehärteten Fette werden meist feste Pflanzenfette wie Palmfett oder Kokosfett eingesetzt. Reformmargarine enthält deshalb relativ oft gesättigte Fettsäuren mit 12 und 14 C-Atomen, die die endogene Cholesterinsynthese begünstigen. Ernährungsphysiologisch dürfte die Reformmargarine kaum Vorteile gegenüber der Sonnenblumenmargarine aufweisen, die Vor- und Nachteile beider Margarinesorten gleichen sich im Endeffekt offenbar aus.

Diätmargarine

Diätmargarinen müssen besonders hohen Anforderungen genügen. Die Fettsäure-Zusammensetzung (ausschließlich Pflanzenfette) muß eindeutig deklariert und in ständig gleichbleibendem Mengenverhältnis eingehalten werden. Gehärtete Pflanzenfette dürfen nicht eingesetzt werden. Die streichfähige Konsistenz wird zum großen Teil durch Fettfraktionen erreicht, die durch Umesterung erhalten wurden.

Halbfettmargarine

Halbfettmargarine muß nach der Margarine- und Mischfett-Verordnung 39 bis 41 % Fett enthalten, von dem höchstens 2 % nichtpflanzlicher Herkunft sein dürfen. Halbfettmargarine ist zum Braten nicht geeignet. Sie ist als energiereduziertes Lebensmittel günstig einzuschätzen, in ihrer ernährungsphysiologischen Bewertung hinsichtlich der Fettsäure-Zusammensetzung unterscheidet sie sich jedoch nicht von der „klassischen" Pflanzenmargarine mit unverändertem Fettgehalt.

Sondermargarine

Spezielle Margarinesorten wie Back-, Zieh- und Crememargarine zeichnen sich durch eine Fettzusammensetzung aus, die auf die speziellen küchentechnischen Anforderungen abgestimmt sind. Back- und Ziehmargarine enthalten weniger Ölanteile (und damit einen höheren Prozentsatz an gesättigten Fettsäuren), bei Crememargarinen ist der Anteil an Kokosfett besonders hoch (> 30 %).

Alle Sorten von Sondermargarinen sind aus ernährungsphysiologischer Sicht als nicht besonders wertvoll einzustufen. Ihr Verzehr ist auf ein Minimum zu beschränken. Bei einer vollwertigen Ernährung ist der Verzehr von energiereichen und süßen Backwaren und Cremeerzeugnissen selbstredend auf besondere Anlässe und auf kleine Portionen beschränkt.

5.3.3.1.3 Ernährungsphysiologische Einschätzung von Margarine

Die verschiedenen Margarinesorten, ausgenommen Standard- und Spezialmargarine, sind aus ernährungsphysiologischer Sicht als wertvoll einzuschätzen:

- sie haben einen relativ hohen Gehalt an Linolsäure, der Gehalt an gesättigten Fettsäuren ist gering,
- ihr Gehalt an Vitamin E ist relativ hoch,
- ihr Gehalt an den Vitaminen A und D entspricht deren Gehalt in der Butter,

- sie ist frei von Cholesterin,
- der Gehalt an Trans-Fettsäuren ist sehr gering.

Die Gefahr einer möglichen gesundheitlichen Schädigung durch Trans-Fettsäuren, die bei der Fetthärtung gebildet werden können und in einzelnen Margarinesorten in geringen Mengen vorkommen können, ist in der Laienpresse überbewertet worden. In Margarinen, die in der Bundesrepublik unter Beachtung der Margarine-Verordnung produziert werden, ist der Gehalt an Trans-Fettsäuren gering. Er ist in der Regel nicht höher als 1 % (maximal knapp 3 %) und ist damit etwas niedriger als in der Butter. Diätmargarinen enthalten keine nachweisbaren Mengen an Trans-Fettsäuren.

5.3.3.2 Mischfetterzeugnisse

Mischfetterzeugnisse sind Erzeugnisse, die aus genußtauglichen Fetten hergestellt werden, zu Verwechslungen mit Butter, Milchfett- oder Milchstreichfetterzeugnissen führen können und nach der Margarine-Mischfett-Verordnung nicht als Margarine bezeichnet werden dürfen. Eine Bewertung solcher Produkte aus ernährungsphysiologischer Sicht ist schwierig, da sie oft recht unterschiedliche Bestandteile enthalten. Generell ist festzustellen, daß sie gegenüber einer hochwertigen Margarine (z. B. Sonnenblumenmargarine, Diätmargarine) keine Vorteile bieten.

Zu diesen Erzeugnissen sind auch solche Erzeugnisse zu rechnen, die Mischungen von Butter oder Butterfett (Butterschmalz) mit pflanzlichen Fetten sind und mit ernährungsphysiologischen oder küchentechnischen Begründungen beworben werden:

- Butter-Pflanzenfett-Mischungen
  Als Begründung für die Vorteile eines solchen als Streichfett empfohlenen Erzeugnisses wird meist eine damit erfolgende Ergänzung des Milchfetts durch Fette mit einem hohen Gehalt an mehrfach ungesättigten Fettsäuren ins Feld geführt. Auch die Streichfähigkeit kann bei niedrigeren Temperaturen besser sein als bei Butter. Bei dem Einsatz solcher Erzeugnisse muß die geringere Haltbarkeitsdauer des Butteranteils berücksichtigt werden.
- Butterfett-Pflanzenfett-Mischungen
  Solche Mischungen werden als Bratfette angeboten. Sie enthalten im Gegensatz zu den Butter-Pflanzenfett-Mischungen kein Wasser. Der Anteil an Butterschmalz ist meist gering (etwa 20 %). Als Vorteil wird der Buttergeschmack ins Feld geführt. Diese Erzeugnisse mögen wohl eine geringfügige Arbeitserleichterung darstellen, aus ernährungsphysiologischer Sicht sind sie aber nicht zu befürworten. Es ist wesentlich günstiger, das Fleisch in speziellen hoch erhitzbaren Bratfetten anzubraten, das Bratfett zu verwerfen (bzw. für das Anbraten

weiterer Fleischstücke zu nutzen) und das Bratenstück zur Geschmacksabrundung anschließend mit wenig Butter bzw. Butterschmalz nachzubraten.

5.3.3.3 Spezialfette

Die von der Industrie für besondere Einsatzzwecke entwickelten Spezialfette passen sich in ihrer Fettsäure-Zusammensetzung naturgemäß den vorgegebenen Erfordernissen an, wobei ernährungsphysiologische Gesichtspunkte weitgehend unberücksichtigt bleiben. Diese Fette haben bei sinnvollem Einsatz ihre Daseinsberechtigung.

Für die Küche sind von besonderem Interesse die Fette, die als Brat- und Fritierfette eingesetzt werden. Sie zeichnen sich durch einen geringen Gehalt an ungesättigten Fettsäuren und einen hohen Rauchpunkt aus. Dadurch wird die Bildung von toxischen Fettsäure-Oxidationsprodukten und von anderen toxischen Zersetzungsprodukten verringert.

Unter dem Begriff „Shortenings“ werden solche „maßgeschneiderte“ Fette verstanden, die vorrangig in der Lebensmittelindustrie für die Herstellung von Backwaren eingesetzt werden. Es handelt sich dabei um Mischungen, die einen hohen Anteil an Hartfetten enthalten. Shortenings verhindern, bei der Teigbereitung zugesetzt, die Ausbildung von stabilen Weizenkleberstrukturen. Dadurch ist es möglich, das Anteigen und den Backprozeß zu verkürzen und trotzdem mürbe Backwaren zu erhalten (Shortenings = „Verkürzer“ des Backprozesses).

Die Bezeichnung Shortenings wird auch für Spezialfette benutzt, die durch spezielle Methoden, u. a. durch Aufschlagen unter Stickstoff, aufgelockert wurden. Sie können dadurch in Abhängigkeit von der Fettzusammensetzung eine cremige, visköse oder flüssige Konsistenz aufweisen. Bei ihnen ist der Anteil an Fetten mit hohem Schmelzpunkt kleiner. Diese Produkte werden in der Lebensmittelindustrie vorrangig bei kontinuierlichen Backprozessen, zur Herstellung von Eiscreme oder Salatdressings eingesetzt.

5.3.4 Fettersatzstoffe

Von der Lebensmittelindustrie werden seit Jahren intensive Anstrengungen unternommen, Fettersatzstoffe zu entwickeln und auf den Markt zu bringen, die energieärmer als die Fette sind, aber sonst, insbesondere in geschmacklicher Hinsicht (Aromaträger, vollmundiges Gefühl), alle Fetteigenschaften aufweisen. Es ist damit zu rechnen, daß in den nächsten Jahren im Rahmen des gemeinsamen EU-Marktes solche neuartigen Lebensmittel in zunehmendem Maße auch in der Bundesrepublik angeboten werden.

Solche Fettersatzstoffe können auf 3 unterschiedlichen Bauprinzipien basieren:

- Stoffe, die nach dem Strukturprinzip von Lipiden aufgebaut sind, bei denen aber die (energiereichen) Fettsäuren durch andere (energieärmere) Substanzen ersetzt sind,
- Substanzen, die auf modifizierten Proteinstrukturen basieren,
- Substanzen, die auf modifizierten Kohlenhydratstrukturen basieren.

Die ersten beiden Gruppen (Lipid- und Proteinbasis) sind nach der Novel-Food-Verordnung der EU neuartige Lebensmittel (siehe Kap. 5.7.4.1). Fettersatzstoffe auf Kohlenhydratbasis werden den neuartigen Lebensmitteln nicht zugerechnet.

Fettersatzstoffe auf Lipidbasis

Bei den Fettersatzstoffen auf Lipidbasis kann zwischen 2 verschiedenen Typen unterschieden werden:

- Triglyceride, bei denen Glycerin vorwiegend mit sehr kurzkettigen Fettsäuren verestert ist, die einen niedrigen Brennwert aufweisen,
- Fettsäureester, in denen natürliche Fettsäuren mit Zuckern oder anderen Verbindungen (an Stelle mit Glycerin) verestert sind und die von den Verdauungsenzymen nicht aufgespalten werden können.

Triglyceride mit atypischer Fettsäure-Zusammensetzung: Diese atypischen, in der Natur nicht vorkommenden Triglyceride haben einen niedrigeren Brennwert als die natürlichen Fette. Diese Ersatzstoffe enthalten logischerweise keine essentiellen Fettsäuren. Die handelsüblichen Präparate sind außerdem frei von Fettbegleitstoffen wie fettlösliche Vitamine (diese könnten allerdings zugesetzt werden). Diese Ersatzstoffe sind in der USA entwikkelt worden, und folgende dieser Produkte sind dort bereits im Handel:

- Caprenin

  Caprenin ist ein Triglycerid mit den kurzkettigen Fettsäuren Caprylsäure (C_8) und Caprinsäure (C_{10}) sowie der langkettigen Behensäure (C_{22}). Behensäure kommt in geringer Menge auch im Erdnußöl vor. Caprenin wird im Darm durch die Pankreaslipase vollständig gespalten, seine Bausteine werden resorbiert und verstoffwechselt. Die Behensäure wird allerdings sehr langsam abgebaut und nicht als solche in menschliche Depotfette eingebaut. Der Brennwert des Caprenins beträgt 20 kJ (5 kcal). Caprenin wird vorzugsweise in Schokoladenerzeugnissen an Stelle von Kakaobutter eingesetzt.
- Salatrim

  Salatrim ist ein Triglycerid mit Essigsäure und Propionsäure sowie der langkettigen Stearinsäure. Salatrim wird wie Caprenin gespalten, und die Bausteine werden ebenfalls resorbiert. Der Brennwert beträgt 16 kJ (4 kcal).

Fettsäureester von Zuckern bzw. anderen Verbindungen

Bei einer zweiten Gruppe von Fettersatzstoffen handelt es sich um Fettsäureester von Zuckern, Zuckeralkoholen, Propylenglycol bzw. Polycarbonsäuren. Bei ihnen sind die Fettsäuren nicht mit Glycerin, sondern mit den Hydroxylgruppen dieser Verbindungen verestert. Diese Ersatzstoffe täuschen eine fettähnliche Struktur vor, bei der die hydrophoben (wasserfeindlichen) Fettsäurereste nach außen gerichtet sind. Diese fettähnliche Struktur imitiert auch in sensorischer Hinsicht Fetteigenschaften, insbesondere die Funktion eines Aromaträgers von wasserunlöslichen Aromastoffen. Die völlig neuartigen Strukturen können jedoch von der Pankreaslipase nicht angegriffen werden, die Fettsäuren werden nicht abgespalten. Das hat zur Folge, daß diese Ersatzstoffe nicht resorbiert und unaufgeschlossen mit dem Stuhl ausgeschieden werden.

- Fettsäureester von Zuckern (Olestra® und Prolestra®)
  Zum Zeitpunkt der Drucklegung dieses Werks ist in den USA ein Ersatzpräparat dieser Kategorie (Olestra®) im umstrittenen Einsatz. Olestra® ist ein Saccharose-Polyester mit 6 bis 8 Fettsäuren (aus verschiedenen Pflanzenölen isoliert). Olestra® ist infolge der Veresterung mit verschiedenen Fettsäuren, deren Relationen verändert sein können, keine einheitliche Substanz. Olestra® kann somit in Abhängigkeit der eingebauten Fettsäuren unterschiedliche Eigenschaften aufweisen. Es entspricht im Aussehen, Geschmack, Hitzestabilität und Schmelzverhalten einem traditionellen Fett. Akute Vergiftungserscheinungen und andere Nebenwirkungen sind nicht nachweisbar. Olestra® wird unverdaut mit dem Stuhl wieder ausgeschieden. In größeren Mengen verzehrtes Olestra® kleidet die Darmwand mit einem ultradünnen fettähnlichen Film aus. Dadurch wird zumindest die Resorption von Fetten, fettlöslichen Vitaminen, Cholesterin und Carotinen behindert. Nach neueren Untersuchungen soll die Resorption von Kohlenhydraten, Eiweißen und Mineralstoffen nicht behindert sein. Darüber hinaus wird die Peristaltik gestört und auch die Resorption von Wasser im Dickdarm. Dadurch kann der Dickdarminhalt kontinuierlich in den Mastdarm übertreten und zu „unbemerkten" Durchfällen führen (sog. „leakage", „Durchlaufen" des Mastdarminhalts). Aus ernährungsphysiologischer und gesundheitlicher Sicht ist vor Olestra® dringend zu warnen.
  Olestra® ist in den USA z. Z. (2000) zur Herstellung von energie- und fettarmen fritierten Produkten (Chips oder Cracker) zugelassen. Prolestra® ist ähnlich wie Olestra® aufgebaut. Es wird noch nicht eingesetzt.
- Fettsäureester von anderen Verbindungen
  Diese dieser Untergruppe zuzuordnenden Fettersatzstoffe sind zum gegenwärtigen Zeitpunkt noch nicht von größerem Interesse, obwohl in absehbarer Zeit mit ihnen gerechnet werden muß. Aus ernährungs-

physiologischer Sicht gelten für sie die gleichen Einschätzungen wie für Olestra®. Sie könnten möglicherweise unter ihren bisher üblichen Bezeichnungen EPG, DDM bzw. TATCA eingeführt werden.

Fettersatzstoffe auf Proteinbasis

Bei diesen Fettersatzstoffen handelt es sich aus lebensmittelchemischer Sicht um keine Ersatzstoffe. Bei ihnen sind durch entsprechende technologische Verfahren und unter Verwendung von Hilfsstoffen auf der Basis von Naturstoffen (Bindemittel auf Kohlenhydratbasis) Eiweiße zu ultrafeinen Partikeln ausgeformt worden (sog. mikropartikuliertes Protein, Teilchendurchmesser 0,1 bis 0,3 µ). Diese feinsten Partikel erzeugen auf Grund ihrer Partikelgröße im Mund ein sahniges Gefühl wie fein verteiltes, schmelzendes Fett. Sie werden im Darm vollständig abgebaut. Fettersatzstoffe auf Proteinbasis sind aus ernährungsphysiologischer Sicht unbedenklich. Der Brennwert beträgt weniger als 16 kJ (4 kcal), da sie neben Eiweiß einen unterschiedlich hohen Anteil an unverdaulichen Ballaststoffen enthalten.

Fettersatzstoffe, die auf diesem Prinzip beruhen, sind unter den Namen Simplesse®, Trailblazer®, Diary-Low®, Finesse®, NutriFat® und PC® im Handel.

Diese Fettersatzstoffe eignen sich in der Lebensmittelindustrie besonders für die Herstellung von Desserts, Joghurt, Käseersatz-Aufstrichen, Salatdressings und ähnlichen Erzeugnissen. Aus lebensmittelrechtlicher Sicht handelt es sich bei diesen Produkten um eine „Zutat", und es muß demzufolge nicht deklariert werden. Nachteilig ist der hohe Preis, weswegen sie in der Lebensmittelindustrie nur selten eingesetzt werden.

Vor dem Verzehr solcher Ersatzstoffe muß bei einer bestehenden Kuhmilch- bzw. Hühnereiallergie gewarnt werden. Als Eiweiß wird entweder Milcheiweiß (bei Simplesse® Molkeneiweiß, das als solches auf der Zutatenliste angegeben werden muß) oder Hühnereiweiß eingesetzt.

Fettersatzstoffe auf Kohlenhydratbasis

Fettersatzstoffe auf Kohlenhydratbasis, aus speziell modifizierten Stärken und Zellulosen hergestellt, werden aus sensorischer Sicht weniger gut bewertet. Sie bestehen aus kleinsten Partikeln, die ein relativ großes Wasserbindungsvermögen aufweisen, und deswegen ein sahniges Geschmacksgefühl auslösen und auch als Träger für Aromastoffe dienen sollen.

- Produkte auf der Basis modifizierter Stärken

  Diese Erzeugnisse basieren auf speziellen Maltodextrinen, die durch eine gezielte hydrolytische Spaltung der Stärke gewonnen werden. Die wichtigsten Produkte sind N-Oil® (aus Tapiokastärke), Maltrin® (aus Maisstärke), Paselli SA 2® (aus Kartoffelstärke) und Oatrim® (aus Haferstärke). Sie haben einen Brennwert von 16 kJ (4 kcal). Auf Grund ihrer guten Quell- und Gelbildungsfähigkeit werden sie in der Lebensmittelindustrie zur Herstellung von energiereduzierten Mayonnaisen, Puddings und Soßen eingesetzt. Sie können in der Bundesrepublik ohne Einschränkungen verwendet werden, müssen aber in der Zutatenliste als Stärke (oder modifizierte Stärke) deklariert werden. Sie sind aus ernährungsphysiologischer Sicht völlig unbedenklich.

- Produkte auf der Basis modifizierter Zellulose (Methylzellulose)
  Produkte auf der Basis von Methylzellulose sind in der Bundesrepublik noch nicht zugelassen. Die derzeitig bekannten Produkte (z. B. Avicel®) können möglicherweise einem Nachquellen (zusätzliches Quellen im Magen-Darm-Trakt) unterliegen, wobei Wasser im Magen-Darm-Trakt unkontrolliert entzogen werden kann. Die Produkte werden von den Verdauungssäften und von den Darmbakterien nicht angegriffen und unverdaut ausgeschieden.

5.4 Trinkwasser und Getränke

5.4.1 Trinkwasser

Die Qualität des Trinkwassers wird durch die Wasserversorgungsbetriebe gewährleistet. Staatliche Kontrollen sichern die gesundheitliche Unbedenklichkeit (mikrobiologische Reinheit, Einhaltung von Grenzwerten für chemische Schadstoffe wie toxische Schwermetalle, Nitrat u. a.). Bei Nutzung einer Eigenversorgung (eigene Brunnen) ist der verantwortliche Leiter und der Küchenleiter für die Einhaltung der Trinkwasser-Verordnung (5. 12. 1990) und für die regelmäßige Durchführung der vorgeschriebenen Kontrollen verantwortlich (siehe Kap. 12.3).

5.4.2 Mineralwässer

Natürliche Mineralwässer stammen aus unterirdischen Wasservorkommen, in denen sie auf Grund der geologischen Gegebenheiten vor Verunreinigungen geschützt sind. Sie bedürfen deshalb keiner Aufbereitung in Wasserversorgungsbetrieben. Mineralwässer müssen amtlich anerkannt werden, erst diese Anerkennung berechtigt zum Führen der Bezeichnung „Mineralwasser“. Auch sie unterliegen einer ebenso strengen Kontrolle wie das Trinkwasser. Mineralwässer enthalten Mineralstoffe, Spurenelemente und gelöste Kohlensäure. Die Menge der gelösten Mineralstoffe muß in der Regel 1 g, die der Kohlensäure 250 mg/l betragen. Ein hoher Gehalt an Eisen darf mittels Belüftung entfernt werden, da andernfalls beim Öffnen der Flaschen Eisensalze als brauner flockiger Niederschlag ausfällen würden (enteisentes Mineralwasser).

Mineralwässer mit besonders charakteristischem Mineralstoffgehalt werden als Heilquellen (Heilwässer) bezeichnet. Der Gehalt einzelner Mineralstoffe kann bei einigen dieser Heilquellen überdurchschnittliche Werte erreichen, z. B. einen hohen Natriumgehalt oder einen hohen Gehalt an Magnesiumsulfat. Heilwässer, die den hohen Anforderungen entsprechen, sind vom Bundesinstitut für Arzneimittel als sog. Fertigarzneimittel zugelassen.

Bewertung unterschiedlicher Mineralwässer

Der Einfluß von Mineralwässer auf die Mineralstoffversorgung wird oft überbewertet, obwohl sie auf Grund ihres Mineralstoffgehalts und des Gehalts an bestimmten Spurenelementen eine gewisse ernährungsphysiologische Bedeutung besitzen können (mindestens 1 g gelöste Stoffe oder 250 mg gelöste Kohlensäure pro l, ebenfalls mindestens 150 mg Kalzium pro l oder 50 mg Magnesium pro l oder 1 mg Fluorid pro l).

Auf der anderen Seite zeigen bestimmte Heilquellen auf Grund ihres besonders hohen Gehalts an bestimmten Mineralstoffen therapeutische Effekte wie z. B. Glaubersalzquellen (Karlsbad, Bad Kissingen, Bad Neuenahr u. a.). Die abführende Wirkung von Glaubersalzquellen ist auf den hohen Gehalt an Magnesiumsulfat zurückzuführen.

Bei der Vielzahl der anerkannten Mineralwässer ist eine umfassende Bewertung bei Berücksichtigung aller Gesichtspunkte nicht möglich. Eine grobe Einteilung, die in vielen Fällen ausreichend ist, orientiert sich nach den Bestandteilen, die den Charakter des betreffenden Mineralwassers wesentlich bestimmen:

- Sprudel
  Sprudel oder Säuerlinge sind nach der gültigen Definition kohlensäurereiche Wässer, die 7 bis 8 g Kohlensäure pro l enthalten.
  In der Regel wird unter Sprudel ein kohlensäurehaltiges Mineralwasser verstanden, dessen Kohlensäure bereits im Quellwasser enthalten ist (natürliches kohlensäurehaltiges Wasser). Unter der Bezeichnung „Natürliches Mineralwasser, mit eigener Quellkohlensäure versetzt" werden Mineralwässer verstanden, denen Kohlensäure zugesetzt wurde, die aus der eigenen Quelle stammt. Damit ist es möglich, schwach kohlensäurehaltiges Mineralwasser so mit Kohlensäure anzureichern, daß es in geschmacklicher Hinsicht einem Sprudel entspricht.
  „Natürliches Mineralwasser, mit Kohlensäure versetzt" enthält Kohlensäure, die aus anderen Vorkommen (gereinigte technische Kohlensäure aus CO_2-Druckflaschen) stammt.
- Stille Wässer
  Stille Wässer sind arm an Kohlensäure, deren Gehalt 2 bis 2,5 g/l nicht übersteigen darf.
- Hydrogencarbonatwässer (Bikarbonatwässer)
  Hydrogencarbonatwässer sind relativ geschmacksneutral, bei ihnen dominieren meist die anderen zusätzlich vorkommenden Mineralstoffe.

- Chloridwässer
  Chloridwässer sind meist durch kochsalzhaltiges Gestein gelaufen. Sie sind daher meist auch reich an Natrium und schmecken salzig.
- Sulfatwässer
  Sulfatwässer enthalten den Sulfatanteil meist in Form von Magnesium-, Kalzium- und Hydrogencarbonatsalzen. Sie schmecken wegen des Magnesiumsulfatanteils meist bitter (Bittersalze).

Eine sichere Auskunft über die Bestandteile des jeweiligen Mineralwassers geben die auf dem Etikett jeder Flasche gemachten Angaben. Diese Angaben sind insbesondere bei Erkrankungen zu beachten, bei denen eine kontrollierte Mineralstoffzufuhr erforderlich ist.

Spezielle Mineralwässer, die in Hinblick auf ihren Mineralstoffgehalt entsprechend deklariert werden, müssen die Anforderungen an den Minimal- bzw. Maximalgehalt der ausgewiesenen Mineralstoffe erfüllen (siehe Tabelle 5.4.1).

Tabelle 5.4.1:
Mindestanforderungen an den Mineralstoffgehalt von Mineralwässern bei entsprechender Deklaration

Geeignet für natriumarme Ernährung	Natriumgehalt	< 20 mg/l
Natriumhaltig	Natriumgehalt	>200 mg/l
Kalziumhaltig	Kalziumgehalt	>150 mg7l
Bikarbonathaltig	Hydrogencarbonatgehalt	>600 mg7l
Sulfathaltig	Sulfatgehalt	>200 mg/l
Chloridhaltig	Chloridgehalt	>200 mg/l
Magnesiumhaltig	Magnesiumgehalt	> 50 mg/l

Bei Mineralwässern, die als geeignet für die Zubereitung von Säuglingsnahrung eingestuft werden sollen, dürfen folgende Grenzwerte pro l nicht überschritten werden:
Natrium (20 mg), Nitrat (10 mg), Nitrit (0,02 mg), Sulfat (240 mg) und Fluorid (1,5 mg).
Es kann außerdem zwischen Mineralwässern unterschieden werden, die den p_H-Wert des Harns in gewissem Maße senken (harnsäuernd) bzw. erhöhen können (harnalkalisierend). Bei Trinkkuren zur Behandlung von Nierensteinen ist entsprechend der Zusammensetzung der Steine auf die Auswahl des richtigen Mineralwassers zu achten.

5.4.3 Sonstige Wässer

Quellwasser

Quellwasser muß zunächst die gleichen Anforderungen erfüllen, die an ein Mineralwasser gestellt werden. Sein Gehalt an Mineralstoffen und an gelöster Kohlensäure darf jedoch geringer sein.

Tafelwässer

Tafelwässer sind Trinkwässer, deren Mineralstoffgehalt dem des Mineralwassers angeglichen worden ist (durch Zusatz von Sole, Salzen oder Meerwasser). Auch der Zusatz von Kohlensäure ist erlaubt.

Stille Wässer

Stille Wässer sind Mineral-, Quell- oder Tafelwässer, bei denen gegebenenfalls die gelöste Kohlensäure entfernt worden ist. Stille Wässer, die oft in Einwegverpackungen angeboten werden, sollten nur kurzfristig und gekühlt aufbewahrt werden. Es mehren sich die Hinweise, daß in stillen Wässern beim längeren Lagern die Zahl der Keime zunehmen kann. Bei Mineralwässern und bei Tafelwässern, die mit Kohlensäure versetzt wurden, konnte eine Keimvermehrung nicht festgestellt werden. Sie wird durch den sauren p_H-Wert des Wassers unterbunden.

5.4.4 Getränke aus Früchten und Gemüsen

Bei der Auswahl von Getränken aus Früchten und Gemüsen sind folgende Punkte zu beachten, die die ernährungsphysiologische Bewertung wesentlich beeinflussen können:

- Der Anteil an Frucht- bzw. Gemüsesaft kann in den Getränken unterschiedlich hoch sein.
- Fruchtsäfte können durch den Zusatz von Rohrzucker (teilweise in beträchtlicher Menge) nachträglich gesüßt worden sein. Der Energieinhalt solcher Säfte kann deshalb recht hoch sein.
- Die Fruchtsäfte aus tropischen Früchten werden in der Regel aus (importierten) Fruchtsaftkonzentraten hergestellt. Lediglich Fruchtsäfte mit der zusätzlichen Bezeichnung „naturrein" dürfen nicht aus Fruchtsaftkonzentraten hergestellt werden.
  Von ernährungsphysiologischem Interesse ist jedoch, daß bei der Herstellung von Fruchtsaftkonzentraten kaum Vitamin-C-Verluste auftreten (solange der Fruchtsaft einen leicht sauren p_H-Wert aufweist). Die Vitamin-C-Verluste, die bei unsachgemäßer Lagerung der (ungepreßten) Früchte auftreten, können sogar wesentlich höher sein.

Fruchtsäfte

Getränke, die als Fruchtsaft bezeichnet werden, müssen folgende Anforderungen erfüllen:

- Der Fruchtsaftanteil muß 100 % betragen, ein Zusatz von Wasser ist verboten.

- Der Zusatz von Zucker bis zu 15 g/l ist erlaubt und muß nicht deklariert werden. Da die meisten Früchte bereits einen natürlichen Zuckergehalt von etwa 100 g/l Saft aufweisen, liegt ein Zusatz in der Höhe von 15 g innerhalb der Schwankungsbreite des natürlichen Zuckergehalts.
  Der Energieinhalt eines Liters Fruchtsaft beträgt etwa 2000 kJ (500 kcal).
- Der Zusatz von mehr als 10 % Zucker (100 g/l) muß deklariert werden, wobei die Angabe „gezuckert" genügt. Die exakte Angabe der zugesetzten Zuckermenge an Stelle des Zusatzes „gezuckert" ist erlaubt, sie muß dann dem tatsächlichen Zuckerzusatz entsprechen.

Fruchtnektar und Süßmost

Fruchtnektare und Süßmoste unterscheiden sich von Fruchtsäften in folgenden Punkten:

- Der Fruchtsaftanteil beträgt, in Abhängigkeit von der Fruchtart, lediglich 25 bis 50 %.
- Diesen Getränken wird zusätzlich zum Wasser auch noch Zucker zugesetzt. Da Fruchtnektare häufig aus sehr sauren Früchten hergestellt werden (hoher Anteil an Fruchtsäuren), ist demzufolge der Zuckerzusatz und dadurch der Energieinhalt oft sehr hoch.
  Ein Zuckerzusatz muß bei Fruchtnektaren und Süßmosten nicht deklariert werden.
- Fruchtnektare werden vom Handel auch als energiereduzierte „Light-Produkte" angeboten. Diese Produkte sind mit Süßstoff gesüßt, der deklariert werden muß.

Fruchtsaftgetränke

Fruchtsaftgetränke haben einen noch geringeren Fruchtsaftanteil als die Fruchtnektare (6 bis 30 %), infolgedessen ist bei ihnen der Zusatz von Wasser und meist von Zucker noch höher. Die Standarderzeugnisse sind darum meist sehr energiereich.

Fruchtsaftgetränke werden auch kalorienreduziert angeboten (mit Süßstoff gesüßt).

Limonaden

Der Fruchtsaftgehalt in Limonaden beträgt 3 bis 15 %. Limonaden dürfen naturidentische Aroma- und Farbstoffe sowie andere naturidentische Stoffe zugesetzt werden (z. B. Coffein in Cola-Getränken, Chinin in Tonic Water).

Gemüsesäfte

Gemüsesäften darf kein Wasser hinzugefügt werden. Gemüsesäfte sind im Gegensatz zu Fruchtsäften energiearm. Sie sind reich an Mineralstoffen und in der Regel reich an Vitaminen. Der Vitamingehalt hängt wesentlich von der Gemüsesorte ab.

5.4.5 Aufgußgetränke (Kaffee und Tee) und Kakao

5.4.5.1 Kaffee

Die wesentlichsten physiologischen Effekte des Kaffees werden durch das Coffein bedingt (Coffeingehalt einer Tasse Kaffee 50 bis 150 mg). Coffein (Grundbaustein ist ein Purinring) stimuliert die Ausschüttung des Nebennierenmark-Hormons Adrenalin, das folgende Wirkungen entfaltet:

- Stimulierung des Glykogenabbaus in der Leber und dadurch hervorgerufen eine (leichte) Erhöhung des Blutzuckerspiegels,
- Anregung der Herztätigkeit und (meist geringgradige) Erhöhung des Blutdrucks,
- Anregung der Magensaftproduktion und Stimulierung der Peristaltik des Darms,
- Steigerung der Diurese (Harnbereitung), dadurch Erhöhung der Wasserausscheidung (größere Harnmenge),
- Stimulierung des Zentralnervensystems und kurzzeitige Steigerung der Leistungsfähigkeit, in höheren Mengen kann eine individuell unterschiedliche Aufputschwirkung festgestellt werden,
- bei gleichzeitiger und andauernder körperlicher Belastung Steigerung der Fettmobilisierung und dadurch ein verlangsamter Abbau der Glykogenreserven (Kompensation der mobilisierenden Wirkung des Adrenalins).

Kaffee beeinflußt in geringem Maße auch die Blutfettwerte. Dieser Effekt wird möglicherweise nicht bzw. nicht ausschließlich durch das Coffein bewirkt. Eine Fraktion aus dem Kaffeeaufguß, die bei Filterkaffee zu 80 % vom Filter zurückgehalten wird, erhöht die LDL- und Triglycerid-Konzentration im Blutserum. Auch coffeinfreier Kaffee erhöht die LDL-Konzentration (möglicherweise sogar ausgeprägter als „normaler" Kaffee). Inwieweit diese Wirkungen auf Röstprodukte zurückzuführen sind, ist noch nicht geklärt.

Die Reizung der Magenschleimhaut, die bei empfindlichen Personen beim Genuß von Kaffee auftritt, ist vorzugsweise durch Röstprodukte und möglicherweise durch Chlorogensäure (Bestandteil des Röstkaffees) bedingt. Diese Substanzen können bis zu einen gewissen Grad durch

Milcheiweiß gebunden werden, wodurch die bessere Verträglichkeit von Milchkaffee zu erklären ist.

Ein Kaffeekonsum in Maßen ist für den gesunden Menschen unbedenklich. Bei Kranken, insbesondere bei Patienten mit Herz-Kreislauf-Erkrankungen, muß der Arzt über einen möglichen Kaffeegenuß entscheiden.

5.4.5.2 Schwarzer Tee und Kräutertees, kakaohaltige Getränke

Die physiologische Wirkung des Tees ist ebenfalls auf seinen Gehalt an Coffein (Tein) zurückzuführen. Im Tee ist das Coffein an die in beträchtlicher Menge vorkommende Gerbsäure gebunden, von der es im Magen-Darm-Trakt nur langsam freigesetzt wird. Dadurch erklärt sich die zeitlich verzögerte Wirkung des Tees.

Die Aufgüsse verschiedener getrockneter Kräuter sind bei der Ernährung Kranker und bei einer gesundheitsbewußten Lebensführung bevorzugte Getränke. Sie enthalten weder Coffein noch andere stimulierende Substanzen, ebenso fehlen Röst- oder Fermentierungsprodukte. Bestimmten ätherischen Ölen der Kräuter können physiologische Effekte zugeschrieben werden. Sie sind jedoch wissenschaftlich noch nicht hinreichend erfaßt.

Kakaohaltige Getränke enthalten meist unterschiedlich hohe Anteile an Milch und Zucker, die bei der ernährungsphysiologischen Bewertung berücksichtigt werden müssen. Die Wirkung des Alkaloids Theobromin und des Coffeins, das im Kakao nur 10 % des Theobromingehaltes ausmacht, kann auf Grund deren geringen Konzentrationen (im Vergleich zu Kaffee und schwarzem Tee) vernachlässigt werden.

5.5 Gewürze, Aromastoffe und Süßstoffe

Gewürze und Aromastoffe sowie Süßstoffe werden vorrangig aus sensorischen Gründen zur Geschmacksverbesserung der Speisen eingesetzt. Sie beeinflussen durch diesen Effekt wesentlich die Aufnahme und die Verdauung der Nahrung (Anregung des Appetits, Stimulierung der Produktion von Speichel und Magensaft über bedingte Reflexe). Die Inhaltsstoffe der Gewürze entfalten darüber hinaus an den Schleimhäuten des Magen-Darm-Trakts spezifische Wirkungen. Bei der Zubereitung von Speisen für Kranke entsteht eine besondere Problematik deshalb oft dadurch, daß infolge einer Störung des Appetits angestrebt werden soll, durch gut gewürzte Speisen den Appetit anzuregen, daß aber auf der anderen Seite Gewürze mannigfaltige Beschwerden auslösen können, die einen sparsamen Einsatz erforderlich machen.

Die Zahl der Aromastoffe ist unüberschaubar, so sind beispielsweise an der Ausbildung des typischen Kaffeearomas mehr als 600 verschiedene Aromastoffe beteiligt. Jedoch werden bestimmte Geschmacksempfindungen nur durch wenige oder durch nur einen einzigen Aromastoff ausgelöst („Paradebeispiel" ist das Vanillin aus der Vanilleschote, das auch synthetisch hergestellt wird; im Gesamtaroma der Vanilleschote wird es durch wenige zusätzliche Aromastoffe ergänzt). Neben diesen in den Nahrungsmitteln und Gewürzen bereits vorliegenden Aromastoffen entstehen zusätzliche Aromastoffe bei der Lagerung (insbesondere beim Nachreifen von Obst) und durch Hitzebehandlung der Lebensmittel bei der Speisenzubereitung.

5.5.1 Gewürze

Der typische Geschmack der einzelnen Gewürze wird durch eine Vielzahl verschiedener Aromastoffe bewirkt. Bei einer Reihe von Gewürzen kommen darüber hinaus ätherische Öle vor (etwa 2 bis 5 %), die ebenfalls zu dem typischen Würzeffekt beitragen. Sie können darüber hinaus an den Schleimhäuten des Magen-Darm-Trakts eine stimulierende Wirkung auslösen, wie die Anregung der Speichel- und Magensaftsekretion, die Förderung der Peristaltik oder die Kontraktion der Gallenblase und damit die Abgabe von Gallenflüssigkeit. Sie wirken damit auch verdauungsfördernd, können aber auch zu einer Reizung der Magenschleimhaut führen. Solche meist positiven Effekte sind insbesondere bei Kümmel, aber auch bei anderen Gewürzen und Gewürzkräutern (Thymian, Petersilie, Salbei, Kerbel u. a.) zu beobachten.

Gewürze können in seltenen Fällen zu einer unspezifischen Unverträglichkeit oder zu einer Lebensmittelallergie führen (siehe Kap. 7.1.2). Eine unspezifische Unverträglichkeit ist besonders bei Paprikapulver, Cayennepfeffer, Senfpulver und scharfem Senf sowie bei Meerrettich und Knoblauch beobachtet worden, wesentlich seltener dagegen bei schwarzem Pfeffer. Eine Nahrungsmittelallergie kann sich auch gegenüber Gewürzkräutern ausbilden, wie etwa bei Selleriekraut oder Beifuß.

5.5.2 Gewürze im erweiterten Sinn

Kochsalz

Kochsalz ist als Speisesalz hochgereinigtes Natriumchlorid. Verbliebene Reste anderer Salze dürfen im Höchstfall insgesamt 1,5 % ausmachen, sie sind in den zum Würzen benutzten Konzentrationen gesundheitlich unbedenklich und tragen höchstens minimal zur Mineralstoffversorgung bei. Zur Verbesserung der Rieselfähigkeit darf dem Speisesalz kolloidale Kieselsäure zugesetzt werden.

Salinensalz und Meersalz unterscheiden sich kaum in ihrer Zusammensetzung. Das betrifft auch den Jodgehalt, der im Meersalz entgegen der vielfach vertretenen Meinung ebenso niedrig ist wie im nicht jodierten Salinensalz (Salinensalz sind die Salzablagerungen urgeschichtlicher Meere, in die im gleichen Maße wie in die Weltmeere Mineralstoffe einflossen, die zuvor aus dem Erdreich ausgelaugt worden waren).

Jodiertes Speisesalz enthält pro kg 15 bis 25 mg Jod in Form von Jodsalzen (in der Bundesrepublik in Form des stabilen Jodats). Über die Bedeutung der durchgängigen Verwendung von jodiertem Speisesalz für die Jodprophylaxe ist bereits ausführlich berichtet worden (siehe Kap. 3.9.2.2).

Fluoridiertes Speisesalz (zur Kariesprophylaxe) darf im Gegensatz zum jodierten Speisesalz nicht zur Herstellung von Backwaren und Fleischerzeugnissen eingesetzt werden (siehe auch Kap. 3.9.2.3). Es ist lediglich zum Gebrauch im Haushalt oder in der Restaurantküche zum Würzen der Speisen bestimmt.

Speisewürze

Speisewürze (Suppenwürze) wird aus pflanzlichen Eiweißen (Klebereiweiß von Weizen oder Mais, Eiweiß von Hülsenfrüchten, Sojabohnen u. a.) hergestellt. Die Eiweiße werden hydrolytisch gespalten und anschließend einem Fermentationsprozeß unterworfen. Dabei werden Aminosäuren in Aromastoffe umgewandelt, oder sie dienen als Geschmacksverstärker (Glutamat). Die erforderliche Konservierung der Speisewürze, die eine längere Aufbewahrung ermöglicht, wird durch den Zusatz von Speisesalz erreicht, sowohl bei flüssigen als auch bei pastösen oder pulverförmigen Präparaten.

Der Zusatz von Zubereitungen, die aus tierischen Lebensmitteln gewonnen wurden, ist bei den Speisewürzen meist nicht üblich. Die Ausnahme ist der gelegentlich vorgenommene Zusatz von tierischen Fetten. Zusätze müssen nach der Lebensmittelkennzeichnungs-Verordnung deklariert werden.

Fleischextrakt

Fleischextrakt (Rindfleischextrakt) wird durch die vollständige Extraktion von magerem Rindfleisch bei 90 °C und anschließendem Verdampfen des Wassers gewonnen. Dabei werden zunächst alle Extraktivstoffe des Muskelfleischs extrahiert, zusätzlich kommt es insbesondere bei der Verdampfung des Wassers zur Ausbildung von zusätzlichen Aromastoffen.

5.6 Zusatzstoffe (Lebensmittelzusatzstoffe)

Nach dem Lebensmittel- und Bedarfsgegenstände-Gesetz (LMBG) werden unter Zusatzstoffen solche Substanzen verstanden, die den Lebensmitteln zugesetzt werden können, um bestimmte Eigenschaften oder Wirkungen zu erzielen, oder deren Zusatz aus produktionstechnischen Gründen erforderlich ist (siehe Kap. 12.1).

Die bisher geltenden gesetzlichen Bestimmungen, die den Einsatz von Zusatzstoffen regeln, sind durch die Verordnung zur Neuordnung lebensmittelrechtlicher Vorschriften über Zusatzstoffe (29. 1. 1998) wesentlich ergänzt und teilweise verändert worden.

Zusatzstoffe dürfen erst nach eingehender Überprüfung, bei der ihre gesundheitliche Unbedenklichkeit eindeutig nachgewiesen werden muß, und nach der im Anschluß erteilten staatlichen Genehmigung den Lebensmitteln zugesetzt werden. Es dürfen nur solche Zusatzstoffe eingesetzt werden, die in der Zusatzstoff-Fundstellenliste aufgenommen sind und denen eine EWG-Nummer (E-Nummer) zugewiesen wurde (Zusatzstoff-Zulassungs-Verordnung). Die Zusatzstoff-Fundstellenliste ist somit eine Positivliste. Stoffe, die in ihr nicht aufgeführt sind, dürfen Lebensmitteln nicht zugesetzt werden. Die Liste der erlaubten Zusatzstoffe ist für alle Mitgliedsländer der EU bindend (siehe ausführlich Kap. 12.2.1).

Durch zusätzliche detaillierte Regelungen werden die maximal zulässigen Mengen der eingesetzten Zusatzstoffe und die Bedingungen für ihren Einsatz festgelegt. Da diese maximal zulässige Mengen große Sicherheitsfaktoren enthalten, ist eine gesundheitliche Gefährdung praktisch ausgeschlossen (siehe hierzu auch ausführlich Kap. 6.6.2).

Einige Lebensmittelzusatzstoffe können bei einer sehr geringen Anzahl von Personen unbeschadet ihrer toxikologischen Unbedenklichkeit allergische Reaktionen auslösen. Solche Reaktionen sind jedoch extrem selten, sie machen weniger als 1 % aller Fälle von Nahrungsmittelallergien aus (siehe auch Kap. 7.1.2). Zur Warnung von Personen mit einer solchen Pseudoallergie gegenüber Lebensmittelzusatzstoffen besteht die Kennzeichnungspflicht für Lebensmittel, denen Zusatzstoffe zugesetzt wurden.

Der Zusatzstoff-Zulassungs-Verordnung unterliegen nicht solche Stoffe, die natürlicher Herkunft sind oder mit den natürlichen chemisch gleich sind (naturidentische Stoffe), wenn sie nach der „allgemeinen Verkehrsauffassung" wegen ihres Nähr-, Geruchs- oder Geschmackswerts zugesetzt oder als Genußmittel verwendet werden. Diese Ausnahme gilt nicht für naturidentische Stoffe bzw. Stoffe natürlicher Herkunft, die dieser Definition nicht entsprechen. Auch Trinkwasser und Tafelwasser unterliegen nicht dieser Verordnung.

Die wichtigsten Gruppen von Lebensmittelzusatzstoffen sind

- Konservierungsstoffe,
- Antioxidantien,
- Geschmacksverstärker und Aromastoffe,
- Zuckeraustauschstoffe und Süßstoffe,
- Lebensmittelfarbstoffe,
- Verdickungsmittel und Geliermittel.

Weitere Lebensmittelzusatzstoffe sind

- Emulgatoren,
- Säureregulatoren und Säuerungsmittel,
- Stabilisatoren,
- Trenn- und Überzugsstoffe,
- Hilfsstoffe für die Lebensmittelproduktion und Wasserentkeimungsmittel (z. B. Chlor).

5.6.1 Antioxidantien

Fettsäuren, insbesondere ungesättigte Fettsäuren, und eine Reihe anderer Lebensmittelinhaltsstoffe können durch oxidative Prozesse sehr leicht verändert werden, wobei nicht nur Qualitätsverluste zu verzeichnen sind, sondern auch toxische Substanzen entstehen können. Zur Verhinderung einer solchen oxidativen Schädigung werden bei industriell gefertigten Produkten, insbesondere bei Fertigprodukten, Antioxidantien zugesetzt.

Tokopherole (E 306 bis E 309)

Die Tokopherole (Vitamin E, siehe auch Kap. 3.7.1.3) sind die effektivsten Antioxidantien. Sie werden in großem Umfang aus Maiskeimöl isoliert.

Ascorbinsäure (E 300 bis E 302)

Ascorbinsäure (exakter L-Ascorbinsäure, Vitamin C) und seine Salze (Ascorbate) unterstützen die Wirkung der Tokopherole, indem sie „verbrauchtes" Tokopherol wieder reduzieren. Außerdem können sie auch selbst Sauerstoff wegfangen. Palmitoyl-L-Ascorbinsäure (E 304), ein Fettsäureester der Ascorbinsäure, ist fettlöslich und aus diesem Grund in fettreichen Lebensmitteln besonders gut wirksam.

Synthetische Antioxidantien

Da der Bedarf der Lebensmittelindustrie an Tokopherolen nicht ausreichend gedeckt werden kann, sind synthetische Antioxidantien entwickelt worden, die die Wirkung der Tokopherole nachahmen. Es handelt sich dabei um Ester der in der Natur (auch in Gemüsen) vorkommenden Gallussäure wie Gallate (E 310 bis E 312) und deren Abkömmlinge wie Butylhydroxyanisol, BHA (E 320) und Butylhydroxytoluol, BHT (E 321).

5.6.2 Geschmacksverstärker

Als Geschmacksverstärker werden Substanzen bezeichnet, die selbst nahezu geschmacklos sind, aber das Aroma von Speisen verstärken können.

Natürlich vorkommende Geschmacksverstärker sind in den Extraktivstoffen des Fleischs, insbesondere des Rindfleischs, enthalten. Es sind die Glutaminsäure und ihre Salze (Glutamat) sowie die partiellen Abbauprodukte der Purinbasen der Nucleinsäuren, Inosinsäure und Guanylsäure. Inosinsäure und Guanylsäure werden durch die thermische Veränderung des Fleischeiweißes bei Temperaturen oberhalb von 100 °C zusätzlich gebildet und freigesetzt. Sie werden außerdem von der Lebensmittelindustrie großtechnisch hergestellt. Diese industriell gefertigten Geschmacksverstärker sind chemisch mit den natürlichen Verbindungen identisch.

Am Rande sei vermerkt, daß auch Kochsalz eine, wenn auch nur geringe geschmacksverstärkende Wirkung hat.

Glutaminsäure (E 620 bis E 625)

Glutaminsäure und ihre Salze, insbesondere das Natriumglutamat (englisch MSG, abgekürzt für Mono-Sodium-Glutamat), sind die wichtigsten Geschmacksverstärker. Sie verstärken in bereits sehr geringen Konzentrationen den Geschmack von herzhaften Speisen, aber nicht den Geschmack von Süßspeisen. In den Fertigprodukten der Lebensmittelindustrie wird Natriumglutamat in Konzentrationen von 0,2 bis 0,8 % eingesetzt.

Nach der Entdeckung der geschmacksverstärkenden Wirkung des Glutamats wurde neben den bekannten Geschmacksrichtungen (süß, sauer, salzig, bitter) eine oft umstrittene 5. Geschmacksrichtung als sog. „Umami"-Geschmacksrichtung („köstlicher Geschmack") postuliert. Dieser Geschmack spielt eine wichtige Rolle bei der Bewertung der sensorischen Qualität eines Lebensmittels. Oft werden glutaminsäurereiche Lebensmittel wie Tomaten und Käse besonders geschätzt. Vor allem ältere Menschen bevorzugen solche glutaminsäurereichen Lebensmittel oder auch Gerichte, denen Natriumglutamat zugesetzt wurde.

Wiederholt sind Fälle beschrieben worden, bei denen nach der Aufnahme von Glutamat Beschwerden auftraten, die als China-Restaurant-Syndrom bezeichnet wurden. Diese Überempfindlichkeit, die schon während des Essens oder kurz nach der Speisenaufnahme auftreten soll, äußert sich in

Schweißausbruch, Herzklopfen, Schwächegefühl, Übelkeit, Muskelzuckungen und Tränenfluß. Auch Migräneanfälle sollen durch Glutamat ausgelöst worden sein. In einer Reihe von neueren Untersuchungen konnte kein Zusammenhang zwischen einer Glutamataufnahme und dem Auftreten solcher Beschwerden gefunden werden. Es ist auch schwer erklärbar, wie die Glutaminsäure solche Effekte auslösen soll. Sie ist die in den Körperflüssigkeiten in höchster Konzentration vorkommende Aminosäure. Bei einer üblichen Mischkost wird außerdem täglich etwa 1 g freies Glutamat (zusätzlich zu der am Aufbau von Eiweißen beteiligten Glutaminsäure) aufgenommen. In den westlichen Industrieländern wird dagegen der Nahrung täglich nur etwa 0,3 g Glutamat zugesetzt, in asiatischen Ländern allerdings bis zu 4 g.

Inosinsäure und Guanylsäure (E 627 bis E 632)

Inosinsäure und Guanylsäure sind besonders effektive Geschmacksverstärker. Ihre Wirkung ist um den Faktor von 10 bis 20 größer als die des Natriumglutamats. Nebenwirkungen sind bei ihnen nicht bekannt. Sie werden wie alle Purinkörper im Organismus zu Harnsäure abgebaut und somit über den Harn ausgeschieden. Diese wesentlich teureren Purinabkömmlinge werden in der Lebensmittelindustrie in weitaus geringeren Konzentrationen (etwa 0,05 %) und vorzugsweise bei hochwertigeren Convenience-Produkten eingesetzt. Inosinsäure und Guanylsäure sind im Einzelhandel bis jetzt noch nicht verfügbar.

Maltol (E 636) und Ethylmaltol (E 637)

Maltol und Ethylmaltol verstärken den Geschmack von süßen Speisen. Maltol entsteht bei der Wärmebehandlung von vielen Lebensmitteln (nichtenzymatische Bräunungsreaktion), auch bei der Karamelisierung von Zucker.

5.6.3 Aromastoffe

Aromastoffe sind zwar als Lebensmittelzusatzstoffe zu werten, sie unterliegen aber gesetzlich der Aromen-Verordnung (20. 12. 1993) und sind nicht in der Zusatzstoff-Fundstellenliste aufgeführt (ihnen sind keine E-Nummern zugeordnet).

Die Aromen-Verordnung unterscheidet zwischen natürlichen Aromastoffen, naturidentischen Aromastoffen, künstlichen Aromastoffen, Aromaextrakten, Reaktionsaromen und Raucharomen.

Bei Aromen, die als natürliche Aromastoffe bzw. Aromaextrakte deklariert werden, muß es sich um Aromen handeln, die ausschließlich aus natürlichen Ausgangsstoffen gewonnen wurden. Naturidentische Aromastoffe werden durch chemische Synthese hergestellt. Es muß gesichert werden, daß sie in ihrem chemischen Aufbau mit dem in der Natur vorkommenden Aromastoff absolut identisch sind und daß in den Aromapräparaten keine zusätzlichen Stoffe enthalten sind. Unter dem Begriff Reaktionsaromen werden Stoffe verstanden, die durch Erhitzen von Lebensmittelinhaltsstoffen erhalten werden (Produkte der nichtenzymatischen Bräunung); sie werden u. a. als Kaffee-Ersatz oder Kaffeezusatz eingesetzt. Raucharomen werden auch als Flüssigrauch bezeichnet (siehe Kap. 6.5.4.3).

5.6.4 Zuckeraustauschstoffe

Zuckeraustauschstoffe sind nach dem Lebensmittelgesetz alle Stoffe, die an Stelle von Rohrzucker zum Süßen eingesetzt werden können, somit sind ihnen auch die Süßstoffe zuzurechnen. Aus ernährungsphysiologischer Sicht ist es jedoch wesentlich sinnvoller, zwischen den eigentlichen Zuckeraustauschstoffen (Zucker und Zuckeralkohole, die zu keiner Erhöhung des Blutzuckerspiegels führen) und den Süßstoffen zu unterscheiden, da die Süßstoffe im Gegensatz zu den anderen Austauschstoffen keinen Beitrag zur Energieversorgung leisten.

Die Bemühungen der Lebensmittelindustrie richten sich auch auf die Entwicklung von chemisch modifizierten Zuckern, die zwar das gleiche oder ähnliche Süßempfinden wie Zucker vermitteln, eine möglichst größere Süßkraft besitzen, aber auf Grund der Veränderungen an ihrem Molekülaufbau nicht resorbiert werden können. In den USA ist ein solches Süßungsmittel unter dem Namen Sucralose auf dem Markt gebracht worden, dessen Süßkraft die des Rohrzuckers um das 600fache übertreffen soll.

Zuckeraustauschstoffe werden lebensmittelrechtlich den Zusatzstoffen gleichgestellt, ihr Einsatz in der Lebensmittelindustrie wird durch die Zusatzstoff-Zulassungs-Verordnung bzw. durch die Diät-Verordnung (bei ihrem Einsatz in diätetischen Lebensmitteln) geregelt. Lebensmittel, die Zuckeraustauschstoffe enthalten, müssen nach den Festlegungen der Diät-Verordnung und der Nährwertkennzeichnungs-Verordnung gekennzeichnet werden, und ihr Brennwert muß deklariert werden.

Zuckeraustauschstoffe werden vorrangig für die Herstellung von diätetischen Lebensmitteln für Diabetiker eingesetzt. Sie werden im Organismus über andere Stoffwechselwege als die Glucose abgebaut, sie tragen in unterschiedlichem Ausmaß zur Energiebereitstellung bei.

Fructose

Fructose (siehe auch Kap. 3.3.1) hat einen Brennwert von 17 kJ (4 kcal). Sie wird relativ rasch resorbiert. Ihre Süßkraft ist größer als die des Rohrzuckers, auch ihre kariesfördernde (kariogene) Wirkung ist recht groß.

Fructose unterliegt als „natürlicher" Zucker nicht der Zusatzstoff-Zulassungs-Verordnung (sie hat keine E-Nummer).

Zuckeralkohole

Kapitel 5

Zuckeralkohole der sog. ersten Generation kommen vereinzelt in der Natur vor. Für den Einsatz in der Lebensmittelindustrie werden sie aus Monosacchariden hergestellt. Zuckeralkohole der zweiten Generation kommen dagegen in der Natur nicht vor, sie werden aus Disacchariden hergestellt und sind bisher kaum eingesetzt worden. Zur Herstellung von Diäterzeugnissen dürfen sie vorerst nicht benutzt werden.

Zuckeralkohole haben eine geringere kariogene Wirkung als Rohrzucker oder Glucose. Darüber hinaus ist ihr Brennwert etwas niedriger als der der Zucker, da sie unvollständig resorbiert werden. Ihre sensorischen Eigenschaften sind besser als die der Süßstoffe. Sie werden deswegen in großem Umfang zur Herstellung von Kaugummi eingesetzt, und es ist damit zu rechnen, daß sie in der Zukunft auch in größerem Umfang bei der Herstellung von brennwertreduzierten Lebensmitteln Verwendung finden.

Der Brennwert der Zuckeralkohole ist durch die Nährwertkennzeichnungs-Verordnung und durch die Diät-Verordnung nahezu einheitlich mit 10 kJ (2,4 kcal) festgelegt worden (nach der Diät-Verordnung für Mannit 8 kJ [2 kcal]), obwohl sie von dieser Zahl geringfügig abweichende Brennwerte aufweisen.

Zuckeralkohole können bekanntlich, in größeren Mengen verzehrt, zu Durchfällen führen. Werden einem Lebensmittel mehr als 100 g dieser „Süßungsmittel" pro kg oder l zugesetzt, muß dieses auf der Verpackung mit dem Hinweis „kann bei übermäßigem Verzehr abführend wirken" vermerkt werden.

Sorbit (E 420)

Sorbit (Sorbitol) ist ein Zuckeralkohol mit 6 C-Atomen. Die relative Süße im Vergleich zum Rohrzucker beträgt nur 50 %. Sorbit wird langsam resorbiert, deswegen können größere Mengen rasch zu Durchfällen führen. Die Tagesaufnahme soll 50 g und die Einzeldosis 10 bis 20 g nicht überschreiten.

Xylit (E 967)

Xylit ist ein Zuckeralkohol mit 5 C-Atomen. Xylit wird nur sehr langsam resorbiert. Die Einzel- bzw. Tagesdosis sollte 10 bis 20 g bzw. 50 g nicht überschreiten. Xylit hat eine besonders geringe kariogene Wirkung und wird aus diesem Grund in zunehmendem Maße in Kaugummi und Süßwarenerzeugnissen eingesetzt.

Mannit (E 421)

Mannit (Mannazucker) ist ein Zuckeralkohol mit 6 C-Atomen. Er wird sehr langsam resorbiert und hat eine stark abführende Wirkung (bei einer Aufnahme von mehr als 10 bis 20 g pro Tag). Obwohl Mannit zur Herstellung von diätetischen Lebensmitteln zugelassen ist, wird er hierzu kaum eingesetzt.

Maltit (E 965)

Maltit ist ein Disaccharid-Zuckeralkohol der zweiten Generation (Maltose, bei der einer der beiden Glucosereste in den Zuckeralkohol umgewandelt ist). Maltit besitzt eine relativ hohe Süßkraft (etwa 90 % der Saccharose) und wird durch die Mundhöhlenbakterien und die Maltase des Dünndarms nur sehr langsam gespalten. Daher erhöht Maltit den Blutzuckerspiegel nur langsam und besitzt nur eine sehr geringe kariogene Wirkung. Maltit wirkt abführend. Maltitsirup ist als Zuckeraustauschstoff zugelassen. Wegen der geringen blutzuckererhöhenden Wirkung ist Maltit vorerst nicht für Diäterzeugnisse für Diabetiker zugelassen.

Lactit (E 966)

Lactit ist ein Zuckeralkohol der zweiten Generation, der aus Lactose hergestellt wird. Das Molekül besteht aus Galactose und Sorbit. Der tatsächliche Brennwert ist mit 8,5 kJ (2,1 kcal) sehr gering.

Isomalt (E 953)

Isomalt, ein Zuckeralkohol der zweiten Generation (Glucose und Mannit). Er wird nur langsam resorbiert und erhöht aber den Blutzuckerspiegel, allerdings nur langsam. Deswegen ist er für die Herstellung von Diäterzeugnissen für Diabetiker nicht zugelassen.

5.6.5 Süßstoffe

Süßstoffe liefern keine Energie und besitzen eine wesentlich höhere Süßkraft als Zucker (siehe Tabelle 3.3.1). Die zugelassenen Süßstoffe dürfen nur bis zu einer zulässigen Höchstmenge eingesetzt werden. Bei Einhaltung dieser Grenzwerte sind alle Süßstoffe in gesundheitlicher Hinsicht absolut unbedenklich. Der Zusatz von Süßstoff bzw. Süßstoffen muß deklariert werden („mit Süßungsmittel" bzw. „mit Süßungsmitteln"). Die Angabe des eingesetzten Süßstoffs ist ebenfalls erlaubt.

Die Süßkraft der Süßstoffe hängt von eine Reihe von Faktoren ab wie von der Konzentration des Süßstoffs selbst, vom p_H-Wert des Nahrungsmittels, von der Anwesenheit und Konzentration von Mineralstoffen sowie von anderen Aromastoffen und Gewürzen. Außerdem gibt es im sensorischen Empfinden der Süße individuelle Unterschiede.

Süßstoffe sind für eine energiereduzierte Kost und für die Ernährung von Diabetikern wichtige Zusatzstoffe. Die mitunter vertretene Ansicht, daß es lediglich durch den vom Süßstoff hervorgerufenen süßen Geschmack zu einer Ausschüttung von Insulin kommt mit nachfolgender Blutzuckersenkung und Hungergefühl, konnte mehrfach widerlegt werden, so daß auch aus dieser Sicht keinerlei Bedenken gegen die Verwendung von Süßstoffen bestehen.

Saccharin (E 954)

Saccharin ist der am längsten bekannte Süßstoff. Es hat eine recht hohe Süßkraft, etwa das 500- bis 750fache des Rohrzuckers. Saccharin hinterläßt, als Süßstoff allein eingesetzt, einen etwas bitteren Nachgeschmack. Saccharin ist hitzestabil und deshalb zum Backen und Kochen geeignet.

Cyclamat (E 952)

Cyclamat (Cyclohexansulfamidsäure) hat eine geringere Süßkraft als Saccharin (etwa das 35fache des Rohrzuckers). Es ist hitzestabil. Cyclamat ist auch in den zugelassenen Höchstmengen gesundheitlich absolut unbedenklich. Es wird nur in Gemisch mit Saccharin eingesetzt (siehe unten).

Um 1970 wurden Untersuchungsergebnisse veröffentlicht, wonach sehr hohe Konzentrationen (die beim Einsatz von Cyclamat als Süßungsmittel nie erreicht werden können) bei Ratten zur Bildung von Blasentumoren führen. Diese Ergebnisse konnten bei Nachuntersuchungen nicht bestätigt werden. Cyclamat ist in den USA, Großbritannien und einigen anderen Ländern nicht zugelassen, mit der baldigen Wiederzulassung in diesen Ländern wird gerechnet. In der EU ist es ebenso wie in der Bundesrepublik als Süßstoff zugelassen.

Cyclamat-Saccharin-Gemisch

Die handelsüblichen Süßstoffpräparate sind Cyclamat-Saccharin-Gemische im Mischungsverhältnis 9 zu 1. In diesem Mischungsverhältnis wird der bittere Nachgeschmack des Saccharins vollkommen überdeckt. Die Süße des Gemischs ähnelt der des Rohrzuckers, und die Süßkraft ist wesentlich höher (etwa 80fach im Vergleich zum Rohrzucker) als die des Cyclamats allein (sog. Potenzierung der Wirkung).

Aspartam (E 951)

Aspartam ist ein Dipeptid, das aus den beiden Aminosäuren Asparaginsäure und Phenylalanin besteht, wobei das Phenylalanin zusätzlich mit einer Methylgruppe verestert ist. Die Süßkraft des Aspartams (etwa das

200fache von Rohrzucker) ist beträchtlich. Die Stabilität des Aspartams ist relativ gering. Es ist hitzelabil, darum zum Kochen und Backen ungeeignet, und es wird relativ leicht, auch bei Raumtemperatur, hydrolytisch gespalten. Aspartam wird deswegen vorzugsweise bei Erzeugnissen mit geringem Wassergehalt oder geringer Haltbarkeit eingesetzt (vorzugsweise bei Getränken, energiereduzierte „Cola-light"). Aspartam wird durch Mikroorganismen rasch abgebaut. Es ist relativ schwer wasserlöslich.

Aspartam wird im Körper in Asparaginsäure und Phenylalanin gespalten, die in den Aminosäurestoffwechsel einfließen. Der Energieinhalt beträgt somit 16 kJ (4 kcal). Dieser Energiebetrag kann in Anbetracht des äußerst geringen Einsatzes von Aspartam völlig vernachlässigt werden.

Aspartam (Handelsnamen „Nutra Sweet®" oder „Candarel®") darf von Patienten mit Phenylketonurie (angeborene Stoffwechselstörung des Abbaus der Aminosäure Phenylalanin) auf keinen Fall verzehrt werden (siehe Kap. 7.6.5). Mit Aspartam gesüßte Lebensmittel müssen gemäß der Kennzeichnungsverordnung gekennzeichnet sein („enthält eine Phenylalaninquelle"). Die Kennzeichnung ist sorgfältig zu beachten.

Acesulfam-K (E 950)

Acesulfam-K ist ein „moderner" Süßstoff, der sich durch eine hohe Stabilität auszeichnet (hitzestabil, stabil gegenüber hydrolytischer Zersetzung). Besonders gute Süßungseigenschaften zeigen Mischungen von Acesulfam-K mit anderen Süßstoffen. Diese Mischungen sind im Rahmen des „Multi-sweetener-Konzeptes" patentrechtlich geschützt (z. B. Sunett® = Acesulfam-K/Aspartam 1/1). Acesulfam-K wird aus Kostengründen (Patentgebühren) zum gegenwärtigen Zeitpunkt (2000) noch relativ wenig eingesetzt, obwohl die Herstellung nicht teuer ist. Eine Ausnahme ist der Einsatz in Süßungsmitteln, die als diätetische Erzeugnisse deklariert sind. Das Süßungsmittel „Tafelsüße" (Schneekoppe) ist beispielsweise ein solches Präparat (Cyclamat + Saccharin + Acesulfam-K).

Neohesperidin-Dihydrochalcon (Neohesperidin DC, E 959)

Neohesperidine sind Naturstoffe, die in den Schalen von Zitrusfrüchten vorkommen. Ihre Dihydrochalcon-Verbindungen sind ausgezeichnete Süßstoffe, die freien Neohesperidine sind bitter. Die Süßkraft des Neohesperidins DC übertrifft die des Saccharins (etwa das 1000fache des Rohrzuckers). Es wird aus Kostengründen derzeit kaum eingesetzt.

Thaumatin (E 957)

Thaumatin ist aus den Früchten eines Strauchs des afrikanischen Regenwaldes gewonnen worden (Thaumatococcus Daniellii Benth). Es ist ein Eiweiß, das aus 207 Aminosäuren aufgebaut ist. Die Süßkraft ist außergewöhnlich hoch (etwa das 2000fache des Rohrzuckers). Thaumatin wird in der Bundesrepublik aus Kostengründen z. Z. (2000) noch nicht verwendet, obwohl der Einsatz nach EU-Recht möglich wäre. In den USA wird Thaumatin auf gentechnischem Weg kostengünstig hergestellt und ist als Talin® im Handel.

Ähnliche Eiweißkörper mit Süßstoffeigenschaften sind aus anderen Tropenpflanzen isoliert worden (Monellin, Mabinlin, Miraculin). Sie sind nicht im Handel und auch nicht als Lebensmittelzusatzstoffe zugelassen.

5.6.6 Lebensmittelfarbstoffe

Die zugelassenen Lebensmittelfarbstoffe sind aus gesundheitlicher und chemischer Sicht recht unterschiedlich einzuschätzen. Aus der Reihenfolge der Stoffe in der Zusatzstoffliste sind keine Rückschlüsse auf die Zugehörigkeit zu bestimmten chemischen Gruppen oder auf die Herkunft zu ziehen. Gesundheitlich bedenkliche Farbstoffe sind in den letzten Jahrzehnten verboten worden, wie beispielsweise im Jahre 1938 das cancerogene Buttergelb.

Die in der EG-Farbstoff-Richtlinie (30. 6. 1994) getroffenen Festlegungen sind mit der Zusatzstoff-Zulassungs-Verordnung vom 29. 1. 1998 (siehe Kap. 12.2.1) in nationales Recht umgesetzt worden. Einige Farbstoffe sind mit Inkrafttreten dieser Verordnung neu zugelassen worden. Neu ist weiterhin, daß (bis auf wenige Ausnahmen) Höchstmengen für den Farbstoffzusatz festgelegt sind, 15 Farbstoffe aufgeführt sind, die den meisten Lebensmitteln (Ausnahmen nachfolgend) generell zugesetzt werden dürfen, und daß Lebensmittel aufgelistet sind, denen prinzipiell keine Farbstoffe zugesetzt werden dürfen. Bei Säuglings- und Kleinkindernahrung ist der Zusatz von Lebensmittelfarbstoffen grundsätzlich verboten.

Generell zugelassene Farbstoffe (Auswahl): Riboflavin, Chlorophyll, Zuckercouleur, Pflanzenkohle, Carotine, Paprikaextrakt, Beetenrot (Betanin).

Lebensmittel, die grundsätzlich nicht mit Farbstoffen gefärbt werden dürfen (Auswahl): Es handelt sich im wesentlichen um unbehandelte Lebensmittel und Grundnahrungsmittel wie Gemüse, Obst, Kartoffeln, Fleisch, Fisch, Milch und Milcherzeugnisse, Brot, Mehl, Teigwaren, Tomatenmark und Saucen auf Tomatenbasis.

Nach der Lebensmittelkennzeichnungs-Verordnung muß der Zusatz von Farbstoffen durch den Zusatz „mit Farbstoff" oder „gefärbt" deklariert werden. Die Angabe der Namen oder/und der entsprechenden E-Nummer ist zulässig, aber nicht zwingend gefordert.

Für Gaststätten und Einrichtungen der Gemeinschaftsverpflegung besteht nach wie vor die Möglichkeit, dieser Kennzeichnungspflicht auf der Speisekarte entweder direkt bei den Speisen oder als Fußnote bzw. durch einen gut sichtbaren Aushang (Selbstbedienungsbüfetts) nachzukommen.

Natürliche Farbstoffe

Eine Reihe von Farbstoffen sind Naturstoffe, die aus Pflanzenbestandteilen isoliert werden. In einigen Fällen ist die gesetzlich vorgeschriebene Bezeichnung „Farbstoff" eigentlich unangebracht, wie z. B. beim β-Carotin (E 160 a) oder beim Lactoflavin (Riboflavin E 101), bei denen es sich um (zwar farbige) Vitamine bzw. Provitamine handelt. Weitere solcher farbiger Naturstoffe sind Chlorophyll, Betanin (Beetenrot, rote Bete), Kurkumin (Gelbwurz, Farbe des Curry-Pulvers), Lycopin und andere. Der Nachteil bei einer Verwendung dieser natürlichen Farbstoffe besteht in ihrer meist relativ großen Unbeständigkeit und in ihrem hohen Preis. Auch Zuckercouleur zählt als Farbstoff.

Naturidentische Farbstoffe

Naturidentische Farbstoffe sind synthetisch hergestellt, sie sind in chemischer Sicht mit den natürlichen Farbstoffen absolut identisch, ihr (einziger) Nachteil sind die oft hohen Produktionskosten.

Anorganische Stoffe oder Verbindungen

Auch anorganische Stoffe oder Verbindungen werden als Farbstoffe eingesetzt, wie feinverteiltes Gold, Silber oder Aluminium sowie Eisenoxid und Titandioxid.

Synthetische Farbstoffe

Synthetische Farbstoffe wurden in früheren Jahren immer häufiger zum Färben von Lebensmitteln eingesetzt, da sie in der Herstellung wesentlich billiger sind und eine hohe Farbstabilität aufweisen. Es handelte sich dabei oft um sog. Azofarbstoffe, denen häufig gesundheitlich bedenkliche Eigenschaften nachgewiesen wurden. Gesundheitlich bedenkliche Farbstoffe sind in der Zwischenzeit verboten worden.

5.6.7 Verdickungs- und Geliermittel

Verdickungsmittel zeichnen sich durch eine große Wasserbindungskapazität aus. Sie werden deswegen zur Herstellung von Gelees, zur Stabilisierung von Schäumen und Cremes und zum Oberflächenschutz empfindlicher Lebensmittel verwendet. In zunehmendem Maße werden sie zur Herstellung energiereduzierter Lebensmittel eingesetzt.

Verdickungsmittel sind komplexe Polysaccharide, die aus Pflanzenbestandteilen isoliert werden (Ausnahme ist das Xanthan, das ein mikrobielles Produkt ist). Sie sind Ballaststoffe (siehe auch Kap. 3.3.7). Chemisch modifizierte Zellulose ist in der Bundesrepublik bisher nur begrenzt als Zusatzstoff zugelassen worden.

Alginsäure (E 400 bis E 405)

Alginsäure und ihre Salze (Alginate) werden als Dickungsmittel und als Stabilisatoren bei der Herstellung von Speiseeis, Salatdressings, Mayonnaisen, Milchdesserts, Kuchencremes und Pralinenfüllungen (verhindert das Auskristallisieren von Zucker) sowie von Tiefkühlkost eingesetzt. Kalzium-Alginat-Filme dienen zum Oberflächenschutz empfindlicher Lebensmittel. Alginsäure ist ein verzweigtkettiges saures Polysaccharid, das aus Braunalgen gewonnen wird. Die zulässige Menge an verwendeter Alginsäure oder Alginaten ist auf 20 g/kg Lebensmittel beschränkt.

Agar-Agar (E 406)

Agar-Agar ist ein Polysaccharid, das von Rotalgen gebildet wird. Die handelsüblichen Präparate sind ein Gemisch aus Agarose (unverzweigtes Molekül) und Agaropektin (verzweigtkettiges Molekül). Agar-Agar hat ein besonders gutes Wasserbindungsvermögen, selbst eine 1%ige Lösung bildet noch ein festes Gel. Agar-Agar-Gele schmelzen bei 80 bis 100 °C, beim Abkühlen verfestigen sie sich wieder bei 45 °C. Agar-Agar wird vorzugsweise als Geliermittel eingesetzt sowie als Stabilisator von Eiscremes und Mayonnaisen. Agar-Agar darf maximal in einer Menge von 20 g/kg Lebensmittel eingesetzt werden.

Carrageen (E 407)

Carrageen kommt ebenfalls in bestimmten Rotalgen vor. Sein chemischer Aufbau ähnelt dem des Agar-Agar. Es wird als Geliermittel und als Stabilisator in etwa gleicher Weise wie Agar-Agar verwendet, seine Lösungen und Gele sind besonders empfindlich gegenüber einer mikrobiellen Zersetzung (es wird zusätzlich meist ein Konservierungsstoff zugesetzt wie PHB-Ester). Carrageen wird wegen seiner Unverdaulichkeit neuerdings verstärkt zur Herstellung von energiereduzierten Lebensmitteln genutzt.

Guarkernmehl (E 412)

Guarkernmehl (Guarmehl, Guaran, Guar-Gummi) wird aus dem Samen des indischen Cyamopsisbaums gewonnen, es ist ein nichtionisches Polysaccharid. Auf Grund dieser chemischen Eigenschaft quillt es zwar, bildet aber keine klare Lösung. Guarkernmehl verdickt 8mal stärker als Stärke. Wasserhaltigen Guarmehlprodukten müssen wegen ihrer großen Empfindlichkeit gegenüber einer mikrobiellen Zersetzung Konservierungsstoffe zugesetzt werden. Guarkernmehl wurde früher vorwiegend bei der Herstellung von Eiscremes verwendet, um ein Auskristallisieren von Zucker zu verhindern, außerdem zur Stabilisierung von Salatdressings und von TK-Fertiggerichten. Bei Fruchtsaftgetränken kann es deren Vollmundigkeit verbessern. Haupteinsatzgebiet des Guarkernmehls ist in der Zwischenzeit die Produktion von energiereduzierten Lebensmitteln und der Ersatz von Stärke in pulverförmigen Convenience-Produkten („Tütensuppen"). In der Lebensmittelindustrie werden weltweit jährlich 25 000 Tonnen Guarkernmehl verarbeitet.

Johannisbrotkern-Mehl (E 410)

Johannisbrotkern-Mehl wird aus den Samen des in Mittelmeerländern beheimateten Johannisbrotbaums gewonnen. Es ähnelt in vieler Hinsicht dem Guarkernmehl, und es wird auch in gleicher Weise eingesetzt. Johannisbrotkern-Mehl soll mitunter eine leicht abführende Wirkung entfalten. Die Lebensmittelindustrie setzt jährlich etwa 11 000 Tonnen ein.

Tragant (E 413)

Tragant (Traganth, Tragacanth) ist die Absonderung aus Stämmen und Zweigen von Sträuchern einer Astragalus-Art, die in Syrien und in der Türkei beheimatet ist. Tragant ist ein Gemisch aus wasserlöslichen und wasserunlöslichen Polysacchariden. Tragant quillt sehr stark (Aufnahme der 50fachen Menge an Wasser). Es wird in der Lebensmittelindustrie als Dikkungsmittel und als Stabilisator eingesetzt, insbesondere auch als Emulgator bei der Milchverarbeitung.

Gummi arabicum (E 414)

Gummi arabicum wird aus den Pflanzensäften von tropischen Akazienarten gewonnen. Er ist sehr gut wasserlöslich und hat eine geringe Viskosität, ist aber sehr säureempfindlich. Auf Grund seiner Säureempfindlichkeit ist sein Einsatz auf einige wenige Gebiete begrenzt. Er wird vorwiegend in der Süßwarenindustrie verwendet (Verhinderung des Auskristallisierens von Zucker) sowie zur Aromastabilisierung von Getränken und Instantprodukten.

Xanthan (E 415)

Xanthan ist ein mikrobielles Polysaccharid, das wegen seiner guten Löslichkeit in zunehmendem Maße als Stabilisator in Milcherzeugnissen, Convenience-Produkten und Konserven genutzt wird. Es ist ein Ballaststoff, der von den Darmbakterien teilweise aufgeschlossen werden kann.

Pektine (E 440 a)

Pektine kommen in höheren Pflanzen weit verbreitet vor. Der Pektingehalt von Äpfeln beträgt 1 bis 1,5 %, von Apfelsinen 0,9 bis 3,5 %, von Orangen- und Zitronenschalen 30 % und von Apfeltrestern 15 %. Pektine sind wasserlöslich und säurestabil bis in den Bereich von p_H 3 bis 4. Die Gelbildung der Pektine wird durch Herabsetzung der Wasseraktivität und durch die Verringerung seiner Dissoziation wesentlich verbessert. Beides erfolgt durch den Zusatz von Zucker und von Fruchtsäuren (Zitronensäure bzw. Äpfelsäure). Pektine werden in der Industrie und in den Haushalten als Geliermittel vielseitig verwendet. Die zugelassene Höchstmenge für den Zusatz von Pektin beträgt 30 g/kg Lebensmittel. Diese Höchstgrenze gilt auch für Gelierzucker.

Amidiertes Pektin (E 440 b) entsteht bei der schonenden Behandlung des Pektins mit Alkali (Ammoniumhydroxid). Es unterscheidet sich in den meisten Eigenschaften nur wenig von den übrigen Pektinen. Ein wichtiger Unterschied ist aber, daß es auch bei zuckerarmen Produkten eine gute Gelierwirkung entfaltet. Es findet deswegen bevorzugt zur Herstellung von zuckerarmen Diätkonfitüren Verwendung.

Mikrokristalline Zellulose (E 460)

Mikrokristalline Zellulose wird durch den partiellen Abbau von Zellulose erhalten. Sie besteht aus Spaltprodukten mit 40 bis 50 Glucoseresten und wird in der Lebensmittelindustrie als Stabilisator von stärkehaltigen Convenience-Produkten und milchhaltigen Getränken eingesetzt. Mikrokristalline Zellulose ist wie Zellulose unverdaulich, sie kann aber von den Darmbakterien aufgespalten werden.

Methylzellulose (E 461)

Methylzellulose ist chemisch modifizierte Zellulose (Anlagerung von Methylgruppen). Sie senkt die Oberflächenspannung von Wasser und wirkt damit auch als Emulgator. Außerdem erhöht sie die Viskosität von wäßrigen Lösungen. Sie wird auf Grund dieser Eigenschaften von der Lebensmittelindustrie vielseitig verwendet. Aus ernährungsphysiologischer Sicht ist von Interesse, daß mit ihr vorbehandelte (industriell gefertigte) Pommes frites weniger Fritierfett aufnehmen.

Carboximethylzellulose (E 466)

Carboximethylzellulose wird in der Industrie als Dickungsmittel eingesetzt, die zulässige Höchstmenge beträgt 20 g/kg Lebensmittel.

5.6.8 Emulgatoren

Emulgatoren stabilisieren Wasser-in-Öl- und Öl-in-Wasser-Emulsionen. Sie sind unerläßlich für die Herstellung von energiereduzierten Halbfetterzeugnissen, die auf einem erhöhten Wasseranteil basieren (Halbfettmargarine). Sie verbessern außerdem die Streichfähigkeit solcher Erzeugnisse bei unterschiedlichen Temperaturen und verringern beim Erhitzen die Spritzgefahr. In fetthaltigen Backwaren verzögern sie das Altbackenwerden.

Unter lebensmittelchemischen Gesichtspunkten wird der Begriff Emulgator weiter gefaßt. Es werden darunter alle Substanzen verstanden, die grenzflächenaktiv sind und so die Entmischung verschieden löslicher Phasen verhindern können. So zeigen auch einige Eiweiße wie z. B. Gelatine oder Casein und auch einige anorganische Verbindungen wie Kalziumhydroxid oder Magnesiumhydroxid eine emulgierende Wirkung. Sie werden aus lebensmittelrechtlicher Sicht verständlicherweise nicht zu den emulgierend wirkenden Zusatzstoffen gerechnet.

Lecithine (E 322)

Lecithine kommen in hoher Konzentration im Eidotter vor, außerdem in pflanzlichen Ölen (insbesondere im Sojaöl). Sie fallen bei der Raffination von Sojaöl als Nebenprodukt an. Die als Zusatzstoff eingesetzten Lecithine sind gesundheitlich unbedenklich, da es sich um Naturprodukte handelt. Lecithine werden vorzugsweise zur Herstellung von Halbfetterzeugnissen und in der Schokoladenindustrie, neuerdings in zunehmendem Maße bei der Herstellung von Convenience-Produkten verwendet.

Mono- und Diglyceride von Speisefettsäuren (E 470 bis E 475)

Mono- und Diglyceride der Fettsäuren (Fette, bei denen eine oder zwei der Fettsäuren fehlen), in freier Form sowie mit Fruchtsäuren verestert, sind wie das Lecithin ausgezeichnete Emulgatoren, die sich ebenfalls von Naturstoffen ableiten. Sie zeigen zusätzlich auch antioxidative Eigenschaften. Ein weiterer Einsatz ist ihre Verwendung als Überzugsmittel für Fleischerzeugnisse. Sie sind gesundheitlich unbedenklich, zulässige Höchstwerte sind deswegen nicht festgelegt.

5.6.9 Konservierungsstoffe

Neben der konservierenden Wirkung von Salz, Zucker, Alkohol, bestimmten Genußsäuren und physikalischen Konservierungsmethoden kann eine Reihe von chemischen Konservierungsstoffen die Haltbarkeit von Lebensmitteln verlängern. Auf diese Konservierungsstoffe wird ausführlich im Kap. 6.5.4.7 eingegangen.

5.7 Industriell veränderte Lebensmittel

Von der Lebensmittelindustrie sind in den letzten Jahrzehnten in zunehmendem Maße Erzeugnisse entwickelt worden, die den unterschiedlichsten Ansprüchen gerecht werden sollen und sich damit von den „klassischen" Lebensmitteln beträchtlich unterscheiden. Diese Lebensmittel können daher nicht immer eindeutig bisher bekannten Lebensmittelgruppen zugeordnet werden. Davon ausgenommen sind Diäterzeugnisse, die durch die Verordnung über diätetische Lebensmittel (Diät-Verordnung, siehe Kap. 10.1) eindeutig definiert sind. Eine Reihe dieser Produkte, aber nicht alle, werden durch die Novel-Food-Verordnung der EU eindeutig als neuartig definiert.

Bei dem Versuch, alle industriell veränderten Lebensmittel nach bestimmten Kriterien einzuordnen, bietet sich bei gewissen Einschränkungen und Überschneidungen folgendes Einteilungsschema an:

- Lebensmittel, die gesundheitsfördernde Eigenschaften aufweisen bzw. aufweisen sollen, nicht unter die Diät-Verordnung fallen und keine neuartige Zusammensetzung aufweisen
  - energiereduzierte Lebensmittel
  - kochsalzreduzierte Lebensmittel
- Lebensmittel mit einer neuartigen Zusammensetzung
  Bei diesen Lebensmitteln handelt es sich um Produkte, zu deren Herstellung bisher nicht verwendete Rohstoffe eingesetzt werden, die aber seit langem als Lebensmittel dienten.
  - Milchproduktsubstituenten (vorwiegend Brotaufstriche mit Frischkäsecharakter, unter Verwendung pflanzlicher Fette hergestellt),
  - Wurstsubstituenten auf vegetarischer Basis,
  - Convenience Foods (Lebensmittel und Lebensmittelzubereitungen, die in vorgefertigtem Zustand von unterschiedlichem Ausmaß in den Verkehr gebracht werden),
- neuartige Lebensmittel (Lebensmittel, die völlig neuartig sind und durch die Novel-Food-Verordnung eindeutig definiert werden einschließlich gentechnisch hergestellter oder gentechnisch veränderter Lebensmittel).
- Functional Foods (Nutraceuticals oder Healthy Foods)
  Es handelt sich bei dieser Gruppe um besondere Zubereitungen, die auf konventionellen oder neuartigen Lebensmitteln basieren, denen aber zusätzliche Lebensmittelinhaltsstoffe oder Zusatzstoffe beigefügt sind, um eine (postulierte) gesundheitsfördernde Wirkung zu erzielen. Solche Zusätze sind Mikronährstoffe, Antioxidantien, essentielle Fettsäuren, Pflanzenextrakte, spezielle Ballaststoffe oder Mineralstoffe. Der Gruppe der funktionellen Lebensmitteln werden auch solche zugeordnet, die mit Hilfe besonderer schonender Herstellungs-

verfahren oder mit Hilfe neuer Mikroorganismen produziert werden bzw. diese noch enthalten (z. B. präbiotische Lebensmittel).

Die Fülle der ständig auf dem Markt neu angebotenen Lebensmittel, die einer dieser Gruppen zugeordnet werden können, ist kaum überschaubar. Vorreiter auf diesem Gebiet sind die USA. Nachfolgend soll versucht werden, wenigstens für die wichtigsten dieser einzelnen Gruppen einen orientierenden Überblick zu geben.

5.7.1 Energiereduzierte Lebensmittel

Die Erniedrigung des Brennwerts von Lebensmitteln gegenüber dem Energieinhalt von traditionellen Lebensmitteln kann auf verschiedenen Wegen erfolgen, im Prinzip aber stets durch den Ersatz einzelner Energieträger durch Stoffe mit geringerem Brennwert oder durch Stoffe ohne Brennwert:

- Ersatz von Stärke durch Verdickungsmittel, Ballaststoffe oder Wasser,
- Ersatz von Zucker durch Süßstoffe,
- Ersatz von Fett durch Wasser in Verbindung mit Emulgatoren, Verdickungsmitteln, Eiweißen, Kohlenhydraten oder durch Fettersatzstoffe.

Die einzelnen Verfahren müssen den Eigenschaften des Lebensmittels angepaßt sein und können nicht beliebig ausgetauscht werden.

Die vom Handel für solche Produkte gern benutzte Bezeichnung „light" ist in Verbindung mit Lebensmitteln nicht eindeutig definiert, und es gibt keine gesetzliche Regelung für die Anwendung dieser Bezeichnung. Sie kann z. B. auch für Alkoholika mit einem geringeren Alkoholgehalt, Tabakwaren mit geringerem Nikotingehalt u. a. benutzt werden.

Reduktion des Fettgehalts

Eine Verringerung des Fettgehalts wird vorrangig bei Milch und Milcherzeugnissen sowie bei Wurstwaren praktiziert, die bei einer üblichen Mischkost für den Hauptteil der Fettaufnahme verantwortlich sind. Die Einschränkung des Fettgehalts dieser Lebensmittel ist aus ernährungsphysiologischer Sicht sehr positiv einzuschätzen, da vorzugsweise die Aufnahme von tierischen Fetten mit ungünstiger Fettsäure-Zusammensetzung reduziert wird. Die dadurch bei Milch und Milcherzeugnissen herbeigeführte Erniedrigung des Gehalts an fettlöslichen Vitaminen wird bei einer vollwertigen Ernährung durch den Vitamingehalt anderer Lebensmittel ausgeglichen. Die oft diskutierten Qualitätsminderungen fettarmer Lebensmittel (Fett ist ein ausgezeichneter Aromaträger) werden oft überbewertet, sie sind allenfalls bei einer zu drastischen Herabsetzung des

Fettgehalts zu beobachten. Die Industrie ist außerdem bestrebt, mögliche geschmackliche Einbußen durch Aromastoffe und Geschmacksverstärker auszugleichen.

Teil- und vollentrahmte Milch und Milcherzeugnisse bieten sich für eine energiereduzierte Kost besonders an, da weder der Gehalt an hochwertigem Eiweiß noch der Gehalt an Kalzium reduziert ist. Die Energiereduktion ist im Vergleich zur Vollmilch recht beträchtlich:

Energieinhalt der Vollmilch (3,5 % Fett)	270 kJ (65 kcal)
Energieinhalt von teilentrahmter Milch (1,5 % Fett)	195 kJ (47 kcal)
Energieinhalt von vollentrahmter Milch (0,3 % Fett)	155 kJ (38 kcal)

Der Energieinhalt von Käsen einer niedrigen Fettgehaltsstufe differiert in Abhängigkeit vom Wassergehalt (siehe Kap. 5.1.1.3.1).

Der Fettgehalt von Wurstwaren kann im Gegensatz zu Milcherzeugnissen nicht so konsequent reduziert werden, da andernfalls erhebliche geschmackliche Einbußen in Kauf genommen werden müßten. Fettreduzierte Wurstsorten enthalten somit meist noch einen beachtlichen Fettanteil und eignen sich daher für eine ernährungsbewußte Kost von normgewichtigen Personen. Sie kommen nicht in Betracht für eine konsequente Reduktionskost bei Übergewichtigen.

Der genaue Fettgehalt von fettarmen Wurstwaren muß nicht deklariert werden. Als „fettarm" deklarierte Wurstwaren müssen mindestens 30 % weniger Fett enthalten als die entsprechende konventionelle Wurstsorte mit üblichem Fettgehalt. Werden jedoch genaue Angaben über den Fettgehalt (oder Energiegehalt) gemacht, so muß diese Angabe auch den Tatsachen entsprechen.

Die Unterschiede zwischen traditionellen und fettarmen (kalorienreduzierten) Wurstwaren sind in Hinblick auf den Energieinhalt trotz des verminderten Fettgehalts nicht so groß wie oft angenommen wird (siehe Tabelle 5.7.1).

Tabelle 5.7.1:
Fettgehalt verschiedener fettreduzierter bzw. traditionell hergestellter Wurstsorten in g bzw. kJ (kcal) pro 100 g verzehrfertiger Ware

Wurstsorte	fettreduzierte Wurst		traditionell hergestellte Wurst	
	Fett	kJ (kcal)	Fett	kJ (kcal)
Zervelatwurst	24	1230 (300)	35	1620 (394)
Salami	24	1250 (308)	33	1520 (371)
Fleischwurst	15	800 (195)	28	1210 (296)
Wiener Würstchen	15	800 (195)	28	1210 (296)

Erhöhung des Wassergehalts

Eine Verringerung des Energiegehalts wird in vielen Fällen durch die Erhöhung des Wassergehalts erreicht. Das Problem ist hierbei, die größere Wassermenge für längere Zeit im Lebensmittel zu stabilisieren und eine Entmischung zu verhindern. Dieses kann durch den Zusatz von Dickungsmitteln (sie quellen und binden dadurch zusätzliches Wasser) oder durch den Zusatz von Emulgatoren erreicht werden.

Halbfettmargarine: Der Fettgehalt der Halbfettmargarine muß wie gesetzlich festgelegt 39 bis 41 % betragen (Margarine-Mischfett-Verordnung). Die Erhöhung des Wasseranteils erfordert einen höheren Zusatz von Emulgatoren, um die Fett-Wasser-Emulsion zu stabilisieren. Halbfettmargarine hat eine vergleichsweise etwas ungünstigere Fettsäure-Zusammensetzung, da das zusätzliche Wasser Fette bzw. Öle erfordert, die auf Kosten des Ölsäureanteils einen etwas höheren Gehalt an gesättigten Fettsäuren aufweisen. Nur auf diesem Weg kann eine ausreichende Streichfähigkeit erzielt werden. Der mitunter vorgenommene Zusatz von Sorbinsäure als Konservierungsmittel soll der erhöhten Gefahr eines Verderbs durch Mikroorganismen vorbeugen. Der Zusatz von Sorbinsäure ist bei Margarinen generell erlaubt.

Butterzubereitungen: Butter mit einem erhöhten Wassergehalt wurde bisher nicht als Halbfettbutter bezeichnet werden. Diese Verfahrensweise wurde gelockert. Wasserreiche Butterzubereitungen weisen im Gegensatz zur Halbfettmargarine meist eine schlechte Streichfähigkeit auf.

Diese schlechte Streichfähigkeit ist durch die Eigenschaften des Milchfetts bedingt, das nach dem Lebensmittelrecht nicht modifiziert werden darf. Diesem Nachteil kann durch den Zusatz von speziellen Emulgatoren teilweise begegnet werden. In Halbfettmargarinen, zu deren Herstellung modifizierte Pflanzenfette eingesetzt werden, kann die Fettzusammensetzung im Rahmen der gesetzlichen Möglichkeiten dem höheren Wassergehalt angepaßt werden.

Erzeugnisse mit Dickungsmittelzusatz: Eine sehr große Palette von verschiedenen energiereduzierten Lebensmitteln wird unter Verwendung von Dickungsmitteln hergestellt. Als Dickungsmittel finden vorzugsweise die Ballaststoffe Guarkernmehl und Johannisbrotkern-Mehl Verwendung, die den Vorzug haben, neben ihrer hohen Wasserbindungskapazität zusätzlich als Ballaststoffe wirksam zu werden. Produkte mit einem sehr hohen Anteil an Johannisbrotkern-Mehl sollen bei empfindlichen Personen gelegentlich eine gering abführende Wirkung zeigen.

Dickungsmittel werden zur Stabilisierung von Fett-Wasser-Emulsionen mit stark erhöhtem Wasseranteil zusätzlich zu den Emulgatoren eingesetzt. Solche sehr wasserreichen Emulsionen sind energiereduzierte Mayonnaisen und energiereduzierte Saucen. Als Dickungsmittel werden hierbei vorzugsweise modifizierte Stärken verwendet. Der mit ihnen in das Lebensmittel eingebrachte Energiebeitrag kann jedoch vernachlässigt werden.

Der Zusatz von Dickungsmitteln, die der Zusatzstoff-Zulassungs-Verordnung unterliegen, muß deklariert werden.

Reduktion des Zuckergehalts

Bei dem teilweisen oder vollständigen Austausch von Zucker durch Süßstoffe ist neben der Energiereduzierung das Ausbleiben eines raschen Anstiegs des Blutzuckerspiegels und die dadurch möglicherweise bedingte erhöhte Fettsynthese als zusätzlicher positiver Effekt zu bewerten.

Bei zuckerfreien oder zuckerarmen Konfitüren fehlt die konservierende Wirkung des Zuckers. Solche Erzeugnisse verderben deshalb besonders leicht. Sie werden daher zum (partiellen) Schutz vor einem Schimmelbefall in der Regel mit Sorbinsäure konserviert. Die konservierende Wirkung der Sorbinsäure ist allerdings auch bei diesen Erzeugnissen nicht besonders effektiv, sie sind daher gekühlt aufzubewahren und rasch zu verbrauchen. Es empfiehlt sich, bei solchen zuckerfreien bzw. zuckerarmen Konfitüren kleine Portionspackungen einzusetzen, die bis zum Verbrauch luftdicht verschlossen und damit weitgehend keimfrei bleiben. Dadurch werden nicht nur Verluste vermieden, sondern auch die Gefahr einer Lebensmittelvergiftung durch verdorbene Produkte weitestgehend ausgeschlossen.

5.7.2 Kochsalzreduzierte Lebensmittel

Zur Unterstützung einer gesundheitsbewußten Ernährung werden im zunehmendem Maße kochsalzreduzierte Lebensmittel angeboten. Hierbei handelt es sich vorzugsweise um Wurstwaren und Fischkonserven. Bei diesen Lebensmitteln wird versucht, die sensorischen Nachteile durch den gezielten Einsatz von Gewürzkombinationen zumindest teilweise zu kompensieren. Diese Lebensmittel eignen sich besonders für die Ernährung gesunder Personen und bei einer kochsalzreduzierten Kost (siehe Kap. 8.6.1). Für die kochsalzarmen Diäten ist auf die genau definierten kochsalzarmen Diäterzeugnisse zurückzugreifen, die den Anforderungen der Diät-Verordnung entsprechen (siehe Kap. 10.1).

5.7.3 Lebensmittel mit neuartiger Zusammensetzung (Lebensmittelsubstituenten)

Unter Lebensmitteln mit einer neuartigen Zusammensetzung sind Lebensmittel zu verstehen, die aus genießbaren, lebensmittelrechtlich zugelassenen und ernährungsphysiologisch unbedenklichen Nahrungsstoffen hergestellt worden sind, aber wegen einer anderen Verarbeitung und/oder infolge des Zusatzes bisher nicht gebräuchlicher Zutaten ein anderes Lebensmittel vortäuschen. Es handelt sich im wesentlichen um Produkte, die Milcherzeugnisse oder Wurstwaren imitieren.

Ein allgemein gebräuchlicher Name hat sich für diese Erzeugnisse bis jetzt noch nicht durchgesetzt. Die mitunter benutzte Bezeichnung „neuartige Lebensmittel" kann leicht zu Verwechslungen mit solchen neuartigen Lebensmitteln führen, die durch die Novel-Food-Verordnung eindeutig definiert sind (siehe Kap. 5.7.4.1). Die gelegentlich ebenfalls anzutreffende Bezeichnung „Lebensmittelimitate" kann wiederum zur Verwechslung mit sog. „Lebensmittelimitationen" führen. Der Begriff „Lebensmittelimitationen" ist durch das Lebensmitel- und Gebrauchsgegenstände-Gesetz (LMBG) für Erzeugnisse vorbehalten, die keine Lebensmittel sind, aber solche vortäuschen können (Definition des LMBG: ... „die keine Lebensmittel sind, bei denen aber ... vorhersehbar ist, daß sie von Verbrauchern, insbesondere Kindern, ... geschluckt werden können"). Es handelt sich bei diesen Imitationen im wesentlichen um Lebensmittelattrappen.

Der ebenfalls benutzte Begriff „Ersatzprodukte" kann andererseits als eine Abwertung verstanden werden, die aus ernährungsphysiologischer Sicht in vielen Fällen nicht zutreffend ist. Eine in der Wissenschaft generell übliche Bezeichnung „Substituent" wird wenig benutzt, obwohl damit eindeutig ausgedrückt wird, daß das betreffende Produkt ein klassisches Lebensmittel ersetzt. Bei der Benutzung dieses Ausdrucks könnten außerdem die beschriebenen Verwechslungen und Mißverständnisse sicher vermieden werden.

Lebensmittelsubstituenten sind zunächst vorrangig aus ökonomischen Gesichtspunkten entwickelt worden. Es galt, preisgünstig zur Verfügung stehende Nahrungsmittel, die aus den verschiedensten Gründen nicht attraktiv waren (insbesondere aus sensorischen Gründen), zu geschmacklich, optisch und preislich attraktiven Lebensmitteln zu verarbeiten. Seit einigen Jahren werden solche Lebensmittelsubstituenten in zunehmendem Maße unter dem Gesichtspunkt der Sicherung einer gesunden Ernährung entwickelt bzw. als solche propagiert (funktionelle Lebensmittel [Functional Foods] oder Healthy Foods, siehe Kap. 5.7.5).

Milcherzeugnissubstituenten (Milchersatzprodukte)

Bei diesen Erzeugnissen wird das Milchfett durch Pflanzenfette wie Sojaöl, Sonnenblumenöl oder Palmkernöl und das Milcheiweiß teilweise oder vollständig durch Pflanzeneiweiß (vorzugsweise Sojaeiweiß) ersetzt. Außerdem werden meist Stabilisatoren, Emulgatoren, Säureregulatoren, Konservierungsstoffe, Aromastoffe und Farbstoffe zugesetzt, um entsprechend attraktive Produkte zu erhalten. Andererseits können solche Produkte auch durch Vitamin- und Mineralstoffzusätze (speziell Kalziumsalze) angereichert und in ernährungsphysiologischer Sicht aufgewertet werden.

Die bekanntesten Milchproduktsubstituenten auf vorzugsweise pflanzlicher Basis sind Mischgetränke, Mischdesserts (sog. „Joghurt"), Sprühschaum, Kaffeeweißer, Mischfetterzeugnisse mit unterschiedlichem Fettgehalt und Brotaufstriche mit Frischkäsecharakter.

Bei einer wissenschaftlich ausgewogenen Auswahl der einzelnen Bestandteile und sorgfältiger Produktion können solche Milcherzeugnissubstituenten in einigen Punkten aus ernährungsphysiologischer Sicht positiv eingeschätzt werden:

- Die Fette haben aus ernährungsphysiologischer Sicht eine wesentliche bessere Fettsäure-Zusammensetzung (die eingesetzten Pflanzenfette und Öle sind meist reich an Linolsäure).
- Vitamin A und Vitamin D kommen in ihnen meist in höheren Konzentrationen als in den klassischen Milcherzeugnissen vor, da sie in den Ausgangsmaterialien fehlen und, zur Aufwertung der Produkte, generell zugesetzt werden müssen.
- Sie enthalten Vitamin E im Gegensatz zu Milcherzeugnissen (Pflanzenfette sind reich an Vitamin E).
- Sie enthalten kein Cholesterin.
- Sie können bei bestehender Kuhmilchallergie oder Milchzuckerunverträglichkeit verzehrt werden, da in ihnen weder Milcheiweiß noch Milchzucker vorkommt.

Milcherzeugnissubstituenten können im Vergleich zu den vergleichbaren natürlichen Produkten einige Nachteile aufweisen:

- Der Kalziumgehalt der Ausgangsmaterialien ist relativ niedrig. Die in einigen Fällen zugesetzten Kalziumsalze sind in Wasser relativ schwer löslich und werden nicht so effektiv resorbiert wie das Kalzium der Milch bzw. Milcherzeugnisse (das am Casein der Milch gebundene Kalzium kann leichter resorbiert werden).
- Der Kochsalzgehalt vieler Erzeugnisse ist hoch wegen eines aus geschmacklichen Gründen erforderlichen hohen Salzzusatzes.
- Die pflanzlichen Fette und Öle sind etwas schwerer verdaulich als das Milchfett. Diese schwerere Verdaulichkeit ist bei der Ernährung des Gesunden ohne Bedeutung. Bei bestehenden Fettresorptionsstörungen sollte ihr Einsatz nur auf ärztliche Anweisung erfolgen.
- Die biologische Wertigkeit der pflanzlichen Eiweiße (meist Sojaeiweiß) ist etwas niedriger als die des Milcheiweißes. Für den Gesunden

ist dieser Punkt ohne Relevanz (hoher Ergänzungswert der Eiweiße bei einer ausgewogenen Mischkost). Bei einer proteineingeschränkten Kost ist dem Rechnung zu tragen.

Wurstwarensubstituenten (Fleischersatzprodukte)

Wurstwarensubstituenten sind erst in den letzten Jahren entwickelt worden. Sie basieren nahezu ausschließlich auf pflanzlichen Ausgangsstoffen wie auf speziell aufgeschlossenen Pflanzenproteinen (vorzugsweise Sojaeiweiß) und pflanzlichen Fetten. Wegen der steigenden Anzahl der Vegetarier nimmt die Nachfrage nach solchen Produkten und damit ihre Produktion ständig zu.

Für die ernährungsphysiologische Bewertung dieser Produkte gelten die gleichen Gesichtspunkte wie bei der Einschätzung der Ernährung von Veganern (siehe Kap. 9.2.2):

- Die biologische Wertigkeit der pflanzlichen Eiweiße ist niedriger.
- Das pflanzliche Eisen hat eine wesentlich schlechtere Bioverfügbarkeit als das tierische Eisen.
- Die pflanzlichen Ausgangsmaterialien enthalten kein Vitamin B_{12}.
- Ihr Gehalt an Purinkörpern ist entgegen der landläufigen Annahme im Vergleich zum Fleisch meist nicht niedriger (bezogen auf Nahrungseiweiß).

5.7.4 Neuartige Lebensmittel

In den nächsten Jahren werden eine Vielzahl von neuartigen Lebensmitteln auf den europäischen Markt dringen. Es handelt sich dabei zunächst um Lebensmittel, die auf Grund der enormen Fortschritte auf relevanten Gebieten der naturwissenschaftlichen Grundlagenforschung (einschließlich der Genforschung) und deren raschen Umsetzung sowohl in der Landwirtschaft als auch in der Lebensmittelindustrie aus neu gezüchteten Pflanzen bzw. mit völlig neuartigen Methoden gewonnen bzw. hergestellt werden. Dabei nimmt die Gentechnik als eine der Schlüsseltechnologien des 21. Jahrhunderts auch in der Biotechnologie eine führende Position ein. Weiterhin drängen auch solche Lebensmittel auf den europäischen Markt, die bisher in Europa nicht oder nur wenig bekannt waren, obwohl sie in anderen Regionen bereits seit einiger Zeit in größerem Umfang als Lebensmittel verzehrt werden.

Daraus ergibt sich die Notwendigkeit, Festlegungen zu treffen, die die Zulassung und das Inverkehrbringen dieser neuartigen Lebensmittel regeln, insbesondere um die Bevölkerung vor potentiellen Gefahren zu schützen, die von solchen Lebensmitteln möglicherweise ausgehen könnten. Das dafür geschaffene gesetzliche Rahmenwerk ist die Novel-Food-Verordnung der EU.

5.7.4.1 Novel-Food-Verordnung der EU

Die Novel-Food-Verordnung der EU legt zunächst eindeutig fest, welche Lebensmittel bzw. Lebensmittelzutaten als neuartig (im Sinne der Verordnung) einzustufen sind:

Neuartige Lebensmittel sind Lebensmittel, die in der EU bisher noch nicht in nennenswertem Umfang für den menschlichen Verzehr eingesetzt wurden und wenn sie zusätzlich unter die nachfolgend aufgeführten Gruppen von Erzeugnissen fallen:

- Lebensmittel, die gentechnisch veränderte Organismen enthalten oder aus solchen bestehen,
- Lebensmittel, die aus gentechnisch veränderten Organismen hergestellt wurden, aber diese nicht mehr enthalten,
- Lebensmittel, deren Inhaltsstoffe neue oder gezielt veränderte Molekülstrukturen enthalten,
- Lebensmittel, die aus Mikroorganismen, Pilzen oder Algen bestehen oder aus diesen isoliert wurden,
- Lebensmittel, die aus Pflanzen oder Tieren isoliert wurden mit Ausnahme der traditionellen Lebensmittel, die bzw. deren Ausgangsstoffe mit traditionellen Vermehrungs- und Züchtungsmethoden gewonnen werden und erfahrungsgemäß als unbedenklich gelten (alle „klassischen" tierischen und pflanzlichen Lebensmittel),
- Lebensmittel, die nach völlig neuen Verfahren produziert werden, wodurch sie eine solche bedeutende Veränderung erfahren, die Auswirkungen auf den Nährwert und/oder die Verstoffwechslung von Inhaltsstoffen bzw. auf die Menge von unerwünschten Inhaltsstoffen haben.

Auf Grund dieser Festlegungen ergibt sich zum derzeitigen Zeitpunkt (2000), daß die neuen auf den europäischen Markt drängenden Lebensmittel in eine von zwei Gruppen zuzuordnen sind:

- Lebensmittel, die als neuartig eingestuft werden
  Als neuartig gelten solche Lebensmittel, die zwar außerhalb der EU bereits als Lebensmittel zugelassen und auch in erheblichem Umfang verzehrt worden sind, aber in der EU bisher noch nicht zugelassen waren oder kaum verzehrt wurden, weil sie nach neuartigen Methoden hergestellt werden.
  Das betrifft insbesondere Produkte, die direkt oder indirekt mit Hilfe von gentechnischen Verfahren hergestellt werden wie beispielsweise

die Flavr-Savr-Tomate (Antimatsch-Tomate) aus den USA, aber auch konventionell (nicht gentechnisch) hergestellte Produkte wie beispielsweise neue, bisher nicht auf dem europäischen Markt angebotene Algenprodukte aus Japan.

- Lebensmittel, die nicht als neuartig eingestuft werden
  Nicht zu den neuartigen Lebensmitteln werden solche Lebensmittel gerechnet, die in der EU bisher kaum bekannt waren, die aber nach traditionellen Methoden hergestellt oder bearbeitet werden. Das betrifft z. B. Känguruh- oder Springbockfleisch und daraus hergestellte Produkte oder Speisen und Fleisch- oder Milchsubstituenten mit völlig neuen Zusammensetzungen.

5.7.4.2 Mit Hilfe gentechnischer Methoden hergestellte Lebensmittel und Lebensmittelhilfsstoffe

Im Mittelpunkt der Diskussion über neuartige Lebensmittel stehen gegenwärtig alle mit Hilfe von gentechnischen Methoden hergestellten Produkte, gleichgültig ob sie direkt oder indirekt durch gentechnisch veränderte Organismen (GVO) produziert werden oder selbst GVO sind bzw. enthalten.

Die Gentechnik wird von ihren Gegnern mit der Feststellung angegriffen, daß mit ihrer Hilfe die genetischen Informationen, und damit das Erbgut von Pflanzen, Mikroorganismen und Tieren, gezielt verändert werden, um Organismen mit neuen Eigenschaften zu erzeugen. Dabei könnten die Folgen eines solchen Eingriffs nicht vorausgesagt werden, und es könnten dadurch nicht mehr beherrschbare Gefahrensituationen für den Menschen und die gesamte Natur heraufbeschworen werden. Der Mensch versucht jedoch seit Jahrtausenden, seine Umwelt, insbesondere Nutztiere und Nutzpflanzen, nach seinen Wünschen und Nutzen zu verändern. Die zunächst durch die gezielte Auswahl von Zuchttieren und Züchtungspflanzen mühsam erzielten Erfolge wurden seit der Wende vom 19. zum 20. Jahrhundert durch gezielte Kreuzungen und durch den Einsatz von Substanzen und energiereichen Strahlen, die das Erbgut verändern, in anfangs unvorstellbar kurzen Zeiträumen überboten. Diese Erfolge wurden generell anerkannt und umgehend in die Praxis überführt. Es ist festzustellen, daß es mit diesen Methoden zu unvorhersehbaren Veränderungen im Erbgut kommt, deren Folgen erst am Produkt dieses Eingriffs sichtbar werden. Eine gezielte Beeinflussung dieses Prozesses ist nicht möglich.

Die Gentechnik unterscheidet sich von diesen Züchtungsmethoden im Hinblick auf einen Eingriff in das Erbgut zunächst nicht. Der wesentliche Unterschied besteht darin, daß die Gentechnik gezielt in das genetische

Material eingreift und daß die Folgen im wesentlichen vorhersehbar sind. Entscheidende Differenzen zwischen beiden Methoden bestehen darin, daß bei der Züchtung ganze Genome in die neue Zelle eingebracht und teilweise Tausende von Genen neu (und wahllos) angeordnet werden, bei der Gentechnik dagegen gezielt nur einzelne oder mehrere Gene, oft nur ein begrenzter Genabschnitt, gezielt in ein Empfängergen eingesetzt werden.

Mit Hilfe der Gentechnik ist es möglich, rasch und mit weniger Aufwand neuartige Tiere, Pflanzen oder Mikroorganismen zu gewinnen, die sich durch gewünschte, vorteilhafte Eigenschaften auszeichnen und die bei ihrem Einsatz in der Landwirtschaft vielfältige Vorteile bieten. Es ist ferner möglich, aus diesen Organismen Enzyme zu gewinnen, die bei ihrem Einsatz in biotechnologischen Prozessen die Verfahren verbessern, ökonomischer gestalten bzw. zu veränderten Produkten mit neuartigen, gewünschten Eigenschaften führen.

Für die generelle Produktion von Lebensmitteln und für die Entwicklung von neuartigen Lebensmitteln ist die Gentechnik auf folgenden Gebieten bereits im Einsatz, bzw. muß mit ihrem Einsatz in den nächsten Jahren gerechnet werden:

1. Entwicklung landwirtschaftlicher Nutzpflanzen mit neuen Eigenschaften

- Pflanzen mit Resistenzen gegenüber einen Befall durch Schadstoffe bzw. Schadorganismen bzw. Viren (z. B. Pflanzenschutzmittel, Virus-, Pilz-, Nematoden- oder Insektenbefall), ermöglichen einen stark eingeschränkten Einsatz von chemischen Bekämpfungsmitteln (Umweltgifte) und minimieren gleichzeitig die Ertragsausfälle bzw. Ernteverluste. Die ernährungsphysiologischen Vorteile von Lebensmitteln aus solchen Nutzpflanzen bestehen darin, daß sie wesentlich weniger mit solchen Schadstoffen belastet sind.
  Bei der Isolierung von Speicherstoffen aus solchen gentechnisch veränderten Organismen (GVO) unterscheiden sich diese nicht von denen, die aus entsprechenden Ausgangspflanzen isoliert werden, sie sind vollkommen identisch (z. B. Zucker aus Zuckerrüben, Sojaöl aus Sojabohnen). Das trifft jedoch nicht in allen Fällen auf die Eiweiße zu. Beispielsweise könnten im Ölkuchen von gentechnisch veränderten Sojabohnen unter bestimmten Bedingungen veränderte Proteine enthalten sein.
  Beispiele für solche Pflanzen sind bereits im Einsatz befindlichen Soja- bzw. Maissorten (vorzugsweise in den USA):
  Der BT-Mais ist resistent gegenüber dem sog. Maiszünsler, dem Schädling, der zu den größten Ertragsausfällen führt. Bei dem Anbau von BT-Mais

kann deswegen auf den Einsatz von Pflanzenschutzmitteln weitgehend verzichtet werden, insbesondere auf Mittel, die speziell den Maiszünsler bekämpfen sollen.

Die gentechnisch veränderte Sojasorte ist gegenüber dem umweltverträglichen Pflanzenschutzmittel Roundup resistent. Bei ihrem Anbau kann somit auf dieses Mittel zurückgegriffen und auf den Einsatz von weniger schonenden Pflanzenschutzmitteln verzichtet werden.

- Pflanzen, die höhere Erträge liefern, können insbesondere zur besseren Versorgung der zahlenmäßig ständig wachsenden Weltbevölkerung mit Grundnahrungsmitteln beitragen oder einen großen ökonomischen Nutzen versprechen.

  Die Entwicklungsarbeiten in den USA konzentrieren sich vorrangig auf Kartoffeln, Raps, Sojabohnen, Sonnenblumen, Tomaten und Tabak.

- Pflanzen, die abgeänderte bzw. neue Pflanzeninhaltsstoffe produzieren, erlauben als neuartiges Ausgangsprodukt die Produktion von einer augenblicklich noch nicht überschaubaren Vielfalt von Lebensmitteln mit neuen Eigenschaften wie neuartige funktionelle Lebensmittel bzw. Diäterzeugnisse.

  Solche vorteilhaften Eigenschaften sind beispielsweise
  günstigere Fettsäure-Zusammensetzung von Fetten (Erhöhung des Anteils an Ölsäure oder/und mehrfach ungesättigten Fettsäuren in Raps-, Soja- oder Sonnenblumenöl),
  günstigere Aminosäure-Zusammensetzung (Erhöhung des Lysin- und Threoningehalts in Getreiden),
  veränderte Zusammensetzung der Stärke (geändertes Verhältnis von Amylose und Amylopektin für spezielle Verwendungen in der Lebensmittelindustrie) oder veränderter Stärkeanteil in Getreide oder Kartoffeln (Kartoffeln mit einem gegenüber der Norm erhöhten Stärkegehalt von etwa 20 % nehmen beim Fritieren wesentlich weniger Fett auf),
  Bildung von Carotin, das bisher nicht gebildet wurde (Entwicklung einer solchen Reissorte, die im asiatischen Raum zur Sicherung der Carotinversorgung beiträgt),
  Pflanzen mit einer verbesserten Zusammensetzung von Ballaststoff- bzw. Mikronährstoffen (Ausgangsstoffe für funktionelle bzw. präbiotische Lebensmittel).

- Pflanzen, die generell unerwünschte (schädliche) bzw. nur im besonderen Fall unerwünschte Inhaltsstoffe nicht mehr bilden.

  Solche vorteilhaften Eigenschaften sind beispielsweise das Fehlen von potentiell giftigen Inhaltsstoffen wie Lectine, Solanin und andere Verbindungen,
  Phytinsäure und andere Substanzen, die die Verwertung essentieller Nahrungsinhaltsstoffe behindern können,
  Inhaltsstoffen, die eine Lebensmittelallergie auslösen können wie beispielsweise eine in Japan oft zu beobachtende Reisallergie).

- Pflanzen, deren Enzymausstattung so verändert wurde, daß die Reifungsprozesse verlangsamt ablaufen bzw. gehemmt sind, verbessern die Haltbarkeit und Lagerfähigkeit (z. B. von Obst und Gemüse) und führen zu einer Qualitätsverbesserung bzw. vermindern die Lagerverluste.
Die bekannteste Entwicklung in dieser Richtung ist die Flavr-Savr-Tomate (Antimatsch-Tomate). Sie ist in den USA seit 1994 im Handel. In dieser Tomate ist die Bildung eines zellwandabbauenden Enzyms (Polygalacturonase) unterdrückt, das wesentlich für das Weichwerden der Tomaten nach der Ernte verantwortlich ist. Bei „normalen" Tomaten ist Reifen und Weichwerden der Früchte aneinander gekoppelt. Antimatsch-Tomaten können am Stamm ausreifen, wobei es zur Ausbildung des vollen Aromas kommt. Sie bleiben aber auch bei längerer Lagerung und beim Transport fest, da die stabilisierenden Zellwände nicht abgebaut werden. „Normale" Tomaten müssen, um ein Weichwerden beim Transport und der Lagerung zu vermeiden, im unreifen Zustand („grün") geerntet werden. Sie reifen anschließend unter Ethylengas nach. Dieses Nachreifen entfällt bei Antimatsch-Tomaten. Der Abbau von wertgebenden Inhaltsstoffen läuft allerdings auch in der Antimatsch-Tomate während der Lagerung weiter ab. Aus dem Aussehen der Antimatsch-Tomate kann nicht mehr sicher auf Alter, Frische und Qualität geschlossen werden. Unterschiede im Vitamingehalt wurden allerdings nicht festgestellt.

2. Entwicklung von gentechnisch veränderten Mikroorganismen als Hilfsmittel in der Lebensmitteltechnologie (Fermentationsprozesse)

- Gezielt veränderte Mikroorganismen (Bakterien, Hefen, Schimmelpilze) ermöglichen in den klassischen Einsatzgebieten eine Verbesserung der Produktionsprozesse und eine bessere Qualität der gewonnenen Lebensmittel. Diese Einsatzgebiete sind u. a. das Brau- und Backgewerbe sowie die Verarbeitung von Fleisch, Milch (neuartige Milcherzeugnisse, Käse), Obst und Gemüse.
- Gezielt veränderte Mikroorganismen erlauben die großtechnische Produktion von wichtigen Enzymen, die nicht mehr in ausreichenden Mengen aus natürlichen Quellen isoliert werden können (z. B. Chymosin als „Ersatz" für das Labferment aus Kälbermagen), und von Enzymen, die gewünschte Eigenschaften aufweisen, die die Produktion verbessern bzw. größere Ausbeuten erlauben.
- Mit Hilfe gezielt veränderter Mikroorganismen können Substanzen in großen Mengen und preisgünstig hergestellt werden, die andernfalls überhaupt nicht in den erforderlichen Mengen verfügbar bzw. aus Kostengründen unerschwinglich wären (z. B. Produktion von Aminosäuren [Glutaminsäure als Geschmacksverstärker, Phenylalanin für die Herstellung von Aspartam], vom Süßstoff Thaumatin, von Vitamin C).
- Gezielt veränderte, effektiver wirkende Mikrorganismen können bisher eingesetzte probiotische Milchsäurebakterien-Kulturen ersetzen.

Es ist vorstellbar, daß andere probiotisch wirkende Bakterien einen Beitrag zur Senkung des Cholesterinspiegels und zur Verringerung der Bildung von potentiell cancerogenen Substanzen durch die Darmflora leisten könnten.

Bei dem Versuch, Vor- und Nachteile der Gentechnik für die Produktion von Lebensmitteln zu bewerten, muß zunächst festgestellt werden, daß solche gentechnisch modifizierte Pflanzen bereits seit 1994 beginnend in Großkulturen angebaut werden (USA und Kanada, Mittel- und Südamerika, Europa [Frankreich und Spanien], Südafrika und Australien). Auch die Palette der inzwischen genetisch veränderten Pflanzen ist zwischenzeitlich recht umfangreich geworden (Mais, Raps, Tomaten, Baumwolle, Kartoffeln, Sojabohnen, Zuckerrüben, Flachs, Radicchio, Papaya). Weiterhin muß berücksichtigt werden, daß ein Einsatz von entsprechenden Lebensmitteln nicht in einem Land isoliert unterbunden werden kann wegen der weltweiten Vernetzung und der sich daraus ergebenden internationalen Abkommen und gesetzlichen Regelungen (GATT-Abkommen, gemeinsamer europäischer Markt).

Eine mögliche gesundheitliche Gefährdung, die von direkt oder indirekt gentechnisch hergestellten Lebensmitteln ausgehen könnten, wird oft überbewertet. Es ist selbstverständlich, daß alle Vorkehrungen getroffen werden, eine Gefährdung auszuschließen und nur gesundheitlich unbedenkliche neuartige Lebensmittel zuzulassen. Für die Zulassung eines mit Hilfe von gentechnischen Verfahren hergestellten Lebensmittels bestehen international äußerst strenge Zulassungsbestimmungen, die eine gesundheitliche Gefährdung sicher ausschließen. Außerdem besteht eine Kennzeichnungspflicht für eindeutig genetisch veränderte Lebensmittel, die allerdings infolge der komplexen naturwissenschaftlichen und rechtlichen Lage mit einigen Problemen behaftet ist. Durch die Novel-Food-Verordnung ist die Kennzeichnung gentechnisch hergestellter Lebensmittel, die in den Verkehr gebracht werden, festgelegt. Die Ergänzungsverordnung zur EG-Etikettierungsrichtlinie (1. 11. 1997) regelt die bisher umstrittenen Fragen der Kennzeichnung von gentechnisch hergestellten Lebensmitteln, die nicht unter die Novel-Food-Verordnung fallen (im Mai 1998 wurde die Verpflichtung auf die Kennzeichnung von gentechnisch verändertem Mais oder Soja erweitert).

5.7.4.3 Neuartige Lebensmittel, die nicht mit Hilfe gentechnischer Methoden hergestellt wurden (Erzeugnisse mit neuen oder gezielt veränderten primären Molekülstrukturen)

Als neuartige Lebensmittel werden nach der Novel-Food-Verordnung auch solche Stoffe oder Zubereitungen bezeichnet, die bisher noch nicht als Lebensmittel (oder Zusatzstoff) verwendet wurden, obwohl sie in der

Natur vorkommen, oder die rein chemisch hergestellt werden können (synthetische Lebensmittel). Bei synthetischen Lebensmitteln kann es sich auch um bereits genutzte Lebensmittel handeln, deren Bausteine nur neuartig verknüpft werden. Zu dieser Gruppe gehören bestimmte Fettersatzstoffe und Süßstoffe (siehe unten). Es ist denkbar, daß in der Zukunft auch andere neuartigen Substanzen hergestellt werden, die für den Verzehr gedacht sind. Auch diese würden dann als neuartige Lebensmittel unter die Novel-Food-Verordnung fallen. Sie dürften erst nach eingehender Prüfung und erteilter Zulassung auf den Markt gebracht werden.

Neuartige Süßstoffe: Thaumatin, Monellin, Mabinlin, Miraculin, in Tropenpflanzen vorkommend. Die Extraktion aus den Pflanzen ist sehr teuer und verbietet einen Einsatz der „natürlichen" Produkte (das in den USA gentechnisch hergestellte Thaumatin, als Talin® im Handel, Süßkraft 2000- bis 3000mal höher als Rohrzucker, ist den gentechnisch hergestellten neuartigen Lebensmitteln zuzurechnen, siehe auch Kap. 5.6.5). Thaumatin (Talin®) kann in der Bundesrepublik nach EU-Recht seit 1.1.1996 eingesetzt werden.

Neuartige Fettersatzstoffe auf Lipidbasis: Triglyceride (Caprenin, Salatrim), Fettsäureester mit Zuckern oder Zuckeralkoholen (Saccharose-Polyester [Olestra®, Prolestra®]).

Produkte auf Kohlenhydratbasis und Produkte auf Proteinbasis werden nicht zu den neuartigen Lebensmitteln gerechnet (siehe ausführlich Kap. 5.3.4).

5.7.4.4 Neuartige Lebensmittel aus Mikroorganismen (Pilze und Algen)

Lebensmittel, die aus Mikroorganismen gewonnen werden, sind in der Bundesrepublik und in der EU nur von geringer Bedeutung. Zu dieser Gruppe gehören die sog. „Single-Cell-Protein"-Produkte und die in Japan traditionell genutzten Erzeugnisse aus Grün- und Blaualgen.

Das Pilzprotein Quorn®, ein Single-Cell-Protein, wurde 1984 in England zugelassen und seit 1985 in England sowie seit 1991 in Belgien, meist in Form von Fertiggerichten, vertrieben. Es ist in diesen Ländern bereits in einer Menge von etwa 100 000 Tonnen verzehrt worden. In den Jahren 1992/1993 wurde es versuchsweise im Großraum München und in Nordrhein-Westfalen angeboten, aber von der Bevölkerung nicht angenommen, so daß in der Bundesrepublik eine flächendeckende Markteinführung nicht stattfand. Quorn® ist geschmacksneutral, das nicht vollständig gereinigte Präparat ist cholesterinfrei und reich an Ballaststoffen.

5.7.5 Funktionelle Lebensmittel (Functional Foods)

Unter der Bezeichnung Functional Foods werden Lebensmittel verstanden, die zunächst keine neuartigen Lebensmittel sind. Die deutsche Bezeichnung funktionelle Lebensmittel wird vergleichsweise wenig benutzt. Es handelt sich bei Functional Foods in der Regel um natürliche Lebensmittel, die bestimmte Inhaltsstoffe enthalten oder mit solchen angereichert sein können, die mittel- oder langfristig offensichtlich eine gesundheitsfördernde Wirkung aufweisen (Vitamine, Mikronährstoffe, Antioxidantien, Mineralstoffe). Unter dem Begriff Functional Foods werden darüber hinaus auch solche Lebensmittel verstanden, bei denen bestimmte Inhaltsstoffe entfernt wurden bzw. bereits in dem Ausgangslebensmittel nicht mehr enthalten sind (z. B. Allergene in gentechnisch veränderten Reis, siehe Kap. 5.7.4.2). Schließlich können auch noch solche Lebensmittel zu dieser Gruppe gerechnet werden, die mit neuen Fermentationsmethoden hergestellt werden (z. B. neue Stämme von Milchsäurebakterien) oder die solche Milchsäurebakterien als noch lebende Keime enthalten (probiobiotische Lebensmittel). Auch durch den Verzehr solcher Lebensmittel soll dem Entstehen von ernährungsbedingten Krankheiten vorgebeugt werden. Sie sollen auch nach den Angaben der Hersteller besonders günstige Einflüsse bei der Rekonvaleszenz entfalten und Alterungsprozesse verlangsamen.

Wissenschaftlich und lebensmittelrechtlich sind funktionelle Lebensmittel nicht eindeutig definiert. An Stelle des Begriffs Functional Foods werden in der internationalen Literatur auch die Bezeichnungen „Healthy Foods", „Designer Foods", „Pharma Foods", „Agromedical Foods" oder „Nutraceuticals" benutzt, die möglicherweise aus Werbungsgründen auch im deutschsprachigen Raum benutzt werden könnten. In Japan sind Functional Foods unter der Bezeichnung „Foods for Specified Health Use" zugelassen. Die zur Anreicherung benutzten Zusätze müssen, entgegen der üblichen international gehandhabten Praxis, natürlichen Ursprungs sein.

Bei der Bewertung und Einordnung von funktionellen Lebensmitteln kommt erschwerend hinzu, daß die Grenzen zu den „klassischen" Lebensmitteln, die durch spezielle Zusätze oder Herstellungsverfahren bereits eine Aufwertung erhalten haben und für die gesunde Ernährung empfohlen werden, infolge des Fehlens eindeutiger Festlegungen verwischt werden. Solche „verbesserte" klassische Lebensmittel sind beispielsweise Backwaren und Fleischerzeugnisse, die unter Verwendung von Jodsalz hergestellt wurden, oder energiereduzierte bzw. kochsalzarme Lebensmittel. Auch neuartige Fleisch- bzw. Milchwarensubstituenten (Ersatzprodukte) werden von der Lebensmittelindustrie im zunehmendem Maße als funktionelle Lebensmittel beworben.

Eine besondere Stellung nehmen funktionelle Lebensmittel ein, die mit speziellen Wirkstoffen oder Lebensmittelinhaltsstoffen angereichert sind, bei denen eine gesundheitsfördernde Wirkung eindeutig nachgewiesen wurde. Die wichtigsten dieser zugesetzten Stoffe sind

- hochwirksame Ballaststoffpräparate,
- Pflanzensterole (pflanzliche Sterine),
- mehrfach ungesättigte Fettsäuren der ω-3-Reihe (Eicosapentaensäure, Docosahexaensäure) und
- Vitamine sowie Mineralstoffe,

Ballaststoffe zeigen vielfältige positive Wirkungen und werden seit langem in der Diätetik eingesetzt (siehe Kap. 3.3.7 und 8.4.3.1). Bei der Bewerbung von funktionellen Lebensmitteln wird auf die durch Ballaststoffe bewirkte Senkung der Blutcholesterinwerte hingewiesen. Dabei wird auf Ballaststoffe der „neuen Generation" orientiert, die besonders wirksam sein sollen. Es handelt sich dabei um bisher weniger bekannte oder eingesetzte Produkte bzw. um Modifikationen von bekannten Polysacchariden. Als besonders wirksam wird Psyllium eingeschätzt (aus einer in Indien beheimateten Pflanze isoliert), ferner Inulin, Pektine und resistente Stärke. Auch dem Guarkernmehl wird mehr Beachtung geschenkt.

Pflanzensterole (pflanzliches „Cholesterin") sind ebenfalls in der Lage, die Blutcholesterinwerte zu senken (siehe Kap. 3.5.3). Zum gegenwärtigen Zeitpunkt (2000) werden Margarinesorten in den Markt eingeführt, denen eine größere Menge an Pflanzensterolen zugesetzt wird als bisher bei der Margarineherstellung üblich war (siehe Kap. 5.3.3.1.1). Es ist damit zu rechnen, daß auch anderen fetthaltigen funktionellen Lebensmitteln Pflanzensterole zugesetzt werden.

Eine besondere Bedeutung wird solchen Functional Foods beigemessen, die mit Fetten angereichert werden, die reich an mehrfach ungesättigten Fettsäuren der ω-3-Reihe sind. Sie werden vorrangig mit der präventiven Wirkung dieser Fettsäuren gegenüber Herz-Kreislauf-Erkrankungen beworben werden (siehe Kap. 3.5.1.1 und 7.6.4.2.2). Beispiele sind ein bereits im Handel angebotenes „Omega-3-Brot" und spezielle angereicherte Margarinesorten. Ein begrenzender Faktor für die Entwicklung und Produktion solcher funktioneller Lebensmittel dürfte die begrenzte Verfügbarkeit von ω-3-fettsäurereichen Fetten bzw. Ölen sein, für deren Gewinnung bis jetzt nur die bekannten Seefettfische bzw. die bei ihrer Verarbeitung anfallenden Reste (Innereien, fetthaltige Bauchlappen) zur Verfügung stehen.

Eine bisher nicht bekannte Problematik kann sich aus der Anreicherung von Lebensmitteln mit Vitaminen bzw. Mineralstoffen ergeben. Eine Überversorgung mit diesen essentiellen Nahrungsfaktoren und damit verbundenen gesundheitlichen Schädigungen war mit einer konventionellen Ernährung zumindest beim gesunden Menschen nicht möglich. Mit angereicherten sog. funktionellen Lebensmitteln kann es jedoch bei einer unkontrollierten Aufnahme dieser Lebensmittel zu unvertretbar hohen Aufnahmen von Vitaminen bzw. Mineralstoffen kommen, die zu ernsthaften Stoffwechselstörungen führen können. Diese Gefahr besteht besonders bei einer parallel dazu erfolgenden zusätzlichen Aufnahme von Nahrungsergänzungsmitteln (siehe Kap. 5.7.6) und/oder reinen Vitamin- bzw. Mineralstoffpräparaten (Medikamente). Als Hinweise für mögliche Schädigungen durch eine Überversorgung werden entsprechende Richtwerte für die maximal vertretbare Zufuhr von Vitaminen und Mineralstoffen diskutiert (siehe Kap. 4.1). Deswegen ist von einer kritiklosen Verwendung dieser funktionellen Lebensmittel abzuraten und statt dessen eine vollwertige Ernährung anzustreben.

Einige wenige funktionelle Lebensmittel, die mit Vitaminen bzw. Mineralstoffen angereichert werden, dürften jedoch eine Berechtigung bei durch äußere Zwänge bedingten einseitigen Ernährungsregimes bzw. bei besonderen Lebenssituationen haben. In der Regel werden aber sicher auch in der Zukunft bestehende Versorgungslücken, die aus diätetischen Gründen nicht durch eine vollwertige Kost geschlossen werden können, vom Arzt durch die Verordnung von entsprechenden Präparaten zielgerichtet ausgeglichen. Eine besondere Stellung könnten jedoch funktionelle Lebensmittel einnehmen, die mit Vitamin E bzw. mit Folsäure angereichert werden und für Risikogruppen zur Prophylaxe von arteriosklerotischen Veränderungen (Vitamin E) bzw. für Frauen mit Kinderwunsch und für Schwangere (Folsäure) von großem Nutzen sein könnten.

Bei der Bewertung von solchen funktionellen Lebensmitteln, die mit speziellen Wirkstoffen oder Lebensmittelinhaltsstoffen angereichert sind, ist die Verfügbarkeit dieser Stoffe für den Organismus und ihre Wirkung in diesem zu berücksichtigen, insbesondere im Vergleich mit der Wirkung der gleichen, aber isoliert aufgenommenen Stoffe (z. B. als Nahrungsergänzungsmittel oder pharmazeutisches Präparat [Medikament]). Bei einigen dieser Zusatzstoffe (Pflanzensterole, Psyllium, Vitamin E) konnte offenbar belegt werden, daß sie bei der Aufnahme als funktionelles Lebensmittel eindeutigere Wirkeffekte zeigen als bei einer isolierten Aufnahme.

In der EU und in der Bundesrepublik existieren keine speziellen Regelung für funktionelle Lebensmittel. Zur Zeit (2000) wird von der zuständigen Kommission der EU geprüft, ob Handlungsbedarf besteht.

Gewisse Probleme in lebensmittelrechtlicher Sicht könnten bei einer möglichen und sicher notwendigen Abgrenzung dieser funktionellen Lebensmittel von den ergänzenden bilanzierten Diäten entstehen, die als diätetische Lebensmittel der Diät-Verordnung unterliegen (siehe

Kap. 10.3). Eine gesetzliche Regelung ist aber in absehbarer Zeit weder im nationalen Rahmen noch im Rahmen der EU zu erwarten.

In der Bundesrepublik wird bereits eine Vielzahl von Erzeugnissen angeboten und entsprechend beworben, die den funktionellen Lebensmitteln zuzurechnen sind. Die Angebotspalette ist im Vergleich zum internationalen Markt, insbesondere im Vergleich zu den USA, noch klein. Zu dieser Gruppe können u. a. folgende Lebensmittel gerechnet werden:

- Probiotische Lebensmittel (siehe Kap. 5.7.5.1)
- Präbiotische Lebensmittel (siehe Kap. 5.7.5.2)
- Milchprodukte mit Kräuterauszügen

Mit dem Zusatz von Kräuterauszügen sollen die positiven Effekte von Mikronährstoffen genutzt werden.

- Spezielle Getränke mit Zusätzen wie Wellnessdrinks oder ACE-Drinks (Vitamine, mehrfach ungesättigte Fettsäuren der ω-3-Reihe wie Eicosapentaensäure oder Docosahexaensäure [DHA], Kräuterextrakte), ACE-Drinks = Zusatz von Provitamin A [β-Carotin], Vitamin C und Vitamin E (der Zusatz soll die Versorgung mit antioxidativen Vitaminen verbessern), Wellnessdrinks = nicht genau definierte Zusätze von Vitaminen und Fettsäuren der ω-3-Reihe (die Herz und Kreislauf schützende Funktionen entfalten sollen),
- Spezielle Tiefkühlprodukte (Gemüse, denen zusätzlich Vitamine [ACE, siehe oben], Weizenkeimöl bzw. Distelöl oder Ballaststoffe zugesetzt wurden),
- Spezielle Margarinesorten (angereichert mit Fischölen [reich an mehrfach ungesättigten Fettsäuen der ω-3-Reihe] bzw. mit pflanzlichen Sterinen [in Finnland und Großbritannien erlaubt]), „Olivenöl-Margarine" (fettreduzierte Margarine mit 25 % Olivenöl),
- mit „ω-3-Fetten" angereichertes Brot („Omega-3-Brot")
- Spezielle Eier (DHA-Eier) Eier, die Docosahexaensäure (mehrfach ungesättigte Fettsäure der ω-3-Reihe) enthalten (den Hühnern werden Meeresalgen verfüttert, die reich an DHA sind),
- Calcius D_3-Brot (mit Kalzium, Vitamin D_3, Magnesium und Fluor sowie Lignan [Phytoöstrogen] und Flavonen angereichertes Mischbrot, das für eine Osteoporose-Prophylaxe empfohlen wird),
- Weitere funktionelle Lebensmittel Es zeichnet sich ab, daß eine Vielzahl anderer Lebensmittel mit Zusätzen angereichert werden, bei deren Unterversorgung Mangelerscheinungen auftreten, oder denen anderweitige positive Wirkungen

zugeschrieben werden. Solche Zusätze sind beispielsweise Kalziumsalze, Vitamin K, konjugierte Linolsäure, Mikronährstoffe und sekundäre Pflanzenstoffe generell (einschließlich Phytoöstrogene).

5.7.5.1 Probiotische Lebensmittel

Probiotische Lebensmittel enthalten geeignete, lebende „probiotische" Bakterien, die sich im Darm vermehren und zur Ausbildung einer günstigen Darmflora beitragen. Als probiotische Bakterien sind nur solche Mikroorganismen geeignet, die auch unter ungünstigen Lebensbedingungen keine pathogenen Eigenschaften entwickeln und keine Toxine bilden. Sie müssen darüber hinaus gute Produzenten von niedermolekularen Säuren sein (vorzugsweise Milchsäure und niedermolekulare Fettsäuren) und sollten möglichst mikrobielle Hemmstoffe bilden können. Außerdem müssen sie eine besonders hohe Stabilität aufweisen, insbesondere gegenüber einer Säureeinwirkung, damit sie in der Lage sind, den Magen und die oberen Darmabschnitte zumindest teilweise unbeschadet zu passieren. Solche Bakterien müssen sich außerdem gegenüber den bereits vorhandenen Bakterien der Darmflora behaupten können, zumindest über einen gewissen Zeitraum hinweg.

Bei probiotischen Lebensmitteln handelt es sich fast ausschließlich um Sauermilcherzeugnisse, vorzugsweise um Joghurterzeugnisse, die spezielle, neue Milchsäurebakterien enthalten, die die oben aufgezählten Anforderungen erfüllen sollen. Zusätzlich sind als probiotische Lebensmittel auch Quarkzubereitungen, Sauerkäse und spezielle Drinks im Angebot. Diese Erzeugnisse werden nicht pasteurisiert, da die probiotischen Bakterien dabei abgetötet würden. Sie erfordern deshalb eine äußerst gewissenhafte hygienische Sauberkeit und damit einen größeren Aufwand bei der Lagerhaltung (konsequente Einhaltung der Kühlkette). Sie sind nur begrenzt haltbar.

Solche Erzeugnisse werden von den verschiedenen Firmen unter werbewirksamen Produktnamen in zunehmendem Maße auf den Markt gebracht. Neuerdings wird auch probiotischer Käse und eine probiotische Rohwurst angeboten.

Für die Produktion von probiotischen Lebensmitteln werden vorzugsweise spezielle Milchsäurebakterien (Lactobacillus acidophilus und bifidus) sowie Bifidusbakterien eingesetzt. Die bekanntesten Produkte sind LC1 von Nestlé, ProCult von Müller, die sich hinsichtlich ihrer Zusammensetzung und probiotischen Wirksamkeit kaum von den Erzeugnissen anderer Anbieter unterscheiden.

Von besonderem Interesse könnten probiotische Milcherzeugnisse, die lebensfähige Bifidusbakterien enthalten, für die Ernährung von Kleinkindern sein. Bifidusbakterien sind für die Entwicklung der gesunden Darmflora des heranwachsenden Säuglings und Kleinkinds von besonderer Bedeutung (siehe Kap. 2.3.2.6).

Probiotische Joghurterzeugnisse sind offenbar in der Lage, bei einem erworbenen Lactasemangel (siehe Kap. 7.1.1.2.1) die Toleranzgrenze gegenüber Milchzucker zu erhöhen. Die bei ihrem Verzehr in den Dünndarm gelangenden Milchsäurebakterien sind in der Lage, geringe Mengen von Milchzucker bereits im Dünndarm zu spalten, so daß die dabei freigesetzte Glucose und Galactose resorbiert werden kann.

Es wird zum gegenwärtigen Zeitpunkt noch konträr diskutiert, ob die Keime der probiotischen Lebensmittel auf die Dauer in der Lage sind, die Darmflora günstig zu beeinflussen. Außerdem ist noch nicht endgültig geklärt, ob die neuen speziellen Milchsäurebakterien gegenüber den klassischen Milchsäurebakterien, die zur Herstellung von normalen Sauermilcherzeugnissen eingesetzt werden, Vorteile aufweisen. Es wird angenommen, daß im Hinblick auf eine Säurestabilität kaum Unterschiede bestehen.

5.7.5.2 Präbiotische Lebensmittel

Als präbiotische Lebensmittel werden solche Lebensmittel bezeichnet, die Substanzen enthalten, die in der Lage sind, das Wachstum von gesundheitsfördernden Darmbakterien besonders zu begünstigen, nicht aber das Wachstum von weniger „positiven" oder gar pathogenen Bakterien. Diese Lebensmittel müssen folglich Inhaltsstoffe enthalten, die von den Verdauungssäften des Menschen nicht aufgeschlossen werden und die somit den Ballaststoffen zugerechnet werden können. Sie müssen auf der anderen Seite vorzugsweise nur von den „positiven" Mikrorganismen verwertet werden und diesen damit einen Vorteil gegenüber den unerwünschten Bakterien verschaffen.

Diese Eigenschaft, von diesen Mikrooganismen (Bifidobakterien und Eubacteriacea) bevorzugt als Substrat verwertet zu werden, weisen offenbar nur Oligofructose und Inulin auf (ein Polysaccharid aus Fructose). Sie beruht darauf, daß wahrscheinlich nur diese Keime eine Fructosidase besitzen und damit in der Lage sind, Oligo- und Polysaccharide zu spalten, die aus Fructose aufgebaut sind (siehe Kap. 3.3.4 und 3.3.5). Beide kommen als Ballaststoffe in zahlreichen Lebensmitteln vor. Sie unterliegen daher keinen lebensmittelrechtlichen Einschränkungen. Einige synthetisch hergestellte Oligosaccharide werden derzeit auf eine möglicherweise gleichartige Wirkung untersucht.

Der ernährungsphysiologische Nutzen von präbiotischen Lebensmitteln ist gegenwärtig noch nicht einzuschätzen. Bei einer Einschätzung des

Nutzens solcher Lebensmittel muß mit berücksichtigt werden, daß mit einer vollwertigen Mischkost täglich nicht unbeträchtliche Mengen an Inulin und Oligofructose aufgenommen werden. Die geschätzte Gesamtmenge von 4 g scheint realistisch, die von anderer Seite angenommene Menge von maximal 12 g erscheint zu hoch.

Präbiotischen Lebensmitteln (Joghurterzeugnissen) werden zur Zeit (2000) etwa 1 bis maximal 4 % Inulin zugesetzt (genaue Mengenangaben fehlen meist). Das bedeutet, daß mit einem Becher eines solchen speziellen Joghurterzeugnisses (100 ml) etwa 1,5 g Inulin verzehrt werden.

Bei der Analyse der Zutatenliste solcher Erzeugnisse müssen die Angaben sehr genau und kritisch beurteilt werden. Bei der Angabe des Gesamtgehalts an Kohlenhydraten wird oft der Zuckergehalt in Form von Fructose einbezogen, der bis zu 60 % des gesamten Fructosegehalts (Fructose + Oligofructose + Inulin) ausmachen kann. Fructose ist zwar der Baustein von Inulin und von Oligofructose, sie wird aber in den oberen Abschnitten des Dünndarms als Monosaccharid resorbiert und kann somit den präbiotisch wirkenden Ballaststoffen nicht zugerechnet werden.

Bei der Zugabe von sowohl probiotischen als auch präbiotischen Zusätzen zu einem Lebensmittel wird das „funktionelle" Lebensmittel oft mit der nicht eindeutig definierten Bezeichnung „synbiotisch" deklariert. Es ist jedoch noch völlig unklar, ob sich diese Zusätze, spezielle probiotisch wirkende Mikroorganismen und Fructosepolymere, in ihrer Wirkung wechselseitig ergänzen.

5.7.6 Nahrungsergänzungsmittel

Unter dem nicht eindeutig definierten Begriff Nahrungsergänzungsmittel werden solche Erzeugnisse zusammengefaßt, die essentielle Nahrungsstoffe wie Vitamine, Mikronährstoffe oder Stoffe enthalten, denen eine gesundheitsfördernde Wirkung zugeschrieben wird (die aber nicht „wissenschaftlich hinreichend gesichert" sein muß). Sie sollen die Versorgung des Menschen mit solchen Nahrungsfaktoren verbessern, die mit der Kost möglicherweise in nicht ausreichendem Maße aufgenommen werden. In zunehmendem Maße wird auch der Begriff Supplemente für diese Präparate benutzt.

Der Einsatz von Nahrungsergänzungsmitteln ist in den meisten Fällen völlig überflüssig, da mit einer ausgeglichenen Ernährung eine ausreichende Versorgung mit allen essentiellen Nährstoffen abgesichert werden kann. Ihr Einsatz ist nur bei einer Unterversorgung mit essentiellen Nahrungsstoffen vertretbar. Eine solche kann sich bei bestimmten Erkrankungen oder bei der Notwendigkeit ergeben, entsprechende Diäten einzuhalten. Die Ergänzung der fehlenden essentiellen Nährstoffe erfolgt jedoch meist über entsprechende Präparate, die vom Arzt verordnet werden und den Arzneimitteln zuzuordnen sind.

Nahrungsergänzungsmittel sind durch keine gesetzliche Regelungen definiert und könnten sowohl den Lebensmittel als auch den Arzneimitteln zugeordnet werden. Vitamin- und Mineralstoffpräparate, für die eine Dosierung in der 3fachen Menge der D-A-CH-Empfehlungen vorgeschlagen wird, sind als Arzneimittel aufzufassen, unterhalb dieser Dosierung als Nahrungsergänzungsmittel.

Die Palette der Nahrungsergänzungsmittel wird sich in den nächsten Jahren aus rein kommerziellen Gründen beträchtlich erweitern, insbesondere durch die Tatsache, daß sie praktisch ohne jegliche gesetzliche Beschränkung beworben und angeboten werden können (Drogerien, Reformhäuser, Supermärkte, Wochenmärkte). Die derzeitige Entwicklung läßt außerdem eine Vermischung der Begriffe Nahrungsergänzungsmittel und funktionelles Lebensmittel erwarten, die insbesondere durch das Bewerben von zahlreichen neuen sog. „Fitness-Produkten" vorangetrieben wird.

Besonderes Interesse wird derzeit Nahrungsergänzungsmitteln geschenkt, welche die körperliche Leistungsfähigkeit steigern sollen und die, anderen Lebensmitteln zugesetzt, als Sportlerernährung angepriesen werden. Als solche leistungsverbessernde (ergonene) Substanzen werden Stoffe angesehen, welche die Stoffwechselleistung des Muskels erhöhen könnten, indem sie angenommene Engpässe in der Bereitstellung von wichtigen Substraten überbrücken helfen oder sportbedingte Zellschädigungen begrenzen sollen. Als leistungsfördernde Mittel werden vorrangig Aminosäuren, Coffein, Coenzym Q (Ubichinone), Creatin, Taurin und Carnitin angesehen, als Substanzen, die eine Zellschädigung begrenzen können, vor allem Vitamin E, Mikronährstoffe, Carotinoide und Lecithin. Auch konjugierte Linolsäuren werden als leistungsfördernde Substanzen diskutiert. Generell kann eingeschätzt werden, daß alle diese Substanzen, ausgenommen Vitamin E und β-Carotin als Provitamin A, keine essentiellen Nahrungsfaktoren sind und vom Organismus in ausreichendem Umfang selbst gebildet werden können. Bei einer vollwertigen Ernährung kann im gesunden Organismus kein Mangel an diesen Substanzen entstehen, auch nicht durch intensive körperliche Tätigkeiten. Nur bei länger andauernden Höchstleistungen ist es denkbar, daß durch einige wenige dieser Substanzen eine sehr geringe Leistungssteigerung erzielt werden könnte.

Creatin wird im Organismus aus den Aminosäuren Glycin, Arginin und Methionin gebildet und ist als energiereiches Creatinphosphat als Energielieferant in den Muskelzellen konzentriert. Außerdem wird Creatin mit der Nahrung aufgenommen (ausgezeichnete Quellen sind Fleisch und Fisch). Der gesamte Körperbestand an Creatin bzw. Creatinphoshat beträgt etwa 120 g, die Aufnahme mit der Nahrung etwa 1 g. Täglich werden etwa 2 g Creatinin (die Ausscheidungsform des Creatins) mit dem Harn ausgeschieden. Für die endogene Synthese von Creatin ist nur ein ausgeprägter Eiweißmangel (insbesondere Mangel an Methionin) ein begrenzender Faktor.

Carnitin kann ebenfalls im Körper (Leber, Niere und Gehirn) in ausreichendem Maße aus Glutaminsäure gebildet werden. Carnitin wirkt als Cofaktor beim Einschleusen von langkettigen Fettsäuren in die Mitochondrien, in denen sie verbrannt werden. Die Hauptmenge des Carnitins (mehr als 95 %) befindet sich in der Muskulatur. Das carnitinreichste Lebensmittel ist das Fleisch, alle anderen Lebensmittel enthalten kaum Carnitin. Ein leistungssteigernder Effekt konnte nicht nachgewiesen werden.

5.8 Convenience-Produkte (C-Produkte)

Convenience-Produkte sind industriell vorgefertigte Lebensmittel, die die Küchenarbeit erleichtern und verkürzen sollen. Ein Großteil der Convenience-Produkte erleichtert und verbessert darüber hinaus die Lagerhaltung und ermöglicht dadurch ein flexibleres Arbeiten. Sie helfen weiterhin, unvorhersehbare höhere Anforderungen in Hinblick auf die Menge der zu produzierenden Portionen leichter zu befriedigen. Durch den Einsatz von Convenience-Produkten kann in der Küche die Zahl der Arbeitskräfte reduziert werden.

Die Einteilung von Convenience-Produkten kann nach dem Herstellungsverfahren erfolgen:

- Präserven und Konserven einschließlich Sterilkonserven,
- Trockenprodukte (in Form von Pulver- oder Granulaterzeugnissen, meist Instantprodukten),
- Kühl- und Tiefkühlerzeugnisse.

Die aus küchentechnischer Sicht interessantere Einteilung (siehe Tabelle 5.8.1) orientiert sich an dem Grad der Vorfertigung (Convenience-Stufe) und damit an der Vorbereitungsarbeit, die bereits in das entsprechende Convenience-Produkt investiert wurde (Convenience-Grad).

Tabelle 5.8.1:
Einteilung von Convenience-Produkten nach dem Grad der Vorfertigung (Convenience-Grad)

Convenience-Produkt	Convenience-Grad
Küchenfertige Produkte	etwa 15 %
Garfertige Produkte	etwa 30 %
Tischfertige Produkte	etwa 50 %
Regenerierfertige Produkte	etwa 85 %
Verzehrfertige Produkte	bis 100 %

Auf Grund der Vielzahl und Vielfalt der inzwischen angebotenen Convenience-Produkte können diese nicht immer eindeutig einer dieser Gruppen zugeordnet werden.

Eine beträchtliche Anzahl von diätetischen Lebensmitteln sind Convenience-Produkte. Ein wesentlicher Vorteil dieser Erzeugnisse besteht darin, daß sie die Herstellung von exakt bilanzierten Diäten wesentlich erleichtern. Für einige Diäten ist der Einsatz von Diäterzeugnissen, die Convenience-Produkte sind, unerläßlich.

Vorteile von Convenience-Produkten

Convenience-Produkte bieten eine Reihe von Vorteilen wie Zeitersparnis und geringere Personalkosten (weniger Arbeitsaufwand). Bei ihrer Verarbeitung reichen kleinere Arbeitsflächen, und die Lagerhaltung ist wesentlich vereinfacht. Sie ermöglichen ein vielfältigeres Angebot (auch saisonunabhängig), gleichbleibende Qualität und Geschmack (wichtig insbesondere für die Systemgastronomie) und ein kostengünstiges Speisenangebot auch außerhalb der üblichen Küchenzeiten (ohne daß leitendes Küchenpersonal ständig anwesend sein muß).

Convenience-Produkte bieten wesentliche Vorteile in bakteriologischer und hygienischer Hinsicht. Infolge der hohen Anforderungen, die in dieser Hinsicht an den Produzenten gestellt werden, und der dadurch bedingten ständigen Überwachung bei der Herstellung und Verpackung dieser Produkte entfallen für die verarbeitenden Betriebe wie Restaurantküchen und Küchen der Gemeinschaftsverpflegung wesentliche Kontroll- und Vorkehrungsmaßnahmen. Eine mikrobielle Belastung bzw. ein Verderb kann bei der Verwendung von Convenience-Produkten nahezu ausgeschlossen werden, wenn die Lagerungsbedingungen und Lagerfristen gewissenhaft eingehalten und die Erzeugnisse selbst zügig unter hygienisch sauberen Bedingungen verarbeitet werden. Das betrifft insbesondere die Gefahr einer Salmonelleninfektion, die bei der Verarbeitung von frischen Eiern nur durch ausreichendes Erhitzen vermieden werden kann. Es ist allerdings zu beachten, daß die Salmonellen bei der Tiefkühlung nicht abgetötet werden (Risiko einer Salmonellenverbreitung beim Auftauen von Geflügelfleisch, Geflügelfleischhygiene-Verordnung, siehe Kap. 12.2.4.5).

Ein weiterer Vorteil der Convenience-Produkte besteht in der gleichbleibenden Qualität, die nicht nur durch die standardisierten Herstellungsverfahren bedingt ist, sondern durch den Einsatz von Ausgangsmaterialien, die von der Sortenauswahl, den Anbaubedingungen und bis zur Ernte bei vielen Produzenten unter ständiger Überwachung stehen.

Nachteile von Convenience-Produkten

Vorgefertigte Convenience-Produkte sind nur begrenzt haltbar, sie haben teilweise eine geringere Haltbarkeit als nicht bearbeitete Frischprodukte. Ausgenommen hiervon sind Instantprodukte und tiefgekühlte Convenience-Produkte. Vorgefertigte Produkte machen die Küche infolgedessen oft von einer fristgerechten Lieferung abhängig. Bei Convenience-Produkten sind außerdem Vitamin- und Qualitätsverluste (Farbe, Konsistenz, Aroma) möglich. Diese möglichen Qualitätseinbußen sind jedoch bei den preisintensiveren Erzeugnissen von Markenanbietern in der Zwischenzeit weitgehend eliminiert worden.

Bei einer großen Zahl von Convenience-Produkten werden Lebensmittelzusatzstoffe eingesetzt (Konservierungsstoffe, Antioxidantien, Geschmacksverstärker, Farbstoffe, Genußsäuren). Der Einsatz von Zusatzstoffen, der sich auf das unbedingt erforderliche Maß begrenzt, bedeutet jedoch nicht immer eine Qualitätsminderung. Er bedeutet in vielen Fällen eine größere Sicherheit vor einem möglichen Verderb und die Sicherung einer gleichbleibenden Qualität. Die Kennzeichnungspflicht warnt gegebenenfalls Allergiker vor dem Verzehr der entsprechenden Produkte.

Eine bevorzugte Verwendung von Tiefkühlprodukten erfordert größere Tiefkühlkapazitäten, ermöglicht aber auch eine beträchtliche Reduzierung der Lagerkapazität für konventionelle Lebensmittel.

Convenience-Produkte mit einem besonders hohen Vorbereitungsgrad können jedoch die Individualität des Kochs in recht großem Umfang beschränken.

Zusätzliche Inhaltsstoffe von Convenience-Produkten

Für die Herstellung von Convenience-Produkten werden verstärkt erlaubte Zusatzstoffe, insbesondere Verdickungsmittel, Stabilisatoren und Konservierungsstoffe, sowie industriell veränderte Lebensmittelinhaltsstoffe eingesetzt. Diese Zusätze bzw. modifizierten Inhaltsstoffe garantieren eine bessere Haltbarkeit, verbessern die Stabilität und damit einen Erhalt der Ausgangsqualität über einen längeren Zeitraum hinweg, erleichtern die Verarbeitung der Produkte und führen auch zu einer Zeitersparnis bei der Zubereitung der Speisen und Gerichte.

Eine besondere Bedeutung kommt dabei neben den bisher von der Lebensmittelindustrie bereits in größerem Umfang eingesetzten Zusatzstoffen den modifizierten Stärken sowie den modifizierten Zelluloseprodukten zu. Diese Erzeugnisse sichern nicht nur eine relativ lange Konstanz der Qualität, sie liefern darüber hinaus einen nicht unwesentlichen Beitrag zur Reduzierung des Energiegehalts der entsprechenden Convenience-Produkte.

Modifizierte Stärken: Modifizierte Stärken sind industriell veränderte Stärken, bei denen spezielle chemische Gruppen in sehr geringem Umfang gezielt in die Stärkemoleküle eingeführt worden sind. Die für die Produktion von Lebensmitteln zugelassenen modifizierten Stärken sind gesundheitlich absolut unbedenklich. Auch die Kartoffelstärke enthält beispielsweise einen geringen Prozentsatz an Phosphorsäure und kann somit als eine natürliche modifizierte Stärke angesehen werden. Solche Modifikationen verändern gezielt die Eigenschaften der Stärke, so daß diese sich den besonderen Erfordernissen der Lebensmittelindustrie besonders anpaßt und gleichzeitig die Eigenschaften von industriell gefertigten Lebensmitteln verbessert. Beispielsweise kann bei einer höheren Wasserbindungskapazität der Stärkeeinsatz reduziert werden, und es werden trotzdem stabilere Gele erzielt (energiereduzierte Fertigprodukte bei gleicher sensorischer Qualität); oder es kann eine bessere Stabilität von viskösen Lösungen gegenüber erhöhten Temperaturen erreicht werden (die Produkte behalten auch beim Aufwärmen [Regenerieren] ihre Konsistenz); oder es kann die Wasseraufnahme und das Verkleistern beschleunigt werden (Verkürzung der Zubereitungszeit von pulverförmigen Convenience-Produkten).

Die wichtigsten chemisch modifizierten Stärken sind sog. Stärkeester, bei denen Säurereste in das Stärkemolekül eingeführt sind. Für die Herstellung von Lebensmitteln sind zum jetzigen Zeitpunkt (2000) in der Bundesrepublik und in den Ländern der EU Stärkeacetate, Stärkeadipat und Stärkephosphate (phosphorylierte Stärke) zugelassen. Bei der ebenfalls zugelassenen Quellstärke handelt es um eine physikalisch modifizierte Stärke.

- *Stärkeacetat (E 1420) und Stärkeadipat (E 1422) quellen im Vergleich zur natürlichen Stärke schon bereits bei niedrigeren Temperaturen und zeigen im gequollenen Zustand eine höhere Viskosität. Die sich beim Abkühlen bildenden Gele sind klar. Die beiden Typen von modifizierter Stärke werden zur Herstellung von Trockenprodukten, die kalt angerührt werden können (Fertigsuppen), von küchenfertigen Saucen und zur Stabilisierung von Cremes eingesetzt (insbesondere in der Süßwarenindustrie). Bei Dosenprodukten und bei tiefgefrorenen Fertiggerichten stabilisieren sie die Konsistenz. Sie werden bei leicht verderblichen Produkten auch als Schutzüberzüge verwendet.*
- *Stärkephosphate sind in der Bundesrepublik ohne Mengenbegrenzung für den Einsatz in Lebensmitteln zugelassen. Die verschiedenen Stärkephosphate (unterschiedlich hoher Phosphatgehalt) unterscheiden sich in verschiedenen Eigenschaften, gegenüber unbehandelter Stärke zeichnen sie sich insbesondere durch eine höhere Viskosität, besseres Quellvermögen und durch das Fehlen einer Regradation und Gelbildung aus. Sie werden für die Herstellung von Trockensuppen und Saucen genutzt, als Stabilisatoren bei Mayonnaisen (wodurch die Produktion von besonders*

energiereduzierten Mayonnaisen mit hoher Stabilität ermöglicht wird). Sie verbessern auch die Gefrier-Tau-Stabilität von tiefgefrorenen regenerierfertigen Convenience-Gerichten und werden entsprechend angewandt.

- *Quellstärke wird durch schlagartiges Trocknen von Stärkesuspensionen bei Temperaturen oberhalb der Verkleisterungstemperatur gewonnen. Dadurch wird die ursprüngliche Struktur der gequollenen Stärke irreversibel zerstört und damit deren Eigenschaften verändert. Quellstärke quillt bereits in kaltem Wasser und bildet nur selten Gele aus. Sie wird vorzugsweise zur Herstellung von kalt anrührbaren Instantprodukten eingesetzt.*

<u>Modifizierte Zellulose:</u> Modifizierte Zellulose kann ebenso wie natürliche Zellulose von den Verdauungssäften nicht aufgespalten werden. Sie fungiert daher den Convenience-Produkten nicht als Energieträger, sondern vordergründig als Stabilisator. Die verschiedenen Typen von modifizierter Zellulose können jedoch von den Darmbakterien meist ebenso gut verdaut werden wie die native Zellulose. Wegen des mengenmäßig äußerst geringen Einsatzes können solche Erzeugnisse nicht als Ballaststoff gewertet werden.

- *Mikrokristalline Zellulose (E 460): Mikrokristalline Zellulose wird durch den partiellen Abbau von Zellulose erhalten. Sie besteht aus noch hochmolekularen Spaltprodukten mit 40 bis 50 Glucoseresten und wird als Stabilisator von stärkehaltigen Convenience-Produkten und milchhaltigen Getränken eingesetzt. Es handelt sich bei ihr im engeren Sinne um keine modifizierte Zellulose, da an ihr keine Veränderungen am Aufbau der Glucosebausteine erfolgt sind.*
- *Methylzellulose (E 461): Methylzellulose ist chemisch modifizierte Zellulose (Anlagerung von Methylgruppen). Sie senkt die Oberflächenspannung von Wasser und wirkt damit auch als Emulgator. Außerdem erhöht sie die Viskosität von wäßrigen Lösungen. Sie wird auf Grund dieser Eigenschaften vielseitig verwendbar. Aus ernährungsphysiologischer Sicht ist von Interesse, daß Pommes frites, die mit Methylzellulose vorbehandelt wurden, weniger Fritierfett aufnehmen.*
- *Carboximethylzellulose (E 466): Carboximethylzellulose dient als Dikkungsmittel für relativ leicht verderbliche Erzeugnisse, da sie gegenüber einem bakteriellen Verderb eine größere Stabilität als Guarkern- bzw. Johannisbrotkernmehl aufweist. Ihr Einsatz ist auf die Höchstmenge von 20 g/kg Lebensmittel begrenzt.*

5.8.1 Vorbearbeitete (küchenfertige) Lebensmittel

Die am häufigsten Verwendung findenden Convenience-Produkte, die dieser Gruppe zugeordnet werden können, sind geschälte Kartoffeln und geputztes sowie geschnittenes Gemüse und Salate. Die Arbeitserleichterung fällt insbesondere bei geschälten Kartoffeln ins Gewicht. Die Lagerfähigkeit dieser Kartoffeln ist jedoch infolge des meist „chemischen" Schälprozesses stark eingeschränkt. Die Behandlung von vorgeschälten Kartoffeln mit schwefliger Säure ist erforderlich, um das Auftreten einer enzymatischen Bräunungsreaktion zu unterbinden. Die Konzentration der schwefligen Säure ist allerdings so gering, daß sie vollkommen vernachlässigt werden kann. Ein Großteil der schwefligen Säure geht in das Kochwasser über und kann mit diesem verworfen werden. Außerdem entweicht ein bestimmter Prozentsatz beim Kochen zusammen mit Wasserdampf.

Bei vorgeschnittenen Gemüsen und Salaten besteht auf der anderen Seite die große Gefahr, daß sich auf der stark vergößerten Oberfläche dieser Lebensmittel Mikroorganismen besonders gut vermehren können und daß somit die Gefahr einer Lebensmittelvergiftung besonders groß ist. Diese Risiken können durch das konsequente Einhalten der Kühlkette, die sofortige Weiterverarbeitung und den alsbaldigen Verkauf und (bei Gemüsen) durch gründliches Erhitzen minimiert werden. Auch die Verluste an wasserlöslichen Vitaminen, insbesondere Vitamin C, können bereits im angelieferten Produkt beträchtlich sein. Der Einsatz von solchen vorbereiteten Gemüsen und Salaten sollte deswegen nur in Betracht gezogen werden, wenn gewährleistet ist, daß die angelieferte (frische) Ware umgehend und vollständig verarbeitet werden kann (Party-Service bei Großveranstaltungen, Catering, Gemeinschaftsverpflegung von gesunden Erwachsenen).

5.8.2 Garfertige Convenience-Produkte

Bei den garfertigen Produkten handelt es sich vorzugsweise um tiefgekühlte Lebensmittel, die in vielen Fällen bereits vorgefertigt sind, und um Sterilkonserven. Auch die handelsüblichen Teigwaren können dieser Gruppe zugeordnet werden, obwohl es im allgemeinen nicht üblich ist. Garfertige Lebensmittel erlauben bei ihrem Einsatz noch eine persönliche Note der Küche, und sie ermöglichen eine Vorratshaltung ohne wesentliche Lagerverluste. Sie sind eine ausgezeichnete Sicherheitsreserve, auf die bei Stoßgeschäften kurzfristig zurückgegriffen werden kann.

Die wichtigsten garfertigen Lebensmittel sind tiefgekühlte Lebensmittel (TK-Produkte):

- TK-Produkte aus Kartoffeln und Gemüsen
  Diese TK-Produkte zeigen aus ernährungsphysiologischen und lebensmittelhygienischen Gesichtspunkten gegenüber Frischprodukten kaum Nachteile, sie können unter bestimmten Bedingungen diesen sogar überlegen sein. Frischprodukte zeigen bereits nach einer mittelfristigen Lagerung Qualitätseinbußen und Vitaminverluste. Besonders gute Eigenschaften zeigen folgende TK-Produkte: Pommes

frites (u. U. vorgebacken), Kartoffelkloßmasse, Rösti, Kartoffelpuffer, Gemüse, gefrostete Kräuter u. a.).
TK-Produkte sind Sterilkonserven generell überlegen.

- TK-Getreideerzeugnisse und TK-Backwaren
  Diese Erzeugnisse weisen im allgemeinen kaum nachteilige Eigenschaften im Vergleich mit frisch gefertigten Produkten auf, wenn frisch hergestellte hochwertige Konditorei-Erzeugnisse ausgeklammert werden. Sie können den Frischprodukten besonders in den Fällen überlegen sein, in denen sie nur gelegentlich benötigt werden (rasche Einsatzmöglichkeit von vorgebackenen Brötchen und Baguettes sowie von TK-Blätterteig und TK-Pasteten).
- TK-Fleisch- und -Fischwaren
  TK-Produkte dieser Lebensmittelgruppe bedürfen einer differenzierten Einschätzung, insbesondere in Hinblick auf die vorgesehene Verwendung. Hierbei stehen küchentechnische Gesichtspunkte im Vordergrund, die ein sorgfältiges Abwägen gegenüber den Vor- und Nachteilen der besseren und längeren Lagermöglichkeit von TK-Produkten erfordern.
  Tiefgekühlte Seefische (als Fischfilets) sind aus ernährungsphysiologischer Sicht und aus Gründen der lebensmittelhygienischen Sicherheit fast immer entsprechenden Frischfischwaren überlegen. Qualitätseinbußen sind durch den Gefrierprozeß kaum zu erwarten.
  Bei TK-Fleischwaren muß dagegen mit gewissen Qualitätsverlusten gerechnet werden, die sich insbesondere durch ein stärkeres Austreten von Fleischsaft äußern können, insbesondere in den Fällen, bei denen der Einfrierprozeß nicht optimal verlaufen ist. Diese bedeuten entweder eine eingeschränkte Verarbeitungsmöglichkeit, oder sie stellen höhere Anforderungen an die Küchentechnik.
  Einige dieser vorbearbeiteten TK-Erzeugnisse (z. B. panierte Fischstäbchen, gespickter Rehrücken) schränken die Kreativität des Kochs in gewisser Hinsicht ein.

Eine besondere Stellung nehmen vorgefertigte Getreideerzeugnisse ein, die keine TK-Produkte sind. Sie stellen sehr geringe Anforderungen an die Lagerbedingungen, ihre Lagerung kann bei Zimmertemperatur erfolgen. Es ist lediglich auf eine gleichbleibende niedrige Luftfeuchtigkeit zu achten (z. B. bei Backmischungen für Kuchen oder Brot, Kloß- und Knödelmehl, Teigwaren) bzw. auf die Unversehrtheit von luftdichten Verpackungen (z. B. vorgebackene Brötchen oder Baguettes).

5.8.3 Regenerierfertige Convenience-Produkte

Regenerierfertige Produkte, die vollständig vorgegart sind, können nach dem Erwärmen sofort verzehrt werden. Bei Suppen und Saucen ist eine individuelle Verfeinerung leicht, bei Fertiggerichten oder Fertigmenüs kaum möglich. Diese Convenience-Produkte sind als Sterilkonserven oder als TK-Ware (in Plastikpaletten) längere Zeit haltbar. Nicht gefrostete, sterilverpackte Produkte werden trotz des höheres Preises wegen ihrer relativ hohen Qualität oft bevorzugt. Sie sind allerdings nur begrenzt lagerfähig. Ein beträchtliches Problem ist die Stabilisierung der Qualität über die gesamte Lagerdauer. Sie erfordert meist den Zusatz von Konservierungsstoffen, Stabilisatoren und von Antioxidantien.

Fertiggerichte und Fertigmenüs werden bevorzugt in der Gemeinschaftsverpflegung, beim Catering und in der Systemgastronomie eingesetzt. Sie lassen sich beim Fehlen von speziellen Regeneriergeräten auch in der Mikrowelle rasch aufwärmen. Der Einsatz von regenenierfertigen Gerichten ist besonders geeignet bei speziellen Diätformen, deren gesonderte Zubereitung insbesondere in sehr kleinen Krankenhäusern oder in Seniorenheimen unrentabel oder infolge einer begrenzten Mitarbeiterzahl nicht realisierbar ist.

5.8.4 Verzehrfertige Convenience-Produkte

Verzehrfertige Convenience-Produkte sind in der Regel kalte Speisen, die nur angerichtet werden müssen, wie Speiseeis, Fischkonserven, Obstkonserven, verzehrfertige Milchprodukte (Joghurterzeugnisse, Cremespeisen, Reisgerichte), Fisch-, Krabben-, Geflügel- und Fleischsalate. Verzehrfertige Convenience-Produkte (außer Sterilkonserven) erfordern wegen der relativ großen Gefahr einer Kontamination mit Mikroorganismen umsichtiges Verhalten und das penible Einhalten aller Hygienerichtlinien.

5.8.5 Instantprodukte

Diese Produkte können jeweils einer der o. g. Gruppen zugeordnet werden. Sie werden jedoch meist wegen ihrer vielseitigen Einsatzmöglichkeiten und ihrer guten Haltbarkeit in einer gesonderten Gruppe zusammengefaßt. Sie stellen in der Regel keine besonderen Anforderungen an die Lagerbedingungen und können trocken und bedingt lichtgeschützt (keine direkte Sonneneinstrahlung) bei Zimmertemperatur aufbewahrt werden. Die Stabilität der Instantprodukte wird erreicht durch geeignete, schonende Trocknungsverfahren (Sprühtrocknung, Gefriertrocknung), sehr hohe Salzkonzentrationen und durch eine sichere Verpackung (Dosen, Gläser, teilweise Vakuumverpackung oder Verpackung unter Schutzgas).

Bei der Herstellung von Instantprodukten werden oft modifizierte Lebensmittel eingesetzt, die eine schnelle Zubereitung ermöglichen (modifizierte Stärken bei kalt einrührbaren Soßen, Puddingpulver und Soßenbinder, vorgequollener Reis für Schnellkochreis u. a.). Viele Instantprodukte werden von der Industrie als Fertigprodukte angeboten. Diese können bei überlegtem Einsatz eine beträchtliche Arbeitserleichterung darstellen und gleichzeitig eine individuelle Zubereitung der Speisen ermöglichen.

Bei der Verarbeitung von Instantprodukten muß genau auf die Einhaltung der vorgegebenen Mengenangaben und gegebenenfalls auf die vorgeschriebene Temperatur (kalte oder warme Flüssigkeit) geachtet werden. Abweichungen hiervon beeinträchtigen oft das Lösungs- bzw. Quellverhalten der Produkte in einem ausgeprägteren Umfang als angenommen, eine nachträgliche Zugabe von Flüssigkeit kann die entstandenen nachteiligen Eigenschaften in nicht allen Fällen wieder beseitigen.

5.9 Ökologisch produzierte Lebensmittel

Ökologisch produzierte Lebensmittel werden in zunehmendem Maße über die verschiedensten Vertriebswege angeboten. Diese Lebensmittel sollen auf Grund der besonderen Produktionsweise besonders arm an potentiellen Schadstoffen sein. Darüber hinaus wird darauf hingewiesen, daß Schlachttiere, die unter Beachtung ökologischer Gesichtspunkte gehalten werden, auch in Hinblick des Genußwerts qualitativ hochwertigere Lebensmittel liefern.

Die im ökologischen Landbau produzierten Erzeugnisse werden im Handel teilweise unter verschiedenen Namen angeboten wie beispielsweise Öko-Lebensmittel, Bio-Erzeugnisse, naturnahe oder naturbelassenen Lebensmittel. Sie müssen, wenn sie entsprechend deklariert werden, den gesetzlichen Anforderungen entsprechen, die an ihre Produktion im ökologischen Landbau gestellt werden. Allerdings gelten die 3 bisher erlassenen Verordnungen der EU und die entsprechenden Ergänzungen nur für Lebensmittel pflanzlicher Herkunft. Für Öko-Lebensmittel tierischer Herkunft gelten diese Bestimmungen noch nicht. Bis zum Erlaß einer EU-Richtlinie gelten in der Bundesrepublik die Bestimmungen, die von der Arbeitsgemeinschaft Ökologischer Landbau (AGÖL) erarbeitet wurden.

Für den ökologischen Landbau und der Verarbeitung zu Öko-Lebensmitteln gelten vor allem folgende Festlegungen:

- Der Einsatz von sog. Kunstdünger ist verboten. Die Förderung der Bodenfruchtbarkeit darf nur durch betriebseigenen Dünger und durch wechselnde Fruchtfolge erfolgen. Die Stickstoffzufuhr kann demzufolge vorzugsweise nur durch den Zwischenanbau von Hülsenfrüchten erfolgen (Hülsenfrüchte fixieren mit Hilfe der symbiotisch wachsenden Knöllchenbakterien Luftstickstoff).

- Sog. Betriebshilfsmittel wie Insektizide, Fungizide und Herbizide dürfen nicht eingesetzt werden. Es wird auf eine biologische Schädlingsbekämpfung orientiert, falls eine solche bereits zur Verfügung steht.
- Der Anbau von gentechnisch veränderten Pflanzen ist auch dann verboten, falls dieser für bestimmte Pflanzen zugelassen wird.
- Bei der Verarbeitung der Lebensmittel dürfen keine Hilfsmittel eingesetzt werden, die mit Hilfe gentechnischer Methoden gewonnen wurden.

Eine besondere Situation besteht bei Erzeugnissen, die unter Verwendung von ökologisch produzierten Lebensmitteln hergestellt werden. Zur Zeit dürfen Produkte, deren Anteil zu 95 bzw. 70 % aus dem ökologischen Landbau stammen, noch als Öko-Produkte bezeichnet werden.

Die unter ökologischen Bedingungen produzierenden Landwirte und landwirtschaftlichen Betriebe haben sich zum Großteil in Verbänden zusammengeschlossen, die bei ihren Mitgliedern die Einhaltung der Anforderungen kontrollieren, Gütezeichen vergeben und zum Teil die Vermarktung der Produkte unterstützen. Diese einzelnen Verbände sind in der Arbeitsgemeinschaft Ökologischer Landbau (AGÖL) vereinigt, die wiederum die einzelnen Verbände kontrolliert. Die internationale Dachorganisation ist die International Federation of Organic Agriculture Movement (IFOAM).

Der AGÖL sind die wichtigsten Ökoverbände angeschlossen (in Klammern: Warenname):

- Arbeitsgemeinschaft für naturnahen Obst-, Gemüse und Feldfruchtanbau (ANOG),
- Biokreis Ostbayern (Biokreis),
- Bioland – Verband für ökologischen Landbau (Bioland),
- Kontrollverband Biopark e. V. (Biopark),
- Forschungsring für Biologisch-Dynamische Wirtschaftsweisen.
  Die dem Forschungsring angeschlossenen Betriebe werden in 2 Gruppen unterteilt:
  Betriebe, die die Anforderungen voll erfüllen (Demeter)
  Betriebe, die sich in der Umstellungsphase auf den ökologischen Landbau befinden (Biodyn),
- Vereinigung ökologischer Landbau Gäa (Gäa),
- Naturland – Verband für naturgemäßen Landbau (Naturland),
- Bundesverband Ökologischer Weinbau (BÖW),
- Ökosiegel – Verein ökologischer Landbau (Ökosiegel).

Zusätzlich zu den Markenzeichen der einzelnen Verbände ist auch für die Bundesrepublik ein einheitliches Bio-Siegel geschaffen worden (in den einzelnen Mitgliedsstaaten der EU gibt es bereits einheitliche Öko-Siegel).

Verpackte Öko-Produkte unterliegen der Lebensmittelkennzeichnungs-VO. Das bedeutet, daß auch eine fälschlicherweise als Öko-Produkt deklariertes Lebensmittel als Täuschung eingestuft wird und daß sich daraus rechtliche Konsequenzen ergeben. Es muß jedoch beachtet werden, daß von manchen Produzenten versucht wird, mit konventionellen Anbaumethoden produzierte Lebensmittel nicht eindeutig deklariert zu vermarkten, um damit den Eindruck zu erwecken, es handele sich um Öko-Produkte. Solche Produkte werden beispielsweise unter den Namen „kontrolliert umweltschonende Erzeugung" oder „integrierte Produktion" angeboten. Außerdem muß beachtet werden, daß alle Waren, denen vor Inkrafttreten der EU-Richtlinien über Öko-Lebensmittel ein Warenzeichen zuerkannt und dieses eingetragen wurde, auch weiterhin unter diesem Warenzeichen vertrieben werden dürfen, auch wenn diese den Namen „Bio" enthalten, obwohl sie keine Öko-Produkte sind.

Tierische Lebensmittel, insbesondere Fleisch, die von Tieren stammen, die unter ökologischer Bedingungen und artgerecht gehalten wurden, weisen im Gegensatz zu den pflanzlichen Lebensmitteln mit größerer Wahrscheinlichkeit eine bessere Qualität auf, die insbesondere auf den ausreichenden Auslauf bei der artgerechten Haltung zurückzuführen sind (bessere Ausbildung der Muskulatur, Verringerung der Ablagerung von Mastfett, bessere Marmorierung). Auch dürften die höheren Anforderungen, die an das Futter gestellt werden, einen gewissen günstigen Einfluß ausüben. Bis zur Verabschiedung einer einheitlichen EU-Verordnung dienen in der Bundesrepublik die Vorschriften der AGÖL (Biopark e. V.) als Richtlinie. Diese Festlegungen dürften auch in den wesentlichen Punkten den zu erwartenden europäischen Vorschriften entsprechen.

Die wichtigsten Anforderungen sind:

- Als Futter dürfen nur Erzeugnisse aus dem ökologischen Landbau eingesetzt werden.
- Futtermittel tierischer Herkunft (oft als Wachstums- bzw. Leistungsförderer eingesetzt) dürfen nicht eingesetzt werden, erlaubt sind lediglich Milcherzeugnisse (Milch, Molke).
- Eine tiergerechte Haltung muß gewährleistet sein (es gibt Festlegungen über den maximal zulässigen Besatz einzelner Tierarten pro Flächeneinheit).
- Der Einsatz von Hormonen und Beruhigungsmitteln für den Transport ist verboten. Bei einem unumgänglichen Einsatz von synthetischen Arzneimitteln ist eine entsprechend lange Wartefrist bis zur Schlachtung vorgeschrieben.

KAPITEL 6

Lebensmittelvergiftungen, Lebensmittelverderb, Schadstoffe und Konservierung von Lebensmitteln

6 Lebensmittelvergiftungen, Lebensmittelverderb, Schadstoffe und Konservierung von Lebensmitteln

Eine Gesundheitsgefährdung durch den Verzehr von verdorbenen oder aus anderen Gründen gesundheitlich bedenklichen Lebensmitteln kann trotz des erreichten wissenschaftlichen Fortschritts und der daraus abgeleiteten Maßnahmen der Hygienebestimmungen auch heute noch nicht restlos ausgeschlossen werden. Die Vermeidung solcher Gefährdungen hängt jedoch wesentlich davon ab, mit welcher Konsequenz die vom Gesetzgeber geforderten Sicherheitsmaßnahmen eingehalten werden. Bei der Vielzahl der möglichen und auszuschließenden Gefahren ist eine konsequente Einhaltung der entsprechenden Gesetze, Verordnungen und anderen Verfügungen nur möglich, wenn hinreichende Kenntnisse der wichtigsten Grundlagen erlauben, die Gefahren rechtzeitig zu erkennen und die erforderlichen Vorkehrungen umgehend zu treffen.

Mögliche Gefährdungen gehen vorrangig von pathogenen (krankmachenden) Keimen und deren Toxinen aus, die bei mangelnder Sorgfalt mit der Nahrung bzw. dem Trinkwasser aufgenommen werden können. Aber auch andere giftige Substanzen und toxische Umweltprodukte können zu einer gesundheitlichen Belastung führen. Diese durchaus bestehenden Gefährdungen durch Schadstoffe werden jedoch oft überbewertet. Es ist möglich, durch den sorgsamen Umgang mit den Lebensmitteln und die Einhaltung der vom Gesetzgeber vorgegebenen Vorschriften eine denkbare und nicht abzustreitende, aber äußerst geringe gesundheitliche Gefährdung auszuschließen. Durch die in den letzten Jahrzehnten ergriffenen Maßnahmen zur Reduzierung eines möglichen Schadstoffgehalts konnte erreicht werden, daß die in der Bundesrepublik in den Handel kommenden Lebensmittel als unbedenklich einzustufen sind.

6.1 Gesundheitliche Schädigungen durch kontaminierte Lebensmittel

Unter dem Begriff Lebensmittelvergiftungen werden oft alle gesundheitlichen Schädigungen zusammengefaßt, die mit der Aufnahme von Nahrung in Verbindung gebracht werden können. Da die häufigste Ursache von Schädigungen auf die Kontamination von Lebensmitteln mit pathogenen Mikroorganismen und deren Folgen zurückzuführen ist, werden unter dem Begriff Lebensmittelvergiftung oft nur die von Mikroorganismen ausgehenden Schädigungen verstanden. Eine solche einschränkende Verwendung des Begriffs Lebensmittelvergiftung kann zu Mißverständnissen führen. Es ist deswegen sinnvoll, zwischen Lebensmittelinfektionen und Lebensmittelvergiftungen zu unterscheiden und zu berücksichtigen, daß Vergiftungen auch durch die von den Mikroorganismen gebildeten Toxine ausgelöst werden können.

Lebensmittelinfektionen

Lebensmittelinfektionen sind Erkrankungen, die von pathogenen Mikroorganismen verursacht werden, die zusammen mit Lebensmitteln oder Trinkwasser aufgenommen wurden. Die entsprechenden pathogenen Erreger vermehren sich vorwiegend im Gastrointestinaltrakt. Die für das Auslösen der spezifischen Erkrankung erforderliche Zahl von Erregern wird erst durch deren Vermehrung innerhalb des Körpers erreicht. Die Krankheit selbst wird dann aber größtenteils durch die Toxine ausgelöst, die von den Keimen gebildet werden. Eine Sonderstellung nehmen Virusinfektionen ein. Viren können sich nur innerhalb einer infizierten Zelle vermehren und bilden keine Toxine (siehe unten).

Lebensmittelvergiftungen (Lebensmittelintoxikationen) durch Bakterientoxine

Lebensmittelvergiftungen können nach dem Verzehr von Lebensmitteln auftreten, die mit solchen Mikroorganismen (Bakterien oder Schimmelpilze) kontaminiert waren, die sich während einer unsachgemäßen Aufbewahrung direkt auf den befallenen Lebensmitteln ungehindert vermehren konnten und die in der Lage sind, bereits außerhalb des Körpers Toxine zu bilden. Die Lebensmittelvergiftung wird in diesen Fällen durch die bereits außerhalb des Körpers gebildeten Toxine ausgelöst.

Lebensmittelvergiftungen durch verdorbene Lebensmittel

Lebensmittelvergiftungen können auch durch Substanzen verursacht werden, die aus Lebensmittelinhaltsstoffen durch mikrobiellen oder den zelleigenen Abbau gebildet werden können (Fäulnisprodukte bei verdorbenen Lebensmitteln). Diese Abbauprodukte können ab jeweils kritischen Konzentrationen als Gifte wirken. Zusätzlich zu diesen Giften können auch noch schwach wirkende Toxine, die von bestimmten Fäulniserregern gebildet werden, zum Bild dieser Lebensmittelvergiftung beitragen.

Vergiftungen durch andere, mit Lebensmitteln aufgenommene Giftstoffe

Vergiftungen können auch durch den meist unbeabsichtigten Verzehr von giftigen Pflanzen (Giftpilze, giftige Wildpflanzen), durch den Verzehr von Lebensmitteln, die mit Umweltgiften kontaminiert sind (z. B. Schwermetalle oder Pestizide), und durch die versehentliche und unbeabsichtigte Aufnahme von toxisch wirkenden Substanzen (landläufig Gifte) ausgelöst werden. Sie sind den eigentlichen Lebensmittelvergiftungen nicht zuzuordnen.

6.1.1 Mikroorganismen

Unter dem Begriff Mikroorganismen werden alle kleinen Lebewesen zusammengefaßt, die nur unter dem Mikroskop oder dem Elektronenmikroskop sichtbar gemacht werden können. Mikroorganismen unterscheiden sich nicht nur in Größe, Aufbau und Form, sondern auch in ihren biologischen Leistungen wie Vermehrung, Wachstum und in speziellen Stoffwechselleistungen.

Den Mikroorganismen sind folgende Kleinlebewesen zuzuordnen:

- Bakterien,
- Hefen,
- Schimmelpilze,
- Protozoen (Einzeller).

Viren, die ebenfalls mit Lebensmitteln bzw. Trinkwasser übertragen werden können, besitzen keinen eigenständigen Stoffwechsel (sie sind keine eigenständigen Lebewesen).

6.1.1.1 Bakterien

Allgemeine Eigenschaften der Bakterien

Bakterien sind kleine, einzellige Lebewesen, ihr Durchmesser beträgt etwa 1 µm. Die verschiedenen Bakterien unterscheiden sich in ihrem Aufbau und in ihrer Struktur (z. B. kugelig, stäbchenförmig, mit Geißeln besetzt). Beträchtliche Unterschiede können in spezifischen Stoffwechselleistungen bestehen.

Alle Bakterien ist gemeinsam, daß sie für ihr Wachstum und für ihre Vermehrung einen geeigneten Nährboden benötigen, der ihnen als Baustoff- und Energielieferant dient. Die Anforderungen, die die einzelnen Bakterien an die Beschaffenheit des Nährbodens und an andere Umweltbedingungen stellen, sind teilweise recht unterschiedlich.

Bakterien vermehren sich durch einfache Zellteilung, wobei aus 1 Bakterie jeweils 2 neue Bakterien entstehen. Die Teilungsgeschwindigkeit ist bei den einzelnen Bakterien unterschiedlich hoch, sie hängt außerdem von den herrschenden äußeren Bedingungen ab (Angebot an Nährstoffen, sonstige Eigenschaften des Nährmediums, Temperatur). Die Verdoppelungszeit einiger Bakterien kann unter besonders günstigen Wachstumsbedingungen nur 20 Minuten betragen, unter ungünstigen äußeren Bedingungen aber auch Stunden bis Tage. Das Temperaturoptimum für Wachstum und Vermehrung differiert bei den Bakterien beträchtlich. Die Bakterien, die Lebensmittelinfektionen auslösen können, haben meist ein Temperaturoptimum nahe 37 °C.

Bakterien kommen in der Umwelt weit verbreitet vor. Auch hygienisch einwandfreie Lebensmittel (Ausnahme Sterilkonserven) sind fast immer mit Bakterien belastet, allerdings meist in sehr geringem Umfang. Schlachtfrisches Fleisch ist beispielsweise mit etwa 10 000 Keimen, frisch bereitetes Hackfleisch dagegen mit 100 000 Keimen pro g Frischgewicht belastet. Die Keimzahl des Hackfleischs kann bei ungeeigneter Lagerung innerhalb weniger Stunden auf Werte von bis zu 2 Millionen Keimen ansteigen. Inwieweit ein Lebensmittel wegen einer Bakterienbesiedlung als für den Verzehr bedenklich oder als ungeeignet einzustufen ist, hängt von der Art und der Menge der Keime ab.

Stoffwechsel der Bakterien, Bildung von Bakterientoxinen

Bakterien sind auf die Aufnahme von löslichen Nährstoffen aus dem Nährboden angewiesen. Bakterien produzieren deshalb eine Vielzahl von hydrolytisch spaltenden Enzymen, die polymere Substanzen des Nährbodens wie Kohlenhydrate und Eiweiße sowie Ballaststoffe rasch spalten, und diese damit dem Bakterienstoffwechsel zugänglich machen. Diese hydrolytisch spaltenden Enzyme tragen wesentlich zum Verderb von kontaminierten Lebensmitteln bei.

Die Bakterien besitzen neben den Enzymsystemen, die zurAufrechterhaltung der grundlegenden Stoffwechselprozesse benötigt werden, oft spezifische Enzyme, die spezielle Stoffwechselprodukte bilden können. Einige dieser spezifischen Stoffwechselprodukte sind in der Lage, Lebensmittel geschmacklich zu verändern (organische Säuren, Alkohole, Ketone, Schwefelwasserstoff oder Ammoniak u. a.). Andere spezifische Stoffwechselprodukte (Toxine) können für andere Organismen sowie auch für den Menschen als Gift wirken. Die von den pathogenen Bakterien gebildeten Toxine stellen für den Menschen die größte Gefahr dar, die von Bakterien überhaupt ausgehen können.

Bakterientoxine bilden keine chemisch einheitliche Gruppe. Sie lösen auch unterschiedliche Vergiftungserscheinungen aus. Es kann bei ihnen zwischen 2 großen Gruppen unterschieden werden. Eine große Anzahl dieser Toxine sind Peptide (Eiweiße). Diese Toxine können wie Eiweiße durch Erhitzen inaktiviert werden. Andere Bakterientoxine, die keine sog. Peptidgifte sind und chemisch gesehen unterschiedlich aufgebaut sind, verhalten sich gegenüber äußeren Einflüssen entsprechend der jeweiligen chemischen Struktur recht uneinheitlich. Sie können beispielsweise auch gegenüber einer relativ hohen Hitzeeinwirkung verhältnismäßig resistent sein (z. B. Staphylokokken- und Streptokokkentoxine, siehe Kap. 6.2.3.1).

Sporenbildende Bakterien

Einige Bakterienarten, sog. Bazillen, sind in der Lage, unter extrem ungünstigen äußeren Bedingungen Sporen (Dauerformen) zu bilden und dadurch unbeschadet zu überstehen. Bei der Ausbildung von Sporen wird das genetische Material (DNA) zusammen mit einigen wichtigen Proteinen in eine neu gebildete stabile Kapsel verpackt und auf diese Weise vor den ungünstigen äußeren Einflüssen geschützt. Stoffwechselprozesse laufen in diesen Sporen nicht mehr ab. Diese Sporen können extrem äußere Bedingungen überstehen, ohne dadurch abgetötet zu werden. Bei Temperaturen von 100 °C (kochendes Wasser) werden sie auch nach längerem Einwirken nicht inaktiviert, sondern erst oberhalb von 120 °C. Sie sind gegenüber Austrocknen und Desinfektionsmitteln sowie gegenüber tiefen Temperaturen (weit unterhalb des Gefrierpunkts) außergewöhnlich resistent. Die Sporen keimen erst wieder aus, sobald die äußeren Bedingungen ein Wachstum und eine Vermehrung der Bazillen wieder ermöglichen.

Sporenbildende Bakterien sind in der Natur weit verbreitet. Sie finden sich gehäuft im Ackerboden und in der Gartenerde, in denen sie als sog. Erdsporen über Jahre hinweg ungünstige äußere Bedingungen überstehen können. Daher sind vorrangig pflanzliche Lebensmittel mit Bakteriensporen belastet. Diese Sporen keimen bei unsachgemäßer Lagerung aus, und die nunmehr aktiven Bakterien (sog. vegetative Formen) können Lebensmittelvergiftungen oder Lebensmittelinfektionen auslösen. Tierische Lebensmittel sind mit Sporen weniger belastet. Sie können jedoch jederzeit mit Sporen kontaminiert werden, insbesondere bei einer unsachgemäßen Lagerung von tierischen Lebensmitteln zusammen mit erdbelasteten pflanzlichen Lebensmitteln.

6.1.1.2 Viren

Viren sind keine eigenständigen Lebewesen. Sie verfügen über keinen eigenen Stoffwechsel und können sich deswegen nur in lebenden Zellen (Wirtszellen) vermehren, die sie infiziert haben. Sie nutzen zu ihrer Vermehrung die Stoffwechselleistungen der infizierten Zellen, die sie so umprogrammieren, daß von diesen vorzugsweise Virusproteine gebildet werden. Die mit Lebensmitteln oder Trinkwasser aufgenommenen Viren müssen deswegen in Körperzellen des infizierten Menschen eindringen und sich in ihnen vermehren. Die dabei gebildeten neuen Viruspartikel können anschließend andere, bisher noch nicht befallene Wirtszellen infizieren und auf diese Weise zu einer ständig fortschreitenden Organschädigung führen, die für die Ausbildung des jeweils spezifischen Krankheitsbilds verantwortlich ist.

Viren sind außerhalb von Wirtszellen meist sehr stabil. Sie überstehen unbeschadet sehr niedrige Temperaturen von −18 °C und tiefer, selbst über einen Zeitraum von einigen Monaten hinweg. Viele Viren sind dagegen gegenüber Austrocknen, saurem p_H-Wert und höheren Temperaturen sehr empfindlich. Eine Vermehrung von Viren ist in Lebensmitteln nicht möglich.

6.1.1.3 Hefen

Hefen sind einzellige Pilze, die sich vorzugsweise durch Sprossung vermehren, sich aber auch durch Sporen fortpflanzen können. Die meisten Hefen benötigen zum Wachstum Sauerstoff. Sie können ihre Masse unter optimalen Wachstumsbedingungen innerhalb von 1 Stunde verdoppeln. Die meisten Hefen schalten beim Fehlen von Sauerstoff ihren Stoffwechsel von Atmung auf Gärung um. Sie bilden dann vorzugsweise CO_2 und Ethanol als Stoffwechselendprodukte. Bei Fehlen von Sauerstoff vermehren sich die Hefen kaum noch.

Hefen bevorzugen kohlenhydratreiche Nährböden, und sie vermehren sich auch vergleichsweise schnell im leicht sauren Milieu. Das Temperaturoptimum für das Wachstum vieler Hefen liegt bei etwa 25 °C. Die Mehrzahl der Hefen kann sich jedoch auch noch verhältnismäßig gut bei Kühlschranktemperaturen vermehren. Bei Trockenheit sowie bei hohen Salz- und Zuckerkonzentrationen sterben die meisten Hefen im Vergleich zu anderen Mikroorganismen schnell ab. Hefen spielen als Krankheitserreger keine besondere Rolle. Sie sind vorzugsweise für den Verderb von Lebensmitteln verantwortlich.

Sonderformen von Hefen

Einige Hefearten können sich unter äußeren Bedingungen vermehren, die beträchtlich von den oben angegebenen „Standardbedingungen" abweichen. Sie können dann bestimmte Lebensmittel zersetzen, bei denen ein Verderb als Folge ungeeigneter Aufbewahrungsbedingungen zunächst nicht erwartet wird.

- Osmotolerante Hefen
  Osmotolerante Hefen wachsen auch bei hohen Zuckerkonzentrationen. Sie können sich sogar auf Konfitüren entwickeln, deren Zuckergehalt 50 % beträgt.
- Halophile Hefen
  Halophile Hefen gedeihen auch auf salzhaltigen Nährböden. Sie befallen bevorzugt Salzgemüse. Die sich auf der Oberfläche von salzhalti-

gen Aufgüssen bildenden Kahmhefen (sie benötigen zum Wachstum Sauerstoff) gehören zu dieser Gruppe.

- Xerophile Hefen

  Xerophile Hefen wachsen auch bei einer geringen Wasseraktivität (a_W-Wert, siehe unten) und können somit auch ziemlich wasserarme Lebensmittel befallen und zu deren Verderb führen. Sie kommen seltener vor.

6.1.1.4 Schimmelpilze

Schimmelpilze bilden ein Pilzgeflecht (Mycel), welches das befallene Lebensmittel durchzieht, möglicherweise Gifte bildet und mitunter nicht gesehen werden kann. Lediglich bei Schimmelpilzen, die sich auf ausgesprochen wasserarmen Lebensmitteln vermehren (z. B. auf Getreidekörnern), breitet sich das Mycel an der Oberfläche sichtbar aus.

Schimmelpilze vermehren sich durch Sporen. Die Sporen werden in sog. Sporenträgern gebildet, die sich an der Oberfläche des befallenen Lebensmittels aus dem Mycel heraus entwickeln. Die Sporen werden in den meisten Fällen über die Luft verbreitet. Dieser Verbreitungsmodus erklärt den häufigen Schimmelpilzbefall von Lebensmitteln, die mit schimmelbefallenen Produkten überhaupt nicht in direkten Kontakt gekommen sind.

Schimmelpilze sind gegenüber Hitze wenig resistent. Hohe Luftfeuchtigkeit begünstigt in der Regel ihr Wachstum, aber einige Schimmelpilze sind auch gegenüber einer verhältnismäßig niedrigen Luftfeuchtigkeit wenig empfindlich. Schimmelpilze befallen vorzugsweise kohlenhydrathaltige und/oder proteinhaltige Lebensmittel. Die Zersetzung der befallenen Lebensmittel wird durch hydrolytisch wirkende Enzyme des Pilzmycels eingeleitet.

Nur etwa 200 der mehr als 20 000 bekannten Schimmelpilze bilden Gifte, sog. Mykotoxine. Glücklicherweise vermehren sich nicht viele dieser toxinbildenden Schimmelpilze auf Lebensmitteln, so daß nur wenige der bekannten Mykotoxine als Lebensmittelgifte eine Rolle spielen können (siehe Kap. 6.2.4). Die in der Lebensmittelindustrie eingesetzten Schimmelpilze (z. B. bei der Käsereifung) bilden nachweislich keine Mykotoxine.

6.1.1.5 Protozoen

Protozoen sind einzellige Lebewesen, die im Gegensatz zu den Bakterien einen geordneten Zellkern besitzen. Lebensmittelinfektionen durch Protozoen werden meist nur durch solche Lebensmittel ausgelöst, die durch mangelhafte persönliche Hygiene verseucht wurden. Solche Protozoen spielen in tropischen Ländern eine große Rolle (u. a. die sog. Amöbenruhr). Sie sind in unseren Breiten praktisch ohne Bedeutung.

In den klimatisch gemäßigten Zonen kann es jedoch zu Infektionen mit Toxoplasmen kommen. Die Toxoplasmen sind weltweit verbreitet. Sie werden vorwiegend durch Katzen übertragen, die ihr wichtigster Wirt sind. Auch durch den Verzehr von rohem Fleisch kann gelegentlich eine Übertragung erfolgen. In den meisten Fällen verlaufen diese Infektionen unerkannt. Im Verlauf der Auseinandersetzung des Körpers mit den Toxoplasmen kommt es zur Ausbildung einer Immunität, die vor einer erneuten Ansteckung schützt. Nur bei Müttern, die während der Schwangerschaft erstmals infiziert werden (und noch keine Immunität ausgebildet hatten), besteht die Gefahr, daß der Embryo über die Plazenta befallen wird.

6.1.1.6 Bedingungen für Wachstum und Vermehrung von Mikroorganismen

Mikroorganismen benötigen zum Wachstum und zur Vermehrung geeignete Umweltbedingungen. Neben den Voraussetzungen, die für die Entwicklung aller Mikroorganismen erfüllt sein müssen, stellen einzelne Mikroorganismen noch zusätzliche spezifische Anforderungen an die Umwelt.

Das Wachstum und die Vermehrung der Mikroorganismen hängen im wesentlichen vom Vorliegen folgender Faktoren ab:

- geeigneter Nährboden
- geeignete Atmosphäre
  (viele Mikroorganismen benötigen für die Vermehrung Luftsauerstoff [sog. aerobe Keime], einige Mikroorganismen werden in ihrer Vermehrung durch Luftsauerstoff gehemmt [sog. anaerobe Keime])
- ausreichende Menge an frei verfügbarem Wasser
- geeignete Temperatur
- geeigneter p_H-Wert
- geeignete Konzentrationen wichtiger Mineralstoffe einschließlich Spurenelemente

Nährboden

Einige Mikroorganismen sind relativ anspruchslos, sie vermehren sich auch auf einfachen Nährböden und sind beispielsweise auf Eiweiß als Substrat nicht angewiesen. Andere Keime stellen dagegen relativ hohe Ansprüche und benötigen zu ihrem Wachstum Aminosäuren bzw. Eiweiße. Generell gilt jedoch, daß die meisten Lebensmittel ein idealer Nährboden für Bakterien, Hefen und Schimmelpilze sind. Hefen und Schimmelpilze sind in der Regel genügsamer als Bakterien. Lediglich Viren benötigen für ihre Vermehrung den Stoffwechsel der lebenden Zelle.

Luftsauerstoff

Viele Mikroorganismen sind für ihr Wachstum auf Luftsauerstoff angewiesen (aerobe Keime, Aerobier). Einige Keime sind jedoch in der Lage, sich sowohl in Gegenwart, aber auch beim Fehlen von Luftsauerstoff zu vermehren (sog. fakultativ anaerobe Keime). Andere Mikroorganismen können dagegen nur bei Abwesenheit von Luftsauerstoff wachsen, diese Keime werden durch höhere Konzentrationen an Luftsauerstoff gehemmt (anaerobe Keime, Anaerobier).

Frei verfügbares Wasser

Wasser ist für die Stoffwechselprozesse und somit für Wachstum und Vermehrung von Mikroorganismen eine unabdingbare Voraussetzung. Für den Ablauf von Lebensprozessen steht jedoch nur ein begrenzter Teil des Gesamtwassergehalts eines Lebensmittels als frei verfügbares Wasser zu Verfügung. Wasser, das an einzelne Lebensmittelinhaltsstoffe (vorrangig an Eiweißen) fest gebunden ist, kann nicht als Lösungswasser fungieren und folglich keine Stoffwechselreaktionen ermöglichen. Der Anteil des gebundenen Wassers am Gesamtwassergehalt eines Lebensmittels hängt somit von der Zusammensetzung des Lebensmittels ab:

Gesamtwassergehalt eines Lebensmittels =
frei verfügbares Wasser + gebundenes Wasser

Gebundenes Wasser wird von den Lebensmitteln auch bei Trocknungsprozessen nicht abgegeben. Es gefriert auch bei Temperaturen von –20 °C nicht. Der sog. Restwassergehalt (gebundenes Wasser) ist bei trocken aufbewahrten Lebensmitteln in Abhängigkeit vom jeweiligen trockenen Lebensmittel nahezu konstant. Einen hohen Gehalt an gebundenem Wasser besitzen Hülsenfrüchte (hoher Eiweißgehalt mit hoher Wasserbindungskapazität). Auch in Getreiden ist der Anteil an gebundenem Wasser recht hoch (etwa 10 bis 12 % des Gesamtgewichts des Getreidekorns).

Die Menge des frei verfügbaren Wassers im Lebensmittel wird durch die Wasseraktivität, den sog. a_W-Wert, charakterisiert. Bei einem hohen a_W-Wert (nahe 1) ist viel freies Wasser verfügbar, mit abnehmendem a_W-Wert nimmt auch die Menge des frei verfügbaren Wassers ab. Daher gibt der a_W-Wert auch Auskunft über die Wachstumsgrenzen von solchen Mikroorganismen, die unterschiedliche Anforderungen an die Menge des frei verfügbaren Wassers stellen (siehe Tabelle 6.1.1).

Der a_W-Wert ist eine physikalisch definierte Größe, die sich aus dem Wasserdampfdruck über dem betreffenden Lebensmittel und dem Wasserdampfdruck des reinen Wassers bei gleicher Temperatur und gleichem Luftdruck ergibt:

a_W-Wert =
Dampfdruck des gebundenen Wassers/Dampfdruck des freien Wassers

Tabelle 6.1.1:
Abhängigkeit des Wachstums einiger Mikroorganismen vom a_W-Wert (bei niedrigeren a_W-Werten findet ein Wachstum nicht mehr statt)

a_W-Wert 0,91–0,95	die meisten Bakterien
a_W-Wert 0,88	die meisten Hefen
a_W-Wert 0,80	die meisten Schimmelpilze
a_W-Wert 0,75	halophile Hefen
a_W-Wert 0,70	osmophile Hefen
a_W-Wert 0,65	xerophile Schimmelpilze

Der a_W-Wert erlaubt auch gewisse, aber nicht sehr zuverlässige Aussagen über die Haltbarkeitsdauer von Lebensmitteln (siehe Tabelle 6.1.2). Diese Aussagen über die Haltbarkeitsdauer sind nur grobe Richtwerte. Der zusätzlich wirksam werdende Einfluß von anderen äußeren Faktoren wie unterschiedliche Temperaturen und p_H-Werte (siehe unten) wird dabei nicht berücksichtigt. Zu beachten ist weiterhin, daß diese orientierenden Angaben ausschließlich für den durch Mikroorganismen ausgelösten Verderb gelten. Ein durch physikalische Einflüsse ausgelöster Verderb (Hitze, Bestrahlung, Oxidation durch Luftsauerstoff u. a.) kann auch bei niedrigen a_W-Werten erfolgen.

Tabelle 6.1.2:
Ungefähre Haltbarkeitsdauer von Lebensmitteln in Abhängigkeit vom a_W-Wert

a_W-Wert über 0,95	wenige Tage
a_W-Wert um 0,85	1 bis 2 Wochen
a_W-Wert von 0,75–0,65	1 bis 2 Monate
a_W-Wert von 0,65–0,60	1 bis 2 Jahre
a_W-Wert unter 0,60	mehrere Jahre

Diese Grenzwerte für das Wachstum der Mikroorganismen beziehen sich außerdem stets auf die lokale Konzentration des frei verfügbaren Wassers, nicht auf dessen mittlere Konzentration im gesamten Lebensmittel. So verdirbt Schweineschmalz (Wassergehalt etwa 0,3 %) recht schnell, da der a_W-Wert in den Überresten von Fettzellen oberhalb von 0,9 liegt.

Temperatur

Mikroorganismen vermehren sich bei verschiedenen Temperaturen unterschiedlich schnell. Die einzelnen Keime zeigen ein für sie jeweils spezifisches Temperaturmaximum, bei dem sie sich besonders schnell vermehren. Nach Überschreiten dieses Temperaturmaximums nimmt ihre Wachstumsgeschwindigkeit wieder ab. Beim weiteren Temperaturanstieg kommen Wachstum und Vermehrung rasch zum vollständigen Erliegen. Die Mikroorganismen werden bei Wachstumsstillstand nicht automatisch abgetötet, sie können sich bei Absinken der Temperatur wieder vermehren. Erst bei höheren Temperaturen sterben die Keime ab. Diese Inaktivierungstemperaturen sind für jeden Keim spezifisch.

Auch bei niedrigen Temperaturen nimmt das Wachstum ab und kommt nahezu zum Stillstand. Die Bakterien werden zunächst ebenfalls nicht abgetötet, relativ viele Keime sind gegenüber niedrigen Temperaturen ziemlich resistent. Viele Bakterien sterben selbst bei Temperaturen von −20 °C nicht ab. Viren überstehen anstandslos solche und noch niedrigere Temperaturen.

p_H-Wert

Alle Mikroorganismen wachsen nur innerhalb eines bestimmten p_H-Bereichs. Sie haben ein jeweils spezifisches p_H-Optimum. Viele Mikroorganismen können sich zwar in den Bereichen zwischen p_H 4,5 (schwach sauer) und p_H 8,5 (leicht alkalisch) vermehren, ihr p_H-Optimum liegt jedoch meist zwischen p_H 6,5 und p_H 7,5.

Vermehrungsgeschwindigkeit

Die Verdopplungsrate ist bei den einzelnen Keimen unterschiedlich groß. Sie hängt von der Temperatur und von zahlreichen anderen Faktoren ab, insbesondere vom Nährboden. Die maximal möglichen Verdopplungsraten einiger Bakterien (insbesondere Darmkeime wie E. coli und Salmonellen) von 20 Minuten sind beängstigend groß, auch wenn diese maximal möglichen Raten unter den meisten Wachstumsbedingungen nicht erreicht werden.

6.2 Lebensmittelinfektionen

Lebensmittelinfektionen können durch Bakterien, Viren und Protozoen ausgelöst werden. Viren und Protozoen haben als Verursacher von Lebensmittelinfektionen in Mitteleuropa eine wesentlich geringere Bedeutung als in vielen tropischen Ländern. Die Gefahr eines Einschleppens dieser Erreger durch den wachsenden Tourismus darf allerdings nicht unterschätzt werden. Hefen und Schimmelpilze sind vorzugsweise für den Verderb von Lebensmitteln sowie für Lebensmittelvergiftungen verantwortlich zu machen.

Lebensmittelinfektionen werden in Mitteleuropa vorrangig durch Bakterien ausgelöst. Diese Infektionen nehmen seit einigen Jahren trotz intensiver hygienischer Vorbeugungsmaßnahmen ständig zu. Die Zahl der in Europa jährlich auftretenden Lebensmittelinfektionen wird von der WHO

(2000) auf 130 Millionen geschätzt (etwa 15 % der Bevölkerung). Für diese hohe Zahl ist u. a. eine in weiten Kreisen der Bevölkerung herrschende Sorglosigkeit im Umgang mit Lebensmitteln verantwortlich zu machen. In geringerem Maß kann auch die Variabilität einiger Erreger dazu beitragen (Anpassung an veränderte äußere Bedingungen, Unterlaufen von bereits bestehenden Immunschranken). Die große Bedeutung der Lebensmittelinfektionen ist auch an den jährlich als fatalste Folge auftretenden Todesfällen zu erkennen (siehe Tabelle 6.2.1).

Tabelle 6.2.1:
Häufigkeit (gemeldete Fälle) meldepflichtiger Lebensmittelinfektionen und Lebensmittelvergiftungen (1965–1990 nur alte Bundesländer, 1994 und 1995 Gesamtdeutschland), k. A. = keine Angaben

Erkrankung	1965	1975	1985	1990	1994	1995
infektiöse Enteritiden	6 341	31 262	46 256	121 889	139 309	187 156
davon Salmonellen	5 913	30 728	30 566	91 237	132 858	113 252
übrige Formen	428	534	15 690	30 652	64 451	73 904
Paratyphus	640	248	167	126	119	99
Typhus	744	252	227	194	172	164
Shigellenruhr	1 381	662	1 599	1 869	2 320	1 848
Botulismus	77	35	26	10	12	11
Listeriose	k. A.	k. A.	31	24	20	37
Hepatitis A	k. A.	k. A.	7 300	5 670	5 488	6 500

Krankheitsbilder

Die Krankheitsbilder, die im Verlauf einer Lebensmittelinfektion auftreten, können sehr unterschiedlich sein. Sie hängen einmal vom Erreger und zum anderen von der Konstitution der erkrankten Person ab. Im Vordergrund stehen Erkrankungen des Magen-Darm-Trakts wie Erbrechen und Durchfall. Es können aber auch andere Organe betroffen sein. Die Erkrankungen verlaufen unterschiedlich schwer: Von einer unkomplizierten „Darmgrippe" bis hin zu schwersten Vergiftungserscheinungen mit lebensbedrohlichen Komplikationen einschließlich Todesfällen ist alles möglich.

Der menschliche Organismus verfügt über eine Reihe verschiedener Abwehrmechanismen, die gegen die darmpathogenen Keime und deren Toxine ausgerichtet sind. Die Wirksamkeit dieser Schutzmechanismen ist individuell unterschiedlich stark ausgeprägt. Nicht jede Aufnahme von darmpathogenen Erregern führt daher zu einer Ansteckung. Für das Auslösen einer Erkrankung ist die Aufnahme einer kritischen Mindestmenge an Keimen erforderlich. Diese Mindestmenge hängt sowohl vom jeweiligen Erreger ab, von seiner Virulenz („Aggressivität"), seiner Widerstandskraft gegenüber dem Einwirken von Magensalzsäure und von den Abwehrkräften der infizierten Person. Diese Widerstandskraft ist bei allen

Menschen begrenzt. Oberhalb einer kritischen Keimzahl kommt es bei jedem Menschen zu einer Infektion. Geschwächte Personen (Kranke, Senioren) sowie Säuglinge und Kinder sind in weit höherem Maß gefährdet. Sie erkranken bereits bei der Aufnahme einer geringen Anzahl von Keimen und zeigen in der Regel einen schwereren Krankheitsverlauf.

Einige Patienten können über einen bestimmten Zeitraum nach einer überstandenen Infektion mit dem Stuhl virulente Keime ausscheiden, ohne sich selbst noch krank zu fühlen. Sie sind Dauerausscheider geworden. Dauerausscheider dürfen nicht mit Lebensmitteln in Kontakt kommen, die zum Verzehr durch andere Personen vorgesehen sind. Sie dürfen Lebensmittel erst wieder verarbeiten, wenn sie keine Keime mehr ausscheiden. Nach einer überstandenen Erkrankung, die von bestimmten Erregern ausgelöst wurde, bildet sich eine spezifische Immunität aus (z. B. bei Typhus). Diese Immunität, die vor einer neuen Infektion durch den gleichen Keim schützt, kann unterschiedlich lange vorhalten, in einigen Fällen lebenslang. Gegen einige Erreger sind Impfstoffe entwickelt worden, die ebenfalls Schutz vor einer Infektion bieten.

Meldepflichtige Erkrankungen

Eine Reihe von Lebensmittelinfektionen ist meldepflichtig. Sie sind der zuständigen Gesundheitsbehörde umgehend anzuzeigen (Infektionsschutzgesetz). Für diese Meldung ist primär der behandelnde Arzt verantwortlich. Die Meldepflicht ist für die einzelnen meldepflichtigen Erkrankungen unterschiedlich streng und betrifft bei einigen von diesen bereits Verdachtsfälle. Eindeutig diagnostizierte Erkrankungen sowie Todesfälle unterliegen generell der Meldepflicht (siehe Kap. 12.3).

Die gesetzlichen Bestimmungen verpflichten auch den Küchenleiter und andere verantwortliche Leiter zu einer Mitwirkung. Sie haben alle Mitarbeiter, die bei der Lagerung und Verarbeitung von Lebensmitteln einbezogen sind, sowie sonstiges Küchenpersonal, bei dem der Verdacht einer solchen Erkrankung besteht, zur ärztlichen Untersuchung aufzufordern und von der Arbeit zu entbinden. Eine Wiederaufnahme der Tätigkeit darf erst nach der vom Arzt bestätigten Unbedenklichkeit gestattet werden. Den zuständigen Leitern obliegt auch die entsprechende Belehrung der Mitarbeiter (Lebensmittelhygiene-Verordnung, siehe Kap. 12.4.8, Infektionsschutzgesetz, siehe Kap. 12.3).

6.2.1 Besonders gefährdete Lebensmittel

Auf Grund der Anforderungen, die Mikroorganismen an einen Nährboden stellen, sind einzelne Lebensmittel unterschiedlich durch einen Befall mit Mikrorganismen gefährdet, der durch die ihre Vermehrung begünstigenden äußeren Bedingungen zusätzlich gefördert wird.

Voraussetzungen, die eine rasche Vermehrung von Keimen auf Lebensmitteln begünstigen

- Große Oberfläche des Nahrungsmittels und gute Zugänglichkeit der Nährstoffe (weiche, durchlässige Oberfläche),
- Vorkommen von leicht abbaubaren Nährstoffen, insbesondere von Eiweißen und Kohlenhydraten,
- Temperaturen, die in der Nähe der optimalen Vermehrungstemperatur der betreffenden Mikroorganismen liegen,
- ausreichende Feuchtigkeit (a_W-Wert des Lebensmittels und Höhe der Luftfeuchtigkeit),
- p_H-Wert und Konzentration an Mineralstoffen, die die Vermehrung der Keime begünstigen,
- ausreichende Verfügbarkeit von Luftsauerstoff (bei aeroben Keimen) bzw. Fehlen von Luftsauerstoff (bei anaeroben Keimen).

Die Vermehrung von Keimen, die die Lebensmittel von Natur aus belasten, und das Verschleppen dieser Keime auf bisher nicht belastete Lebensmittel kann durch unzureichende Hygiene am Arbeitsplatz (kontaminierte Arbeitsräume und Arbeitsgeräte, Nagetiere, Schadinsekten) besonders gefördert werden.

Eine zusätzliche Gefahr besteht bei einer unzureichenden persönlichen Hygiene (Verschleppen von Keimen aus eitrigen Wunden, Tröpfcheninfektion durch Anhusten bei Infekten der Atemwege, Schmierinfektion bei Keimausscheidern).

Eine besonders große Gefahr geht von einer unsachgemäßen Aufbewahrung der Lebensmittel aus (explosionsartige Vermehrung der Keime).

Lebensmittel, bei denen besonders günstige Vermehrungsbedingungen vorliegen

- Hackfleisch
  Hackfleisch hat eine riesige Oberfläche, die Nährstoff-Zusammensetzung des Fleischs (Eiweiß, Mineralstoffe, insbesondere Eisen) ist für das Wachstum von Keimen ideal, frisch geschlachtetes Fleisch ist auch bei sorgfältiger Beachtung aller Hygienevorschriften stets mit Mikroorganismen belastet,
- Geflügel
  Geflügel ist vorzugsweise (aber nicht ausschließlich) von Salmonellen befallen, die bevorzugt den Enddarm von Geflügel besiedeln. Bei der Eiablage werden die Eier mit Salmonellen kontaminiert (siehe unten). Die Salmonellen können bei starkem Befall zu einer generellen Durchseuchung der Tiere führen und somit zu einer Salmonellenbelastung des Geflügelfleischs.

- Eier (und ungenügend erhitzte Eierspeisen)
  Eier können mit einer hohen Keimzahl (Salmonellen) infiziert sein. Die Keime können sich bei unsachgemäßer Lagerung der Eier rasch vermehren. Nicht durcherhitzte Eiergerichte sind ein idealer Nährboden (nicht nur für Salmonellen, sondern auch für andere Keime).
- Wild
  Die besonders hohe Belastung des Wilds mit Keimen ist durch ihr Leben in freier Wildbahn bedingt (ständig allen Witterungseinflüssen ausgesetzt, u. U. Futtermangel, keine tierärztliche Betreuung wie bei Haustieren möglich). Mitunter sind ganze Rudel mit bestimmten Krankheitserregern durchseucht. Eine Tierbeschau vor dem Abschuß (wie bei Schlachttieren vor der Schlachtung) ist nicht möglich. Schwache und leicht erkrankte Tiere werden bevorzugt bejagt, sie können besonders stark von Mikroorganismen befallen sein.
- Schalen-, Krusten- und Weichtiere
  Die Kontamination mit Keimen kann über verschmutzte Gewässer erfolgen. Diese Tiere bieten wegen ihres lockeren Aufbaus und ihrer Nährstoff-Zusammensetzung ideale Vermehrungsbedingungen (leicht aufschließbares Eiweiß).
- Aufschnitt (Wurst und Schnittkäse)
  Die besonders große Gefährdung ist durch die große Oberfläche und den hohen Eiweißgehalt bedingt. Zwischen den einzelnen Scheiben von gestapeltem Aufschnitt bestehen auch ideale Vermehrungsbedingungen für anaerobe Mikroorganismen (Fäulnis- und Botulismuserreger).
- Bratenaufschnitt
  Zu den beim Aufschnitt bestehenden Gefahren kommt hinzu, daß infolge des meist geringen Erhitzens (Roastbeef, rosa gebraten) Keime nicht abgetötet wurden, die bereits im frisch geschlachteten Fleisch vorlagen. Den Keimen bieten sich zusätzliche bessere Vermehrungsbedingungen, da bei den niedrigen Gartemperaturen das Bindegewebseiweiß noch nicht geschrumpft und daher die Eiweißstruktur noch aufgelockerter ist.
- Brüh- und Kochwurst
  Bei Brühwürsten geht eine mögliche Gefahr vom ungenügenden Erhitzen bei der Produktion aus (mangelhaftes Heißräuchern). Kochwürste sind erst nach einer nachträglichen Kontamination ideale Nährböden. Die Haltbarkeit von Kochwürsten wird oft überschätzt.

6.2.2 Mikroorganismen, die Lebensmittelinfektionen auslösen

Lebensmittelinfektionen werden vorrangig durch solche Bakterien ausgelöst, die sich auf und in Lebensmitteln und im Dünndarm besonders gut vermehren können. Das Temperaturoptimum dieser Keime liegt meist nahe 37 °C. Die von ihnen gebildeten Toxine führen vorzugsweise zu einer unterschiedlich schweren Entzündung des Dünndarms (Enteritis). Darüber hinaus können auch andere Organe geschädigt werden.

6.2.2.1 Salmonellen

Salmonellen ist der Begriff für eine Obergruppe von Bakterien, zu der eine Reihe unterschiedlicher Keime gehört. Generell sind pathogene Salmonellen die wichtigsten Erreger von Lebensmittelinfektionen, die sich aber in ihren Krankheitsbildern teilweise beträchtlich unterscheiden. Von erkrankten Personen werden Salmonellen über einen gewissen Zeitraum hinweg mit dem Stuhl ausgeschieden und können deshalb bei mangelhafter persönlicher Hygiene erneut auf Lebensmittel übertragen werden.
Zu der Gruppe der Salmonellen (Oberbegriff) gehören auch harmlose Darmbewohner (E. coli, siehe unten). Diese kommen in der normalen Darmflora vor und werden ständig mit dem Stuhl ausgeschieden. Ihr Nachweis in Trinkwasser oder in Lebensmitteln ist ein eindeutiger Indikator für eine Verunreinigung mit Fäkalien, und somit der Hinweis dafür, daß auch eine Kontamination mit darmpathogenen Keimen vorliegen kann, aber nicht vorliegen muß. Der Nachweis von E. coli ist jedoch ein eindeutiger Beleg für eine Verletzung von Hygienevorschriften. Die diversen Gattungen der Salmonellen unterscheiden sich im Übertragungsmodus, in ihrer Gefährlichkeit und in der Häufigkeit, in der sie in den westlichen Industrieländern auftreten.

- Enteritis-Salmonellen
  Enteritis-Salmonellen sind weit verbreitet und die Erreger der am häufigsten auftretenden bakteriellen Durchfallerkrankungen (Salmonellosen). Sie werden meist nur mit dem Kurzbegriff Salmonellen bezeichnet (Salmonellen im engeren Sinne).
- Erreger von Typhus und Paratyphus
  Typhus- und Paratyphuserkrankungen treten in unseren Breiten äußerst selten auf. Schwere Epidemien waren in Notzeiten fast die Regel (schlechte Ernährungslage, ungünstige hygienische Verhältnisse), wie beispielsweise in den Nachkriegsjahren. Einzelne Typhusfälle können in Deutschland jedoch jederzeit auftreten, falls sie infolge des Massentourismus aus Ländern der dritten Welt eingeschleppt werden. Die Gefahr von größeren Typhusepidemien besteht in den westlichen Industrieländern zum gegenwärtigen Zeitpunkt jedoch nicht.
- Erreger der Ruhr (Shigellenruhr)
  Die Ruhr ist wie der Typhus für Mitteleuropa ohne große Bedeutung. Sie ist eine der gefährlichsten Durchfallerkrankungen der tropischen Länder. Vereinzelte Ruhrerkrankungen können in der Bundesrepublik, durch den Massentourismus eingeschleppt, jederzeit auftreten

- Escherichia coli (E. coli)

  E. coli ist keine einheitliche Bakterienpopulation. Es gibt eine Vielzahl von Subtypen. Viele dieser Subtypen sind natürliche Bewohner des menschlichen und des tierischen Darmtrakts. Sie sind am Aufbau der normalen Darmflora wesentlich beteiligt.

  Einige E.-coli-Stämme sind jedoch in der Lage, Durchfallerkrankungen auszulösen. Solche Erkrankungen wurden bisher sehr selten beobachtet. In den letzten Jahren sind solche Infektionen in zunehmendem Maße aufgetreten. Sie dürfen wegen ihrer teilweise gefährlichen Komplikationen nicht unterschätzt werden. Einer dieser Keime ist der EHEC-Erreger (EHEC = Entero-hämorrhagischer E. coli, siehe Kap. 6.2.2.1.2).

6.2.2.1.1 Enteritis-Salmonellen

Die durch Enteritis-Salmonellen (kurz Salmonellen) ausgelösten Durchfallerkrankungen sind die in Mitteleuropa am häufigsten vorkommenden Lebensmittelinfektionen (siehe Tab. 6.2.1). Ein schwerer Verlauf der Erkrankung und Komplikationen treten besonders bei geschwächten Personen (Senioren, Kleinkinder und Kranke) auf, die Todesfälle sind meist auf ein Herz-Kreislauf-Versagen zurückzuführen.

Erreger

Die Enteritis-Salmonellen sind keine einheitliche Gattung, bis jetzt wurden mindestens 2370 verschiedene Subtypen nachgewiesen. Diese Subtypen können an Hand feiner, serologisch erfaßbarer Unterschiede differenziert werden. Es ist in manchen Fällen daher möglich, eine Infektionskette eindeutig aufzuklären oder auszuschließen. Die durch die unterschiedlichen Subtypen ausgelösten Infektionen können sich in Hinblick auf die Schwere des Krankheitsbilds unterscheiden.

Eigenschaften: Die kritische Keimzahl (die Anzahl an Keimen, die zum Auslösen einer Infektion unbedingt erforderlich ist) ist bei vielen Salmonellensubtypen meist verhältnismäßig hoch, insbesondere im Vergleich zu den Erregern von Typhus- und Paratyphuserkrankungen sowie zu den von EHEC-Erregern ausgelösten Infektionen. Eine Infektion kann aber unter besonderen Umständen auch durch eine sehr geringe Keimzahl ausgelöst werden, insbesondere bei Menschen mit einer verminderten Resistenz wie Kleinkinder, Senioren und Kranke. Aber auch bei offensichtlich gesunden Personen bestehen individuelle Unterschiede in der Anfälligkeit gegenüber einer Salmonelleninfektion, die möglicherweise auf Unterschiede in der Menge der produzierten Magensalzsäure, der Zusammensetzung der Darmflora oder auf Unterschiede in der unspezifischen Resistenz der Dünndarmzellen zurückzuführen sind.

Salmonellen sind fakultativ aerobe Keime, sie können sich sowohl bei Anwesenheit als auch beim Fehlen von Luftsauerstoff vermehren. Die Verdopplungszeit beträgt unter optimalen Vermehrungsbedingungen etwa 30 Minuten. Im sauren Milieu (p_H-Wert unterhalb 4,0 bis 4,5) vermehren sich die Salmonellen nicht mehr.

Das Temperaturoptimum der Salmonellen liegt bei 37 °C, oberhalb von 48 °C und unterhalb von 5 °C findet kein Wachstum mehr statt. Die Salmonellen werden bei diesen Temperaturen allerdings nicht inaktiviert, selbst durch Einfrieren nicht vollständig.

Salmonellen werden erst bei Temperaturen von 70 °C innerhalb von 10 Minuten abgetötet. Diese Hitzeinaktivierung kann allerdings durch höhere Mengen an Fett, Eiweißen oder Kohlenhydraten sowie bei einem niedrigen a_W-Wert verzögert werden. Aus Sicherheitsgründen ist deswegen ein gründliches Durcherhitzen der Speisen auf möglichst 100 °C (mindestens aber auf 80 °C) dringend zu empfehlen.

Vorkommen: Das Reservoir der Salmonellen ist der Dickdarm von Tieren, vorzugsweise der Enddarm von Geflügel, die in vielen Fällen keine sichtbaren Zeichen erkennen lassen, die auf einen Befall mit Salmonellen hinweisen könnten. Bei einer massiven Besiedlung des Darms können die Salmonellen auch in das Muskelfleisch der Tiere (insbesondere Geflügel) eindringen. Eine Belastung des Fleischs von Schlachttieren (Schweine, Rinder, Schafe) ist allerdings in den meisten Fällen auf eine während des Schlachtvorgangs oder während einer unsachgemäßen Lagerung erfolgte Kontamination zurückzuführen. Eier können ebenfalls mit Salmonellen belastet sein. Diese gelangen in den meisten Fällen während des Legevorgangs auf die Schale (beim Passieren des Enddarms).

Eine Belastung von Lebensmitteln mit Salmonellen geht stets primär von wenigen tierischen Lebensmitteln aus. Sie ist auf eine Verunreinigung während der Lagerung, Produktion oder der Verarbeitung zurückzuführen, entweder durch direkten Kontakt mit kontaminierten tierischen Lebensmitteln oder infolge mangelhafter persönlicher Hygiene. Eine Kontamination von pflanzlichen Lebensmitteln mit Salmonellen oder anderen Darmkeimen kann auch auf das Düngen von Gemüse mit Gülle und die unzureichende Säuberung bei der Verarbeitung des Gemüses zurückzuführen sein.

Lebensmittel, die vorzugsweise mit Salmonellen belastet sind

- Geflügel
  Bei Geflügelfleisch muß immer mit einer Salmonellenbelastung gerechnet werden. Auch frisch geschlüpfte Küken können bereits infiziert sein (Übertragung der Keime über das Eidotter). Enten und Gänse sind besonders gefährdet.

Eine Übertragung von Salmonellen auf abgabefertige Speisen kann durch das Einhalten der Festlegungen der Geflügelfleischhygiene-Verordnung sicher verhindert werden (siehe Kap. 12.2.4.5).
Auch die Exkremente von erkrankten Hühnern sind ein gefährliches Keimreservoir. Diese können nicht nur bei der Massentierhaltung zu einer Durchseuchung des gesamten Tierbestands führen, sondern auch bei der sog. Bodenhaltung von Hühnern und Puten (insbesondere bei gedrängter Tierhaltung auf engem Raum).

- Eier

  Die Salmonellen haften vorzugsweise auf der porösen Eischale. Diese kann jedoch von den Keimen leicht passiert werden, die somit das Ei besiedeln. In Ausnahmefällen werden die Eier bereits während ihrer Bildung im Eierstock mit Salmonellen infiziert.
  Durch die korrekte Einhaltung der Hühnereier-Verordnung und der Enteneier-Verordnung wird ein Übertragen der Keime auf abgabefertige Lebensmittel verhindert, bzw. werden diese sicher abgetötet (siehe Kap. 12.2.6).
- Fleisch

  Wildtiere und Schweine, in sehr seltenen Fällen auch Kälber, können ebenfalls von Salmonellen befallen sein, wobei die Infektion vorzugsweise durch verseuchtes Futter erfolgt. Die Tiere erkranken in der Regel nicht, die Salmonellen vermehren sich nur im Enddarm der Tiere. Eine natürliche Belastung des Fleischs mit Salmonellen wie beim Geflügel ist nicht beschrieben worden. Eine Belastung von Fleisch mit Salmonellen ist auf eine Kontamination während des Schlachtprozesses zurückzuführen (mangelhafte Arbeitsplatzhygiene und mangelhafte persönliche Hygiene).
- Fische sowie Schalen- und Krustentiere

  Fische sowie Muscheln und Austern können nur in küstennahen Gewässern durch verseuchte Abwässer mit Salmonellen infiziert werden. Die im Handel angebotenen Seefische sowie Süßwasserfische aus der Fischzucht sind salmonellenfrei. Sie sind allerdings bei einem nachträglich erfolgten Befall ein guter Nährboden.
- Unsachgemäß zubereitete oder aufbewahrte Lebensmittel

  Die Mehrzahl der Salmonellenerkrankungen ist auf den Verzehr von unsachgemäß zubereiteten bzw. nachträglich mit Salmonellen kontaminierten Nahrungsmitteln und Speisen zurückzuführen, die auf Grund ihrer Zusammensetzung und Beschaffenheit ein idealer Nährboden für diese sind. Die Vermehrung der Salmonellen wird auf solchen Speisen durch eine unsachgemäße Aufbewahrung begünstigt, insbesondere bei unzureichender Kühlung.
  Die bestehende Gefahr einer Kontamination mit Salmonellen wird in vielen Fällen übersehen, was oft zu einem sorglosen Umgang mit den betreffenden Lebensmitteln und Speisen führt.

Besonders gefährdet sind:

- roheihaltige Speisen (Pudding, Saucen, Cremespeisen, mit Creme gefülltes Feingebäck und Mayonnaisen),
- geräucherte Putenbrust (falls die erforderliche Kerntemperatur beim Heißräuchern nicht erreicht wurde),
- Hackfleisch,
- Geflügel- und Fleischsalat,
- Kartoffelsalat mit Mayonnaise,
- Rohwurst (vorzugsweise streichfähige oder wenig getrocknete Sorten).

Krankheitsbild

Die Inkubationszeit* beträgt bei einer Salmonelleninfektion in der Regel 8 bis 24 Stunden. Typische Krankheitszeichen sind Kopfschmerzen, Übelkeit mit Erbrechen und anschließenden massiven Durchfällen (sog. Brechdurchfall) und meist hohes Fieber. Die bei schweren Erkrankungen auftretenden Komplikationen (Störungen in der Herz-Kreislauf-Funktion mit Keislaufkollaps) sind auf eine gesteigerte Toxinbildung zurückzuführen. Diese Komplikationen sind bei vorgeschädigten und abwehrgeschwächten Personen besonders ausgeprägt (Säuglinge, Kleinkinder, Senioren und Kranke). Herz-Kreislauf-Versagen ist die hauptsächliche Ursache für die bei Salmonelleninfektionen zu beobachtenden fatalen Verläufe. In der Bundesrepublik werden jährlich mehr als 100 Todesfälle als Folge einer Salmonellenerkrankung registriert.

Ausscheiden von Keimen

Im Verlauf einer Salmonelleninfektion werden mit dem Stuhl lebensfähige Salmonellen ausgeschieden. Erkrankte Personen können bei unzureichender persönlicher Hygiene somit Lebensmittel mit infektiösen Salmonellen kontaminieren. Nach dem Abklingen der Krankheitssymptome werden Salmonellen in der Regel nicht mehr mit dem Stuhl ausgeschieden. In wenigen Fällen kann die Ausscheidung jedoch noch längere Zeit andauern, der wieder genesene Patient ist zum Dauerausscheider geworden. Glücklicherweise kommt die Ausscheidung von Salmonellen auch in diesen Fällen nach einer gewissen Zeit zum Erliegen.

Dauerausscheider dürfen in der Küche und in anderen lebensmittelverarbeitenden Betrieben nicht beschäftigt werden, eine Beschäftigung von Erkrankten verbietet sich selbstredend. Die Arbeit mit Lebensmitteln darf nach überstandenen Durchfallerkrankungen daher erst nach eindeutig negativen Stuhlproben (und ärztlicher Erlaubnis) wieder aufgenommen werden.

---

* Die Zeit, die nach dem Verzehr des kontaminierten Lebensmittels bis zum Auftreten erster Krankheitszeichen verstreicht.

Jede Erkrankung an einer Salmonellen-Enteritis oder der Verdacht auf eine Erkrankung ist nach den Bestimmungen des Infektionsschutzgesetzes meldepflichtig (siehe Kap. 12.3).

6.2.2.1.2 Pathogene E.-coli-Stämme, entero-hämorrhagischer E. coli (EHEC)

Pathogene E.-coli-Stämme gewinnen als Verursacher von Lebensmittelinfektionen trotz geringer Erkrankungszahlen zunehmend an Bedeutung, da sie schwere Krankheitsbilder auslösen können. Eine besondere Gefahr geht dabei von einer Gruppe von Bakterien aus, die unter dem Namen entero-hämorrhagische E. coli (EHEC) zusammengefaßt werden.

Diese Erreger werden vorzugsweise durch solche Lebensmittel übertragen, die vom Rind stammen, wie Rohmilch und Rohmilcherzeugnisse, Rinderhack und unzureichend durcherhitztes Rindfleisch. Bei der Wärmebehandlung der Milch (Pasteurisieren oder Ultrahocherhitzen) werden die Erreger sicher abgetötet. EHEC-Übetragungen durch Käse aus Rohmilch sind zwar noch nicht beschrieben worden, sie können aber nach dem derzeitigen Erkenntnisstand nicht ausgeschlossen werden.

EHEC-Infektionen sind aus mehreren Gründen besonders gefährlich:

- Die Erreger sind relativ widerstandsfähig gegenüber dem Einwirken von Magensalzsäure. Für das Auslösen einer Infektion genügt eine extrem niedrigen Keimzahl (etwa 100 Keime).
- Die bisher registrierten Erkrankungen betreffen vorwiegend Säuglinge und Kleinkinder. Eine mögliche Erklärung für diese bevorzugte Infektion von Kleinkindern könnte die in diesem Alter noch relativ geringe Produktion von Magensalzsäure sein.
- Das Krankheitsbild zeichnet sich durch einen außergewöhnlich schweren Verlauf aus. Neben dem üblichen Bild einer infektiösen Darmerkrankung kommt es in den meisten Fällen zu blutigen Durchfällen. Gefürchtet sind der oft auftretende Zerfall von roten Blutzellen (Hämolyse) und die gleichzeitig zu beobachtenden Nierenschädigungen, die bis hin zu einem Nierenversagen führen können (sog. Hämolytisch-Urämisches Syndrom [HUS]). Etwa 10 % der Erkrankungen enden tödlich.

Die effektivste Maßnahme zur Verhinderung einer EHEC-Infektion ist der Verzicht auf den Verzehr von nicht wärmebehandelter Milch (Rohmilch, Vorzugsmilch) und von rohem Rinderhack bzw. völlig unzureichend durcherhitztem Rindfleisch. In der Bundesrepublik ist der Einsatz von Rohmilch und Vorzugsmilch in Einrichtungen der Gemeinschaftsverpflegung grundsätzlich verboten.

EHEC-Erkrankungen sind zunächst in Japan, später auch in der Bundesrepublik beschrieben worden. Genaue Angaben über die Zahl der Erkrankungen sind noch nicht verfügbar. Die Schätzungen differieren beträchtlich und bewegen sich für das Jahr 1995 zwischen 400 und 15 000 Fällen (eine exakte Erfassung der Krankheitsfälle ist z. Z. (2000) noch nicht möglich). In Südschottland wurde im Frühjahr 1997 ein Krankheitsausbruch mit zahlreichen Todesfällen registriert.

6.2.2.2 Enteritis-Erreger, die nicht den Salmonellen zuzuordnen sind

Eine Reihe weiterer Keime, die mit Lebensmitteln übertragen werden können, ist ebenfalls in der Lage, Durchfallerkrankungen auszulösen. Die wichtigsten dieser Erreger sind

- Campylobacter jejuni und
- Listerien.

Campylobacter jejuni

Dieser Erreger wird durch tierische Lebensmittel übertragen, vorzugsweise durch solche, die von Geflügel, Schwein, Rind (einschließlich Rohmilch) sowie vom Schaf stammen. Wirtstiere dieser Keime sind offenbar Geflügel, Schweine, Rinder sowie Haustiere wie Hunde und Katzen, ohne daß diese selbst erkranken. Campylobacter sind nach den Salmonellen die häufigsten Erreger von Durchfallerkrankungen. Die Zahl der in der Bundesrepublik erfaßten Campylobacterfälle hat sich in den letzten Jahren verdoppelt.

Das Temperaturoptimum des Keims liegt mit etwa 45 °C sehr hoch, der Erreger wird aber bereits bei 48 °C abgetötet. Unterhalb von 25 °C kommt seine Vermehrung im Gegensatz zu anderen Keimen rasch zum Erliegen. Im Lebensmittel selbst findet deswegen eine Vermehrung der Keime nicht oder nur in sehr seltenen Fällen statt. Campylobacter bleiben jedoch selbst bei Kühlschranktemperaturen über mehrere Wochen hinweg lebensfähig. Eine relativ luftdichte Verpackung der Lebensmittel (in Folie) begünstigt die Überlebenschance, da Campylobacter bei einem niedrigen Sauerstoffpartialdruck besonders gut überleben können. Zum Auslösen einer Infektion genügen relativ wenige Keime (100 bis 1000). Die Inkubationszeit beträgt 1 bis 7 Tage. Das Krankheitsbild zeichnet sich durch meist massive Durchfälle aus, die mit Blut vermengt sein können, und mit Erbrechen sowie mit meist hohem Fieber einhergehen. Das gelegentliche Auftreten von Hirnhautentzündungen ist eine gefährliche Komplikation. Die Durchfälle klingen auch ohne Behandlung in der Regel nach wenigen Tagen wieder ab.

Listerien

Listerien sind Erdbakterien. Aus diesem Grund können alle Schlachttiere und alle rohen tierischen Lebensmittel mit ihnen kontaminiert sein. Hauptinfektionsquellen für den Menschen sind Lebensmittel, die eine feuchte Konsistenz aufweisen und längere Zeit gelagert werden wie beispielsweise Fleisch und Fisch. Auch Weichkäse aus Rohmilch kann beträchtlich mit Listerien belastet sein.

Listerien werden beim Erhitzen rasch abgetötet. Sie können sich aber auch noch bei 3 °C vermehren. Die häufig beschriebene Übertragung von Listerien über Aufschnitt läßt sich damit erklären, daß dieser wegen ungenügender persönlicher Hygiene nachträglich mit Listerien kontaminiert wird, die sich dann während der Aufbewahrung im Kühlschrank besonders gut vermehren. Diese besonders gute Vermehrung der Listerien ergibt sich aus der Tatsache, daß sich andere Keime bei diesen niedrigen Temperaturen nicht mehr vermehren können. Bei höheren Temperaturen dagegen konkurrieren diese Keime mit den Listerien und behindern diese im Wachstum.

Listerien sind sehr säureempfindlich, so daß eine Infektion bei gesunden Erwachsenen mit intakter Magensaftsekretion selten zu beobachten ist. Säuglinge und Kranke mit gestörter Magensaftsekretion sind dagegen wesentlich stärker gefährdet.

Kleinere Epidemien, die durch infizierte Lebensmittel ausgelöst wurden, sind in den letzten Jahren in einigen Industrieländern (darunter Frankreich, Großbritannien und Schweiz) beobachtet worden.

Das Krankheitsbild einer Listeriose kann neben dem Auftreten von Durchfällen sehr unterschiedliche Symptome aufweisen, da nahezu alle Organe befallen werden können (vorrangig Hirnhautentzündungen).

Listerien können während einer Schwangerschaft auf das Neugeborene übertragen werden.

6.2.2.3 Fakultativ pathogene Keime, Opportunisten

Eine Reihe von Bakterien, die weit verbreitet vorkommen und normalerweise keine Infektion im Magen-Darm-Trakt auslösen, kann unter bestimmten Bedingungen zu Erkrankungen führen. Das ist einmal der Fall, wenn Lebensmittel mit einer sehr großen Menge von solchen Erregern kontaminiert sind oder wenn betroffene Menschen in ihrer Abwehrkraft stark geschwächt sind. Das sind vorzugsweise Schwerkranke, insbesondere AIDS-Patienten und Patienten, die mit Immunsuppressiva (die Immunabwehr unterdrückende Mittel) behandelt werden (z. B. bei Organtransplantationen), sowie Säuglinge, Kleinkinder und Senioren.

Escherichia coli (E. coli)

Einige der zahlreichen E.-coli-Stämme, die normale Besiedler des menschlichen Darms sind, können als fakultativ pathogene Keime unter den o. g. Bedingungen Durchfallerkrankungen auslösen. Das kommt insbesondere dann vor, wenn der betreffende Stamm noch nicht im Darm des betroffenen Menschen angesiedelt war. Ernsthafte Komplikationen können auftreten, wenn diese Keime über die Blutbahn im Körper verschleppt werden.

Clostridium perfringens

Dieser Erreger, ein Erdsporen bildender Bazillus, ist ein Keim, der überwiegend für den Verderb von Lebensmitteln verantwortlich ist. Er bildet außerdem ein sehr schwaches Toxin, das erst in höheren Konzentrationen zu Vergiftungserscheinungen führt. Zu einer Erkrankung mit Durchfällen und Erbrechen kann es nur bei einer massiver Verseuchung von Lebensmitteln mit diesem Keim (Verzehr von verdorbenen Lebensmitteln) bzw. bei in ihrer Abwehrkraft stark geschwächten Personen kommen.

6.2.2.4 Viren

Lebensmittelinfektionen durch Viren sind in unseren Breiten sehr selten. Sie treten vorzugsweise in den tropischen Ländern und bei schlechten Hygienestandards auf.

Hepatitis-A-Viren

Die Erreger von Hepatitis Typ A (und E) werden bei Nichteinhaltung grundlegender hygienischer Anforderungen durch verunreinigte Lebensmittel, Trinkwasser und Getränke übertragen. Sie treten gehäuft in den Tropen auf. In Mitteleuropa auftretende Hepatitis-A-Fälle sind nahezu ausschließlich auf eine Infektion während eines Aufenthalts in tropischen Ländern zurückzuführen (siehe Kap. 7.2.1).

Rotaviren

Rotaviren können über tierische Lebensmittel übertragen werden. Sie lösen Durchfälle aus. Rotavirusinfektionen treten gehäuft in Entwicklungsländern auf, in Industrieländern dagegen relativ selten, und sie werden außerdem kaum als solche erkannt. Sie sind häufig bei Kindern für akute Gastroenteritiden verantwortlich, die in der feuchtkalten Jahreszeit (milde Sommer) auftreten. Die Übertragung erfolgt vorwiegend durch Schmierinfektionen (mangelhafte persönliche Hygiene). Als kontaminierte Lebensmittel kommen hauptsächlich Milch und Milcherzeugnisse, Eier und Eiprodukte (Mayonnaise) sowie Fische und Muscheln in Betracht.

6.2.3 Durch Bakterientoxine ausgelöste Lebensmittelvergiftungen

Lebensmittelvergiftungen werden durch Bakterientoxine ausgelöst, die von den Bakterien bereits außerhalb des menschlichen Körpers gebildet wurden. Voraussetzung für eine solche Vergiftung ist eine massive Vermehrung der Keime auf solchen kontaminierten Lebensmitteln, die für die Keime auf Grund ihrer Zusammensetzung einen idealen Nährboden darstellen. Nicht wenige dieser Erreger sind Bakterien, die beim Menschen Krankheiten auslösen können, die sich grundlegend von den Krankheitsbildern unterscheiden, die durch ihre Toxine bei einer Lebensmittelvergiftung ausgelöst werden.

6.2.3.1 Staphylokokken

Staphylokokken sind typische Eitererreger, die vorzugsweise auf eiternden Wunden und auf entzündeten Schleimhäuten des Nasen-Rachen-Raums zu finden sind. Auch bei Infektionen der oberen Luftwege (Husten, Bronchitis, Bronchopneumonie [Lungenentzündung]) sind sie gelegentlich beteiligt. Die Kontamination von Lebensmitteln mit Staphylokokken erfolgt vorzugsweise durch mangelhafte persönliche Hygiene (Verschmieren durch infizierte Wunden, Fingerverletzungen, Tröpfcheninfektion durch die Atemluft, Anhusten und Anniesen). Auch Schlachttiere können mit Staphylokokken belastet sein.

Staphylokokkentoxine verursachen die meisten Lebensmittelvergiftungen. Die Dunkelziffer ist sehr hoch, da die meisten Erkrankungen glücklicherweise ohne große Komplikationen verlaufen. Es wird angenommen, daß die erfaßten Fälle nur etwa 5 % der tatsächlich ausgelösten Erkrankungen ausmachen.

Die optimale Temperatur für die Vermehrung der Staphylokokken liegt bei 37 °C. Staphylokokken vermehren sich im Gegensatz zu vielen anderen Keimen noch im schwach sauren Milieu (p_H-Wert 4,5). Sie können auch bei Temperaturen von 25 °C noch Toxine bilden, bei Temperaturen, bei denen ihre Vermehrung bereits stark eingeschränkt ist. Selbst unterhalb von 15 °C werden noch Toxine gebildet, dann allerdings in stark eingeschränktem Umfang. Staphylokokkentoxine können deshalb auch bei Zimmertemperatur auf und in sauren Speisen gebildet werden. Das gilt somit auch für Salate, die bereits mit einem sauren Salatdressing angerichtet sind. Das Staphylokokkentoxin ist äußerst hitzeresistent und wird bei 100 °C erst nach 90 Minuten weitgehend inaktiviert.

Krankheitsbild

Erste Zeichen einer Lebensmittelvergiftung mit Staphylokokkentoxinen treten nach 2 bis 6 Stunden auf. Die Erkrankungsdauer beträgt in der

Regel 1 bis 3 Tage. Die Symptome sind Übelkeit, Erbrechen und Schweißausbruch, später stellen sich meist noch Bauchkrämpfe, Durchfälle und ein allgemeiner Schwächezustand ein.

Erkrankungen, die durch Staphylokokkentoxine ausgelöst worden sind, sind nicht meldepflichtig.

Infektionsquellen

Die größte Gefahrenquelle für die Kontamination von Lebensmitteln mit Staphylokokken ist die mangelhafte Einhaltung der persönlichen Hygiene bei der Verarbeitung von Lebensmitteln (Anhusten von Lebensmitteln, fehlender Mundschutz bei leichten Infektionen der oberen Luftwege, nicht ordnungsgemäß versorgte kleine Wunden, insbesondere Fingerverletzungen). Die Toxinbildung wird durch unsachgemäße (bei Zimmertemperatur) und zu lange Lagerung zusätzlich begünstigt.

Besonders gefährdete Lebensmittel sind

- Fleisch und Fleischprodukte
  bei unsachgemäßer Lagerung vorrangig Aufschnitt, Fleisch- und Geflügelsalat, Hackfleisch,
- Schnittkäse,
- Mayonnaise und Cremefüllungen,
- Kartoffelsalat (auch ohne Mayonnaise zubereitet).
  Die Gefahr einer Vergiftung mit Staphylokokkentoxinen, die vom Verzehr von länger aufbewahrtem Kartoffelsalat ausgehen kann, wird meist unterschätzt. Die Schnittflächen der Kartoffelscheiben bilden eine große Oberfläche, die aufgeschlossene Stärke der gekochten Kartoffel und das Kartoffeleiweiß sind für die Staphylokokken ein optimaler Nährboden, die sich, falls der Salat bei Zimmertemperatur aufbewahrt wird, im leicht saurem Milieu des Salats in Gegensatz zu anderen Keimen noch vermehren und dabei Toxin bilden können. Deshalb werden die Staphylokokken unter diesen Bedingungen nicht zusätzlich in ihrem Wachstum durch solche Keime behindert, die im neutralen Milieu Konkurrenten um Nährsubstrate wären.

6.2.3.2 Streptokokken

Streptokokken sind ebenfalls Eiterbildner, die auch auf eiternden Wunden vorkommen können. Streptokokken und ihre Toxine sind darüber hinaus für eine Reihe von spezifischen Erkrankungen verantwortlich wie Anginen (Mandelentzündung), Nierenentzündung, Herzinnenhautentzündung (Endocarditis), rheumatische Erkrankungen u. a.

Für Lebensmittelvergiftungen sind Streptokokkentoxine seltener verantwortlich zu machen als Staphylokokkentoxine. Beide Toxine ähneln sich in ihren Eigenschaften, das Vergiftungsbild zeigt bei beiden Toxinen kaum Unterschiede. Mit Streptokokken können die gleichen Lebensmittel kontaminiert sein.

6.2.3.3 Bacillus cereus

Erreger

Bacillus cereus ist ein Sporenbildner. Er kann deshalb ungünstige Umweltbedingungen gut überstehen. Die Sporen keimen bei 5 bis 50 °C aus, das Auskeimen kann somit bereits knapp oberhalb von Kühlraumtemperaturen beginnen. Die Keime selbst vermehren sich bei Temperaturen von 15 bis 50 °C.

Vorkommen

Das natürliche Reservoir von Bacillus cereus ist der Erdboden. Seine Übertragung erfolgt über Lebensmittel, die mit Erdsporen verunreinigt sind, insbesondere durch Getreide und Getreideerzeugnisse. Auch Milch und Fleisch können kontaminiert sein. Besonders häufig sind Gewürze mit Bacillus-cereus-Sporen belastet.

Bakterientoxine

Der Erreger bildet zwischen 18 und 43 °C zwei unterschiedliche Toxine. Eines der Toxine schädigt die Darmschleimhaut und löst Durchfälle aus, das andere Toxin ist für Übelkeit und Erbrechen verantwortlich. Während das „Durchfalls-Toxin" bereits bei 60 °C inaktiviert wird, ist das „Erbrechens-Toxin" thermostabil (bis 120 °C).

Durch gründliches Erhitzen der Lebensmittel können die lebenden Bazillen selbst abgetötet, das „Durchfalls-Toxin" inaktiviert und somit das Auftreten von Durchfällen auch bei massiver Belastung der Speisen mit Toxinen verhindert werden, allerdings nicht ein Erbrechen infolge der Stabilität des „Erbrechens-Toxins".

Die Sporen werden erst bei Temperaturen von 120 °C inaktiviert. Sie können deswegen in solchen Speisen wieder auskeimen, die nach gründlichem Erhitzen bei Zimmertemperatur aufbewahrt werden, und damit erneut Toxine bilden.

Krankheitsbild

Erste Anzeichen einer Vergiftung mit Cereustoxinen sind Übelkeit und Erbrechen, die bereits 30 Minuten (bis 6 Stunden) nach der Nahrungsaufnahme auftreten können. Massive wäßrige Durchfälle treten erst nach 8 bis

16 Stunden auf, falls das „Durchfalls-Toxin" nicht durch Erhitzen (s. o.) inaktiviert wurde. Das Krankheitsbild ist in der Regel nach 1 Tag wieder abgeklungen. Komplikationen treten kaum auf. Eine Meldepflicht besteht nicht.

Gefährdete Lebensmittel

Die bekannt gewordenen und eindeutig aufgeklärten Vergiftungsfälle konnten fast immer auf ungenügend gekühlt aufbewahrte Speisen zurückgeführt werden. Besonders gefährdet sind Gerichte aus Reis sowie Puddings, mit Mehl zubereitete Suppen und Soßen sowie Kartoffelgerichte (Kartoffelpüree) und Gemüse. Die in wenigen Fällen beschriebenen Vergiftungen nach dem Verzehr von Kochwürsten und Ragouts werden den zugesetzten Gewürzen zugeschrieben.

6.2.3.4 Clostridium botulinum (Botulismuserreger)

Clostridien sind Erdbakterien, die auch im Schlamm von Seen, Flüssen und küstennahen Gewässern vorkommen können. Sie sind sog. Anaerobier (sie wachsen und vermehren sich nur in Abwesenheit von Luftsauerstoff) und können unter ungünstigen Lebensbedingungen Sporen bilden (Bazillen).

Clostridium botulinum bildet Toxine, die die gefährlichsten Lebensmittelvergiftungen auslösen können. Sie führen zu fortschreitenden Lähmungserscheinungen und in vielen Fällen infolge einer Atemlähmung zum Tod (Krankheitsbild des Botulismus).

Erreger

Der Botulismuserreger Clostridium botulinum (es existieren 4 verschiedene Stämme) vermehrt sich nur unter anaeroben Bedingungen. Die Erreger selbst sind gegenüber Luftsauerstoff relativ unempfindlich. Das Temperaturoptimum für das Wachstum differiert bei den einzelnen Stämmen, es liegt zwischen 4° C und 22 °C. Die Erreger bilden die gefährlichen Toxine während ihres Wachstums, unabhängig von der jeweils herrschenden Temperatur. Bei ungünstigen äußeren Bedingungen (Trockenheit, niedrige Temperaturen) bilden sie Sporen, die gegenüber äußeren Einflüssen sehr widerstandsfähig sind und erst bei 120 °C inaktiviert werden.

Gefährlichkeit des Erregers: Die Botulismuserreger bilden sehr gefährliche Toxine. Hinzu kommt, daß ihr Wachstum und ihre Toxinbildung innerhalb eines großen, relativ niedrigen Temperaturbereichs stattfinden kann und daß sie durch die üblichen und gesundheitlich unbedenklichen Konservierungsstoffe in ihrem Wachstum und in ihrer Toxinbildung nicht gehemmt werden können. Die Vermehrung der Clostridien kann lediglich durch Nitrit (in Konzentrationen, die beim Pökeln eingesetzt werden) sowie durch sehr hohe Konzentrationen an Essigsäure und Kochsalz (über 10 % im Lebensmittel selbst, nicht nur in der Konservierungsflüssigkeit) unterbunden werden. Sie werden dabei aber nicht abgetötet. Eine solch hohe Konzentration an Kochsalz bzw. Essigsäure verbietet allerdings den Verzehr solcher Lebensmittel.

Wachstumshemmung durch Nitrit: Nitrit ist die einzige Substanz, die bereits in sehr niedrigen Konzentrationen das Wachstum und die Toxinbildung der Clostridien verhindert. Bei ausreichend gepökelten Waren (Pökelsalz: 0,5 % Kaliumnitrit in Kochsalz) besteht die Gefahr einer Vergiftung durch Botulismustoxine nicht. Die mitunter geführten Diskussionen um den Einsatz von Pökelsalz zur Konservierung sind auf Grund der mit Nitrit zu erzielenden gesundheitlichen Sicherheit nicht nachvollziehbar (siehe Kap. 6.5.4.2 und 6.6.2.1).

Unterschiede in den Stoffwechselleistungen verschiedener Stämme

Einige der Clostridienstämme (aber nicht alle) bilden eiweißspaltende Enzyme. Diese zersetzen das Eiweiß der befallenen Lebensmittel unter Bildung von Fäulnisprodukten einschließlich Gasen, die durch ihren üblen Geruch sofort wahrgenommen werden können. In diesen Fällen ist es leicht, verdorbene Lebensmittel (vorrangig Konserven) zu erkennen.

Anderen Stämmen fehlen diese eiweißspaltenden Enzyme. Das Eiweiß der befallenen Lebensmittel wird infolgedessen langsamer abgebaut, und es werden keine übelriechenden Abbauprodukte gebildet. In diesen Fällen kann ein Clostridiumbefall nicht am Verwesungsgeruch erkannt werden. In Europa kommen vorwiegend diese Stämme vor.

Botulismustoxin

Die Botulismuserreger bilden eine Reihe von Peptidgiften. Diese Toxine sind die wirksamsten Gifte, die überhaupt bekannt sind. Beim Erwachsenen sind bereits 0,1 bis 1 µg tödlich. Sie wirken an den Nervenzellen und führen durch deren Ausfall zu ständig fortschreitenden Lähmungserscheinungen. Der Tod tritt als Folge einer Atemlähmung ein.

Die Toxine sind hitzeempfindlich und werden durch Kochen vollständig inaktiviert. Bei Temperaturen von 85 °C (Pasteurisieren) werden sie innerhalb von 20 Minuten, bei 80 °C innerhalb von 30 Minuten und bei 100 °C innerhalb von 5 Minuten inaktiviert.

Krankheitsbild

Nach einer Inkubationszeit von 1 bis 3 Tagen treten Kopfschmerzen, Übelkeit und Erbrechen sowie Magen-Darm-Störungen auf. Die Körpertemperatur bleibt normal. Anschließend kommt es zu Lähmungserscheinungen

(Augenmuskulatur: Sehstörungen; Schlund- und Zungenmuskulatur: Sprach- und Schluckstörungen). Im späteren Verlauf kann es zu Lähmungen der Gliedmaßen und, bei vollem Bewußtsein, zu einer Atemlähmung kommen, die nach 6 bis 8 Tagen zum Tod führen kann. Die Mortalitätsrate (Häufigkeit von Todesfällen) betrug früher 90 %, sie konnte nach der Einführung eines Serums auf 15 % gesenkt werden.

Gefährdungen durch Lebensmittel

Ausgangspunkt der Infektionskette sind vorwiegend Erdsporen, die über verschmutzte Lebensmittel oder über Staub in die Lebensmittel gelangen. In sehr seltenen Fällen sollen auch Süßwasserfische durch Sporen belastet sein, die sich im Bodenschlamm von Teichen und Flüssen befinden.

Der Befall mit Sporen ist bei den meisten Lebensmitteln ohne Bedeutung, solange die Sporen nicht auskeimen und Toxine produzieren. Die Sporen können allerdings für Säuglinge und Kleinkinder gefährlich werden, falls sie im Dünndarm auskeimen und Toxine bilden. Diese Möglichkeit besteht beim Fehlen einer gesunden Darmflora, die normalerweise das Wachstum der Clostridien hemmt. Eine solche Gefahr soll möglicherweise von Bienenhonig ausgehen können, bei dem einzelnen Chargen mit Clostridien belastet sein sollen. Es wird deshalb empfohlen, bei einer künstlichen Ernährung von Säuglingen aus Sicherheitsgründen auf Bienenhonig zu verzichten (siehe Kap. 4.5).

Unter günstigen Wachstumsbedingungen und bei Abwesenheit von Sauerstoff keimen die Sporen aus. Solche Bedingungen können in verschlossenen Konservendosen, in vakuumverpackten und in Schrumpffolien eingeschweißten Lebensmitteln herrschen. Voraussetzung ist allerdings, daß mindestens einige Sporen wegen einer fehlenden oder unsachgemäßen Sterilisation des Ausgangsmaterials nicht abgetötet wurden. Auch bei luftdicht verpackten Lebensmitteln kann der Sauerstoffpartialdruck nach einiger Zeit hinreichend erniedrigt worden sein, so daß ein Auskeimen der Sporen möglich wird. Das kann der Fall sein, wenn der ursprünglich innerhalb der Verpackung vorhandene Luftsauerstoff durch sauerstoffverbrauchende Enzyme des nativen („unveränderten") Lebensmittels oder durch aerobe Keime weitgehend aufgebraucht wurde. Eine Vermehrung und Toxinbildung ist dann im Inneren des Lebensmittels (einige mm unterhalb der Oberfläche) möglich, allerdings kaum an seiner Oberfläche.

Botulismusfälle sind in den letzten Jahren nach dem Verzehr von industriell hergestellten Lebensmitteln kaum noch beobachtet worden. Die Hauptgefahr geht heute im wesentlichen von Lebensmitteln aus, die unsachgemäß zubereitet oder konserviert wurden (vorwiegend im Haushalt). Das betrifft fehlerhaft gepökelten Schinken (große Knochenschinken) und ohne Pökelsalzzusatz hergestellte Rohwürste sowie eingeweckte tierische und pflanzliche Lebensmittel, bei denen auf das 2malige Erhitzen auf 100 °C verzichtet wurde (siehe hierzu auch Kap. 6.5.3). Eine besonders große Gefahr besteht bei ungenügend konservierten Buschbohnen und Waldpilzen, die wegen ihres erdnahen Wuchses besonders häufig mit Erdsporen kontaminiert sind. Vereinzelte Vergiftungsfälle sind auch nach dem Verzehr von Fischkonserven beschrieben worden (unzureichendes oder zu langsames Säuern oder Räuchern, vorzugsweise bei geräucherten Forellenfilets).

Maßnahmen zum Vermeiden einer Botulismusvergiftung

Obwohl die Zahl der Botulismusfälle sehr klein ist, sind wegen der Gefährlichkeit des Toxins alle Vorkehrungen zu treffen, die eine solche Vergiftung ausschließen:

- kühle Lagerung aller wasserreichen, noch nicht verarbeiteten Lebensmittel,
- rasche Erniedrigung des Wassergehalts von Lebensmitteln, die nicht umgehend verzehrt werden sollen (Salzen, Säuern, Zuckern und Trocknen),
- Pökeln von hierzu geeigneten Lebensmitteln, nicht nur durch Salzen (Kochsalz) konservieren, dabei für ein rasches Durchdringen des Lebensmittels mit Nitrit sorgen (Pökelgut möglichst portionieren),
- Durcherhitzen (Kochen) aller nicht bei Kühlraumtemperatur gelagerten gefährdeten Lebensmittel (mindestens 10 Minuten),
- Verwerfen aller übelriechenden Lebensmittel,
- Verwerfen aller Konserven, die eine Bombage aufweisen.

6.2.4 Durch Mykotoxine (Schimmelpilztoxine) ausgelöste Lebensmittelvergiftungen

Viele Schimmelpilze sind in der Lage, Substanzen zu bilden, die sie zwar für die Aufrechterhaltung der eigenen Stoffwechselfunktionen nicht benötigen, die sie aber in die Lage versetzen, konkurrierende Mikroorganismen in deren Vermehrung zu behindern oder gar abzutöten (sog. Mykotoxine).

Etwa 200 der mehr als 100 000 bekannten Schimmelpilze sind solche Toxinbildner. Die Toxine gehören zu verschiedenen chemischen Gruppen und zeigen eine unterschiedlich starke Giftwirkung. Für Tiere und Menschen können nur wenige dieser Mykotoxine gefährlich werden. Einem verschimmelten Lebensmittel ist es allerdings äußerlich nicht anzusehen, ob es mit gefährlichen Mykotoxinen belastet ist. Die zahlreichen bei der Produktion von Lebensmitteln eingesetzten Schimmelpilze (z. B. bei der

Reifung von Käse oder Rohwürsten wie Salami) bilden nachweislich keine Mykotoxine. Da diese zur Produktion von Lebensmitteln eingesetzten Schimmelpilze in der Lage sind, eine Besiedlung durch Fäulniserreger oder toxinbildende Schimmelpilze zu verhindern (vorausgesetzt es liegt eine ausreichend hohe Keimzahl vor), kann ihnen sogar eine gewisse Schutzfunktion vor einer Mykotoxinvergiftung zugeschrieben werden. Nahezu alle Schimmelpilze sind für ihr Wachstum auf Sauerstoff angewiesen. Hohe Luftfeuchtigkeit und Wärme begünstigen das Wachstum.

Die Mykotoxine werden im Mycel gebildet, das in der Regel in die Tiefe des Lebensmittels hineinwächst. Sie zeichnen sich meist durch eine recht ausgeprägte Stabilität aus. Sie werden bei der Verarbeitung von Lebensmitteln und der Zubereitung von Speisen nur geringfügig, zumindest aber nicht vollständig inaktiviert.

Mykotoxine lösen keine akuten Vergiftungserscheinungen aus. Sie führen zu einer chronischen Vergiftung, die durch länger andauernde Aufnahme und durch die dadurch sich ständig wiederholenden kleinen Schädigungen eingeleitet wird. Das Bild einer chronischen Vergiftung entsteht erst durch das Anhäufen der Toxine am Wirkort (sog. kumulative Wirkung), wobei einzelne Organe (Leber, Nieren, Herz, Lunge) oder Funktionssysteme (Immunabwehr, Krebsbildung, Embryotoxizität) besonders betroffen sein können. Die wichtigsten Mykotoxine, die von vorzugsweise auf Lebensmitteln wachsenden Schimmelpilzen produziert werden, sind Aflatoxine, Ochratoxine, Patulin, Fusariumtoxine (Fumonisine) und Mutterkornalkaloide.

Schimmelpilzsporen können außerdem allergische Reaktionen auslösen, insbesondere bei ihrer Aufnahme über den Atemweg.

Aflatoxine

Aflatoxine werden von einem Pinselschimmelpilz (Aspergillus flavus) gebildet. Diese Toxine lagern sich fest an den Nucleinsäuren der Zellkerne an, von denen sie nur schwer wieder abgelöst werden, sie werden akkumuliert. Sie können infolgedessen oberhalb einer kritischen Konzentration zu einer Störung der Nucleinsäure- und Eiweißsynthese führen. Im Tierversuch sind Lebertumoren als Folge einer massiven Mykotoxinvergiftung gefunden worden. Aflatoxine können auch embryotoxisch wirken und die Immunabwehr unterdrücken.

Der Pinselschimmelpilz vermehrt sich bei hoher Luftfeuchtigkeit und relativ hohen Temperaturen besonders gut. Aber auch bei Zimmertemperaturen ist seine Ansiedlung auf Lebensmitteln und eine Toxinbildung möglich. Bevorzugt befallen werden Nüsse (insbesondere Erdnüsse), Mandeln, Pistazienkerne und Getreidekörner. Eine Übertragung von Sporen kann zu einer Kontamination von Mehl und anderen Getreideerzeugnissen führen. Insbesondere Brot, das günstige Wachstumsbedingungen bietet, ist für einen solchen sekundären Befall gefährdet. Auch andere Lebensmittel wie Feigen, Paprikapulver, Chillies und andere Gewürze können mit Aspergillus flavus belastet sein.

Alle Lebensmittel, die möglicherweise mit dem Schimmelpilz Aspergillus flavus oder Aflatoxinen belastet sein könnten, unterliegen seit 1976 einer strengen Kontrolle (Aflatoxin-Verordnung). Diese erstreckt sich insbesondere auf Einfuhrkontrollen bei Getreiden aus tropischen und subtropischen Regionen, die früher die Hauptgefährdungsquelle waren. Auch Futtergetreide unterliegt dieser Verordnung, da eine Übertragung der Mykotoxine des Futtergetreides auf den Menschen über das Fleisch der Schlachttiere möglich ist (sog. carry over). Die durch die Aflatoxin-Verordnung angewiesenen Kontrollen konnten die Belastung von Lebensmitteln mit Aflatoxinen stark zurückdrängen. Sie spielt heute nicht mehr die Rolle wie vor einigen Jahrzehnten, abgesehen von der gelegentlich zu findenden Belastung von Erdnüssen und von der Gefahr, die vom Verzehr von verschimmeltem Brot ausgehen kann (siehe unten).

Ochratoxine

Ochratoxine werden von verschiedenen Schimmelpilzen gebildet. Besonders gefährlich ist das Ochratoxin A, ein Nierengift, das in höheren Konzentrationen auch embryotoxisch wirken kann. Eine beim Menschen auftretende cancerogene Wirkung ist für Ochratoxine bisher noch nicht belegt. Beim Pilzwachstum auf Lebensmitteln (und Futtermitteln) wird praktisch nur Ochratoxin A gebildet. Ochratoxine sind hitzestabil und können deswegen durch Kochen und Backen nicht inaktiviert werden.

Neuere Untersuchungen haben gezeigt, daß etwa die Hälfte der in Deutschland vom Handel angebotenen Lebensmittel mit Ochratoxinen belastet sind, allerdings in unterschiedlichem Ausmaß. Eine gesundheitliche Gefährdung besteht auf Grund der geringen Konzentrationen nicht, obwohl eine Verringerung der Belastung angestrebt werden sollte. Solche geringe Mengen von Ochratoxinen sind insbesondere in Brötchen und anderen Getreideprodukten, in Kaffee und Bier (aus dem Malz der Gerste) sowie in Fleisch, Fleischerzeugnissen und im Käse (carry over) zu finden. Eine unterschiedlich große Gefahr kann vom Verzehr von verschimmeltem Brot ausgehen (siehe unten).

Eine Ochratoxin-Verordnung analog der Aflatoxin-Verordnung gibt es nicht. Ochratoxine sind in der Zwischenzeit die in Lebensmitteln am häufigsten vorkommenden Mykotoxine.

Patulin

Patulin wird vorwiegend auf Obst gebildet, bevorzugt an Stellen, die bereits in Fäulnis übergegangen sind oder zumindest eine Braunfärbung aufweisen. Eine stark erhöhte Aufnahme von Patulin kann zu akuten Vergiftungserscheinungen führen wie Übelkeit und Entzündungen der Magenschleimhaut.

Patulin ist vorzugsweise in Fruchtsäften, beispielsweise Apfelsaft, zu finden. Während der alkoholischen Gärung wird es von den Hefepilzen abgebaut, so daß in Wein und Apfelwein kein Patulin mehr zu finden ist.

Von der WHO ist empfohlen worden, einen Grenzwert für die in Lebensmitteln maximal zulässige Menge an Patulin festzulegen. In der Bundesrepublik und von der EU sind derzeit (2000) noch keine entsprechenden gesetzlichen Vorschriften erlassen worden.

Fusariumtoxine (Fumonisine)

Fusariumtoxine werden praktisch nur auf Getreiden gebildet, insbesondere auf Mais. Diese Toxine sind sehr hitzebeständig und werden durch den Backprozeß (beim Brotbacken) nicht abgetötet.

Mutterkornalkaloide

Mutterkornalkaloide werden vom Getreidebrand (Claviceps purpurea) gebildet, einem Schimmelpilz, der vorwiegend auf Roggenähren wächst. Die Gifte (Ergotamin u. a., auch Secale-Alkaloide genannt) werden vom dunkelvioletten Dauermycel gebildet, das sich auf die Körner auflagert und auch mit dem bloßen Auge relativ gut zu sehen ist. Das Vergiftungsbild (Ergotismus, Sankt-Antonius-Feuer) äußert sich in Schwindelanfällen, Lähmungen (beginnend mit Sprachstörungen) und Krämpfen. In extrem schweren Fällen können die Vergiftungen zum Tod führen. Bei Massenerkrankungen, die im Mittelalter öfter ausbrachen, sind Todesfälle offenbar gehäuft aufgetreten. Ursache war der Verzehr von nicht gereinigten und kaum ausgemahlenen Roggenerzeugnissen (Körnerbreie, Schwarzbrot). Beim Brotbacken werden nur etwa 50 % der Mutterkornalkaloide zerstört. Weißes Weizenmehl (hoch ausgemahlenes Mehl) war ein Schutz vor einer Vergiftung (Weizen wird weniger stark vom Getreidebrand befallen, ein Großteil des Pilzmycels wird mit der Kleie entfernt) und galt als Privileg der Wohlhabenden.

Durch intensive Kultivierungsmaßnahmen in der Landwirtschaft (einschließlich des Einsatzes von Fungiciden [Pilzbekämpfungsmitteln]) und durch Vorkehrungen in den Mühlen bei der Getreideverarbeitung konnte die Gefahr von Vergiftungen vollständig gebannt werden. Leichte Fälle von Vergiftungen sollen nach dem Verzehr von nicht gereinigtem Getreide aufgetreten sein, das aus einem kritiklosen alternativen Anbau stammte und ohne vorherige Reinigung verarbeitet und verzehrt wurde (Schroten der ungereinigten Körner in der Kaffeemühle).

Mykotoxingefährdete Lebensmittel

Einige Lebensmittel bieten für Schimmelpilze ideale Wachstumsbedingungen und sind daher besonders gefährdet, mit Mykotoxinen belastet zu sein. Dieser Gefahr muß durch eine erforderliche Sorgfalt bei ihrer Produktion, Lagerung und Verarbeitung begegnet werden. Gefahren gehen jedoch fast ausschließlich von Lebensmitteln aus, auf denen erst beim Endverbraucher auf Grund unsachgemäßer Lagerung Schimmelpilze wachsen, dabei Mykotoxine bilden und nicht verworfen werden. Infolgedessen ist es möglich, eine Belastung des Menschen durch Mykotoxine sicher auszuschließen.

- Nüsse
  Nüsse können vorzugsweise mit Aflatoxinen belastet sein. Diese Gefahr ist bei verschimmelten Erdnüssen besonders groß. Aflatoxine können auch in die Erdnußbutter übergehen. Auch Pistazien und Paranüsse können mit Aflatoxinen kontaminiert sein, Walnüsse, Haselnüsse und Kokosnüsse (Kokosflocken) sind dagegen weniger gefährdet.
- Getreide
  Alle Getreidesorten können mit nahezu allen bekannten Mykotoxinen belastet sein, besonders jedoch Weizen, Gerste, Mais und Reis. Das betrifft vor allem Getreide, die aus wärmeren Anbauzonen importiert wurden. Ein Mykotoxinbefall kann aber auch alle Getreideprodukte betreffen. Bei industriell hergestellten Getreideerzeugnissen kann die Gefahr einer Kontamination ausgeschlossen werden. Eine mögliche Gefährdung ist jedoch beim Verzehr von ungereinigten Körnern nicht auszuschließen (Bezug unter Umgehung von Betrieben für Getreideaufarbeitung bzw. Mühlen).
- Brot
  Brot kann bei unsachgemäßer Lagerung (zu hohe Luftfeuchtigkeit bei Temperaturen oberhalb der Zimmertemperatur) mit nahezu allen Mykotoxinen kontaminiert sein, die erst im angeschimmelten bzw. verschimmelten Brot gebildet werden. Die Infektion des Brots mit den Schimmelpilzsporen geschieht in den Backbetrieben meist erst nach erfolgtem Backprozeß über sporenhaltige Luft. Besonders gefährdet sind Weizen- und Weizenmischbrote. Auf reinem Roggenbrot findet ein Wachstum von Schimmelpilzen wesentlich seltener statt, deswegen auch die Bildung von Aflatoxinen. Die Toxine der giftbildenden Stämme (vorrangig Ochratoxin) werden vom Mycel gebildet, das ins Innere des Brotlaibs hineinwächst, und nicht durch die Sporenständer, die auf der Brotrinde den sichtbaren Schimmel bilden. Verschimmeltes oder angeschimmeltes Brot ist zu verwerfen.

- Obst und Obstsäfte

  Eine Belastung mit Patulin ist bereits bei leicht verdorbenem Obst möglich. Patulin ist sehr hitzestabil und wird durch Sterilisieren nicht abgetötet. Auch die Sporen der patulinbildenden Schimmelpilze sind hitzebeständig; sie können bei der Lagerung von Obstsäften auskeimen und Patulin bilden. Früchte, die unter hygienisch nicht unbedenklichen Bedingungen (feuchtwarmes Klima) getrocknet und gelagert werden, können ebenfalls mit Mykotoxinen belastet sein (Feigen mit Aflatoxin).

- Gemüse

  Mykotoxine können auch auf Gemüsen gebildet werden. Da jedoch angefaultes und angeschimmeltes Gemüse wegen des hohen Wassergehalts rasch verdirbt und ungenießbar wird, kann eine Mykotoxinbelastung des Menschen durch den Verzehr von Gemüse nahezu vollkommen ausgeschlossen werden.

- Gewürze

  Gewürze sind besonders stark mit Schimmelpilzen behaftet. Eine größere Belastung des Menschen mit Mykotoxinen ist wegen der zur Speisenzubereitung eingesetzten geringen Menge an Gewürzen nicht zu befürchten. Eine Inaktivierung der Schimmelpilze und damit die Verhinderung der Bildung von Mykotoxinen wird im Ausland (auch innerhalb der EU, in der Bundesrepublik nur bei der Erteilung von Sondergenehmigungen) durch die Bestrahlung der Gewürze mit ionisierenden Strahlen erreicht.

- Milch

  Eine geringe Belastung der Milch mit Mykotoxinen kann nur bei der Verfütterung von Futtergetreide auftreten, das mit Aflatoxinen und/oder Ochratoxinen belastet ist. In der Bundesrepublilk ist das seit der Verabschiedung der Aflatoxin-Verordnung nicht mehr zu befürchten.

- Käse

  Käse, die mit Hilfe von Schimmelpilzen reifen, können durch mykotoxinbildende Schimmelpilze praktisch nicht infiziert werden, da deren Ansiedlung durch die im Überschuß vorhandenen angeimpften Schimmelpilze (die keine Mykotoxine bilden) verhindert wird. Andere Käsesorten (Frischkäse) sind dagegen ein optimaler Nährboden für Schimmelpilze. Verschimmelter Frischkäse ist daher für einen Verzehr nicht geeignet und zu verwerfen.

- Fleisch

  Eine Gefährdung besteht nur bei der Verfütterung von mykotoxinverseuchtem Getreide (carry over).

- Fleisch- und Wurstwaren

  Eine Gefährdung durch Schimmelpilzbefall besteht nur bei langer Lagerung von nicht ausreichend getrockneten bzw. konservierten

Erzeugnissen. Bei Rohwürsten mit Schimmelreifung besteht diese Gefahr nicht, falls diese Würste vor Beginn des Reifungsprozesses mit gesundheitlich unbedenklichen Starterkulturen (nachweisbar keine Toxinbildner) behandelt wurden (z. B. Salami). Alle anderen angeschimmelten Fleischerzeugnisse sind gesundheitlich besonders bedenklich.

Selten gefährdete Lebensmittel

- Konfitüre und Honig
  Schimmelpilze können ab einem Zuckergehalt von 50 bis 60 % nicht mehr wachsen und keine Mykotoxine bilden. Konfitüren mit einem geringeren Zuckergehalt (z. B. mit Süßstoff gesüßte Diabetikerkonfitüre) können dagegen mit Mykotoxinen belastet sein.
- Bier, Wein (auch Apfelwein)
  Die durch belastete Gerste bzw. Weintrauben oder Obst eingeschleppten Mykotoxine werden in der Regel bei der alkoholischen Gärung weitgehend zerstört.

6.3 Lebensmittelverderb

Das entscheidende Merkmal eines Lebensmittelverderbs ist die Zersetzung der Inhaltsstoffe des verdorbenen Lebensmittels. Bei den Zersetzungsprodukten handelt es sich vorwiegend um Abbauprodukte der polymeren Inhaltsstoffe (Eiweiße und Kohlenhydrate) und um Produkte der Fettzersetzung. Durch die Ausbildung von Fehlaromen (Geruch und Geschmack) und durch das unappetitliche Aussehen werden verdorbene Lebensmittel schon subjektiv als ungenießbar angesehen. Generell kann deshalb davon ausgegangen werden, daß verdorbene Lebensmittel als solche erkannt und verworfen werden. Verdorbene Lebensmittel werden jedoch gelegentlich von hochbetagten Menschen verzehrt, bei denen sowohl das Urteilsvermögen als auch das Geschmacks- und Geruchsempfinden stark eingeschränkt sind. Dadurch kommt es zu Verdauungsstörungen und Durchfällen.

Ein Lebensmittelverderb wird vorwiegend durch den Befall durch solche Mikroorganismen verursacht, die keine oder nur schwach wirkende Gifte bilden und damit keine Lebensmittelinfektion oder Lebensmittelvergiftung auslösen können. Diese Mikroorganismen, bei denen es sich um Bakterien, Hefen oder um Schimmelpilze handeln kann, werden oft unter dem Sammelbegriff Fäulniserreger zusammengefaßt. Nur in seltenen Ausnahmefällen sind verschiedene andere Ursachen für einen Lebensmittelverderb verantwortlich wie physikochemische Prozesse (Wasserverluste, Welken) und der Abbau von Lebensmittelinhaltsstoffen durch zelleigene Enzyme.

Physikochemische Ursachen

An erster Stelle stehen Wasserverluste, vorrangig bei sehr wasserhaltigen Lebensmitteln wie Obst und Gemüse, bei denen bereits ein Welken zum Verderb führt. Auch die Oxidation von Lebensmittelinhaltsstoffen durch Luftsauerstoff ist eine häufige Ursache eines Verderbs. Bei der Oxidation durch Luftsauerstoff, die durch katalytisch wirkende Metalle wie Eisen, Kupfer und Nickel oder durch den UV-Anteil des Sonnenlichts beschleunigt werden kann, entstehen oft Umwandlungsprodukte, die als sog. Fehlaromen die Lebensmittel rein sensorisch ungenießbar machen.

Enzymatische Ursachen

Ein Verderb kann durch die Wirkung von lebensmitteleigenen Enzymen verursacht werden, die während der Lagerung zum Ab- und Umbau von Lebensmittelinhaltsstoffen führen können. Diese Enzyme werden meist erst während der Lagerung aktiviert als Folge von physikochemischen Veränderungen wie beim Welken von Blattgemüse. Vorrangig werden dabei die hochmolekularen Inhaltsstoffe der Lebensmittel durch die Einwirkung von hydrolytisch wirkenden Enzymen angegriffen. Als Folge dieses Abbaus geht die Festigkeit der Lebensmittel verloren (vorzugsweise wegen des Abbaus von komplexen Polysacchariden in Gemüse und Obst). Stärke wird zu Glucose abgebaut und anschließend weiter verstoffwechselt, und Eiweiße können partiell gespalten werden. Auch hierbei können durch nachfolgende Reaktionen Fehlaromen und Fehlfarben entstehen, die das Lebensmittel ungenießbar bzw. unansehnlich machen. Durch aktivierte Oxidasen werden Lebensmittelinhaltsstoffe, die ringförmige Moleküle als Bausteine enthalten, in braun gefärbte Oxidationsprodukte umgewandelt (sog. enzymatische Bräunung). Diese in vielen Lebensmitteln vorkommenden Oxidasen sind im schwach sauren Bereich unwirksam, daher kann diese Bräunung durch die umgehende Behandlung der Schnittflächen von Obst mit Zitronensaft verhindert werden, ebenso durch das Aufbewahren unter Wasser (Verhinderung des Kontakts mit Luftsauerstoff).

Verderb durch Mikroorganismen

Die am Verderb von Lebensmitteln beteiligten Keime wirken vorzugsweise dadurch, daß die von ihnen gebildeten Enzyme zu einer Zersetzung von Lebensmittelinhaltsstoffen führen (Gärung, Fäulnis) und damit einen idealen Nährboden für ihr eigenes Wachstum schaffen. Einige Fäulnisbildner produzieren Toxine, die nur wenig giftig sind. Diese führen in hoher Konzentration bei anfälligen Personen (Säuglinge, Kleinkinder, Kranke, Senioren) zu Vergiftungserscheinungen.

Durch den Verderb von Lebensmitteln werden allerdings auch die Wachstumsbedingungen für pathogene Mikroorganismen verbessert, die ein verdorbenes Lebensmittel nachträglich besiedeln. Außerdem kann eine Reihe der beim Verderb entstandenen Abbauprodukte eine Giftwirkung entfalten, wie z. B. die beim Eiweißabbau entstehenden biogenen Amine.

Bakterien: Bakterien spielen beim reinen Verderb in der Regel eine untergeordnete Rolle. Meist handelt es sich beim bakteriell verursachten Verderb um einen Bewuchs mit sog. Mischkulturen (gleichzeitiger Befall durch unterschiedliche Bakterien), wobei vorrangig Milchsäurebakterien und Darmbakterien beteiligt sind.

Die meisten Bakterien, die für einen Lebensmittelverderb verantwortlich sein können, zeichnen sich dadurch aus, daß sie auch bei relativ niedrigen Temperaturen (knapp oberhalb des Nullpunkts, also auch bei Kühlschranktemperaturen) noch wachsen können und dabei eine (zwar langsame) Zersetzung des befallenen Lebensmittels bewirken.

Einen raschen Verderb verursacht der sporenbildende Bacillus Clostridium perfringens, der als der typische Fäulniserreger gilt. Im Gegensatz zum nahe verwandten Botulismuserreger Clostridium botulinum (siehe Kap. 6.2.3.4) bildet er nur ein sehr schwaches Toxin, das nur in hohen Konzentrationen und bei empfindlichen Personen zu Durchfällen führen kann. Lähmungserscheinungen (wie beim Botulinustoxin) werden durch das Perfringenstoxin nicht ausgelöst.

Hefen: Für einen Lebensmittelverderb sind vorrangig Hefen verantwortlich. Sie bevorzugen als Nährmedium kohlenhydratreiche Lebensmittel. Die meisten Hefen sind auch bei niedrigen Temperaturen knapp oberhalb des Gefrierpunkts noch lebensfähig und, wenn auch eingeschränkt, noch vermehrungsfähig. Das Verderben von Lebensmitteln bei Kühlschranktemperaturen ist vorzugsweise auf Hefen zurückzuführen.

Verschiedene Hefen können auch bei recht hohen Zuckerkonzentrationen wachsen (sog. osmophile oder osmotolerante Hefen) und somit auch Konfitüren und sogar Honig zersetzen. Andere Hefen vertragen relativ hohe Salzkonzentrationen (bis 7 % Kochsalz) bzw. ein sehr saures Milieu mit p_H-Werten < 4,0 (siehe Kap. 6.1.1.3).

6.4 Weitere von Lebensmitteln ausgehende Gefährdungen

6.4.1 Wurmbefall

Eine Befall von Lebensmitteln mit Würmern, Wurmlarven bzw. Wurmeiern kommt auf Grund erfolgreicher Bekämpfungs- und Überwachungsmaßnahmen, die im Fleischhygiene-Gesetz festgelegt sind, äußerst selten vor (siehe Kap. 12.2.4.1).

Bandwürmer (Schweine-, Rinder-, Hunde-, Fuchsbandwurm)

Die Bandwurmfinnen (Larven) entwickeln sich vorzugsweise in der Muskulatur des Zwischenwirts. Die Infektion des Menschen, der der Endwirt ist, erfolgt durch den Verzehr von nicht erhitztem Fleisch, in seltenen Fällen durch den Verzehr von roher bzw. ungenügend erhitzter Leber. Die Larven und der Bandwurm selbst entwickeln sich im Darm des Menschen. Eine erneute Infektion kann auch durch die mit dem Stuhl ausgeschiedenen Bandwurmeier (in den Bandwurmgliedern enthalten) erfolgen.

Dem Bandwurmträger gehen wegen des relativ hohen Nährstoffbedarfs der Bandwürmer verhältnismäßig große Mengen an Nährstoffen verloren. Außerdem können spezifische Eiweiße des Bandwurms durch die geschädigten Darmzellen in das Körperinnere gelangen und allergische Reaktionen auslösen.

Bandwürmer treten bei der Tierhaltung in Großanlagen kaum auf, sie waren typisch für die kleinbäuerliche Tierhaltung mit intensivem Kontakt der Tiere (Zwischenwirt) mit dem „Endwirt" Mensch bei gleichzeitiger mangelhafter persönlicher Hygiene. Haustiere werden ebenfalls von Bandwürmern befallen, insbesondere Hunde und Katzen. Auch hier ist eine Übertragung auf den Menschen möglich.

Die Bandwurmfinnen werden beim Erhitzen und bei Tiefkühltemperaturen abgetötet (Abtötung in der Kälte erfolgt bei –18 °C innerhalb von 7 Tagen). Durcherhitztes Fleisch sowie tiefgefrostetes Tatar (ausreichend lang) bieten eine sehr große Sicherheit vor einem möglichen Bandwurmbefall. Die gesetzlich vorgeschriebene Fleischbeschau sorgt für weitere Sicherheit. Es ist allerdings möglich, daß bei der Fleischbeschau Bandwurmfinnen nicht entdeckt werden, da sie sich mitunter in nur wenigen Fleischteilen wahllos einnisten (im Gegensatz zu Trichinen, die bei der Fleischbeschau wesentlich besser entdeckt werden).

Eine größere Gefahr geht vom Fuchsbandwurm aus, der außerdem zu schwereren Krankheitsbildern führen kann als die Bandwürmer der Schlachttiere. Auch Hunde und Katzen können Träger des Fuchsbandwurms sein. Der Fuchsbandwurm wird auch durch Bandwurmeier übertragen, die mit kontaminierten Waldbeeren und Pilzen aufgenommen werden. Durch gründliches Waschen und Erhitzen der gesammelten Beeren und Pilze wird dieser Gefahr begegnet. Im Gegensatz zu den anderen Bandwürmern sind die Eier des Fuchsbandwurms gegenüber tiefen Temperaturen ungewöhnlich resistent und werden offenbar erst bei Temperaturen von –80 °C (nicht schon bei –18 °C) abgetötet.

Trichinen

Trichinen können sich in allen fleischfressenden Tieren wie Schwein, Wildschwein, Sumpfbiber (Nutria), Dachs, Fuchs sowie Bär vermehren. Die Trichinen kapseln sich in der Muskulatur der befallenen Tiere ein. Beim Verzehr von trichinenverseuchtem Fleisch entwickeln sich im Menschen neue Trichinen, die sich in den Muskeln und im Darm ansiedeln. Der Trichinenbefall führt zu einer lang andauernden Erkrankung (Trichinose), die in seltenen Fällen auch zum Tod führt.

Ein Trichinenbefall kann durch die gesetzlich vorgeschriebene Fleischbeschau der Schlacht- und Wildtiere festgestellt werden. Im Gegensatz zu den Bandwurmfinnen siedeln sich Trichinen in bestimmten Muskeln an. Außerdem werden Trichinen durch gründliches Durcherhitzen und durch tiefe Temperaturen abgetötet (Abtötung innerhalb von 10 bis 20 Tagen bei –25 °C).

Vereinzelt auftretende Fälle von Trichinose sind auf den Verzehr von nicht erhitztem Fleisch zurückzuführen, bei dem die vorgeschriebene Fleischbeschau nicht ordnungsgemäß vorgenommen wurde.

Spulwürmer und Madenwürmer

Spul- und Madenwürmerbefall erfolgt bei mangelhafter Hygiene (persönliche Hygiene, Hausstaub) durch die Aufnahme der Wurmeier aus der Umwelt und durch den Verzehr von unzureichend gewaschenen bzw. erhitzten Salaten oder Gemüsen, die mit Hausdung (Toiletten der Landbevölkerung) eine sog. Kopfdüngung erhalten haben. Der Befall mit Spul- und Madenwürmern, Mitte des letzten Jahrhunderts noch weit verbreitet, ist in der Bundesrepublik sehr stark zurückgegangen.

Nematodenlarven

Der Befall von Seefischen mit Nematodenlarven hat in den letzten Jahren stark abgenommen, wenn auch in jüngster Zeit erneut über nematodenbefallenen Fisch berichtet wurde. Die Nematodenlarven siedeln sich vorwiegend im Bauchraum der Seefische an. Die Larven treten nach dem Tod des Fischs oft in das Fischfleisch der Bauchlappen über, falls die Fische nach dem Fang nicht umgehend ausgenommen werden.

Die Nematodenlarven werden beim Erhitzen auf 70 °C abgetötet, ebenso beim Tiefgefrieren auf –18 °C (mindestens 24 Stunden), beim Einsalzen (20 % Kochsalz für die Dauer von 10 Tagen) oder durch Essigmarinade (Essigsäure und Kochsalz für die Dauer von 35 Tagen). In der Bundesrepublik werden seit einigen Jahren Fischfilets auf das Vorkommen von Nematodenlarven überprüft (Durchleuchtung unter Sichtkontrolle auf speziellen Leuchttischen).

Der Mensch wird durch Nematodenlarven nicht gefährdet. Vereinzelte Fälle von unspezifischen Beschwerden sind im nordpazifischen Raum beschrieben worden, in dem roher Fisch ständig und in großen Mengen verzehrt wird.

Großer Leberegel

Der große Leberegel befällt vorzugsweise Schafe, gelegentlich Rinder, aber sehr selten Schweine. Auch Wasserschnecken sind öfters befallen (Frankreich). Der Mensch wird sehr selten infiziert. Der Egel siedelt sich in der Leber, seltener in der Lunge und im Bauchfell an. Die Infektion erfolgt über die Aufnahme der Larven mit der Nahrung (verseuchtes Wasser, Gemüse, das in kontaminiertem Wasser gewachsen ist, wie die [wildwachsende] Brunnenkresse). Der Egel und seine Larven werden durch Erhitzen abgetötet.

6.4.2 Bovine spongiforme Enzephalopathie (BSE)

Die BSE ist eine beim Rind auftretende Erkrankung, die durch ein infektiöses Agens übertragen wird (Rinderwahnsinn). Sie ist 1986 erstmalig in Großbritannien aufgetreten und hat in der Zwischenzeit eine in die Tausende gehende Zahl von Rindern betroffen. Sie äußert sich in Verhaltensstörungen, zu denen sich nachfolgend Gleichgewichtsstörungen gesellen. Die Erkrankung führt unweigerlich zum Tod. Die Ausfallserscheinungen und der Tod werden durch eine fortschreitende schwammartige (spongiforme) Zerstörung des Gehirns (Enzephalopathie) verursacht.

Dieses Krankheitsbild der BSE zeigt große Ähnlichkeit mit der seit langem bekannten Traberkrankheit (Scrapie) der Schafe. Die Traberkrankheit tritt in einzelnen Schafherden in unregelmäßigen Abständen auf, um nach einiger Zeit und nach dem Tod einiger Tiere wieder zu verlöschen. Es konnte lange Zeit davon ausgegangen werden, daß die Traberkrankheit vom Schaf aus nicht auf andere Tierarten oder den Menschen übertragen werden kann.

Ausgangspunkt für die BSE war offensichtlich die Verfütterung von solchem Tiermehl an die Rinder, das nach einer neuen Technologie hergestellt wurde. Bei dieser Technologie wurden aus wirtschaftlichen Gründen die Produktionsbedingungen verändert, wobei die Temperaturen für die Sterilisation des Tiermehls herabgesetzt wurden. Dadurch wurde das infektiöse Agens der Traberkrankheit nicht mehr abgetötet und lag somit noch in solchen Chargen vor, zu deren Produktion auch die Kadaver von Schafen verarbeitet wurden, die an der Traberkrankheit verstorben waren. Auf diese Weise muß sich dieses infektiöse Agens offenbar so an das neue Wirtstier Rind angepaßt und sich dabei so verändert haben, daß es als ein neues infektiöses Agens auch beim Rind eine Krankheit, den Rinderwahnsinn, auslösen kann. Neben der Übertragung über die Verfütterung von belastetem Tiermehl, die nunmehr verboten ist, spielt die intrauterine Übertragung auf den Föten eine entscheidende Rolle für die Ausbreitung der BSE.

Das infektiöse Agens der BSE und sein Wirkungsmechanismus ist bis heute nicht vollständig aufgeklärt, obwohl die bisherigen Befunde die sog. Prionentheorie nahezu lückenlos bestätigen. Es handelt sich bei diesem Agens um keinen Mikroorganismus und sehr wahrscheinlich nicht um ein Virus. Ebenso konnte eine krankmachende genetische Information in Form einer „nackten" DNA oder RNA (Nucleinsäure ohne Eiweiß) ausgeschlossen werden. Nach der Prionentheorie handelt es sich bei dem infektiösen Agens um ein äußerst stabiles Eiweiß, das ungewöhnliche Eigenschaften aufweist. Es ist gegenüber der Einwirkung von zahlreichen Chemikalien äußerst resistent, insbesondere aber gegenüber höheren Temperaturen. Es wird erst bei Temperaturen von 133 °C nach einer Einwirkungszeit von mindestens 20 Minuten abgetötet.

Es zeigte sich weiter, daß dieses Eiweiß mit einem Eiweiß der Nervenzellen große Ähnlichkeit hat, von dem es sich nur durch eine andere räumliche Anordnung unterscheidet. Solche spezifischen Eiweiße kommen offensichtlich in den Nervenzellen aller Säugetiere und vermutlich auch in denen des Menschen vor. Sie werden ständig gebildet und auch im gleichen Umfang wieder abgebaut. Ihre Funktion ist völlig unbekannt.

Nach der Prionenhypothese wird der geregelte Mechanismus des Auf- und Abbaus dieses Eiweißes gestört, wenn das infektiöse Agens, die Prionen, in die Nervenzelle eindringen. Die infektiösen Prionen unterscheiden sich von den „gesunden" Prionen nur durch eine andere räumliche Struktur, die eine Zusammenlagerung von Prionenmolekülen zu größeren Molekülkomplexen gestattet. Die infektiösen Prionen lagern sich offensichtlich mit den ständig gebildeten „gesunden" Prionen zu Aggregationen zusammen, die dann nicht mehr abgebaut werden können. Die Folge ist ein Anhäufen von solchen krankhaften Eiweißen in der Nervenzelle, die zu einer schweren Schädigung der betroffenen Zellen und nachfolgend zu Veränderungen in der Feinstruktur des Gehirns bis hin zu den beschriebenen schwammartigen Zerstörungen führen.

Die gesunden Prionen unterscheiden sich aus verständlichen Gründen bei den verschiedenen Tierarten und beim Menschen in Feinheiten ihres Aufbaus, die auf unterschiedlich große Unterschiede in bestimmten Aminosäuresequenzen zurückzuführen sind. Aus diesem Grund ist auch die Übertragung dieser infektiösen Prionen auf andere Tierarten und auf den Menschen zunächst nicht ohne weiteres möglich, vor allem wenn die Ähnlichkeiten nicht besonders groß sind. Das erklärt auch die Tatsache, daß die seit der vorletzten Jahrhundertwende bekannte Traberkrankheit der Schafe nicht zu ähnlichen Erkrankungen beim Menschen geführt hat (und unter natürlichen Bedingungen bei anderen Tieren). Eine Übertragung auf eine andere Spezies ist offenbar nur möglich, wenn sich gewisse Ähnlichkeiten durch Veränderungen am Eiweißmolekül ergeben haben.

Solche Veränderungen sind außerdem leichter möglich, wenn die Konzentration des infektiösen Prions hoch ist.

Die Veränderungen, die beim Rinderwahnsinn am Gehirn der Rinder auftreten, haben große Ähnlichkeiten mit denen, die beim Menschen zu sehen sind, der an der Creutzfeld-Jacob-Kankheit erkrankt ist. Diese Krankheit ist seit Jahrzehnten bekannt. Sie tritt erst im höheren Alter auf und zeigt im Vergleich zu der BSE oder Traberkrankheit einen wesentlich langsameren Verlauf, auch wenn sie ebenfalls zum Tod führt. Aufregend ist dagegen das seit wenigen Jahren zunächst nur in England zu beobachtende Auftreten einer neuen Form dieser Krankheit, die auch und vorwiegend jüngere Menschen betrifft, sehr rasch voranschreitet und nach relativ kurzer Zeit zum Tod führt. Die meisten Fälle dieser neuen Form der Creutzfeld-Jacob-Krankheit sind in Großbritannien aufgetreten. Der Verdacht liegt nahe, daß ein Zusammenhang zwischen dieser Krankheit und dem Verzehr von BSE-verseuchtem Rindfleisch besteht. Seit 1996 verhärtet sich der Verdacht, daß Prionen das infektiöse Agens dieser neuen Form sind. Aus diesem Grund sind von der EU Richtlinien bzw. Verbote erlassen worden, um die Verbraucher vor einer möglichen Infektion mit BSE zu schützen.

Hohe Konzentrationen des infektiösen Agens finden sich bei den erkrankten Rindern im Gehirn sowie im Rückenmark. Aber auch in Thymus, Milz und in den Därmen sind infektiöse Prionen nachweisbar (Konzentration in der angegebenen Reihenfolge). Schließlich können auch alle Nervenstränge und Nervenfasern, die in den Muskeln verlaufen, das infektiöse Agens enthalten. Daher ist nicht nur der Export von Rindern aus BSE-befallenen Herden verboten, sondern auch die Verarbeitung von Gehirn, Hirnhäuten und Blutplasma von Tieren aus BSE-Gebieten.

6.5 Konservieren von Lebensmitteln

Durch eine Konservierung von Lebensmitteln soll die Besiedlung durch Mikroorganismen und deren Vermehrung, der Abbau von Nährstoffen, die Bildung von gesundheitsschädlichen Stoffen, der Verlust von Aromen sowie die Ausbildung von Fehlaromen weitgehend verhindert und somit eine möglichst lange Haltbarkeit des Lebensmittels bei minimalem Wertverlust erreicht werden.

Die verschiedenen Konservierungsverfahren erfüllen bei den einzelnen Lebensmitteln diese Anforderungen in unterschiedlichem Maße. Nicht alle Konservierungsmethoden sind für alle Lebensmittel geeignet.

Folgende Konservierungsverfahren können prinzipiell eingesetzt werden:

- Konservieren durch niedrige Temperaturen,
- Konservieren durch Trocknen (Wasserentzug),

- Konservieren durch Hitze,
- Konservieren durch chemische Verfahren (Hemmung von Mikroorganismen),
- Konservieren durch physikalische Verfahren.

6.5.1 Konservieren durch Kälte

Beim Konservieren oder beim Aufbewahren von Lebensmitteln bei niedrigen Temperaturen werden die Mikroorganismen in ihrem Wachstum gehemmt bzw. abgetötet. Gleichzeitig wird die Aktivität von Enzymen beträchtlich erniedrigt oder vollständig ausgeschaltet. Das betrifft sowohl die Enzyme, die von den Mikrorganismen gebildet werden, als auch die zelleigenen Enzyme der Lebensmittel.

Bei sehr niedrigen Temperaturen können außerdem Würmer, Wurmeier und Einzeller abgetötet werden. Auch rein chemische Prozesse, die zu Veränderungen an Lebensmitteln führen, wie beispielsweise Oxidationsprozesse, laufen bei niedrigen Temperaturen wesentlich langsamer ab.

Verzögerung der Vermehrung und Abtötung von Mikroorganismen

- Lagerung bei Kühlraumtemperaturen
  Das Wachstum und die Vermehrung nahezu aller Mikroorganismen ist bei Temperaturen unterhalb von 10 °C, insbesondere aber unterhalb von 4 °C, stark eingeschränkt. Nur wenige Mikroorganismen zeigen bei diesen Temperaturen noch ein verlangsamtes Wachstum und eine Vermehrung. Die Ausnahmen sind Schimmelpilze, einige Hefen und einige Bakterien wie Clostridium botulinum (Typ E), Bacillus cereus und Listerien.
  Der bei Kühlschranktemperaturen erfolgende Verderb von Lebensmitteln ist vor allem auf Schimmelpilze und Hefen zurückzuführen. Diese können sich im Laufe der Zeit, begünstigt durch eine mangelhafte Reinigung des Kühlschranks oder Kühlraums, beträchtlich vermehren und damit frische, nahezu keimfreie Lebensmittel rasch kontaminieren. Da die meisten Keime bei Kühlschranktemperaturen in der Regel nicht abgetötet werden, können sie sich bei einem erneuten Temperaturanstieg wieder rasch vermehren (langes Stehenlassen von gekühlt aufbewahrten Speisen bei Zimmertemperatur).
  Die Toxinbildung der meisten toxinbildenden Bakterien ist bei Temperaturen von 4 °C vollständig gehemmt.
- Lagerung bei Temperaturen nahe 0 °C
  Lagertemperaturen von 0 bis 2 °C können durch die Lagerung auf schmelzendem Eis (Crash-Eis) eingehalten werden. Die dabei relativ sicher einhaltbare niedrige Temperatur garantiert eine wesentlich

zuverlässigere Kühlung von leicht verderblichen Lebensmitteln als deren Lagerung im Kühlschrank (Fische, Schalen- und Krustentiere).

- Lagerung bei Tiefkühltemperaturen

  Bei Temperaturen von −18 °C (und darunter) werden zahlreiche Mikroorganismen noch nicht abgetötet. Stoffwechselprozesse finden jedoch nicht mehr statt, demzufolge auch keine Vermehrung der Keime.

  Viele Keime können nach dem Auftauen von tiefgefrorenen Lebensmitteln wieder aktiv werden und somit zu einem Verderb der Lebensmittel führen. Diese Reaktivierung des Stoffwechsels der Keime benötigt zunächst eine gewisse, unterschiedlich lange Anlaufphase (sog. Lag-Phase). Nach dieser Lag-Phase können sich die Keime mitunter besonders schnell vermehren, da infolge des Gefrier-Tau-Prozesses viele Zellen des eingefrorenen Lebensmittels zerstört sind und daher einen für Mikroorganismen leicht zugänglichen Nährboden darstellen. Aufgetaute Lebensmittel verderben deshalb besonders rasch.

  Bandwurmfinnen, Trichinen, Toxoplasmen und Nematodenlarven (Seefische) werden bei ausreichend langer Aufbewahrung bei −18 bis −25 °C abgetötet (Finnen nach 7 Tagen bei −18°, Trichinen innerhalb von 10 bis 20 Tagen bei −25 °C).

- Lagerung bei ultratiefen Temperaturen

  Bei ultratiefen Temperaturen (flüssiger Stickstoff, −195 °C) werden Bakterien, Hefen und Schimmelpilze sicher abgetötet, nur Viren bleiben meist noch intakt und infektiös.

Beeinflussung von Enzymreaktionen

Die Veränderungen, die an den Lebensmitteln durch enzymatische Reaktionen erfolgen, laufen bei niedrigen Temperaturen verlangsamt ab, da auch die Umsatzgeschwindigkeit der enzymabhängigen Reaktionen mit sinkender Temperatur abnimmt. In gefrorenen Lebensmitteln sind sie nahezu zum Stillstand gekommen, da Enzyme nur in einer wäßrigen Phase aktiv sind (bei −20 °C ist maximal noch 1 % Restaktivität im Vergleich zur Aktivität bei Raumtemperatur vorhanden). Eine mögliche Gefrierpunkterniedrigung des Wassers muß allerdings bedacht werden, die auch durch einen niedrigen lokalen a_W-Wert bedingt sein kann (siehe Kap. 6.1.1.6).

Viele Enzyme werden beim Einfrieren, selbst bei −196 °C, nicht zerstört. Nach dem Auftauen können sie wieder aktiv werden und so den Verderb der Lebensmittel begünstigen. Hydrolytisch spaltende Enzyme zeigen auch bei Kühlraumtemperaturen eine nicht zu vernachlässigende Restaktivität. Erst unterhalb einer bestimmten unter dem Nullpunkt liegenden Temperatur finden an den Lebensmitteln keine enzymatisch bedingten Veränderungen mehr statt.

Beeinflussung von chemischen Reaktionen

Auch chemische Reaktionen laufen bei niedrigen Temperaturen langsamer ab. Das betrifft insbesondere die von der Anwesenheit von Luftsauerstoff abhängigen Oxidationsprozesse, die sich auch bei Temperaturen unterhalb des Gefrierpunkts noch abspielen, mit weiter abnehmender Temperatur allerdings zunehmend verlangsamt. Fettsäuren, insbesondere mehrfach ungesättigte Fettsäuren, werden auch bei Temperaturen von –20 °C noch oxidiert. Ein hoher Gehalt an mehrfach ungesättigten Fettsäuren, insbesondere bei einem geringen natürlichen Oxidationsschutz (geringer Gehalt an Vitamin E), verringert somit die unter Tiefkühlbedingungen vertretbare Lagerdauer von Lebensmitteln (kürzere Lagerdauer von Schweinefleisch im Vergleich zu Rindfleisch).

Der Verlust von Vitaminen ist bei niedrigen Temperaturen im Vergleich zur Lagerung bei Zimmertemperatur sehr gering, insbesondere bei Temperaturen von –18 °C. Tiefgekühlt aufbewahrtes Gemüse erleidet daher kaum merkliche Vitaminverluste.

Gesichtspunkte für die Kältekonservierung

- Luftdichte Verpackung

  Eine luftdichte Verpackung verhindert weitgehend das Austrocknen des Lagerguts. Sie unterbindet weiterhin die Übertragung von Fremdgerüchen von anderen eingelagerten Lebensmitteln und hemmt bis zu einem gewissen Grad den ständigen Austausch von Luft, deren Sauerstoffpartialdruck im abgepackten Lebensmittel als Folge der noch ablaufenden Lebensprozesse ständig erniedrigt wird. Die luftdichte Verpackung sorgt somit dafür, daß Oxidationsprozesse verlangsamt ablaufen. Die Verpackung schützt außerdem vor einem massiven Befall mit Fremdkeimen von anderen eingelagerten Lebensmitteln bzw. von Keimen (insbesondere Hefen), die als Verunreinigung des Kühlraums dessen Mikroklima belasten.

  Lagerung im Kühlraum: Während der Lagerung bei Kühlschranktemperaturen sollte am Lebensmittel atmungsinaktives Verpackungsmaterial (Folie) nicht fest anliegen. Das entstehende Schwitzwasser begünstigt die Vermehrung von Schimmelpilzen und Hefen. Feuchte Lebensmittel (z. B. Fleisch) können, falls erforderlich, in begrenzt atmungsaktives Verpackungsmaterial (Pergamentpapier) eingeschlagen werden.

  Lagerung bei tiefen Temperaturen: Bei der Tiefkühllagerung ist auf eine luftdichte Verpackung des Gefrierguts besonders zu achten (Verhinderung von „Gefrierbrand"). Beim Einschweißen in Gefrierbeuteln sollte das Entstehen von Luftblasen möglichst verhindert werden, wodurch die Oxidationsgefahr verringert wird. Zweckmäßig ist das Einfrieren von vakuumverpackter Ware. Unter Schutzgas verpackte

Lebensmittel (siehe unten) sind chemischen Veränderungen wesentlich weniger ausgesetzt. Bei der Einlagerung von eingeschweißten Lebensmitteln ist peinlichst darauf zu achten, daß die Verpackung nicht beschädigt wird.

- Auswahl der geeigneten Lagertemperatur und deren Einhaltung

Lagerung im Kühlraum: Die für das betreffende Lebensmittel optimalen Lagertemperaturen sind möglichst einzuhalten. Falls in Kühlanlagen (Kühlschränken) unterschiedliche Temperaturzonen zur Verfügung stehen, sind die empfindlichsten Lebensmittel (Fleisch, Fleisch- und Wurstwaren, Fisch) im kältesten Bereich aufzubewahren (im Kühlschrank im untersten Fach). Die einzelnen Lebensmittel sind soweit wie möglich in getrennten Kühlräumen zu deponieren.

Bei empfindlichen Gemüsen und Obst wie beispielsweise Gurken, Zucchini, Tomaten, Südfrüchten oder Kartoffeln treten erste Kälteschäden bereits bei Temperaturen von 6 °C auf.

Die jeweils optimale Luftfeuchtigkeit sollte, falls technisch möglich, eingehalten werden. Dadurch ist es möglich, das Austrocknen der Lebensmittel zu minimieren und gleichzeitig den Verderb durch Schimmelpilze gering zu halten. Die optimale relative Luftfeuchtigkeit hängt von der Kühlraumtemperatur ab (bei 0 °C 88 %, bei 4 °C 75 % relative Feuchte).

Bei einer gesonderten Aufbewahrung von Obst und Gemüse, insbesondere Blattsalaten, ist die Luftfeuchtigkeit zu erhöhen, vor allem der Salat bleibt so länger „knackig" (90 % Luftfeuchte bei 0 bis 2 °C, Sonderfächer moderner Kühlschränke). Bei Fehlen einer solchen gesonderten Lagerung kann eine höhere Luftfeuchtigkeit erreicht werden, indem das Lagergut in dicht verschlossenen Polyethylenbeuteln oder -dosen aufbewahrt wird. Eine regelmäßige Kontrolle ist jedoch erforderlich, weil durch diese nicht kontrollierbare Erhöhung der Luftfeuchtigkeit eine Schimmelbildung und Fäulnis begünstigt werden kann.

Lagerung bei tiefen Temperaturen: Bei tiefgefrorenen Lebensmitteln muß die Kerntemperatur von mindestens –18 °C ständig eingehalten werden. Durch Mikroorganismen bedingte Abbauprozesse sind nur bei einer ununterbrochenen Aufbewahrung bei dieser Temperatur (oder darunter) sicher auszuschließen. Einige Mikroorganismen können sich bei Temperaturen oberhalb von –12 °C bereits wieder langsam vermehren. Die Temperatur der Randschichten des Gefrierguts darf deshalb nur kurzfristig (beim Be- und Entladen) auf –15 °C ansteigen.

Einfrosten von Lebensmitteln: Lebensmittel sind durch Schockfrostung möglichst schnell entsprechend den Angaben des Geräteherstellers einzufrieren. Die Empfehlungen des Herstellers sind einzuhalten, da sie auf die Leistungsfähigkeit der betreffenden Anlage abgestimmt sind. Durch ein möglichst schnelles Durchfrieren des Lebensmittels werden enzymatische Abbauprozesse minimiert, die durch aktivierte, lebensmitteleigene Enzyme katalysiert werden können.

Gemüse und Obst ist vor dem Einfrieren zu blanchieren, um dadurch zelleigene Enzyme zu inaktivieren, die andernfalls den Abbau von hochmolekularen Lebensmittelinhaltsstoffen, Farbstoffen und Vitaminen während des Gefrierprozesses beschleunigen können.

Lebensmittel sind möglichst ungesalzen und ungezuckert einzufrieren. Salz und Zucker bewirken eine Gefrierpunkterniedrigung, sie binden während des Einfrierens außerdem Wasser. Eine Ausnahme sind gesalzene bzw. gesüßte Fertiggerichte.

Fleisch darf nur abgehangen eingefroren werden. Beim Einfrieren von nicht abgehangenem Fleisch besteht die Gefahr der Ausbildung eines Fleischfehlers (sog. cold shortening effect, siehe Kap. 5.1.2.1.5). Eine Ausnahme ist tiefgefrorenes Hackfleisch, das nur aus frischem, nicht abgehangenem Fleisch zubereitet werden darf.

Süßwasserfische (möglichst nur fangfrisch) und Fischfilets von größeren Fischen sollten nach der Schockfrostung umgehend glaciert werden (vor der eigentlichen Tiefkühllagerung). Die dabei sich bildende dünne Eisschicht verhindert mit großer Sicherheit ein Austrocknen und damit verbundene Qualitätsverluste.

Brot kann gefrostet werden (gute Haltbarkeit, nochmaliges Erhitzen nach dem Auftauen, „Nachbacken"). Brot kann jedoch nicht im Kühlschrank aufbewahrt werden, da es dabei rasch austrocknet und altbacken wird.

- Weitere Gesichtspunkte für die Kühllagerung

Gewürze: Gewürze gewinnen beim Einfrieren in der Regel an Intensität. Es wird deswegen empfohlen, Speisen, die eingefroren werden sollen, nur schwach zu würzen.

Verschmutzte Lebensmittel: Es ist verboten, verschmutzte Lebensmittel einzulagern (insbesondere mit Gartenerde verschmutzt). Einige der in der Gartenerde meist in großer Zahl vorkommenden Erdsporen können bei Kühlraumtemperaturen auskeimen und Toxine bilden. Clostridium botulinum (Typ E) kann sich bereits oberhalb von 3 °C vermehren.

Räumlich begrenzte Lagerkapazität: Auch bei einer räumlich begrenzten Lagerkapazität sind die verschiedenen Lebensmittelgruppen getrennt zu lagern. Lebensmittel dürfen nicht direkt auf dem Kühlraumboden aufbewahrt werden. Keime und Sporen lagern sich in größeren Mengen ab, da Kühlräume in der Regel wenig betreten werden. Beim Begehen des Kühlraums werden sie aufgewirbelt, so daß die Luft dicht oberhalb des Bodens stark mit Mikroorganismen und Sporen belastet ist.

Scherbeneis: Beim Kühlen mit Scherbeneis ist auf guten Kontakt mit dem Kühlgut zu achten. Bei größeren Luftbrücken zwischen Eis und Kühlgut ist eine ausreichende Kühlung nicht gesichert (bei Kontrollen wurden im Kühlgut oft Temperaturen von weit über 4 °C gemessen). Außerdem ist eine Verunreinigung des Kühlguts durch Tauwasser peinlichst zu vermeiden, um ein Einschleppen von Keimen zu verhindern (das gilt nicht bei Lebensmitteln, die vor der Zubereitung und dem Verzehr gründlich gereinigt werden müssen, wie beispielsweise auf Eis aufbewahrter Frischfisch).

6.5.2 Konservieren durch Trocknen

Ein Wasserentzug (Erniedrigung des a_W-Werts) führt zu einer Verzögerung und letztendlich zum Stillstand aller Stoffwechselvorgänge, einschließlich des Abbaus von Lebensmittelinhaltsstoffen. Er schützt insbesondere vor mikrobiellem Verderb, da Mikroorganismen unterhalb einer jeweils kritischen Menge an frei verfügbarem Wasser (a_W-Wert) nicht mehr wachsen können (siehe Kap. 6.1.1.6). Aber auch in getrockneten Lebensmitteln können bestimmte chemische Veränderungen bis zu einem gewissen Grad stattfinden, in die Wasser nicht einbezogen ist.

Eine Konservierung durch Wasserentzug kann durch verschiedene Methoden erfolgen, die unterschiedlich schnell sind und bei denen die Lebensmittel unterschiedlich schonend getrocknet werden.

Lufttrocknung

Das Trocknen an der Luft (und an der Sonne) ist das einfachste Trocknungsverfahren. Bei ihm erfolgt der Wasserentzug sehr langsam, deswegen eignen sich besonders wasserreiche und verderbliche Lebensmittel nicht oder nur bedingt für das Trocknen an der Luft. Bei ihnen besteht die Gefahr, daß sie bereits während des Trocknungsprozesses als Folge eines Befalls durch Fäulniserreger oder einer Eigenzersetzung verderben.

Bei industriellen Lufttrocknungsverfahren werden diese Nachteile der Lufttrocknung nur teilweise vermieden. Bei ihnen wird, um die Trockenzeiten zu verkürzen, mit unterschiedlich hoch erwärmter Luft (in der Regel über 60 °C, um ein Wachstum von Keimen zu verhindern) gearbeitet. Außerdem kann durch das sog. Wirbelverfahren (Durchwirbeln von Lebensmitteln mit kleiner Korngröße wie z. B. Erbsen mit Warmluft) ein weiteres zeitliches Verkürzen des Trocknungsverfahrens erreicht werden.

Während des Trocknungsprozesses laufen am Lebensmittel oft enzymatische Veränderungen ab, die durch lebensmitteleigene und/oder durch Enzyme von Mikroorganismen katalysiert werden. Diese Veränderungen sind als sog. Reifungsprozesse oft erwünscht (z. B. die Reifung von Salami durch Schimmelpilze), da hierbei auch typische Aromastoffe gebildet werden. Andererseits kann durch eine unerwünschte Besiedlung durch Fremdkeime eine Zersetzung (Verderb) des Lebensmittels erfolgen, oder es kommt wegen eines unkontrollierten Schimmelpilzbefalls zu einer Kontamination mit Mykotoxinen.

Getrocknete Gewürzkörner (Pfeffer u. a.) und Gewürzkräuter sind sehr häufig und massiv mit Mikroorganismen (häufig Schimmelpilze) belastet, ohne daß sie verdorben sind oder ohne daß ihre Qualität vermindert ist. Bei dem meist mengenmäßig geringen Einsatz von Gewürzen können diese Verunreinigungen vernachlässigt werden, insbesondere wenn die Gewürze bis zur Verwendung trocken aufbewahrt werden.

Trockenpilze und Stockfisch können ebenfalls mit Mikroorganismen belastet sein. Da diese Lebensmittel meist in weitaus größerer Menge verzehrt werden als Gewürze, ist diese Tatsache bei der Speisenzubereitung insbesondere für empfindliche, geschwächte Personen zu berücksichtigen (Verwerfen des zum Quellen verwendeten Wassers, ausreichend lange Kochzeiten, Verzicht auf diese Lebensmittel).

Industriell luftgetrocknete pflanzliche Lebensmittel, insbesondere Obst (aber auch Gemüse), werden oft zusätzlich mit Schwefeldioxid (schweflige Säure) als Antioxidans behandelt, um eine oxidativ bedingte Aroma- und Farbveränderung (enzymatische Bräunung) zu verhindern. Bei einer möglicherweise bestehenden Allergie gegenüber schwefliger Säure (siehe Kap. 7.1.2) sollte geprüft werden, ob Trockenobst, Rosinen oder Trockengemüse (auch Fertigsuppen, aber nicht getrocknete Hülsenfrüchte) als Auslöser eines allergischen Schubs in Betracht gezogen werden müssen. Gegebenenfalls sind solche Produkte zu meiden.

Walzentrocknung

Bei der Walzentrocknung werden die löslichen Lebensmittel oder die Lebensmittel, die zu einem leicht zu versprühenden Brei verarbeitet wurden, auf geheizte rotierende Walzen aufgesprüht, wobei das Wasser umgehend verdampft. Das so erhaltene Trockengut wird beim kontinuierlich laufenden Trockenprozeß von den Walzen abgekratzt. Dieses Trocknungsverfahren ist relativ kostengünstig, die Gefahr eines Befalls durch Mikroorganismen besteht wegen des raschen Trocknens nicht. Bereits vorhandene Keime (aber nicht Bakteriensporen) werden bei Walzentrocknung in der Regel abgetötet.

Die Walzentrocknung wird nur noch selten eingesetzt, da die schlagartige thermische Belastung oft zu größeren Veränderungen an den Lebensmittelinhaltsstoffen führt. Diese Veränderungen sind vorzugsweise nichtenzymatische Bräunungs- und thermische Zersetzungsreaktionen, die oft zu beträchtlichen Geschmacks- und Farbveränderungen führen. Die durch Walzentrocknung hergestellten Trockenpulver sind außerdem relativ schlecht wasserlöslich.

Die Walzentrocknung wird praktisch nur noch zur Herstellung von Trokkenpulver für Kartoffelpüree eingesetzt, bei der solche unerwünschten Veränderungen weitestgehend vermieden werden können. Walzengetrocknetes Milchpulver wird aus geschmacklichen Gründen nur noch für Futterzwecke verwendet.

Sprühtrocknung

Beim Sprühtrocknungsverfahren wird das in Wasser gelöste oder aufgeschwemmte Trockengut in einen heißen Luftstrom eingesprüht. Bei sehr oxidationsempfindlichen Lebensmitteln wird an Stelle des Luftstroms ein Strom von erhitztem Stickstoffgas eingesetzt. Das Trockengut fällt als Pulver auf den Boden der Trockenkammer. Die Sprühtrocknung ist im Vergleich zur Walzentrocknung ein aufwendigeres, aber auch ein wesentlich schonenderes Verfahren. Veränderungen auf Grund von nichtenzymatischen Bräunungsreaktionen und partieller Oxidation (insbesondere von mehrfach ungesättigten Fettsäuren) sind geringer als bei der Walzentrocknung. Mikroorganismen werden bei der Sprühtrocknung abgetötet. Bakteriensporen können aber ihre Keimfähigkeit behalten. Bei sachgemäßer Aufbewahrung des Trockenpulvers, Vermeidung von Durchfeuchtung, bestehen keinerlei gesundheitliche Risiken. Die Haltbarkeit von sprühgetrockneten Produkten beträgt bei wasser- und luftdichter Verpackung im Durchschnitt etwa 1 Jahr.

Die Sprühtrocknung wird vorzugsweise zur Herstellung von (gut löslichem) Milchpulver, Gelatinepulver (falls nicht vermahlene Blattgelatine angeboten wird), Eipulver und Suppenpulver eingesetzt.

Gefriertrocknung

Die Gefriertrocknung ist das schonendste, aber auch aufwendigste Trocknungsverfahren. Bei ihr wird das in Wasser gelöste Trockengut zunächst eingefroren. Anschließend wird das Wasser durch Verdunsten unter Hochvakuum (Sublimation) entfernt, ohne daß dabei das zu trocknende Gut auftaut.

Bei diesem Trocknungsverfahren bleiben Geschmacks- und Farbstoffe weitgehend unverändert erhalten. Es findet keine enzymatische und nichtenzymatische Bräunung statt. Lebensmittelinhaltsstoffe können nicht oxidativ verändert werden (im Vakuum ist der Partialdruck des Luftsauerstoffs sehr klein, auch die Wasserdampfspannung ist sehr gering).

Vorrangig wird die Gefriertrocknung zur Herstellung von hochwertigem Instantkaffeepulver angewandt. In zunehmendem Maße wird das Verfahren auch für die Trocknung anderer hochwertiger Produkte eingesetzt, die von der Lebensmittelindustrie vorrangig bei der Produktion von ausgesuchten, preisintensiven Convenience-Produkten verarbeitet werden.

An die Verpackung der gefriergetrockneten Produkte werden hohe Anforderungen gestellt, um eine lange Aufrechterhaltung der guten Qualität zu garantieren. Die entstehenden Kosten für die aufwendigere Verpackung fallen bei dem teuren Trocknungsverfahren nicht besonders ins Gewicht. Von der Industrie wird, falls es technisch realisierbar ist, die Vakuumverpackung oder die Verpackung unter Stickstoff als Schutzgas bevorzugt.

6.5.3 Konservieren durch Hitze

Beim Konservieren durch das Einwirken hoher Temperaturen soll eine möglichst vollständige Abtötung aller Keime und die Inaktivierung aller abbauenden Enzyme unter größtmöglicher Schonung der Lebensmittelinhaltsstoffe erreicht werden. Mit zunehmender Temperatur werden die Mikroorganismen zwar mit größerer Sicherheit abgetötet, gleichzeitig nimmt aber die Gefahr von thermischen Veränderungen an den Lebensmitteln und der teilweise Verlust von essentiellen Nahrungsfaktoren zu, insbesondere der Verlust von Vitaminen.

Blanchieren

Das Blanchieren ist kein Konservierungsverfahren. Durch die kurzzeitige Behandlung von Lebensmitteln, insbesondere Gemüse, mit Wasser bei nahe 100 °C wird ein Großteil der zelleigenen Enzyme an den äußersten Schichten der Lebensmittel inaktiviert. Dadurch wird der endogene Abbau von Lebensmittelinhaltsstoffen und eine enzymatische Bräunung verhindert. Es gelingt auch in vielen Fällen, die Farbe der Gemüse zu erhalten. Ein Abtöten von Mikroorganismen erfolgt jedoch wegen der nur sehr kurzen Einwirkungszeit der hohen Temperatur nicht. Lediglich einige locker anhaftende Keime können abgespült und mit dem Blanchierwasser entfernt werden.

Bei Beachtung dieses Sachverhalts kann das Blanchieren trotzdem einen wichtigen Beitrag zur Werterhaltung der betreffenden Lebensmittel leisten. Die Inaktivierung der zelleigenen abbauenden Enzyme verbessert bei einer anschließenden Konservierung durch Tiefkühlung die Haltbarkeit des Lebensmittels.

Pasteurisieren

Beim Pasteurisieren wird das zu konservierende Lebensmittel Temperaturen ausgesetzt, die zwischen 65 und 100 °C liegen. Die Höhe der jeweilig angewendeten Temperatur hängt von den Eigenschaften der jeweiligen Lebensmittel ab. Bei diesen Temperaturen werden die meisten vegetativen (lebenden) Bakterien, Hefen und Schimmelpilze abgetötet. Sehr temperaturresistente Bakterien und alle Bakteriensporen werden jedoch nicht inaktiviert. Sie können bei geeigneten Temperaturen und Umweltbedingungen wieder auskeimen und dann zum Verderb des Lebensmittels führen. Pasteurisierte Lebensmittel sind deswegen nur eine begrenzte Zeit lang haltbar.

Pasteurisiert werden deswegen nur hitzeempfindliche Lebensmittel und Lebensmittel, die beim Erhitzen auf höhere Temperaturen sehr rasch nachteilige Veränderungen in sensorischer und ernährungsphysiologischer Hinsicht erleiden.

<u>Haltbarkeit von pasteurisierten Lebensmitteln:</u> Pasteurisierte Lebensmittel sind unterschiedlich lange haltbar. Die Haltbarkeitsdauer hängt vom Lebensmittel, der Menge und der Art der Begleitkeime und vom Umfang und der Art der Vorbehandlung ab.

- Pasteurisierte Milch und Milcherzeugnisse
  Diese Produkte sind, auch bei Kühlschranktemperatur aufbewahrt, nur wenige Tage haltbar. Die in der Rohmilch enthaltenen Sporen werden beim Pasteurisieren nicht abgetötet und keimen auch bei Kühlschranktemperatur aus (eine geringe Kontamination mit Erdsporen läßt sich auch bei Einhaltung aller Hygienevorschriften nicht vermeiden).
- Pasteurisierte Obst- und Gemüsesäfte
  Diese Lebensmittel sind, auch bei Zimmertemperatur aufbewahrt, mehrere Monate haltbar, ohne zu verderben oder Geschmackseinbußen zu erleiden. Voraussetzung ist eine sterile Abfüllung und die Verhinderung einer nachfolgenden Kontamination mit Keimen aus der Umwelt (Hinweis des Herstellers: Nach dem Öffnen im Kühlschrank aufbewahren).
- Pasteurisiertes Bier
  Pasteurisiertes Bier (Premium oder Export) ist auch bei Zimmertemperatur mehrere Monate lang ohne Qualitätsverlust haltbar.

<u>Konservieren durch „doppeltes Pasteurisieren" („Einkochen"):</u> Lebensmittel, die naturgemäß mit Erdsporen belastet sind, können durch einfaches Pasteurisieren nicht konserviert werden. Neben dem Verderb des Lebensmittels nach Auskeimen der Erdsporen besteht hier die große Gefahr einer lebensgefährlichen Vergiftung durch das Botulismustoxin (siehe Kap. 6.2.3.4). Besonders gefährdet sind Buschbohnen, Zwiebeln und Speisepilze sowie Gemüse und Obst, das in Bodennähe gewachsen ist (Erdbeeren).

Dieser Gefahr kann dadurch begegnet werden, daß das durch Erhitzen auf knapp 100 °C pasteurisierte Lebensmittel einige Tage bei Zimmertemperatur (nicht bei Kühlraumtemperatur) aufbewahrt wird und anschließend ein zweites Mal pasteurisiert wird („Einwecken"). Die Sporen, die beim ersten Erhitzen nicht abgetötet werden konnten, keimen beim Stehen bei Zimmertemperatur aus und beginnen sich zu vermehren. Die nun vorliegenden vegetativen Bakterien werden durch den 2. Erhitzungsschritt abgetötet. Sollten die Lebensmittel nach dem 2. Erhitzen nicht sicher konserviert sein („Aufgehen" der Gläser), so sind sie unbedingt zu verwerfen. Es besteht die große Gefahr, daß in der Zwischenzeit die nicht vollständig abgetöteten Keime Toxine gebildet haben. Deswegen darf nicht ein 3. Mal erhitzt werden, da nicht alle Toxine der verschiedenen Erdkeime hitzelabil sind.

Sterilisieren

Beim Sterilisieren wird auf Temperaturen von 120 bis 135 °C erhitzt. Dadurch werden auch die Sporen von sporenbildenden Bazillen sicher abgetötet. Diese Temperaturen werden unter erhöhtem Druck erreicht. Der Nachteil des Sterilisierens besteht darin, daß viele Lebensmittel infolge thermischer Veränderungen an ihren Inhaltsstoffen in ihrer Qualität negativ beeinflußt werden.

Ultrahocherhitzen

Ultrahocherhitzen ist eine sehr schonende und gleichzeitig effektive Konservierungsmethode. Sie eignet sich auf Grund technologischer Besonderheiten nur für Flüssigkeiten und wird darum zum gegenwärtigen Zeitpunkt ausschließlich zur Konservierung von Milch (H-Milch) und Milcherzeugnissen eingesetzt (siehe ausführlich Kap. 5.1.1.1).

Konserven

Unter Konserven werden durch unterschiedliche Verfahren haltbar gemachte, luftdicht verschlossene Lebensmittelerzeugnisse verstanden. Die Haltbarkeit der einzelnen Konserven hängt von den eingesetzten Konservierungsverfahren ab. Da gelegentlich unter dem Begriff Konserven nur Vollkonserven verstanden werden, muß darauf geachtet werden, daß es nicht zu Verwechslungen kommt, die die Haltbarkeit und die Lagerbedingungen der verschiedenen Konserven betreffen.

Halbkonserven oder Präserven: Diese Konserven werden nur pasteurisiert oder gekocht, wodurch nur die vegetativen Formen der Mikroorganismen abgetötet werden. Sie sind auch bei einer ständigen Kühllagerung nur begrenzt haltbar. Bei einigen solcher Präserven wird die Haltbarkeit durch Zugabe einer Genußsäure verbessert (z. B. Bismarckheringe, Rollmöpse). Die Haltbarkeit kann durch den Zusatz von Konservierungsstoffen wie Sorbinsäure oder Benzoesäure, die das Wachstum von Hefen hemmen, noch weiter verbessert werden.

Zu den Halbkonserven zählen auch hitzeempfindliche Fleischkonserven, bei deren Herstellung die Kerntemperatur nur 65 bis 75 °C betragen kann. Diese Halbkonserven dürfen nur bei Kühlraumtemperaturen gelagert werden. Sie sind kaum noch im Handel.

Dreiviertelkonserven: Diese Konserven werden nur sehr kurzzeitig auf 120 °C erhitzt. Mit diesem Verfahren werden ebenfalls nur recht empfindliche Lebensmittel konserviert. Während der kurzen Erhitzungsperiode auf 120 °C wird auch ein Großteil der Sporen abgetötet. Einige Sporen, darunter die des Botulismuserregers, überstehen diese Wärmebehandlung. Diese Dreiviertelkonserven müssen bei Kühlraumtemperatur aufbewahrt werden, um ein Auskeimen der verbliebenen, nicht abgetöteten Sporen weitgehend zu verhindern. Ihre Lagerfähigkeit beträgt maximal 1 Jahr. Zu diesen Konserven gehören eingedoste Brüh-, Leber- und andere Würste.

Vollkonserven: Vollkonserven werden ausreichend lange auf 120 °C erhitzt. In ihnen sind alle Keime und Sporen sicher abgetötet. Sie sind in Konservendosen abgefüllt, die eine erneute Infektion ausschließen. Die Dosen werden nach dem Abfüllen nochmals erhitzt. Ordnungsgemäß hergestellte Vollkonserven können 4 Jahre lang bei 25 °C gelagert werden.

Zu den Vollkonserven können auch pasteurisierte, stark saure Erzeugnisse (p_H-Wert unter 4,5) gerechnet werden. Bei diesen niedrigen p_H-Werten können Sporen, die beim Pasteurisieren nicht abgetötet wurden, nicht auskeimen. Üblicherweise werden aber diese Erzeugnisse (z. B. Obstsäfte) nicht als Vollkonserven bezeichnet.

Verderb der Konserven: Ein Verderb von Konserven kann chemische oder mikrobiologische Ursachen haben.

- Chemische Ursachen
  Im Vordergrund steht die mögliche Reaktion des Füllguts von Weißblechdosen mit dem Eisen des Dosenblechs. Es entsteht dabei Wasserstoffgas, das zu einer Bombage (Aufblähung der Dose) führen kann. Weiterhin kann es durch eisenkatalysierte Reaktionen zur Ausbildung von Fehlaromen kommen. Solche chemischen Bombagen treten vorzugsweise bei stark saurem Konservengut und sehr langer Lagerung auf. Bei innenbeschichteten Dosen, die nunmehr vorzugsweise eingesetzt werden, wird diese Form des Verderbs kaum beobachtet (nur bei einer Beschädigung der Beschichtung).
- Mikrobiologische Ursachen
  Ein Verderb durch das Wachsen von Mikroorganismen ist in den meisten Fällen auf eine Untersterilisation (Produktionsfehler) zurückzuführen. Zu einem Auskeimen der dadurch nicht abgetöteten Sporen

kommt es in der Regel nur während der Lagerung bei höheren Temperaturen. Eine (zusätzliche) Kühllagerung von Gemüsevollkonserven, die mit Erdsporen belastet sein können (grüne Bohnen), verringert die Gefahr des Verderbs. Auch Konserven von Fleisch- und Fischerzeugnissen und Geflügel können bei einer Untersterilisation mit Sporen belastet sein.

Der von Sporenbildnern ausgelöste Verderb kann zu einer Gasbildung führen (erkennbar an einer Bombage) und/oder zur Ausbildung von Fehlaromen bis hin zum widerlichen Fäulnisgeruch. Verdorbene Vollkonserven sind vollständig zu verwerfen.

Ein Verderb ist auch durch eine Undichtigkeit der Konserve möglich, wodurch Keime erst beim Abkühlen nach erfolgter Sterilisation in das Doseninnere hineingezogen werden. Dieser Verderb kann durch die verschiedensten Mikroorganismen bedingt sein. Dadurch können auch unterschiedliche Veränderungen im Doseninhalt auftreten, die mitunter relativ schwer zu erkennen sind (manchmal nur leicht säuerlicher oder fader Geschmack). Auch in diesen Fällen ist die Konserve zu verwerfen, da sich hinter einer harmlos anmutenden Geschmacksveränderung hochwirksame Bakteriengifte oder giftig wirkende Zersetzungsprodukte wie z. B. biogene Amine verbergen können.

6.5.4 Chemische Konservierungsverfahren

6.5.4.1 Konservieren durch Salzen

Ursachen der konservierenden Wirkung des Salzens

- Wasserentzug

  Die konservierende Wirkung des Salzens beruht vorrangig auf Wasserentzug durch das hygroskopisch (wasseranziehend) wirkende Kochsalz und die dadurch bedingte Senkung des a_W-Werts im konservierten Lebensmittel. Die Salzeinwirkung führt weiterhin zu einem Quellen der Zellmembranen, insbesondere bei Fleisch und Fisch, die deshalb durchlässiger werden. Darum kann das Salz leichter in die Zellen dieser Lebensmittel eindringen.

  Auch die Zellwände von Bakterien- und Hefezellen können unter Salzeinwirkung quellen und bei höheren Salzkonzentrationen so geschädigt werden, daß sich ihre Membranen teilweise auflösen.

  Beim Unterschreiten des für sie kritischen a_W-Werts werden die Keime gehemmt. Die Wachstumshemmung durch Salz ist bei Fäulniserregern am stärksten ausgeprägt, sie werden bei einer Kochsalzkonzentration von mehr als 8 % (im Aufguß) vollständig blockiert.

- Verringerung der Menge des gelösten Luftsauerstoffs
  Das im Lebensmittel gelöste Kochsalz erniedrigt die Menge an Sauerstoff, die in der wäßrigen Phase des Lebensmittels gelöst ist. Dadurch wird die Gefahr einer oxidativen Veränderung von Lebensmittelinhaltsstoffen verringert, insbesondere auch von Fettsäuren.
- Veränderungen an Lebensmittelinhaltsstoffen
  Neben dem konservierenden Effekt kann es zu Veränderungen an den Lebensmittelinhaltsstoffen kommen, die die Eigenschaften und den Wert des Lebensmittels beeinflussen: Die in der Regel stattfindende Denaturierung der Eiweiße bewirkt, daß diese durch die Verdauungssäfte leichter gespalten werden können. Es findet eine Art von Garprozeß statt. Einige Eiweiße können nach längerer Salzeinwirkung teilweise wasserlöslich werden. Der partielle Wasserentzug kann veränderte Reaktionsbedingungen schaffen, wodurch es zur Ausbildung von spezifischen Aromen kommen kann.

Haltbarkeit von salzkonservierten Lebensmitteln

Die Haltbarkeit der salzkonservierten Lebensmittel ist begrenzt, da die Mikroorganismen nicht abgetötet, sondern nur in ihrem Wachstum gehemmt werden. Bestimmte salztolerante Hefen (sog. Kahmhefen) können sich auch bei höheren Salzkonzentrationen noch vermehren, ebenso einige spezielle Bakterien. Diese „salzfreundlichen" Mikroorganismen wachsen meist an der Oberfläche der Salzlake oder der gesalzenen Lebensmittel und sind als weißer Film leicht zu erkennen. Als Nährboden dienen vorzugsweise Eiweiße, die durch die Salzung aus dem Lebensmittel herausgelöst wurden.

Bei zu geringen Salzkonzentrationen können Eiweiße in erhöhtem Maße abgebaut und aus ihren Aminosäuren biogene Amine gebildet werden. Beim Verzehr solcher unzureichend konservierter Lebensmittel können Vergiftungserscheinungen auftreten, die in wenigen Fällen auch zu bedrohlichen Funktionsstörungen führen (siehe Kap. 6.6.2.3).

Ernährungsphysiologische Einschätzung von salzkonservierten Lebensmitteln

Der Salzgehalt von salzkonservierten Lebensmitteln wird oft unterschätzt und auch rein sensorisch nicht als versalzen empfunden. Das betrifft insbesondere salzkonservierte Fleischerzeugnisse (Schinken, Pökelfleisch) und Wurstwaren, da diese wegen ihres relativ hohen Kaliumgehalts aus geschmacklicher Sicht einen höheren Salzzusatz provozieren. Salzkonservierte Lebensmittel sind aus diesem Grund bei kochsalzeingeschränkten Diäten verboten. Bei einer normalen Kost sollten sie ausreichend gewässert oder unter Berücksichtigung ihres Salzgehalts nur maßvoll verzehrt werden.

6.5.4.2 Konservieren durch Pökeln

Beim Pökeln wird dem konservierenden Kochsalz 0,5 % Natriumnitrit zugesetzt (Pökelsalz).

Das früher an Stelle von Nitrit verwendete Kaliumnitrat wird kaum noch eingesetzt. Nitrat selbst zeigt nicht den spezifischen Pökeleffekt des Nitrits. Das wirkende Nitrit wird erst während des Pökelprozesses aus dem Nitrat durch die Wirkung reduzierender Enzyme bestimmter Bakterien gebildet. Um das Wachstum dieser nitratreduzierenden Bakterien zu fördern, wurde zusammen mit dem Nitrat Zucker als Energiequelle für das Bakterienwachstum zugesetzt.

Zu den konservierenden Effekten des Kochsalzes bewirkt das Nitrit zusätzliche, vorwiegend positive Effekte:

- Nitrit verhindert das Wachstum von Clostridium botulinum und kann daher vor einer lebensgefährlichen Lebensmittelvergiftung durch das Botulismustoxin schützen. Bei hohen Temperaturen bzw. hohem p_H-Werten ist dieser Schutzeffekt weniger stark ausgeprägt (z. B. in Kochwürsten). Andere Hemmstoffe, die Clostridien effektiv hemmen, sind nicht bekannt.
- Nitrit hemmt außerdem das Wachstum anderer Keime, insbesondere von Salmonellen.
- Nitrit wirkt antioxidativ, vorzugsweise wird die Bildung von gesundheitsschädlichen Oxidationsprodukten aus Fettsäuren und Cholesterin verhindert. Dieser Schutzeffekt des Nitrits läßt sich durch andere Zusatzstoffe einschließlich Vitamin C kaum ersetzen.
- Nitrit verstärkt die durch das Kochsalz bedingte Hemmung der Lipasen. Dadurch wird die Haltbarkeit von Pökelwaren weiter verbessert (das Ranzigwerden wird verzögert).
- Nitrit stabilisiert die rote Farbe des Fleischs, die auch beim Erhitzen nicht verlorengeht.
  Nitrit reagiert mit Myoglobin (Muskelfarbstoff) unter Bildung des rot gefärbten Stickoxid-Myoglobins (typische Pökelfarbe), das auch durch Erhitzen nicht verändert wird. Myoglobin dagegen wird beim Erhitzen irreversibel in sog. Met-Myoglobin überführt, das die typisch graue Farbe von gekochtem Fleisch zeigt.

Nitrit ist zwar in höheren Konzentrationen giftig, aber die Nitritmengen, die selbst bei einem ständigen und überaus reichlichen Verzehr von Pökelerzeugnissen aufgenommen werden, sind gesundheitlich unbedenklich und lösen keine Vergiftungserscheinungen aus. Der überwiegende Teil des vom Körper resorbierten Nitrits wird aus dem mit Gemüse und Trinkwasser aufgenommenen Nitrat gebildet.

Akute Vergiftungserscheinungen durch Nitrit (Einschränkung des Sauerstofftransports infolge einer massiven Umwandlung des roten Blutfarbstoffs

Hämoglobin in das unwirksame Nitroso-Hämoglobin) können nur durch die Aufnahme größerer Mengen von Nitrat bzw. Nitrit ausgelöst werden. Nitrosamine, die bei der Reaktion von Nitrit mit sekundären Aminen gebildet und in höheren Konzentrationen und langfristiger Einwirkung eine cancerogene (krebsauslösende) Wirkung zeigen können, werden, wenn überhaupt, nur zu einem sehr geringen Teil aus dem Nitrit von verzehrten Pökelerzeugnissen gebildet (siehe ausführlich Kap. 6.6.2.1).

6.5.4.3 Konservieren durch Räuchern

Der beim Räuchern erzielte Konservierungseffekt ist auf die Erniedrigung des Wassergehalts (um 10 bis maximal 40 %) sowie die bactericide (keimabtötende) und antioxidative Wirkung von Bestandteilen des Rauchs zurückzuführen. Die mehr als 800 verschiedenen wirksamen Inhaltsstoffe des Rauchs gehören zu unterschiedlichen Substanzgruppen. Die leicht flüchtigen Stoffe (Phenole und Kresole, Aldehyde und Ketone sowie Säuren wie Ameisen- und Essigsäure) wirken nicht nur an der Oberfläche des Räucherguts, sondern dringen auch verhältnismäßig gut in dieses ein. Sie sind außerdem für den charakteristischen Rauchgeschmack verantwortlich.

Die Bildung von sehr geringen Mengen an Substanzen, die unter bestimmten Bedingungen cancerogen (krebsauslösend) wirken können, ist ein unerwünschter Nebeneffekt des Räucherns. Beim Einhalten der gesetzlich vorgeschriebenen Räucherbedingungen (keine Verwendung von Nadelhölzern oder von bearbeitetem und chemisch behandeltem Holz sowie von Holzabfällen, erlaubt sind Späne von Laubhölzern und Gewürzkräuter) wird die Bildung dieser schädlichen Substanzen minimiert und der zulässige ADI-Wert nicht überschritten (siehe Kap. 6.6). Eine gesundheitliche Gefährdung durch den Verzehr von Räucherwaren in üblichen Mengen kann deswegen ausgeschlossen werden.

Die Haltbarkeit der durch Räuchern konservierten Lebensmittel hängt vom Lebensmittel selbst, von der Art des eingesetzten Räucherverfahrens und der Räucherdauer ab.

Räucherverfahren

Die verschiedenen Räucherverfahren unterscheiden sich im wesentlichen durch die Temperatur des Rauchs. Unterschiedlich hohe Rauchtemperaturen erfordern weiterhin unterschiedlich lange Räucherzeiten, außerdem ist der Konservierungseffekt bei niedrigeren Temperaturen trotz längerer Räucherzeit weniger ausgeprägt. Für die Wahl des jeweiligen Räucherverfahrens sind vorrangig die Eigenschaften des Räucherguts ausschlaggebend, in zweiter Linie auch wirtschaftliche Gesichtspunkte.

Folgende Räucherverfahren stehen zur Verfügung:

Räucherverfahren	Räuchertemperatur	Haltbarkeit des Räucherguts
Kalträuchern	20 bis 35 °C	begrenzt
Warmräuchern	45 °C	begrenzt (Frankfurter Würstchen)
Heißräuchern	50 bis 90 °C	unterschiedlich je nach Räuchergut
Flüssigrauch	Behandlung der Lebensmittel mit kondensiertem Rauch, das Verfahren war in der Bundesrepublik bei Drucklegung noch nicht generell zugelassen.	

Kalträuchern: Beim Kalträuchern wird bei Temperaturen bis zu etwa 20 °C geräuchert, in Ausnahmefällen bis zu 35 °C. Der dabei erzielte Konservierungseffekt hängt wesentlich von der Räucherdauer und dem dabei erzielten Wasserverlust ab. Besonders wasserreiche Lebensmittel eignen sich deswegen für dieses Verfahren nicht. Der Konservierungseffekt wird durch vorangestelltes Salzkonservieren bzw. Pökeln wesentlich erhöht. Kalt geräucherte Fleischwaren (Rohschinken, Speck) und Rohwürste werden bis zu 4 Wochen, Lachs und Lachshering dagegen nur 1 bis 2 Tage geräuchert. Die Haltbarkeit von Lachs und Lachshering ist entsprechend gering.

Dunkelräuchern ist eine Sonderform des Kalträucherns. Bei der hierbei stattfindenden intensiveren Raucheinwirkung bildet sich an der Oberfläche des Räucherguts eine tiefbraune Farbe aus (Katenschinken, Schwarzwälder Schinken), und es entwickelt sich ein intensiveres Aroma, das bei der Reaktion von Rauchbestandteilen mit Proteinen des Fleischs entsteht. Das sog. „Schwarzgeräucherte" ist eine spezielle Art von dunkel geräucherten Fleischerzeugnissen. Schwarzgeräuchertes wird in einem rußbelasteten Rauch geräuchert, es hat eine schwarze Oberfläche. Schwarzgeräuchertes ist in der Regel stärker mit dem cancerogenen Benzo[a]pyren belastet. Da auch bei ihm die zulässigen Grenzwerte für Benzo[a]pyren nicht überschritten werden (siehe unten), bestehen auch bei seinem (gelegentlichen) Verzehr keine gesundheitlichen Gefahren.

Warmräuchern: Das Warmräuchern (Temperaturen bis zu etwa 45 °C) wird relativ selten und praktisch nur für Fleischerzeugnisse eingesetzt. Bei diesen Räuchertemperaturen werden im Räuchergut eiweißspaltende Enzyme aktiviert, aber noch nicht wieder inaktiviert. Dadurch sind die so geräucherten Produkte besonders zart (gezielte Andauung von Eiweißen), außerdem erfolgt eine intensive Aromabildung. Da bei Lebensmitteln, die nach diesem Verfahren geräuchert wurden, ein mikrobieller Verderb leicht eintreten kann, eignet es sich nur für kleinere Fleischstücke (kleinere Schinken), die zusätzlich salzkonserviert oder gepökelt wurden. Die ebenfalls warm geräucherten Frankfurter Würstchen sind für den alsbaldigen Verzehr bestimmt. Sie sind bis zum Verzehr kühl zu lagern.

Heißräuchern: Beim Heißräuchern wird bei mindestens 50 °C, meist aber nahe bei 90 °C geräuchert. Der Räucherprozeß dauert nur wenige Stunden und ist somit recht ökonomisch. Beim Heißräuchern werden die Proteine denaturiert, so daß dieses Verfahren als ein Garprozeß zu werten ist. Heiß geräucherte Fleischprodukte sind gekochter Schinken sowie Brüh- und Kochwürste (Bockwurst, Leberwurst). Räucherfisch ist größtenteils heiß geräuchert (Sprotten, Bückling, Makrele, Aal, Heilbutt, Rotbarsch u. a.). Auch Lachs wird nicht nur kalt, sondern auch heiß geräuchert (Stremellachs).

„Räuchern" mit Flüssigrauch (Raucharoma): Flüssigrauch wird durch die Kondensation der Rauchprodukte in Wasser gewonnen. Er enthält alle für den Räuchereffekt erwünschten Bestandteile des Rauchs, die unerwünschten wasserunlöslichen, teerähnlichen Stoffe mit cancerogenen Eigenschaften sind entfernt worden. Das einfache Eintauchen des Räucherguts in den Flüssigrauch oder das Einsprühen ist ein schnelles, ökonomisches Verfahren. Der Nachteil dieses Verfahrens besteht darin, daß die konservierenden Stoffe weniger tief in das Räuchergut eindringen und daß damit die Gefahr eines Verderbs größer ist. Mit Raucharoma behandelte Lebensmittel halten sich in der Regel nicht so lange wie Räuchererzeugnisse, die mit einer klassischen Methode geräuchert wurden (vorzugsweise heiß geräuchert). Lediglich warm geräucherte Lebensmittel können rascher verderben als mit Flüssigrauch behandelte Produkte.

Raucharoma wird in großem Umfang weltweit eingesetzt. In der Bundesrepublik ist seine Verwendung (2000) noch nicht generell erlaubt. Es gibt jedoch bereits zahlreiche Ausnahmegenehmigungen für dessen Einsatz, vorzugsweise für industriell gefertigte und bereits abgepackte Fleischwaren (eingeschweißt), wie beispielsweise verschiedene Rohschinkenspezialitäten. Der Einsatz von Raucharoma ist auf der Zutatenliste anzugeben.

Belastung von Räucherwaren mit gesundheitlich bedenklichen Stoffen

Der zum Räuchern verwendete Rauch enthält auch bei sachgerechter Bereitung Inhaltsstoffe, die in höheren Konzentrationen zu gesundheitlichen Schäden führen können. Die wichtigsten dieser Verbindungen gehören zu den sog. polycyclischen aromatischen Kohlenwasserstoffen (PAK, englisch PAC). Sie können in höherer Konzentration und bei lang andauernder Einwirkung (über Jahre) möglicherweise krebsauslösend wirken. Als gefährlichste Substanz aus dieser Gruppe wird das Benzo[a]pyren (Benzpyren) angesehen (siehe Kap. 6.6.2.4).

Vom Gesetzgeber ist deswegen festgelegt worden, daß in 1 kg Räucherware höchstens 1 µg Benzpyren enthalten sein darf (das 100fache der Menge, die als gerade noch ungefährlich angesehen wird, ADI-Wert, siehe Kap. 6.6). Dieser Grenzwert kann bei Beachtung der gesetzlichen Bestimmungen mit Sicherheit eingehalten werden. In diesem Zusammenhang muß darauf hingewiesen werden, daß solche PAK als Rückstände in vielen, insbesondere pflanzlichen Lebensmitteln, in kosmetischen Artikeln und im Tabakrauch vorkommen. Beim Verzehr einer vollwertigen gemischten Nahrung werden täglich etwa 3 µg Benzo[a]pyren aufgenommen. Diese Menge entspricht der Menge an Benzo[a]pyren, die in 3 kg Räucherwaren enthalten ist, welche mit der maximal zulässigen Menge „belastet" sind.

Es ist deswegen davon auszugehen, daß vom Verzehr von Räucherwaren eine gesundheitliche Gefährdung nicht ausgeht.

6.5.4.4 Konservieren durch Zuckerzusatz

Zucker konserviert durch Wasserentzug. Das Wachstum von Mikroorganismen wird durch unterschiedlich hohe Zuckerkonzentrationen in Abhängigkeit vom erreichten a_W-Wert und der Art des Keims gebremst. Die meisten Mikroorganismen werden ab einem Zuckergehalt von etwa 40 % gehemmt. Zucker wird meist bis zu einer Endkonzentration von 60 % zugesetzt, wodurch die gezuckerten Lebensmittel sicher konserviert sind (Ausnahmen siehe unten). Fruchtsäuren wie beispielsweise Zitronensäure, die in unterschiedlichen Konzentrationen im Obst vorkommen, unterstützen die konservierende Wirkung des Zuckers.

Der bei einem Zuckergehalt von 60 % erreichte a_W-Wert reicht allerdings nicht aus, um das Wachstum von osmophilen Hefen und von einigen Schimmelpilzen zu verhindern, so daß so konservierte Lebensmittel durch einen oberflächlichen Bewuchs mit solchen Keimen verderben können.

6.5.4.5 Konservieren durch Säuern

Die meisten Mikroorganismen stellen im sauren Bereich (unterhalb eines p_H-Werts von 4,5) ihr Wachstum ein, ohne jedoch dabei abgetötet zu werden. Bestimmte Hefen und Schimmelpilze können sich allerdings langsam an das saure Milieu anpassen, so daß sie nach einer gewissen Zeit erneut wachsen und damit zum Verderb des befallenen Lebensmittels führen können. Ein Großteil von gesäuerten Lebensmitteln hat deswegen nur eine begrenzte Haltbarkeit, die durch zusätzliches Pasteurisieren oder/und Zugabe von Konservierungsmitteln wie Sorbinsäure oder Benzoesäure (siehe Kap. 6.5.4.7) wesentlich verlängert werden kann.

Eine Konservierung durch Säuern kann entweder durch die Zugabe von Genußsäuren (z. B. Essigsäure) erfolgen oder durch eine natürliche Säuerung durch Milchsäure, die beim Wachsen von Milchsäurebakterien auf dem Lebensmittel gebildet wird (Sauerkraut).

Die Säuerung durch Genußsäuren oder Milchsäuregärung ist ein besonders empfehlenswertes Konservierungsverfahren, da diese Säuren auch Zwischenprodukte des menschlichen Zellstoffwechsels sind und deswegen nach ihrer Resorption vom Organismus vollständig verbrannt werden können.

Die bei der Milchsäuregärung neben der „natürlichen" L-Milchsäure teilweise entstehende D-Milchsäure ist für den menschlichen Organismus unbedenklich, wenn sie auch langsamer als die L-Milchsäure verbrannt wird (siehe auch Kap. 5.1.1.2.2).

6.5.4.6 Konservieren durch Alkohol

Alkohol hemmt ebenfalls das Wachstum von Mikroorganismen. Höhere Alkoholkonzentrationen töten nahezu alle Keime ab. Die konservierende Wirkung des Alkohols ist sowohl auf eine Begrenzung der Menge des frei verfügbaren Wassers als auch auf seine fettlösende Eigenschaft und auf seine hemmende Wirkung auf Stoffwechselreaktionen der Mikroorganismen zurückzuführen. Ein rein physikalisch bedingter Verderb wie die Oxidation von Lebensmittelinhaltsstoffen durch Luftsauerstoff wird durch Alkohol nicht verhindert.

Alkoholkonzentrationen von 12 Vol.-% und höher hemmen das Wachstum von Mikroorganismen, die aber (noch) nicht abgetötet werden. Beim Verflüchtigen des Alkohols aus dem konservierten Lebensmittel kann es deswegen wieder zu einem Wachstum der Keime kommen, ohne daß das konservierte Lebensmittel erneut infiziert wurde (infolge des geringen Dampfdrucks, der Siedepunkt des Alkohols liegt bei 78 °C, kann Alkohol relativ rasch verflüchtigen). Diese Gefahr besteht beispielsweise bei Eierlikör, der nur 14 Vol.-% Alkohol enthält (Konzentration bei der Herstellung). Bei Alkoholkonzentrationen ab 35 Vol.-% werden die meisten Mikroorganismen abgetötet, aber erst bei 56 Vol.-% sind alle Keime mit Sicherheit vernichtet.

Die Haltbarkeit von Lebensmitteln, die mit Alkohol konserviert wurden, wird in der Regel mit 1 bis 2 Jahren angegeben. Wegen einer möglichen oxidativen Veränderung der Lebensmittel sollte die Lagerdauer jedoch eigenverantwortlich kritisch eingeschätzt werden, insbesondere wenn die Lagerung nicht lichtgeschützt und nicht bei Kühlraumtemperatur erfolgt. Insbesondere fettreiche Lebens- und Genußmittel (Fettsäureoxidation) können nach einiger Zeit Veränderungen aufweisen, die neben Qualitätseinbußen auch als gesundheitlich nicht unbedenklich eingeschätzt werden können (Verderb von Eierlikör).

6.5.4.7 Konservierungsstoffe

Unter Konservierungsstoffen werden Substanzen verstanden, die bereits in geringen Konzentrationen in der Lage sind, das Wachstum bestimmter Mikroorganismen in Lebensmitteln zu hemmen oder zu verzögern.

Konservierungsstoffe unterliegen als Lebensmittelzusatzstoffe der Zusatzstoff-Verordnung und der Kennzeichnungspflicht. Es dürfen nur solche Konservierungsstoffe eingesetzt werden (Zusatzstoff-Zulassungsverordnung), die zugelassen sind (Aufnahme in die Liste der erlaubten Zusatzstoffe, Kennzeichnung durch eine E-Nummer). Für jeden zugelassenen Zusatzstoff sind maximal zulässige Mengen festgelegt. Auch die Lebensmittel, denen Konservierungsstoffe zugesetzt bzw. deren Oberflächen mit Zusatzstoffen behandelt werden dürfen, sind in dieser Verordnung ausgewiesen (siehe Kap. 5.6.9 und 12.2.1).

Sorbinsäure (E 200 bis E 203)

Sorbinsäure (und ihre Salze) ist eine zweifach ungesättigte Fettsäure mit 6 C-Atomen. Sie ist nahezu geschmack- und geruchlos und hemmt im leicht sauren Milieu Hefen und Schimmelpilze sowie einige wenige Bakterien. Sorbinsäure wird, wie alle Fettsäuren, im menschlichen Körper vollständig verbrannt. Sie ist somit gesundheitlich unbedenklich. Ihre Haupteinsatzgebiete sind Fischmarinaden, Fruchtsäfte, Sauerkonserven, zuckerarme Konfitüren (Diabetikerkonfitüre), Halbfettmargarine, verpacktes Schnittbrot (dieses wird jetzt meist durch Hitzekonservierung haltbar gemacht).

Benzoesäure (E 210 bis E 213)

Benzoesäure ist eine aromatische Säure (sie enthält einen Benzolring). Sie kommt in der Natur in zahlreichen pflanzlichen Lebensmitteln vor, entweder als freie Säure oder an speziellen Zuckern gebunden. Besonders hohe Konzentrationen sind in Preiselbeeren zu finden (bis zu 0,25 %). Auch Milch und Milchprodukte sowie Honig enthalten geringe Mengen an Benzoesäure. Mit Benzoesäure können wegen ihrer relativ schlechten Wasserlöslichkeit nur stark saure Lebensmittel haltbar gemacht werden. Benzoesäure ist nicht völlig geschmacklos, zu hohe Konzentrationen können zu einem pfefferartigen Beigeschmack führen.

Benzoesäure hemmt Hefen und Schimmelpilze, in sehr geringem Maße auch einige Bakterien. Benzoesäure wird im menschlichen Körper zu Hippursäure abgebaut und mit dem Harn ausgeschieden.

Hippursäure ist nicht nur das Abbau- und Ausscheidungsprodukt von Benzoesäure, sondern auch das von zahlreichen Pflanzeninhaltsstoffen (Polyphe-

nole u. a.). Der Mensch scheidet beim Verzehr einer gemischten Kost täglich etwa 1 g Hippursäure aus. Bei Veganern ist die ausgeschiedene Hippursäuremenge größer. Beim Verzehr von 1 kg Fischmarinaden (mit maximal zulässiger Menge an Benzoesäure konserviert) wird aus der darin enthaltenen Benzoesäure gerade einmal 1 g Hippursäure gebildet.

In sehr seltenen Fällen kann es durch den Verzehr von Benzoesäure zu pseudoallergischen Reaktionen kommen (siehe Kap. 7.1.2). Mit Benzoesäure konservierte Lebensmittel sind dann strikt zu meiden. Auf Grund der Kennzeichnungspflicht können betroffene Personen solche Lebensmittel leicht erkennen.

p-Hydroxybenzoesäureester (PHB-Ester, E 214 bis E 219)

PHB-Ester kommen in geringen Mengen in zahlreichen Pflanzen vor. Ihr Vorteil gegenüber Benzoesäure und Sorbinsäure besteht darin, daß sie wegen ihrer guten Wasserlöslichkeit auch bei einem p_H-Wert bis 7,0 noch wirksam sind (schwach saurer bis neutraler Bereich). PHB-Ester hemmen alle die Keime, die auch von der Benzoesäure gehemmt werden, zusätzlich einige weitere Bakterien. In seltenen Fällen soll es gegenüber PHB-Estern zu allergischen Reaktionen gekommen sein.

Biphenyl (Diphenyl), Orthophenylphenol, Thiabenzazol (E 230 bis E 233)

Diese Konservierungsstoffe sind ausschließlich für die Konservierung von Zitrusfrüchten und von Schalen von Zitrusfrüchten (Zitronat) bestimmt und nur dazu zugelassen. Sie verhindern effektiv das Auftreten des gefürchteten Blauschimmels, der Hauptursache für den Verderb von Zitrusfrüchten. Die Konservierungsstoffe können offenbar bis ins Fruchtfleisch eindringen. Allergien sind bei diesen Konservierungsstoffen bisher nicht beschrieben worden.

Das früher zum „Spritzen" von Zitronen und anderen Zitrusfrüchten eingesetzte lebertoxische Thioacetamid ist seit Jahren weltweit verboten.

Ameisensäure (E 236 bis E 238)

Ameisensäure und ihre Salze werden nur noch sehr selten eingesetzt. Es werden praktisch nur Hefen gehemmt, Schimmelpilze werden in ihrem Wachstum nicht gehindert.

Schwefeldioxid, schweflige Säure und deren Salze (Sulfite, E 220 bis E 227)

Schweflige Säure und ihr Anhydrid, das gasförmige Schwefeldioxid (SO_2) beeinträchtigen das Wachstum zahlreicher Bakterien. Hefen und Schimmelpilze werden dagegen weniger gut gehemmt. Diese Stoffe verhindern außerdem äußerst effektiv die enzymatische Bräunung von Lebensmitteln. Auf Grund dieser Eigenschaften werden sie sowohl zur Konservierung als auch zum Verhindern einer Verfärbung und zum Bleichen von Lebensmitteln eingesetzt.

Die als Konservierungsmittel eingesetzte schweflige Säure wird vom Körper über den gleichen Weg eliminiert, wie das beim Abbau von schwefelhaltigen Aminosäuren anfallende Schwefeldioxid (täglich etwa 1,5 g), das in der Regel zu Sulfat oxidiert und als solches über die Nieren ausgeschieden wird.

Schweflige Säure hat in höheren Konzentrationen einen unangenehmen Geschmack. Der Schwellenwert für die geschmackliche Wahrnehmung liegt bei etwa 50 mg/l. Aus diesem Grund muß ein höherer Zusatz deklariert werden („geschwefelt"), beispielsweise bei geriebenem Meerrettich, der eine sehr hohe Oxidaseaktivität aufweist und sich bei niedrigeren Sulfitkonzentrationen infolge einer enzymatischen Bräunung schmutzig braun verfärben würde.

Gering höhere Mengen an schwefliger Säure sollen bei empfindlichen Personen Kopfschmerzen (Kopfschmerzen nach altem „gutem" Wein) und bei Asthmatikern asthmatische Anfälle auslösen können.

Haupteinsatzgebiete der schwefligen Säure sind das Schwefeln von Weinfässern und das sog. Bleichen (Verhindern einer enzymatischen Bräunung) von industriell hergestellten Produkten und Konserven (Kartoffelerzeugnisse, insbesondere vorgefertigte Pommes frites und Kloßmasse, Spargelkonserven, geriebener Meerrettich, Trockenobst u. a.).

Die Konservierung von Fisch, Fleisch und Fleischerzeugnissen, insbesondere Hackfleisch, mit schweflige Säure, ihren Salzen und Schwefeldioxid ist in der Bundesrepublik verboten. Durch den Zusatz von schwefliger Säure kann ein beginnender Verderb verdeckt werden, da sie einen möglichen Fäulnisgeruch sehr wirkungsvoll unterdrückt.

Diätetische Lebensmittel dürfen eine Restmenge von 10 mg Schwefeldioxid pro kg enthalten, diätetische Lebensmittel für Säuglinge und Kleinkinder dürfen nicht geschwefelt werden (Ausnahmen sind Stärke und modifizierte Stärke).

Natürliche Säuren

Die in vielen pflanzlichen Lebensmitteln vorkommenden Säuren und die sog. Gärungssäuren wirken ebenfalls konservierend. Diese Genußsäuren wie Essigsäure, Propionsäure, Äpfelsäure, Milchsäure und Fumarsäure gelten nicht als Lebensmittelzusatzstoffe.

6.5.4.8 Weitere Konservierungs- und Aufbewahrungsverfahren

Eine Reihe weiterer Konservierungsmethoden wird nur selten oder nur für bestimmte Lebensmittel herangezogen, da sie entweder nur unterstützende Maßnahmen darstellen oder ihre Effektivität nur in speziellen Fällen ausreichend ist. Andere Verfahren sind können nicht als eine Konservierung eingestuft werden, obwohl sie durch die besonderen Aufbewahrungsbedingungen die Haltbarkeit bei Kühlraumtemperaturen wesentlich verbessern. Einige Verfahren gewinnen jedoch immer mehr an Bedeutung.

CA-Verpackung (controlled atmosphere)

Das Verfahren eignet sich hervorragend für Fleisch. Es ist im engeren Sinn kein Konservierungsverfahren. Das Fleisch wird dabei in speziellen Plastikbeuteln (Polyethylen) in einem Gasgemisch aus Sauerstoff, Kohlendioxid und Stickstoff („Schutzgasatmosphäre") luftdicht eingeschweißt. Das Kohlendioxid hemmt das Wachstum von aeroben Mikroorganismen (vorzugsweise Fäulniserreger). Die (geringe) Menge an Sauerstoff stabilisiert die rote Farbe des Fleischs (Stabilisierung des Oxy-Myoglobins), und Stickstofff fungiert als indifferentes Füllgas. Entscheidend ist aber das genau abgestimmte Verhältnis, in dem die einzelnen Gase eingesetzt werden („kontrollierte Atmosphäre").

Unter dieser „Schutzgasatmosphäre" wird auch die Vermehrung von aeroben Mikroorganismen gehemmt, die normalerweise in einer sauerstoffhaltigen Atmosphäre wachsen; in Gegenwart von höheren Volumenanteilen von CO_2 vermehren sie sich auch in Gegenwart von geringen Mengen an Sauerstoff nicht. Anaerobe Keime werden dagegen auch durch geringe Sauerstoffkonzentrationen in ihrem Wachstum effektiv gehemmt.

Vakuumieren

Die Technik des Vakuumierens ist ebenfalls kein echtes Konservierungsverfahren. Beim Vakuumieren wird dem in einer Spezialfolie verpackten Lebensmittel die Luft weitgehend entzogen. In dem sich bildenden Vakuum legt sich die Folie dicht an das Lebensmittel an. Das Vakuum kann aus rein physikalischen Gründen nicht 100%ig sein. Es bleibt ein minimaler Gasdruck in der Höhe des Wasserdampf-Partialdrucks bestehen. Unter diesen Bedingungen werden vorzugsweise oxidationsgefährdete Lebensmittel aufbewahrt.

Die Sicherheit vor einem Verderb ist bei wasserreichen Lebensmitteln wie Fleisch geringer als bei der CA-Verpackung, da das Wachstum von anaeroben Bakterien nicht ausgeschlossen werden kann, insbesondere das Wachstum des Fäulniserregers Clostridium perfringens. Eine dabei meist auftretende Erhöhung des p_H-Werts führt zu weiteren Zersetzungsprozessen. Besonders Fleisch, das übermäßig mit Keimen belastet ist, und DFD-Fleisch (siehe Kap. 5.1.2.1.5) ist gegenüber einer sog. „stickigen" Fleischreifung besonders anfällig, bei der es zu einem erhöhten Eiweißabbau kommt. In vielen Fällen warnen die übelriechenden Zersetzungsprodukte (Skatol, schwefelhaltige Substanzen u. a.) vor einem Verzehr. Eine zusätzliche Kühllagerung von vakuumierten Lebensmitteln ist daher zwingend erforderlich.

Das Vakuumieren von Fleisch ist für die Praxis von besonderer Bedeutung. Es garantiert einen guten Aromaschutz und eine längere Lagerungsfähigkeit. Ein wesentlicher Vorteil ist, daß es sich besonders für kleine Portionen eignet, so daß die gelagerten Lebensmittel bei Bedarf portionsweise eingesetzt werden können.

Ultrafiltration

Unter Ultrafiltration versteht man das Abfiltrieren von Flüssigkeiten durch Spezialfilter (meist auf Zellulosebasis), durch die die Mikroorganismen wegen der Kleinheit der Filterporen effektiv zurückgehalten werden. Dieses Verfahren wird meist dann eingesetzt, wenn empfindliche Getränke (Bier, Wein und Fruchtsäfte) schonend konserviert werden sollen.

Bestrahlung

Lebensmittel können auch durch eine Bestrahlung mit energiereichen Strahlen oder mit ultraviolettem Licht in allerdings unterschiedlichem Ausmaß vor einem mikrobiellen Verderb geschützt werden.

Mit ultraviolettem Licht, das nicht in die Lebensmittel eindringt, darf Trinkwasser sowie die Oberfläche von Käse und Obst bestrahlt werden.

Die Bestrahlung von Lebensmitteln mit ionisierenden Strahlen ist dagegen in der Bundesrepublik verboten. Sie darf nur in Ausnahmefällen nach Erteilung einer Ausnahmegenehmigung vorgenommen werden. Ausnahmegenehmigungen sind bisher nur für die Bestrahlung von Gewürzen und Kräutern erteilt worden, die besonders stark mit Keimen belastet sind und die durch andere Methoden nicht keimfrei gemacht werden können, ohne daß es zu wesentlichen sensorischen Veränderungen kommt (Aromaverlust, Auftreten von Fehlaromen).

In vielen Mitgliedsstaaten der EU ist dagegen die Bestrahlung von Lebensmitteln mit energiereichen Strahlen erlaubt. Sie wird von der internationalen Atomenergieorganisation als unbedenklich eingeschätzt, wenn die entsprechenden Vorschriften beachtet und die maximal zulässigen Strahlendosen nicht überschritten werden.

Für die Konservierung von Lebensmitteln mit ionisierenden Strahlen können folgende Strahlenarten eingesetzt werden:

- Beta-(ß-)Strahlen (Elektronenstrahlen)],
- Gamma-(γ-)Strahlen (die beim radioaktiven Zerfall geeigneter Radioisotope [^{60}Co, Kobalt; ^{137}Cs, Cäsium] freigesetzt werden),
- Röntgenstrahlen.

Die zur vollständigen Inaktivierung von Mikroorganismen benötigte Strahlenenergie ist relativ hoch. Die international maximal zulässigen Bestrahlungsdosen liegen wesentlich darunter. Nach einer Bestrahlung mit den zugelassenen Dosen sind an den Lebensmitteln keine strahleninduzierte Veränderungen beobachtet worden (einschließlich des Auftretens von Reaktionsprodukten, deren Wirkungen auf den Organismus noch nicht bekannt sind). Es entstehen zwar freie Radikale, die aber äußerst kurzlebig und nach Sekunden bereits wieder zerfallen sind. Bisher konnten keine Schäden nachgewiesen werden, die durch solche kurzlebige Radikale ausgelöst worden sind.

Der positive Effekt der Bestrahlung ist im wesentlichen auf eine Inaktivierung von lebensmitteleigenen Enzymen zurückzuführen, erst in zweiter Linie auf eine partielle Hemmung des Wachstums von Mikroorganismen. Die Bestrahlung mit ionisierenden Strahlen ist ein besonders effektives Verfahren zur Verhinderung eines Keimens (Kartoffeln), zur Verhinderung des Auswachsens von Zwiebeln und Knoblauch und zur Konservierung von Gewürzen.

Da die Bestrahlung von verschiedenen Lebensmitteln in einzelnen Mitgliedsländern der EU wie in den Niederlanden, Frankreich, Belgien, Spanien, Großbritannien, Dänemark zugelassen ist (in den einzelnen Ländern unter unterschiedlichen Bedingungen), muß mit dem Angebot von bestrahlten Lebensmitteln auf dem gemeinsamen europäischen Markt gerechnet werden. Neben frischen Gemüsen, Gewürzen und Kräutern dürfen in einigen Ländern auch Krabben, Fisch, Geflügelfleisch, Froschschenkel, Eiklar und Käse bestrahlt werden.

Die Bestrahlung von Lebensmitteln dürfte sich in der Zukunft besonders für spezielle Fertigprodukte anbieten, die als neuartige diätetische Erzeugnisse für die Ernährung von Patienten eingesetzt werden könnten, die auf keimfreie Lebensmittel angewiesen sind (mit Immunsuppressiva behandelte Patienten [bei Organtransplantationen], bei AIDS-Patienten). Die Bestrahlung von tiefgefrorenen Mahlzeiten für diesen speziellen Einsatz ist in den Niederlanden bereits erlaubt.

6.6 Lebensmittelinhaltsstoffe, die gesundheitlich bedenklich sein können

Einige pflanzliche Nahrungsmittel enthalten Stoffe, die in sehr großen Mengen verzehrt oder bei ungenügender oder unsachgemäßer Zubereitung Vergiftungserscheinungen auslösen können. Eine weitere gesundheitliche Gefahr kann rein theoretisch von Schadstoffen ausgehen, die aus der Umwelt auf oder in die Lebensmittel gelangen oder die bei deren Produktion gezielt eingesetzt werden wie beispielsweise Pflanzenschutzmittel. Die Gefahr, die solche möglichen und unerwünschten Lebensmittelbeimengungen darstellen können, wird in der Laienpresse oft überbewertet („Gift im Kochtopf"), wodurch bei einem Teil der Bevölkerung unbegründete Ängste ausgelöst werden.

Eine Substanz wirkt erst als Gift, wenn von ihr eine ausreichend große Menge, die sog. kritische Menge, aufgenommen worden ist. Es können somit praktisch alle, auch als absolut unbedenklich eingestufte Substanzen oberhalb kritischer Konzentrationen Vergiftungen auslösen oder elementare Körperfunktionen negativ beeinflussen. Die Substanzen, die erst in höheren Konzentrationen als Gift wirken, werden vom Körper entweder sehr rasch unverändert wieder ausgeschieden oder von ihm umgehend entgiftet und anschließend ausgeschieden. Einige wenige Substanzen, von denen eine relativ hohe potentielle Schadwirkung ausgeht, werden im Körper akkumuliert. Sie führen erst nach einem längeren Zeitraum zu Schädigungen. Für solche Substanzen gelten besonders strenge gesetzliche Regelungen, die mögliche gesundheitliche Schäden verhindern sollen. Eindeutig als Giftstoffe erkannte Substanzen dürfen bei der Herstellung und bei der Verarbeitung von Lebensmitteln nicht eingesetzt oder den Lebensmitteln zugesetzt werden.

Grenzwerte für potentiell schädliche Substanzen (ADI-Werte)

Für alle potentiell schädlichen Stoffe sowie für zugelassene Zusatzstoffe sind Richtwerte festgelegt, die in den Lebensmitteln nicht überschritten werden dürfen. Diese Richtwerte werden von wissenschaftlichen Gremien im Auftrag der WHO und der FAO der UNO erarbeitet. Ihre Einhaltung ist in gesetzlichen Festlegungen der einzelnen Staaten zwingend vorgeschrieben, Verstöße werden geahndet. Die Gefahr einer gesundheitlichen Schädigung durch die Nahrung kann bei korrekter Einhaltung dieser Werte nach dem derzeitigen wissenschaftlichen Kenntnisstand ausgeschlossen werden.

Die Menge, die von jeder dieser Substanzen täglich mit der Nahrung aufgenommen werden kann, ohne daß es zu gesundheitlichen Schäden kommt, wird durch den ADI-Wert festgelegt. Der ADI-Wert (acceptable daily intake = akzeptierbare tägliche Aufnahme) ist die Menge der betreffenden Substanz (in mg pro kg Körpergewicht und Tag), die gerade noch aufgenommen werden darf. Der ADI-Wert ist auf das Körpergewicht bezogen, die maximal zulässige Aufnahme einer Substanz ergibt sich somit durch die Multiplikation des ADI-Werts mit dem Körpergewicht.

Der ADI-Wert wird mit Hilfe des sog. NOEL-Werts festgelegt, der im Tierversuch ermittelt wird. Der NOEL-Wert (no observed effect level) ist die über einen langen Zeitraum täglich aufgenommene Dosis oder Konzentration der Substanz, bei der gerade noch keinerlei (schädigende) Effekte beobachtet werden. Bei der Festsetzung des ADI-Werts wird in der Regel ein 100- bzw. 1000facher Sicherheitsfaktor berücksichtigt, der ADI-Wert beträgt infolgedessen nur $^{1}/_{100}$ oder $^{1}/_{1000}$ des NOEL-Werts. Eine 1000fache Sicherheit wird bei Säuglingsnahrung und bei Stoffen gefordert, die möglicherweise cancerogen wirken könnten.

6.6.1 In Lebensmitteln vorkommende toxisch wirkende Substanzen

Pflanzen, in denen giftige Substanzen in größeren Mengen vorkommen, werden als Giftpflanzen naturgemäß nicht als Lebensmittel genutzt, wie z. B. Giftpilze (Knollenblätterpilz u. a.). Weniger giftige oder in geringeren Mengen vorkommende giftige Pflanzeninhaltsstoffe können dagegen in einer Reihe von Lebensmitteln vorliegen, ohne daß es bei der üblichen Nahrungszubereitung und einem in üblichen Mengen erfolgenden Verzehr zu gesundheitlichen Beeinträchtigungen kommt, da die ADI-Werte nicht überschritten werden.

Eine geringe Gefahr kann lediglich nur dann entstehen, wenn ungewöhnlich große Mengen dieser Lebensmittel in Unkenntnis der Zusammenhänge über eine längere Zeit hinweg verzehrt werden. Es kann außerdem zu geringen gesundheitlichen Beeinflussungen kommen, wenn bei solchen Lebensmitteln traditionelle, hinreichend bekannte Zubereitungsarten durch selbst erdachte, nicht überprüfte Verfahren ersetzt werden, bei denen diese Gifte nicht entfernt oder nicht inaktiviert werden (z. B. Verzehr von großen Mengen von nicht erhitzten grünen Bohnen, Verzehr von nicht gereinigtem Getreide).

Solanin

Solanin und das nahe verwandte Tomatidin wird in Nachtschattengewächsen wie Kartoffeln bzw. Tomaten gebildet. Größere Mengen dieser Alkaloide verursachen Kopfschmerzen, Magenbeschwerden und Erbrechen. Erst sehr große Mengen führen (nur im Tierversuch nachgewiesen) zu Nierenschädigungen, Seh- und Hörstörungen und letztendlich auf Grund einer Atemlähmung zum Tod.

Die Konzentration dieser Alkaloide in der Kartoffelknolle bzw. in der Tomatenfrucht ist sehr niedrig, sie hängt jedoch vom Reifezustand ab. Sie nimmt mit zunehmender Reife stark ab. In ausgereiften Kartoffeln und Tomaten ist sie äußerst niedrig und vollkommen zu vernachlässigen. Im Kartoffel- und Tomatenkraut sowie in den grünen oberirdischen Kartoffelfrüchten ist der Gehalt an Solanin dagegen sehr hoch.

Solanin ist in der Kartoffel nicht gleichmäßig verteilt, seine Konzentration ist direkt unter der Schale höher als im Inneren der Knolle. Reich an Solanin sind die Keime, auch die Augen enthalten mehr Solanin als die übrigen Partien der Knolle. Besonders reich an Solanin sind solche Stellen der Kartoffel, die dem Licht ausgesetzt wurden. Diese Stellen zeichnen sich meist durch eine Grünfärbung aus, da unter Lichteinwirkung nicht nur Solanin, sondern auch das grün gefärbte Chlorophyll gebildet wird.

Solanin ist hitzeresistent und gut in Wasser löslich. Beim Kochen von Kartoffeln gehen deswegen beträchtliche Mengen des bereits in sehr geringer Konzentration vorliegenden Solanins in das Kochwasser über und können somit leicht verworfen werden. Bei Pellkartoffeln ist die Solaninabgabe an das Kochwasser geringer. Unter den Kartoffelschalen befindliche grüne Stellen sollten deswegen sicherheitshalber nicht verzehrt werden. Auch unreife (grüne) Tomaten enthalten größere Mengen an Tomatidin als ausgereifte Tomaten. Ebenso ist in den grünen Stielansätzen der ausgereiften Tomate der Giftgehalt höher als im Fruchtfleisch.

Auch im Borretsch sind solche giftigen Alkaloide enthalten. Nebenwirkungen treten nur bei einem regelmäßigen Verzehr von größeren Mengen an Borretsch auf. Gegen einen gelegentlichen Genuß des seltenen Borretschs ist nichts einzuwenden.

Blausäurehaltige Glykoside

Blausäure (Cyanwasserstoff) ist eine leicht verdampfende, nach bitteren Mandeln riechende Flüssigkeit, die äußerst giftig ist. Sie reagiert mit dem Eisen der Cytochrome der Atmungskette und blockiert somit die Endoxidation des Wasserstoffs zu Wasser. Es kommt somit zu einer plötzlich eintretenden inneren Erstickung. Besonders empfindlich reagieren die Gehirnzellen und die Herzmuskelzellen auf eine solche gestörte Endoxidation. Die Empfindlichkeit gegenüber Blausäure ist individuell unterschiedlich groß. Es muß daher immer mit der größten Sensibilität gerechnet werden, bereits 1 mg Blausäure pro kg Körpergewicht kann tödlich sein.

Blausäure kommt in gebundener, nicht giftiger Form (sog. Glykoside, Blausäure ist an selten vorkommenden Zuckern β-glykosidisch gebunden) in weit über 1000 verschiedenen Pflanzen vor. Die giftige Blausäure kann aus dieser Bindung freigesetzt werden, beispielsweise durch pflanzeneigene Enzyme, die bei Zerstörung der Pflanzenzellen aktiviert werden, oder durch Säuren, beim Verzehr dieser blausäurehaltigen Substanzen letztendlich durch die Darmbakterien (diese enthalten im Gegensatz zu den Verdauungsenzymen β-Glykosidasen). Die Blausäure wirkt nach einer erfolgten Freisetzung innerhalb kürzester Zeit, da sie sehr rasch resorbiert wird.

Geringe Mengen an Blausäure werden vom menschlichen Körper rasch entgiftet. Auch beim Erhitzen der Lebensmittel verdampft die leicht flüchtige Blausäure innerhalb kurzer Zeit. Die wichtigsten blausäurehaltigen Lebensmittel sind bittere Mandeln (250 mg/100 g) und das daraus hergestellte Bittermandelöl sowie Fruchtkerne von Steinobst und von Zitrusfrüchten. Gebundene Blausäure kommt in sehr geringen Konzentrationen auch in Bohnen (auch die Kerne der heimischen Gartenbohne enthalten gebundene Blausäure in allerdings sehr geringer Konzentration), Leinsamen, Holunderbeeren, Zuckerhirse und grünen Bambussprossen vor. Eine rein theoretische Vergiftungsgefahr besteht lediglich beim Genuß großer Mengen von nicht erhitzen blausäurehaltigen Lebensmitteln wie bitteren Mandeln, Fruchtkernen von Steinobst und Bittermandelöl. Die Kuchen oder anderen Backwaren zugesetzten bitteren Mandeln sind absolut unbedenklich, die in ihnen enthaltene Blausäure entweicht während des Backprozesses vollständig.

Der Genuß von 5 bis 10 rohen bitteren Mandeln soll jedoch bei Kindern bereits zu Todesfällen geführt haben. Chronische Blausäurevergiftungen sind nur aus tropischen Ländern beschrieben worden, vorzugsweise durch Verzehr des blausäurehaltigen Maniokmehls.

Oxalsäure

Oxalsäure kommt in zahlreichen Gemüsen vor, allerdings in recht unterschiedlichen Konzentrationen. Besonders hohe finden sich in Mangold, Spinat, Rhabarber, Sellerie und roten Rüben, geringere Mengen weiterhin in Kakao und Petersilie. Die chemisch verwandte Glyoxylsäure wird im Körper in Oxalsäure umgewandelt. Sie ist besonders reichlich in Stachelbeeren vorhanden.

Oxalsäure beeinträchtigt die Resorption von Kalzium, da sie mit Kalziumionen unlösliches Kalziumoxalat bildet. Resorbierte Oxalsäure wird unverändert mit dem Harn ausgeschieden. Sie kann im Nierenbecken und in den ableitenden Harnwegen leicht zu wasserunlöslichen Kalziumoxalatsteinen auskristallisieren.

Vergiftungen im eigentlichen Sinn werden durch Oxalsäure nicht ausgelöst. Beim Gesunden ist der Verzehr von oxalsäurehaltigen Lebensmitteln bei einer ausgewogenen Ernährung mit einer ausreichenden Kalziumversorgung absolut unbedenklich.

Eine erhöhte Oxalsäureaufnahme ist von Personen zu vermeiden, die zur Bildung von Oxalatnierensteinen neigen. Die Neigung zu einer Bildung von Oxalatsteinen wird offenbar durch Besonderheiten im Stoffwechsel ausgelöst, bei der es zu einer gesteigerten Produktion von Oxalsäure kommt, aus der Aminosäure Glycin (während des Eiweißabbaus) und/oder aus Glyoxalat, das von den Darmbakterien ebenfalls aus Glycin gebildet werden kann. Die Ansicht, daß eine übermäßige Aufnahme von Vitamin C zu einer erhöhten Oxalsäurebildung führt, entspricht nicht den Tatsachen.

Goitrogene Verbindungen (Substanzen, die die Kropfbildung fördern)

Goitrogene Verbindungen (Thioglucosinolate) behindern die Jodaufnahme der Schilddrüse, wodurch die Synthese des Schilddrüsenhormons Thyroxin vermindert wird. Die Schilddrüse reagiert auf diese verminderte Hormonbildung mit einer Zunahme der Zahl der Drüsenzellen, die die verminderte Hormonproduktion ausgleichen sollen. Dadurch wird die Schilddrüse vergrößert, es kommt zur Ausbildung eines Kropfs.

Solche goitrogene Substanzen kommen in geringen Konzentrationen in einigen Kohl- und Rübensorten vor sowie in Rettichen, Radieschen, Zwiebeln und Senfsamen. Bei einer ausgewogenen Ernährung bestehen keine Bedenken gegen einen Verzehr der oben genannten Nahrungsmittel.

Der früher mitunter beobachtete Kohlkropf entwickelte sich nur bei einem ständigen, sich über den Zeitraum von Jahren erstreckenden übermäßigen Verzehr von Kohl und bei gleichzeitig bestehendem Jodmangel. Hauptursache für die Ausbildung des Kohlkropfs ist offenbar der Jodmangel, durch die Aufnahme der goitrogenen Substanzen des Kohls wird die Kropfbildung nur verstärkt.

Bei einer bereits bestehenden Jodmangelstruma sollte allerdings aus Sicherheitsgründen auf einen übermäßigen und ständigen Verzehr von solchen Gemüsesorten verzichtet werden. Im Vordergrund muß aber die ausreichende Jodversorgung stehen.

Vicin und Convicin

Puffbohnen (Saubohnen) enthalten Vicin und Convicin, die Glutathion oxidieren (Glutathion ist in das Schutzsystem vor oxidativen Schädigungen eingebunden (siehe Kap. 3.7.1.3). Diese verstärkte Oxidation des Glutathions wird in der Regel durch dessen rasche Regeneration (Rückumwandlung in die aktive Form des reduzierten Glutathions) ausgeglichen. Nur bei Menschen, die einen genetisch bedingten Enzymdefekt aufweisen (Mangel an Glucose-6-Phosphat-Dehydrogenase), kommt es nach dem Genuß von Saubohnen zu Vergiftungserscheinungen, die sich in einem vorzeitigen Zerfall der roten Blutkörperchen und einer dadurch bedingten Blutarmut (sog. hämolytische Anämie) sowie in Schädigungen an anderen Organen wie Milz und Leber äußern. Es sind sogar Todesfälle beschrieben worden. Dieser Enzymdefekt ist seit längerem als Favismus bekannt.

In den roten Blutzellen, die keine Zellorganellen besitzen und eine begrenzte Enzymausstattung aufweisen, ist das oxidierte Glutathion praktisch allein für den oxidativen Schutz verantwortlich. Es kann normalerweise durch NADPH + H⁺, das unter Mitwirkung der Glucose-6-Phosphat-Dehydrogenase gebildet wird, regeneriert werden. Bei einem Defekt an diesem Enzym ist dieser Prozeß gestört, wodurch die roten Blutzellen wegen des Fehlens von reduziertem Glutathion oxidativ geschädigt werden.

Favismus tritt bei Mitteleuropäern praktisch nicht auf, dagegen gehäuft bei den Bewohnern des Mittelmeerraums, bei Schwarzafrikanern und bei Asiaten. Weltweit sind etwa 100 Millionen Menschen von dieser Erbkrankheit betroffen (siehe Kap. 7.6.6.1).

Toxische Proteine

Bestimmte Proteine, die in sehr geringen Mengen in einigen pflanzlichen Lebensmitteln vorkommen, sind im nativen (nicht denaturierten) Zustand toxisch. Diese toxischen Eigenschaften gehen beim Erhitzen vollkommen verloren.

Phytohämagglutinine (Lectine): Diese Proteine reagieren im nativen Zustand hoch spezifisch mit komplexen Polysacchariden, die am Aufbau von Biomembranen beteiligt sind. Bekanntester Angriffsort der Lectine sind die Membranen der roten Blutzellen und, mit der Nahrung aufgenommen, zusätzlich die Mucosazellen des Dünndarms. Als Folge einer überhöhten Lectinaufnahme kann es zu Entzündungen der Darmschleimhaut und zu blutigen Durchfällen kommen.

Lectine sind vor allem in der grünen Gartenbohne vorhanden, aber auch in anderen Hülsenfrüchten, Weizenkeimen und in geringer Menge in Kartoffeln. Vergiftungsfälle sind nach dem Genuß von großen Mengen roher Bohnen beschrieben worden. Auch Schnecken enthalten Lectine.

Lectine werden beim Kochen vollständig zerstört. Von Vertretern einer Rohkosternährung wird vielfach darauf hingewiesen, daß das Lectin (Phasin) in Keimlingen von Getreide- und Hülsenfrüchten durch einfaches Blanchieren vollständig und sicher inaktiviert werden könnte. Beim einfachen Blanchieren kann jedoch keinesfalls eine stets ausreichende Temperaturerhöhung im gesamten Blanchiergut und somit eine sichere Inaktivierung der Lectine garantiert werden. Es ist deshalb dringend anzuraten, Keimlinge zumindest kurzfristig zu kochen. Der Verzehr von rohen Keimlingen verbietet sich auf Grund der bestehenden Vergiftungsgefahr selbstredend. Lediglich die Keimlinge von Linsen und Mungobohnen enthalten keine Lectine.

Proteaseinhibitoren (vorwiegend Trypsininhibitoren): Die Proteaseinhibitoren, die selbst Proteine sind, sind insbesondere in Samen weit verbreitet. Sie kommen hauptsächlich in Hülsenfrüchten und in Erdnüssen, aber auch in Getreidekörnern und in Kartoffeln vor. Auch diese Hemmstoffe sind als Eiweiße hitzeempfindlich und werden beim Kochen vollständig inaktiviert. Diese Inhibitoren werden, falls sie nicht schon bei der Speisenzubereitung zerstört wurden, bereits im Magen durch die Magensalzsäure inaktiviert, ehe sie im Dünndarm die Eiweißendspaltung behindern könnten.

Vergiftungserscheinungen sind nur bei Tierversuchen beschrieben worden. Bei einer Funktionsstörung des Magens (fehlende Produktion der Magensalzsäure) und bei einem zusätzlich bestehenden Eiweißmangel sollte jedoch unbedingt auf die Inaktivierung dieser Inhibitoren durch gründliches Erhitzen geachtet werden, um eine mögliche Beeinträchtigung der Eiweißversorgung des Patienten auszuschließen.

Toxine in Fischen und Muscheln

Die landläufig als Fischvergiftung bezeichneten Vergiftungserscheinungen sind vorzugsweise auf einen Verderb des Fischeiweißes infolge seiner Zersetzung durch Mikroorganismen und durch die dabei gebildeten toxischen Eiweißzersetzungsprodukte, im wesentlichen biogene Amine, zurückzuführen (siehe Kap. 6.6.2.3). Auch die Toxine von toxinbildenden Bakterien können für Vergiftungserscheinungen verantwortlich sein. Fischspezifische Toxine verursachen nur in wenigen Fällen eine Fischvergiftung.

Tetrodotoxin: Tetrodotoxin ist in 40 verschiedenen Arten von Igelfischen enthalten, von denen der Kugelfisch (in Japan als Fugu bezeichnet) der bekannteste ist. Diese Fische werden vor allem in Japan, aber auch in China und an der amerikanischen Pazifikküste verzehrt. Tetrodotoxin ist eines der stärksten bekannten tierischen Gifte und hauptsächlich im Rogen, im Milchner, in der Leber, im Darm und in der Haut der Fische enthalten. Im Blut und im Fischfleisch ist die Konzentration gering. Das Gift wird bei unsachgemäßer Zubereitung der Fische aus den Innereien freigesetzt und kontaminiert das Fischfleisch. Es ist ein Nervengift und wird sehr rasch, bereits in der Mundhöhle beginnend, resorbiert. Vergiftungserscheinungen sind Sensibilitätsstörungen, Erbrechen und Kreislaufkollaps. Todesfälle treten infolge einer Atemlähmung auf. In Japan soll es jährlich bis zu 100 Todesfälle geben. Igelfische dürfen in der Bundesrepublik nicht in den Verkehr gebracht und somit auch nicht zubereitet werden.

Saxitoxin: Saxitoxin ist ein hochaktives Gift, das von bestimmten Meeresalgen gebildet wird. Diese Algen vermehren sich bei Temperaturen oberhalb von 10 bis 14 °C besonders schnell. Sie dienen Muscheln und Austern als Nahrung, und das Saxitoxin wird in diesen Schalentieren gespeichert. Saxitoxin ist für die Vergiftungserscheinungen verantwortlich, die durch den Verzehr von Austern und Muscheln ausgelöst werden können. Solche Vergiftungen sind in den USA und in Südeuropa beschrieben worden. Saxitoxin ist ein Nervengift, die Vergiftung äußert sich in einem prickelnden Gefühl an den Lippen sowie an Armen und Beinen. In schweren Fällen kann es zu Lähmungserscheinungen (bis zu einer Atemlähmung) kommen.

Weitere Fischgifte: Spezifische Fischgifte kommen im Blut von Aal und Neunauge, aber auch im Rogen oder im Milchner anderer Fische wie Karpfen, Hecht oder Barbe vor. Diese Fischgifte können nur in sehr hohen Konzentrationen zu Brechdurchfällen und zu Atembeschwerden führen. Eine Aufnahme der zum Auslösen einer Vergiftung erforderlichen Menge ist durch den üblichen Verzehr von Fisch, auch in ungewöhnlich großen Mengen, nicht möglich.

Gifte in Kräutern und Gewürzen

In vielen Gewürzen und Kräutern sind ätherische Öle enthalten, die im wesentlichen für die charakteristischen Aromen verantwortlich sind. Einige dieser ätherischen Öle können in hohen Konzentrationen toxisch sein. Bei dem Einsatz von Kräutern bzw. Gewürzen zur Speisenzubereitung liegen die Konzentrationen weit unter dem Schwellenwert, und die Verwendung dieser Gewürze ist absolut unbedenklich. Gefahren bestehen nur, wenn diese Gewürze oder Kräuter bzw. die daraus gewonnenen ätherischen Öle in weit überhöhter Menge mißbräuchlich konsumiert werden.

Muskatnuß: Bei übermäßiger Aufnahme (einmaliger Verzehr von mehreren geriebenen Muskatnüssen) kann es zu Störungen im Zentralnervensystem (Halluzinationen, Wahnvorstellungen) sowie zu Herzrasen und Blutdruckschwankungen kommen. Es wurde beschrieben, daß ein Kleinkind bereits nach dem Verzehr von zwei Muskatnüssen (pulverisiert) verstorben sei.

Cumarin: Der Aromastoff des Waldmeisters ist in größeren Mengen genossen lebertoxisch. Seine Verwendung als künstliches Waldmeisteraroma ist deshalb verboten. Die Mengen, die bei dem gelegentlichen Genuß von Waldmeisterbowle aufgenommen werden, sind so gering, daß beim Lebergesunden keine Bedenken bestehen.

Thujon: Das in Salbei und im Wermutkraut vorkommende ätherische Öl ist ebenfalls giftig. Es ist in höheren Konzentrationen und ständig konsumiert ein gefährliches Nervengift. Es wird zum Aromatisieren von Absinth und Wermutwein eingesetzt. Vergiftungserscheinungen sind vor Jahren nur beim Mißbrauch von Absinth beschrieben worden. Die Herstellung von Absinth ist in der Bundesrepublik und in anderen Staaten verboten. Da Thujon wie alle ätherischen Öle schwer wasserlöslich ist, dürften in Salbei- oder Wermuttee nicht einmal Spuren vorhanden sein.

Glycyrrhizin (Süßholz, Lakritze): Glycyrrhizin ist Bestandteil des Süßholzsafts, der aus den Wurzeln des in den Mittelmeerländern wachsenden Süßholzbaums gewonnen und zur Herstellung von Lakritze verwendet wird. Das Stoffwechselprodukt des Glycyrrhizins hemmt Enzyme, die in die Steuerung des Mineralstoffwechsels einbezogen sind. Eine übermäßige Aufnahme von Glycyrrhizin als Ergebnis eines ständigen Konsums von Lakritze führt zu einer verminderten Natriumausscheidung, die mit einer gesteigerten Ausscheidung von Kalium gekoppelt ist. Diese Störungen im Mineralstoffhaushalt können zu ernsthaften Komplikationen führen wie zu einer Blutdruckerhöhung, zu einer Ödembildung und zu einer Muskelschwäche sowie zu Störungen in der Kontraktion des Herzmuskels.

Es wird empfohlen, daß Gesunde nicht mehr als 100 mg Glycyrrhizin pro Tag aufnehmen. Eine geforderte Kennzeichnung von entsprechenden Lebensmitteln resp. Genußmitteln wurde bisher nicht umgesetzt. Es empfiehlt sich daher dringend, den Genuß von Lakritze zu begrenzen. Bei Störungen im Mineralhaushalt einschließlich Nierenerkrankungen, Erkrankungen des Herzens, insbesondere bei Herzrhythmusstörungen, und bei bestehendem Bluthochdruck sollte aus Sicherheitsgründen Lakritze vollkommen gemieden werden.

Toxische Inhaltsstoffe in Honig

In Honigsorten, die von bestimmten Azaleen oder Rhododendren stammen, sind Giftstoffe enthalten, die in hohen Konzentrationen zu Erbrechen, Krämpfen und Bewußtlosigkeit führen können. Die in Deutschland im Handel befindlichen Honigsorten sind absolut unbedenklich. In der Türkei sind Vergiftungsbilder nach übermäßigem Verzehr von solchen Honigsorten (sog. pontischer Honig) beobachtet worden.

6.6.2 Lebensmittelzusatzstoffe, die schädliche Reaktionen auslösen können

Lebensmittelzusatzstoffe sowie andere zur Haltbarmachung und zur Herstellung von Lebensmitteln verwendete Stoffe sind bei sachgemäßer und konzentrationsgerechter Anwendung gesundheitlich unbedenklich. Einige können allerdings wie auch nahezu alle anderen Lebensmittelinhaltsstoffe bei empfindlichen Personen unspezifische Unverträglichkeitsreaktionen oder Allergien auslösen.

6.6.2.1 Nitrit

Nitrit kann in höheren Konzentrationen gesundheitliche Schäden verursachen. Die potentielle schädigende Wirkung von Nitrit darf jedoch nicht isoliert betrachtet werden. Nitrit wird in erheblichem Maße durch die im Körper erfolgenden Reduktion von Nitrat gebildet, das ebenfalls wie Nitrit mit der Nahrung einschließlich dem Trinkwasser aufgenommen wird. Die gesundheitliche Gefährdung, die von der Nahrung (und dem Trinkwasser) tatsächlich ausgehen kann, wird oft emotional eingeschätzt und vielfach überbewertet. Die Möglichkeit einer gesundheitlichen Gefährdung durch handelsübliche Lebensmittel und Trinkwasser aus der öffentlichen Trinkwasserversorgung besteht in der Bundesrepublik nicht.

Auch die Aufnahme von Nitrat und Nitrit darf ebenfalls nicht isoliert betrachtet werden. Die möglicherweise gefährlichste Wirkung des Nitrits besteht (abgesehen von wenigen Ausnahmefällen, siehe unten) in der im Körper erfolgenden Bildung von Nitrosaminen, die potentiell cancerogen wirken können. Nitrosamine werden aber ebenfalls direkt mit bestimmten Lebensmitteln aufgenommen. Darüber hinaus gelangen Nitrosamine aus der Umwelt über Haut und Lunge in den Körper (siehe Kap. 6.6.2.5).

Nitritwirkungen

Nitrit kann in höheren Konzentrationen folgende Reaktionen auslösen:

- Bildung von Met-Hämoglobin
  Met-Hämoglobin ist nicht in der Lage, Sauerstoff zu transportieren. Dadurch kann es zu einer Unterversorgung mit Sauerstoff kommen (siehe Kap. 6.6.2.1.3).
- Bildung von Nitrosaminen
  Nitrit kann mit sekundären Aminen unter Bildung von Nitrosaminen reagieren (siehe Kap. 6.6.2.1.4).
- Bildung von Stickoxid-Myoglobin
  Ausbildung der typischen Pökelfarbe des Fleischs (siehe Kap. 6.5.4.2).

Nitritquellen

Das im Körper des Menschen befindliche Nitrit kann aus verschiedenen Quellen stammen:

- aus gepökelten Lebensmitteln (maximal etwa 20 % der gesamten Aufnahme),
- von Wasser aus nicht kontrollierten Quellen und Brunnen in sumpfigen und moorigen Geländen,
- aus Nitrat von Gemüse und Trinkwasser, das im Körper in Nitrit umgewandelt wird (das aus Nitrat gebildete Nitrit stellt in der Regel den Hauptteil des im Körper befindlichen Nitrits [siehe Kap. 5.2.3.2]),
- aus Gemüsen, in denen das ursprünglich enthaltene Nitrat während einer (unsachgemäßen) Lagerung durch die Wirkung von nitratreduzierenden Bakterien in Nitrit überführt wurde.

Vorkommen von Nitrosaminen

Das im Körper befindliche Nitrosamin kann aus verschiedenen Quellen stammen:

- Bildung im Körper aus Nitrit und sekundären Aminen (siehe Kap. 6.6.2.1.4),
- Verzehr von Fleisch (Pökelware), in dem Nitrosamine beim Erhitzen auf Temperaturen von über 100 °C gebildet wurden (siehe Kap. 6.6.2.1.4),
- Aufnahme als Umweltgifte, vorzugsweise aus der Luft. Diese Aufnahme stellt den prozentual höchsten Anteil (siehe Kap. 6.6.2.5).

6.6.2.1.1 Nitritbildung aus Nitrat

Nitrat wird in unterschiedlichen Mengen mit Gemüse und Trinkwasser aufgenommen. Nitrat ist selbst nicht giftig. Es wird im Dünndarm resorbiert und mit dem Harn und im Speichel ausgeschieden. Ein Teil des resorbierten Nitrats wird somit über den Speichel erneut in den Körper eingeschleust.

Die Reduktion von Nitrat in Nitrit erfolgt durch die Mundhöhlenbakterien und im sauren Milieu des Magens. Die Bildung von Nitrit durch die Mundhöhlenbakterien liefert den Hauptteil des Nitrits (bis zu 90 %), da infolge der ständig stattfindenden Speichelproduktion eine „Rund-um-die-Uhr-Umwandlung" stattfindet. Im Magen wird dagegen nur ein Teil des ankommenden Nitrats zu Nitrit reduziert. Die Nitritbildung wird durch die Magensalzsäure begünstigt.

Die im Magen erfolgende Umwandlung von Nitrat in Nitrit kann bis zu einem gewissen Grad durch Nahrungsbestandteile gehemmt werden. Als Hemmstoffe können Vitamin C, einige sekundäre Pflanzenstoffe wie Tannine (Gerbsäuren) sowie Phenole und verwandte Verbindungen wirken, auch solche Substanzen, die beim Räuchern als sog. Rauchprodukte gebildet werden und in Räucherwaren vorkommen. Alkohol soll dagegen die Nitritbildung aus Nitrat im Magen begünstigen.

Nitrit wird außerdem beim Abbau der Aminosäure Arginin freigesetzt. Diese Nitritmengen sind so gering, daß sie nicht berücksichtigt werden müssen.

6.6.2.1.2 Nitratgehalt von Gemüse und Trinkwasser

Der Nitratgehalt des Trinkwassers ist in der Regel sehr gering. Er kann aber in Abhängigkeit vom Nitratgehalt des Grundwassers unterschiedlich hoch sein. Für das Trinkwasser der öffentlichen Trinkwasserversorgung sind in der Trinkwasser-Verordnung Grenzwerte für den Nitratgehalt festgelegt. Diese Werte sind so niedrig, daß das Trinkwasser für die Nitrataufnahme von untergeordneter Bedeutung ist.

Die verschiedenen Gemüsearten akkumulieren Nitrat unter absolut identischen Wachstumsbedingungen in teilweise recht unterschiedlichem Ausmaß (siehe Tabelle 5.2.3). Für die einzelnen Gemüsearten sind zulässige Höchstmengen gesetzlich festgelegt, die eine unzulässig hohe Nitratbelastung des Konsumenten ausschließen (siehe Kap. 5.2.3.2).

Der Nitratgehalt der einzelnen Gemüsearten schwankt teilweise (unterhalb der zulässigen Höchstmengen) oft beträchtlich in Abhängigkeit von folgenden Faktoren:

- Nitratgehalt des Grundwassers
  Der Nitratgehalt des Grundwassers kann auch bei ökologischen Anbaubedingungen hoch sein, wenn durch Grundwasserströme nitratreiches Wasser aus benachbarten Arealen eingeleitet wird.
- Ausmaß der Stickstoffdüngung
  Ein höherer Nitratgehalt wird insbesondere bei der Düngung mit Gülle beobachtet. Bei sachgerechter Düngung mit Kunstdünger (Zeitpunkt der Düngung und Menge des aufgebrachten Düngers) ist der Nitratgehalt kaum erhöht.
- Vegetationsbedingungen
  Bei intensiver Sonneneinstrahlung ist der Nitratgehalt geringer als bei ungünstigen Vegetationsbedingungen (verregneter Sommer). Bei Gewächshausgemüse ist der Nitratgehalt ebenfalls höher als Folge einer geringeren UV-Strahlung (Glas ist für UV-Licht undurchlässig). Auch Gemüse, das auf Hydrokultur angebaut wurde, kann einen höheren Nitratgehalt aufweisen.

6.6.2.1.3 Met-Hämoglobinbildung

Hämoglobin wird durch Nitrit in Met-Hämoglobin umgewandelt, das nicht in der Lage ist, Sauerstoff zu transportieren (im Met-Hämoglobin ist das 2wertige Eisen des Hämoglobins in 3wertiges Eisen umgewandelt, das keinen Sauerstoff binden kann). Met-Hämoglobin kann vom Körper wieder zurück in aktives Hämoglobin umgewandelt werden, allerdings nur mit geringer Geschwindigkeit. Beim Erwachsenen erfolgt die durch Nitrit induzierte Bildung von Met-Hämoglobin sehr langsam, so daß gebildetes Met-Hämoglobin sofort wieder zurück in aktives Hämoglobin überführt wird (im Blut des Erwachsenen liegen etwa 0,5 bis 1 % des gesamten Hämoglobins als Met-Hämoglobin vor). Bei ihm besteht somit kaum die Gefahr, daß es wegen einer stark erhöhten Nitiritkonzentration zu einer Verminderung der Menge des funktionsfähigen Hämoglobins und dadurch zu einer unzureichenden Sauerstoffversorgung des Organismus kommt.

Eine andere Situation ergibt sich beim Säugling, bei dem es sehr leicht zu einer Nitritvergiftung und im Gefolge zu einer Unterversorgung mit Sauerstoff kommen kann. Diese Gefahr ist durch den Aufbau seines Hämoglobins bedingt. Das Hämoglobin des Säuglings (sog. fetales Hämoglobin) unterscheidet sich in einigen physikochemischen Eigenschaften vom Hämoglobin des Erwachsenen. Es kann dadurch wesentlich leichter und schneller als das Erwachsenen-Hämoglobin in Met-Hämoglobin umgewandelt werden. Seine Rückbildung erfolgt dagegen ebenso langsam wie beim Hämoglobin des Erwachsenen. Die sich daraus ergebende eingeschränkte Sauerstoffversorgung ist für den sich rasch entwickelnden Organismus des Säuglings besonders fatal.

Zur Bereitung von Säuglingsnahrung und von Getränken für Säuglinge (Tee) darf deswegen auf keinen Fall nitrit- oder nitrathaltiges Wasser verwendet werden. Eine solche Gefahr kann bei der Verwendung von nicht kontrolliertem Brunnenwasser bestehen, vorzugsweise in versumpften oder moorigen Gegenden. Trinkwasser aus der öffentlichen Trinkwasserversorgung enthält kein Nitrit, die maximal zulässigen Grenzwerte für Nitrat stellen auch für die Säuglingsernährung keine Gefahr dar. Steht für die Bereitung von Säuglingsnahrung kein Wasser aus der öffentlichen Trinkwasserversorgung zur Verfügung, sollte aus Sicherheitsgründen ausschließlich Mineralwasser verwendet werden.

6.6.2.1.4 Nitrosaminbildung aus Nitrit

Nitrit kann mit sekundären Aminen, die in Spuren in eiweißhaltigen Lebensmitteln vorkommen können (aus den Aminosäuren der Eiweiße stammend) unter Bildung von sog. Nitrosaminen reagieren. Diese Bildung kann sowohl außerhalb des Körpers als auch im Körper selbst erfolgen.

Unter Nitrosaminen (korrekt N-Nitroso-Verbindungen) werden Substanzklassen verstanden, denen eine einheitliche chemische Grundstruktur mit einer Nitrosogruppe zu Grunde liegt ($R_1R_2N\text{-}N{=}O$).

Das Ausmaß der Nitrosaminbildung ist abhängig vom p_H-Wert, das Maximum liegt bei einem p_H-Wert von 3 bis 4. Aus diesem Grund können Nitrosamine auch im Magen gebildet werden, allerdings in Abhängigkeit vom aktuellen, im Magen herrschenden p_H-Wert. Beim Gesunden mit einer intakten Magensaftproduktion und dem dabei vorliegenden p_H-Wert von 1 bis 2 ist die Menge der gebildeten Nitrosamine offenbar wesentlich geringer, als oft angenommen wird. Bei einer eingeschränkten Produktion von Magensalzsäure findet sie aber offensichtlich in größerem Umfang statt. Auch einige Darmbakterien sind in der in der Lage, Nitrosamine aus Nitrit und sekundären Aminen zu bilden.

Die Bildung von Nitrosaminen wird durch Temperaturen oberhalb von 100 °C begünstigt, somit auch beim Braten und Grillen von Fleisch sowie durch das Überbacken von Käse. Die Menge der gebildeten Nitosamine ist aus verständlichen Gründen beim Braten und Grillen von Pökelwaren (Kaßler) größer, sie wird beim zusätzlichen Überbacken mit Käse noch gesteigert. Insbesondere im gereiften Käse sind bereits wechselnde, allerdings geringe Mengen an sekundären Aminen enthalten, die bei der Reifung des Käses gebildet wurden.

Nitrosamine sind in Wasserdampf flüchtig. Mit dem aus dem Fleisch bzw. Käse im Verlauf eines Garprozesses entweichenden Wasserdampf werden daher etwa 50 bis 80 % der gebildeten Nitrosamine wieder entfernt. Das Ausmaß dieses Entweichens hängt wesentlich von der Dauer des Garprozesses und vom Umfang der Dampfbildung ab. In durchgebratenen Steaks ist daher der Nitrosamingehalt in der Regel niedriger als in nur kurz gebratenen Steaks. In Kaßlerschmorbraten dürfte sich der Großteil der beim Anbraten gebildeten Nitrosamine im Verlauf der Schmorprozesses zusammen mit dem Wasserdampf wieder verflüchtigt haben.

Nitrosamine können in höheren Konzentrationen cancerogen (krebsauslösend) wirken (siehe Kap. 6.6.2.5). Ein erhöhtes Krebsrisiko wegen einer Aufnahme von Nitrit mit die Nahrung kann in Anbetracht der geringen Konzentrationen praktisch ausgeschlossen werden. Die durch den Verzehr von Pökelerzeugnissen aufgenommene Nitrosaminmenge trägt im Durchschnitt zu 10 bis 15 % an der Gesamtbelastung bei.

6.6.2.2 Lebensmittelzusatzstoffe

Lebensmittelzusatzstoffe dürfen erst nach eingehender Überprüfung ihrer gesundheitlichen Unbedenklichkeit und der danach erteilten Genehmigung den Lebensmitteln zugesetzt werden (siehe Kap. 5.6 und 12.2.1). Eine in der Laienpresse mitunter diskutierte generelle Gefährdung durch Zusatzstoffe besteht nicht.

Einige Zusatzstoffe können bei einem sehr kleinen Personenkreis eine Allergie (korrekt Pseudoallergie) auslösen. Lebensmittelallergien werden jedoch wesentlich häufiger durch die Lebensmittel selbst als durch Zusatzstoffe ausgelöst (siehe auch Kap. 7.1.2). Allergiker werden durch die Zutatenliste (Kennzeichnungspflicht) vor einer ungewollten Aufnahme von Zusatzstoffen gewarnt.

Die wichtigsten Zusatzstoffe, die in seltenen Fällen eine Pseudoallergie auslösen können, sind:

- Glutaminsäure und deren Salze (Glutamat, Natriumsalz der Glutaminsäure, E 620 bis E 625)
  Die oft beschriebene Überempfindlichkeit (China-Restaurant-Syndrom) ist offenbar nicht auf Glutaminsäure zurückzuführen (siehe ausführlich Kap. 5.6.2).
- Benzoesäure (E 210 bis E 213)
  Benzoesäure kann in seltenen Fällen pseudoallergische Reaktionen auslösen.
- PHB-Ester (E 214 bis E 219)
  Auch hier werden die in sehr seltenen Fällen beschriebenen pseudoallergischen Reaktionen angezweifelt.
- Sorbinsäure (E 200 bis E 203)
  Sorbinsäure ist eigentlich unbedenklich, sie wird als Fettsäure im Organismus vollständig abgebaut. Die in sehr seltenen Fällen beschriebenen pseudoallergischen Reaktionen sind schwer erklärbar und werden angezweifelt.

- Schweflige Säure und deren Salze (Sulfite, E 220 bis E 227)

  Schweflige Säure soll bei Asthmatikern in seltenen Fällen Asthmaanfälle provozieren. Gesichert ist die Erkenntnis, daß höhere Konzentrationen von schwefliger Säure bei empfindlichen Personen Kopfschmerzen auslösen können. Es handelt sich dabei um Konzentrationen, die über den als Zusatz empfohlenen Mengen liegen. Dieser höhere Zusatz ist zwar erlaubt, muß aber als „geschwefelt" deklariert werden. Weine, die in geschwefelten Fässern gekeltert und gelagert wurden, sind von der Deklarationspflicht ausgenommen. Sie sind offenbar für den Großteil der nach übermäßigen Weingenuß auftretenden Kopfschmerzen verantwortlich.

6.6.2.3 Biogene Amine

Biogene Amine entstehen durch die Decarboxylierung von Aminosäuren (siehe Kap. 3.4.2.1).

Wirkung von biogenen Aminen

- Einige biogene Amine werden als hoch spezifische Wirkstoffe in sehr geringen Mengen im Körper gebildet. Sie sind bereits in sehr niedrigen Konzentrationen als sog. Gewebshormone oder als Transmitter (Überträgersubstanzen) bei der Hirnfunktion wirksam (Serotonin aus Tryptophan gebildet und γ-Aminobuttersäure aus Glutaminsäure gebildet).
- Einige biogene Amine zeigen ausgeprägte Wirkungen auf das Herz-Kreislauf-System wie Histamin (aus Histidin gebildet) und Tyramin (aus Tyrosin gebildet). Sie bewirken unter anderem einen Blutdruckabfall. Vorzugsweise Histamin ist außerdem an akuten pseudoallergischen Reaktionen beteiligt (Schock). Es wird dabei schlagartig in vergleichsweise großen Mengen aus speziellen weißen Blutzellen, den Mastzellen, freigesetzt.
- Mit der Nahrung aufgenommene biogene Amine können entweder direkt die o. a. Wirkungen an Organsystemen zeigen oder pseudoallergische Reaktionen auslösen, die kaum von den toxischen Reaktionen abgegrenzt werden können.
- Eine Reihe anderer biogener Amine zeigen keine physiologischen bzw. pseudoallergische Funktionen. Sie können aber in höheren Konzentrationen ebenso wie Histamin und Tyramin toxische Wirkungen entfalten (siehe Tabelle 6.6.1).

Vorkommen von biogenen Aminen in Lebensmitteln

In einigen tierischen und pflanzlichen Lebensmitteln kommen biogene Amine als Produkte eines begrenzten Eiweißabbaus vor, der meist auf die

Aktivität von Mikroorganismen zurückzuführen ist. Eine solche Bildung von biogenen Aminen erfolgt auch bei der natürlichen Reifung von Lebensmitteln. Die wichtigsten Lebensmittel, die biogene Amine enthalten, sind:

- verschiedene gereifte Käsesorten,
- Schinken und Rohwürste (insbesondere Sorten, die längere Zeit luftgetrocknet wurden),
- Sauerkraut,
- Rot- und Weißwein,
- Fischwaren, insbesondere Räucherfisch,
- Bananen (hauptsächlich Tyramin).

Tabelle 6.1.1:
Biogene Amine

Aminosäure	biogenes Amin	Funktion im Körper	Vorkommen in Lebensmitteln
Histidin	Histamin	Gewebshormon, blutdrucksenkend	Fisch, insbes. Makrele, Thunfisch, Räucherwaren
Tryptophan	Tryptamin	Gewebshormon	Fischwaren, Rohwurst, Sauerkraut
5-Hydroxytryptophan	Serotonin	Gewebshormon Neurotransmitter	
Tyrosin	Tyramin	Gewebshormon	Bananen, Fischwaren, Käse
Cystein	Cysteamin	Coenzym A-Baustein	
Glutaminsäure	γ-Aminobuttersäure	Überträgerstoff	

Mögliche Gefährdungen durch biogene Amine

Die Gefahr einer Vergiftung bzw. des Auslösers einer pseudoallergischen Reaktion durch biogene Amine durch den Verzehr dieser Lebensmittel besteht beim Gesunden nicht. Die Zellen der Dünndarmschleimhaut enthalten spezifische Enzyme (sog. Monoaminoxidasen), die in der Lage sind, biogene Amine bereits vor und während der Resorption sehr rasch zu spalten und damit zu inaktivieren. Dadurch gelangen die mit der Nahrung aufgenommenen biogenen Amine überhaupt nicht in den Körper. Die Aktivität dieser Enzyme ist so groß, daß beim Gesunden auch relativ große Mengen gespalten werden. Erst bei Überschreiten einer kritischen Konzentration können diese Monoaminoxidasen nicht mehr einen sicheren Schutz garantieren.

Die Gefahr einer Vergiftung wegen einer zu hohen Konzentration von biogenen Aminen besteht bei einer unsachgemäßen und zu langen Lagerung der besonders gefährdeten Lebensmittel (siehe unten). Eine Vergiftung tritt zwangsläufig dann ein, wenn die Menge der aufgenommenen biogenen Amine die Spaltungskapazität der Monoaminoxidasen der Mucosazellen überfordert. Die kritische Menge an biogenen Aminen kann bereits geringfügig überschritten sein, ehe typische Zeichen eines Lebensmittelverderbs wahrgenommen werden (atypische Beeinträchtigungen des Allgemeinbefindens können keiner Störung zugeordnet werden).

Besonders gefährdete Lebensmittel: Besonders gefährdet sind unsachgemäß gelagerte Fischwaren, insbesondere Räucherfisch. Wegen der lockeren Struktur des Fischeiweißes schreitet in ihm der Eiweißzerfall besonders rasch fort. Das den Kreislauf besonders stark beeinflussende (rascher Blutdruckabfall mit nachfolgendem Kreislaufkollaps) und vorrangig pseudoallergische Reaktionen auslösende Histamin ist in Räuchermakrelen in besonders hoher Konzentration vorhanden, da das Makreleneiweiß reich an der Aminosäure Histidin ist.

Eine erhöhte Gefahr kann auch von Thunfisch sowie von Schalen- und Krustentieren (sog. Scombroid-Vergiftung) ausgehen. Histamin, das bereits vor der Verarbeitung von Fisch zu Dauerkonserven gebildet wurde, wird durch die Konservierung auf Grund seiner Hitzestabilität nicht zerstört („verdorbene" Ölsardinen). Die von gereiftem Käse, Bananen und Sauerkraut ausgehende mögliche Gefährdung wird meist überbewertet.

Besonders gefährdete Personen: Bei der Einnahme einer Reihe von Medikamenten, von sog. Monoaminoxidase-Hemmern (u. a. Psychopharmaka), werden durch diese auch die Monoaminoxidasen der Dünndarmzellen gehemmt. In diesem Fall können bereits geringe Mengen von biogenen Aminen Vergiftungserscheinungen auslösen.

Lebensmittel mit möglicherweise höheren Konzentrationen an biogenen Aminen sind bei der Einnahme von solchen Medikamenten aus Sicherheitsgründen nur in kleinen Mengen zu verzehren oder ganz zu meiden (Räucherfisch, gereifter Käse, Rohwürste, Sauerkraut, Bananen).

Vergiftungssymptome: Eine Vergiftung durch biogene Amine führt vorzugsweise zu einen Kreislaufkollaps als Folge eines massiven Blutdruckabfalls, der sich durch Schweißausbruch, Erbrechen und Durchfall äußert. Oft werden zusätzlich schwerere Vergiftungserscheinungen beobachtet, die auch durch Toxine bedingt sein können, die von Bakterien gebildet wurden, die ebenfalls auf dem verdorbenen Lebensmittel gewachsen waren. Auf mögliche pseudoallergischen Reaktionen wurde bereits hingewiesen.

6.6.2.4 Polycyclische aromatische Kohlenwasserstoffe (PAK)

Polycyclische aromatische Kohlenwasserstoffe (PAK, englisch polycyclic aromatic hydrocarbons, PAH) sind Substanzen, die aus mehreren unterschiedlich angeordneten aromatischen Kohlenstoffringen (sog. kondensierten Ringsystemen) aufgebaut sind. Solche PAK entstehen beim unvollständigen Verbrennen von organischen Substanzen (fossile Brennstoffe, Holz). Sie kommen außerdem im Erdöl und in daraus hergestellten Produkten vor, sind im Rauch und somit in Räucherwaren enthalten (siehe Kap. 6.5.4.3), und entstehen beim Braten und Grillen von Fleisch aus aromatischen Aminosäuren des Eiweißes (Aminosäuren mit einem Ringsystem).

PAK werden vom Magen-Darm-Trakt, über die Haut und über die Lunge resorbiert. Sie besitzen nur eine sehr geringe akute Toxizität, d. h., sie lösen keine unmittelbaren Vergiftungserscheinungen aus. PAK werden in der Regel rasch entgiftet und über den Harn ausgeschieden. Sie können allerdings zu einem geringen Prozentsatz in biologisch aktive Substanzen überführt werden, die sich mit den Nucleinsäuren und einigen Eiweißen der Zellen fest verbinden. Diese können bei einer ständig überhöhten Aufnahme von PAK die Ausbildung von bösartigen Tumoren induzieren. Diese cancerogene Wirkung ist bei den einzelnen PAK unterschiedlich stark ausgeprägt, der gefährlichste PAK ist Benzo[a]pyren (Benzpyren).

Eine Gesundheitsgefährdung bei der Aufnahme von PAK mit einer üblichen Kost existiert nicht. Die von der Bevölkerung der Bundesrepublik täglich aufgenommenen Mengen an PAK liegen weit unterhalb der Grenzwerte, für die eine Schädigung nach dem derzeitigen Kenntnisstand ausgeschlossen werden kann.

Eine mögliche Gefährdung kann möglicherweise vom übermäßigen und ständigen Verzehr von solchem gegrillten Fleisch ausgehen, das über Holzkohle unsachgemäß gegrillt wurde (vermehrte Bildung von PAK beim Verbrennen von Holzkohle und von abtropfendem Fett).

PAK kommen als Folge einer Umweltbelastung, insbesondere durch die Luft, in zahlreichen Lebensmitteln vor. Hauptquellen sind auf Grund des hohen mengenmäßigen Verzehrs Gemüse, Obst und Getreideerzeugnisse. Auch nicht raffinierte Speiseöle können relativ hohe Konzentrationen an PAK aufweisen (bei der Raffination werden die PAK zusammen mit anderen Begleitstoffen vollständig entfernt). Die Aufnahme von PAK durch den Verzehr von sachgerecht geräucherten Räucherwaren macht nur einen geringen Teil der Gesamtbelastung aus. Auch die PAK-Aufnahme durch den Verzehr von gebratenem oder gegrilltem Fleisch ist, prozentual gesehen, gering.

Sehr kleine Mengen an PAK können in Ausnahmefällen im Trinkwasser vorkommen. Sie werden über das Regenwasser in das Grundwasser eingebracht. Bei der Trinkwasseraufbereitung werden sie meist vollständig entfernt.

Die höchsten Konzentrationen an PAK, die den Menschen gefährden könnten, finden sich im Tabakrauch. Daneben kommen PAK auch in kosmetischen Artikeln vor. Die prozentual höchste Aufnahme an PAK erfolgt durch das Rauchen. Auch bei Passivrauchern kann die PAK-Aufnahme recht beträchtlich sein.

6.6.2.5 Nitrosamine

Nitrosamine sind Substanzen, die eine sog. Nitroso-Gruppe (-N-N=O) besitzen. Eine Reihe dieser zahlreichen, unterschiedlich aufgebauten Nitrosamine kann bei ständiger überhöhter Aufnahme an bestimmten Organen die Bildung von bösartigen Tumoren auslösen.

Nitrosamine können über die Luft (insbesondere Tabakrauch), durch die Haut (z. B. Haushaltsmittel und Kosmetika) und mit der Nahrung aufgenommen werden. Sie werden außerdem im Körper, in zwar unterschiedlich großem Umfang, durch die Reaktion von Nitrit mit sekundären Aminen gebildet (siehe Kap. 6.6.2.1.4). Eine besondere Belastung ist auch bei Arbeitern in einigen Zweigen der chemischen Industrie möglich.

Aufnahme durch die Nahrung

Nitrosamine kommen nur in sehr geringen Konzentrationen in Lebensmitteln vor, vorzugsweise in tierischen Lebensmitteln. Der höchste Gehalt an Nitrosaminen wurde im Frischfisch gefunden. Die Belastung des Menschen durch Nitrosamine aus Lebensmitteln (und durch die endogen gebildeten Nitrosamine) macht jedoch nur einen kleinen Teil der Gesamtbelastung aus. Sie liegt etwa in der Größenordnung der Belastung eines Passivrauchers, der sich täglich etwa eine Stunde lang in einem mit Tabakrauch belasteten Raum aufhält. Nitrosamine entstehen somit nicht nur im menschlichen Organismus durch die Reaktion von Nitrit mit sekundären Aminen (siehe Kap. 6.6.2.1.4).

Nitrosamine können auch in anderen Lebensmitteln vorkommen, in denen sie zumindest zum Teil bei deren Produktion auf Grund veralteter technologischer Verfahren gebildet wurden. Durch technische Neuerungen und Änderungen im Produktionsablauf konnte die Konzentration von Nitrosaminen in nahezu allen betroffenen Lebensmitteln innerhalb von wenigen Jahrzehnten drastisch reduziert werden. So wurde beispielsweise der recht hohe Nitrosamingehalt im Bier durch Änderungen im Trocknungsverfahren für das Malz auf null gesenkt.

Eine Gefahr des Entstehens von bösartigen Geschwülsten durch die mit der Nahrung aufgenommenen Nitrosamine kann für den Menschen ausgeschlossen werden. Die krebsauslösende Wirkung der Nitrosamine ist zwar in Tierversuchen beim direkten Kontakt der Nitrosamine mit den tierischen Zellen nachzuweisen. Auch im Reagenzglas werden bestimmte Bakterien durch Nitrosamine geschädigt (Schädigung des genetischen Materials), aber diese Befunde konnten durch Verfütterungsversuche nicht bestätigt werden. Im gesunden Organismus existieren offenbar Schutzmechanismen, die eine schädigende Nitrosaminwirkung effektiv unterbinden. Möglicherweise wird auch die Resorption der Nitrosamine bereits durch die Bindung an Ballaststoffe oder an höhermolekulare Produkte der nichtenzymatischen Bräunungsreaktion (sog. Melanoidine, siehe Kap. 11.3.1.2.2.3) verhindert. Auch neuere Erkenntnisse über den Mechanismus der Krebsentstehung halten eine generelle Mitwirkung von Nitrosaminen für wenig wahrscheinlich.

Belastung durch die Umwelt

Der Großteil der vom Menschen aufgenommenen Nitrosamine stammt aus der Umwelt. Die Hauptbelastung geht dabei vom Tabakrauch aus, in dem verschiedene Nitrosamine vorkommen. Die Menge der Nitrosamine, die von einem Raucher (20 Zigaretten pro Tag) inhaliert wird, beträgt etwa das 5– bis 10fache der Menge, die mit der Nahrung (normale Mischkost) und durch die endogene Bildung zusammen aufgenommen und im Körper gebildet wird. Die Nitrosamine des Tabakrauchs können insbesondere die Bildung von Tumoren der oberen Luftwege, der Lunge und der Bauchspeicheldrüse induzieren.

Nitrosamine werden auch bei mehreren technologischen Verfahren der Chemieindustrie in die Umwelt freigesetzt, oder sie können von verschiedenen Produkten der chemischen Industrie langsam abgegeben werden. Diese Umweltbelastungen sind in den letzten Jahren durch entsprechende Vorkehrungen wesentlich reduziert worden. Sie sind zwar mengenmäßig schwer einzuschätzen, dürften aber immer noch über den Werten liegen, die auf den Verzehr von Lebensmitteln zurückzuführen sind.

6.6.2.6 Potentiell mutagene Substanzen in Lebensmitteln

Beim Erhitzen von eiweißhaltigen Lebensmitteln auf Temperaturen über 100 °C (Braten, Grillen, Rösten) wird neben Nitrosaminen eine große Anzahl von Stoffen mit den unterschiedlichsten Eigenschaften gebildet. Sie entstehen durch Veränderungen von aromatischen Aminosäuren sowie durch die Reaktion von Eiweißen mit Kohlenhydraten. Sie werden besonders beim Braten von Fleisch gebildet, wo bisher mehrere Hunderte solcher Verbindungen gefunden wurden. Eine Vielzahl dieser Substanzen ist für das besondere Aroma und für die spezifische Farbe der stark erhitzten Lebensmittel verantwortlich. Die gebildeten Mengen sind allerdings sehr niedrig, viele sind erst in den letzten Jahren mit hochempfindlichen Methoden nachgewiesen worden.

Einige dieser Substanzen weisen im Laborversuch (Reagenzglas) eine Wirkung auf, die als Hinweis für eine mögliche canceroge Wirkung gewertet werden könnte. In Verfütterungsversuchen konnte bei Tieren dieser Verdacht bisher nicht bestätigt werden. Die möglichen Gefahren, die von ihnen möglicherweise ausgehen, sind daher umstritten.

Die beim Braten und Grillen (Elektrogrill) von Fleisch gebildeten Mengen solcher Stoffe sind offenbar zu vernachlässigen, auch beim ständigen täglichen Verzehr. Sie werden möglicherweise durch Ballaststoffe der Nahrung und durch die Melanoidine, die beim Braten ebenfalls gebildet werden, so fest gebunden, daß sie nicht resorbiert werden oder die Darmzellen schädigen können. Sie werden offenbar an den nicht aufschließbaren Anteil der Ballaststoffe gebunden und mit dem Stuhl ausgeschieden.

Ethylcarbamat (Ethylurethan)

Ethylcarbamat kommt in allen Lebensmitteln vor, die bei ihrer Herstellung Gärungsreaktionen unterworfen werden wie Brot, Sauermilcherzeugnisse, Bier und Wein. Höhere Konzentrationen an Ethylcarbamat werden in Steinobstbränden gefunden. In jüngster Zeit wird insbesondere auf die mögliche Gefährdung (cancerogene Wirkung) durch Ethylcarbamat in Steinobstbränden hingewiesen.

Ethylcarbamat zeigt diese cancerogenen Eigenschaften im Tierversuch bei größeren Konzentrationen und nach längerer Einwirkungszeit. Eine Gefährdung des Menschen durch die mit der Nahrung aufgenommenen geringen Mengen (insbesondere durch gelegentlichen Konsum von Steinobstbränden) besteht trotzdem nicht. Da die cancerogene Wirkung von Ethylcarbamat bei gleichzeitiger Aufnahme von Alkohol gesenkt werden soll, wird das auch bei einem ständigen Konsum von kleinen Mengen an Steinobstbränden theoretisch bestehende erhöhte Risiko offenbar wieder verringert.

6.6.3 Rückstände und Verunreinigungen (Schadstoffe)

Aus der Umwelt und während der Bearbeitung von Lebensmitteln können Stoffe auf oder in die Lebensmittel gelangen, die in Abhängigkeit von ihrer Konzentration gesundheitliche Beeinträchtigungen auslösen können (sog. Schadstoffe).

In der Bundesrepublik besteht zum gegenwärtigen Zeitpunkt (2000) keine Gefahr einer gesundheitlichen Gefährdung durch Schadstoffe. Die Richtwerte für die zulässigen Höchstmengen in Lebensmitteln wird bei allen in den Verkehr gebrachten Lebensmitteln nicht überschritten. Diese Richtwerte werden vom Bundesinstitut für gesundheitlichen Verbraucherschutz und Veterinärmedizin (BgVV) festgesetzt und an Hand neuer Forschungsergebnisse ständig aktualisiert. Sie entsprechen mindestens den ADI-Werten, die in keinem Fall überschritten werden. In allen Fällen, in denen auf Grund der technologischen Möglichkeiten die Schadstoffkonzentration unter die ADI-Werte gesenkt werden können, werden die Richtwerte diesen Möglichkeiten angepaßt. Als Ergebnis zahlreicher Maßnahmen zum Umweltschutz und des Verbots des Einsatzes von Schadstoffen in der Landwirtschaft und in der Industrie ist die Konzentration einer Reihe solcher Schadstoffe in der Umwelt und in Lebensmitteln innerhalb der letzten Jahre beträchtlich gesunken.

Es gibt Bestrebungen, durch den ökologischen Landbau die Belastung der Lebensmittel durch Schadstoffe weiter zu senken, obwohl durch den Gesetzgeber eine gesundheitliche Unbedenklichkeit aller zum Verkauf und Verzehr vorgesehenen Lebensmittel gefordert wird und bei Einhaltung der gesetzlichen Bestimmungen gewährleistet ist. Diese Bemühungen sind zu begrüßen, wenn es dadurch tatsächlich gelingt, die Konzentration von Schadstoffen in Lebensmitteln weiter zu senken. Es muß jedoch gleichzeitig gesichert werden, daß auch in den traditionell produzierten Lebensmitteln die Schadstoffkonzentrationen so gering wie möglich gehalten und ebenfalls weiter reduziert werden. Andernfalls besteht die Gefahr, daß es auch in Hinblick auf eine gesunde Ernährung zu einer Zweiteilung der Gesellschaft kommen kann. Die Schadstoffbelastung von Lebensmitteln, die mit traditionellen Methoden der Landwirtschaft produziert wurden, liegen in der Bundesrepublik durchweg weit unterhalb einer aus gesundheitlicher Sicht kritischen Konzentration. Es wird deswegen nur kurz im Interesse einer allgemeinen Information auf diese Problematik eingegangen.

Bei den die Lebensmittel zusätzlich verunreinigenden Schadstoffen wird zwischen Rückständen und Verunreinigungen unterschieden. Aus der Sicht des Endverbrauchers von Lebensmitteln ist diese Unterscheidung von geringem Interesse, abgesehen von Verunreinigungen, die durch die Verpackung oder durch den persönlichen unsachgemäßen Umgang auf das Lebensmittel gelangen.

Rückstände

Als Rückstände werden solche Schadstoffe bezeichnet, die über die Luft, den Boden oder über das Wasser auf bzw. in die pflanzlichen Lebensmittel bzw.

Futtermittel geraten. Einige dieser Stoffe können als Folge einer der Verfütterung von schadstoffbelastetem Futter über die Schlachttiere auch in tierische Lebensmittel gelangen (sog. carry over), falls sie im Schlachttier nicht bereits vor der Schlachtung abgebaut oder ausgeschieden wurden.

Verunreinigungen

Als Verunreinigungen werden solche Stoffe bezeichnet, die ohne Absicht und ohne Verschulden auf oder in das Lebensmittel bei dessen Herstellung, Verarbeitung, Verpackung, Transport oder Lagerung gelangt sind (Kontamination von Lebensmitteln).

Die wichtigsten Schadstoffe, die zu einer Belastung von Lebensmitteln führen können, sind

- Pestizide,
- polychlorierte Biphenyle (PCB),
- Metalle und Metallverbindungen,
- Nitrat.

Pestizide

Die aus dem englischen Sprachgebrauch übernommene, international verwendete Sammelbezeichnung umfaßt alle Stoffe, die zur Bekämpfung von Schadorganismen verwendet werden. Das betrifft sowohl den Einsatz dieser Stoffe in der Landwirtschaft als Unkrautbekämpfungsmittel (Herbizide), Insektengifte (Insektizide), Entlaubungsmittel (Defolantien), Pflanzenwachstumsregulatoren und Pilzgifte (Fungizide) als auch bei der Lagerung und bei der Verarbeitung von Lebensmitteln wie Keimungshemmstoffe u. a. Auch Substanzen, die bei Tieren zur Parasitenbekämpfung zur Anwendung gelangen, werden den Pestiziden zugerechnet.

Polychlorierte Biphenyle (PCB)

Unter dem Begriff polychlorierte Biphenyle (PCB) wird eine Vielzahl chemisch verwandter Substanzen zusammengefaßt, die in der Technik vielseitig eingesetzt werden (Kühl- und Isolierflüssigkeit von Transformatoren, Weichmacher, Flammschutzmittel u. a.). Diese Stoffe gelangten in den letzten Jahrzehnten in größerem Umfang in die Umwelt, wo sie auf Grund ihrer schweren Wasserlöslichkeit schlecht abgebaut werden.

Sie können über pflanzliche und vor allen Dingen über tierische Lebensmittel (carry over wegen der guten Fettlöslichkeit der PCB) mit der Nahrung aufgenommen werden, da in fettreichen tierischen Lebensmitteln die Konzentrationen von PCB höher sind als in pflanzlichen Lebensmitteln. Die höchste Konzentration weist die Muttermilch auf. Die in der

Höchstmengen-Verordnung des Bundesinstituts für gesundheitlichen Verbraucherschutz und Veterinärmedizin (BgVV) festgelegten Werte werden bei den auf dem deutschen Markt befindlichen Lebensmitteln mit Sicherheit nicht überschritten.

Die Belastung von Lebensmitteln mit PCB geht als Ergebnis der strengen und restriktiven Bestimmungen über deren Einsatz kontinuierlich zurück. Das betrifft insbesondere auch die Muttermilch, bei der in den letzten Jahren ein deutlicher Rückgang der PCB-Konzentrationen zu beobachten ist.

Metalle

Die Metalle Blei, Kadmium und Quecksilber können in verschiedenen Verbindungsformen als Verunreinigungen von Lebensmitteln vorkommen. Die Belastung von Lebensmitteln mit diesen Metallen ist in den letzten Jahren stark zurückgegangen, so daß diese keine Rolle mehr spielen.

Blei: Blei wurde in früheren Jahrzehnten in größerem Umfang mit dem Trinkwasser aus Bleirohren und über Geschirr mit Bleiglasuren aufgenommen. Auch durch den massiven Einsatz von Blei in der Industrie gelangte Blei in größeren Mengen in die Umwelt und in Lebensmittel. Eine weitere wichtige Quelle von Bleiverunreinigungen waren die Auspuffgase von Kraftfahrzeugen, die mit verbleitem Benzin betrieben wurden. Durch Auspuffgase belastet waren vorrangig oberirdisch wachsende Gemüse- und Obstarten, vor allem mit rauher oder wachsiger Oberfläche. Extrem stark belastet war Kohl, der an verkehrsreichen Straßen (Vorgärten an Durchgangsstraßen) und in unmittelbarer Nähe von Autobahnen angebaut wurde. Durch das Entfernen der Deckblätter des Kohls ließ sich der Bleigehalt beträchtlich reduzieren.

In alten Hauswasserversorgungen können noch vereinzelt alte Bleirohre installiert sein. In solchen Anlagen kann es nach einer längeren Unterbrechung der Wasserentnahme (über Nacht) zu erhöhten Bleiwerten im Wasser kommen. Vorsichtshalber sollte deshalb das zuerst entnommene Wasser weder als Trinkwasser noch zur Speisenzubereitung verwendet werden.

Die Aufnahme von Blei führt nicht zu einer akuten Vergiftung, sondern zu chronischen Vergiftungen, bei denen die Hämoglobinsynthese gehemmt ist. Eine überhöhte Bleiaufnahme während einer Schwangerschaft kann zu einer Behinderung in der Entwicklung der Intelligenz des Föten führen. Eine Belastung von Lebensmitteln mit Blei wird nicht mehr beobachtet.

Kadmium: Kadmium wird vorwiegend durch Metallhütten in die Atmosphäre, in das Grundwasser sowie in Flüsse und küstennahe Gewässer eingebracht. Eine besonders hohe Kadmiumbelastung kann Klärschlamm aufweisen, da bestimmte Mikroorganismen des Klärschlamms Kadmium speichern können. Die Belastung von Lebensmitteln mit Kadmium ist unbedeutend und kann vollkommen unbeachtet bleiben, obwohl einige Lebensmittel Kadmium akkumulieren können. Als besonders kadmiumreich haben sich Schokolade (insbesondere mit hohem Kakaoanteil), Ölsamen, Waldpilze und Innereien von Wildtieren, insbesondere Rehnieren, erwiesen. Auch Möhren können etwas stärker als andere Gemüsearten Kadmium akkumulieren. Die im Handel angebotenen Möhren weisen jedoch keine erhöhten Kadmiumwerte auf. Akute Kadmiumvergiftungen sind (vor Jahrzehnten) nur bei eindeutiger Verunreinigung von Feldern mit kadmiumhaltigen Abwässern aufgetreten (Itai-Itai-Krankheit in Japan). Das Aufbringen von Klärschlamm auf die Felder ist in der Bundesrepublik verboten.

Die Aufnahme von Kadmium durch Tabakrauch ist mindestens ebenso groß wie durch Lebensmittel (bei 20 Zigaretten pro Tag das 2- bis 3fache im Vergleich zur Aufnahme zu derjenigen mit Lebensmitteln). Die Kadmiumaufnahme des Nichtrauchers betrug bereits vor einigen Jahren nur noch etwa 10 % des als tolerierbar angesehenen Werts.

Quecksilber: Quecksilber gelangte durch inzwischen verbotene Saatgutbeizmittel in die Lebensmittel, darüber hinaus durch die Einleitung von quecksilberhaltigen Industrieabwässern in Flüsse und Seen. Eine Massenvergiftung trat Ende der 50er Jahre in Japan nach dem Verzehr von kontaminiertem Fisch auf, als stark mit Quecksilber belastete Industrieabwässer in eine Meeresbucht eingeleitet worden waren (Minamata-Krankheit).

Ein höherer Quecksilbergehalt kann auch in der Leber und in den Nieren älterer Schlachttiere, im Wild und in einigen Champignonarten vorliegen (nicht in Zuchtchampignons). Lebern und Nieren älterer Schlachttiere dürfen nicht in den Verkehr gebracht werden, vor dem Verzehr der Innereien von Wild wird dringend gewarnt.

Die Hauptmenge an Quecksilber, die bei einer üblichen Ernährung aufgenommen wird, stammt aus Fischen. Die durchschnittliche Quecksilberbelastung der Bevölkerung der Bundesrepublik mit der Nahrung (etwa 70 bis 90 % der Gesamtaufnahme von Quecksilber) wird auf etwa 10 bis 30 % des duldbaren Richtwerts geschätzt. Die zulässigen Höchstmengen an Quecksilber werden bei den vom Handel angebotenen Fischen nicht überschritten. Für den Großteil der Bevölkerung besteht somit auch beim regelmäßigen Verzehr von Seefischen keinerlei gesundheitliche Gefährdung.

Eine besondere Situation ergibt sich jedoch bei Schwangeren. Diese sollten auf den regelmäßigen Verzehr größerer Mengen von Seefisch (und Hecht) verzichten. Während die Schwangeren wie Erwachsene selbst nicht geschädigt werden, kann ein Teil des Quecksilbers (das in einer giftigeren Form, Methylquecksilber, vorliegt) leicht die Plazenta passieren, damit direkt in den Embryo gelangen und in diesem zu Entwicklungsstörungen führen. Auch ein Übertritt dieser giftigeren Form des Quecksilbers in die Muttermilch ist möglich. Die Belastung von Seefischen mit Quecksilber ist unterschiedlich groß, und zwar je nach Lebensraum, Alter und Lebensbedingungen der Fische (Raubfische und alte Fische sind in der Regel höher belastet). Die zulässige Höchstmenge an Quecksilber für das Inverkehrbringen der verschiedenen Fische ist unterschiedlich hoch festgelegt (0,5 mg bzw. 1 mg/kg). Infolgedessen wird Schwangeren und stillenden Frauen empfohlen, den Verzehr von möglicherweise höher belasteten Seefischen vorsorglich einzuschränken. Das gilt auch für Erzeugnisse, die aus diesen Fischen hergestellt wurden. Gegen den empfohlenen Verzehr von 2 Fischmahlzeiten in der üblichen Menge ist jedoch nichts einzuwenden, es empfiehlt sich trotzdem, zumindest eine Mahlzeit aus Seelachs zuzubereiten.

Zu diesen Fischen, bei denen eine höhere Quecksilberbelastung zugelassen ist (1,0 mg/kg) und die somit auch stärker belastet sein können, gehören u. a. folgende Speisefische: Thunfisch und alle Bonito-Arten, Aal, Haifisch, Stör, Rotbarsch, Barsch, Heilbutt, Hecht, Blauleng, Seeteufel, Rochen, Steinbeißer. Zu den weniger belasteten Fischen gehört u. a. der Seelachs.

<u>Kupfer:</u> Vergiftungen durch die Aufnahme von Kupfer mit der Nahrung oder dem Trinkwasser sind beim Erwachsenen nicht bekannt. Gefährdet durch höhere Kupferkonzentrationen sind vorrangig Säuglinge, wenn sie nicht gestillt werden und ihre Nahrung unter Verwendung von kupferhaltigem Wasser zubereitet wird. Das Auftreten von frühkindlichen Leberzirrhosen ist möglicherweise auf einen höheren Kupfergehalt im Trinkwasser (mehr als 10 mg/l) zurückzuführen (siehe Kap. 3.9.2.5). Eine solche erhöhte Kupferkonzentration im Trinkwasser ist nur bei der Installation von Kupferrohren in die Hauswasserversorgung möglich. Das Wasser aus der öffentlichen Trinkwasserversorgung (bis zur Einspeisung in die Hauswasserversorgung) ist auch in Hinblick auf den Kupfergehalt unbedenklich (Grenzwert der Trinkwasserverordnung 3 mg/l, von der WHO, dem Bundesumweltamt [UBA] und dem Bundesinstitut für gesundheitlichen Verbraucherschutz [BgVV] wird ein Wert von 2 mg/l gefordert).

KAPITEL 7

Krankheitslehre und allgemeine Diätetik

7 Krankheitslehre und allgemeine Diätetik

Unter Diätetik oder Krankenernährung sind Ernährungsmaßnahmen und Kostformen zu verstehen, die in der Lage sind, einen Beitrag bei der Behandlung einer Erkrankung zu leisten, dem Entstehen bestimmter Erkrankungen vorzubeugen, Beschwerden zu mildern oder einer fatalen Entwicklung einer Krankheit entgegenzuwirken.

Daraus ergibt sich, daß zwischen den jeweiligen Erkrankungen, ihren zugrunde liegenden Mechanismen und den erforderlichen diätetischen Maßnahmen ein enger Zusammenhang besteht. Die erforderliche Kostform wird von der betreffenden Krankheit und dem konkreten Krankheitsbild bestimmt. Da die Verwertung der aufgenommenen Nahrungsmittel im Organismus das Ergebnis einer Vielzahl von Stoffwechselprozessen der einzelnen Organe ist, muß eine zielgerichtete Diät dahingehend ausgerichtet sein, die Stoffwechselstörungen zu minimieren oder ganz zu vermeiden, die bei bestimmten Erkrankungen zur Ausbildung des spezifischen Krankheitsbilds führen.

Aus diesem Grund sind die Kostformen, die bei Erkrankungen einzelner Organe verabreicht werden, primär nicht auf das betreffende erkrankte Organ ausgerichtet, sondern orientieren sich an den spezifischen gestörten Stoffwechselleistungen des Organs oder des ganzen Organismus.

7.1 Gastrointestinaltrakt

Bei der diätetischen Behandlung verschiedener Erkrankungen des Magen-Darm-Trakts sind noch vor einigen Jahren ohne wissenschaftliche Begründung eine Vielzahl verschiedener Kostformen eingesetzt worden (sog. Schonkostformen oder spezielle Diäten wie Ulcusdiäten, Gallediäten, Leberdiäten). Diese Kostformen waren zum Großteil ohne Nutzen, sie haben in vielen Fällen zu einer einseitigen Ernährung und damit zu ernährungsbedingten Schäden geführt. Sie werden nicht mehr eingesetzt und sind durch wissenschaftlich begründete Kostformen und Diäten ersetzt worden. Diese Diäten sind in dem Rationalisierungsschema der Deutschen Arbeitsgemeinschaft für Ernährung und Diätetik (jetzt Deutsche Gesellschaft für Ernährungsmedizin, DGEM) zusammengefaßt (siehe Kap. 8.1).

7.1.1 Nahrungsmittelunverträglichkeiten (Nahrungsmittelintoleranzen)

Unter einer Nahrungsmittelunverträglichkeit werden Beschwerden von seiten des Magen-Darm-Trakts verstanden, die nach dem Verzehr von bestimmten Lebensmitteln auftreten. Bei diesen Unverträglichkeiten gegenüber gewissen Nahrungsmitteln muß zwischen unspezifischen und spezifischen Unverträglichkeiten unterschieden werden. Nahrungsmittelallergien liegen grundlegend verschiedene Entstehungsmechanismen zugrunde (siehe Kap. 7.1.2).

7.1.1.1 Unspezifische Nahrungsmittelunverträglichkeit

Bei einer unspezifischen Nahrungsmittelunverträglichkeit treten nach dem Verzehr bestimmter Nahrungsmittel oder Speisen Beschwerden auf, die relativ unspezifisch sind. Eine Erkrankung eines Organs des Verdauungstrakts kann dabei als auslösende Ursache der Beschwerden nicht gefunden werden. Auch eine genaue Beziehung zwischen den Beschwerden und dem Verzehr ganz bestimmter Nahrungsmittel kann oft nicht nachgewiesen werden. Die von solchen Unverträglichkeiten betroffenen Personen bezeichnen oft gefühlsmäßig einzelne Nahrungsmittel als schwer verdaulich. Solche unspezifischen Intoleranzen sind bei Patienten mit Erkrankungen der Gastrointestinalorgane und bei Gesunden mit nahezu gleicher Häufigkeit zu beobachten.

Die Beschwerden, über die bei einer unspezifischen Intoleranz geklagt wird, sind oft unterschiedlicher Natur. Neben dem Gefühl eines allgemeinen Unbehagens wird über ein Völle- und Druckgefühl im Oberbauch geklagt, gelegentlich über Übelkeit, die auch zum Erbrechen führen kann, und über Durchfälle.

Ursachen

Die Ursachen für solche Unverträglichkeiten können in den meisten Fällen nicht exakt festgestellt werden. Neben sog. organischen Ursachen (Ursachen, die auf eine nachweisbare Schädigung eines bestimmten Organs zurückzuführen sind) werden auch psychische Faktoren als auslösende Faktoren diskutiert. Meist besteht zusätzlich eine unbewußte oder emotionell bedingte Abneigung gegenüber bestimmten Lebensmitteln und Speisen (beispielsweise ein in früher Kindheit erfolgtes „Überessen" an bestimmten Speisen). Auf der anderen Seite ist es sehr wahrscheinlich, daß auch objektive Zusammenhänge zwischen einer unspezifischen Intoleranz und dem Verzehr einzelner Nahrungsmittel bestehen, die aber oft nicht erfaßt werden können.

Eine wesentliche Ursache für die individuellen Differenzen im Hinblick auf die Unverträglichkeiten ist offenbar die bei den einzelnen Menschen unterschiedlich zusammengesetzte Darmflora, die zu Abweichungen beim Abbau der Ballaststoffe und dadurch auch in der Menge der gebildeten Darmgase und/oder Säuren führen könnten. Auch Divergenzen in der Menge der gebildeten Gallensäuren können die Verdauung und Resorption von Fetten beeinflussen und bei Störungen zu Beschwerden führen.

Darüber hinaus kann die ungleich schnelle Passage der angedauten Nahrung durch den Magen-Darm-Trakt und eine unterschiedliche Empfindlichkeit des Darms gegenüber Spaltprodukten aus dem Abbau der Nahrungsmittel (Reizung der Darmschleimhaut durch Säuren) und Dehnung (Darmgasbildung bei ballaststoffreicher, blähender Kost) für solche unspezifischen Beschwerden verantwortlich sein.

Auslösende Lebensmittel

Eine unspezifische Nahrungsmittelunverträglichkeit kann durch nahezu alle Nahrungsmittel ausgelöst werden. Es gibt jedoch eine Reihe von Lebensmitteln und Speisen, die bei einem besonders großen Personenkreis vorrangig zu Intoleranzen führen. Auffällig ist, daß es sich dabei um ballaststoffreiche Lebensmittel handelt, bei denen wahrscheinlich eine erhöhte Bildungsrate von Darmgasen auslösender Faktor ist. Allerdings können auch ballaststofffreie Lebensmittel zu einer Unverträglichkeit führen.

Eine Unverträglichkeit kann bei der gleichen Person gegenüber nur einem bestimmtes Nahrungsmittel bestehen, aber auch gleichzeitig gegenüber zwei oder mehreren.

Die Häufigkeit, mit der einzelne Lebensmittel oder Speisen Unverträglichkeiten auslösen, ist durch eine umfangreiche Erhebung der Deutschen Arbeitsgemeinschaft für Ernährung und Diätetik (jetzt Deutsche Gesellschaft für Ernährungsmedizin, DGEM) ermittelt worden (siehe Tabelle 7.1.1).

Ernährungstherapie

Ein erneutes Auftreten der Beschwerden kann durch das Weglassen des betreffenden Nahrungsmittels sicher verhindert werden.

Mitunter können von den Patienten keine eindeutigen Angaben über das oder die Nahrungsmittel gemacht werden, die die Beschwerden auslösen. In diesen Fällen müssen das oder die auslösenden Nahrungsmittel oder Speisen durch systematisches Weglassen einzelner Komponenten aus dem Speiseplan ermittelt werden. Auf keinen Fall sollten alle verdächtigen Lebensmittel ohne gründliche Überprüfung weggelassen werden, da es dadurch zu einer eintönigen und einseitigen Kost kommen kann.

Ein individuelles Ermitteln eines Nahrungsmittels, das schlecht vertragen wird, ist für die Gemeinschaftsverpflegung nicht anwendbar. Für sie muß ein Kompromiß gefunden werden. Bei der Gemeinschaftsverpflegung (einschließlich Krankenhausverpflegung) sind aus dem Speiseplan demzufolge solche Lebensmittel oder Speisen wegzulassen, die Unverträglichkeiten erfahrungsgemäß häufig auslösen.

Tabelle 7.1.1:
Häufigkeit des Auftretens von unspezifischen Nahrungsmittelunverträglichkeiten gegenüber unterschiedlichen Nahrungsmitteln bei Menschen, die Unverträglichkeitsreaktionen zeigen (nach H. Kasper et al., Rationalisierungsschema der Deutschen Gesellschaft für Ernährungsmedizin)

Unverträglichkeiten	%	Unverträglichkeiten	%
1. Hülsenfrüchte	30,1	27. rohes Stein- und Kernobst	7,3
2. Gurkensalat	28,6	28. Nüsse	7,1
3. fritierte Speisen	22,4	29. Sahne	6,8
4. Weißkohl	20,2	30. paniert Gebratenes	6,8
5. CO_2-haltige Getränke	20,1	31. Pilze	6,1
6. Grünkohl	18,1	32. Rotwein	6,1
7. fette Speisen	17,2	33. Lauch	5,9
8. Paprikagemüse	16,8	34. Spirituosen	5,8
9. Sauerkraut	15,8	35. Birnen	5,6
10. Rotkraut	15,8	36. Vollkornbrot	4,8
11. süße und fette Backwaren	15,8	37. Buttermilch	4,5
12. Zwiebeln	15,8	38. Orangensaft	4,5
13. Wirsing	15,6	39. Vollmilch	4,4
14. Pommes frites	15,3	40. Kartoffelklöße	4,4
15. hartgekochte Eier	14,7	41. Bier	4,4
16. frisches Brot	13,6	42. schwarzer Tee	3,5
17. Bohnenkaffee	12,5	43. Apfelsinen	3,4
18. Kohlsalat	12,1	44. Honig	3,1
19. Mayonnaise	11,8	45. Speiseeis	2,4
20. Kartoffelsalat	11,4	46. Schimmelkäse	2,2
21. Geräuchertes	10,7	47. Trockenfrüchte	2,2
22. Eisbein	9,0	48. Marmelade	2,2
23. zu stark gewürzte Speisen	7,7	49. Tomaten	1,9
24. zu heiße und zu kalte Speisen	7,6	50. Schnittkäse	1,6
25. Süßigkeiten	7,6	51. Camembert	1,3
26. Weißwein	7,6	52. Butter	1,2

Es wird zunächst davon ausgegangen, daß alle Lebensmittel weggelassen werden sollten, die bei mehr als 5 % der Personen, die unter Unverträglichkeiten leiden, zu Beschwerden führen. Diese Kostform wird als leichte Vollkost bezeichnet (siehe Kap. 8.1). In der Praxis ist ein solches Vorgehen aber infolge der Vielzahl der Lebensmittel, die unter diese Gruppe fallen, mit letzter Konsequenz kaum realisierbar. Es können nur die besonders auffälligen Lebensmittel und Speisen aus der Kost eliminiert werden.

Die nach dem Verzehr von Pilzen oft zu beobachtende Unverträglichkeit kann durch das Fehlen einer Trehalose im Verdauungssekret des Dünndarms spezi-

fisch bedingt sein (eine Disaccharidase, die das Disaccharid Trehalose spaltet). Trehalose kommt in einigen Pilzen vor, offenbar aber nicht in Champignons. Auch Bienenhonig enthält Trehalose. Kleine Mengen an Pilzen (nicht nur Champignons) dürften allerdings auch von empfindlichen Personen anstandslos vertragen werden, erst nach dem Verzehr größerer Mengen an Pilzen muß mit Beschwerden infolge einer erhöhten Darmgasbildung gerechnet werden.

7.1.1.2 Spezifische Nahrungsmittelunverträglichkeiten

Spezifische Unverträglichkeiten sind durch den teilweisen oder vollständigen Ausfall der Verdauung eines Nahrungsbestandteils bedingt, einer spezifischen Nahrungsmittelintoleranz liegt stets ein Funktionsausfall im Magen-Darm-Trakt zugrunde. Die Folge sind mannigfaltige Beschwerden, die bis zu schweren gesundheitlichen Schäden führen können.

Beim Bestehen einer spezifischen Intoleranz muß das die Unverträglichkeit auslösende Lebensmittel vollständig aus der Nahrung eliminiert werden. In einigen speziellen Fällen genügt eine Einschränkung im Verzehr des betreffenden Lebensmittels.

7.1.1.2.1 Milchzuckerunverträglichkeit (Lactasemangel)

Ursache einer Milchzuckerunverträglichkeit ist die unzureichende oder vollständig fehlende Bildung von Lactase (β-Galactosidase) durch die Mucosazellen des Dünndarms. Auf Grund des Fehlens der Lactase kann die mit der Nahrung aufgenommene Lactose nur in begrenztem Umfang oder überhaupt nicht in Glucose und Galactose aufgespalten werden. Da Disaccharide nicht resorbiert werden können, verbleibt die mit der Nahrung aufgenommene Lactose im Darminhalt.

Milchzucker bindet wie alle wasserlöslichen niedermolekularen Substanzen Wasser, wodurch die im Darm verbleibende Wassermenge und somit das Volumen des Darminhalts erhöht wird. Die Folge ist eine verstärkte Peristaltik. Der Milchzucker gelangt dadurch rasch in die unteren Darmabschnitte und wird dort von den Darmbakterien umgehend abgebaut (Darmbakterien besitzen eine recht aktive Lactase). Sie bilden dabei Kohlendioxid und Milchsäure, wodurch die Darmschleimhaut gereizt wird. Die Folge sind massive Durchfälle.

Bei einer Lactoseunverträglichkeit muß zwischen folgenden Formen unterschieden werden:

- primärer (angeborener) Lactasemangel,
- erworbener Lactasemangel,
- sekundärer Lactasemangel.

Angeborener Lactasemangel

Bei einem angeborenen Lactasemangel können die Mucosazellen auf Grund eines Gendefekts überhaupt keine Lactase bilden. Deshalb kann der Säugling bereits von Geburt an keinen Milchzucker spalten. Säuglinge mit angeborenem Lactasemangel vertragen demzufolge keinen Milchzucker und somit keine Milch. Sie dürfen nicht gestillt werden, da sie sonst wegen massiver Durchfälle und der damit verbundenen Wasserverluste und Resorptionsstörungen lebensgefährlich erkranken würden. Sie müssen mit einer milchzuckerfreien Diät ernährt werden und können dann problemlos aufwachsen.

Ein angeborener Lactasemangel ist äußerst selten. Die Milchzuckerunverträglichkeit bleibt in diesem Fall während des ganzen Lebens bestehen. Milch und alle milchzuckerhaltigen Lebensmittel, insbesondere Milcherzeugnisse, müssen konsequent gemieden werden.

Erworbener Lactasemangel

Ein erworbener Lactasemangel entwickelt sich erst im Laufe der kindlichen Entwicklung. Im Säuglingsalter, und in der frühen Kindheit bilden die Mucosazellen in ausreichender Menge Lactase. Diese Säuglinge können problemlos gestillt werden und vertragen als Kleinkinder anstandslos Milch und alle milchzuckerhaltigen Lebensmittel. Im weiteren Verlauf des Lebens, meist im Schulkindalter, kommt es zu einer schrittweisen Einschränkung der Lactasebildung in den Dünndarmzellen, so daß Milch und milchzuckerhaltige Milchprodukte in zunehmendem Maße nicht mehr vertragen werden.

In den meisten Fällen dieses erworbenen Lactasemangels verbleibt eine geringe Restaktivität von Lactase, so daß geringe Mengen an Lactose noch gespalten werden können. Die meisten Personen mit einem erworbenen Lactasemangel vertragen am Tag etwa 10 g Milchzucker (etwa 250 ml Milch oder entsprechende Mengen an Milchprodukten) anstandslos, falls diese Menge an Milchzucker auf mehrere Mahlzeiten verteilt und nicht auf einmal aufgenommen wird.

Der erworbene Lactasemangel ist bei Europäern und den Bewohnern Amerikas mit europäischer Herkunft selten zu finden (bei 3 bis reichlich 20 % der Bevölkerung, relativ große Schwankungen zwischen den einzelnen Nationen). Bei Farbigen und Asiaten, insbesondere bei Ostasiaten, ist er jedoch stark ausgeprägt (nahezu 100 % der Bevölkerung).

Sekundärer Lactasemangel

Ein sekundärer Lactasemangel entsteht als Folge von Erkrankungen des Dünndarms, bei denen die Mucosazellen so stark geschädigt werden, daß auch die Bildung der Lactase stark eingeschränkt wird. Eine sekundäre Lactoseintoleranz tritt besonders häufig als Begleiterscheinung einer gluteninduzierten Enteropathie (siehe Kap. 7.1.1.2.2) auf. Nach dem Ausheilen der jeweiligen Grunderkrankung bildet sich der Lactasemangel meist wieder zurück.

Ernährung bei Lactasemangel

Auf den Verzehr von Milch und milchzuckerhaltiger Milchprodukte muß verzichtet werden. In einigen Fällen von erworbenem und sekundärem Mangel reicht es aus, die Aufnahme entsprechend dem Ausmaß des Lactaseausfalls einzuschränken.

In wenigen Fällen eines angenommenen erworbenen Lactasemangels, bei denen angeblich eine absolute Unverträglichkeit vorlag, konnte gezeigt werden, daß psychische Momente (Angst) für diese Unverträglichkeit verantwortlich zu machen waren. Bei der Verteilung der täglichen Milchzuckeraufnahme auf mehrere Mahlzeiten (teilweise ohne Wissen des Probanden) wurden auch in diesen Fällen bis zu 250 ml Milch pro Tag (entspricht etwa 10 g Milchzucker) vertragen.

Das Verbot bzw. die Einschränkung betrifft auch alle Milcherzeugnisse (Frischmilch- und Sauermilcherzeugnisse), Milchmischerzeugnisse, Frischkäse und Schmelzkäse.

Sauermilcherzeugnisse (Joghurt), die nach der Produktion nicht nochmals pasteurisiert wurden, werden bei einem Lactasemangel offensichtlich besser vertragen. Die in ihnen noch enthaltenen lebenden Milchsäurebakterien können anscheinend teilweise den Magen passieren, ohne dabei inaktiviert zu werden. Die Milchsäurebakterien produzieren selbst eine Lactase, mit der sie in der Lage sind, Milchzucker effektiv zu spalten.

Besonders gut vertragen werden offenbar probiotische Joghurterzeugnisse (siehe Kap. 5.7.5.1), deren besondere Milchsäurebakterien im Dünndarm besser und länger überleben und zur Entwicklung einer Darmflora beitragen, die sich besonders bei einem Lactosemangel als positiv erweist.

Der Verzehr einer ausreichenden Menge an Ballaststoffen, insbesondere inulin- und oligofructosereiche Ballaststoffe, wie in Gemüsen und Hülsenfrüchten enthalten, kann das Wachstum der Milchsäurebakterien fördern. Auch die auf diesem Prinzip basierenden präbiotischen Lebensmittel (siehe Kap. 5.7.5.2) können unterstützend eingesetzt werden.

Eine weitere Möglichkeit einer angepaßten Ernährung könnte eine lactosearme bzw. lactosefreie Milch sein, für deren Herstellung die entsprechenden

Technologien bereits entwickelt wurden. Es ist abzuwarten, ob diese Erzeugnisse als Diätprodukte zu vertretbaren Preisen in den Handel kommen.

Auch Lactasepräparate, die aus Hefen oder Schimmelpilzen gewonnen werden können, sind als mögliche unterstützende Präparate diskutiert worden. Sie müßten gleichzeitig mit der Milch oder lactosehaltigen Milcherzeugnissen aufgenommen werden.

Gesichtspunkte für die Aufstellung des Kostplans: Der Versorgung mit Kalzium ist bei einem Lactasemangel besondere Beachtung zu schenken, da Milch und Milcherzeugnisse als wichtigste Kalziumquellen weitgehend ausfallen. Folgende Lebensmittel sollen deswegen bei der Aufstellung des täglichen Kostplans in ausreichender Menge berücksichtigt werden:

- Gereifter Käse
  Die Vielzahl der Käsesorten erlaubt eine abwechslungsreiche Kostplangestaltung. Daher ist bei der Zubereitung von warmen Speisen besonderer Wert auf den häufigen Einsatz von gereiftem Käse zu legen.
- Gemüse und Vollkornerzeugnisse
  Ein ausreichendes Angebot an Gemüsen und Vollkornerzeugnissen leistet neben der Bereitstellung von Ballaststoffen einen wesentlichen Beitrag zur Kalziumversorgung (einen etwas höheren Kalziumgehalt haben u. a. Grünkohl und Gemüsefenchel).
- Kalziumreiche Mineralwässer
  Die Deckung der erforderlichen Flüssigkeitszufuhr mit kalziumreichen Mineralwässern und Fruchtsäften, die mit Kalziumsalzen angereichert sind, trägt ebenfalls zur Sicherung der Kalziumversorgung bei.
- Vitamin D
  Auf eine ausreichende Versorgung mit Vitamin D zur Gewährleistung der maximal möglichen Kalziumresorption ist besonders zu achten.
- Eine begrenzte Aufnahme von Milch und Milchprodukten bis zu der (ausgetesteten) tolerierbaren Menge (gilt nicht beim primären Lactasemangel) unter bevorzugter Verwendung von nicht pasteurisierten Joghurts oder probiotischen Milcherzeugnissen gestattet eine abwechslungsreichere Kost.
- Zu meidende Lebensmittel
  Weitgehend zu meiden sind Lebensmittel, deren Inhaltsstoffe die Resorption von Kalzium behindern, insbesondere oxalsäurereiche Lebensmittel wie Rhabarber, Spinat und Kakaoprodukte.

7.1.1.2.2 Gluteninduzierte Enteropathie (Zöliakie, endemische Sprue)

Bei der gluteninduzierten Enteropathie handelt es sich um eine Schädigung der Dünndarmschleimhaut, die durch Spaltprodukte des Klebereiweißes Gluten verursacht wird. Sie wird im Säuglings- und Kindesalter auch als Zöliakie bezeichnet, im Erwachsenenalter als endemische Sprue (kurz Sprue).

Klebereiweiße vom Glutentyp sind Bestandteile von Getreidearten, die backfähige Mehle liefern, wie Weizen und Dinkel einschließlich Grünkern (Gliadine), Roggen (Secalin), Gerste (Hordein) und Hafer (Avenin). Die Glutene der verschiedenen Getreidearten unterscheiden sich in ihrem Aufbau zwar geringfügig, lösen aber bei glutenempfindlichen Personen die gleichen Schädigungen aus. Sie werden deswegen meist nur unter dem Sammelbegriff Gluten zusammengefaßt.

Reis und Mais enthalten keine Glutene, sie liefern somit Mehle, die nicht backfähig sind (es können nur Fladenbrote gebacken werden). Auch Hirse enthält keine Glutene. Buchweizen ist als Knöterichgewächs ebenfalls glutenfrei.

Pathobiochemie

Die gluteninduzierte Enteropathie wird hervorgerufen durch das Unvermögen der Peptidasen der Mucosazellen, die Glutene vollständig bis zu den freien Aminosäuren aufzuspalten, wodurch sich Oligopeptide mit einer charakteristischen Aminosäuresequenz (reich an Prolin und Glutamin) anhäufen. Diese Oligopeptide lösen in den Mucosazellen offenbar eine allergische Reaktion aus, die zu einer Schädigung der Mucosazellen selbst führt. Als eine weitere mögliche Ursache ist auch eine rein toxische Schädigung der Mucosazellen durch die Oligopeptide diskutiert worden.

Für das Auftreten einer Sprue (gluteninduzierte Enteropathie im späteren Leben) ist offenbar eine Sensibilisierung gegen Glutene verantwortlich, die bereits im frühen Säuglingsalter erfolgt ist. Es wird daher dringend empfohlen, glutenhaltige Lebensmittel in den Kostplan von Säuglingen erst nach dem 4. Lebensmonat aufzunehmen. Es sollte bei der Säuglingsernährung nicht nur auf glutenhaltige Mehle, sondern auch auf Weizenstärke verzichtet werden, da die aus Getreide hergestellten Stärkemehle noch geringe Mengen an Eiweiß enthalten und somit auch Spuren von Glutenen. Reis-, Mais- oder Kartoffelstärke können dagegen ohne Bedenken eingesetzt werden.

Möglicherweise ist für das Auftreten einer gluteninduzierten Enteropathie zusätzlich eine genetische Komponente mit verantwortlich. Die Sprue tritt vorzugsweise in Europa auf, bei Ostasiaten und farbigen Afrikanern ist sie nicht zu beobachten. Allerdings werden in diesen Regionen wesentlich weniger glutenhaltige Nahrungsmittel verzehrt als in Europa.

Krankheitszeichen

Eine gluteninduzierte Enteropathie beginnt mit abdominellen Beschwerden (Blähsucht, „Bauchschmerzen“), zu denen sich Durchfälle gesellen. Diese nehmen mit Fortschreiten der Erkrankung zu. Massive Durchfälle (bis zu 10 voluminöse Stühle am Tag) sind keine Seltenheit.

Die Schädigung der Dünndarmschleimhaut verursacht auch Resorptionsstörungen, die alle Nährstoffe betreffen (sog. Malassimilation). Besonders ausgeprägt und frühzeitig ist die Resorption von Fetten und fettlöslichen Vitaminen gestört, wodurch es zum Auftreten von sog. Fettstühlen (Steatorrhö) kommen kann (Ausscheidung von unverdautem Fett mit dem Stuhl). Die eingeschränkte Resorptionsleistung führt schließlich zu einer Unterernährung mit Gewichtsabnahmen und Mangelerscheinungen an essentiellen Nahrungsfaktoren (Unterversorgung mit Vitaminen, insbesondere mit fettlöslichen Vitaminen, sowie mit Mineralstoffen, insbesondere mit Eisen und Kalzium).

In fortgeschrittenem Stadium der gluteninduzierten Enteropathie kommt es häufig zu einer sekundären Lactoseintoleranz (siehe Kap. 7.1.1.2.1). Diese bildet sich nach einer erfolgreich durchgeführten Diätbehandlung und nach Abklingen der Beschwerden meist wieder vollständig zurück.

Ernährungstherapie

Die Behandlung der gluteninduzierten Enteropathie ist, abgesehen von der Behandlung von Folgeschäden, ausschließlich eine Diättherapie. Sie besteht aus einer absolut glutenfreien Kost.

Bei bestehenden Resorptionsstörungen und Untergewicht ist auf eine ausreichende Versorgung mit Nahrungsenergie, Vitaminen und Mineralstoffen zu achten. Es ist dann eine energiereiche Kost (siehe Kap. 8.4.2) unter Beachtung der Verbote von glutenhaltigen Lebensmitteln erforderlich. Bei gestörter Fettresorption können Teile der üblichen Nahrungsfette durch MCT-Fette ersetzt werden (siehe Kap. 8.8).

Verbotene Lebensmittel: Streng verboten sind alle Erzeugnisse aus Weizen, Roggen, Gerste, Dinkel und Hafer. Das betrifft nicht nur Backwaren, handelsübliche Teigwaren (Ausnahme Reisnudeln), Graupen und Haferflocken, sondern auch Lebensmittel, denen Mehle aus diesen Getreiden zugesetzt wurden oder möglicherweise zugesetzt sein können (Fertigprodukte wie Suppen, Soßen, kakaohaltige Getränke, Konserven, einige Wurstwaren u. a.). Zu beachten ist, daß der Gehalt an glutenhaltigem Eiweiß auf Fertigprodukten nicht deklariert werden muß.

Auch Stärkeerzeugnisse dieser Getreide enthalten, produktionstechnisch bedingt, noch Spuren an Gluten, die nicht vernachlässigt werden dürfen. Solche Stärkeerzeugnisse und Produkte, die solche Stärke enthalten, sind ebenfalls zu meiden.

Auch auf den Verzehr aller Erzeugnisse aus Hafer (Haferflocken, Hafermehl) ist zu verzichten, da auch Hafer Glutene enthält (Avenin). Die immer wieder geführte Diskussion, daß bei einer Sprue Haferflocken vertragen würden, ist mit größter Zurückhaltung zu bewerten. Es sind mehrfach Rückfälle beschrieben worden, die offenbar durch den Verzehr von Haferflocken ausgelöst worden sind.

Zur Gestaltung eines abwechslungsreichen Kostplans stehen glutenfreie Diäterzeugnisse zur Verfügung.

Die Patienten können bei der Kostplangestaltung Hilfe durch die Beratungsmaterialien erhalten, die von der Deutschen Zöliakie-Gesellschaft herausgegeben werden (Filderhauptstr. 61, 70599 Stuttgart).

Tropische Sprue

In tropischen Ländern tritt relativ häufig eine Dünndarmerkrankung auf, die die gleichen Krankheitsbilder aufweist wie die endemische Sprue. Sie ist nicht die Folge einer Unverträglichkeit gegenüber Gluten, ihre Ursache ist unbekannt. Eine spezifische diätetische Behandlung ist nicht möglich.

7.1.1.2.3 Weitere spezifische Nahrungsmittelunverträglichkeiten

Die Verdauung und Resorption von Zuckern kann in sehr selten auftretenden Fällen gestört sein (ausgenommen Lactose, siehe Kap. 7.1.1.2.1). Dabei kann es sich einerseits um genetisch bedingte (angeborene) Störungen handeln, die sehr selten auftreten und bereits im Säuglingsalter einer konsequenten Ernährungstherapie bedürfen, andererseits um Resorptionsstörungen, die erst im Verlauf des späteren Lebens erkannt werden und deren Ursachen unbekannt sind.

In allen Fällen kommt es zu einem sehr raschen Abbau der nicht resorbierten Zucker durch die Darmbakterien, verbunden mit der Bildung von Säuren (Milchsäure) und Darmgasen. Dies führt wie beim Lactasemangel zu abdominellen (Unterleibs-)Beschwerden, Blähungen und mehr oder weniger massiven Durchfällen. Diese Störungen sind im Säuglingsalter lebensbedrohlich.

Auf die selten vorkommenden genetisch bedingten Resorptionsstörungen wird in Kapitel 7.6.6.1 eingegangen.

Sorbitunverträglichkeit

Die Resorption von Sorbit (Zuckeraustauschstoff, 6wertiger Alkohol) ist auch beim Gesunden begrenzt. Die tägliche Aufnahme sollte deswegen beim Gesunden 30 g nicht überschreiten. Bei einigen Personen ist jedoch bereits mit kleineren Sorbitmengen die Toleranzgrenze überschritten (bei

4 % der weißen und 32 % der farbigen Bevölkerung der USA nach einer täglichen Aufnahme von 10 g Sorbit). In diesen Fällen ist der Verzehr von Sorbit als Zuckeraustauschstoff und von sorbithaltigen Lebensmitteln weitgehend zu meiden. Kaugummi sowie spezielles Konfekt können beträchtliche Mengen an Sorbit enthalten. Bei unklaren und leichten abdominellen Beschwerden sollte an einen übermäßigen Konsum von Kaugummi als eine mögliche auslösende Ursache gedacht werden.

7.1.2 Nahrungsmittelallergien

Nahrungsmittelallergien nehmen wie auch andere Allergien (Staub, Pflanzenpollen u. a.) in den letzten Jahren beträchtlich zu. Ursache hierfür ist offensichtlich eine bereits von frühester Kindheit an erfolgte umfangreiche Exposition gegenüber den verschiedensten Allergenen (allergieauslösende Substanzen). Für das besonders auffällig verstärkte Auftreten einer Allergie gegenüber bestimmten Nahrungsmitteln gibt es zur Zeit noch keine plausible Erklärung. Allerdings muß berücksichtigt werden, daß einige exotische Lebensmittel erst in den letzten Jahren in größerem Umfang verzehrt werden wie z. B. Kiwi. Kiwiallergien treten erst seit Ende des letzten Jahrhunderts in beträchtlichem Ausmaß auf.

Die Ursache von allergischen Reaktionen ist eine pathologisch veränderte Antwort des körpereigenen Immunsystems gegenüber einer harmlosen, aber in diesem Fall als fremd empfundenen Substanz der Umwelt. Zu solchen Substanzen können auch Nahrungsbestandteile oder Abbauprodukte eines Nahrungsbestandteils gehören.

Immunantwort

Die Immunantwort des Körpers auf Substanzen, die von ihm als fremd und somit als möglicherweise schädlich erkannt werden, sog. Antigene, ist zunächst ein Schutzmechanismus des Körpers. Dieser Mechanismus soll verhindern, daß solche Antigene im Körperinneren Schaden anrichten, indem sie sich vermehren (Bakterien, Viren), Gifte produzieren oder als fremde Makromoleküle körpereigene Stoffwechselfunktionen stören. Das gilt auch und insbesondere für Eiweiße, die von Individuen der gleichen Art, also von anderen Menschen, stammen, aber sich in kleinen Besonderheiten unterscheiden (z. B. Blutgruppensubstanzen).

Das immunologische Schutzsystem des Körpers ist ein äußerst komplizierter Mechanismus, der auf verschiedenen Ebenen wirksam wird.

Es ist zwischen 2 unterschiedlichen Abwehrsystemen zu unterscheiden:

- unspezifische Abwehr und
- spezifische Abwehr.

Kapitel 7

Unspezifische Abwehr: Die unspezifische Abwehr ist zunächst gegen alles gerichtet, das als fremd erkannt wird. Dazu zählen die Phagocytose („Auffressen" von Fremdstoffen wie Bakterien durch weiße Blutzellen) und das Wirken der Killerzellen (Lymphozyten, die vorwiegend Viren und Krebszellen abtöten). Diese Mechanismen werden als sog. zelluläre Abwehr zusammengefaßt. Relativ unspezifisch wirken auch spezifische Eiweiße, die das sog. Komplementsystem darstellen und die von spezifischen weißen Blutzellen gebildet werden. Dieses als humorale Abwehr bezeichnete System übt bei der unspezifischen Immunabwehr vielfältige Funktionen aus.

Spezifische Abwehr: Die spezifische Abwehr ist auf ganz konkrete Fremdmoleküle oder Teilstrukturen von Molekülen ausgerichtet. An ihr sind ebenfalls spezifische Zellen des lymphatischen Systems beteiligt wie Zellen von Thymus, Lymphknoten sowie Milz und Lymphozyten. Solche sog. immunkompetenten Zellen sind 2 Gruppen zuzuordnen (B- und T-Lymphozyten), die in der Lage sind, fremde Moleküle oder Molekülteile zu erkennen. Die spezifischen Lymphozyten werden durch den Kontakt mit diesen fremden Molekülen zur Bildung von Eiweißen angeregt (sog. Antikörper), welche sich mit diesen Fremdkörpern verbinden, jene dadurch in ihrer Wirksamkeit blockieren (neutralisieren) und somit unschädlich machen. Diese Reaktion wird als Antigen-Antikörper-Reaktion bezeichnet.

Immunologisches Gedächtnis

Die immunkompetenten Zellen der spezifischen Immunabwehr sind in der Lage, nach dem ersten Kontakt mit einem Antigen ein sog. „immunologisches Gedächtnis" auszubilden. Sie werden dadurch befähigt, ständig eine gewisse Menge an Antikörpern zu bilden, die gegen das einmal als fremd erkannte Antigen ausgerichet sind. Bei der erneuten Aufnahme eines solchen Antigens wird es sofort neutralisiert. Der Körper ist gegenüber dessen schädlichen Wirkung immun. Auf diesem Prinzip beruht die Ausbildung einer erworbenen Immunität nach Überstehen einer Infektionskrankheit bzw. nach einer Schutzimpfung (aktive Immunisierung). Bei dem Ausbruch von bestimmten Infektionskrankheiten bei Personen, bei denen keine erworbene Immunität oder ein Impfschutz gegen diese besteht, können diesen Schutzseren injiziert werden, die spezifische Antikörper enthalten, die von immunisierten Tieren gewonnen wurden (passive Immunisierung). Es gelingt damit in vielen Fällen, zumindest einen Großteil der Krankheitserreger zu neutralisieren und das Krankheitsbild zu mildern. Diese Antikörper werden allerdings als körperfremde Eiweiße rasch abgebaut und bieten somit auch keinen Langzeitschutz.

Allergie

Eine allergische Reaktion kann als eine überschießende Immunantwort angesehen werden. Bei ihr sind beim Kontakt mit dem Antigen zunächst die gleichen Mechanismen abgelaufen, welche die körpereigenen Zellen der Immunantwort zur Bildung von spezifischen Antikörpern befähigt haben. Die nunmehr ständig gebildeten Antikörper können jederzeit mit den gleichen erneut aufgenommenen Antigenen reagieren. Bei einer allergischen Reaktion reagiert jedoch das bereits stimulierte Immunsystem unkontrolliert auf einen erneuten Kontakt mit dem spezifischen Antigen. Es kommt nicht nur zu einer Antigen-Antikörper-Reaktion und damit zur Neutralisation des Antigens, sondern es werden aus den Immunzellen auch biologisch aktive Substanzen in größerem Umfang freigesetzt, die die allergische Reaktion auslösen. Solche Substanzen sind u. a. biogene Amine, insbesondere Histamin, das für die gefährlichen Schockzustände verantwortlich ist, und Serotonin (siehe Kap. 3.4.2.1). Auch Eicosanoide (insbesondere Leukotriene, siehe Kap. 3.5.1.2) sind an der Ausbildung der allergischen Reaktionen beteiligt.

Typen von allergischen Reaktionen: Bedingt durch die vielfältigen Faktoren, die in die Immunantwort einbezogen sind, gibt es unterschiedliche Formen einer allergischen Reaktion. Von den 4 verschiedenen Typen, die sich sowohl in der Zeitspanne, die zwischen dem Einwirken des Antigens und dem Ausbruch der allergischen Reaktion verstreicht, als auch in derem Feinmechanismus unterscheiden, sind für eine Lebensmittelallergie nur der Sofort- oder Frühtyp (Typ I) und die Spätreaktion (Typ IV) von Bedeutung. Für das Abstoßen von transplantierten Geweben bzw. Organen ist der Typ II verantwortlich, der möglicherweise auch bei der Ausbildung von besonderen Formen des Typ-1-Diabetes eingeschaltet ist.

Bei einer Sofortreaktion (Typ I) treten die Zeichen der allergischen Reaktion wenige Minuten, in besonders gefährlichen Fällen bereits innerhalb von Sekunden, nach dem Einwirken des Allergens auf. Sie wird hauptsächlich durch das schlagartige Freisetzen von Histamin ausgelöst. Diese Histaminwirkung kann in schweren Fällen zu einen massiven Blutdruckabfall führen, der zu einem Zusammenbruch des Blutkreislaufs mit lebensbedrohlichen Folgen führt (sog. anaphylaktischer Schock).

Bei dem Spättyp treten die allergischen Reaktionen erst nach einem oder mehreren Tagen auf, an deren Ausbildung verschiedene immunkompetente Zellen beteiligt sind. Das allergische Geschehen kann sich an verschiedenen Organen mit unterschiedlichen Symptomen abspielen. Die Krankheitsbilder sind weniger dramatisch als beim Soforttyp, die Beschwerden halten aber meist wesentlich länger an.

Orte des allergischen Geschehens: Die bei der allergischen Reaktion freigesetzten Wirkstoffe werden mit dem Blut an alle Körperzellen transportiert, die auf diese in jeweils spezifischer Weise reagieren können. Es ist daher leicht zu verstehen, daß sich auch eine Nahrungsmittelallergie (vom Spättyp) nicht nur am Gastrointestinaltrakt, sondern auch an anderen

Organen und mit unterschiedlichen Symptomen äußern kann. Am häufigsten sind solche an der Haut zu beobachten. In vielen Fällen sind mehrere Organe bzw. Organsysteme gleichzeitig betroffen (siehe Tabelle 7.1.2).

Tabelle 7.1.2:
Häufigkeit der Beteiligung einzelner Organe an Nahrungsmittelallergien und dabei auftretende typische Symptome (Reihenfolge in der Aufzählung entspricht der Häufigkeit)

Haut	Urticaria (Nesselsucht), Ödeme (insbesondere im Gesicht und im Rachenraum), Juckreiz
Atemwege	Bronchialasthma, wäßriger Schnupfen (Heuschnupfen), Larynxödem (lebensbedrohliche Schwellung im Kehlkopf)
Gastrointestinaltrakt	Übelkeit, Erbrechen und Durchfälle, Darmkrämpfe (kolikartige Bauchschmerzen), Magenbrennen, Völlegefühl, kolikartige Schmerzen wie bei Gallenkoliken oder Blinddarmentzündungen
Herz-Kreislauf-System	Kreislaufschock (Zusammenbrechen des Blutkreislaufs mit starkem Blutdruckabfall), der lebensbedrohlich sein kann
Sonstige Beschwerden	Migräneartige Kopfschmerzen, Gelenk- und Gliederschmerzen, depressive Verstimmung, Mattigkeit und Benommenheit

Lebensmittel, die eine Allergie auslösen können

Es sind weit mehr als 100 Lebensmittelinhaltsstoffe und Zusatzstoffe bekannt, die eine Nahrungsmittelallergie bzw. eine sog. Pseudoallergie (siehe unten) auslösen können. Da in beiden Fällen die gleichen Symptome auftreten können, wird nachfolgend zunächst nicht zwischen den beiden Formen unterschieden (Zusatzstoffe lösen häufig eine Pseudoallergie aus). Über die Häufigkeit, mit der einzelne Nahrungsmittel oder Zusatzstoffe für die Ausbildung einer Allergie verantwortlich sind, gibt es gegensätzliche Angaben, die durch abweichende Ernährungsgewohnheiten und durch unterschiedliche Auswahl der bei den Studien beobachteten Personenkreise bedingt sind.

Der Kontakt mit bestimmten Lebensmitteln während der ersten Lebensmonate begünstigt offenbar das Auftreten von Allergien, insbesondere gegen artfremdes Eiweiß. Ursache hierfür kann eine leichtere Passage der relativ großen Eiweißmoleküle durch die noch nicht voll entwickelte Dünndarmschleimhaut des Säuglings sein. Im Erwachsenenalter sind dagegen offenbar vielfach wenig gegarte pflanzliche Lebensmittel (Rohkost) für ein häufigeres Auftreten von Allergien verantwortlich. In etwa 90 % aller Fälle sind spezifische Eiweiße bestimmter Lebensmittel die auslösenden Faktoren.

Als Beispiele für die recht unterschiedliche Häufigkeit, mit der verschiedene Lebensmittel eine Allergie auslösen, sollen die Ergebnisse von 2 Erhebungen angeführt werden, aus denen auch die wichtigsten Lebensmittelallergene zu erkennen sind (siehe Tabelle 7.1.3).

Tabelle 7.1.3:
Beispiele für die Häufigkeit, mit der verschiedene Lebensmittel für das Auftreten von Lebensmittelallergien verantwortlich sein können (siehe Text)

Erhebung 1:	
Kuhmilch, Milchprodukte, insbesondere Käse („Kuhmilchallergie")	42,0 %
Hühnerei (gesamt)	9,7 %
Eiklar	14,5 %
Eigelb	9,0 %
Fische sowie Schalen- und Krustentiere	11,0 %
Zitrusfrüchte, Obst (besonders Steinobst, insbes. Kirschen und Pflaumen)	4,5 %
Hülsenfrüchte	2,5 %
Fleisch (insbesondere Schweinefleisch)	1,3 %
Gemüse (ohne Zwiebeln)	1,0 %
Zwiebeln	1,0 %
Außerdem Sonstiges (Nüsse, Kakaoerzeugnisse, Erdnüsse, Gewürze [insbesondere Lorbeer, Nelken, ätherische Öle])	
Erhebung 2:	
Rohes Gemüse, insbesondere Sellerie, Karotten, Hülsenfrüchte, Fenchel, Spargel, Petersilie, Koriander u. a., sowie Gewürzkräuter (Beifuß, Lorbeer u. a.)	50 %
Hühnerei (Vollei)	19 %
Milch und Milcherzeugnisse sowie Käse	17 %
Sonstige Nahrungsmittel	14 %

Weiterhin ist von vielen Lebensmitteln oder Lebensmittelinhaltsstoffen bekannt, daß sie relativ häufig Nahrungsmittelallergien auslösen können. Von diesen sind besonders zu erwähnen

- Kern- und Steinobst (Äpfel, Kirschen, Pflaumen, Pfirsiche),
- Samen (insbesondere Mohn), Sonnenblumenkerne sowie Haselnüsse,
- exotische Lebensmittel wie Kiwi, Mango, Avocado, Pistazien, Erdnüsse, Sesam, Paranüsse und Sojaprodukte,
- Lebensmittelzusatzstoffe, insbesondere Tartrazin, Benzoesäure, Sulfit (schweflige Säure),
- Salicylsäure und salicylsäurehaltige Lebensmittel wie Beerenfrüchte, Obst, Gurken, Weintrauben, Oliven, Honig u. a.

Alkohol ist nicht allergen, er steigert jedoch bei gleichzeitiger Aufnahme mit den allergieauslösenden Lebensmitteln die allergische Potenz der Allergene.

Mögliche allergene Gefahren gentechnisch veränderter Lebensmittel

Die in der Öffentlichkeit häufig geäußerte Besorgnis, daß von gentechnisch veränderten Lebensmitteln ein größeres, insbesondere unvorhersehbares Risiko auch im Hinblick auf eine Allergie ausgehen könnte, basiert auf Vermutungen. Insbesondere muß bei der sachlichen Abschätzung von möglicherweise bestehenden allergischen Potentialen unterschieden werden, ob sich das neuartige Lebensmittel vom konventionellen Lebensmittel unterscheidet oder ob es mit diesem identisch ist und nur mit Hilfe gentechnisch veränderter Organismen produziert wurde (siehe Kap. 5.7.4.2). Lebensmittel, die sich in ihrem chemischen Aufbau vom konventionellen Lebensmittel nicht unterscheiden, können kein neuartiges allergenes Potential darstellen. Neuartige Lebensmittel, die ein neues Genprodukt (ein neuartiges Eiweiß) enthalten, können dagegen zunächst rein theoretisch (neue) allergene Gefahren darstellen, auch wenn sich dieses Eiweiß nur geringfügig von dem entsprechenden des „klassischen" Lebensmittels unterscheidet. Es muß jedoch bedacht werden, daß auch bei der klassischen Neuzüchtung von Nutzpflanzen und Nutztieren Veränderungen an den Genen stattfinden, die zur Bildung von veränderten Eiweißen führen. Somit besteht prinzipiell auch bei der klassischen Züchtung die Gefahr, daß ein neues allergenes Potential entsteht. Ein entscheidender Unterschied zwischen Gentechnik und klassischer Züchtung besteht jedoch darin, daß bei gentechnischen Methoden das veränderte Gen und Genprodukt bekannt sind, bei den Methoden der klassischen Züchtung dagegen nicht. Bei der gentechnischen Entwicklung neuartiger Lebensmittel ist es daher im Gegensatz zur Züchtung eher möglich, ein allergenes Potential im voraus abzuschätzen. Es besteht somit die Aussicht, allergene Gefahren frühzeitig zu erkennen und durch gezielte Untersuchungen weitgehend auszuschließen. Es ist mit Hilfe gentechnischer Methoden sogar möglich, Pflanzen zu entwickeln, die allergieauslösende Eiweiße nicht mehr bilden (Entwicklung einer „allergiefreien" Reissorte in Japan).

Es kann geschlußfolgert werden, daß von gentechnisch hergestellten Lebensmitteln bei einer gewissenhaften Kontrolle keine größeren Gefahren als von konventionell hergestellten Lebensmitteln ausgehen können. Bei der Überprüfung eines neuartigen Lebensmittels vor der Erteilung einer Zulassungsgenehmigung wird auch ein mögliches allergisches Risiko bewertet.

Stabilität des allergenen Potentials von Lebensmitteln

Die allergene Wirkung von Lebensmittelinhaltsstoffen wird durch die Bearbeitung des Lebensmittels teilweise verändert oder auch vollständig entfernt. Diese Veränderungen werden entweder durch Hitzedenaturierung, durch Oxidation (Luftsauerstoff) oder den Abbau durch zelleigene Enzyme ausgelöst. Allgemeingültige Aussagen sind hierzu nicht möglich, da es bei den einzelnen Lebensmitteln beträchtliche Unterschiede gibt. Es muß deshalb vor Experimenten nachdrücklich gewarnt werden.

Von gewissem Interesse ist das Verhalten des allergenen Potentials beim Erhitzen von Lebensmitteln. Bei einigen Lebensmitteln kann mit einer weitgehen-

den Verringerung des allergenen Potentials gerechnet werden, das allergene Potential anderer Lebensmittel wird dagegen kaum beeinflußt, es kann sogar durch Erhitzen in seiner Aktivität gesteigert werden (bessere Zugänglichkeit der allergenen Strukturen des betreffenden Lebensmittelinhaltsstoffs). Eine Verringerung des allergenen Potentials kann möglicherweise beim Erhitzen von Kern- und Steinobst, Erdbeeren, einigen Gemüsen und einigen exotischen Früchten erfolgen.

Keine Verringerung des allergenen Potentials ist auch bei längerem Erhitzen zu erreichen bei Kuhmilch, Hühnereiern, Fisch, Weich- und Krustentieren, Gewürzen, Tomaten, Senf und Reis. Bei diesen Lebensmitteln kann es beim Erhitzen sogar erhöht werden.

Prognose einer Nahrungsmittelallergie

Eine erworbene Nahrungsmittelallergie kann nach einiger Zeit wieder abklingen. Das Verschwinden einer Allergie hängt auch von individuellen Faktoren, vom auslösenden Lebensmittel und vom Alter ab, in dem die Allergie erworben worden war.

Allergien, die seit der frühen Kindheit bestehen, können im Laufe des Lebens wieder abklingen wie beispielsweise eine Kuhmilch- oder Eiallergie. Voraussetzung ist allerdings, daß die allergen wirkenden Lebensmittel über einen längeren Zeitraum hinweg (meist einige Jahre) nicht verzehrt werden.

Allergien gegenüber anderen Lebensmitteln, die erstmals im Erwachsenenalter aufgetreten sind, klingen dagegen in vielen Fällen überhaupt nicht ab. Das betrifft beispielsweise Allergien gegenüber Fisch, Gewürzen, Obst und Erdnüssen sowie Zusatzstoffen.

Besonders zu beachtende Nahrungsmittelallergien

Einige Nahrungsmittelallergien treten häufiger auf und ziehen weitreichendere Konsequenzen in Hinblick der Gestaltung des Kostplans für eine vollwertige Ernährung.

Kuhmilchallergie: Diese meist in frühester Kindheit erworbene Allergie ist artspezifisch für Kuhmilch und alle aus Kuhmilch hergestellte Milcherzeugnisse einschließlich Käse. Das allergene Potential wird durch Erhitzen nicht zerstört. Die Kuhmilchallergie ist offenbar durch ein frühzeitiges Umstellen (vor dem 6. Lebensmonat des Säuglings) auf Flaschennahrung, die mit Kuhmilch zubereitet wird, bedingt bzw. wird ihre Ausbildung dadurch wesentlich begünstigt. Die Milch anderer Tiere (Ziege, Schaf) und die entsprechenden Milchprodukte werden dagegen von den Kindern mit einer Kuhmilchallergie meist anstandslos vertragen. Wiederholt ist beschrieben worden, daß sich die Kuhmilchallergie in späteren Jahren zurückbilden kann, wenn nicht zwischenzeitlich die Immunantwort durch vorzeitigen Kuhmilchverzehr immer wieder stimuliert wird.

Fischallergie: Fischeiweiß verliert durch Erhitzen sein allergenes Potential nicht. Ein Großteil der Fischallergiker (etwa 60 %) reagiert auf den Verzehr von verschiedenen Fischarten allergisch, nur wenige vertragen lediglich eine bestimmte Fischart nicht. Bei einer Allergie gegenüber mehreren Fischarten konzentriert sich die Allergie oft auf Gruppen meist verwandter Fische (z. B. Makrele, Thunfisch und Schwertfisch – Sardine, Hering, Forelle und Lachs – Aal, Hecht und Zander – Schellfisch, Dorsch und Kabeljau – Karpfen und Schleie – Austern, Muscheln und Tintenfisch).

Tomaten: Tomaten können in seltenen Fällen eine Allergie auslösen. Interessant ist hierbei, daß das allergene Potential der Tomaten mit zunehmender Reife zu- und nicht wie vermutet abnimmt.

Gewürze: Allergien gegenüber Gewürzen und Gewürzkräutern sind sehr schwer den einzelnen Gewürzen zuzuordnen. Es gibt offenbar eine Vielzahl sog. Kreuzreaktionen (Empfindlichkeit gegenüber mehreren Gewürzen), von denen das sog. Sellerie-Beifuß-Gewürz-Syndrom die bekannteste ist. Diese Allergie wird offenbar primär durch Beifußpollen ausgelöst oder wesentlich verstärkt.

Nickel: Allergien gegenüber Nickel haben beträchtlich zugenommen (Brillengestelle aus Nickel, nickelhaltiger Schmuck). Diese Allergie äußert sich häufig in Hautveränderungen mit heftigem Juckreiz. In diesen Fällen muß Nickel auch möglichst weitgehend aus der Nahrung eliminiert werden, indem besonders nickelhaltige Lebensmittel gemieden werden und die Speisen nicht in (nickelhaltigem) Edelstahlgeschirr zubereitet werden (siehe unten).

Besonders gefährdete Personengruppen

Personen mit einer genetisch determinierten Disposition gegenüber den verschiedensten Allergenen sind auch besonders häufig von einer Lebensmittelallergie betroffen. Diese gesteigerte Empfindlichkeit ist zunächst nicht auf bestimmte Lebensmittelinhaltsstoffe oder Zusatzstoffe ausgerichtet, sondern wird durch eine erhöhte Reaktionsbereitschaft des Immunsystems bedingt. Besonders allergiegefährdet sind Kinder, deren Eltern (zumindest ein Elternteil) an Allergien leiden. Bei diesen sind besonders im Säuglingsalter alle potentiellen Nahrungsmittel aus dem Kostplan zu eliminieren.

Von einer Lebensmittelallergie sind auch Personen öfter betroffen, die bereits an anderen allergischen Erkrankungen leiden wie beispielsweise an Bronchialasthma. Besonders häufig sind Pollenallergiker betroffen. Bei ihnen sind auch die allergischen Reaktionen besonders heftig. Auch bei

Vegetariern ist ein überdurchschnittlich hoher Prozentsatz von Nahrungsmittelallergien zu beobachten, insbesondere gegenüber rohem Gemüse. Die Ursachen hierfür sind nicht bekannt. Es ist vorstellbar, daß die mengenmäßig große Aufnahme von Rohkostsalaten mit möglicherweise nicht inaktivierten Lectinen langfristig zu einer Schädigung der Mucosazellen des Dünndarms führt. Dadurch könnten die Mucosazellen für die Passage größerer, nicht gespaltener Nahrungsbestandteile partiell durchlässig werden.

Auch bei Erkrankungen des Dünndarms, die zu einer Schädigung der Mucosazellen führen, besteht eine erhöhte Allergiegefahr, insbesondere bei einer unbehandelten gluteninduzierten Enteropathie.

Diätetische Behandlung

Die diätetische Behandlung einer Nahrungsmittelallergie besteht im konsequenten Weglassen des betreffenden Allergens aus der Nahrung. Voraussetzung ist dafür, daß dieses Allergen (Nahrungsmittel oder Zusatzstoff) bekannt ist. In vielen Fällen ist es sehr schwierig, das Allergen exakt zu bestimmen und andere potentielle Allergene, die im konkreten Fall keine allergene Wirkung entfalten, eindeutig auszuschließen.

Die Ermittlung des Allergens ist alleinige Aufgabe des Arztes, der auch die entsprechenden Festlegungen für die Diät trifft. Dazu werden neben eingehenden Befragungen und immunologischen Tests gleichfalls genau definierte Ernährungsregimes auf Weisung des Arztes eingesetzt.

Empirische Eliminationsdiät: Diese Suchdiät wird eingesetzt, wenn auf Grund der Befragung angenommen werden kann, daß nur ein oder nur wenige Lebensmittel als Allergieauslöser in Frage kommen können (z. B. selten verzehrte Lebensmittel). Diese Lebensmittel werden dann für die Dauer einer Woche konsequent vom Kostplan gestrichen. Bei Beschwerdefreiheit wird schrittweise eines der verdächtigen Lebensmittel jeweils eine Woche lang in den Kostplan aufgenommen.

Systematische Eliminationsdiät: Diese Suchdiät muß eingesetzt werden, wenn nur ungenaue Angaben über möglicherweise verursachende Lebensmittel gemacht werden können. In diesem Fall wird jeweils für eine Woche eine milchfreie, eine eifreie und eine fischfreie Diät verabreicht, bis das allergene Lebensmittel gefunden wurde.

Strenge Eliminationsdiät: Diese den Patienten am meisten belastende Suchdiät wird erforderlich, wenn die systematische Suchdiät zu keinem Erfolg geführt hat. Nach einer 2tägigen Teepause (nur Glucosezusatz) werden nach jeweils 2 Tagen genau definierte Nahrungsmittel der Kost zugesetzt, bis das die Allergie auslösende Nahrungsmittel gefunden ist.

Diät bei einer Nickelallergie: Bei einer Nickelallergie ergeben sich recht drastische Einschränkungen in der Ernährung. Nickel kommt in nahezu allen pflanzlichen und tierischen Lebensmitteln vor, allerdings in unterschiedlichen Mengen. Es können sich aus diesem Grund immer wieder allergische Reaktionen ergeben, auch wenn die besonders nickelreichen Lebensmittel konsequent gemieden werden.

Zu meiden sind alle Dosenkonserven (bei innenbeschichteten Konserven besteht die Gefahr der Beschädigung der Beschichtung und dadurch auch Übertritt von Nickel aus dem Weißblech in den Doseninhalt). Weiterhin sind verboten Heringe, Anchovis, Austern, Spargel, Bohnen, Tomaten und andere Gemüse, Vollkornerzeugnisse, Birnen, schwarzer Tee und Kakao einschließlich Schokolade. Auch Backpulver sollte nicht verwendet werden.

Erlaubt sind Fleisch, Milch, Käse, Butter, weißes Mehl (Type 405), Kaffee, Wein, Bier, frische Früchte (außer Birnen), Fisch (außer Hering, Anchovis), Eier und kleine Mengen einiger Gemüse (Gurken, Karotten, Kopfsalat, Weißkohl, Blumenkohl).

Zur Zubereitung von Speisen darf Kochgeschirr aus Edelstahl nicht verwendet werden, insbesondere nicht zur Zubereitung von sauren Speisen.

Pseudoallergien

Pseudoallergien unterscheiden sich von den oben beschriebenen Allergien dadurch, daß bei ihnen keine Antigen-Antikörper-Reaktion abläuft und keine immunkompetenten Zellen sensibilisiert werden. Pseudoallergien werden durch Substanzen ausgelöst, die in Lebensmitteln enthalten sein können und die bei empfindlichen Personen ab einer kritischen Konzentration die Freisetzung von allergieauslösenden zelleigenen Substanzen bewirken, insbesondere von Histamin. Besonders empfindlich gegenüber dem Auftreten einer Pseudoallergie sind Asthmatiker, Patienten, die oft an einer Nesselsucht leiden, und Heuschnupfenpatienten.

Pseudoallergien zeigen die gleichen Krankheitsbilder wie „echte" Allergien und sind deswegen von diesen schwer zu unterscheiden.

Pseudoallergie auslösende Substanzen: Offenbar ist eine größere Zahl von den Lebensmittelinhaltsstoffen und Zusatzstoffen, die eine echte Allergie auslösen können, auch in der Lage, pseudoallergische Reaktionen auszulösen. Einige dieser Substanzen, insbesondere einige Lebensmittelfarbstoffe und Konservierungsmittel, lösen bevorzugt pseudoallergische Reaktionen aus und sind kaum für echte Allergien verantwortlich:

- Salicylsäure
  Salicylsäure kommt in einigen pflanzlichen Lebensmitteln vor. Besonders reich an ihr sind einige Beerenfrüchte, Orangen, Gurken, Aprikosen, Ananas und Weintrauben. Auch die Pseudoallergie nach dem Verzehr von Erdbeeren ist möglicherweise zumindest teilweise auf Salicylsäure zurückzuführen.

- Biogene Amine
  Mit Lebensmitteln aufgenommene biogene Amine (siehe Kap. 3.4.2.1) können ebenfalls pseudoallergische Reaktionen auslösen. Diese Reaktionen, die bei bereits sehr geringen Konzentrationen von biogenen Aminen auftreten, sind relativ selten. Sie dürfen nicht mit einer Vergiftung mit biogenen Aminen verwechselt werden (siehe Kap. 6.6.2.3).
- Lebensmittelzusatzstoffe und Arzneimittel
  Eine Reihe von Lebensmittelfarbstoffen und Konservierungsstoffen können in sehr seltenen Fällen pseudoallergische Reaktionen auslösen (Benzoesäure, PHB-Ester, Sulfit, siehe Kap. 6.5.4.7). Bei Arzneimitteln wird gegebenenfalls im Beipackzettel auf die mögliche Nebenwirkung hingewiesen.

7.1.3 Erkrankungen von Organen des Gastrointestinaltrakts

7.1.3.1 Erkrankungen der Mundhöhle

Bei Erkrankungen der Mundhöhle handelt es sich vorwiegend um entzündliche Prozesse, die sowohl die gesamte Mundhöhle als auch einzelne Regionen betreffen können, wie den Kieferbereich oder den Rachenring (z. B. Entzündungen der Rachenmandeln [Anginen]). Auch bösartige Tumoren können sich in der Mundhöhle ausbilden. Schließlich sind noch die Zustände nach Operationen im Mundhöhlenbereich zu erwähnen.

Bei allen Erkrankungen der Mundhöhle ist der Aufschluß von fester Nahrung mehr oder weniger stark eingeschränkt und die Nahrungsaufnahme meist mit erheblichen Schmerzen verbunden.

Ernährung

Eine spezifische Kostform gibt es bei Erkrankungen der Mundhöhle nicht. Die Beschaffenheit der Nahrung muß im Hinblick auf ihre Konsistenz der jeweiligen Schwere des Krankheitsbilds angepaßt werden. Die Kost ist deshalb eine rein flüssige bzw. eine flüssig-breiige oder passierte. Weiterhin ist zu beachten, daß alle Lebensmittel und Speisen, die zu einer Reizung der geschädigten Schleimhäute führen können, ebenfalls eliminiert werden müssen wie beispielsweise scharfe Gewürze und Genußsäuren.

Bei der Bereitung dieser Kost ist besonders zu beachten, daß auch unter diesen Bedingungen die notwendige Zufuhr von allen erforderlichen Nährstoffen, insbesondere der essentiellen Nahrungsfaktoren, gesichert wird. Dies ist bei einer flüssigen Ernährung oft nicht leicht zu realisieren, keinesfalls mit den oft gewünschten Wasser-Schleim-Suppen.

Folgende Speisen mit weicher Konsistenz sind zu bevorzugen:

- Milchsuppen mit Stärkemehlen, angereichert durch Zusatz von Ei, Butter und/oder Sahne, gegebenenfalls auch Anreicherung durch Maltodextrin 19,
- Brühsuppen (klar oder gebunden), angereichert mit passiertem Fleisch, Zusatz von Kräutern,
- Gemüsesuppen, angereichert mit passiertem Fleisch, Butter oder Sahne,
- Quarkspeisen, angereichert mit Sahne, u. U. zusätzlich mit Maltodextrin 19,
- Getränke: Obst- und Gemüsefrischsäfte (Vitaminversorgung), Milchmixgetränke.

Die Suppen sollten eine möglichst ausreichenden Nährstoffzufuhr sichern, so daß sie meist dickflüssig sind. Sie müssen allerdings ausreichend dünnflüssig sein, wenn sie wegen der Schwere der Erkrankung mit der Schnabeltasse getrunken werden müssen. Hierbei ist darauf zu achten, daß sie vollständig ausgequollen sind, damit ein Nachquellen sicher ausgeschlossen werden kann.

7.1.3.2 Erkrankungen der Speiseröhre (Ösophagus)

Die Speiseröhre dient ausschließlich dem Transport der in der Mundhöhle zerkleinerten Speisen sowie der Trinkflüssigkeit zum Magen. Ihre Schleimhaut erfüllt keine spezifischen Funktionen. Die ringförmig angeordnete Muskulatur ist lediglich im untersten Abschnitt stärker ausgebildet und verhindert durch eine erhöhte Anspannung (sog. Tonus) den ungehinderten Rückfluß von saurem Mageninhalt. Beim Schluckprozeß erschlafft diese Ringmuskulatur kurzfristig und ermöglicht dadurch die Passage der Nahrung in den Magen.

Dieser Verschlußmechanismus wird auch unabhängig vom Schluckvorgang kurzfristig gelockert, so daß ein sehr geringer Rückfluß von Mageninhalt zurück in den unteren Abschnitt der Speiseröhre möglich ist. Das Ausmaß dieses physiologischen Rückflusses ist von verschiedenen Faktoren abhängig, unter anderem vom Füllungszustand des Magens, der Zusammensetzung der Mahlzeiten, vom Alkohol- und Kaffeekonsum und der Körperlage (aufrecht stehen oder sitzen bzw. flach liegen). Er ist im wachen Zustand größer als im Schlaf. Die geringen Mengen an saurem Mageninhalt, die dabei in die Speiseröhre zurückfließen, werden meist schnell wieder mit den nächsten Schluckreflexen in den Magen zurückbefördert. Geringfügige Säurereste, die an der Schleimhaut der Speiseröhre haften bleiben, werden durch den verschluckten Speichel neutralisiert. Eine Schädigung der säureempfindlichen Schleimhaut der Speiseröhre wird dadurch verhindert.

Refluxösophagitis

Unter einer Refluxösophagitis wird eine Entzündung des unteren Abschnitts der Speiseröhre verstanden, die durch einen gesteigerten Rückfluß von saurem Mageninhalt bedingt ist. Als Folge der nicht mehr vollständig erfolgenden Neutralisation der Magensalzsäure wird die säureempfindliche Schleimhaut entzündlich geschädigt. Ursache für den gesteigerten Rückfluß von Mageninhalt ist eine Störung im korrekten Verschluß des unteren Teils der Speiseröhre, meist im Zusammenspiel mit weiteren Faktoren wie erhöhter Druck im Mageninneren (Verzehr von voluminösen Speisen), der durch ein bestehendes Übergewicht verstärkt wird, erhöhter Alkoholgenuß und hoher Fettgehalt der Speisen. Auch kalte Speisen und Getränke können zu einer Verminderung der Muskelspannung am unteren Abschnitt der Speiseröhre führen.

Eine Refluxösophagitis äußert sich in einem brennenden Schmerz hinter dem Brustbein, der bis zum Hals ausstrahlen kann (Sodbrennen).

Ernährungstherapie: Die diätetische Behandlung einer Refluxösophagitis hat zum Ziel, den Rückfluß von Mageninhalt zu verringern. Das kann erreicht werden, indem der Druck des Mageninhalts verringert und der Tonus (Spannkraft) der Muskulatur des unteren Abschnitts der Speiseröhre erhöht wird:

- Bei Übergewichtigen ist vordringlich das Körpergewicht zu normalisieren durch eine energiereduzierte Kost (siehe Kap. 8.4.1).
- Die Nahrungszufuhr ist auf mehrere kleine Mahlzeiten (mindestens 5 bis 6) aufzuteilen, die gleichmäßig über den ganzen Tag verteilt werden.
- Insbesondere das Abendessen darf nicht voluminös gestaltet und nicht erst kurze Zeit vor der Nachtruhe eingenommen werden.
- Alkoholische und coffeinhaltige Getränke sind zu meiden (Kaffee, Kakao, Cola), ebenso Schokolade und andere Süßwaren sowie zuckerreiche Getränke und süße Speisen.
- Zu meiden sind auch fettreiche Mahlzeiten, da diese den Tonus der Ösophagusmuskulatur offenbar verringern. Kohlenhydrat- und eiweißreiche Mahlzeiten verbessern offenbar die Verschlußfähigkeit des unteren Ösophagus.
- Zu meiden sind sehr heiße und sehr kalte Speisen und Getränke.
- Zu meiden sind stark gewürzte Speisen.

Da jedoch die einzelnen Patienten auf die Aufnahme von eigentlich zu meidenden Speisen unterschiedlich reagieren, müssen diese Empfehlungen nicht in allen Fällen strikt befolgt werden, so daß gewisse individuelle Abweichungen von diesem allgemeinen Ernährungsschema möglich sind. Bei vielen Patienten spielt auch der Zeitpunkt der Aufnahme von bestimmten Speisen und Getränken eine nicht unbedeutende Rolle, beispielsweise reagieren sie unterschiedlich auf Kaffee, in Abhängigkeit davon, ob er auf nüchternen Magen oder nach einer Mahlzeit getrunken wird.

Speiseröhrenkrebs (Ösophaguskarzinom)

Für das Entstehen eines Speiseröhrenkrebses sind am häufigsten Umweltfaktoren die auslösende Ursache ebenso wie bei Karzinomen der Mundhöhle und des Rachens. Der chronische Mißbrauch von Alkohol, insbesondere von hochprozentigen Spirituosen, ist der Hauptfaktor, der durch das Rauchen von Zigaretten in seiner Gefährlichkeit potenziert wird. Eine Unterversorgung mit Antioxidantien (Vitamin E, β-Carotin und Vitamin C) begünstigt offenbar die Ausbildung von Karzinomen. In den Selenmangelgebieten Chinas konnte die Häufigkeit der Speiseröhrenkarzinome durch Selengaben drastisch gesenkt werden (siehe Kap. 3.9.2.4). Eine Überversorgung mit β-Carotin kann dagegen in Verbindung mit übermäßigem Rauchen die Ausbildung von Ösophaguskarzinomen begünstigen. Eine solche Überversorgung kann jedoch nur durch die Einnahme von entsprechenden Präparaten und Nahrungsergänzungsmitteln erreicht werden.

Mit zunehmender Vergrößerung der Geschwulst kommt es zu einer schrittweisen Verengung des Speiseröhrenlumens, wodurch die Passage der Nahrung zunehmend behindert wird. Die Nahrungsaufnahme kann außerdem durch zusätzliche Schmerzen erschwert werden.

Ernährungsempfehlung: Es gibt keine spezifische Ernährung beim Speiseröhrenkrebs. Die Kost muß sich im wesentlichen dem Ausmaß der Einengung des Speiseröhrenlumens anpassen. Es muß auf eine gut gegarte und zerkleinerte Kost geachtet werden, um Beschwerden bei der Nahrungsaufnahme weitgehend zu vermeiden. Bei größeren Einengungen des Speiseröhrenlumens ist eine breiige und passierte Kost erforderlich, in fortgeschrittenen Krankheitsfällen ist u. U. nur noch die Aufnahme von flüssiger Kost möglich.

Auf die Sicherstellung einer ausreichenden Versorgung mit Nährstoffen muß besonders geachtet werden. Da mit Fortschreiten der Erkrankung mit einem erhöhten Nährstoffbedarf bei gleichzeitiger Behinderung der Nahrungsaufnahme gerechnet werden muß, sollte stets eine energiereiche und eiweißreiche Kost mit optimaler Vitaminversorgung verabreicht werden.

7.1.3.3 Erkrankungen des Magens und des Zwölffingerdarms

Erkrankungen des Magens beeinflussen die vielfältigen Funktionen des Magens auf unterschiedliche Weise:

- Speicherung und Säuerung der aufgenommenen Nahrung und ihre portionsweise Weitergabe in den Zwölffingerdarm,
- möglichst weitgehende Abtötung der mit der Nahrung aufgenommenen Mikroorganismen und Denaturierung der Nahrungseiweiße durch die Magensalzsäure (p_H-Wert 1 bis 2),
- Inaktivierung der in den Lebensmitteln vorkommenden Enzyme und der α-Amylase des Speichels, wodurch eine mikrobielle Zersetzung von Zuckern und Gärung im Magen verhindert wird,
- Beginn der Eiweißspaltung durch Pepsin,
- Bildung von Intrinsic Factor, der für die Resorption des Vitamin B_{12} benötigt wird.

Die häufigsten Erkrankungen des Magens sind

- Magenschleimhautentzündung (Gastritis), akute und chronische Verlaufsform,
- Magengeschwür (Ulcus ventriculi),
- Magenkarzinom,
- Funktionsstörungen des Magens, vorrangig nach einer Magenresektion (teilweisen Entfernung erkrankter Magenpartien).

7.1.3.3.1 Akute Gastritis (akute Magenschleimhautentzündung)

Eine akute Gastritis entsteht durch das Einwirken von schädigenden Substanzen auf die Magenschleimhaut. An erster Stelle dieser schädlichen Substanzen steht der Alkohol, vorrangig hochprozentige Alkoholika (sog. Alkoholgastritis). Auch Bakterientoxine (z. B. Staphylokokkentoxine) oder Zersetzungsprodukte von verdorbenen Lebensmitteln sowie einige schwer verträgliche Medikamente (z. B. Acetylsalicylsäure = Aspirin®) können eine akute Gastritis auslösen Diese Schädigungen führen zum teilweisen Zusammenbruch der Schutzbarriere an der Magenschleimhaut, die vorwiegend von Schleimstoffen gebildet wird. Durch das Einwirken des sauren Magensafts kommt es im Anschluß zu einer Entzündung der Schleimhautzellen.

Eine akute Gastritis äußert sich durch Schmerzen im Oberbauch, Übelkeit, Erbrechen und Appetitlosigkeit. Sie heilt beim Wegfall der sie auslösenden schädlichen Nahrungsfaktoren sehr rasch aus.

Ernährungstherapie

Die Ernährung bei einer akuten Gastritis wird durch die Intensität der Beschwerden bestimmt. Es empfiehlt sich, eine Nahrungskarenz für die Dauer von 1 bis 2 Tagen einzuhalten. Die Flüssigkeitszufuhr sollte in Form von ungesüßtem Tee erfolgen. Dieses kurzfristige Fasten wird von den Patienten bei der oft bestehenden Appetitlosigkeit meist anstandslos akzeptiert.

Im Anschluß an diese Fastenperiode kann sehr rasch, innerhalb weniger Tage, über eine leichte Kost (Zwieback, passierte Kost) zur normalen Kost übergegangen werden. Es empfiehlt sich, für eine begrenzte Zeit eine leichte Vollkost zu verabreichen. Eine besondere Diät ist nicht erforderlich.

Reizmagen
Als Reizmagen wurden Beschwerden beschrieben (Schmerzen im Oberbauch, Völlegefühl und Appetitlosigkeit), die nicht auf eine Schädigung der Magenschleimhaut oder andere objektive Veränderungen zurückzuführen sind. Es handelt sich bei diesen nach dem Verzehr von sog. schwer verträglichen Nahrungsmitteln auftretenden Beschwerden um eine unspezifische Nahrungsmittelunverträglichkeit (siehe Kap. 7.1.1.1).

7.1.3.3.2 Chronische Gastritis (chronische Magenschleimhautentzündung)

Eine chronische Gastritis entwickelt sich auf der Basis einer länger andauernden Schädigung der Magenschleimhaut. Die Wirkung der Schadfaktoren ist oft so schwach, daß zumindest zu Beginn der Erkrankung meist noch keine Beschwerden auftreten. Nur in wenigen Fällen entwickelt sich eine chronische Gastritis aus einer akuten Gastritis, die infolge ständiger Reizung nicht zur Ausheilung kommt, und wobei verständlicherweise bereits von Anfang an die gastritistypischen Beschwerden auftreten (chronisch aktive Gastritis).

Die chronische Schädigung der Magenschleimhaut führt zu ihrer fortschreitenden Rückbildung, zu einer Schleimhautatrophie. Während im frühen Stadium der chronischen Gastritis die Produktion der Magensalzsäure und des Pepsins nur gering erniedrigt ist, nimmt diese mit dem Fortschreiten der Erkrankung schrittweise ab. Bei einer stark ausgeprägten Schleimhautatrophie ist schließlich auch die Bildung des Intrinsic Factors beträchtlich reduziert, wodurch die Resorption von Vitamin B_{12} eingeschränkt wird. In späten Stadien einer chronischen Gastritis kann es dadurch auch zu Störungen der Hämoglobinsynthese und somit zur Ausbildung einer perniziösen Anämie kommen (siehe Kap. 3.7.2.8). Die stark eingeschränkte Bildung von Magensalzsäure begünstigt die Ausbildung eines Magenkarzinoms.

Ursachen der chronischen Gastritis

Die chronische Gastritis wird in den meisten Fällen durch eine Infektion mit dem Keim Helicobacter pylori ausgelöst, einem Erreger, der möglicherweise durch das Trinkwasser übertragen wird. Auch die Übertragung mit Lebensmitteln, die durch Fliegen (Zwischenwirt) kontaminiert werden, wird diskutiert, neuerdings aber als unwahrscheinlich angesehen.

Einige neuere Befunde halten eine Infektion im frühen Kindesalter für wahrscheinlich, wobei die Eltern der Infektionsherd sein sollen.

Helicobacter pylori ist auch im Magen von gesunden Personen gefunden worden. Daraus ist zu schließen, daß offenbar noch zusätzliche Faktoren an der Ausbildung des Krankheitsbilds beteiligt sind. Beim Nachweis des Keims im Magen von Patienten mit einer chronischen Gastritis gelingt es meist, diese durch eine spezifische Antibiotikatherapie auszuheilen. Daraus ergibt sich, daß die Keime die Ursache und nicht die Folge der Gastritis sind.

In seltenen Fällen können möglicherweise auch andere Keime für das Entstehen einer chronischen Gastritis verantwortlich sein. In weitaus selteneren Fällen kann die Bildung von Antikörpern gegen die eigene Magenschleimhaut Ursache einer chronischen Gastritis sein. Diese Antikörper werden in den lymphatischen Zellen der Magenwand gebildet und führen letztendlich zur vollständigen Atrophie der Magenschleimhaut. Es handelt sich bei diesem Krankheitsmechanismus um eine sog. Autoimmunkrankheit. Im Endstadium dieser Form der chronischen Gastritis ist auch die Bildung des Intrinsic Factors vollständig erloschen. Sie ist möglicherweise die Ursache der perniziösen Anämie.

In vereinzelten Fällen kann eine Ursache für das Entstehen einer chronischen Gastritis nicht eindeutig ermittelt werden. Es werden in diesen Fällen verschiedene chronische Schädigungen durch Stoffe in Betracht gezogen, die auf die Magenschleimhaut einwirken, so auch Gallensäuren, die bei einem nicht voll funktionierenden Verschluß des Magens durch den Magenpförtner aus dem Zwölffingerdarm in den Magen zurückfließen können.

Ernährungstherapie

Eine spezielle diätetische Behandlung der chronischen Gastritis gibt es nicht. Es ist besonders auf eine ausreichende und vollwertige Ernährung zu achten, um bei dem oft langwierigen Verlauf eine Unterversorgung mit Nährstoffen und Energie zu verhindern. Die Kost muß auch die oft bestehenden Nahrungsmittelunverträglichkeiten beachten. Bei einer individuellen Zubereitung sollten deswegen nur die Nahrungsmittel gemieden werden, die zu Unverträglichkeitsreaktionen führen.

In der Klinik und generell in der Gemeinschaftsverpflegung empfiehlt sich eine leichte Vollkost.

7.1.3.3.3 Ulcus ventriculi und Ulcus duodeni (Magen- und Zwölffingerdarmgeschwüre)

Die Geschwüre des Magens und des Zwölffingerdarms entwickeln sich als Ergebnis einer lokal begrenzten Andauung der Schleimhaut durch das Pepsin des Magensafts.

Da das Pepsin nur im sauren Milieu wirksam ist, können sich diese Geschwüre nur bei einer ausreichenden Produktion von Magensalzsäure und Pepsin ausbilden. Sie werden deswegen auch als peptische Geschwüre bezeichnet. Die Häufigkeit dieser Geschwüre hat in den letzten Jahren in der Bundesrepublik beträchtlich abgenommen, möglicherweise auf Grund eines besseren Ernährungszustands der Bevölkerung.

Eine weitere Voraussetzung für das Andauen der Schleimhaut ist ein Versagen von deren Schutzsystemen. Im Magen ist das im wesentlichen eine verminderte Bildung der schützenden Schleimschicht und im Zwölffingerdarm eine verminderte Produktion von alkalischem Pankreassaft, wodurch der saure Magensaft nicht vollständig neutralisiert wird.

Ursachen für die Geschwürbildung

Peptische Geschwüre des Magens und des Duodenums entstehen vorzugsweise auf der Basis einer länger bestehenden Infektion mit dem Keim Helicobacter pylori. Ein Magengeschwür kann sich auch auf der Basis einer chronischen Gastritis entwickeln.

Auch andere Schädigungen können zum Versagen des Schleimhautschutzes führen, wie die ständige Einnahme von bestimmten Medikamenten und psychische Belastungen. Auch eine Fehlregulation in der Bildung der Eicosanoide wird als eine der möglichen Ursachen für die Ausbildung von peptischen Ulcera diskutiert.

Ein lang andauernder Alkoholmißbrauch (insbesondere von hochprozentigen Alkoholika) wurde lange Zeit als ein besonderer Risikofaktor angesehen. Neuere Untersuchungen haben aber ergeben, daß Alkohol das Entstehen von Magen- und Zwölffingerdarmgeschwüren offenbar nicht begünstigt und auch keinen negativen Einfluß auf deren Verlauf hat.

Auch verschiedene Nahrungsbestandteile können die Ausbildung von peptischen Ulcera beeinflussen. Die ausreichende Aufnahme von Fetten mit mehrfach ungesättigten Fettsäuren bei gleichzeitiger Einschränkung der Aufnahme von Fetten mit gesättigten Fettsäuren wirkt möglicherweise der Geschwürbildung entgegen. Offenbar ist hierfür die ausreichende Bereitstellung von Vorstufen für die Synthese von Eicosanoiden verantwortlich. Auch eine ballaststoffreiche Kost behindert das Entstehen von Ulcera.

Ein regelmäßiger und reichlicher Verzehr von raffiniertem Zucker und zuckerhaltigen Speisen (Kuchen und Torten) soll dagegen die Entwicklung von Ulcera begünstigen. Eine hohe Kochsalzaufnahme kann sich ebenfalls negativ auswirken.

Umstritten ist die Wirkung von Gewürzen und von Kaffee. Da unspezifische Unverträglichkeiten oft durch zahlreiche Gewürze und durch die

Röstprodukte des Kaffees ausgelöst werden, sollte bei einem bestehenden Geschwür auf deren Genuß verzichtet, zumindest aber stark eingeschränkt werden.

Die Ausbildung von peptischen Geschwüren kann auch durch Streßsituationen ausgelöst werden, wie schwere Unfälle, große Blutverluste, Verbrennungen oder große operative Eingriffe (sog. Streßulcus). Auch eine parenterale Ernährung kann die Geschwürbildung begünstigen. Diese Befunde weisen darauf hin, daß die geregelte Produktion von Verdauungssäften einen gewissen Schutz bietet und daß möglicherweise ein sehr kleiner Teil der mit der Nahrung aufgenommenen niedermolekularen Nährstoffe direkt von den Mucosazellen verwertet werden können und somit deren Funktion stabilisieren.

Krankheitsbild

Peptische Ulcera äußern sich durch krampfartige Schmerzen im Oberbauch, die mit meist gleichbleibender Intensität über eine längere Zeit (15 Minuten bis mehrere Stunden) anhalten. Sie sind oft von einem Hungergefühl begleitet und werden durch die Nahrungsaufnahme meist gelindert. Es besteht ein sog. Nüchternschmerz. Die Schmerzen treten nach der Nahrungsaufnahme allerdings bald wieder auf. Häufig wird auch über verstärkt in der Nacht auftretende Schmerzen geklagt und eine Schmerzfreiheit in den Morgenstunden angegeben.

Einige Ulcuspatienten sind beschwerdefrei. Das Problem für diese Kranken besteht darin, daß ihnen die Erkrankung nicht bekannt ist und daß sie durch das plötzliche Auftreten von schwerwiegenden Komplikationen überrascht werden.

Komplikationen bei peptischen Ulcera

Bei jedem peptischen Geschwür besteht die Gefahr, daß durch die ständige Andauung der Darm- bzw. Magenwand nicht nur die Schleimhaut geschädigt wird, sondern daß auch tiefer liegende Schichten angegriffen werden. Diese Schichten können beim Fortschreiten dieses Prozesses so stark angenagt werden, daß bei einer stärkeren Belastung die entstandene dünne Stelle durchreißt und der Magen- oder Darminhalt sich in den Bauchraum ergießt (sog. Durchbruch eines Geschwürs, Perforation). Da der Magen- und Darminhalt massiv mit Mikroorganismen belastet ist, führt ein solcher Durchbruch zu einer eitrigen Entzündung im Bauchraum (Bauchfellentzündung, Peritonitis). Eine Bauchfellentzündung kann rasch zu lebensbedrohlichen Komplikationen führen, weil sich auf dem großflächigen Bauchfell die Keime besonders rasch vermehren können.

Eine weitere Gefahr eines Geschwürs besteht darin, daß auch größere Blutgefäße (Venen) angenagt werden können, die in der Tiefe der Magenwand verlaufen. Die Folge ist eine mehr oder weniger massive Blutung, die lange anhalten kann und u. U. nicht spontan zum Stillstand kommt. Massive Blutungen müssen innerhalb kürzester Zeit operativ zum Stillstand gebracht werden. Auch solche Magenblutungen können lebensbedrohlich sein.

Schließlich kann sich ein Geschwür auch zu einem benachbarten Organ (Leber, Bauchspeicheldrüse) „durchfressen" (penetrieren) und dieses durch eine bakterielle Entzündung schwer schädigen.

Bei jahrelang bestehenden Geschwüren kann es durch zwischenzeitlich erfolgende bindegewebige Veränderungen zu Passagestörungen kommen.

Ernährungstherapie

Bei peptischen Geschwüren des Magens und des Zwölffingerdarms ist eine leichte Vollkost die Diät der Wahl. Mit einer leichten Vollkost kann gesichert werden, daß der Kranke ausreichend mit allen Nährstoffen versorgt wird, einschließlich aller essentiellen Nahrungsfaktoren. Infolge des meist langwierigen Heilungsprozesses kann nur so eine Fehlernährung und damit auch eine Verzögerung der Heilungsprozesse verhindert werden. Auf die ausreichende Versorgung mit mehrfach ungesättigten Fettsäuren und Ballaststoffen ist besonders zu achten. Allerdings sind grobblähende Ballaststoffe und Ballaststoffe, die häufig zu unspezifischen Nahrungsunverträglichkeiten führen, konsequent zu meiden.

Weiterhin sollten Nahrungsmittel gemieden werden, die eine erhöhte Magensaftproduktion auslösen können. Das betrifft hauptsächlich Kaffee und Alkohol, insbesondere in Form von hochprozentigen Spirituosen. Auch Zucker und Kochsalz sollten sparsam eingesetzt werden, ebenso scharfe Gewürze.

Die zahlreichen, in früheren Jahren propagierten Ulcusdiäten beruhten auf keiner wissenschaftlich begründeten Basis und sind abzulehnen. Sie führen bei der üblichen, sich über einen längeren Zeitraum erstreckenden Anwendung zu einer Fehlernährung mit ausgeprägtem Mangel an Vitaminen, essentiellen Fettsäuren und Mineralstoffen.

7.1.3.3.4 Magenkarzinom

Die Häufigkeit von Magenkarzinomen nimmt in den westlichen Industrieländern seit Jahrzehnten kontinuierlich ab. Daraus ist zu schließen, daß bei seiner Entstehung Ernährungsfaktoren offenbar eine entscheidende Rolle spielen. Durch den zunehmenden Verzehr von Gemüse und Obst ist die Versorgung mit antioxidativ wirkenden Vitaminen (E, C, β-Carotin) und

Mikronährstoffen wesentlich verbessert worden, wodurch die im Zellstoffwechsel entstehenden freien Radikale umgehend weggefangen werden können. Freie Radikale sind möglicherweise generell bei der Ausbildung von bösartigen Tumoren von großer Bedeutung.

Eine besondere Bedeutung scheint beim Entstehen eines Magenkarzinoms dem Vitamin C zuzukommen. Die Vitamin-C-Konzentration in der intakten Magenschleimhaut wird offenbar durch aktive Stoffwechselleistungen erhöht. Diese erhöhte Vitamin-C-Konzentration trägt möglicherweise dazu bei, daß potentiell cancerogene Substanzen, die mit der Nahrung aufgenommen werden, rascher entgiftet werden oder, wie die Nitrosamine, in geringerem Maße gebildet werden (siehe ausführlich Kap. 6.6.2.1.1). Bei einer chronischen Gastritis mit einer Schleimhautatrophie und bei einer Infektion mit Helicobacter pylori ist dagegen die Vitamin-C-Konzentration in den verbliebenen Schleimhautzellen erniedrigt. Das steht in Übereinstimmung mit dem lange bekannten Befund, daß sich ein Magenkarzinom vorwiegend bei einer unzureichenden oder fehlenden Magensaftproduktion entwickelt.

Die Heilungsaussichten eines Magenkarzinoms sind sehr schlecht.

Ernährung

Eine spezielle Ernährung gibt es beim Magenkarzinom nicht. Sie richtet sich im wesentlichen nach den jeweiligen Beschwerden. Bestehende unspezifische Nahrungsmittelunverträglichkeiten müssen berücksichtigt werden. In vielen Fällen ist eine leichte Vollkost die Diät der Wahl. Auf eine ausreichende Zufuhr aller Nährstoffe muß besonders geachtet werden.

In fortgeschrittenen, inoperablen Stadien muß die Kost entsprechend den Erfordernissen modifiziert werden. Die Energieaufnahme ist gegebenenfalls durch eine Anreicherung der Nahrung vorzugsweise mit Maltodextrin zu sichern. Die Anzahl der täglichen Mahlzeiten ist dann zweckmäßigerweise zu erhöhen.

7.1.3.3.5 Dumpingsyndrom (Fehlfunktion nach Magenresektion)

Die Reservoirfunktion des Magens geht bei einer operativen Entfernung eines größeren Magenanteils einschließlich des Magenpförtners weitgehend verloren. Die Nahrung passiert den Restmagen somit ohne Stopp und gelangt sofort in den Darm, sie „stürzt" praktisch in den Darm (englisch: to dump = stürzen). Dieser rasche Übertritt der Nahrung in den Darm kann eine Reihe von Beschwerden auslösen, die entweder schon kurze Zeit (Frühdumping) oder erst 1 bis 2 Stunden (Spätdumping) nach der Nahrungsaufnahme auftreten.

Frühdumping

Die Beschwerden des Frühdumpings werden durch eine rasche und intensive Dehnung des oberen Dünndarms ausgelöst. Diese Dehnung ist zunächst bedingt durch die Menge der aufgenommenen Nahrung, die den Magen ungehindert passiert hat. Mit dieser Nahrung sind gleichzeitig meist auch nicht unbeträchtliche Mengen an niedermolekularen Nahrungsbestandteilen in den Dünndarm gelangt. Diese Substanzen können nicht umgehend resorbiert werden und sind deswegen für einen im Darminneren entstehenden hohen osmotischen Druck verantwortlich. Dieser im Vergleich zu dem der Körperflüssigkeiten stark erhöhte Druck führt dazu, daß aus der Blutbahn so lange Wasser in den Dünndarm einströmt, bis die Druckunterschiede ausgeglichen sind. Das Einströmen von Wasser in den Dünndarm erhöht das Volumen im Darminneren zusätzlich, es vermindert aber gleichzeitig das Blutvolumen.

Die enorme Füllung des Dünndarms führt zur einer Dehnung seiner Wandabschnitte. Der Dehnungsreiz ist das Signal für die Freisetzung von relativ großen Mengen an Serotonin, das blutdrucksenkend wirkt. Der serotoninbedingte Blutdruckabfall wird durch das verminderte Blutvolumen noch verstärkt. Die Folgen dieses raschen Blutdruckabfalls sind Schwäche- und Schwindelgefühl, Schweißausbruch sowie unklare Beschwerden im Oberbauch. In schweren Fällen kann es zu einem Kreislaufkollaps kommen.

Spätdumping

Ein Spätdumping ist auf die Resorption von rasch resorbierbaren Zuckern zurückzuführen, wenn diese wegen der fehlenden Reservoirfunktion des Magens in großen Mengen schlagartig in den Dünndarm gelangen. Der Blutzuckerspiegel steigt deshalb sehr rasch auf Werte an, die normalerweise nicht erreicht werden. Es kommt dadurch zu einer überhöhten Insulinausschüttung, die nunmehr zu einen raschen Abfall des Blutzuckerspiegels bis unter den Normwert führt. Es kommt zum Bild einer ausgeprägten Hypoglykämie (Unterzuckerung) mit den typischen Beschwerden wie Schweißausbruch, Konzentrationsschwäche, Kopfschmerzen und Müdigkeit. Ein hypoglykämischer Schock ist jedoch beim Spätdumping nicht zu befürchten.

Die Beschwerden des Dumpingsyndroms nehmen im Verlaufe der Zeit ab, so daß 10 Jahre nach einer Magenresektion mehr als 50 % der Patienten beschwerdefrei sind.

Ernährungstherapie

Die Ernährung beim Dumpingsyndrom muß dem Ausmaß der Beschwerden angepaßt werden.

Es sind dabei die nachfolgend aufgeführten Grundprinzipien zu beachten:

- Die Nahrungsaufnahme sollte auf viele kleine Mahlzeiten verteilt werden, anfangs auf 10 Mahlzeiten. Die Anzahl der Mahlzeiten kann später in Abhängigkeit von den noch bestehenden Beschwerden schrittweise eingeschränkt werden (6 bis 8 Mahlzeiten).
- Zu bevorzugen sind Nahrungsmittel mit einer hohen Energiedichte, voluminöse Mahlzeiten sind zu meiden. Auch von grobblähenden Lebensmitteln ist abzusehen. Lebensmittel mit einem hohen Anteil an Guarkernmehl oder Pektinen können die Beschwerden manchmal mildern.
- Zu bevorzugen ist eine eiweißreiche und kohlenhydratreiche Nahrung. Bei einer eingeschränkten Fettverdauung und beim Auftreten von Fettstühlen (Steatorrhö) sollten die üblichen Nahrungsfette teilweise durch MCT-Fette ersetzt werden.
- Rasch resorbierbare Zucker sind konsequent zu meiden. Milch und Milchprodukte dürfen nur unter Vorbehalt und in kleinen Mengen in den Speiseplan Eingang finden, beim Vorliegen einer Lactoseintoleranz sind sie ebenfalls konsequent zu meiden. Sie sollten erst bei einer generellen Verbesserung des Krankheitsbilds versuchsweise wieder in den Kostplan aufgenommen werden.
- Voll ausgereifter Käse kann uneingeschränkt verzehrt werden. Er sollte zur Sicherung der Kalziumversorgung reichlich konsumiert werden.
- Zur Sicherung einer ausreichenden Flüssigkeitszufuhr und gleichzeitiger Vermeidung von Beschwerden sollte die Aufnahme von Trinkflüssigkeit nicht während der Mahlzeiten erfolgen, sondern in den Intervallen zwischen den einzelnen Mahlzeiten. Mit Zucker gesüßte, alkoholhaltige und kohlensäurehaltige Getränke sind zu meiden.
- Bei besonders ausgeprägten Beschwerden sind die Mahlzeiten liegend einzunehmen.

Weitere Folgen nach einer Magenoperation

Nach einer Magenoperation, vorwiegend nach einer Magenresektion, verbunden mit dem Entfernen von mehr als der Hälfte des Magens, werden oft Störungen in der Verdauung und Resorption und in der generellen Nährstoffversorgung beobachtet, unabhängig vom Auftreten eines Dumpingsyndroms. Diese Beschwerden können durch verschiedene Ursachen bedingt sein wie beispielsweise durch das verminderte Fassungsvermögen des Magens und die nicht mehr geordnet ablaufenden Sekretion der Verdauungshormone und Verdauungsenzyme. Das oft auftretende leichte Unwohlsein, das mit Schmerzen verbunden sein kann, führt häufig zu einer Appetitlosigkeit, die in einigen Fällen eine Aversion gegenüber jeglicher Nahrungsaufnahme auslösen kann. Als Folge der eingeschränkten Nahrungsaufnahme entwickelt sich oft eine Unterversorgung mit Nährstoffen und ein Untergewicht.

Die Kostplangestaltung muß dieser Situation Rechnung tragen, indem eine leicht verträgliche, aber auf der anderen Seite energie- und nährstoffreiche Kost angeboten wird, die außerdem abwechslungsreich zu gestalten ist.

Die Kost der Wahl ist eine leichte Vollkost. Dabei sind im jeweils konkreten Fall folgende möglicherweise bestehenden Besonderheiten zu beachten:

- Bestehende unspezifische Nahrungsmittelunverträglichkeiten sind zu beachten.
- Bei einer eingeschränkten Fettverwertung sollte ein Teil der Nahrungsfette durch MCT-Fette ersetzt werden. Tierische Fette sind weitgehend zu meiden.
- Grobblähende Lebensmittel sind ebenfalls zu meiden, die erforderliche Ballaststoffaufnahme sollte unter besonderer Berücksichtigung von wasserlöslichen Ballaststoffen erfolgen (z. B. Äpfel).
- Der Verzehr von rasch resorbierbaren Zuckern ist weitgehendst einzuschränken. Zur Anreicherung der Kost mit Energie kann Maltodextrin 19 eingesetzt werden.
- Die warmen Gerichte sollten ausreichend gegart (nicht zerkocht) sein, große und schwer aufschließbare Bestandteile dürfen in den Speisen nicht enthalten sein.

7.1.3.4 Erkrankungen des Dünndarms

Der Dünndarm ist der Ort der Endverdauung und der Resorption der Nährstoffe. Gleichzeitig verhindern die Mucosazellen des intakten Dünndarms die Aufnahme von Makromolekülen, die im Organismus als Allergene ein Immunreaktion auslösen können. Auch der Durchtritt von Mikroorganismen, Bakterien der Darmflora und pathogene Keime, die mit der Nahrung aufgenommen werden, wird durch die Barriere aus Schleimstoffen und Immunglobulinen verhindert.

Bei Erkrankungen des Dünndarms ist die Ausnutzung der Nahrungsstoffe oft beeinträchtigt. Dieser mangelhaften Ausnutzung können unterschiedliche Ursachen zugrunde liegen.

<u>Maldigestion:</u> Ursache für eine Maldigestion ist die mangelhafte oder fehlende Bildung von Enzymen durch die Mucosazellen, die für die Endverdauung von Disacchariden oder Peptiden verantwortlich sind. Das betrifft vorzugsweise die Lactase, so daß es im Verlauf von Erkrankungen des Dünndarms oft zu einer sekundären Lactoseintoleranz kommt. Eine Maldigestion kann auch beim Ausfall der Verdauungsenzyme des Pankreas auftreten.

<u>Malabsorption:</u> Eine unvollständige Resorption von Nährstoffen wird als Malabsorption bezeichnet. Eine Malabsorption betrifft vorzugsweise die Nahrungsfette, da bei Erkrankungen die Leistungsgrenze des Darms für die Fettresorption am frühesten erreicht ist.

Malassimilation: Als Malassimilation wird eine eingeschränkte Ausnutzung der Nährstoffe bezeichnet, die sowohl durch eine eingeschränkte Verdauungsleistung als auch durch eine eingeschränkte Resorption verursacht sein kann. Dieser Begriff wird auch in den Fällen benutzt, in denen die Ursachen einer verminderten Ausnutzung nicht eindeutig aufgeklärt werden können.

7.1.3.4.1 Akute Enteritis (akute Dünndarmentzündung)

Eine akute Entzündung des Dünndarms (akute Enteritis) kann als eigenständige Erkrankung auftreten. In vielen Fällen tritt sie jedoch in Verbindung mit einer akuten Gastritis auf (Gastroenteritis). Eine gleichzeitige Entzündung von Dünndarm und Dickdarm wird als Enterocolitis bezeichnet.

Ursachen

Eine Enteritis kann durch unterschiedliche Ursachen ausgelöst werden. Die Art der Schädigung hat wesentlichen Einfluß auf die Schwere der Erkrankung und den weiteren Verlauf.

- Lebensmittelinfektionen, insbesondere Salmonellosen (siehe Kap. 6.2.2.1 und 6.2.2.2),
- Lebensmittelvergiftungen durch Bakterientoxine (siehe Kap. 6.2.3),
- grobe Diätfehler wie der Genuß großer Mengen unreifen Obstes, fetter oder sehr kalter Speisen,
- Alkoholabusus,
- Einnahme bestimmter Medikamente wie z. B. Acetylsalicylsäure und verschiedene Schmerzmittel,
- überhöhte Aufnahme von Schwermetallen,
- Strahlenschädigung des gesamten Organismus.

Krankheitsbild

Im Mittelpunkt des Krankheitsbilds einer Enteritis stehen mehr oder weniger massive Durchfälle, die teilweise auch blutig sein können. Bei einer gleichzeitigen Erkrankung des Magens (Gastroenteritis) kommen Übelkeit und Erbrechen dazu.

In Abhängigkeit von der auslösenden Ursache treten weitere unterschiedliche Symptome hinzu wie Fieber und Herz-Kreislauf-Störungen (durch die Bakterientoxine von Salmonellen oder anderen Mikroorganismen ausgelöst).

Akute Enteritiden heilen nach Ausschalten der auslösenden Ursachen in der Regel rasch aus.

Ernährungstherapie

Eine spezielle Ernäherungstherapie für eine akute Enteritis gibt es nicht. Die Ernährung muß sich dem jeweiligen Krankheitsbild anpassen.

Im akuten Stadium wird in der Regel ein kurzfristiges Fasten (1 bis 2 Tage) verordnet, wobei aber auf eine ausreichende Flüssigkeitsaufnahme in Form von ungesüßtem Tee geachtet werden muß. Größere Flüssigkeitsverluste, die durch die oft massiven Durchfälle bedingt sein können, erfordern eine Trinkmenge, die wesentlich höher liegt als die, die für gesunde Erwachsene empfohlen wird.

Im Anschluß an die Teepause wird schrittweise zur üblichen normalen, vollwertigen Kost übergegangen. Es empfiehlt sich zunächst die Zulage von Zwieback zum ungesüßten Tee und danach der Übergang zu gesalzenen Schleimsuppen (nicht mit Zucker gesüßt), um die entstandenen Salzverluste auszugleichen (besonders wichtig nach stärkerem Erbrechen). Nach Besserung des Allgemeinbefindens kann über eine breiige Kost zur leichten Vollkost und anschließend zur Normalkost übergegangen werden. Scharfe Gewürze, Kaffee und Alkohol (sowie Nikotin) sind zu meiden.

In sich nur langsam bessernden Fällen kann auch eine Apfeldiät nach Moro eingesetzt werden. Die Pektine des Apfels begünstigen als wasserlösliche Ballaststoffe die Normalisierung der Darmflora.

7.1.3.4.2 Chronische Enteritis (chronische Dünndarmentzündung)

Eine chronische Enteritis kann sich aus einer akuten Enteritis entwickeln, wenn die auslösenden Schädigungen über eine längere Zeit einwirken. Eine chronische Enteritis ist jedoch in den meisten Fällen eine spezifische Erkrankung, bei der oft weitere Organsysteme betroffen sind.

Die wichtigsten solcher typischen Schädigungen oder Erkrankungen sind

- Strahlenenteritis,
- gluteninduzierte Enteropathie,
- AIDS (aquired immunodeficiency syndrome),
- Enteritis regionalis (Morbus Crohn).

Strahlenenteritis

Strahlenenteritiden werden infolge der strengen Strahlenschutzbestimmungen kaum noch beobachtet. Eine akute Erkrankung, die nach einer einmaligen überhöhten Strahlenexposition auftreten kann, heilt in der Regel innerhalb von wenigen Wochen aus. Bei chronischen Strahlenschädigungen oder extrem hohen Strahlendosen kommt es dagegen zu schweren Schädigungen an den sehr strahlenempfindlichen Mucosazellen mit nachfolgenden Störungen der Resorptionsleistungen. Das betrifft insbesondere die Resorption von Fetten und von Vitamin B_{12}.

Die erforderliche Ernährung hängt von dem Ausmaß des Funktionsausfalls und vom Ernährungszustand des Patienten ab. Zusätzliche Schäden am Immunsystem, die durch eine sehr hohe Strahlenbelastung ausgelöst wurden, stellen weitere hohe Anforderungen an die Nahrung hinsichtlich ihrer Keimfreiheit bzw. Keimarmut.

Gluteninduzierte Enteropathie

Die gluteninduzierte Enteropathie wird durch eine unvollständige Spaltung des Klebereiweißes Gluten ausgelöst. Sie ist eine spezifische Nahrungsmittelunverträglichkeit gegenüber Getreideerzeugnissen, die Gluten enthalten. Es kommt zu einer Atrophie der Dünndarmzotten und zum Bild einer chronischen Enteritis. Bei einer glutenfreien Diät bildet sich das Krankheitsbild zurück (siehe ausführlich Kap. 7.1.1.2.2).

7.1.3.4.2.1 AIDS (Acquired Immune Deficiency Syndrome)

AIDS (erworbenes Immundefektsyndrom) entwickelt sich im Verlauf einer Infektion mit dem HIV-Virus (Human Immunodeficiency Virus). Das eigentliche Krankheitsbild, Zusammenbrechen der gesamten Immunabwehr, ist erst im Endstadium voll ausgeprägt. Die schwere Schädigung des Immunsystems betrifft auch das Immunsystem des Gastrointestinaltrakts, insbesondere das des Dünndarms. Dabei wird die Schleimhaut des Dünndarms (und auch die des Dickdarms) stark geschädigt, und es entwickelt sich das Bild einer chronischen Enteritis (AIDS-Enteropathie). Diese äußert sich in massiven Durchfällen sowie einer gestörten Verdauung und Resorption (sog. Malassimilationssyndrom), wobei besonders die Resorption von Fetten sowie von Vitaminen (Vitamin B_{12}, Folsäure, Vitamin B_6) gestört ist. Die Folge sind kontinuierlich zunehmende Gewichtsverluste. Die ständig auftretenden Durchfälle führen außerdem zu Mineralstoffverlusten.

Ernährungstherapie

Bei der Behandlung von AIDS-Kranken kommt der Ernährung eine zentrale Bedeutung zu. Wegen der Vielschichtigkeit des Krankheitsbilds muß sie sich den jeweiligen Erfordernissen anpassen. Folgende grundsätzliche Gesichtspunkte müssen beachtet werden:

- Eine ausreichend kalorische Ernährung muß gesichert werden, um einen Gewichtsverlust möglichst zu vermeiden. Es sollten vorrangig Nahrungsmittel mit einer hohen Nährstoffdichte eingesetzt werden.

Eine Anreicherung geeigneter Speisen mit Maltodextrin 19 kann die Energieversorgung verbessern.

- Grobblähende Lebensmittel sind zu meiden, ebenso Alkohol und scharf gewürzte Speisen.
- Essentielle Nahrungsfaktoren (Vitamine, Mineralstoffe, essentielle Fettsäuren) sind bei der Zusammenstellung der Nahrung besonders zu berücksichtigen.
- Bei der meist gestörten Fettresorption sind die üblichen Nahrungsfette teilweise durch MCT-Fette zu ersetzten.
- Beim Bestehen einer sekundären Lactoseintoleranz sind alle lactosehaltigen Lebensmittel zu meiden.
- Die unzureichende Versorgung mit Vitaminen muß durch Vitaminpräparate ergänzt werden.
- Infolge der geschwächten Immunabwehr ist auf eine weitestgehende Keimfreiheit der Nahrung zu achten. Die Speisen sind sofort nach dem Zubereiten zu verzehren, auch Gerichte, die nur kurze Zeit kühl aufbewahrt wurden, sind vor dem Verzehr gründlich zu erhitzen (auf 100 °C, mindestens für die Dauer von 10 bis 20 Minuten, auch die Kerntemperatur muß diese Höhe erreichen).
- In fortgeschrittenen Fällen der Erkrankung wird der Einsatz von speziell zusammengesetzten und keimfreien Formeldiäten erforderlich. Es ist damit zu rechnen, daß von der Lebensmittelindustrie in zunehmenden Maße spezielle keimfreie bzw. keimarme Komplettmahlzeiten als Convenience-Produkte angeboten werden.

7.1.3.4.2.2 Enteritis regionalis (Morbus Crohn)

Die Ursache des Morbus Crohn ist nicht bekannt. Die Erkrankung ist nicht ernährungsbedingt, obwohl die Ernährung ihren Verlauf wesentlich beeinflussen kann. Die Krankheit beginnt schleichend. Sie kann die Schleimhäute des gesamten Gastrointestinaltrakts befallen (von der Mundhöhle bis zum After). Vorrangig sind der untere Dünndarm (Ileum) und der Dickdarm betroffen. Die Schleimhautzellen werden dabei so geschädigt, daß sie wesentliche Funktionen nur noch stark eingeschränkt erfüllen können.

Die Ausfallserscheinungen beim Morbus Crohn hängen davon ab, welche Abschnitte des Gastrointestinaltrakts vorwiegend betroffen sind. Bei einem stärkeren Befall des Dünndarms kann es zum Bild einer Malabsorption kommen, bei der nicht nur die Fettresorption, sondern auch die Resorption der Aminosäuren eingeschränkt ist. Beträchtliche zusätzliche Eiweißverluste können als Folge der Ausscheidung von untergegangenen Mucosazellen auftreten. Diese Verluste können oft auch durch eine vermehrte Aufnahme von Nahrungseiweiß nicht mehr ausgeglichen werden und führen zu einer ausgeprägten negativen Eiweißbilanz. Auch die

Resorption von Mineralstoffen, insbesondere von Zink, kann gestört sein. Charakteristische Folgen der umfangreichen Resorptionsstörungen sind beträchtliche Gewichtsverluste.

Krankheitsbild

Erste Zeichen der Erkrankung sind abdominelle Beschwerden und Durchfälle, die gelegentlich mit Fieber einhergehen. Zusätzlich stellt sich oft eine Appetitlosigkeit ein. Im weiteren Verlauf der Erkrankung gesellen sich zu den Anfangsbeschwerden kolikartige Bauchschmerzen, die gehäuft nach einer Nahrungsaufnahme auftreten. Aus Angst vor diesen Schmerzen wird die Nahrungsaufnahme oft zusätzlich reduziert oder ganz verweigert, wodurch die Unterversorgung mit Nährstoffen noch verstärkt wird.

Im Verlauf einer Enteritis regionalis wechseln sich oft akute Phasen (sog. Schübe) und Phasen einer relativen Beschwerdefreiheit ab (sog. Remissionsphasen). Die meisten an Morbus Crohn erkrankten Personen sind untergewichtig und leiden an einer Anämie (Blutarmut).

Ernährungstherapie

Allgemeingültige Regeln für die Gestaltung des Kostplans bei Morbus Crohn gibt es nicht, abgesehen von den Bemühungen, einen guten Ernährungsstatus zu sichern. Soweit es möglich ist, sollte eine leichte Vollkost angeboten werden. Raffinierte Zucker sind weitestgehend zu meiden. Bei einer gestörten Fettresorption ist der Einsatz von MCT-Fetten angezeigt.

Bei besonders starken Schmerzen im Verlauf einer akuten Phase kann der Einsatz von chemisch definierten Formeldiäten erforderlich werden.

In besonders schweren Fällen eines akuten Schubs kann eine Ernährung nahezu unmöglich sein. In diesem Fall ist eine parenterale Ernährung und insbesondere der Ersatz der durch die Durchfälle entstandenen Wasser- und Mineralstoffverluste erforderlich. Nach dem Abklingen einer solchen akuten Phase ist der schrittweise Aufbau der Kost erforderlich.

7.1.3.4.2.3 Weitere Erkrankungen des Dünndarms

Chologene Diarrhö

Ursache: Bei einer Störung der Rückresorption der Gallensäuren im unteren Dünndarm (Unterbrechung des enterohepatischen Kreislaufs, siehe Kap. 2.3.3.1) gelangen diese in den Dickdarm und werden als Gallensalze mit dem Stuhl ausgeschieden. Im Dickdarm steigern die gallensauren Salze die Peristaltik und beschleunigen somit die Darmpassage. Infolge der raschen Darmpassage wird Wasser im Dickdarm nur noch unzureichend rückresorbiert.

Pathobiochemie: Sobald die Verluste an Gallensäuren nicht mehr durch eine erhöhte endogene Synthese kompensiert werden können, nimmt die Menge der Gallensäuren ab, die mit der Galle abgegeben werden. Diese verminderte Konzentration von Gallensäuren in der Gallenflüssigkeit zieht eine unzureichende Emulgierung der Nahrungsfette nach sich, wodurch diese nicht mehr in ausreichendem Maße gespalten und somit auch nicht mehr vollständig resorbiert werden können. Das betrifft insbesondere die langkettigen Fettsäuren, da auch zur Ausbildung der Micellen, mit denen die Resorption der langkettigen Fettsäuren erfolgt, eine Mindestmenge an Gallensäuren benötigt wird. Auch die Resorption von fettlöslichen Vitaminen ist gestört.

Folgen der mangelhaften Rückresorption des Wassers und der gestörten Fettresorption sind massive Durchfälle.

Die nicht resorbierten, im Darm verbleibenden langkettigen freien Fettsäuren reagieren mit Kalziumionen (aus kalziumhaltigen Lebensmitteln) und bilden Seifen. Bei einer mengenmäßig geringen Kalziumaufnahme mit der Nahrung kann die Kalziumkonzentration im Darm so stark erniedrigt werden, daß die ebenfalls mit der Nahrung aufgenommene Oxalsäure nicht mehr durch die Bildung von unlöslichem Kalziumoxalat weggefangen wird. Die Oxalsäure wird somit in größerem Umfang resorbiert. Sie wird durch die Nieren ausgeschieden und führt eventuell, da sie in erhöhter Konzentration anfällt, zur Bildung von Oxalatnierensteinen. Gleichzeitig besteht die Gefahr einer unzureichenden Kalziumversorgung.

Ernährungstherapie: Die Ernährung muß vordringlich die durch den Durchfall bedingten Wasserverluste und mögliche Mineralstoffverluste ausgleichen. Bei einer eingeschränkten Fettresorption (Fettstühle) ist die Aufnahme von Nahrungsfett einzuschränken und teilweise durch MCT-Fette zu ersetzen. Auf eine ausreichende Versorgung mit mehrfach ungesättigten Fettsäuren muß dabei besonders geachtet werden. Außerdem ist der Verzehr von oxalsäurereichen Lebensmitteln stark einzuschränken bzw. ganz zu meiden (bei bestehender Neigung zur Bildung von Nierensteinen). Auf eine ausreichende Kalziumversorgung ist ebenfalls zu achten.

Enterales Eiweißverlustsyndrom (Eiweißdiarrhö)

Die beim Gesunden mit dem Stuhl erfolgenden Verluste von Körpereiweiß sind minimal. Der Großteil der Eiweiße aus abgeschilferten Darmzellen und aufgelagerten Schleimschichten wird durch die Proteasen der Verdauungssäfte gespalten, und die freigesetzten Aminosäuren werden im Dünndarm umgehend rückresorbiert. Das gleiche geschieht mit den

Plasmaproteinen, die in geringen Mengen über die Mucosazellen in das Darmlumen gelangen.

Bei einer Schädigung der Dünndarmzellen und der dadurch bedingten größeren Durchlässigkeit kann das Ausmaß des Durchtritts von Plasmaeiweißen in den Dünndarm so groß werden, daß beträchtliche Mengen nicht mehr gespalten und rückresorbiert werden. Es kommt dadurch zu beträchtlichen Verlusten von Plasmaeiweißen. Diese Verluste können ein solches Ausmaß erreichen, daß sie durch Neusynthese in der Leber nicht mehr in ausreichendem Maße ersetzt werden. Als Folge kommt es zu einem erniedrigten Plasmaeiweißspiegel, damit zu einer verminderten Wasserbindungskapazität des Bluts und zur Ausbildung von Ödemen.

Als Ursache für diese erhöhte Durchlässigkeit der Dünndarmzellen kommen sowohl chronisch entzündliche Prozesse (chronische Enteritis) als auch bösartige Veränderungen in Frage. Auch ein Rückstau im Pfortader- bzw. im Lymphgefäßsystem kann in den Kapillaren des Dünndarmbereichs zu einer solchen Druckerhöhung führen, daß die Plasmaeiweiße durch die intakten Wände der Kapillaren und Darmzellen in das Darmlumen gepreßt werden.

<u>Ernährungstherapie:</u> Hauptziel der Ernährungstherapie ist, die in erhöhtem Maße verlorengegangenen Körpereiweiße zu ersetzen und durch eine Senkung des in den abführenden Lymphwegen herrschenden erhöhten Drucks weitere Eiweißverluste zu vermeiden. Ein erhöhter Druck im Pfortadersystem kann mit diätetischen Maßnahmen kaum unmittelbar beeinflußt werden. Er ist in der Regel die Folge einer Leberzirrhose, die eine spezielle diätetische Behandlung erforderlich macht.

Die Eiweißverluste sollten möglichst durch eine eiweißreiche Diät ausgeglichen werden, falls sich diese nicht auf Grund einer anderen Erkrankung verbietet (fortgeschrittenes Stadium der Leberzirrhose).

Zur Senkung des Drucks in der Lymphstrombahn muß die Kost fettarm gestaltet werden, insbesondere arm an Fetten mit langkettigen Fettsäuren. Ein möglichst großer Teil des Nahrungsfetts ist durch MCT-Fette zu ersetzen.

Durch den Abtransport der resorbierten Fette über die Lymphbahn wird der Druck in der Lymphe beträchtlich erhöht. Da kurz- und mittelkettige Fettsäuren über die Pfortader abtransportiert werden, erhöhen sie den Druck im Lymphsystem praktisch nicht.

Blind-loop-Syndrom

Unter einem Blind-loop-Syndrom werden die Beschwerden und Störungen verstanden, die durch eine Stagnation des Darminhalts ausgelöst werden. Eine solche Stagnation des Darminhalts, eine stark verzögerte Passage oder auch Stillstand in Sackgassen („blinden Schlingen", englisch blind loop) kann verschiedene Ursachen haben wie Einengungen (Stenosen) des Darmlumens oder Ausbuchtungen (Divertikel), die sich im Verlauf von entzündlichen Prozessen (z. B. beim Morbus Crohn) oder nach Darmoperationen gebildet haben.

Charakteristisch für das Blind-loop-Syndrom ist eine außergewöhnlich große Zunahme der Darmbakterien (um mehrere Zehnerpotenzen) in den Regionen, in denen der Darminhalt stagniert. Diese enorm große Zahl an Darmbakterien führt in der Regel zu einer lokalen Schädigung der Darmschleimhaut. Von diesen geschädigten Darmabschnitten ausgehend können sich dann eitrig-entzündliche Prozesse auf angrenzende Darmregionen ausdehnen. Es entwickelt sich aus dem Blind-loop-Syndrom das Bild einer chronischen Enteritis, verbunden mit Eiweißverlusten und Resorptionsstörungen, die vordringlich die Fettresorption betreffen.

Die große Anzahl an Darmbakterien führt zu einem beschleunigten Abbau von verwertbaren Ballaststoffen unter stürmischer Bildung von Darmgasen und niedermolekularen Abbauprodukten (Buttersäure, Essigsäure u. a.) und zu einer raschen Spaltung der Salze der Gallensäuren. Dadurch bedingt steigt die Konzentration an freien Gallensäuren beträchtlich an. Freie Gallensäuren hemmen die Ausbildung der Micellen, wodurch die Fettresorption behindert wird.

Ernährungstherapie: Eine Ernährung kann bei der Behandlung des Blind-loop-Syndroms nur eine unterstützende Maßnahme bleiben. Zum Ersatz der Nährstoffverluste ist eine energie- und eiweißreiche Diät angezeigt, wobei alle Lebensmittel zu meiden sind, die zu unspezifischen Unverträglichkeiten führen können (leichte Vollkost). Bei auftretenden Fettstühlen ist das Nahrungsfett teilweise oder weitgehend durch MCT-Fette zu ersetzen.

Zustand nach Dünndarmresektion (Syndrom des kurzen Darms)

Das operative Entfernen von mehr als 50 % des funktionstüchtigen Dünndarms führt beim Erwachsenen zu einer mehr oder weniger ausgeprägten Einschränkung der Resorptionsleistung. Das Entfernen von mehr als 75 % des Dünndarms bedingt eine hochgradige Malabsorption, die zu einer deutlichen Unterernährung führt. Die eingeschränkte Ausnutzung der Nährstoffe betrifft vorwiegend die Resorption der Fette und der fettlöslichen Vitamine.

Weitere Folgen der unvollständigen Resorption ist das Auftreten von Durchfällen und eine eingeschränkte Kalziumresorption, da die nicht resorbierten Fettsäuren unlösliche Kalkseifen bilden. Bei einer oxalsäurereichen Kost besteht außerdem die Gefahr der Bildung von Oxalatnierensteinen (siehe auch chologene Diarrhö).

Ernährungstherapie: Die Ernährung muß individuell der Schwere der Resorptionsstörungen angepaßt werden. Die Fettzufuhr ist generell zu beschränken, und Teile der Nahrungsfette sind durch MCT-Fette zu ersetzen. Darüber hinaus sind blähende Speisen und größere Mengen an wasserunlöslichen Ballaststoffen sowie oxalsäurereiche Lebensmittel zu meiden. Zu bevorzugen sind Lebensmittel mit einer hohen Nährstoffdichte. Eine medikamentöse Ergänzung der Vitaminversorgung kann angebracht sein.

In schweren Fällen und kurze Zeit nach einer Operation ist eine Ernährung mit niedermolekularen Formeldiäten zweckmäßig.

7.1.3.5 Erkrankungen des Dickdarms (Colon)

Im Dickdarm werden ausschließlich Wasser und im geringeren Maße Mineralstoffe resorbiert, nicht aber Nährstoffe und die von der Darmflora in größerer Menge synthetisierten wasserlöslichen Vitamine sowie das Vitamin K. Lediglich die kurzkettigen Fettsäuren (Propionsäure, Buttersäure) und Alkohol, die von den Darmbakterien beim Abbau von Ballaststoffen in geringen Mengen gebildet werden, können von den Dickdarmzellen aufgenommen werden.

Erkrankungen des Dickdarms äußern sich somit vorwiegend in einer gestörten Resorption von Wasser und Mineralstoffen.

7.1.3.5.1 Verstopfung (Obstipation)

Eine Verstopfung ist ein in westlichen Industrieländern häufig vorkommendes Leiden. Sie verursacht Störungen im Allgemeinbefinden und häufig Schmerzen. Möglicherweise ist sie auch für das Auftreten von Dickdarmkarzinomen und Hämorrhoiden mit verantwortlich. Abbauprodukte aus Nahrungsbestandteilen und Stoffwechselendprodukte der Darmbakterien können infolge der bei einer Verstopfung stark verlängerten Verweildauer des Stuhls wesentlich intensiver auf die Dickdarmzellen einwirken, wodurch diese durch toxische, im Stuhl enthaltene Substanzen geschädigt werden können. Solche Substanzen sind u. a. die Aminosäure-Abbauprodukte Skatol und Indol sowie Umwandlungsprodukte von Gallensäuren und Gallenfarbstoffen.

Genaue Angaben über die Häufigkeit von Obstipationen gibt es nicht, es wird aber angenommen, daß etwa 30 % der Bevölkerung der Bundesrepublik unter einer Verstopfung leiden. Diese Zahl ist aber offenbar nur die untere Grenze, da eine relativ hohe Dunkelziffer angenommen werden muß. Frauen leiden etwa doppelt so häufig an einer Obstipation wie Männer.

Eine genaue Definition der Obstipation ist äußerst schwierig. Vereinfacht kann formuliert werden, daß der Stuhlgang im Vergleich zur Norm zu selten (seltener als alle 2 bis 3 Tage), unter Schwierigkeiten, zu unregelmäßig und oft unter Schmerzen erfolgt und der Stuhl zu hart und mengenmäßig zu gering ist.

Ursachen

Die Obstipation ist durch eine verminderte Peristaltik des Dickdarms oder durch eine erhöhte Reizschwelle des Mastdarms für seine Entleerung bedingt.

Die Ursachen können mannigfaltiger Natur sein. Die häufigsten sind

- ballaststoffarme Ernährung (eine Obstipation kann aber auch bei einer ausreichenden Ballaststoffzufuhr auftreten),
- psychische Faktoren (Milieuwechsel wie Reisen, Nahrungsumstellungen, Klimaänderungen),
- bewußtes Unterdrücken des Defäkationsreizes (Stuhldrangs),
- krankhafte Veränderungen am Dickdarm (einengend wachsende Karzinome und anderweitig entstandene Stenosen),
- voreiliges Einnehmen von Abführmitteln, insbesondere bei Hartleibigkeit im Gefolge von einseitig ausgerichteten Reduktionskosten.

Das voreilige Einnehmen von Abführmitteln (Laxantien) ist eine besonders ernst zu nehmende Ursache für eine Verstopfung. Es löst eine Fehlregulation aus, die zum Aufschaukeln der Obstipation führt (Auslösung eines Teufelskreises). Die verkürzte Verweildauer des Stuhls führt zu Verlusten von Wasser und insbesondere von Natrium- und Kaliumionen. Diese Verluste lösen gegenläufige Regulationsmechanismen aus, die Peristaltik wird gedrosselt und damit die Verweildauer des Stuhls erhöht. Der Patient ist trotz Einnahme von Abführmitteln wieder verstopft. Er erhöht infolgedessen meist die Dosierung des Abführmittels. Einige Abführmittel können den Darm zusätzlich so schädigen, daß die Darmmuskulatur auf den von Nervenzellen der Darmwand ausgehenden Entleerungsreiz nicht mehr reagiert.

Ernährungstherapie

Das Grundprinzip der Ernährung bei einer Obstipation ist eine ballaststoffreiche Kost. Hierbei ist besonderer Wert auf solche Lebensmittel zu legen, die reich an wasserunlöslichen Ballaststoffen sind. In schwereren Fällen wird die Zulage von Ballaststoffpräparaten erforderlich werden. Die meisten Ballaststoffpräparate basieren auf Weizenkleie.

Die Erhöhung der Ballaststoffaufnahme muß schrittweise erfolgen, über den Zeitraum von mehreren Tagen verteilt. Auch die Menge der täglich aufzunehmenden Ballaststoffpräparate muß individuell ermittelt werden. Die Zulage von Weizenkleie als standardisiertes Ballaststoffpräparat zur täglichen Kost kann 15 bis 40 g betragen, die Gesamtmenge der Ballaststoffaufnahme etwa 70 g. Auf Grund des hohen Wasserbindungsvermögens der Ballaststoffe muß auf eine ausreichende Flüssigkeitszufuhr von 2 bis 2,5 l geachtet werden.

Die Wirkung der ballaststoffreichen Kost kann durch die zusätzliche Gabe von Milchzucker unterstützt werden, der zusätzlich zum Verzehr von Milch und Milcherzeugnissen verabreicht wird. Die Höhe der Milchzuckeraufnahme muß sich dabei nach der individuell unterschiedlichen Milchzuckerverträglichkeit richten. Sie muß so hoch sein, daß durch die Lactase der Mucosazellen nur eine begrenzte Menge an Milchzucker nicht mehr gespalten wird. Die bei ihrem Abbau durch die Darmbakterien gebildeten Darmgase und Milchsäure stimulieren die Peristaltik des Dickdarms. Auch Fruchtsäuren, die in Fruchtsäften enthalten sind, fördern diese.

Auch Lactulose kann zusätzlich zur ballaststoffreichen Kost eingesetzt werden. Lactulose wird von den Verdauungssäften nicht gespalten und als Disaccharid nicht resorbiert, sondern von den Darmbakterien zu niederen Fettsäuren (Propionsäure, Buttersäure) und Darmgasen (Wasserstoff und Methan) gespalten. Die abführende Wirkung der Lactulose ist besonders ausgeprägt.

7.1.3.5.2 Colitis ulcerosa

Die Colitis ulcerosa ist eine entzündliche Erkrankung des Dickdarms, in deren Verlauf sich eitrige Geschwüre ausbilden. Die genauen Ursachen der Erkrankung sind, ähnlich wie beim Morbus Crohn, nicht bekannt. Als möglicher Grund wird eine ballaststoffarme Ernährung oder eine Allergie gegenüber unbekannten Nahrungsbestandteilen diskutiert. Diese Erkrankung befällt in der Regel sowohl den Dickdarm als auch den Mastdarm (Rektum), wobei der Mastdarm nicht immer in seiner ganzen Länge betroffen ist. Auch die Colitis ulcerosa verläuft, ähnlich wir der Morbus Crohn, schubweise und über den Zeitraum von Jahren.

Die Colitis ulcerosa äußert sich in krampfartigen Schmerzen, blutigen Stühlen und in Durchfällen. Es ergeben sich daraus Verluste von Mineralstoffen, infolge der ständigen Blutabgänge auch von Eisen, sowie von Wasser und Eiweißen.

Ernährungstherapie

Eine gezielte Ernährungstherapie gibt es bei der Colitis ulcerosa nicht. Während akuter Schübe sollte eine ballaststoffarme Kost verabreicht werden, in den Perioden einer relativen Beschwerdefreiheit eine leichte Vollkost. Schwer verträgliche Lebensmittel, insbesondere grobblähende Ballaststoffe, und Lebensmittel, die möglicherweise allergieauslösend sein können, sind zu meiden.

Einer mögliche Unterversorgung mit Nährstoffen als Folge erhöhter Verluste ist durch die Auswahl geeigneter Nahrungsmittel mit hoher Nährstoffdichte entgegenzuwirken. Das betrifft insbesondere eine ausreichende Eiweißversorgung und die Sicherung der Eisenzufuhr durch gut verfügbares Eisen. Die Resorption von pflanzlichen Eisen sollte, soweit wie möglich, durch die gleichzeitige Aufnahme von Vitamin C verbessert werden.

7.1.3.5.3 Fehlbesiedlung des Darms mit Candica albicans

Eine Fehlbesiedlung des Darms mit dem Pilz Candica albicans wird in Laienkreisen oft für zahlreiche Erkrankungen verantwortlich gemacht, nicht nur für Erkrankungen des Dickdarms und des Mastdarms. Es gibt bisher keine Hinweise, die diese Vermutung stützen. Trotzdem werden Vorschläge für eine mögliche Ernährungstherapie gemacht (in der Laienpresse), obwohl deren Begründungen wissenschaftlich zu widerlegen sind.

Eine Fehlbesiedlung des Darms durch Fremdkeime, und somit auch mit Candica albicans, kann durch ein zeitweises Zurückdrängen der normalen Darmflora begünstigt werden, z. B. durch eine orale Antibiotikatherapie. Nach Wegfall dieser äußeren Faktoren regeneriert sich die normale Darmflora relativ schnell. Sie weist nach wenigen Tagen wieder die frühere Zusammensetzung auf. Die Fremdkeime, die kurzzeitig überhandgenommen hatten, sind wieder verschwunden oder zumindest weitgehend zurückgedrängt. Das gilt auch für den Pilz Candica albicans, der im Darm der meisten gesunden Personen vorkommt (bei etwa 80 %) und von den zahlreichen Darmbakterien „in Schach gehalten" wird.

Die sog. „Anti-Pilz-Diäten" werden mit der unbestreitbaren Tatsache begründet, daß auf zuckerhaltigen Nährböden Pilze generell sehr gut wachsen. Daraus wird die falsche Schlußfolgerung gezogen, daß die Pilze in ihrem Wachstum wirkungsvoll behindert werden, wenn in der Nahrung kein oder nur sehr wenig Zucker enthalten ist. Es wird deshalb der Verzehr von Mono- und Disacchariden sowie von Früchten, Honig und zuckerhaltigen Getränken verboten. Da aber die Resorption der rasch resorbierbaren Zucker bereits in den oberen Abschnitten des Dünndarms vollständig erfolgt ist, gelangen diese Zucker überhaupt nicht mehr in die unteren Darmabschnitte (Dickdarm und Mastdarm), in denen die Pilze als Bestand der Darmflora vorkommen. Eine überhöhte Aufnahme von Lactose führt auf der anderen Seite zu massiven Durchfällen, wodurch mit den dünnflüssigen Stühlen auch beträchtliche Mengen des Candica albicans ausgeschwemmt werden.

7.2 Erkrankungen der Leber und der Gallenwege

Die Leber nimmt wegen ihrer vielfältigen Einbindung im Intermediärstoffwechsel eine Schlüsselstellung ein. Deshalb kann eine Einschränkung der Leistungsfähigkeit der Leber verheerende Folgen für den Gesamtorganismus haben. Da jedoch die Leberfunktionen eine große Reservekapazität aufweisen, treten ernsthafte Einschränkungen in der Leistungsfähigkeit der Leber meist erst dann auf, wenn mehr als die Hälfte des funktionellen Lebergewebes ausgefallen ist. Ein weiterer Sicherheitsfaktor ist die außerordentlich große Regenerationskraft der Leber.

Die Leber nimmt eine weitere Schlüsselstellung im Organismus ein durch ihre Einbindung in den Pfortaderkreislauf. Da ihr über die Pfortader alle wasserlöslichen Nährstoffe (auch die Endprodukte der Verdauung von hochmolekularen Nahrungsbestandteilen) direkt zugeleitet werden, besteht eine besonders enge Wechselwirkung zwischen Nahrungsaufnahme und der Leberfunktion.

Daraus ergibt sich, daß bei Lebererkrankungen der Ernährung eine besondere Bedeutung zukommt.

Bei einer Beeinträchtigung der nachfolgend aufgeführten wichtigen Stoffwechselleistungen ergeben sich im besonderen Maße gesundheitlich nachteilige Folgen für den Gesamtorganismus:

- Kohlenhydratstoffwechsel
  Speicherung von Glykogen, gezielte Abgabe von Glucose zur Regulation des Blutzuckerspiegels, Neubildung von Glucose (Gluconeogenese),
- Eiweißstoffwechsel
  Transaminierung und Abbau von Aminosäuren, Synthese der Plasmaproteine (Albumine, Globuline, Fibrinogen, Blutgerinnungsfaktoren) und von Transportproteinen,
- Fettstoffwechsel
  Fettsäuresynthese aus Glucose, Fettsäureumbau, Fettsäureoxidation, Bildung von Ketonkörpern, endogene Synthese von Cholesterin, Synthese von Gallensäuren,
- Entgiftungs- und Ausscheidungsfunktionen
  Bildung von Harnstoff aus Ammoniak, Abbau von Alkohol, Entgiftung von schädlichen Stoffwechsel-Endprodukten und von bestimmten Arzneimitteln, Abbau von Hämoglobin zu Gallenfarbstoffen, Umwandlung von wasserunlöslichen Schadstoffen in wasserlösliche Formen, die durch die Nieren ausgeschieden werden können.

Einschränkungen in diesen Stoffwechselleistungen der Leber sind für die Ausbildung der Krankheitsbilder von Lebererkrankungen wesentlich beteiligt und erfordern eine jeweils den Ausfällen angepaßte Ernährung.

Die häufigsten Lebererkrankungen sind

- Entzündungen der Leber (Hepatitis),
- fortwährende Fehlernährung (Fettleber),
- Schädigungen durch Schadstoffe und Gifte, die mit der Nahrung aufgenommen werden,
- chronisch fortschreitende Veränderungen mit Abnahme des funktionellen Lebergewebes und Wucherung des Bindegewebes der Leber (Leberzirrhose),
- Leberkarzinom.

7.2.1 Akute Hepatitis

Eine akute Hepatitis ist die Folge einer Infektion mit Hepatitisviren. Lediglich die akute Alkoholhepatitis wird nicht durch Viren ausgelöst. Virushepatitiden gehören, weltweit gesehen, zu den am häufigsten vorkommenden Infektionskrankheiten. Die Zahl der Hepatitiden nimmt auch in der Bundesrepublik zu. Jährlich werden hier mehr als 15 000 Neuerkrankungen gemeldet, die unerkannt gebliebenen leichten Fälle sind in diesen Zahlen nicht enthalten.

Hepatitisviren

Die Hepatitisviren besitzen wegen ihres relativ einfachen Aufbaus eine große Widerstandsfähigkeit gegenüber äußeren Einflußfaktoren wie höheren Temperaturen und Trockenheit. Ihre Vermehrung erfolgt in den Leberzellen des Menschen, einen Zwischenwirt gibt es nicht.

Bisher sind 5 verschiedene Hepatitisviren bekannt, die über 2 unterschiedliche Infektionswege übertragen werden:

- über Nahrung oder Trinkwasser und somit über den Magen-Darm-Trakt (Erreger des Typs A und E)
  Die Viren werden von erkrankten Personen mit dem Stuhl, Speichel oder Harn ausgeschieden. Bei mangelhafter persönlicher Hygiene können somit Lebensmittel oder Trinkwasser kontaminiert werden.
- parenteral durch Körperflüssigkeiten (Erreger des Typs B, C und D)
  Die Infektion erfolgt über unsterile Spritzen (Drogensüchtige), über kleinste Wunden und über andere Kontakte mit Körperflüssigkeiten von erkrankten Personen, insbesondere bei Sexualkontakten. In früheren Jahren ist es auch zu einer Übertragung der Viren durch Bluttransfusionen gekommen.

Die verschiedenen Hepatitisviren induzieren zunächst sehr ähnliche bis übereinstimmende Veränderungen an den Leberparenchymzellen, im weiteren Krankheitsverlauf und insbesondere in der Schwere der Erkrankungen bestehen aber beträchtliche Unterschiede.

Krankheitsbild

Pathologie: Die Viren vermehren sich nach dem Eindringen in den Leberzellen unter Zuhilfenahme der Stoffwechselleistungen der infizierten Zelle. Dadurch werden alle Funktionen der Leberzelle geschädigt, allerdings in unterschiedlichem Ausmaß. Die Schädigung einzelner Leberzellen kann bis zu deren Absterben führen. Auf Grund der großen Regenerationsfähigkeit der Leber werden sie in den meisten Fällen durch neue Zellen ersetzt. In seltenen Fällen kann es jedoch zum Absterben von einer sehr großen Anzahl von Leberzellen (Nekrotisierung) kommen, was zu lebensbedrohlichen Ausfallserscheinungen führen kann (sog. fulminante Hepatitis). Bei einem schlechten Ernährungszustand (allgemeine Unter- und Fehlernährung) ist die Gefahr der Entwicklung einer fulminanten Hepatitis größer als bei Erkrankten mit einem guten Ernährungsstatus.

Gelbsucht (Ikterus): Die auffälligste Funktionsstörung im akuten Stadium einer Hepatitis betrifft die Ausscheidung des Gallenfarbstoffs Bilirubin und die daraus resultierende Gelbsucht. Bilirubin wird normalerweise von den Leberzellen mit der Lebergalle ausgeschieden und mit der Gallenflüssigkeit in den Darm abgegeben. Dieser Ausscheidungsprozeß ist bei einer Hepatitis oft gestört. Dadurch wird die Konzentration des Bilirubins im Blut erhöht, und dieses wird in peripheren Geweben abgelagert. Die dadurch bedingte Gelbfärbung wird zuerst am Weiß des Augapfels sichtbar, später auch an der Haut als Ergebnis der Bilirubinablagerung im Unterhautfettgewebe.

Eine Hepatitis kann auch ohne Ikterus verlaufen (sog. anikterischer Verlauf einer Hepatitis). In diesen Fällen besteht die Gefahr, daß die Hepatitis wegen atypischer und nur leichter Beschwerden nicht erkannt und die Ernährung daher nicht den Erfordernissen angepaßt wird.

Ein Ikterus ist lediglich ein Krankheitszeichen (Symptom). Ein Ikterus ist kein eindeutiger Hinweis auf eine bestehende Hepatitis, er kann auch bei einem Rückstau von Gallenflüssigkeit wegen eines Verschlusses der abführenden Gallenwege durch Gallensteine verursacht werden.

Krankheitsverlauf: Das Krankheitsbild ist, abgesehen vom Ikterus, meist recht uncharakteristisch. Die Patienten klagen über Ermattung, Müdigkeit, Glieder- und Kopfschmerzen und gelegentlich über Hautjucken. Insbesondere in den ersten Tagen kommt es auch zu Übelkeit, Erbrechen und Durchfällen, gelegentlich auch zu Fieber.

Eine akute Hepatitis kann innerhalb weniger Wochen ausheilen, ohne bleibende Schäden zu hinterlassen. Die Heilungstendenz hängt ab vom auslösenden Virustyp und von der strikten Einhaltung der Diätvorschriften. Die größte Gefahr bei einer akuten Hepatitis besteht in einem Übergang in die chronische Form (siehe Kap. 7.2.2).

Besonderheiten der einzelnen Hepatitisformen

Hepatitis A: Die Übertragung des Hepatitis-A-Virus (HAV) erfolgt durch kontaminierte Lebensmittel oder kontaminiertes Trinkwasser. Erkrankte Personen scheiden schon frühzeitig Viren mit dem Stuhl aus. Die Hepatitis A ist vorwiegend im Mittelmeerraum, in Afrika und Asien weit verbreitet, sie ist eine Erkrankung der dritten Welt. Die in der Bundesrepublik auftretenden Erkrankungsfälle sind zu mehr als 60 % auf eine Infektion während eines Auslandsaufenthalts zurückzuführen. Eine Hepatitis A heilt in den meisten Fällen ohne bleibende Schäden aus, eine fulminante Hepatitis oder ein Übergang in eine chronische Hepatitis wird äußerst selten beobachtet.

Hepatitis B: Die Übertragung der Hepatitis-B-Viren (HBV) erfolgt durch Blut und Körperflüssigkeiten. Hauptinfektionsweg sind verseuchte Spritzen von Drogenabhängigen und der sexuelle Übertragungsweg. Der Verlauf ähnelt dem der Hepatitis A. Eine Hepatitis B geht in bis zu 10 % der Fälle in die chronische Form über. In den meisten Fällen heilt sie jedoch aus. Infektionen mit HBV sind in der Bundesrepublik die häufigste Ursache für Hepatitiden. Eine Hepatitis B kann durch Impfschutz verhindert werden.

Hepatitis C: Die Übertragung der Viren (HCV), die erst 1989 entdeckt wurden, erfolgt ebenfalls durch Blut und Körperflüssigkeiten. Diese Hepatitisform tritt wesentlich häufiger auf als bisher angenommen und nicht nur wie anfänglich vermutet bei Drogenabhängigen. Es wird angenommen, daß etwa 1 % der Bevölkerung der Bundesrepublik mit HCV belastet ist (allerdings sind davon nur 15 bis 20 % identifiziert). Die akute Form geht wesentlich häufiger in ein chronisches Stadium über als bei der Hepatitis B. Als Spätkomplikation entwickelt sich relativ häufig eine Leberzirrhose oder ein Leberzellkarzinom. Ein Impfschutz ist zur Zeit (2000) für die Hepatitis C nicht verfügbar.

Hepatitis D: Hepatitis-D-Viren (HDV) können allein keine Infektion auslösen. Sie können sich nur vermehren, wenn bereits eine Infektion mit HBV erfolgt ist oder zumindest zur gleichen Zeit erfolgt. Die Übertragung von HDV findet ebenfalls durch Blut und Körperflüssigkeiten statt. Das Krankheitsbild ist schwerer als das bei einer HBV-Infektion, eine fulminante Form entwickelt sich öfter als bei den anderen Hepatitiden. Diese Hepatitisform heilt in etwa 90 % der Fälle nicht aus und geht in eine chronische Hepatitis über.

Hepatitis E: Die Infektion mit dem erst 1991 charakterisierten Virus (HEV) erfolgt durch Nahrung und Trinkwasser. Infektionen sind bisher nur in tropischen Gebieten beschrieben worden. Die Infektiosität (Ansteckungsfähigkeit) der Viren ist offenbar gering. Die in der Bundesrepublik bekanntgewordenen Fälle sind auf Infektionen während eines Auslandsaufenthalts zurückzuführen. Ein Übergang in die chronische Form findet nicht statt.

Akute Alkoholhepatitis: Eine akute Alkoholhepatitis kann durch einen Alkoholexzeß ausgelöst werden. Voraussetzung ist, daß die Leber bereits geschädigt ist wie beispielsweise bei einer alkoholbedingten Fettleber oder einer chronischen Hepatitis. Der Verlauf einer akuten Alkoholhepatitis entspricht oft dem einer fulminanten Hepatitis. Die Lebenserwartung ist sehr gering. Eine Ausheilung bzw. der Übergang in eine chronische Hepatitis ist nur in einigen Fällen bei absoluter Alkoholabstinenz und konsequenter Einhaltung der Diätvorschriften beschrieben worden.

Ernährung bei der akuten Hepatitis

Die Kostform der Wahl ist die leichte Vollkost. Zusätzlich sind alle möglichen leberschädigenden Substanzen zu meiden. Es besteht absolutes Alkoholverbot.

Folgende Punkte sind bei der Kostplangestaltung besonders zu beachten:

- Alle grobblähenden Nahrungsmittel sind konsequent zu meiden.
- Bei der Auswahl der Nahrungseiweiße sind Proteine mit hoher biologischer Wertigkeit und hohem Ergänzungswert bevorzugt zu berücksichtigen. Die Leber kann unter diesen Bedingungen bis zu einem gewissen Grad entlastet werden (geringerer Umfang von erforderlichen Transaminierungen von Aminosäuren). Außerdem steht dadurch der Leber ein günstigeres Aminosäurespektrum zur Verfügung, das eine gesteigerte Eiweißsynthese für die Regeneration des geschädigten Lebergewebes ermöglicht.
- Auf eine schonende Speisenzubereitung ist besonderer Wert zu legen.

Bei einem schwereren Krankheitsverlauf und einer fulminanten Hepatitis mit massiven Einschränkungen in den Stoffwechselleistungen der Leber ist meist eine besondere Diät (proteindefinierte Kost) erforderlich, die dem jeweiligen Funktionszustand der Leber angepaßt sein muß. Diese speziellen Anforderungen an die Kost werden vom Arzt festgelegt.

7.2.2 Chronische Hepatitis

Eine chronische Hepatitis entwickelt sich in der Regel aus einer nicht ausgeheilten akuten Hepatitis. Nur in seltenen Fällen scheint sich eine chronische Hepatitis spontan entwickeln zu können (sog. primär chronische Hepatitis). Für ihr Entstehen sind bisher nicht bekannte Ursachen verantwortlich zu machen, mit größerer Wahrscheinlichkeit aber eine unerkannt verlaufene anikterische akute Hepatitis.

Eine chronische Hepatitis ist charakterisiert durch einen langsam fortschreitenden Untergang von Leberzellen. Auf Grund dessen nimmt die Menge des funktionellen Lebergewebes kontinuierlich ab und damit auch das Leistungsvermögen der Leber. Diese eingeschränkte Leistungsfähigkeit führt zunächst noch nicht zu Ausfallserscheinungen, da die Leber über beträchtliche Leistungsreserven verfügt. Ab einem kritischen Punkt kann jedoch die Leber nicht mehr alle Funktionen in ausreichendem Umfang erfüllen. Es kommt dann zu vielfältigen Ausfallserscheinungen. Die chronische Hepatitis geht schließlich in ihr Endstadium über, das als sog. chronisch aggressive Hepatitis bezeichnet wird. Es ist aber auch möglich, daß sich als Endstadium der chronischen Hepatitis eine Leberzirrhose ausbildet (siehe Kap. 7.2.4).

Eine chronische Hepatitis kann unter günstigen Bedingungen nach Jahren ausheilen. Die Menge an funktionsfähigem Lebergewebe erreicht dann aber meist nicht wieder die der gesunden Leber (Endzustand einer sog. chronisch persistierenden Hepatitis). Daher ist ihre Leistungsreserve geringer. Das konsequente Einhalten eines abgestimmten Ernährungsregimes und das Vermeiden aller möglichen schädigenden Einflüsse, z. B. Alkohol, ist daher unerläßlich und kann wesentlich vor Rückfällen schützen.

Ernährungstherapie

Die Kostform der Wahl bei einer chronischen Hepatitis ist eine leichte Vollkost. Außerdem besteht absolutes Alkoholverbot. Da in Anbetracht des langwierigen Verlaufs der chronischen Hepatitis ein diszipliniertes Ernährungsverhalten erforderlich ist, ist der abwechslungsreichen Gestaltung des Kostplans besondere Bedeutung beizumessen.

Die Nahrungsaufnahme und die Verteilung der einzelnen Nährstoffe auf die einzelnen Mahlzeiten sollte möglichst ausgeglichen gestaltet werden. Bei der Auswahl der Nahrungseiweiße sind vorrangig Eiweiße mit einer hohen biologischen Wertigkeit zu berücksichtigen, insbesondere Milch und Milcherzeugnisse sowie Käse. Der Verzehr von rasch resorbierbaren Zuckern ist einzuschränken. Zu meiden sind grobblähende Speisen, insbesondere Hülsenfrüchte. Auf eine ausreichende Versorgung mit Vitaminen ist zu achten, insbesondere auf die Versorgung mit Vitamin B_6, Folsäure und Vitamin B_{12}. Besonderer Wert ist auf eine schonende Zubereitung der Speisen zu legen.

7.2.3 Fettleber

Der Fettgehalt der gesunden Leber beschränkt sich auf die Fette, die in den Aufbau von zellulären Membranen einbezogen sind. Fette werden in der gesunden Leber nicht gespeichert. Der Fettgehalt der normalen Leber beträgt maximal 3 % der gesamten Lebermasse.

Eine massive Einlagerung von Neutralfetten in der Leber, eine sog. Leberverfettung, ist die Folge einer toxischen Schädigung der Leberzellen oder einer extremen Fehlernährung.

Alkoholische Fettleber

Eine Fettleber entsteht als Folge eines über einen bestimmten Zeitraum kontinuierlich erfolgenden exzessiven Alkoholmißbrauchs. Bei einem täglichen Konsum von 160 g reinem Alkohol (etwa 4 l Bier oder 2 l Wein, siehe auch Tabelle 3.6.1) kann es bereits nach 3 Wochen zur Ausbildung einer Fettleber kommen. Es spielt dabei keine Rolle, welche alkoholischen Getränke getrunken werden. Ein einmaliger Alkoholexzeß führt zu keiner Fettleber. In den westlichen Industrieländern ist der Alkoholmißbrauch in zu etwa 50 % für das Entstehen einer Fettleber verantwortlich. Eine Fettleber kann sich gänzlich zurückbilden, wenn nach einer Periode eines zeitlich begrenzten Alkoholmißbrauchs für längere Zeit eine vollständige Abstinenz eingehalten wird.

Aus einer Fettleber kann sich bei fortdauerndem Alkoholmißbrauch im Verlauf von mehreren Jahren eine Leberzirrhose entwickeln (siehe Kap. 7.2.4). Es bestehen allerdings individuelle Unterschiede in der Empfindlichkeit der Leber gegenüber Alkohol, diese können jedoch erst nach dem Auftreten von Leberschädigungen festgestellt werden. Daher muß bei einem ständigen Alkoholmißbrauch mit dem Entstehen einer Fettleber und nachfolgend mit einer Leberzirrhose gerechnet werden.

Mastfettleber

Eine Mastfettleber entsteht als Folge einer lang anhaltenden hyperkalorischen Ernährung. Verantwortlich hierfür ist nicht nur eine überhöhte Fettzufuhr, sondern auch eine überhöhte Aufnahme von Kohlenhydraten in Form von schnell resorbierbaren Zuckern. Eine Ablagerung von Neutralfett erfolgt in den Leberzellen erst, wenn dieses nicht mehr im erforderlichen Maße abtransportiert werden kann. Der begrenzende Faktor für diesen Abtransport ist die Bildung von den entsprechenden Lipoproteinpartikeln (VLDL). Neutralfette, die in der Leber abgelagert wurden, können relativ schwer und nur mit geringer Geschwindigkeit wieder mobilisiert werden.

Eine Mastfettleber kann sich allerdings nach einer konsequenten Umstellung der Kost (Einschränkung der Aufnahme von Fett und von rasch resorbierbaren Zuckern) und Normalisierung des Körpergewichts langsam wieder zurückbilden. Bei einer längere Zeit bestehenden Fettleber besteht jedoch die Gefahr, daß sich auf ihrem Boden eine Fetthepatitis (Sonderform der chronischen Hepatitis) oder eine Leberzirrhose entwickelt.

Fälle von Mastfettlebern kommen in den westlichen Industrieländern ebenfalls häufig vor.

Fettleber bei einer Proteinmangelernährung

Bei einem über längere Zeit bestehenden Eiweißmangel, insbesondere beim Fehlen von biologisch hochwertigem Eiweiß, kann es ebenfalls zu einer Leberverfettung kommen, auch wenn die Ernährung gleichzeitig fettarm und arm an rasch resorbierbaren Zuckern ist. Ursache für die Fettablagerung ist eine verminderte Synthese des Eiweißanteils der Lipoproteinpartikel (VLDL), wodurch der Abtransport der in der Leber aus den Kohlenhydraten der Nahrung und durch Fettumbau gebildeten Fette eingeschränkt wird.

Diese Form der Fettleber ist nur noch in Entwicklungsländern zu beobachten, vorzugsweise bei Kindern.

Ernährungstherapie der Fettleber

Bei der Ernährungstherapie einer Fettleber muß zunächst derjenige Nahrungsfaktor konsequent ausgeschaltet werden, der als mögliche auslösende Ursache in Betracht kommt. Im Vordergrund steht somit das Meiden von Alkohol und einer hyperkalorischen, fett- und zuckerreichen Kost. Die bevorzugte Kostform ist eine leichte Vollkost unter Berücksichtigung folgender Gesichtspunkte:

- Die Energiezufuhr ist dem jeweiligen Ernährungszustand anzupassen. Bei bestehendem Übergewicht muß die Energieaufnahme eingeschränkt werden, bis das Normgewicht wieder erreicht ist (Reduktionskost).
- Der Fettanteil in der Nahrung ist zu reduzieren, die Fettaufnahme sollte nur 25 bis 30 % der aufgenommenen Nahrungsenergie abdecken. Der Anteil der gesättigten Fettsäuren ist besonders stark einzuschränken zugunsten der Aufnahme von Ölsäure und mehrfach ungesättigten Fettsäuren.
- Auf den Verzehr von schnell resorbierbarem Zucker ist weitgehend zu verzichten.
- Bei der Auswahl der Nahrungseiweiße sind solche mit einer hohen biologischen Wertigkeit und einem hohen Ergänzungswert zu bevorzugen.
- Es ist auf die ausreichende Zufuhr von Vitaminen zu achten.
- Bei allen Formen der Fettleber besteht ein generelles Alkoholverbot.

7.2.4 Leberzirrhose

Eine Leberzirrhose entsteht im Verlauf von Jahren als Resultat eines ständig fortschreitenden Untergangs von Leberparenchymzellen. Parallel zum Untergang der Parenchymzellen nimmt das Bindegewebe mengenmäßig zu, das die einzelnen Leberläppchen und Leberbezirke umgibt und stützt. Durch das gleichzeitig stattfindende Schrumpfen dieser Bindegewebsschichten wird das funktionelle Lebergewebe fest eingeschnürt und fortschreitend in seiner räumlichen Ausdehnung eingeengt (Schrumpfleber). Dieses Einschnüren begrenzt die Regeneration von zerstörtem Lebergewebe schon aus rein räumlichen Gründen beträchtlich. Die logische Folge dieser Prozesse ist eine zunehmende Einschränkung der Leberfunktionen.

Das wuchernde Bindegewebe kann außerdem die durch die Leber führenden Blutgefäße einschnüren, insbesondere die dünnwandigen Venen. Die Folge ist eine Behinderung des Blutdurchflusses durch die Leber und ein Rückstau von Blut im Pfortadersystem.

Ursachen

Eine Leberzirrhose ist das Endstadium einer seit längerer Zeit bestehenden Leberschädigung:

- Chronischer Alkoholmißbrauch und lang andauernde Schädigungen durch andere Lebergifte
  Alkoholmißbrauch ist die häufigste Ursache einer Leberzirrhose. Bei einem täglichen Konsum von 80 g Alkohol (bei Männern) bzw. 60 g Alkohol (bei Frauen) muß nach einigen Jahren mit dem Entstehen einer Leberzirrhose gerechnet werden (80 g Alkohol entsprechen etwa 2 l Bier, 1 l Wein oder 200 ml Spirituosen, siehe auch Tabelle 3.6.1). Neuere Beobachtungen weisen aber darauf hin, daß eine Leberzirrhose bereits durch wesentlich geringere Mengen an Alkohol ausgelöst werden kann.
- Chronisch aggressive Hepatitis (Hepatitis B und C)
- Chronische Entzündungen der Gallenwege
  Eine Entzündung der abführenden Gallenwege kann durch Darmbakterien ausgelöst werden, die vom Duodenum ausgehend diese aufsteigend infizieren. Diese entzündlichen Prozesse können zu einer Verengung bis zum Verschluß der abführenden Gallenwege führen, wodurch es zu einem Rückstau von Gallenflüssigkeit zurück bis in die Leber kommen kann. Das ständige Einwirken von hohen Konzentrationen von Gallensäuren führt zu einer massiven Schädigung der Leberzellen (Schädigung der lipidhaltigen Biomembranen durch die fettemulgierende Wirkung der Gallensäuren). Zusätzlich können die Leberzellen durch eine Infektion mit Darmbakterien geschädigt werden, insbesondere durch die dabei freigesetzten Bakterientoxine.

- Längere Zeit bestehende Fettleber
- Unbekannte Ursachen (sog. kryptogene Zirrhose)

Das Entstehen einer Leberzirrhose wird durch einen schlechten Ernährungszustand oder durch eine Fehlernährung begünstigt, ihr ungünstiger Verlauf kann durch diese negativen Faktoren beschleunigt werden:

- länger andauernde Proteinmangelernährung,
- sehr fettreiche Ernährung bei gleichzeitiger Unterversorgung mit essentiellen Fettsäuren (vorrangige Aufnahme von Fetten mit gesättigten Fettsäuren),
- Alkoholkonsum,
- Verzehr von Lebensmitteln, die massiv mit Mykotoxinen (insbesondere Aflatoxine) kontaminiert sind (siehe auch Kap. 6.2.4).

Pathophysiologie

Die Abnahme von funktionellem Lebergewebe führt nach Unterschreiten einer kritischen Grenze zu beträchtlichen Einschränkungen der Stoffwechselleistungen der Leber. Diese haben für den Stoffwechsel des Organismus weitreichende Konsequenzen, bedingt durch die zentrale Stellung der Leber. Weiterhin können Behinderungen in der Durchblutung der Leber und des Blutrückstaus im Pfortadersystem zu zusätzlichen Komplikationen führen.

Einschränkungen in den Stoffwechselleistungen: Von der Abnahme an funktionellem Lebergewebe werden alle Stoffwechselleistungen betroffen. Die Konsequenzen sind jedoch von unterschiedlicher Tragweite.

- Eiweißstoffwechsel
  Die Beschränkungen im Eiweißstoffwechsel führen zu besonders schwerwiegenden Störungen. Das betrifft sowohl den Aminosäurestoffwechsel einschließlich Harnstoffsynthese (Entgiftung des anfallenden Ammoniaks) als auch die Synthese der Plasmaproteine.
  Die geringere Leistungsfähigkeit der Enzymsysteme des Aminosäurestoffwechsels, insbesondere die erniedrigte Transaminaseaktivität, führt zu einer schlechteren Anpassung des Aminosäurespektrums an die Erfordernisse, die sich aus der Synthese der Körpereiweiße ergeben. Die Folge ist, daß das Nahrungseiweiß schlechter ausgenutzt werden kann, ein Teil der Aminosäuren geht wegen der zu langsam ablaufenden Transaminierung für die Eiweißneusynthese verloren. Der Organismus benötigt deswegen eine größere Menge an Nahrungseiweiß, um eine ausgeglichene Eiweißbilanz zu sichern. Das Bilanzminimum ist aus diesem Grund bei einer Leberzirrhose erhöht. Die Anforderung an die biologische Wertigkeit des Nahrungseiweißes ist daher größer als beim Gesunden, um auf diese Weise die Nachteile der verlangsamten Transaminierung zumindest teilweise auszugleichen.

Die Kapazität der Leber zur Synthese von Plasmaproteinen einschließlich von Blutgerinnungsfaktoren ist erniedrigt. Die Konzentrationen dieser Proteine im zirkulierenden Blut nehmen darum ab. Die erniedrigte Albuminkonzentration führt zu einer herabgesetzten Wasserbindungskapazität des Bluts, wodurch das Auftreten von Ödemen und von Ascites (Bauchwassersucht) begünstigt wird. Auch die Blutgerinnungszeit kann verlängert sein, wodurch es zu einem erhöhten Auftreten von Blutungen kommen kann.

- Entgiftungsfunktionen

Die Einschränkung der Entgiftungsfunktionen ist die schwerwiegendste Folge der Leberzirrhose. Betroffen von dieser Einschränkung ist die Entgiftung von Stoffwechselendprodukten, insbesondere der des Eiweißstoffwechsels, von resorbierten toxischen Stoffwechselprodukten der Darmbakterien und die von Genußgiften wie Alkohol.

Die eingeschränkte Synthese von Harnstoff, die ausschließlich in der Leber stattfindet, verhindert die vollständige und rasche Entgiftung des zelltoxischen Ammoniaks (NH_3), das beim Abbau der Aminosäuren anfällt und das auch von den Darmbakterien gebildet werden kann. Dieses von den Darmbakterien gebildete Ammoniak wird von den Mucosazellen rasch resorbiert und über die Pfortader direkt zur Leber transportiert. Die Ammoniakbildung durch die Darmflora ist bei einer Nahrung mit schwer aufschließbaren Lebensmitteln besonders hoch, insbesondere bei den eiweißreichen Hülsenfrüchten.

Von beträchtlichen nachteiligen Konsequenzen ist die unzureichende Entgiftung von toxischen Substanzen, die beim Abbau von aromatischen Aminosäuren anfallen. Diese Substanzen wie Indole, Skatol und Phenole wirken besonders im Zentralnervensystem, am Großhirn, toxisch und führen in größeren Konzentrationen zu Bewußtseinseintrübungen und weiteren Funktionsstörungen im ZNS. Solche Abbauprodukte von Aminosäuren werden auch im Darm durch die Darmbakterien gebildet. Sie werden rasch resorbiert und über die Pfortader zur Leber transportiert. Da sie ebenfalls nicht entgiftet werden können, tragen sie wesentlich zu einer weiteren Verschlechterung des Gesundheitszustands bei.

- Kohlenhydrat- und Fettstoffwechsel

Die Begrenzung der Leberfunktionen im Kohlenhydrat- und Fettstoffwechsel haben für den Stoffwechsel des gesamten Organismus weniger dramatische Folgen als die Störungen im Eiweißstoffwechsel, sie schränken aber die Regulationsleistungen des Organismus beträchtlich ein.

Mit der Abnahme an funktionellem Lebergewebe nimmt auch die Gesamtmenge des Glykogens ab, die in der Leber gespeichert werden kann. Diese geringere Glykogenreserve begrenzt die Möglichkeit der Leber zur Regulation des Blutzuckerspiegels. Sie hat zur Folge, daß eine

Gluconeogenese aus Aminosäuren bereits relativ früh stattfinden muß. Längere Pausen zwischen den einzelnen Mahlzeiten führen zu einer erhöhten Gluconeogenese. Diese gesteigerte Gluconeogenese führt neben dem Einschmelzen von funktionellem Lebergewebe auch zu einem erhöhten Anfall von Ammoniak und damit zu einer zusätzlichen Anforderung an die Harnstoffsynthese.
Als Folge der Verminderung des funktionellen Lebergewebes ist auch die Neusynthese und der Umbau von Fett sowie der Fetttransport von der Leber zu den peripheren Organen erniedrigt (verminderte Bildung von VLDL).

Behinderung des Blutdurchflusses durch die Leber: Der bei einer Verengung der Lebervenen eingeschränkte Blutdurchfluß durch die Leber führt zu einem Rückstau des venösen Pfortaderbluts und damit zu einem Anstieg des Drucks im gesamten Pfortadersystem. Daraus ergeben sich eine Reihe folgenschwerer Konsequenzen:

- Der Rückstau im Pfortadersystem bis in das Kapillarsystem des Dünndarms zurück behindert den Abtransport von resorbierten Nahrungsstoffen. Dadurch wird gleichzeitig die Resorption von weiteren Nahrungsstoffen erschwert. Das betrifft auch die Resorption von Darmgasen, die nur in stark begrenztem Umfang in Wasser und damit in Körperflüssigkeiten löslich sind. Dieser eingeschränkte oder fehlende Abtransport von Darmgasen führt zum verstärkten Auftreten von Blähungen.
  Der Druckanstieg im Pfortadersystem kann den kolloidosmotischen Lösungsdruck der Plasmaproteine (Wasserbindungskapazität) übersteigen. Als Folge werden Wasser und wasserlösliche Substanzen aus den Kapillaren in die Bauchhöhle hinein abgepreßt, es kommt zur Ausbildung einer Bauchwassersucht (Ascites).
  Das Entstehen eines Ascites wird begünstigt durch die verringerte Albuminkonzentration im Blutplasma, die auf die erniedrigte Rate der Albuminsynthese in der Leber zurückzuführen ist. Die Bauchwassersucht wird zusätzlich begünstigt durch die erhöhte Natriumkonzentration im Blutplasma, deren Ursache eine verminderte Ausscheidung von Natrium durch die Nieren ist.
- Der im Pfortadersystem als Folge des Rückstaus herrschende erhöhte Druck lastet auch auf kleineren Venen, die unter Umgehung der Leber in die untere Hohlvene einmünden. Diese bereits beim Gesunden bestehenden Umgehungskreisläufe (Kollateralkreisläufe) führen aber normalerweise nur minimale Mengen an Blut. Diese Gefäße werden durch den erhöhten Druck langsam, aber ständig ausgeweitet und ermöglichen somit einen Blutabfluß aus dem Pfortadersystem unter Umgehung der Leber und führen damit zu einer geringen Senkung des erhöhten Blutdrucks im Pfortadersystem. Diese erweiterten Venen haben im Vergleich zum Gefäßdurchmesser eine relativ dünne Wand. Sie sind deswegen an

Stellen, an denen sie nicht von dicken Gewebeschichten umgeben sind, sehr verletzungsgefährdet. Solche gefährliche Stellen sind der untere Bereich der Speiseröhre und der Mageneingang, wo diese Gefäße dicht unterhalb der betreffenden Wandschichten verlaufen. Diese stark erweiterten dünnwandigen Blutgefäße (sog. Varizen) können leicht einreißen und zu massiven Blutungen in den Magen führen, die schwer zu stillen sind und zu lebensbedrohlichen Blutverlusten führen können. Solche Ösophagus- oder Magenfundusvarizen haben sich bei $^2/_3$ der Patienten mit einer Leberzirrhose ausgebildet.

- Über diese Kollateralkreisläufe werden Anteile der im Dünndarm resorbierten Substanzen an der Leber vorbei direkt in den großen Kreislauf und mit diesem an die übrigen Körperorgane transportiert. Dadurch werden resorbierte toxische Substanzen in der Leber zumindest nicht teilweise entgiftet, sie gelangen an die einzelnen Organe und können diese schädigen.

Funktionsstörungen des Gehirns (hepatoportale Enzephalopathie): Die hepatoportale Enzephalopathie ist die gefährlichste Komplikation der Leberzirrhose. Das auf Grund der eingeschränkten Harnstoffsynthese nicht entgiftete Ammoniak, die toxischen Substanzen des Aminosäureabbaus und die unter Umgehung der Leber aus dem Pfortadersystem stammenden giftigen Substanzen lösen ab einer kritischen Konzentration im Gehirn Funktionsstörungen aus. Diese Störungen nehmen mit steigender Konzentration der toxischen Substanzen zu und können bis zur Bewußtlosigkeit führen, zum Leberkoma (Coma hepaticum). Sie führen letztendlich zum Tod.

Das Vergiftungsbild der Enzephalopathie wird durch erhöhte Konzentrationen von aromatischen Aminosäuren (Phenylalanin, Tyrosin und Tryptophan) ungünstig beeinflußt. Diese Konzentrationserhöhung ist eine Folge der eingeschränkten Leberfunktion.

Aromatische Aminosäuren werden vorrangig in der Leber verwertet. Deswegen steigt bei einer eingeschränkten Leberfunktion ihre Konzentration im Blut und nachfolgend im Gehirn an. Die Konzentration der verzweigtkettigen Aminosäuren (Valin, Leucin und Isoleucin) ist dagegen im Blut und damit im Gehirn meist gleichzeitig erniedrigt. Ursache hierfür ist die Tatsache, daß die verzweigtkettigen Aminosäuren vorrangig in den (nicht geschädigten) Muskelzellen verstoffwechselt werden und deshalb weitgehend aus dem Blutplasma entfernt sind.

Durch diese Verschiebung des Aminosäurespektrums im Gehirn wird die Synthese und der Abbau der Neurotransmitter gestört, für die die aromatischen Aminosäuren Vorstufen sind. Neurotransmitter sind Substanzen, die bei der Übermittlung nervaler Reize beteiligt sind. Eine erhöhte Bildung oder auch die Bildung von „falschen" Neurotransmittern trägt wesentlich zu den Funktionsstörungen im Zentralnervensystem bei.

Bei der hepatoportalen Enzephalopathie ist außerdem die Passage von Glucose aus dem Blut in das Gehirn gehemmt, die sog. Blut-Liquor-Schranke ist schwerer passierbar. Die Folge ist eine mangelhafte Energieversorgung des Gehirns. Diese mangelhafte Energieversorgung wird durch ein zusätzliches Minderangebot an Glutamin verstärkt (siehe auch Kap. 3.4.2.1 und 7.6.7).

Krankheitsbild

Eine Leberzirrhose entwickelt sich schleichend und in den Anfangsstadien meist unbemerkt. Typische Beschwerden gibt es nicht. Sie wird oft zufällig bei Routineuntersuchungen an Hand von pathologischen Laborwerten entdeckt. Häufigste Zeichen einer beginnenden Zirrhose sind Müdigkeit und eine verminderte Leistungsfähigkeit, Appetitlosigkeit, Völlegefühl, Unverträglichkeit von Fett, Blähsucht und weitere unklare Beschwerden von seiten des Magen-Darm-Trakts.

Mit fortschreitender Ausbildung der zirrhotischen Veränderungen verstärken sich die bereits genannten Beschwerden. Später kommt es zu Störungen in der Hirnfunktion (Leberkoma) und zu einer Bauchwassersucht in Abhängigkeit von dem Rückstau im Pfortadersystem.

Bei einer auf die Schädigung abgestimmten Ernährung kann den fortschreitenden Ausfallserscheinungen bis zu einem erheblichen Maß Einhalt geboten werden. Bei einer richtigen und korrekt eingehaltenen Diät soll es möglich sein, die eingeschränkten Leberfunktionen mehr als 20 Jahre lang zu kompensieren.

Bei den Störungen in der Hirnfunktion wird nach der Schwere der Funktionsstörungen des Gehirns zwischen 4 Stadien unterschieden:

- Stadium I
  Als erste Zeichen sind verstärkt auftretende Müdigkeit, verlangsamtes Sprechen, gestörte Artikulation und Verlangsamung aller Bewegungen zu beobachten.
- Stadium II
  Der Patient schläft fast ununterbrochen, er ist aber noch ansprechbar und orientiert.
- Stadium III (auch als Präkoma bezeichnet)
  Der Patient schläft ununterbrochen, er kann zwar noch geweckt werden, ist aber nicht mehr ansprechbar, er kann nicht mehr artikulieren. Die Muskulatur reagiert auf Reize mit einer erhöhten Erregbarkeit.
- Stadium IV (Koma)
  Der Patient ist nicht mehr ansprechbar und reagiert selbst auf zugefügte Schmerzen nicht mehr.

Ernährungstherapie

Die Ernährungstherapie ist von entscheidender Bedeutung für das Wohlbefinden, für die Leistungsfähigkeit und für die Lebenserwartung. Es gibt keine andere Erkrankung, bei der die Ernährung über länger andauerndes Wohlbefinden oder frühzeitigen Tod entscheidet.

Die Diät muß sich dem Ausmaß der ausgefallenen Stoffwechselleistungen und somit dem Krankheitsbild anpassen. Dabei sind folgende Anforderungen zu berücksichtigen:

- Vermeiden einer Mangelernährung, ausreichende Versorgung mit Nährstoffen, Vitaminen und Mineralstoffen,
- Verhinderung bzw. Einschränkung von Vergiftungserscheinungen durch nicht entgiftete Stoffwechselprodukte,
- Vermeiden möglicher zusätzlicher Schädigungen der Leber durch potentielle Lebergifte wie beispielsweise Mykotoxine und Alkohol (striktes Alkoholverbot),
- Verhütung von Verletzungen der Ösophagus- und Magenfundusvarizen und damit Verhinderung von massiven Blutungen,
- Verhinderung oder Begrenzung des Ausmaßes der Bildung von Ascites und/oder Ödemen.

Voll kompensierte Leberzirrhose (keine sichtbaren Ausfallserscheinungen): Wichtigste Zielstellung bei der Ernährung einer bereits diagnostizierten Zirrhose ohne feststellbare Ausfallserscheinungen ist, den Organismus so lange wie möglich optimal mit Nährstoffen zu versorgen und die Entgiftungsfunktion der Leber soweit wie möglich zu entlasten. Damit soll erreicht werden, daß dem Körper möglichst lange optimale Bedingungen zum Auffüllen aller Enzymvorräte, aller Vitaminspeicher und zum Aufbau der Immunabwehr erhalten bleiben und daß eine frühzeitige Überschwemmung des Körpers mit nicht entgifteten Schadstoffen weitgehend verhindert wird.

Die Ernährungsform der Wahl in dieser sehr frühen Phase ist eine leichte Vollkost unter Berücksichtigung folgender Gesichtspunkte:

- Energieinhalt der Kost
  Eine ausreichende Deckung des Energiebedarfs muß ständig gesichert werden, da dieser mit Fortschreiten der Zirrhose ansteigt. Eine Gewichtsreduktion ist auch bei bestehendem leichtem Übergewicht in den meisten Fällen nicht angebracht, eine kalorische Überernährung ist kaum zu befürchten.
- Eiweißversorgung
  Der Proteinbedarf ist wegen der leicht eingeschränkten Transaminierungsaktivität bereits erhöht, das Bilanzminimum kann daher um bis zu 50 % erhöht sein. Solange die Entgiftungsfunktion der Leber noch

nicht wesentlich eingeschränkt ist, sollte eine ausreichende Versorgung mit Eiweißen mit hoher biologischer Wertigkeit erfolgen. Eine in dieser frühen Phase stattfindende eiweißreiche Ernährung kann die negativen Folgen der in den späteren Stadien erforderlich werdenden eiweißreduzierten Kost hinausschieben. Eine Eiweißzufuhr von bis zu 1,2 g pro kg Körpergewicht (80 bis 100 g pro Tag) kann in einigen wenigen Fällen möglich und auch vertretbar sein. Bei der Auswahl des Nahrungseiweißes sollten bereits frühzeitig sog. selektive Proteine bevorzugt werden (siehe ausführlich unten), obwohl ihr Einsatz in der frühen Phase noch nicht zwingend ist.

- Fettaufnahme

  Bei der Fettaufnahme müssen die D-A-CH-Richtwerte besonders beachtet werden, da die Verwertung der Nahrungsfette bereits frühzeitig gestört sein kann. Tierische Fette sind weitgehend zu meiden, die ausreichende Versorgung mit mehrfach ungesättigten Fettsäuren muß jedoch gesichert werden. In seltenen Fällen kann es sich bereits als notwendig erweisen, einen Teil der Nahrungsfette durch MCT-Fette zu ersetzen.
- Ballaststoffe

  Die Nahrung sollte generell ballaststoffreich sein. Eine ballaststoffreiche Nahrung beschleunigt die Darmpassage und schränkt damit die Resorption von potentiell giftigen Substanzen ein, die aus dem Stoffwechsel der Darmbakterien stammen. Grobblähende Ballaststoffe, insbesondere eiweißreiche Hülsenfrüchte, führen dagegen zu einer vermehrten Bildung von Ammoniak und anderen Darmgasen und sind zu meiden.
- Kochsalzaufnahme

  Es ist eine konsequent kochsalzarme Kost (5 g Kochsalz pro Tag) einzuhalten, da es im Verlauf der Leberzirrhose zu einer verminderten Natriumausscheidung kommt. Die kochsalzarme Kost wirkt gleichzeitig der Ausbildung von Ödemen entgegen.
- Alkohol

  Alkohol ist strikt zu meiden.
- Speisenzubereitung

  Bei der Speisenzubereitung sind schonende Garverfahren einzusetzen, scharfes Anbraten (Kurzgebratenes) sollte vermieden werden, auf stark geräucherte und über Holzkohle gegrillte Speisen ist ebenfalls zu verzichten.

Diät zur Therapie und Prophylaxe einer hepatoportalen Enzephalopathie:
In fortgeschrittenen Stadien der Zirrhose kommt es wegen der nicht mehr ausreichenden Entgiftungsfunktion der Leber zum Anstau von Ammoniak und anderer toxischer Substanzen des Aminosäurestoffwechsels.

Um die Bildung solcher Produkte zu senken, muß die Aufnahme von Nahrungseiweiß reduziert werden. Die noch tolerierbare Menge der täglichen

Eiweißaufnahme richtet sich nach der Schwere der Ausfallserscheinungen, d. h. nach den einzelnen Stadien der Zirrhose.

Die Eiweißzufuhr muß deswegen parallel zum Ausfall von funktionellem Lebergewebe schrittweise gesenkt werden, in extremen Fällen bis auf 25 g Eiweiß pro Tag (0,35 bis 0,40 g pro kg Körpergewicht).

Diese drastische Senkung der Eiweißzufuhr führt dazu, daß eine ausgeglichene Eiweißbilanz nicht mehr oder nur äußerst schwer realisiert werden kann. Ein Einschmelzen von Körpereiweiß wegen einer negativen Eiweißbilanz sollte andererseits möglichst verhindert werden, da es dabei ebenfalls zu einem Anfall von Ammoniak und anderen toxischen Abbauprodukten der Aminosäuren kommt. Die notwendige Senkung der Eiweißaufnahme ist daher eine Gratwanderung. Es erscheint angeraten, die Eiweißzufuhr im Zweifelsfall nicht zu drastisch zu senken, um das Risiko des Einschmelzens von Körpereiweiß weitgehend auszuschließen. Eine eiweißfreie Kost ist deswegen auf keinen Fall angezeigt. Der Einsatz von verzweigtkettigen Aminosäuren (Schweden-Diät, siehe unten) ist deswegen ein Weg, dem mehr Beachtung geschenkt werden sollte.

Die Symptome der Enzephalopathie werden durch aromatische Aminosäuren begünstigt. Aus diesem Grund sind Nahrungseiweiße, die reich an aromatischen Aminosäuren sind, weitgehend zu meiden. Zu bevorzugen sind Eiweiße, die relativ arm an aromatischen, aber relativ reich an verzweigtkettigen Aminosäuren sind. Solche Eiweiße werden als selektive Proteine bezeichnet.

Bei der eiweißreduzierten Kost kommt somit auch der Auswahl der einzelnen Nahrungseiweiße eine besondere Bedeutung zu. Hierzu eignen sich verschiedene Kostformen:

- Eiweißarme Kost unter Einsatz von selektiven Proteinen
  Selektive Proteine sind die Eiweiße vom Vollei und von Milch sowie von Milcherzeugnissen. Auch pflanzliche Proteine sind relativ arm an aromatischen Aminosäuren. Hülsenfrüchte sind jedoch zu meiden. Fleisch und Fleisch- und Wurstwaren sowie Fisch sind reich an aromatischen Aminosäuren, sie sind deshalb konsequent zu meiden (siehe Kap. 8.5.1.1.1).
- Kartoffel-Ei-Diät
  Die Kombination von Kartoffel und Vollei zeichnet sich durch einen hohen Ergänzungswert aus. Der Ergänzungswert der Kombination Kartoffeleiweiß und Volleiprotein im Verhältnis 3 zu 2 ist mit 137 die höchste erreichbare biologische Wertigkeit (siehe Kap. 3.4.2.2). In der Kartoffel-Ei-Diät (siehe Kap. 8.5.1.1.2) wird gleichzeitig das selektive Volleiprotein mit dem Kartoffeleiweiß kombiniert, das relativ arm an aromatischen Aminosäuren ist.

- Schweden-Diät
  Bei der Schweden-Diät (siehe Kap. 8.5.1.1.3) wird der Anteil der verzweigtkettigen Aminosäuren in der Nahrung durch den Zusatz von industriell gefertigten Gemischen dieser Aminosäuren erhöht. Dieses Aminosäuregemisch ersetzt einen Teil des Nahrungseiweißes und senkt auf diese Weise die Aufnahme von aromatischen Aminosäuren. Das bei der Schweden-Diät angebotene Aminosäuregemisch wird den Erfordernissen des gestörten Aminosäure-Stoffwechsels besser gerecht als das der anderen proteinreduzierten Kostformen.

Ballaststoffe bei den proteineingeschränkten Kostformen: Ballaststoffreiche Lebensmittel, ausgenommen (eiweißreiche) Hülsenfrüchte, können bis zu einem gewissen Grade ebenfalls zur Verminderung der Belastung durch Ammoniak und toxischen Abbauprodukte beitragen. Das betrifft insbesondere wasserlösliche Ballaststoffe wie die Pektine. Sie beschleunigen die Darmpassage. Nicht aufschließbare Ballaststoffe können toxische Stoffe binden und somit deren Resorption behindern. Die beim Abbau der Ballaststoffe gebildeten niedermolekularen Säuren neutralisieren das von den Darmbakterien gebildete Ammoniak. Die dabei gebildeten Ammoniumsalze sind im Gegensatz zum frei permeablen Ammoniak schwer resorbierbar und werden zum Großteil mit dem Stuhl ausgeschieden.

Die positive Wirkung der Ballaststoffe kann durch das Disaccharid Lactulose unterstützt werden (siehe Kap. 3.3.2). Lactulose, die durch die Disaccharidasen des Dünndarms nicht gespalten werden kann, wird von den Darmbakterien vorzugsweise zu niedermolekularen Fettsäuren (sowie Wasserstoff und Methan) abgebaut. Die laxierende Wirkung der Lactulose verringert infolge der beschleunigten Darmpassage die Resorption von Schadstoffen, die niedermolekularen Fettsäuren neutralisieren gebildetes Ammoniak. Der Nahrung können 30 bis maximal 150 g Lactulose pro Tag zugesetzt werden, allerdings muß die Ballaststoffzufuhr bei hohen Lactulosegaben reduziert werden.

Diätmaßnahmen zur Prophylaxe und Therapie von Ascites und Ödemen: Ascites und Ödeme können im Verlauf einer Leberzirrhose jederzeit auftreten. Insofern ist die Aufnahme von Kochsalz auf 5 g pro Tag zu begrenzen. Dadurch wird die Menge an Wasser reduziert, die als Lösungswasser zur Verdünnung des Kochsalzes der extrazellulären Körperflüssigkeiten benötigt wird. Durch die Begrenzung der Kochsalzaufnahme wird gleichzeitig der bei der Zirrhose bestehenden verminderten Natrium- und Wasserausscheidung entgegengewirkt.

Bei bestehender Bauchwassersucht sowie bei der Gefahr einer Ascitesbildung muß u. U. eine natriumarme Kost (3 g Kochsalz pro Tag) eingehalten werden.

Zusammenfassung der Prinzipien der Diät in den einzelnen Stadien des Leberkomas

- Mäßig eiweißreduzierte Kost mit selektiven Proteinen bzw. Kartoffel-Ei-Diät oder Schweden-Diät entsprechend den Erfordernissen.
  Die Höhe der Eiweißzufuhr ist den einzelnen Stadien des Komas angepaßt (Richtwerte für den normgewichtigen Erwachsenen, die möglichst nicht unterschritten werden sollten):

Stadium I	60 g pro Tag (0,8 g/kg Körpergewicht)
Stadium II	40 g pro Tag (0,6 g/kg Körpergewicht)
Stadium III	25 g pro Tag (0,4 g/kg Körpergewicht)

  Im Stadium I bevorzugter, aber nicht ausschließlicher Einsatz von selektiven Proteinen, in den Stadien II und III ausschließlicher Einsatz von selektiven Proteinen bzw. Einsatz der Kartoffel-Ei-Diät bzw. der Schweden-Diät (vorzugsweise bei ausgeprägter Beeinträchtigung der Leberfunktion). Die Schweden-Diät wird in der Bundesrepublik selten eingesetzt.
  Im Stadium IV (tiefes Koma, Bewußtlosigkeit) ist nur noch eine parenterale Ernährung möglich.
- Weitgehende Sicherstellung des Energiebedarfs,
- bei gestörter Fettverwertung auf ausreichende Versorgung mit mehrfach ungesättigten Fettsäuren achten,
- generelle Begrenzung der Kochsalzzufuhr:
  bei Fehlen von Ascites und Ödemen kochsalzeingeschränkte Kost (5 g Kochsalz pro Tag),
  bei bestehendem Ascites und Ödemen kochsalzarme Kost (3 g Kochsalz pro Tag), in Ausnahmefällen und auf besondere ärztliche Anweisung streng kochsalzarme Kost (1 g Kochsalz pro Tag),
- ausreichende Ballaststoffzufuhr, vorzugsweise wasserlösliche Ballaststoffe, grobblähende Speisen und Hülsenfrüchte sind konsequent zu meiden,
- eine nicht vermeidbare unzureichende Versorgung mit Vitaminen und Mineralstoffen muß durch die Gabe von Vitamin- und Mineralstoffpräparaten kompensiert werden,
- bei bestehenden Ösophagusvarizen keine Speisen mit besonders festen, wenig zerkleinerten sowie spitzen Nahrungsbestandteilen, gegebenenfalls ausschließlich breiige Kost.

7.2.5 Gallenwegserkrankungen

Erkrankungen der Gallenwege entstehen durch die Bildung von Gallensteinen, die durch das Verlegen der Gallenwege weitere Erkrankungen zur Folge haben können, oder durch entzündliche Prozesse an den Schleimhäuten der Gallenwege oder der Gallenblase.

Kapitel 7

Gallensteine

Die häufigsten Erkrankungen der Gallenwege sind Gallensteinleiden. Gallensteine bilden sich durch das Auskristallisieren von Bestandteilen der Gallenflüssigkeit. Das Auskristallisieren erfolgt in der Gallenblase beim Konzentrieren der Lebergalle durch Wasserentzug, wenn dabei die Löslichkeitsgrenze von schwer wasserlöslichen Substanzen überschritten wird.

Normalerweise werden diese schwer löslichen Bestandteile der Lebergalle bis zu einem gewissen Grad durch Glycoproteine auch noch oberhalb ihrer Sättigungsgrenze in Lösung gehalten. Eine Erniedrigung der Glycoproteinkonzentration in der Lebergalle kann die Ausbildung von Gallensteinen begünstigen.

Gallensteine bestehen zum Großteil aus Cholesterin. Weitere Bestandteile sind schwer lösliche Kalziumsalze, schwer lösliche Salze von Gallensäuren sowie Gallenfarbstoffe (Bilirubin). Reine Bilirubinsteine kommen äußerst selten vor.

Ursachen für die Bildung von Gallensteinen: Die Gründe für das Entstehen von Gallensteinen können nicht in jedem Fall eindeutig geklärt werden. In vielen Fällen kommt der Ernährung eine besondere Bedeutung zu. Gallensteinleiden sind in Ländern mit hohem Lebensstandard wesentlich häufiger als in solchen mit einem niedrigen.

Ein bestehendes Übergewicht und eine fettreiche Ernährung begünstigen die Steinbildung. Besonders beschleunigt wird sie durch ein ständig wechselndes Körpergewicht, wie es oft bei wiederholt und erfolglos durchgeführten Crashkuren zu beobachten ist. Der Anstieg der Cholesterinkonzentration im Blut beim Einschmelzen von Körperfett kommt dabei offenbar eine größere Bedeutung zu als einer seltener stattfindenden Entleerung der Gallenblase (infolge von Hungerperioden), die mit einer stärkeren Konzentration der Blasengalle verbunden sein kann.

Ursache für die Gallensteinbildung kann außerdem eine generell erhöhte Cholesterinkonzentration im Blutplasma sein, die eine vermehrte Cholesterinausscheidung durch die Leber bedingt. Dafür spricht die Tatsache, daß Gallensteine öfter bei Störungen im Lipidstoffwechsel auftreten.

Auch eine stark überhöhte Aufnahme von Nahrungscholesterin kann zu einer erhöhten Cholesterinausscheidung durch die Leber und damit zu einem erhöhten Steinrisiko führen. Ein reichlicher Verzehr von Ballaststoffen wirkt dagegen einer Bildung von Gallensteinen entgegen.

Hülsenfrüchte, regelmäßig in größeren Mengen verzehrt, sollen die Steinbildung fördern. Die Ursache hierfür ist nicht eindeutig geklärt. Möglicherweise begünstigen die in den Hülsenfrüchten reichlich enthaltenen Saponine den

Ausschleusungsmechanismus für das Cholesterin aus den Leberzellen in die Lebergalle hinein (Saponine sind oberflächenaktive Substanzen und vermitteln dadurch zwischen fettlöslichen Stoffen und einer wäßrigen Phase).

Auch hormonelle Faktoren spielen bei der Steinbildung offenbar eine Rolle. Frauen sind vom Steinleiden häufiger befallen als Männer.

Eine weitere Ursache für die Ausbildung von Gallensteinen kann ein Rückstau von Blasengalle sein, der zu einer starken Eindickung der Gallenflüssigkeit führt. Ein solcher Rückstau ist bei entzündlich bedingten Einengungen des Gallengangs oder bei seiner Verlegung durch bereits gebildete Gallensteine möglich.

Krankheitsbild: Die häufigsten Beschwerden bei Gallensteinleiden sind kolikartige Schmerzen im Oberbauch, die durch die heftige Kontraktion der glatten Muskulatur der Gallenwege ausgelöst werden.

Beim Verlegen des Abflusses der Galle in den Zwölffingerdarm durch einen im Gallengang eingeklemmten Stein kommt es zu einem Rückstau von Gallenflüssigkeit in die Leber, zum Übertritt von Bilirubin in das Blut und zu einer Gelbsucht (sog. Verschlußikterus). Der Stuhl bleibt hell infolge der nicht erfolgenden Abgabe von Gallenfarbstoffen in den Zwölffingerdarm.

Bei längerem Bestehen eines Verschlußikterus kann es zu einer Schädigung der Leberzellen kommen, bei einer sich häufenden Wiederholung des Rückstaus besteht die Gefahr der Ausbildung einer Leberzirrhose (siehe Kap. 7.2.4).

Gallenwegsentzündungen

Ursache von Entzündungen der Gallengänge (Cholangitis) und der Gallenblase (Cholecystitis) sind meist vom Duodenum aufsteigende Infektionen mit pathogenen Keimen, die sich anschließend im Gallengang und in der Gallenblase ansiedeln. Gallensteine begünstigen den entzündlichen Prozeß. Eine längere Zeit bestehende Gallenwegsentzündung kann zu einer Schädigung der Leber und einer nachfolgenden Leberzirrhose führen.

Ernährungstherapie bei Gallenwegserkrankungen

Eine spezifische Diät bei Gallenwegserkrankungen gibt es nicht. Die Ernährung muß sich den jeweiligen Besonderheiten individuell anpassen. Oft bestehende unspezifische Nahrungsmittelunverträglichkeiten müssen berücksichtigt werden.

Ein bestehendes Übergewicht, das in vielen Fällen das Auftreten von Gallenwegserkrankungen begünstigt, muß konsequent abgebaut werden (hypokalorische Mischkost). Extreme Schlankheitskuren sind wegen der bestehenden Gefahr der schlagartig massiven Mobilisierung von Fett und Cholesterin aus den Fettdepots zu unterlassen. Außerdem können sie die Ausbildung von Gallensteinen sogar begünstigen (siehe oben).

Gallenkolik, Gallengangsentzündung: Bei akut auftretenden Koliken sowie bei einer akuten Gallenwegsentzündung ist ein kurzzeitiger (1 bis 2 Tage) vollständiger Nahrungsentzug angezeigt. Durch das Ausschalten aller Reize, die die Gallentätigkeit stimulieren können, soll eine möglichst weitgehende Ruhigstellung der Gallenblase und der abführenden Gallenwege erreicht werden. Als Trinkflüssigkeit eignet sich besonders ungesüßter Tee.

Nach dem Abklingen der akuten Beschwerden kann in der Regel sehr rasch mit dem Aufbau der Kost begonnen werden. Es bietet sich das übliche Schema mit der schrittweisen Zulage von Zwieback, dem Übergang zu Schleimsuppen und anschließend passierter Kost an (siehe Kap. 8.3). Als Dauerkost wird wie bei chronischen Gallenwegserkrankungen eine leichte Vollkost eingesetzt.

Chronische Gallenwegserkrankungen: Die Kost der Wahl ist die leichte Vollkost. Bestehende unspezifische Nahrungsmittelunverträglichkeiten sollten individuell ausgetestet werden. Die oft vertretene Ansicht, daß bei Gallenwegserkrankungen nur Butter als Streichfett vertragen wird, ist falsch. Als Streichfett bietet sich vorzugsweise Diätmargarine an.

Gallensteinleiden: Bei Gallensteinen ist eine leichte Vollkost die Ernährungsform der Wahl. Als Streichfette bieten sich Diätmargarinen an, zum Kochen und Braten pflanzliche Öle. Tierische Fette mit einem hohen Schmelzpunkt sind zu meiden. Weiterhin ist auf eine ballaststoffreiche Kost zu achten. Der Verzehr von Hülsenfrüchten ist aber auf ein Mindestmaß zu begrenzen. Zusätzlich sollte auf eine konsequente Begrenzung der Cholesterinaufnahme auf maximal 300 mg pro Tag geachtet werden (D-A-CH-Richtwert).

Ein gleichzeitig bestehendes Übergewicht erfordert eine kontinuierliche Gewichtsabnahme (hypokalorische Kost).

7.3 Erkrankungen der Bauchspeicheldrüse (Pankreas)

Erkrankungen der exokrinen Bauchspeicheldrüse haben auf Grund der zentralen Stellung der von ihr gebildeten Enzyme bei der Verdauung aller höhermolekularen Nahrungsbestandteile weitreichende Konsequenzen für den gesamten Organismus. Bei einer massiven Schädigung der Bauchspeicheldrüse besteht die zusätzliche Gefahr einer Schädigung des Inselzellsystems und der Ausbildung eines sekundären Diabetes.

7.3.1 Akute Pankreatitis

Die akute Pankreatitis ist eine schlagartig einsetzende Erkrankung, bei der die Verdauungsenzyme des Pankreas sofort nach ihrer Bildung bereits innerhalb des Drüsengewebes aktiviert werden. Die vorzeitig aktivierten eiweißspaltenden Enzyme dauen daher das sie produzierende Pankreasgewebe selbst an, und es kommt innerhalb kürzester Zeit zu einem massiven funktionellen Ausfall von großen Teilen des Pankreas und damit zu einer Einschränkung der Produktion von Verdauungsenzymen. Der Mechanismus, der zu dieser vorzeitigen Aktivierung der Verdauungsenzyme führt, ist noch nicht eindeutig geklärt.

Das dramatische Krankheitsbild einer akuten Pankreatitis ist durch die Spaltprodukte bedingt, die bei der Selbstverdauung gebildet werden, in die Blutbahn gelangen und dort bzw. an einzelnen Organen zu schwerwiegenden Schäden führen wie Blutdruckabfall bis zum Auftreten eines Kreislaufkollapses und Nierenschädigungen.

Der Umwandlung des inaktiven Trypsinogens in das aktive Trypsin kommt offenbar bei der vorzeitigen Aktivierung der Verdauungsenzyme eine Schlüsselrolle zu. Es spaltet nicht nur die Eiweiße der Pankreaszellen und leitet damit die Zellzerstörung ein, sondern es aktiviert auch die anderen hydrolytisch spaltenden Enzyme.

Für die Funktionsstörungen im Blutkreislauf und möglicherweise auch für die Störungen an anderen Organen ist möglicherweise die ebenfalls in großem Umfang aktivierte Phospholipase A verantwortlich, die aus den geschädigten Drüsenzellen des Pankreas in das Blut gelangt. Phospholipase A spaltet aus Lecithin Fettsäuren ab, das dabei gebildete Lysolecithin wirkt blutdrucksenkend und führt damit zu einem Blutdruckabfall bis zu einem bedrohlichen Kreislaufkollaps. Die Phospholipase A kann auch das in Biomembranen eingebaute Lecithin spalten und durch die dadurch verursachte Membranschädigung zu Beeinträchtigungen von Zellfunktionen führen.

Bei der Spaltung von Eiweißen durch die proteolytisch wirkenden Enzyme des Pankreas werden Peptide gebildet, die zum Teil toxische Eigenschaften zeigen. Solche Peptide können ebenfalls aus den geschädigten Pankreaszellen in das Blut gelangen, es ist aber auch denkbar, daß die proteolytischen Enzyme selbst an das Blut abgegeben werden, erst in betroffenen Organen wirken und in ihnen solche Peptide bilden. Solche toxische Peptide können insbesondere die Nierenfunktion schädigen, so daß es in schweren Fällen einer akuten Pankreatitis zum akuten Nierenversagen kommen kann (siehe Kap. 7.4.4). Außerdem können sie die Darmmuskulatur lähmen, was zum Ausfall der Darmperistaltik führt bis zum Krankheitsbild einer vollständigen Darmlähmung (Ileus).

Bei einer sehr umfangreichen Selbstverdauung der Bauchspeicheldrüse besteht die Gefahr, daß auch eine beträchtliche Anzahl von insulinbildenden Inselzellen zerstört wird mit der Gefahr eines Insulinmangels. Im Falle des Fortschreitens dieses Prozesses kommt es zur Ausbildung eines sog. sekundären Diabetes (siehe Kap. 7.6.3.2).

Krankheitsursachen

Die Ursachen für das Entstehen einer akuten Pankreatitis sind nicht eindeutig geklärt. Eine gewisse Bedeutung kommt dabei Erkrankungen der Gallenwege zu, in deren Gefolge es zu einem Rückfluß von Duodenalsaft bis in die Drüsenzellen hinein kommen kann. Durch eine Beimischung von Gallenflüssigkeit aus dem Duodenum wird die Selbstverdauung beschleunigt, da die Gallensäuren eine emulgierende Wirkung haben und damit zu einer zusätzlichen Schädigung von lipidhaltigen Membranstrukturen führen.

Auch akute Vergiftungen sind mögliche Ursachen einer akuten Pankreatitis. Im Vordergrund steht dabei eine Alkoholintoxikation, aber auch eine urämische Intoxikation bei einer chronischen Niereninsuffizienz (siehe Kap. 7.4.5), eine Ketoacidose im diabetischen Koma (siehe Kap. 7.6.3.4) oder bakterielle Toxine (bei Infektionskrankheiten wie Scharlach oder Mumps) können ebenfalls auslösende Faktoren sein. Auch Stoffwechselerkrankungen, die mit einer Hyperlipidämie einhergehen, müssen als eine auslösende Ursache mit in Betracht gezogen werden.

Es gibt Hinweise, daß ein möglicher molekularer Mechanismus für die initiale Aktivierung der Pankreasenzyme eine überschießende Bildung von freien Sauerstoffradikalen ist (sog. oxidativer Streß), die dann von den Radikalfangmechanismen der Pankreaszellen nicht mehr rasch genug abgefangen werden können. Vorläufige Untersuchungen weisen darauf hin, daß das Entstehen der akuten Pankreatitis möglicherweise durch eine mangelhafte Versorgung mit Vitamin E, Vitamin C, β-Carotin und Vitamin A sowie mit Selen begünstigt wird. Sie unterstützen damit die Hypothese eines oxidativen Stresses. Beim Alkoholiker ist die Versorgung mit diesen o. g. essentiellen Nahrungsfaktoren meist mangelhaft.

Krankheitsbild

Typisches Zeichen einer akuten Pankreatitis sind blitzartig auftretende Schmerzen im Oberbauch, oft kurze Zeit nach einem opulenten Mahl. Brechreiz und Erbrechen sind häufige Begleitsymptome. Als Folge eines Stillstands der Darmperistaltik können Blähungen hinzutreten.

Bei schweren Erkrankungsfällen kommt es im weiteren Verlauf zu einem Blutdruckabfall und zu einem Kreislaufkollaps. Bei einer zusätzlichen Nierenschädigung ist die Harnbildung stark eingeschränkt. Ein sekundärer Diabetes tritt nur in seltenen Fällen auf. Die Schwere des Krankheitsbilds hängt im wesentlichen vom Ausmaß des Untergangs von Pankreasgewebe ab.

Die Prognose einer akuten Pankreatitis ist auch bei einer rechtzeitigen und intensiven Behandlung ernst. In 10 bis 20 % der Fälle führt sie zum Tod. Andererseits ist in vielen Fällen eine vollständige Ausheilung möglich, ohne daß Störungen oder Einschränkungen in der Verdauungsleistung zurückbleiben. Bei einer überstandenen akuten Pankreatitis besteht aber die große Gefahr, daß es nach einem schweren Diätfehler oder nach Alkoholabusus zu einem oft lebensgefährlichen Rückfall kommt.

Ernährungstherapie

Zielstellung der Ernährungstherapie ist, der weiteren Bildung von Verdauungsenzymen durch den Pankreas Einhalt zu gebieten und damit seine Selbstverdauung zu stoppen.

Eine entsprechende Ruhigstellung des exokrinen Pankreas kann nur erfolgen, wenn man vermeidet, seine Enzymproduktion anzuregen. Das ist nur möglich, wenn jegliche Aufnahme von Nahrung und Flüssigkeit konsequent unterbunden wird. Die Zufuhr von Flüssigkeit und von Nährstoffen muß in der akuten Phase einer Pankreatitis unter strikter Umgehung des Magen-Darm-Kanals parenteral erfolgen.

Mit einer eigentlichen Ernährungstherapie kann erst nach Abklingen der akuten Phase der Erkrankung begonnen werden. Die Ernährung muß dabei der schrittweisen Erholung der Pankreasfunktion angepaßt werden, eine unbedachte und zu schnelle Erweiterung der Nahrungsaufnahme muß unbedingt vermieden werden. Kleinste Unachtsamkeiten im Ernährungsregime können einen gefährlichen Rückfall auslösen.

Die Diät bei einer akuten Pankreatitis ist in 5 stufenweise aufeinanderfolgende Kostformen untergliedert (siehe ausführlich Kap. 8.7.1.1).

Der ersten Phase einer vollständigen Karenz der Nahrungs- und Flüssigkeitsaufnahme schließt sich eine Periode an, in der lediglich die Aufnahme von Trinkflüssigkeit ohne jegliche Zusätze erlaubt ist. Die Menge des erlaubten ungesüßten Tees wird vom Arzt festgelegt.

Auf diese Teephase folgt eine Periode, in der ausschließlich Kohlenhydrate in Form von Schleimsuppen angeboten werden. Die leicht aufschließbaren Stärkeprodukte stimulieren nur in geringem Maße die Produktion von Verdauungshormonen, sie sind keine Saftlocker. Erst danach werden der Kost schrittweise Eiweiße zugelegt, wobei auf deren leichter Verdaulichkeit besonders zu achten ist. Eine schonende Zubereitung der Speisen versteht sich von selbst. Die Bildung von Röstprodukten, die als Saftlocker wirken können, ist peinlichst zu vermeiden (anhängen oder anbrennen lassen von Schleimsuppen).

Die Ernährung ist in den ersten Wochen (meist etwa 8 Wochen) streng fettarm, erst danach erfolgt die schrittweise Zulage von Fett. Fette mit gesättigten Fettsäuren sind weitgehend zu meiden, es sind Pflanzenfette und Pflanzenöle einzusetzen (Diätmargarine und Diätöle), um damit die erforderliche Zufuhr von mehrfach ungesättigten Fettsäuren zu sichern. In vielen Fällen wird zumindest in der Anfangsphase auf MCT-Fette zurückgegriffen.

Nach dem Abklingen aller Beschwerden kann auf eine leichte Vollkost übergegangen werden. Hierbei muß die Fettzufuhr der Fettoleranz angepaßt werden. Auch möglicherweise bestehende unspezifische Nahrungsmittelunverträglichkeiten sind zu beachten. Es sind schonende Garverfahren einzusetzen.

Alkohol und Kaffee sind sowohl während einer akuten Pankreatitis als auch nach deren Ausheilung strikt verboten.

7.3.2 Chronische Pankreatitis

Als chronische Pankreatitis wird die Funktionseinschränkung des exokrinen Pankreas verstanden, die durch den fortschreitenden Untergang von Drüsengewebe bedingt ist. Dieser fortschreitende Untergang von Drüsengewebe ist die Folge von chronisch entzündlichen Prozessen. Diese entzündlichen Prozesse führen zusätzlich zu einer Wucherung des Bindegewebes, wodurch das aktive Drüsengewebe eingekapselt und dadurch aus räumlichen Gründen an seiner kompensatorischen Regeneration gehindert wird. Dieser Prozeß kann mit dem Einschnüren von Leberparenchymgewebe bei einer Leberzirrhose verglichen werden.

Ausfallserscheinungen, die sich in Störungen der Verdauungsfunktion (Maldigestion) als Folge einer unzureichenden Produktion von Verdauungsenzymen bemerkbar machen, treten erst relativ spät auf, in einigen Fällen erst, wenn bereits 80 bis 90 % des exokrinen Pankreasgewebes ausgefallen sind. Die Einschränkung in der Verdauungsleistung betrifft zuerst die Fettverdauung. Die Ausnutzung von Nahrungseiweißen wird erst beim weiteren Fortschreiten der degenerativen Prozesse reduziert. Die gestörte Verdauung der Nahrungsfette führt zu Fettstühlen (Steatorrhö) und Durchfällen. Als Folge der gestörten Verwertung der Nahrungsstoffe stellen sich relativ rasch Gewichtsverluste ein.

Bei einer fortgeschrittenen chronischen Pankreatitis kann es auf Grund der Zerstörung von Inselzellen zur Ausbildung eines sekundären Diabetes kommen.

Ursachen

Die häufigste Ursache einer chronische Pankreatitis ist ein chronischer Alkoholmißbrauch. Bei einem täglichen Konsum von 50 g Alkohol kann nach 5 bis 10 Jahren mit dem Auftreten einer chronischen Pankreatitis gerechnet werden. Es bestehen jedoch beträchtliche individuelle Unterschiede, die sowohl die Menge des konsumierten Alkohols als auch die Zeitdauer des Alkoholmißbrauchs bis zum Auftreten der ersten Ausfallserscheinungen betreffen. In einigen Fällen sollen bereits wesentlich geringere Alkoholmengen zur Ausbildung einer chronischen Pankreatitis geführt haben.

Chronische Gallenwegsinfekte können ebenfalls zu einer chronischen Pankreatitis führen. Es wird außerdem diskutiert, ob auch eine extrem einseitige hyperkalorische Ernährung mit Fett und Eiweiß zu einer Erkrankung führt.

Bei Kindern ist die Mucoviscidose, eine genetisch bedingte Erkrankung, die häufigste Ursache einer chronischen Pankreatitis (siehe Kap. 7.3.3). Auch eine sehr selten auftretende genetisch bedingte chronische Pankreatitis ist beschrieben worden.

Ernährungstherapie

Das Ziel der Ernährung ist, die Unterversorgung mit Nährstoffen infolge der bestehenden Maldigestion soweit wie möglich auszugleichen. Zusätzlich müssen die zu der Erkrankung führenden Ursachen ausgeschaltet werden, um das Fortschreiten des Untergangs von Pankreasgewebe zu stoppen oder zumindest zu verlangsamen. Es besteht daher ein striktes Alkoholverbot, auch wenn eine chronische Gallenwegserkrankung Ursache der chronischen Pankreatitis ist. Ein Stillstand des chronisch fortschreitenden Prozesses ist bei der alkoholinduzierten Erkrankung nur zu erreichen, wenn jeglicher Alkoholkonsum frühzeitig eingestellt wird, und zwar sofort nach der gestellten Diagnose.

Bei Einhaltung einer auf die bestehenden Funktionsausfälle ausgerichteten Kost kann in vielen Fällen, zumindest für eine gewisse Zeit, eine ausreichende Versorgung mit allen notwendigen Nährstoffen gesichert werden:

- Die Kost sollte energiereich sein. Die Nahrungsaufnahme ist auf mehrere gleich große Mahlzeiten (6 bis 10) zu verteilen. Die Kost muß gegebenenfalls mit Maltodextrin 19 angereichert werden.
- Alkohol ist strikt verboten.
- Die Fettzufuhr ist unter Berücksichtigung der konkreten Situation nur vorsichtig zu reduzieren. Die Einschränkung sollte so bemessen sein, daß das Auftreten von Fettstühlen gerade verhindert wird. Es sind vorrangig Fette einzusetzen, die reich an essentiellen Fettsäuren sind (Diätmargarinen und Diätöle). Bei der Fettauswahl sind Fette mit einem niedrigen Schmelzpunkt und Öle zu bevorzugen, da diese leichter emulgiert und damit besser aufgeschlossen werden als Fette

mit einem hohen Schmelzpunkt. Gegebenenfalls sind die Nahrungsfette teilweise durch MCT-Fette zu ersetzen.

- Auf die ausreichende Zufuhr von Vitaminen, hauptsächlich von fettlöslichen Vitaminen, ist zu achten.
- Bei der Versorgung mit Mineralstoffen ist insbesondere eine ausreichende Kalziumzufuhr zu sichern, da seine Resorption auf Grund der gestörten Fettresorption behindert sein kann. Es kann zur Bildung von wasserunlöslichen Kalziumseifen kommen (Kalziumsalze der Fettsäuren).
- Auf die ausreichende Aufnahme von Eiweiß und Kohlenhydraten muß geachtet werden, da nur sie wegen der eingeschränkten Fettresorption die ausreichende Energiebereitstellung garantieren können. Der Patient darf sich die eiweiß- und kohlenhydrathaltigen Lebensmittel ohne große Einschränkungen nach Belieben auswählen, wodurch eine abwechslungsreiche Kost gestaltet werden kann. Einschränkungen bestehen lediglich bei Lebensmitteln mit einem hohen Anteil an verborgenem Fett wie z. B. Wurstwaren.
- Die eingeschränkte Produktion von Verdauungsenzymen erfordert in vielen Fällen deren Ergänzung durch Pankreasenzympräparate.

In fortgeschrittenen Stadien mit einer ausgeprägten Störung der Nahrungsverwertung kann der Einsatz einer chemisch definierten Formeldiät erforderlich werden (siehe Kap. 10.3).

7.3.3 Weitere Pankreaserkrankungen

Neben der akuten und chronischen Pankreatitis gewinnen zunehmend Pankreaskarzinome an Bedeutung, sie nehmen bei Krebserkrankungen die 4. Stelle ein. Die Behandlung des Karzinoms besteht in der operativen Entfernung des bösartig entarteten Pankreasgewebes bis hin zur vollständigen Entfernung des Pankreas (totale Pankreatektomie). Auch die cystische Pankreasfibrose, die bei einer Mucoviscidose auftritt, ist häufiger zu beobachten. Die Fortschritte in der Behandlung dieser genetisch bedingten Erkrankung hat die Lebenserwartung wesentlich verlängert. In all diesen Fällen ergeben sich besondere Anforderungen an die Ernährung:

Totale Pankreatektomie

Bei einer operativen Entfernung des Pankreas fallen alle Pankreasfunktionen vollständig aus. Sie müssen durch die Verabreichung von Pankreasenzympräparaten und durch die Injektion von Insulin ausgeglichen werden. Die Substitution der Pankreasenzyme und die Vorgaben für die Diät werden vom Arzt festgelegt.

Folgendes ist dabei zu beachten:

- Die Fettverwertung ist trotz der Verabreichung von Enzympräparaten die Schwachstelle der Verdauung. Bei Einhaltung der entsprechenden Gesichtspunkte bei der Auswahl der Fette und deren Verteilung auf die einzelnen Mahlzeiten können in der Regel 80 bis 100 g Nahrungsfett in ausreichendem Maße ausgenutzt werden. Damit ist auch die Versorgung mit fettlöslichen Vitaminen gesichert.
  Es sind vorwiegend pflanzliche Fette und Öle (Diätmargarine, Diätöle) mit einem hohen Anteil an mehrfach ungesättigten Fettsäuren einzusetzen, ein Teil der Fettzufuhr ist durch MCT-Fette abzudecken. Fette mit hohem Schmelzpunkt sind zu meiden.
- Die Ausnutzung von Eiweiß und Stärke ist bei der Gabe von Enzympräparaten kaum behindert. Voraussetzung hierfür ist, daß die Nahrung durch eine sachgerechte Zubereitung leicht aufgeschlossen werden kann (ausreichendes Quellen der Stärke, leicht verdauliches Fleisch, Bevorzugung von Milch und Milcherzeugnissen, keine hartgekochten Eier).
- Schwer aufschließbare Nahrung ist zu meiden. Es sind solche ballaststoffreiche Lebensmittel zu bevorzugen, die einen relativ hohen Anteil an wasserlöslichen Ballaststoffen aufweisen.
- Bei der Speisenzubereitung ist auf ein ausreichendes Garen zu achten. Kurzgebratenes mit krosser Kruste ist dagegen zu meiden.

Mucoviscidose

Die Mucoviscidose ist eine genetisch bedingte Erkrankung, bei der das Sekret aller exokrinen Körperdrüsen eine atypische, zähflüssige Konsistenz aufweist. Das betrifft insbesondere die Sekrete der Schweißdrüsen, der Schleimdrüsen der Atemwege, hauptsächlich der feinen Bronchialverästelungen, und der Drüsen in den Ausführungsgängen des Pankreas. Das zähflüssige Sekret kann aus den Ausführungsgängen der Drüsen bzw. der Bronchialverästelungen schwer entfernt werden. Die Sekrete können deshalb nicht mehr abfließen, sie stauen zurück und führen in den betreffenden Drüsen bzw. Organen zu schweren Funktionsstörungen. In der Lunge wird der Gasaustausch schwer behindert, deshalb kommt es zu einem generellen Sauerstoffmangel. Der unzureichende Abfluß von Pankreassaft ist für eine unzureichende Verdauung aller höhermolekularen Nährstoffe verantwortlich.

Die Ausfallserscheinungen einer Mucoviscidose treten bereits im Kindesalter auf. Die Lebenserwartung war noch vor einigen Jahren sehr schlecht. In den letzten Jahren sind jedoch erhebliche Fortschritte bei der Behandlung der Folgeerscheinungen der Mucoviscidose erzielt worden, die die Lebenserwartung beträchtlich verbessern (Verbesserung der Atemfunktion und Verringerung des Auftretens von fatalen Lungenentzündungen). Darum gewinnen nunmehr die mucoviscidosebedingten Funktionsstörungen des Pankreas (cystische Pankreasfibrose) zunehmend an Bedeutung.

Krankheitsbild: Wegen der Verlegung der Ausführungsgänge des Pankreas kommt es zu einem Rückstau des Pankreassafts. Der dadurch bedingte Mangel an Verdauungsenzymen führt zunehmend zu einer verminderten Ausnutzung der Nahrung, beginnend mit Störungen in der Verwertung der Nahrungsfette. Zusätzlich werden durch den Rückstau von Pankreassaft die exokrinen Pankreaszellen geschädigt, sie sterben ab und werden durch Bindegewebe ersetzt. Im Verlauf dieses Prozesses bilden sich im Pankreas kleine Hohlräume aus, die kein funktionelles Gewebe mehr enthalten (cystische Fibrose). Die durch den Mangel an Verdauungsenzymen bedingte eingeschränkte Verdauungsleistung ist von besonderer Brisanz, da sie Kinder und Jugendliche betrifft, die sich in der Wachstumsphase befinden und damit einen erhöhten Nährstoff- und Energiebedarf haben.

Ernährungstherapie: Neben der Gabe von Enzympräparaten wird eine energie- und nährstoffreiche Kost angestrebt, die sich an der noch erhalten gebliebenen Enzymproduktion des Pankreas und der Effektivität der verabfolgten Enzympräparate orientieren muß. Das betrifft insbesondere die Höhe der Fettzufuhr und die Auswahl der Nahrungsfette einschließlich den Einsatz von MCT-Fetten, die Verteilung der Nahrungsaufnahme auf mehrere Mahlzeiten und die Versorgung mit Eiweiß von hoher biologischer Wertigkeit. Deshalb sind folgende Punkte bei der Kostplangestaltung besonders zu berücksichtigen:

- energie- und nährstoffreiche Kost, bevorzugter Einsatz von Lebensmitteln mit einer hohen Nährstoffdichte, die außerdem leicht aufschließbar sind,
- abwechslungsreich gestalteter Kostplan, Aufteilung der Nahrungsaufnahme auf zusätzliche Mahlzeiten (mindestens 5 bis 6 Mahlzeiten pro Tag),
- Anpassen der Fettzufuhr an die noch vorhandene Kapazität der Fettverdauung (Fettstühle vermeiden), bei zunehmenden Störungen in der Fettverdauung die Nahrungsfette schrittweise durch MCT-Fette ersetzen,
- auf die ausreichende Versorgung mit essentiellen Fettsäuren achten, Fette mit hohem Schmelzpunkt grundsätzlich meiden, die Fettzufuhr tunlichst gleichmäßig auf alle Mahlzeiten (auch auf die Zwischenmahlzeiten) aufteilen,
- bevorzugt Eiweiße mit hoher biologischer Wertigkeit einsetzen, den Ergänzungswert von Eiweißen ausnutzen,
- auf eine möglichst optimale Vitamin- und Mineralstoffversorgung achten,
- die Mahlzeiten bei Bedarf zusätzlich anreichern (Maltodextrin 19).

In zunehmendem Maße werden von den Einrichtungen der Mucoviscidose-Stiftung individuelle Ernährungsempfehlungen gegeben.

7.4 Nierenerkrankungen

Die Nieren verfügen über eine große Leistungsreserve. Deswegen treten bei vielen Nierenerkrankungen auffällige Ausfallserscheinungen und Schmerzen erst im späteren Verlauf auf. Es besteht somit die Gefahr, daß notwendige Diäten, die eine Heilung begünstigen, nicht rechtzeitig und konsequent genug eingehalten werden.

Die Harnbereitung der Nieren erfolgt in den Nephronen durch Filtration des Primärharns und anschließender Rückresorption von Wasser, Mineralstoffen und wichtigen niedermolekularen Substanzen wie Glucose und Aminosäuren aus dem Primärharn. Zusätzlich werden in den Tubuli nicht filtrierte harnpflichtige Substanzen durch aktive Prozesse, sog. Exkretion, ausgeschieden (siehe Kap. 2.3.6.1.1).

Allgemeine pathophysiologische Gesichtspunkte

Bei Nierenerkrankungen sind in der Regel alle Funktionen betroffen, wenn auch in unterschiedlichem Ausmaß und mit teilweise unterschiedlichen Folgen, bedingt durch die engen wechselseitigen Beziehungen, die zwischen den einzelnen Funktionen bestehen und zur Produktion des Harns führen.

Die komplexen Störungen bei Nierenerkrankungen lassen sich zunächst 5 großen Funktionsbereichen zuordnen:

- Ausscheidung harnpflichtiger Substanzen
- Regulation des Säure-Basen-Haushalts
- Regulation des Mineralstoffhaushalts
- Regulation des Wasserhaushalts
- Mitwirkung bei weiteren wichtigen Körperfunktionen

Ausscheidung harnpflichtiger Substanzen: Unter harnpflichtigen Substanzen werden alle die wasserlöslichen Substanzen verstanden, die im Stoffwechsel entstehen oder die mit der Nahrung aufgenommen werden und die im Organismus nicht vollständig zu Kohlendioxid und Wasser verbrannt werden können. Ein Anstau von diesen Substanzen im Körper führt an verschiedenen Organen zu Schädigungen. Einige dieser Stoffe sind bereits in niedriger Konzentration toxisch und können somit rasch spezifische Vergiftungserscheinungen, insbesondere im Zentralnervensystem, auslösen. Diese äußern sich in Übelkeit, Erbrechen und Schläfrigkeit und führen schließlich zu Ausfallserscheinungen von Hirnfunktionen, die lebensbedrohlich sind.

Bei dem Großteil der harnpflichtigen Substanzen handelt es sich im wesentlichen um stickstoffhaltige Abbauprodukte des Aminosäurestoffwechsels. Sie werden auch unter dem Begriff „Rest-Stickstoff" („Rest-N") zusammengefaßt.

Harnstoff ist mengenmäßig die wichtigste harnpflichtige Substanz. Er wird in der Leber bei der Entgiftung des zelltoxischen Ammoniaks gebildet und ist relativ ungiftig. Nur in größeren Konzentrationen führt er im gesamten Organismus zu Funktionsstörungen (Entzug von Lösungswasser und Beeinflussung der Raumstruktur von Eiweißen).

An 2. Stelle der harnpflichtigen Substanzen steht, mengenmäßig gesehen, das Creatinin. Creatinin ist das Abbauprodukt des Creatins (eine stickstoffhaltige Verbindung), das als energiereiches Creatinphosphat bei der Muskelfunktion einbezogen ist.

Die mengenmäßig zwar im Hintergrund stehenden Abbauprodukte von aromatischen Aminosäuren sind die giftigsten harnpflichtigen Substanzen.

Darüber hinaus gibt es eine Vielzahl von weiteren harnpflichtigen Substanzen, die entweder mit der Nahrung aufgenommen werden oder bei Stoffwechselreaktionen entstehen (z. B. Ketonkörper, Harnsäure, Oxalsäure u. a.).

<u>Regulation des Säure-Basen-Haushalts:</u> Durch die gezielte Ausscheidung von überschüssigen Elektrolyten, insbesondere Natrium und Kalium, und durch die Rückresorption von wichtigen Mineralstoffen, die an dessen Regulation beteiligt sind (z. B. Phosphate), wird die optimale Konzentration der Elektrolyte in allen Körperflüssigkeiten gesichert und dabei gleichzeitig deren p_H-Wert reguliert. Die Rückresorption des Natriums wird durch die in der Nebennierenrinde gebildeten Mineralocorticoide, insbesondere durch das Aldosteron gesteuert. Sie stimulieren die Rückresorption von Natriumionen und verhindern dadurch Natriumverluste.

Störungen im Säure-Basen-Haushalt auf Grund einer eingeschränkten Nierenfunktion führen zu Funktionsstörungen des gesamten Organismus mit weitreichenden Konsequenzen (z. B. Acidose).

<u>Regulation des Mineralstoffhaushalts:</u> Die Nieren sind auch bei der Aufrechterhaltung der optimalen Konzentrationen anderer Mineralstoffe beteiligt, die nicht in die Regulation des Säure-Basen-Haushalts einbezogen sind. Das betrifft insbesondere die Ausscheidung bzw. gezielte Rückresorption von Kalzium und von anderen Erdalkalimetallen.

<u>Regulation des Wasserhaushalts:</u> Durch die Rückresorption von Wasser aus dem Primärharn werden übermäßige Wasserverluste vermieden. Die Rückresorption von Wasser wird hormonell gesteuert. Bei Fehlen von Vasopressin (Hormon des Hypophysenhinterlappens) ist die Niere nicht mehr in der Lage, den Harn zu konzentrieren, und es kommt dann zur Aus-

scheidung eines stark verdünnten Harns. Die tägliche Harnmenge kann dann 10 bis 20 l betragen. Die bei diesem Krankheitsbild eines Diabetes insipidus (geschmacklose Zuckerharnruhr) auftretenden Wasserverluste müssen kontinuierlich durch eine entsprechende Menge an Trinkflüssigkeit ersetzt werden.

Mitwirkung bei weiteren wichtigen Körperfunktionen: Die Nieren sind bei der Blutdruckregulation durch Bildung des Enzyms Renin beteiligt. Das Renin überführt das im Blut zirkulierende Hypertensinogen (in der Leber gebildetes spezifisches Eiweiß) in das Angiotensin, das die stärkste blutdrucksteigernde Substanz ist.

Die Nieren fördern durch die Produktion des Hormons Erythropoetins, das bei der Reifung der roten Blutzellen im Knochenmark stimulierend eingreift, die Bildung der roten Blutzellen. Bei einer unzureichenden Bildung von Erythropoetin kommt es zu einer Anämie und damit zu einer Einschränkung des Sauerstofftransports.

Die Nieren sind bei der Bildung des aktiven Vitamin D und somit bei der Regulation des Kalziumstoffwechsels einbezogen (siehe oben).

Generelle Gesichtspunkte der Ernährungstherapie bei Nierenerkrankungen

Die mannigfaltigen und recht unterschiedlichen Störungen in der Nierenfunktion, die bei den verschiedenen Nierenerkrankungen auftreten können, erfordern eine unterschiedliche, den Ausfallserscheinungen angepaßte Ernährung. Dabei sind folgende Grundprämissen zu beachten, die den spezifischen Nierenfunktionen Rechnung tragen:

- Eiweißzufuhr
  Die Eiweißzufuhr muß den jeweiligen Gegebenheiten angepaßt werden. Eine eiweißarme Ernährung ist nicht bei allen Nierenerkrankungen erforderlich, wie häufig angenommen wird. Sie muß nur bei bestimmten Formen einer akuten Nierenentzündung eingehalten werden sowie bei der eingeschränkten Ausscheidung von harnpflichtigen Substanzen. Bei erhöhten Eiweißverlusten mit dem Harn kann es vielmehr erforderlich werden, eine entsprechende Menge an Nahrungseiweiß zusätzlich aufzunehmen, die die Verluste ausgleicht.
- Flüssigkeitszufuhr
  Auch die Flüssigkeitszufuhr muß der aktuellen Situation im Wasserhaushalt angepaßt werden. Bei den meisten Nierenerkrankungen ist eine ausreichende Wasserzufuhr erforderlich. Sie ist nur bei einer verminderten Wasserausscheidung und der dadurch bedingten Wasserretention (Zurückhalten von Wasser in den Geweben, Ausbildung von Ödemen) auf ausdrückliche Anweisung des Arztes hin einzuschränken.

- Natriumzufuhr (Kochsalzzufuhr)
  Die Aufnahme von Kochsalz ist in nahezu allen Fällen von Nierenerkrankungen zu begrenzen. In vielen Fällen ist eine kochsalzarme Kost erforderlich. Bei hohen Verlusten von Natrium, die allerdings selten vorkommen, kann jedoch auch eine kochsalzreichere Kost zur Kompensation der Verluste erforderlich werden.
- Kaliumzufuhr
  Die Kaliumzufuhr richtet sich nach der Höhe der Kaliumausscheidung. Diese ist auch bei den meisten Nierenerkrankungen nicht gestört, so daß eine Kontrolle der Kaliumaufnahme meist nicht erforderlich ist. Bei einer verminderten Kaliumausscheidung, insbesondere bei bestehender chronischer Niereninsuffizienz und einer dadurch bedingten Hyperkalämie (erhöhte Kaliumblutwerte), ist eine kaliumarme Kost erforderlich.

7.4.1 Akute Glomerulonephritis (akute Nierenentzündung)

Ursache einer akuten Glomerulonephritis ist eine entzündliche Schädigung der Nierenkörperchen (Glomerula). Auslösende Faktoren für diese Entzündung sind vorrangig Bakterientoxine. Sie werden von Bakterien, vorwiegend Streptokokken, die im Körper zu spezifischen Erkrankungen (Anginen, Scharlach u. a.) geführt haben, an das Blut abgegeben und mit diesem auch in die Nieren transportiert. Diese Bakterientoxine heften sich an den empfindlichen Membranstrukturen der Glomerula an, verursachen deren entzündliche Schwellung und eine Schädigung der Membranen der kapillaren Gefäßknäuel in den Nierenkörperchen.

Daraus ergeben sich folgende Konsequenzen:

- Durch die Schwellung wird der Blutdurchfluß durch die Glomerula behindert. Der dadurch entstehende größere Strömungswiderstand führt nicht nur zu einer eingeschränkten Durchblutung der Glomerula, sondern auch zu einer Erhöhung des Blutdrucks. Der Blutdruck wird auf Grund des verminderten Blutflusses durch die Nieren zusätzlich durch die renalen Regulationsmechanismen gesteigert (Reninfreisetzung mit nachfolgender Angiotensinbildung, siehe Kap. 7.5.2). Die Blutdruckerhöhung gleicht die verminderte Nierendurchblutung zumindest teilweise wieder aus, wodurch die Bildung des Primärharns und die Ausscheidung von harnpflichtigen Substanzen vorerst gesichert wird.
- Die ebenfalls geschädigten Glomeruluskapillaren werden durchlässiger. Deshalb können auch Substanzen mit größeren Molekulargewichten die Glomerulusmembranen passieren und in den Primärharn übertreten (im wesentlichen niedermolekulare Eiweiße, hauptsächlich Plas-

maalbumin). Höhermolekulare Substanzen werden normalerweise nicht oder nur in unwesentlichen Mengen in den Primärharn filtriert. Bei einer massiven Schädigung der Kapillaren können diese auch von Blutkörperchen passiert werden, vorzugsweise von roten Blutzellen.

Im weiteren Verlauf der akuten Glomerulonephritis kommt es meist auch bei den Tubulusfunktionen zu Funktionseinschränkungen, da diese ebenfalls weniger durchblutet und durch die Toxine geschädigt werden können. Daraus ergeben sich folgende Konsequenzen:

- Die geregelte Rückresorption und Sekretion von Mineralstoffen kann beeinträchtigt werden, so daß das Gleichgewicht der Elekrolyte in den Körperflüssigkeiten gestört wird. Vorrangig ist die aktive Sekretion beeinträchtigt, wodurch die Ausscheidung von Mineralstoffen, insbesondere von Natrium, erniedrigt wird. Die Folge ist ein Anstieg der Natriumkonzentration in den Körperflüssigkeiten.
- Infolge der verringerten Ausscheidung von Mineralstoffen, insbesondere von Natrium, wird auch weniger Wasser ausgeschieden, da die zurückgehaltenen Mineralstoffe zusätzliches Lösungswasser binden.
- Die Retention von Wasser und von Mineralstoffen erhöht das Volumen der gesamten extrazellulären Flüssigkeiten und begünstigt damit die Ausbildung von Ödemen.

Krankheitsbild

Eine akute Glomerulonephritis tritt gehäuft bei Kindern und Jugendlichen als Begleitkrankheit einer Streptokokkeninfektion auf (Angina, Scharlach). Auch bei Erwachsenen sind eitrige Anginen die häufigste Ursache. Eine akute Glomerulonephritis heilt in vielen Fällen aus (im Kindesalter in etwa 80 %, im Erwachsenenalter in etwa 65 % der Fälle). In den übrigen Fällen geht sie in eine chronische Glomerulonephritis über, die im Laufe der Zeit zu einer Niereninsuffizienz führen kann.

Eine akute Glomerulonephritis kann recht unterschiedliche Symptome zeigen. Zeichen eines Unwohlseins und Krankfühlens, gekoppelt mit Appetitlosigkeit, Übelkeit und Erbrechen, können mitunter die einzigen Symptome sein. Häufig treten jedoch zusätzlich Schmerzen in der Nierengegend hinzu. Der Urin ist in vielen Fällen bedingt durch die Ausscheidung von roten Blutzellen rot oder rötlich gefärbt. Mitunter können schon frühzeitig Ödeme auftreten. In vielen Fällen kommt es zu einer Erhöhung des Blutdrucks.

Ernährungstherapie

Ziel der Ernährungstherapie ist eine Entlastung der Nierenfunktion für die Dauer des akuten Entzündungsprozesses. Dabei ist dem jeweiligen Funktionszustand der Nieren und dem Zustand des Wasser- und Elektrolythaushalts Rechnung zu tragen.

- Beschränkung der Natriumzufuhr

  In der Regel wird eine kochsalzarme Kost (maximal 3 g Kochsalz pro Tag) verordnet, eine streng kochsalzarme Kost (1 g Kochsalz pro Tag) nur bei schweren Verlaufsformen.

  Die Beschränkung der Kochsalzzufuhr entlastet die Ausscheidungsfunktion der Niere für Kochsalz. Die Kochsalzausscheidung beträgt bei völlig fehlender Aufnahme von Kochsalz etwa 1 g. Eine Einschränkung der Natriumaufnahme verhindert gleichzeitig eine verstärkte Kochsalzretention in den Geweben. Dadurch wird der Ausbildung von Ödemen und einer natriuminduzierten Blutdruckerhöhung entgegengewirkt.

  Bei einer längere Zeit eingehaltenen kochsalzarmen Kost ist auf die ausreichende Jodzufuhr besonders zu achten.

- Beschränkung der Flüssigkeitszufuhr

  Die Beschränkung der Flüssigkeitszufuhr beugt der Gefahr einer Wasserretention und der Ausbildung von Ödemen vor. Die Flüssigkeitsaufnahme soll nur die tatsächlich entstandenen Wasserverluste ausgleichen, wodurch ein ausgeglichener Wasserhaushalt gesichert werden kann. Die Höhe der täglichen Flüssigkeitszufuhr richtet sich demzufolge nach der ausgeschiedenen Harnmenge. Sie ergibt sich aus dem Volumen des gesammelten Harns des Vortags (sog. 24-Stunden-Harn), dem 500 ml zugeschlagen werden als Ausgleich für Wasserverluste durch den Schweiß und über die Atemluft.

- Beschränkung der Eiweißzufuhr

  Eine Beschränkung der Eiweißaufnahme verringert den Abbau von Eiweißen und damit die Bildung von Harnstoff und von toxischen Produkten aus dem Abbau von aromatischen Aminosäuren. Der geringere Anfall von harnpflichtigen Substanzen entlastet die Nieren, gleichzeitig wird die Gefahr einer Intoxikation verringert.

  Die Eiweißzufuhr wird in der Regel auf 40 g pro Tag reduziert. In schwereren Fällen kann die Eiweißzufuhr bis auf 25 g begrenzt werden.

  Eine eiweißfreie Ernährung ist nicht geeignet, sondern sogar gefährlich, da sie zum Einschmelzen von Körpereiweiß führt. Auch dabei werden Harnstoff und toxische Abbauprodukte gebildet.

  Bei der Auswahl der Nahrungseiweiße sind solche mit einer hohen biologischen Wertigkeit und selektive Proteine (Milch und Milcherzeugnisse und Käse sowie Eier) vorrangig zu berücksichtigen. Fleisch, Fleischwaren und Wurst sowie Fisch und Fischprodukte sind weitgehend zu meiden.

- Sicherung einer ausreichenden Energiezufuhr

  Auf die ausreichende Zufuhr von Kohlenhydraten und Nahrungsfetten entsprechend den Empfehlungen für eine vollwertige Ernährung ist besonders zu achten. Durch das ausreichende Angebot an Kohlenhydraten wird ein Einschmelzen von Körpereiweiß zur Energiebereitstellung unterbunden. In Anbetracht eines möglicherweise erhöhten Energiebedarfs für Regenerationsprozesse ist bei normgewichtigen Patienten eine hyperkalorische Kost angezeigt.

- Beschränkung der Kaliumzufuhr
  In einigen seltenen Fällen kann es zu einer verminderten Ausscheidung von Kalium und damit zu einem Anstieg von Kalium in den Körperflüssigkeiten kommen (Hyperkalämie). Eine Hyperkalämie kann zu Störungen in der Erregbarkeit der Muskulatur führen, insbesondere zu Störungen in der geordneten Kontraktion des Herzmuskels. Beim Vorliegen einer Hyperkalämie muß daher eine kaliumarme Kost verabreicht werden. Kartoffeln als kaliumreichstes Lebensmittel sind möglichst zu meiden. Sie dürfen in Ausnahmefällen nur nach gründlichem Wässern zubereitet und verzehrt werden (siehe Kap. 8.6.2.1).

Bei günstigem Verlauf einer akuten Glomerulonephritis können die Einschränkungen in der Kost schrittweise gelockert werden, bis auf eine normale vollwertige Ernährung übergegangen werden kann. Eine kochsalzreduzierte Kost sollte auch später grundsätzlich eingehalten werden.

7.4.2 Chronische Glomerulonephritis (chronische Nierenentzündung)

Eine chronischen Glomerulonephritis entwickelt sich im Gefolge von langsam fortschreitenden Veränderungen an den Glomerula. Es kommt dabei zu Ablagerungen von stoffwechselträgen Makromolekülen, die eine Verdickung der Kapillaren und der Glomeruluskapsel zum Ergebnis haben (sog. Sklerosierung der Glomerula). Diese Verdickungen führen zu räumlichen Einengungen innerhalb der Glomerula und zu einer Behinderung der Filtration des Primärharns. Die Funktion der Glomerula wird dadurch kontinuierlich eingeschränkt. Besonders stark geschädigte Nephronen fallen mit dem Fortschreiten dieses Prozesses aus. Die Nierenfunktion wird dadurch in ihrem Umfang zunehmend begrenzt, was letztendlich zu einer unzureichenden Nierenfunktion, zu einer chronischen Niereninsuffizenz führt (siehe Kap. 7.4.5).

Parallel zu dieser Filtrationseinschränkung kommt es auch zum „Undichtwerden" von einigen Nierenkörperchen, die deshalb von höhermolekularen Substanzen passiert werden können. Dies hat das Ausscheiden von Eiweiß mit dem Harn, vorwiegend von Plasmaalbumin, zur Folge. Die durch die Sklerosierung bedingte Behinderung des Blutflusses durch die Nierenkörperchen zieht außerdem eine Blutdruckerhöhung nach sich.

Eine chronische Glomerulonephritis entwickelt sich meist aus einer nicht ausgeheilten akuten Glomerulonephritis. Auch andere, noch nicht näher bekannte Schädigungen können für ihr Entstehen verantwortlich sein.

Bei einer chronischen Glomerulonephritis kann zwischen 2 unterschiedlichen Verlaufsformen unterschieden werden, die jeweils unterschiedliche diätetische Maßnahmen erfordern:

- Vaskuläre Verlaufsform
  Bei der vaskulären Verlaufsform stehen die sklerotischen Veränderungen an den Glomerula im Vordergrund. Diese bedingen eine Verengung der Kapillaren und damit eine sehr ausgeprägte Verringerung des Blutdurchflusses. Die Folge ist eine besonders auffällige Blutdruckerhöhung. Eiweißverluste durch den Harn treten nicht oder nur in geringem Maße auf.
- Nephrotische Verlaufsform
  Bei der nephrotischen Verlaufsform sind die Glomerula in der Weise geschädigt, daß diese von Plasmaalbuminen leichter passiert werden können. Es kommt vorrangig zu einer erhöhten Eiweißausscheidung mit dem Harn. Der Blutdruck ist dagegen oft normal oder nur gering erhöht. Die ständigen Eiweißverluste erniedrigen die Wasserbindungskapazität des Blutplasmas, wodurch die Ausbildung von Ödemen begünstigt wird.

Ernährungstherapie der vaskulären Verlaufsform

- Kochsalzaufnahme
  Im Vordergrund steht die konsequente Einschränkung der Kochsalzzufuhr durch eine natriumarme, in seltenen Fällen streng natriumarme Kost, um einer Blutdruckerhöhung entgegenzusteuern. Durch eine Senkung des erhöhten Blutdrucks kann auch die Schädigung der Glomerulagefäße in Grenzen gehalten werden.
  Die Einschränkung der Kochsalzaufnahme bedeutet eine ungenügende Versorgung mit Jod. Deswegen ist eine medikamentöse Ergänzung der Jodversorgung erforderlich.
- Eiweißaufnahme
  Die Höhe der Eiweißaufnahme hängt entscheidend vom Zustand der Ausscheidungsfunktion der Nieren für harnpflichtige Substanzen ab. Die Eiweißzufuhr wird bei einer ausreichenden Entgiftungsfunktion nicht übermäßig eingeschränkt, sollte aber auf keinen Fall erhöht sein (keinesfalls über 0,6 g/kg Körpergewicht).
  Der Verzehr von Fleisch und Fleischwaren ist jedoch drastisch zu reduzieren, um die Aufnahme von Purinkörpern und dadurch die Bildung von Harnsäure einzuschränken. Der Prozeß der aktiven Ausscheidung der Harnsäure (Sekretion durch die Tubuli) ist oft beeinträchtigt. Einer ovolactovegetabilen Kost ist der Vorzug zu geben.

Es gibt Hinweise, daß das Fortschreiten der degenerativen Prozesse möglicherweise durch eine frühzeitige Einschränkung der Eiweißzufuhr verzögert werden kann. Bei der sorgfältigen Auswahl der Nahrungseiweiße (hohe biologische Wertigkeit, Ausnutzung des Ergänzungswerte) kann eine ausgeglichene Eiweißbilanz mit einer Eiweißaufnahme von 40 g pro Tag problemlos gesichert werden.

- Energiezufuhr

Die Energiezufuhr hat sich dem Bedarf anzupassen. Bei bestehender Adipositas ist eine Gewichtsreduktion durch eine hypokalorische Mischkost erforderlich.

Ernährungstherapie der nephrotischen Verlaufsform

- Eiweißaufnahme

Die Höhe des aufgenommenen Nahrungseiweißes muß den jeweiligen Erfordernissen angepaßt sein. Die Eiweißaufnahme sollte so gering wie möglich gehalten werden, auch wenn es zu ständigen Eiweißverlusten auf Grund der Eiweißausscheidung mit dem Harn kommt. Eine negative Stickstoffbilanz sollte aber möglichst vermieden werden. Eine eiweißreiche Kost wird erst dann erforderlich, wenn die Stickstoffbilanz negativ wird und wenn Ödeme auftreten. Eine nicht unbedingt erforderliche eiweißreiche Kost führt zu einer gesteigerten Eiweißausscheidung mit dem Harn, zu einem verstärkten Abbau der nicht benötigten Aminosäuren mit einem erhöhten Anfall an harnpflichtigen Substanzen und beeinflußt somit den Verlauf der Erkrankung negativ.

Bei sorgsamer Auswahl der Nahrungseiweiße kann bei vielen Patienten mit 0,8 g Eiweiß pro kg Körpergewicht eine gerade noch ausgeglichene Eiweißbilanz gesichert werden. Die früher übliche Zufuhr von 1,6 g Eiweiß pro kg Körpergewicht wird nicht mehr überall praktiziert.

Auf Fleisch, Fleisch- und Wurstwaren ist weitgehend zu verzichten.

- Kochsalzaufnahme

Eine natriumarme Kost ist auch bei der nephrotischen Form erforderlich. Als Folge der niedrigeren Konzentration der Plasmaproteine (Verluste mit dem Harn) ist das Blutvolumen etwas vermindert. Daher wird in den Nieren weniger Natrium ausgeschieden, es kommt zu einer Natriumretention.

Bei einer über längere Zeit eingehaltenen kochsalzarmen Kost ist auf die ausreichende (medikamentöse) Jodzufuhr zu achten.

- Energiezufuhr

Bei der Kostplangestaltung ist das Augenmerk darauf zu richten, daß der Bedarf an Nahrungsenergie jederzeit durch die ausreichende Aufnahme von Kohlenhydraten und Fett abgesichert wird, um ein Einschmelzen von Körpereiweiß zur Energiegewinnung zu verhindern.

Die Nahrungsaufnahme ist auf eine größere Anzahl von relativ gleich großen Mahlzeiten zu verteilen (mindestens 5). Besonderer Wert ist auf den Verzehr von stärkehaltigen Nahrungsmitteln zu legen, während der Verzehr von rasch resorbierbarem Zucker einzuschränken ist. Bei der Fettauswahl sind Fette und Öle mit hohen Anteilen an mehrfach ungesättigten Fettsäuren und Ölsäure zu bevorzugen.

7.4.3 Nephrotisches Syndrom

Unter einem nephrotischen Syndrom werden Nierenschädigungen verstanden, bei denen es zu massiven Eiweißverlusten mit dem Harn kommt. Die Schädigungen, die dem Kankheitsbild zugrunde liegen, betreffen die Kapillaren der Glomerula, wodurch große Mengen von Plasmaproteinen, vorrangig Albumin, mit dem Primärharn abfiltriert werden. Dadurch nimmt die Menge der Plasmaproteine ab, und es kommt zur Ausbildung von Ödemen. Die Eiweißverluste führen letztendlich zum Einschmelzen von Körpereiweiß.

Ursachen

Ein nephrotisches Syndrom kann durch verschiedene Ursachen ausgelöst werden:

- Es kann sich aus einer chronischen Niereninsuffizienz entwickeln. Es ist dabei schwierig, eine Unterscheidung zwischen nephrotischer Verlaufsform der Nephritis und nephrotischem Syndrom zu treffen (siehe Kap. 7.4.2).
- Vergiftungen mit Schwermetallen wie Gold und Wismut sowie Arsen, vor allem aber mit wasserlöslichen organischen und anorganischen Quecksilberverbindungen und mit verschiedenen Medikamenten können relativ schnell zu einem nephrotischen Syndrom führen, ebenso Schädigungen durch Bakterientoxine, die im Verlauf von kompliziert verlaufenden Infektionskrankheiten gebildet werden.
- Eine drastische Unterversorgung der Nieren mit Sauerstoff und Nährstoffen kann ebenfalls Ursache eines nephrotischen Syndroms sein. Ein solcher Sauerstoffmangel kann bei einer Minderdurchblutung der Nieren als Folge von Störungen in der Herz-Kreislauf-Funktion auftreten (stark verminderte Herzleistung, Kreislaufkollaps, Verlegung von Nierenvenen mit Rückstau des venösen Bluts).

Ernährungstherapie

Eiweißzufuhr: Im Mittelpunkt der Diät beim nephrotischen Syndrom steht die Eiweißzufuhr. Es soll dabei angestrebt werden, mit einer möglichst geringen Eiweißaufnahme eine gerade noch ausgeglichene Eiweißbilanz zu sichern (siehe Kap. 7.4.2, nephrotische Verlaufsform der chronischen

Nephritis). Daher ist die Menge des Nahrungseiweißes in der Regel nicht besonders drastisch zu erhöhen. Sie wird entsprechend der Höhe der Eiweißverluste festgelegt und beträgt meist etwa 0,8 g pro kg Körpergewicht. Eine Erhöhung der Eiweißzufuhr sollte nur bei einer negativen Stickstoffbilanz erfolgen (maximal auf 1,3 g pro kg Körpergewicht).

Es sind vorrangig Eiweiße mit hoher biologischer Wertigkeit zu berücksichtigen, bei tierischen eiweißreichen Lebensmitteln sind Eier, Milch und Milcherzeugnisse sowie Käse (selektive Proteine) zu bevorzugen. Fleisch, Fleisch- und Wurstwaren sind weitgehend zu meiden. Darüber hinaus ist auf einen möglichst hohen Ergänzungswert der Eiweiße innerhalb der einzelnen Mahlzeiten zu achten.

Kochsalzzufuhr: Wegen der gestörten Natriumausscheidung ist die Kochsalzzufuhr zu begrenzen. In Abhängigkeit vom jeweiligen Krankheitsbild ist eine natriumarme bzw. streng natriumarme Kost erforderlich.

Bei einer über längere Zeit eingehaltenen kochsalzarmen Kost ist auf die ausreichende Jodzufuhr zu achten.

Energiezufuhr: Eine ausreichende Zufuhr von Nahrungsenergie (Kohlenhydrate und Fette) ist jederzeit zu sichern, um das zusätzliche Einschmelzen von Körpereiweiß für die Energiegewinnung weitgehend auszuschließen (siehe hierzu Kap. 7.4.2, nephrotische Verlaufsform der chronischen Nephritis).

7.4.4 Akutes Nierenversagen

Unter einem akuten Nierenversagen wird der teilweise oder vollständige Ausfall der Nierenfunktion innerhalb von Stunden oder wenigen Tagen verstanden. Das akute Nierenversagen ist die Folge einer stark verminderten Durchblutung der Nieren. Die Filtrationsleistung der Nieren ist dadurch stark eingeschränkt, und die Menge des gebildeten Harns ist deshalb sehr gering, sie beträgt weniger als 500 ml. Bei einer Harnmenge unter 500 ml spricht man von einer Oligurie, unter 100 ml von einer Anurie.

Die gestörte Nierenfunktion erholt sich in der Regel innerhalb von Tagen bis mehreren Wochen wieder. In der ersten Phase der Regeneration der Nierenfunktion wird dann eine beträchtlich erhöhte Menge eines gering konzentrierten Harns gebildet, da sich die Konzentrationsleistung der Nieren wesentlich langsamer erholt als die Filtrationsleistung. Die volle Nierenfunktion ist in den meisten Fällen nach einem halben Jahr wiederhergestellt.

Ursachen

- Schockzustände

  Eine relativ häufige Ursache für ein akutes Nierenversagen ist ein

Kreislaufschock, der bei einem großen Blutverlust und dem dadurch bedingten Blutdruckabfall, bei Transfusionszwischenfällen, großflächigen Verbrennungen und bei Starkstromunfällen auftreten kann. Ausnahmsweise kann es auch nach massivem Erbrechen und/oder Durchfällen zu einem akuten Nierenversagen kommen.

- Vergiftungen
  Akute Vergiftungen mit Quecksilbersalzen (Sublimat), Chromsalzen, Blei, Tetrachlorkohlenstoff, Oxalsäure, Phenolen, Anilin und dem Gift des grünen Knollenblätterpilzes können von einem akuten Nierenversagen begleitet werden. Ausnahmsweise können auch allergische Reaktionen gegenüber bestimmten Arzneimitteln auslösende Faktoren sein.
- Hämolyse
  Auch eine Hämolyse (Auflösung der roten Blutzellen innerhalb des Gefäßsystems) kann zum akuten Nierenversagen führen.

Krankheitsbild

Ein akutes Nierenversagen führt zu Ausfallserscheinungen, die die Funktionsfähigkeit des gesamten Organismus beträchtlich belasten und unbehandelt zum Tod führen können:

- Vergiftung durch harnpflichtige Substanzen (Urämie)
  Die gestörte Ausscheidung von allen harnpflichtigen Substanzen und deren Anstau im Blut führt zu Vergiftungserscheinungen, die unbehandelt innerhalb von 1 bis 5 Tagen zu einer Urämie mit Übelkeit, Erbrechen, Schläfrigkeit und Blutungen in Magen und Darm und schließlich zum Tod führen.
- Ausbildung von Ödemen
  Das Unvermögen, Wasser und Natrium auszuscheiden, führt zur Ausbildung von Ödemen. Besonders gefährlich sind Lungenödeme (Wasseraustritt in die Lungenbläschen und damit Behinderung des Gasaustauschs). Der erhöhte Blutdruck (bedingt durch die erhöhte Natriumkonzentration im Blut) verstärkt noch die Ausbildung von Ödemen. Bei der Ausbildung eines Hirnödems kommen zentralnervöse Störungen hinzu wie Unruhe, erhöhte Erregbarkeit und Bewußtseinseintrübung.
- Entstehen einer Hyperkalämie
  Das Unvermögen, Kalium auszuscheiden, führt zu einer Erhöhung des Kaliumspiegels im Blutplasma (Hyperkalämie). Eine Hyperkalämie ist wegen der Gefahr eines Herzstillstands lebensbedrohend. Sie ist besonders ausgeprägt bei einem durch Hämolyse ausgelösten Nierenversagen, weil große Mengen von intrazellulärem Kalium beim Zerfall der roten Blutzellen freigesetzt werden, die den Kaliumblutspiegel zusätzlich erhöhen. Auch bei Schockzuständen nach Unfällen und der dabei erfolgenden Zerstörung von zahlreichen Körperzellen werden große Mengen von intrazellulärem Kalium freigesetzt.

Therapie

Die Therapie des akuten Nierenversagens umfaßt eine spezifische Ernährungstherapie und die Dialysebehandlung (Blutwäsche), bei der die harnpflichtigen Substanzen entfernt werden und ein ausgewogenes Verhältnis der Elekrolyte im Blutplasma wieder hergestellt wird. Durch die Dialysebehandlung kann die zeitweise ausgefallene Nierenfunktion bis zu ihrer Erholung überbrückt werden. Bei leichten Fällen eines Nierenversagens kann versucht werden, zunächst auf die Dialyse zu verzichten und ausschließlich diätetisch zu behandeln.

Ernährungstherapie

Die Ernährung beim akuten Nierenversagen muß der stark eingeschränkten Nierenfunktion angepaßt sein. Es ist weiterhin zu unterscheiden zwischen einer

- diätetischen Behandlung ohne gleichzeitig stattfindende Dialyse und einer
- diätetischen Behandlung bei gleichzeitig stattfindender Dialyse.

Diät für Patienten ohne Dialysebehandlung: Eine ausschließliche Ernährungstherapie ist nur möglich, wenn die Funktionseinschränkung der Nieren relativ gering ist. Die Ernährung dieser Patienten ist so zu gestalten, daß sie mit allen erforderlichen Nährstoffen weitgehend versorgt werden, aber gleichzeitig die Aufnahme von Nahrungsbestandteilen vermieden wird, die zu einer Verschlimmerung der Störungen im Wasser- und Elektrolythaushalt und zum weiteren Anstieg von harnpflichtigen Substanzen führen.

- Wasserzufuhr

  Die Wasserzufuhr (Trinkflüssigkeit und Wasser in den Speisen und festen Lebensmitteln) wird den Wasserverlusten so angepaßt, daß damit eine ausgeglichene Flüssigkeitsbilanz erreicht wird. Oxidationswasser, das beim Verbrennen der Nährstoffe gebildet wird, und Wasserverluste durch Schweiß, Atemluft und Stuhl sowie durch den Harn müssen bei der Aufstellung der Bilanz berücksichtigt werden. Die exakte Menge der Flüssigkeitszufuhr mit der Nahrung und als Trinkflüssigkeit wird in der Regel vom Arzt vorgegeben.

  Die Berechnung der Wasserzufuhr kann näherungsweise und ohne Berücksichtigung von erhöhten Wasserverlusten mit dem Schweiß nach folgender Formel erfolgen:

  Trinkwasser + Wasser in Speisen =
  Wassergehalt des Stuhls + 24-Stunden-Harn + 500 ml.

- Natriumaufnahme

  Es ist eine streng natriumarme Kost einzuhalten. Die Kochsalzzufuhr sollte 1 g nicht übersteigen. Mit dieser Menge an Natrium werden die täglichen Verluste durch Schweiß und Stuhl voll ausgeglichen.

- Kaliumaufnahme

  Die Kost ist streng kaliumarm. Kaliumreiche Lebensmittel sind konsequent zu meiden. Das Kochwasser von Gemüse ist zu verwerfen. Die Aufnahme der besonders kaliumreichen Kartoffeln in den Kostplan ist nicht zu empfehlen, vor allem weil die kaliumarme Kost nur für eine begrenzte Zeit eingehalten werden muß. Sollten Kartoffeln trotzdem berücksichtigt werden, so sind sie gründlich zu wässern, um den hohen Kaliumgehalt der Kartoffeln zu erniedrigen (siehe ausführlich Kap. 8.6.2.1). Das Kochwasser von Kartoffeln ist zu verwerfen.

- Eiweißaufnahme

  Die Eiweißzufuhr ist stark einzuschränken, in der Regel auf 25 g (siehe Kap. 8.5.1). Durch die Zufuhr von selektiven Proteinen, die eine hohe biologische Wertigkeit aufweisen, und durch die Berücksichtigung des Ergänzungswerts soll mit der extrem eingeschränkten Eiweißzufuhr gerade noch eine möglichst ausgeglichene Eiweißbilanz garantiert werden (Bilanzminimum). Fleisch, Fleisch- und Wurstwaren sowie Fisch sind konsequent zu meiden, da ihr relativ hoher Gehalt an Purinkörpern zu einem zusätzlichen Anstieg der Harnsäure führt.

Diät bei Dialysebehandlung: Bei der Dialysebehandlung werden harnpflichtige Substanzen entfernt. Auch alle anderen im Blutplasma gelösten Substanzen können dabei aus dem Blut ausgewaschen werden, sobald ihre Konzentration im Blut höher ist als in der Dialyseflüssigkeit. Allerdings gehen bei der Dialyse auch andere wasserlösliche Substanzen verloren wie Aminosäuren und Glucose. Diesen Verlusten muß bei der Ernährung Rechnung getragen werden, insbesondere durch eine entsprechende Zufuhr von Eiweiß und Kohlenhydraten.

- Eiweißzufuhr

  Über die Höhe der Eiweißzufuhr entscheidet der Ernährungszustand des jeweiligen Patienten. Da bei einem akuten Nierenversagen die Zeitdauer der Dialyse zeitlich begrenzt ist, kommt es auch bei einer negativen Eiweißbilanz nicht zu so großen Verlusten von Körpereiweiß, die ernsthafte Konsequenzen heraufbeschwören würden. Mit 0,6 g Eiweiß pro kg Körpergewicht kann eine ausreichende Versorgung gewährleistet werden. Nur bei häufiger stattfindenden und länger andauernden Dialysebehandlungen kann eine höhere Eiweißzufuhr erforderlich werden.

- Natriumzufuhr

  Die Kost ist auch bei der Dialysebehandlung streng kochsalzarm. Infolge des Salzgehalts der Dialyseflüssigkeit (isotone Flüssigkeit) wird bei der Dialyse Natrium kaum entfernt.

- Kaliumzufuhr

  Die Einschränkung in der Kaliumaufnahme kann im Vergleich zur Ernährungsbehandlung ohne Dialyse etwas gelockert werden, die

Aufnahme von kaliumreichen Lebensmitteln, insbesondere Kartoffeln, ist aber einzuschränken.

Diät im polyurischen Stadium (Stadium nach der Dialyse): Im Stadium, das sich im beginnenden Heilungsprozeß an die Phase der Oligurie bzw. Anurie anschließt, kommt es in der Regel trotz erhöhter Harnmenge noch zu einer Retention von harnpflichtigen Substanzen. Auf der anderen Seite gehen nunmehr mit der mengenmäßig großen Wasserausscheidung beträchtliche Mengen an Kalium verloren.

- Eiweißaufnahme
  Die Eiweißaufnahme muß noch leicht eingeschränkt bleiben (0,5 bis 0,6 g/kg Körpergewicht), um einen möglichen Anstau von harnpflichtigen Substanzen zu verhindern. Diese Begrenzung kann erst später gelockert werden.
- Natriumaufnahme
  Die Kochsalzaufnahme muß nicht mehr exakt begrenzt werden, eine kochsalzreduzierte Kost (5 g pro Tag) ist aber einzuhalten.
- Kaliumaufnahme
  Auf eine ausreichende Kaliumaufnahme muß geachtet werden (kaliumreiche Kost) Diese ist zu sichern durch reichlichen Verzehr von Kartoffeln und Gemüse, das Kochwasser ist nicht zu verwerfen.
- Wasserzufuhr
  Wegen der erhöhten Harnbildung (und der eingeschränkten Konzentrationsleistung) ist die Wasserzufuhr nicht zu begrenzen, es ist vielmehr auf eine ausreichende Aufnahme von Trinkflüssigkeit zu achten. Die Höhe der Trinkflüssigkeit richtet sich nach der Harnmenge.

7.4.5 Chronische Niereninsuffizienz

Die chronische Niereninsuffizienz ist das Endstadium aller fortschreitenden Nierenerkrankungen. Der kontinuierlich fortschreitende Untergang von funktionellem Nierengewebe schränkt die Nierenfunktionen immer stärker ein, so daß die Reservekapazität der vormals gesunden Nieren schließlich erschöpft ist. Diese Funktionseinschränkung betrifft, allerdings in unterschiedlichem Ausmaß, alle Leistungen der Nieren wie die Ausscheidung von

- harnpflichtigen Substanzen,
- Wasser und
- Mineralstoffen sowie Wasserstoffionen.

Ausscheidung von harnpflichtigen Substanzen

Die eingeschränkte Ausscheidung von harnpflichtigen Substanzen führt zu deren allmählichem Anstieg im Blut. Die toxisch wirkenden Substanzen schädigen einzelne Organe, wodurch deren Funktionen schrittweise eingeschränkt werden. Diese Funktionseinschränkungen sind in der frühen Phase der chronischen Niereninsuffizienz nicht ständig bemerkbar, sie klingen für kürzere oder längere Perioden wieder ab. Die ersten Zeichen einer Schädigung durch harnpflichtige Substanzen sind Übelkeit und Appetitlosigkeit, oft verbunden mit Erbrechen.

Mit zunehmendem Anstieg der harnpflichtigen Substanzen stellen sich an verschiedenen Organen komplexere Störungen ein. Die hohen Harnstoffkonzentrationen führen im Magen-Darm-Trakt zu Schädigungen der Schleimhäute, die sich in einer Gastritis, Enteritis und in Durchfällen äußern. Auch das Knochenmark und damit die Blutbildung werden toxisch geschädigt, wodurch sich eine Anämie ausbildet. Die folgenreichsten Vergiftungserscheinungen betreffen die Funktion des Großhirns. Sie äußern sich zunächst in Kopfschmerzen und Schlaflosigkeit oder Schläfrigkeit, später treten Zustände der Verwirrtheit auf, und im fortgeschrittenen Stadium kommt es zu Bewußtseinseintrübungen.

Wasserausscheidung

Die Fähigkeit der geschädigten Nieren, Wasser auszuscheiden, nimmt kontinuierlich ab. Daraus resultiert eine Zunahme des Blutvolumens und die Ausbildung von Ödemen. Besonders gefährlich ist das Auftreten eines Hirnödems, das zu einem erhöhten Hirndruck und zu zusätzlichen schweren Funktionsstörungen des Gehirns führen kann. Auch ein Lungenödem, bei dem der Gasaustausch in der Lunge behindert wird, kann zu lebensbedrohlichen Ausfallserscheinungen führen (mangelhafte Sauerstoffversorgung des gesamten Organismus). Dieser Gefahr muß durch eine Begrenzung der Wasseraufnahme entgegengesteuert werden. Eine zu extrem begrenzte Wasseraufnahme kann andererseits wegen der eingeschränkten Nierenfunktion zu einen Verminderung der Harnmenge führen, wodurch die Ausscheidung von harnpflichtigen Substanzen zusätzlich erschwert wird.

Die Abnahme der Zahl noch funktionsfähiger Nephronen führt in einer (sehr) frühen Phase der chronischen Niereninsuffizienz dazu, daß die Ausscheidungsfunktion der noch intakten Nephronen kompensatorisch gesteigert wird. Die Folge ist die Produktion einer großen, gering konzentrierten Harnmenge (Polyurie), die mit einem erhöhten Harndrang verbunden ist. Auffällig ist ein verstärkt auch während der Nachtruhe auftretender Harndrang. Diese Polyurie ist zunächst noch keine ernsthafte Komplikation, sie besteht jedoch meist nur für eine kurze Zeit.

Ausscheidung von Mineralstoffen

Die Ausscheidungsfunktion der Nieren für die einzelnen Mineralstoffe ist in unterschiedlichem Ausmaß gestört. Die Veränderungen in den Konzentrationen der einzelnen Mineralstoffe verlaufen deshalb nicht proportional und nicht einheitlich, sie sind teilweise sogar gegenläufig (Erhöhung der Konzentration eines Elektrolyts bei gleichzeitiger Erniedrigung eines anderen). Dadurch ist auch das Elektrolytgleichgewicht und der Säure-Basen-Haushalt beeinträchtigt. Zur Beurteilung dieser Störungen ist die Kontrolle der entsprechenden Blutwerte erforderlich. Das Ernährungsregime muß diesen veränderten Werten angepaßt werden.

- Natriumausscheidung
  Die chronisch geschädigte Niere kann die Ausscheidung von Natrium nicht mehr regulieren. Sie scheidet auch bei einer natriumarmen Kost Natrium aus, andererseits kann sie nicht mehr im Überschuß zugeführtes Natrium durch eine gesteigerte Ausscheidung aus dem Körper eliminieren. Bei einem Natriummangel wird das Blutvolumen verringert, die Folge ist eine Minderdurchblutung aller Organe einschließlich der Nieren, wodurch das bereits eingeschränkte Ausscheidungsvermögen zusätzlich reduziert wird. Ein Natriumüberschuß dagegen begünstigt die Ausbildung von Ödemen.
- Kaliumausscheidung
  Die Kaliumausscheidung ist meist eingeschränkt. Bei einer zu hohen Kaliumzufuhr besteht die Gefahr einer Hyperkalämie mit Störungen in der Herzfunktion (Störungen in der Erregungsbildung mit Kontraktionsstörungen bis zum Herzflimmern und Herzstillstand).
- Ausscheidung von Phosphat
  Die Ausscheidung von Phosphat nimmt mit zunehmender Nierenschädigung beträchtlich ab. Die entstehende Hyperphosphatämie verursacht auch Störungen im Kalziumhaushalt und kann zu Ablagerungen von Kalziumphosphatsalzen in den Geweben verschiedener innerer Organe führen.
- Ausscheidung von Wasserstoffionen (H^+-Ionen)
  Die Ausscheidung von Wasserstoffionen ist meist vermindert. Das bedingt einen Anstieg der Wasserstoffionen-Konzentration im Blutplasma. Sobald die Pufferkapazität des Blutplasmas zur Kompensation des Überschusses an H^+-Ionen erschöpft ist, sinkt der p_H-Wert des Bluts und der anderen Körperflüssigkeiten. Es bildet sich eine Acidose aus, die mannigfaltige Störungen in der Atmung, der Herzfunktion und bei Stoffwechselleistungen nach sich zieht. Eine ausgeprägte Acidose ist mit dem Leben nicht vereinbar.

7.4.5.1 Stadien der Niereninsuffizienz

Der Ausfall von funktionellem Nierengewebe ist ein langsam fortschreitender Prozeß, der mit geringen Ausfällen beginnend zu lebensbedrohlichen Störungen führt. Entsprechend der Schwere der Ausfälle wird zwischen 4 Stadien einer chronischen Niereninsuffizienz unterschieden.

Die Einordnung erfolgt an Hand der Konzentration von Harnstoff und von Creatinin im Blutplasma.

Stadium I (volle Kompensation)

- Einschränkungen in der Nierenfunktion sind im Anfangsstadium nur mit Hilfe empfindlicher Nierenfunktionsproben nachweisbar.
- Subjektiv wahrnehmbare Beschwerden treten noch nicht auf.
- Die Konzentrationen von harnpflichtigen Substanzen sind im Blutplasma noch nicht erhöht.
- Die geringe Einschränkung im Leistungsvermögen der Nieren wird wegen der großen Reservekapazität der Nieren kompensiert.

Stadium II (kompensierte Retention)

- Die Leistungsreserve der Nieren ist bereits nahezu ausgeschöpft. Die Nieren sind jedoch noch in der Lage, die eingeschränkten Funktionen durch Kompensationsmechanismen weitgehend auszugleichen, insbesondere durch die Ausscheidung einer erhöhten Harnmenge (Kompensation der gestörten Konzentrationsfähigkeit).
- Die Konzentration der harnpflichtigen Substanzen ist im Blut bereits geringfügig erhöht, ohne daß es dadurch bereits zu subjektiv wahrnehmbaren Störungen kommt.
- Die Funktionsfähigkeit anderer Organe ist noch nicht beeinträchtigt.

Stadium III (dekompensierte Retention, Präurämie)

- Die Nieren können harnpflichtige Substanzen nicht mehr in ausreichendem Maße ausscheiden und den Wasser- und Elektrolythaushalt nicht mehr im erforderlichen Maße regulieren.
- Die Konzentration der harnpflichtigen Substanzen steigt im Blutplasma an. Die im Stadium II erhöhte Harnmenge nimmt wieder ab. Es können schon Störungen in der Ausscheidung von Natrium und Kalium auftreten.
- Es kommt bereits zu einer Beeinträchtigung des Allgemeinbefindens und zu ersten Schädigungen an anderen Organen.

Stadium IV (terminale Niereninsuffizienz, Urämie)

- Die Konzentrationen der harnpflichtigen Substanzen steigen im Blutplasma weiter an. Die Harnmenge nimmt noch mehr ab.
- Es kommt an verschiedenen Organen zu Schädigungen und damit zu ausgeprägten Vergiftungserscheinungen, die insbesondere das Zentralnervensystem (Krämpfe, psychische Veränderungen) und den Magen-Darm-Trakt (Gastritis, Enteritis, Erbrechen, Durchfall, Übelkeit) betreffen.

- Beim Fortbestehen der Vergiftungserscheinungen entwickelt sich das Bild eines urämischen Komas (Coma uraemicum) mit Bewußtseinseintrübung und anschließendem Tod.

Eine chronische Niereninsuffizienz kann weder spontan noch durch eine medikamentöse oder diätetische Therapie ausgeheilt werden. Es besteht nur die Möglichkeit, durch eine abgestimmte Ernährung die Bildung von harnpflichtigen Substanzen und die Störungen im Wasser- und im Elektrolythaushalt zu begrenzen, wodurch die sekundären Funktionsstörungen in den anderen Organen vermindert werden können. Das Fortschreiten der Niereninsuffizienz kann durch eine entsprechende Diät bis zu einem gewissen Grad verlangsamt werden.

Eine Schlüsselstellung bei der Behandlung der chronischen Niereninsuffizienz nimmt die Dialyse ein. Die Vergiftungserscheinungen können durch das in regelmäßigen Abständen erfolgende Entfernen von harnpflichtigen Substanzen aus dem Blut verhindert werden. Die Blutwäsche ist somit eine lebensverlängernde Maßnahme und kann die Zeit bis zu einer Nierentransplantation überbrücken. Eine weitgehende Wiederherstellung des Gesundheitszustandes des Patienten kann nur durch eine Nierentransplantation ermöglicht werden.

7.4.5.2 Ernährungstherapie

Bei einer chronischen Niereninsuffizienz kommt der exakt abgestimmten Diät eine außerordentlich große Bedeutung zu:

- Sie verzögert das Fortschreiten der Erkrankung und verhindert das bereits frühzeitige Auftreten von ernsten Komplikationen.
- Sie unterstützt den Nutzen einer Dialysebehandlung, verhindert das Auftreten von Komplikationen als Folge des Verlusts von Mineralstoffen während der Dialyse und kann die zeitlichen Abstände zwischen den einzelnen Dialysesitzungen verlängern.
- Sie kann die Überbrückungszeit bis zu einer Nierentransplantation verlängern (größere Chance, eine geeignete Spenderniere bereitzustellen), und sie kann das Operationsrisiko verringern durch die Sicherung eines besseren Ernährungszustands des zu operierenden Patienten.

Bei der Ernährungstherapie einer chronischen Niereninsuffizienz muß zwischen 2 vollkommen unterschiedlichen Voraussetzungen unterschieden werden:

- Ernährungsregime ohne gleichzeitige Dialysebehandlung,
- Ernährungsregime bei gleichzeitig stattfindender Dialysebehandlung.

7.4.5.2.1 Ernährungsregime ohne gleichzeitige Dialysebehandlung

Die einzuhaltende Diät hängt wesentlich von der Schwere der Funktionseinschränkung der Nieren ab (Stadien der Niereninsuffizienz) und muß sich gleichzeitig an den Konzentrationen harnpflichtiger Substanzen und Elektrolyte im Blutplasma orientieren. Dank der weit entwickelten Dialysetechnik und dem bestehenden Ausbau des Netzes der Dialysestationen wird die alleinige Ernährungstherapie (ohne Dialyse) vorwiegend nur noch in den Anfangsstadien eingesetzt. In den späteren Phasen ist die Kombination mit der Dialyse die Methode der Wahl.

Eiweißzufuhr

Die Eiweißaufnahme muß dem Ausmaß der Retention von harnpflichtigen Substanzen angepaßt werden. Als Parameter dient meist die Harnstoffkonzentration im Blutplasma.

Höhe der Eiweißzufuhr: Im Interesse einer optimalen Eiweißversorgung sollte das Leistungsvermögen der Nieren, harnpflichtige Substanzen auszuscheiden, voll ausgenutzt werden. Eine nicht unbedingt erforderliche Einschränkung der Eiweißaufnahme ist auf jeden Fall zu vermeiden. Eine Eiweißunterversorgung und die dabei auftretende negative Stickstoffbilanz bedingt ein Einschmelzen von funktionellem Körpereiweiß (siehe Kap. 3.4.2.2 und 3.4.2.3). Die Höhe der täglichen Eiweißaufnahme wird somit vom Stadium der Niereninsuffizienz (und von der Höhe des Harnstoffs im Blutplasma) bestimmt:

- Stadium I (volle Kompensation)
  Die Eiweißzufuhr wird noch nicht reduziert, sie beträgt in der Regel 60 g. Die Diät der Wahl ist eine leichte Vollkost bei bevorzugter Berücksichtigung von selektiven Proteinen, sie ist somit eine vorwiegend ovolactovegetabile Kost.
- Stadium II (kompensierte Retention)
  Die Höhe der Eiweißzufuhr wird in Abhängigkeit von den Harnstoffwerten im Blutplasma schrittweise auf 30 bis 40 g reduziert. Die eingeschränkte Eiweißzufuhr erfordert die sorgsame Auswahl von Eiweißen mit hoher biologischer Wertigkeit und hohen Ergänzungswerten. Es sind proteindefinierte Kostformen (selektive Proteine), und bei stärkerer Einschränkung der Eiweißaufnahme die Kartoffel-Ei-Diät oder die Schweden-Diät einzusetzen.
- Stadium III (dekompensierte Retention)
  Die Höhe der Eiweißzufuhr wird auf 25 bis 30 g begrenzt. Es sind nur streng proteindefinierte Kostformen einzusetzen, vorzugsweise die Kartoffel-Ei-Diät.

- Stadium IV (Urämie)
  Eine Nahrungsaufnahme ist nicht mehr möglich, der Patient muß parenteral ernährt werden.

Auswahl der Eiweiße: Bei der Auswahl der Nahrungseiweiße sind ausschließlich Eiweiße mit hoher biologischer Wertigkeit unter Beachtung eines hohen Ergänzungswertes zu berücksichtigen. Dadurch ist es möglich, eine weitgehend ausgeglichene Stickstoffbilanz auch bei einer mengenmäßig geringen Eiweißzufuhr noch zu gewährleisten und dadurch das Einschmelzen von Körpereiweiß weitgehend zu verhindern. Der Ergänzungswert eines Eiweißgemisches kann nur beim gleichzeitigen Verzehr (innerhalb einer Mahlzeit) genutzt werden.

Vorrangig sind selektive Proteine (Eier, Milch und Milcherzeugnisse sowie Käse) einzusetzen. Alle anderen tierischen Eiweiße (Fleisch, Fleisch- und Wurstwaren, Innereien, Fisch, Schalen- und Krustentiere) sind zu meiden. Sie sind reich an aromatischen Aminosäuren, bei deren Abbau auch harnpflichtige, toxisch wirkende Abbauprodukte entstehen. Außerdem tragen sie wegen ihres Gehalts an Purinkörpern zum erhöhten Anfall von Harnsäure bei. Auch pflanzliche Eiweiße mit Ausnahme von Hülsenfrüchten können in den Kostplan aufgenommen werden.

Bei einer mengenmäßig stark eingeschränkten Eiweißzufuhr sind definierte Diäten mit hohem Ergänzungswert (Kartoffel-Ei-Diät nach Kluthe und Quirin, Schweden-Diät) einzusetzen (siehe ausführlich Kap. 8.5.1).

Energiezufuhr

In allen Stadien der chronischen Niereninsuffizienz ist auf eine ausreichende Energiezufuhr zu achten, eine negative Energiebilanz darf zu keinem Zeitpunkt auftreten. Auf eine ausreichende Zufuhr von Kohlenhydraten ist besonders zu achten. Größere Defizite im Energiehaushalt, die nicht mehr durch eine gesteigerte Kohlenhydratzufuhr gedeckt werden können, sollten durch eine erhöhte Fettzufuhr ausgeglichen werden, falls die Höhe der Fettaufnahme nicht aus anderen Gründen begrenzt werden muß. Gegebenenfalls kann die Kost mit Maltodextrin 19 angereichert werden.

Bei einer oft bestehenden Appetitlosigkeit, die die Versorgung mit einer energiereichen Kost erschwert, ist eine Wunschkost angezeigt, bei der allerdings alle erforderlichen Einschränkungen bei der Auswahl der Lebensmittel berücksichtigt werden müssen.

Wasseraufnahme

Die Höhe der täglichen Wasserzufuhr orientiert sich an der Höhe der Ausscheidungsleistung, die von den Nieren noch erbracht wird. Die Zufuhr soll so bemessen sein, daß der optimale Wasserbestand des Körpers erhalten wird. Die Menge an Trinkflüssigkeit muß unter Berücksichtigung dieser Prämisse möglichst hoch sein, um eine maximale Ausscheidung von harnpflichtigen Substanzen trotz der eingeschränkten Konzentrationsfähigkeit der Nieren zu ermöglichen. Sie darf aber nicht die Ausscheidungskapazität der Nieren für Wasser überschreiten, da es sonst zu einer Erhöhung des Blutvolumens (Hypervolämie) kommt (Gefahr des Auftretens von Ödemen, insbesondere eines Hirn- bzw. eines Lungenödems).

Die optimale Menge der Wasseraufnahme wird vom Arzt festgelegt. Sie muß exakt eingehalten werden.

Elektrolytzufuhr

Die Menge der einzelnen mit der Nahrung aufzunehmenden Mineralstoffe kann recht unterschiedlich sein, da sich die Ausscheidungskapazität der Nieren für die einzelnen Elektrolyte unterschiedlich verändern kann.

- Natriumaufnahme
  In der Regel ist eine kochsalzreduzierte Kost erforderlich. Bei bestehenden Ödemen kann sogar eine kochsalzarme Kost angebracht sein. Eine besonders kochsalzarme Kost kann u. U. zu einer Natriumverarmung führen, da bei der chronischen Niereninsuffizienz die Natriumretention oft gestört ist. Die Folgen einer Natriumverarmung ist u. a. eine eingeschränkte Nierendurchblutung, die den Krankheitsverlauf negativ beeinflußt.
  Bei einer über längere Zeit eingehaltenen kochsalzarmen Kost ist auf die ausreichende Jodzufuhr zu achten.
- Kaliumaufnahme
  Die Kaliumausscheidung ist bei einer chronischen Niereninsuffizienz meist eingeschränkt. Folglich ist die Gefahr einer Hyperkalämie recht groß. Die Aufnahme von kaliumreichen Lebensmitteln muß deshalb eingeschränkt werden. Pflanzliche Nahrungsmittel sind generell kaliumreich, insbesondere Kartoffeln. Durch das Verwerfen des Kochwassers kann die Höhe der Kaliumaufnahme reduziert werden. Bei einer bereits bestehenden Hyperkalämie muß eine definierte kaliumarme Kost konsequent eingehalten werden (siehe ausführlich Kap. 8.6.2.1).
- Phosphataufnahme
  Bei einer verringerten Phosphatausscheidung kann es zu einem Anstieg der Phosphatkonzentration im Blutplasma kommen. Diese erhöhten Phosphatwerte erfordern eine phosphatarme Kost, bei der phosphatreiche Lebensmittel (Milch und Milcherzeugnisse, Käse, Eier) weitgehend gemieden werden müssen. Dadurch ergeben sich für die Eiweißversorgung Probleme, da selektive Proteine nicht mehr oder nur begrenzt zur Verfügung stehen. Ein Ausweg bietet die Kartoffel-Ei-Diät, bei der der Anteil an Vollei relativ gering ist (der Phosphatgehalt

des Volleis kann deshalb vernachlässigt werden). Eine alternative Kost ist die Schweden-Diät, bei der auf selektive Proteine verzichtet werden kann.

- Ballaststoffzufuhr
  Auf eine ausreichende Zufuhr von Ballaststoffen sollte geachtet werden, denn Ballaststoffe begrenzen offenbar die Bildung von giftigen, harnpflichtigen Abbauprodukten aus den Aminosäuren durch die Darmbakterien und deren Resorption als Folge einer beschleunigten Darmpassage. Grobblähende Ballaststoffe und insbesondere Hülsenfrüchte sind allerdings zu meiden.

7.4.5.2.2 Ernährungsregime bei gleichzeitiger Dialysebehandlung

Bei einer fortgeschrittenen Einschränkung der Nierenfunktion, bei der die Ausscheidung der harnpflichtigen Substanzen durch die Nieren nicht mehr gewährleistet werden kann und eine Urämie mit tödlichem Ausgang droht, müssen die harnpflichtigen Substanzen durch eine Dialysebehandlung entfernt werden.

Die Dialyse kann in Form einer sog. Peritonealdialyse oder mit der künstlichen Niere durchgeführt werden. Die Peritonealdialyse eignet sich nur für kurzzeitige Dialysebehandlungen in der Klinik.

Prinzip der Dialyse mit der künstlichen Niere

In der künstlichen Niere wird das Blut des Patienten durch ein System aus semipermeablen Membranen gepumpt, auf deren Gegenseite eine Dialyseflüssigkeit fließt. Durch die semipermeablen Membranen können nahezu alle wasserlöslichen niedermolekularen Substanzen entsprechend dem bestehenden Konzentrationsgefälle aus dem Blut in die Dialyseflüssigkeit übertreten. Sie werden damit aus dem Blut entfernt. Das betrifft auch die harnpflichtigen toxischen Substanzen, wodurch Organschäden verhindert werden. Alle höhermolekularen Stoffe wie Plasmaeiweiße und die Blutzellen passieren dagegen die Membran nicht. Sie gelangen zusammen mit dem „gewaschenen" Blut wieder in den Körperkreislauf zurück.

Probleme bei der Dialyse

Bei der Dialyse werden nicht nur die wasserlöslichen harnpflichtigen Substanzen aus dem Blut entfernt, sondern auch die wasserlöslichen Substanzen, die vom Körper benötigt und von funktionstüchtigen Nieren aus dem Primärharn rückresorbiert werden. Solche wichtigen Substanzen sind insbesondere Aminosäuren, Glucose und wasserlösliche Vitamine. Die oft stark erhöhte Phosphatkonzentration des Blutplasmas wird bei der Dialyse jedoch oft nicht in ausreichendem Maße gesenkt, so daß auch bei Dialysepatienten der Phosphatgehalt der Nahrung den Erfordernissen (Anweisung des Arztes) angepaßt werden muß. Auch die Kaliumkonzentration wird durch die Dialyse oft nicht hinreichend gesenkt.

Verluste von Elektrolyten werden bei der Dialyse weitgehend vermieden. Das gelingt, indem der Dialyseflüssigkeit Salze in den physiologischen, dem Blutplasma entsprechenden Konzentrationen zugesetzt werden.

Bei der Dialyse kommt es zum Einströmen von Wasser aus der Dialyseflüssigkeit in das Blut, das Blutvolumen kann daher zunehmen. Die Aufnahme von Wasser mit der Nahrung muß aus diesem Grund den jeweiligen Erfordernissen entsprechend reduziert werden.

Ernährung von Dialysepatienten

Die Ernährung von Dialysepatienten hat nicht mehr die Aufgabe, die Bildung von harnpflichtigen Substanzen zu begrenzen. Sie muß statt dessen die Verluste kompensieren, die durch den nicht vermeidbaren Übertritt von niedermolekularen Substanzen in die Dialyseflüssigkeit entstanden sind und damit auch die Störungen im Wasser- und Elektrolythaushalt ausgleichen:

- Ersatz der Aminosäureverluste durch die ausreichende Zufuhr von Eiweiß,
- Ersatz der Nährstoffverluste (Glucose und Aminosäuren) durch ausreichende Energiezufuhr,
- Ersatz von Verlusten an wasserlöslichen Vitaminen durch eine vitaminreiche Ernährung, auch eine optimale Versorgung mit Vitamin D, da die Versorgung mit diesem fettlöslichen Vitamin oft gestört ist,
- Sicherung eines ausgeglichenen Wasser- und Elektrolythaushalts durch Begrenzung der Flüssigkeitszufuhr sowie der Zufuhr von Natrium, Kalium und Phosphat (meist Begrenzung der Phosphataufnahme) entsprechend den Erfordernissen.

Eiweißzufuhr

- Die täglichen Eiweißverluste können bei einer länger andauernden Dialyse 20 bis 30 g betragen. Der Eiweißbedarf, mit dem auch diese Verluste kompensiert werden sollen, liegt in der Regel bei 1,0 bis 1,2 g/kg Körpergewicht (mitunter werden bis 1,4 g empfohlen).
- Das Nahrungseiweiß soll eine hohe biologische Wertigkeit aufweisen. Eine Beschränkung auf ausschließlich selektive Eiweiße ist nicht erforderlich. Fleisch und Fleischwaren sind bei der Kostplangestaltung im Interesse einer ausreichenden Eisenversorgung zu berücksichtigen.

Leber ist jedoch zu meiden, da ihr hoher Gehalt an Vitamin A bei chronisch Nierenkranken zu einer Vitamin-A-Intoxikation führen kann.

Energiezufuhr

- Die Energieverluste müssen durch eine energiereiche Nahrung ausgeglichen werden. Gleichzeitig soll damit verhindert werden, daß zur Energiegewinnung zusätzlich Körpereiweiß eingeschmolzen wird. Eine Energieaufnahme von 150 kJ (35 kcal) pro kg Körpergewicht (etwa 10 000 kJ oder 2500 kcal) ist als Minimum anzusetzen.
- Die erhöhte Energiebereitstellung sollte vorrangig durch eine vermehrte Aufnahme von stärkereichen Lebensmitteln gesichert werden. Ein erhöhte Zufuhr von Fetten wird sich manchmal nicht vermeiden lassen. In diesen Fällen ist auf pflanzliche Fette und Öle zurückzugreifen.
- Die Anreicherung der Nahrung mit energiereichen Supplementen (Maltodextrin 19) kann Lücken in der Energieversorgung abdecken.

Wasserzufuhr

- Die Zufuhr von Wasser ist stark zu begrenzen, da die geschädigten Nieren meist nur noch eine geringe Harnmenge bilden und bei der Dialyse kein Wasser entfernt wird. Mit Speisen und als Trinkwasser im Überschuß zugeführtes Wasser kann nicht entfernt werden. Es führt zu einer Hypervolämie (erhöhtes Blutvolumen), die die Ausbildung von Ödemen zur Folge hat.

- Die Wasseraufnahme hat nur die mit Schweiß, Atemluft und Stuhl aufgetretenen Wasserverluste sowie das Wasser der noch verbliebenen geringfügigen Harnmenge (sog. Restharn) zu ergänzen. Die dazu erforderliche Wassermenge ergibt sich aus dem Volumen des Restharns plus 500 bis 800 ml. Dieser Zuschlag wird pauschal für die oben angeführten Verluste veranschlagt. Größere Verluste durch starkes Schwitzen oder infolge von Durchfällen müssen entsprechend berücksichtigt werden.

Mineralstoffzufuhr

- Kaliumzufuhr
  Kalium kann bei der Dialysebehandlung oft nicht im ausreichenden Maße entfernt werden, so daß die Gefahr einer Hyperkalämie besteht. In vielen Fällen ist deswegen eine kaliumarme Kost erforderlich.
- Natriumzufuhr
  Auch die Entfernung von überschüssigen Natriumionen ist durch die Dialyse nicht sicher gewährleistet. Die Kost muß demzufolge eine definierte Menge an Natrium enthalten. In der Regel genügt es, eine

kochsalzreduzierte Kost (5 g Kochsalz) einzuhalten. Gelegentlich ist eine kochsalzarme Kost erforderlich.

- Phosphatzufuhr

  Die Phosphatzufuhr muß eingeschränkt werden, da der Plasmaphosphatspiegel durch die Dialyse nicht normalisiert werden kann. Die Einschränkung der Phosphataufnahme ist schwierig, da der Phosphatgehalt der Lebensmittel parallel zu deren Eiweißgehalt zunimmt. Auf den Verzehr von besonders phosphatreichen Lebensmitteln wie Brühwurst (Zusatz von Diphosphaten als Kutterhilfsmittel) und Schmelzkäse (Schmelzsalze enthalten u. a. Phosphate) ist deswegen zu verzichten. Die extrem phosphatreichen Cola-Getränke, auch Cola-light, sind konsequent zu meiden.

- Eisenzufuhr

  Während der Dialysebehandlung können ständig geringe Blutverluste auftreten, die sich im Laufe der Zeit summieren und zu einem Eisenmangel führen. Deshalb ist auf eine ausreichende Eisenversorgung zu achten, insbesondere mit tierischen Lebensmitteln (gute Bioverfügbarkeit des zweiwertigen Eisens). Der Verzehr von Leber ist jedoch wegen des hohen Gehalts an Vitamin A konsequent zu meiden.

- Vitaminzufuhr

  Während der Dialyse werden aus dem Blut nicht zu vernachlässigende Mengen an wasserlöslichen Vitaminen ausgewaschen, die durch eine erhöhte Zufuhr mit der Nahrung ersetzt werden müssen. Da diese Vitaminverluste recht unterschiedlich hoch sein können, gibt es keine Richtwerte für den erhöhten Vitaminbedarf von Dialysepatienten. Eine Vitaminunterversorgung, die trotz einer möglichst vitaminreichen Kost entstehen kann, muß durch Vitaminpräparate ausgeglichen werden.

  Eine erhöhte Zufuhr von Vitamin A ist unbedingt zu vermeiden. Die Konzentration des Vitamin-A-bindenden Proteins ist bei chronischen Nierenerkrankungen erhöht, so daß das mit der Nahrung angebotene Vitamin A nahezu vollständig resorbiert und gespeichert wird. Eine erhöhte Aufnahme von Vitamin A kann deshalb rasch zu einer Vitamin-A-Vergiftung führen.

  Im Gegensatz zum Vitamin A ist auf eine ausreichende Versorgung mit Vitamin D zu achten. In den chronisch geschädigten Nieren ist die Bildung von aktivem Vitamin D erniedrigt, bei chronisch Nierenkranken ist somit die verfügbare Menge von aktivem Vitamin D und damit auch die Resorption von Kalzium eingeschränkt, falls mit der Nahrung eine optimale Versorgung mit Vitamin D nicht gesichert wird (siehe Kap. 3.7.1.2).

7.4.6 Nierensteine

Nierensteine entstehen beim Ausfällen von schwer wasserlöslichen Substanzen im Nierenbecken oder in den ableitenden Harnwegen. Voraussetzung hierfür ist das Ansteigen der Konzentration dieser Substanzen über ihren Sättigungswert hinaus im Verlauf der Bereitung des Endharns. Steinbildend sind einige schwer lösliche Salze, Harnsäure und Oxalsäure.

Die schwer wasserlöslichen Substanzen fällen in Abhängigkeit von verschiedenen Faktoren unterschiedlich schnell und bei unterschiedlichen Konzentrationen aus. Solche Faktoren sind insbesondere der p_H-Wert des Harns, da die Löslichkeit von Salzen stark vom p_H-Wert abhängt. Eiweiße und Mucopolysaccharide können auf der anderen Seite übersättigte Lösungen so stabilisieren, daß das Auskristallisieren von Salzen bis zu einem gewissen Grad verhindert werden kann. Andererseits beschleunigen bereits vorliegende Kristallisationskerne das Ausfällen von solchen Substanzen und damit die Steinbildung. Bestehende Entzündungen der Harnwege können die Steinbildung ebenfalls begünstigen. Eine ständige Ausscheidung eines hoch konzentrierten Harns begünstigt die Steinbildung. Ein solcher Harn wird bei völlig unzureichender Flüssigkeitszufuhr und/oder bei sehr hohen Wasserverlusten (extremes Schwitzen bei körperlicher Höchstleistung oder bei hohem Fieber) gebildet.

Die Bildung von Harnsäure- und Oxalatsteinen wird durch eine Kost, die extrem reich an Purinkörpern bzw. Oxalsäure ist, begünstigt.

Nierensteine können äußerst schmerzhafte Nierenkoliken auslösen. Die Steine können außerdem mit ihren meist scharfen Kanten zu Verletzungen an den Schleimhäuten des Nierenbeckens und der harnableitenden Wege einschließlich der Harnblase führen. Verletzungen der schützenden Schleimhautschicht begünstigen Infektionen, die oft zu chronischen Blasen- und Nierenbeckenentzündungen führen.

Die Zufuhr einer ausreichenden Menge an Trinkflüssigkeit ist die wichtigste Prophylaxe, um Steinleiden möglichst zu vermeiden. Die generell empfohlene Flüssigkeitszufuhr von 1,5 bis 2 l sollte bei zusätzlichen Wasserverlusten über Schweiß, Stuhl oder Ausatmungsluft so erhöht werden, daß täglich mindestens 1,5 bis 2 l (besser 2,5 l) Harn ausgeschieden werden. Darüber hinausgehende, zusätzliche Ernährungsempfehlungen orientieren sich an der chemischen Zusammensetzung der jeweiligen Nierensteine.

Kalziumhaltige Nierensteine

Die am häufigsten beobachteten Nierensteine sind kalziumhaltige Steine (Kalziumphosphat und Kalziumoxalat).

Ursache für die Bildung kalziumhaltiger Steine ist in vielen Fällen eine Störung im Kalziumstoffwechsel. Eine erhöhte Konzentration von ionisierbarem Kalzium im Blutplasma, meist Folge einer nicht ausreichend gesteuerten (gesteigerten) Kalziumresorption, führt zu einer vermehrten Kalziumausscheidung durch die Nieren. Eine gleichzeitig erfolgende zu hohe Aufnahme von Kalzium mit der Nahrung kann dann die Kalziumausscheidung so erhöhen, daß die Steinbildung begünstigt wird. Eine solche weit über dem Durchschnitt liegende Kalziumaufnahme wird bei einer üblichen Kost kaum beobachtet, sie kann aber bei einem ständig stark überhöhtem Milchkonsum (mehr als 1 bis 2 l täglich, Kalziumaufnahme über 2,5 g) zur Bildung von kalziumhaltigen Nierensteinen führen (sog. Milchtrinkerkrankheit).

KAPITEL 7

Ursache für die Bildung von kalziumhaltigen Steinen können Störungen im Kalziumstoffwechsel sein, die durch eine gestörte Funktion der Nebenschilddrüse ausgelöst werden. Das von der Nebenschilddrüse gebildete Hormon (Parathormon) steigert die Bildung des aktiven Vitamin D. Die erhöhte Konzentration des aktiven Vitamin D induziert eine überhöhte Kalziumresorption aus der Nahrung.

Auch eine unkontrollierte Zufuhr von Vitamin D durch überdosierte Vitaminpräparate kann eine Steinbildung auslösen. Der Vitamin-D-Gehalt von Lebensmitteln, auch von Vitamin-D-reichen, ist in keinem Fall so hoch, daß er zu einer solchen überhöhten Aufnahme führt. Auch eine massive Freisetzung von Kalzium aus dem Skelettsystem infolge plötzlicher körperlicher Inaktivität kann die Bildung von Steinen begünstigen.

Eine Reduzierung der Kalziumzufuhr auf Werte, die unter der D-A-CH-Empfehlung liegen, hat keinen Einfluß auf die Bildung von Nierensteinen. Da eine verminderte Kalziumaufnahme beträchtliche Störungen in der Knochenbildung auslösen und die Ausbildung einer Osteoporose beschleunigen kann, ist eine bei bestehenden Steinleiden mitunter empfohlene Einschränkung der Kalziumaufnahme nicht angebracht. Eine Kalziumaufnahme, welche die empfohlenen Werte weit überschreitet, ist aber auf jeden Fall zu vermeiden.

Es gibt Hinweise, daß die Aufnahme von großen Mengen an Zucker zumindest zu einer zeitweise erhöhten Kalziumausscheidung mit dem Harn und damit zur Bildung von Kristallisationskernen für Nierensteine führen kann. Es wird daraus der Schluß gezogen, daß die Ausbildung von Nierensteinen möglicherweise auch dadurch initiiert wird.

Die Bildung von kalziumhaltigen Steinen kann auch durch eine erhöhte Aufnahme des anionischen Anteils der die Steine bildenden Salze bedingt sein (Phosphat bzw. Oxalat).

Kalziumphosphatsteine: Die Aufnahme von phosphathaltigen Lebensmitteln sollte beim Vorliegen von Kalziumphosphatsteinen begrenzt werden, auch wenn dies im Interesse einer ausreichenden Kalziumversorgung schwer realisierbar ist.

In den meisten Lebensmitteln kommt Phosphat mit Kalzium vergesellschaftet vor, insbesondere in Milch, Milcherzeugnissen und Käse. Zu meiden sind vor allen Dingen gereifte Labkäse (Schnitt- und Hartkäse), die relativ phosphatreich sind (bei der Fällung des Caseins durch Lab fallen Phosphate aus). Statt dessen ist Sauermilchkäse zu bevorzugen, da die gelösten Phosphate beim Sauerlegen der Milch mit der Molke teilweise entfernt werden. Auch der Verzehr von Fleisch und Fleischwaren, Wurst, Fisch, Hülsenfrüchten, Kakao, Nüssen und (bedingt) Zitrusfrüchten ist einzuschränken.

Lebensmittel, denen Phosphate zugesetzt wurden, sind konsequent zu meiden (Brühwurst, Schmelzkäse und insbesondere Cola-Getränke einschließlich Cola-light). Alkalische Mineralwässer sind ebenfalls zu meiden.

Kalziumoxalatsteine: Die Oxalsäurekonzentration im Blutplasma und demzufolge im Harn kann durch die Kost kaum beeinflußt werden, da bei einer üblichen Mischkost der Hauptteil der mit dem Harn ausgeschiedenen Oxalsäure, etwa 80 bis 90 %, im Stoffwechsel gebildet wird. Es ist lediglich möglich, eine kurzzeitige Erhöhung der Oxalsäurekonzentration im Harn durch das konsequente Meiden von oxalsäurereichen Lebensmitteln zu verhindern und damit der Bildung von Oxalatsteinen teilweise entgegenzuwirken.

Ein konsequenter Verzicht auf oxalsäurereiche Lebensmittel bedeutet keine wesentliche Einschränkung in den Ernährungsgewohnheiten, da nur wenige Lebensmittel besonders oxalsäurereich sind. Besonders oxalsäurereich sind Rhabarber, Spinat, Mangold, rote Bete und Sauerampfer, außerdem Kakaoerzeugnisse, auch Walnüsse und Erdnüsse sowie schwarzer Tee und Pfefferminztee enthalten überdurchschnittliche Mengen an Oxalsäure.

Harnsäuresteine

Die schwer wasserlösliche Harnsäure entsteht als Endprodukt des Abbaus von Purinkörpern. Ein überhöhter Anfall von Harnsäure im Blutplasma und damit im Harn tritt bei der primären und sekundären Gicht auf (siehe Kap. 7.6.5). Bei Harnsäuresteinen (bestehend aus Salzen der Harnsäure, Urate) ist deshalb eine purinarme Kost einzuhalten (siehe Kap. 8.7.4).

7.5 Herz-Kreislauf-Erkrankungen

Die Funktion des Herzens ist die ständige Aufrechterhaltung des Blutkreislaufs zur Sicherung der Versorgung des Organismus mit allen lebenswichtigen Nährstoffen und Sauerstoff sowie zur Sicherung des Abtransports von Endprodukten des Stoffwechsels zu den Nieren bzw. zur Lunge.

7.5.1 Erkrankungen des Herzens

Eine spezifische Ernährungstherapie bei Erkrankungen des Herzens gibt es nicht. Die Ernährung muß den jeweils bestehenden Funktionsstörungen und den Ursachen angepaßt sein.

Eine gesundheitsbewußte Ernährung und Lebensführung kann dem Entstehen einer Reihe von Herzerkrankungen entgegenwirken bzw. deren Verlauf günstig beeinflussen. Wichtige Risikofaktoren, die dadurch weitgehend ausgeschaltet werden können, sind u. a.

- Übergewicht
  Bei bestehendem Übergewicht ist eine wesentlich größere Arbeitsleistung des Herzmuskels erforderlich, um eine ausreichende Blutversorgung aller Organe zu garantieren. Das betrifft insbesondere die zusätzlichen Leistungsanforderungen, die bei einer körperlichen Arbeit gestellt werden. Bei einem ausgeprägten Übergewicht können bereits einfache Bewegungsabläufe, bei denen die erhöhte Körpermasse bewegt werden muß, eine beträchtliche Belastung darstellen (z. B. Treppensteigen).
- Fettreiche Ernährung
  Eine überhöhte Aufnahme von Nahrungsfett führt nicht nur zu einem Übergewicht, sondern auch zu Störungen im Fettstoffwechsel, hauptsächlich zum Anstieg der Blutfettwerte, vorrangig zu einer Erhöhung der LDL-Werte. Auch die Blutcholesterinwerte sind entsprechend erhöht. Diese Störungen begünstigen die Ausbildung von arteriosklerotischen Veränderungen. Arteriosklerotische Veränderungen an den Herzkranzgefäßen führen zu einer mangelhaften Versorgung des Herzmuskels mit Nährstoffen und Sauerstoff (ischämische Herzkrankheit), die Herzattacken (Angina pectoris) und einen Herzinfarkt zur Folge haben können.
- Kochsalzreiche Kost
  Eine kochsalzreiche Kost beeinflußt den Wasser- und Elektrolythaushalt negativ. Es kann in den Geweben zu einer Retention von Wasser und zur Ausbildung von Ödemen kommen. Erhöhte Natriumkonzentrationen begünstigen auch das Entstehen eines Bluthochdrucks. Diese Störungen erfordern eine erhöhte Herzarbeit, die langfristig zu einer Überlastung führen.
- Alkoholmißbrauch
  Bereits ein akuter Alkoholmißbrauch kann zu einer zeitweiligen Belastung des Kreislaufs führen, vor allem zu einer Minderversorgung der Organe einschließlich des Herzmuskels infolge eines Blutdruckabfalls. Beim chronischen Alkoholmißbrauch besteht die Gefahr einer toxischen Schädigung des Herzmuskels (alkoholische Kardiomyopathie).
- Unzureichende körperliche Tätigkeit
  Eine zu geringe Belastung des gesamten Organismus begünstigt nicht nur die Ausbildung eines Übergewichts, sondern führt auch zu einer ungenügenden Durchblutung aller Organe einschließlich des Herzmuskels. Auch bei bestehendem Übergewicht muß durch eine dem Leistungsvermögen des Herzens angepaßte regelmäßige körperliche Aktivität dessen Durchblutung verbessert werden.

Ernährungstherapie

Eine spezifische Ernährungstherapie gibt es bei Erkrankungen des Herzens nicht. Sie muß sich den jeweils bestehenden Besonderheiten bzw. den Begleitbeschwerden anpassen. Generell ist eine ausgewogene vollwertige Mischkost angezeigt, bei der einige Punkte einer leichten Vollkost berücksichtigt werden sollten. Das betrifft insbesondere den Verzicht auf grobblähende Ballaststoffe, den sparsamen Umgang mit Kochsalz (kochsalzreduzierte Kost) und Nahrungsfett (weitgehender Verzicht auf tierische Fette) sowie den Einsatz von schonenden Garverfahren.

Ein besonderer Stellenwert kommt der Prophylaxe von ernährungsbedingten Erkrankungen des Herzens zu. Diese Prinzipien gelten auch für die Ernährung der Mehrzahl der Herzpatienten. Die wichtigsten Punkte, die bei einer vollwertigen Ernährung zu beachten sind:

- bedarfsgerechte Energiezufuhr, Vermeiden eines Übergewichts, bei Bestehen eines Übergewichts Normalisierung des Körpergewichts durch eine hypokalorische Mischkost,
- Begrenzung der Fettaufnahme auf 25 bis 30 % der gesamten Energieaufnahme, sorgfältige Auswahl der Nahrungsfette unter weitgehender Vermeidung der Aufnahme von Fetten mit einem hohen Anteil an gesättigten Fettsäuren, Bevorzugung von Fetten und Ölen mit einem hohen Anteil an Ölsäure (Rapsöl, Olivenöl) sowie von Fetten mit mehrfach ungesättigten Fettsäuren, auch mit Fettsäuren der ω-3-Reihe (Makrele und andere Fettfische),
- Vermeiden einer übermäßigen Aufnahme von Kochsalz, Verzehr einer kochsalzreduzierten Kost (5 bis 6 g Kochsalz pro Tag),
- reichlicher Verzehr von Gemüse und Obst zur Absicherung einer vitamin- und mineralstoffreichen Kost und der ausreichenden Aufnahme von Ballaststoffen,
- Vermeiden einer überhöhten Alkoholaufnahme, insbesondere von Alkoholexzessen, Verzicht auf einen ständigen Konsum von Alkohol.

Ischämische Herzkrankheit

Einer Prophylaxe der ischämischen Herzkrankheit und eines Bluthochdrucks (siehe Kap. 7.5.2) kommt aus ernährungsmedizinischer Sicht eine besondere Bedeutung zu.

Der auslösende Faktor bei der ischämischen Herzkrankheit ist eine ungenügende Versorgung des Herzmuskels mit Sauerstoff und Nährstoffen, die durch eine Verengung des Lumens von Herzkranzgefäßen bedingt ist. Die besondere Problematik bei der Versorgung des Herzmuskels besteht darin, daß die Herzkranzgefäße keine Kollateralkreisläufe ausbilden und daß somit bei der Verlegung eines Astes der Kranzgefäße die Versorgung des nachfolgenden Herzmuskelbezirks total ausfällt.

Die Verengung von Herzkranzgefäßen bzw. deren vollständiger Verschluß ist in der überwiegenden Zahl der Fälle die Folge von arteriosklerotischen Veränderungen an den Wänden der Herzkranzgefäße. Die arteriosklerotischen Veränderungen sind charakterisiert durch Ablagerung von Cholesterin und von anderen stoffwechselträgen Stoffen in den Gefäßwänden.

Diesen Ablagerungen sind Schädigungen an den Endothelzellen der Gefäßwände vorausgegangen. Ein wichtiger auslösender Faktor für diese Endothelschädigungen ist offenbar eine vermehrte Bildung von freien Radikalen (insbesondere von Sauerstoffradikalen) und gleichzeitig ein nicht effektiv erfolgendes Wegfangen dieser Radikale. Die nachfolgenden Ablagerungen von stoffwechselträgen Substanzen, insbesondere von Cholesterin, wird durch erhöhte Blutcholesterinwerte begünstigt (siehe ausführlich Kap. 7.6.4.2). Eine besondere Rolle spielt dabei offenbar oxidiertes Cholesterin, das bevorzugt abgelagert wird und möglicherweise zusätzliche Schäden auslösen kann. Oxidiertes Cholesterin kommt in sehr geringen Mengen als exogen oxidiertes Cholesterin in einigen cholesterinhaltigen Lebensmitteln vor. Es kann aber auch im Organismus, offenbar in den LDL, durch die Einwirkung von Sauerstoffradikalen gebildet werden.

Als weitere Ursache für eine Schädigung der Endothelzellen der Herzkranzgefäße werden die Ansiedlung von bestimmten pathogenen Keimen bzw. die Wirkung der von solchen Keimen gebildeten Toxine diskutiert. Eine besondere Rolle sollen dabei die Keime spielen, die für eine Entzündung des Zahnfleischs (Paradentose) verantwortlich sind.

Angina pectoris: Eine plötzlich einsetzende massive Unterversorgung einzelner Bezirke des Herzmuskels mit Sauerstoff (Ischämie) löst schlagartig einsetzende heftige Schmerzen in der Herzgegend aus.

Ein solcher Anfall wird in den meisten Fällen durch eine plötzlich auftretende Verengung von arteriosklerotisch geschädigten Herzkranzgefäßen infolge einer vehementen Kontraktion der Muskulatur in den Gefäßwänden ausgelöst. Ein Anfall kann aber auch durch einen beträchtlichen Mehrbedarf des Herzmuskels an Sauerstoff bedingt sein (körperliche Höchstleistung), der wegen der verengten Gefäßlumina nicht mehr zu befriedigen ist. Dauert dieser Anfall nur kurze Zeit an, erholen sich in vielen Fällen die nur vorübergehend unzureichend mit Sauerstoff versorgten Herzmuskelzellen wieder. Beim wiederholten Auftreten von Angina-pectoris-Anfällen werden sie langfristig geschädigt.

Herzinfarkt: Bei einem plötzlich auftretenden vollständigen Verschluß eines Astes der Herzkranzgefäße wird der nachfolgende Bezirk des Herzmuskels überhaupt nicht mehr mit Sauerstoff und Nährstoffen versorgt. Das hat zur Folge, daß die betroffenen Herzmuskelzellen innerhalb kürzester Zeit absterben. Es kommt zum totalen Ausfall dieses Herzmuskelbereichs. Ein Herzinfarkt löst schlagartig einsetzende heftige Schmerzen in der Herzgegend aus, die bis in den Arm ausstrahlen können (sog. Vernichtungsschmerz).

Die Auswirkungen eines solchen Herzinfarkts auf die Funktionsfähigkeit des Herzens hängt wesentlich davon ab, wie groß der ausgefallene Herzmuskelbezirk ist und insbesondere ob und in welchem Ausmaß das Reizleitungssystem des Herzens betroffen ist. Ausgefallene und abgestorbene Herzmuskelzellen werden beim Ausheilen eines Infarkts weitgehend durch Bindegewebe ersetzt, die Infarktstelle „vernarbt".

Ein Herzinfarkt kann auch durch das Verlegen eines Herzkranzgefäßes durch ein Blutgerinnsel ausgelöst werden. Ein Blutgerinnsel kann sich durch eine vermehrte Anlagerung von Blutplättchen an den geschädigten Endothelzellen „an Ort und Stelle" ausbilden.

Herzrhythmusstörungen

Störungen in der Reizbildung (Auslösemechanismus für die geordnete Kontraktion des Herzmuskels) oder in der Weiterleitung dieses Reizes im Herzmuskel führen meist zu nicht koordinierten Kontraktionen des Herzmuskels. Diese sog. Herzrhythmusstörungen können die verschiedensten Ursachen haben, u. a. Störungen im Mineralstoffwechsel, die auch primär anderweitig initiierte Fehlfunktionen verstärken können. Das gilt insbesondere für einen Magnesiummangel, der u. a. auch durch eine ungenügende Magnesiumaufnahme mit der Nahrung bedingt ist, sowie Störungen im Natrium- und Kaliumhaushalt, die die Folgen von generellen Störungen in der Regulation des Mineralstoffhaushalts sind.

Bei einem Magnesiummangel ist die Reizbildung für die Kontraktion des Herzmuskels gestört. Die Folge ist das gehäufte Auftreten von ungeordnet ablaufenden Erregungen des Herzmuskels, von sog. Extrasystolen („Stottern des Herzschlags"). Gelegentlich auftretende Extrasystolen sind ungefährlich, bei starken Rauchern sind Extrasystolen nahezu die Regel. Ein verstärktes Auftreten von Extrasystolen führt jedoch zu einer Minderversorgung des Herzmuskels mit Sauerstoff und Nährstoffen und bedeutet letztendlich eine Einschränkung in der Leistungsfähigkeit des Herzmuskels. Eine besondere Form von Extrasystolen (ventrikuläre Extrasystolen) sind Folge einer ernsthaften Schädigung des Herzmuskels und sind nicht durch einen Mangel an Magnesium bedingt. Beim Auftreten von Extrasystolen muß deren Ursache vom Arzt abgeklärt werden.

Eine ausreichende Versorgung mit Magnesium (einschließlich allen Mineralstoffen) kann mit einer ausgewogenen Mischkost in der Regel gesichert werden. Individuelle Unterschiede in der Effektivität der Resorption von Magnesium können jedoch möglicherweise für eine leichte Unterversorgung verantwortlich sein. In diesen Fällen ist einer mineralstoffreichen Kost besondere Beachtung zu schenken (reichlich frisches Gemüse, Vermeiden von Mineralstoffverlusten durch Auslaugen des Gemüses oder Verwerfen des Kochwassers, ausreichende Berücksichtigung von Fleisch und Fisch bei der Kostplangestaltung). Vom Arzt wird in besonderen Fällen eine medikamentöse Gabe von Magnesium (Tabletten) als unterstützende Maßnahme verordnet.

Der Kaliumhaushalt wird durch die Ausscheidung von Kalium durch die Nieren reguliert. Eine Über- bzw. Unterversorgung mit Kalium ist beim gesunden Menschen nicht bekannt. Für Störungen im Kaliumhaushalt (erhöhte Blutplasmakonzentrationen, Hyperkalämie) sind nahezu ausschließlich ernsthafte Ausfälle von Nierenfunktionen verantwortlich (chronische Niereninsuffizienz, siehe Kap. 7.4.5). Die Folgen einer Hyperkalämie sind schwere Störungen in der Erregungsbildung und Reizleitung. Es kommt zum Auftreten von sog. ventrikulären Extrasystolen, die bis zum Kammerflimmern (unkontrollierte ständige Kontraktion und Erschlaffung des Herzmuskels) und zum Tod führen können. Bei einer Hyperkalämie ist eine streng kaliumarme Kost erforderlich (siehe Kap. 8.6.2.1).

Beim nierengesunden Menschen ist dagegen eine kaliumarme Kost auf keinen Fall angebracht. Kalium kann als Gegenspieler des Natriums dessen negativer Wirkung auf den Blutdruck in gewissem Maße entgegenwirken.

Natrium beeinflußt die Reizbildung und Reizleitung relativ wenig. Erhöhte Konzentrationen von Natrium begünstigen jedoch das Entstehen eines Bluthochdrucks und die Ausbildung von Ödemen, die sich ungünstig auf die gesamte Herzfunktion auswirken. Aus diesem Grund ist eine kochsalzreduzierte Kost entsprechend den Empfehlungen der DGE generell angebracht, falls nicht auf Grund anderer Erkrankungen eine kochsalzarme Kost erforderlich ist.

Myocardschädigungen (Schädigungen des Herzmuskels)

Der Herzmuskel kann auch bei ausreichender Versorgung mit Sauerstoff und Nährstoffen durch eine Reihe anderer Belastungen geschädigt werden. Ursache für eine solche Myocardschädigung kann zunächst eine ständige Überbelastung des Herzmuskels sein, die bei Störungen in der Blutzirkulation durch Herzklappenfehler oder anderen Funktionsstörungen im Herzen (angeborene Herzfehler) bzw. durch eine Überbelastung beispielsweise bei extremem Übergewicht möglich sind. Auch ein Bluthochdruck führt zu einer ständigen Überlastung des Herzens, da dieses ständig gegen einen erhöhten Widerstand pumpen muß. Eine Schädigung des Herzmuskels ist aber auch durch das direkte Einwirken von Noxen auf die Herzmuskelzellen möglich wie Bakterientoxine, die bei Infektionskrankheiten und anderen entzündlichen Prozessen über die Blutbahn zum Herzen gelangen (z. B. Diphtherie, Scharlach, eitrige Anginen [Streptokokkentoxine]) oder wie bestimmte Gifte, die eine besondere Affinität zu den Herzmuskelzellen haben (z. B. elementarer gelber Phosphor, Chloroform, Tetrachlorkohlenstoff). Auch ein ständiger Alkoholabusus kann zu einer massiven Schädigung der Herzmuskelzellen führen (Kardiomyopathie, siehe Kap. 3.6.3).

Eine Schädigung der Herzmuskelzellen bedingt eine Einschränkung der Kontraktionsarbeit des gesamten Herzmuskels (Herzinsuffizienz) und somit eine verminderte Pumpleistung. Das dadurch verringerte Fördervolumen des Herzens zieht eine unzureichende Versorgung aller Organe mit Sauerstoff nach sich. Die ersten Symptome dieser eingeschränkten Herzleistung sind neben der allgemeinen Leistungsminderung und einer ausgeprägten Müdigkeit das Auftreten von Ödemen als Folge des insbesondere in den Kapillargebieten verlangsamten Blutflusses.

Ernährungstherapie: Im Mittelpunkt der Ernährung bei einer Myocardschädigung steht das konsequente Einhalten einer kochsalzarmen Kost, um der Ausbildung von Ödemen entgegenzuwirken. Die verminderte Natriumaufnahme beeinflußt außerdem einen oft bestehenden Bluthochdruck günstig (siehe Kap. 7.5.2). Bei einer längere Zeit eingehaltenen kochsalzarmen Kost ist auf die ausreichende Jodversorgung zu achten.

Wegen der bestehenden Gefahr der Ausbildung von Ödemen sowie beim Bestehen von Ödemen ist außerdem die Flüssigkeitszufuhr genau zu bilanzieren. Sie muß der Menge des ausgeschiedenen Wassers angepaßt werden und wird in der Regel vom Arzt exakt vorgegeben. Weiterhin sind grobblähende Speisen zu meiden.

In den meisten Fällen ist eine leichte Vollkost unter Beachtung der vom Arzt vorgegebenen Kochsalzeinschränkung die geeignete Kost.

7.5.2 Bluthochdruck (Hypertonie)

Die Bluthochdruckkrankheit ist eine der bei der Bevölkerung der Industrienationen am häufigsten vorkommenden Erkrankungen. Etwa 20 % der erwachsenen Bevölkerung der westlichen Industrieländer leiden unter einem Bluthochdruck. Bei weiteren 20 % sind bereits leicht erhöhte Blutdruckwerte festzustellen, die zwar noch nicht als Hypertonie bezeichnet werden, bei denen aber die Gefahr besteht, daß sich in absehbarer Zeit eine Hypertonie entwickelt. Die Gefahr eines Bluthochdrucks besteht darin, daß er ein ernst zu nehmender Risikofaktor für eine Reihe von sog. Zivilisationskrankheiten ist:

- Arteriosklerose,
- Schlaganfall,
- Herzinfarkt,
- Herzinsuffizienz infolge Überlastung des Herzens.

Auf Grund der unterschiedlichen Mechanismen für das Entstehen eines Bluthochdrucks wird zwischen 2 verschiedenen Formen einer Hypertonie unterschieden:

- primäre oder essentielle Hypertonie,
- sekundäre Hypertonie.

Primäre Hypertonie

Die meisten Fälle eines Bluthochdrucks, etwa 90 %, sind der primären Hypertonie zuzuordnen. Die Mechanismen, die für das Entstehen einer primären Hypertonie verantwortlich sind, sind noch weitgehend ungeklärt. Offensichtlich liegt ihr eine genetisch bedingte Veranlagung zu Grunde, die aber erst beim Zusammenwirken mit einem oder mehreren der nachfolgend aufgeführten Ernährungsfaktoren zu einer Blutdruckerhöhung führt:

- überhöhte Aufnahme von Natrium, nahezu ausschließlich als Kochsalz (Hauptursache),
- kalorische Überernährung und das dadurch bedingte Übergewicht,
- zu hoher Alkoholkonsum,
- unzureichende Zufuhr von ω-3-Fettsäuren,
- zu geringe Aufnahme von Kalium (als Gegenspieler des Natriums),
- möglicherweise zu geringe Aufnahme von Kalzium und Magnesium,
- möglicherweise psychische und soziale Faktoren sowie Streß.

Psychische und soziale Faktoren sowie Streß können wahrscheinlich beim Vorliegen eines der zuvor genannten Risikofaktoren das Entstehen eines Bluthochdrucks zusätzlich begünstigen. Hauptursache einer primären Hypertonie ist eine zu hohe Aufnahme von Natrium in Form von Kochsalz. Die erhöhte Natriumkonzentration im Blut löst Regelmechanismen aus, die eine Engstellung der Blutgefäße, auch der arteriellen Nierengefäße, bewirken. Dadurch werden auch die Nieren weniger durchblutet. Die entscheidende Konsequenz dieser eingeschränkten Durchblutung der Nieren ist eine geringere Ausscheidung von Natriumionen und somit ein weiterer Anstieg ihrer Konzentration im Blutplasma. Es ist ein Teufelskreis entstanden, der den einmal erhöhten Blutdruck fixiert.

Die Empfindlichkeit gegenüber einer überhöhten Kochsalzzufuhr ist bei den einzelnen Menschen unterschiedlich stark ausgeprägt. Der weitaus überwiegende Teil der Bevölkerung ist kochsalzempfindlich (kochsalzsensitiv), er reagiert auf eine ständig hohe Kochsalzaufnahme mit einer Blutdruckerhöhung. Ein kleinerer Personenkreis reagiert dagegen nicht sofort mit einer Blutdruckerhöhung, diese Menschen sind kochsalzinsensitiv. Es ist jedoch möglich, daß eine ständig überhöhte Kochsalzaufnahme auch bei diesem Personenkreis zu einer Blutdruckerhöhung führt.

Sekundäre Hypertonie

Eine sekundäre Hypertonie tritt in den meisten Fällen als Komplikation im Gefolge von Nierenerkrankungen auf (sog. renaler oder nephrogener Hochdruck). Ursache ist eine mangelhafte Durchblutung der Nieren, die auch für eine ungenügende Sauerstoffversorgung des Nierengewebes und möglicherweise für eine eingeschränkte Bildung von Primärharn verantwortlich ist. Sie bedingt so eine verminderte Ausscheidung von harnpflichtigen Substanzen einschließlich Natrium.

Die Nieren reagieren auf einen Sauerstoffmangel mit der Produktion eines spezifischen eiweißspaltenden Enzyms, dem Renin, das als Reglerstoff an das Blut abgegeben wird. Dieses Renin verwandelt das Hypertensinogen (ein noch inaktives Plasmaprotein, in der Leber gebildet) in das aktive Angiotensin, das eine lang andauernde Blutdruckerhöhung auslöst, die zu einer besseren Durchblutung der Nieren führt.

Für die Behandlung des renalen Hochdrucks ist folglich die Behandlung der auslösenden Nierenerkrankung mit von entscheidender Bedeutung.

Ernährungsprophylaxe und Ernährungstherapie der Hypertonie

Der Ernährung kommt bei der Prophylaxe und der Therapie einer Hypertonie eine Schlüsselstellung zu. Grundprinzip ist eine vollwertige Ernährung nach den Empfehlungen der DGE, bei der dem Vermeiden bzw. dem Gegensteuern von Risikofaktoren eine zusätzliche Beachtung geschenkt werden muß. Die wichtigsten zusätzlichen Gesichtspunkte sind

- Begrenzung der Kochsalzaufnahme,
- ausgeglichene Kaliumaufnahme,
- Vermeiden bzw. Erniedrigen eines bestehenden Übergewichts,
- ausgeglichene Magnesium- und Kalziumversorgung,
- Vermeiden eines Alkoholmißbrauchs.

<u>Kochsalzaufnahme:</u> Die Einschränkung der Aufnahme von Kochsalz ist der wesentlichste Faktor für die Behandlung und Prävention des Bluthochdrucks.

Im Rationalisierungsschema für die Diätetik der Deutschen Gesellschaft für Ernährungsmedizin wird zwischen 3 Stufen einer kochsalzreduzierten Kost unterschieden:

Streng natriumarme (streng kochsalzarme) Kost	1 g Kochsalz
Natriumarme (kochsalzarme) Kost	3 g Kochsalz
Natriumreduzierte (mäßig kochsalzarme) Kost*	6 g Kochsalz

Das Ausmaß der Begrenzung der Kochsalzzufuhr richtet sich nach der Schwere der Hypertonie und wird vom Arzt individuell festgelegt. In leichten Fällen wird durch eine mäßig kochsalzarme Kost (maximal 6 g Kochsalz) die Natriumaufnahme ausreichend begrenzt. Nur in schwereren Fällen wird eine natriumarme Kost erforderlich sein. Eine streng kochsalzreduzierte Kost wird nur noch in sehr seltenen Ausnahmefällen angeordnet. Der Bedarf an Kochsalz wird theoretisch mit 1 g, mit Sicherheit aber mit 2 bis 3 g ausreichend gedeckt, falls keine überdurchschnittlichen Verluste ausgeglichen werden müssen (übermäßiges Schwitzen, starkes Erbrechen).

Der unter dem Gesichtspunkt einer Prophylaxe vor einer Hypertonie erhobenen Forderung nach einer eingeschränkten Kochsalzaufnahme wird von weiten Kreisen der Bevölkerung nicht oder nur sehr zurückhaltend nachgekommen. Ungesalzene oder nur schwach gesalzene Speisen werden aus geschmacklichen Gesichtspunkten größtenteils abgelehnt. Das Verlangen nach Kochsalz ist offenbar das Ergebnis einer über Jahrzehnte währenden Ausprägung von Ernährungsgewohnheiten. Möglicherweise kann dabei das gefühlsmäßige Kompensieren von Salzverlusten eine wichtige Rolle gespielt haben, die früher beim massiven Schwitzen während der üblichen schweren körperlichen Arbeit auftraten.

Die Kochsalzaufnahme liegt in der Bundesrepublik im Durchschnitt bei 10 g pro Tag. Sie erfolgt zu etwa gleichen Teilen durch den Verzehr von Brot und Backwaren, von Fleisch- und Wurstwaren und von gewürzten Speisen (im Haushalt zubereitete bzw. industriell gefertigte Produkte). Die gelegentlich genannten höheren Verbrauchswerte sind nicht zutreffend, ihre Berechnung basierte auf der gesamten Menge des an den Handel ausgelieferten Speisesalzes (einschließlich der Versorgung der Lebensmittelindustrie und des lebensmittelproduzierenden Handwerks).

Eine Einschränkung in der Kochsalzaufnahme (kochsalzreduzierte Kost) erfordert in vielen Fällen eine mehr oder weniger drastische Umstellung in den Ernährungsgewohnheiten. Sie ist in der Regel nicht durch ledigliches Einschränken des Nachwürzens von Speisen mit Salz zu realisieren, sondern erfordert eine veränderte Auswahl von Lebensmitteln, insbesondere das Meiden von stark gesalzten Produkten. Bei einer überlegten Auswahl der Lebensmittel steht bei einer kochsalzreduzierten Kost mit einer Aufnahme von 5 bis 6 g Kochsalz pro Tag oft noch eine kleine Menge Salz zum Nachwürzen zur Verfügung.

* Eine mäßig kochsalzarme Kost entspricht den Empfehlungen der DGE für die Kochsalzaufnahme von gesunden Personen.

Eine natriumarme Kost ist nur durch die Auswahl kochsalzarmer Lebensmittel und durch den Verzicht auf das Nachsalzen von Speisen zu realisieren. Die Erstellung von Kostplänen für kochsalzarme Diäten wird durch geeignete kochsalzarme Diätprodukte von einschlägigen Herstellern erleichtert.

Diätprodukte dürfen als kochsalzarm deklariert werden, wenn der Kochsalzgehalt 250 mg pro 100 g Lebensmittel nicht übersteigt. Ein höherer Kochsalzgehalt ist nur bei Kartoffelerzeugnissen (300 mg), Kochwurst (400 mg), Käse (450 mg) sowie Pökelwaren und Brühwurst (500 mg) erlaubt.

Eine streng natriumarme Kost ist äußerst schwer zu realisieren, da die Anzahl der zur Verfügung stehenden sehr salzarmen Lebensmittel äußerst begrenzt ist. Sie wird bei der Behandlung des Bluthochdrucks kaum noch gefordert. Weitere Hinweise für kochsalzreduzierte Diäten sind in Kapitel 8.6.1 zu finden.

Bei einer über eine längere Zeit einzuhaltenden kochsalzarmen Kost ist auf die ausreichende Jodzufuhr zu achten.

Kaliumaufnahme: Kaliumionen sind im gewissen Sinne Gegenspieler der Natriumionen. Eine reichliche Kaliumaufnahme kann infolgedessen der blutdrucksteigernden Wirkung von Natrium in begrenztem Maße entgegenwirken. Der reichliche Verzehr von kaliumreichen Nahrungsmitteln ist daher ein zusätzlicher wichtiger Faktor zur Unterstützung der kochsalzreduzierten Kost.

Der hohe Kaliumgehalt von Kartoffeln sollte bei der Kostplangestaltung besonders ausgenutzt werden, wozu Pellkartoffeln besonders geeignet sind. Bei ihnen sind die Verluste von Kalium mit dem Kochwasser geringer. Das seltenere Auftreten von Bluthochdruck bei Vegetariern (ovolactovegetabile Kost) ist möglicherweise durch den reichlichen Verzehr von kaliumreichen pflanzlichen Lebensmitteln bedingt.

Bei bestehender Hyperkalämie (chronische Niereninsuffizienz) darf jedoch auf keinen Fall eine kaliumreiche Kost verabreicht werden, in diesen Fällen muß eine kaliumarme Kost konsequent eingehalten werden.

Weitere Gesichtspunkte: Übergewicht begünstigt das Entstehen eines Bluthochdrucks. Bei bestehendem Übergewicht ist deswegen eine Gewichtsreduktion durch eine energie- und kochsalzreduzierte Kost anzustreben. Hierzu eignet sich eine hypokalorische Mischkost (siehe Kap. 8.4.1).

Da Fette mit ω-3-Fettsäuren eine Hypertonie offenbar positiv beeinflussen können, sollte bei der Reduktion der Fettzufuhr (auf 25 bis 30 % der gesamten Energiezufuhr) auf die zumindest gelegentliche Aufnahme von fettreichen Seefischen (Makrele, Hering, Lachs, Thunfisch, nicht Aal) in den Speiseplan geachtet werden.

Kalzium und Magnesium sind neben dem Kalium wesentlich in Regulationprozesse an zellulären Membranen einbezogen. Eine Unterversorgung kann durch die Beeinträchtigung solcher Regulationsmechanismen zu einer Verstärkung des negativen Natriumeffekts führen. Es ist darauf zu achten, daß die empfohlenen Mengen an diesen Mineralstoffen (D-A-CH-Empfehlungen) regelmäßig mit der Nahrung aufgenommen werden.

Eine erhöhte Aufnahme von Alkohol ist ein wesentlicher Risikofaktor für das Entstehen eines Bluthochdrucks. Bei Alkoholikern führt eine Einschränkung des Alkoholkonsums in der Regel zu einer Senkung der erhöhten Blutdruckwerte. Außerdem unterstützt der Verzicht auf Alkohol eine möglicherweise erforderliche Gewichtsreduktion. Daraus ergibt sich, daß bei bestehendem Bluthochdruck auf den Genuß von Alkohol weitgehend verzichtet werden muß.

Entgegen der landläufigen Meinung erhöhen Kaffee und Tee den Blutdruck nur unwesentlich. Der Organismus vieler Menschen hat sich bei ständigem Trinken von Kaffee oder Tee an diese Genußmittel so angepaßt, daß er nicht mehr mit einer Blutdrucksteigerung reagiert. Abgesehen von einem übermäßigen Coffeingenuß und einem Kaffeegenuß bei extrem hohen Blutdruckwerten dürfte gegen Kaffee und Tee, in vernünftigem Maße genossen, nichts einzuwenden sein.

7.6 Stoffwechselerkrankungen

7.6.1 Übergewicht, Adipositas

Eine Zunahme des Körpergewichts über das Normgewicht hinaus wird als Übergewicht bzw. Fettsucht (Adipositas) bezeichnet. Ursache eines Übergewichts ist eine positive Energiebilanz. Diese in Überschuß aufgenommene Energie wird in den Fettzellen des Fettgewebes als Neutralfett deponiert, da eine anderweitige Speicherung infolge der minimalen Speicherkapazität des Körpers für Kohlenhydrate in Form von Glykogen (maximal 350 g) und dem Fehlen eines Eiweißspeichers nicht möglich ist.

Die Zahl der Übergewichtigen und Adipösen hat in den westlichen Industrieländern im Verlauf der letzten Jahrzehnte beträchtlich zugenommen. Exakte Zahlen liegen darüber nicht vor, in Deutschland sind es etwa 30 bis 50 % der Bevölkerung. Der Anteil der Adipösen liegt bei etwa 15 bis 20 %, bei Frauen noch darüber.

Bewertung des Körpergewichts

Als normalgewichtig werden Personen eingestuft, deren Körpergewicht im Bereich des Broca-Gewichts (Abweichungen bei Männern bis maximal

10 %, bei Frauen −15 % bis +10 %) oder deren Body-Mass-Index zwischen 20 und 25 (Männer) bzw. zwischen 19 und 24 (Frauen) liegt (siehe Kap. 4.2).

Eine Überschreitung des Körpergewichts bis maximal 20 % über das Broca-Gewicht gilt als Übergewicht, ein Überschreiten der 20-%-Grenze wird als Fettsucht (Adipositas) bezeichnet.

Die exaktere Einstufung eines erhöhten Körpergewichts erfolgt mit Hilfe des Body-Mass-Indexes. Auch hierbei wird zwischen Übergewicht (BMI bis 30) und Adipositas (BMI über 30) unterschieden. Bei einer noch exakteren Beurteilung des Körpergewichts wird auch das Alter und die Körperkonstitution berücksichtigt. Die entsprechenden Werte sind gegebenenfalls einschlägigen Tabellen zu entnehmen.

Die Beurteilung des Körpergewichts von Kindern kann nicht an Hand des Broca-Gewichts oder des Body-Mass-Indexes erfolgen. Beide Verfahren liefern bei Kindern keine zuverlässigen Werte. Das Sollgewicht von Kindern muß den Tabellen entnommen werden, die vom Forschungsinstitut für Kinderernährung (Dortmund) erarbeitet wurden.

Unter dem Begriff „Wohlfühlgewicht" wird nach der Definition der WHO das Körpergewicht verstanden, bei dem ein psychisch-soziales und physisches Wohlbefinden besteht. Dieses Wohlfühlgewicht ist bei den einzelnen Menschen wegen unterschiedlicher Statur und anderen persönlichen Besonderheiten unterschiedlich hoch. Es liegt aber im Schwankungsbereich des Normgewichts. Der Vorteil der Definition des Wohlfühlgewichts besteht darin, daß es durch die Berücksichtigung von bestehenden individuellen Unterschieden eine Fixierung auf ein Sollgewicht vermeidet. Personen mit einer korpulenteren Statur wird dadurch der psychische Druck genommen, übergewichtig und damit aus der Norm fallend zu sein. Erfolglose Diäten zur Gewichtsreduktion werden dadurch vermieden.

Unterschiedliche Typen der Fettverteilung

Bei einer bestehenden Adipositas kann zwischen 2 unterschiedlichen Typen der Verteilung der überschüssigen Fettmassen unterschieden werden:

- androide Fettansammlung,
- gynoide Fettansammlung.

Beim androiden Typ ist das Depotfett vorwiegend in der Bauchhöhle, beim gynoiden Typ vorzugsweise im Unterhautfettgewebe des Gesäß- und Oberschenkelbereichs deponiert. Diese Ablagerung von Depotfett an unterschiedlichen Körperstellen ist hormonell bedingt, der androide Typ ist bevorzugt bei Männern zu finden.

Die Ablagerung von Fett in der Bauchhöhle ist ein größeres Risiko für Herz-Kreislauf-Erkrankungen, es wird schneller mobilisiert als das Fett des Unterhautfettgewebes und kann daher zu einer ausgeprägteren Erhöhung der Blutfettwerte führen.

Diese unterschiedlichen Verteilungsmuster können mit Hilfe der Waist-to-Hip-Ratio (Quotient aus dem Taillenumfang zum Hüftumfang) erfaßt werden. Als normal gilt bei Männern ein Wert bis 1,0, bei Frauen bis 0,8.

Gesundheitliche Risiken bei erhöhtem Körpergewicht

Übergewicht und Adipositas sind Risikofaktoren für zahlreiche Erkrankungen. Mit zunehmendem Körpergewicht sinkt die Lebenserwartung. Darum ist bereits bei einem leichten Übergewicht eine Gewichtsreduktion anzustreben. Der Gesellschaft entstehen durch die Krankheiten, die auf ein Übergewicht zurückzuführen sind, beträchtliche Kosten. Zu den direkten Behandlungskosten müssen noch die indirekten Kosten hinzugerechnet werden, die durch Arbeitsunfähigkeit, Invalidität (Renten) und andere Aufwendungen erwachsen. Diese der Bundesrepublik entstehenden Gesamtkosten werden zur Zeit (2000) auf rund 20 Milliarden DM pro Jahr geschätzt.

Folgende Erkrankungen treten bei übergewichtigen Personen gehäuft auf (Zunahme der Häufigkeit gegenüber normgewichtigen Vergleichspersonen in Klammern):

- Erkrankungen des Herz-Kreislauf-Systems
  Schlaganfall (3,1)
  Bluthochdruck (2,9)
  Angina pectoris (2,5)
  Herzinfarkt (1,9)
- Typ-2-Diabetes-mellitus (2,9)
- Gicht (2,5)
- Gallenwegserkrankungen, Gallensteine (2,0)
- Hyperlipidämie (1,5)
- Dickdarmkrebs (1,3)
- Fettleber (insbesondere bei Alkoholabusus)
- Erkrankungen der Gelenke und des Stützapparats (Wirbelsäule, Hüft-, Knie- und Sprunggelenke).

7.6.1.1 Ursachen für das Entstehen eines Übergewichts

Wenn auch letztendlich eine positive Energiebilanz für die Zunahme des Körpergewichts verantwortlich ist, gibt es eine Reihe von Faktoren, die das Entstehen eines Übergewichts begünstigen und somit auch bei der

Ernährungstherapie berücksichtigt werden müssen. Diese zusätzlichen Faktoren sind zu einem beträchtlichen Teil durch genetische Veranlagungen bedingt, die bis zu einem gewissen Grad die Effektivität einzelner Stoffwechselleistungen beeinflussen können. Es wird geschätzt, daß bei 30 bis 50 % der Adipositasfälle eine genetische Veranlagung vorliegt. Voraussetzung zum Entstehen des Übergewichts ist aber auch bei diesen Personen eine positive Energiebilanz. Die Normalisierung bzw. das Einhalten des Normgewichts ist jedoch bei diesen Personen wesentlich schwerer zu realisieren.

Die wichtigsten Faktoren, die für das Entstehen eines Übergewichts verantwortlich sind bzw. dessen Ausbildung begünstigen können, sind

- positive Energiebilanz,
- erniedrigter Grundumsatz,
- Unterschiede in der Verwertung der einzelnen Energieträger,
- erniedrigte nahrungsinduzierte Thermogenese,
- erniedrigte adaptive Thermogenese,
- erniedrigte bewegungsabhängige Thermogenese,
- erhöhte Anzahl von Fettzellen im Fettgewebe,
- Störungen in der Regulation des Hungergefühls.

Positive Energiebilanz

Eine positive Energiebilanz ist die letztendlich entscheidende Ursache für eine Gewichtszunahme. Die ständig zunehmende Zahl der Übergewichtigen läßt sich mühelos durch den geringeren Energiebedarf des Großteils der Bevölkerung erklären. Der Minderbedarf infolge der immer weniger werdenden körperlichen Arbeit wird durch sportliche Aktivitäten meist nicht ausgeglichen. Der Energieverbrauch bei der Ausübung einzelner Sportarten wird meist überschätzt. Außerdem ist die Zeit meist ziemlich begrenzt, die für den sportlichen Ausgleich zur Verfügung steht. Die Energieaufnahme bleibt bei vielen Menschen trotz geringerer körperlicher Betätigung gewohnheitsmäßig unverändert und ist damit für die veränderten Lebensbedingungen zu hoch. In vielen Fällen wird die Energiezufuhr sogar noch gesteigert, bedingt durch ein Genußstreben (Essen aus Freude, Werbung der Lebensmittel- und Feinkostindustrie).

Grundumsatz

Der Grundumsatz ist bei verschiedenen Menschen trotz gleich hoher Energiezufuhr, gleicher Körpergröße und gleichem Ernährungszustand unterschiedlich hoch. Ursache hierfür sind an erster Stelle unterschiedlich hohe Bildungsraten vom Schilddrüsenhormon Thyroxin. Eine Überproduktion von Thyroxin führt zu einer drastischen Erhöhung des Grundumsatzes. Daraus ergibt sich, daß Menschen mit einem niedrigeren Thyroxinspiegel einen niedrigeren Grundumsatz aufweisen und bei gleicher Energiezufuhr wesentlich schneller übergewichtig werden.

Die Höhe des Grundumsatzes paßt sich bei allen Menschen der Energiezufuhr und dem Ernährungszustand in gewissem Maße an. Auf Hungern reagiert der Körper mit einer Erniedrigung des Grundumsatzes. Bei einer ständig überhöhten Energiezufuhr ist der Grundumsatz dagegen erhöht (siehe Kap. 3.2.2.1).

Diese Anpassungsfähigkeit an die Höhe der Energieaufnahme ist bei den einzelnen Menschen unterschiedlich stark ausgeprägt. Sie ist aber nicht so groß, daß sie eine Erhöhung der Energiezufuhr voll kompensieren und damit eine Gewichtszunahme verhindern kann.

Unterschiede in der Verwertung der einzelnen Energieträger

Die mit der Nahrung aufgenommenen Energieträger (Fette, Kohlenhydrate, Eiweiße, Alkohol) werden im Zellstoffwechsel unterschiedlich schnell verbrannt. Während bei einer erhöhten Aufnahme von Eiweißen, Kohlenhydraten und Alkohol deren Verbrennung schnell gesteigert wird, auch über den Umfang ihrer ständig stattfindenden Oxidation hinaus, führt eine vermehrte Aufnahme von Nahrungsfetten nicht zu einer erhöhten Fettverbrennung im Körper. Das bedeutet, daß dieses im Überfluß aufgenommene Nahrungsfett in Fettdepots abgelagert werden muß. Eine fettreiche Nahrung führt somit bei gleichem Energieinhalt zu einer größeren Ablagerung von Depotfett.

Die Mobilisierung des abgelagerten Depotfetts und die anschließende Oxidation der Fettsäuren erfolgt dagegen wesentlich langsamer als die Speicherung von Fett. Es bestehen zusätzlich große individuelle Unterschiede im Ausmaß der Fettsäureoxidation. Bei einer niedrigen Rate der Fettsäureoxidation wird demzufolge auch bei einer ausgeglicheneren Energiebilanz abgelagertes Depotfett kaum mobilisiert, wodurch die Ausbildung eines Übergewichts begünstigt wird. Die Fettsäureoxidation nimmt mit zunehmendem Alter zusätzlich ab.

Nahrungsinduzierte (postprandiale) Thermogenese

Bei der Nahrungsaufnahme, vorrangig bei der Aufnahme von Eiweiß, und deren Verwertung wird ein Teil der Nahrungsenergie in Wärme umgewandelt. Eine solche positive Wärmetönung ist durch die energieabhängige Bildung der Verdauungssäfte und die Resorption von Aminosäuren und Monosacchariden bedingt. Eine weitere beträchtliche Energiefreisetzung in Form von Wärme erfolgt beim Um- und Abbau von Aminosäuren. Bei dieser nahrungsinduzierten Thermogenese werden durchschnittlich 10 % der Nahrungsenergie (bei der Verwertung von Eiweißen bis maximal 25 %) in Wärme umgewandelt. Das Ausmaß dieser Thermogenese kann, genetisch bedingt, bei den einzelnen Menschen beträchtlich variieren. Die nahrungsinduzierte Thermogenese wurde früher als spezifisch-dynamische Wirkung bezeichnet.

Adaptive Thermogenese

Bei einer plötzlichen Anpassung der Stoffwechselleistungen an veränderte Außenbedingungen wird zusätzliche Energie verbraucht. Solche Anpassungen sind beispielsweise bei Streßsituationen und plötzlichen körperlichen Höchstleistungen erforderlich. Sie induzieren eine erhöhte Ausschüttung von „Streßhormonen" (Adrenalin).

Adrenalin führt auf vielfältige Weise zu einer Mobilisierung des Stoffwechsels, wobei die energetische Effektivität verringert wird, Energie wird dabei zusätzlich in Form von Wärme „verpufft". Unter Adrenalineinwirkung wird beispielsweise Glykogen rascher zu Glucose abgebaut als erforderlich ist. Für die später notwendige Resynthese von Glykogen (meist aus Körpereiweiß) wird mehr Energie benötigt, als beim Abbau des Glykogens und der nachfolgenden Verbrennung der Glucose gewonnen werden kann. Bei Menschen, die leicht erregbar sind, ist diese adaptive Thermogenese besonders ausgeprägt.

Bei der nahrungsinduzierten und der adaptiven Thermogenese spielt offenbar das sog. braune Fettgewebe eine besondere Rolle. Dieses braune Fettgewebe unterscheidet sich vom normalen Speicherfettgewebe dadurch, daß seine Zellen reicher an Mitochondrien sind. Bei einer überhöhten Aufnahme von Nahrungsenergie, bei Kälteeinwirkung oder bei Erregung des vegetativen (sympathischen) Nervensystems kann in diesen Fettzellen die Endverbrennung der Fette schneller erfolgen, wobei chemische Energie in Form von ATP in wesentlich geringerem Umfang als üblich gebildet wird. Die überschüssige Energie wird statt dessen als Wärme freigesetzt.

Das braune Fettgewebe findet sich besonders in der Schulterregion und entlang der Aorta und der vorwiegend im Bauchraum liegenden großen Arterien.

Bewegungsabhängige Thermogenese

Bei jeder Muskelarbeit entsteht Wärme. Der Anteil dieser Wärmebildung an der mechanischen Muskelarbeit, die sog. Wärmetönung, ist relativ konstant. Die Effektivität der Muskelarbeit kann allerdings bei vielen Menschen durch intensives Training und durch die dadurch erworbene Geschicklichkeit beträchtlich erhöht werden. Das bedeutet, daß auch die bewegungsabhängige Thermogenese kleiner wird, was einen geringeren Energieverbrauch zur Folge hat. Auf der anderen Seite kann der Energieverbrauch bei Menschen mit ständigem Bewegungsdrang (zappelige Menschen) erhöht sein, ohne daß dieser willkürlich beeinflußt wird.

Anzahl der Fettzellen (Depotfett)

Die Zahl der Fettzellen ist bei den einzelnen Menschen unterschiedlich groß. Sie ist einmal genetisch bedingt, zum anderen kann sich ihre Zahl, besonders in der frühen Kindheit, durch eine überkalorische Ernährung erhöhen. Da bei einem Überangebot an Nahrungsenergie die Speicherungsgeschwindigkeit von Neutralfett von der Anzahl der vorhandenen Fettzellen abhängt (die maximalen Stoffwechselaktivitäten sind in den einzelnen Fettzellen nahezu gleich groß), wird beim Vorhandensein einer größeren Anzahl an Fettzellen ein Überangebot an Nahrungsenergie auch rascher als Depotfett abgelagert.

Regulation des Hungergefühls

Die Nahrungsaufnahme wird durch das Hunger- und Sättigungsgefühl sowie durch den Appetit reguliert. Ein ausgeprägtes Hungergefühl kann durch eine starke Erniedrigung des Blutzuckerspiegels ausgelöst werden. Ein so ausgelöster Heißhunger, der oft mit Kopfschmerzen verbunden ist, ist jedoch nur in Ausnahmefällen das Signal für eine rasche Nahrungsaufnahme.

Störungen des Hunger-, Appetit- und Sättigungsgefühls sind in den meisten Fällen durch äußere Faktoren bedingt. Ein solcher Faktor kann eine Gewöhnung an die Essenaufnahme zu bestimmten Uhrzeiten sein, zu denen infolge des nun vorhandenen Appetits auch ohne eigentlichen Hunger gegessen wird. Auch psychische Belastungen können zu einer vermehrten Nahrungsaufnahme führen (Kummerspeck). Besonders bei Kindern kann der Regelmechanismus Hungergefühl/Sättigungsgefühl durch falsche erzieherische Maßnahmen (Zwingen zum Aufessen) so gestört werden, daß die Nahrungsaufnahme wahllos und unkontrolliert erfolgt.

Mit der Entdeckung eines Sättigungsfaktors (Leptin) ist eine weitere Möglichkeit der Regulation des Körpergewichts aufgezeigt worden. Leptin ist ein Eiweiß, das vom Fettgewebe gebildet und als Botenstoff über den Blutweg zum zentralen Nervensystem transportiert wird. Im zentralen Nervensystem (Hypothalamus) induziert das Leptin die Bildung von Sättigungsfaktoren (Neuropeptide), die über die Ausbildung eines Sättigungsgefühls die Nahrungsaufnahme drosseln und so das Entstehen eines Übergewichts verhindern können. Erste Hinweise sprechen dafür, daß bei übergewichtigen Menschen im Fettgewebe zwar ausreichend oder sogar vermehrt Leptin gebildet wird, das zentrale Nervensystem aber auf Leptin nicht mehr anspricht und Sättigungsfaktoren nicht mehr in ausreichendem Maße bildet.

Neuere Untersuchungen weisen darauf hin, daß Leptin neben der Ausbildung eines Sättigungsgefühls zusätzlich eine Erhöhung des Energieumsatzes induziert. Es stimuliert offenbar die Mobilisierung von Fett (Lipolyse) im weißen Fettgewebe und im Zusammenwirken mit Insulin, die Verwertung von Glucose im braunen Fettgewebe.

7.6.1.2 Konsequenzen einer verminderten Energiezufuhr

Die Verminderung eines überhöhten Körpergewichts kann nur durch eine eingeschränkte Energiezufuhr erreicht werden, die niedriger ist als der tatsächliche Energiebedarf. Eine Extremform ist der vollständige Verzicht auf Nahrungszufuhr (vollständiges Fasten). Ein vollständiges, aber auch ein teilweises Fasten führt zu Veränderungen im Stoffwechsel, die in schweren Fällen zu ernsthaften gesundheitlichen Schäden führen. Das betrifft insbesondere den Anstieg der Blutfettwerte, wodurch bei einer bestehenden ischämischen Herzkrankheit die Gefahr eines Infarkts zunimmt. Ein überhöhter Abbau von Fettsäuren kann zu einer vermehrten Bildung von Ketonkörpern führen, die weitere Störungen im Stoffwechsel mit bedrohlichen Folgen für den gesamten Organismus nach sich ziehen (siehe unten). Zusätzliche Schäden können durch eine mengenmäßig zu geringe Synthese von wichtigen Eiweißkörpern entstehen.

Gefahren bei unkontrollierten Fastenkuren

Die durch eine übermäßig eingeschränkte Aufnahme von Nahrungsstoffen und der damit verbundenen extrem erniedrigten Zufuhr von Nahrungsenergie bedingten Stoffwechselveränderungen bergen folgende gesundheitliche Gefahren:

- Eine über einen gewissen Zeitraum übermäßig gedrosselte Nahrungsaufnahme führt zu einer Unterversorgung mit essentiellen Nahrungsfaktoren.
- Bei einer zu geringen Zufuhr von Kohlenhydraten kommt es wegen der erforderlichen Gluconeogenese (Bereitstellung von Glucose als einzige Energiequelle für Gehirn und rote Blutzellen) zu einem zusätzlichen Abbau von Körpereiweiß.
- Eine überhöhte Fettmobilisierung bewirkt einen beträchtlichen Anstieg der Blutfettwerte, wodurch das Risiko für arteriosklerotische Prozesse beträchtlich zunimmt. Im Extremfall kann bei einer bereits bestehenden ischämischen Herzkrankheit ein Herzinfarkt provoziert werden.
- Die bei Adipösen bereits hohe Rate der endogenen Cholesterinsynthese wird durch den extrem hohen Anfall von Acetyl-CoA als Folge der gesteigerten Fettsäureoxidation nochmals weiter erhöht. Die sich daraus ergebende Zunahme der Cholesterinausscheidung mit der Galle erhöht das Risiko der Bildung von Gallensteinen.
- Bei einer extrem eingeschränkten Nahrungsaufnahme kann es zu Stoffwechselentgleisungen kommen wegen eines erhöhten Anfalls von Ketonkörpern und der dadurch bedingten metabolischen Acidose (stoffwechselbedingte Säuerung der Körperflüssigkeiten)

Die beim vollständigen Fasten auftretenden Stoffwechselveränderungen werden unter dem Begriff Hungerstoffwechsel zusammengefaßt.

Die wesentlichsten Veränderungen, die im Hungerstoffwechsel zu diesen Störungen führen, sind folgende:

- *Der Körper muß die für die Lebensprozesse benötigte Energie durch das Einschmelzen und Verbrennen von Körpersubstanz (Glykogen, Eiweiß, Depotfett) gewinnen. Wegen der schnellen Verfügbarkeit und wegen der Notwendigkeit der Aufrechterhaltung des Blutzuckerspiegels wird dabei zuerst auf die begrenzten Glykogenreserven zurückgegriffen. Nach deren Erschöpfung (meist innerhalb von 24 Stunden) muß Glucose durch Gluconeogenese gebildet werden, um die Energieversorgung von Gehirn und roten Blutzellen zu sichern. Diese Gluconeogenese erfolgt durch das Einschmelzen von Eiweiß (Kap. 3.4.2.2). Fette können im Gegensatz zu Eiweiß zunächst nicht so schnell mobilisiert werden, eine in größerem Umfang erfolgende Mobilisierung von Fett ist erst nach einer Anpassungsperiode von mehreren Tagen möglich. Fette können für die Gluconeogenese nicht genutzt werden.*
  In den ersten Tagen einer Fastenperiode werden somit verstärkt Körpereiweiße zur Energiegewinnung herangezogen. Da es aber keine echten Reserveeiweiße gibt, erfolgt dieser Eiweißabbau stets auf Kosten von funktionellen Körpereiweißen und dabei vordringlich von solchen, die eine hohe Umsatzrate haben und für die Aufrechterhaltung der Körperfunktionen von besonderer Bedeutung sind wie Plasmaproteine, funktionelle Zelleiweiße, Immuneiweiße u. a.
- *Mit dem bei anhaltendem Fasten verstärkten Einschmelzen von Depotfett wird der Abbau von Eiweiß eingeschränkt. Da Fette pro Gewichtseinheit mehr als doppelt so viel Energie liefern wie Glykogen und Eiweiße und im Gegensatz zu diesen Energieträgern wesentlich geringere Mengen an Wasser binden (geringe Wasserbindung nur durch die Nichtfettanteile der Fettzellen), wird mit zunehmender Fettmobilisierung das Ausmaß des Gewichtsverlusts geringer, obwohl ebenfalls beträchtliche Energiemengen verbraucht wurden, die in Körpermasse gespeichert waren.*
  Die gesteigerte Mobilisierung von Depotfett hat einen erhöhten Transport von Neutralfett und Cholesterin und somit einen Anstieg der Blutfettwerte, insbesondere die Konzentration der LDL zur Folge (siehe Kap. 3.5.4.1), wodurch arteriosklerotische Prozesse begünstigt werden können (siehe Kap. 7.6.4.2).
- *Die Fettsäuren dieser Neutralfette können, vorwiegend durch die Leber, rasch bis zum Acetyl-CoA abgebaut werden, ihr Endabbau über den Citratzyklus ist aber nur in begrenztem Umfang möglich. Infolge des fehlenden Glucoseabbaus und der Verwendung der Kohlenstoffketten der Aminosäuren zur Gluconeogenese stehen nur sehr geringe Mengen an Oxalacetat für den Start des Citratzyklus zur Verfügung. Daraus ergibt*

sich, daß die mobilisierten Fettsäuren infolge des Anstaus von Acetyl-CoA nicht vollständig zu Wasser und Kohlendioxid verbrannt werden können und daß somit nur ein Teil der in den Fettsäuren vorhandenen chemischen Energie freigesetzt und genutzt werden kann. Aus energetischen und metabolischen Gründen kann Acetyl-CoA fast ausschließlich nur durch Umwandlung zu Ketonkörpern entfernt werden (siehe Kap. 3.5.4.6). Der Anstau von Acetyl-CoA bedingt auch eine erhöhte endogene Synthese von Cholesterin, so daß dadurch die Gefahr der Ablagerung von Cholesterin in arteriosklerotisch geschädigten Gefäßwänden erhöht wird.

Die im Hunger in großem Umfang anfallenden Ketonkörper können nur zu einem geringen Teil durch die Muskulatur, insbesondere durch den Herzmuskel, verbrannt werden. Ein sehr kleiner Anteil (maximal 40 g) wird auch vom Gehirn verbrannt, das nach mehrtägigem Fasten „gelernt" hat, neben Glucose als Energiequelle auch geringe Mengen an Ketonkörpern zu nutzen. Die überschüssigen sauren Ketonkörper müssen ausgeschieden werden, da sie in großen Mengen zu einer Säuerung des Blutes und der Körperflüssigkeiten (Acidose) führen würden, die mit dem Leben nicht vereinbar ist.

Die Ausscheidung der Ketonkörper erfolgt zum größten Teil durch den Harn, wobei sie durch Ammoniumionen neutralisiert werden müssen. Diese stammen aus den Aminogruppen der Aminosäuren, so daß ein erhöhter Anfall von Ketonkörpern einen zusätzlichen Eiweißabbau erfordert. Nur ein geringer Teil der Ketonkörper wird abgeatmet (bewirkt den obstartigen Geruch der Ausatmungsluft).

Bei einer Ketoacidose wird die Harnsäureausscheidung durch die Nieren gehemmt. Dadurch kann es zu erhöhten Harnsäurewerten im Blutplasma und zur Harnsäureablagerung in Gelenken kommen mit der Gefahr von Gichtanfällen. Bei einem verstärkten Eiweißabbau und dem dadurch verursachten Einschmelzen von Körperzellen werden zusätzlich Purinkörper vermehrt freigesetzt, die den Anfall von Harnsäure nochmals steigern.

- *Zahlreiche Stoffwechselfunktionen passen sich der verringerten Energiezufuhr an. Der Grundumsatz und die nahrungsinduzierte Thermogenese werden gedrosselt. Bei (genetisch determinierten) Übergewichtigen ist diese Anpassung besonders ausgeprägt, bei ihnen bringt eine reduzierte Energiezufuhr oft nur eine geringe Gewichtsabnahme.*

7.6.1.3 Ernährungstherapie

Eine auf Dauer erfolgreiche Senkung eines erhöhten Körpergewichts ist nur durch eine Umstellung des gesamten Lebensablaufs möglich. Dazu sind folgende Verhaltensregeln entscheidend:

- Regelmäßige körperliche Aktivität, ausgewogene sportliche Betätigung,

- Einschränkung der Nahrungsaufnahme, um eine dem Körpergewicht angepaßte langsame Gewichtsreduktion zu erreichen; das normalisierte Körpergewicht konsequent einhalten (regelmäßige Gewichtskontrollen),
- Änderung des Eß- und Trinkverhaltens und ständiges Beibehalten dieses neuen Eßverhaltens.

Körperliche Tätigkeit

Eine ausgewogene körperliche Tätigkeit ist zusammen mit der eingeschränkten Energiezufuhr der wichtigste Faktor bei einer Gewichtsreduktion. In den meisten Fällen ist es jedoch nicht möglich, eine Gewichtsreduktion ausschließlich durch verstärkte körperliche Aktivitäten zu erreichen. Der Energieverbrauch ist bei der Muskelarbeit wesentlich geringer, als meist angenommen wird (siehe Tabelle 3.2.1).

Dabei ist zu bedenken, daß viele adipöse Personen allein auf Grund ihrer Körperfülle nicht in der Lage sind, sich intensiv sportlich zu betätigen. Eine regelmäßige körperliche Tätigkeit im Rahmen der vertretbaren Belastbarkeit ist jedoch dringend erforderlich. Neben dem positiven Trainingseffekt für das Herz-Kreislauf-System (Herzinfarktprophylaxe) wird zumindest ein Teil der „überflüssigen" Energie verbrannt.

Entscheidend ist die Gestaltung der körperlichen Aktivität. Anzustreben ist eine täglich erfolgende Dauerleistung (mindestens 30 bis 60 Minuten) mit einer begrenzten Leistungsanforderung (etwa 25 % der möglichen Höchstleistung). Besonders geeignet sind Ausdauersportarten wie Wandern, Laufen und Schwimmen. Durch eine ständige gleichmäßige Belastung wird nach einer gewissen Zeit eine Anpassung des Stoffwechsels und eine schnellere Fettmobilisierung erreicht.

Bei einer körperlichen Belastung, die unterhalb der Leistungsgrenze liegt, werden in erhöhtem Maße Fettsäuren verbrannt. Dagegen werden bei einer intensiven körperlichen Belastung verstärkt Kohlenhydrate und Eiweiße oxidiert und die Fettsäureoxidation eingeschränkt. Körperliche Höchstleistungen, die nur während eines begrenzten Zeitraums erbracht werden können, tragen deswegen wenig zu einer Gewichtsreduktion bei, da diese durch eine Verkleinerung der Fettdepots und nicht durch einen Abbau von Körpereiweiß erreicht werden soll.

Einschränkung der Nahrungsaufnahme

Eine erfolgreiche Senkung eines erhöhten Körpergewichts ist nur bei einer negativen Energiebilanz möglich, bei der die Aufnahme von Nahrungsenergie geringer ist als der Energiebedarf des Organismus. Das bedeutet, daß der eingeschränkten Aufnahme von Nahrungsenergie eine entscheidende Bedeutung zukommt.

Diese Gewichtsabnahme soll auf jeden Fall kontinuierlich und nicht übertrieben schnell erfolgen, wie es in manchen angepriesenen „Patentkuren“ offeriert wird. Nach diesen Schnellkuren erfolgt nach einer raschen Gewichtsabnahme in den meisten Fällen wieder ein erneuter Gewichtsanstieg, wodurch wiederum eine solche „Blitzdiät“ durchgeführt wird. Dieses Auf und Ab des Körpergewichts (Jo-Jo-Effekt) birgt zahlreiche gesundheitliche Gefahren. Eine extreme Erniedrigung der Energiezufuhr sollte nur in Ausnahmefällen auf ärztliche Anordnung und Kontrolle erfolgen.

Bei der Einschränkung der Aufnahme von Nahrungsenergie muß jedoch garantiert werden, daß durch die Auswahl von geeigneten Nahrungsmitteln die Zufuhr aller essentieller Nahrungsfaktoren gesichert wird. Ausnahmen hiervon können nur unter ärztlicher Kontrolle und zeitlich begrenzt gemacht werden. Bei der Auswahl der Nahrungsmittel und der Aufstellung des Kostplans für eine energiereduzierte Ernährung müssen folgende Punkte beachtet werden:

- Sicherung der Vitaminzufuhr in Höhe der D-A-CH-Referenzwerte,
- Sicherung der Zufuhr aller Mineralstoffe in Höhe der D-A-CH-Referenzwerte,
- Aufnahme von mindestens 100 g Kohlenhydraten (als Stärke), um die ausreichende Bereitstellung von Glucose als Energiequelle für Gehirn und rote Blutzellen zu sichern und um damit ein Einschmelzen von Eiweiß für die Gluconeogenese zu verhindern,
- weitgehende Reduzierung der Fettaufnahme, bei der jedoch auf die ausreichende Zufuhr von mehrfach ungesättigten Fettsäuren zu achten ist. Der Verzehr von Fetten mit gesättigten Fettsäuren (tierische Fette) ist weitgehend einzuschränken,
- die Eiweißaufnahme sollte die empfohlene Zufuhr von 0,8 g Eiweiß pro kg Körpergewicht nicht unterschreiten. Bei einer zeitlich begrenzten Reduzierung der Eiweißaufnahme (0,6 bis 0,4 g/kg Körpergewicht) sind ausnahmslos Eiweiße mit hoher biologischer Wertigkeit unter Beachtung des Ergänzungswerts einzusetzen.

Eine Reduzierung der Energiezufuhr bei weitgehender Berücksichtigung der genannten Anforderungen kann durch verschiedene diätetische Maßnahmen erreicht werden. Bei einigen der empfohlenen Ernährungsregimes wird jedoch eine Reihe der oben genannten Anforderungen zumindest kurzzeitig verletzt. Solche Kostformen sind deswegen nur bei ärztlich begründeten Ausnahmefällen und unter ärztliche Kontrolle zu vertreten.

Folgende Ernährungsregimes werden unter bestimmten Voraussetzungen für eine Gewichtsreduktion eingesetzt:

- energiereduzierte (hypokalorische) Mischkost (Reduktionskost),
- totales Fasten (Nulldiät) und modifiziertes Fasten,

- Diäten mit extremen Nährstoffrelationen,
- Einsatz von energiereduzierten Nahrungsmitteln, Süßstoffen, Ballaststoffpräparaten und Quellstoffen,
- Formeldiäten.

Einsatz von Medikamenten

Der Einsatz von Medikamenten ist in den meisten Fällen für die Adipositasbehandlung nicht geeignet. Viele der in den letzten Jahren propagierten Medikamente zeigen beträchtliche gesundheitsschädigende Nebenwirkungen. Diese Medikamente sollen auf unterschiedlicher Weise eine verminderte Nahrungsaufnahme oder einen erhöhten Energieverbrauch anregen, sie haben aus diesem Grund unterschiedliche Angriffspunkte:

- *Verstärkung des Sättigungsgefühls (zentralnervöser Angriffspunkt von Substanzen, die Neurotransmittern ähneln),*
- *Drosselung des Appetits (Mittel, die Ähnlichkeiten mit Psychopharmaka haben oder selbst Psychopharmaka sind, beispielsweise Amphetamine), teilweise wird gleichzeitig der Stoffwechsel angeregt und damit der Energieverbrauch gesteigert,*
- *Steigerung der Thermogenese,*
- *Gewebshormone des Darms, die die Verdauungsleistungen beeinflussen (nicht mehr geregelter Ablauf),*
- *Abführmittel,*
- *Hemmstoffe für Verdauungsenzyme (bisher als Lipasehemmer bekannt).*

Von diesen Stoffen hatten insbesondere die als sog. Appetitzügler wirkenden Substanzen eine gewisse Bedeutung erlangt.

Fenfluramin und Dexfenfluramin: Die bisher am häufigsten eingesetzten Medikamente Fenfluramin und Dexfenfluramin, die das Sättigungsgefühl verstärken, aber unkorrekterweise als Appetitzügler bezeichnet wurden, sind 1997 weltweit vom Markt genommen worden. Sie können lebensbedrohliche Nebenwirkungen zeigen (Herzklappenfehler, Bluthochdruck im Lungenkreislauf). Die Medikamente dieser Substanzklasse führen über eine Erhöhung des Serotoninspiegels im Gehirn zum Auftreten eines Sättigungsgefühls. Viele Patienten haben außerdem nach längerer Einnahme nicht mehr auf diese Medikamente angesprochen, so daß es zu einer erneuten Gewichtszunahme kam. Diese Patienten haben daraufhin die Dosierung oft erhöht. Es ist außerdem noch nicht endgültig geklärt, ob es nach längerer Einnahme dieser Medikamente zusätzlich zu einer Hirnschädigung kommen kann.

Neu zugelassene Medikamente: Die in der EU zugelassenen neuartigen Medikamente Xenical® und Reductil® sind generell nicht zu empfehlen und sollten nur in begründeten Ausnahmefällen unter strenger ärztlicher Kontrolle eingesetzt werden.

<u>Reductil®:</u> Reductil® enthält den Wirkstoff Sibutramin. In den USA ist er unter dem Namen Meridia® im Handel. Sibutramin greift in den Serotonin- und Noradrenalinstoffwechsel ein. Es kommt dadurch zu einer Verlängerung und Verstärkung des Sättigungsgefühls und deshalb zu einer verminderten Nahrungsaufnahme. Die gesteigerte Noradrenalinwirkung führt gleichzeitig zu einer erhöhten nahrungsinduzierten Thermogenese. Auch bei der Therapie mit Reductil®, die erst bei einem Body-Mass-Index größer als 30 in Betracht gezogen werden sollte, ist eine Ernährungsumstellung erforderlich. Eine ärztliche Kontrolle ist während der Behandlung unbedingt notwendig, mögliche Langzeit-Nebenwirkungen können nicht ausgeschlossen werden.

<u>Xenical®:</u> Xenical® enthält den Wirkstoff Orlistat, einen Lipasehemmer. Er blockiert die Pankreaslipase. Aus diesem Grund kann das mit der Nahrung aufgenommene Fett nicht vollständig gespalten und damit nicht resorbiert werden. Es wird mit dem Stuhl ausgeschieden, die Energieaufnahme ist somit gedrosselt. Bei entsprechender Dosierung soll es gelingen, etwa 30 % des aufgenommenen Nahrungsfetts nicht zu verwerten. Die Problematik bei der Behandlung mit Xenical® besteht darin, daß das nicht aufgespaltene Fett zu Verdauungsstörungen führen kann (partieller Abbau durch die Darmbakterien, Blähungen) und daß sich dieses Fett außerdem als ultradünner Fettfilm an die Darmwand anlegen kann. Dadurch wird die Darmfunktion eingeschränkt einschließlich der Rückresorption von Wasser im Dickdarm mit der Folge des Auftretens eines „leackage" (unkontrollierte Durchfälle) wie beim Verzehr des Fettaustauschstoffs Olestra®. Auch die Resorption von fettlöslichen Vitaminen und von essentiellen Fettsäuren kann behindert sein.

Bei der Therapie mit Xenical® muß daher eine fettreduzierte Kost konsequent eingehalten werden, um die beschriebenen Nebenwirkungen weitgehend zu verhindern. Die erforderliche reduzierte Fettaufnahme führt somit bereits zu einer verminderten Energiezufuhr. Daraus folgt, daß die notwendige energiereduzierte Kost den zusätzlichen Einsatz des Medikaments eigentlich überflüssig macht.

Energiereduzierte Mischkost (hypokalorische Kost, Reduktionskost)

Die energiereduzierte Mischkost ist bei bestehendem Übergewicht langfristig gesehen die effektivste Ernährungstherapie. Sie ist eine vollwertige Ernährung, bei der der Energieinhalt der Nahrung niedriger ist als der Energiebedarf des übergewichtigen Organismus.

Sie wird in der Regel in 3 unterschiedlichen Reduktionsstufen eingesetzt. Der Gesamtenergieinhalt beträgt jeweils

- 6300 kJ (1500 kcal),
- 5040 kJ (1200 kcal) oder
- 4200 kJ (1000 kcal).

Bei einer wie früher oft praktizierten stärker eingeschränkten Energiezufuhr auf 3300 kJ (800 kcal) kann der Bedarf an essentiellen Nahrungsfaktoren durch die Nahrungsaufnahme nicht mehr sicher abgedeckt werden.

Prinzipien für die Nahrungsmittelauswahl: Durch die geeignete Auswahl der Nahrungsmittel läßt sich mit einer hypokalorischen Mischkost eine bedarfsgerechte Versorgung mit allen essentiellen Nahrungsfaktoren erreichen. Das erfordert jedoch eine Verschiebung der Relationen zwischen den einzelnen Nährstoffen.

Folgende grundsätzlichen Gesichtspunkte sollten bei der Kostplangestaltung beachtet werden:

- Die Einschränkung der Energiezufuhr muß überwiegend durch eine verminderte Fettzufuhr (vorrangige Einschränkung von Fetten mit gesättigten Fettsäuren, tierische Fette) erreicht werden. Die Fettaufnahme sollte sich auf pflanzliche Fette und Öle (essentielle Fettsäuren, Ölsäure) und ergänzend auf Seefettfische (ω-3-Fettsäuren) beschränken.
- Die D-A-CH-Empfehlung für die Eiweißzufuhr (0,8 g/kg Körpergewicht) sollte möglichst nicht unterschritten werden, auf die Zufuhr von biologisch hochwertigem Eiweiß muß besonders geachtet werden. Bei den energiearmen Stufen der Reduktionskost ist es jedoch meist erforderlich, die Eiweißzufuhr auf 0,6 g/kg Körpergewicht zu begrenzen, um eine ausgeglichene, vollwertige und schmackhafte Kost anbieten zu können.
- Die Versorgung mit Kohlenhydraten sollte ausschließlich durch ballaststoffreiche Lebensmittel erfolgen, schnell resorbierbare Zucker sind zu meiden und sind gegebenenfalls durch Süßstoff zu ersetzen. Die tägliche Aufnahme an Kohlenhydraten soll auf keinen Fall 100 g unterschreiten.
- Die ausreichende Versorgung mit Vitaminen und Mineralstoffen, entsprechend den D-A-CH-Referenzwerten, muß gewährleistet werden.

Bei einer sinnvollen Auswahl der Lebensmittel läßt sich auch bei einer hypokalorischen Kost die notwendige Versorgung mit den aufgeführten Nährstoffen realisieren und eine abwechslungsreiche Kost gestalten. Durch den Einsatz von Gemüse und Obst mit hohem Ballaststoffanteil kann auch ein ausreichender Sättigungswert erreicht werden. Eine fettarme Versorgung mit biologisch hochwertigem Eiweiß wird durch Magerquark, fettarme Milch und fettarme Milcherzeugnisse ermöglicht. Eine hypokalorische Kost berücksichtigt somit die Empfehlungen der DGE für eine vollwertige Ernährung. Sie entspricht in vielen Punkten einer (gemäßigten) ovolactovegetabilen Kost.

Höhe der Energieeinschränkung: Der Umfang der Energiereduktion hängt von verschiedenen Faktoren ab. Es ist dabei das Ausmaß des Übergewichts (oder der Adipositas), die Körpergröße und die Schwere der körperlichen Tätigkeit zu berücksichtigen. Auch das Alter und der Gesundheitszustand (bestehende Erkrankungen) müssen beachtet werden.

In der Regel kann davon ausgegangen werden, daß bei einer Reduktionskost die tägliche Energiezufuhr etwa 2000 kJ (500 kcal) unter dem tatsächlichen Energieverbrauch liegen sollte. Bei der insbesondere in Sanatorien oft eingesetzten „1000-Kalorien-Diät" kann ein (anfänglicher) wöchentlicher Gewichtsverlust von etwa 1 kg erwartet werden. Diese strenge „1000-Kalorien- Diät" birgt allerdings die Gefahr, daß es nach Beendigung der Diät leicht zu einer erneuten Zunahme des Körpergewichts kommen kann. Erneute Diätversuche führen dann dazu, daß das Körpergewicht ständig schwankt (Jo-Jo-Effekt).

Für eine ambulant durchgeführte Gewichtsreduktion bei gleichzeitiger Berufstätigkeit dürfte sich dagegen nur eine „1500-Kalorien-Diät" eignen, da es bei einer stärkeren Einschränkung der Energiezufuhr zu einer Einschränkung der beruflichen Leistungsfähigkeit kommen kann.

Psychologische Probleme bei der Gewichtsreduktion: Das Hauptproblem bei der Gewichtsreduktion von Übergewichtigen mit Hilfe der Reduktionskost ist psychologischer Natur. Die Reduktionskost senkt zwar das Körpergewicht, ohne dabei zu Störungen im Stoffwechsel zu führen und die Versorgung mit essentiellen Nährstoffen zu gefährden, die Gewichtsabnahme schreitet aber, nach merklicher Abnahme in der Frühphase, nur langsam voran. Im späteren Verlauf kann bei der täglichen Gewichtskontrolle kaum noch eine Gewichtsabnahme registriert werden. Das führt dazu, daß die Diät frustriert oft vorzeitig abgebrochen oder nicht mehr konsequent durchgeführt wird. Aus diesem Grund kommt es zum erneuten Anstieg des Körpergewichts. Da der Körper während der Gewichtsreduktion jedoch „gelernt" hat, die Energie der Nahrungsmittel effektiv zu nutzen, erfolgt der Gewichtsanstieg dann besonders rasch. Erneute Kosteinschränkungen führen dann zum Jo-Jo-Effekt.

Drastisch kalorienreduzierte Diäten

Drastisch kalorienreduzierte Diäten sind Sonderformen der energiereduzierten Mischkost. Die Energiezufuhr ist bei ihnen auf 1700 kJ (400 kcal) bis 3300 kJ (800 kcal) begrenzt. Diese überhöhte Einschränkung der Energiezufuhr sollte nur auf ärztliche Anweisung erfolgen und maximal 3 Monate lang eingehalten werden.

Bei dieser extrem energiearmen Kost ist die Auswahl von geeigneten Lebensmitteln schwierig. Die extreme Einschränkung kann nur durch eine drastische Reduktion der Fettzufuhr erreicht werden. Diese stark eingeschränkte Fettaufnahme muß sich auf ein Minimum an essentiellen Fettsäuren beschränken.

Um ein Einschmelzen von Körpereiweiß zu verhindern, ist der Eiweißgrundbedarf von 50 g auf jeden Fall mit biologisch hochwertigem Eiweiß zu sichern. Ebenso ist ein Minimum an Kohlenhydraten erforderlich zur Gewährleistung der Energieversorgung des Gehirns und der roten Blutzellen.

Der Bedarf an Vitaminen und Mineralstoffen kann durch die Nahrung meist nicht abgedeckt werden, er ist durch die Einnahme entsprechender Präparate abzusichern.

Bei dieser drastischen Energieeinschränkung kommt es zu einer erhöhten, aber noch vertretbaren Bildung von Ketonkörpern und möglicherweise auch zu einem erhöhten Anfall von Harnsäure. Infolgedessen ist auf ausreichende Flüssigkeitszufuhr (Trinkflüssigkeit mindestens 2 bis 3 l) zu achten, um die Ausscheidung von Ketonkörpern und Harnsäure durch die Nieren nicht zu gefährden.

Molketrinkkur: Die Molketrinkkur ist eine stark energiereduzierte Diät. Sie wird neuerdings in modifizierter Form wieder verstärkt propagiert. Dabei soll täglich 1 l einer sog. Kurmolke getrunken werden, eine Molke, die mit Eiweißen und Kohlenhydraten angereichert ist. Es handelt sich somit um eine extrem fettarme Diät. Zusätzlich zur Molke sollen täglich 3 l Trinkflüssigkeit aufgenommen werden.

Totales Fasten (Nulldiät)

Bei einem vollständigen Nahrungsentzug kommt es logischerweise zur schnellstmöglichen Gewichtsreduktion. Da für die Energieversorgung des Organismus nur die körpereigenen Eiweiße und das Depotfett zur Verfügung stehen, ergeben sich beträchtliche Stoffwechselveränderungen, die als Hungerstoffwechsel bezeichnet werden (siehe oben). Diese sind beim totalen Fasten, das sich über mehrere Tage erstreckt, so ausgeprägt, daß sie vom Organismus nur in begrenztem Rahmen kompensiert werden können. Sie führen bereits nach wenigen Tagen zu Auslenkungen des Stoffwechsels und später zu schweren gesundheitlichen Schäden. Diese Schäden entstehen auch dann, wenn der Bedarf an Vitaminen und Mineralstoffen durch die Zufuhr in Form von Präparaten ausreichend abgedeckt wird und wenn eine ausreichende Zufuhr von Trinkflüssigkeit erfolgt (3 bis 4 l).

Eine Nulldiät darf deswegen nur auf ärztliche Anordnung und unter ärztlicher Kontrolle erfolgen und sollte immer nur stationär durchgeführt werden. Sie wird wegen der möglichen gesundheitlichen Gefahren kaum noch durchgeführt.

Modifiziertes Fasten (Proteinsparendes Fasten)

Beim modifizierten Fasten wird als einziger Energieträger mit der Nahrung nur eine begrenzte Menge an Eiweiß aufgenommen. Dadurch soll eine ausgeglichene Eiweißbilanz angestrebt und ein Einschmelzen von Körpereiweiß verhindert werden.

Das proteinsparende Fasten basiert auf der Erkenntnis, daß sich der Organismus an ein absolutes Fasten teilweise anpassen kann. Der dabei anfangs überhöhte Eiweißabbau, bedingt durch die notwendige Gluconeogenese, ist nach wenigen Wochen beträchtlich vermindert, so daß dann mit etwa 30 g biologisch hochwertigem Eiweiß eine gerade noch ausgeglichene Eiweißbilanz erzielt werden kann. Bei einer nahezu ausgeglichenen Eiweißbilanz kann das Fasten wesentlich länger durchgeführt werden, ohne daß es zu gesundheitsschädigenden Proteinmangelzuständen kommt.

Werden beim proteinsparenden Fasten auch noch geringe Mengen an Kohlenhydraten verabreicht, so kann bei der Aufnahme von 30 g Eiweiß mit sehr großer Sicherheit eine ausgeglichene Eiweißbilanz erreicht werden. Diese Kohlenhydratzufuhr muß so bemessen sein, daß sie die Glucosebereitstellung für die roten Blutzellen vollständig und für das Gehirn teilweise sichert (der Energiebedarf des Gehirns, der trotz Anpassung des Gehirns an die teilweise Verwertung von diesen nicht durch Ketonkörper ersetzt werden kann).

Werden außerdem noch geringe Mengen an Fett mit sehr hohem Gehalt an essentiellen Fettsäuren zugelegt, ist eine nahezu ausreichende Versorgung des Körpers mit wichtigen Nährstoffen gesichert. Die Versorgung mit Mineralstoffen und Vitaminen muß selbstverständlich mit Hilfe entsprechender Präparate erfolgen.

Der Energiegehalt solcher proteinsparenden Fastendiäten beträgt bei der Aufnahme von 30 bis 60 g Eiweiß, 25 bis 45 g Kohlenhydraten und 1 bis 12 g Fett etwa 1000 bis 2000 kJ (250 bis 500 kcal). Vitamine und Mineralstoffe werden zusätzlich beigegeben, die Trinkmenge beträgt mindestens 2 bis 3 l pro Tag. Die mengenmäßig stark begrenzte Aufnahme von Nahrung ist über den ganzen Tag gleichmäßig zu verteilen.

Eine solche Diät sollte nur auf ärztliche Anweisung und unter ärztlicher Kontrolle durchgeführt werden, um mögliche Komplikationen frühzeitig zu erkennen und entsprechend reagieren zu können. Schon geringfügige von der Norm abweichende Stoffwechselleistungen stören das geschilderte Gleichgewicht und führen zu gefährlichen Stoffwechselentgleisungen. Bei diesem proteinsparenden Fasten sind besondere körperliche (Höchst-)Leistungen nicht möglich, einem normalen Berufsleben kann für die Dauer der Diät kaum nachgegangen werden.

Eine Diät, die weniger als 500 kcal enthält, läßt sich äußerst schwer zusammenstellen. Sie basiert vorzugsweise auf Obstsäften und Suppen, die unter Verwendung von Dickungsmitteln zubereitet werden.

Formuladiäten, die diesen Anforderungen entsprechen, dürfen vom Handel auf Grund der Festlegungen der Diätverordnung wegen des geringen Energie- und Nährstoffgehalts nicht angeboten werden. Solche Diäten können jedoch in Klinikküchen hergestellt werden, wenn dieses vom Arzt angewiesen wird und sie in Krankenhäusern oder vergleichbaren Einrichtungen unter ärztlicher Kontrolle verabreicht werden.

In der Diät-Verordnung ist festgelegt, daß zur Vermeidung von gesundheitlichen Schäden energiereduzierte Diäten, die vom Handel angeboten werden, eine Mindestmenge an verwertbaren Kohlenhydraten (90 g als Tagesration und 20 g pro Mahlzeit), an Eiweißen (50 g als Tagesration und 25 g pro Mahlzeit) und an essentiellen Fettsäuren (7 g als Tagesration, 3 g pro Mahlzeit) enthalten müssen. Der Energieinhalt darf bei der Tagesration 5020 kJ (1200 kcal) und in der einzelnen Mahlzeit 1700 kJ (400 kcal) nicht überschreiten.

Diäten mit extremen Nährstoffrelationen

Bereits im vorletzten Jahrhundert wurde versucht, eine Gewichtsreduktion mit Hilfe von ungewöhnlich zusammengesetzten Kostformen zu erzielen. Das betraf insbesondere Ernährungsformen, bei denen eine besonders kohlenhydratarme, aber fett- und eiweißreiche Kost verabreicht wurde. Besonders extrem fettreiche Kostformen führten zu einem Gewichtsverlust, da durch die erhöhte Fettzufuhr ein hoher Sättigungseffekt erzielt wurde. Durch die ausreichende Eiweißaufnahme wurde einem Proteinmangel vorgebeugt.

Bei einer kohlenhydratarmen, fett- und eiweißreichen Diät ist die Gewichtsreduktion wie folgt zu erklären:

- Die überhöhte Fettzufuhr bewirkt durch die verlängerte Verweildauer von fettreicher Nahrung im Magen ein länger anhaltendes Sättigungsgefühl. Bei richtiger Auswahl der Fette (hoher Gehalt an essentiellen Fettsäuren und Ölsäuren) und der Menge wird der Blutfettspiegel in der Regel nicht drastisch erhöht, falls nicht bereits eine Störung des Lipidstoffwechsels (erhöhte Blutfettwerte) vorliegt.

- Die reichlich bemessene Zufuhr von Eiweiß verhindert den Abbau von Körpereiweiß, außerdem steht genügend Eiweiß zur Verfügung, um beim Auftreten eines Kohlenhydratmangels mittels Gluconeogenese für die Bereitstellung von Glucose zu sorgen.
- Die reichliche Eiweißaufnahme steigert die nahrungsinduzierte Thermogenese, so daß ein zusätzlicher Energieverbrauch infolge Wärmebildung eintritt. Auch der Grundumsatz kann durch einen erhöhten Eiweißumbau und den dadurch bedingten erhöhten Aminosäureumsatz gesteigert werden.

Die große Gefahr einer solchen fettreichen Kost besteht darin, daß die mit der Nahrung aufgenommenen Fette sofort als Depotfett abgelagert und nicht verbrannt werden, solange die gleichzeitig aufgenommenen Kohlenhydrate und Eiweiße für die Energiegewinnung genutzt werden können. Solche Diäten mit extremen Nährstoffrelationen eignen sich somit nicht oder kaum für eine Gewichtsreduktion, sie sollten nur in Ausnahmefällen auf ärztliche Anordnung und unter ärztlicher Kontrolle durchgeführt werden. Die in früheren Jahrzehnten beschriebenen erfolgreich durchgeführten Diäten dürften auf die damals wesentlich intensivere körperliche Tätigkeit (schwere Arbeit) zurückzuführen sein.

Die verschiedensten fettreichen Diäten werden in regelmäßigen Abständen in der Laienpresse propagiert. Meist wird eine eingeschränkte Kohlenhydratzufuhr empfohlen, der Verzehr von Fett und Eiweiß dagegen (nahezu) unbegrenzt gestattet. Diese Diäten (Punktediät, Atkins-Diät) bergen in sich die großen Gefahren einer absolut unkontrollierten Aufnahme von Nahrungsenergie und von Fetten mit gesättigten Fettsäuren, wodurch mannigfaltige gesundheitliche Schäden ausgelöst werden können. Der gewünschte und versprochene Effekt einer Gewichtsabnahme bleibt außerdem meist aus. Solche Diäten sind auf keinen Fall zu empfehlen (siehe auch Kap. 9.6.2).

Energiereduzierte und ballaststoffreiche Lebensmittel

Der Einsatz von energiereduzierten Lebensmitteln bei der Prophylaxe und diätetischen Behandlung von Übergewicht nimmt von Jahr zu Jahr zu, insbesondere durch die Bewerbung von sog. Light-Produkten.

Basierend auf der Erkenntnis, daß mit der ständig zunehmenden Bearbeitung der Lebensmittel durch die Industrie die Nährstoffdichte unserer Nahrung immer mehr zunimmt, wird versucht, durch den Zusatz von Quell- und Füllstoffen sowie durch den verstärkten Einsatz von ballaststoffreichen Produkten die Nährstoffdichte wieder zu senken, ohne den Genußwert des so veränderten Lebensmittels zu beeinträchtigen. Folgende Produkte werden als energiereduzierte Lebensmittel eingesetzt (siehe auch ausführlich Kap. 5.7.1):

- Fetterzeugnisse mit erhöhtem Wassergehalt (Fettanteil 40 %): Halbfettmargarine, Halbfetterzeugnisse,
- Süßstoffe,
- mit unverdaulichen Füll- und Quellstoffen (Guarkernmehl, Johannisbrotkernmehl u. a.) angereicherte Produkte,
- Fettersatzstoffe (unverdauliche Stoffe oder Stoffe mit niedrigerem Energieinhalt als Fett): Saccharose-Fettsäureester (Olesta), mikropartikuläre Proteine (Simplesse), modifizierte Stärke- und Zelluloseprodukte.

Eine besondere Rolle kommt bei einer energiereduzierten und energiebewußten Ernährung jedoch nicht den energiereduzierten, sondern den ballaststoffreichen Lebensmitteln zu. Ballaststoffreiche Lebensmittel sind vordergründig für das frühzeitigere Eintreten eines Sättigungsgefühls verantwortlich zu machen. Dies beruht auf einer längeren Verweildauer der Speisen im Mund (intensiveres Kauen ist erforderlich) sowie durch eine voluminösere Füllung des Magens infolge des größeren Volumens der Nahrung und deren größeren Wasserbindungskapazität.

Eine ballaststoffreiche Nahrung fördert außerdem die Darmperistaltik und erhöht das Stuhlvolumen. Dadurch werden Verdauungsbeschwerden wie eine Verstopfung wirksam verhindert, die bei Lebensmitteln mit hoher Nährstoffdichte und dem geringen Volumen der Nahrung nahezu zwangsläufig auftreten.

Formeldiäten (Formuladiäten)

Formeldiäten sind industriell gefertigte Diäten mit genau definiertem, konstantem Nährstoffgehalt. Sie müssen den Richtlinien der Diät-Verordnung entsprechen (siehe Kap. 10.3). Die Formeldiäten garantieren eine ausreichende Versorgung mit allen essentiellen Nährstoffen und eine korrekte Einhaltung der vorgegebenen Energiezufuhr. Gesundheitliche Schäden sind bei Einhaltung der Vorgaben der Diät-Verordnung ebenfalls ausgeschlossen. Die leichte und schnelle Zubereitung der Formeldiäten (Einrühren von Granulat in Wasser bzw. verzehrfertige Portionen) wird oft als Vorteil angesehen. Nachteile sind die Eintönigkeit der Kost, die kaum Variationsmöglichkeiten gestattet, der stark eingeschränkte Zwang zum Kauen der Nahrung und der hohe Preis. Formeldiäten werden deswegen meist nur kurzfristig eingesetzt, erfolgreiche Gewichtsreduktionen sind mit Hilfe von Formeldiäten kaum zu erreichen.

7.6.1.4 Psychologische Faktoren bei einer Gewichtsreduktion, Sonderdiäten

Eine entscheidende Rolle für den Erfolg oder den Mißerfolg einer Gewichtsreduktion spielen psychologische Faktoren. Der Übergewichtige muß nicht nur seine Energiezufuhr reduzieren, sondern in den meisten Fällen auch seinen gesamten Lebensrhythmus umstellen. Das betrifft nicht nur das exakte Einhalten der Zeiten für die Nahrungsaufnahme und die Auswahl der Lebensmittel, sondern auch solche Fragen wie die regelmäßige körperliche (sportliche) Betätigung, Verzicht auf Alkohol und auf andere Lebensgewohnheiten.

Eine besondere psychische Belastung sind Gewichtszunahmen, die während einer Abmagerungskur festgestellt werden. Sie führen oft zum Abbruch der diätetischen Maßnahmen.

Die Beratung und Führung von Übergewichtigen ist bei den Reduktionskosten die Aufgabe von Ernährungsberatern und Ernährungsberaterinnen sowie von Diätassistentinnen. Auch wissenschaftliche Gesellschaften und Organisationen wie beispielsweise die DGE nehmen sich dieses Problems an. Es werden dabei auch Vorschläge für spezielle Reduktionskostformen erarbeitet, die die besonderen Bedingungen des Einzelhaushalts und der Berufstätigkeit berücksichtigen. Gleichzeitig werden leicht realisierbare Rezeptvorschläge gemacht, bei denen der Nährstoffgehalt bereits berechnet ist und mit denen die Zufuhr der essentiellen Nährstoffe gesichert ist.

Diese wissenschaftlich begründeten Diäten basieren im wesentlichen auf den Prinzipien einer energiereduzierten Mischkost. In diesen Diätvorschlägen sind oft Regeln für eine gesunde Lebensführung und für die Kontrolle des eigenen Eßverhaltens eingeschlossen. Sie sind zu empfehlen.

Die wichtigsten dieser zur Zeit (2000) angebotenen Programme sind

Weight Watchers

Das Programm von Weight Watchers (entwickelt in den USA) basiert auf einer Reduktionskost. Das Programm ist zusätzlich auf eine Gruppentherapie ausgerichtet, die auf eine langfristige Gewichtskontrolle und gesunde Ernährung orientiert ist. Sie umfaßt ein Ernährungsprogramm (eigene Kochbücher für energiereduzierte Mischkost mit handelsüblichen Lebensmitteln), ein Verhaltensprogramm und ein Bewegungsprogramm. Außerdem werden über einen Eigenvertrieb energiereduzierte Lebensmittel angeboten.

Optifast

Das Optifast-Programm ist eine ambulante Ernährungstherapie für stark Übergewichtige. Es findet unter ärztlicher Kontrolle statt (Optifast-Zentren sind meist Krankenhäusern angeschlossen). Das Ernährungsprogramm ist mit einer Bewegungstherapie und mit einer psychologisch betreuten Verhaltensschulung gekoppelt. Das Programm der Gewichtsreduktion beginnt mit einer Formeldiät mit 800 kcal (Optifast 800), anschließend wird auf eine energiereduzierte Mischkost übergegangen.

BCM Diät- und Ernährungsprogramm

Das BCM Diät- und Ernährungsprogramm (Deutsche Gesellschaft für gesundes Leben mbH) ist ein mehrstufiges Ernährungsprogramm, das von einer ärztlichen Betreuung begleitet wird. Es beginnt mit einer bilanzierten Diät (Start), anschließend folgt eine „BCM Basis Kost", die dann schrittweise durch eine spezielle hypokalorische Mischkost ergänzt wird. Schließlich erfolgt der Übergang zur energiereduzierten Mischkost.

AOK-Vier-Jahreszeiten-Kur

Die AOK-Vier-Jahreszeiten-Kur basiert auf einer individuell festgelegten hypokalorischen Mischkost. Sie wird für die jeweils betroffenen Personen auf der Grundlage von computergestützt ausgewerteten Fragebögen individuell errechnet. Die Diätanleitungen werden in Form von Beratungsbriefen an die Teilnehmer versandt. Durch die Rücksendung der Ernährungsprotokolle der Teilnehmer wird, ebenfalls computergestützt, der Erfolg der Kur verfolgt und beurteilt. Das Programm beginnt mit einem Ernährungstraining (Dauer 4 Wochen), dem sich die eigentliche Kur der Gewichtsabnahme und die Phase der Stabilisierung der erreichten Gewichtsreduktion anschließt (Betreuungsdauer insgesamt 1 Jahr).

Treffpunkt-Diät

Die Treffpunkt-Diät der Gesellschaft für Gewichtsreduktionsschulung und Ernährungsberatung mbH wird sowohl in Direktkursen als auch in Fernkursen durchgeführt. Durch das Arbeiten in Motivationsgruppen werden insbesondere auch psychologische Gesichtspunkte berücksichtigt. In das Programm sind auch ärztliche Kontrollen einbezogen. Es zielt ab auf Änderungen im Ernährungsverhalten sowie auf eine gesteigerte körperliche Aktivität und ist in 3 Stufen eingeteilt (Abnehmen, Umstellen, Erhalten). Das Diätprogramm beginnt mit Diätwochen, in denen ausschließlich Diätmahlzeiten mit 800 kcal pro Tag verzehrt werden sollen. Diese Diätmahlzeiten werden im Eigenvertrieb verkauft. Nach Erreichen des Wunschgewichts erfolgt die schrittweise Umstellung auf eine energiereduzierte Mischkost.

Neben diesen wissenschaftlich begründeten Ernährungsprogrammen für eine Gewichtsreduktion werden in der Laienpresse auch Ernährungsvorschläge für eine Gewichtsreduktion veröffentlicht, von denen einige auf den Prinzipien einer energiereduzierten Mischkost basieren. Der Vorteil dieser wissenschaftlich begründeten Programme besteht darin, daß den Rezeptvorschlägen in vielen Fällen der bereits berechnete Nährstoffgehalt beigefügt ist. Eine kritische Prüfung der vorgeschlagenen Diäten ist allerdings in jedem Fall unbedingt erforderlich. In Zweifelsfällen sollte der betreffende Ernährungsvorschlag bei der Kostplangestaltung nicht berücksichtigt werden.

Außenseiterdiäten

Außenseiterdiäten zeichnen sich fast ausnahmslos dadurch aus, daß sie gesundheitliche und ernährungswissenschaftliche Gesichtspunkte nicht berücksichtigen und meist extreme Nährstoffrelationen empfehlen. Eine ausreichende Versorgung mit essentiellen Nahrungsfaktoren ist bei diesen Diäten meist nicht gewährleistet. Ein großer Teil dieser Außenseiterdiäten basiert auf einer fett- und eiweißreichen und kohlenhydratarmen Kost. Eine andere Gruppe solcher Kostempfehlungen orientiert sich an einer ausschließlich eiweißreichen Kost, und schließlich können einige dieser Diäten kaum einem bestimmten Ernährungsprinzip zugeordnet werden. Diese Außenseiterdiäten sind prinzipiell abzulehnen (siehe auch Kap. 9.5.2).

Extrem energiearme Diäten (Blitz- und Crash-Diäten): Diese sog. Diäten versprechen eine innerhalb kürzester Zeit zu erreichende beträchtliche Gewichtsabnahme. Sie weichen in ihrer Zusammensetzung erheblich von einer normalen Kost ab und werden von den meisten Personen nur für einen begrenzten Zeitraum eingehalten (nur für Tage bis wenige Wochen). Sie bewirken zwar eine rasche Gewichtsabnahme, sie können aber zu beträchtlichen Stoffwechselstörungen führen. Die teilweise erheblichen Gewichtsabnahmen sind nahezu ausnahmslos auf Wasserverluste infolge eines massiven Einschmelzens von Körpereiweiß zurückzuführen. Die Stoffwechselstörungen sind besonders ausgeprägt, wenn diese Crash-Diäten zusätzlich eiweißarm sind. Solche Diäten sind als gesundheitsschädlich strikt abzulehnen.

Fett- und eiweißreiche Außenseiterdiäten: Punktediät, Humplik-Diät, Atkins-Diät, Taller-Diät, Cooley-Diät u. a.

Eiweißreiche Außenseiterdiäten: Banting-Diät und Martini-Trinkkur (beide mit der zusätzlichen Aufnahme von relativ großen Mengen an Alkohol), Quarkdiät, Buttermilchdiät (zusätzlich extrem energiearm), Hollywood-Diät, Mayo-Diät (Eierdiät).

Nicht einzuordnende Diäten: Haysche Trennkost, Trennung von Eiweiß und Kohlenhydraten (niemals zusammen in einer Mahlzeit); Schroth-Kur, verschiedene Stufen, zum Teil viel Alkohol in Form von Wein, Ananasdiät, Zitronensaftdiät, Apfeldiät.

7.6.2 Magersucht

Bei einer länger bestehenden negativen Energiebilanz nimmt das Körpergewicht kontinuierlich ab. Von einer Magersucht wird gesprochen, wenn das Körpergewicht das Broca-Gewicht um 20 % und mehr unterschritten hat bzw. der Body-Mass-Index unter 17 gefallen ist.

Ursache für die Magersucht können eine (willkürlich) verminderte Nahrungsaufnahme, ein stark eingeschränktes Hungergefühl bei ausreichendem Nahrungsangebot (Störung in der Leptinbildung, siehe Kap. 7.6.1), eine Erkrankung wie eine Schilddrüsenüberfunktion oder bösartige Tumoren im fortgeschrittenen Stadium sein.

Bei den meisten Fällen von Magersucht ist neben der unzureichenden Energiezufuhr auch die Versorgung mit essentiellen Nahrungsfaktoren unzureichend, wodurch noch zusätzliche Mangelerscheinungen auftreten können. Für das Vorkommen einer Magersucht sind in den westlichen Industrieländern in zunehmendem Maße psychosomatische Eßstörungen wie Anorexia nervosa und Bulimia nervosa verantwortlich. Diese beiden Eßstörungen betreffen vorrangig Mädchen und junge Frauen, männliche Patienten machen bei beiden Erkrankungen nur etwa 5 bis 10 % der Fälle aus.

Anorexia nervosa

Sie betrifft vorwiegend junge Mädchen während der Pubertät, jenseits des 30. Lebensjahrs ist die Erkrankung kaum zu finden. Ursache für die Anorexie ist offenbar die meist unbegründete Angst, dick zu werden. Diese Angst wird durch ein ungerechtfertigtes Schlankheitsideal provoziert, an die Erfolgsvorstellungen gekoppelt sind. Außerdem wird von den „Betroffenen" neben der unzureichenden Nahrungszufuhr oft noch versucht, dem angestrebten Schlankheitsideal durch intensive sportliche Betätigung nachzuhelfen. Vielfältige Stoffwechselstörungen, meist von hormonellen Regulationsstörungen begleitet, sind die Folge der Magersucht.

Bulimia nervosa

Die Eßstörungen bei der Bulimie sind gekennzeichnet durch längere Fastenperioden, die durch das unkontrollierte Verzehren von großen Mengen an Nahrungsmitteln mit meist hoher Energiedichte innerhalb kürzester Zeit (bis zu 20 000 kcal auf einmal!) und anschließendem Erbrechen eines Großteils dieser Nahrung unterbrochen werden. Durch das willkürlich provozierte Erbrechen wird oft ein pathologischer Regelkreis aufgebaut. Dieser krankhafte Regelkreis bewirkt, daß sich nach jeder Nahrungsaufnahme unwillkürlich ein Brechreiz einstellt, wodurch die Aufnahme von jeglicher Nahrung wesentlich behindert wird oder im extremen Fall unmöglich wird. Auch durch intensiven Sport, die Einnahme von Abführmitteln und durch längeres Fasten wird versucht, eine mögliche Gewichtszunahme, insbesondere nach den „Eßorgien" zu vermeiden. Auch bei der Bulimie sind verkehrte Vorstellungen vom Schönheitsideal sowie oft psychische Störungen die Ursache. Die Gewichtsverluste sind oft beträchtlich. Der Prozentsatz der tödlich endenden Bulimiefälle wird auf 5 bis 10 % geschätzt.

Ernährungstherapie

Bei einer Magersucht muß angestrebt werden, durch eine besonders energiereiche Nahrung eine positive Energiebilanz zu erreichen. Dabei müssen das oft eingeschränkte Leistungsvermögen des Magen-Darm-

Trakts und, bei Anorexie und Bulimie, die psychischen Störungen berücksichtigt werden, die eine entsprechende Nahrungsaufnahme behindern oder unmöglich machen.

Zur Vermeidung von Unverträglichkeitsreaktionen wird eine energiereiche leichte Vollkost zu bevorzugen sein. Die Nahrungsaufnahme ist unbedingt auf mindestens 5 bis 6 Mahlzeiten zu verteilen. Eine Anreicherung der Nahrung mit Maltodextrin 19 sollte stets versucht werden. Mitunter wird es notwendig sein, mit einer zunächst nicht zu energiereichen Kost zu beginnen und diese schrittweise in ihrem Energiegehalt zu erhöhen. Soweit wie möglich sollte eine Wunschkost (unter Sicherung der Zufuhr aller essentiellen Nahrungsfaktoren) ermöglicht werden.

7.6.3 Diabetes mellitus

Der Diabetes mellitus, meist kurz nur Diabetes (Zuckerkrankheit), ist eine chronische Stoffwechselerkrankung, von der vorrangig der Kohlenhydratstoffwechsel betroffen ist. Bei ihm sind aber auch der Stoffwechsel der Fette und der Eiweiße in unterschiedlichem, allerdings geringerem Ausmaß gestört.

Die Häufigkeit des Diabetes nimmt in den westlichen Industrieländern ständig zu. In diesen Ländern leiden zur Zeit (2000) etwa 3 % der Gesamtbevölkerung an einem Diabetes. In den Regionen mit hohem Lebensstandard sind etwa 80 % der Diabetesfälle auf eine hyperkalorische Ernährung zurückzuführen.

Ursache für diese Stoffwechselerkrankung ist eine verminderte Insulinbildung bzw. eine verminderte Wirksamkeit des Insulins an den Erfolgsorganen, was eine gestörte Glucoseverwertung zur Folge hat. Die summarische Insulinwirkung, die Senkung des Blutzuckerspiegels, bleibt dadurch aus, so daß erhöhte Blutzuckerwerte (über 100 mg % im nüchternen Zustand) zunächst augenfälligstes Zeichen eines Diabetes sind.

7.6.3.1 Funktionen des Insulins

Insulin ist ein sog. Peptidhormon (es besteht aus 51 Aminosäuren), das von den Inselzellen (B- oder β-Zellen) der Bauchspeicheldrüse gebildet wird. Die Inselzellen sind in das exokrine Drüsengewebe der Bauchspeicheldrüse eingelagert. Sie geben das von ihnen gebildete Insulin direkt an das Blut ab, mit dem es an seine Wirkorte transportiert wird.

Eine wesentliche Funktion des Insulins ist die Vermittlung der Aufnahme von Glucose aus dem Blut in die Muskel- und Fettzellen. Glucose kann aus dem Blut nicht ungehindert in diese Zellen gelangen, da deren Zellmembranen im Gegensatz zu denen der Leberparenchymzellen für Glucose zunächst nicht durchlässig sind.

Insulin lagert sich an spezifischen Stellen der Membran (sog. Rezeptoren) der Muskel- und Fettgewebszellen an. Durch die Anlagerung des Insulins an diese insulinspezifischen Rezeptoren wird die Struktur der Zellmembran so verändert, daß Glucose passieren und somit in die Zelle eintreten kann. In den Fettzellen wird die eingeschleuste Glucose in Neutralfett umgebaut und als solches deponiert. In den Muskelzellen kann die Glucose zur Energiegewinnung für die Muskelkontraktion verbrannt werden, überschüssige Glucose wird in Glykogen umgewandelt und als Reserveglykogen gespeichert. Freie Glucose liegt in den Muskel- und Fettzellen nur in geringer Konzentration vor, sie ist eine Art Sicherheitsvorrat, der bei einem plötzlich auftretenden Energiebedarf umgehend verbrannt werden kann.

Regulation der Glucoseaufnahme durch die Rezeptoren

Die Geschwindigkeit der Aufnahme von Glucose und damit die Menge ihrer Aufnahme hängt von der Anzahl der Rezeptoren an der Zelloberfläche ab. Die Summe der Rezeptoren wird durch eine Reihe von physiologischen Faktoren reguliert, die sich gegenseitig bedingen. Es muß dabei zwischen 2 gegenläufig wirkenden Regulationsmechanismen unterschieden werden:

- Down-Regulation und
- Up-Regulation.

Down-Regulation („Regulation nach unten"): Bei der Down-Regulation wird die Zahl der auf der Zellmembran vorhandenen Rezeptoren vermindert. Diese Down-Regulation findet statt, wenn die von den Fett- und Muskelzellen aufgenommene Glucose in den Zellen nicht mehr verwertet werden kann und deshalb als freie Glucose anstaut.

Die wichtigste Ursache für einen Anstau von freier Glucose in den Zellen und damit für eine Down-Regulation ist eine Bewegungsarmut. Glucose wird im Muskel nicht mehr im ausreichendem Maße zur Energiegewinnung für die Muskelkontraktion verbrannt. Sie kann auch nicht mehr in Glykogen umgewandelt werden, da die Speicherkapazität für Glykogen voll ausgeschöpft ist. Die Fettgewebszellen werden wegen einer ständig stattfindenden Fettneubildung aus Glucose zunehmend mit Neutralfetten überladen, wodurch die weitere Umwandlung von Glucose in Fett gedrosselt wird. Durch die Verminderung der Anzahl der Insulinrezeptoren an den Zellmembranen „schützen" sich die Zellen vor einer Überflutung mit Glucose.

Eine verminderte Glucoseaufnahme durch die Fett- und Muskelzellen führt zu einer Erhöhung des Blutzuckerspiegels, da auch die anderen Organe (Leber, Nieren) Glucose nicht in beliebigem Umfang verwerten können. Der erhöhte Blutzuckerspiegel regt die Insulinproduktion der Inselzellen und die Abgabe von Insulin an das Blut an, wodurch die Insulinkonzentration im Blutplasma ansteigt. Dadurch werden immer mehr Rezeptoren der Muskel- und Fettgewebszellen von Insulin besetzt und dadurch der Glucoseeintritt in die Zellen geringfügig erleichtert. Es führt aber gleichzeitig zu einer weiteren Abnahme der Anzahl der Insulinrezeptoren an den Zellmembranen.

Up-Regulation („Regulation nach oben"): Die Up-Regulation ist logischerweise der Regulationsprozeß, der der Down-Regulation entgegenwirkt und zu einer Zunahme der Zahl der Rezeptoren auf der Zellmembran führt. Ursache hierfür ist eine rasche Glucoseverwertung in den Zellen des Fettgewebes und der Muskulatur. Wichtigster Initiator für die Up-Regulation ist die rasche Glucoseverbrennung im Muskel auf Grund erhöhter körperlicher Aktivität. Diese positive Gegenregulation setzt auch bei einer gezielten Gewichtsreduktion und im Hungerzustand ein, allerdings nicht in dem Ausmaß wie bei einer intensiven körperlichen Tätigkeit.

Fettzellen, die mit Fett nicht überladen sind, übernehmen bei diesen Regulationsprozessen eine gewisse Pufferfunktion, indem sie die zeitweise im Überschuß anfallende Glucose als Fett speichern, um es bei Energiebedarf wieder zu mobilisieren.

Weitere Insulineffekte

Insulin beeinflußt neben dem beschriebenen Mechanismus der Glucoseaufnahme durch Muskel und Fettgewebe eine Reihe weiterer Stoffwechselprozesse. Die durch einen Insulinmangel verursachten Störungen dieser Stoffwechselprozesse tragen ebenfalls zur Ausbildung eines Diabetes bei. Die wichtigsten dieser zusätzlichen Insulineffekte sind

- Förderung der Glykogenspeicherung in der Leber,
- Förderung der Aufnahme von Aminosäuren durch die Muskelzellen (ein Prozeß, der mit dem der Glucoseaufnahme verglichen werden kann),
- Förderung der Eiweißsynthese in der Muskulatur,
- Förderung der Fettneubildung (Lipogenese).

Weitere Regulationsmechanismen der Glucoseverwertung

Neben dem Insulin greifen weitere Hormone in die Regulation des Kohlenhydratstoffwechsels ein. Sie sind, stark vereinfacht dargestellt, als Gegenregulatoren des Insulins zu verstehen (allerdings nicht bei allen insulinbeeinflußten Reaktionen), spielen aber bei der Ausbildung eines Diabetes keine oder nur eine untergeordnete Rolle. Sie sollen deswegen nur kurz erwähnt werden.

- *Glucagon*
  Glucagon ist ein Peptidhormon, das in den A-Zellen (oder α-Zellen) des Pankreas gebildet wird.

- *Adrenalin*
  Das Adrenalin des Nebennierenmarks ist ein Abkömmling der Aminosäuren Phenylalanin und Tyrosin.
  Glucagon und Adrenalin bewirken einen Abbau des Glykogens der Leber und der Muskulatur. Sie sind damit an der Normalisierung eines erniedrigten Blutzuckerspiegels, insbesondere beim Hunger, beteiligt.
- *Glucocorticoide*
  Die Glucocorticoide der Nebennierenrinde fördern die Gluconeogenese, vorwiegend aus Aminosäuren, und erhöhen damit den Blutzuckerspiegel. Beim Diabetiker kann es bei einer Therapie von bestimmten Erkrankungen mit Cortisol zu einer zusätzlichen Erhöhung des Blutzuckerspiegels kommen.
- *Thyroxin*
  Das Schilddrüsenhormon Thyroxin kann ebenfalls zu einer Erhöhung des Blutzuckerspiegels führen.

7.6.3.2 Einteilung der Diabetesformen

Die Ursache eines Diabetes ist entweder eine fehlende bzw. eingeschränkte Insulinproduktion oder eine Verminderung der Anzahl der Insulinrezeptoren auf den Zellmembranen der Muskel- und Fettzellen, wodurch diese insulinunempfindlich geworden sind. Infolgedessen ist zwischen verschiedenen Formen des Diabetes zu unterscheiden. Den unterschiedlichen Formen des Diabetes ist zwar eine gestörte Glucoseverwertung gemeinsam, sie weisen aber im Krankheitsbild und im Krankheitsverlauf teilweise beträchtliche Unterschiede auf (siehe Tabelle 7.6.1).

Tabelle 7.6.1:
Unterschiede zwischen Diabetes Typ I und Typ II

	Typ I	Typ II
Ernährungszustand (Körpergewicht)	meist normgewichtig oder untergewichtig, hagerer Typ, kein Fettansatz	vorwiegend adipös
Beginn	meist akut und frühzeitig, spätestens zwischen 15. und 25. Lebensjahr	meist schleichend, oft unbemerkt, vorwiegend im Alter und selten vor dem 40. Lebensjahr
Geschlechtsverteilung	gleiche Häufigkeit	Frauen häufiger als Männer
Therapie	insulinabhängig, Diät und Insulingabe müssen aufeinander abgestimmt werden	im Anfangsstadium oft durch Diät behandelbar, in späteren Phasen relativ gut einstellbar
Komplikationen	höheres Risiko eines diabetischen Komas	Gefahr eines diabetischen Komas relativ gering
Häufigkeit	vergleichsweise gering, etwa 5 % aller Diabetiker betreffend	häufig auftretend (ca. 95 %), ständige Zunahme der Neuerkrankungen

Die Einteilung der unterschiedlichen Formen erfolgt nach der WHO-Klassifikation des Diabetes:

- Typ-1-Diabetes (Diabetes-Typ I)
  insulinabhängiger Diabetes (insulin-dependent diabetes mellitus = IDDM, früher auch jugendlicher Diabetes genannt),
- Typ-2-Diabetes (Diabetes-Typ II)
  insulinunabhängiger Diabetes (non-insulin-dependent diabetes mellitus = NIDDM, früher auch Altersdiabetes genannt, die Bezeichnung ist aber nicht korrekt),
- Gestationsdiabetes (Schwangerschaftsdiabetes)
  wird in seltenen Fällen durch die Überproduktion eines Plazentahormons ausgelöst,
- sekundärer Diabetes
  ist bedingt durch die Zerstörung von Inselzellen vorzugsweise bei Pankreatitis oder Pankreaskarzinom.

Fälle von Schwangerschaftsdiabetes und sekundärem Diabetes treten im Vergleich zu den beiden anderen Typen zahlenmäßig gesehen vollkommen in den Hintergrund.

Typ-1-Diabetes (Diabetes-Typ I)

Dieser Diabetestyp wird durch eine stark eingeschränkte oder fehlende Produktion von Insulin infolge einer Schädigung der Inselzellen ausgelöst. Er beginnt akut und meist im frühen Alter, nach dem 35. Lebensjahr treten kaum noch Ersterkrankungen auf. Ursache für den Typ-1-Diabetes sind offenbar krankhafte Immunprozesse auf der Basis einer genetisch bedingten Veranlagung. Als eine weitere Ursache wird eine Virusinfektion diskutiert. Der Typ-1-Diabetes stellt nur etwa 5 % aller Diabetesfälle. In der Bundesrepublik sind etwa 200 000 Personen betroffen.

Die unzureichende oder fehlende Insulinproduktion kann nur durch die Injektion von Insulin (aus der Bauchspeicheldrüse von Kälbern isoliert oder in zunehmendem Maße gentechnisch hergestelltes Humaninsulin) kompensiert werden, dieser Diabetestyp ist insulinabhängig. Die Nahrungsaufnahme, insbesondere die Aufnahme von Kohlenhydraten, und die Insulinzufuhr müssen deshalb exakt aufeinander abgestimmt werden.

Typ-1-Diabetiker sind in der Regel nicht übergewichtig, sie sind in vielen Fällen untergewichtig.

Typ-2-Diabetes (Diabetes-Typ II)

Dieser Diabetestyp tritt in der Regel erst nach Erreichen des 40. Lebensjahres oder später auf. In 80 bis 90 % der Fälle geht der Erkrankung ein längere Zeit bestehendes Übergewicht voraus. Ursache des Typ-2-Diabetes ist eine Abnahme der Rezeptoren an den Zellmembranen (Down-Regulation), bedingt durch die über längere Zeit anhaltende überhöhte Energiezufuhr bei gleichzeitiger unzureichender körperlicher Betätigung. Es besteht dadurch eine geringere Ansprechbarkeit des Muskels und des Fettgewebes auf Insulin. Die Glucoseaufnahme dieser Gewebe ist daher trotz ausreichender Insulinproduktion stark eingeschränkt und führt somit zum Anstieg des Blutzuckerspiegels.

Der Körper reagiert auf diese Insulinresistenz in der Regel mit einer gesteigerten Insulinproduktion, die durch die erhöhten Blutzuckerwerte ausgelöst wird. Er kann dadurch zumindest in einer frühen Phase die eingeschränkte Glucoseaufnahme teilweise kompensieren. Eine länger andauernde Insulinüberproduktion kann schließlich zu einer Erschöpfung der Inselzellen und damit zu einer verminderten Insulinproduktion führen. Ab diesem Zeitpunkt ist es erforderlich, das fehlende Insulin durch Insulininjektionen zu ersetzen, der Typ-2-Diabetes wird insulinabhängig.

Der Typ-2-Diabetes ist mit etwa 90 % aller Diabetesfälle die am häufigsten auftretende Diabetesform. In der Bundesrepublik leben etwa 3,5 Millionen Menschen, die an einem Diabetes dieses Typs leiden. Etwa 3 Millionen dieser Diabetiker sind nicht auf die zusätzliche Injektion von Insulin angewiesen, sie sind insulinunabhängig. Der Rest der Typ-2-Diabetiker ist insulinabhängig (etwa 800 000).

Ein Typ-2-Diabetes kann auch dann auftreten, wenn die Inselzellen zwar Insulin weiter produzieren, dieses aber zurückhalten und nicht mehr in erforderlicher Menge ins Blut abgeben. Bei dieser Konstellation können die Inselzellen bis zu einem gewissen Grade durch Medikamente (u. a. Sulfonylharnstoff, „Diabetes-Tabletten“) dazu stimuliert werden, das gespeicherte Insulin ins Blut abzugeben.

7.6.3.3 Symptome eines Diabetes

Die Krankheitszeichen eines Diabetes können insbesondere in der ersten Phase der Erkrankung nur schwach ausgeprägt sein, so daß sie von den Patienten oft übersehen werden. Die Diagnose wird häufig erst im Rahmen einer Routineuntersuchung an Hand der veränderten Laborwerte gestellt.

Die wichtigsten Krankheitszeichen sind

- erhöhte Blutzuckerwerte, auch im nüchternen Zustand, auf Grund der eingeschränkten Glucoseverwertung durch den Organismus (Nüchternblutzucker über 100 mg %),
- Ausscheidung von Glucose mit dem Harn, sobald die Blutzuckerkonzentration den Schwellenwert für Glucose (etwa 180 mg %) übersteigt,

- Zunahme des Harnvolumens bis maximal 4 bis 5 l pro Tag, da die durch die Nieren ausgeschiedene Glucose nicht über einen Grenzwert hinaus konzentriert werden kann, so daß eine größere Menge an Lösungswasser benötigt wird,
- Auftreten eines gesteigerten Durstgefühls auf Grund der größeren Wasserverluste mit dem Harn und dadurch bedingt eine erhöhte Aufnahme von Trinkflüssigkeit,
- Erhöhte Infektanfälligkeit der Harnwege (Harnblase und Nierenbecken) und der Haut infolge einer gesteigerten Vermehrung von Mikroorganismen, die durch die in den Gewebsflüssigkeiten und im Harn vorliegende erhöhte Glucosekonzentration bessere Wachstumsbedingungen vorfinden.

7.6.3.4 Komplikationen beim Diabetes

Der ständig erhöhte Blutzuckerspiegel und die gestörte Glucoseverwertung bewirken Folgeschäden im Stoffwechsel und an den Funktionen verschiedener Gewebe und Organe:

- Der permanent erhöhte Glucosespiegel begünstigt in den Zellen die Bildung von Glykolisierungsprodukten, insbesondere in den Zellkernen. Unter diesen Glykolisierungsprodukten werden Makromoleküle verstanden, insbesondere spezielle Eiweiße, an die Glucosereste angelagert werden und die dadurch ihre spezifischen Funktionen nicht mehr ausüben können. Sie werden auch nicht mehr abgebaut und lagern sich deswegen bevorzugt in stoffwechselträgen Geweben (Blutgefäßwand, Augenlinse) ab. Sie führen damit an diesen Organen zu Schädigungen bzw. können die dort durch andere Mechanismen initiierten krankhaften Prozesse verstärken (Linsentrübungen, Ablagerung in arteriosklerotisch vorgeschädigten Gefäßwänden).
- Der erhöhte Glucosespiegel begünstigt auch die zwar minimale Bildung von Reaktionsprodukten aus Glucose und Aminosäuren bzw. Eiweißen (sog. Amadori-Produkte, die auch als Starterprodukte bei der nichtenzymatischen Bräunung gebildet werden, siehe auch Kap. 11.3.1.2.2.3). Diese Substanzen werden nur langsam vom Körper ausgeschieden und können sich ebenfalls in stoffwechselträgen und in vorgeschädigten Geweben ablagern.
- Die erhöhten Blutfettwerte, die das Resultat der verstärkten Lipolyse (Freisetzung von Fett) im Fettgewebe sind, und insbesondere hohe LDL-Werte begünstigen ebenfalls die Ausbildung von arteriosklerotischen Veränderungen.
- Die vollständige Oxidation der Fettsäuren ist wegen des gestörten Glucosestoffwechsels stark behindert (der Citratzyklus kann nicht mehr in ausreichendem Umfang gestartet werden). Es kommt zum

Anstau von Acetyl-CoA, das nur durch die Bildung von sauren, schwer verwertbaren Ketonkörpern verstoffwechselt werden kann.

- Der Anstau von Acetyl-CoA kann zu einer vermehrten endogenen Synthese von Cholesterin führen.
- Die Störungen im Stoffwechsel begünstigen die Bildung von freien Radikalen, insbesondere von Fettsäureradikalen, sowie von toxisch wirkenden Produkten der Lipidoxidation, welche die genannten Zellschädigungen begünstigen bzw. sogar in beträchtlichem Maße initiieren.

Durch diese Veränderungen können sich sowohl kurz- als auch langfristig ernsthafte gesundheitliche Gefahren ergeben:

- Akutkomplikationen
  Akutkomplikationen treten vorrangig bei nicht erkanntem bzw. nicht behandeltem Diabetes auf sowie bei Nichtbeachtung der Ernährungsfestlegungen oder bei Fehlern in der Insulintherapie (fehlende oder zu geringe Insulininjektion). Sie sind charakteristisch für die frühen Phasen eines Diabetes, sie können aber auch, insbesondere bei Diätfehlern, im späteren Verlauf eines Diabetes auftreten.
- Diabetische Spätschäden
  Spätschäden entwickeln sich erst nach längerem Bestehen eines Diabetes auf der Grundlage von kontinuierlich bestehenden Schädigungsreaktionen, insbesondere Gefäßschäden.

Akutkomplikationen (Coma diabeticum)

Die gefährlichste Akutkomplikation eines Diabetes ist das diabetische Koma (Coma diabeticum). Das diabetische Koma tritt nahezu ausschließlich beim Typ-1-Diabetes auf. Es ist eine lebensgefährliche Komplikation, die sofortige ärztliche Behandlung erfordert. Bei einem rechtzeitig erkannten und gut eingestellten Diabetes ist kaum mit dem Auftreten eines diabetischen Komas zu rechnen, falls keine Fehler bei der Nahrungsaufnahme und der darauf abgestimmten Insulintherapie (Weglassen der Insulininjektion bzw. zu niedrige Dosierung) gemacht werden.

Krankheitsbild: Die Ausfallserscheinungen sind charakterisiert durch Benommenheit, die später in eine tiefe Bewußtlosigkeit übergeht, obstartigen Geruch der Ausatmungsluft und eine vertiefte Atmung (verstärktes Abatmen von CO_2 und damit Entfernen von sauren Äquivalenten). Ein nicht behandeltes Koma führt unweigerlich zum Tod.

Die Gefahr des Auftretens eines Komas ist bei Infektionskrankheiten, nach Operationen, starker körperlicher Belastung und anderen Belastungen (auch psychischen) besonders groß. In diesen Fällen muß die exakte Einhaltung der verordneten Diät besonders penibel beachtet werden.

Ursache: Das diabetische Koma ist die Folge einer besonders ausgeprägten Störung der Glucoseverwertung, wodurch es zu einem beträchtlichen Anstieg der Glucosekonzentration im Blut kommt, die weitere ernsthafte Störungen im Stoffwechsel zur Folge hat.

- Die erhöhte Glucosekonzentration bewirkt eine Erhöhung des osmotischen Drucks im Blutplasma (Hyperosmolarität). Aus diesem Grund strömt Wasser aus den Geweben in das Blutplasma, und es kommt in den Geweben zu einer Wasserverarmung. Der Wasserentzug (Dehydratation) ist besonders für das Gehirn sehr gefährlich und mit für die beschriebene Beeinträchtigung der Hirnfunktionen verantwortlich. Die mit der Dehydratation verbundenen Störungen im Elektrolyt- und Wasserhaushalt führen außerdem zu Veränderungen an den Membranen der Hirnzellen, die deren Funktionen (einschließlich Erregungsübertragung) besonders stark beeinflussen.
- Durch die Hyperosmolarität des Bluts bedingt, kommt es auch zu zusätzlichen Wasser- und Elektrolytverlusten durch die Nieren, wodurch das Gleichgewicht des Elektrolythaushalts zusätzlich gestört wird.
- Das durch die stark eingeschränkte Glucoseverwertung entstandene Energiedefizit bedingt eine stark erhöhte Fettmobilisierung. Bei der gesteigerten Oxidation der Fettsäuren fällt vermehrt Acetyl-CoA an, das auf Grund eines Mangels an Oxalacetat (wegen des fehlenden Glucoseabbaus) nicht mehr im vollen Umfang zu Wasser und CO_2 verbrannt werden kann. Es wird in Ketonkörper umgewandelt. Die Acidose (Säuerung aller Körperflüssigkeiten), die auf die Anhäufung von nicht ausgeschiedenen Ketonkörpern zurückzuführen ist, führt zusätzlich zu der bereits beschriebenen Dehydratation zu massiven Störungen im Zellstoffwechsel. Die toxisch wirkenden Ketonkörper schädigen insbesondere das Zentralnervensystem (siehe auch Kap. 3.5.4.6).
- Der Versuch des Körpers, der Acidose durch das verstärkte Abatmen von CO_2 entgegenzuwirken, führt zu einer verstärkten, unregelmäßigen Atmung (sog. Kussmaulsche Atmung).

Therapie: Die Behandlung des diabetischen Komas beschränkt sich nicht auf die Normalisierung des stark erhöhten Blutzuckerspiegels. Hauptaufgabe einer Notfallbehandlung ist eine rasche Normalisierung der Elektrolytzusammensetzung der Körperflüssigkeiten (Beseitigung der Acidose), die nur durch die Infusion entsprechender Elektrolytlösungen erfolgen kann.

Eine Ernährungstherapie des diabetischen Komas gibt es nicht. Nach Überstehen eines Komas sind die vorgeschriebenen Ernährungsprinzipien äußerst gewissenhaft einzuhalten, die Nahrungsaufnahme zeitlich und mengenmäßig zu beachten und mit der Insulintherapie genau abzustimmen.

Hypoglykämie

Eine Hypoglykämie (Unterzuckerung) ist keine eigentliche Frühkomplikation. Sie kann beim Diabetiker dann auftreten, wenn die Dosis des gespritzten Insulins im Vergleich zur zugeführten Kohlenhydratmenge zu hoch war. Dadurch kommt es zu einem massiven Abfall der Glucosekonzentration im Blutserum, wodurch eine ausreichende Versorgung aller Organe mit Glucose nicht mehr gewährleistet ist, insbesondere in den Organen, die auf Glucose als Energiequelle angewiesen sind (vorzugsweise das Gehirn, rote Blutzellen bei der kurzfristigen Erniedrigung des Blutzuckerspiegels weniger).

Eine Hypoglykämie äußert sich durch Unruhe, gesteigerte Reizbarkeit, Kopfschmerzen und durch andere Beschwerden unterschiedlichster Art. Bei einem Abfall des Blutzuckerspiegels unter 60 mg % kommt es zu einem hypoglykämischen Schock mit Schweißausbruch, Muskelzittern und Bewußtlosigkeit.

Durch sofortige Aufnahme von Zucker kann ein drohender hypoglykämischer Schock verhindert werden.

Spätschäden

Bei einem längere Zeit bestehenden Diabetes können sich an verschiedenen Organen Spätschäden einstellen. Hauptsächliche Ursache dieser Spätschäden sind überwiegend arteriosklerotische Veränderungen an den Blutgefäßwänden, sowohl an den größeren arteriellen Gefäßen als auch besonders an den kleinen Kapillaren der arteriellen Strombahn. Die Folge sind Mangeldurchblutungen der nachfolgenden Organe, die ernsthafte, nicht reparierbare Schäden zur Folge haben (sog. diabetische Angiopathie). Die Ursachen für das Entstehen dieser Spätschäden ist vielschichtig. Es ist offenbar ein Zusammenwirken zwischen der Schädigung der Endothelzellen der Gefäße durch freie Radikale und erhöhten LDL-Werten, in deren Gefolge es zur Ablagerung von Cholesterin, oxidiertem Cholesterin und anderen stoffwechselträgen Stoffwechselprodukten kommt.

Die wichtigsten Spätschäden infolge mangelhafter Blutversorgung sind

- Diabetische Netzhautschädigung (Retinopathia diabetica): zunehmende Verschlechterung der Sehkraft bis zur vollständigen Erblindung.
- Diabetische Glomerulosklerose der Niere (Nephropathia diabetica): Zunehmende Einschränkung der Nierenfunktion (wie bei der chronischen Niereninsuffizienz) bis zum Auftreten einer Urämie, meist begleitet von einem Bluthochdruck und Albuminverlusten mit dem Harn.
- Mangeldurchblutung der Extremitäten, insbesondere der Finger und der Zehen, die bis zum Gewebsuntergang (Gangrän) führen können. Gefürchtet ist die diabetische Gangrän im Bereich der Zehen, des

Fußes und des Unterschenkels, die eine Amputation des betroffenen Unterschenkels erforderlich machen kann. Eine Mangeldurchblutung der Unterschenkel kündigt sich durch Schmerzen in den Unterschenkeln an, die beim Gehen auftreten und nach kurzzeitigem Stehenbleiben wieder verschwinden (sog. „Schaufensterkrankheit").

- Störungen im gesamten Magen-Darm-Trakt, die den geregelten Ablauf der Verdauungsfunktion behindern. Sie können sich in verschiedener Weise äußern und bedürfen oft einer entsprechenden Kostform. Sie können Unwohlsein, Erbrechen, vorzeitiges Sättigungsgefühl sowie Durchfälle oder Verstopfungen verursachen.
- Weitere Spätschäden sind Nervenschädigungen (diabetische Neuropathie), wie Störungen an den sensorischen Nervenenden mit Überempfindlichkeit an der Haut, Schmerzen an verschiedenen Stellen einschließlich Muskelschmerzen.

Durch das Einhalten einer konsequenten Diät kann das Auftreten dieser Spätschäden verzögert und ihre Schwere verringert werden.

7.6.3.5 Therapie des Diabetes mellitus

Das Grundanliegen der Therapie beim Diabetes ist (sowohl bei Typ-1-Diabetes als auch bei Typ-2-Diabetes), den gestörten Gesamtstoffwechsel des Organismus weitgehend und dauerhaft zu stabilisieren. Diese Therapie ist auf Grund des komplexen Krankheitsgeschehens und der Komplexität der gestörten Stoffwechselprozesse vielschichtig. Eine wesentliche Rolle spielt dabei die aktive Mitarbeit des Patienten und seine Bereitschaft, das erforderliche Lebensregime einzuhalten. Deswegen hat die Schulung der Diabetiker und ihre Motivation zu einer den Gegebenheiten angepaßten Lebensführung einen hohen Stellenwert. Nur so kann ein Großteil der Diabetiker dazu bewegt werden, die neuen Anforderungen an ihre Lebensführung wie ausreichende körperliche Aktivität, Befolgung einer vorgegebenen Enährungsvorschrift und, falls erforderlich, die medikamentöse Therapie diszipliniert einzuhalten.

Die Diabetesbehandlung ruht daher auf mehreren Säulen:

- Bewegungstherapie (körperliche Aktivität),
- Ernährungstherapie,
- Insulin und Medikamente (soweit erforderlich),
- Schulung und Motivation.

7.6.3.5.1 Bewegungstherapie

Die Bewegungstherapie nimmt bei der Behandlung des Diabetes eine zentrale Stellung ein. Bei leichten Formen eines Typ-2-Diabetes kann sie zu einer weitgehenden Normalisierung des gestörten Stoffwechsels führen. Eine kontinuierliche sportliche Betätigung ist gleichzeitig eine wichtige prophylaktische Maßnahme zur Verhinderung dieses Diabetestyps.

Die körperliche Aktivität wirkt sich günstig auf den gestörten Stoffwechsel und auf alle Körperfunktionen aus:

- Sie trägt bei bestehendem Übergewicht zur Gewichtsreduktion bei, insbesondere durch ein bevorzugtes Einschmelzen von Fett und Verbrennen der Fettsäuren.
- Sie verbessert den Glucoseumsatz durch eine Up-Regulation der Insulinrezeptoren der Muskel- und Fettzellen, wodurch die Effektivität der Insulinwirkung erhöht wird (sowohl des Insulins der eigenen Inselzellen als auch des gespritzten Insulins beim insulinabhängigen Diabetiker).
- Sie verbessert die Verwertung von Acetyl-CoA durch seine Oxidation im Citratzyklus, dadurch ist die Bildung von Ketonkörpern und von endogenem Cholesterin vermindert.
- Sie verbessert die Herz-Kreislauf-Funktion als Ergebnis des allgemeinen Körpertrainings und dadurch die Durchblutung der peripheren Organe. Es werden damit Spätkomplikationen verhindert bzw. in ihrem Ausmaß begrenzt.
- Sie erniedrigt die Blutwerte der Neutralfette und des Cholesterins, insbesondere die LDL, und trägt damit zu einer Erniedrigung eines arteriosklerotischen Risikos bei.

Auch bei einem Typ-1-Diabetes mit bestehendem Untergewicht sollte auf die Bewegungstherapie nicht verzichtet werden, da auch in diesen Fällen günstige Einflüsse auf den Stoffwechsel erzielt werden können (Verwertung der Energiequellen, Kreislauftraining u. a.). Es ist allerdings verständlich, daß auch in diesen Fällen die Intensität der körperlichen Tätigkeit auf die Leistungsfähigkeit und auf die verwertbaren Energiereserven abgestimmt werden muß.

7.6.3.5.2 Medikamentöse Therapie

Die Behandlung des Diabetes mit Medikamenten wird erforderlich, wenn die Menge des Insulins, das durch die Inselzellen gebildet wird, nicht mehr ausreicht, um alle Stoffwechselfunktionen zu ermöglichen, und wenn andererseits durch die Bewegungstherapie und die Diättherapie allein eine Normalisierung der Stoffwechselleistungen nicht mehr ermöglicht werden kann.

Insulin

Bei fehlender oder unzureichender Insulinproduktion durch die Inselzellen muß das fehlende Insulin durch Injektion ersetzt werden. Menge und

Zeitpunkt der täglichen Insulininjektionen werden vom Arzt festgelegt. Die Nahrungsaufnahme muß zeitlich und mengenmäßig exakt auf die Insulingabe eingestellt werden. Eine besondere Form der Insulinbehandlung ist die Pumpeninjektion, wobei die aktuell benötigte Insulinmenge computergesteuert mit Hilfe einer Mikropumpe bedarfsgerecht injiziert wird.

Orale Antidiabetica („Tabletten")

Bei einigen Formen des Typ-2-Diabetes kann neben der Bewegungstherapie und Diättherapie auf die eigentlich notwendige Insulinzufuhr verzichtet werden. Sie wird durch den Einsatz von sog. oralen Antidiabetica zumindest zeitweise ersetzt:

- Sulfonylharnstoff-Präparate
  Durch diese Medikamente kann beim Typ-2-Diabetes mit gestörter Insulinfreisetzung aus den Inselzellen, aber bei noch bestehender Insulinproduktion die Freisetzung von Insulin bis zu einem gewissen Grad angeregt werden.
- Kombination von Insulin und Sulfonylharnstoff-Präparaten
  Durch die gleichzeitige Gabe von Sulfonylharnstoff-Präparaten kann die Insulinmenge reduziert werden. Auch in diesen Fällen müssen die Insulininjektion und die Nahrungsaufnahme aufeinander abgestimmt sein.
- Biguanide
  Diese Präparate verlangsamen die Kohlenhydrataufnahme durch den Dünndarm. Es kommt nach einer Nahrungsaufnahme daher zu einem langsameren Anstieg der Blutzuckerkonzentration.
- Neuartige Präparate
  Neuartige Präparate, die nicht an der Insulinwirkung angreifen, sondern an anderen Stellen des Kohlenhydratstoffwechsels, sind derzeit noch im Stadium der Erprobung (z. B. Acarbose, ein Hemmstoff der α-Glucosidase, der die Mobilisierung von Glucose aus Glykogen und Stärke verlangsamt).

7.6.3.5.3 Ernährungstherapie

Ziel der Ernährungstherapie ist es, durch eine ausgewählte Zufuhr von Nahrungsstoffen die Gegenregulation des Körpers zur Normalisierung der gestörten Stoffwechselfunktionen zu unterstützen und darüber hinaus der durch die Stoffwechselveränderungen begünstigten Ausbildung von Spätschäden entgegenzuwirken. Dabei muß der vermindert zur Verfügung stehenden Insulinmenge bzw. der verringerten Insulinempfindlichkeit der peripheren Organe Rechnung getragen werden.

Hauptziele der Ernährungstherapie sind

- Normalisierung des Glucosestoffwechsels und des Fettstoffwechsels, weitgehende Normalisierung der Blutzuckerwerte und der Blutfettwerte,
- Normalisierung des Körpergewichts, insbesondere bei Adipösen,
- Sicherung eines ausgeglichenen Eiweißstoffwechsels, Verhinderung des Einschmelzens von Körpereiweiß und, bei Kindern, Sicherung des Wachstums,
- Vermeiden von akuten Komplikationen infolge einer Stoffwechselentgleisung (diabetisches Koma),
- Verringerung des Risikos von Spätkomplikationen als Folge von arteriosklerotischen Gefäßschäden.

Da den beiden Diabetestypen teilweise unterschiedliche pathobiochemische Mechanismen zugrunde liegen, ergeben sich für die Diät trotz vieler Gemeinsamkeiten jeweils einige spezifische Besonderheiten. Außerdem ist die Diät vom Ernährungszustand (Übergewicht bzw. Untergewicht beim jugendlichen Diabetiker [Typ 1]) und der Schwere der Erkrankung abhängig. Somit muß jede Diabetesdiät individuell vom Arzt vorgegeben werden, seine Festlegungen sind konsequent zu befolgen.

Generelle Grundsätze für die Ernährungstherapie

Bei der Aufstellung eines Diätplans für Diabetiker muß berücksichtigt werden, daß der Charakter der Erkrankung eine lebenslange Einhaltung der speziellen Kost erforderlich macht. Daraus ergibt sich, daß diese Diät soweit wie möglich der gewohnten Ernährungsweise angepaßt sein sollte und in jedem Fall eine vollwertige Ernährung sichern muß. Andererseits müssen die durch die Stoffwechselstörung bedingten notwendigen Einschränkungen in der Ernährung konsequent beachtet werden, um Komplikationen zu verhindern, die zu einer Verschlechterung des Allgemeinbefindens, zur Minderung der Lebensqualität und zur Verkürzung der Lebenserwartung führen können.

Bei der Kostplangestaltung für alle Diabetiker (Typ I und Typ II) sind folgende Grundprinzipien zu berücksichtigen:

- ausgewogene, vielseitige Ernährung, ausreichende Zufuhr von Vitaminen und Mineralstoffen,
- gleichmäßige Verteilung der Nahrungsaufnahme auf den ganzen Tag, mindestens 5 Mahlzeiten täglich, bei schwereren Fällen und bei Insulingabe 6 Mahlzeiten,
- adäquate, dem Bedarf entsprechende Energiezufuhr, notfalls energiereduzierte Kost,
- ausgewogene Nährstoffrelationen innerhalb des Tageskostplans (Relation der Energie aus Kohlenhydraten : Fette : Eiweiße = 50 bis 55 % : 25 bis 30 % : 15 bis 20 %),

- Bevorzugung von ballaststoffreichen Lebensmitteln, die langsam resorbierbare Kohlenhydrate enthalten,
- weitgehender Verzicht auf rasch resorbierbare Zucker,
- Einschränkung der Fettzufuhr, vorrangig durch Verzicht auf Fette, die reich an gesättigten Fettsäuren sind (tierische Fette, auf verborgenes Fett achten), Erhöhung des prozentualen Anteils an mehrfach ungesättigten Fettsäuren und Ölsäure.

Kohlenhydrataufnahme: Die Aufnahme von Kohlenhydraten, die mindestens 50 % der gesamten Energiezufuhr abdecken muß (anzustreben sind 55 %), soll vorzugsweise mit ballaststoffreichen Lebensmitteln in Form von Stärke erfolgen. Auf den Verzehr von rasch resorbierbaren Zuckern ist weitgehend zu verzichten.

Das bisher bestehende strikte Verbot der Aufnahme von rasch resorbierbaren Zuckern wird von der Deutschen Diabetes-Gesellschaft nicht mehr grundsätzlich gefordert. Allerdings sollte Rohrzucker im Höchstfall nur 10 % der gesamten Kohlenhydrataufnahme ausmachen und nur in Speisen, nicht aber mit Getränken oder Süßigkeiten aufgenommen werden. Diese Lockerung des strikten Verbots von rasch resorbierbaren Zuckern ist das Ergebnis einer kritischen Analyse der Wirkung der verschiedenen Kohlenhydrate und kohlenhydrathaltigen Lebensmittel auf den Blutzuckerspiegel. Es hat sich gezeigt, daß diese den Blutzuckerspiegel nicht in stets gleicher Weise erhöhen.

Dessen Anstieg erfolgt unterschiedlich schnell und in teilweise recht unterschiedlichem Ausmaß. Dementsprechend ist auch der Zeitraum unterschiedlich groß, während dem der Blutzuckerspiegel nach der Kohlenhydrataufnahme erhöht ist. Die Differenzen sind im wesentlichen auf eine mehr oder weniger schnelle Freisetzung von Glucose aus den stärkehaltigen Lebensmitteln zurückzuführen.

Zusätzlich wird die Geschwindigkeit, mit der die Kohlenhydrate aufgenommen werden, durch die Verweildauer von Speisen im Magen beeinflußt, die bekanntlich von zahlreichen Faktoren abhängt und insbesondere durch Fette verzögert wird.

Glykämischer Index: Die voneinander abweichende blutzuckersteigernde Wirkung der verschiedenen kohlenhydrathaltigen Lebensmittel wird durch den glykämischen Index charakterisiert. Unter dem glykämischen Index wird der Blutzuckeranstieg als Glucosemenge unter Berücksichtigung dessen Höhe und Dauer verstanden (mathematisch ausgedrückt: Der glykämische Index ist das Integral des Blutzuckeranstiegs über den Wert des Nüchternblutzuckers, siehe Abb. 7.6.1). Als Bezugswert dient der glykämische Index der Glucose, der gleich 100 gesetzt wird.

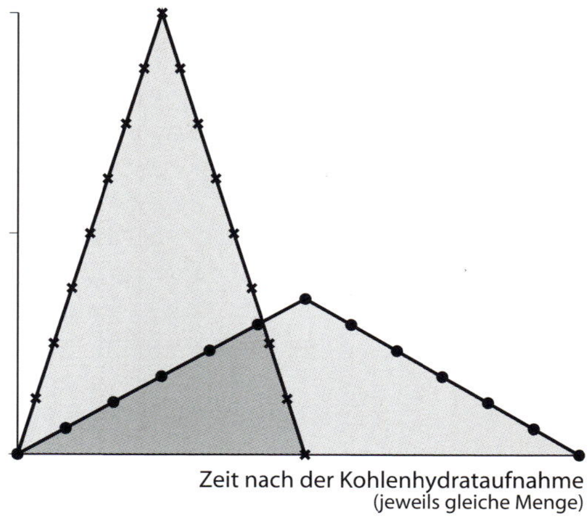

Abb. 7.6.1: Glykämischer Index

Tabelle 7.6.2:
Glykämischer Index verschiedener Lebensmittel (bezogen auf Glucose, glykämischer Index = 100), nach: Foster-Powell, Am. J. Clin. Nutr. 62, 871 (1995)

Lebensmittel	Glykämischer Index
Glucose	100
Maltose	105
Rohrzucker	65
Fructose	23
Xylit	7
Stärke in verschiedenen Lebensmitteln	
Baguette	95
Weißbrot	70
Teigwaren	50
Pumpernickel	40
Reisnudeln	90
Reis*	etwa 50 bis 90
Apfel	39
Bananen	62
Hülsenfrüchte	
Linsen	29
Bohnen	36
Erbsen	48

* In Abhängigkeit vom Aufschluß:
parboiled Reis (niedriger Index), Instant Reis (hoher Index)

Der glykämische Index (siehe Tabelle 7.6.2) charakterisiert die einzelnen Kohlenhydrate in ihrer Bedeutung für die Erhöhung des Blutzuckerspiegels wesentlich besser als die Zuordnung zu rasch und langsam resorbierbaren Zuckern bzw. Kohlenhydraten. In den glykämischen Index gehen nicht nur die Differenzen zwischen den einzelnen Monosacchariden und Zuckeraustauschstoffen in Hinblick auf Resorption und Verwertung im Stoffwechsel ein, sondern auch die unterschiedlich schnellen Zeiten für die Freisetzung der Zucker aus den Di- und Polysacchariden, die für die optimale Verwertung der Kohlenhydrate von großer Bedeutung sind. Je langsamer die Freisetzung und Resorption erfolgt, um so geringer ist der Anstieg des Blutzuckerspiegels. Deshalb können auch Unterschiede in der Zusammensetzung der Kost einen gewissen Einfluß auf den Anstieg des Blutzuckers haben, insbesondere fettreiche Mahlzeiten, die im Magen länger verweilen. Auch die Biguanide können den glykämischen Index beeinflussen, indem sie die Glucoseresorption verzögern.

Mit Hilfe des glykämischen Indexes könnte auch eine lebensmittel- oder küchentechnologisch bedingte Veränderung des Resorptionsverhaltens eines Lebensmittels und dessen Einfluß auf die Erhöhung des Blutzuckerspiegels erfaßt werden. Es kann davon ausgegangen werden, daß für die Auswahl der Lebensmittel für die Diabetesdiät zukünftig wesentlich mehr Wert auf den glykämischen Index gelegt werden wird.

Beim Vergleich der Werte des glykämischen Indexes von verschiedenen kohlenhydrathaltigen Lebensmitteln ergeben sich folgende interessante Gesichtspunkte:

- Rohrzucker hat mit einem glykämischen Index von 65 (Glucose 100) einen beträchtlich geringeren Einfluß auf den Blutzuckerspiegel als Glucose, Maltose dagegen hat mit dem Wert von 105 den höchsten Steigerungseffekt. Daraus ergibt sich, daß Rohrzucker als Nahrungskohlenhydrat wesentlich günstiger einzuschätzen ist als Glucose und Maltose. Der Konsum von Bier ist von Diabetikern deswegen auch unter diesen Gesichtspunkten strikt zu meiden, und die Bewertung von glucosereichem Obst (Ananas, Weintrauben) ist neu zu überdenken. Glucosereiches Obst sollte deswegen nicht in zu großer Menge verzehrt werden. Besser ist vielmehr, auf fructosereiches Obst auszuweichen (siehe unten).
- Fructose hat einen geringen Index von 23, obwohl sie selbst nicht direkt in den Blutzucker einfließt. Sie verlangsamt aber den Abfluß von Glucose aus dem Blut ins periphere Gewebe, da sie selbst zur Energieversorgung beiträgt (sie fließt im unteren Teil der Glykolyse in den Kohlenhydratstoffwechsel ein). Auch Lactose hat einen recht niedrigen glykämischen Index (47). Daraus ergibt sich, daß fructosereiches Obst (Äpfel, Birnen, Pfirsich, Sauerkirschen) sowie Milch und Milch-

erzeugnisse wesentlich günstiger zu bewerten sind als glucosehaltiges Obst. Es ist zu überlegen, ob bei der Ernährung von Diabetikern eine bisher kaum vorgenommene Unterscheidung zwischen fructosehaltigem und glucosehaltigem Obst eher angebracht ist als die übliche Orientierung an deren Gesamtgehalt an Monosacchariden.

- Stärkehaltige Lebensmittel haben einen relativ hohen glykämischen Index, der außerdem noch wesentlich von deren lebensmittel- und küchentechnologischer Bearbeitung abhängt. Generell gilt, daß der glykämische Index mit zunehmender Bearbeitung des Lebensmittels ansteigt. Vollkornerzeugnisse sind somit zu bevorzugen. Interessant ist die Tatsache, daß von allen Reissorten parboiled Reis den niedrigsten Index aufweist (offensichtlich erfolgt bei seiner Produktion [Behandlung mit Wasserdampf unter hohem Druck] eine solche Veränderung an den Stärkekörnern, die den Aufschluß der Stärke verzögern). Vom Diabetiker sollte deshalb Parboiled Reis bevorzugt werden. Bei Teigwaren haben Spaghetti den niedrigsten Index (sie benötigen kürzere Garzeiten, die Stärke quillt daher weniger); und auch Haferflocken haben einen günstigen glykämischen Index. Weißbrot, Reisnudeln, Instant-Reis (vorgekochter Reis), Kartoffel-Instant-Produkte, Pommes, Popcorn und Cornflakes haben dagegen einen vergleichsweise hohen glykämischen Index.

Wichtig ist auch die Tatsache, daß kohlenhydrathaltige Lebensmittel mit einem hohen glykämischen Index zu einer höheren Insulinausschüttung und somit zu einer stärkeren Belastung des Inselzellapparates führen. Ein hoher Insulinspiegel begünstigt die Ausbildung von arteriosklerotischen Veränderungen.

<u>Zuckeraustauschstoffe:</u> Die Zuckeraustauschstoffe (siehe Kap. 5.6.4) Sorbit, Mannit, Xylit, Isomaltit, Maltit und Lactit werden langsamer resorbiert als Glucose und Fructose und im Stoffwechsel über andere Stoffwechselwege abgebaut, ihr Abbau ist insulinunabhängig. Sie erhöhen den Blutzuckerspiegel in der Regel nicht, ihr glykämischer Index ist praktisch null (Ausnahme Fructose, siehe oben). Sie haben allerdings einen nicht unerheblichen Brennwert (4 bzw. 2,4 kcal/g).

Der Abbau von Fructose erfolgt vorwiegend in der Leber. Unter der Mitwirkung verschiedener spezifischer Enzyme entstehen dabei Triosephosphate (mit Phosphorsäure veresterte „3er-Zucker"), die über die unteren Schritte der Glykolyse weiter abgebaut werden. Sorbit wird in der Leber in Fructose umgewandelt und dann weiter wie Fructose verstoffwechselt. Der Abbau des Xylits erfolgt über die direkte Glucoseoxidation.

Zuckeraustauschstoffe werden nur in begrenztem Umfang resorbiert. Nicht resorbierte Austauschstoffe werden jedoch durch die Darmbakterien rasch abgebaut und können deshalb zu Durchfällen führen. Die Mengen an Zuckeraustauschstoffen, die ohne Beschwerden vertragen werden, unterliegen starken individuellen Schwankungen. Grundsätzlich kann davon ausgegangen werden, daß die tolerierbaren Grenzwerte für Fructose bei 70 g, für Sorbit und Xylit bei etwa 30 bis 40 g und für Mannit und Isomaltit bei 10 bis 20 g liegen.

Zuckeraustauschstoffe sollten bei der Diabetesdiät auf Grund ihres Energieinhalts in der Regel nicht eingesetzt werden, obwohl sie sich küchentechnisch wie Rohrzucker verarbeiten lassen. Eine Ausnahme bilden untergewichtige Typ-1-Diabetiker. Die Zuckeraustauschstoffe müssen jedoch bei der Berechnung der täglichen Kohlenhydrataufnahme (Broteinheiten) berücksichtigt werden (siehe ausführlich Kap. 8.4.4).

Fettaufnahme: Die Fettaufnahme muß dem Energiebedarf angepaßt werden. Sie sollte aber auf keinen Fall mehr als 30 % der gesamten Energieaufnahme ausmachen, eher sollte sie niedriger liegen. Da einfach ungesättigte Fettsäuren zu einer Erniedrigung der Blutfettwerte beitragen (siehe Kap. 3.5.4.1) und diese bei Diabetikern meist erhöht sind, ist auf eine bevorzugte Aufnahme von Ölsäure (Olivenöl, Rapsöl) zu achten. Nun wird vom Handel eine „Olivenölmargarine" angeboten (25 % Olivenöl bei gleichzeitiger Fettreduktion, Fettanteil insgesamt 60 %). Außerdem erhöht die Ölsäure offenbar die Insulinempfindlichkeit der peripheren Organe (bessere Glucoseaufnahme durch Fettzellen und Muskelzellen bei geringerer Insulinkonzentration). Pflanzenöle, die reich an ω-6-Fettsäuren sind (Sonnenblumen-, Distel- und Keimöl), und insbesondere ω-3-Fettsäure-reiche Fettseefische müssen im Kostplan gebührend berücksichtigt werden.

Typ-2-Diabetes ohne Übergewicht

Die Diabetiker des Typs II, die normgewichtig sind und die (noch) ohne Insulin auskommen, stellen nur einen relativ kleinen Prozentsatz aller Diabetesfälle. Bei einer frühzeitig dem Krankheitsbild angepaßten Ernährung kann sich in vielen Fällen ein späterer Einsatz von Insulin oder Sulfonylharnstoff erübrigen, er kann aber zumindest beträchtlich hinausgeschoben werden.

Bei der Kost sind die generellen Diätempfehlungen für Diabetiker zu beachten:

- Exakte Anpassung der Energiezufuhr an den Bedarf, um das bestehende Normgewicht zu sichern und um eine Gewichtszunahme konsequent zu vermeiden,
- Bevorzugung von ballaststoffreichen kohlenhydrathaltigen Lebensmitteln, vorrangig Gemüse (unter Beachtung des glykämischen Indexes), und weitgehender Verzicht auf rasch resorbierbare Zucker, zum Süßen Süßstoff verwenden,
- Einschränkung der Fettaufnahme auf etwa 25 % der gesamten Energieaufnahme, weitgehender Verzicht auf Fette mit einem hohen

Anteil an gesättigten Fettsäuren (insbesondere tierische Fette) und Bevorzugung von Fetten und Ölen, die reich an Ölsäure und an mehrfach ungesättigten Fettsäuren sind,
- weitgehender Verzicht auf Alkohol, jedoch vollständiger Verzicht auf zuckerhaltige alkoholische Getränke (Bier, Liköre, süßer und halbtrockener Wein und Sekt),
- Verteilung der Nahrungsaufnahme auf mehrere kleine Mahlzeiten (in der Regel auf 5).

Typ-2-Diabetes mit ÜbFergewicht

Dieser Diabetes-Typ (sog. Alters- oder Erwachsenendiabetes mit Übergewicht) stellt den Hauptteil (ca. 90 %) aller Diabetesfälle (in der Bundesrepublik über 3,5 Millionen Fälle). Beim frühzeitigen Erkennen der Stoffwechselstörung ist es in relativ vielen Fällen möglich, allein durch eine konsequente Ernährungstherapie und eine konsequente Bewegungstherapie die Stoffwechselentgleisung wieder zu normalisieren, ohne daß Sulfonylharnstoff-Präparate oder Insulin eingesetzt werden müssen.

Es ist nochmals darauf hinzuweisen, daß die Bewegungstherapie bei dieser Diabetesform eine Schlüsselstellung einnimmt.

Wichtigste Grundzüge der Diät sind folgende Punkte:

- Restriktion der Energiezufuhr bis zum Erreichen des Sollgewichts als Schwerpunkt der Diät dieser Diabetikergruppe,
- Einschränkung der Energiezufuhr vorrangig durch die Verminderung der Fettzufuhr, dabei hauptsächlich die Zufuhr gesättigter Fettsäuren beschränken, die Aufnahme von mehrfach ungesättigten Fettsäuren und Ölsäure muß gesichert sein,
- die Eiweißzufuhr auf keinen Fall unter die D-A-CH-Empfehlung (0,8 g/kg Körpergewicht) reduzieren,
- Aufnahme von Kohlenhydraten nur in Form von schwer resorbierbaren, komplexen Kohlenhydraten mit niedrigem glykämischem Index,
- Aufnahme einer ballaststoffreichen Nahrung, reichlich Gemüse,
- Verzicht auf alle rasch resorbierbaren Zucker und auf Alkohol,
- Zuckeraustauschstoffe sind konsequent zu meiden, da sie eine zusätzliche Energiezufuhr bedeuten, zum Süßen Süßstoffe einsetzen.

Typ-1-Diabetes

An die Diät für einen Typ-1-Diabetiker werden besonders hohe Anforderungen gestellt, da die Nahrungsaufnahme und die Insulininjektion aufeinander abgestimmt werden müssen.

Grundsätzliche Gesichtspunkte der Ernährungstherapie (Typ-1-Diabetes)

- Anpassung der Energieaufnahme an den Bedarf
  Da bei den meisten Patienten (Typ-1-Diabetes) wegen der gestörten Kohlenhydratverwertung ein Untergewicht besteht, muß meist auf eine ausreichende Energieversorgung geachtet werden.
- Anzahl der Mahlzeiten
  Die Nahrungsaufnahme ist auf 6 Mahlzeiten zu verteilen Innerhalb der einzelnen Mahlzeiten sollte ein ausgeglichenes Verhältnis zwischen den einzelnen Energieträgern angestrebt werden.
- Sicherung von optimalen Nährstoffrelationen
  Das Verhältnis der einzelnen Nährstoffe sollte wie folgt gestaltet werden:

  Kohlenhydrate : Fette : Eiweiße = 50 bis 55 % : 25 bis 30 % : 15 bis 20 %

  Es sind Fette und Öle zu bevorzugen, die reich an Ölsäure und an mehrfach ungesättigten Fettsäuren sind.
- Auswahl der Kohlenhydrate
  Zu bevorzugen sind schwer resorbierbare Kohlenhydrate in Verbindung mit einer ballaststoffreichen Kost.
- Berechnung der anrechnungspflichtigen Kohlenhydrate
  Als Berechnungseinheit dient die Broteinheit (BE). Eine BE entspricht 12 g Kohlenhydraten. Zuckeraustauschstoffe müssen bei der Berechnung der BE mit berechnet werden, ebenso schnell resorbierbare Zucker, die allerdings weitgehend zu meiden sind.
  Komplexe Kohlenhydrate, die in geringer Konzentration in ballaststoffreichen Gemüsen vorkommen, müssen nicht berücksichtigt werden.

Typ-2-Diabetes (mit Insulingaben)

Bei diesen Diabetes-Patienten handelt es sich meist um übergewichtige Personen, bei denen sich eine weitgehende Insulinunempfindlichkeit entwickelt hat oder bei denen die Insulinabgabe durch die Inselzellen so erschöpft ist, daß sie durch Sulfonylharnstoff-Präparate nicht mehr stimuliert werden kann.

Die Gestaltung der Diät ist bei diesen Patienten oft schwierig, da einmal die Prinzipien der Diabetesdiät bei Insulingabe (siehe oben) unter Berechnung der Kohlenhydrataufnahme berücksichtigt werden müssen und weiterhin eine notwendige Gewichtsreduktion durch eine hypokalorische Kost erreicht werden soll. Da es sich bei diesem Personenkreis außerdem oft um ältere Menschen mit einem geringen Energiebedarf und einer eingeschränkten Bewegungsmöglichkeit (Gelenkerkrankungen, Herz-Kreislauf-Erkrankungen) handelt, fehlt in vielen Fällen die unterstützende Wirkung einer Bewegungstherapie. Daher ist eine Einschränkung der Energieaufnahme im eigentlich erforderlichen Umfang nur beschränkt möglich, so daß die gewünschte Gewichtsreduktion nur sehr langsam erreicht werden kann. Durch die dadurch eingeschränkte Nahrungsaufnahme gestaltet sich auch die ausreichende Versorgung mit essentiellen Nahrungsfaktoren schwierig.

7.6.3.6. Metabolisches Syndrom

Ein metabolisches Syndrom ist in vielen Fällen die Vorstufe eines Typ-2-Diabetes. Dem metabolischen Syndrom liegt offenbar eine genetisch bedingte partielle Insulinunempfindlichkeit der Muskelzellen zu Grunde. Dadurch ist die Aufnahme und die Verwertung von Glucose durch die Muskelzellen eingeschränkt. Die Folge ist eine erhöhte Insulinausschüttung, die eine vermehrte Aufnahme von Glucose durch die Fettzellen induziert, da diese nicht genetisch modifiziert und (noch) ausreichend insulinempfindlich sind. An der Zelloberfläche der Fettgewebszellen ist (noch) eine ausreichende Anzahl von Insulinrezeptoren vorhanden. Diese genetisch bedingte Stoffwechselstörung führt somit auch zu Veränderungen im Lipidhaushalt. Diese manifestieren sich durch einen Anstieg der Blutplasmawerte von Neutralfett, insbesondere mit einem Anstieg der in der Leber gebildeten VLDL, und eine Erniedrigung der HDL-Werte („gutes Cholesterin"). Diese Störungen im Lipidhaushalt sind ein großer Risikofaktor für die Ausbildung von arteriosklerotischen Veränderungen. Zusätzlich kommt es meist zu Bluthochdruck. Damit ist eine typische Kombination von Risikofaktoren entstanden, die als metabolisches Syndrom bezeichnet wird:

- Übergewicht,
- Bluthochdruck,
- Erhöhung der Neutralfettwerte im Blutplasma bei gleichzeitiger Erniedrigung der HDL-Werte.

Durch die genetisch bedingte Stoffwechselstörung wird die Entstehung von Krankheitsbildern begünstigt, die durch ungünstige äußere Faktoren ausgelöst werden können. Solche exogene Faktoren sind eine energie- und insbesondere fettreiche Ernährung und das dadurch entstandene Übergewicht sowie eine Bewegungsarmut, insbesondere wenn diese Belastungen über Jahrzehnte bestehen.

Der Körper ist in den frühen Phasen eines metabolischen Syndroms noch in der Lage, die eingeschränkte Glucoseverwertung des Muskels durch eine erhöhte Insulinproduktion zu kompensieren. Der erhöhte Insulinbedarf kann später nicht mehr gedeckt werden, und es kommt letztendlich zur Ausbildung eines Typ-2-Diabetes. In einigen Fällen kann sich zu dem Krankheitsbild zusätzlich noch eine Gicht hinzugesellen.

Auf dem Boden dieser Stoffwechselstörungen entwickelt sich sehr rasch eine Arteriosklerose, wodurch diese Patienten eine besondere Risikogruppe für die ischämische Herzkrankheit (Angina pectoris, Herzinfarkt) und für einen Schlaganfall bilden.

Das metabolische Syndrom muß nach der gestellten Diagnose sofort konsequent behandelt werden, um ein Auftreten der beschriebenen Komplikationen einschließlich des Typ-2-Diabetes zu verhindern, zumindest aber deren Auftreten weitestgehend hinauszuschieben. Die Therapie muß infolge der genetischen Disposition lebenslang konsequent eingehalten werden:

- Gewichtsreduktion durch körperliche Aktivität,
- Ernährungstherapie mit einer ausgeglichenen vollwertigen Ernährung, Einschränkung der Fettaufnahme und Meiden von Fetten, die reich an gesättigten Fettsäuren sind, Bevorzugung von Oliven- und Rapsöl, ausgewogenes Verhältnis der mehrfach ungesättigten Fettsäuren beider Reihen,
- weitgehendes Meiden von rasch resorbierbaren Zuckern und von Alkohol,
- Schulung und psychologische Betreuung der Patienten, Motivation zum Einhalten der gesunden Lebensführung.

Sobald sich ein diabetisches Krankheitsbild entwickelt hat, sind die für Typ-2-Diabetiker geltenden Ernährungsprinzipien zu befolgen.

7.6.4 Störungen des Lipidstoffwechsels

Markantes Zeichen einer Fettstoffwechselstörung ist ein Anstieg der Fett- und Cholesterinwerte im Blut. Hohe Blutfettwerte sind eine wesentliche Ursache für das Entstehen von arteriosklerotischen Veränderungen und damit für eine erhöhte Infarkt- und Schlaganfallgefahr.

Für überhöhte Blutfett- und Blutcholesterinwerte werden die Begriffe Hyperlipidämie und Hyperlipoproteinämie synonym gebraucht. Die Bezeichnung Hyperlipoproteinämie ist jedoch zutreffender und auch exakter, da der Transport von Fett und Cholesterin nur in Form von Lipoproteinpartikeln erfolgt und somit ein Transport größerer Mengen von Fett nur durch die vermehrte Bereitstellung von Lipoproteinen ermöglicht werden kann (siehe Kap. 3.5.4.1).

7.6.4.1 Ursachen einer Hyperlipoproteinämie (Hyperlipidämie)

Eine Hyperlipoproteinämie ist zunächst nur ein Zeichen für ein erhöhtes Transportaufkommen von Lipiden, das auf eine mengenmäßig größere Aufnahme, eine umfangreichere endogene Synthese oder einen intensiveren Ab- und Umbau von Lipiden zurückzuführen ist. Dafür können verschiedene Ursachen verantwortlich sein:

- Fehlernährung,
- Organerkrankungen, die den Fettstoffwechsel beeinflussen (sekundäre Hyperlipoproteinämie),
- genetisch bedingte Störungen im Lipidstoffwechsel (primäre Hyperlipoproteinämie).

Ernährungsbedingte Ursachen

Länger andauernde Abweichungen von einer gesundheitsbewußten vollwertigen Ernährung sind die häufigsten Ursachen einer Hyperlipoproteinämie. An erster Stelle steht dabei eine zu energiereiche, insbesondere zu fettreiche Ernährung und die daraus resultierende Übergewichtigkeit bzw. Adipositas.

Eine ständig überhöhte Aufnahme von Nahrungsfetten und Cholesterin führt zu permanent erhöhten Blutfettwerten, da die Chylomikronen nicht mehr schnell genug abgebaut werden und zu einem Anstieg der LDL führen. Von nur geringerer Bedeutung ist die Aufnahme von großen Mengen an schnell resorbierbaren Zuckern (allerdings meist an eine überhöhte Fettaufnahme gekoppelt). Sie führt in der Leber zu einer vermehrten Synthese von Neutralfett, das zusammen mit dem ebenfalls in der Leber vermehrt gebildeten Cholesterin in Form von VLDL meist zu den Fettdepots der Peripherie abtransportiert wird. Auch bei einem ständig überhöhten Alkoholkonsum werden in der Leber vermehrt Neutralfette gebildet, die nach erfolgtem Abtransport vorrangig in den Fettzellen deponiert werden.

Die durch eine solche hyperkalorische Ernährung entstandene wesentlich größere Körperfettmasse und das damit einhergehende Übergewicht bewirken einen mengenmäßig umfangreicheren Fettumbau. Dieser Fettumbau zieht ebenfalls eine Zunahme des Fetttransports und einen zusätzlichen Anstieg der Blutfettwerte nach sich.

Das Bild einer ernährungsbedingten Hyperlipoproteinämie wird bei einer verminderten Insulinempfindlichkeit der Muskelzellen (und im geringeren Maße der Fettgewebszellen) verstärkt, wie diese beim metabolischen Syndrom zu beobachten ist (siehe Kap. 7.6.3.6). Sie ist bei einem Typ-2-Diabetes, der sich auf dieser Basis entwickelt hat, besonders ausgeprägt.

Sekundäre Hyperlipoproteinämie

Eine Erhöhung der Blutfettwerte kann die Folge einer Reihe von Erkrankungen sein, die den Fettstoffwechsel primär nicht betreffen. Wegen der engen Vernetzung aller Reaktionsfolgen des Intermediärstoffwechsels sind solche Beeinflussungen bei relativ vielen Organstörungen möglich. Sie treten jedoch vorrangig bei einer begrenzten Anzahl von Erkrankungen auf.

Die häufigsten Ursachen solcher sekundären Hyperlipoproteinämien sind

- Hypothyreose (ausgeprägte Unterfunktion der Schilddrüse)
  Eine Unterfunktion der Schilddrüse hat einen stark erniedrigten Grundumsatz zur Folge, bei dem alle Stoffwechselreaktionen verlangsamt ablaufen und der Energiebedarf erniedrigt ist. Die Senkung der Energiebereitstellung erfolgt vorrangig über eine stark gedrosselte Fettverbrennung. Nahrungsfette werden daher nur noch in geringem Umfang verbrannt und statt dessen als Depotfett gespeichert.
- Gallensteine und Rückstau des Galleabflusses
  Bei einer über längere Zeit bestehenden massiven Behinderung des Galleabflusses aus der Leber ist die Ausscheidung von Gallensäuren durch die Lebergalle verringert. Dadurch wird die Synthese von Gallensäuren aus Cholesterin verringert. Cholesterin wird infolgedessen angestaut, wodurch die Cholesterinwerte und dadurch bedingt die Lipidwerte im Blutplasma erhöht werden, insbesondere die der LDL.
- Lebererkrankungen (Fettleber, Leberzirrhose)
  Bei Erkrankungen der Leber, bei denen die Leberfunktionen massiv eingeschränkt sind, ist auch die Synthese der Apolipoproteine (Proteinanteil der Lipoproteine) stark erniedrigt und erfolgt außerdem nicht mehr koordiniert. Dadurch bedingt ist nicht nur der Lipidstoffwechsel der Leber gestört, sondern auch die Regulation des Fetttransports (in der Leber werden 90 % der Apolipoproteine gebildet). Diese Störungen im Fetttransport führen ebenfalls zu erhöhten Blutfettwerten.
- Akute und chronische Pankreatitis
  Die Produktion von Insulin durch die Inselzellen kann so eingeschränkt sein, daß sich ein metabolisches Syndrom ausbildet (siehe Kap. 7.6.3.6). Beim Fortschreiten einer chronischen Pankreatitis kann sich ein sekundärer Diabetes entwickeln, der ebenfalls mit meist beträchtlichen Störungen im Lipidstoffwechsel einhergeht.

Primäre Hyperlipoproteinämie

Bei genetisch bedingten (vererbbaren) Störungen des Lipoproteinstoffwechsels (primäre Hyperlipoproteinämie) ist die Bildung einzelner spezifischer Lipoproteine in der Weise gestört, daß diese fehlerhaft aufgebaut und nicht mehr voll funktionsfähig sind. Die Folge ist die Anhäufung von Lipoproteinpartikeln, an deren Aufbau diese pathologisch veränderten Lipoproteine beteiligt sind, wodurch deren Ab- und Umbau gestört ist.

Der dadurch erfolgende Anstau von Lipoproteinpartikeln führt gleichzeitig zu einer Erhöhung der Blutwerte von Neutralfett und Cholesterin. Die genetisch bedingten Störungen im Lipoproteinstoffwechsel sind relativ selten, insbesondere im Vergleich zu den Hyperlipoproteinämien, die durch eine Fehlernährung ausgelöst werden. Der genetische Defekt betrifft meist nur jeweils ein spezifisches Apolipoprotein.

Es kann zwischen 5 verschiedenen Typen von primären Hyperlipoproteinämien unterschieden werden, bei denen jeweils einzelne Lipoproteinfraktionen erhöht sind bzw. atypische Lipoproteine gebildet werden:

- *Typ I (Chylomikronen vermehrt)*
  Dieser Typ kommt sehr selten vor. Durch einen stark eingeschränkten Verzehr von Fetten mit langkettigen Fettsäuren und von Cholesterin kann versucht werden, die Konzentration der Chylomikronen zu reduzieren. Die Fettversorgung muß dann durch den Verzehr von MCT-Fetten gesichert werden, da diese über das Pfortadersystem abtransportiert werden und somit nicht zur Bildung von Chylomikronen führen. Nur die Aufnahme der unbedingt erforderlichen Menge an mehrfach ungesättigten Fettsäuren ist zur Sicherung der von diesen abhängigen Stoffwechselreaktionen erlaubt.
- *Typ II a (LDL vermehrt)*
  Dieser Typ kommt häufiger vor. Die vermehrt vorliegenden LDL bewirken eine sehr starke Erhöhung des Blutcholesterinspiegels. Auch durch eine extrem cholesterinarme und fettarme Kost (insbesondere extreme Einschränkung der Aufnahme von gesättigten langkettigen Fettsäuren) ist dieser Typ diätetisch nur schwer zu beeinflussen, da eine endogene Cholesterinsynthese (zwar in unterschiedlichem Ausmaß) nicht nur ständig in der Leber, sondern auch in allen Körperzellen stattfindet.
- *Typ II b (LDL und VLDL vermehrt)*
  Auch dieser Typ kommt häufiger vor und ist wie der Typ II a durch diätetische Maßnahmen kaum zu beeinflussen.
  Bei beiden Typen (II a und II b) ist die Gefahr der Ausbildung von arteriosklerotischen Veränderungen sehr groß.
- *Typ III (Bildung von atypischen LDL und VLDL)*
  Dieser Typ kommt weniger oft vor. Bei ihm sind die Neutralfette und das Cholesterin stark erhöht. Diese Hyperlipoproteinämie wird durch eine kohlenhydratreiche Kost zusätzlich verstärkt (extreme Erhöhung der VLDL). Sie ist durch diätetische Maßnahmen kaum zu beeinflussen. Auch beim Typ III besteht ein großes Arterioskleroserisiko.
- *Typ IV (VLDL vermehrt)*
  Dieser Typ ist die am häufigsten vorkommende genetisch bedingte Fettstoffwechselstörung (50 bis 80 % aller Fälle). Sie führt zu erhöhten Werten von Neutralfett im Blut. Durch eine Kost, die arm an Kohlenhydraten, insbesondere frei von rasch resorbierbaren Zuckern sowie weitgehend frei

von Fetten mit kurz- und mittelkettigen Fettsäuren ist, kann sie bis zu einem gewissen Maße günstig beeinflußt werden (keine überhöhte Synthese von Fetten in der Leber, die mit Hilfe der VLDL abtransportiert werden müssen).

- *Typ V (Chylomikronen und VLDL vermehrt)*
  Diese Störung tritt sehr selten auf. Sie kann durch eine fettarme und kohlenhydratarme Kost positiv beeinflußt werden. Im Gegensatz zu den anderen Typen ist die Gefahr des Entstehens von arteriosklerotischen Veränderungen relativ gering. Die vermehrte Bildung der Lipoproteinpartikel, die für den Transport von Fett zu den peripheren Organen verantwortlich sind, begünstigt dagegen die Ausbildung eines Übergewichts.

Ernährungstherapie

Während die durch Fehlernährung oder durch andere Erkrankungen entstandenen Hyperlipoproteinämien durch die erfolgreiche Behandlung der Grundkrankheit und durch die Umstellung des Ernährungsregimes weitgehend behoben oder zumindest in befriedigendem Maße beeinflußt werden können, ist eine kausale Therapie der genetisch bedingten Störungen im Lipidstoffwechsel nicht möglich. Es besteht nur die Möglichkeit, durch eine abgestimmte Ernährungstherapie zu versuchen, das Ausmaß der Erhöhung der Blutfettwerte zu verringern (siehe oben und Kap. 8.4.5.2).

7.6.4.2 Arteriosklerose („Arterienverkalkung")

Die Ausbildung von arteriosklerotischen Veränderungen ist ein komplexer, vielschichtiger Prozeß, an dem Störungen im Lipidstoffwechsel und die dadurch bedingten erhöhten Blutwerte von Neutralfett und Cholesterin beteiligt sind.

Unter einer Arteriosklerose versteht man fortschreitende Veränderungen an den Endothelzellen der inneren Arterienwand, die die Ablagerung von Cholesterin und anderen stoffwechselträgen Substanzen, die Anlagerung von bestimmten weißen Blutzellen (die durch Schädigung verändert sind, sog. Schaumzellen, siehe unten) und feinen Blutgerinnseln ermöglichen und somit zur Verengung des Gefäßlumens und zum Brüchigwerden der Gefäßwände führen.

Der dadurch eingeschränkte Blutfluß kann zu einer Einschränkung der Versorgung der nachfolgenden Organbezirke mit Nährstoffen und insbesondere mit Sauerstoff führen. Brüchig gewordene Gefäße können platzen und somit zu Blutungen in die umliegenden Gewebe hinein führen. Die Gefahr des Auftretens solcher Blutungen ist bei bestehendem Bluthochdruck erhöht.

Arteriosklerotische Veränderungen können an allen Körperorganen zu Schädigungen führen. Schwerwiegende und teilweise tödliche Folgen haben sie an folgenden Gefäßen bzw. Organen:

- Herzkranzgefäße (ischämische Herzkrankheit, Herzinfarkt (siehe Kap. 7.5.1),
- Gefäße im Großhirn (Schlaganfall, apoplektischer Insult).

Arteriosklerotische Veränderungen an den Hirngefäßen sind besonders gefährlich. Eine unzureichende Versorgung des Hirns mit Nährstoffen und Sauerstoff führt rasch zu einer eingeschränkten Leistungsfähigkeit. Eine besondere Gefahr besteht jedoch darin, daß die Arterien im Gehirn in das relativ weiche Hirngewebe eingebettet sind. Arterien, deren Wände durch arteriosklerotische Veränderungen brüchig geworden sind, platzen bei einem erhöhten Blutdruck besonders leicht, da ihnen das weiche Hirngewebe keinen zusätzlichen Halt bietet. Dadurch kann es auch zum Austritt von größeren Blutmengen kommen, die das weiche Hirngewebe zusammendrücken können. Das führt zu unterschiedlich großen Ausfällen von Hirnfunktionen, es kommt zu einem Schlaganfall, der sich in Lähmungen und im Ausfall zentraler Funktionen äußert. Das Schlaganfallrisiko ist bei einem gleichzeitig bestehenden Bluthochdruck beträchtlich erhöht.

Aber auch an den Blutgefäßen anderer Organe führen arteriosklerotische Veränderungen zu schwerwiegenden Veränderungen. Besonders die beim Diabetes auftretenden Spätschäden sind auf arteriosklerotische Gefäßschäden zurückzuführen (siehe 7.6.3.4).

7.6.4.2.1 Ursachen und Mechanismus des Entstehens von arteriosklerotischen Veränderungen

Die primären Ursachen und die von diesen ausgelösten Folgeprozesse, die zu einer Arteriosklerose führen, sind sehr vielschichtig und noch nicht in allen Einzelheiten aufgeklärt. Folgende Faktoren sind vordergründig dafür verantwortlich zu machen bzw. sind in unterschiedlichem Ausmaß an ihrer Ausbildung beteiligt (die Reihenfolge der Aufzählung bedeutet keine Gewichtung):

- freie Radikale (insbesondere Sauerstoffradikale),
- Hyperlipoproteinämien,
- Bluthochdruck,
- Streß (erhöhte Ausschüttung von Adrenalin),
- erhöhte Konzentration der Aminosäure Homocystein im Blutserum.

Freie Sauerstoffradikale

Ein vermehrtes Auftreten von freien Radikalen, die nicht schnell genug weggefangen werden können, ist offenbar die Voraussetzung für das Entstehen von arteriosklerotischen Veränderungen. Freie Radikale, insbesondere Sauerstoffradikale, fallen vermehrt bei unterschiedlichen Stoffwechselentgleisungen, körperlichen Höchstbelastungen und bei der Aufnahme von Schadstoffen an, die im Körper zur Bildung von Radikalen führen (Zigarettenrauch, Tetrachlorkohlenstoff u. a.). Diese freien Radikale führen zu Schädigungen der Endothelzellen der Arterienwand und zu Schädigungen von bestimmten weißen Blutzellen (Bildung von sog. Schaumzellen, siehe unten). An den geschädigten Gefäßauskleidungen können sich dann die veränderten weißen Blutzellen (sog. Schaumzellen), Blutplättchen und Plasmaeiweiße anlagern. Diese Ablagerungen verändern die Endothelzellen, ihre Zellmembranen brechen auf, und es werden damit die Voraussetzungen geschaffen für die Ablagerung weiterer stoffwechselträger Substanzen. Diese durch die freien Radikale ausgelösten Schädigungen treten verstärkt auf bei einem Mangel an Radikalfängern (Vitamin E, Vitamin C, Carotinoide und andere Mikronährstoffe) sowie bei einem nicht voll funktionsfähigen enzymatischen Entgiftungssystem (Glutathionperoxidase).

Hyperlipoproteinämien

Eine besondere Bedeutung kommt bei der Hyperlipoproteinämie als Risikofaktor für arteriosklerotische Veränderungen dem Cholesterin zu, das in den LDL transportiert wird. Dieses LDL-Cholesterin wird offenbar leicht durch Sauerstoffradikale oxidiert und als oxidiertes Cholesterin bevorzugt in die vorgeschädigten Endothelzellen der Gefäßwände eingelagert. Diese Oxidation des Cholesterins erfolgt offenbar besonders leicht, wenn die Konzentration der LDL (und damit auch die des Cholesterins) erhöht ist. Die Ablagerung von oxidiertem Cholesterin in den Endothelzellen ist offenbar der Wegbereiter für die Ablagerung von nicht oxidiertem Cholesterin und anderen stoffwechselträgen Substanzen.

Diese festen und stoffwechselträgen Einlagerungen behindern den Stoffwechsel der Endothelzellen zusätzlich, erschweren damit eine Reparatur der Wanddefekte und machen diese schließlich unmöglich. Gleichzeitig wird die Diffusion von Nährstoffen und Sauerstoff in die Endothelzellen und durch diese hindurch in darunter liegende Zellschichten behindert. Schließlich können sich an solchen geschädigten Stellen der Endothelzellen leicht Blutgerinnsel bilden, wodurch das Gefäß verengt wird. Im fortgeschrittenen Stadium kann es zum Verschluß des Gefäßes kommen.

Schaumzellen

Eine besondere Rolle bei der Ablagerung von Cholesterin in den geschädigten Endothelzellen spielen offenbar auch die sog. Schaumzellen. Schaumzellen sind weiße Blutzellen, die bei Einwirkung von freien Radikalen geschädigt worden sind. Sie können sich besonders leicht an den geschädigten Epithelzellen anlagern, sind relativ stoffwechselinaktiv und nehmen selbst Cholesterin auf. An den Epithelzellen angeheftet, erleichtern sie auch die Anlagerung von feinen Blutgerinnseln, sog. Mikrothromben.

Eicosanoide

Auf die Rolle der Eicosanoide beim Entstehen der Arteriosklerose ist bereits hingewiesen worden (siehe Kap. 3.5.1.2). Hier zeigen insbesondere die Eicosanoide, die aus der mehrfach ungesättigten Eicosapentaensäure und der Docosahexaensäure (ω-3-Fettsäuren) gebildet werden, einen schützenden Effekt. Diese Eicosanoide wirken einer Verengung kleiner Arterien entgegen und verbessern dadurch den Blutstrom durch die arteriosklerotisch geschädigten Gefäße. Sie behindern ebenfalls die Aggregation von Blutplättchen und damit die Ausbildung von Blutgerinnseln an den geschädigten Gefäßwänden. Eine Aggregation der Blutplättchen ist ein wichtiger Faktor für das Fortschreiten von arteriosklerotischen Veränderungen (siehe Tabelle 7.6.3).

7.6.4.2.2 Bedeutung der Ernährung für die Ausbildung arteriosklerotischer Veränderungen

Aus den angeführten Mechanismen für das Entstehen von arteriosklerotischen Veränderungen ist ersichtlich, daß dieser Prozeß vorrangig durch eine Fehlernährung begünstigt wird, die zu einer Erhöhung des LDL-Cholesterins und dessen Oxidation führt. Wesentlichste Punkte dieser Fehlernährung sind

- hyperkalorische Ernährung,
- fett- und cholesterinreiche Ernährung,
- unausgewogenes Verhältnis der Nahrungsfettsäuren (zu viel tierisches Fett),
- ballaststoffarme Ernährung,
- vitaminarme Ernährung (unzureichender Verzehr von Gemüse und Obst, ungenügende Zufuhr von Vitamin C und E sowie möglicherweise von Mikronährstoffen).

Hyperkalorische Ernährung

Ein genereller Risikofaktor ist eine kalorische Überernährung und das dadurch bedingte Übergewicht. Neben einer überhöhten Fettzufuhr kann auch eine stark erhöhte Aufnahme von rasch resorbierbaren Zuckern ein Übergewicht verursachen und damit zu einem Risokofaktor werden. Ein erhöhtes Körpergewicht führt zu erhöhten Blutfettwerten.

In Notzeiten mit kalorisch knapper Ernährung, insbesondere mit stark eingeschränkter Fettzufuhr und einer relativ ballaststoff- und stärkereichen Ernährung, sind Herzinfarkte kaum beobachtet worden.

Erhöhte Fettzufuhr und Fettsäuremuster der Nahrungsfette

Eine ständig überhöhte Aufnahme von Nahrungsfetten ist ein besonders großer Risikofaktor. Infolge des Transports von Neutralfett nehmen die Konzentrationen der Lipoproteinpartikel im Blutserum zu, insbesondere die der LDL. Da durch die vermehrte Aufnahme an Fetten gleichzeitig die endogene Synthese von Cholesterin gesteigert wird, wird in den LDL auch vermehrt Cholesterin transportiert, die LDL-Cholesterinwerte steigen an. Auch bei normgewichtigen Personen führt die gesteigerte Aufnahme von Nahrungsfetten zu erhöhten Blutfettwerten und zu einer vermehrten endogenen Cholesterinsynthese.

Das Ausmaß der endogenen Cholesterinsynthese aus den Nahrungsfetten hängt von dem Fettsäuremuster des jeweiligen Nahrungsfettes ab:

- Langkettige gesättigte Fettsäuren, vorrangig mit einer Kettenlänge von 12 bis 16 C-Atomen, insbesondere die C-12- und C-14-Fettsäuren (Laurin- und Myristinsäure), sowie die Arachinsäure (20 C-Atome) erhöhen die Cholesterinsynthese und steigern somit das Arterioskleroserisiko. Die Stearinsäure (18 C-Atome) hat offenbar keinen und die Palmitinsäure (16 C-Atome) nur einen geringen direkten Einfluß auf die Cholesterinsynthese.
  Der negative Effekt der Fette, die reich an gesättigten Fettsäuren sind, muß daher in Abhängigkeit von ihrer Fettsäurezusammensetzung differenziert bewertet werden (siehe Kap. 3.5.1.1 und 5.3). Palmkernfett und Kokosfett sind als einzige pflanzliche Fette reich an Laurin- und Myristinsäure. Von der Verwendung dieser Fette als Fritierfett ist daher auch aus diesem Grund abzuraten. Diese Fette werden oft auch an Stelle von gehärteten (hydrierten) Pflanzenölen zur Herstellung von Reformmargarinen eingesetzt.
- Einfach ungesättigte Fettsäuren (Ölsäure) steigern die endogene Cholesterinsynthese nicht, sondern bewirken eine Senkung des LDL-Cholesterins. Die Konzentration des HDL-Cholesterins („gutes" Cholesterin) wird durch Ölsäure nicht beeinflußt. Die positiven Effekte der Mittelmeerkost (Senkung des Infarktrisikos) sind teilweise auf die vorwiegende Verwendung von Olivenöl bei einer vergleichsweise fettarmen Kost zurückzuführen (Ölsäuregehalt etwa 75 %). Für den positiven Effekt dieser Kost ist allerdings auch ihr hoher Anteil an vitamin- und mikronährstoffreichem Gemüse und an Seefischen mit einem hohen Gehalt an mehrfach ungesättigten Fettsäuren (auch der ω-3-Reihe) verantwortlich.

- Mehrfach ungesättigte Fettsäuren führen zu einer Senkung des LDL- und des HDL-Cholesterins. Eine besonders effektive protektive Wirkung vor einem Herzinfarkt haben die mehrfach ungesättigten Fettsäuren der ω-3-Reihe (Eicosapentaensäure und Docosahexaensäure), die Vorstufen für die Eicosanoide (Prostaglandine, Leukotriene, Thromboxane) sind. Die Eicosanoide der ω-3-Reihe senken neben der Konzentration der LDL und damit des LDL-Cholesterins auch die der VLDL. Sie verzögern außerdem die Aggregation (Zusammenballung) der Blutplättchen. Die Eicosanoide, die aus mehrfach ungesättigten Fettsäuren der ω-6-Reihe gebildet werden, sind nicht im gleichen Maße wirksam. Sie wirken zwar einer Kontraktion der feinen arteriellen Gefäße entgegen, aber nicht der Aggregation der Blutplättchen (siehe Tabelle 7.6.3).

Tabelle 7.6.3:
Protektive Effekte von Eicosanoiden der ω-3-Reihe bzw. der ω-6-Reihe auf Thrombozyten (Blutplättchen), Endothelzellen der arteriellen Gefäße und auf weiße Blutzellen (Schaumzellen)

Wirkort	ω-3-Reihe	ω-6-Reihe
Thrombozyt	Thromboxane wirken nicht proaggregatorisch[1] keine vasokonstruktorische Wirkung	Thromboxane wirken proaggregatorisch vasokonstruktorische Wirkung
Endothelzellen	Prostaglandine wirken antiaggregatorisch wirken vasodilatorisch[2]	Prostaglandine wirken antiaggregatorisch wirken vasodilatorisch
weiße Blutzellen	Leukotriene wirken kaum chemotaktisch[3]	Leukotriene wirken stark chemotaktisch

[1] Proaggregatorisch: Die Zusammenlagerung von Blutplättchen und damit die Ausbildung von kleinsten Blutgerinnseln wird begünstigt.

[2] Vasodilatorisch: Die glatte Muskulatur in den Wänden der kleinen Endarterien erschlafft, und das Lumen dieser Gefäße wird erweitert.

[3] Chemotaktisch: Durch chemische Veränderungen wird die Anlagerung von Schaumzellen an die geschädigten Endothelzellen begünstigt.

Neuere Untersuchungen weisen darauf hin, daß hohe Konzentrationen an Linolsäure die Oxidation von LDL-Cholesterin begünstigen. Sollten sich diese Befunde bestätigen, müßten die Empfehlungen für die Linolsäureaufnahme neu überdacht werden. Es ist jedoch zu vermuten, daß diese beschriebene Wirkung auf die Oxidation des Cholesterins wesentlich von der Menge des gemeinsam mit der Linolsäure aufgenommenen Vitamin E abhängt. Ein relativ hoher Gehalt an Vitamin E, wie ihn die linolsäurereichen pflanzlichen Fette aufweisen, bietet mit ziemlicher Sicherheit einen ausreichenden Oxidationsschutz. Es sollte daher auch aus diesem Grund auf die fachgerechte Aufbewahrung der Öle geachtet werden (siehe Kap. 5.3.2.4).

- Trans-Fettsäuren werden im Organismus wie gesättigte Fettsäuren abgebaut, allerdings mit einer geringeren Geschwindigkeit. Der Verzehr von größeren Mengen an Trans-Fettsäuren führt zu einer Erhöhung des LDL-Cholesterins und damit zu einem erhöhten Infarktrisiko. Die Aufnahme von bis zu 10 g Trans-Fettsäuren pro Tag wird allerdings als unbedenklich angesehen.

Aufnahme von Nahrungscholesterin

In Überschuß aufgenommenes Nahrungscholesterin kann die Cholesterinblutwerte erhöhen. Das Ausmaß der Cholesterinresorption aus der Nahrung ist jedoch von zahlreichen Faktoren abhängig und nicht in unbegrenzter Höhe möglich (siehe Kap. 3.5.3). Es gibt offenbar auch individuelle Unterschiede in der Resorptionsrate. Die Menge des täglich im Körper gebildeten endogenen Cholesterins übertrifft die tägliche Menge des aus der Nahrung resorbierten Cholesterins um das 2- bis 3fache. Eine Erhöhung der Cholesterinblutwerte ist wahrscheinlich zum größeren bis überwiegenden Teil auf eine erhöhte endogene Synthese zurückzuführen, die durch eine zu hohe Aufnahme von Nahrungsfett und durch ein bestehendes Übergewicht bedingt ist.

Auf die besondere Bedeutung des oxidierten Cholesterins der LDL-Fraktion ist bereits hingewiesen worden. Es ist noch nicht eingehend geklärt, in welchem Umfang das in Lebensmitteln vorliegende Cholesterin bereits in diesen oxidiert und somit als solches resorbiert werden kann. Größere Mengen an oxidiertem Cholesterin kommen jedoch in den Lebensmitteln nachweislich nicht vor.

Ballaststoffe

Ballaststoffe senken die Cholesterinblutwerte, indem sie die Resorption von Nahrungscholesterin und die Rückresorption der Gallensäuren behindern. Das Ausmaß der Erniedrigung der Rückresorption von Gallensäuren ist offenbar der entscheidende Wirkmechanismus. Die verminderte Rückresorption führt in der Leber zu einer vermehrten Synthese von Gallensäuren aus Cholesterin, wodurch der Bestand des Körpers an Cholesterin erniedrigt wird.

Antioxidantien, Mikronährstoffe

Antioxidantien, die als Radikalfänger fungieren, können durch das rasche Wegfangen der im Organismus gebildeten freien Sauerstoffradikale (siehe Kap. 3.7.1.3) die Endothelschädigung und die Bildung von oxidiertem Cholesterin verhindern oder zumindest beträchtlich begrenzen. Eine ausreichende Versorgung mit Vitamin E und C sowie mit β-Carotin kann ein Arterioskleroserisiko verringern.

Einige als Antioxidantien wirkende Mikronährstoffe können ebenfalls eine protektive Wirkung entfalten. Das betrifft insbesondere die in Gemüsen, Obst und in Wein, insbesondere im Rotwein, vorkommenden Flavonoide. Auch Knoblauch scheint, regelmäßig und in ausreichender Menge verzehrt, eine antiarteriosklerotische Wirkung zu zeigen (siehe Kap. 3.7.3).

Alkohol

Kleine Mengen von Alkohol bewirken eine Erhöhung der HDL. Das mit Hilfe der HDL zur Leber transportierte Cholesterin wird in peripheren Geweben kaum abgelagert, auch nicht in arteriosklerotisch geschädigten Gefäßwänden. Daher zeigen kleine Mengen an Alkohol (20 bis 30 g pro Tag) eine protektive Wirkung (siehe Tabelle 7.6.4). Alkohol verringert außerdem die Gerinnungsneigung des Bluts und damit die Bildung von arterioskleroseförderndenBlutgerinnseln. Der Alkoholgehalt von alkoholhaltigen Getränken wird oft unterschätzt, so daß diese günstige geringe Aufnahmemenge an Alkohol häufig überschritten wird (siehe Tab. 7.6.5).

Tabelle 7.6.4:
Einfluß der täglichen Alkoholaufnahme (in g) auf die Konzentration des HDL-Cholesterins im Blut (in mg/100 ml)

Alkoholaufnahme	HDL-Cholesterin	
	Mann	Frau
0	37	48
1–20	42	53
21–40	43	56
41–60	43	58
>60	40	56

Größere Mengen an Alkohol führen dagegen auch zu einer Erhöhung der Konzentration des LDL-Cholesterins und damit zu der Gefahr einer Cholesterinablagerung in geschädigten Gefäßwänden. Diese Erhöhung des LDL-Cholesterins ist bereits ab einer täglichen Aufnahme von 30 g Alkohol (Mann) bzw. 20 g (Frau) zu beobachten. Durch die bei der Aufnahme von größeren Alkoholmengen gleichzeitig erfolgende Weitstellung der kleinen arteriellen Gefäße wird der Blutfluß durch die Kapillaren verlangsamt, wodurch es zu einer schlechteren Blutversorgung der Gewebe kommt. Das betrifft im Herzmuskel insbesondere solche Bezirke, deren Blutversorgung bereits eingeschränkt ist. Dadurch wird bei einer bestehenden ischämischen Herzkrankheit die Infarktgefahr durch die Aufnahme von größeren Alkoholmengen erhöht. Untersuchungen über die Effekte von kleinen Alkoholmengen auf arteriosklerotische Veränderungen an Blutgefäßen anderer Organe liegen bisher nicht vor.

Wegen der Gefahr der Ausbildung einer Alkoholabhängigkeit, der Gefahr eines durch Alkohol bedingten Bluthochdrucks und einer möglichen

Leber- und Pankreasschädigung sollte trotz des positiven Effekts von kleinen Alkoholmengen ein regelmäßiger, aber mengenmäßig begrenzter Alkoholkonsum nur dann in Betracht gezogen werden, wenn keinerlei Hinweise vorliegen, die auf solche Erkrankungen hinweisen. In diesen Fällen sollte aber der D-A-CH-Richtwert, der für Gesunde als unbedenklich angesehen wird, nicht überschritten werden und nicht täglich konsumiert werden (beim Mann 20 g, bei der Frau 10 g Alkohol pro Tag).

Tabelle 7.6.5:
Alkoholmenge in alkoholischen Getränken und Menge der alkoholischen Getränke in ml, in denen 30 bzw. 25 g reiner Alkohol enthalten sind

	Volumen-%	Alkohol (g/l)	Menge mit 30 g	Menge mit 25 g
Bier	5	40	750	600
Wein	10	80	375	320
Dessertweine	18	144	210	175
Spirituosen (Liköre)	25	200	150	125
Spirituosen (Brände)	45	355	85	70

Aminosäurestoffwechsel (Homocystein)

Neuere Untersuchungen weisen darauf hin, daß ein Anstieg der Konzentration der Aminosäure Homocystein im Blutplasma gleichzeitig ein erhöhtes Risiko für das Auftreten eines Herzinfarkts und eines Schlaganfalls ist. Homocystein ist eine schwefelhaltige Aminosäure, die am Aufbau von körpereigenen Eiweißen und von Nahrungseiweißen nicht beteiligt ist. Sie wird im Körper beim Ab- und Umbau der schwefelhaltigen Aminosäure Methionin gebildet, wobei Homocystein eine Zwischenstufe des Umbaus von Methionin in Serin ist. Die Aminosäure Serin ist Baustein von Körper- und Nahrungseiweißen.

Die diese Umbauprozesse katalysierenden Enzyme benötigen als Cofaktoren die Vitamine Folsäure und Vitamin B_6. Bei einem entsprechenden Vitaminmangel sind diese Prozesse gestört, und es kommt zum Anstau von Homocystein.

Ein Mechanismus, der bei einer erhöhten Homocysteinkonzentration zu einer Erhöhung des Infarkt- und Schlaganfallrisikos führen könnte, ist noch nicht bekannt. Eine ausreichende Versorgung mit Folsäure und Vitamin B_6 senkt jedoch einen erhöhten Homocysteinspiegel. Möglicherweise ist der erhöhte Homocysteinspiegel nur ein Zeichen eines Vitaminmangels, durch den auch andere Stoffwechselreaktionen behindert werden und wodurch das Infarkt- und Schlaganfallrisiko erhöht wird. Allerdings sind die Vitaminmengen, die zur Senkung eines bereits erhöhten Homocysteinspiegels benötigt werden, etwa doppelt so hoch, wie sie mit einer üblichen Kost aufgenommen werden. Gegebenenfalls müßten die Empfehlungen für die Aufnahme dieser Vitamine erhöht werden.

Kaffee und Tee

Das in Kaffee und Tee enthaltene Coffein hat offenbar keinen Einfluß auf den Fettstoffwechsel und die dadurch bedingten arteriosklerotischen Veränderungen. Coffein erhöht allerdings in größeren Konzentrationen den Blutdruck. Bluthochdruck ist ebenfalls ein Risikofaktor für das Entstehen einer Arteriosklerose.

Im Röstkaffee sind Extraktivstoffe enthalten, die zu einer Erhöhung der Blutfettwerte und des LDL-Cholesterins führen können. Diese Extraktivstoffe werden bei der Zubereitung von Filterkaffee zum Großteil im Filter zurückgehalten, während sie bei anderen Zubereitungsarten in den Aufguß übergehen. Weitere Untersuchungen weisen darauf hin, daß coffeinfreier Kaffee möglicherweise die LDL-Cholesterinkonzentration stärker erhöht als nicht entcoffeinierter Kaffee. Diese Ergebnisse sind bisher noch nicht ausdrücklich bestätigt worden.

7.6.4.2.3 Ernährungstherapie und Ernährungsprophylaxe

Eine vollwertige Ernährung nach den Empfehlungen der DGE entspricht in ihren wesentlichen Gesichtspunkten der Kost, die auch für eine Prophylaxe gegen arteriosklerotische Veränderungen empfohlen werden sollte.

Bei nachgewiesenen arteriosklerotischen Veränderungen, bei bestehendem erhöhtem Infarkt- oder Schlaganfallrisiko sind bei der Kostplangestaltung folgende Gesichtspunkte besonders zu beachten:

Energiezufuhr

Die Aufnahme von Nahrungsenergie muß den Erfordernissen besonders sorgfältig angepaßt werden. Es ist dabei auch bei den einzelnen Mahlzeiten auf eine besonders ausgeglichene Kost zu achten. Bei bestehendem Übergewicht ist eine vorsichtige, aber konsequente Gewichtsreduktion (hypokalorische Mischkost) unabdingbar. Crash-Kuren oder Fastentage sind gerade in diesen Fällen unbedingt zu meiden, da die Gefahr einer zusätzlichen Erhöhung der Blutfett- und Blutcholesterinwerte, insbesondere des LDL-Cholesterins, sehr groß ist. Eine radikale Gewichtsreduktion mit extrem niedriger Energiezufuhr ist nur in besonders gelagerten Ausnahmefällen auf ausdrückliche ärztliche Anordnung und Kontrolle möglich.

Nährstoffrelation

Die Fettaufnahme ist generell zu reduzieren. Kohlenhydrate, Fette und Eiweiße sollten im prozentualen Verhältnis 50 bis 55 % : 25 bis 30 % : 15 bis 20 % an der Energiebereitstellung beteiligt sein.

Fettzufuhr

Die Aufnahme von Fett ist generell einzuschränken. Dabei ist insbesondere die Aufnahme von Fetten, die reich an gesättigten Fettsäuren sind, weitestgehend zu reduzieren. Das Verhältnis gesättigte Fettsäuren/Ölsäure/mehrfach ungesättigte Fettsäuren (generelle Empfehlung etwa 1/1/1) sollte zugunsten der Ölsäure verschoben werden.

Bei der Aufnahme von mehrfach ungesättigten Fettsäuren (entsprechend den D-A-CH-Empfehlungen) ist auf den Verzehr von Fettsäuren der ω-3-Reihe besonders zu achten, sie sollten unbedingt die empfohlenen reichlich 15 % der Gesamtmenge der mehrfach ungesättigten Fettsäuren ausmachen.

Bei der Auswahl der pflanzlichen Fette und Öle ist auch deren Gehalt an effektiv wirksamem Vitamin E zu berücksichtigen. Deshalb sind besonders Olivenöl und Rapsöl sowie auch Pflanzenöle mit hohem Gehalt an Vitamin E wie Weizenkeimöl und Sonnenblumenöl zu bevorzugen, als Streichfette sind Diät- oder Sonnenblumenmargarine zu empfehlen (siehe Kap. 5.3.2.4). Seefische, die reich an ω-3-Fettsäuren sind, sind in regelmäßigen Abständen in den Kostplan aufzunehmen.

Cholesterinaufnahme

Die Aufnahme von Nahrungscholesterin ist so gering wie möglich zu halten, obwohl Cholesterin bei der Ausbildung von arteriosklerotischen Veränderungen keine Schlüsselstellung einnimmt. Die Aufnahme sollte 300 mg pro Tag nicht überschreiten, sondern möglichst niedriger liegen. Bei der Resorption von Nahrungscholesterin und dessen Transport durch die Chylomikronen und deren Abbau (unter Ausbildung von LDL) wird zumindest zeitweilig die Cholesterinkonzentration im Blut erhöht, ein Effekt, der bei stark eingeschränkter Cholesterinzufuhr vermieden werden kann und womit ein möglicher zusätzlicher Risikofaktor ausgeschaltet wird.

Bei erhöhten Werten des LDL-Cholesterins ist die Begrenzung der Aufnahme von Nahrungscholesterin besonders strikt einzuhalten, sie sollte dann möglichst noch stärker reduziert werden als in D-A-CH-Richtwerten (300 mg) geraten wird.

Dem Vorkommen von oxidiertem Cholesterin in Nahrungsmitteln ist bisher wenig Beachtung geschenkt worden. Ältere Untersuchungen haben ergeben, daß der Gehalt von tierischen Lebensmitteln an oxidiertem Cholesterin äußerst gering ist. Da aber die Möglichkeit besteht, daß ein geringer Teil des (nicht oxidierten) Cholesterins bei zu langer Lagerung und fehlendem Oxidationsschutz (tierische Lebensmittel enthalten kaum Vitamin E) oxidiert wird, sollten aus Sicherheitsgründen cholesterinenthaltende Lebensmittel nicht länger als unbedingt erforderlich gelagert werden.

Ballaststoffaufnahme

Eine ballaststoffreiche Nahrung ermöglicht neben den positiven Effekten der Ballaststoffe, insbesondere der wasserlöslichen, eine energie- und fettarme Ernährung. Die empfohlene Ballaststoffzufuhr für die vollwertige Ernährung von 30 g pro Tag sollte auf jeden Fall realisiert werden. Eine höhere Ballaststoffzufuhr ist anzustreben, obwohl sie bei einer energiereduzierten Nahrung schwer zu realisieren ist. Die wasserlöslichen Ballaststoffe (Pektine, Äpfel) sind im Hinblick auf eine Senkung des Cholesterinspiegels besonders effektiv, ebenso die Ballaststoffe der Hafer- und Gerstenkleie und die Ballaststoffe der Hülsenfrüchte.

Vitaminzufuhr

Auf eine ausreichende Vitaminversorgung ist besonderer Wert zu legen. Das betrifft vorrangig die Versorgung mit den antioxidativen Vitaminen E und C, mit β-Carotin und die Versorgung mit Folsäure und Vitamin B_6.

Neben dem reichlichen Verzehr von Gemüse (vorzugsweise als Rohkost und schonend zubereitet) unter besonderer Berücksichtigung von Vitamin-C-reichen Gemüsen sind bei der Auswahl der Pflanzenöle solche mit einem hohen Gehalt an effektivem Vitamin E zu berücksichtigen (Weizenkeimöl, Sonnenblumenöl, Sonnenblumen- und Diätmargarine).

Pflanzliche Öle und Fette mit einem geringeren Gehalt an effektivem Vitamin E (Sojaöl, nicht näher spezifizierte Pflanzenöle oder Pflanzenmargarine) sind weniger geeignet, da eine genaue Aussage über deren Fettsäure-Zusammensetzung und Vitamin-E-Gehalt nicht möglich ist..

Auch der Verzehr von magerem Fleisch ist zur Sicherung einer ausreichenden Versorgung mit Folsäure und Vitamin B_6 angebracht.

7.6.5 Gicht

Unter Gicht wird eine Erkrankung verstanden, bei der es infolge erhöhter Harnsäurewerte im Blut zum Auskristallisieren von schwer wasserlöslichen Salzen der Harnsäure (Urate, vorzugsweise Natriumurat) in Gelenkkapseln und in Knorpelgeweben kommt. Außerdem können sich die Urate in Knoten meist in der Nähe der Fingergelenke oder in der Ohrmuschel (Gichtknoten) und in den Nierenkanälchen ablagern sowie zu Nierensteinen auskristallisieren. Die Ablagerung von Uraten in den Gelenkkapseln kann zu Versteifungen der Gelenke, eine Ablagerung in den Nierentubuli kann zu einer Gichtniere führen (chronische Gicht). Bei einer Gichtniere besteht die Gefahr der Ausbildung einer chronischen Niereninsuffizienz und der Ausbildung eines Bluthochdrucks. Nieren- und Blasensteine begünstigen das Auftreten von bakteriellen Infektionen der Harnwege.

Bei einem schlagartigen Anfall von größeren Mengen an Harnsäure kommt es in den Gelenken zum raschen Auskristallisieren von größeren Mengen an Uraten, das von kräftigen Schmerzattacken begleitet ist (akuter Gichtanfall, „Zipperlein" in der großen Zehe).

Harnsäurebildung

Harnsäure ist im menschlichen Organismus das Endprodukt des Abbaus von Purinkörpern (Adenin und Guanin), die Bausteine der DNA, der RNA und von Nucleotiden wie ATP, GTP, NAD u. a. sind. Purinkörper werden vom Körper ständig und in ausreichender Menge gebildet. Ein Mangel an Purinkörpern würde im Zellstoffwechsel zu solchen massiven Ausfallserscheinungen führen, die mit der Funktion der Zellen und damit mit dem Leben nicht vereinbar wären. Diese endogene Purinkörpersynthese beträgt etwa 350 mg pro Tag. Sie wird auch bei einer erhöhten Aufnahme von Purinkörpern mit der Nahrung nur in geringem Umfang gesenkt.

Purinkörper werden mit der Nahrung ständig aufgenommen, da alle pflanzlichen und tierischen Zellen Purinkörper enthalten. Nur Fette, Milch und Milcherzeugnisse, einige wenige Obstarten und bearbeitete Lebensmittel wie beispielsweise Kartoffel- oder Getreidestärke und Zucker enthalten keine Purinkörper. Die Menge der mit der Nahrung aufgenommenen Purinkörper hängt somit stark von der Zusammensetzung der Nahrung ab, sie beträgt im Durchschnitt 300 bis 600 mg.

Die beim ständig stattfindenden Abbau von Nucleinsäuren freigesetzten Purinkörper werden größtenteils nicht weiter zu Harnsäure abgebaut. Der Körper ist bestrebt, diese wichtigen und unter beträchtlichem Energieverbrauch gebildeten Substanzen mehrfach zu nutzen. Er verfügt über Stoffwechselwege, die ihre teilweise Wiederverwendung ermöglichen (sog. „Bergungsstoffwechsel" der Purinkörper). Nur ein Teil dieser Purinkörper wird zu Harnsäure oxidiert, wobei der Purinring erhalten bleibt. Eine Speicherung von nicht benötigten Purinkörpern ist aber nicht möglich, so daß diese oxidiert und ausgeschieden werden müssen. Die Menge der im Körper anfallenden Harnsäure ergibt sich somit aus der Summe der vom Körper neu gebildeten Purinkörper und der mit der Nahrung aufgenommenen Purinkörper.

Die Harnsäure wird über die Nierentubuli durch aktive Sekretion ausgeschieden. Infolge der schlechten Wasserlöslichkeit der Urate kann diese Ausscheidung auch beim Gesunden nicht beliebig gesteigert werden.

Bei der Gicht ist auf Grund von unterschiedlichen Mechanismen, die zu den erhöhten Harnsäurewerten führen, zwischen 2 Formen zu unterscheiden:

- primäre (eigentliche) Gicht,
- sekundäre Gicht.

Primäre Gicht

Der primären Gicht liegt ein angeborener Defekt des Purinstoffwechsels zugrunde. Sie ist in der überwiegenden Zahl der Fälle durch eine verminderte Sekretionsleistung der Nierentubuli für Harnsäure bedingt, die zu einer Erhöhung der Plasmawerte von Harnsäure führt. Sobald die Harnsäurekonzentration die Löslichkeitsgrenze überschritten hat, kristallisiert die Harnsäure im Körper an dafür disponierten Stellen aus.

Bei der Mehrzahl der Gichtkranken kommt es erst bei einer purinreicheren Ernährung zu solchen Erhöhungen der Harnsäurekonzentrationen im Serum, die zur Ausbildung des Krankheitsbilds erforderlich sind. Bei Männern ist die primäre Gicht wesentlich häufiger anzutreffen als bei Frauen (etwa im Verhältnis 10 : 1).

Sekundäre Gicht

Bei der sekundären Gicht liegt keine Störung des Purinstoffwechsels vor. Sie ist die Folge eines vermehrten und insbesondere überstürzten Untergangs von Körperzellen, wie beim Zerfall von bösartig entarteten Geweben bei der Krebstherapie (Chemotherapie oder Bestrahlungstherapie) oder nach großflächigen Verbrennungen bzw. umfangreichen Verletzungen von Muskelgewebe. In diesen Fällen ist die Ausscheidungskapazität der Nieren für einen begrenzten Zeitraum überfordert. Das Krankheitsbild der sekundären Gicht klingt bei Wegfall des Einschmelzens von Gewebe wieder ab.

Nahrungsfaktoren, die das Auftreten einer Gicht begünstigen

Die Ausbildung des Krankheitsbilds einer Gicht kann sowohl bei der primären als auch bei der sekundären Form durch Nahrungsfaktoren und/oder durch Faktoren begünstigt werden, die die Ausscheidung von Harnsäure durch die Nieren hemmen. Gichtfälle waren in den Nachkriegsjahren mit ihrer begrenzten Verfügbarkeit von Nahrungsmitteln nahezu unbekannt.

Der wichtigste Nahrungsfaktor für das Auftreten einer Gicht ist eine purinreiche Ernährung. Die mit der Nahrung aufgenommenen Purinkörper erhöhen im vollen Umfang die Harnsäuremenge, da sie die endogene Purinringsynthese kaum drosseln.

Auch bei einer hyperkalorischen Ernährung, insbesondere bei fettreicher Kost, und bei Übergewicht kann es zu einer Erhöhung des Harnsäurespiegels im Blut kommen, da es unter diesen Bedingungen zu einem Anfall von Ketonkörpern kommen kann (siehe Kap. 7.6.1). Die sauren Ketonkörper hemmen die Harnsäureausscheidung durch die Nierentubuli und senken zusätzlich den p_H-Wert des Harns, wodurch es zu einer rascheren Auskristallisation von Uraten in den Nierentubuli (Gichtniere), im Nierenbecken und in den ableitenden Harnwegen kommen kann (Nierensteine).

Auch andere Stoffwechselsituationen, die zu einem erhöhten Anfall von Ketonkörpern führen, können über den gleichen Mechanismus einen Gichtanfall auslösen. Das betrifft insbesondere die Stoffwechselsituation im Hungerstoffwechsel (strenges Fasten, Crash-Diäten) und Stoffwechselentgleisungen bei nicht behandeltem Diabetes.

Die Ausscheidung von Harnsäure durch die Nierentubuli wird auch durch Alkohol gehemmt. Daher können nach Alkoholabusus Gichtanfälle auch bei einer purineingeschränkten und wenig energiereichen Kost auftreten.

Eine eiweißreichere Ernährung begünstigt entgegen der vielfach vertretenen Meinung die Harnsäureausscheidung. Wegen des gesteigerten Eiweißabbaus stehen in der Niere mehr Ammoniumionen bereit, die eine vermehrte Ausscheidung der Harnsäure in Form von Ammoniumsalzen ermöglichen, die bei einem gleichzeitig höher liegenden p_H-Wert des Harns besser wasserlöslich sind. Der Effekt ist allerdings nicht so groß, daß bei einer Gicht eine eiweißreiche Kost zu empfehlen ist. Es muß allerdings vermieden werden, daß mit den Nahrungseiweißen gleichzeitig vermehrt Purinkörper aufgenommen werden. Als Eiweißlieferanten, insbesondere für eine ergänzende Eiweißaufnahme, empfehlen sich folglich nur purinfreie oder purinarme Lebensmittel wie Milch, Milcherzeugnisse und Käse oder Eiklar (nicht Eigelb oder Vollei).

Ernährungstherapie

Die Therapie der Gicht ist vordergründig eine Behandlung mit Medikamenten, die die Harnsäureausscheidung durch die Nieren erhöhen (sog. Uricosurica), und mit Medikamenten, die die Bildung der Harnsäure aus Purinkörpern hemmen (sog. Xanthinoxidasehemmer, Allopurinol).

Der Körper kann bei einer Hemmung der Xanthinoxidase die bereits zur Inosinsäure oxidierten Purinkörper nicht weiter zur Harnsäure oxidieren. Er wird gezwungen, die Inosinsäure wieder in den Purinstoffwechsel einzuschleusen (über den Bergungsstoffwechsel) und die endogene Neusynthese von Purinkörpern entsprechend zu drosseln.

Der Ernährungstherapie kommt jedoch eine wesentliche unterstützende Funktion zu, da die medikamentöse Behandlung bei einer ungeeigneten purinkörperreichen Kost erfolglos bleibt, weil die Steigerung der Harnsäureausscheidung bzw. die Hemmung der Xanthinoxidase nicht beliebig erhöht werden kann. Das erneute Auftreten von Gichtanfällen kann bei einer purinarmen Kost und medikamentöser Behandlung mit ziemlicher Sicherheit vermieden werden.

Bei der Ernährung von Gichtpatienten sind folgende Gesichtspunkte zu beachten:

- Reduktion des Körpergewichts der meist übergewichtigen Gichtpatienten,
- Umstellung der Ernährung auf eine purinarme Kost,
- weitgehendes Meiden von Alkohol.

Reduktion des Körpergewichts: Der Reduktion des Körpergewichts kommt eine Schlüsselstellung bei der Ernährungstherapie zu. Wegen der bei einer Adipositas bestehenden Stoffwechsellage wird der Harnsäurespiegel erhöht und gleichzeitig die Harnsäureausscheidung durch die Nieren teilweise gehemmt. Durch eine fettreiche Kost wird dieses Bild noch verstärkt. Es ist deswegen auch auf eine vorrangige Reduktion der Fettaufnahme zu achten.

Purinarme Kost: Bei der Gestaltung einer purinarmen Kost muß berücksichtigt werden, daß alle die Lebensmittel Purinkörper enthalten, in denen tierische oder pflanzliche Zellen oder Zellmaterial vorliegt. Daraus ergibt sich, daß eine vollkommen purinfreie Kost nicht realisierbar ist. Eine nahezu purinfreie Kost führt mit großer Wahrscheinlichkeit zu einer ausgeprägten Fehlernährung wegen Fehlens vieler essentieller Nahrungsfaktoren (Vitamine, Mineralstoffe).

Für eine purinarme Kost gelten folgende Gesichtspunkte:

- Extrem purinreiche Lebensmittel sind zu meiden wie alle Innereien, die Haut von Geflügel, Schweineschwarten, Fischrogen (Kaviar) und Fischmilchner, die Haut von Fischen generell sowie Anchovis, Sprotten, Sardinen, Heringe und Makrelen, außerdem alle Erzeugnisse, die Hefe oder Hefeextrakte enthalten.
- Purinreiche Lebensmittel dürfen bei der Aufstellung des Kostplans nur in begrenztem Umfang berücksichtigt werden. Das betrifft insbesondere Fleisch und Fleischwaren, auf die aber im Interesse einer ausreichenden Versorgung mit Eisen (und Eiweiß) nicht vollkommen verzichtet werden muß. Die Aufnahme von Fleisch, von Fleisch- und Wurstwaren sowie von Fisch (ausgenommen extrem purinreiche Fische, auf die gänzlich zu verzichten ist, siehe oben) ist auf insgesamt 100 g pro Tag zu begrenzen. Auf die ebenfalls purinreichen Hülsenfrüchte sollte dagegen ganz verzichtet werden.

  Gemüse ist in der Menge in den Kostplan aufzunehmen, die zur Versorgung mit Vitaminen erforderlich ist. Eine Sicherung der Eiweißzufuhr (und der Energiezufuhr) durch einen erhöhten Verzehr von Gemüse an Stelle von Milch, Fleisch und Fleischwaren ist wegen des geringen Eiweißgehalts der Gemüse nicht möglich. Bei einem entsprechend hohen Verzehr von Gemüse wäre die Aufnahme von Purinkörpern mindestens gleich hoch, wenn nicht noch höher, als bei der Sicherung der Eiweißversorgung durch eine adäquate Menge von Fleisch.

- Zur Sicherung einer ausreichenden Eiweißversorgung sind vorzugsweise Milch, Milcherzeugnisse und Käse einzusetzen (wegen der meist notwendigen Gewichtsreduktion fettarme Produkte). Auch Eiklar und eingeschränkt Vollei können gereicht werden.
- Vollkornerzeugnisse sind purinreicher als die entsprechenden Erzeugnisse aus stärker ausgemahlenen Mehlen, sie sind (ausnahmsweise) weitgehend zu meiden.
- Bei Koch- und Bratprozessen sowie bei der Lagerung gehen lösliche Purinkörper verloren. Auch wasserunlösliche Nucleinsäuren werden dabei aufgespalten und damit wasserlöslich. Sie können mit dem Kochwasser verworfen werden. Beim Kochen von Fleisch gehen wasserlösliche Purinkörper in das Kochwasser über (Extraktivstoffe). Fleischbrühen sind deshalb zu meiden, insbesondere doppelte Kraftbrühe (Consommé double). Gekochtes Fleisch ist ärmer an Purinkörpern als rohes Fleisch. Aus diesem Grund ist auch rohes Hackfleisch (Tatar) zu meiden.
  Fleischextrakt ist wegen des hohen Gehalts an Extraktivstoffen konsequent zu meiden. Das gilt auch für alle auf pflanzlicher Basis beruhenden Brühpulver und Brühpasten. Der Purinkörpergehalt kann bei ihnen besonders hoch sein, wenn bei ihrer Herstellung Hefeextrakte eingesetzt wurden. Hefen haben einen besonders hohen Gehalt an Purinkörpern.
  Bei der Fleischreifung wird ein gewisser Prozentsatz der Nucleinsäuren gespalten und damit wasserlöslich. Für eine purinarme Kost ist deswegen gut abgehangenes Fleisch zu bevorzugen.
- Auf Alkohol sollte weitgehend verzichtet werden. Eine gelegentliche geringe Alkoholzufuhr kann allerdings toleriert werden, da es bei ihr noch nicht zu einer Hemmung der Harnsäureausscheidung kommt. Voraussetzung ist allerdings, daß nicht andere Gründe einen absoluten Alkoholverzicht erforderlich machen. Bier ist jedoch zu meiden (auch alkoholfreies Bier), da es wasserlösliche Purinkörper enthält, die beim Malzen der Gerste durch die enzymatische Spaltung ihrer Nucleinsäuren freigesetzt wurden.

7.6.6 Enzymopathien (angeborene Stoffwechselkrankheiten)

Unter dem Begriff Enzymopathien werden Krankheiten verstanden, deren Ursache Stoffwechselstörungen sind, die durch das Fehlen eines bestimmten Enzyms oder die Bildung eines „fehlerhaften" Enzyms ausgelöst werden. Die Folge eines solchen Enzymdefekts ist, daß die betreffende Stoffwechselreaktion vollständig bzw. teilweise ausfällt oder nicht ordnungsgemäß abläuft. Enzymdefekte sind auf einen Fehler im Erbgut, einen Gendefekt, zurückzuführen. Enzymopathien können deshalb vererbt werden.

Die Folge von Enzymopathien sind unterschiedlich schwere Ausfallserscheinungen, die zu typischen Krankheitsbildern führen:

- Ausfall oder Einschränkung der Synthese von Wirkstoffen wie Hormone, Gerinnungsfaktoren u. a.,
- Anhäufung von Zwischenprodukten des Stoffwechsels, die nicht weiter abgebaut werden und zu mannigfaltigen Schädigungen führen können,
- Bildung von atypischen, toxisch wirkenden Stoffwechselprodukten, die vom Körper normalerweise nicht gebildet und daher nicht weiter abgebaut werden,
- vollständiger Ausfall von Enzymen, wodurch die entsprechenden Enzymreaktionen überhaupt nicht mehr stattfinden.

Die durch eine Enzymopathie bedingten Ausfallserscheinungen treten meist sofort nach der Geburt auf. Manche Enzymopathien sind allerdings erst nach einer gewissen Zeit an äußerlich erkennbaren Ausfallserscheinungen (Krankheitszeichen) zu erkennen. Die wichtigsten Enzymopathien können jedoch mit Hilfe von pränatalen bzw. postnatalen Tests frühzeitig erkannt werden.

Eine gezielte Behandlung im Sinne einer Heilung von genetisch bedingten Erkrankungen ist zur Zeit nicht möglich. Bei einigen dieser Erkrankungen laufen jedoch intensive Forschungsarbeiten mit der Zielstellung und Hoffnung, sie mit einer Gentherapie kausal und damit vollständig heilen zu können.

Bei einigen Enzymopathien ist es möglich, durch eine gezielte Diät das Auftreten von Schädigungen teilweise oder vollständig zu verhindern, im wesentlichen durch das Weglassen oder durch das gezielte Begrenzen der Aufnahme eines entsprechenden Nahrungsbestandteils. Dies ist vorrangig dann möglich, wenn durch den Enzymdefekt der Abbau eines Nahrungsbestandteils gestört ist oder die Störungen durch den Anstau eines Stoffwechselprodukts bedingt sind. Es ist allerdings erforderlich, die entsprechende Diät lebenslang konsequent einzuhalten, in einigen Fällen zumindest während der Periode der kindlichen Entwicklung.

7.6.6.1 Enzymdefekte im Kohlenhydratstoffwechsel

Enzymdefekte beim Kohlenhydratabbau betreffen vorwiegend die Spaltung von Disacchariden und die Resorption von Monosacchariden (siehe hierzu auch Kap. 7.1.1.2). Darüber hinaus sind einige genetisch bedingte Störungen im Zwischenstoffwechsel der Zucker einer Diättherapie bedingt zugänglich.

Lactasemangel (Milchzuckerunverträglichkeit)

Ein Lactasemangel ist, im Weltmaßstab gesehen, der am häufigsten vorkommende Enzymdefekt. Die betroffenen Menschen sind beim Einhalten einer milchzuckerfreien Kost völlig beschwerdefrei (siehe Kap. 7.1.1.2.1).

Saccharose-Isomaltose-Malabsorption

Bei diesem Enzymdefekt kann Rohrzucker und die bei der Spaltung von Stärke in geringen Mengen anfallende Isomaltose nicht gespalten werden. Beim Verzehr von Rohrzucker kommt es daher zu Durchfällen, die durch den Abbau des Rohrzuckers durch die Darmbakterien bedingt sind. Die bei der Stärkespaltung nur in geringen Mengen anfallende Isomaltose wird toleriert, so daß lediglich eine rohrzuckerfreie Kost eingehalten werden muß.

Fructoseintoleranz

Bei einer bestehenden Fructoseintoleranz kann der resorbierte Fruchtzucker im Zellstoffwechsel nicht oder nur in äußerst unzureichendem Maße abgebaut werden. Es kommt zum Anstau von Fructosephoshat (aktivierte Fructose). Fructosephosphat kann durch die Nieren nicht ausgeschieden werden. Es häuft sich vorrangig in den Dünndarmzellen, in der Leber und in den Nieren an und führt in diesen Organen zu Schädigungen. Es kommt zu Verdauungsstörungen (Erbrechen), Leberschädigungen, die zu einer Leberzirrhose führen können, und anderen Ausfallserscheinungen. Die Kost solcher Patienten darf keine Fructose und keinen Rohrzucker enthalten. Besonders beachtet werden muß, daß auch fructosereiches Obst zu meiden ist.

Galactoseintoleranz

Die Galactoseintoleranz ist eine sehr selten auftretende angeborene Störung der Galactoseverwertung. Der Anstau von nicht verstoffwechselter Galactose führt bereits beim Säugling zu Leberschädigungen, Störungen in der geistigen Entwicklung und zu anderen Organschäden. Durch den konsequenten Verzicht auf Milch, Milcherzeugnisse und auf alle anderen Lebensmittel, die Milch enthalten (z. B. Schokolade), kann das Auftreten dieser Ausfallserscheinungen vollkommen vermieden werden.

Der erforderliche Verzicht auf Milch und Milcherzeugnisse erfordert eine ausgewogene Diät zur Sicherung der Eiweiß- und Kalziumversorgung.

Favismus

Die Ursache des Favismus ist ein Defekt der Glucose-6-Phosphat-Dehydrogenase, dem Schlüsselenzym bei der direkten Glucoseoxidation.

Bei einem Defekt in diesem Enzym und einer dadurch bedingten Störung in diesem Abbauweg wird in den roten Blutzellen oxidiertes Glutathion nur unzureichend regeneriert. Diese verminderte Regenerationskapazität führt jedoch erst zu Ausfallserscheinungen, wenn das Glutathion der roten Blutzellen durch das in Puffbohnen (Saubohnen) vorkommende Vicin und Convicin in stärkerem Maße oxidiert wird. Auch einige Medikamente, insbesondere „klassische" Malariamittel, können zu einer verstärkten Oxidation des Glutathions führen. Nach dem Verzehr von Saubohnen kommt es deswegen zu einem raschen Zerfall der roten Blutkörperchen und zu einer Blutarmut (hämolytische Anämie) sowie zu Schädigungen in Milz und Leber, in denen der Abbau des erhöht anfallenden Hämoglobins stattfindet. Es sind sogar Todesfälle beschrieben worden. Alle anderen Hülsenfrüchte enthalten kein Vicin und Convicin und können ohne Bedenken verzehrt werden, sie lösen keinen Favismus aus.

Diese Enzymopathie tritt bei Mitteleuropäern nicht auf, dagegen gehäuft bei den Völkern des Mittelmeerraums, bei Schwarzafrikanern und bei Asiaten (siehe ausführlich Kap. 6.6.1).

Glykogenspeicherkrankheiten

Bei den verschiedenen Formen der sehr selten auftretenden Glykogenspeicherkrankheiten kommt es zu einer überproportionalen Ablagerung von Glykogen in der Leber. Ursache hierfür sind Defekte von verschiedenen Enzymen für die Glykogensynthese und für den Glykogenabbau. Daher ist die Regulation des Blutzuckerspiegels durch die Leber (Glucosefreisetzung aus Glykogen) gestört.

Die Aufnahme von Kohlenhydraten muß bei Glykogenspeicherkrankheiten kontinuierlich erfolgen, sowohl stark erhöhte Blutzuckerspiegel als auch Hungerzustände sind zu vermeiden. Deshalb ist der Verzehr von rasch resorbierbaren Zuckern konsequent zu meiden. Besonders geeignet sind ballaststoffreiche Lebensmittel, die einen niedrigen glykämischen Index aufweisen (siehe Kap. 7.6.3.5.3). Die Erfolge sind allerdings auch bei einer konsequent befolgten Diät sehr begrenzt. Es ist aber möglich, durch Befolgen des aufgezeigten Ernährungsregimes das Fortschreiten der Glykogenablagerung zu verlangsamen.

7.6.6.2 Enzymdefekte im Aminosäurestoffwechsel

Enzymdefekte im Aminosäurestoffwechsel sind durch eine gesonderte Kostform äußerst schwer zu behandeln. Die einzige Ausnahme ist die Phenylketonurie, bei der mit einer entsprechenden Diät Ausfallserscheinungen relativ einfach verhindert werden können. Eine gezielte Ernährungstherapie der übrigen Enzymdefekte würde eine Kost erforderlich machen, in der mindestens eine bestimmte Aminosäure fehlt, wodurch weitere Störungen im Stoffwechsel, verbunden mit nachteiligen Konsequenzen, ausgelöst würden.

Enzymdefekte im Aminosäurestoffwechsel bedürfen einer exakten Diagnostik in entsprechend ausgewiesenen Kliniken, durch die dann auch die speziellen Kostformen verordnet werden.

Phenylketonurie (PKU)

Die Phenylketonurie ist der am häufigsten vorkommende angeborene Enzymdefekt (1 Fall pro 10 000 Neugeborenen in Deutschland). Bei ihr ist der Abbau der Aminosäure Phenylalanin gestört.

Pathobiochemie: Der Abbau von Phenylalanin erfolgt im gesunden Körper durch Oxidation zu Tyrosin, das dann in einem komplizierten mehrstufigen Prozeß weiter abgebaut wird. Bei der Phenylketonurie ist diese Oxidation zu Tyrosin infolge des Ausfalls der spezifischen Oxidase gestört, die diese Reaktion katalysiert. Es kommt zunächst zu einem Anstau von Phenylalanin, das anschließend in Phenylpyruvat (Phenylbrenztraubensäure) umgewandelt wird. Dieses Phenylpyruvat kann im Gegensatz zu dem beim Abbau von Tyrosin anfallendem Hydroxyphenylpyruvat auch bei einem stark erhöhten Anstau nicht weiter abgebaut werden. Dadurch häuft sich im Körper das toxische Phenylpyruvat an und führt zu Hirnschädigungen. Es schädigt insbesondere das sich entwickelnde kindliche Gehirn, wodurch es zu einem Zurückbleiben in der geistigen Entwicklung und zur Ausbildung eines Schwachsinns kommt.

Beim Vorliegen des vererbbaren Enzymdefekts bei beiden Elternteilen können bereits während der Schwangerschaft und auch beim Neugeborenen besonders schwere Ausfallserscheinungen auftreten. Die Kinder werden unter diesen Umständen bereits im Mutterleib so geschädigt, daß sie mit schweren Störungen im Zentralnervensystem und mit Mißbildungen geboren werden. Durch eine phenylalaninarme Kost während der gesamten Schwangerschaft (auch bereits in den ersten Tagen der Schwangerschaft) können diese schweren Schädigungen verhindert werden.

Ernährungstherapie: Entscheidend für eine erfolgreiche Behandlung der Phenylketonurie ist die Frühdiagnose (routinemäßiges Screening des Harns von Neugeborenen) bzw. die Diagnose bei den Eltern (Vorliegen des Enzymdefekts bei beiden Elternteilen). Die Behandlung besteht in der sofort nach der Geburt (bzw. mit Beginn der Schwangerschaft) beginnenden phenylalaninarmen Ernährung. Alle Nahrungsmittel, die Eiweiß enthalten, müssen konsequent weggelassen werden (Phenylalanin macht durchschnittlich 3 bis 5 % des Aminosäuregehalts der Nahrungseiweiße aus). Die Verwendung von Aspartam als Süßungsmittel ist verboten, da es Phenylalanin enthält.

Die Eiweißversorgung erfolgt ausschließlich durch Eiweißhydrolysate, aus denen die Aminosäure Phenylalanin teilweise entfernt wurde. Die mit dieser Formeldiät realisierbare exakt berechnete eingeschränkte Zufuhr von Phenylalanin deckt lediglich den Bedarf an Phenylalanin für die Neusynthese von Körpereiweißen ab.

Für die phenylalaninarme Ernährung stehen entsprechende industriell gefertigte Formuladiäten zur Verfügung. Bei einer konsequenten Einhaltung dieser Diät können Schädigungen sicher verhindert werden, die geistige Entwicklung der Kinder verläuft völlig normal.

Da die Aminosäure Tyrosin bei einer phenylalaninarmen Kost nicht mehr wie normalerweise auch aus Phenylalanin gebildet werden kann (mangels Zufuhr mit der Nahrung), muß Tyrosin mit der Nahrung aufgenommen werden. Tyrosin ist bei der Ernährungstherapie der Phenylketonurie für den Patienten eine „essentielle" Aminosäure geworden.

Ahornsirupkrankheit

Bei dieser Stoffwechselkrankheit ist der Abbau der verzweigtkettigen Aminosäuren gestört. Die hierbei entstehenden giftigen Abbauprodukte, die zwar mit dem Harn ausgeschieden werden können, schädigen ebenfalls das Zentralnervensystem. Ohne eine Diät, die arm an verzweigtkettigen Aminosäuren ist, kommt es rasch zum Tod. Der Name Ahornsirupkrankheit wurde von dem Geruch des Harns abgeleitet, der bei diesen Patienten an den Geruch des Ahornsirups erinnert. Dieser Enzymdefekt kommt in Europa sehr selten vor.

7.6.6.3 Enzymdefekte im Lipidstoffwechsel

Enzymopathien treten im Fettstoffwechsel relativ selten auf. Die molekularen Mechanismen dieser Defekte sind vergleichsweise noch wenig erforscht. Sie werden außerdem zum Großteil auch nicht sofort nach der Geburt bemerkt. Eine gezielte Ernährungstherapie ist in vielen Fällen nicht möglich bzw. verhältnismäßig wenig erfolgreich. Die allerdings sehr häufig vorkommenden Störungen im Lipidstoffwechsel werden größtenteils durch eine Fehlernährung ausgelöst. Es ist noch nicht eindeutig geklärt, inwieweit bei diesen ernährungsbedingten Fettstoffwechselstörungen genetische Faktoren beteiligt sind.

Bei den eindeutig genetisch bedingten Störungen im Lipidstoffwechsel kann zwischen zwei Gruppen unterschieden werden, die entweder den Transport oder die Speicherung von Lipiden betreffen:

- Defekte an den Apolipoproteinen (Lipidtransport),
- Lipidspeicherkrankheiten.

Defekte an Apolipoproteinen

Enzymdefekte mit Auswirkungen auf den Lipidstoffwechsel betreffen die Synthese des Proteinanteils der spezifischen Lipoproteine, die zu Störungen in der Bildung und dem Umsatz der einzelnen Lipoproteinpartikel führen (siehe ausführlich Kap. 7.6.4.1).

Lipidspeicherkrankheiten

Defekte von speziellen Enzymen, die für den Abbau von mengenmäßig nur gering vorkommenden komplexen Lipiden verantwortlich sind, sind äußerst selten. Sie führen zu sog. Lipidspeicherkrankheiten. Die Besonderheit bei Lipidspeicherkrankheiten besteht darin, daß die Speicherung der Lipide nicht im Fettgewebe erfolgt, sondern in verschiedenen Organen, in denen sie in physiologischen Konzentrationen vorkommen und bei korrektem Aufbau meist spezifische Funktionen ausüben. Die Funktion dieser Organe wird durch die massenhafte Ablagerung von atypischen oder normalerweise nur in sehr begrenzten Mengen vorkommenden Lipiden schwer beeinträchtigt.

Die von Lipidspeicherkrankheiten betroffenen, nur in sehr geringen Konzentrationen vorkommenden komplexen Lipide sind vorzugsweise am Aufbau von zellulären Membranen beteiligt (meist sog. Sphingolipide). Diese Lipide werden in bestimmten Zellen und Organen abgelagert (Leber, Milz, Zentralnervensystem, Gefäßwände, Knochenmark u. a.). Ursache ist meist ein Defekt eines abbauenden Enzyms, so daß diese Lipide an ihren ehemaligen Wirkorten in ständig zunehmender Menge abgelagert werden. Die meisten dieser Lipidspeicherkrankheiten führen bereits im Säuglings- bzw. Kindesalter zum Tod. Nur in seltenen Fällen treten die Ausfallserscheinungen erst im Erwachsenenalter auf. Eine Therapie gibt es nicht, auch durch eine Ernährungsumstellung sind diese Lipidspeicherkrankheiten nicht zu beeinflussen.

7.6.7 Metabolischer Streß

Unter einem metabolischen Streß ist eine extrem erhöhte Anforderung an den Stoffwechsel zu verstehen, die vom Körper mit den ihm zur Verfügung stehenden Regulationsmechanismen kaum noch ausgeglichen werden kann. Dadurch werden verschiedene Stoffwechsel- und Organfunktionen schwer beeinträchtigt. Eine Ernährung, welche die außergewöhnliche Stoffwechselsituation nicht berücksichtigt, kann diese bereits vorliegenden Beeinträchtigungen erheblich verstärken. Im Extremfall hat dies einen Zusammenbruch der Regulation aller Lebensfunktionen zur Folge, was mit dem Leben nicht mehr zu vereinbaren ist.

Die wichtigsten außergewöhnlichen Belastungen, die zum metabolischen Streß führen können, sind

- extreme physische körperliche Belastung (Hochleistungssportler von Ausdauerdisziplinen),

- ausgeprägte Unterernährung, insbesondere Stoffwechselstörungen bei längerem und über mehrere Wochen andauerndem Fasten,
- schwere Verletzungen, insbesondere größere Weichteilwunden (Zerstörung von Muskelgewebe),
- großflächige Verbrennungen,
- Zustände nach umfangreichen Operationen (Notoperationen nach schweren Unfällen),
- lang andauernde schwere Erkrankungen, vorwiegend mit hohem Fieber einhergehend, Infektionskrankheiten, akute Pankreatitis.

Von einem metabolischen Streß sind nahezu alle die Stoffwechselprozesse betroffen, die bei einem verstärkten Abbau und Umsatz der Zellbestandteile besonders beansprucht werden und die auf die Aufnahme von essentiellen Nahrungsfaktoren und von rasch verwertbaren Energieträgern besonders angewiesen sind.

Energiebedarf

Die erhöhten Stoffwechselleistungen bedingen einen erhöhten Energiebedarf. Der Umfang dieses Mehrbedarfs ist in den meisten Fällen allerdings schwer zu ermitteln oder im voraus exakt anzugeben. Nur der ausschließlich aus einer erhöhten Körpertemperatur resultierende Mehrbedarf kann überschlagsmäßig kalkuliert werden. Eine Erhöhung der Körpertemperatur um 1 °C steigert den Energiebedarf um etwa 10 bis 15 %, bezogen auf die Höhe des Grundumsatzes. Dieser Mehrbedarf sollte vorzugsweise durch die vermehrte Aufnahme von Kohlenhydraten und Eiweißen abgedeckt werden, die vom Körper leichter für die Energiebereitstellung genutzt werden können als Fette.

Eine besondere Problematik besteht bei einem Übergewicht. Die konsequente Einhaltung einer Reduktionskost kann bei bestehendem metabolischem Streß zu einer Verschlimmerung der Stoffwechselauslenkungen führen. In diesen Fällen muß vom Arzt unter Berücksichtigung der Stoffwechselsituation über die Höhe der Energiezufuhr entschieden werden. Allerdings sind in diesen Fällen Fette als zusätzliche Energielieferanten möglichst weitestgehend zu meiden.

Fettbedarf

Der Bedarf an Fett ist im Prinzip nicht erhöht. Es ist lediglich auf die ausreichende Zufuhr von essentiellen Fettsäuren zu achten. Eine größere Aufnahme von Nahrungsfett kann allerdings dann erforderlich werden, wenn der gesteigerte Energiebedarf durch die Aufnahme von Kohlenhydraten und Eiweißen nicht mehr im ausreichendem Maße gewährleistet werden kann. Voraussetzung ist jedoch, daß zusätzlich bestehende Erkrankungen eine vermehrte Fettzufuhr nicht verbieten.

Eiweißbedarf

Der Eiweißbedarf ist bei einem metabolischen Streß beträchtlich erhöht. Dafür können verschiedene Ursachen verantwortlich sein:

- vermehrte Verluste von Körpereiweiß durch die Zerstörung von Gewebe bei großflächigen Verbrennungen und Verletzungen sowie durch Verluste von Körperflüssigkeiten (Blut und/oder Plasma),
- gesteigerte Stoffwechselleistungen bei Abwehr- und Regenarationsprozessen (vermehrte Bereitstellung von Enzymen, weißen Blutzellen, Immuneiweißen, Plasmaproteinen sowie von Eiweißen für die Regeneration von geschädigten Geweben),
- erhöhter Eiweißkatabolismus und Eiweißanabolismus infolge der gesteigerten Stoffwechselaktivitäten, die mit größeren Verlusten an Aminosäuren als Folge von „Umbaufehlern" bei der Transaminierung verbunden sind.

Für die Sicherung des erhöhten Eiweißbedarfs sind vorzugsweise Eiweiße mit einer hohen biologischen Wertigkeit einzusetzen. Neben der ausreichenden Versorgung mit essentiellen Aminosäuren ist beim metabolischen Streß das ausgewogene Verhältnis der nicht essentiellen Aminosäuren von besonderer Bedeutung. Auf Grund der beträchtlich gesteigerten Eiweißsynthese kann die Transaminierungskapazität der Leber frühzeitiger zum begrenzenden Faktor werden als im gesunden Organismus. Außerdem kann die Transaminaseaktivität wegen der Stoffwechselauslenkung zusätzlich erniedrigt sein.

Glutaminbedarf: Der Bedarf an der Aminosäure Glutamin ist beim metabolischen Streß besonders erhöht, bedingt durch ihre zentrale Stellung im Eiweißstoffwechsel (siehe Kap. 3.4.2.1) und der Tatsache, daß Glutamin eine wichtige Energiequelle für alle sich schnell vermehrenden Zellen ist (Zellen des Immunsystems, Zellen der Darmschleimhaut).

Dieser zusätzliche Bedarf an Glutamin kann im frühen Stadium eines metabolischen Stresses durch die Verstoffwechslung des Glutamins der Körperflüssigkeiten, insbesondere aber des Glutamins der Muskeln, gedeckt werden. Dieser Glutaminbestand des Körpers wird dabei relativ rasch aufgebraucht, und die Neubildung von Glutamin aus Glutaminsäure ist gleichzeitig stark eingeschränkt.

Der beim metabolischen Streß bestehende Bedarf an Glutamin kann jedoch kaum durch die Aufnahme von Nahrungseiweiß ausreichend gedeckt werden.

Der Tagesbedarf der Darmzellen an Glutamin beträgt im metabolischen Streß bereits schon etwa 10 bis 15 g, wobei die Glutaminmenge, die für die Nucleinsäuresynthese und die Synthese von Immunproteinen benötigt wird, noch nicht berücksichtigt ist. Diese Synthesen sind im metabolischen Streß gleichfalls beträchtlich gesteigert sind. Die meisten Nahrungsproteine bestehen zu 6 bis 10 % aus Glutamin. Der Bedarf der Darmzellen könnte demnach erst durch die Aufnahme von 90 bis 150 g Nahrungseiweiß abgedeckt werden. Deswegen kommt es trotz eiweißreicher Ernährung zu einem beträchtlichen Glutamindefizit. Lediglich die Gliadine des Weizens sind reich an Glutamin (knapp 30 % des gesamten Aminosäurebestands). Es ist deshalb dringend anzuraten, einen relativ großen Anteil von Getreideerzeugnissen, insbesondere von Weizenvollkornprodukten, in den Speiseplan aufzunehmen.

Die Substitution von Nahrungsmitteln mit Glutamin (Produktion neuartiger Diäterzeugnisse) stößt wegen der chemischen Eigenschaften des Glutamins auf beträchtliche Schwierigkeiten: Glutamin ist in Wasser schwer löslich, es ist relativ unbeständig und zerfällt dabei in Pyroglutaminsäure, eine biologisch unwirksame Substanz, die nicht wieder in Glutaminsäure oder Glutamin umgewandelt werden kann. Daher sind auch niedermolekulare Formeldiäten arm an Glutamin. Es gibt Versuche, die Glutaminversorgung im metabolischen Streß durch den Einsatz von maßgeschneiderten Dipeptiden zu verbessern, die ein Molekül Glutamin enthalten. Diese Dipeptide sind besser wasserlöslich und stabiler als das freie Glutamin.

Ein Glutaminmangel hat im metabolischen Streß folgende Konsequenzen:

- Das Spektrum der freien Aminosäuren in den Körperflüssigkeiten ist unausgeglichen, dadurch ist die Neusynthese von Eiweißen bei gleichbleibendem Abbau vermindert. Gleichzeitig kommt es zu einem verstärkten Abbau von Aminosäuren. Das Resultat ist eine unausgeglichene (schlechtere) Eiweißbilanz, das Bilanzminimum nimmt zu, es kommt zunehmend zu einer Abnahme der Konzentrationen von Eiweißen mit kurzer biologischer Halbwertszeit (u. a. Plasmaproteine).
- Als Folge einer fehlenden Energiebereitstellung aus Glutamin kommt es zu einer Schädigung des Darmepithels, das dadurch für Toxine, Viren und Bakterien leichter passierbar und gegenüber Infektionen mit darmpathogenen Keimen, auch mit fakultativ pathogenen Keimen, anfälliger wird. Die Regeneration von geschädigten Darmzellen ist verlangsamt.
- Alle Regenerations- und Heilungsprozesse sind auf Grund der generell eingeschränkten Nucleinsäure- und Proteinsynthese verlangsamt.
- Es besteht eine große Infektanfälligkeit als Folge der Schwächung des gesamten Immunsystems.
- Wegen der generell beeinträchtigten Stoffwechselfunktionen ist der Vitaminbedarf prinzipiell erhöht. Kenntnisse über die Höhe des Mehrbedarfs liegen noch nicht vor. Auf Grund ablaufender Schädigungs-

reaktionen, in deren Verlauf es zur gesteigerten Bildung von freien Radikalen kommt, ist auf die ausreichende Versorgung mit antioxidativ wirkenden Vitaminen (Vitamine E und C sowie β-Carotin) besonders zu achten.

Der Beeinträchtigung der Protein- und Nucleinsäuresynthese kann in begrenztem Maße durch die ausreichende Versorgung mit Folsäure, Vitamin B_6 und B_{12} Rechnung getragen werden.

KAPITEL 8

Spezielle Diätetik

8 Spezielle Diätetik

Für die Ernährung von Kranken wird eine Vielzahl unterschiedlicher Diätformen eingesetzt. Ein Teil dieser speziellen Kostformen wird auch für gesunde Personen empfohlen, insbesondere beim Vorliegen von Risikofaktoren, um einen Beitrag zur Prophylaxe von ernährungsbedingten Erkrankungen zu leisten.

Bei den Diätformen kann zwischen 2 grundlegend verschiedenen Prinzipien unterschieden werden:

- symptomatische Diäten,
- therapeutische Diäten.

Symptomatische Diäten

Symptomatische Diäten sind lediglich ein kleiner Teil besonderer Ernährungsformen. Ihr Anteil an den insgesamt eingesetzten Diäten nimmt ständig ab. Sie werden nur noch bei solchen Erkrankungen und Beschwerden eingesetzt, bei denen es noch nicht möglich ist, die zugrunde liegenden Störungen der Verdauungs- oder Stoffwechselleistungen mit einer gezielten Kost kausal zu beeinflussen. Es handelt sich dabei meist um recht unspezifische Beschwerden, deren Ursachen oft nicht eindeutig zu ermitteln sind. In diesen Fällen kann mit einer solchen Diät nur versucht werden, die bestehenden Beschwerden zu lindern.

Viele dieser bis vor einigen Jahrzehnten noch in größerem Umfang eingesetzten Kostformen oder Diäten waren nicht wissenschaftlich begründet, bedingt durch noch nicht ausreichende Kenntnisse über die gestörten Stoffwechselprozesse. Eine Reihe dieser Diäten erfüllte die in sie gesetzten Erwartungen nicht, ihnen konnten keinerlei positive Effekte nachgewiesen werden. Bei einigen dieser Kostformen erfolgte auch eine einseitige Auswahl von Nahrungsmitteln, so daß sie bei einer sich über einen längeren Zeitraum erstreckenden Anwendung zu Zeichen einer Fehlernährung führten. Das betraf insbesondere auch die zahlreichen sog. organbezogenen Diäten (Magen-, Galle-, Leberdiäten), die meist über einen längeren Zeitraum angewandt wurden. Diese wirkungslosen Diäten sind im Rationalisierungsschema (siehe unten) durch die leichte Vollkost oder Basisdiät ersetzt worden (siehe Kap. 8.1).

Therapeutische Diäten

Der Großteil der eingesetzten Diäten sind therapeutische Diäten. Sie sind gezielt auf die Behandlung bestehender Erkrankungen ausgerichtet, wobei die konsequente Aufnahme und das systematische Weglassen von bestimmten Nahrungsmitteln die betreffenden gestörten Verdauungs- und Stoffwechselleistungen des erkrankten Organismus entlasten sollen. Daraus ergibt sich, daß auf Grund der Vielzahl der Erkrankungen, die durch ein spezifisches Ernährungsregime beeinflußt werden können, eine ebenso große Anzahl von therapeutischen Diäten möglich ist.

Die verschiedenen therapeutischen Diätformen bedürfen einer sinnvollen Gliederung, um einen Überblick zu behalten und einzelne Diäten sinnvoll einordnen zu können. Dadurch wird auch eine Rationalisierung bei der Bereitung der Diäten ermöglicht, die bei der Versorgung eines größeren Personenkreises (Krankenhaus, Sanatorium, Kurhotel, Seniorenheim) erforderlich ist. Nur dadurch ist es möglich, eine den Erfordernissen entsprechende Auswahl an unterschiedlichen Kostformen mit einem noch vertretbaren personellen Aufwand zuzubereiten.

Diese Ordnung der Diäten ist 1990 mit dem Rationalisierungsschema geschaffen worden, das von der Deutschen Arbeitsgemeinschaft für klinische Ernährung und Diätetik e. V., jetzt Deutsche Gesellschaft für Ernährungsmedizin (DGEM), erarbeitet wurde (siehe Tab. 8.1.1). Gleichzeitig ist damit eine sinnvolle und machbare Vereinheitlichung der einzelnen Diäten vorgenommen worden, die sich in der Praxis bewährt hat und in der Mehrzahl der Krankenhäuser angewendet wird.

Tabelle 8.1.1:
Rationalisierungsschema der Diäten
(Deutsche Gesellschaft für Ernährungsmedizin [DGEM])

Basisdiät oder leichte Vollkost

energiedefinierte Diäten
- hypokalorische Mischkost
- energieangereicherte Diäten
- Diäten bei Diabetes mellitus
- Diäten bei Fettstoffwechselstörungen

proteindefinierte Diäten
- proteinarme Diäten
- proteinreiche Diäten

elektrolytdefinierte Diäten
- natrium-(kochsalz-)arme Diäten
- kaliumarme Diät
- kaliumreiche Diät

Sonderdiäten
- ballaststoffdefinierte Diäten (ballaststoffreich/ballaststoffarm)
- besondere Kostformen bei Erkrankungen der Mundhöhle und des Rachenraums
- Diät beim Dumping-Syndrom
- Kostformen bei Dünndarmerkrankungen
- lactosedefinierte Diät (milchzuckerarm/milchzuckerfrei)
- glutenfreie Diät (bei Zöliakie, Sprue)
- purinarme Kost (bei Gicht)
- Diätformen bei Erkrankungen des Pankreas
- Ernährungsformen bei Karzinomen

Prinzipielle Gesichtspunkte bei der Ernährung mit Diäten und besonderen Kostformen

Bei der Verabreichung von Diäten ist der Versorgung mit allen essentiellen Nahrungsbestandteilen besondere Beachtung zu schenken, da sich ein

Mangel an diesen Nahrungsfaktoren bei den betreffenden Personen besonders schwer auswirkt (Krankenhauspatienten, Kurpatienten, Heimbewohner und andere kranke Personen). Das betrifft hauptsächlich die Versorgung mit Vitaminen, bei der die D-A-CH-Referenzwerte als Mindestmengen angesehen werden sollten und unbedingt einzuhalten sind. Die Zufuhr von Mineralstoffen, insbesondere von Kalzium, Eisen und Jod, sollte sich an diesen Empfehlungen orientieren, und die Kochsalzaufnahme ist auf etwa 5 g zu begrenzen, falls nicht bestimmte Erkrankungen eine Abweichung erforderlich machen (z. B. elektrolytdefinierte Diäten, eisenarme Kost bei der Eisenspeicherkrankheit, joddefinierte Kost bei speziellen, sehr selten auftretenden Schilddrüsenerkrankungen).

Bei der Bereitung der Diäten sind die Empfehlungen der Deutschen Gesellschaft für Ernährungsmedizin (DGEM) zusätzlich zu berücksichtigen, mit denen die Diäten den neuesten wissenschaftlichen Erkenntnissen angepaßt werden.

Einsatz von diätetischen Lebensmitteln bei der Zubereitung von speziellen Diäten

Bei der Zubereitung von Diäten ist anzustreben, möglichst nicht bearbeitete Lebensmittel einzusetzen, wobei auf deren Qualität und Frische besonderer Wert gelegt werden muß. In einigen Fällen ist der Einsatz von diätetischen Lebensmitteln unumgänglich, da es schwierig ist, spezielle Diäten bei ausschließlicher Verwendung von frischen Lebensmitteln mit einem vertretbaren Aufwand bzw. in zufriedenstellender Qualität zu bereiten. Einige wenige Diäten können überhaupt nicht ohne Verwendung spezieller diätetischer Lebensmittel hergestellt werden.

Die Eigenschaften, die Zusammensetzung und zulässige Mindest- und Höchstwerte von Bestandteilen sowie die Deklaration der jeweiligen Diäterzeugnisse werden durch die Diät-Verordnung geregelt. Diätetische Lebensmittel müssen vor dem Inverkehrbringen zugelassen werden (siehe Kap. 10.1).

Viele, aber nicht alle Hersteller von Diäterzeugnissen haben sich auf freiwilliger Basis im Diätverband zusammengeschlossen (Bundesverband der Hersteller von Lebensmitteln für besondere Ernährungszwecke e. V., Sitz Bad Homburg v. d. H.). Die von den Mitgliedern (Firmen) des Verbands produzierten Diäterzeugnisse sind in einer „Liste" zusammengefaßt, in der auch Angaben über ihre Zusammensetzung und entsprechende Einsatzempfehlungen gemacht werden. Diese Liste, „Produkt & Diät", kurz „ProDiät", umfaßt zwei Bände (Allgemeinpraxis sowie Säuglings- und Kleinkinderpraxis) und erscheint beim Presto-Verlag GmbH, 30953 Hemmingen. Sie löst die bisherige „Grüne Liste" des Verbands ab. Darüber hinaus stellen die einzelnen Firmen meist zusätzliche Informationen über einzelne

Produkte zur Verfügung. Weitere Diäterzeugnisse werden von Herstellern angeboten, die nicht dem Verband angehören, und deren Produkte in „ProDiät" nicht aufgeführt werden.

Anpassung der Diäten an den individuellen Ernährungszustand sowie Energie- und Nährstoffbedarf

Bei der Bereitung der meisten Diäten ist deren Energieinhalt und deren Gehalt an essentiellen Nährstoffen an die Bedürfnisse des jeweiligen Patienten anzupassen. Als Orientierung dienen die D-A-CH-Referenzwerte, wobei Alter, Geschlecht, Körpergröße und Körpergewicht mit zu beachten sind. Außerdem ist der Energiebedarf mit zu berücksichtigen, der für eine möglicherweise zu leistende körperliche Arbeit und/oder für einen krankheitsbedingten Mehrbedarf benötigt wird (längere Zeit bestehende erhöhte Körpertemperaturen, Regenerationsprozesse nach großen Verletzungen u. a.). Auf der anderen Seite muß in Betracht gezogen werden, daß der Energiebedarf auf Grund fehlender körperlicher Tätigkeit oder eingehaltener Bettruhe meist erniedrigt ist (siehe Kap. 11.1).

Eine individuell exakt angepaßte Umsetzung der Empfehlungen ist bei der Gemeinschaftsverpflegung in Seniorenheimen, Kureinrichtungen und Krankenhäusern schwer oder nur in Ausnahmefällen möglich. Für die Höhe der Energiezufuhr und der Zufuhr der nichtessentiellen Nährstoffe muß deshalb ein Durchschnittswert angesetzt werden, individuelle Besonderheiten müssen durch Zulagen bei den Hauptmahlzeiten oder durch unterschiedlich gestaltete Zwischenmahlzeiten ausgeglichen werden. Allerdings ist zu bedenken, daß energiedefinierte Diäten einen beträchtlichen Teil der Kost in Kliniken und Sanatorien ausmachen. Die Zufuhr der essentiellen Nahrungsbestandteile muß sich an den jeweils empfohlenen Höchstwerten orientieren.

8.1 Grundformen der Krankenernährung (Vollkost, Basisdiät)

Die Anforderungen an die Verpflegung von stationär behandelten Patienten unterscheiden sich nicht grundlegend von den allgemein gültigen Anforderungen an eine gesunde Ernährung. Mehr als 70 % aller stationär behandelten Patienten benötigen eine vollwertige Ernährung, und nur der kleinere Teil der Patienten ist auf spezielle Diäten angewiesen.

Besonderheiten bestehen beim Energiebedarf von Klinikpatienten und somit beim Energieinhalt der Krankenhauskost. Der Energiebedarf des „durchschnittlichen" Krankenhauspatienten ist gegenüber dem eines Gesunden mit leichter körperlicher Tätigkeit um etwa 10 % erniedrigt. Demzufolge ist in der Regel eine tägliche Energiezufuhr von 8400 kJ

(2000 kcal) völlig ausreichend. Alters- und geschlechtsspezifische Unterschiede können vernachlässigt werden. Lediglich in Seniorenheimen sollte der noch geringere Energiebedarf der älteren Menschen berücksichtigt werden, der schon mit 7560 kJ (1800 kcal) abgedeckt werden kann.

Diese niedrigen Werte, die prinzipiell den Energiebedarf des Großteils der Patienten decken, aber unter den gewohnheitsmäßig aufgenommenen Werten liegen, bergen die Gefahr, daß ein beträchtlicher Teil der Patienten zusätzlich zur Krankenhauskost noch weitere Lebensmittel verzehrt, die sie sich in Eigeninitiative besorgt haben, insbesondere Süßigkeiten, Gebäck, alkoholische Getränke und fettreiche Snacks.

Ein bei einzelnen Patienten bestehender erhöhter Energiebedarf kann durch größere Portionen oder durch besondere Zulagen zu den Haupt- bzw. zu den Zwischenmahlzeiten leicht gedeckt werden. Diese Extraportionen sollten vorzugsweise lactovegetabiler Natur sein. Vollkornprodukte und Obst sind dafür besonders geeignet.

Vollkost

Die Vollkost ist die Normalkost für Krankenhauspatienten, deren Ernährung keine besonderen diätetischen Maßnahmen erfordert. Sie macht mehr als 60 % aller in Kliniken abgegebenen Kostformen aus (Erhebung der Deutschen Akademie für Ernährungsmedizin, Freiburg, 1996) und ist nach den Gesichtspunkten einer vollwertigen Ernährung entsprechend den Empfehlungen der DGE zu gestalten (siehe Kap. 4), wobei den besonderen Anforderungen von bestimmten Altersgruppen soweit wie möglich Rechnung getragen werden sollte.

Leichte Vollkost (Basisdiät)

Die leichte Vollkost ist keine therapeutische Diät. Sie soll lediglich das Auftreten von unspezifischen Nahrungsmittelunverträglichkeiten vermeiden (siehe Kap. 7.1.1.1), die sowohl beim Gesunden als auch bei Erkrankungen des Magen-Darm-Trakts auftreten können.

In der Gastronomie und von Laien wird die leichte Vollkost oft noch als „Schonkost" bezeichnet. Dieser Begriff sollte jedoch gemieden werden, da größere Kreise der Bevölkerung von einer so bezeichneten Kost oft nicht mögliche organbezogene spezifische therapeutische Effekte erwarten.

Die leichte Vollkost leitet sich von der Vollkost ab. Im Hinblick auf die Zufuhr von Energie, Nährstoffen, Mineralstoffen und Vitaminen und deren Verteilung auf einzelne Mahlzeiten gelten die gleichen Empfehlungen wie bei der Vollkost. Lediglich die Menge der Ballaststoffe ist zwangsläufig niedriger, bedingt durch die notwendige Einschränkung in der Auswahl der Lebensmittel. Die Aufnahme von mindestens 25 g Ballaststoffen sollte jedoch angestrebt werden.

Die leichte Vollkost unterscheidet sich von der Vollkost in folgenden Punkten:

- Nichtverwendung von Lebensmitteln oder Speisen, die erfahrungsgemäß häufig unspezifische Unverträglichkeiten auslösen (siehe Kap. 7.1.1.1, Tabelle 7.1.1),
- Einsatz von besonders schonenden Zubereitungsarten und Verzicht auf Garmethoden, die höhere Temperaturen oder den Kontakt mit größeren Mengen an Fett erfordern.

Bei der Zubereitung der leichten Vollkost sind daher folgende Gesichtspunkte zu beachten:

1. Weglassen von Lebensmitteln, die erfahrungsgemäß schlecht vertragen werden

   Das Weglassen aller Lebensmittel, die in mehr als 5 % der Fälle eine unspezifische Nahrungsmittelintoleranz auslösen können (siehe Kapitel 7.1.1.1), ist in der Praxis der Krankenhaus- bzw. Gemeinschaftsverpflegung nicht durchgängig realisierbar. Die Vielzahl der Speisen und Lebensmittel, die unter diese Kategorie fallen, würde das Aufstellen eines abwechslungsreichen Kostplans nicht zulassen. Schlecht vertragene Speisen und Lebensmittel lassen sich nur bei der individuellen Kostplangestaltung zielgerichtet eliminieren. Auf folgende Speisen sollte in der Gemeinschaftsverpflegung jedoch auf jeden Fall verzichtet werden:

- schwer verdauliche, grobblähende Gemüse wie Rot-, Weiß-, Wirsing- und Grünkohl, Hülsenfrüchte, Zwiebeln und Pilze (ausgenommen Champignons), grüne Gurke (Salatgurke), Paprikaschoten, Kohlrüben, Sauerkraut, Rettich und Radieschen,
- besonders fetthaltige Speisen wie Mayonnaise, Sauce hollandaise und deren Ableitungen, fritierte Speisen wie Pommes frites, panierte Fleisch- und Fischgerichte, fette Wurstsorten,
- Süßwaren, insbesondere Süßwaren mit hohem Fettgehalt (Pralinen, Marzipan, Nugat),
- besonders fetthaltige Backwaren und in Fett ausgebackene Backwaren wie Pfannkuchen, Cremetorten, Blätterteig, Mandel- und Nußkuchen,
- größere Mengen an Kern- und Steinobst wie Pflaumen, Kirschen, Stachelbeeren, Johannisbeeren, Brombeeren, Himbeeren,
- Rhabarber,
- Nußkerne, Mandeln und Kokosraspeln (kleinere Mengen werden oftmals vertragen),
- stark gesäuerte, gesalzene, geräucherte und gewürzte Lebensmittel wie Salzgemüse, Räucherfisch wie Sprotten, Lachshering, Räuchermakrele, Salzheringe, stark geräucherte Fleisch- und Wurstwaren,

- alkoholische Getränke und stark kohlensäurehaltige Getränke sowie größere Mengen an (starkem) Bohnenkaffee.

2. Einsatz von schonenden Garmethoden
   Zu vermeiden ist zu starkes Erhitzen (Braten, Grillen), um eine zu intensive Bildung von Röststoffen zu verhindern. Auch Fett (soweit es eingesetzt werden muß) sollte nicht zu hoch erhitzt werden, um die Bildung von thermischen Zersetzungsprodukten zu verhindern, insbesondere auch die Bildung von Fettsäure-Oxidationsprodukten. Die Verwendung von überlagerten und verbrauchtem Bratfett ist unbedingt zu vermeiden. Fritieren sollte als Garverfahren nicht eingesetzt werden, ebenso das Braten von paniertem Fleisch und Fisch.
   Es gibt jedoch Hinweise, daß bei entsprechender Zubereitung von einigen Patienten auch Wiener Schnitzel relativ gut vertragen werden (fest angeklopfte Panade, die sich nicht vom Fleisch ablöst und dabei verhältnismäßig viel Bratfett aufsaugt, relativ hoch erhitztes frisches Fritierfett*, kurze Bratdauer, gründliches Abtropfen und Abtupfen des Fetts).
   Zu bevorzugen sind schonende Garverfahren, insbesondere fettarmes Garen wie z. B. in der Alu-Folie, Dünsten, Garen im Konvektomaten, Elektrogrill und in der Mikrowelle (siehe Kap. 11.2).
   Die Speisen sind sparsam zu würzen. Dazu sollten vorzugsweise frische Kräuter eingesetzt werden, falls keine entsprechende Allergie besteht. Vorsicht ist insbesondere bei Beifuß und Selleriekraut geboten. Zu meiden sind Knoblauch und Meerrettich. Curry, Senf, Cayennepfeffer und Paprikapulver sind mit größter Vorsicht einzusetzen. Schwarzer Pfeffer wird von vielen Personen, die unter einer unspezifischen Unverträglichkeit leiden, relativ gut vertragen.

8.2 Flüssige und passierte Kost

Flüssige Kost

Diese Ernährungsweise stellt keine besondere Kostform dar. Sie ist lediglich eine Anpassung der Zubereitungsform an die bei bestimmten Erkrankungen bestehenden Erfordernisse. Die Verabreichung einer flüssigen Kost wird in der Regel nur für kurze Zeit erforderlich sein, während der auf Grund von Erkrankungen Nahrungsmittel und Speisen mit fester Konsistenz nicht aufgenommen werden können (bei Erkrankungen im Mund- und Rachenbereich, der Speiseröhre und des Magen-Darm-Trakts, bei Schluck- und Kaubeschwerden, nach Unfällen, operativen Eingriffen u. a.).

* Spezielle Fritierfette haben neben einem hohen Rauchpunkt einen vergleichsweise niedrigen Schmelzpunkt. Dieser sorgt dafür, daß bei bereits relativ niedrigen Temperaturen eine noch gute Fließeigenschaft des Fetts erhalten bleibt, wodurch von den fritierten Speisen vergleichsweise viel Fett abtropfen kann.

Bei der Zubereitung dieser Kostformen sind folgende Gesichtspunkte besonders zu beachten:

- Es sollte eine möglichst optimale Versorgung mit Nährstoffen angestrebt werden, um einer möglichen Unterversorgung vorzubeugen. In einigen Fällen ist zur Sicherung einer ausreichenden Energiezufuhr eine zusätzliche Anreicherung mit Fetten (Butter, MCT-Fette, Pflanzenöle, Sahne oder hochwertige Diätmargarine) oder mit Kohlenhydraten (Maltodextrin 19, Stärke, Glucose) entsprechend der Anweisung des Arztes vorzunehmen.
- Die Konsistenz von Suppen muß sich dem Gesundheitszustand des jeweiligen Patienten anpassen. Flüssige Kost muß in den Fällen eine entsprechend dünnflüssige Konsistenz aufweisen, in denen der Patient die Nahrung nur durch Trinken (Schnabeltasse, Strohhalm) aufnehmen kann. Häufiger ist eine „cremige Kost" angebracht, so daß die Suppen entsprechend angedickt und damit angereichert werden können.
- Eine flüssige Kost setzt sich zumeist aus 5 bis 6 Mahlzeiten zu je 100 bis 400 ml zusammen. Die Suppen können gesüßt oder herzhaft angeboten werden, auch Kaltschalen sind geeignet, insbesondere im Sommer oder bei fieberhaften Erkrankungen.
- Als Basis für die flüssige Kost können Fleischsuppen, Fleischpürees oder Milch verwendet werden. Für Fleischpürees eignen sich besonders tiefgekühlte Fertigprodukte. Eigenproduktionen sind meist zu fasrig, und bei der Verwendung von Brät entsteht im Mund das Gefühl einer geronnenen Flüssigkeit. Bei entzündlichen Erkrankungen und Krebspatienten mit Chemo- und Bestrahlungstherapien ist eine auf Milch beruhende Suppenbasis oft nicht geeignet, da die bei diesen Patienten häufig bestehende Mundtrockenheit durch Milch verstärkt wird.
- Gut verträglich sind auch flüssige und breiige Kostformen, die unter Verwendung von Joghurt, Kefir oder Quark zubereitet wurden. Durch die Anreicherung mit Milchpulver, Eiweißpräparaten und Sahne lassen sich auch sehr nahrhafte Getränke herstellen. Warme Suppen können durch Legierungen mit Ei und Sahne angereichert werden.
- Auch Kartoffeln, Gemüse und Obst können als Grundlage für flüssige Kost dienen. Hier greift man vorzugsweise auf vorgefertigte TK-Produkte zurück oder bedient sich moderner Mixtechniken (Thermomix), die eine rasche und nährstoffschonende Zubereitung ermöglichen, wobei die Nahrung gleichzeitig ausreichend zerkleinert wird (cremige Konsistenz). Als Dickungsmittel können darüber hinaus sog. Schmelzflocken verschiedener Getreide (vorzugsweise Haferflocken), Mehle oder Halbfertigprodukte eingesetzt werden.
- Eine flüssige Kost auf Mehlbasis muß ausreichend lange gekocht werden, um den typischen Mehlgeschmack zu beseitigen. Dieser Effekt

kann nur durch entsprechendes Quellen und Verkleistern der Stärke erreicht werden. Aus dem gleichen Grund muß auch bei der Zubereitung von Mehlschwitzen genügend lange erhitzt werden, wobei es zusätzlich zu einer partiellen Spaltung der Stärke zu Dextrinen (Dextrinierung) kommt.

- Die bestehende Grunderkrankung schränkt unter Umständen die Möglichkeit zum Würzen ein. Scharfe, reizende Gewürze wie Pfeffer, Paprika, Chili u. a. oder Säuren wie Zitronen- oder Orangensaft sowie Essig können nur in den seltensten Fällen eingesetzt werden.
- Heiße Suppen verursachen häufig Schmerzen, gekühlte Speisen werden dagegen in der Regel vergleichsweise gut vertragen.

Breiige, passierte oder „cremige" Kost

Passierte oder „cremige" Kost wird häufig im Anschluß an eine flüssige Kost verabreicht (2. Phase einer Aufbaukost, siehe Kap. 8.3), wobei der Unterschied lediglich im Zerkleinerungsgrad besteht. Wichtig für die appetitanregende Präsentation sind hier entsprechend angedickte Pürees mit reichlich Soße, die wesentlich zur besseren Verzehrbarkeit der Speisen beiträgt (das Essen „rutscht" besser).

Schleimsuppen

Bei den in der Diätetik eingesetzten Schleimsuppen handelt es sich zumeist um sog. Wasserschleimsuppen, die auf der Basis von Wasser oder evtl. leichter Gemüsebrühe hergestellt werden. Der „Schleim" entsteht durch das Auskochen verschiedener Getreideprodukte, vorzugsweise Hafer, Reis und Hirse, wobei neben Stärke auch einige „schleimbildende" komplexe Polysaccharide extrahiert werden. Am häufigsten werden Flocken verwendet, vorzugsweise Schmelzflocken. Diese ermöglichen eine einfache Verarbeitung, die durch ihre gute Löslichkeit bedingt ist. Bei der Verwendung von Schmelzflocken bzw. von Stärkemehlen ist allerdings die Schleimbildung geringer, da in diesen Produkten komplexe Polysaccharide weitgehend fehlen.

Für bestimmte Aufbaustufen (siehe Kap. 8.3) werden die Suppen lediglich aus diesen Grundprodukten zubereitet und mit einer Prise Salz (Elektrolytersatz) serviert. Besondere Anreicherungen mit Sahne, Ei oder anderen Energieträgern sowie Garnituren wie Petersilie oder Schnittlauch sind dafür ungeeignet.

Nahrhaftere Schleimsuppen, die man im Rahmen einer flüssigen Kost verabreicht, werden ebenso wie Wasserschleimsuppen zubereitet. Bei diesen Suppen kann als Basis auch Milch verwendet werden, so daß sie dann wie die flüssige Kost angereichert werden können.

8.3 Aufbaukost

Aufbaukostformen sind Ernährungspläne, die nach schweren entzündlichen Erkrankungen der Verdauungsorgane oder Operationen eingesetzt und stufenweise erweitert werden. Der zeitliche Verlauf der Erweiterungsstufen wird vom Arzt festgelegt und ist in der Mehrzahl der Fälle auf wenige Tage beschränkt, insbesondere nach Operationen oder leichteren Durchfallerkrankungen. In Ausnahmefällen kann sich die Ernährung mit einer Aufbaukost auf mehrere Wochen ausdehnen wie beispielsweise nach schweren akuten Pankreatitiden. Infolge der meist relativ kurzen Anwendungsdauer ist die Gefahr einer Unterversorgung mit essentiellen Nährstoffen kaum gegeben. Eine u. U. erforderliche Ergänzung von essentiellen Nährstoffen (Vitamine, Mineralstoffe) mit entsprechenden Präparaten erfolgt auf ärztliche Anordnung.

Die Bezeichnungen und Zahl der Aufbaustufen werden in den verschiedenen Kliniken unterschiedlich gehandhabt. Häufig finden sich Zusatzbezeichnungen wie „Magen 1 bis 4" oder „OP 1 bis 4" usw. Diese Namen sind zumeist noch Relikte alter Diätpraktiken, bei denen sie zur Charakterisierung von „Schondiäten" eingesetzt wurden (siehe Tabelle 8.3.1).

Tabelle 8.3.1:
Stufen einer Aufbaukost

I	=	Parenterale Ernährung		
II	=	Parenterale Teilernährung	+	Tee, Wasserschleimsuppe, Zwieback, Gemüsebrühe + Salz + Glucose
III	=	selten noch wie II	+	II + getoastetes Weißbrot, Magerquark, säurearme Früchte (Apfel, Banane), passierte, nicht blähende Gemüse (Karotten, Spinat, Blumenkohl), Teigwaren, Getreidebreie mit fettarmer Milch, passiertes gekochtes Fleisch mit fettarmer Soße, Kartoffelschnee
IV	=	wie III	+	III + Streich- und Kochfette (je nach Grunderkrankung MCT-Fette oder Diätmargarine), fettarme Milchprodukte, Fisch, gedämpftes Gemüse (leichte Vollkost), noch kein rohes Gemüse, Gebäck, fettarme Kartoffelzubereitungen
V	=	Energieanreicherung, Vitamin- und Mineralstoff-Substitution nach Bedarf	+	leichte Vollkost, angepaßt an die Erfordernisse der Grunderkrankung

Neben der Einteilung in 5 Aufbaustufen werden für die Aufbaukost oft nur 3 Aufbaustufen angegeben. In diesem Schema sind die Stufen I und V des 5stufigen Schemas weggelassen: Stufe I (parenterale Ernährung) erfordert keine Zuarbeit der Küche, Stufe V entspricht der leichten Vollkost. In diesem dreistufigen Schema entsprechen die einzelnen Stufen folgenden Stufen des oben aufgeführten Schemas:

I	entspricht Stufe II
II	entspricht Stufe III
III	entspricht Stufe IV

8.4 Energiedefinierte Diäten

8.4.1 Hypokalorische Mischkost (Reduktionskost)

Die hypokalorische Mischkost ist die geeignetste Ernährungsform zur diätetischen Behandlung des Übergewichts. Ein Einschmelzen der überflüssigen Fettdepots ist nur möglich, wenn die Energiezufuhr über eine längere Zeitspanne hinweg niedriger ist als die im Körper umgesetzte Energie, es muß eine negative Energiebilanz erreicht werden. Die hypokalorische Mischkost erlaubt die Beibehaltung der üblichen Ernährungsgewohnheiten im Rahmen der Empfehlungen für eine vollwertige Ernährung. Selbstverständlich müssen unerwünschte Gewohnheiten im Ernährungsverhalten erforscht und sukzessive eliminiert werden.

Außenseiterdiäten, die in vielfältiger Art für eine Gewichtsreduktion empfohlen werden, sind absolut ungeeignet, da sie zu Mangelerscheinungen an essentiellen Faktoren und zu Auslenkungen des Stoffwechsels führen können (siehe Kap. 9.6.2).

Auch Formeldiäten, die eine oder mehrere Mahlzeiten durch modifizierte Getränke, Suppen oder Breie ersetzen sollen, haben sich als ungeeignet erwiesen. In diesen Fällen besteht zwar nicht die Gefahr einer Unterversorgung mit essentiellen Nährstoffen (die Diät-Verordnung legt den erforderlichen Gehalt fest), sie werden aber nach relativ kurzer Zeit wegen ihrer Eintönigkeit, des Fehlens frischer Produkte und des fehlenden Kaureizes abgelehnt und durch die übliche Kost ersetzt. Außerdem werden die Ernährungsfehler, die zum Übergewicht geführt haben, nicht korrigiert, sondern lediglich aufgeschoben. Die Folge ist eine sich an die Diät anschließende neuerliche Gewichtszunahme.

Prinzipielle Gesichtspunkte einer hypokalorischen Mischkost

Energieaufnahme: Die Energiezufuhr ist einzuschränken entsprechend der Schwere des Übergewichts sowie unter Berücksichtigung der Körpergröße und des Ausmaßes der körperlichen Arbeit. Es müssen deshalb jeweils unterschiedlich große Restriktionen in der Energiezufuhr vorgenommen werden. Das tägliche Energiedefizit sollte in der Regel etwa 4200 kJ (1000 kcal) betragen.

Die gebräuchlichsten Stufen der Reduktionskost sind:

leichte Stufe	etwa 6300 kJ (1500 kcal)
mittlere Stufe	etwa 5040 kJ (1200 kcal)
strenge Stufe	etwa 4200 kJ (1000 kcal)

Eine niedrigere Energiezufuhr als 4200 kJ (1000 kcal) ist keinesfalls sinnvoll, da bei dieser Restriktion der Energiezufuhr eine ausreichende Versorgung mit essentiellen Nahrungsbestandteilen (Vitamine, Mineralstoffe und essentielle Fettsäuren) auch bei sorgfältiger Auswahl der eingesetzten Lebensmittel nicht gesichert werden kann und diese mit Hilfe von entsprechenden Präparaten substituiert werden müssen. Außerdem muß dann bei berufstätigen Personen auch mit Leistungseinschränkungen gerechnet werden. Eine noch stärkere Einschränkung der Energieaufnahme (beispielsweise 3300 kJ = 800 kcal) sollte nur auf ärztliche Anordnung und bei regelmäßiger Kontrolle des Ernährungs- und Gesundheitszustands vorgenommen werden.

Die hypokalorische Mischkost sollte abwechslungsreich, schmackhaft und optisch attraktiv gestaltet werden. Eine attraktive, wohlschmeckende Kost verbessert das Durchhaltevermögen.

Eine lactovegetabile Kostform ist für die Durchführung einer Reduktionskost geeignet, insbesondere ist der Einschub eines „lactovegetabilen" Tags in das Programm der Gewichtsreduktion zweckmäßig (Einschub von Obsttagen, bei denen die Eiweißaufnahme durch die Zulage von Milch und Milcherzeugnissen ergänzt wird und die durch ein zusätzliches Einbeziehen von Gemüse abwechslungsreich gestaltet werden können).

Folgende Punkte sind bei der Kostplangestaltung besonders zu beachten:

- Die Nahrungsaufnahme ist auf 5 Mahlzeiten zu verteilen. Der Hauptteil der Nahrungsenergie sollte während des ersten Tagesabschnitts aufgenommen werden. Einschließlich der Mittagsmahlzeit sollten mindestens 60 % der täglichen Energieration verzehrt worden sein. Das Abendessen sollte möglichst früh eingenommen werden.
- Die Energiereduktion darf nicht zuungunsten der Eiweißaufnahme erfolgen. Die Kost sollte täglich 50 bis 60 g biologisch hochwertiges Eiweiß enthalten.
- Vordringlich ist die Fettaufnahme einzuschränken, insbesondere durch die drastische Einschränkung des Verzehrs von tierischen Fetten. Auf die ausreichende Zufuhr von essentiellen Fettsäuren (7 bis 10 g pro Tag) ist zu achten. Diese Anforderung an die Kost kann durch den bevorzugten Einsatz von pflanzlichen Fetten und Ölen als Koch- und Streichfette erfüllt werden.
- Die Kohlenhydrataufnahme soll 100 g pro Tag nicht unterschreiten und in Form von komplexen Kohlenhydraten (Gemüse, Vollkornprodukte, wasserreiche Obstsorten) erfolgen. Der Verzehr von rasch resorbierbaren Zuckern und von Zuckeraustauschstoffen ist konsequent zu meiden.
- Ballaststoffreiche Lebensmittel sind bevorzugt einzusetzen, um damit ein möglichst großes Sättigungsgefühl zu erreichen.

- Die Nährstoffrelationen verschieben sich im Vergleich zur vollwertigen Ernährung. Sie betragen etwa 15 bis 20 % Eiweiß, 30 bis 35 % Fett und 45 bis 55 % Kohlenhydrate (Energierelationen).
- Die Versorgung mit Vitaminen und Mineralstoffen muß entsprechend den D-A-CH-Empfehlungen langfristig sichergestellt werden.
- Auf eine ausreichende Flüssigkeitszufuhr ist besonders zu achten. Die Menge an Trinkflüssigkeit sollte mindestens 2,5 l pro Tag betragen unter der Voraussetzung, daß keine, die Norm übersteigenden Wasserverluste zu ersetzen sind. Energiehaltige Getränke (Limonaden u. a.) sind zu meiden.
- Auf Alkohol sollte verzichtet werden.

Zu meidende Nahrungsmittel

- tierische Fette
  Schweine- und Gänseschmalz, Speck und Rauchfleisch, Butter (geringe Mengen Butter sind als Brotaufstrich erlaubt),
- fettes Fleisch sowie fette Fleisch- und Wurstwaren
- Fettfische
  Aal, Karpfen, Heilbutt, Hering, Makrele, Lachs, Thunfisch (der gelegentliche Verzehr von Fettfischen, deren Fette reich an Eicosapentaensäure und Docosahexaensäure sind, ist zur Sicherung der Versorgung mit diesen essentiellen Fettsäuren angebracht),
- Milch und Milchprodukte mit hohem Fettgehalt
  Trinkvollmilch (3,5 % Fett), Kondensmilch (über 4 % Fett), fettreiche Joghurterzeugnisse (Sahnejoghurt), Sahne, Schmant, Crème fraîche, Crème double, Käsesorten mit mehr als 20 % Fett in der Trockenmasse,
- Nußkerne einschließlich Erdnüssen, Mandeln, Kokosraspeln
- rasch resorbierbare Kohlenhydrate
  Rohrzucker, Traubenzucker, Fruchtzucker und Lebensmittel, die solche Zucker enthalten wie Bienenhonig, Konfitüre, Gelees, Schokoladenerzeugnisse jeglicher Art und andere Süßigkeiten,
  Kuchen und Speisen, die mit Auszugsmehlen oder Stärke zubereitet wurden, und alle zuckerhaltigen Getränke wie mit Zucker gesüßte Cola-Getränke, Limonaden, Fruchtsaftgetränke, Fruchtnektare, handelsüblicher Eistee,
  Zuckeraustauschstoffe wie Fructose, Sorbit, Maltit, Lactit und Diabetikernahrungsmittel, die mit Zuckeraustauschstoffen gesüßt sind (Diabetikerbackwaren, Diabetikersüßwaren),
  Obstarten mit hohem Zuckergehalt wie Bananen, Weintrauben, Feigen und Trockenfrüchte wie Rosinen, Datteln und Backobst,
- Hülsenfrüchte
  Erbsen, Bohnen und Linsen,

- Fertigprodukte auf Kartoffel- und Mehlbasis
  Knödelmehl, Kartoffelpüreepulver, Kloßmehl, vorgebackene Pommes frites,
- Fertigprodukte und Konserven, die einen hohen Zucker- oder Fettgehalt aufweisen
  Obstkonserven, Tomatenketchup, Fischkonserven mit Fettfisch bzw. in Cremesauce oder in Öl eingelegt,
- alkoholische Getränke
  insbesondere Liköre, süße Weine und Sekt, Branntwein, Bier.

Küchentechnische Gesichtspunkte bei der Zubereitung der Reduktionskost und Empfehlungen für die Aufstellung des Speiseplans

- Es sollte eine abwechslungsreiche und ballaststoffreiche Kost angeboten werden (reichlich Gemüse, Vollkornerzeugnisse einschließlich Vollkornbrot, Kartoffeln begrenzt auf maximal 100 g). Zum Binden von Speisen und als Dickungsmittel sollte Guarkernmehl, Johannisbrotkernmehl oder Agar-Agar eingesetzt werden.
- Es sind nur magere Fleischteile zu verwenden, alles sichtbare Fett ist sorgfältig zu entfernen.
- Als Nahrungsfett sind vorzugsweise Pflanzenöle sowie Margarine mit einem hohen Gehalt an mehrfach ungesättigten Fettsäuren und Ölsäure (und hohem Gehalt an Vitamin E) einzusetzen wie Weizenkeimöl, Rapsöl oder Sonnenblumenöl, Sonnenblumenmargarine oder Diätmargarine (z. B. Becel) sowie Olivenöl.
- Als Brotaufstrich (kalte Küche) bietet sich der Einsatz von energiereduzierten Streichfetten und, bei einer leichten Reduktionskost, fettarmen Wursterzeugnissen aus dem Diätprogramm des Einzelhandels an (Halbfettmargarine z. B. „Becel-leicht", Streichwurst „Du darfst"). Bei einer strengen hypokalorischen Mischkost ist auch der Verzehr von fettreduzierten Wurstwaren verboten. Der Einsatz von Fettersatzstoffen wie Olestra ist nach dem derzeitigen Kenntnisstand nicht angeraten. Gegen den Einsatz von Simplesse oder simplessehaltigen Erzeugnissen bestehen keine Bedenken, falls solche zu vertretbaren Preisen angeboten werden.
- Vorrangig sind fettarme Garmethoden einzusetzen (Dünsten im eigenen Saft, Garen in Alu-Folie und in der Mikrowelle, Grillen im Elektrogrill, Braten in antihaftbeschichtetem Kochgeschirr). Bei Schmorbraten ist das ausgebratene Fett nach dem vollständigen Erkalten sorgsam und vollständig zu entfernen.
- Zu meiden sind fritierte Gerichte (Pommes frites u. a.), das Braten in Fett sowie panierte Fleisch- und Fischgerichte.
- Zum Süßen sind Süßstoffe zu verwenden. Süßstoffe auf Cyclamat-Saccharin-Basis (zahlreiche Anbieter) sind kochbeständig, Aspartam und

Thaumatin (Talin®, in der Bundesrepublik [2000] noch nicht im Handel) sind nicht hitzebeständig und deswegen zum Kochen nicht geeignet.

- Als Getränke sind vorzugsweise Mineralwässer anzubieten, andere energiefreie Getränke sind ebenfalls erlaubt (ungesüßter Tee und Kaffee [Süßen mit Süßstoff], „light"-Getränke).

Beim gleichzeitigen Vorliegen einer ausgeprägten Hyperlipoproteinämie (erhöhte Blutfettwerte) und von erhöhten Blutcholesterinwerten ist auf eine zusätzliche Einschränkung der Cholesterinaufnahme und eine konsequente Reduzierung der Aufnahme von Fetten mit gesättigten Fettsäuren zu achten. Zusätzlich sind dann Butter, Eier und Innereien konsequent zu meiden. Darüber hinaus sollte auch auf sog. fettarme Wurstsorten verzichtet werden sowie auf alle Käsesorten mit Ausnahme von Magerkäse und Quark. Als Trinkmilch sollte entrahmte Trinkmilch (0,3 % Fett) und Buttermilch eingesetzt werden (siehe Kap. 8.4.5.1). Bei gleichzeitigem Bestehen eines Diabetes oder einer genetisch bedingten Störung im Lipidstoffwechsel sind zusätzlich die entsprechenden Ernährungsprinzipien zu beachten (siehe Kapitel 8.4.4 und 8.4.5).

Schalttage

Eine sinnvolle Ergänzung und aussichtsreiche Unterstützung einer Reduktionskost können sog. Schalttage sein. Mit ihnen ist eine rasch erkennbare Gewichtsabnahme zu erreichen, was der Motivation sehr zuträglich ist. Durch das Einhalten von Schalttagen wird die Wasserausscheidung begünstigt, die neben einer meßbaren Gewichtsabnahme auch das Herz-Kreislauf-System und den Stoffwechsel entlastet.

Schalttage sind je nach Diätverlauf und Dauer der Diät 1- bis 2mal wöchentlich zu empfehlen. Es muß allerdings ausdrücklich darauf hingewiesen werden, daß nur jeweils ein Schalttag eingeschoben werden darf.

- Reistag
  An einem Reistag werden 200 g Reis (davon möglichst die Hälfte als Vollkornreis), etwa 300 g wasserreiches Obst (Äpfel, Birnen, Kiwi, Nektarinen) und 400 bis 500 g Gemüse (Karotten, Kohlrabi, Blumenkohl) bis zu maximal 15 % der Gesamtenergie verabreicht. Es kann Gemüsereis oder Obstreis zubereitet werden. Auf Salz und kalorienhaltige Süßungsmittel ist zu verzichten. Die tägliche Trinkmenge soll bei etwa 2,5 l liegen.
- Obsttag
  Die Kost besteht aus 1,5 kg Frischobst (Äpfel, Birnen, Kiwi, Aprikosen, Pfirsich, Nektarinen) und mindestens 2,5 l Trinkflüssigkeit, die über den Tag verteilt wird. Sie kann auch in Form von ungebundenen Obstsuppen oder Obstsalaten angeboten werden.

Während der Obsttage sollten Kräutertees und Mineralwasser als Getränke verabreicht werden. Kalorienarme Limonaden, Kaffee und schwarzer Tee können ebenfalls eingesetzt werden, sie eignen sich aber weniger.

8.4.2 Energiereiche Kost

Eine energiereiche Kost ist bei bestehendem Untergewicht (Anorexie, Bulimie, Unterernährung) und in bestimmten Fällen der Rekonvaleszenz von normgewichtigen Patienten auf ärztliche Anweisung angezeigt.

Die Energiezufuhr sollte bei untergewichtigen Personen in Abhängigkeit vom Ausmaß des Untergewichts und unter Berücksichtigung des Körpergewichts in der Regel um folgende Prozentsätze über der Normzufuhr erhöht sein:

10 kg Untergewicht	20 %
15 kg Untergewicht	30 %
20 kg Untergewicht	40 %

Eine Steigerung der Energiezufuhr über diesen Wert hinaus ist in der Regel nicht angebracht, da es dann zu Störungen bei der Verdauung und Resorption kommen kann. Außerdem ist es möglich, daß sich eine Aversion gegenüber einer generellen Nahrungsaufnahme einstellt.

Prinzipielle Gesichtspunkte für eine energiereiche Kost

Die Erhöhung der Energiezufuhr sollte vorwiegend durch eine kohlenhydrat- und fettreiche Kost erfolgen. Für die erforderliche gesteigerte Fettzufuhr sind überwiegend Lebensmittel einzusetzen, die reich an verborgenem Fett sind, um ein durch sichtbares Fett oft ausgelöstes rasches Auftreten eines Sättigungsgefühls möglichst zu vermeiden. Speisen mit einem hohen Anteil an sichtbarem Fett (Mayonnaise, in Fett ausgebakkene Speisen, Gebäck mit Cremefüllungen, Buttercremetorte) und stark geröstete Speisen (Bratkartoffeln) sind zu meiden. Der Verzehr von größeren Mengen an reinem Nahrungsfett kann außerdem zu Übelkeit und zum Auftreten einer unspezifischen Nahrungsmittelunverträglichkeit führen.

Bei der Auswahl der Nahrungsfette ist auf die ausreichende Zufuhr von mehrfach ungesättigten Fettsäuren und Ölsäure zu achten.

Der Eiweißgehalt der Nahrung sollte in der Regel in der Norm (D-A-CH-Empfehlung) liegen, aber auf keinen Fall mehr als 15 % der Kalorienprozente ausmachen. Durch einen erhöhten Verzehr von Eiweiß kann die nahrungsinduzierte Thermogenese beträchtlich gesteigert werden (sog. Luxuskonsumption), wodurch einer Gewichtszunahme entgegengewirkt wird. Bei einer bestehenden Eiweißunterernährung gelten gesonderte

Gesichtspunkte, die vom Arzt von Fall zu Fall festgelegt werden (proteinreiche und energiereiche Ernährung).

Die Zufuhr von Mineralstoffen und Vitaminen hat mindestens in den Mengen zu erfolgen, die den D-A-CH-Referenzwerten entsprechen. Insbesondere ist auf Eisen und Kalzium sowie Vitamine der B-Gruppe (Vitamin B_1 und B_6, Folsäure) zu achten.

Die ausreichende Zufuhr an Ballaststoffen kann durch die erforderliche Auswahl von energiereichen Nahrungsmitteln, die wenige Ballaststoffe enthalten, nur schwer realisiert werden. Die Ballaststoffaufnahme sollte jedoch mindestens 20 g pro Tag betragen, die Aufnahme von 30 g sollte angestrebt werden. Die Aufnahme dieser Menge an Ballaststoffen sollte aber nicht unbedingt erzwungen werden. Bei bestehender Verstopfung sollte eine Verbesserung der Ballaststoffversorgung durch die Zugabe von Weizenkleie angestrebt werden. Voluminöse und stark blähende Gerichte sind zu meiden (Hülsenfrüchte, Pilze, Weiß-, Rot- und Wirsingkohl).

Folgende Gesichtspunkte sind außerdem zu beachten und bei Bestehen der erforderlichen Voraussetzungen auch zu nutzen:

- Appetitanregende und die Magensaftproduktion anregende Speisen und Getränke sind in den Speiseplan bevorzugt aufzunehmen (Fleischbrühe und, soweit erlaubt, Aperitifs, Bier einige Minuten vor der Mahlzeit).
- Speisen und Gerichte können zusätzlich mit Maltodextrin 19 angereichert werden.
- Die Nahrungsaufnahme kann auf bis zu 10 Mahlzeiten pro Tag verteilt werden.
- Die Wünsche des Patienten sind weitgehend zu berücksichtigen, wenn sie mit dem Diätprogramm und seinem Gesundheitszustand vereinbar sind (Wunschkost).
- Kalorienreiche Formeldiäten können als Zwischenmahlzeiten eingesetzt werden. Dadurch kann eine optimal ausgewogene Ergänzung der Kost erreicht werden, insbesondere bei ausgeprägtem Untergewicht wie bei einer Anorexie oder Bulimie. Die positive Wirkung wird durch die mengenmäßig kleinen Portionen der Formeldiäten (hohe Nährstoffdichte) begünstigt.

8.4.3 Ballaststoffdefinierte Kostformen

Die Ballaststoffe sind wesentliche Bestandteile einer vollwertigen Kost und der meisten Diäten. Bei einigen speziellen Erkrankungen, insbesondere des Gastrointestinaltraktes, ist eine erhöhte bzw. stark erniedrigte Zufuhr von Ballaststoffen erforderlich.

8.4.3.1 Ballaststoffreiche Kost

Ballaststoffreiche Kost wird vorzugsweise bei Störungen im Stuhlgang (Verstopfung, Obstipation) eingesetzt. Die betroffenen Personen haben im Vorfeld in der Regel eine relativ ballaststoffarme Ernährungsweise bevorzugt.

Prinzipielle Gesichtspunkte bei ballaststoffreicher Kost

- Die Zusammensetzung der Kost entspricht im Hinblick auf die Relationen von Eiweiß, Kohlenhydraten und Fett sowie in der Höhe der Aufnahme von Vitaminen und Mineralstoffen den D-A-CH-Empfehlungen, den generellen Empfehlungen für die Krankenhauskost oder etwaigen besonderen Anforderungen hinsichtlich der Höhe der gesamten Energiezufuhr.
- Der Ballaststoffgehalt der Kost soll in der Regel mehr als 45 g betragen, auf ärztliche Anordnung können Abweichungen von dieser Höhe gefordert werden.
- Die Ernährungsumstellung von einer relativ ballaststoffarmen Kost oder einer Kost mit durchschnittlichem Ballaststoffgehalt muß allmählich mit sich täglich steigernder Zulage erfolgen, um abdominelle Beschwerden zu vermeiden (Völlegefühl, Druck im Oberbauch, starke Blähungen, u. U. zu häufiger Stuhlgang).
- Die Zulage kann in der Regel täglich um 5 g gesteigert werden, beim Auftreten von Beschwerden ist eine weitere Steigerung der Zulage erst nach Abklingen der Beschwerden vorzunehmen.
- Die ballaststoffreiche Kost sollte flüssigkeitsreich sein, andernfalls ist für die ausreichende Zufuhr von Trinkflüssigkeit (kalorienfrei) zu sorgen. Ballaststoffe haben eine hohe Wasserbindungskapazität, einige besitzen außerdem eine hohe Quellfähigkeit. Aus diesem Grund bindet die Nahrung größere Mengen Wasser als üblich, das auch vermehrt mit dem Stuhl ausgeschieden wird. Die Menge der Trinkflüssigkeit sollte auch bei einer flüssigkeitsreichen Kost höher liegen als bei einer Kost mit durchschnittlichem Ballaststoffgehalt.
- Die erhöhte Zufuhr von Ballaststoffen sollte weitgehend durch den Verzehr von ballaststoffreichen Lebensmitteln erfolgen. Erst wenn diese Möglichkeit voll ausgeschöpft ist, sollten besondere Nahrungsmittel (Leinsamen) und Ballaststoffpräparate („diätetische Hilfsmittel") eingesetzt werden (Kleieprodukte, insbesondere Weizenkleie, Guarkernmehl, Johannisbrotkernmehl).
- In der Periode der Steigerung der Ballaststoffzulage sind grobblähende Speisen (z. B. Kohlgemüse, Hülsenfrüchte) und kohlensäurehaltige Getränke zu meiden.
- Als unterstützende Maßnahmen, insbesondere bei Verstopfungen, kann Milchzucker als langsam spaltbares Disaccharid eingesetzt wer-

den (nicht bei bestehender ausgeprägter Milchzuckerunverträglichkeit). Weiterhin kann durch fruchtsäurehaltiges Obst und reichliche Zufuhr von Mineralstoffen (insbesondere Kalium) die Darmaktivität gefördert werden. Auch die zusätzliche Gabe von Lactulose kann bei Obstipationen versucht werden.

- Die ballaststoffreiche Kost ist vorwiegend lactovegetabil. Bei der Auswahl der Nahrungsmittel (siehe unten) ist auf die Sicherung der ausreichenden Zufuhr von biologisch hochwertigem Eiweiß sowie von Kalzium und Eisen zu achten.

Folgende Nahrungsmittel sind bei ballaststoffreicher Kost zu meiden

- helles Mehl (Weizenmehl, Type 405 und 550, Roggenmehl, Type 815 und 997), Weizen-, Kartoffel- und Maisstärke sowie daraus hergestellte Lebensmittel wie Weißbrot, Brötchen, Toastbrot, Kuchen und Torten, Teigwaren und Fertiggerichte, Schmelzflocken und Popcorn,
- geschälter (weißer) Reis und daraus hergestellte Speisen,
- Rohrzucker und zuckerhaltige Speisen wie alle Arten von Süßspeisen einschließlich Pudding und Geleespeisen, Honig, Konfitüre (ausgenommen Konfitüre, die ausschließlich mit Süßstoff gesüßt ist), süße, industriell hergestellte Brotaufstriche, Schokolade, Pralinen und andere Süßwaren,
- bei Milch und Milchprodukten sind vorrangig (ungesüßte) Sauermilcherzeugnisse (Joghurt, Kefir, Dickmilch, Speisequark) einzusetzen.

8.4.3.2 Ballaststoffarme Kost

Bei einer Reihe von Erkrankungen des Magen-Darm-Trakts wird eine ballaststoffarme Kost verabreicht. Damit soll versucht werden, den Darm durch das klein gehaltene Volumen der aufgenommenen Nahrung zu entlasten. Das trifft in besonderem Maße auf solche Erkrankungen des Darms zu, die von Resorptionsstörungen begleitet sind (Malabsorption). Mit ballaststoffarmer Kost kann versucht werden, den Einsatz von industriell gefertigten Formeldiäten zu umgehen.

Prinzipielle Gesichtspunkte bei ballaststoffarmer Kost

- Weitgehende Sicherung der Zufuhr aller Nährstoffe: Die Kost ist relativ reich an Eiweiß, in Ausnahmefällen 100 bis 120 g, und an leicht resorbierbaren Kohlenhydraten. Sie ist verhältnismäßig fettarm und flüssigkeitsreich.
- Die Ballaststoffzufuhr soll maximal 10 g betragen, blähende Lebensmittel sind zu meiden.
- Die Kost besteht weitgehend aus fettarmen tierischen Lebensmitteln (Fleisch, Fisch, Eier, entrahmte Milch und Käse).

- Die Flüssigkeitszufuhr soll mindestens 2,5 l betragen, auf die ausreichende Zufuhr von Mineralstoffen ist zu achten. Die Kochsalzmenge ist nicht zu beschränken, sie kann 6 bis 10 g pro Tag betragen, falls sie nicht von seiten des Arztes begrenzt wird.
- Bei einer (oft) bestehenden Milchzuckerunverträglichkeit ist die Lactoseaufnahme zu limitieren oder vollkommen zu unterlassen.
- Die Vitaminversorgung kann in den meisten Fällen infolge der Begrenzung der Aufnahme von ballaststoffreichen Gemüsen und Obst nicht in ausreichendem Maße gewährleistet werden. Sie muß durch entsprechende Präparate (Anordnung des Arztes) ergänzt werden.
- In vielen Fällen ist eine Anreicherung der Nahrung mit Energieträgern erforderlich (Maltodextrin 19).

Folgende Nahrungsmittel sind bei ballaststoffarmer Kost zu meiden

- Vollkornerzeugnisse wie Schwarzbrot, Haferflocken, Cornflakes, Müsli, Knäckebrot, „Körnerbrote" (Leinsamen, Sonnenblumenkerne u. a.),
- ballaststoffreiche Gemüse, insbesondere grobblähende, wie Hülsenfrüchte, alle Kohlsorten sowie Sauerkraut, Rettiche und Radieschen, grüne Bohnen und Erbsen, Paprikaschoten,
- tierische Fette aller Art.

Bei der eingeschränkten Fettaufnahme ist auf die Zufuhr vor essentiellen Fettsäuren zu achten (vorwiegender Einsatz von pflanzlichen Fetten und Ölen). Bei Störungen in der Verdauung und Resorption der Fette (Steatorrhö = Fettstühle) sind die Koch- und Streichfette durch MCT-Fette zu ersetzen.

8.4.4 Ernährung bei Diabetes mellitus

Die Ernährung des Diabetikers muß der gestörten Verwertung der Kohlenhydrate infolge Fehlens von Insulin (Typ-1-Diabetes) oder einer verminderten Insulinempfindlichkeit (Typ-2-Diabetes) und der zusätzlichen Störungen im Intermediärstoffwechsel Rechnung tragen. Zielsetzung der Kost ist, zumindest beim Typ-2-Diabetiker, einen weitgehend ausgeglichenen Stoffwechsel möglichst ohne Insulinsubstitution zu erreichen und zu stabilisieren. Diese Kost unterscheidet sich bis auf gewisse Einschränkungen in der Auswahl der Lebensmittel und der Berechnung der aufgenommenen Kohlenhydrate nur unwesentlich von einer vollwertigen Ernährung. Besonderes Augenmerk gilt dabei der Höhe der Energiezufuhr, um ein ausgeglichenes Körpergewicht zu erhalten bzw. wiederherzustellen. Die Kost des Diabetikers muß als Dauerkost alle Anforderungen erfüllen, die an eine gesunde Ernährung gestellt werden.

Bei einer erforderlichen Substitution mit Insulin (Spritzen von Insulin) muß das Ernährungsregime und die Nährstoffzufuhr auf die Insulingabe abgestimmt werden. Da es verschiedene Formen der Einstellung gibt, bei denen auch verschiedene, unterschiedlich lang wirkende Insulinpräparate eingesetzt werden, ist in diesen Fällen die Kost konsequent auf die Insulintherapie abzustimmen. Die entsprechenden Kostpläne werden dann individuell an Hand der Vorgaben des Arztes erarbeitet.

8.4.4.1 Allgemeine Gesichtspunkte

Nahrungsenergie

Die Energieaufnahme ist dem Bedarf exakt anzupassen, der individuell ermittelt werden muß. Dabei ist nicht nur die körperliche Aktivität, sondern auch das Sollgewicht zugrunde zu legen.

Bei bestehendem Übergewicht (insbesondere beim Typ-2-Diabetes, etwa 80 % aller Diabetiker dieses Typs sind übergewichtig) muß eine Gewichtsreduktion erfolgen. Die Normalisierung des Körpergewichts ist bei diesen Diabetikern die wichtigste therapeutische Maßnahme. Dabei kommt einer regelmäßigen Bewegungstherapie eine ebenso große Bedeutung zu wie der hypokalorischen Ernährung. Die Reduktion des Körpergewichts verbessert die Insulinempfindlichkeit und trägt damit auch zur Senkung des erhöhten Blutzuckerspiegels bei.

Nährstoffrelation und Verteilung auf die Mahlzeiten

Die Relation der Nährstoffe (Energieinhalt) sollte in der Regel nicht von den üblichen Verteilungsmustern für eine vollwertige Ernährung abweichen (etwa 12 bis 15 % Eiweiß, maximal 30 % Fett und 45 bis 55 % Kohlenhydrate). Besonders zu vermeiden ist eine überhöhte Fettzufuhr. Eine Abweichung von diesen Nährstoffrelationen kann jedoch in Sonderfällen, bei zusätzlich auftretenden Komplikationen oder Erkrankungen erforderlich werden.

Notwendige Abweichungen von diesen Richtwerten betreffen hauptsächlich den Eiweißanteil. Dieser sollte generell relativ niedrig gehalten werden, um das Auftreten von Nierenschädigungen als mögliche Form von Spätkomplikationen weitgehend zu vermeiden. Sollte eine Nephropathie vorliegen, muß die Eiweißzufuhr stark eingeschränkt werden (bis auf 10 %). Bei einer Reduktionskost wird dagegen der Eiweißanteil relativ hoch liegen (bis maximal 20 %), falls nicht die Eiweißzufuhr infolge bestehender Komplikationen ebenfalls gedrosselt werden muß. In diesen Fällen erhöht sich der Fettanteil der Kost als Resultat der Eiweißeinschränkung bis auf maximal 35 %.

Die Nahrungsaufnahme ist auf mindestens 5 bis 6 Mahlzeiten zu verteilen. Auf die Einnahme einer Spätmahlzeit ist besonders zu achten, da wegen des bestehenden biologischen Tagesrhythmus am Abend eine höhere Insulinempfindlichkeit besteht. Die unbedingt notwendige Spätmahlzeit gilt ganz besonders für Diabetiker, die Insulin spritzen.

Fette

Die Fettzufuhr ist möglichst niedrig zu halten, da beim Diabetiker ein erhöhtes arteriosklerotisches Risiko besteht. Bei der Auswahl der Nahrungsfette muß besonders konsequent auf die Einhaltung der empfohlenen Relationen von gesättigten, einfach und mehrfach ungesättigten Fettsäuren geachtet werden. Es ist anzustreben, daß der Anteil an Ölsäure an den Nahrungsfetten mehr als $^1/_3$ ausmacht, der Anteil der gesättigten Fettsäuren sollte tunlichst unter $^1/_3$ gesenkt werden. Eine möglicherweise notwendige Erhöhung der Fettzufuhr (bei Untergewicht) soll nur durch ölsäurereiche Fette und Öle erfolgen (Rapsöl, Olivenöl).

Kohlenhydrate

Die Kohlenhydrate sind weitgehend als Polysaccharide in Form von ballaststoffreichen Nahrungsmitteln aufzunehmen. Ballaststoffe verbessern gleichzeitig die Glucosetoleranz. Für die Auswahl der kohlenhydrathaltigen Lebensmittel ist der glykämische Index eine gute Orientierungshilfe. Lebensmittel mit einem niedrigen glykämischen Index sind besonders geeignet (siehe Kap. 7.6.3.5.3 und Tabelle 7.6.2).

Eine rein rechnerische Bewertung des glykämischen Indexes und eine davon abgeleitete mengenmäßige Empfehlung für die Aufnahme bestimmter kohlenhydrathaltiger Lebensmittel ist zumindest zum gegenwärtigen Zeitpunkt nicht möglich. Die Werte für den glykämischen Index, die bei stoffwechselgesunden Personen und Diabetikern erhoben werden, unterscheiden sich in geringem Maß, und die Abweichungen sind nicht einheitlich.

Die Aufnahme von schnell resorbierbarem Zucker (Glucose, Rohrzucker, Malzzucker) sollte weitgehend vermieden werden. Ein generelles Verbot ist nicht mehr zu vertreten. Allerdings gilt es nach wie vor bei bestehendem Übergewicht und schlecht einstellbarem Typ-1-Diabetes. In Ausnahmefällen, die vom Arzt ausdrücklich genehmigt werden müssen, können kleine Mengen von Zucker oder Honig (5 bis 15 g) zum Süßen von Speisen toleriert werden. Als Süßungsmittel von Getränken sollte jedoch Zucker konsequent gemieden werden, da Getränke den Magen rasch passieren und der Zucker umgehend resorbiert wird (gesüßter Kaffee oder Tee, gesüßte Limonaden oder Cola-Getränke).

Kalkulation der Kohlenhydrataufnahme

Die Aufnahme von Kohlenhydraten muß kalkuliert werden. Sie müssen, insbesondere bei insulinpflichtigen Diabetikern, auf die einzelnen Mahlzeiten entsprechend den Vorgaben des Arztes aufgeschlüsselt werden. Die Kohlenhydrate werden in Gramm (g) berechnet und als Einheiten angegeben.

Folgende Maßeinheiten können für die Berechnung der Kohlenhydrataufnahme benutzt werden:

- Broteinheit (BE)
  1 BE entspricht 12 g Kohlenhydraten (Kohlenhydratmenge, die in einer Scheibe Brot enthalten ist).
  Die BE entspricht den Festlegungen der Diät-Verordnung und wird deshalb in der Bundesrepublik den Berechnungen vorwiegend zugrunde gelegt.
- Kohlenhydrateinheit (KHE)
  1 KHE entspricht 10 g Kohlenhydraten.
- Kohlenhydrat-Schätzwert (KH-Schätzwert)
  1 KH-Schätzwert entspricht 10 bis 12 g Kohlenhydraten.
  Der KH-Schätzwert wird von der Deutschen Diabetesgesellschaft als die für die Praxis am besten geeignete Berechnungseinheit angesehen. Diese Einschätzung basiert auf der Tatsache, daß ein äußerst genaues Abwiegen aller Lebensmittel in der Praxis nicht realisierbar ist, insbesondere von Diabetikern, die sich ihre Kost selbst zusammenstellen und zubereiten. Mit Vorgaben, die keine vertretbare Schwankungsbreite aufweisen, wird eine nicht vorhandene Genauigkeit vorgetäuscht. Außerdem muß berücksichtigt werden, daß im Kohlenhydratgehalt der Lebensmittel und im Kohlenhydratstoffwechsel der einzelnen Patienten als Folge einer generell bestehenden biologischen Schwankungsbreite zusätzliche Abweichungen vom Durchschnittswert auftreten.

Zuckeraustauschstoffe

Zuckeraustauschstoffe können beim norm- oder untergewichtigen Diabetiker als Ersatz von rasch resorbierbaren Zuckern eingesetzt werden. Sie sind jedoch bei der Berechnung der Kohlenhydratzufuhr voll zu berücksichtigen. Sie erhöhen zwar den Blutzuckerspiegel praktisch nicht (Ausnahme größere Mengen an Fructose), liefern aber beim Verbrennen Energie (bis zu16 kJ = 4 kcal pro g). Ihre tägliche Zufuhr ist zu begrenzen (Fructose maximal 60 g, Sorbit und Xylit sowie Mannit maximal 30 bis 40 g), bei höheren Dosen muß wegen der langsamen Resorption und der damit verlängerten Verweildauer der Zuckeraustauschstoffe im Darm mit dem Auftreten von Durchfällen gerechnet werden. Fructose kann außerdem, in größeren Mengen aufgenommen, indirekt zur Erhöhung des Blutzuckerspiegels beitragen, da sie in hoher Konzentration in der Leber den Abbau der Glucose verzögert und in sehr seltenen Fällen sogar teilweise in Glucose umgewandelt werden kann (Glucoseneubildung aus den Triosephosphaten (3er-Zucker), die beim Fructoseabbau gebildet werden).

Im Rahmen der EU-Harmonisierung sind die Brennwerte der Zuckeraustauschstoffe neu festgelegt und gleichzeitig die Zuckeraustauschstoffe der sog. 2. Generation zugelassen worden. Unter Zuckeraustauschstoffen der 2. Generation versteht man die Disaccharidalkohole Maltit, Lactit und Isomalt. Nach dieser neuen Festlegung ist nur noch für die Fructose ein Brennwert von 16 kJ (4 kcal) pro g anzusetzen, für alle anderen Austauschstoffe der 1. und 2. Generation einheitlich der Wert von 10 kJ (2,4 kcal) pro g. Nach der Diät-Verordnung sind jedoch für Sorbit und Xylit zur Zeit (2000) noch 16 kJ (4 kcal) zu berechnen. Bei einem nur gelegentlichen und geringen Einsatz von Zuckeraustauschstoffen spielen diese geringen Differenzen in der Praxis kaum eine Rolle.

Alkohol

Alkohol sollte möglichst gemieden werden. Er hat einen beträchtlichen Energieinhalt und begünstigt außerdem die Synthese von Fettsäuren. Somit kann er zu erhöhten Blutfettwerten beitragen und durch seinen hohen Brennwert das Entstehen von Übergewicht fördern. Nach Alkoholgenuß kann es kurzzeitig zu einer leichten Senkung des Blutzuckerspiegels kommen.

Bei gut eingestelltem Diabetes kann Alkohol, falls vom Arzt erlaubt, unter Beachtung folgender Gesichtspunkte in begrenztem Umfang konsumiert werden: Die gelegentliche tägliche Aufnahme sollte auf keinen Fall 20 g (Männer) bzw. 10 g (Frauen) übersteigen. Alkohol sollte nur während oder kurz nach einer kohlenhydratreichen Mahlzeit getrunken werden, niemals auf nüchternen Magen oder am späten Abend als Schlaftrunk (Gefahr des Entstehens einer Hypoglykämie). Zuckerhaltige alkoholische Getränke (Liköre, süße und halbtrockene Weine sowie Schaumweine [auch trockener Sekt], normales Bier) sind strikt zu meiden. Geeignet sind, falls vom Arzt erlaubt, Diabetikerbiere und trockene Weine (möglichst mit weniger als 4 g Restzucker pro l = Diabetikerwein nach der Diät-Verordnung, im Ausnahmefall trockene Weine, die maximal bis zu 9 g Restzucker enthalten dürfen) sowie Schaumwein für Diabetiker oder Sekt extra dry oder brut. Bei bestehendem Übergewicht, erhöhten Blutfettwerten sowie bei gehäuftem Auftreten von Hypoglykämien ist Alkohol verboten.

Kochsalz

Kochsalz ist äußerst sparsam zu verwenden, die tägliche Zufuhr sollte 5 bis maximal 7 g nicht übersteigen. Es begünstigt das Entstehen von Bluthochdruck, der wiederum die Ausbildung von arteriosklerotischen Veränderungen und damit das Entstehen von diabetischen Spätschäden begünstigt.

Diätetische Lebensmittel

Spezielle diätetische Lebensmittel, die für Diabetiker konzipiert sind, können die Kostplangestaltung erleichtern, für ihren Einsatz gibt es jedoch keine zwingende ernährungsphysiologische Grundlage. Es handelt sich bei diesen Diäterzeugnissen vorwiegend um Lebensmittel, bei denen Rohrzucker durch Zuckeraustauschstoffe oder/und Süßstoffe ersetzt ist. Bei der Verwendung von Diäterzeugnissen mit Zuckeraustauschstoffen müssen diese bei der Berechnung der Kohlenhydrate berücksichtigt werden.

Süßstoffe

Süßstoffe (Zuckerersatzstoffe) können ohne Einschränkung eingesetzt werden. Zu beachten ist, daß Aspartam (sowie die neuen Süßstoffe Thaumatin [Talin®] und Monellin) nicht hitzebeständig ist und deswegen nicht zum Kochen oder Backen verwendet werden kann. Darüber hinaus enthält Aspartam die Aminosäure Phenylalanin. Aus diesem Grund ist der Verzehr von Aspartam bei bestehender Phenylketonurie verboten (siehe Kap. 7.6.6.2).

Trinkflüssigkeit

Auf die ausreichende Flüssigkeitszufuhr ist zu achten, insbesondere bei einer Reduktionskost für übergewichtige Diabetiker. Sie sollte 2 bis 2,5 l pro Tag betragen.

8.4.4.2 Anrechnung von Kohlenhydraten

Entsprechend der Art und Konzentration der Kohlenhydrate in den einzelnen Lebensmitteln sowie der Geschwindigkeit, mit der sie im Organismus verwertet werden, sind die kohlenhydrathaltigen Lebensmittel in insulinabhängige und insulinunabhängige Kohlenhydratträger unterteilt.

Insulinabhängige Kohlenhydratträger

Die in insulinabhängigen Kohlenhydratträgern enthaltenen Kohlenhydrate müssen bei der Berechnung der einzelnen Mahlzeiten und des Tageskostplans berücksichtigt werden. Dieser Gruppe werden solche Lebensmittel zugeordnet, die größere Mengen an Kohlenhydraten enthalten und zu einer relativ raschen Erhöhung des Blutzuckerspiegels beitragen. Zu diesen Kohlenhydratträgern gehören 4 bzw. 5 verschiedene Gruppen von Lebensmitteln:

1. Getreide und Getreideerzeugnisse einschließlich Brot und Backwaren,
2. Milch und Milcherzeugnisse (Quark und Käse werden dieser Gruppe nicht zugerechnet, da bei ihnen der Milchzucker zum Großteil mit der Molke entfernt bzw. bei der Käsereifung abgebaut wurde),
3. Obst,
4. Kartoffeln (einschließlich Hülsenfrüchte und Mais sowie Maronen und Pinienkerne),
5. Zuckeraustauschstoffe (als Energielieferanten).

Die Zuordnung zu unterschiedlichen Gruppen erfolgt aus ernährungsphysiologischen Gesichtspunkten. Die Berücksichtigung von Lebensmitteln aus allen Gruppen bei der Kostplangestaltung garantiert eine weitgehend ausgeglichene Ernährung, da sich diese bei der Bereitstellung von essentiellen Nahrungsfaktoren gegenseitig ergänzen.

Die Verteilung der einzelnen insulinabhängigen Kohlenhydratträger (in BE) der einzelnen Gruppen auf den Tageskostplan sollte nachstehenden Empfehlungen folgen:

1. mindestens 1 Milch-BE (Sicherung der Versorgung mit Kalzium und biologisch hochwertigem Eiweiß),
2. mindestens 2, aber (in der Regel) maximal 3 Kartoffel-BE,
3. 20 bis 30 % der Gesamt-BE sollten durch Obst gedeckt werden,
4. die restlichen BE sind durch Getreide und Getreideerzeugnisse zu decken.

Die Vorgabe der BE für die einzelnen Gruppen ist im Tageskostplan einzuhalten, innerhalb des Tageskostplans (Aufteilung auf die einzelnen Mahlzeiten) kann zwischen den Gruppen 1 bis 4 beliebig ausgetauscht werden.

Die Berechnung der entsprechenden Menge des Lebensmittels kann mit Hilfe von Nährwerttabellen erfolgen, wobei die Benutzung von Kohlenhydrat-Austauschtabellen diese Arbeit beträchtlich erleichtert. In der Praxis empfiehlt sich der Einsatz von geeigneten PC-Programmen oder Kostplankarteien.

Insulinunabhängige Kohlenhydratträger

Die meisten Gemüse sind insulinunabhängige Kohlenhydratträger, da ihr Gehalt an verwertbaren Kohlenhydraten relativ gering ist. Die meist ballaststoffreichen Gemüse werden außerdem im Magen-Darm-Trakt nur langsam aufgeschlossen, wodurch die Resorption der freigesetzten Glucose nur verzögert erfolgt und somit der Blutzuckerspiegel kaum beeinflußt wird. Der glykämische Index dieser Gemüse ist daher sehr niedrig, und es erübrigt sich eine Anrechnung ihrer Kohlenhydrate. Das gilt jedoch nicht uneingeschränkt. Einige Gemüse müssen generell oder ab einer bestimmten Menge bei der BE-Berechnung berücksichtigt werden.

Als grobe Orientierung gelten folgende Werte:

- Gemüse mit einem sehr geringen Kohlenhydratgehalt (weniger als 5 g/100 g) können bis zu einer Gesamtmenge von 500 g ohne Berechnung in den Speiseplan aufgenommen werden (die meisten Kohlsorten und Salate, Pilze, Spargel, Paprika, Spinat, Tomaten, Gurken u. a.). Da ein Verzehr von größeren Mengen als angegeben nicht möglich ist, können diese Gemüse generell unberücksichtigt bleiben.

- Gemüse mit einem Kohlenhydratgehalt von mehr als 10 g/100 g Frischgewicht müssen bei der Berechnung teilweise berücksichtigt werden. Die wichtigsten Vertreter dieser Gruppe sind Hülsenfrüchte, Mais, grüne Erbsen, Maronen und Pinienkerne.
  – Portionen, die kleiner als 200 g sind, müssen in der Regel nicht angerechnet werden,
  – Portionen, die größer als 200 g sind, müssen unter Berücksichtigung ihres unterschiedlich hohen Kohlenhydratgehalts in die Berechnung einbezogen werden.

Nach einer differenzierteren Einteilung können die einzelnen Gemüsesorten entsprechend ihres Kohlenhydratgehalts (KH) in 4 Gruppen eingeordnet werden. Diese Einordnung ist für die Praxis kaum von Bedeutung.

- *Gruppe 1 (KH-Gehalt bis 5 g/100 g Frischgewicht)*
  Zu dieser Gruppe gehören die meisten Gemüse (alle, die nicht in den Gruppen 2, 3 und 4 aufgeführt sind).
  Sie können ohne Bedenken bis zu 500 g pro Tag verzehrt werden.
- *Gruppe 2 (KH-Gehalt 5 bis 8 g/100 g Frischgewicht)*
  Möhren und Karotten, Zwiebeln, grüne und gelbe Bohnen, Fenchel, Kohlrüben und Steckrüben.
  Die Tagesportion dieser Gemüse sollte jedoch insgesamt 200 g nicht überschreiten.
- *Gruppe 3 (KH-Gehalt 8 bis 10 g/100 g Frischgewicht)*
  Rote Bete.
  Die Tagesportion sollte 100 g nicht überschreiten.
- *Gruppe 4 (KH-Gehalt über 10 g/100 g Frischgewicht)*
  Hülsenfrüchte, grüne Erbsen, Zuckermais (Maronen, Pinienkerne).
  Diese Gemüse müssen bei der BE-Berechnung berücksichtigt werden. Kleinere Mengen (20 bis 50 g) an grünen Erbsen und Zuckermais (Garnituren) können vernachlässigt werden.

8.4.4.3 Aufstellung des Tageskostplans

Bei der Aufstellung des Tageskostplans und Verteilung der Kohlenhydratzufuhr (BE-Verteilung) auf die einzelnen Mahlzeiten ist zweckmäßigerweise nach folgenden Prinzipien vorzugehen:

1. Ermittlung des Energiebedarfs:
   Der individuelle Energiebedarf ist unter Berücksichtigung des Ernährungszustands und der körperlichen Arbeit zu ermitteln (siehe Kap. 11.1).

Es ist zweckmäßig, dabei vom Grundumsatz auszugehen und diesem entsprechende Zuschläge für den Leistungszusatz hinzuzurechnen. Die sicherste Grundlage ist ein exakt bestimmter Grundumsatz, der aber nur in den wenigsten Fällen ermittelt wird (Patienten mit Stoffwechselstörungen). Andernfalls ist der durchschnittliche Grundumsatz unter Berücksichtigung von Körpergewicht, Alter und Geschlecht rechnerisch zu ermitteln. Auch ein möglicherweise bestehendes Übergewicht ist zu berücksichtigen.

Für unterschiedlich schwere körperliche Tätigkeiten können näherungsweise folgende Zuschläge als Leistungsumsatz veranschlagt und zum Grundumsatz zugerechnet werden (in Prozent der Höhe des Grundumsatzes):

Bettruhe	10
leichte körperliche Tätigkeit (Büroarbeit und vergleichbare Tätigkeiten)	40 bis 50
mittelschwere körperliche Tätigkeit (Hauswirtschaft, handwerkliche Berufe)	80 bis 90
schwere körperliche Tätigkeit (Maurer und ähnliche Berufe, Leistungssportler)	100 bis 140

Bei übergewichtigen Diabetikern ist eine Reduktion der Energiezufuhr erforderlich. Diese wird in der Regel, besonders bei älteren Patienten, mit einer gemäßigten hypokalorischen Kost angestrebt. Auf Grund des relativ geringen Energiebedarfs von älteren Menschen, der durch die geringe körperliche Tätigkeit und durch die oft bestehende Bewegungsarmut besonders niedrige Werte aufweist, ist eine schnelle Senkung des erhöhten Körpergewichts nicht möglich. Eine drastische Reduzierung der Energieaufnahme und eine größere negative Energiebilanz birgt insbesondere beim Diabetiker die Gefahr, die Regulation der Stoffwechselleistungen ernsthaft zu gefährden (einige Stoffwechselleistungen sind bereits durch die diabetische Stoffwechsellage stark beansprucht). Das betrifft insbesondere bereits bestehende erhöhte Blutfettwerte, die bei einer zu raschen Mobilisierung von Depotfett noch weiter ansteigen und damit zu einer Verstärkung des bereits bestehenden arteriosklerotischen Risikos führen können. Das Ausmaß der Energiereduktion und damit die Höhe des Energiebedarfs wird in der Regel vom Arzt oder von der Diätberatung vorgegeben.

2. Berechnung der Nährstoffmengen
An Hand der vorgegebenen Energiezufuhr und auf der Basis der empfohlenen (oder vom Arzt vorgegebenen) Nährstoffrelationen werden die mit der Tageskost aufzunehmenden Nährstoffe (Kohlenhydrate, Fette, Eiweiße) berechnet. Die ermittelten Kohlenhydratmengen werden in BE umgerechnet. Dabei darf nicht vergessen werden, die Kohlenhydrate, die in nicht anzurechnendem Gemüse enthalten sind (die bei

der Berechnung BE unberücksichtigt bleiben, siehe oben), als kohlenhydrathaltige Energieträger zu berücksichtigen. In vielen Fällen genügt es, den Kohlenhydratgehalt dieser Gemüse näherungsweise mit etwa 15 bis 20 g zu veranschlagen.

An Hand einer Tabelle für die Verteilung von Nährstoffen und BE auf der Basis der Energiezufuhr kann diese Berechnung wesentlich vereinfacht werden (siehe Tabelle 8.4.1). Zu beachten ist, daß eine solche Tabelle nur für die in ihr angegebenen Nährstoffverteilungen zutreffend ist. Werden andere Nährstoffverteilungen vorgegeben, so sind die BE, wie oben angegeben, neu zu berechnen. Das Aufstellen einer eigenen Tabelle kann die Arbeit erleichtern.

Tabelle 8.4.1:
Nährstoff- und BE-Verteilung in der Tageskost unter Berücksichtigung der Energiezufuhr

Energie		Kohlenhydrate			Ballaststoffe	Protein		Fett	
[kJ]	[kcal]	[BE]	[g]	[%]*	[g]	[g]	[%]*	[g]	[%]*
4200	1000	**9**	120	48	20	60	24	31	30
5000	1200	**11**	145	49	25	60	20	40	31
6300	1500	**13**	175	48	30	65	18	55	34
7600	1800	**17**	220	50	35	70	16	65	34
8400	2000	**19**	245	50	38	75	15	75	35
9200	2200	**21**	270	51	40	80	15	80	34
10000	2400	**24**	300	52	45	90	15	85	33

* Energieprozente

3. Erstellung des Tagesspeiseplans
   - Aufteilung der BE auf die einzelnen Mahlzeiten

   Bei der Erstellung des Tagesspeiseplans (mindestens 6 Mahlzeiten) sind zunächst die BE möglichst gleichmäßig auf die einzelnen Mahlzeiten zu verteilen, wobei die Hauptmahlzeiten und insbesondere die letzte Abendmahlzeit besonders berücksichtigt werden sollten. Eine reichlichere Kohlenhydratzufuhr mit der Spätmahlzeit ist erforderlich, da die Insulinwirkung in der Nacht auf Grund des bestehenden biologischen Tagesrhythmus effektiver ist (besonders wichtig bei Diabetikern, die Insulin spritzen). Auch hier erleichtern Tabellen die tägliche Arbeit (siehe Tabelle 8.4.2).

Tabelle 8.4.2:
Verteilung der BE auf 6 Mahlzeiten

BE insgesamt	9	11	13	17	19	21	24
1. Frühstück	1	2	3 (2)	3	3,5 (3)	3,5 (4)	4,5 (4)
2. Frühstück	2	2	2 (3)	3	3 (3,5)	4 (3,5)	4 (4,5)
Mittagessen	2	2	3	3,5	3,5	4	5
Vesper	1	1,5	1,5	2	2,5	3	3
Abendessen	2	2	2	3,5	3,5	3,3	4,5
Spätmahlzeit	1	1,5	1,5	2	3	3	3

- Aufteilung der BE auf die einzelnen anrechnungspflichtigen Kohlenhydratträger
  Bei der Kostplanaufstellung sind alle Gruppen der anrechnungspflichtigen Kohlenhydratträger anteilig zu berücksichtigen, um eine vollwertige Ernährung zu gewährleisten. Innerhalb der einzelnen Gruppen kann ausgetauscht werden, allerdings sollten mindestens 1 BE Milch und Milcherzeugnisse, maximal 3 BE Kartoffeln sowie 3 bis 5 BE Obst berücksichtigt werden. Bei Brot und Getreideerzeugnissen kann die BE-Zuteilung im Rahmen des Tageskontingents großzügiger erfolgen. Zuckeraustauschstoffe sollten möglichst gemieden werden. Werden sie trotzdem in den Kostplan aufgenommen, so müssen die entsprechenden BE von den Brot-BE abgezogen werden. Auch hier erleichtert eine Tabelle, die den jeweiligen Diätvorgaben angepaßt werden muß, die tägliche Arbeit (siehe Tabelle 8.4.3).

Tabelle 8.4.3:
Verteilung der BE auf die einzelnen Gruppen der anrechnungspflichtigen Kohlenhydrate

Gesamt-BE	Getreide(Brot)-BE	Milch-BE	Obst-BE	Kartoffel-BE
9	4	1	3	1
11	5	1	3	2
13	5	1	4	3
17	6	1,5	5	3,5
19	7,5	1,5	5,5	4,5
21	8,5	2	5,5	5
24	10	2	7	5

- Berechnung des Nährstoffgehalts und der BE in den einzelnen Mahlzeiten
  Die Berechnung erfolgt wie üblich an Hand von Nährstofftabellen. Besondere Kohlenhydrat-Austauschtabellen bzw. PC-Programme erleichtern diese tägliche Arbeit beträchtlich.
- Auswahl der Lebensmittel
  Bei der Auswahl der Lebensmittel für die Diabetikerkost sind keine besonderen Anforderungen im Sinne eines bevorzugten Einsatzes von diätetischen Lebensmitteln (für Diabetiker) erforderlich. Der Einsatz von ausgewählten Diätlebensmitteln erleichtert jedoch die Aufstellung des Kostplans und die Durchführung der Diät. Das betrifft insbesondere solche Lebensmittel, deren Standarderzeugnisse für den Diabetiker verboten sind, wie Diabetikerkonfitüre (mit Fructose oder Süßstoff gesüßt) oder fertige Backmischungen für Diabetikerkuchen. Die in diesen diätetischen Lebensmitteln enthaltenen Zuckeraustauschstoffe müssen bei der Berechnung der BE berücksichtigt werden. Ballaststoffreiche Diätlebensmittel (Guarkernmehl) sind besonders zu empfehlen, da Ballaststoffe die Resorption der Glucose aus den aufgespaltenen Kohlenhydratträgern verzögern.

Die Arbeit in der Küche wird wesentlich durch den Einsatz von Portionspackungen erleichtert (Wegfallen des genauen Auswiegens). Portionsabpackungen gewährleisten außerdem die Aufnahme der korrekten Mengen.
Ein wesentlicher Teil der geeigneten Diätprodukte ist in „ProDiät" aufgeführt. Auch Diäterzeugnisse für Diabetiker, die in „ProDiät" nicht aufgeführt sind, können eingesetzt werden (deklarierte Zusammensetzung exakt beachten!).

Zu meidende Lebensmittel und Speisen

1. Zu meiden sind alle rasch resorbierbaren Zucker sowie Lebensmittel und Speisen, die rasch resorbierbare Zucker enthalten* wie

   - Zucker, Honig, handelsübliche Konfitüren, Gelees, gezuckerte Kondensmilch,
   - alle Arten von Süßigkeiten wie beispielsweise Schokolade, Pralinen, Marzipan, Nugat, Krokant, Bonbons, zuckerhaltige Kaugummis,
   - mit Zucker hergestellte Backwaren wie Kuchen und Torten, Kekse und Kleingebäck, süße Brötchen, süßer Zwieback,
   - mit Zucker gesüßte Getränke wie handelsübliche Limonaden, „klassische" Cola-Getränke, Obstsäfte, Fruchtsaftgetränke, mit Fruchtsirup zubereitete Getränke, Malzbier,
   - alkoholische Getränke mit Restsüße oder Zuckerzusatz wie Liköre, Dessertweine, Aperitifs (Martini, Cinzano), alle Weiß- und Rotweine (ausgenommen Diabetikerweine mit einer Restsüße von weniger als 4 g/l sowie in Ausnahmefällen trockene Weine mit einer Restsüße unter 9 g/l), Schaumweine einschließlich trockener Sekt (ausgenommen extra dry oder brut), alle Sorten von Bier,
   - Obstsorten mit einem relativ hohen Glucoseanteil wie Ananas, Bananen, Heidelbeeren, Mirabellen, Reineclauden, Litschis, Weintrauben,
   - handelsübliche Obstkonserven (alle Obstsorten) mit Zuckerzusatz,
   - Trockenfrüchte wie Datteln, Feigen, Rosinen und Korinthen, Backobst.
2. Handelsübliche Fertigprodukte, bei denen die Zutatenliste eine exakte Aussage über die Menge der eingesetzten Nährstoffe entsprechend der Kennzeichnungsverordnung (Quid-Verfügung), nicht zuläßt (auch Produkte ohne Angabe eines Zuckerzusatzes)

   Kartoffelfertigprodukte, Fertigsuppen und andere Convenience-Produkte, die nicht ausdrücklich als Diäterzeugnisse für Diabetiker ausgewiesen und deren Bestandteile nicht eindeutig deklariert sind (auch tisch- und verzehrfertige Gerichte mit Fleisch, Fisch, Gemüse).

---

* Die Aufnahme von geringen Mengen an rasch resorbierbaren Zuckern mit zubereiteten Speisen wird neuerdings toleriert, nicht aber in Form von mit Zucker gesüßten Getränken.

3. Hartschalenobst

   Alle Sorten von Nußkernen, süße Mandeln und Kokosnüsse (in Form von Kokosraspeln); diese Lebensmittel enthalten neben unterschiedlichen Mengen an rasch resorbierbaren Kohlenhydraten eine beträchtliche Menge an Fetten.

4. Fettreiche Lebensmittel jeglicher Art

   Mayonnaise, Sahneerzeugnisse einschließlich Schlagsahne, fette Soßen, Bratkartoffeln und in schwimmendem Fett gebackene Speisen, fette Fleisch- und Fischgerichte sowie fette Wurst- und Käsesorten.

   Von diesem Verbot ist der gelegentliche Verzehr von kleinen Mengen fettreicher Seefische nicht betroffen (Aufnahme von ω-3-Fettsäuren).

8.4.5 Diäten bei Hyperlipoproteinämien

Ein Großteil der Hyperlipoproteinämien ist durch Übergewicht als Ergebnis einer Fehlernährung bedingt oder Begleitkrankheit eines Diabetes mellitus. Die Hauptgefahr der Hyperlipoproteinämie ist die Begünstigung und Beschleunigung von arteriosklerotischen Veränderungen. Die diätetischen Maßnahmen zur Normalisierung der erhöhten Blutfett- und Blutcholesterinwerte sind damit ein wesentlicher Beitrag für die Arterioskleroseprophylaxe.

Die Grundprinzipien der Ernährungstherapie zielen auf Gewichtsreduktion und Verringerung des Fett- und Cholesterinanteils in der Nahrung.

8.4.5.1 Grundsätzliche Gesichtspunkte der Ernährung bei Hyperlipoproteinämien

Energie

Die Energiezufuhr muß auf den Bedarf abgestimmt werden. Bei bestehendem Übergewicht ist eine konsequent eingehaltene, dem Ausmaß des Übergewichts angepaßte Reduktionskost erforderlich.

Der Anteil des Fetts ist besonders zu reduzieren, mindestens auf weniger als 30 %, möglichst aber auf 25 % der gesamten Energieaufnahme.

Fette

Vordringlich ist der Verzehr von Fetten mit gesättigten Fettsäuren zu reduzieren. Ihr Anteil sollte weniger als 30 % der gesamten Fettaufnahme betragen. Einfach ungesättigte Fettsäuren sollen mindestens 35 %, mehrfach ungesättigte Fettsäuren etwa 30 % (davon 75 bis 85 % ω-6-Fettsäuren und 15 bis 25 % ω-3-Fettsäuren) zur Versorgung beisteuern.

Deshalb sind als Koch- und Streichfette ausschließlich pflanzliche Fette und Öle zu verwenden (vorzugsweise Oliven- und Rapsöl sowie Sonnenblumen- und Weizenkeimöl). Bei Fleisch, Fleisch- und Wurstwaren ist auf verborgenes Fett zu achten. Die meisten Wurstsorten sind wegen ihres hohen Fettgehalts konsequent zu meiden. Auch fettreduzierte Wurstsorten („Du darfst") sollten nur gelegentlich verzehrt werden.

Cholesterin

Die Cholesterinaufnahme sollte 300 mg pro Tag nicht überschreiten, eine weitergehende Senkung unter diesen Wert ist anzustreben. Cholesterinreiche Lebensmittel wie Innereien und Eier sind zu meiden. Eier können durch cholesterinfreie Eiersatzprodukte (Diätprodukte) ersetzt werden.

Kohlenhydrate

Kohlenhydrate sollten etwa 55 % der Energiezufuhr abdecken und vorzugsweise mit ballaststoffreichen Lebensmitteln in Form von Polysacchariden (Stärke) aufgenommen werden. Rasch resorbierbare Zucker sind zu meiden, zumindest ist ihr Verzehr stark einzuschränken.

Bei der Ballaststoffzufuhr (etwa 35 g) sollten wasserlösliche Ballaststoffe (Pektine) durch den Verzehr von Obst besonders berücksichtigt werden.

Alkohol

Ein sehr begrenzter Alkoholkonsum kann nur ausnahmsweise und nach ärztlicher Rücksprache erlaubt werden. Kleine Alkoholmengen führen zu einer Erhöhung der HDL („gutes Cholesterin"). Die Höhe der Alkoholaufnahme sollte jedoch keinesfalls 20 g pro Tag (bei Männern) bzw. 10 g (bei Frauen) übersteigen. Größere Alkoholmengen bewirken neben den bekannten alkoholbedingten Schäden auch eine Erhöhung der LDL („schlechtes Cholesterin") und eine erhöhte Synthese von Neutralfett. Die positiven und negativen Effekte des Alkoholkonsums müssen aus diesem Grund gegeneinander abgewogen werden (siehe Kap. 3.6.3).

Bei der Entscheidung für eine geringe Alkoholkonsumption sollte der Alkohol in kleinen Portionen über den Tag verteilt konsumiert werden. Hochprozentige Alkoholika sind jedoch auf jeden Fall konsequent zu meiden. Zu bevorzugen ist Rotwein, um dabei gleichzeitig die Radikalfangeigenschaften der Flavonoide zu nutzen (siehe Kap. 3.7.3).

Vitamine

Auf die ausreichende Versorgung mit antioxidativen Vitaminen (Vitamin E und C) ist besonders zu achten, um damit der bestehenden Gefahr arteriosklerotischer Veränderungen (initiiert durch freie Sauerstoffradikale) entgegenzuwirken.

8.4.5.2 Diäten bei primären Hyperlipoproteinämien

Bei genetisch bedingten Stoffwechselstörungen, welche die Erhöhung einzelner Lipoproteine zur Folge haben, ist eine spezifische Diät erforderlich. Bei diesen Kostformen sind zu den generell gültigen Diätvorschriften für Hyperlipoproteinämien (siehe Kap. 8.4.5.1) noch zusätzliche Nahrungseinschränkungen erforderlich.

Typ I (isolierte Hyperchylomikronämie)

Bei der sehr seltenen Erkrankung sind die Chylomikronen beträchtlich erhöht. Ziel der diätetischen Behandlung muß es daher sein, durch eine weitgehende Einschränkung der Aufnahme von langkettigen Fettsäuren die Bildung von Chylomikronen in den Dünndarmzellen einzudämmen.

Folgende Grundprinzipien liegen der Ernährungstherapie zugrunde:

- Der Energieinhalt der Nahrung ist dem Bedarf anzupassen, bei bestehendem Übergewicht ist eine hypokalorische Kost einzuhalten,
- der Fettverzehr, insbesondere der Konsum tierischer Fette und von Fetten, die reich an langkettigen Fettsäuren sind (Bratfette), ist weitestgehend zu reduzieren, möglichst auf 10 bis 20 % der gesamten Energiezufuhr,
- die eingeschränkte Aufnahme von Fetten sollte sich überwiegend auf MCT-Fette (Streich- und Kochfett) sowie auf Fette und Öle beschränken, die reich an mehrfach ungesättigten Fettsäuren sind (5 bis 10 g linolsäurereiche Fette [Weizenkeim-, Sonnenblumen-, Diätöl bzw. Diätmargarine] und regelmäßiger Verzehr von kleinen Mengen an Seefettfischen). Die empfohlene Tagesration für MCT-Fette von maximal 30 g kann bei bestehendem Energiedefizit schrittweise erhöht werden,
- Alkoholkonsum ist möglichst zu meiden (Ausnahmefälle siehe oben),
- Verteilung der Nahrungsaufnahme auf mindestens 5 Mahlzeiten,
- Sicherung einer optimalen Versorgung mit antioxidativ wirkenden Vitaminen (Vitamin E und C) und Mikronährstoffen (reichlicher Verzehr von entsprechenden pflanzlichen Lebensmitteln).

Typ II (vorrangige Erhöhung der LDL)

Bei dieser Form der Hyperlipoproteinämie ist das Arterioskleroserisiko sehr hoch. Die erhöhten LDL-Werte sind auch durch eine drastische Reduzierung der Nahrungsfette schlecht zu beeinflussen. Durch eine vermehrte Fettaufnahme werden sie aber zusätzlich beträchtlich erhöht. Neben den prinzipiellen Richtlinien für eine Diät bei Hyperlipoproteinämien ist besonders auf die drastische Begrenzung der Fett- und Cholesterinzufuhr zu achten. Der Ballaststoffgehalt der Nahrung sollte möglichst hoch sein.

Typ III und IV (VLDL bzw. Abbaupartikel erhöht)

Bei diesen Formen der Hyperlipoproteinämie sind die Blutfett- und Cholesterinwerte zusätzlich dann erhöht, wenn die Leber in erhöhtem Maße Fette und Cholesterin synthetisiert, die anschließend in Form von VLDL in die Peripherie transportiert werden müssen. Deshalb ist neben einer fettarmen und cholesterinarmen Kost auf den Verzehr von rasch resorbierbaren Zuckern weitgehend zu verzichten. Die Kohlenhydratzufuhr sollte nahezu ausschließlich durch stärkehaltige ballaststoffreiche Lebensmittel erfolgen.

Typ V (Erhöhung von Chylomikronen und VLDL)

Dieser sehr selten vorkommende Typ der Hyperlipoproteinämie ist durch diätetische Maßnahmen äußerst schwer zu beeinflussen. Fette dürften im Prinzip überhaupt nicht verzehrt werden: Langkettige Fettsäuren erhöhen die Bildung von Chylomikronen und MCT-Fette die Bildung von VLDL.

Die Aufnahme von Fett muß sich deswegen auf die mengenmäßig begrenzte Aufnahme von mehrfach ungesättigten Fettsäuren beschränken. Dazu sind vorzugsweise Öle mit einem sehr hohen Anteil an mehrfach ungesättigten Fettsäuren (Safloröl = Distelöl, Weizenkeim-, Sonnenblumenöl) und in geringem Maße Seefettfische einzusetzen. Auch der Verzehr von rasch resorbierbaren Zuckern ist auf ein Minimum zu begrenzen.

8.5 Proteindefinierte Diäten

8.5.1 Proteineingeschränkte Diäten

Eine proteineingeschränkte Kost muß bei den nachfolgend aufgeführten Erkrankungen eingehalten werden:

- Lebererkrankungen, bei denen die Entgiftungsfunktion der Leber (Bildung von Harnstoff aus Ammoniak, Entgiftung der Abbauprodukte von bestimmten Aminosäuren) stark eingeschränkt ist (fortgeschrittenes Stadium der Leberzirrhose),
- Erkrankungen der Niere, bei denen die Ausscheidungsfunktionen für Harnstoff, für toxische Abbauprodukte bestimmter Aminosäuren und andere stickstoffhaltige Stoffwechselendprodukte (z. B. Creatinin) beträchtlich verringert ist (akutes Nierenversagen, akute Glomerulonephritis, bestimmte Formen der chronischen Glomerulonephritis und chronische Niereninsuffizienz).

Proteineingeschränkte Kost wird in der Regel auf der Basis einer leichten Vollkost zubereitet. Auf Grund der eingeschränkten Eiweißzufuhr ist die

Kost reich an Kohlenhydraten und in der Regel fettreicher als die „normale“ leichte Vollkost. Einer Fettanreicherung der Speisen sind jedoch wegen des hohen Sättigungswerts von fettreichen Mahlzeiten Grenzen gesetzt. Die Sicherung der Energiezufuhr muß daher in vielen Fällen durch die Anreicherung mit Maltodextrin 19 erfolgen.

Eine eiweißarme Diät ist in der Regel ballaststoffarm und relativ arm an Kalzium und Eisen, bedingt durch die bestehenden Einschränkungen in der Lebensmittelauswahl. Auch die Versorgung mit Vitaminen und Mineralstoffen kann nicht immer im gewünschten Umfang realisiert werden. Auf eine ausreichende Zufuhr von Vitaminen und Mineralstoffen muß daher besonders geachtet werden, gegebenenfalls ist der Arzt über diätbedingte Versorgungslücken zu informieren.

Beim Bestehen von zusätzlichen Erkrankungen bzw. speziellen Komplikationen, die ebenfalls eine spezielle, anders ausgerichtete Diät erfordern, muß die eiweißarme Kost diesen Diätanforderungen zusätzlich angepaßt werden. Es ergeben sich deshalb bei der Kostplangestaltung oft Probleme, die nur schwer zu lösen sind bzw. eine Ergänzung durch Energieanreicherung oder durch Vitamin- und Mineralstoffpräparate erforderlich machen:

- Energieangereicherte Kost
  Energieangereicherte Kost ist meist erforderlich wegen des allgemein schlechten Ernährungszustands der meisten Patienten, die eine eiweißarme Kost einhalten müssen (insbesondere bei Leberzirrhose bzw. chronischer Niereninsuffizienz).
- Kochsalzeingeschränkte Kost
  Bei Nierenerkrankungen ist die eiweißeingeschränkte Kost in der Regel mit einer Erniedrigung der Kochsalzaufnahme gekoppelt.
- Diabetikerkost
  Bei Diabetikern ist eine eiweißarme Kost beim Auftreten von diabetischen Spätschäden (diabetische Nephropathie) einzuhalten. In diesen Fällen sind die eiweißarme Kost und die individuell ausgerichtete Diabetikerkost genau aufeinander abzustimmen (besonders sorgfältig auf die Insulininjektion bei Typ-1-Diabetes bzw. schwer therapierbaren Typ-2-Diabetes), um zusätzliche Auslenkungen des Stoffwechsels zu vermeiden (z. B. zusätzlicher Anfall von Ammoniak als Folge eines erhöhten Einschmelzens von Körpereiweiß).
  Bei bestehenden Nierenerkrankungen (diabetische Nephropathie) muß die proteineingeschränkte Kost wegen bestehender Störungen im Mineralstoffhaushalt in der Regel als kochsalzarme, in Sonderfällen als streng kochsalzarme Kost zubereitet werden. Das gilt auch beim gleichzeitigen Bestehen von Bluthochdruck.
- Kaliumarme Kost
  Bei erhöhten Kaliumwerten des Bluts (vorrangig bei bestehender

chronischer Niereninsuffizienz) muß die proteineingeschränkte Kost gleichzeitig kaliumarm (und meist natriumarm) zubereitet werden.

Ausmaß der Begrenzung der Eiweißaufnahme und Auswahl der Nahrungseiweiße

- Die tägliche Eiweißaufnahme wird in Abhängigkeit von der Schwere (Stadien) der Erkrankung auf 60 g, 40 g bzw. 25 g begrenzt.
- Bei der Auswahl der Nahrungseiweiße sind bevorzugt Lebensmittel mit biologisch hochwertigem Eiweiß und mit hohem Ergänzungswert zu berücksichtigen.
- Es sind vorzugsweise solche Lebensmittel zu verwenden, die vorwiegend selektive Proteine* enthalten. Bei den Reduktionsstufen 40 g bzw. 25 g Eiweiß sind ausschließlich solche Lebensmittel zu berücksichtigen, die selektive Proteine enthalten.
- Die anderen eiweißreichen tierischen Lebensmittel (Fleisch und Fisch) besitzen zwar eine hohe biologische Wertigkeit, haben aber eine für proteineingeschränkte Diäten ungünstige Aminosäure-Zusammensetzung. Sie sind relativ reich an aromatischen Aminosäuren und deswegen in Abhängigkeit von der Höhe der erforderlichen Einschränkung der Eiweißaufnahme weitgehend bzw. vollständig zu meiden.
- Pflanzliches Eiweiß ist wegen seiner niedrigen biologischen Wertigkeit für die Sicherung der unbedingt notwendigen minimalen Eiweißzufuhr ungeeignet. Auch auf Getreideerzeugnisse muß infolge der niedrigen Wertigkeit des Getreideeiweißes und des relativ hohen Eiweißgehalts des Getreidekorns (10 bis 12 %) verzichtet werden. Statt dessen sind eiweißarme Mehle (Diäterzeugnisse, die der Diät-Verordnung entsprechen), Stärke und Stärkeerzeugnisse einzusetzen.
- Eine Ausnahme unter den pflanzlichen Proteinen bildet das Kartoffeleiweiß, das eine sehr hohe biologische Wertigkeit besitzt. Es eignet sich daher ausgezeichnet für proteinarme Kostformen. Bei der Kostgestaltung ist deswegen vorzugsweise auf Kartoffeln zurückzugreifen.

Bei proteineingeschränkten Kostformen zu meidende Nahrungsmittel

Bei der proteineingeschränkten Kost sind Nahrungsmittel mit einem sehr hohen Proteingehalt prinzipiell zu meiden oder nur eingeschränkt einzusetzen (genaue Berechnung des Eiweißgehalts), auch wenn sie reich an essentiellen Aminosäuren sind. Das betrifft folgende Nahrungsmittel:

- Getreideerzeugnisse aus Vollkorn, aus gering ausgemahlenen Mehlen oder solche, die einen hohen Anteil an gering ausgemahlenen Mehlen enthalten wie Getreideflocken (Haferflocken), Teigwaren, Fertigmüslis

* Selektive Proteine sind Eiweiße, die arm an aromatischen und reich an verzweigtkettigen Aminosäuren sind (siehe Kap. 8.5.1.1). Selektive Proteine sind das Milcheiweiß und das Eiweiß des Volleis.

- alle handelsüblichen Brotsorten und Backwaren sowie Kuchen, Knäkkebrot und andere Dauerbackwaren, ebenso die handelsüblichen Teigwaren

  Bei einer mäßig proteineingeschränkten Kost (40 bis 60 g Eiweiß) dürfen gelegentlich geringe Mengen an Brotsorten des normalen Angebots aus hoch ausgemahlenen Mehlen (Weißbrot, Toast, Brötchen) verzehrt werden. Bei den Brotsorten, die unter Zusatz von Milch hergestellt werden (insbesondere Toastbrot), und bei Kuchen muß der Eiweißgehalt des Milcheiweißes berücksichtigt werden. Es empfiehlt sich deswegen, solches Brot nicht einzusetzen, da exakte Angaben über den Eiweißgehalt oft nicht bekannt sind.
- Eiweißreiche Gemüsesorten (mehr als 4 % Eiweiß) wie Hülsenfrüchte, grüne Erbsen, Grünkohl, Rosenkohl
- Nußkerne aller Art, Mandeln, Kokosraspeln (und Kokosnüsse)
- Fleisch und Fleischprodukte einschließlich Geflügel und Wild, Innereien sowie Fisch und Fischerzeugnisse einschließlich Schalen- und Krustentiere

  Das Verbot muß in Abhängigkeit von der Schwere des Krankheitsbilds (Enzephalopathie bei Leberzirrhose) differenziert bewertet werden:

  In frühen Stadien (und geringer Einschränkung der Eiweißzufuhr) sind diese Lebensmittel in geringen Mengen erlaubt. Das betrifft auch Sülzen und Aspik mit einem angemessenen Fleischanteil (oder Fischanteil). Gemüsesülzen sind dagegen in jedem Fall zu meiden; ebenso andere Speisen, die unter der Verwendung von Gelatine hergestellt wurden. Die biologisch „wertlose" Gelatine wird nur in Kombination mit dem biologisch hochwertigen Fleisch- bzw. Fischeiweiß ergänzt.

  In späten Stadien (Begrenzung der Eiweißzufuhr auf 40 g und weniger) sind Fleisch und Fisch verboten, auch in Kombination mit Gelatine.
- Gelatine und alle Speisen in Aspik

  Für Gemüsesülzen und Speisen, die unter Verwendung von Gelatine hergestellt wurden, besteht absolutes Verzehrverbot, Sülzen oder Aspik mit hohem Fleisch- oder Fischanteil können bei gering eiweißeingeschränkter Kost (40 bis 60 g) begrenzt eingesetzt werden (siehe oben).
- Fleisch- und Geflügelbrühen, auch Brühen aus Fleischextrakt bzw. Brühpulvern, die auf pflanzlicher Basis hergestellt wurden
- Bei Erkrankungen der Leber ist Alkohol grundsätzlich zu meiden, auch bei der Zubereitung von Speisen

Bei proteinarmen Kostformen erlaubte Lebensmittel

- Tierische Lebensmittel mit einem hohen Anteil an selektiven Proteinen wie Eier, Milch, Milcherzeugnisse und Käse

  Bei einer stark eiweißeingeschränkten Kost (40 g und weniger) sind als Quelle von tierischem Eiweiß ausschließlich diese Lebensmittel erlaubt. Bei dem Einsatz von Ei sollte die Mahlzeit gleichzeitig durch eine Kartoffelbeilage ergänzt werden, um den hohen Ergänzungswert dieses Gemischs auszunutzen.

- Gemüse

  Proteinarme Gemüsesorten (bis 2 g/100 g Frischgewicht) können nahezu uneingeschränkt verzehrt werden (in der Regel bis 250 g pro Tag). Das betrifft alle Gemüsesorten, die nachfolgend bei den Sorten mit einem hohen bzw. mittleren Eiweißgehalt nicht aufgeführt werden.

  Gemüse mit einem mittleren Eiweißgehalt (2 bis 4 g/100 g Frischgewicht) sind in begrenzter Menge (50 bis 100 g pro Tag) erlaubt. Zu diesen Gemüse gehören Artischocken, Champignons und andere eßbare Pilze, Blumenkohl, Brokkoli, grüne Bohnen, Fenchel, Lauch, Mangold, Spinat, Wirsingkohl, Zuckermais, Petersilienwurzel, Topinambur.

  Gemüse mit einem hohen Eiweißgehalt sind verboten (Hülsenfrüchte, grüne Erbsen, Grün- und Rosenkohl).
- Weizen-, Mais- und Kartoffelstärkemehle sowie daraus hergestellte Produkte (z. B. Glasnudeln)
- Proteinarme Diäterzeugnisse

  Neben den eiweißarmen Diäterzeugnissen, die der Diät-Verordnung entsprechen und über Apotheken bzw. Direktversand zu beziehen sind, werden vom Handel (Reformhäuser, Drogerien, Lebensmittelketten) ebenfalls eiweißarme Diätprodukte verschiedener Produzenten angeboten.

  Auch bei Verwendung von proteinarmen Erzeugnissen muß deren Eiweißgehalt berücksichtigt werden:
  - eiweißarmes Fertigmehl (0,2 bis 2,5 % Eiweiß)
  - eiweißarme Backmischungen, eiweißarmer Spezialgrieß, eiweißarme Teigwaren, eiweißarmes Paniermehl, eiweißarme Brote, Brötchen und Backwaren (Sandkuchen, Kleingebäck, Kekse, Waffeln).

    Diese Erzeugnisse erlauben eine abwechslungsreiche (und individuelle) Gestaltung der Kost. Eiweißarme Brote und Brötchen sind für die weitgehende Beibehaltung der traditionellen Ernährungsweise von großer Bedeutung. Es ist aber zu empfehlen, Brot und andere Backwaren unter Verwendung von proteinarmen Mehlen selbst zu backen.
  - Eiweißarme Brotaufstriche auf vegetarischer Basis ermöglichen eine Abwechslung der sonst als recht eintönig empfundenen Beschränkung auf Käse als Brotaufstrich
  - Eiersatz (eiweißfrei)
  - eiweißfreie Binde- und Dickungsmittel auf der Basis von Guarkernmehl oder/und Johannisbrotkern-Mehl
  - Maltodextrin 19 zur Energieanreicherung der Kost (falls erforderlich)
  - eiweißarme Ergänzungslebensmittel wie Konfekt und Getränke

Einige der eiweißarmen Diäterzeugnisse sind glutenfrei. Sie können deshalb auch für eine glutenfreie Kost bei einer gluteninduzierten Enteropathie eingesetzt werden. Erforderlichenfalls ist die Glutenfreiheit an Hand der Zutatenliste stets zu überprüfen (siehe Kap. 8.7.3).

8.5.1.1 Formen der eiweißarmen Diäten

Die Möglichkeiten zur Gestaltung einer optimalen Kost, bei der die obengenannten Anforderungen berücksichtigt werden, sind relativ begrenzt. Das betrifft nicht nur die eingeschränkte Auswahl der Eiweißquellen, sondern begrenzt auch die Palette einsetzbarer Lebensmittel, die zwar relativ eiweißarm, aber nicht eiweißfrei sind. Unter dem Zwang dieser begrenzten Möglichkeiten haben sich 3 Grundformen der eiweißarmen Kost bewährt:

- selektive Proteindiät
  Als selektive Proteindiät werden eiweißarme Kostformen bezeichnet, bei denen bevorzugt selektive Proteine eingesetzt werden.
- Kartoffel-Ei-Diät
  Bei der Kartoffel-Ei-Diät wird der besonders hohe Ergänzungswert des Gemischs von Kartoffel- und Vollei-Eiweiß genutzt. Das Vollei-Eiweiß ist außerdem ein Gemisch von besonders wertvollen selektiven Proteinen. Die Kartoffel-Ei-Diät ist relativ einförmig infolge der Begrenzung auf lediglich 2 Eiweißquellen.
- Schweden-Diät
  Bei der sog. Schweden-Diät werden verzweigtkettige Aminosäuren (als pharmazeutisches Präparat) der Nahrung zugesetzt und dienen somit als maßgeschneiderte Aminosäurequelle. Die gezielte Zufuhr dieser Aminosäuren ermöglicht eine großzügigere Auswahl von anderen eiweißhaltigen Lebensmitteln. Die Schweden-Diät wird in der Bundesrepublik wenig eingesetzt.

8.5.1.1.1 Selektive Proteindiät

Die selektive Proteindiät ist bei mäßiger Begrenzung der Eiweißzufuhr (40 bis 60 g) die Kostform der Wahl, da mit ihr ein relativ abwechslungsreicher Kostplan gestaltet werden kann.

Die Grundprinzipien der selektiven Proteindiät sind:

- Die erlaubte Eiweißzufuhr wird überwiegend durch tierische eiweißhaltige Lebensmittel gedeckt, die reich an selektiven Proteinen wie Milch, Milcherzeugnisse und Käse sowie Eier sind. Bei einer stark eiweißeingeschränkten Kost (40 g und weniger) sind ausschließlich diese Lebensmittel als Lieferanten von tierischem Eiweiß erlaubt.
- Die Eiweißzufuhr wird durch andere Lebensmittel ergänzt, insbesondere durch Kartoffeln, eiweißarme Gemüse und eiweißarme Diätpro-

dukte (eiweißarmes Brot u. a.). Geringe Mengen an nicht selektiven tierischen Eiweißen (Fleisch, Fisch) sind nur bei leicht eiweißreduzierter Kost (mehr als 50 g) gelegentlich erlaubt.

- Der Fettanteil muß zur Sicherung einer ausreichenden Energiezufuhr in den meisten Fällen erhöht werden (bis auf 40 % der Energieaufnahme). Vorrangig sind dazu pflanzliche Fette und Öle (mehrfach ungesättigte Fettsäuren und Ölsäure) zu verwenden.
- Eine zusätzliche Anreicherung der Kost kann mit Maltodextrin 19 erfolgen.
- Bei einer notwendigen (zusätzlichen) Einschränkung der Kaliumzufuhr muß der Kaliumgehalt exakt kalkuliert werden. Kartoffeln (und Gemüse) sind ausgiebig zu wässern (einen Tag lang), wobei das Wasser mehrfach zu wechseln ist.

8.5.1.1.2 Kartoffel-Ei-Diät

Bei der Kartoffel-Ei-Diät wird der hohe Ergänzungswert des Gemischs aus Kartoffeleiweiß und dem Eiweiß des Volleis genutzt, um eine ausgeglichene Eiweißbilanz (Bilanzminimum) mit möglichst geringer Eiweißmenge zu gewährleisten und somit einem Einschmelzen von Körpereiweiß auch bei minimaler Eiweißzufuhr weitgehend vorzubeugen.

Man unterscheidet 2 verschiedene Formen der Kartoffel-Ei-Diät:

- klassische Kartoffel-Ei-Diät,
- modifizierte Kartoffel-Ei-Diät.

Klassische Kartoffel-Ei-Diät

Bei der klassischen Kartoffel-Ei-Diät beträgt das Mischungsverhältnis von Kartoffel- und Vollei-Eiweiß 3:2, ein Mischungsverhältnis, mit dem der höchstmögliche Ergänzungswert erzielt wird (biologische Wertigkeit von 137).

Eine nach diesen Relationen zubereitete Kost enthält eine relativ große Menge an Kartoffeln. Damit erfolgt gleichzeitig eine verhältnismäßig hohe Kaliumaufnahme (trotz des gegebenenfalls vorgenommenen gründlichen Wässerns der Kartoffeln). Der Einsatz der Kartoffel-Ei-Diät kann sich deshalb verbieten, wenn gleichzeitig die Kaliumaufnahme stark eingeschränkt werden muß (vorzugsweise bei bestehender Niereninsuffizienz). In diesen Fällen bietet sich die selektive Proteindiät an.

Die klassische Kartoffel-Ei-Diät erlaubt außerdem nur die Zubereitung von wenigen schmackhaften Gerichten und ist infolgedessen recht eintönig. In der Praxis wird daher vorzugsweise die modifizierte Kartoffel-Ei-Diät nach Kluthe und Quirin eingesetzt.

Modifizierte Kartoffel-Ei-Diät

Bei der modifizierten Kartoffel-Ei-Diät wird das Verhältnis zugunsten des Volleiproteins verändert (Kartoffel- zu Volleiprotein 1 : 1). Sie wird vorzugsweise als streng proteinarme Kost eingesetzt, bei der die Eiweißzufuhr auf 40 g oder weniger begrenzt ist. Die Eiweißaufnahme wird durch geringe Mengen anderer selektiver Proteine ergänzt. Damit nähert sich die modifizierte Kartoffel-Ei-Diät einer selektiven Proteindiät an, die Kartoffel-Ei-Gerichte verstärkt in den Speiseplan einbezieht.

Bei einer streng begrenzten Zufuhr auf 25 g Nahrungseiweiß sind folgende Punkte zu beachten:

- Mit dem Kartoffel-Ei-Gemisch (Eiweißrelationen 1 : 1) werden in Mahlzeiten von üblicher Größe nur 9 bis 14 g Eiweiß aufgenommen (etwa 35 bis 60 % der Gesamtzufuhr).
  Die Ergänzung der Eiweißzufuhr erfolgt durch andere Proteingemische mit hohem Ergänzungswert (Milch und eiweißarme Getreideerzeugnisse [Diäterzeugnisse]). Der Einsatz von eiweißarmem Mehl oder Brot erlaubt eine Kost mit ausreichendem Sättigungswert. Allerdings muß der Eiweißgehalt der eiweißarmen Getreideerzeugnisse (Diäterzeugnisse, keine handelsüblichen Waren) beim Bilanzieren der gesamten Eiweißaufnahme berücksichtigt werden.
- Die Kohlenhydratzufuhr erfolgt vorrangig in Form von eiweißfreien oder -armen Kohlenhydratträgern wie Getreide- und Kartoffelstärke und eiweißarmen Teigwaren. Eiweißarme Gemüsesorten können ebenfalls zur Sicherung der Kohlenhydratzufuhr eingesetzt werden. Ihr Kaliumgehalt muß wie der der Kartoffeln bei einer möglicherweise bestehenden Hyperkalämie berücksichtigt werden.

8.5.1.1.3 Schweden-Diät

Mit der Schweden-Diät wird die mit der Nahrung aufgenommene Eiweißmenge in beträchtlichem Umfang reduziert und durch die zusätzliche (medikamentöse) Zufuhr von verzweigtkettigen (essentiellen) Aminosäuren in Form von Kapseln oder Granulaten ergänzt. Dadurch wird dem Körper, bei weitgehender Sicherung einer ausgeglichenen Eiweißbilanz, ein günstigeres Aminosäuregemisch angeboten, bei dem der Anteil an aromatischen Aminosäuren zugunsten der verzweigtkettigen Aminosäuren erniedrigt ist. Dies ermöglicht, die Auswahl der eiweißhaltigen Lebensmittel großzügiger zu gestalten und damit auf einen begrenzten Teil der selektiven Proteine oder der Kartoffel-Ei-Gemische zu verzichten. Die Kost kann somit wesentlich abwechslungsreicher gestaltet werden.

Die Gabe von Aminosäuren bedingt eine beträchtliche mengenmäßige Einschränkung der Aufnahme von eiweißhaltigen Lebensmitteln. Außerdem muß berücksichtigt werden, daß bei der großzügigeren Auswahl an eiweißhaltigen Lebensmitteln eine größere Schwankung im Verhältnis der Aminosäuren in der täglichen Proteinzufuhr möglich ist, insbesondere wenn der Anteil der medikamentösen Aminosäurezufuhr an der Gesamtzufuhr gering ist.

Es gibt weiterhin Bestrebungen, das Aminosäureangebot durch den zusätzlichen Einsatz von verzweigtkettigen Ketosäuren noch weiter zu optimieren. Bei diesen Ketosäuren ist der Aufbau der Kohlenstoffketten mit denen der verzweigtkettigen Aminosäuren identisch.

Diese verzweigtkettigen Ketosäuren, die vom Körper selbst nicht gebildet werden können, werden durch Transaminierung in die verzweigtkettigen Aminosäuren umgewandelt. Die Aminogruppe stammt von nicht benötigten Aminosäuren des Nahrungseiweißes. Die „Spender-Aminosäuren" werden bei der Transaminierung in die entsprechenden Ketosäuren umgewandelt, die dann zu Wasser und Kohlendioxid verbrannt werden.

Im Stoffwechsel nicht benötigte Aminosäuren werden im Körper abgebaut, wobei Ammoniak anfällt. Durch das zusätzliche (medikamentöse) Angebot von verzweigtkettigen Ketosäuren werden jedoch die Aminogruppen dieser nicht benötigten Aminosäuren auf diese Ketosäuren übertragen. Dadurch wird die Menge des anfallenden Ammoniaks vermindert. Das Bilanzminimum wird deshalb gleichzeitig erniedrigt. Verzweigtkettige Ketosäuren haben somit einen proteinsparenden Effekt.

Folgende Gesichtspunkte sind bei einer Schweden-Diät zu beachten:

- Die Höhe der täglichen Eiweißzufuhr wird vom Arzt vorgegeben. Sie ist auch bei dieser Diät exakt einzuhalten. Infolge der medikamentösen Gabe von Aminosäuren ist sie niedriger als bei der selektiven Proteindiät oder der Kartoffel-Ei-Diät.
- Die Möglichkeit der relativ freien Auswahl der Nahrungseiweiße ermöglicht eine abwechslungsreichere Kostplangestaltung. Zur Sicherung eines niedrigen Bilanzminimums sind dabei nur Eiweiße mit hoher biologischer Wertigkeit und Proteingemische mit hohem Ergänzungswert zu berücksichtigen (tierisches Eiweiß und Kartoffeleiweiß). Trotz der bestehenden Freizügigkeit in der Auswahl der Nahrungseiweiße sollten selektive Proteine bevorzugt eingesetzt werden.
- Pflanzliches Eiweiß (Ausnahme Kartoffeleiweiß) sollte auch bei der Schweden-Diät weitgehend gemieden werden. Daher müssen auch bei der Schweden-Diät eiweißarme Getreideerzeugnisse und eiweißarme Gemüse eingesetzt werden.

8.5.2 Proteinangereicherte Kost

Eine proteinangereicherte Kost wird bei allen Erkrankungen oder Ernährungszuständen erforderlich, bei denen Eiweißverluste stattgefunden haben oder stattfinden (nephrotisches Syndrom, Dialysepatienten, größere Verletzungen, großflächige Verbrennungen). Ein erhöhter Eiweißbedarf kann auch bei gesteigertem Eiweißumsatz bestehen (hohes Fieber, Schwangerschaft, Stillperiode, Hochleistungssport). Auch in diesen Fällen ist eine proteinangereicherte Kost erforderlich, falls der erhöhte Bedarf nicht allein durch Zuschläge zur vollwertigen Kost entsprechend den D-A-CH-Empfehlungen abgedeckt werden kann.

Gesichtspunkte für proteinangereicherte Kost

- Die Höhe der Eiweißzufuhr hängt von dem jeweiligen Krankheitszustand ab. Sie wird vom Arzt vorgegeben und kann bis zu 1,5 g Eiweiß pro kg Körpergewicht betragen.
- Die Nahrungsaufnahme ist auf 5 bis 6 Mahlzeiten pro Tag zu verteilen.
- Die Zufuhr der großen Proteinmengen kann durch die Zubereitung einer gesonderten proteinreichen Kost (in der Regel bei zusätzlich bestehenden diätetischen Anforderungen) oder durch gezielte Proteinzulagen zu einer Standardkost (Vollkost, Basisdiät) erfolgen.
- Die Proteinzufuhr sollte in der Regel durch solche fettarme Proteinträger erfolgen, deren Eiweiße eine hohe biologische Wertigkeit aufweisen. Biologisch hochwertiges Eiweiß sollte mindestens 70 % der Nahrungseiweiße ausmachen. Der Ergänzungswert von Eiweißgemischen ist zu nutzen. Es sind somit für die zusätzliche Proteinzulage vorrangig tierische Eiweiße einzusetzen, an erster Stelle fettarme Milch und Milcherzeugnisse, Käse und Vollei, falls keine Begrenzung der Cholesterinaufnahme beachtet werden muß.
- In schweren Fällen einer Unterernährung, bedingt durch ausgeprägte Appetitlosigkeit, Anorexie, Bulimie oder Resorptionsstörungen, können eiweißreiche Diäterzeugnisse (in Pulverform, trinkfertige Zubereitungen) eingesetzt werden (siehe „ProDiät").
- Einige der eiweißreichen Diäterzeugnisse enthalten keine Lactose. Sie sind bei Resorptionsstörungen und Darmerkrankungen (einschließlich Lactasemangel und Sprue) besonders geeignet. Bei einer Ergänzung der Eiweißzufuhr, die vorzugsweise mit Milch und Milcherzeugnissen realisiert wird, liegt die Aufnahme von Lactose weit über 20 g und würde deshalb bei solchen Erkrankungen zu massiven Durchfällen und damit zu Nährstoffverlusten führen. In diesen Fällen kann zusätzlich zu den lactosefreien Diäterzeugnissen gereifter Käse eingesetzt werden.
- Bei Kranken, bei denen der Eiweißmangel bereits zur Ausbildung von Ödemen geführt hat, sowie bei Hypertonikern muß gleichzeitig eine kochsalzarme Kost eingehalten werden (siehe Kap. 8.6.1).
- Patienten mit hohem Fieber, das über einen längeren Zeitraum besteht, müssen wegen des erhöhten Eiweißumsatzes zusätzlich Eiweiß aufnehmen (Zulage 10 bis 20 g pro Tag).

- Bei einer proteinreichen Kost ist auf ausreichende Energiezufuhr, vorzugsweise durch stärkereiche Lebensmittel, zu achten, um einen Eiweißabbau zwecks Energiebereitstellung zu vermeiden. Die proteinreiche Kost ist in der Regel gleichzeitig eine energiereiche Kost mit 10 000 bis 13 000 kJ (2500 bis 2800 kcal).

8.6 Elektrolytdefinierte Diäten

Störungen im Elektrolythaushalt, die eine definierte Zufuhr von Elektrolyten erfordern, betreffen vorrangig den Natrium- und Kaliumhaushalt. Lücken in der Versorgung mit anderen Mineralstoffen bzw. Auslenkungen in deren Regulationsmechanismen sind durch eine vermehrte Aufnahme von solchen Nahrungsmitteln zu schließen, die reich an diesen Mineralstoffen sind, bzw. durch entsprechende Mineralstoffpräparate. Eine spezifische Diät ist jedoch nicht erforderlich. Eine Ausnahme sind sehr seltene Erkrankungen, bei denen die Aufnahme von Jod, Kupfer oder Eisen begrenzt werden muß. In diesen Fällen sind Lebensmittel zu meiden, die reich an entsprechenden Mineralstoffen sind (siehe auch Kap. 3.9).

8.6.1 Natriumreduzierte (kochsalzreduzierte) Kostformen

Eine natriumarme Ernährung ist vorrangig bei Nierenerkrankungen (verminderte Natriumausscheidung), Ödemen als Folge einer Herzinsuffizienz oder erniedrigter Serumalbuminwerte und bei der Bluthochdruckkrankheit einzuhalten. Auch Störungen in der Nebennierenrindenfunktion (Bildung von Mineralocorticoiden, Hormonen, die den Mineralstoffwechsel regulieren) erfordern eine kochsalzarme Kost.

Natrium wird zum überwiegenden Teil in Form von Kochsalz aufgenommen. Für die physiologischen und pathologischen Effekte sind primär die Natriumionen verantwortlich und nicht das Natriumchlorid (Kochsalz) als solches. Natrium kommt in Form von anderen Natriumsalzen nur in wenigen Lebensmitteln und dann nur in sehr geringer Menge vor. Dieser Anteil kann in der Praxis völlig vernachlässigt werden.

Der Kochsalzgehalt von Lebensmitteln wird in Nährwerttabellen in der Regel in g Natrium angegeben. Bei der Kalkulation des Kochsalzgehalts einer Kost muß deshalb darauf geachtet werden, daß es zu keiner Verwechslung zwischen Natrium- und Kochsalzgehalt kommt.

Umrechnung von Natrium in Kochsalz:

Natriumgehalt x 2,5 = Kochsalzgehalt

Umrechnung von Kochsalz in Natrium:

Kochsalzgehalt x 0,4 = Natriumgehalt

Stufen der natriumeingeschränkten Kostformen

In Abhängigkeit von der Schwere der Erkrankung bzw. der Störungen im Elektrolythaushalt sind unterschiedlich große Einschränkungen in der Natriumzufuhr erforderlich.

- Streng natriumarme Kost (0,4 g Natrium = 1 g Kochsalz)
  Eine streng natriumarme Kost ist schwer zu realisieren, sie ist sehr eintönig und geschmacklos. Ursache hierfür ist, daß es nur sehr wenige Lebensmittel gibt, die einen entsprechend niedrigen Natriumgehalt aufweisen. Eine streng natriumarme Kost kann nur bei einer stationären Behandlung realisiert werden, ihre Zubereitung im Haushalt stößt auf beträchtliche Schwierigkeiten, und die Einhaltung dieser Kost wird aus geschmacklicher Hinsicht oft mißachtet. Sie wird kaum noch eingesetzt.
- Natriumarme Kost (1,2 g Natrium = 3 g Kochsalz)
  Die natriumarme Kost ist die Standarddiät bei einer natriumarmen Ernährung.
- Mäßig natriumarme Kost (2 g Natrium = 5 g Kochsalz)
  Bei dieser kochsalzreduzierten Kost entspricht die Natriumaufnahme der Menge, die für die gesunde Ernährung empfohlen wird. Diese Kost ist leicht zu realisieren, erfordert jedoch eine Kalkulation der Kochsalzaufnahme.
  Die durchschnittliche Kochsalzaufnahme der deutschen Bevölkerung beträgt etwa 10 g. Bei einer bewußt kochsalzarmen Ernährung, ohne Berechnung und Abwiegen der Kochsalzaufnahme, werden etwa 6 g Kochsalz aufgenommen.

Eine natriumarme Kost ist die Kost der Wahl, wenn bei Erkrankungen eine Begrenzung der Natriumzufuhr erforderlich wird.

8.6.1.1 Natriumarme Kost (1,2 g Natrium = 3 g Kochsalz)

Natriumarme Kost erfordert eine sorgfältige Auswahl der Nahrungsmittel unter Berücksichtigung ihres Kochsalzgehalts. Sie erlaubt aber noch eine abwechslungsreiche Gestaltung des Speiseplans.

Grundprinzipien der natriumarmen Kost

- Meiden von allen kochsalzreichen Lebensmitteln,
- Verzicht auf den zusätzlichen Einsatz von Kochsalz (Nachwürzen),
- bevorzugte Berücksichtigung von frischem Obst, Gemüse, Kräutern und Kartoffeln,
- Meiden von natriumreichem Mineralwasser,
- ausreichende Flüssigkeitsaufnahme, vorzugsweise mit Kräutertees,
- Einsatz von natriumreduzierten Lebensmitteln und natriumarmen Diäterzeugnissen,

- weitgehende Sicherung des Jodbedarfs durch den häufigen Verzehr von Seefisch (jodiertes Speisesalz und mit diesem hergestellte Lebensmittel werden in nur geringem Umfang konsumiert), u. U. medikamentöse Ergänzung der Jodversorgung durch Jodtabletten,
- möglicherweise Verwendung von Kochsalzersatz.

Zu meidende Lebensmittel

- alle handelsüblichen Fleisch- und Wurstwaren wie Schinken und andere Pökelwaren, auch Aufschnitt, Fleisch- und Wurstkonserven, Fleischextrakt, Bouillonwürfel,
- gesalzene und marinierte Fische wie Salzheringe, Bismarckheringe, Rollmöpse, Räucherfisch, Fischkonserven, Fischpasten und Kaviar,
- alle handelsüblichen Käsesorten, ausgenommen nicht gesalzener Frischkäse (Quark),
- gesalzene Butter, Butterzubereitungen (Kräuterbutter, Sardellenbutter u. a.), Mayonnaise, Schmalz, Speck,
- Gemüsekonserven, Sauergemüse und Sauerkraut, Tomatenmark, Ketchup und Fertigsaucen (Grillsaucen u. a.), vegetarische Pasten, Gemüsesäfte,
- gesalzene Knabbererzeugnisse wie Salz-, Kümmel- und Käsegebäck, Chips, Salznüsse, Salzmandeln u. a.,
- alle industriell zubereiteten Fertig- und Halbfertiggerichte wie Fertigsuppen, Kartoffelpüreepulver, Fertigkloßmehl, Fertiggerichte als Tiefkühl- und Dosenware,
- Mineralwasser mit einem Natriumgehalt über 20 mg/l,
- größere Mengen an handelsüblichen Brotsorten und Brötchen (erlaubt sind maximal 150 bis 200 g, das entspricht etwa 650 bis 900 mg Natrium). Es ist jedoch dringend zu empfehlen, auf natriumarme Brotsorten auszuweichen. Die dadurch eingesparte Kochsalzmenge erlaubt eine abwechslungsreichere Gestaltung des Speiseplans.

Erlaubte Lebensmittel

- alle Sorten von Fleisch, kochsalzfrei gegart, Bratenaufschnitt (ohne Kochsalz),
- alle Sorten von Frischfisch oder von nicht bearbeitetem TK-Fisch,
- Milch (bis 250 ml täglich), Quark, Schichtkäse, Joghurt, Kefir,
- ungesalzene Butter, Diätmargarine, Pflanzenöl,
- Eier,
- Kartoffeln und Kartoffelgerichte (ohne Kochsalz zubereitet), alle Sorten von Gemüse, Hülsenfrüchte,
- alle Sorten von Obst, auch getrocknet,
- alle Sorten von Nüssen,
- Teigwaren, Reis, Haferflocken, Cornflakes, Zwieback,

- Zucker und Süßwaren, Konfitüre,
- kochsalzfreie Getränke, Mineralwasser mit einem Natriumgehalt unter 20 mg/l.

Lebensmittel mit einem erniedrigten Natriumgehalt

Bei Lebensmitteln, die einen erniedrigten Natriumgehalt aufweisen, ist zwischen natriumreduzierten und diätetischen Lebensmitteln zu unterscheiden, die für eine natriumarme Ernährung bestimmt sind. Diätetische Lebensmittel für Natriumempfindliche unterliegen der Diät-Verordnung und haben höhere Anforderungen zu erfüllen. Sie sind in der Regel natriumärmer als natriumreduzierte Lebensmittel, die vom Einzelhandel angeboten werden.

Natriumreduzierte Lebensmittel: Natriumreduzierte Lebensmittel, die vom Einzelhandel angeboten werden, dürfen als solche deklariert werden, wenn ihr Natriumgehalt zulässige Höchstmengen nicht überschreitet (siehe Tabelle 8.6.1). Die Werte unterscheiden sich bei den einzelnen Produkten und sind in der Nährwertkennzeichnungs-Verordnung festgelegt. Bei diesen vom Handel angebotenen Lebensmitteln handelt es sich um kochsalzreduzierte Modifikationen der klassischen Lebensmittel, bei denen nur eine begrenzte, am üblichen Geschmacksempfinden orientierte Einschränkung der Kochsalzzugabe vorgenommen wurde. Dieser Kochsalzgehalt muß bei der Bilanzierung der Kost voll berücksichtigt werden, da die erlaubte Zugabe in den meisten Fällen von der Lebensmittelindustrie voll ausgeschöpft wird.

Tabelle 8.6.1:
Im Einzelhandel angebotene natriumreduzierte Lebensmittel und die nach der Nährwertkennzeichungs-Verordnung maximal zulässige Natriummenge in mg Natrium pro 100 g verzehrfertiges Lebensmittel (in Klammern in mg Kochsalz)

Brot, Kleingebäck und andere Backwaren	250	(625)
Fertiggerichte, Suppen, Brühen und Soßen	250	(625)
Fischerzeugnisse sowie Erzeugnisse aus Schalen- und Krustentieren	250	(625)
Kartoffeltrockenerzeugnisse	300	(750)
Kochwürste	400	(1000)
Käse und Erzeugnisse aus Käse	450	(1125)
Brühwürste und Kochpökelwaren	500	(1250)

Diätetische Lebensmittel für die natriumarme Ernährung: Der Natriumgehalt dieser Lebensmittel ist durch die Diät-Verordnung exakt festgelegt. Sie werden als „Diätetische Lebensmittel für Natriumempfindliche" deklariert. Diesen streng natriumarmen (maximal 40 mg Natrium pro 100 g Lebensmittel) bzw. natriumarmen (maximal 120 mg Natrium pro 100 g) diätetischen Lebensmitteln darf im Gegensatz zu den natriumreduzierten Produkten des Einzelhandels kein Kochsalz zugesetzt werden. Bei natriumarmen Getränken darf der Natriumgehalt 20 mg/l nicht übersteigen.

Der Einsatz von solchen kochsalzarmen Diäterzeugnissen empfiehlt sich insbesondere zum Austausch von Lebensmitteln, die normalerweise einen relativ hohen Kochsalzgehalt aufweisen. Sie sind zwar teurer als die natriumarmen Erzeugnisse aus dem Einzelhandel, erlauben aber eine exakte Kalkulation der Natriumaufnahme.

Die wichtigsten natriumarmen Diäterzeugnisse gehören zu folgenden Lebensmittelgruppen:

- Brotsorten, Zwieback und andere Backwaren,
- Fleischerzeugnisse, Brotaufstriche auf Fleischbasis, Bratensaft,
- Fischerzeugnisse und -konserven,
- verschiedene Käsesorten,
- verschiedene Würzmittel wie Senf, Tomatenmark, Paprikamark,
- verschiedene Gemüseerzeugnisse wie Sauerkraut, Gewürzgurken, vegetarische Pasten, Gemüsebrühen,
- Kochsalzersatzmittel.

Gesichtspunkte für die Zubereitung natriumarmer Diäten

Die teilweise extreme Reduzierung des Kochsalzgehalts bedeutet für den Patienten eine Gewöhnung an eine geschmacklich völlig andere Kost. Sie wird oft als geschmacklos, ungewürzt und fade empfunden. In nicht wenigen Fällen ist eine emotional bedingte Ablehnung sowie Appetitlosigkeit zu beobachten.

Folgende Punkte sollten bei der Zubereitung der Kost deswegen besonders berücksichtigt werden:

- abwechslungsreiche Gestaltung des Speiseplans sowie farblich gut abgestimmte und ansprechend angerichtete Gerichte („das Auge ißt mit"),
- großzügiger Einsatz von Gewürzen und Kräutern (möglichst frisch, aber auch getrocknet oder tiefgefroren),
- Einlegen von Fleisch in kräftig gewürzte Marinaden oder Kräuteröle bzw. aromatische Öle,
- bevorzugter Einsatz von Seefisch zur weitgehenden Sicherung der Jodversorgung,
- Würzen mit Kräuter-Gewürz-Pasten, Meerrettich, salzarmem Senf, Zwiebeln, salzarmem Tomatenmark,
- Verwendung von Ölen mit kräftigerem Eigengeschmack für Salatdressings (Kräuteröle, Kürbiskern-, Walnuß-, Olivenöl),
- Anwendung von Garmethoden, die den Eigengeschmack der Nahrungsmittel nicht verdecken wie Grillen, Dünsten in Alu-Folie, Gratinieren, Kurzbraten,
- Dämpfen bzw. Kochen der Kartoffeln mit Kümmel und Knoblauchzehen,

- verstärkter Einsatz von Butter, Crème fraîche, saurer Sahne, Schmant und Eigelb, falls es der Diätplan erlaubt,
- Einsatz von Kochsalz-Ersatzpräparaten
  Der Einsatz von Kochsalz-Ersatzpräparaten ist problematisch. Sie sind vorzugsweise Kaliumsalze von organischen Säuren (der organische Säureanteil wird im Stoffwechsel verbrannt). Die Geschmacksrichtung der Kaliumsalze wird von einem Großteil der Patienten als ausgesprochen schlecht schmeckend abgelehnt.

Bei natriumarmen Diäten, im Rahmen derer keine Einschränkung der Kaliumzufuhr gefordert ist (beispielsweise bei Hypertoniepatienten), sollte auf eine Einschränkung der Kaliumzufuhr verzichtet werden. Es ist vielmehr günstig, die Kaliumaufnahme zu erhöhen, da Kalium in gewisser Hinsicht der Gegenspieler von Natrium ist. Es empfiehlt sich dann, Gemüse und Kartoffeln verstärkt in den Speiseplan aufzunehmen, das Wässern von geschälten Kartoffeln zu vermeiden und das Kochwasser mit zu verwenden.

8.6.1.2 Streng natriumarme Kost (0,4 g Natrium = 1 g Kochsalz)

Für die Zubereitung einer streng natriumarmen Kost gelten die gleichen Gesichtspunkte wie für die natriumarme Kost, allerdings in verschärfter Form. Es ist jedoch sehr schwierig, bei dieser extremen Einschränkung eine abwechslungsreiche und geschmacklich akzeptable Kost herzustellen.

Streng natriumarme Kost wird nur noch selten eingesetzt. In den unumgänglichen Fällen sind folgende Gesichtspunkte besonders zu beachten:

- Handelsübliches Brot und Brötchen sind grundsätzlich verboten. Es empfiehlt sich dringend, Brot und andere Backwaren unter Verwendung von kochsalzarmem Mehl selbst zu backen. Hierbei kann durch Gewürze und Samenkörner (Sesam, Sonnenblumen, Kümmel u. a.) eine beträchtliche geschmackliche Verbesserung erzielt werden. Die geschmacklichen Qualitäten sind außerdem beim frisch gebackenen Brot besser als beim gelagerten, altbacken gewordenen und bei Broten, die von Diäterzeugern hergestellt und meist längere Zeit gelagert wurden.
- Der Verzehr von Milch ist drastisch einzuschränken. Zur Sicherung einer Mindestversorgung mit Kalzium müssen verstärkt natriumarme Käsesorten als Ersatz in den Speiseplan aufgenommen werden (Natriumsalze gehen teilweise mit der Molke verloren). Über die sich ergebende Kalziumunterversorgung ist der Arzt zu informieren, der den Mangel durch die Verordnung von Kalziumpräparaten ausgleichen muß.

- Natriumarme Diätprodukte müssen in weit größerem Ausmaß eingesetzt werden. Die Verwendung von natriumreduzierten Lebensmitteln des Einzelhandels verbietet sich in den meisten Fällen wegen ihres noch zu hohen Kochsalzgehalts.

8.6.1.3 Mäßig natriumarme Kost (2 g Natrium = 5 g Kochsalz)

Die mäßig natriumarme Kost erlaubt einen wesentlich größeren Spielraum bei der Aufstellung des Kostplans. In der Klinik ist es zweckmäßig, die mäßig natriumeingeschränkte Kost nicht gesondert zu kalkulieren und herzustellen, sondern für diesen Personenkreis als Ausgangskost ebenfalls die natriumarme Kost zugrunde zu legen und die mögliche höhere Natriumzufuhr durch besondere Zulagen zu ergänzen. Dadurch kann der Kostplan (insbesondere in der kalten Küche) abwechslungsreicher gestaltet werden. Die zusätzliche Natriumzufuhr ist natürlich zu bilanzieren.

Folgende Ergänzungsmöglichkeiten bieten sich dazu vorrangig an:

- Zulage von handelsüblichem Käse und Milcherzeugnissen (Verbesserung der Kalziumversorgung),
- Ergänzung des natriumarmen Brot- und Backwarenangebots durch handelsübliche Sorten (Abwechslung des Angebots),
- Bereitstellung einer kleinen Kochsalzmenge zum individuellen Nachwürzen der ungesalzenen Gerichte (etwa 1 bis 2 g Kochsalz, unter Berücksichtigung der bereits zusätzlich zugeführten Natriummenge).

8.6.2 Kaliumdefinierte Kost

Störungen im Kaliumstoffwechsel kommen beim gesunden Menschen nicht vor. Eine ernährungsbedingte Unter- bzw. Überversorgung mit Kalium gibt es nicht, da nicht benötigtes Kalium durch die Nieren umgehend ausgeschieden wird. Änderungen in der Kaliumkonzentration des Blutplasmas sind somit Ausdruck einer schwerwiegenden Störung von Körperfunktionen, vorrangig der Nierenfunktion, und erfordern daher ein konsequentes Einhalten der entsprechenden kaliumdefinierten Kost.

8.6.2.1 Kaliumeingeschränkte Kost

Kaliumeingeschränkte Diät kann bei schweren Verlaufsformen von einigen Nierenerkrankungen erforderlich werden, wenn es in deren Verlauf zu einer verminderten Ausscheidung von Kalium kommt. Die erforderliche Einschränkung der Kaliumaufnahme ergibt sich aus der Höhe des Kaliumspiegels im Blutserum.

Bei einer kaliumeingeschränkten Kost sind folgende Gesichtspunkte zu beachten:

- Eine kaliumeingeschränkte Kost wird vom Arzt individuell angeordnet. Bei der kaliumarmen Kost sind maximal 1,6 g, bei einer extrem kaliumarmen Kost maximal 800 mg Kalium pro Tag erlaubt. Letztere Form muß selten und meist nur für wenige Tage eingehalten werden. In Sonderfällen können vom Arzt abweichende Werte für die zulässige Kaliumzufuhr vorgegeben werden.
- Eine Einschränkung der Kaliumaufnahme muß oft mit anderen Diäten verbunden werden. Das betrifft vorzugsweise die Kombination mit einer natrium- und proteineingeschränkten Kost (bei Nierenerkrankungen).
- Eine ausreichende Energiezufuhr kann in der Regel nur durch eine relativ fettreiche Kost gewährleistet werden, eine möglicherweise erforderliche zusätzliche Energieanreicherung ist in vielen Fällen nur durch Maltodextrin 19 möglich.
- Ein erhöhter Proteinbedarf kann meist nur durch kaliumarme Eiweißkonzentrate abgesichert werden (Diäterzeugnisse, siehe „ProDiät").
- Der erforderliche weitgehende Verzicht auf kaliumreiche pflanzliche Lebensmittel bzw. das notwendige lange Wässern dieser Lebensmittel, um deren Kaliumgehalt zu erniedrigen, hat oft eine unzureichende Versorgung mit einer Reihe von wasserlöslichen Vitaminen und anderen Mineralstoffen zur Folge. Versorgungslücken müssen durch Vitaminpräparate geschlossen werden.

Zu meidende Lebensmittel

Die Einschränkungen bei der Auswahl betreffen vorwiegend pflanzliche Lebensmittel, da sie in der Regel reich an Kalium sind:

- Kartoffeln in jeglicher Zubereitungsform, insbesondere Pellkartoffeln, ausgenommen von dem Verbot sind lediglich gründlich vorbehandelte (gewässerte) Kartoffeln (siehe unten),
- Kartoffelfertigprodukte aller Art wie Kloßpulver, Kartoffelpüreepulver, Kartoffelflocken, Kartoffelkloßmasse, TK-Kartoffelklöße, TK-Kartoffelpuffer,
- Gemüse mit einem hohen Gehalt an Kalium (mehr als 300 mg/100 g) wie die meisten Kohlsorten, Blumenkohl, Brokkoli, Pilze u. a. (Orientierung an erlaubten Gemüsesorten),
- Konserven von Gemüsen mit hohem Kaliumgehalt, generell verboten sind Sauerkraut und Konserven von Tomaten und Sellerie,
- Flüssigkeit (Saft) von allen Gemüsekonserven, Konservierungsflüssigkeit von Gemüsekonserven abgießen (nicht weiter verwenden) und Konservengemüse gründlich mit Wasser abspülen,
- Sprossen und Keime,

- größere Mengen von Küchenkräutern (frisch, getrocknet oder gefrostet), ein sehr sparsamer Einsatz kann toleriert werden,
- Obst mit einem hohen Gehalt an Kalium (nahezu alle Obstsorten sind kaliumreich),
- Obstkonserven, insbesondere der Saft
- Konfitüren,
- Trockenfrüchte aller Art,
- Vollkornprodukte aller Art wie Vollkornbrot, Pumpernickel, Vollkornteigwaren, Haferflocken, Müsli, Kleieprodukte, Naturreis und insbesondere parboiled Reis,
- Fleisch und Fisch nur im Rahmen der erlaubten Kaliumzufuhr (exakte Berechnung), insgesamt etwa 100 g,
- Fleischerzeugnisse mit hohem Kaliumgehalt wie Fleischextrakt und Fleischbrühen, alle Fischkonserven, Wurstwaren und Fleischkonserven (insbesondere natriumarme),
- Kakao und kakaohaltige Süßwaren wie alle Schokoladenerzeugnisse, kakaohaltige Backwaren, kakaohaltige Getränke u. a.,
- Frucht- und Gemüsesäfte,
- Kochsalzersatz, Tomatenmark, Hefeextrakt.

Erlaubte Lebensmittel

- Brot, Brötchen und Backwaren aus Mehlen mit hohem Ausmahlungsgrad, bevorzugt Weißbrot und Backwaren aus Weizenmehl, Type 405, und Stärkemehlen (Sandkuchen),
- handelsübliche Teigwaren aus hoch ausgemahlenen Mehlen (keine Vollkornerzeugnisse, siehe oben!), geschälter und polierter Reis (sowie parboiled Reis ist zu meiden, siehe oben!),
- kaliumarme (sowie natrium- und proteinarme) Backmischungen (Diäterzeugnisse, z. B. Damin®) zur Eigenherstellung von Backwaren sind dringend zu empfehlen,
- Milch und Milchprodukte in begrenzter Menge (in der Regel bis etwa 150 ml bzw. g) unter Berücksichtigung des Kaliumgehalts,
- kaliumarme Gemüsesorten in begrenzter Menge (in der Regel 150 bis 200 g pro Tag) wie Chicorée, Chinakohl, Gurken, Spargel, grüne Kichererbsen, Zwiebeln, möglichst nach gründlichem Wässern (siehe Wässern von Kartoffeln),
- weniger kaliumarme Gemüsesorten nur in Ausnahmefällen und in begrenzter Menge (maximal 50 g pro Tag) wie Auberginen, grüne Bohnen, Lauch, Paprikaschoten, Radieschen, Tomaten, Rhabarber, Rot-, Weiß- und Wirsingkohl nach gründlichem Wässern (siehe Wässern von Kartoffeln),

- Kartoffeln bis maximal 130 g pro Tag nach gründlichem Wässern zum Erniedrigen des Kaliumgehalts:
  Geschälte Kartoffeln kleinschneiden und 24 Stunden lang in einer großen Menge Wasser unter mehrfachem Wechsel wässern, in relativ großer Wassermenge kochen (8- bis 10fache Wassermenge, kalt ansetzen), das Kochwasser wegschütten. Durch diese Maßnahme kann der sehr hohe Kaliumgehalt der Kartoffeln um 60 bis 70% reduziert werden,
- Fleisch, Fisch und Innereien sowie Wurstwaren in begrenzter Menge (insgesamt etwa 100 bis 120 g pro Tag), unter Berücksichtigung der Kaliumzufuhr,
- Eier,
- Zucker und Süßwaren, die keinen Kakao enthalten (Schokoladeerzeugnisse sind verboten),
- Fette und Öle aller Art entsprechend den Empfehlungen für eine gesunde Ernährung (vorrangig Pflanzenöle und Pflanzenmargarine), verboten sind jedoch Kräuterbutter und Butterzubereitungen sowie fetthaltige Zubereitungen und Saucen mit Tomatenmark und Kräutern (z. B. Choronsoße, grüne Soße, Cocktailsoße, Remouladensoße, andalusische Soße, Cumberlandsoße u. a.).

Gesichtspunkte für die Zubereitung kaliumarmer Gerichte

Die relativ große Einschränkung in den zur Verfügung stehenden Lebensmitteln stellt große Anforderungen an den Koch, um eine schmackhafte und hinreichend abwechslungsreiche Kost zusammenzustellen. Diese Einschränkung wird zusätzlich erschwert, wenn gleichzeitig eine proteineingeschränkte Kost eingehalten werden muß.

Folgende Punkte sind bei der Aufstellung des Kostplans bzw. bei der Speisenzubereitung besonders zu beachten:

- Kartoffelgerichte
  Die nur in kleiner Menge erlaubten Kartoffeln sollten (nach gründlichem Wässern) zu Gerichten verarbeitet werden, die sowohl volumenals auch nährstoffmäßig eine größere Nahrungsmenge darstellen und mit einem erhöhten Sättigungswert verbunden sind (Kartoffelklöße [keine Fertigprodukte einsetzen!] mit relativ hohem Grießbreianteil und Ei, Kartoffelbrei [kein Fertigprodukt einsetzen!] mit Milch und Butterzusatz, Kroketten u. a.).
- Frischgemüse
  Tiefkühlware bzw. Gemüsekonserven eignen sich ebenfalls. Auf sie sollte jedoch nur zurückgegriffen werden, wenn kein geeignetes Frischgemüse zur Verfügung steht. Nach Möglichkeit ist Tiefkühlware den Konserven vorzuziehen (nur geringe Vitaminverluste).

- Bildung von Röststoffen
  Die durch das Wässern von Gemüsen möglichen Geschmacksverluste bzw. die Eintönigkeit der Gerichte können durch entsprechende Garmethoden und die dabei gebildeten Röststoffe aufgebessert werden (Grillen oder Braten des Fleischs, Verwendung von Einbrenne, Anrösten des Gemüses).
- Abgestimmtes Würzen
  Speisen intensiv würzen mit erlaubten Gewürzen wie Pfeffer, Paprikapulver, Kümmel, Currypulver u. a.
- Auswahl von Obst mit intensivem Geschmack
  Kräftig schmeckendes Obst (vorzugsweise Beeren) kann in begrenzten Mengen (bis 50 g pro Tag) insbesondere bei der Verarbeitung in Gerichten wie Cremespeisen, Fruchtgrützen, Beilage zu Milchreis oder anderen Mehlspeisen wie Omeletts u. a. eingesetzt werden. Der herzhafte Geschmack verzögert das häufige Auftreten einer Aversion gegenüber Süßspeisen.
- Energieanreicherung (falls erforderlich) durch Maltodextrin 19.

8.6.2.2 Kaliumreiche Diät

Eine kaliumreiche Kost kann bei Nierenerkrankungen oder Störungen des Elektrolythaushalts im Gefolge einer Leberzirrhose notwendig werden.

Die Gestaltung dieser Kostform ist in der Regel recht einfach. Sie erfordert die Zulage von kaliumreichen Lebensmitteln zu der üblichen Kost bzw. zu der jeweiligen Grunddiät. Gegebenenfalls sind kaliumarme Lebensmittel wegzulassen oder mengenmäßig zu reduzieren und durch kaliumreiche Lebensmittel zu ersetzen. Der Kaliumgehalt einer üblichen Vollkost beträgt etwa 3 g.

Folgende kaliumreiche Lebensmittel können vorrangig verwendet werden:

- Kartoffeln, die nicht gewässert und nicht in kleine Stücke zerschnitten werden dürfen, kurze Kochzeit in wenig Wasser (besser Dämpfen), Kochwasser nicht weggießen, auch Pellkartoffeln sind geeignet,
- Obst- und Gemüsefrischsäfte, kaliumreiche Mineralwässer,
- Frischobst, insbesondere Aprikosen, Pflaumen, Pfirsiche, Nektarinen, Bananen, alle Beerensorten, Avocados, Feigen,
- Trockenobst,
- Gemüse als Rohkost oder schonend gegart (Dämpfen, bißfest), Kochwasser weiter verwenden,
- frische Kräuter, als Ersatz auch getrocknete oder gefrostete Kräuter,
- Vollkornerzeugnisse wie Vollkornbrot, Pumpernickel, Vollkornteigwaren,

- Milch und Milchprodukte einschließlich Käse (möglichst fettarm),
- Fleisch und Fleischwaren, Fisch und Fischwaren, insbesondere Fischkonserven,
- Kakao und alle kakaohaltigen Erzeugnisse wie Schokolade u. a.

Bei einer gleichzeitigen Begrenzung der Eiweißzufuhr ist eine kaliumreiche Diät meist nicht durch einfache Zulage oder Austausch von kaliumreichen Lebensmitteln zu gewährleisten. In diesem Fall wird bei der Aufstellung des Kostplans von den Prinzipien der eiweißeingeschränkten Diät ausgegangen. Bei einem bevorzugten Einsatz von Kartoffel-Ei-Mischungen (Kartoffel-Ei-Diät) sind die Anforderungen sowohl eiweißarm als auch kaliumreich am leichtesten zu realisieren.

8.7 Spezielle Diäten

8.7.1 Diäten bei Erkrankungen der Bauchspeicheldrüse

Erkrankungen des Pankreas, die Störungen in seiner exokrinen Funktion (Bildung und Sekretion von Verdauungssäften) zur Folge haben, sind meist schwerwiegend bis lebensbedrohlich und erfordern eine exakte Einhaltung aller Diätempfehlungen. Die sog. „Pankreas-Diäten" sind keine einheitlichen Kostformen, sie sind den verschiedenen Erkrankungsformen angepaßt. Eine eigenständige „Pankreas-Diät" gibt es nicht.

8.7.1.1 Diät bei akuter Pankreatitis

Im Verlauf einer akuten Pankreatitis werden als Folge des Zerfalls von geschädigten Drüsenzellen Enzyme freigesetzt, die zu einer vorzeitigen, bereits im Pankreasgewebe stattfindenden Aktivierung der inaktiven Vorstufen der Verdauungsenzyme führen. Diese bewirken eine Selbstverdauung von Drüsengewebe, insbesondere durch den Abbau von Eiweißen durch Trypsin und Chymotrypsin. Auf Grund der partiellen Spaltung von Lecithin durch die Phospholipase des Pankreas entsteht außerdem Lysolecithin, das wegen seiner stark blutdrucksenkenden Wirkung zu einem Kreislaufkollaps führen kann.

Unter Berücksichtigung dieses Mechanismus sind für die Ernährung bei einer akuten Pankreatitis folgende Gesichtspunkte zu beachten:

Akutes Frühstadium

Im Stadium der akuten Erkrankung ist die absolute Ruhigstellung des Pankreas erforderlich, um die Neubildung von Verdauungsenzymen in noch intakten Pankreaszellen weitgehend zu unterbinden und dadurch die fortschreitende Selbstverdauung des Pankreas zu stoppen. Eine solche Ruhigstellung kann nur durch den vollkommenen Verzicht auf jegliche Nahrungs- und Flüssigkeitsaufnahme erreicht werden, da nur so eine Stimulierung des Pankreas durch Signale des Magen-Darm-Trakts unterbunden werden kann. Schon die Aufnahme kleinster Mengen an Trinkflüssigkeit (auch klares Wasser) kann durch das Auslösen von Dehnungsreizen am Magen bzw. an der Darmschleimhaut zu einer Stimulierung des Pankreas führen.

Diese Situation verbietet jegliche Zufuhr von Nahrungsmitteln und von Trinkflüssigkeit. Die Ernährung und die Flüssigkeitsaufnahme muß ausschließlich parenteral erfolgen (Tropf).

Aufbaukost im Anschluß an das Frühstadium

Mit einer enteralen Flüssigkeitszufuhr und Ernährung kann erst nach Abklingen der akuten Entzündung begonnen werden. Sie wird unter größter Vorsicht langsam und schrittweise aufgebaut. Die Diätanweisungen erfolgen an Hand des konkreten Krankheitsbilds stets vom Arzt und sind auf das penibelste einzuhalten. Jeder noch so kleine Diätfehler kann zu folgenschweren Rückschlägen führen.

Alkohol, auch in kleinsten Mengen, ist in jeder Phase einer akuten Pankreatitis verboten, ein lebenslanges Alkoholverbot besteht auch nach einer überstandenen Pankreatitis. Bei einer erneuten Alkoholaufnahme besteht die Gefahr, daß jederzeit ein neuer akuter Schub ausgelöst wird.

Die Aufnahme von Fett ist während der Aufbaudiät und nach einer überstandenen Pankreatitis einzuschränken und den ärztlichen Empfehlungen entsprechend sorgfältig zu gestalten. Fettreiche Mahlzeiten sind auf jeden Fall zu meiden, eine ausreichende Zufuhr von essentiellen Fettsäuren ist anzustreben. Bei einer ausgeprägten Fettunverträglichkeit sind MCT-Fette einzusetzen.

Aufbauphasen: Die einzelnen Stufen der Diät bei einer akuten Pankreatitis ähneln den Stufen einer allgemeinen Aufbaukost (siehe Kap. 8.3). Im Unterschied zu den allgemeinen Richtlinien für eine generell gültige Aufbaukost sind die einzelnen Stufen der Pankreasdiät genau einzuhalten, ihre Vorgaben und die des Arztes sind konsequent zu befolgen.

- Phase 1 (entspricht dem akuten Frühstadium)
  Es besteht absolute Nahrungskarenz (auch keine Trinkflüssigkeit), es ist nur eine parenterale Ernährung erlaubt (eingeschlossen die Ergänzung der Wasserverluste).
- Phase 2
  Es wird vorsichtig mit der enteralen Ernährung begonnen (einschließlich der Zufuhr von Trinkflüssigkeit).

Stufe I: Beginn der oralen Ernährung mit ungesüßtem Kräutertee, dem später Glucose und/oder Maltodextrin 19 zugesetzt werden kann, parallel dazu erfolgt weiterhin eine parenterale Ernährung.
Stufe II: Beginn der Zufuhr von polymeren Nährstoffen, zunächst ausschließlich von Kohlenhydraten unter konsequenter Vermeidung von Eiweiß und Fett. Begonnen wird mit Wasserschleimsuppen (15 g Reismehl pro 250 ml), die mit Glucose gesüßt werden können (evtl. Zusatz von Maltodextrin 19). Später können den Wasserschleimsuppen geringe Mengen von Gemüsesäften oder sorgfältig entfetteter Fleischbrühe hinzugefügt werden. Von Obstsäften ist abzuraten, da die darin enthaltenen Fruchtsäuren die Magensaftproduktion und damit auch die Produktion von Pankreassaft anregen können.
Der nächste Schritt ist der Übergang zu Stärkemehlsuppen und Geleespeisen (Agar-Agar verwenden, keine Gelatine).
Die tägliche Aufnahme an Nährstoffen beträgt in dieser Phase nur etwa 100 g Kohlenhydrate (1700 kJ = 400 kcal), sie dauert in der Regel 3 bis 4 Tage.

- Phase 3

Erweiterung der Kost durch leicht abbaubare, vorwiegend kohlenhydrathaltige Lebensmittel: Teigwaren wie Fadennudeln, Grießbrei mit Obst (Apfelmus, gequetschte Bananen), Geleespeisen, Zwieback. Es können der Kost geringe Mengen an MCT-Fetten (MCT-Öle) zugegeben werden.
Die Tagesaufnahme an Nährstoffen beträgt etwa 250 g Kohlenhydrate, 15 g pflanzliche Proteine und 12 g Fett, davon 10 g MCT-Fett, insgesamt etwa 4100 kJ = 1000 kcal. Die Dauer dieses Ernährungsregimes beträgt in der Regel 3 bis 5 Tage.

- Phase 4

In dieser Phase wird die Eiweiß- und Fettzufuhr schrittweise erhöht. Die Kost ist noch ballaststoff- und fettarm, relativ kohlenhydrat- und möglichst energiereich. Es besteht jetzt die Möglichkeit, auf eine wünschenswerte Vitamin- und Mineralstoffversorgung zu achten, obwohl die D-A-CH-Empfehlungen noch nicht voll realisiert werden können.
Die Menge des gesamten Nahrungseiweißes beträgt bis 50 g, es besteht zu etwa gleichen Teilen aus pflanzlichem und tierischem Eiweiß. Als tierisches Eiweiß sollten vorzugsweise fettarme Milch und fettarme Milcherzeugnisse eingesetzt werden. Fleisch und Fleischprodukte sind zunächst noch zu meiden (die Extraktivstoffe des Fleischs regen die Produktion von Verdauungssäften besonders stark an).
Die Erhöhung der Fettaufnahme erfolgt zu etwa gleichen Teilen durch Pflanzenöle und MCT-Fette, die Gesamtfettmenge kann bis zu 60 g betragen.
Diese Phase dauert in der Regel 5 bis 7 Tage.

- Phase 5

  In dieser Phase der Aufbaudiät erfolgt der schrittweise Übergang zu einer vollwertigen Ernährung in Form einer Basisdiät, bei der folgende besonderen Gesichtspunkte beachtet werden müssen:
  Berücksichtigung von unspezifischen Nahrungsmittelunverträglichkeiten, die nach einer überstandenen Pankreatitis gehäuft auftreten können,
  Bevorzugung von relativ leicht aufschließbaren kohlenhydratreichen Nahrungsmitteln, konsequenter Verzicht auf grobblähende Speisen,
  Bevorzugung von Fetten mit mehrfach ungesättigten Fettsäuren, Fette mit langkettigen gesättigten Fettsäuren weitgehend meiden; bei bestehenden Fettresorptionsstörungen ist der Anteil der MCT-Fette zu erhöhen, als Streichfett ist u. U. ausschließlich MCT-Margarine einzusetzen, bei den Fetten ist auf deren Verträglichkeit besonders zu achten,
  für die Eiweißzufuhr ist bevorzugt auf Milch und Milcherzeugnisse sowie Magerkäse zurückzugreifen, sie ist durch mageres Fleisch, fettarme Fleisch- und Wurstwaren sowie fettarmen Fisch zu ergänzen, es besteht weiterhin striktes Alkohol- und Nikotinverbot.

8.7.1.2 Diät bei chronischer Pankreatitis

Bei der chronischen Pankreatitis kommt es zum fortschreitenden Untergang von Pankreasgewebe, wodurch die Menge der gebildeten Verdauungsenzyme kontinuierlich abnimmt. Ab einem kritischen Punkt reicht die gebildete Enzymmenge nicht mehr aus, um bei einer üblichen Mischkost die vollständige Verdauung aller Nährstoffe zu garantieren. Die Fettspaltung ist infolge der vergleichsweise niedrigen Kapazität der Fettverdauung und Fettresorption als erstes gestört.

Gesichtspunkte für die Diät bei einer chronischen Pankreatitis

Die Auswahl der Nahrung muß der verminderten Kapazität der Pankreasenzyme angepaßt werden. Daraus ergibt sich:

- Die Zufuhr an Fett muß gedrosselt werden, sobald die Fettspaltung überfordert ist und nicht aufgeschlossenes Fett mit dem Stuhl ausgeschieden wird (Auftreten von sog. „Fettstühlen", Steatorrhö). Die Fettausscheidung mit dem Stuhl löst Durchfälle aus, wodurch die Ausnutzung der anderen Nährstoffe zusätzlich behindert wird.
  Die Einschränkung der Fettaufnahme ist nur in dem Umfang vorzunehmen, mit dem das Auftreten von Fettstühlen gerade noch verhindert wird. Ein Teil des Fetts ist in Form von MCT-Fetten zu verabreichen. Zur Sicherung der Versorgung mit essentiellen Fettsäuren und fettlöslichen Vitaminen sind vorrangig Pflanzenfette und Pflanzenöle

einzusetzen (Diätmargarine, Diätöle, Sonnenblumenöl). Die Fettzufuhr ist möglichst gleichmäßig auf alle Mahlzeiten zu verteilen.

- Ballaststoffreiche Lebensmittel, insbesondere grobblähende, sind zu meiden.
- Es sind Eiweiße mit hoher biologischer Wertigkeit zu bevorzugen, der Ergänzungswert der Eiweiße ist besonders zu beachten.
- Die Zufuhr von Kohlenhydraten sollte in Form von leicht spaltbaren Kohlenhydraten erfolgen (vollständig ausgequollene stärkehaltige Lebensmittel wie Teigwaren, Weißreis, Pudding u. a.). Die Aufnahme von Glucose und Rohrzucker ist nicht einzuschränken, solange sich kein sekundärer Diabetes infolge einer umfangreichen Zerstörung von Inselzellen entwickelt hat.
- Eine Anreicherung der Gerichte kann durch Maltodextrin 19 erreicht werden.
- Die Nahrungsaufnahme ist auf viele kleine Mahlzeiten zu verteilen.
- Es besteht absolutes Alkoholverbot.
- Engpässe in der Versorgung mit Vitaminen und Mineralstoffen müssen medikamentös überbrückt werden.

8.7.2 Lactosefreie und lactoseeingeschränkte Kost

Lactosefreie Diät ist nur bei vollständigem Lactasemangel erforderlich. Ein vollständiges Fehlen der Lactase ist beim primären Lactasemangel zu beobachten, außerdem bei besonders schweren Erkrankungen des Dünndarms, insbesondere bei schweren Fällen der Sprue.

Bei einem sekundären Lactasemangel ist meist noch eine Restaktivität von Lactase vorhanden, so daß eine vollständig lactosefreie Diät nicht erforderlich ist. In diesen Fällen ist eine individuell ausgerichtete lactosearme Diät angezeigt.

Lactosefreie Diät

Bei einer lactosefreien Diät sind alle milchzuckerhaltigen Nahrungsmittel zu meiden:

- Milch jeder Fettgehaltsstufe und jeder Art (Kuh, Schaf, Ziege, Stute, Esel), auch Frauenmilch,
- Milcherzeugnisse jeglicher Art wie Kondensmilch, Sahneprodukte, Sauermilcherzeugnisse wie Dickmilch, Joghurt, Kefir, alle Frischkäse (Quark u. a.), Buttermilch, Kochkäse, Trockenmilchpulver, Schmelzkäse (aus Sicherheitsgründen, Schmelzkäse kann geringe Mengen an Lactose enthalten),
- unter Verwendung von Milch hergestellte Speisen und Nahrungsmittel wie Pudding, Desserts, Speiseeis, Milchschokolade, Kakaoerzeug-

nisse und Süßwaren (falls der Zusatz von Milch oder Milchpulver nicht eindeutig auszuschließen ist), industriell gefertigte milchhaltige Brotaufstriche,
- handelsübliche Produkte, denen Milch oder Milchpulver zugesetzt sein kann wie Brot, insbesondere Toastbrot und Brötchen, energiereduzierte Wurstwaren, Fertigprodukte wie Kloßmehle und Fertigmehlmischungen, auch glutenfreie Mehlmischungen und glutenfreie Brotwaren,
- gereifter Käse, bei dem eine vollständige Durchreifung (und damit vollständiger Abbau des Milchzuckers) nicht eindeutig erwartet werden kann, wie relativ junger Schnitt- und Weichkäse, u. U. auch verpackter Hartkäse („frischer" Emmentaler), nicht eindeutig bekannte Käsesorten (insbesondere Importkäse).

Bei einer lactosefreien Diät sind alle milch- und milchzuckerfreien Lebensmittel erlaubt:

- Soja- und Kokosmilch, lactosefreie Eiweißkonzentrate („ProDiät") z. B. Protenplus (Fresenius), Protein 88 (Wander), milchfreier Kaffeeweißer,
- alle eindeutig gereiften Käsesorten wie Weichkäse, Edelpilzkäse, Schnittkäse und Hartkäse, Sauermilchkäse nur unter Vorbehalt (kann bei verkürzter Dicklegung der Milch noch Lactose enthalten).

Lactosearme Kost

Von Personen mit sekundärem Lactosemangel werden in der Regel geringe Milchzuckermengen von 6 bis 10 g pro Tag ohne Beschwerden toleriert. Zur besseren Sicherung der Kalziumversorgung sollte diese tolerierte Menge voll ausgeschöpft werden. Außerdem sollte bei der Aufstellung des Kostplans die gute Verträglichkeit von probiotischen Lebensmitteln in Form von nicht pasteurisierten Joghurterzeugnissen (siehe Kap. 5.7.4.5.1) berücksichtigt werden.

Folgende Gesichtspunkte sind bei einer lactosearmen Kost zu beachten:

- Die Sicherung des Kalziumbedarfs ist durch den ausreichenden Verzehr von gereiftem Käse zu gewährleisten.
- Die Toleranzgrenze für milchzuckerhaltige Produkte und Speisen ist individuell auszutesten. Es ist dabei abzusichern, daß es sich nicht um unspezifische Nahrungsmittelunverträglichkeiten handelt.
- Die tolerierbare Menge an Milch und Milcherzeugnissen sollte möglichst ausgeschöpft werden, um die Kost abwechslungsreich zu gestalten und gleichzeitig einen Beitrag zur Sicherung der Kalziumversorgung zu leisten.
- Nicht pasteurisierte Joghurterzeugnisse (probiotische Lebensmittel) sind bevorzugt einzusetzen.

- Der Verzehr der begrenzten Mengen an lactosehaltigen Nahrungsmitteln bzw. von Speisen, die mit Milch zubereitet wurden, ist möglichst gleichmäßig auf alle Mahlzeiten zu verteilen.

8.7.3 Glutenfreie Kost

Bei einer gluteninduzierten Enteropathie müssen alle glutenhaltigen Nahrungsmittel (alle Lebensmittel, die Roggen, Weizen, Gerste, Dinkel und Grünkern sowie Hafer oder aus diesen hergestellte Zutaten enthalten) konsequent weggelassen werden. Eine glutenfreie Kost weicht demzufolge beträchtlich von der gewohnten Ernährungsweise ab. Deshalb ist besonderer Wert auf eine abwechslungsreiche Gestaltung des Speiseplans zu legen. Diese Forderung wird zusätzlich durch die Tatsache unterstrichen, daß die glutenfreie Kost über einen sehr langen Zeitraum, oft lebenslang, eingehalten werden muß.

Glutenfreie Kost muß leicht verdaulich sein, um Verdauungs- und Resorptionsstörungen zu vermeiden, die wegen der oft bestehenden zusätzlichen Schädigungen der Dünndarmschleimhaut besonders schnell auftreten können. Bereits bestehende Resorptionsstörungen erfordern zusätzliche diätetische Maßnahmen. Das betrifft insbesondere eine Lactoseintoleranz, die im Verlauf einer gluteninduzierten Enteropathie häufig vorkommt.

Gesichtspunkte für die glutenfreie Kost

Zu meiden sind alle Produkte aus Roggen, Weizen, Gerste und Hafer sowie Dinkel, Grünkern und Erzeugnisse, die solche Produkte enthalten können:

- alle handelsüblichen Brotsorten, Brötchen und alle anderen Backwaren wie Knäckebrot, Pumpernickel, Zwieback, Kekse, Kuchen, Torten und Kleingebäck, auch Sandkuchen, der mit Weizenstärke gebacken wurde,
- Graupen, Grieß, Grütze, Haferflocken, Teigwaren, Weizenkleie, Getreideschrot, Paniermehl, Puddingpulver, Weizenstärke (die handelsüblichen Getreidestärken sind nicht vollkommen eiweißfrei),
- kochfertige Suppen, Speisewürze, Brühpulver, Salatsoßen, Ketchup und ähnliche Würzsoßen, Fischkonserven mit Soßen, Fertiggerichte, energiereduzierte Produkte wie Mayonnaisen, Convenience-Produkte (die nicht ausdrücklich als glutenfrei deklariert sind), Kartoffelfertigprodukte (Kartoffelklöße, Kroketten, Kartoffelkloßmehl),
- Wurst- und Fischwaren, denen Getreideprodukte (u. a. Mehl) zugesetzt sein können wie Grütz-, Leber- und Blutwurst, Brathering, Bratrollmops u. a.,
- Milchprodukte mit Zusatz von Bindemitteln,
- Bier, Malzkaffee, Cremeliköre, Getreidebrände (Korn).

Bei der Speisenzubereitung ist die Verwendung von Getreideprodukten peinlichst zu vermeiden (die Verwendung von glutenfreien diätetischen Mehlerzeugnissen ist jedoch möglich, siehe unten). Aus diesem Grund sind folgende Speisen nicht geeignet und zu meiden:

- panierte Fleischgerichte, Frikadellen, Fleischklopse und panierte Fischgerichte (Gerichte nach Müllerinart),
- mit Mehl überstäubte Fleischgerichte, mit Mehlbutter abgebundene Soßen und mit Mehl oder Weizenstärke gebundene Soßen, Suppen oder Gemüse,
- Mehlschwitzen,
- Soßen, die unter Verwendung von Soßenpfefferkuchen hergestellt wurden,
- Würzen mit Brühpulver, Speisewürze.

Zur Entlastung der Darmfunktion sind folgende Lebensmittel oder Speisen zu meiden oder nur ausnahmsweise und in kleinen Mengen einzusetzen:

- grobblähende Gemüse wie alle Kohlsorten, Hülsenfrüchte, Pilze, Zwiebeln, Knoblauch,
- fette Speisen wie fette Fleisch- und Wurstsorten, in Fett gebackene Gerichte wie Pommes frites, Kroketten, fette Soßen, Schweine- und Gänseschmalz, Griebenfett, fetthaltige Süßigkeiten wie Marzipan, Nugat, Pralinen,
- Nußkerne, Mandeln und Kokosnüsse,
- bei bestehender eingeschränkter Fettresorption (Fettstühle) sind Fette mit vorwiegend langkettigen Fettsäuren (tierische Fette) zu meiden. Neben Pflanzenölen kann der Einsatz von MCT-Fetten erforderlich sein.

Bei einer zusätzlich bestehenden Lactoseintoleranz ist die Kost zusätzlich lactosearm zu gestalten.

Auf eine möglicherweise (häufiger) bestehende unspezifische Nahrungsmittelintoleranz ist zu achten, Lebensmittel und Speisen, die für deren Auftreten verantwortlich sind, sind wegzulassen.

Erlaubte Nahrungsmittel

Erlaubt sind alle Lebensmittel, die frei von Bestandteilen aus Weizen, Roggen, Gerste oder Hafer sind:

- alle glutenfreien Getreide wie Mais, Reis, Buchweizen und Hirse sowie alle aus diesen Getreiden hergestellten Produkte wie Mais- und Reisstärke, Maisgrieß, Cornflakes, Popcorn, Crispies (Reisflocken),

- Kartoffelstärke, echter Sago (nicht der handelsübliche Sago aus Weizenstärke, wenn die Herkunft nicht eindeutig feststeht, ist auf die Verwendung von Sago zu verzichten), Agar-Agar, Guarkernmehl, Johannisbrotkern-Mehl,
- Fleisch, Fleisch- und Wurstwaren, Fisch und Fischwaren (soweit sie keine getreidehaltigen Bindemittel enthalten wie z. B. Bratheringe),
- Milch und Milcherzeugnisse (ohne Bindemittel), bei gleichzeitigem Bestehen einer Lactoseintoleranz sind sie zu meiden (siehe Kap. 8.7.2),
- alle nicht blähenden Gemüsesorten, Kartoffeln (außer Fertigprodukte, die Mehl als Bindemittel enthalten können), Zucker, Honig und Konfitüren.

Glutenfreie Diäterzeugnisse

Von verschiedenen Produzenten wird eine Vielzahl glutenfreier Diäterzeugnisse angeboten, bei denen im wesentlichen Weizen- und Roggenerzeugnisse durch solche aus Reis und Mais ersetzt sind. Bei ihrer Entwicklung wurde angestrebt, die speziellen Eigenschaften des Klebereiweißes, insbesondere die Sicherung der Backfähigkeit, durch geeignete, glutenfreie Eiweiße weitgehend zu kompensieren.

Die wichtigsten glutenfreien diätetischen Lebensmittel sind (Einzelheiten siehe „ProDiät"):

- glutenfreie Mehle, Paniermehle sowie Brot- und Kuchenmehlmischungen,
- glutenfreies Brot und Brötchen, Waffeln und Kekse, glutenfreies vorgebackenes Brot, Pizzaböden und Baguettes,
- glutenfreie Teigwaren,
- glutenfreie Fertiggerichte wie Suppen, Müsli, Getränke und Desserts.

8.7.4 Purinarme Kost

Purinarme Kost dient zur Unterstützung der Behandlung von Patienten mit erhöhten Harnsäurekonzentrationen im Blut (Hyperurikämie), die zu Ablagerungen von Harnsäure in den Gelenken (Gicht) und Nierentubuli (Gichtniere) sowie zur Bildung von Harnsäuresteinen in den ableitenden Harnwegen führen können Die Stoffwechselstörungen, die zu den erhöhten Harnsäurewerten führen, sind medikamentös relativ gut zu beeinflussen, allerdings nicht in befriedigendem Ausmaß zu kompensieren (siehe Kap. 7.6.5). Eine übertrieben streng purinarme Kost mit drastischen Einschränkungen in der Auswahl der Nahrungsmittel ist deshalb in vielen Fällen nicht erforderlich. Eine solche Kost wäre auch äußerst einseitig und würde die Gefahr der Unterversorgung mit essentiellen Nährstoffen in sich bergen, da in fast allen Lebensmitteln Purinkörper enthalten sind.

Eine mäßig purinarme Kost ist jedoch bei Hyperurikämie unbedingt zu befolgen. Bei ihr müssen nur extrem purinreiche Lebensmittel konsequent gemieden werden. Lebensmittel mit einem mittleren Gehalt an Purinkörpern werden nur mengenmäßig begrenzt. Dadurch ist es möglich, auch bei der purinarmen Diät eine abwechslungsreiche Kost zu gestalten.

Prinzipien der purinarmen Kost

- Die purinarme Kost ist eine vollwertige Kost. Sie ist vorwiegend lactovegetabil ausgerichtet. Ihr Energiegehalt richtet sich nach den jeweiligen Erfordernissen. Im Falle von bei Gichtpatienten häufig bestehendem Übergewicht steht die Senkung des Körpergewichts durch eine hypokalorische Kost im Mittelpunkt der Ernährungstherapie.
- Besonders purinreiche tierische Lebensmittel sind zu meiden wie alle Innereien, alle Schalen-, Krusten- und Weichtiere (Krebs, Languste, Muscheln), Kaviar und Kaviarersatz, Ölsardinen, Anchovis, Sprotten, Räucherfisch, Hering, Makrele sowie Fleischextrakt und Brühpulver.
- Besonders purinreiche pflanzliche Lebensmittel sind ebenfalls zu meiden wie alle Arten von Hülsenfrüchten, grüne Erbsen und Bohnen, Spinat, Spargel, Sellerie, Vollkornprodukte sowie auch Brühpulver, die auf pflanzlicher Basis beruhen.
- Der Verzehr von mäßig purinreichen Lebensmitteln ist einzuschränken. Das betrifft alle Sorten von Fleisch (2- bis 3mal wöchentlich 100 bis 120 g mageres Fleisch, täglich bis zu 30 g magere Wurst [maximal 20 % Fett] oder Aufschnitt) und Eiern (2 bis 3 Eier wöchentlich).
- Die Versorgung mit biologisch hochwertigem tierischen Eiweiß ist vorwiegend in Form von fettarmer Milch sowie fettarmen Milcherzeugnissen und Käse zu sichern (Streich-, Schnitt- und Hartkäse bis 40 % F. i. Tr.).
- Alkohol ist zu meiden (Alkohol hemmt die Harnsäureausscheidung durch die Nieren).
- Die Aufnahme von Rohrzucker und Fructose ist einzuschränken, die Kohlenhydratzufuhr soll vorwiegend in Form von komplexen Kohlenhydraten erfolgen, Gemüse mit Ausnahme purinreicher Sorten (siehe oben).
- Fettreiche Nahrungsmittel sind zu meiden wie fettes Fleisch und Fettfische, Vollmilch und Vollmilchprodukte, Sahne, Crème fraîche, Fettkäse (mehr als 40 % F. i. Tr.), Butter, Schmalz, Speck und Mayonnaisen (Fettgehalt höher als 40 %).
- Nüsse und Trockenobst sind nur in kleinen Mengen erlaubt.

Der Purinkörpergehalt der Nahrungsmittel wird in Nahrungsmitteltabellen meist als Harnsäure angegeben.

Mit der üblichen purinarmen Kost werden täglich etwa 300 mg Purinkörper aufgenommen. Eine stärkere Einschränkung des Fleisch- und Fischkonsums zugunsten eines erhöhten Verzehrs von Gemüse ist nicht angezeigt. Die zur Sicherung einer ausreichenden Eiweißversorgung benötigte Gemüsemenge ist wegen des geringeren Eiweißgehalts (mit niedrigerer biologischer Wertigkeit) wesentlich größer, so daß damit ebenfalls eine beträchtliche Aufnahme von Purinkörpern erfolgen würde.

Bei gehäuft auftretenden Gichtanfällen kann sich eine stärkere Einschränkung der Purinzufuhr als notwendig erweisen (Einschränkung auf weniger als 120 mg pro Tag).

Oftmals sind solche Gichtanfälle durch zusätzliche Stoffwechselstörungen bedingt wie erhöhter Fetttransport und erhöhter Anfall von Ketonkörpern bei bestehender Fettsucht oder einem schlecht eingestellten Diabetes. In diesen Fällen kann nach einiger Zeit meist wieder zu einer mäßig purinarmen Kost zurückgekehrt werden, sobald die zusätzlichen Stoffwechselentgleisungen behoben sind. Allerdings sollte konsequent auf jeglichen Alkoholkonsum verzichtet werden.

8.8 Einsatz von MCT-Fetten

Kurz- und mittelkettige Fettsäuren mit einer Kettenlänge bis zu 10 C-Atomen sind (schwer) wasserlöslich im Gegensatz zu den wasserunlöslichen langkettigen Fettsäuren. Sie werden leichter resorbiert und über den Pfortaderweg direkt zur Leber transportiert. MCT-Fette können aus diesem Grund auch bei Fettresorptionsstörungen noch zur Energieversorgung des Organismus beitragen, bei denen Triglyceride mit langkettigen Fettsäuren nicht mehr verwertet werden können.

Beim Einsatz von MCT-Fetten sind folgende Punkte besonders zu beachten:

- Der Ersatz eines Teils der üblichen Nahrungsfette durch MCT-Fette muß langsam erfolgen, andernfalls können massive Beschwerden auftreten (Leibschmerzen, Durchfall). Die Zulage von MCT-Fetten zur (fettarmen) Kost beträgt höchstens 10 bis 20 g pro Tag.
- Die Aufnahme von Fett ist möglichst gleichmäßig auf alle Mahlzeiten zu verteilen, die Nahrungsaufnahme sollte auf 6 bis 8 Mahlzeiten erweitert werden.
- Nach erfolgter Anpassung an die MCT-Fette werden für die Fettaufnahme folgende Empfehlungen gegeben:
  60 bis 70 g MCT-Fette (etwa 40 bis 50 g MCT-Margarine und 20 bis 30 g MCT-Öl) und 30 bis 40 g Pflanzenöle oder Pflanzenfette (Sicherung der Versorgung mit essentiellen Fettsäuren und Vitamin E).
- Oft werden nach erfolgter Anpassung auch größere Mengen an MCT-Fetten verhältnismäßig gut vertragen (maximal bis 150 g). Ein Verzehr

von solchen Mengen an MCT-Fetten sollte jedoch nur erfolgen, wenn es unbedingt erforderlich ist. Eine Mindestmenge an mehrfach ungesättigten Fettsäuren (etwa 10 g) muß aber auf jedem Fall aufgenommen werden.

- MCT-Margarine und MCT-Öle sind zum Braten, Schmoren und Dünsten nicht geeignet. Sie sind den fertigen Gerichten erst kurz vor dem Servieren hinzuzufügen. MCT-Öl kann nur bis maximal 120 °C erhitzt werden, da sein Rauchpunkt bei etwa 120 °C liegt. Oberhalb von 120 °C wird MCT-Öl rasch zersetzt. MCT-Öl enthält 95 % MCT-Fette und 5 % sonstige Fette.
- Mit MCT-Margarine zubereitete Speisen sind umgehend zu verzehren, bei längerem Stehen kann erhitztes MCT-Fett einen bitteren Nachgeschmack aufweisen.
- Die Lagerbedingungen für MCT-Fette sind strikt einzuhalten, und das Verfallsdatum (MHD) ist genau zu beachten. MCT-Fette besitzen im Gegensatz zu Pflanzenfetten kein natürliches Schutzsystem vor einer Fettsäureoxidation (in Form von Vitamin E).
- Der Energieinhalt von MCT-Fetten ist geringer als der handelsüblicher Nahrungsfette (bedingt durch die kürzere Kettenlänge der Fettsäuren).

1 g MCT-Fett	= 34,9 kJ = 8,3 kcal
1 g MCT-Margarine (Fettgehalt 80 %)	= 27,4 kJ = 6,4 kcal
1 g MCT-Öl	= 31,7 kJ = 7,5 kcal

Informationen über MCT-Fette (ceres-mct): Union Deutsche Lebensmittelwerke, GmbH, 20355 Hamburg, Medizinisch-wissenschaftliche Abteilung, Dammtorwall 15

KAPITEL 9

Besondere Kostformen

9 Besondere Kostformen

Unter dem Begriff besondere Kostformen werden Ernährungsregimes zusammengefaßt, die mit den unterschiedlichsten Begründungen beworben werden und die sich in vielen Punkten meist grundlegend von der üblichen Ernährungsweise unterscheiden. Für einige dieser Kostformen wird deswegen auch die Bezeichnung Außenseiterdiäten benutzt. Das Interesse an diesen Kostformen setzte um 1900 ein, wenn auch der Ursprung von etlichen dieser Kostempfehlungen weit zurückverfolgt werden kann.

Die Begründungen für alle diese Kostformen beruhten naturgemäß auf keiner wissenschaftlichen Basis. Sie stützten sich auch nur in den wenigsten Fällen auf genaue Beobachtungen und auf die Auswertung von jahrzehntelangen Erfahrungen.

Bedingt durch die Zunahme der Übergewichtigen und durch die Vorstellungen von einem Schönheitsideal sind in den letzten Jahrzehnten unzählige Vorschläge für spezielle Kostformen und Ernährungsweisen verbreitet worden, die ein erfolgreiches Abnehmen versprechen.

Eine Reihe dieser neu propagierten Kostformen ist unter Berücksichtigung wissenschaftlicher Erkenntnisse entwickelt worden, obwohl wissenschaftlich begründete Ratschläge und Richtlinien für eine gesunde, vollwertige Ernährung mit den Ernährungsempfehlungen von wissenschaftlichen Gremien wie der DGE vorliegen. Für einige dieser neuen Kostformen wird aus kommerziellen Überlegungen Werbung betrieben, und in einigen Fällen werden, an die Kostempfehlungen gekoppelt, spezielle Lebensmittelzubereitungen angeboten, die beträchtlich überteuert sind und keinen ernährungsphysiologischen Vorteil gegenüber einer ausgewogenen Ernährung mit konventionellen Lebensmitteln bieten.

Begründungen für besondere Kostformen

Die Begründungen für solche Kostformen und die Beweggründe der Menschen, die sich solchen Kostformen zuwenden, sind vielschichtig:

- Gesundheitliche Gründe
  Menschen, die ein gesundheitliches Problem haben oder glauben zu haben, das ernährungsbedingt sein könnte, interessieren sich mehr für ihre Ernährung als Gesunde. Diese Zielgruppe wird durch neue Kostformen vorrangig angesprochen. Vordergründig handelt es sich dabei um Übergewichtige, die mit ihren bisherigen persönlichen Bemühungen um eine Gewichtsreduktion erfolglos waren.
- Weltanschauliche Gründe
  Die weltanschaulich begründeten Kostformen werden von dem Personenkreis, der sich angesprochen fühlt, besonders konsequent ein-

gehalten. Dadurch ist bei diesen Menschen in Abhängigkeit von der „Qualität" der Kostform entweder eine gesunde Ernährung oder eine Fehlernährung vorprogrammiert.

- Ökologische Gründe
  Von ökologisch orientierten Gruppen werden Nahrungsmittel abgelehnt, die durch eine intensive Bewirtschaftung oder durch eine aufwendige Bearbeitung gewonnen werden.
- Kosmetische Gründe
  Auf Grund eines angestrebten Schönheitsideals werden Schlankheitskuren vorgeschlagen, die oft zu gesundheitlichen Schäden führen.

Bei den besonderen Kostformen muß weiterhin zwischen 2 gänzlich unterschiedlichen Typen unterschieden werden:

- Ernährungsregimes, die als Ernährungs- und Lebensform für eine längere Zeit (bis lebenslang) eingehalten werden,
- Kostformen, die nur für eine begrenzte Zeit (meist als Kur) praktiziert werden. Den letzteren Kostformen können die als Fertignahrung (sog. Formeldiäten) angebotenen Schlankheitsdiäten zugerechnet werden.

Strittig ist, ob besondere regionale Kostformen, die sich von den Ernährungsgewohnheiten der Bevölkerung der westlichen Industrieländer unterscheiden und denen eine gesundheitsfördernde Wirkung zugeschrieben wird, den besonderen Kostformen zugeordnet werden können. Für eine Zuordnung zu den besonderen Kostformen spricht, daß diese regionalen Ernährungsweisen in zunehmendem Maße propagiert werden und den Ernährungsgewohnheiten der Mitteleuropäer und dem jeweiligen Lebensmittelangebot angepaßt werden. Solche Kostformen sind insbesondere die mediterranen und ostasiatischen Ernährungsformen.

Bewertungskriterien

Für die Bewertung des Nutzens oder Schadens solcher besonderen Kostformen können nur ernährungswissenschaftliche Gesichtspunkte herangezogen werden. Das betrifft auch jede neu vorgestellte Kostform. Bei dieser Bewertung muß auch der jeweils angesprochene Personenkreis berücksichtigt werden.

Die wichtigsten Kriterien für eine Beurteilung sind die nachfolgend aufgeführten Punkte, die erfüllt sein müssen, wenn eine besondere Kostform ohne Bedenken eingesetzt werden soll:

- Sicherung der Zufuhr aller erforderlichen Nährstoffe in der benötigten Höhe, insbesondere in Hinblick auf die Versorgung mit Eiweiß, Vitaminen, Mineralstoffen und anderen essentiellen Nahrungsfaktoren wie mehrfach ungesättigten Fettsäuren, Vitaminen und Mineralstoffen; als

Orientierung gelten die D-A-CH-Referenzwerte für die Nährstoffzufuhr,

- ausgewogenes Verhältnis der Energieträger und Sicherung der Aufnahme einer ausreichenden Menge an Ballaststoffen,
- sinnvolle Kostplangestaltung und Verteilung der Nahrungsaufnahme auf mehrere Mahlzeiten,
- Einhaltung der Festlegungen der Diät-Verordnung über den Energieinhalt und über die Menge der Nährstoffe (bei Diätempfehlungen für eine Gewichtsreduktion, siehe Kap. 8.4.1, 10.1 und 12.2.3),
- Einhaltung aller erforderlichen Maßnahmen zum Schutz vor gesundheitlichen Beeinträchtigungen durch giftige, ungeeignete oder unzureichend zubereitete Lebensmittel, beispielsweise Vermeiden des Verzehrs von nicht oder ungenügend gereinigten Lebensmitteln, von nicht erhitzten Lebensmitteln, bei denen ein Erhitzen unumgänglich ist (z. B. grüne Bohnen), Warnung vor gesundheitsschädigenden Genußmitteln wie Alkohol u. a.

Bei der Vielzahl der besonderen Kostformen kann nachfolgend nur auf die wichtigsten, zum gegenwärtigen Zeitpunkt am meisten praktizierten Formen eingegangen werden.

9.1 Vollwerternährung

Die Vollwerternährung nimmt in der von Leitzmann, Koerber und Männle empfohlenen Form eine Sonderstellung unter den besonderen Kostformen ein. Sie ermöglicht beim konsequenten Einhalten der gegebenen Richtlinien eine vollwertige Ernährung, die den Kriterien der DGE entspricht und die Aufnahme aller Nährstoffe in der empfohlenen Höhe sichert (D-A-CH-Referenzwerte).

Diese spezielle Vollwerternährung ist aus anderen Kostformen entwickelt worden, die auch als Vollwerternährung deklariert werden. Sie unterscheidet sich jedoch von diesen Ernährungsformen grundlegend und darf deshalb nicht mit diesen verwechselt werden. Das betrifft insbesondere die von Bruker vorgeschlagene Vollwertkost. Diese ist keine vollwertige Kostform, sie kann, wie auch andere Kostformen, zu einer Fehlernährung und zu weiteren gesundheitlichen Schäden führen. Solche Kostformen sind abzulehnen (siehe Kap. 9.6.2).

Die Vollwerternährung nach Leitzmann orientiert sich an folgenden Grundsätzen (Koerber, Männle und Leitzmann: Vollwerternährung, Haug-Verlag, Heidelberg, 1994):

- Bevorzugter Verzehr von pflanzlichen Lebensmitteln (überwiegend lactovegetabile Ernährungsweise),
- bevorzugter Verzehr von gering verarbeiteten Lebensmitteln (Lebensmittel so natürlich wie möglich verzehren),

- reichlicher Verzehr von nicht erhitzter Frischkost* (etwa die Hälfte der Nahrungsmenge),
- schonende Zubereitung der Speisen aus frischen Lebensmitteln unter Verwendung von möglichst wenig Fett,
- Vermeiden von Lebensmitteln, die Lebensmittelzusatzstoffe enthalten,
- Vermeiden von Lebensmitteln, die mit bestimmten Technologien (Gentechnik, Designer Food) hergestellt wurden oder die bestrahlt wurden,
- möglichst ausschließlicher Verzehr von Erzeugnissen aus anerkannt ökologischem Landbau,
- Bevorzugung von Erzeugnissen aus regionaler Herkunft und der Jahreszeit entsprechend,
- Einschränkung des Verzehrs von tierischen Lebensmitteln zugunsten des Verzehrs von pflanzlichen Lebensmitteln,
- Bevorzugung unverpackter oder umweltschonend verpackter Lebensmittel,
- Bevorzugung landwirtschaftlicher Erzeugnisse, die unter sozialverträglichen Bedingungen erzeugt, verarbeitet und vermarktet werden,
- Vermeidung bzw. Verminderung der allgemeinen Schadstoffemission und dadurch der Schadstoffaufnahme durch Verwendung umweltverträglicher Produkte und Technologien.

Einige dieser Grundsätze der Vollwerternährung bedürfen einer zusätzlichen Erläuterung:

Bevorzugung pflanzlicher Lebensmittel

Der Großteil der Bevölkerung verzehrt zu viel Fleisch und Fleischprodukte, wodurch es zu einer zu hohen Aufnahme von Fett, insbesondere von tierischem Fett, Cholesterin und zum Teil von Nucleinsäuren (Purinkörpern) kommt. Die Vollwerternährung nach Leitzmann zielt daher auf eine vorwiegend lactovegetabile Ernährungsweise ab (siehe auch Kap. 9.2), um diesem Mißverhältnis mit der Auswahl der Lebensmittel zu begegnen. Ein mäßiger Verzehr von Fleisch und Eiern, wie bei anderen besonderen Kostformen, wird grundsätzlich nicht abgelehnt. Der wöchentliche Verzehr von zwei Fleischmahlzeiten und einer Fischmahlzeit sowie der Verzehr von bis zu 2 Eiern wird als mäßig angesehen. Diese Menge an Fleisch dürfte genügen, um eine ausreichende Versorgung mit Eisen und Vitamin B_{12} zu garantieren.

Die Versorgung mit biologisch hochwertigem tierischem Eiweiß soll vorrangig durch den Verzehr von Milch und Milcherzeugnissen sowie Käse

* Frischkost: Der meist gebrauchte Begriff Rohkost wird für die Vollwerternährung abgelehnt und durch den Begriff Frischkost ersetzt.

abgesichert werden. Dadurch wird gleichzeitig auch eine ausreichende Kalziumversorgung garantiert.

Die vorzugsweise empfohlenen pflanzlichen Lebensmittel sind reich an Vitaminen und Mineralstoffen sowie an Ballaststoffen und Mikronährstoffen. Bei einer ausgewogenen Kombination mit den empfohlenen tierischen Eiweißen kann auch das pflanzliche Eiweiß infolge des hohen Ergänzungswerts der tierischen Eiweiße zur Sicherung der Eiweißversorgung beitragen.

Bevorzugung gering verarbeiteter Lebensmittel

Dieser Forderung der Vollwertkost kann aus lebensmittelchemischer Sicht nicht in jeder Hinsicht zugestimmt werden, obwohl sie prinzipiell richtig und zu unterstützen ist, insbesondere unter der Forderung, daß die Lebensmittel „so wenig wie möglich, aber so viel wie nötig" be- und verarbeitet werden sollten. Es ist auch richtig, daß bei der Ver- und Bearbeitung von Lebensmitteln wertvolle Inhaltsstoffe wie Vitamine und im gewissen Maße auch Ballaststoffe, Mikronährstoffe und Mineralstoffe teilweise verlorengehen.

Auf der anderen Seite werden schädliche Begleitstoffe (z. B. Schadstoffe auf den Getreidespelzen, Lectine in grünen Bohnen) nur durch die Bearbeitung der Lebensmittel entfernt. Andere Nahrungsmittel werden erst durch die Verarbeitung verdaubar (z. B. Stärkeaufschluß durch Kochen).

Eine sachgerechte Ver- und Bearbeitung von Lebensmitteln garantiert außerdem das sichere Abtöten von pathogenen Mikroorganismen und trägt damit zur Verhütung von Lebensmittelvergiftungen bei.

Reichlicher Verzehr nicht erhitzter Frischkost

Der übliche Begriff „Rohkost" wird abgelehnt, da er eine gedankliche Assoziation zu „rauh, grob oder hart" auslösen könnte. Die Frischkost sollte etwa 50 % der gesamten Nahrungsaufnahme bestreiten, die sich zu etwa je $^1/_3$ auf nicht erhitztes Obst, nicht erhitztes Gemüse sowie Frischkorn (nicht erhitzte Vollkornerzeugnisse wie Haferflocken), Nüsse und Vorzugsmilch aufteilen sollte. Als Vorteile der Frischkost werden angeführt, daß mit ihr der menschliche Organismus mit allen in den Lebensmitteln vorkommenden essentiellen und gesundheitsfördernden Inhaltsstoffen in unveränderter Form und vollständig versorgt werden kann. Auch die Ballaststoffe sollen in nicht erhitzter Form eine höhere Wirksamkeit entfalten. Die Frischkost solle außerdem zum intensiveren Kauen anregen. Es wird davon ausgegangen, daß durch die intensive Kau- und Schlucktätigkeit ein höherer Sättigungseffekt erzielt wird. Daher wird auch empfohlen, Frischkost als Vorspeise und nicht als Salatbeilage anzubieten, um so die

Energiezufuhr durch den hohen Sättigungswert der Frischkost zu begrenzen und damit einem Übergewicht vorzubeugen.

In der Vollwerternährung nach Leitzmann wird eine Hitzebehandlung von Lebensmitteln nicht wie in früheren Kostformen grundsätzlich abgelehnt. Sie wird in den Fällen befürwortet, in denen sie unbedingt erforderlich ist (Abtötung von Mikroorganismen, Zerstörung gesundheitsschädlicher Inhaltsstoffe wie Lectine in Hülsenfrüchten, Geschmacksverbesserung durch die Entwicklung von Aromastoffen, Aufschluß von Inhaltsstoffen wie Stärke u. a.).

Die Gefahr des Auftretens einer Lebensmittelallergie ist bei einem reichlichen Verzehr von Frischkost erhöht. Es ist bekannt, daß bei Vegetariern Lebensmittelallergien wesentlich häufiger auftreten, auch im Vergleich zu Personen, die bei einer vollwertigen gemischten Kost ebenso reichlich Rohkost verzehren. Die Ursachen hierfür sind noch nicht eindeutig geklärt.

In der Vollwertkost von Leitzmann wird ausdrücklich darauf hingewiesen, daß nur gereinigte Getreidekörner verarbeitet und verzehrt werden dürfen. Auf nicht gereinigten Getreidekörnern können zahlreiche Schadstoffe abgelagert sein, gleichfalls können sie mit dem Mutterkornpilz belastet sein, was zu einer Vergiftung mit den von ihm gebildeten Mutterkornalkaloiden führen kann (siehe Kap. 6.2.4).

Ein weiteres Problem beim Verzehr von größeren Mengen an Getreidekörnern (Vollkorn) kann durch den relativ hohen Phytingehalt der äußeren Schichten des Getreidekorns entstehen. Phytin bildet mit Erdalkalimetallen (Kalzium und Magnesium) wasserunlösliche Komplexe. Dadurch wird die Resorption dieser Mineralstoffe behindert. Der Phytingehalt ist insbesondere im Roggenkorn beträchtlich hoch. Roggen ist deswegen für Speisen und Gerichte nicht geeignet, die mit nicht gemahlenen Getreidekörnern zubereitet werden. Phytin wird bei der Bereitung des Sauerteigs durch die Phytase der Milchsäurebakterien im Sauerteig gespalten, deshalb besteht beim Verzehr von Vollkornbrot diese Gefahr einer gestörten Kalziumresorption nicht.

Hafer, der in der Vollwertkost in Form von Haferflocken besonders empfohlen wird, kann auch aus ernährungsphysiologischer Sicht als besonders geeignet eingeschätzt werden. Er weist zwar einen geringeren Kleieanteil auf als die anderen Getreidearten, seine Ballaststoffe zeichnen sich aber durch eine besonders gute Wasserbindungskapazität aus. Das Haferkorn wird bei dem unbedingt notwendigen Entspelzen außerdem weitgehend von unerwünschten und schädlichen Begleitstoffen befreit. Der Phytingehalt des so aufgeschlossenen Haferkorns ist relativ gering. Haferflocken sind das Getreideerzeugnis, das auch roh genossen keinerlei gesundheitliche Probleme verursacht.

Grünkern hat als unreif geernteter Dinkel erst wenig Phytin gebildet. Er eignet sich auch aus diesem Grund besonders für die Vollwerternährung.

Der Verzehr von rohen Keimlingen verschiedener Hülsenfrüchte (ohne vorherige Hitzebehandlung) kann zu Vergiftungen durch die beim Keimen gebildeten Lectine (Phasin) führen. Lectine werden durch Erhitzen sicher zerstört. Es ist fraglich, ob das mitunter empfohlene Blanchieren der Keimlinge ein sicheres Zerstören der Lectine gewährleistet. Eine Ausnahme sind die Keimlinge von Linsen und Mungobohnen, die keine Lectine bilden. Sie können roh genossen werden, eine Gefahr kann nur bei einem Befall mit pathogenen Keimen oder bei Verderb bestehen.

Bei der Zubereitung von Frischkost ist auf sorgsames Waschen der Rohstoffe zu achten, um mögliche Kontaminationen mit pathogenen Mikroorganismen sicher zu entfernen und damit Lebensmittelinfektionen zu vermeiden.

Ablehnung des Verzehrs von wärmebehandelten bzw. raffinierten Lebensmitteln

Die Wärmebehandlung von Lebensmitteln wird in jenen Fällen nicht grundsätzlich abgelehnt, in denen eine fehlende Wärmebehandlung zu gesundheitlichen Beeinträchtigungen führen kann. Eine solche Notwendigkeit wird jedoch bei der ultrahocherhitzten Milch (H-Milch) nicht gesehen, sie wird deshalb abgelehnt.

Diese Ablehnung von H-Milch ist aus ernährungsphysiologischen Gründen nicht nachvollziehbar. Mit dem Verzicht auf H-Milch zugunsten der empfohlenen Vorzugsmilch wird auf einen wichtigen Sicherheitsfaktor verzichtet, der vor einer Lebensmittelvergiftung durch bakteriell belastete Frischmilch (Rohmilch oder Vorzugsmilch) schützt. Auch bei der Vorzugsmilch besteht trotz ständiger Überwachung immer die Gefahr einer bakteriellen Kontamination.

Die Verwendung von Vorzugsmilch ist in der Gemeinschaftsverpflegung verboten. Eine im Haushalt vorgenommene Wärmebehandlung von Frischmilch führt zu größeren Veränderungen an den Milchbestandteilen als das unter standardisierten Bedingungen erfolgende kurzzeitige Erhitzen bei der Bereitung der H-Milch.

Der Verzehr von Sauermilcherzeugnissen, die nach der Sauerlegung nicht nochmals erhitzt wurden, ist dagegen sehr zu empfehlen. Es ist aber bei diesen Produkten auf die wesentlich geringere Mindesthaltbarkeitsdauer zu achten.

Die anfänglich strikte Ablehnung des Verzehrs von allen raffinierten Ölen wird nicht mehr mit letzter Konsequenz aufrechterhalten. Damit wird der

Tatsache Rechnung getragen, daß einige Öle nur nach erfolgter Raffination gefahrlos verzehrt werden können (z. B. Baumwollsaatöl, Traubenkernöl).

Verzehr von Nüssen und Ölsamen

Die Empfehlung des häufigen Verzehrs von Nüssen und Ölsamen ist auf Grund deren hohen Fettgehalts nicht ohne weiteres nachvollziehbar, da die Vollwerternährung als eine gesundheitsbewußte, und damit relativ fettarme Ernährung propagiert wird. Selbstverständlich sind Nüsse und Ölsamen, in entsprechenden Mengen und unter Berücksichtigung der gesamten Energiezufuhr konsumiert, nicht abzulehnen. Bei einigen Ölsamen (insbesondere Leinsamen und Mohn) besteht die Gefahr, daß es bei unsachgemäßer Lagerung relativ schnell zu einer Fettsäureoxidation und damit zur Bildung von toxischen Produkten kommen kann.

Zubereitung genußvoller Speisen

Bei der Vollkost wird besonderer Wert auf die Zubereitung der Speisen gelegt. Eine sorgfältige Zubereitung ist auch wegen des relativ geringen Fetteinsatzes erforderlich, da aus diesem Grund Fett als Aromaträger nur eine untergeordnete Rolle spielt. Weiterhin wird vorzugsweise auf den Einsatz von frischen Lebensmitteln orientiert, und Convenience-Produkte werden abgelehnt. Bei Problemen in der Versorgung mit Frischgemüse sollten Tiefkühlerzeugnisse verwendet werden.

Beim Garen werden kürzestmögliche Garzeiten und schonende Garverfahren empfohlen, der Schnellkochtopf wird für die meisten Fälle abgelehnt (Zerfallen von Gemüse). Nur zum Garen von Getreidekörnern und Hülsenfrüchten sollte der Schnellkochtopf verwendet werden.

Als günstige Garverfahren werden besonders Dämpfen und Grillen auf dem Elektrogrill (nicht Holzkohlegrill) empfohlen. Braten wird wegen des relativ hohen Fettbedarfs und wegen der Bildung von Röstprodukten abgelehnt. Es sollte aber bedacht werden, daß in beschichteten Pfannen ein äußerst fettarmes Braten möglich ist und daß durch eine geeignete Temperaturführung die übermäßige Bildung von Röstprodukten verhindert werden kann.

Verzicht auf Zusatzstoffe und auf Nahrungsmittel, die Zusatzstoffe enthalten

Der Einsatz und damit der Verzehr von Lebensmittelzusatzstoffen, auch von Konservierungsstoffen, wird generell abgelehnt. Zusatzstoffe sind bei der Ernährung mit einer Vollwertkost und einer vollwertigen Ernährung generell nicht erforderlich, wenn ausschließlich frische Produkte eingesetzt werden können.

Bei Präserven ist dagegen durch den Zusatz von Konservierungsstoffen eine wesentlich höhere Sicherheit vor einer Lebensmittelvergiftung gegeben, vorausgesetzt, es besteht keine Allergie gegenüber den betreffenden Konservierungsstoffen.

Bei der Ernährung von übergewichtigen Diabetikern kann auf die Verwendung von Süßstoffen kaum verzichtet werden, falls eine abwechslungsreiche Diät zubereitet werden soll.

Auch der Zusatz von Vitamin C zu Lebensmitteln wird abgelehnt mit der Begründung, daß es sich beim handelsüblichen Vitamin C um ein isoliertes Produkt handelt. Dieses Vitamin C ist allerdings völlig identisch mit dem „natürlichen" Vitamin C. Die positiven antioxidativen Effekte des Vitamin C werden somit aus wissenschaftlich nicht erklärbaren Gründen abgelehnt, obwohl für den Verbraucher gesundheitliche Nachteile entstehen könnten.

Möglichst ausschließliche Verwendung von Produkten aus dem ökologischen Landbau

Es wird davon ausgegangen, daß eine weitgehende Einschränkung der Aufnahme von Schadstoffen (Umweltgifte) nur durch den Einsatz von Erzeugnissen aus dem ökologisch orientierten Anbau erreicht werden könne. Der Direktbezug vom Erzeuger wird vorgezogen, da auf diese Weise das Einhalten der Anbaubedingungen an Ort und Stelle überprüft werden kann.

Im Hinblick auf den Gehalt an Nährstoffen und Mineralstoffen bestehen zwischen ökologisch und konventionell angebauten Lebensmitteln keine grundsätzlichen Unterschiede. Der Gehalt an Vitaminen und Mikronährstoffen schwankt bei allen Anbaumethoden mehr oder weniger stark, er hängt vordergründig von den Vegetationsbedingungen und den Ernteterminen ab. Die Konzentrationen von Umweltgiften ist auch bei konventionell angebauten Lebensmitteln in der Regel nicht höher als bei denen des ökologischen Landbaus. Die Konzentrationen an potentiellen Schadstoffen in der Umwelt sind in den letzten Jahren generell auf so niedrige Werte zurückgegangen, daß eine gesundheitliche Belastung ausgeschlossen werden kann.

Wesentliche qualitative Unterschiede können jedoch beim Fleisch von solchen Schlachttieren bestehen, die bei einer ökologisch ausgerichteten Landwirtschaft einen uneingeschränkten freien Auslauf haben. Bei ihnen ist die Muskulatur infolge der ständigen Bewegung wesentlich besser ausgebildet. Das Fleisch ist deshalb insbesondere im Geschmack dem Fleisch aus konventioneller Tierhaltung überlegen (insbesondere bei Rindern, deren Fleisch eine bessere Marmorierung aufweist).

Bevorzugung von Erzeugnissen aus regionaler Herkunft und der Jahreszeit entsprechend

Diese Forderung ist auch mit den Empfehlungen für eine vollwertige Ernährung mit konventionell produzierten Lebensmitteln deckungsgleich. Allerdings ist durch einen gewissen Austausch von verarbeiteten Lebensmitteln mit regionalen Besonderheiten eine abwechslungsreichere Ernährung möglich. Bei bestimmten Lebensmitteln (Seefisch) ist ein Transport über weite Strecken meist unerläßlich. Das betrifft auch Gemüse und bestimmte Erzeugnisse tropischer Regionen wie Zitrusfrüchte und andere Südfrüchte. Durch den Import von Gemüse kann während des ganzen Jahrs, auch außerhalb der Ernteperiode, eine ausreichende Versorgung mit Vitaminen, Mineralstoffen und Mikronährstoffen gewährleistet und damit den Empfehlungen für eine vollwertige Ernährung entsprochen werden.

Auswahl und Bewertung der Lebensmittel bei der Vollwertkost

Die Vollwertkost ordnet den einzelnen Lebensmitteln in Hinblick auf ihren (tatsächlichen oder postulierten) gesundheitsfördernden Nutzen eine unterschiedliche Wertigkeit zu. Daraus wird abgeleitet, daß bei der Kostzusammenstellung vorwiegend nur Lebensmittel berücksichtigt werden sollten, denen eine sehr hohe Wertigkeit zugesprochen wird. Eine Einteilung der Lebensmittel in einzelne Wertigkeitsgruppen wurde bereits von Bruker in der sog. vitalstoffreichen Vollwertkost vorgenommen. Ursprünglich wurde zwischen 6, später zwischen 5 und nunmehr von Leitzmann nur noch zwischen 4 verschiedenen Wertigkeitsstufen unterschieden. Die Einstufung der Lebensmittel in die einzelnen Wertigkeitsstufen orientiert sich an ihrem Bearbeitungsgrad (siehe Tabelle 9.1.1).

Es wird empfohlen, bei der Kostplangestaltung vorzugsweise nur Lebensmittel aus den als sehr empfehlenswert eingestuften Gruppen 1 und 2 zu jeweils gleichen Teilen zu berücksichtigen. Lebensmittel aus der als weniger empfehlenswert bezeichneten Gruppe 3 sollten nur selten verzehrt werden. Die als nicht empfehlenswert bezeichneten Lebensmittel der Gruppe 4 sollten dagegen möglichst ständig gemieden werden. Da eine präzise Zuordnung der Lebensmittel in eine der 4 Gruppen mitunter schwierig ist, wird außerdem eingeräumt, daß die Übergänge zwischen den Gruppen 1 und 2 einerseits und den Gruppen 3 und 4 andererseits fließend sein können.

9.2 Vegetarische Kostformen

Vegetarische Kostformen werden seit etwa 1900 weltweit propagiert. Die Begründungen für diese Kostformen sind unterschiedlich, sie basieren auf

KAPITEL 9

Tabelle 9.1.1:
Einteilung der Lebensmittel bei der Vollwerternährung in Wertigkeitsstufen (nach Männle, Koerber und Leitzmann: Vollwerternährung, Haug-Verlag, Heidelberg, 1994)

Wertigkeitsstufe 1 (sehr empfehlenswert)

- Nicht oder nur gering verarbeitete Lebensmittel (unerhitzt)
- Gekeimtes Getreide, Vollkornschrot (z. B. Frischkornmüsli)
- Frisches Gemüse, milchsaures Gemüse (z. B. Sauerkraut)
- Frisches Obst
- Nüsse, Mandeln, Ölsamen, Ölfrüchte (Oliven)
- Vorzugsmilch
- Ungechlortes Trinkwasser, kontrolliertes Quellwasser, Mineralwasser
- Ganze oder frisch gemahlene Gewürze, frische Kräuter

Wertigkeitsstufe 2 (sehr empfehlenswert)

- Mäßig verarbeitete Lebensmittel (vor allem erhitzte Lebensmittel)
- Vollkornprodukte (z. B. Vollkornbrot und Vollkornteigwaren)
- Erhitztes Gemüse und Obst, Tiefkühlgemüse und Tiefkühlobst
- Gekochte Kartoffeln (möglichst Pellkartoffeln)
- Gekeimte und blanchierte Hülsenfrüchte, erhitzte Hülsenfrüchte
- Geröstete Nüsse, kaltgepreßte Öle, ungehärtete Pflanzenmargarine mit hohem Anteil an kaltgepreßten Ölen, Butter
- Pasteurisierte Milch, Milchprodukte, Käse (alle ohne Zutaten oder Zusatzstoffe)
- Fleisch (bis 2mal pro Woche), Fisch (bis 1mal pro Woche), Eier (bis 2 Stück pro Woche)
- Kräuter- und Früchtetees, verdünnte Frucht- und Gemüsesäfte, Getreide-(Malz-)Kaffee
- Honig (nicht wärmegeschädigt, verdünnt), Trockenobst (ungeschwefelt, eingeweicht)

Wertigkeitsstufe 3 (weniger empfehlenswert)

- Stark verarbeitete Lebensmittel (vor allem konservierte Lebensmittel)
- Getreideerzeugnisse, die nicht aus Vollkorn hergestellt wurden (Weißbrot, Graubrot, handelsübliche Teigwaren, Cornflakes, Feinbackwaren, Auszugsmehl), geschälter Reis
- Gemüse- und Obstkonserven, Kartoffelfertigmischungen, Tofu, Sojamilch, Fertigmischungen aus Soja
- Gesalzene Nüsse, raffinierte Fette und Öle, ungehärtete Pflanzenmargarine, Kokosfett, Butterschmalz
- H-Milch, Milchprodukte mit Zutaten, Käse mit Zusatzstoffen
- Fleisch-, Wurst- und Fischwaren einschließlich Konserven, Tafelwasser, Fruchtnektare, Kakao, Bohnenkaffee, schwarzer Tee, Bier, Wein
- Kräutersalz, Meersalz, Kochsalz, Honig (wärmegeschädigt), Trockenobst (geschwefelt), Apfel- und Birnendicksaft, Vollrohrzucker, Ahornsirup, Zuckerrübensirup

Wertigkeitsstufe 4 (nicht empfehlenswert)

- Übertrieben verarbeitete Lebenmittel sowie Isolate und Präparate
- Getreide- und Kartoffelstärke, Ballaststoffpräparate, Vitamin- und Mineralstoffpräparate
- Tiefkühlfertigprodukte, Pommes frites, Chips, Sojaprodukte
- Margarine mit gehärteten Fetten
- Kondensmilch, Milchpulver, Milchzucker, Schmelzkäse, Milch- und Käse-Imitate, Milch- und Molkereiprotein
- Innereien, Eipulver
- Limonaden, Cola-Getränke, Fruchtsaftgetränke, Instant- und Sportlergetränke, Spirituosen
- Aromastoffe (natürliche, naturidentische, synthetische), Geschmacksverstärker, isolierte Zucker (z. B. Haushalts-, Trauben-, Fruchtzucker, brauner Zucker), Süßwaren, Süßstoffe

religiösen, weltanschaulichen oder ernährungsmedizinischen Vorstellungen. Die verschiedenen vegetarischen Kostformen haben unter allen Sonderkostformen weltweit die meisten Anhänger.

Die unterschiedlichen vegetarischen Kostformen sind in 3 große Gruppen einzuordnen, wobei aus ernährungsphysiologischer Sicht die ersten beiden Gruppen zusammengefaßt werden können:

- Ovolactovegetarier,
- Lactovegetarier,
- Veganer.

Sogenannte Weißfleischvegetarier, eine gelegentlich zusätzlich genannte Sondergruppe, kann aus ernährungsphysiologischer Sicht den Vegetariern nicht zugeordnet werden. Die Anhänger dieser Gruppe verzehren mehr oder weniger regelmäßig „weißes" Fleisch (vorzugsweise „weißes" Geflügelfleisch und teilweise Fisch) und meiden konsequent nur das Fleisch von Schlachttieren und Wild. Fleisch von Schlachttieren und von Geflügel unterscheidet sich in seiner Zusammensetzung und in ernährungsphysiologischer Hinsicht nur unwesentlich, vorausgesetzt, es handelt sich um mageres (schieres) Fleisch, das kein verborgenes Fett aufweist.

Vegetarier werden von einer Lebensmittelallergie häufiger betroffen als Nichtvegetarier, auch wenn letztere ebenfalls regelmäßig Rohkost verzehren. Dieser Befund kann nicht befriedigend erklärt werden, auch nicht durch die Tatsache, daß eine Reihe von Nahrungsmitteln ihre allergene Wirkung beim Erhitzen verliert. Die höhere Anfälligkeit der Vegetarier gegenüber einer Lebensmittelallergie muß offenbar durch andere, noch nicht aufgedeckte Mechanismen bedingt sein (möglicherweise Schädigung der Mucosazellen durch Lectine).

Die Gefahr des Entstehens einer Lebensmittelallergie ist bei der rein vegetarischen Ernährung von Kleinkindern besonders groß, da allergieauslösende Nahrungsmittelbestandteile (bzw. partielle Spaltprodukte) den kindlichen Dünndarm wesentlich leichter und schneller passieren können als den Darm von Erwachsenen.

Es gibt außerdem Hinweise, daß eine vegetarische Ernährung beim Bestehen einer allergischen Disposition besonders rasch Lebensmittelallergien auslösen kann. Das betrifft besonders Pollenallergiker. Bei ihnen findet sich oft eine Allergie gegenüber bestimmten Kräutern, Früchten, Gewürzen oder Gemüsen.

9.2.1 Ovolactovegetarier und Lactovegetarier

Ovolactovegetarier und Lactovegetarier lehnen den Verzehr von Fleisch und Fleischerzeugnissen jeglicher Art (Schlachttiere, Wild, Geflügel) sowie von Fisch ab. Die Ovolactovegetarier verzehren als tierisches Eiweiß Milch, Milcherzeugnisse und Käse sowie Eier. Die Lactovegetarier verzehren ebenfalls Milch, Milcherzeugnisse und Käse, lehnen aber Eier ab.

Beide Gruppen decken ihren Bedarf an allen Nährstoffen im wesentlichen ab, vorausgesetzt, sie nehmen die von ihnen akzeptierten tierischen Lebensmittel in der erforderlichen Menge zu sich.

Eiweißversorgung

Die Versorgung mit Eiweiß kann in beiden Gruppen als gut eingeschätzt werden, wenn die einzelnen erlaubten eiweißhaltigen Lebensmittel in einem ausgewogenen Verhältnis in den Kostplan aufgenommen werden. Es ist dann eine ausreichende Versorgung mit biologisch hochwertigem Eiweiß gesichert, wobei die geringere Wertigkeit des reichlich aufgenommenen pflanzlichen Eiweißes durch den Ergänzungswert des Vollei- und Milcheiweißes aufgewertet wird. Die ovolactovegetabile Kost dürfte gegenüber der lactovegetabilen Kost einen gewissen Vorteil besitzen, insbesondere bei einer knapp bemessenen Aufnahme von Milch und Milcherzeugnissen sowie Käse. Sie nutzt die hohe biologische Wertigkeit und den hohen Ergänzungswert des Volleiproteins. Lediglich bei Fettstoffwechselstörungen und bei bestehendem Arterioskleroserisiko (erhöhte Blutfettwerte) könnte die ovolactovegetabile Kost durch die hohe Cholesterinzufuhr infolge eines regelmäßigen Eikonsums ein gewisses gesundheitliches Risiko bedeuten.

Eisenversorgung

Die Sicherung einer ausreichenden Eisenversorgung ist bei beiden vegetarischen Kostformen umstritten. Während in einigen Untersuchungen keine Versorgungslücken mit Eisen gefunden wurden, wird auf der anderen Seite darauf hingewiesen, daß der Bedarf an Eisen mit einer vegetarischen Kost nicht optimal gedeckt werden kann. Der Eisengehalt von Milch und Eiern ist so niedrig, daß er zu vernachlässigen ist. Das pflanzliche Eisen wird als 3wertiges Eisen schlecht resorbiert. Durch die gleichzeitige Aufnahme von Vitamin C kann zwar dessen Bioverfügbarkeit erhöht werden, offenbar aber nicht in ausreichendem Maße. Dazu kommt weiterhin der Umstand, daß durch die in großer Menge verzehrte pflanzliche Kost auch beträchtliche Mengen an Phytinsäure aufgenommen werden, die die Resorption des Eisens teilweise behindert. Die unterschiedlichen Ergebnisse über die Eisenversorgung könnten u. U. durch Unterschiede in der Höhe der Vitamin-C-Zufuhr bedingt sein.

Zinkversorgung

Die Versorgung mit Zink kann beim Vegetarier ebenfalls unzureichend sein. Die Versorgung mit Zink erfolgt bei einer gemischten Kost vorwiegend durch den Verzehr von Fleisch und Fisch. Pflanzliche Lebensmittel enthalten wesentlich weniger Zink, das außerdem schlechter verwertet wird. Hinzu kommt, daß Zink (im Gegensatz zu Eisen) im Körper kaum gespeichert werden kann. Maximal aufgefüllte Zinkdepots sind bei einem absoluten Zinkmangel bereits nach wenigen Tagen erschöpft. Ein Zinkmangel führt zu einer Einschränkung der Aktivität der zinkhaltigen Enzyme. Das betrifft insbesondere die Enzyme der Nucleinsäuresynthese, wodurch besonders die Aktivität der sich schnell erneuernden Zellsysteme eingeschränkt wird. Am augenfälligsten ist eine Schwächung des Immunsystems. Es ist denkbar (aber nicht bewiesen), daß das nicht erklärbare öftere Auftreten von Lebensmittelallergien bei Vegetariern durch einen Zinkmangel mit bedingt ist.

Versorgung mit Vitamin B_{12}

Eine mitunter diskutierte unzureichenden Versorgung von Vegetariern mit Vitamin B_{12} ist umstritten. Auf Grund rein theoretischer Überlegungen müßte bei ihnen mit einem Vitamin-B_{12}-Mangel gerechnet werden, da Vitamin B_{12} nur in tierischen Lebensmitteln vorkommt (außer Milch, die kein Vitamin B_{12} enthält). Beim Ovolactovegetarier könnte lediglich Eigelb zur Versorgung mit Vitamin B_{12} beitragen. Der Lactovegetarier dürfte mit der Nahrung rein theoretisch überhaupt kein Vitamin B_{12} aufnehmen.

Ein Vitamin-B_{12}-Mangel wird bei Vegetariern aber kaum beobachtet. Offenbar wird das Vitamin B_{12}, das von den Darmbakterien synthetisiert wird, bereits schon in den unteren Abschnitten des Dünndarms in ausreichender Menge gebildet und resorbiert und sichert so die Vitamin-B_{12}-Versorgung.

Versorgung mit mehrfach ungesättigten Fettsäuren der ω-3-Reihe

Eine Unterversorgung mit Eicosapentaensäure und Docosahexaensäure ist wegen des fehlenden Verzehrs von Seefisch durchaus möglich. Augenfällige gesundheitliche Beeinträchtigungen, die auf einen solchen Mangel zurückzuführen wären, sind bisher nicht beschrieben worden. Es ist allerdings auch schwierig, geringgradige Abweichungen bei einigen gesundheitsbezogenen Parametern eindeutig auf das Fehlen eines bestimmten essentiellen Nahrungsfaktors zurückzuführen. Offenbar reicht aber bei Vegetariern die Umwandlung der in pflanzlichen Ölen vorkommende Linolensäure aus, um ein Minimum an den Vorstufen für die Bildung der Eicosanoide der ω-3-Reihe zu garantieren. Der ausschließliche Verzehr von pflanzlichen Fetten und Ölen sichert zudem eine gute Versorgung mit Linolensäure.

Ernährungsphysiologische Einschätzung

Die ovolactovegetabile und lactovegetabile Kost kann in gesundheitlicher Hinsicht durchweg positiv eingeschätzt werden. Sie unterscheidet sich in ihrem ernährungsphysiologischen Wert kaum von einer vollwertigen Ernährung entsprechend den Empfehlungen der DGE:

- Die Kost begünstigt eine ausgeglichene Ernährung, eine überhöhte Energiezufuhr erfolgt wegen des Verzichts auf tierische Fette (insbesondere verborgenes Fett) und des hohen Ballaststoffanteils kaum. Einschränkungen in der mengenmäßigen Nahrungsaufnahme sind daher kaum erforderlich. Die Gefahr eines Übergewichts ist sehr gering.
- Die Kost deckt den Energiebedarf vorrangig durch die Aufnahme von Kohlenhydraten in Form von ballaststoffreichen pflanzlichen Lebensmitteln.
- Die Kost ermöglicht eine ausreichende Versorgung mit biologisch hochwertigem Eiweiß.
- Das Nahrungsfett wird, ausgenommen sind Milchfett und Fette des Eidotters, vorwiegend in Form von pflanzlichen Fetten und Ölen mit einem hohen Gehalt an Ölsäure und mehrfach ungesättigten Fettsäuren aufgenommen.
- Die Versorgung mit Vitaminen und Mineralstoffen wird in ausreichendem Maße gesichert, die Versorgung mit den meisten wasserlöslichen Vitaminen und insbesondere mit Vitamin C ist optimal. Gewisse Einschränkungen bestehen möglicherweise bei den Vitaminen B_6, B_{12} und Folsäure sowie bei Eisen und Zink.
- Die Zufuhr an Purinkörpern kann bei einer vegetarischen Ernährung etwas niedriger sein als bei einer Kost, die reich an Fleisch und Fleischerzeugnissen ist. Eine möglicherweise geringere Aufnahme von Purinkörpern wird jedoch meist überbewertet. Sie ist im Vergleich zu einer ausgewogenen Mischkost nicht so niedrig, wie oft angenommen wird, denn auch nicht raffinierte pflanzliche Lebensmittel, insbesondere Rohkost, enthalten Pflanzenzellen und damit ebenfalls Purinkörper.

Vegetarier dieser beiden Gruppen weisen in der Regel einen recht guten Gesundheitszustand auf. Sie tendieren im Vergleich zu Nichtvegetariern zu einem niedrigeren Körpergewicht und haben oft einen niedrigeren Blutdruck. Auch ihre Serumcholesterin- und Blutfettwerte sind in der Regel niedriger als bei Nichtvegetariern auf Grund des generell niedrigeren Fettverzehrs und des zusätzlich verhältnismäßig geringeren Verzehrs von gesättigten Fettsäuren. Auch Gallensteinleiden werden bei Vegetariern seltener beobachtet.

Dieser gute Gesundheitszustand ist jedoch nicht nur auf die besondere Ernährungsform zurückzuführen, sondern auf weitere Faktoren, insbesondere auf das in der Regel ausgeprägte Gesundheitsbewußtsein dieser Personengruppe:

- geordneter Lebensablauf mit regelmäßigem Schlaf und geregelten Mahlzeiten,
- regelmäßige körperliche Betätigung, Sport,
- Meiden von Genußmitteln wie Alkohol, Tabak und Süßigkeiten.

9.2.2 Veganer

Die Anhänger dieser Gruppe der Vegetarier lehnen alle Nahrungsmittel jeglichen tierischen Ursprungs ab, neben Fleisch und Fisch und den daraus hergestellten Lebensmitteln auch Milch, Milcherzeugnisse und Eier. Daraus ergibt sich eine Reihe von ernährungsphysiologischen Nachteilen, die nur in Ausnahmefällen und bei einer genau bilanzierten Kost ausgeglichen werden können. Unter körperlichen Belastungen wie Schwangerschaft oder Stillperiode, schwerer körperlicher Arbeit sowie in der kindlichen Wachstumsphase können die auftretenden Versorgungslücken nicht kompensiert werden.

Die wesentlichsten Versorgungsprobleme bei den Veganern sind folgende:

- generelle mangelhafte Versorgung mit Eiweißen und völlig ungenügende Versorgung mit Eiweißen mit hoher biologischer Wertigkeit,
- mangelhafte Versorgung mit Kalzium,
- mangelhafte Versorgung mit Eisen,
- mangelhafte Versorgung mit Zink,
- unzureichende Versorgung mit Vitamin D,
- unzureichende Versorgung mit Vitamin B_{12}.

Eiweißversorgung

Auf Grund der geringen biologischen Wertigkeit der meisten pflanzlichen Proteine werden beträchtliche Eiweißmengen benötigt, um eine ausgeglichene Eiweißbilanz zu sichern. Deshalb müssen erhebliche Mengen an pflanzlichen Lebensmitteln aufgenommen werden, da der Eiweißgehalt der meisten pflanzlichen Nahrungsmittel und auch deren biologische Wertigkeit sehr gering ist. Lediglich Kartoffeleiweiß hat eine hohe biologische Wertigkeit, der Eiweißgehalt der Kartoffel beträgt aber nur etwa 2 %. Hülsenfrüchte sind die einzigen pflanzlichen Lebensmittel, die einen ausreichend hohen Eiweißgehalt haben. Sojaeiweiß hat zusätzlich eine hinreichend hohe biologische Wertigkeit. Einige Gemische verschiedener pflanzlicher Eiweiße zeigen allerdings einen beachtlichen Ergänzungswert, wie beispielsweise das Gemisch aus Mais und Bohnen (bzw. Linsen).

Der tägliche Eiweißbedarf kann bei einer rein pflanzlichen Kost nur bei gesunden Erwachsenen mit einem durchschnittlichen Eiweißbedarf und nur mit einer Kost gesichert werden, die unter Berücksichtigung der biologischen Wertigkeit und des Ergänzungswerts exakt kalkuliert wird. Die Menge der zu verzehrenden eiweißhaltigen pflanzlichen Nahrungsmittel ist allerdings beträchtlich, falls der Eiweißbedarf nicht vorrangig durch den ständigen Verzehr von Hülsenfrüchten, Tofu und Mais abgesichert werden soll.

Kalziumversorgung

Die Kalziumversorgung ist wegen des Verzichts auf Milch und Milcherzeugnisse äußerst unbefriedigend. Diese Versorgungslücke kann durch andere kalziumhaltige Lebensmittel auf Grund deren relativ geringen Kalziumgehalts kaum geschlossen werden. Erschwerend kommt hinzu, daß mit der mengenmäßig großen Aufnahme von pflanzlichen Lebensmitteln auch eine beträchtliche Menge an Phytinsäure aufgenommen wird, die die Kalziumresorption behindert. Die Kalziumresorption kann durch eine meist gleichzeitig bestehende Unterversorgung mit Vitamin D zusätzlich erschwert sein, so daß Störungen im Kalziumstoffwechsel einschließlich des Knochenstoffwechsels auftreten können. Osteoporoseprozesse werden beschleunigt, es besteht eine erhöhte Gefahr von Knochenbrüchen.

Besonders gefährdete Personengruppen

Für Kinder, Schwangere und Stillende ist eine rein vegetarische Ernährung nicht geeignet. Bei Kindern kommt es auf Grund der unzureichenden Aufnahme von Eiweiß, Kalzium, Eisen, Vitamin B_{12} und Vitamin D zu Wachstumsstörungen und zur Ausbildung einer Rachitis. Auch die Anfälligkeit gegenüber zahlreichen Infektionen ist stark erhöht, da die Bildung von Eiweißen der Immunabwehr absolut unzureichend ist.

Bei Schwangeren ist sowohl die eigene Gesundheit als auch die Entwicklung des Fötus ernsthaft gefährdet. Auch während der Stillperiode kann der Eiweißbedarf der Mutter keinesfalls auch nur annähernd gedeckt werden. Bei der stillenden Mutter führt ein Eiweißmangel zu einem massiven Einschmelzen von Körpereiweiß. Die ungenügende Kalziumzufuhr bei der gleichzeitig erfolgenden mengenmäßig beachtlichen Kalziumabgabe bei der Milchbildung führt zu einer umfangreichen Kalziumfreisetzung aus dem Skelettsystem der Mutter. Zusätzlich nimmt die Milchbildung ab. Die Folge ist eine unzureichende Versorgung des Säuglings mit allen wichtigen Nährstoffen. Dies führt in der frühkindlichen Entwicklung zu ernsthaften Störungen.

9.2.3 Besondere Kostformen auf vegetarischer Basis

Die weite Verbreitung der vegetarischen Ernährung hat die Entwicklung von solchen besonderen Kostformen begünstigt, die auf rein vegetarischer Basis beruhen. Diese speziellen vegetarischen Kostformen unterscheiden sich von den klassischen Formen durch zusätzliche Beschränkungen bzw. Zubereitungsweisen. Sie haben sich bis auf wenige Ausnahmen kaum durchsetzen können.

Bircher-Benner-Diät

Diese Diät ist eine vegetarische Rohkost. Sie wurde Anfang des letzten Jahrhunderts von dem Schweizer Arzt Bircher-Benner initiiert, der sie mit großem Aufwand propagierte und in seinen Sanatorien praktizierte. In der Zwischenzeit ist sie mehrfach abgewandelt worden, und es existieren nunmehr verschiedene Varianten, die sich nur geringfügig unterscheiden, ohne dabei wesentlich vom Grundprinzip der klassischen Bircher-Benner-Diät abzuweichen.

Die Bircher-Benner-Diät zielt auf ein Minimum an Nahrungsaufnahme ab und auf eine Begrenzung auf drei Tagesmahlzeiten. Mindestens 50 % der Nahrung sollte in Form von Rohkost verzehrt werden, die durch kaltgepreßte Öle, Honig und durch nur kurz gegarte Vollkornschrotbreie ergänzt werden soll.

Bei einer Variante der Diät wird auch das Trinken von Milch empfohlen, um eine ausreichende Versorgung mit Kalzium zu garantieren.

In jüngster Zeit wird zusätzlich vorgeschlagen, nur Lebensmittel aus ökologisch anerkanntem Anbau einzusetzen.

Die Diät nach Bircher-Benner ermöglicht nur bei einer sorgfältigen Auswahl der Nahrungsmittel und Bilanzierung der Kost eine ausreichende Versorgung mit den erforderlichen Nährstoffen. Bei einigen essentiellen Nährstoffen ist trotzdem mit Versorgungsengpässen zu rechnen. Das betrifft insbesondere die Versorgung mit Eisen und Kalzium sowie mit Eiweiß. Auch die Begrenzung auf 3 Mahlzeiten kann nicht als eine optimale Ernährung gewertet werden. Da sie auf Grund der begrenzten Auswahl an Lebensmitteln und der Einschränkung auf 3 Mahlzeiten meist einen geringen Energieinhalt hat, sind mit ihr bei bestehendem Übergewicht relativ leicht Gewichtsreduktionen zu erreichen. Die Gefahr eines Jo-Jo-Effekts besteht bei ihr jedoch in gleichem Maße wie bei einer hypokalorischen Mischkost.

Schnitzer-Kost

Die Schnitzer-Kost soll nach Ansicht ihrer Vertreter zur Heilung und Verhütung zahlreicher ernährungsbedingter Zivilisationskrankheiten beitragen. Sie wird in 2 verschiedenen Formen propagiert.

Die erste Form, die sog. Intensivkost, soll als „Heildiät" nur während einer begrenzten, aber nicht genau definierten Zeit eingehalten werden, bis die „Krankheitsbilder" abgeklungen sind. Sie ist mit einem Energiegehalt von 6300 kJ (1500 kcal) energiereduziert. Bei ihr ist nur der Verzehr von Rohkost gestattet. Alle tierischen Lebensmittel und auch erhitzte Speisen sind verboten. Folglich ist auch der Verzehr von Kartoffeln und von Brot untersagt sowie selbstverständlich auch von allen anderen Backwaren.

Die zweite Form, die sog. Normalkost, soll als Dauerkostform eingehalten werden. Bei ihr ist die Begrenzung der Energiezufuhr und das Verbot des Verzehrs von erhitzten Speisen aufgehoben. Infolgedessen sind Kartoffeln, Naturreis, Vollkornbrot und andere aus Vollkorn hergestellte Backwaren erlaubt. Auch Eier, Vorzugsmilch und Käse sind gestattet. Fleisch, Fleisch- und Wurstwaren sowie Fisch sind auch bei der sog. Normalkost verboten.

Während die Intensivkost wegen der unausgeglichenen Auswahl der Nahrungsmittel zu einer Fehlernährung führt und strikt abzulehnen ist, entspricht die Normalkost im Hinblick auf die Nahrungsmittelauswahl einer ovolactovegetabilen Kost und ist wie diese zu bewerten. Besondere Heileffekte können mit dieser Kost nicht erzielt werden.

Makrobiotik

Bei der Makrobiotik handelt es sich ebenfalls um eine weitgehend vegetabile Kostform. Sie ist in ihrer jetzigen Form von dem Japaner Ohsawa mit rein weltanschaulichen Gesichtspunkten begründet worden.

Grundlage für die Makrobiotik ist die chinesische Philosophie des Zen-Buddhismus, nach deren Vorstellungen das Funktionsprinzip aller Prozesse auf der Welt auf den Gegensätzen von Yin und Yang beruht, die sich gegenseitig anziehen und ergänzen. Entsprechend dieser Auffassung sind auch allen Lebensmitteln unterschiedliche Anteile an Yin und Yang zugeordnet und diese entsprechend der jeweiligen Anteile in 10 verschiedene Gruppen eingeteilt worden. Das Prinzip für die Auswahl der Nahrungsmittel orientiert sich an einem „ausgewogenen" Verhältnis von Yin und Yang. Es ist verständlich, daß auf dieser Basis keine wissenschaftlich begründete und ausgewogene Ernährung möglich und eine Fehlernährung vorprogrammiert ist.

Eine Abwandlung der Makrobiotik nach Ohsawa ist die Kushi-Diät, die in den USA eine größere Anhängerschaft gefunden hat. Auch bei ihr wurden zunächst die Nahrungsmittel in 10 Stufen mit einer (willkürlich zugeordneten) unterschiedlichen Wertigkeit eingeteilt. In die 3 höchsten Wertigkeitsstufen wurden lediglich Getreide, vorzugsweise Reis, und Gemüse eingeordnet. Später wurde dann diese Einteilung der Lebensmittel in Gruppen fallengelassen und durch allgemeine Richtlinien für die Nahrungsauswahl ersetzt.

Die Kushi-Diät kann in ihrer jetzigen Form in gewisser Hinsicht allerdings mit großen Einschränkungen, mit der Kost der sog. Weißfleischvegetarier verglichen werden, wonach bei der Kushi-Diät als „Weißfleisch" ausschließlich Fisch verstanden werden muß. Milch und alle Milcherzeugnisse sind allerdings verboten, ebenso das Fleisch von Schlacht- und Wildtieren sowie Geflügel.

Die Kost sollte nach den gegebenen Empfehlungen zu 50 bis 60 % aus Vollkornerzeugnissen, zu 25 bis 30 % aus Frischgemüse, zu 10 % aus Hülsenfrüchten, vorrangig aus Soja und Sojaerzeugnissen, und zu 5 % aus Algengemüse bestehen. 1- bis 2mal pro Woche darf weißfleischiger Fisch verzehrt werden. Es wird weiterhin empfohlen, Gemüse und Obst zu kochen oder zu dämpfen und nur in Ausnahmefällen als Rohkost zu verzehren.

Generell abgelehnt werden alle verarbeiteten Lebensmittel wie Zucker, Konserven, Lebensmittel, die Zusatzstoffe enthalten, unbefruchtete Eier und alle pflanzlichen Nahrungsmittel, die nicht aus dem ökologischen Landbau stammen. Auf eine kontrollierte Flüssigkeitszufuhr wird verzichtet, es sollte nur so viel getrunken werden, daß der Durst gestillt wird.

Der ausschließliche Verzehr von Getreideerzeugnissen (Vollkornreis) und Gemüse wird als sog. Heilnahrung zur „Entlastung des Organismus" empfohlen, sie könne mehrere Wochen eingehalten werden.

Makrobiotische Kostformen bergen die Gefahr einer Fehlernährung mit schwerwiegenden gesundheitlichen Schäden in sich. Sie können zu einer Unterversorgung mit Eiweiß, Mineralstoffen (vorzugsweise Kalzium und Eisen) und Vitaminen (insbesondere Vitamin C und Vitamin D) führen. Nur bei einer weitgehend gelockerten Kushi-Diät und bei Mißachtung gefährlicher Empfehlungen können gesundheitliche Schäden vermieden werden. Außerdem ist es erforderlich, die Nährstoffzufuhr exakt zu bilanzieren.

Auf einige dieser falschen Empfehlungen, die zu ernsthaften gesundheitlichen Schädigungen führen können, soll kurz verwiesen werden:

- Die Empfehlung, so wenig wie möglich zu trinken, kann zu schweren Störungen im Wasser- und Elektrolythaushalt führen, die zu Beeinträchtigungen im Herz-Kreislauf-System (bis zum Kreislaufkollaps) und zum Nierenversagen führen können. Nur die von der DGE empfohlene Trinkmenge von 1,5 bis 2 l kann eine ausgeglichene Wasserbilanz sichern.

- Die Behauptung, daß hohe Kochsalzmengen ungefährlich sind, stimmt nicht. Eine überhöhte Kochsalzaufnahme begünstigt das Entstehen von Bluthochdruck und führt zu einer Überlastung des Herz-Kreislauf-Systems sowie zur Ausbildung von Ödemen. Bei bereits bestehenden Nierenerkrankungen kann es zu lebensgefährlichen Komplikationen kommen. Sehr hohe Kochsalzmengen führen auf Grund einer Dehydratation der Gewebe zu Funktionsstörungen in nahezu allen Organen und im Extremfall zum Tod.
- Der menschliche Körper ist, entgegen der Behauptung von Ohsawa, nicht in der Lage, selbst Vitamin C zu synthetisieren.
- Der gestattete Verzehr von verschimmelten Lebensmitteln ist nicht ungefährlich, es besteht die Gefahr einer Vergiftung mit Mykotoxinen.

9.3 Mediterrane Ernährung

Die mediterrane Ernährungsform gewinnt in zunehmendem Maße Anhänger unter den Menschen, die während eines Urlaubsaufenthalts in den Mittelmeerländern Bekanntschaft mit dieser Kost gemacht haben und weil dieser Ernährungsweise eine gesundheitsfördernde Wirkung zugeschrieben wird.

Eine mediterrane Kost an sich gibt es nicht, es existiert vielmehr eine Vielzahl von solchen Kostformen mit regionalen Besonderheiten. Allen ist jedoch gemeinsam, daß sie sich an dem Angebot von spezifischen Lebensmitteln der Anrainerländer des Mittelmeers orientieren. Hervorzuheben ist der vorwiegend vegetarische Charakter aller Varianten. Außerdem ist festzustellen, daß es keine feststehenden Ernährungsvorschriften gibt und daß sich die Ernährungsgewohnheiten in den letzten Jahrzehnten auch in den Mittelmeerländern verändert haben.

Trotz dieser Einschränkungen sind bei der mediterranen Ernährung folgende Gesichtspunkte besonders hervorzuheben:

- reichlicher Verzehr von komplexen Kohlenhydraten wie Brot (vorwiegend Weißbrot), Pasta, Reis und Hülsenfrüchte, in einigen Gegenden auch von Kartoffeln,
- reichlicher Verzehr von frischen bzw. gering gegarten Gemüsen, frischen Kräutern sowie Zwiebeln und Knoblauch,
- reichlicher Verzehr von frischem Obst und Früchten,
- relativ hoher Verbrauch von Olivenöl als wesentlichste Fettquelle, verhältnismäßig geringe Aufnahme von tierischen Fetten (Ausnahme fettreiche Seefische),
- mäßiger Verzehr von Käse und Sauermilcherzeugnissen sowie von Geflügel,

- geringer Verzehr von Fleisch von Schlachttieren und Eiern,
- meist regelmäßige, aber moderate Aufnahme von Alkohol in Form von Wein, insbesondere von Rotwein.

Die mediterrane Ernährungsform weist auf Grund dieser Lebensmittelauswahl in ernährungsphysiologischer Sicht folgende Vorteile gegenüber einer üblichen Mischkost der mitteleuropäischen Industrieländer auf, die in den meisten Fällen nicht als vollwertige Ernährung nach den Empfehlungen der DGE bewertet werden kann:

- Die reichlich verzehrten komplexen Kohlenhydrate tragen mit einem hohen Prozentsatz zur Energieversorgung bei (etwa 60 %). Der Anteil an rasch resorbierbarem Zucker ist trotz der reichlichen Aufnahme von Obst und Früchten relativ gering.
- Die Aufnahme von Ballaststoffen ist vergleichsweise hoch. Sie liegt wesentlich höher als bei einer Vielzahl anderer Kostformen, auch wenn sie in den einzelnen Regionen beträchtlichen Schwankungen unterworfen ist (25 bis 60 g).
- Der Anteil der mit Fetten und Ölen aufgenommenen Ölsäure ist hoch, er kann bis zu $^2/_3$ der gesamten Fettsäureaufnahme betragen. Der Anteil der gesättigten Fettsäuren ist außerordentlich gering. Durch den Verzehr von Seefisch ist das Verhältnis von mehrfach ungesättigten Fettsäuren der ω-3-Reihe und ω-6-Reihe ausgeglichen und entspricht in der Regel den D-A-CH-Empfehlungen.
- Die Versorgung mit Vitaminen ist gut und übertrifft in den meisten Fällen die Empfehlungen für eine ausreichende Vitaminversorgung. Insbesondere ist die Versorgung mit Vitamin C und mit Vitamin E ausgezeichnet (einige wenige Abweichungen ausgenommen).
- Der reichliche Verzehr von Gemüse, insbesondere von Zwiebeln und Knoblauch, sowie von Obst sichert die Aufnahme von überdurchschnittlichen Mengen an Mikronährstoffen, insbesondere von Polyphenolen (Flavonoiden), die als Radikalfänger wirken können.
- Der mäßige Genuß von Alkohol in Form von Wein induziert eine Erhöhung der HDL („gutes Cholesterin"). Beim Genuß von Rotwein werden zusätzlich beträchtliche Mengen an Flavonoiden aufgenommen.

Diese ernährungsphysiologischen Vorteile sind für die gesundheitsfördernden Eigenschaften verantwortlich zu machen, die der mediterranen Kost zugeschrieben werden. Diese sind vor allem eine präventive Wirkung zur Verringerung der Gefahr einer ischämischen Herzkrankheit einschließlich eines Herzinfarkts. Außerdem wird eine gewisse Schutzfunktion vor dem Auftreten von bestimmten Krebserkrankungen diskutiert. Während die schützende Wirkung vor Herzerkrankungen relativ gesichert erscheint (niedrigere Infarktrate bei der Bevölkerung der Mittelmeerländer), ist die prophylaktische Wirkung bei bösartigen Tumoren noch umstritten.

Die Ursachen für die schützende Wirkung der mediterranen Kost sind vielschichtig und nicht nur auf einen einzigen Nahrungsfaktor zurückzuführen. Außerdem kann auch der Lebensstil dieser Bevölkerungsgruppen wesentlich zu den beobachteten Effekten beitragen. Das betrifft insbesondere den geregelten Tagesablauf mit einer regelmäßigen Nahrungsaufnahme in entspannter Atmosphäre ohne Hektik und Hast, eine regelmäßige körperliche Tätigkeit und auch das Einhalten einer Mittagspause.

9.4 Ostasiatische Ernährung

Die ostasiatische Ernährung unterscheidet sich ebenfalls beträchtlich von der mitteleuropäischen Mischkost. Auch bei diesen Ernährungsformen gibt es zahlreiche nationale und regionale Besonderheiten, so daß auch hier keine einheitliche Einschätzung möglich ist. Unter asiatischer oder ostasiatischer Kost wird vorrangig die ursprüngliche japanische Kost verstanden. Diese verändert sich allerdings mit der fortschreitenden Industrialisierung in zunehmendem Maße, ebenso der Lebensstil des Großteils der Bevölkerung. Aus diesem Grund nehmen auch in Japan Herz-Kreislauf-Erkrankungen beträchtlich zu, deren bisherige niedrige Rate wesentlich der spezifischen Ernährungsweise zugeschrieben wurde.

Die asiatische Kost hat in einer Reihe von Punkten Gemeinsamkeiten mit der mediterranen, in anderen Punkten unterscheiden sich beide Ernährungsformen grundlegend.

Die wichtigsten Punkte bei der traditionellen asiatischen Kost sind:

- Sie ist ausgesprochen fettarm, insbesondere arm an tierischem Fett (ausgenommen Fischfett). Bevorzugtes Nahrungsfett ist das an mehrfach ungesättigten Fettsäuren reiche Sojaöl.
- Sie ist reich an komplexen Kohlenhydraten, Hauptenergiequelle ist Reis, gefolgt von Hülsenfrüchten (Sojabohnen).
- Sie ist reich an Fisch, deshalb ist Fischeiweiß die wichtigste Eiweißquelle, zu der in geringerem Maße Sojabohnen beitragen. Der Anteil von Reis zur Eiweißversorgung ist wegen des niedrigeren Eiweißgehalts des Reises geringer, als oft angenommen wird.
- Sie ist reich an Gemüsen.
- Sie ist ausgesprochen arm an Fleisch von Schlachttieren und Geflügel.

9.5 Besondere Kostformen zur Gewichtsreduktion

Eine Reihe von Kostformen, die von verschiedenen Gremien für eine Gewichtsreduktion vorgeschlagen wird, berücksichtigt in ausreichendem Maße ernährungsphysiologische Gesichtspunkte. Sie können als Sonderformen einer hypokalorischen Mischkost definiert werden.

Die nachfolgend aufgeführten besonderen Kostformen sind für eine gezielte und kontrollierte Reduktion des Körpergewichts besonders dann geeignet, wenn die bisherigen Bemühungen auf Grund von psychisch-emotionellen Problemen nicht zum Erfolg geführt haben (siehe ausführlich Kap. 7.6.1.4):

- Weight Watchers,
- Optifast,
- BCM Diät- und Ernährungsprogramm,
- AOK-Vier-Jahreszeiten-Kur,
- Treffpunkt-Diät.

Im Gegensatz zu diesen wissenschaftlich begründeten Kostformen wird eine Vielzahl von sog. „Diäten" publiziert, bei deren Anwendung mit gesundheitlichen Risiken gerechnet werden muß. Die häufigsten Gefahren sind eine unausgeglichene Ernährung, eine abrupte Drosselung der Energiezufuhr mit der Gefahr einer Auslenkung des Stoffwechsels und das Entstehen eines Mangels an essentiellen Nahrungsfaktoren. Die oft bestehende Eintönigkeit führt oft zum frühzeitigen Abbruch und zum Auftreten des Jo-Jo-Effekts.

9.6 Außenseiterdiäten

Unter Außenseiterdiäten werden Kostformen verstanden, die nicht oder in nicht ausreichendem Umfang wissenschaftlich begründet sind. Sie berufen sich in vielen Fällen auf nicht belegbare, oftmals bereits widerlegte pseudowissenschaftliche Postulate, oder sie werben mit leeren Phrasen oder Schlagworten. Ein Teil dieser Außenseiterdiäten, aber nicht alle, werden ausschließlich aus rein kommerziellem Interesse kreiert und propagiert. Einige wenige dieser besonderen Kostformen entsprechen allerdings den Anforderungen, die an eine ausgewogene Ernährung gestellt werden müssen, obwohl die vorgebrachten Begründungen mitunter wissenschaftlich falsch sind.

9.6.1 Außenseiterdiäten, bei denen die Prinzipien einer vollwertigen Ernährung weitgehend beachtet werden

Außenseiterdiäten, bei denen die Prinzipien einer vollwertigen Ernährung weitgehend beachtet werden, sind wenig bekannt. Da sie sich kaum von den Empfehlungen für eine vollwertige Ernährung unterscheiden, kann mit entsprechenden Diätvorschlägen auch kein kommerzieller Gewinn erzielt werden. In diese Gruppe können allerdings Ernährungsregimes von speziellen Kurhotels und Sanatorien eingeordnet werden, die als ein Teil des hausspezifischen Gesundheitsprogramms gesehen werden. Eine Sonderstellung nimmt dabei die Mayr-Diät ein, die von relativ vielen Kurhotels angeboten wird.

Mayr-Diät

Die Mayr-Diät wurde zu Beginn des letzten Jahrhunderts vom österreichischen Bäderarzt F. X. Mayr beschrieben. Sie sollte in ihrer ursprünglichen Form eine Heilkur sein. Die weiterentwickelten Varianten, die von vielen Kurhotels praktiziert werden, können als ausgewogene Kost bezeichnet werden.

Die Mayr-Diät basiert auf der richtigen Feststellung, daß viele sog. Zivilisationskrankheiten durch eine falsche Ernährung ausgelöst werden. Diese Fehlernährung soll, so argumentiert Mayr, zu einer Verschlackung und Selbstvergiftung des Darms führen. Erkrankungen einzelner Organe werden wiederum als eine Verschlackung und Übersäuerung der betreffenden Organe angesehen. Nach Mayr kann es auch bei einer lactovegetabilen Ernährung zu einer solchen Verschlackung kommen, wenn dabei zu viel Milch, Milcherzeugnisse oder Käse verzehrt werden.

Die Mayr-Kur unterscheidet zwischen 2 grundsätzlich unterschiedlichen Phasen der Ernährung:

- „Säuberung" des Darms und
- schonende Dauerkost.

Für die „Säuberung des Darms" werden Trinkkuren mit Mineralwasser und zeitweiliges Fasten empfohlen, die nur stationär in Kurhäusern oder Kurhotels durchgeführt werden sollten. Die „strenge" Phase der Mayr-Diät sollte allerdings nur zeitlich begrenzt für die Dauer eines kurzen Kurverfahrens eingehalten werden.

Die schonende Dauerkost orientiert sich an einer ausgewogenen Mischkost unter Berücksichtigung bestimmter Prämissen. Die besonders bekannte Milch-Semmel-Kur nach Mayr ist nur eine Form der vorgeschlagenen Ernährungsweisen, sie wird allerdings als besonders schonende Kost eingestuft.

In der heute praktizierten Form der Mayr-Kur werden mehrere Gesichtspunkte für eine gesunde Ernährung (entsprechend den Empfehlungen der DGE) berücksichtigt wie Anzahl und Verteilung der Mahlzeiten, schonende Zubereitung der Speisen, Berücksichtigung von bestehenden unspezifischen Nahrungsmittelunverträglichkeiten und noch andere Aspekte. Fleisch und Fisch werden bei der Dauerkost nicht abgelehnt. Der körperlichen Aktivität wird neben der gezielten Ernährung ein hoher Stellenwert eingeräumt. Die Mayr-Diät ist allerdings kaum dazu geeignet, von voll berufstätigen Menschen jahrelang als Dauerkost eingehalten zu werden.

9.6.2 Außenseiterdiäten, die aus ernährungsphysiologischer Sicht bedenklich sind

Haysche Trennkost

Das Prinzip der Hayschen Trennkost beruht darauf, die Aufnahme von Eiweiß und Kohlenhydraten zeitlich so zu trennen, daß die Mahlzeiten entweder vorwiegend nur Kohlenhydrate oder vorwiegend nur Eiweiße enthalten. Außerdem soll die Zufuhr von Fleisch und Fett sowie von Rohrzucker, hoch ausgemahlenem Mehl, poliertem Reis und Konserven stark eingeschränkt werden. Begründet wird dieser Vorschlag damit, daß die Verdauungsarbeit des Körpers durch die getrennte Aufnahme von Eiweißen und Kohlenhydraten entlastet würde. Er sei nicht darauf eingestellt, die einzelnen Nährstoffe gleichzeitig zu verdauen und zu resorbieren. Außerdem würde diese Kostform eine „Übersäuerung" des Körpers verhindern, die bei einer üblichen Ernährungsweise die Regel wäre.

Die Haysche Trennkost wird zum gegenwärtigen Zeitpunkt (2000) besonders intensiv propagiert und von Anhängern als „die Diät" zur Gewichtsreduktion gepriesen. Die mitunter erzielten Erfolge in Hinblick auf eine Gewichtsreduktion sind jedoch nur zu einem geringen Teil auf das „Trennverfahren" zurückzuführen, sondern vorrangig auf die verminderte Aufnahme von Fett, von fettreichen Fleischteilen und Fleisch- und Wurstwaren, die relativ viel verborgenes Fett enthalten, sowie von Zucker und von fettreichen Feinbackwaren.

Die getrennte Aufnahme von eiweißreichen und kohlenhydratreichen Lebensmitteln führt zu einer ungleichmäßigen Versorgung mit Glucose. Nach einer eiweißreichen und kohlenhydratarmen Kost kann es zu einer Verringerung der Glucosereserven im Organismus kommen, die nach der Erschöpfung der Glykogenvorräte zu einer Gluconeogenese aus Eiweiß führt. Dadurch wird der Eiweißbedarf erhöht. Da die Gluconeogenese energieaufwendig ist, kann der dadurch erforderlich werdende geringfügig höhere Energieverbrauch zu einer sehr geringen Abnahme des Körpergewichts führen. Auf der anderen Seite verhindert die gesonderte Aufnahme von kohlenhydratreichem Gemüse, daß das pflanzliche Eiweiß mit geringer biologischer Wertigkeit durch das meist höherwertige Eiweiß aus eiweißreichen Lebensmitteln (beispielsweise Milch) aufgewertet wird. Eine zu knapp bemessene Eiweißaufnahme kann bei der Hayschen Trennkost zu einer Unterversorgung mit Eiweiß führen.

Die Haysche Trennkost ist deswegen aus ernährungsphysiologischer Sicht nicht zu empfehlen. Zur Gewichtsreduktion sollte eine hypokalorische Mischkost eingesetzt werden.

Vitalstoffreiche Vollwertkost nach Bruker

Die vitalstoffreiche Vollwertkost nach Bruker darf auf keinen Fall mit der Vollwertkost nach Koerber, Männle und Leitzmann verwechselt werden (siehe Kap. 9.1). Nach Bruker werden bei der Verarbeitung der Lebensmittel zahlreiche, angeblich noch nicht bekannte und lebenswichtige Nahrungsbestandteile, sog. „Vitalstoffe", zerstört oder entfernt. Er fordert deswegen in der von ihm propagierten Kostform, die Nahrungsmittel naturbelassen und unverarbeitet zu verzehren, um so alle „Vitalstoffe" unzerstört aufnehmen zu können.

Alle bearbeiteten Lebensmittel werden als sog. „tote" Nahrungsmittel abgelehnt (und mit entsprechenden neu geschaffenen Bezeichnungen versehen wie „Industriezucker" oder „Fabrikmehl"). Auch das Schälen und sogar das gründliche Waschen von Obst wird grundsätzlich abgelehnt, da dadurch „Vitalstoffe" verlorengehen würden. Die Gefahr einer Lebensmittelinfektion durch anhaftende und nicht entfernte Mikroorganismen wird negiert, da diese nicht gefährlich werden könnten. Darüber hinaus sind dieser Kost von ihren Vertretern sogar Heileffekte zugeschrieben worden.

Eine Reihe von Empfehlungen sind auch aus gesundheitlicher Sicht äußerst bedenklich. So wurde beispielsweise empfohlen, bei der Umstellung der Säuglinge von Muttermilch auf breiige Kost sofort einen Vollkornbrei anzubieten. Angeblich besitzen nur Vollkornprodukte eine hohe Wertigkeit, nicht aber die industriell hergestellte Stärke (die als verarbeitetes Lebensmittel abzulehnen sei). Es ist bekannt, daß Getreideeiweiß, vor dem 6. Lebensmonat verzehrt, eine Zöliakie provozieren kann.

Die Vollwertkost nach Bruker ist aus ernährungsphysiologischer Sicht und aus gesundheitlichen Gründen konsequent abzulehnen.

Rohkost nach Wandmaker

Die Anfang der 90er Jahre propagierte Kost entbehrt jeglicher wissenschaftlichen Grundlage. Sie stellt Postulate auf, die teilweise bereits zu Beginn des letzten Jahrhunderts eindeutig widerlegt werden konnten:

- Eine Vielzahl der Erkrankungen (einschließlich Krebs und AIDS) sind die Folge einer Vergiftung durch „säurebildende tote Kochkost" und „Fabriknahrung". Durch die Aufnahme einer „basenbildenden" pflanzlichen Rohkost könne der Körper entgiftet werden.
- Der Mensch benötigt angeblich vorwiegend Energie. Nährstoffe wären für seine Lebensprozesse von zweitrangiger Bedeutung. Die Energieausbeute (und die Verdauungsverluste) sei bei den einzelnen Lebensmitteln unterschiedlich groß (Früchte 90 %, Gemüse 70 %, Fleisch 30 % Energieausbeute). Obst ist zum Aufbau aller Organe einschließlich Muskeln und Knochen angeblich besonders geeignet.

- Auf Getreideerzeugnisse solle weitgehend verzichtet werden, da der Verdauungstrakt infolge einer begrenzten Kapazität zum Stärkeabbau durch nur angedaute oder überhaupt nicht abgebaute Stärke verkleistert würde.
- Fleischeiweiß sei für den Körper weniger geeignet als pflanzliches Eiweiß.
- Milch solle ausschließlich vom Säugling und Kleinkind aufgenommen werden. Spätestens ab dem dritten Lebensjahr sei sie entbehrlich und auch schädlich.

Zusammenfassend kann eingeschätzt werden, daß die Rohkost nach Wandmaker keine vollwertige Ernährung garantiert, sondern daß sie innerhalb kürzester Zeit zu schwerwiegenden ernährungsbedingten Erkrankungen führen kann. Sie ist konsequent abzulehnen.

Fit for Life (Fit fürs Leben)

Fit for Life ist zunächst ein ganzheitliches Lebenskonzept, bei dem der Ernährung neben einer sportlichen Betätigung an der frischen Luft ein wichtiger Stellenwert zugesprochen wird. Dieses Konzept hat seinen Ausgangspunkt in einer Gesundheitsbewegung, die Mitte des vorletzten Jahrhunderts von amerikanischen Ärzten ins Leben gerufen wurde. Sie erhielt um 1990 durch die Publikation eines Ernährungsratgebers neuen Auftrieb (H. und M. Diamond). Dabei wird eine schnelle und erfolgreiche Gewichtsabnahme, Schönheit und psychische sowie geistige Gesundheit sowie hohe Leistungsfähigkeit versprochen.

Folgende falsche Prämissen liegen dieser „Ernährungsform" zugrunde:

- Die Nahrungsaufnahme müsse nur den Verdauungsgesetzen und den Zyklen der Körperfunktionen angepaßt werden. Wenn das erfolgen würde, könne soviel gegessen werden, wie gewünscht werde, ohne daß Beschränkungen in der Energieaufnahme erforderlich wären und ohne daß es zu einer Gewichtszunahme käme.
- Bei der Aufnahme und Verwertung der Nahrung durch den Körper würden 3 von der Tageszeit abhängige Zyklen existieren:

Nahrungsaufnahme (Essen und Verdauung)	12 bis 20 Uhr
Nahrungsausnutzung (Resorption, Energiegewinnung)	20 bis 4 Uhr
Nahrungsausscheidung (Nierenfunktion, Entgiftung)	4 bis 12 Uhr

Die Nahrungsaufnahme müsse sich diesem Rhythmus anpassen, am Morgen dürfe nur frisches, rohes Obst gegessen werden, das die Entgiftung unterstützen würde.

- Die Nahrung solle zu 70 % aus wasserreicher „lebender" Nahrung (Obst, Gemüse und Salat) und zu 30 % aus konzentrierter „toter" Nahrung (Brot, Fleisch, Milcherzeugnisse) bestehen.

Das vorgeschlagene Ernährungsregime ist unausgewogen und führt zu einer Fehlernährung. Auch zur Gewichtsreduktion ist es nicht geeignet und sollte konsequent abgelehnt werden. Das ist insbesondere durch folgende Punkte begründet:

- Auch wenn eine körperliche Aktivität wesentlich zu einer Gewichtsreduktion beiträgt, muß dabei auf eine negative Energiebilanz geachtet werden. Der Energieinhalt jedes Lebensmittels führt bei einer positiven Energiebilanz zu einer Gewichtszunahme, zum Abbau von überflüssigem Körperfett wird keine Energie benötigt.
- In der vorwiegend aus Obst, Gemüse und Salat zusammengesetzten Kost fehlen ausreichende Mengen an Kartoffeln, Getreideerzeugnissen, Milch und Milcherzeugnissen sowie an Fleisch.
- Wichtige Nahrungsbestandteile wie Eiweiß, Mineralstoffe (Kalzium, Eisen, Zink, Selen) und Vitamin B_{12} werden in völlig ungenügender Menge aufgenommen.

Außenseiterdiäten, die für eine Gewichtsreduktion vorgeschlagen werden

Für eine Gewichtsabnahme ist seit Jahrzehnten eine Vielzahl verschiedenster Kostformen vorgeschlagen worden, die bestenfalls auf Erfahrungen basierten, aber nicht wissenschaftlich begründet sind. Sie führen in den meisten Fällen relativ rasch zu einer Fehlernährung und zu Stoffwechselentgleisungen.

Extrem energiearme Diäten: Besonders gefährlich sind extrem energiearme Kostformen, sog. Blitz- oder Crash-Diäten. Sie führen in den seltensten Fällen zu einem dauerhaften Erfolg. Zum Ende der nur für kurze Zeit eingehaltenen Diät kommt es wegen der Rückkehr zu bisherigen Ernährungsgewohnheiten zu einem erneuten Gewichtsanstieg. Durch das Wiederholen der Crash-Diät (oder durch eine neue Crash-Diät wegen des Mißerfolges der bisher praktizierten) kommt es zu einem ausgeprägten Jo-Jo-Effekt. Dieser bedeutet eine beträchtliche Belastung der Stoffwechselregulation und kann zu erheblichen gesundheitlichen Störungen und zur Ausbildung eines metabolischen Syndroms führen (siehe Kap. 7.6.3.6).

Diesen Blitzdiäten sind traditionelle Kostformen gleichzusetzen, die als Apfeldiät oder andere Obstdiäten eine gesundheitsfördernde Wirkung versprechen, basierend auf der durch sie gesicherten Aufnahme von Vitaminen, Mineralstoffen und Ballaststoffen.

Zunächst muß festgestellt werden, daß diese Diäten die Zufuhr aller benötigten Vitamine und Mineralstoffe nicht sichert und daß weiterhin die Zufuhr von Eiweiß absolut unzureichend ist. Diese Diäten sichern zwar auf Grund des relativ hohen Ballaststoffgehalts ein gewisses Sättigungsgefühl, führen aber ebenfalls rasch zu einer Auslenkung des Stoffwechsels (Hungerstoffwechsel).

Diese Kostformen haben lediglich als Obsttage eine Berechtigung, die bei einer bilanzierten Reduktionskost für die Dauer von 1, höchstens für 2 Tage eingeschoben werden können.

Fett- und eiweißreiche Außenseiterdiäten: Eiweiß- und fettreiche Kostformen erfreuen sich bei Übergewichtigen meist großer Beliebtheit, da mit ihnen eine schmackhafte Kost angeboten wird (Fette sind Aromaträger, Eiweiße bilden beim Erhitzen Röst- und Aromastoffe). Dazu kommt, daß eine fettreiche Kost wegen der langen Verweildauer im Magen einen hohen Sättigungswert besitzt. Diese Diäten werden zum Teil mit der falschen, nicht zutreffenden Hypothese begründet, daß Kohlenhydrate die wichtigsten Dickmacher sind.

Besonders gefährlich sind vorwiegend fettreiche Diäten. Die überhöhte Fettaufnahme führt zu einer verstärkten Fettablagerung in den Fettgeweben und zu einer Erhöhung der Blutwerte von Cholesterin und Neutralfett. Im Extremfall kann es außerdem zu einer Erhöhung der Ketonkörper kommen. Auf der anderen Seite führt die mangelhafte Aufnahme von Kohlenhydraten und von Eiweißen zu einer verstärkten Gluconeogenese und damit zum Einschmelzen von Körpereiweiß. Die damit verbundene Abnahme des Körpergewichts, die durch die verminderte Bindung von Wasser verstärkt wird, täuscht einen Diäterfolg vor.

Solche Diäten sind von verschiedenen Autoren kreiert worden, sie tragen meist den Namen ihres Schöpfers (Humplik-Diät, Atkins-Diät, Taller-Diät, Cooley-Diät u. a.). Eine Sonderstellung nimmt dabei die sog. Punktediät ein, die in unregelmäßigen zeitlichen Abständen immer wieder neu propagiert wird. Bei ihr werden alle Lebensmittel nach einem Punktsystem bewertet, fettreiche Lebensmittel werden als besonders geeignet eingestuft.

Eiweißreiche Außenseiterdiäten: Diese Schlankheitskuren sind differenziert einzuschätzen. Ihnen ist lediglich gemeinsam, daß sie eine relativ hohe Eiweißaufnahme bei gleichzeitig stark eingeschränkter Kohlenhydrataufnahme fordern. Sie haben aus diesem Grund gegenüber den fettreichen Diäten den Vorzug, daß sie nicht zum Einschmelzen von Körpereiweiß führen, da das in großen Mengen aufgenommene Nahrungseiweiß die notwendigerweise ablaufende Gluconeogenese ermöglicht. Die überhöhte Eiweißaufnahme führt infolge der von ihr bewirkten verstärkten nahrungsinduzierten Thermogenese außerdem zu einem erhöhten Energieverbrauch. Das Problem dieser Diäten ist ihre Einseitigkeit und die dadurch bedingte mangelhafte Versorgung mit zahlreichen essentiellen Nahrungsfaktoren. Außerdem bedeutet der stark erhöhte Eiweißumsatz eine beträchtliche Belastung der Leber und der Nieren (Aminosäurestoffwechsel, Harnstoffsynthese; Ausscheidung von harnpflichtigen Substanzen des Aminosäureabbaus). Bei der Vielzahl solcher Außenseiterdiäten wird nachfolgend nur auf wenige hingewiesen und dabei versucht, die wichtigsten Probleme aufzuzeigen, die bei solchen Ernährungsregimes auftreten können. Diese Diäten sind die

- Hollywood-Diät,
- Mayo-Diät,
- Markert-Diät,
- Quarkdiät und Buttermilchdiät,
- Banting-Diät und
- Martini-Trinkkur.

Bei der Hollywood-Diät wird der Verzehr von großen Mengen an magerem Fleisch, vorzugsweise als Steaks in mannigfaltigen Variationen, vorgeschrieben. Diese einseitige Bevorzugung von Fleisch führt, zusätzlich zu der Belastung des Eiweißstoffwechsels, zu einer erhöhten Aufnahme von Purinkörpern und damit zu einer stark vermehrten Harnsäurebildung. Da es als Folge des eingeschränkten Kohlenhydratabbaus und der dadurch bedingten gesteigerten Fettsäureoxidation gleichzeitig zu einer erhöhten Bildung von Ketonkörpern kommt, wird die Kapazität der Nieren zur Ausscheidung von Harnsäure eingeschränkt. Der erhöhte Anfall von Harnsäure führt deswegen zu einem Anstieg der Harnsäurewerte im Blut, wodurch eine sekundäre Gicht ausgelöst werden kann.

Die Mayo-Diät (benannt nach der Mayo-Klinik in den USA) basiert auf dem Verzehr von beträchtlichen Mengen an hartgekochten Eiern (Eierdiät). Diese hartgekochten Eier haben wegen ihrer extrem langen Verweildauer im Magen einen sehr hohen Sättigungswert. Auf Grund der hohen biologischen Wertigkeit des Eiweißes des Volleies kann eine ausgeglichene Eiweißbilanz bereits mit einer sehr kleinen Eiweißmenge gesichert werden. Der entscheidende Nachteil dieser Diät ist neben ihrer absoluten Einseitigkeit der hohe Cholesteringehalt der Eier, der zusammen mit der im Hungerzustand erhöhten endogenen Cholesterinsynthese zu bedenklich hohen Cholesterinwerten im Blut (LDL-Cholesterin) führen kann.

Die Markert-Diät ist eine extrem hypokalorische Diät, die auf 1 bis 2 Wochen begrenzt wird. Die Energieaufnahme beträgt dabei etwa 2000 kJ = 500 kcal. Den sich daraus zwangsläufig ergebenden Eiweißverlusten soll durch den Verzehr eines speziellen Eiweißpräparats gegengesteuert werden (bestehend aus Soja- und Milcheiweiß, Honig sowie Vitamin- und Eisenpräparate, empfohlene Eiweißaufnahme 1g/kg Körpergewicht). Außerdem soll ein selbst zubereiteter Gemüsecocktail zur Sicherung der Vitamin- und Mineralstoffversorgung getrunken werden (das Gemüse soll gekocht und anschließend im Mixer zerkleinert werden, getrunken wird nur die nach Filtration erhaltene klare Gemüsebrühe). Die tägliche Trinkmenge soll etwa 3,5 l betragen (Ergänzung der beiden Cocktails durch Wasser). Die Aufnahme von fester Nahrung ist verboten. Gleichzeitig wird eine Bewegungstherapie (Gymnastik und Ausdauertraining) vorgesehen. Diese Diät soll nach der Ansicht des Autors die Produktion des Schilddrüsenhormons Trijodthyrosin anregen, wodurch es zu einer Steigerung des Stoffwechsels verbunden mit einem Fettabbau kommen soll. Die Veränderungen in den Stoffwechselleistungen, die durch diese Kur erzielt würden, würden außerdem das Auftreten eines Jo-Jo-Effekts nach Beendigung der Kur verhindern. Diese Hypothesen sind weder biochemisch noch ernährungsphysiologisch erklärbar.

Mit der Quarkdiät und mit der Buttermilchdiät soll erreicht werden, daß neben einer ausreichenden Versorgung mit Eiweiß (hohe biologische Wertigkeit) auch die Versorgung mit Kalzium gesichert wird. Auch diese Diäten führen zu Versorgungslücken an essentiellen Nahrungsfaktoren, insbesondere an einigen Vitaminen und Mineralstoffen, insbesondere Eisen.

Die Banting-Diät und die Martini-Trinkkur sind wegen der zusätzlichen Aufnahme von relativ großen Mengen an Alkohol absolut ungeeignet und können rasch zu Stoffwechselentgleisungen führen.

KAPITEL 10

Diätetische Lebensmittel

10 Diätetische Lebensmittel

Kapitel 10

Diätetische Lebensmittel sind Lebensmittel, die sich von anderen Lebensmitteln vergleichbarer Art durch ihre Zusammensetzung und dadurch in ihren Eigenschaften maßgeblich unterscheiden. Sie dienen auf Grund ihrer Zusammensetzung einem speziellen Ernährungszweck, indem sie die Zufuhr bestimmter Nährstoffe oder anderer ernährungsphysiologisch wirkender Stoffe erhöhen oder verringern, deren Zufuhr in einem festgelegten Mischungsverhältnis sichern oder Nährstoffe mit zielgerichtet veränderten Eigenschaften enthalten. Bei einigen diätetischen Lebensmitteln, die für den Einsatz bei Patienten mit spezifischen Stoffwechselstörungen (Enzymausfälle) vorgesehen sind, sind bestimmte Nährstoffe entfernt bzw. durch andersartig aufgebaute Substanzen ersetzt worden.

An diese diätetischen Lebensmittel werden besondere Anforderungen gestellt, die durch die Verordnung über diätetische Lebensmittel geregelt werden. Dadurch werden diese Lebensmittel von solchen abgegrenzt, die als besondere Lebensmittel vom Einzelhandel angeboten werden und sich auf Grund ihrer Zusammensetzung (energiereduziert, kochsalzarm) von den entsprechenden „klassischen" Formen unterscheiden (siehe Kap. 5.7.1 und 5.7.2). Auch die funktionellen Lebensmittel unterliegen nicht der Diät-Verordnung (siehe Kap. 5.7.5). In vielen Fällen ist es sinnvoll, auch diese Lebensmittel bei der Aufstellung von verschiedenen Kostformen mit zu berücksichtigen, falls die Schwere oder die besondere Art der Erkrankung ihren Einsatz nicht verbietet.

10.1 Verordnung über diätetische Lebensmittel (Diät-Verordnung) i. d. F. vom 5. 5. 1999 (BGBl. I S. 924)

Die Anforderungen, denen diätetische Lebensmittel entsprechen müssen, die eindeutige Definition dieser Lebensmittel, die Zulassung von Zusatzstoffen bei der Herstellung von diätetischen Lebensmitteln, die Kennzeichnung und die Kenntlichmachung einschließlich von Warnhinweisen werden durch die Diät-Verordnung festgelegt. Die grundlegende Form der Verordnung vom 25. 8. 1988 (BGBl. I. S. 1713) ist in den letzten Jahren mehrfach ergänzt und in Teilen verändert worden, wobei auch EG-Richtlinien in deutsches Recht umgesetzt wurden (z. B. mit der Änderung vom 14. 12. 1993, BGBl. I S. 2092) bzw. an neue Rechtsnormen angepaßt. Mit der Verordnung zur Neuordnung lebensmittelrechtlicher Vorschriften über Zusatzstoffe vom 29. 1. 1998 (BGBl. I S. 231) wurde die Diät-Verordnung nochmals verändert. Sie wird auch wie andere lebensmittelrechtliche Verordnungen weiterhin ständig durch Ergänzungen präzisiert werden.

Die in der Diät-Verordnung getroffenen Festlegungen zur Kennzeichnung und Aufmachung von diätetischen Lebensmitteln sind durch die Richtlinie 1999/41/EG vom 7. 6. 1999 erneut geändert worden. Durch diese Richtlinie werden die Kategorien von diätetischen Lebensmitteln, für die besondere Vorschriften und Einzelrichtlinien erlassen werden müssen, auf 5 Zielgruppen begrenzt (bisher 9, siehe unten).

Die wichtigsten Änderungen der letzten Jahre sind die Zulassung von weiteren Zuckeraustauschstoffen und Süßstoffen für die Herstellung von diätetischen Lebensmitteln, Änderungen in der Anforderungen, die an energie- und nährstoffreduzierte Lebensmittel zu stellen sind, und Abänderungen bei der Kennzeichnung von speziellen diätetischen Lebensmitteln. Sie sind teilweise durch die Verordnungen zur Änderung lebensmittelrechtlicher Vorschriften vorgenommen worden (Zusatzstoff-, Lebensmittel-, Nährwertkennzeichnungs-Verordnung, siehe Kap. 12.2.1, 12.2.2 bzw 12.2.3). Zuletzt wurde so mit der „Verordnung zur Änderung der Diät-Verordnung und der Nährwertkennzeichnungs-Verordnung" vom 5. 5. 1999 die Richtlinie 96/8/EG in nationales Recht umgesetzt. Mit dieser Verordnung werden geänderte und erweiterte Vorschriften für den Vitamin- und Mineralstoffgehalt (insbesondere für Formuladiäten), für den Proteingehalt, Fettgehalt und Brennwert von Lebensmitteln für die kalorienarme Ernährung und deren Kennzeichnung vorgegeben.

Für bestimmte Diäterzeugnisse müssen besondere Vorschriften und Einzelrichtlinien erlassen werden. Durch die Richtlinie der Kommission der Europäischen Gemeinschaft 1999/41/EG vom 7. 6. 1999 sind die anfänglich vorgesehenen 9 Kategorien auf 5 begrenzt worden:

- Säuglingsanfangsnahrung und Folgenahrung,
- Getreidebeikost und andere Beikost für Säuglinge und Kleinkinder,
- diätetische Lebensmittel für besondere medizinische Zwecke,
- Lebensmittel für kalorienarme Ernährung und Gewichtsüberwachung,
- Lebensmittel für intensive Muskelanstrengungen, vor allem für Sportler.

Es wird noch überprüft, ob auch für Diäterzeugnisse für Diabetiker Einzelrichtlinien erlassen werden müssen.

Die Einzelrichtlinien für Säuglings- und Kleinkinderkost und für Lebensmittel für eine kalorienarme Ernährung sind bereits erlassen worden.

Auf die für die Praxis wichtigsten Punkte der Diät-Verordnung bzw. erlassenen Einzelrichtlinien soll nachfolgend kurz hingewiesen werden:

Definition von diätetischen Lebensmitteln

Diätetische Lebensmittel sind Lebensmittel, die einem besonderen Ernährungszweck dienen, indem sie die Zufuhr bestimmter Nährstoffe oder anderer ernährungsphysiologisch wirkender Stoffe steigern oder verringern oder die Zufuhr solcher Stoffe in einem bestimmten Mischungsverhältnis oder in bestimmter Beschaffenheit bewirken. Sie müssen sich von anderen Lebensmitteln maßgeblich unterscheiden.

Diätetische Lebensmittel sind somit für eine spezielle Gruppe von Verbrauchern bestimmt, die ihre Ernährung besonderen Erfordernissen anpassen müssen (Krankheiten, Übergewicht, Funktionsanomalien, Überempfindlichkeit gegenüber einzelnen Nahrungsmitteln oder deren Bestandteile, Anforderungen an die Ernährung während Schwangerschaft oder Stillzeit sowie von Säuglingen und Kleinkindern). Für bestimmte Kategorien diätetischer Lebensmittel müssen gesonderte Einzelrichtlinien erlassen werden (siehe oben).

Der Diät-Verordnung unterliegen darüber hinaus auch folgende Produkte und Zusatzstoffe, wenn sie zu Lebensmitteln verarbeitet werden, die als diätetische Lebensmittel deklariert werden:

- Zuckeraustauschstoffe wie Fructose, Mannit, Sorbit und Xylit sowie Maltit, Iosmalt und Lactit,
- Süßstoffe wie Saccharin, Cyclamat, Acesulfam K, Aspartam, Neohesperidin DC und Thaumatin,
- Kochsalz-Ersatz-Produkte.

Die Diät-Verordnung regelt ebenfalls der Einsatz von Zusatzstoffen bei der Herstellung von diätetischen Lebensmitteln, die Festlegungen der Zusatzstoffkennzeichnungs-Verordnung gelten nicht automatisch auch für diätetische Lebensmittel.

In der Diät-Verordnung sind außerdem spezielle Festlegungen für folgende diätetische Lebensmittel bzw. industriell gefertigte Diäterzeugnisse enthalten, die entsprechend der nachfolgend aufgeführten Spezifizierungen zusätzlich deklariert werden müssen:

- Diäterzeugnisse für Diabetiker,
- Diäterzeugnisse für Natriumempfindliche (kochsalzarme bzw. kochsalzfreie Produkte),
- bilanzierte Diäten, die eine standardisierte Zusammensetzung aufweisen und zur Ernährung bei besonders schwerwiegenden Erkrankungen eingesetzt werden können, vorzugsweise für eine Sondenkost,
- ergänzende bilanzierte Diäten (Nahrungssupplemente, die eine gezielte Anreicherung einer normalen Kost oder Diät ermöglichen).

Für folgende Diäterzeugnisse sind zusätzlich zu den Festlegungen der Diät-Verordnung Einzelrichtlinien erlassen worden:

- spezielle diätetische Nahrungsmittel für Säuglinge und Kleinkinder,

- Diäterzeugnisse, die für Übergewichtige bestimmt sind und als Tageskost bzw. als eine Tagesmahlzeit eingesetzt werden („Tagesration für gewichtskontrollierende Ernährung" bzw. „Mahlzeit für eine gewichtskontrollierende Ernährung", siehe auch Nährwertkennzeichnungs-Verordnung, Kap. 12.2.3).

Anforderungen an diätetische Lebensmittel

Diätetische Lebensmittel und Diäterzeugnisse sollen in ihrer Zusammensetzung dem Stand der wissenschaftlichen Erkenntnisse für eine gesunde Ernährung bzw. für eine auf die entsprechende Krankheit ausgerichtete Ernährung entsprechen. Deshalb dürfen sie nur solche Zusatzstoffe enthalten, die für diätetische Lebensmittel ausdrücklich als unbedenklich geltend zugelassen sind und in der Anlage zur Diät-Verordnung aufgeführt sind.

Strenge Sonderbestimmungen gelten für Säuglingsnahrung. Die maximal zugelassenen Mengen an potentiell schädlichen Begleitstoffen liegen wesentlich unter den Werten, die für Lebensmittel generell gelten. Erzeugnisse für die Ernährung von Säuglingen müssen frei sein von toxischen Schwermetallen, Pestiziden, E. coli und coliformen Bakterien. Bei Erzeugnissen, die Milch enthalten, darf die Zahl aller Keime (Gesamtkeimzahl) in der genußfertigen Zubereitung insgesamt 10 000 pro g nicht übersteigen.

Kennzeichnungspflicht

Diätetische Lebensmittel unterliegen einer speziellen Kennzeichnungspflicht. Folgende vorgeschriebene Deklarationen sind für die Praxis von besonderer Bedeutung:

- Die chemische Zusammensetzung des Lebensmittels oder der Zubereitung muß exakt angegeben werden, insbesondere der Gehalt an Kohlenhydraten, Fetten und Eiweiß sowie der physiologische Brennwert (in kJ und kcal), ebenso die Mindesthaltbarkeitsdauer (MHD).
- Bei Erzeugnissen für Diabetiker müssen die Mengen der eingesetzten Zuckeraustauschstoffe angegeben werden, der Begriff Broteinheiten (BE) darf benutzt werden (die Benutzung ist aber nicht vorgeschrieben). Zuckeraustauschstoffe sowie verwertbare Poly- und Oligosaccharide (insbesondere Stärke und Dextrine) müssen bei der Angabe von Broteinheiten in die Berechnung einbezogen werden. Der Zusatz von Glucose oder Rohrzucker ist verboten.

Spezielle Diätbiere für Diabetiker werden durch einen hohen Vergärungsgrad hergestellt, der Anteil an resorbierbaren Kohlenhydraten darf höchstens 0,75 % (g/v) betragen. Diese Erniedrigung des Kohlenhydratgehalts wird durch eine vollständige Vergärung der Maltose erreicht. Die dabei angefallene größere Alkoholmenge wird durch Entalkoholisierung auf etwa 3,8 Vol.-% im Endprodukt herabgesetzt.

Wein mit der Etikettierung „für Diabetiker geeignet" („Diabetikerwein") darf pro l maximal 4 g unvergorenen Zucker enthalten. Der Alkoholgehalt darf maximal 12 Vol.-% und der Gehalt an schwefliger Säure (einschließlich SO_2) insgesamt maximal 150 mg/l betragen, davon maximal 40 mg freie schweflige Säure. Der Zuckergehalt, der Alkoholgehalt und der Brennwert müssen deklariert werden. Gleiche Anforderungen gelten für „Diabetikersekt".

Trinkbranntweine (auch Kräuterliköre) und Tabakerzeugnisse dürfen in keinerlei Form als diätetische Lebensmittel deklariert in den Verkehr gebracht werden.

- Lebensmittel für eine kalorienarme Ernährung zur Gewichtsverringerung, die zum Ersatz einer Tagesration bzw. zum Ersatz einzelner oder mehrerer Mahlzeiten bestimmt sind, müssen zahlreiche Anforderungen erfüllen und entsprechend deklariert werden (siehe unten).
- Die Bezeichnung „natriumarm" ist nur erlaubt, wenn im genußfähigen Zustand (d. h. nach Zubereitung nach vorgegebener Kochvorschrift) nicht mehr als 120 mg Natrium pro 100 g Lebensmittel, die Bezeichnung „streng natriumarm", wenn nicht mehr als 40 mg Natrium pro 100 g Lebensmittel enthalten sind.
- Jodiertes Speisesalz darf maximal 25 mg Jod pro kg und muß mindestens 15 mg Jod pro kg in Form von Jodsalzen enthalten.

Verbot von Werbung und Täuschung

Eine irreführende Deklaration (z. B. „diätetisch" oder durch andere Worte auf einen diätetischen Nutzen hinweisend) von Lebensmitteln des allgemeinen Verkehrs (d. h. Lebensmittel des üblichen Einzelhandels) ist verboten, wenn dadurch der Eindruck entstehen könnte, es handele sich bei dem beworbenen Produkt um ein Diäterzeugnis.

Das Verbot der krankheitsbezogenen Werbung für Lebensmittel gilt auch für diätetische Lebensmittel. Von diesem Verbot sind nur wenige Anwendungsfälle ausgenommen wie jodiertes Speisesalz (Jodmangelsyndrom) oder kalorienreduzierte Lebensmittel. Diese Lebensmittel dürfen nur als kalorienreduziert beworben werden, wenn der physiologische Brennwert des verzehrfertigen Lebensmittels (oder der zubereiteten Mahlzeit) 1680 kJ (400 kcal) pro Mahlzeit nicht überschreitet (siehe unten).

Ausnahmen von der Diät-Verordnung

Die Krankenhauskost und die in Diätküchen auf ärztliche Anweisung hergestellten Diäten sind von den diätetischen Lebensmitteln abzugrenzen. Sie unterliegen den lebensmittelrechtlichen Vorschriften wie die Begrenzung der Höhe von zugesetzten Zusatzstoffen und anderen Vorschriften, sind aber nicht an die Einhaltung von bestimmten Vorschriften für spezielle Diäterzeugnisse gebunden. Die Verantwortung für das Fernhalten eines möglichen Schadens von dem Patienten hat der Gesetzgeber in diesem Fall dem Arzt übertragen.

Die Diät-Verordnung regelt lediglich die Bedingungen für „vorgefertigte Krankenkost", unter denen diese Kostformen in Krankenhäusern und vergleichbaren Einrichtungen unter ärztlicher Aufsicht ausgegeben werden dürfen (§ 2 Absatz 2 der Diät-Verordnung).

Festlegungen für vorgefertigte Ersatzmahlzeiten

Besondere Festlegungen gelten für vorgefertigte Mahlzeiten, die entweder als vollständige Kost für einen ganzen Tag (Tageskost) oder als Einzelmahlzeit als Teil der Tageskost vorgesehen sind und die als hypokalorische Kostformen bei Übergewichtigen zur Gewichtsverringerung eingesetzt werden sollen.

Die Vorschriften der Diät-Verordnung zielen auf eine Sicherung der Nährstoffversorgung trotz eingeschränkter Energiezufuhr, um eine Unterversorgung und eine Auslenkung des Stoffwechsels zu verhindern. Es wird gleichzeitig berücksichtigt, daß solche vorgefertigte Mahlzeiten vorzugsweise von Berufstätigen (mit leichter körperlicher Tätigkeit) verzehrt werden, ohne daß eine (ständige) ärztliche Kontrolle erfolgt. Für solche als „Lebensmittel für kalorienarme Ernährung zur Gewichtsverringerung" deklarierte Fertignahrungen gelten folgende Festlegungen für den Nährstoffgehalt einer Einzelmahlzeit bzw. für eine Tagesration (in Klammern):

- Der Brennwert darf 1680 kJ = 400 kcal (5040 kJ = 1200 kcal) nicht übersteigen, er muß jedoch mindestens 840 kJ = 200 kcal (1680 kJ = 400 kcal) betragen.
- Der Eiweißgehalt muß mindestens 25 Energieprozent, d. h. 25 % des gesamten Energiegehalts der Mahlzeit (50 Energieprozent), betragen, die Tagesration darf in keinem Fall mehr als 125 g Eiweiß enthalten. Das Nahrungseiweiß muß überwiegend durch hochwertiges tierisches Eiweiß gedeckt werden, das durch biologisch hochwertiges pflanzliches Eiweiß zu ergänzen ist (zur Bewertung wird ein Referenzprotein zu Grunde gelegt).
- Der Fettgehalt darf maximal 30 Energieprozent betragen. Der Linolsäuregehalt darf 1 g (4,5 g) nicht unterschreiten.
- Der Gehalt an verwertbaren Kohlenhydraten darf 20 g (90 g) nicht unterschreiten, Lactose darf im Höchstfall die Hälfte dieses Werts ausmachen.
- Vitamine und Mineralstoffe müssen bedarfsdeckend in Höhe der Festlegungen der Verordnung enthalten sein (die Anzahl der mengenmäßig zu berücksichtigenden Vitamine und Mineralstoffe ist erweitert worden).

- Der Ballaststoffgehalt muß in der Tagesration mindestens 10 g und darf höchstens 30 g betragen.
- Die Nährstoff-Zusammensetzung der Kost muß deklariert werden (einschließlich einer Angabe über den prozentualen Anteil der einzelnen Nährstoffe an der entsprechenden Tagesdosis).
- Bei Präparaten, die vor dem Verzehr gesondert zubereitet werden müssen, sind Angaben über die richtige Zubereitung zu machen.
- Auf eine möglicherweise bestehende abführende Wirkung muß mit dem Warnhinweis „kann abführend wirken" hingewiesen werden.
- Bei kompletten Tagesrationen ist der Hinweis auf eine ausreichende tägliche Flüssigkeitsaufnahme erforderlich.
- Der Warnhinweis, daß die Kost ohne ärztlichen Rat nicht länger als 3 Wochen verwendet werden darf, muß auf der Verpackung deutlich angebracht sein.

Regelungen für bilanzierte Diäten

Die Diät-Verordnung unterscheidet zwischen folgenden bilanzierten Diäten:

- Diäten zur ausschließlichen Ernährung,
- Diäterzeugnisse zur ergänzenden Ernährung,
- Diäterzeugnisse zur Behandlung angeborener Störungen des Aminosäurestoffwechsels (Phenylketonurie, definierter Minimalgehalt an Phenylalanin und Tyrosin).

Bilanzierte Diäten zur ausschließlichen Ernährung müssen alle essentiellen Nahrungsbestandteile in optimalen Relationen enthalten (siehe Kap. 10.2).

10.2 Einteilung der diätetischen Lebensmittel

Die Einteilung der diätetischen Lebensmittel, die der Diät-VO entsprechen, und der Lebensmittel, die vom Handel als Diäterzeugnisse angeboten werden (siehe Kap. 5.7.1 und 5.7.2), kann nach 2 unterschiedlichen Gesichtspunkten erfolgen:

- nach der Zusammensetzung der Diäterzeugnisse,
- nach den Erkrankungen, bei denen der Einsatz angebracht ist.

In den meisten Fällen ist die Einteilung nach der Zusammensetzung die zweckmäßigste, da diese den Einsatz der Diäterzeugnisse bei der Herstellung spezieller Diäten nach dem Rationalisierungsschema für die Diäten besser entspricht. Die Einteilung nach den Erkrankungen oder nach dem Einsatz bei einem bestimmten Personenkreis bietet sich dagegen nur in speziellen Fällen an:

- Produkte für die Säuglings- und Kleinkinderernährung,
- Produkte für die Schwangerschaft und Stillzeit,
- diätetische Lebensmittel für die Ernährung von Senioren.

Eine besondere Stellung nehmen industriell gefertigte Sondennahrungen ein. Sie sind eindeutig definierte diätetische Lebensmittel. Ihr Einsatz erfolgt ausschließlich durch den Arzt, in Ausnahmefällen durch die Diätassistentin. Auf diese Produkte wird in diesem Rahmen nicht eingegangen.

Einteilung nach der Zusammensetzung der Diäterzeugnisse

Die Einteilung nach der Zusammensetzung bietet den Vorzug, daß bei der Aufstellung eines Speiseplans für Personen, die eine bestimmte Diät einhalten müssen, direkt nach dem adäquaten diätetischen Lebensmittel gesucht werden kann. Zur Überprüfung der korrekten Auswahl des Erzeugnisses kann die Auswahl an Hand der Einteilung nach Erkrankungen nochmals überprüft werden. Beide Ordnungsprinzipien werden in „Produkt & Diät", kurz „ProDiät"*, parallel angewendet (siehe auch Kap. 8).

Die Einteilung der Diäterzeugnisse nach ihrer Zusammensetzung korrespondiert relativ gut mit der Einteilung der Diäten nach dem Rationalisierungsschema der Deutschen Gesellschaft für Ernährungsmedizin. Die Vielzahl der angebotenen Diäterzeugnisse erlaubt in diesem Rahmen keine ausführliche Vorstellung.

Energiereduzierte Diäterzeugnisse

Energiereduzierte Lebensmittel nehmen wegen der weitverbreiteten Übergewichtigkeit der Bevölkerung eine besonders herausragende Stellung ein. Neben energiereduzierten Einzelmahlzeiten und kompletten Tagesrationen, die den Bestimmungen der Diätverordnung entsprechen müssen, werden auch in beträchtlichem Umfang energiereduzierte Lebensmittel im Rahmen des „normalen" Warensortiments angeboten (siehe Kap. 5.7.1). Diese energiereduzierten Erzeugnisse müssen einen um 30 % niedrigeren Brennwert aufweisen als vergleichbare konventionelle Lebensmittel. Die Energiereduktion kann in diesen Erzeugnissen auf verschiedene Weise erfolgen:

- Erhöhung des Ballaststoffanteils,
- Erhöhung des Wassergehalts,
- Verminderung des Fettanteils,
- Einsatz von Fettaustauschstoffen.

* „ProDiät" ist die Liste der diätetischen Lebensmittel, die von Betrieben produziert werden, die dem Diätverband angehören (Bundesverband der Hersteller von Lebensmitteln für besondere Ernährungszwecke e. V.). „ProDiät" umfaßt zwei Bände (Allgemeinpraxis und Säuglings- und Kleinkinderpraxis) und erscheint beim Presto-Verlag GmbH, 30953 Hemmingen.

Der Einsatz von Fettaustauschstoffen ist zur Zeit noch umstritten (siehe Kap. 5.3.3.4), entsprechende Erzeugnisse sind in der Bundesrepublik als Diäterzeugnisse (noch) nicht zugelassen.

Lebensmittel, die als Tageskost oder Einzelmahlzeit für eine kalorienarme Ernährung deklariert werden, müssen im Hinblick auf ihren Brennwert sowie Eiweiß-, Fett- und Ballaststoffgehalt vorgeschriebenen Werten entsprechen (siehe Kap. 10.1).

Ballaststoffreiche Diäterzeugnisse: Ballaststoffreiche Lebensmittel werden in größerem Umfang bei energiereduzierten Diäten zur Gewichtsreduktion eingesetzt, wenn die Umstellung auf eine energiereduzierte Mischkost nicht zum gewünschten Erfolg führt.

- Ballaststoffreiche Brotsorten

  Handelsübliche ballaststoffreiche Brotsorten (Vollkornbrote aus Weizen und/oder Roggen, Schrotbrote) enthalten etwa 6 bis 7 g Ballaststoffe pro 100 g, Pumpernickel dagegen etwa 13 bis 14 g/100 g.

  In vielen handelsüblichen ballaststoffreichen Brotsorten mit Zusatz von verschiedenen Ölsamen ist der Ballaststoffgehalt in der Regel nicht wesentlich erhöht. Die mitunter zu beobachtende leicht abführende Wirkung mancher Samen (Leinsamen) unterstützt jedoch die Wirkung der Ballaststoffe. Einige handelsübliche abgepackte Brotsorten verschiedener Produzenten mit unterschiedlichen Zusätzen (Leinsamen, Weizenkleie, Sonnenblumenkerne) haben jedoch oft einen beträchtlich höheren Ballaststoffgehalt als die üblichen Bäckerbrote. Diese vielfach nur regional angebotenen Brotsorten eignen sich dann besonders als ballaststoffreiches Lebensmittel. Es ist erforderlich, die Zutatenliste genau zu überprüfen bzw. vom Hersteller entsprechende Informationen einzuholen.
- Ballaststoffreiche Teigwaren

  Durch den Einsatz von Vollkornmehl können Teigwaren hergestellt werden, deren Ballaststoffgehalt größer ist als der von konventionellen Teigwaren. Allerdings ist die Ballaststofferhöhung nicht besonders ausgeprägt, da bei der industriellen Herstellung dieser Teigwaren die Kleieanteile der eingesetzten Getreidearten aus technologischen Gründen größtenteils entfernt werden müssen. Trotzdem ist es zweckmäßig, bei einer ballaststoffreichen Kost die konventionellen Teigwaren durch entsprechende Vollkornerzeugnisse zu ersetzen. Es ist allerdings zu beachten, daß die Lagerfähigkeit von Vollkornteigwaren wegen ihres höheren Fettgehalts begrenzt ist (der mengenmäßig allerdings nicht zu groß ist). Sie werden schneller ranzig und beeinträchtigen dadurch die Qualität der Speisen in geschmacklicher Hinsicht.
- Kleiepräparate

  Für besonders ballaststoffreiche Diäten werden von der Industrie standardisierte Kleiepräparate angeboten. Der Ballaststoffanteil ist bei diesen Diäterzeugnissen exakt ausgewiesen. Ihr Einsatz ist besonders dann angezeigt, wenn der Ballaststoffgehalt der Nahrung kontinuierlich gesteigert werden muß, ohne daß eine grundlegende Veränderung in der Kostzusammenstellung möglich ist. Auf Grund ihrer besonderen Zusammensetzung eignen sich dazu besonders Hafer- bzw. Weizenkleie und entsprechende auf der Basis von Hafer- bzw. Weizenkleie hergestellte Präparate.

- Ballaststoffreiche Bindemittel und energiereduzierte Diäterzeugnisse auf der Basis solcher Bindemittel

  Ballaststoffreiche Bindemittel werden in großem Umfang zur Herstellung von energiereduzierten Fertiggerichten eingesetzt. Grundbestandteil dieser Bindemittel ist Guarkernmehl oder Johannisbrotkernmehl. Von einigen Firmen werden sie auch als kalorienarmes Bindemittel angeboten (auf der Basis von Guarkernmehl: „Dietogel" von ETO Nahrungsmittel; auf der Basis von Johannisbrotkernmehl: „Nestargel" von Nestlé; „Tartex Biobin" von Tartex). Die mit ballaststoffreichen Bindemitteln hergestellten Diäterzeugnisse unterscheiden sich von vergleichbaren, konventionell hergestellten Produkten oft durch einen höheren Wassergehalt.

<u>Diäterzeugnisse mit einem erhöhten Wassergehalt:</u> Energieärmere Lebensmittel, die sich durch einen erhöhten Wassergehalt auszeichnen, sind vorzugsweise Halbfetterzeugnisse wie Halbfettmargarinen (siehe Kap. 5.3.3.1.2). Auch Butter darf nach den Festlegungen der Butter-Verordnung als Dreiviertel- bzw. Halbfettbutter hergestellt werden (siehe Kap. 12.2.7). Eine solche wasserreiche Butter hat gegenüber der Markenbutter (bzw. Molkereibutter) und fettreduzierten Margarinesorten den Nachteil einer schlechteren Streichfähigkeit.

Der wesentlichste Vorteil der fettreduzierten Butter-, Margarine- bzw. Mischfettsorten beruht auf der psychologischen Wirkung, daß eine ausreichend bestrichene Scheibe Brot frühzeitiger ein Sättigungsgefühl auslösen kann als eine mit konventionellen Erzeugnissen dünner bestrichene Scheibe, obwohl sie den gleichen Fettgehalt aufweist.

Andere wasserreiche energiereduzierte Lebensmittel beruhen auf dem Einsatz von ballaststoffreichen Bindemitteln (siehe oben).

<u>Diäterzeugnisse mit reduziertem Fettgehalt:</u> Durch eine Erniedrigung des Fettgehalts (ohne gleichzeitige Erhöhung des Wasseranteils) kann ebenfalls eine beträchtliche Verminderung des Brennwerts von industriell gefertigten Lebensmitteln erreicht werden. Es ist allerdings festzustellen, daß sich der Fettgehalt auch bei konventionellen Lebensmitteln innerhalb großer Schwankungsbreiten bewegen kann. Lebensmittel mit einem niedrigen Fettgehalt können deswegen nicht ohne weiteres als eigentliche Diäterzeugnisse angesprochen werden.

Viele vom Handel als fettreduziert angebotene Erzeugnisse sind im Prinzip konventionelle Lebensmittel, bei denen lediglich der Fettanteil auf das unbedingt erforderliche Maß reduziert ist. Dieser auf jeden Fall notwendige Fettgehalt ist der Grenzwert, ab dem das entsprechende Produkt sensorisch gerade noch akzeptiert wird (Fette sind Aromaträger). Durch einen ausgewogenen Einsatz von Gewürzen sowie Geschmacksverstärkern wird dieser Fettgehalt möglichst niedrig gehalten. Diese Erzeugnisse können nicht uneingeschränkt den diätetischen Lebensmitteln entsprechend der Diät-Verordnung zugerechnet werden, sie sind aber für die Zusammenstellung einer fettarmen Kost von großem Nutzen.

Lebensmittel dieser Kategorie sind vorrangig fettreduzierte Wurstwaren. Der Fettgehalt dieser Produkte ist meist noch beachtlich hoch, obwohl er gegenüber dem Fettgehalt der konventionellen Wurstwaren erniedrigt ist. Die Fettreduktion muß mindestens 30 % im Vergleich zu entsprechenden konventionellen Wurstwaren betragen, falls das Erzeugnis als fettreduziert deklariert werden soll. Auch fettreduzierte Fertigprodukte (Convenience-Produkte) werden in zunehmendem Maße vom Handel angeboten, insbesondere auch für Großabnehmer in der Gemeinschaftsverpflegung (siehe Kap. 5.7.1).

Von wesentlich größerer Bedeutung für eine fettreduzierte Kost sind fettarme konventionelle Lebensmittel, insbesondere teilentrahmte und entrahmte Milch sowie fettarme Käsesorten (siehe Kap. 5.1.1.1 und 5.1.1.3.1).

Energiereiche Diäterzeugnisse

Die vom Handel angebotene Auswahl von besonderen Diäterzeugnissen für die optimale Gestaltung einer energiereichen Kost ist sehr begrenzt. Eine solche Kost wird in der Regel durch die bevorzugte Berücksichtigung von energiereichen konventionellen Lebensmitteln bei gleichzeitig weitgehendem Verzicht auf Lebensmittel mit einer geringen Energiedichte gestaltet. Probleme entstehen insbesondere durch den hohen Sättigungswert von Fetten, die bei einer fettreichen Kost rasch zu einer Verweigerung der vorgesehenen erhöhten Nahrungsaufnahme führen, und durch die meist zu geringe Ballaststoffzufuhr. Aus diesem Grund sind Fette für eine Anreicherung der Nahrung nur in begrenztem Umfang geeignet. Bei der Auswahl der Lebensmittel sind solche mit einem hohen Anteil an verdecktem Fett zu bevorzugen.

Eine Anreicherung der Kost mit Nahrungsenergie mittels diätetischer Lebensmittel beschränkt sich daher auf Präparate mit rasch resorbierbaren Kohlenhydraten und Kohlenhydraten, die im Vergleich zu Stärkeprodukten relativ schnell gespalten werden.

- Monosaccharide

  Im Vordergrund stehen nach wie vor Glucosepräparate wie Dextropur und entsprechende Präparate anderer Anbieter. Glucose wird wegen ihrer geringeren Süßkraft und ihrer guten Resorbierbarkeit dem Rohrzucker vorgezogen. Glucose bewirkt allerdings einen raschen Anstieg des Blutzuckerspiegels. Bei dem Einsatz von Glucosepräparaten muß daher ein möglicherweise bestehender Diabetes oder eine Glucoseintoleranz sicher ausgeschlossen werden. Ein Nachteil der Glucosepräparate ist der süße Geschmack, der einen Einsatz nur in Süßspeisen oder gesüßten Getränken ermöglicht.
- Oligosaccharidpräparate

  Bei den Oligosaccharidpräparaten nimmt Maltodextrin 19 eine führende Stellung ein. Dieses ballaststofffreie und monosaccharidfreie Oligosaccharidpräparat (durch die gezielte Hydrolyse von Stärke gewonnen) eignet sich hervorragend zum energetischen Anreichern der unterschiedlichsten Speisen. Es ist geschmacklos, gut wasserlöslich, leicht verdaubar und wird rasch resorbiert. Maltodextrin erzeugt im Gegensatz zu den Fetten kein Sättigungsgefühl. Die nahezu vollständige Geschmacklosigkeit erlaubt den vielseitigen Einsatz. Maltodextrin quillt im Gegensatz zu Stärkeprodukten nicht in Wasser. Deshalb werden die Volumina der angereicherten Speisen kaum vergrößert, so daß auch aus dieser Sicht der Sättigungswert der angereicherten Speisen nicht wesentlich erhöht wird.

Eiweißarme Diäterzeugnisse

Die Auswahl an speziellen eiweißarmen Diäterzeugnissen ist relativ gering, wenn von konventionellen eiweißarmen bzw. eiweißfreien Lebensmitteln abgesehen wird, die bei einer eiweißarmen Kost bevorzugt eingesetzt werden müssen. Die entsprechenden eiweißarmen Diäterzeugnisse beschränken sich im wesentlichen auf eiweißarme Brote und Backwaren, Mehle und Backmischungen. Ein Teil dieser eiweißarmen Erzeugnisse ist zusätzlich glutenfrei:

- Eiweißarme Brote und Backwaren

  Insbesondere bei den eiweißarmen Broten ist der auf der Verpackung bzw. auf dem Begleitschein angegebene Eiweißgehalt zu beachten, da er bei den verschiedenen Produkten beträchtlich differieren kann. Ausgangsprodukt für diese Erzeugnisse ist vorzugsweise Weizenstärke, der Verdickungs- und Bindemittel sowie Backhilfsmittel hinzugefügt werden. Auch Eßkastanien (Maronen) werden gelegentlich als Basisprodukt eingesetzt.
- Eiweißarme Backmischungen

  Eiweißarme Backmischungen unterscheiden sich im Eiweißgehalt kaum von den bereits verzehrfertigen Broten und Backwaren. Sie erlauben durch die Möglichkeit ihrer Verarbeitung in Eigenregie und des damit ermöglichten individuellen Würzens eine größere Abwechslung in der Kostgestaltung. Sie gestatten außerdem, ständig ofenfrische Ware anzubieten. Die Backanweisungen müssen auf jeden Fall exakt eingehalten werden. Ein Zusatz von eiweißhaltigen Zutaten, beispielsweise Milch, darf keinesfalls vorgenommen werden.

Natriumarme Diäterzeugnisse

Natriumarme Diäterzeugnisse dienen vor allem der Ergänzung einer natriumarm zubereiteten Kost durch Lebensmittel, bei deren konventioneller Herstellung aus geschmacklichen Gründen teilweise beträchtliche Mengen an Speisesalz zugesetzt werden. Das betrifft insbesondere Wurstwaren und Fischkonserven, aber auch gereiften Käse.

Neben den kochsalzarmen Wurstwaren des üblichen Warenangebots, bei denen der Kochsalzgehalt um mindestens 30 % reduziert sein muß (siehe Kap. 5.7.2), werden von der Industrie auch gesonderte natriumarme Diäterzeugnisse mit einem sehr geringen und genau definiertem Kochsalzgehalt angeboten:

- natriumarme Fischkonserven,
- natriumarme Käsesorten,
- natriumarme Pasten auf rein pflanzlicher Basis (als Brotaufstrich).

Besondere Beachtung ist dem Natriumgehalt von Mineralwässern zu schenken. Der Natriumgehalt von Mineralwasser, das als natriumarm ausgewiesen ist, darf 20 mg Natrium pro l nicht übersteigen.

Als Kochsalzersatz werden verschiedene Präparate angeboten, deren Bestandteile im wesentlichen organische Kaliumsalze sind, deren Würzverhalten durch den Zusatz von Geschmacksverstärkern (vorzugsweise Glutamat) und von verschiedenen Aromastoffen aufgebessert werden soll. Die geschmacklichen Eigenschaften dieser Präparate werden von den meisten Patienten als schlecht bewertet.

Diäterzeugnisse für spezielle Einsatzzwecke

Für Erkrankungen, bei denen spezielle Diäten eingehalten werden müssen, stehen gesonderte Diäterzeugnisse zur Verfügung. Das im Handel erhältliche Angebot ist aus den Angeboten der einzelnen Firmen bzw. aus „ProDiät" zu entnehmen. Es betrifft insbesondere folgende Diäterzeugnisse:

- glutenfreie Diäterzeugnisse (gluteninduzierte Enteropathie) und
- phenylalaninfreie Diäterzeugnisse (Phenylketonurie).

Für die Kost weiterer Erkrankungen können aus den vielen unterschiedlichen Diäterzeugnissen weitere geeignete Produkte ausgewählt und eingesetzt werden. Beispiele sind

- eiweißhaltige (purinfreie) Produkte (purinarme Kost) und
- fructosefreie Produkte (Fructoseintoleranz).

10.3 Bilanzierte Diäten (Formeldiäten)

Bilanzierte Diäten werden vorzugsweise für die künstliche enterale Ernährung (Sondenkost) eingesetzt, in geringerem Maße bei Sonderfällen als Ergänzung einer besonderen Kostform, beispielsweise als zusätzliche eiweißreiche Mahlzeit bei einer proteinangereicherten Kost. Die industriell hergestellten bilanzierten Diäten sind nach der Diätverordnung diätetische Lebensmittel. In der klinischen Praxis werden bilanzierte Diäten als Formeldiäten oder Formuladiäten bezeichnet.

An bilanzierte Diäten werden folgende Anforderungen geste lt:

- Sie sollen eine spezielle Ernährung mit konventionellen Lebensmitteln in solchen Fällen ersetzen oder ergänzen, in denen diese nur unter großen Schwierigkeiten oder überhaupt nicht möglich ist.
- Sie sollen bei besonderen Anforderungen an die Nährstoffzufuhr auf Grund einer definierten Zusammensetzung gezielt eingesetzt werden können.
- Sie sollen eine optimale, auf wissenschaftlichen Erkenntnissen basierende Zufuhr von allen erforderlichen Nährstoffen garantieren und damit eine Langzeitanwendung ermöglichen.

In der Diätküche sollten bilanzierte Diäten nicht mehr hergestellt werden. Ihre Herstellung erfordert einen beachtlichen Arbeitsaufwand, die benötigten Zutaten sind in vielen Fällen nicht in der Küche vorrätig und müßten erst geordert werden. Die in der Diätküche hergestellten Diäten sind außerdem wegen Fehlens von geeigneten Konservierungsmöglichkeiten nicht haltbar.

Die Herstellung von Sondennahrungen verbietet sich in der Diätküche, da ausreichend wirksame Homogenisierungstechniken in der Regel nicht zur Verfügung stehen. Bei einer unzureichenden Homogenisierung der Kost besteht die Gefahr, daß die Sonden verstopfen.

Die industriell gefertigten bilanzierten Diäten sind in der Regel gut haltbar und erlauben damit eine zwar zeitlich begrenzte, aber ausreichend lange Bevorratung.

Bei den bilanzierten Diäten ist zwischen zwei grundlegend unterschiedlichen Formen zu unterscheiden:

- nährstoff-definierte Formeldiäten (NDD),
- chemisch-definierte Formeldiäten (CDD).

Nährstoff-definierte Formeldiäten

Nährstoff-definierte Formeldiäten enthalten alle Nährstoffe in ihrer „natürlichen", nicht aufgeschlossenen Form, d. h. in Form von Kohlenhydraten (auch in Form von Stärke), Eiweißen und Fetten. Sie enthalten außerdem alle erforderlichen Vitamine und Mineralstoffe einschließlich Spurenelementen.

Diese Diäten werden eingesetzt, wenn sowohl die Verdauung als auch die Resorption normal bzw. mit ausreichender Kapazität abläuft.

Die Nährstoffrelationen sind in den Diäten den entsprechenden diätetischen Anforderungen angepaßt. Ein Großteil dieser Diäten sind energiereiche Diäten und für die diätetische Behandlung von Fällen einer ausgeprägten Unterernährung vorgesehen.

Chemisch-definierte Formeldiäten

Chemisch-definierte Formeldiäten enthalten die Nährstoffe in resorbierbarer bzw. in bereits weitgehend aufgeschlossener Form. Sie enthalten Aminosäuren, niedermolekulare Kohlenhydrate wie Mono- und Disaccharide und Dextrine, Oligopeptide und eine begrenzte Menge an Fetten (meist ausschließlich MCT-Fette und einen geringen Anteil an Fetten mit mehrfach ungesättigten Fettsäuren). Alle anderen essentiellen Nahrungsfaktoren sind ebenfalls enthalten.

Diese Diäten werden eingesetzt, wenn der Aufschluß von hochmolekularen Nährstoffen infolge eines Maldigestionssyndroms gestört ist. Voraussetzung für eine enterale Ernährung mit einer chemisch-definierten Formeldiät ist eine zumindest teilweise intakte Resorptionsleistung des Dünndarms. Bei einer noch intakten Funktion des Dünndarms kann dieser meist auch noch die an seine Mucosazellen gekoppelten Funktionen der finalen Spaltung von niedermolekularen Nährstoffen wie Peptide, Disaccharide und Dextrine erbringen, somit auch diese niedermolekularen Bestandteile der Formeldiät ausnutzen. Aus diesem Grund werden solche Diäten gelegentlich auch als Oligopeptiddiäten bezeichnet. Weitere Bezeichnungen sind Astronautendiät und Elementardiät.

Ergänzende bilanzierte Diäten

Die ergänzenden bilanzierten Diäten unterscheiden sich grundlegend von den eigentlichen bilanzierten Diäten. Beide Diäten dürfen auf keinen Fall miteinander verwechselt werden. Ergänzende bilanzierende Diäten sind, wie bereits der Name sagt, nur als Ergänzung zu einer nahezu vollwertigen Kost vorgesehen. Sie enthalten nicht alle erforderlichen Nährstoffe, insbesondere nicht alle essentiellen Nahrungsfaktoren. Eine Ausnahme bilden ergänzende bilanzierte Diäten, deren hauptsächliches Einsatzgebiet die Ergänzung von essentiellen Nahrungsfaktoren ist. Sie enthalten oft alle erforderlichen Vitamine, ihnen fehlen dann aber meist andere Nährstoffe.

Ergänzende bilanzierte Diäten eignen sich demzufolge nicht als alleinige Nahrungsquelle, sie sind für die gezielte Ergänzung der Kost mit einem oder nur wenigen Nahrungsbestandteilen konzipiert. Die früher gebräuchlichen Bezeichnungen „Zusatzdiäten" oder „Supplemente" waren sinnvoller und schlossen Verwechslungen weitgehend aus.

Die wesentlichsten ergänzenden bilanzierten Diäten enthalten vorwiegend nur eine der folgenden Nährstoffgruppen:

- rasch verwertbare Kohlenhydrate als zusätzliche Energiezufuhr bei einem erhöhten Energiebedarf,
- biologisch hochwertiges Eiweiß als zusätzliche Eiweißgabe bei erhöhtem Proteinbedarf,
- Mineralstoffe und Vitamine, die den erhöhten Vitaminbedarf bei bestimmten Ernährungsanforderungen decken sollen (z. B. Schwangerschaft),
- Gemische von verzweigtkettigen Aminosäuren und verzweigtkettigen Ketosäuren, die bei der Schweden-Diät eingesetzt werden.

Ergänzende bilanzierte Diäten können in der Diätküche die Arbeit wesentlich erleichtern, indem sie bei Bedarf den bereits zubereiteten Standardkostformen zugesetzt werden, wodurch die größere Anzahl der herzustellenden Diäten ohne eine gesonderte Zubereitung und Mehrarbeit bereitgestellt werden kann.

Functional Foods (Healthy Foods)

Von der Lebensmittelindustrie werden in zunehmendem Maße spezielle Lebensmittel angeboten, die eine gesundheitsfördernde Wirkung entfalten sollen. Es handelt sich dabei um Lebensmittel, denen essentielle Nahrungsfaktoren (Vitamine, Mineralstoffe, Mikronährstoffe) zugesetzt worden sind oder die sich durch besondere Zubereitungen oder andere Zusätze von den konventionellen Lebensmitteln unterscheiden. Ihre Zuordnung nach rechtlichen Gesichtspunkten (Lebensmittelrecht, Arzneimittelrecht, Diät-Verordnung) ist augenblicklich noch nicht geregelt (auch nicht im EG-Recht). Sie können deshalb (noch) nicht den diätetischen Lebensmitteln zugerechnet werden (siehe Kap. 5.7.5).

Den probiotischen und präbiotischen Lebensmitteln kann eine gewisse diätetische Wirkung zuerkannt werden auf Grund der bereits nachgewiesenen positiven Wirkung bei einigen Störungen in der Funktion des Magen-Darm-Trakts sowie bei der Milchzuckerunverträglichkeit. Auch sie unterliegen nicht der Diät-Verordnung und dürfen nicht als diätetische Lebensmittel im Sinne dieser Verordnung deklariert werden.

KAPITEL II

Küchenpraxis

11.1 Prinzipien der Auswahl geeigneter Lebensmittel und der Nährwertberechnung

Die Berechnung des Nährwerts einer Kost hat zur Aufgabe, die als notwendig vorgegebene Zufuhr an Nährstoffen durch die Auswahl geeigneter Lebensmittel zu sichern und gleichzeitig weitgehend den Wünschen des Gastes oder Patienten nachzukommen.
Ausgangspunkt der Nährwertberechnung sind

- die D-A-CH-Referenzwerte für die Nährstoffzufuhr sowie die Empfehlungen der Deutschen Gesellschaft für Ernährungsmedizin (DGEM) für die Gestaltung von Diäten,
- die Vorgaben und Verordnungen des behandelnden Arztes,
- die gesetzlichen Forderungen,
- die Wünsche des Gastes bzw. Patienten in bezug auf geschmackliche Harmonie und Präsentation sowie
- die Auswahl der geeigneten Lebensmittel unter Berücksichtigung der aktuellen Qualitätssicherungssysteme und unter ökonomischen Gesichtspunkten.

Daraus ergibt sich die schwierige Aufgabe des Kochs, ernährungsphysiologische, medizinische, ökonomische, qualitative und kulinarische Ansprüche in Einklang zu bringen.

Empfehlungen für die Nährstoffzufuhr

Die Empfehlungen für die Nährstoffzufuhr und die Vorgaben des behandelnden Arztes stehen in engem Zusammenhang. Die Gestaltung des Kostplans der gesunden Personen, die eine vollwertige Ernährung bekommen (nach den Empfehlungen der DGE), und Patienten, die eine Vollkost oder leichte Vollkost erhalten, eröffnet größere Möglichkeiten als der Kostplan für Patienten, die eine genau definierte Diät einhalten müssen. Im folgenden werden die wesentlichsten Unterschiede zwischen beiden Personengruppen aufgelistet, die bei der täglichen Arbeit ständig beachtet werden müssen.

Vollkost und leichte Vollkost: Die Empfehlungen für die Nährstoffzufuhr (siehe Kap. 4) und die Verteilung auf die einzelnen Mahlzeiten des Tags sind zur Sicherstellung der ernährungsphysiologischen Qualität einzuhalten. Dabei ist es aber nicht erforderlich, Soll- und Ist-Zahlen täglich einzuhalten. Es genügt, die Empfehlungen zur Nährstoffzufuhr innerhalb einer Woche auszugleichen. Dadurch ist es möglich, den Wünschen und kulinarischen Bedürfnissen des Patienten weitgehend nachzukommen.

Energiedefinierte Kostformen: Die Vorgaben für die Energieaufnahme sind auch im täglichen Kostplan und bei der Verteilung auf die einzelnen Mahlzeiten konsequent einzuhalten. Das gilt auch für die vorgegebenen Relationen der einzelnen Energieträger und gegebenenfalls der Ballaststoffe. Die Empfehlungen für die Aufnahme der essentiellen Nahrungsfaktoren (insbesondere Vitamine und Mineralstoffe) können innerhalb einer Woche ausgeglichen werden.

Diätetische Kostformen: Bei der Gestaltung des Kostplans für gesonderte Diäten sind die vorgegebenen Nährstoffe täglich konsequent einzuhalten und gegebenenfalls exakt auf die einzelnen Mahlzeiten aufzuschlüsseln. Abweichungen sind nur auf ausdrückliche Anweisung des Arztes bzw. nach Rückfrage möglich.

Auswahl der Lebensmittel

Die eingesetzten Lebensmittel müssen den Anforderungen einer gesunden Ernährung entsprechen. Dabei sind folgende Gesichtspunkte besonders zu beachten:

- Die Lebensmittel müssen frei von Verunreinigungen sein und dürfen nicht mit pathogenen Mikroorganismen, Mykotoxinen und Schadstoffen kontaminiert sein.
- Die Lebensmittel müssen unverdorben sein, eine Zersetzung von Lebensmittelinhaltsstoffen muß ausgeschlossen werden.
- Die Qualität der Lebensmittel muß den jeweiligen gesetzlichen Anforderungen entsprechen (einschlägige Gesetze und Verordnungen, siehe Kap. 12) und sollte darüber hinaus den bisherigen Begriffen wie ernährungsphysiologischer Wert, Preiswürdigkeit und gewünschter Genußwert entsprechen.
- Bei industriell gefertigten Lebensmitteln sollten detaillierte Angaben der Zusammensetzung, insbesondere exakte Angaben über den Brennwert und den Anteil der Energieträger, beigefügt oder in Begleitpapieren ausgewiesen werden.
- Bei diätetischen Lebensmitteln muß ersichtlich sein, daß sie mit den gesetzlichen Anforderungen übereinstimmen, entsprechende exakte Angaben über die Zusammensetzung müssen ausgewiesen sein.
- Die Lebensmittel müssen unter den jeweils erforderlichen Lagerungsbedingungen aufbewahrt worden sein, die Mindesthaltbarkeitsdauer darf nicht überschritten werden.

11.1.1 Nährwertberechnung und Kostplangestaltung

Die Nährwertberechnung erfolgt zweckmäßigerweise EDV-gestützt mit Hilfe geeigneter Computerprogramme. Diese Form der Nährwertberechnung bietet eine wesentliche Arbeitserleichterung und Zeitersparnis, sie ist außerdem sicherer und schließt Rechenfehler sowie Irrtümer bei der Benutzung von Nährwerttabellen weitgehend aus.

Ein EDV-gestütztes Programm zur Nährwertberechnung bietet darüber hinaus die Möglichkeit des raschen Erstellens von Rezepturen (und deren Speicherung) und des schnellen Erarbeitens der Speisen- und Menügestaltung. Gleichzeitig besteht die Möglichkeit, parallel dazu küchenorganisatorische und verwaltungstechnische Aufgaben zu bearbeiten, die auch für die Kostplangestaltung von Nutzen sein können.

Solche wichtigen Verknüpfungen sind

- Lagerhaltung und -kontrolle,
- Verwaltung der Lieferanten und der Warenbestellung,
- Kostenanalyse und -abrechnung.

Für die Nährwertberechnung werden auf dem Markt eine Reihe verschiedener Programme angeboten. Die Preise und der Leistungsumfang sind bei den einzelnen Programmen unterschiedlich. Folglich sollte sich die Auswahl des entsprechenden Programms an den Bedürfnissen und Anforderungen orientieren, die unter den konkreten Arbeitsbedingungen auftreten.

Bei der Auswahl von Hard- und Software wird empfohlen, sich von den einschlägigen Lieferanten ausführlich beraten zu lassen. Die modernen PC verfügen in der Regel über eine ausreichende Speicherkapazität und genügen den Anforderungen in ausreichendem Maße.

Die Software unterstützt im Rahmen der Nährwertberechnung die Erstellung, Berechnung und Verwaltung von Rezepturen und Tagesmenüplänen. Bei der Berechnung können je nach Datenbank beliebige Lebensmittelinhaltsstoffe berücksichtigt werden.

Die Hilfen zur Optimierung sind in den einzelne Programmen unterschiedlich gestaltet, jedoch werden dazu in der Regel mehrere Möglichkeiten angegeben, so daß sich eine den Gegebenheiten angepaßte Optimierung leicht erreichen läßt.

Mit Hilfe des Rechners lassen sich somit Rezeptdateien anlegen, die mit nur wenigen Arbeitsschritten jederzeit an alle erforderlichen Diätformen angepaßt werden können. Dadurch kann eine herkömmliche Rezeptkartei ersetzt werden.

Es ist weiterhin zu berücksichtigen, daß in zunehmendem Maße Produktinformationen auch auf CD-ROM angeboten werden (z. B. „ProDiät") und mit Such- und Verknüpfungsmöglichkeiten wesentlich zur Arbeitserleichterung und Zeitersparnis beitragen.

11.1.1.1 Methodik der Nährwertberechnung

Die Nährwertberechnung orientiert sich an den D-A-CH-Referenzwerten für eine vollwertige Ernährung. In Kliniken kann es zweckmäßig sein, als Grundlage der Kost für diätetische Kostformen Rezepturen für die Basisdiät zu erstellen und diese für einzelne Diäten durch differenzierte Zulagen zu ergänzen. Dadurch ergibt sich die Möglichkeit für eine beträchtliche Rationalisierung der Küchenprozesse. Lediglich für Sonderdiäten sind dann noch spezifische Zubereitungen erforderlich.

Festlegung von Sollwerten für die Aufnahme der Energieträger

Die Sollwerte für die Aufnahme von Eiweiß, Fett und Kohlenhydraten können nach 2 verschiedenen Gesichtspunkten ermittelt werden:

- Berechnung der Sollmengen, ausgehend vom Gesamtenergiebedarf,
- Berechnung der Sollmengen, ausgehend vom Körpergewicht.

Die Sollwerte für Vitamine, Mineral- und Ballaststoffe sowie Wasser sind nicht zu berechnen, sie richten sich nach den D-A-CH-Referenzwerten und sind den Tabellen für die Nährstoffempfehlung unter Berücksichtigung des Alters, Geschlechts und der zusätzlichen Anforderungen (z. B. Schwangerschaft und Stillperiode) zu entnehmen (siehe Kap. 4 und DGE, ÖGE, SGE, SVE: Referenzwerte für die Nährstoffzufuhr. Umschau Braus, Frankfurt, 2000).

Berechnung auf der Grundlage des Gesamtenergiebedarfs

Bei dieser Vorgehensweise kann die Nährstoffzufuhr den unterschiedlichen Voraussetzungen der einzelnen Personen recht gut angepaßt werden. Es ist bei dieser Berechnungsmethode möglich, Unterschiede im Körpergewicht, Geschlecht, Alter und krankheitsbedingte Unterschiede zu berücksichtigen, außerdem wird der Energiebedarf für körperliche Arbeit (Leistungszuwachs) differenziert einbezogen. Diese Form der Berechnung ist bei einer individuellen Ermittlung des Nährstoffbedarfs zu bevorzugen, da sie auch bei der Berechnung des Nährstoffbedarfs in der Gemeinschaftsverpflegung einschließlich der Krankenhäuser wesentlich realere Werte liefert. Individuell bedingte Abweichungen (z. B. geringes Körpergewicht, erhöhter Grundumsatz u. a.) können durch gezielte Abzüge oder Zulagen ausgeglichen werden. Eine Ausnahme bildet die Berechnung des Nährstoffbedarfs von Kindern. Hier empfiehlt es sich, den Bedarf auf Grundlage des Körpergewichts zu berechnen. Zur Ermittlung des Grundumsatzes von Kindern müßten spezielle Tabellen herangezogen werden.

Bei folgender Berechnungsmethode werden zunächst Grundumsatz und Leistungsumsatz getrennt berechnet, der Gesamtenergiebedarf ergibt sich aus der Addition beider Werte.

Berechnung des Grundumsatzes: Für die Berechnung des Grundumsatzes ist es zweckmäßig, den Richtwert für einen etwa 20 bis 30 Jahre alten, gesunden und normalgewichtigen Erwachsenen zugrunde zu legen (pro Stunde 4 kJ (1 kcal) je kg Körpergewicht, siehe Kap. 3.2.2.1):

100 kJ (24 kcal) pro kg Körpergewicht in 24 Stunden.

Der Grundumsatz wird durch Alter, Geschlecht, Körpergröße, Gewicht, Streß, Krankheiten, Medikamente, Klima und andere Faktoren beeinflußt und unterliegt individuellen Schwankungen (siehe Kap. 3.2.2.1). Ein Teil des abweichenden Energiebedarfs kann berücksichtigt werden:

- Lebensalter
  Nach Überschreiten des 30. Lebensjahres ist ein Abzug von 0,4 % pro Lebensjahr vorzunehmen.
- Geschlecht
  Bei Frauen liegt der Grundumsatz um 7 bis 10 % niedriger.
- Hypokalorische Ernährung, Magersucht
  Bei längerem Fasten und bestehender Magersucht ist der Grundumsatz erniedrigt (bis maximal 40 %). Ein Abzug ist nur bei Reduktionskost bzw. Fasten von Übergewichtigen vorzunehmen.
- Erkrankungen
  Eine Schilddrüsenüberfunktion führt zur Erhöhung des Grundumsatzes, dessen Ausmaß vom Arzt ermittelt wird. Ebenso können fiebrige Erkrankungen eine Erhöhung des Grundumsatzes bis zu 40 % verursachen.
- Klimatische Bedingungen
  Extreme klimatische Bedingungen (tropische Hitze, insbesondere aber starke Kälte) können den Grundumsatz um 10 bis 20 % erhöhen.
- Streß
  Auch Streß und psychische Belastungen können zu einer Erhöhung des Grundumsatzes führen.
- Zusätzliche körperliche Belastungen
  Schwangerschaft, Stillperiode und stark erhöhte körperliche Leistung (Schwerstarbeit, Ausdauersport) bewirken ebenfalls eine Erhöhung des Grundumsatzes.

Berechnung des Leistungsumsatzes: Der Leistungsumsatz ist eine sehr variable Größe. Er hängt ab von der Intensität und Dauer der körperlichen Arbeit und wird zusätzlich von dem Ausmaß des Energieverbrauchs für die jeweils erforderliche Wärmeregulation und der Verdauungsarbeit beeinflußt.

Die für die Ausübung der unterschiedlichen Berufe vorgegebenen Richtwerte können nur als Orientierungswerte dienen, da eine Reihe individueller Faktoren den Energieverbrauch beeinflussen (siehe Kap. 3.2.2.2).

Das gleiche gilt auch für den Energieverbrauch bei Freizeit- und sportlichen Aktivitäten, die zum Leistungsumsatz beitragen.

Die Berechnung des Leistungsumsatzes bzw. dessen Abschätzung kann nach 2 unterschiedlichen Verfahren vorgenommen werden:

- Berechnung des Leistungsumsatzes an Hand des Energieverbrauchs für die betreffende körperliche Aktivität und deren Dauer, d. h. Energieverbrauch in kJ (kcal) pro Stunde und kg Körpergewicht.
  Für die unterschiedlichen Tätigkeiten sind folgende Werte (pro kg Körpergewicht und Stunde) zu veranschlagen:
  leichte Berufstätigkeit 2 bis 4 kJ (8 bis 16 kcal)
  Pkw-Fahrer/in, Lehrer/in, Laborant/in, Verkäufer/in u. a.
  mittelschwere Berufstätigkeit 4 bis 8 kJ (16 bis 32 kcal)
  handwerkliche Berufe wie Maler/in, Schlosser/in u. a.
  schwere Berufstätigkeit 8 bis 12 kJ (32 bis 50 kcal)
  Maurer, Waldarbeiter u. a. sowie Leistungssportler
  Schwerstarbeit 12 und mehr kJ (50 und mehr kcal)
  Hüttenwerker u. a. sowie Hochleistungssportler
  Freizeitaktivitäten und sonstige Tätigkeiten müssen durch einen entsprechenden Aufschlag berücksichtigt werden (siehe Tabelle 3.2.1).
- Pauschale Berechnung des Leistungsumsatzes an Hand des Grundumsatzes und der ausgeübten Tätigkeit. Dazu werden für die einzelnen Schweregrade der Tätigkeiten jeweils pauschale Prozentsätze dem ermittelten Grundumsatz zugeschlagen:
  Leichte Arbeit 10 bis 30 % des Grundumsatzes
  Mittelschwere Arbeit 31 bis 60 % des Grundumsatzes
  Schwere Arbeit 61 bis 100 % des Grundumsatzes
  Schwerstarbeit mehr als 100 % des Grundumsatzes

Die Schwankungsbreite dieser Angaben demonstriert eindrucksvoll die relative Ungenauigkeit dieser Methode.

Berechnung des Gesamtenergiebedarfs: Die Höhe des Gesamtenergiebedarfs ergibt sich aus der Addition von Grund- und Leistungsumsatz.

Grundumsatz + Leistungsumsatz = Gesamtenergieumsatz

Rechenbeispiel (mit gerundeten Zahlen gerechnet):

Herr Meier, 65 kg Körpergewicht, 20 Jahre, Büroangestellter (leichte Tätigkeit), Freizeitakitivitäten: Wandern, leichte Radtouren

Grundumsatz	6500 kJ	(1550 kcal)	(65 kg x 100 kJ)
Leistungsumsatz			
Arbeitsumsatz	1560 kJ	(380 kcal)	(3 kJ x 65 kg x 8 Stunden)
Freizeitumsatz	1340 kJ	(320 kcal)	(Durchschnittswert)
Gesamtenergiebedarf			9400 kJ (2250 kcal)

Küchenpraxis

Berechnung der Zufuhr der einzelnen Nährstoffe

Der berechnete Gesamtenergiebetrag wird nun entsprechend der prozentualen Empfehlung (D-A-CH-Referenzwerte) auf die einzelnen Nährstoffe verteilt:

12 bis 15 % Eiweiß,
55 bis 60 % Kohlenhydrate,
25 bis 30 % Fett.

Die Umrechnung der so ermittelten Energiemengen (in kJ bzw. kcal) in g erfolgt an Hand des Brennwerts.

Rechenbeispiel (Werte aus dem oben angeführten Rechenbeispiel):

Gesamtenergieumsatz	9400 kJ
12 % Eiweißumsatz	12 % von 9400 kJ = 1128 kJ : 17 kJ = 66,35 g
28 % Fettumsatz	28 % von 9400 kJ = 2632 kJ : 38 kJ = 69,26 g
60 % Kohlenhydratumsatz	60 % von 9400 kJ = 5640 kJ : 17 kJ = 331,76 g

In der EDV-gestützten Nährwertberechnung übernimmt der Rechner diese Prozedur. Die Tätigkeit des Bearbeiters reduziert sich auf die Eingabe der Daten zur Person: Alter, Größe, Gewicht, Tätigkeiten u. a. Diese Anforderungsprofile an die Nährstoffzufuhr werden durch ein ausführliches Gespräch mit der betreffenden Person (Ernährungsberatung), die Führung von Protokollen oder den Einsatz von Durchschnittswerten (Ernährung von Personengruppen, Gemeinschaftsverpflegung) erstellt.

Der Bedarf an Vitaminen und Mineralstoffen ist selbstredend nicht zu berechnen. Die Mengen der erforderlichen Aufnahme entsprechend den D-A-CH-Referenzwerten ist den einschlägigen Tabellen zu entnehmen.

Berechnung des Energiebedarfs auf der Grundlage des Körpergewichts

Die Berechnung des Energiebedarfs auf der Grundlage des Körpergewichts ist ein wesentlich einfacheres Verfahren. Hierbei kann zwischen 2 Möglichkeiten unterschieden werden:

- Berechnung des Gesamtenergiebedarfs mit Hilfe von Richtwerten und anschließend Aufteilung der erforderlichen Energiezufuhr auf die einzelnen Nährstoffe (wie oben dargestellt),
- Benutzung von Tabellen (D-A-CH-Referenzwerte) für die Energiezufuhr und anschließend ebenfalls Aufschlüsselung auf die einzelnen Nährstoffe.

Berechnung des Gesamtenergiebedarfs mit Hilfe von Richtwerten: Die Berechnung des Gesamtenergiebedarfs erfolgt an Hand von Richtwerten für einzelne unterschiedlich energieaufwendige Arbeitsleistungen, bei denen der Grundumsatz bereits einbezogen ist. Sie berücksichtigt das Körpergewicht und somit weitgehend die diesbezüglichen unterschiedlich großen Raten des Grundumsatzes. Bei dem Bezug auf den Tagesenergiebedarf wird jedoch eine durchschnittliche tägliche Arbeitszeit vorausgesetzt. Die ermittelten Werte zeigen ebenfalls nur geringe Abweichungen, wenn die Schwere der körperlichen Arbeit dem Körpergewicht angepaßt ist. Abweichungen können auftreten, wenn zwischen Körpergewicht und Schwere der Arbeit größere Diskrepanzen bestehen.

Richtwerte für den Gesamtenergieumsatz bei unterschiedlich schwerer Arbeit:

sehr leichte Arbeit	105 kJ (25 kcal) pro kg Körpergewicht
leichte Arbeit	134 kJ (32 kcal) pro kg Körpergewicht
mittelschwere Arbeit	155 kJ (37 kcal) pro kg Körpergewicht
schwere Arbeit	168 kJ ((40 kcal) pro kg Körpergewicht

Berechnung nach Tabellenwerten: Hierbei beruht die Berechnung auf differenzierten Tabellenwerten, in welche die jeweiligen Altersstufen und das Geschlecht eingehen. Es wird bei diesem Vorgehen aber nur der durchschnittliche Verbrauch gesunder Personen berücksichtigt. Dadurch ergeben sich teilweise beträchtliche Abweichungen von dem tatsächlichen Bedarf. Sie eignen sich deswegen vorzugsweise für die Gemeinschaftsverpflegung, wenn ein größerer Personenkreis versorgt werden muß und individuelle Besonderheiten aus Gründen der Organisation oder Kapazität kaum berücksichtigt werden können.

Die Berechnung nach Tabellenwerten eignet sich jedoch besonders für die Festlegung des Energiebedarfs von Klein- und Schulkindern.

11.1.1.2 Erstellen von Kostplänen

Neben der Sicherung einer bedarfsgerechten Versorgung mit Nahrungsenergie einschließlich deren empfohlener Verteilung auf Eiweiß, Fett und Kohlenhydrate ist auch die ausreichende Versorgung mit allen essentiellen Nahrungsfaktoren einschließlich der Ballaststoffe und die empfohlene Verteilung auf die Tagesmahlzeiten zu sichern. Das erfordert eine gesonderte Berechnung und Bilanzierung der einzelnen Tagesmahlzeiten. Diese relativ aufwendige Arbeit wird durch das Erstellen einer Rezeptkartei/-datei wesentlich erleichtert. Bei einem ausreichenden Umfang der Rezeptkartei/-datei ist es sehr rasch möglich, durch geringfügige Änderungen in der Menge (Größe der einzelnen Portionen) oder den Austausch einzelner Komponenten der Mahlzeiten einen Kostplan aufzustellen, von dem die geforderten, am Anfang aufgeführten Bedingungen erfüllt werden.

Anlegen einer Rezeptkartei/-datei

Das Erstellen einer Rezeptkartei ist auch bei der herkömmlichen Art der Nährwertberechnung (nicht EDV-gestützt) die Basisarbeit. Es ist sinnvoll, eine möglichst große Zahl von Grundrezepturen als Ausgangsmaterial vorzubereiten. Die dazu übliche Vorgehensweise unterscheidet sich, abgesehen vom Zeitaufwand, nicht von der Arbeit am PC.

Das Anlegen einer eigenen Rezeptkartei kann bei der Verwendung einer Rezeptsammlung, die von verschiedenen Anbietern käuflich erworben werden kann (z. B. Rezeptdatenbank der DGE für die GV), wesentlich abgekürzt werden. Diese wird dann nur durch eigene Rezepturen ergänzt. Das gleiche betrifft auch das Arbeiten mit Rezeptdateien, die nunmehr im Vordergrund des Interesses stehen und die zusätzlich wesentliche Arbeitserleichterungen und Zeiteinsparungen ermöglichen.

Zum Erstellen einer eigenen Rezeptkartei werden Grundrezepte gesammelt und in ihre Komponenten zerlegt. Bei der EDV-gestützten Berechnung ist es unerheblich, für welche Personenzahl die Mengenangaben ermittelt werden. Der Rechner stellt jede beliebige Portionszahl nach Eingabe zur Verfügung. Für die manuelle Berechnung empfiehlt es sich, die Rezepte für 1 oder 10 Portionen zu kalkulieren. Für die Berechnung der einzelnen Rezeptkomponenten stehen verschiedene Nährwerttabellen zur Verfügung. Die Angaben für diätetische Lebensmittel finden sich in „ProDiät". Es empfiehlt sich dringend, alle Berechnungen mit dem gleichen Datenmaterial vorzunehmen (Ausnahmen: Sonderangaben wie in „ProDiät" oder Angaben, die im generell verwendeten Datenmaterial nicht enthalten sind). Dadurch lassen sich unterschiedliche Rechenergebnisse vermeiden und damit verbundene unnötige Irritationen sowie zusätzliche Arbeit und Fehlersuche. Dies ist besonders zu beachten, wenn nicht alle Personen, die mit der Nährwertberechnung befaßt sind, Zugang zum gleichen PC bzw. zur gleichen Datenbank haben. Das gilt auch, wenn auf herkömmliche Weise manuell berechnet wird und Fehler durch das Arbeiten mit unterschiedlichen Tabellenwerken auftreten können.

Für die EDV-gestützte Berechnung werden verschiedene Softwarepakete angeboten (z. B. Ernährungssoftware der DGE).

Beispiele für die Berechnung von Rezepturen: Ausgangsposition für die Berechnung von Rezepturen für diätetische Kostformen bzw. Speisen, die im Rahmen einer Diättherapie eingesetzt werden, sind die klassischen bzw. herkömmlichen Rezepturen. Eine Reihe dieser Rezepturen kann bei einigen Diätformen nach exakter Bilanzierung ohne Anpassung übernommen werden. In den Fällen, in denen die ernährungstherapeutischen Erfordernisse eine unveränderte Übernahme der Rezepturen nicht gestatten, sind sie Grundlage für anforderungsgerechte Modifikationen.

Beispiele für die Berechnung von klassischen Rezepturen

Beispiel 1

Waldorfsalat (1 Portion)

Lebensmittel	Menge in g	kcal	Eiweiß in g	Fett in g	Kohlenhydrate in g
Knollensellerie	100	18	1,5	0	2
Apfel	50	28	0,2	0	6
Ananas (Dose)	30	25	0,1	0	6
Walnüsse	5	35	0,7	3	1
Sahne (30 % Fett)	10	32	0,2	3	0
Joghurt (1,5 % Fett)	20	11	0,7	0	1
Summe		**149**	**3,4**	**6**	**16**

Beispiel 2

Champignonomelette, Möhrensalat (1 Portion)

Lebensmittel	Menge in g	kcal	Eiweiß in g	Fett in g	Kohlenhydrate in g
Hühnerei	80	134	10,3	9	1
Weizenmehl	10	34	1,1	0	7
Pflanzenmargarine	10	75	0	8	0
Petersilie	2	2	0,4	0	0
Zuchtchampignons	150	22	4,1	0	0
Möhren	100	25	1,0	0	5
Knollensellerie	100	18	1,5	0	2
Sonnenblumenöl	5	46	0	5	0
Zitronensaft	20	6	0,1	0	1
Summe		**362**	**18,5**	**22**	**16**

Als nächster Schritt nach dem Erstellen der Rezepturen werden diese in einer Datei erfaßt und anschließend entsprechend den Anforderungen organisiert (geordnet).

Bei der herkömmlichen Methode werden die Rezepturen in Rubriken geordnet (Salate, Suppen, Vorspeisen, Hauptgerichte, Soßen, Desserts

u. a.). Bei der manuellen Arbeitsweise läßt sich so mit Hilfe eines Karteikartensystems eine „Datenbank" aufbauen, die die nachfolgenden Schritte wesentlich erleichtert.

In der EDV-gestützten Verwaltung können zur Ordnung die vom entsprechenden Programm vorgesehenen Möglichkeiten verwendet werden. Sie sind vielseitiger und wesentlich einfacher in der Bearbeitung (kopieren, verschieben, ergänzen, kombinieren).

Auch ermöglicht die EDV-gestützte Bearbeitung durch den Wegfall der manuellen Rechenarbeit eine wesentlich leichtere und schnellere Veränderung einzelner Komponenten der Rezepturen.

Veränderungen in den Rezepturen: Die besonderen Anforderungen an die Zusammensetzung der Nahrung und einzelner Gerichte und Speisen, die bei speziellen Diäten bedacht werden müssen, erfordern oft eine Veränderung der Grundrezepturen.

Im nachfolgenden Beispiel soll die Forderung nach einer Senkung des Fettanteils berücksichtigt werden.

Folgende Schritte sind dabei abzuarbeiten:

- Ermittlung der Lebensmittel, die in der Grundrezeptur vorrangig für die Fettaufnahme verantwortlich sind,
- Suche nach fettarmen Komponenten, die an Stelle der fettreichen Lebensmittel eingesetzt werden können,
- Austausch der Bestandteile, erneute Kalkulation und, falls die Fettreduktion nicht befriedigend realisiert werden konnte, Wiederholung des Vorganges der Fettsubstitution.

Beispiel

Vorgabe: Reduktion des Fettanteils des Waldorfsalats (Beispiel 1) um 33 % (von 6 auf 4 g).

Erforderliche Schritte:

- Ermittlung des Fettlieferanten (im Beispiel Walnüsse und Sahne),
- Suche nach Austauschmöglichkeiten bzw. nach (sensorisch) vertretbaren Streichungen (im Beispiel ist die Fettmenge relativ klein, aus sensorischen Gründen kann keine Komponente gestrichen werden, die Sahne mit einem Fettgehalt von 30 % kann aber durch Sahne, Fettgehalt 10 %, ersetzt werden),
- Vornahme des Austauschs und erneute Kalkulation.

Walddorfsalat, fettreduziert (1 Portion)

Lebensmittel	Menge in g	kcal	Eiweiß in g	Fett in g	Kohlenhydrate in g
Knollensellerie	100	18	1,5	0	2
Apfel	50	28	0,2	0	6
Ananas (Dose)	30	25	0,1	0	6
Walnüsse	5	35	0,7	3	1
Sahne (10 % Fett)	**10**	**11**	**0,3**	**1**	**0,4**
Joghurt (1,5 % Fett)	20	11	0,7	0	1
Summe		**128**	**3,5**	**4**	**16,4**

Die Kontrolle der Neukalkulation ergibt, daß der Fettgehalt von 6 auf 4 g reduziert wurde und daß somit die Vorgabe der Reduzierung des Fettgehalts erfüllt wurde.

Die Veränderung einzelner Komponenten einer Rezeptur bringt eine weitere Problematik ans Tageslicht: Durch die Veränderung einer Komponente verändern sich die Relationen zwischen allen Nährstoffen, und der Energieinhalt des entsprechenden Gerichts ändert sich ebenfalls. Das betrifft in gleichem Maße die anderen Inhaltsstoffe der Lebensmittel, insbesondere die essentiellen Nahrungsfaktoren, die bisher noch nicht berücksichtigt wurden. Bei der manuellen Nährstoffberechnung ist daher besondere Sorgfalt bei der Auswahl der Veränderungen in den Komponenten des Gerichts erforderlich. Eine detaillierte Kenntnis der Lebensmittel und deren Inhaltsstoffe ist in diesem Fall (und auch generell) unabdingbar.

Einfacher ist die Anpassung bei der EDV-gestützten Kalkulation am PC. Hier können durch die unterschiedlichen Möglichkeiten der Spezifizierung bei der Suche nach einem geeigneten Lebensmittel wesentlich schneller und zuverlässiger (auch von weniger Erfahrenen) ernährungsphysiologisch vertretbare Ergebnisse erzielt werden.

Erstellen von Tageskostplänen

Die einzelnen Tageskostpläne werden nach dem Baukastenprinzip aus den gesammelten Grundrezepturen zusammengestellt. Als Vorgabe sind die festgelegten Sollwerte für die Energiezufuhr sowie für die Aufnahme von einzelnen Nährstoffen zu berücksichtigen. Bereits an dieser Stelle sollte auf der Grundlage der Kenntnisse über die Zusammensetzung der eingesetzten Lebensmittel darauf geachtet werden, die Empfehlungen für die Zufuhr von essentiellen Nahrungsfaktoren und Ballaststoffen weitgehend zu berücksichtigen. Dadurch können zusätzliche Korrekturen, die nachfolgend erforderlich werden würden, fast vollständig vermieden werden.

Es ist dann möglich, Abweichungen von den Sollwerten für diese zusätzlichen Nahrungsfaktoren durch die entsprechende Gestaltung der Kostpläne nachfolgender Tage auszugleichen und damit einen korrekten Wochenspeiseplan aufzustellen.

Folgende Empfehlungen für die Aufnahme von essentiellen Nahrungsfaktoren sollten dabei vorrangig beachtet werden:

- ausgeglichenes Verhältnis der Aufnahme von tierischem und pflanzlichem Eiweiß, Beachtung des Ergänzungswertes der Eiweiße,
- ausgeglichenes Verhältnis des Fettsäuremusters der Nahrungsfette,
- ausreichende Versorgung mit Mineralstoffen, vorrangig mit Kalzium, Eisen und Jod, Vermeidung einer überhöhten Aufnahme von Kochsalz (Begrenzung auf 5 bis 6 g),
- ausreichende Versorgung mit Vitaminen, insbesondere mit Vitaminen, bei denen es häufiger zu einer Unterversorgung kommen kann (Vitamin A, E, B_1, Folsäure und C),
- ausreichende Versorgung mit Ballaststoffen.

Für die Aufstellung und Kalkulation des Tagesspeiseplans ist es sinnvoll und hilfreich, mit der Berechnung der 3 Hauptmahlzeiten zu beginnen und sich dabei an der vorgegebenen relativen Menge der Energiezufuhr zu orientieren. Die dabei entstehenden Differenzen lassen sich dann wesentlich leichter mit Hilfe von Veränderungen bei den Zwischenmahlzeiten ausgleichen.

Bei der herkömmlichen Berechnung müssen die Zwischensummen der einzelnen Mahlzeiten immer wieder addiert werden, andernfalls geht der Überblick verloren, und es werden zeitaufwendige Korrekturen erforderlich.

Die computergestützten Rechenprogramme bieten dabei wesentliche Vorteile, sie ermöglichen auch jederzeit den raschen Rückgriff auf die eingegebenen Rezeptdateien. Sie erlauben außerdem bereits während der Aufstellung des Plans einen Vergleich zwischen vorgegebenem Soll und bereits „vergebenem" Ist.

Erstellen von Wochenspeiseplänen

Der Speiseplan für die ganze Woche läßt sich auf der Grundlage der erarbeiteten Tageskostpläne durch Verknüpfung leicht erstellen. Hierbei sind etwaige Differenzen einzelner Tagesspeisepläne auszugleichen. Bei der Aufstellung des Wochenspeiseplans muß auf Abwechslung geachtet werden.

Zusammenfassung der Schritte für die Durchführung einer Nährwertberechnung

- Grundrezepte sammeln,
- Rezepturen nach Komponenten auflisten,
- Komponenten mit Hilfe der Nährwerttabelle berechnen,
- Tageskostpläne aufstellen,
  Hauptgerichte auswählen,
  Zwischensummen beachten,
  Differenzen durch Zwischenmahlzeiten ausgleichen,
  Korrekturen vornehmen (Feststellen des Fehlers, Lösung suchen: Menge anpassen, Komponenten streichen oder austauschen),
  Endkontrolle,
- Wochenkostpläne aufstellen
  Tageskostpläne zusammenstellen, auf Abwechslung achten.

11.1.2 Gesichtspunkte für die geschmackliche Harmonie und Präsentation der Speisen

Die exakte Berechnung der einzelnen Komponenten des Speiseplans, das mengenmäßige Einhalten der berechneten Zutaten und der Einsatz der jeweils geeigneten Garmethoden (siehe Kap. 11.2) garantieren eine aus ernährungsphysiologischen bzw. diätetischen Gesichtspunkten qualitativ hochwertige Kost. Von wesentlicher Bedeutung ist aber auch die geschmackliche Komponente der Kost. Gerade von Kranken werden oft hohe Anforderungen an die geschmackliche Qualität und Präsentation der Kost gestellt. Unzufriedenheit in dieser Beziehung kann zu beträchtlichen ernährungsbedingten Störungen führen:

- Der Patient verweigert das Essen oder verzehrt nur ausgewählte Zutaten. Eine Unterernährung oder Fehlernährung resultiert aus unzureichender Versorgung mit ausgewählten essentiellen Nährstoffen.
- Der Patient versorgt sich unkontrolliert selbständig mit Lebensmitteln seiner Wahl. Die Zielsetzung einer Ernährungstherapie kann nicht erreicht werden, es kommt vielmehr zu einer beträchtlichen Fehlernährung. Bei Erkrankungen, die eine definierte Diät erfordern, kann es zu gravierenden gesundheitlichen Schäden kommen. Die Eigenversorgung von Patienten erstreckt sich vorzugsweise auf energiereiche Fertigerzeugnisse wie Schokoladenprodukte, Kekse, Dauerwurstwaren u. a., die sich durch den Mangel an essentiellen Nahrungsfaktoren und einen hohen Anteil an Fett auszeichnen.

Die Forderung nach geschmacklicher Harmonie, Abwechslungsreichtum und optisch ansprechender Präsentation sind gerade bei Diäten, die beträchtlich von der üblichen Vollkost abweichen, schwer zu realisieren. Auf diesem Gebiet sind der Diätkoch und die Diätassistentin besonders gefordert, um in dem eng gesteckten Rahmen eine den Ansprüchen des Patienten gerecht werdende Speisenversorgung zu garantieren.

Soweit wie möglich sollte dem Patienten auch in der Gemeinschaftsverpflegung zumindest bei der Mittagsmahlzeit die Wahl zwischen zwei oder mehreren Gerichten ermöglicht werden. Außerdem sollten im Rahmen des Machbaren die Empfehlungen der Gastronomischen Akademie Deutschlands (GAD) zur Gestaltung von Gerichten und Menüs auch in der Gemeinschaftsverpflegung und der Krankenhausversorgung zur Anwendung kommen:

- Vermeiden von Wiederholungen
  Wiederholungen von Komponenten und Zubereitungen innerhalb eines Gerichts, eines Menüs oder während eines Tages führen zur Eintönigkeit. Sie stehen außerdem der Forderung nach einer abwechslungsreichen Gestaltung der Kost entgegen.
- Farblich abwechlungsreiche Gestaltung
  Innerhalb eines Menüs oder Gerichts sind Langeweile und fehlende Attraktivität durch die zusätzliche Anordnung von 3 bis 4 grünen oder roten Komponenten vermeidbar. Auch ein Menü, bestehend aus heller Suppe, hellem Fleisch, hellen Beilagen und hellem Dessert, hat keine besonders appetitanregende Wirkung. Gerade im Bereich der Diätetik, wo häufig appetitlose Patienten zu versorgen sind, ist auf eine harmonische Farbgestaltung zu achten.
- Harmonie der Speisenkombination
  Die Harmonie zwischen den einzelnen Speisenkomponenten muß gewährleistet sein. Die Zusammenstellungen unterliegen zwar oft regionalen Besonderheiten, allzu abenteuerliche Kombinationen sollten jedoch vermieden werden. Die Toleranz gegenüber solchen „besonderen" Kombinationen ist beim Großteil der Bevölkerung erfahrungsgemäß gering.

11.1.3 Prinzipien der Qualitätssicherung in der Gemeinschaftsverpflegung

Die Auswahl der einzusetzenden Lebensmittel erfordert bei der Gemeinschaftsverpflegung (GV) und insbesondere bei der Verpflegung von Kranken sowie von Kindern und Senioren besondere Sorgfalt, um eine gesundheitlich unbedenkliche und qualitativ hochwertige Verpflegung zu garantieren.

Es bietet sich deswegen die Orientierung an einem Qualitätsmanagementsystem (QM-System) an. Unter Qualitätsmanagement (QM) ist die Durchführung und Dokumentation aller qualitätsrelevanten Prozesse zur Erzielung eines reproduzierbaren Ergebnisses zu verstehen.

Die Durchführung der qualitätsrelevanten Prozesse beinhaltet alle Schritte, die mit der Auswahl, Beschaffung, Lagerung und Verarbeitung der eingesetzten Lebensmittel in Zusammenhang stehen, sowie die Einhaltung von ordnungsgemäß berechneten Rezepturen. Die Dokumentation dieser Prozesse ermöglicht eine ständige Kontrolle, dient als Beleg für das sachgerechte Arbeiten und erlaubt bei trotzdem auftretenden Fehlern eine rasche Suche und die umgehende Elimination von Irrtümern. Das QM-System kann sinnvoll mit einem HACCP-Kontroll- und -Maßnahmenplan im Rahmen der Durchsetzung der Lebensmittelhygiene-Verordnung gekoppelt werden. Mit Hilfe eines QM-Systems, das den Bedürfnissen und Besonderheiten des eigenen Unternehmens angepaßt ist, können auch betriebswirtschaftlich relevante Prozesse bei der Bereitstellung von Lebensmitteln koordiniert und überprüft werden.

Grundlagen für ein Qualitätsmanagementsystem (QM-System)

Bei der Erstellung eines QM-Systems sind folgende Materialien zu benutzen bzw. zu berücksichtigen:

- die D-A-CH-Referenzwerte für die Nährstoffzufuhr,
- die Empfehlungen der DGEM zur Gestaltung von Diäten,
- die Diät-Verordnung,
- die Zusatzstoff-Verordnung,
- die Lebensmittelkennzeichnungs-Verordnung,
- Menü- und Speisepläne für die Gemeinschaftsverpflegung (Rezeptdatenbanken),
- die eigene Rezeptkartei/-datei,
- die DIN-Norm EN ISO 9001, in der die Anforderungen an die Gemeinschaftsverpflegung formuliert sind.

Rezeptdatenbanken

Käuflich erworbene Menü- und Speisepläne (z. B. Rezeptdatenbank der DGE für die GV) sind wertvolle Hilfen bei der Aufstellung des eigenen Kostplans. Sie sind von ausgewiesenen Gremien erarbeitet, infolgedessen erübrigt sich eine nochmalige Kontrolle. Somit garantieren sie neben der Zeitersparnis große Sicherheit. Die eingesparte Zeit kann für die exakte Überprüfung von eigenen Rezepturen genutzt werden, die im Interesse einer größeren Abwechslung im Kostplan und zum Erfüllen individueller Wünsche ergänzend eingesetzt werden.

QM-System nach DIN-Norm EN ISO 9001

Die DIN-Norm für die Qualitätssicherung auf dem Gebiet der Ernährung umfaßt insgesamt 20 Elemente, 7 davon sind speziell für die Gemeinschaftsverpflegung von besonderer Bedeutung:

- Vertragsprüfung,
- Designlenkung,
- Lenkung der Dokumente und Daten,
- Beschaffung,
- Prüfung der gelieferten Waren,
- Prüfmittelüberwachung,
- Lenkung von Qualitätsaufzeichnungen.

Durch das QM-System ist es möglich, die verschiedenen Schritte der Produktion vom Einkauf der Waren bis zur Abgabe der Speisen lückenlos nachzuvollziehen. Kritische Prozesse können dabei erfaßt und einer besonderen Kontrolle unterzogen werden. Dadurch wird eine exakte Kontrolle der internen und externen Qualität ermöglicht.

Vertragsprüfung: Bei der Vertragsprüfung ist ein Angebot vor Vertragsabschluß dahingehend zu überprüfen, ob die angebotene Ware alle Forderungen erfüllt, die an sie gestellt werden müssen, wie Nährstoffzusammensetzung, Einhaltung der Vorschriften der Diät-Verordnung, Fehlen oder Beimischung von Zusätzen, Haltbarkeit, Konservierungsart u. a. Sie schützt vor der Belieferung mit Waren, die für den vorgesehenen Einsatz nicht geeignet sind.

Designlenkung: Unter Designlenkung ist die frühzeitige Verknüpfung aller Anforderungen zu verstehen, die erfüllt werden müssen. Das setzt voraus, daß in dieser frühen Phase alle Qualitätsanforderungen bekannt sind (Kostformen, Energieinhalt u. a.). Diese Forderung ist durch die Verknüpfung der EDV-gesteuerten Nährwertberechnung und Rezeptdateien mit den entsprechenden Empfehlungen und Verordnungen leicht realisierbar. Die Nährwertdatenbank liefert die Informationen zum Energie- und Nährstoffgehalt der Komponenten, durch eine modifizierte Such- und Sortierfunktion lassen sich geeignete Produkte leicht identifizieren. Für die Rezeptentwicklung stehen so stets aktuelle Daten zur Anpassung an eine bestimmte Diät oder die Aktualisierung im Rahmen der menütechnischen Gestaltung zur Verfügung. Eine gezielte Dokumentation bei der Entwicklung von Menü- und Speiseplänen sowie Rezepturen kann helfen, Fehler zu vermeiden.

Lenkung der Dokumente und Daten: Die unter dieser Zielstellung zusammengefaßten Verfahrensanweisungen sollen sicherstellen, daß alle erforderlichen Daten rechtzeitig und in geordneter Form zur Verfügung stehen. In der erstellten Datenbank sind Artikel, Nährwerte und Rezepte permanent gespeichert und jederzeit verfügbar.

Beschaffung: Der Einkauf der geeigneten Lebensmittel (und anderer Artikel) ist eine entscheidende Position. Eine exakte Erfassung und Klassifizierung der Liefermöglichkeiten erleichtert die Auswahl der geeigneten Lieferanten und sichert so gleichzeitig die Qualität der gekauften Waren sowie damit auch die Qualität der produzierten Speisen.

Für eine Erleichterung der Nährwertberechnung ist es wünschenswert, daß die Produktdaten in die Datendank aufgenommen werden. Die Fähigkeit des Herstellers, diese Daten zur Verfügung zu stellen, kann auch ein wichtiges zusätzliches Kriterium bei der Lieferantenauswahl sein.

Prüfung der gelieferten Waren: Das Produkthaftungsgesetz erfordert diesen Punkt der Qualitätssicherung generell, auch wenn ein QM-System nicht benutzt wird.

Die Prüfpflicht betrifft nicht nur die Kontrolle der Rezepte und Menüs, sondern auch die Einsetzbarkeit der verschiedenen Produkte: Ausschluß eines möglichen Verderbs oder einer Verunreinigung, Einsatzmöglichkeit bei bestimmten Kostformen oder Diäten u. a.

Es wird an dieser Stelle nochmals darauf hingewiesen, daß es Pflicht ist, die Prüfergebnisse zu dokumentieren.

Prüfmittelüberwachung: Die Prüfmittelüberwachung betrifft zunächst die Prüf- und Meßmethoden. Es ist zu kontrollieren, ob das vorgesehene Prüfverfahren überhaupt geeignet ist (z. B. spezielle Thermometer zur Kontrolle der Temperatur angelieferter Waren), und weiterhin, ob das geeignete Gerät während des Einsatzes korrekte Meßergebnisse liefert.

Es sind zudem geeignete Dokumentationsverfahren festzulegen, die eine leichte und möglichst kontinuierliche Überwachung ermöglichen. Hierzu eignet sich besonders eine zentrale Datenbank.

Lenkung von Qualitätsaufzeichnungen

Unter der Lenkung von Qualitätsaufzeichnungen wird der rasche Zugriff auf die Daten für Zugangsberechtigte verstanden. Das bedeutet, daß die Daten zu Nährwerten, Rezepten und Kostplänen jederzeit genutzt werden können (Urlaubsvertretungen). Das betrifft aber auch den Zugriff auf Überwachungsdaten (Nachweis der korrekten Arbeit gegenüber Kontrollorganen).

11.2 Ausgewählte küchentechnische Gesichtspunkte

Für die Zubereitung von Speisen und Gerichten, die bestimmten diätetischen Anforderungen entsprechen müssen, sind zunächst grundsätzlich keine besonderen Küchentechniken und Garverfahren erforderlich. In den meisten Fällen gelten die Prinzipien, die auch für die Zubereitung einer gesunden Kost berücksichtigt werden sollten. Die Besonderheiten bestehen in der Regel vorrangig bei der Auswahl der jeweils geeigneten Lebensmittel und deren Menge sowie in der bevorzugten bzw. alleinigen Verwendung von schonenden Garverfahren.

Da jedoch Speisen, die besonderen Diätanforderungen entsprechen müssen, in der Regel von kranken Menschen verzehrt werden, bei denen die Leistungsfähigkeit der Verdauungsorgane (und anderer Organe) eingeschränkt sein kann und die oft auch eine verminderte Widerstandsfähigkeit gegenüber Krankheitserregern oder eine erhöhte Empfindlichkeit gegenüber Spuren von Lebensmittelzusatzstoffen aufweisen können, ist bei der Herstellung von solchen Speisen auf Sauberkeit und auf die

Qualität der eingesetzten Lebensmittel besonders zu achten. Diese Anforderungen lassen sich in den folgenden Punkten zusammenfassen:

- besonders sorgfältige Beachtung aller lebensmittelhygienischen Bestimmungen und der Prinzipien des Qualitätsmanagements bei der Lagerung und Verarbeitung der Lebensmittel,
- Einsatz von besonders frischen Rohstoffen (Gemüse, Salate, Obst, Fleisch, Milch und Milcherzeugnisse),
  (Die Verwendung von Produkten des ökologischen Landbaus ist anzuraten, aber nicht zwingend erforderlich, wenn die entsprechenden konventionell erzeugten Produkte von einwandfreier Qualität sind. Der relativ hohe Preis von Produkten des ökologischen Landbaus steht ihrem generellen Einsatz oft aus rein wirtschaftlichen Gründen entgegen.)
- bevorzugter Einsatz von schonenden Garverfahren, bei denen ein weitgehender Erhalt der Vitamine und anderen essentiellen Nahrungsfaktoren gewährleistet ist und bei denen die Verluste an Mineralstoffen möglichst gering gehalten werden können,
- Einsatz von fettarmen Garmethoden, insbesondere ein Verzicht auf tierische Bratfette,
- Zubereitung von ausgewogenen Menüs oder Gerichten, bei denen sich die einzelnen Komponenten wechselseitig ergänzen (Ausnutzung des Ergänzungswerts von Eiweißen unterschiedlicher biologischer Wertigkeit [tierisches/pflanzliches Eiweiß], Sicherung der Resorption fettlöslicher Vitamine und Carotin [dosierte Fettzugabe] u. a.),
- exaktes Einhalten der Mengenangaben aller Nahrungsbestandteile bei der Zubereitung der Speisen und exaktes Einhalten der vorgegebenen Mengen bei der Ausgabe der Speisen.

Bei einigen diätetischen Kostformen (z. B. leichte Vollkost, Reduktionskost, nährstoffdefinierte Diäten) bedürfen einige dieser Prinzipien einer besonders gewissenhaften Beachtung. Auf der anderen Seite sind, insbesondere bei energiereichen Diäten (Magersucht, Rekonvaleszenz), auch fettreichere Garmethoden möglich und teilweise erforderlich, damit eine ausreichende Energiezufuhr gesichert werden kann.

11.2.1 Klassische Garverfahren

Nicht alle Nahrungsmittel sind dafür geeignet, in rohem Zustand verzehrt zu werden. Das betrifft insbesondere Lebensmittel, deren Inhaltsstoffe erst durch Wärmeeinwirkung aufgeschlossen werden müssen, um von den Verdauungsenzymen gespalten werden zu können. Das gilt beispielsweise für Stärke, die erst bei höheren Temperaturen quellen und verkleistern muß, oder bestimmte pflanzliche Lebensmittel, deren kompakte Zellen erst durch den Kochvorgang aufgesprengt werden müssen, damit die Inhaltsstoffe im ausreichendem Maße verfügbar werden. In anderen Fällen müssen schädliche Begleitstoffe durch Erhitzen inaktiviert werden, wie die Lectine von grünen Bohnen oder Trypsininhibitoren, die ebenfalls in grünen Bohnen und anderen Hülsenfrüchten vorkommen. Lediglich Obst, Salat und mit Einschränkung Gemüse kann nach gründlichem Waschen ohne weitere Zubereitung roh verzehrt werden.

Bei den einzelnen Zubereitungsarten sind in Abhängigkeit von den Garverfahren unterschiedliche Veränderungen in der Konzentration und in der chemischen Zusammensetzung der Nahrungsmittelinhaltsstoffe zu erwarten, die beträchtlichen Einfluß auf den ernährungsphysiologischen Wert und auf die Verträglichkeit der Speisen haben können. Deswegen ist die Auswahl geeigneter Garverfahren bei der Krankenkost und bei speziellen Diäten von besonderer Bedeutung.

11.2.1.1 Rohkost (Frischkost)

Bei der Bereitung von Rohkost erfolgt keine Hitzeeinwirkung, die landläufig als Garen verstanden wird. Aber auch beim Zubereiten von Rohkost können an den Lebensmitteln in geringem Umfang Veränderungen erfolgen, wenn man vom Verzehr von rohem Obst absieht. Bei der Vollwerternährung nach Leitzmann wird an Stelle der Bezeichnung Rohkost der Begriff Frischkost gebraucht (siehe Kap. 9.1).

Als Rohkost werden vorrangig Salat und Gemüse in Form von Rohkostsalaten sowie Obst in Form von Obstsalaten zubereitet. Auch Hackfleisch als Tatar oder Hackepeter, bei der Vollkost gegessen, und roh verzehrter Fisch können als Rohkost bezeichnet werden.

Eine Rohkost hat unter ernährungsphysiologischen Gesichtspunkten folgende Vorteile:

- die Verluste an temperaturempfindlichen Vitaminen sind gering,
- die positive Wirkung von Ballaststoffen kann in der Rohkost ausgeprägter sein als von Ballaststoffen, die einer Wärmebehandlung unterzogen wurden (höhere Bindungskapazität der nicht erhitzten Ballaststoff-Fasern für Schadstoffe),
- das Sättigungsgefühl ist höher (ist bei einer Reduktionskost von Vorteil),
- der Geschmackswert wird in vielen Fällen höher eingeschätzt bzw. werden andere Geschmacksrichtungen erzielt als bei gegarten Speisen (Vielfalt und Abwechslungsreichtum der Nahrung).

Folgende Nachteile bzw. Gefahren können sich beim Verzehr von Rohkost ergeben:

- Nährstoffe können schwerer resorbierbar sein und somit nicht vollständig ausgenutzt werden. Das gilt vorrangig für Vitamine in Rohkostsalaten (unaufgeschlossene Pflanzenzellen, schwer durchlässige Zellwände). Bei Vollkornprodukten kann es zu einer Resorptionsbehinderung von Kalzium und Eisen durch Phytinsäure kommen. Auch eine schlechtere Ausnutzung der Nahrung ist möglich, wenn ein sehr hoher Ballaststoffverzehr zu einer sehr raschen Darmpassage und zu Störungen in der Magen-Darm-Funktion führt.

- Die Gefahr einer Lebensmittelvergiftung ist größer infolge einer Kontamination der Speisen durch Mikroorganismen, insbesondere bei längerem Stehen der zubereiteten Speisen bei Zimmertemperatur. Eine Abtötung dieser Keime findet wegen der fehlenden Hitzebehandlung nicht statt. Vor allem können Keimlinge und Sprossen in recht beträchtlichem Maß mit Mikroorganismen kontaminiert sein, falls sie nicht frisch und unter sorgfältiger Kontrolle (Eigenanbau) gewachsen sind. Ein Einsatz in nicht erhitztem Zustand verbietet sich zunächst wegen der gebildeten Lectine. Die Gefahr einer Lebensmittelinfektion ist insbesondere beim rohen Verzehr von Mungo- und Linsensprossen vorhanden, die wegen des Fehlens von Lectinen zunächst nicht erhitzt werden müssen.
  Es besteht auch die allerdings geringe Gefahr, daß antibiotikaresistente Keime übertragen werden und so im Fall einer bakteriellen Infektion eine Behandlung mit Antibiotika erschweren. Diese Gefahr sollte insbesondere in Kliniken beachtet werden. Sie besteht nicht nur beim Verzehr von rohen tierischen Lebensmitteln, sondern auch bei pflanzlicher Rohkost.
- Die Gefahr des Auftretens von Nahrungsmittelallergien ist bei dem überwiegenden Verzehr von Rohkost (Vegetarier) bedeutend größer. Auch unspezifische Nahrungsmittelunverträglichkeiten sind häufiger zu beobachten. Bei einem regelmäßigen Konsum von Rohkost im Rahmen einer abwechslungsreichen Mischkost (vollwertige Ernährung) treten dagegen Nahrungsmittelallergien und unspezifische Nahrungsmittelunverträglichkeiten nicht in erhöhtem Maße auf.
- Bei Erkrankungen des Magen-Darm-Trakts können durch größere Mengen an Rohkost massive Unverträglichkeitsreaktionen ausgelöst werden, wodurch das Grundleiden verschlimmert werden kann.

Ein genereller Einsatz von Rohkost als Bestandteil der Diätverpflegung verbietet sich nur in wenigen Fällen von Erkrankungen des Gastrointestinaltrakts wie bei einer ausgeprägten unspezifischen Nahrungsmittelunverträglichkeit und bei schweren Fällen von Nahrungsmittelallergien. Bei unkomplizierten Nahrungsmittelunverträglichkeiten sowie bei einfachen Nahrungsmittelallergien müssen zwar die verursachenden Nahrungsmittel gemieden werden, ein genereller Verzicht auf Rohkostbeilagen ist jedoch nicht angezeigt.

Die aus lebensmittelhygienischer und aus ernährungsphysiologischer Sicht geforderten allgemeingültigen Anforderungen sind bei der Diätverpflegung besonders sorgsam zu beachten:

- Die Zubereitung der Rohkost sollte erst kurze Zeit vor dem Verzehr erfolgen, die Rohstoffe sollten so frisch wie möglich sein und, falls erforderlich, nur kurzzeitig und gekühlt aufbewahrt werden.

  Bei diesen Vorsichtsmaßnahmen wird die Vermehrung von schädlichen Mikroorganismen gebremst, ebenso der Abbau von Inhaltsstoffen durch zelleigene Enzyme, die bei der Zerkleinerung der pflanzlichen Lebensmittel aktiviert werden. Solche Veränderungen setzen den Nähr- und den Genußwert der betreffenden Rohkost herab.

  Unzureichend gekühlt aufbewahrte Rohkostsalate weisen oft eine sehr hohe Keimzahl auf. Verluste von Vitamin C können beispielsweise durch die Oxidation des Vitamin C durch die aktivierte Ascorbatoxidase der Pflanzenzelle auftreten, und durch aktivierte Phenoloxidasen kann es zu einer enzymatischen Bräunung (z. B. bei Äpfeln) kommen, die das Aussehen und damit den Genußwert beeinträchtigt.
- Zum Minimieren von Verlusten an Vitamin C sollte Rohkostsalat wenn irgendwie möglich sofort nach dem Schneiden mit Säure bzw. dem sauren Dressing versetzt werden (Vitamin C ist säurestabil, die beim Zerkleinern des Salats bzw. des Gemüses infolge der Zellzerstörung aktivierte Ascorbatoxidase kann in saurem Milieu nicht wirken).
- Durch Säuern werden auch die Phenoloxidasen inaktiviert, die für die enzymatische Bräunungsreaktion verantwortlich sind. Dadurch bleiben die natürliche Farbe und das appetitliche Aussehen, insbesondere bei Obstsalaten, erhalten. Blattsalat, der nach dem Putzen und Waschen nicht umgehend angerichtet wird, sollte unzerkleinert und mit feuchten Tüchern abgedeckt kalt aufbewahrt werden. Ein längeres Aufbewahren ist zu vermeiden, die maximal zulässigen Zeiten und die Bedingungen für das Vorhalten vorgefertigter Speisen sind in der Lebensmittelhygiene-Verordnung festgelegt (siehe Kap. 12.4.4.4). Es ist anzustreben, diese möglichen Aufbewahrungszeiten nicht auszunutzen.
- Bei einer Säuerung von Rohkostsalaten unter Verwendung von Zitronensaft oder Orangensaft wird durch das in diesen Säften enthaltene Vitamin C die Bioverfügbarkeit des pflanzlichen Eisens verbessert. Darüber hinaus kann Vitamin C die Bildung von cancerogenen Nitrosaminen aus Nitrit bzw. Nitrat von Gemüsen hemmen.
- Die Zugabe von Öl zum Salatdressing ermöglicht die Resorption des fettlöslichen β-Carotins und anderer Carotinoide, die den Mikronährstoffen zuzuordnen sind und als Radikalfänger wirken.
- Zur Sicherung der maximal möglichen Ausnutzung des Carotins von Karotten und Möhren sollten diese kurz erhitzt werden, damit die Pflanzenzellen partiell aufgeschlossen werden. Carotin kann aus nicht aufgeschlossenen Zellen von Wurzelgemüse kaum herausgelöst und folglich nicht resorbiert werden. Auf eine Wärmebehandlung kann jedoch dann verzichtet werden, wenn die Karotten bzw. Möhren mit

Hilfe von feinen Reiben oder Raffeln zerkleinert wurden. Hierbei wird ein Großteil der Zellwände rein mechanisch aufgeschlossen. Der Zusatz von geringen Mengen an Fett oder Öl ist für die Resorption des fettlöslichen β-Carotins und der anderen fettlöslichen Carotinoide dringend zu empfehlen.

- Grüne Bohnen sind vor der Salatzubereitung auf jeden Fall zu erhitzen, um das in ihnen enthaltene giftige Lectin (Phasin) zu inaktivieren. Das gleiche gilt für frisch gekeimte Sprossen (ausgenommen die Sprossen von Mungobohnen und Linsen, die keine Lectine enthalten).

11.2.1.2 Mechanische Garverfahren

Die rein mechanische Bearbeitung von Lebensmitteln vor dem Verzehr wird im allgemeinen auch nicht als ein Garverfahren eingestuft. Die dabei erzielte Zerkleinerung wird mit dem Zerkleinern der Lebensmittel beim Kauvorgang verglichen und teilweise gleichgesetzt. Es ist jedoch zu beachten, daß zwischen beiden Prozeduren Unterschiede bestehen, die sowohl die Zeitdauer als auch das Ausmaß der Zerkleinerung betreffen und die Zeit, die zwischen Zubereitung und Verzehr verstreicht.

Mechanische Verfahren eignen sich nur für die Bearbeitung von wenigen Lebensmitteln, sie haben im jeweiligen konkreten Fall Vorteile, aber auch Nachteile.

Klassische mechanische Verfahren sind:

- Stampfen von Krautsalaten
  Die Zellwände der verschiedenen Krautsorten sind äußerst rigid und reich an Ballaststoffen, so daß sie durch die Verdauungsenzyme nicht aufgeschlossen werden. Deshalb können auch beträchtliche Anteile der eigentlich verwertbaren Zellinhaltsstoffe nicht verdaut und resorbiert werden. Die bei dem in den tieferen Darmabschnitten erfolgenden Aufschluß der Zellwände durch die Darmbakterien freigelegten Zellinhaltsstoffe dienen lediglich für die Darmbakterien als Nährstoff. Beim Stampfen werden die Zellwände des Krauts aufgerissen. Dadurch können auch unterschiedlich große Anteile der Zellinhaltsstoffe von den Verdauungssäften aufgeschlossen und resorbiert werden. Leicht oxidierbare Substanzen wie Vitamin C gehen allerdings beim Stampfen und längerem Stehen rasch verloren. Der Vorteil des Stampfens besteht im wesentlichen nur darin, daß der Salat wegen der Auflockerung seines Gefüges besser verträglich wird. Außerdem können die Ballaststoffe von den Darmbakterien besser angegriffen werden.
  Durch das Stampfen wird die Oberfläche wesentlich vergrößert, und es besteht die Gefahr, daß es wesentlich rascher zu einem Verderb durch das schnellere Wachstum von Mikroorganismen kommt. Die bei

dem Stampfen aktivierten zelleigenen Enzyme begünstigen dagegen den Aufschluß. Durch Stampfen gelockertes Kraut sollte deswegen umgehend verzehrt werden.

- Feines Schaben und Kuttern sowie Wolfen von Fleisch

  Das feine Schaben ist die klassische Zubereitung von Schabefleisch. Bei sachgemäßer Ausführung werden die Muskelzellen des Fleischs recht gut aufgeschlossen, Bindegewebsfasern freigelegt und die Verdauung des rohen Fleischs durch die Verdauungssäfte beträchtlich erleichtert (das Eiweiß ist nicht oder nur wenig denaturiert). Voraussetzung hierfür ist die Verwendung von dazu geeignetem Fleisch, das arm an Bindegewebe und exakt gereift ist („auf den Punkt" abgehangen). Der Nachteil des Schabens besteht darin, daß durch die entstandene große Oberfläche und die freie Verfügbarkeit der Inhaltsstoffe der Muskelzellen für pathogene Mikroorganismen ein exzellenter Nährboden geschaffen wird, die sich daher explosionsartig vermehren können.

  Weniger intensive Zerkleinerungsmethoden wie das Wolfen von Fleisch bringen im Vergleich zum Schaben kaum Vorteile. Die Muskelzellen werden bei diesem Verfahren nur teilweise aufgeschlossen, so daß die Verdaulichkeit nur in geringerem Maße verbessert wird. Für Personen, die nicht unter Verdauungsstörungen leiden, ist das allerdings ohne Bedeutung. Sie verdauen auch Hackepeter rasch und vollständig. Die Gefahr des Verderbs besteht jedoch im gleichen Maße wie beim Schabefleisch.

  Eine intensive mechanische Zerkleinerung durch Wolfen oder Kuttern erfordert eine ausreichende Kühlung, da es andernfalls zu einer partiellen Denaturierung von Eiweißen kommt. Das zerkleinerte Fleisch wird dann unansehnlich und schmierig. Das gleichzeitig entstehende matschige Mundgefühl verschlechtert den Genußwert in erheblichem Maße.

11.2.1.3 Chemische Garverfahren

Chemische Verfahren bewirken ebenfalls spezifische Strukturveränderungen im Lebensmittel, wodurch seine Verdaubarkeit verbessert wird. Es kommt dabei vorrangig zu einer Denaturierung von Eiweiß. Von entscheidendem Vorteil ist, daß dabei gleichzeitig ein Konservierungseffekt erzielt wird (siehe Kap. 6.5.4).

Säuregarung

Eine Säuregarung wird in erster Linie für der Herstellung von Fischmarinaden genutzt. Das nach ausreichend langem Marinieren weitgehend säuredenaturierte Eiweiß ist dabei fast ebenso leicht verdaulich wie das Eiweiß von gedünstetem oder gekochtem magerem Seefisch. Der Nachteil der sauren Fischmarinaden besteht darin, daß sie von Patienten mit Verdauungsstörungen oft nicht vertragen werden und daß sie aus geschmacklichen Gründen meist eine größere Zugabe von Speisesalz erforderlich machen. Sie eignen sich dann nicht für eine kochsalzarme Kost.

Alkaligarung

Die Alkaligarung wird sehr wenig angewendet. Die sog. faulen chinesischen Eier werden durch Einlegen in ein kalziumhydroxidhaltiges Bad alkaligegart. Diese Eier sind auf Grund des kompakten Gerinnens der Eiweiße des Eiklars ebenso schwer verdaubar wie hartgekochte Eier.

Räuchern

Das Räuchern ist, ausgenommen das Kalträuchern, mit einer Wärmeeinwirkung kombiniert. Der teilweise auch beim Kalträuchern sowie beim Warmräuchern stattfindende Garprozeß beruht zwar auch auf einer geringfügigen Lockerung des Zellgefüges, ist aber im wesentlichen auf eine Denaturierung der Eiweiße durch die Inhaltsstoffe des Rauchs (Phenole, Kresole) zurückzuführen. Diese Denaturierung erfolgt bei den verschiedenen Räucherwaren in recht unterschiedlichem Umfang und hängt von der Räucherdauer und insbesondere von der Eindringtiefe des Rauchs und somit von der Struktur des Räucherguts ab.

Räucherwaren sind in der Regel nicht besonders gut verträglich. Sie führen häufig zu unspezifischen Unverträglichkeitsreaktionen. Für diese können einmal die Inhaltsstoffe des Rauchs und zum anderen Veränderungen an den Fetten des Räucherguts verantwortlich sein, obwohl den Rauchbestandteilen eine gewisse Schutzfunktion vor einer Fettsäureoxidation zugeschrieben werden kann. Der bei längerem Räuchern auftretende Wasserverlust führt oft zu einer festeren Konsistenz des Lebensmittels (z. B. gut abgehangener Räucherschinken), wodurch die Angreifbarkeit durch Verdauungssäfte erschwert wird. Dadurch wird der Vorteil des erreichten partiellen Garprozesses wieder aufgehoben.

Biochemische Garverfahren

Biochemische Garverfahren beruhen auf dem Aufschluß von Lebensmitteln oder auf der Veränderung von Lebensmittelinhaltsstoffen durch Enzyme. Die Enzyme können aus biologischem Material isoliert werden wie aus Mikroorganismen oder aus tierischen Organen (z. B. Labenzym aus dem Kälbermagen). Sie werden in Zukunft in größerem Maße auch durch gentechnische Verfahren hergestellt werden wie das Chymosin, das mit dem aus Kälbermagen isolierten Labenzym absolut identisch ist. Vorrangig werden aus Mikroorganismen isolierte Enzyme eingesetzt. Biochemische Garverfahren sind vorzugsweise der Lebensmittelindustrie vorbehalten.

Die bei der natürlichen im Lebensmittel selbst stattfindende Milchsäuregärung ist ebenfalls ein biochemisches Garverfahren. Bei dem Sauerlegen von Milch zur Herstellung von Sauermilcherzeugnissen trägt die partielle Denaturierung des Caseins (Ausflocken) zu einer Verbesserung der Verdaubarkeit bei. Bei der natürlichen Säuerung zur Herstellung von Sauergemüsen (Sauerkraut) werden Zellstrukturen gelockert und damit die Angreifbarkeit der Zellinhaltsstoffe durch die Verdauungssäfte verbessert.

11.2.1.4 Garverfahren durch Wärmeeinwirkung

Thermische Garverfahren sind die wichtigsten Garverfahren. Sie verbessern nicht nur die Verdaubarkeit des Lebensmittels, sondern sie sind in vielen Fällen unbedingt erforderlich, um ein Lebensmittel überhaupt verzehrfähig zu machen.

Die auf das zu garende Lebensmittel einwirkenden Gartemperaturen können sich im Bereich von etwa 60 bis 350 °C bewegen, in der Regel jedoch im Bereich von 80 bis 240 °C.

Durch eine Wärmebehandlung können an den verschiedenen Lebensmitteln folgende erwünschte Veränderungen stattfinden:

- Aufschluß von Zellwänden bzw. Zellmembranen (pflanzliche bzw. tierische Zellen)
  Der Aufschluß der Zellen erfolgt zum größten Teil durch den Druck des im Zellinneren gebildeten Wasserdampfs, der zum regelrechten Platzen der Zellen führt. Dieses Platzen der Zellen ist insbesondere für den Aufschluß von starren Pflanzenzellen von Bedeutung, deren Zellwände von den Verdauungssäften nicht oder nur schwer aufgeschlossen werden können. Bei einer Reihe von pflanzlichen Lebensmitteln werden erst dadurch die in den Zellen eingeschlossenen Nährstoffe für die Verdauungssäfte erreichbar.
- Quellen und Verkleistern der Stärke durch Wasseraufnahme
  Stärke kann durch die α-Amylase der Verdauungssäfte (und durch entsprechende Enzyme der Darmbakterien) ohne die Aufnahme von Wasser, die der wichtigste Effekt des Quellens und Verkleisterns ist, nicht aufgespalten werden. Dieses Quellen der Stärkekörner erfolgt erst bei höheren Temperaturen.
- Quellen des kollagenen Bindegewebes im Fleisch unter Wasseraufnahme und Extraktion von Kollagen
  Durch das Quellen des Bindegewebes wird seine Struktur wesentlich gelockert (Sprengen von Quervernetzungen, partielles Auftrennen der Tripelhelix, Veränderung des Löslichkeitsverhaltens des Kollagens und damit seine partielle Extraktion als wasserlösliche Gelatine). Die Lockerung des Kollagengefüges hat auch eine Lockerung der Struktur

des Fleischs zur Folge, wodurch die Spaltung des Fleischeiweißes durch die Verdauungssäfte wesentlich erleichtert wird.

- Hitzedenaturierung von Eiweiß

  Denaturiertes Eiweiß erleichtert den Angriff der Proteasen der Verdauungssäfte (bessere Verdaubarkeit des Eiweißes).

- Bildung von Bräunungsprodukten, Röst- und Aromastoffen

  Bei der temperaturabhängigen Reaktion zwischen Kohlenhydraten und Eiweißen bzw. Aminosäuren werden Bräunungsprodukte gebildet (nichtenzymatische Bräunung, Maillard-Reaktion). Ein Teil dieser Produkte der nichtenzymatischen Bräunung sind Aromastoffe. Aroma- und Röststoffe entstehen auch bei der thermischen Umwandlung anderer Lebensmittelinhaltsstoffe, insbesondere von aromatischen Aminosäuren, ohne daß es zu einer Reaktion mit Kohlenhydraten kommt.

- Extraktion von Extraktivstoffen

  Aromastoffe und andere niedermolekulare Substanzen (sog. Extraktivstoffe) werden beim Erhitzen der Lebensmittel, insbesondere von Fleisch und Fisch, in Gegenwart von Wasser aus diesen herausgelöst (bei der Bereitung von Suppen und Brühen). Extraktivstoffe können bereits im Lebensmittel vorkommen (präformierte Extraktivstoffe wie beispielsweise Glutaminsäure, biogene Amine [vorrangig Histamin], Guanyl- und Inosylsäure u. a.), sie können aber auch erst im Lebensmittel durch ein vorhergegangenes Erhitzen auf höhere Temperaturen gebildet worden sein (Anbraten von Fleisch, Anrösten von Knochen, Parüren und Gemüse zur Herstellung eines Fonds).

- Abtöten von Bakterien, Hefen und Pilzen

  Pathogene Mikroorganismen und potentielle Fäulniserreger werden in Abhängigkeit von ihrer Hitzelabilität und der Höhe der Gartemperatur unterschiedlich schnell und oberhalb bestimmter Temperaturen (meist oberhalb 70 bis 90 °C) sicher abgetötet. Dadurch können die mikrobielle Unbedenklichkeit von Lebensmitteln weitgehend gesichert und Lebensmittelvergiftungen verhindert werden. Bakteriensporen werden allerdings erst bei Temperaturen oberhalb von 120 °C abgetötet. Das infektiöse Agens von BSE kann erst oberhalb von 133 °C inaktiviert werden.

- Zerstörung zahlreicher hitzelabiler bakterieller Toxine

  Eine Reihe von Bakterientoxinen, insbesondere die Botulismustoxine, sind relativ temperaturempfindlich und werden bei Temperaturen von 100 °C sicher abgetötet. Staphylokokken- und Streptokokkentoxine sind wie Mykotoxine gegenüber Temperaturen von 100 °C relativ resistent, Staphylokokken- und Streptokokkentoxine werden bei Temperaturen von 100 °C erst nach 90 Minuten zerstört.

- Zerstörung von hitzeempfindlichen Schadstoffen pflanzlicher Lebensmittel

Toxische Lectine wie das Phasin der grünen Bohnen und Proteaseinhibitoren, vorzugsweise Trypsininhibitoren, werden durch eine kurzzeitige Hitzeeinwirkung sicher zerstört.

Durch Hitzeeinwirkung können an einzelnen Lebensmitteln auch unerwünschte und nachteilige Veränderungen auftreten. Solche Veränderungen erfolgen vor allem bei einer unsachgemäßen Anwendung von thermischen Garverfahren wie beispielsweise beim zu langen Garen oder beim Garen bei zu hohen Temperaturen:

- Zerstörung von hitzelabilen Vitaminen (insbesondere Vitamin B_1 und Vitamin C)
- Auslaugen von Mineralstoffen und wasserlöslichen Vitaminen und Verlust von Mineralstoffen
  Das Auslaugen von wasserlöslichen Nährstoffen wird durch eine Temperaturerhöhung begünstigt und beschleunigt. Die in die Garflüssigkeit übergetretenen Nahrungsfaktoren gehen bei deren Verwerfen verloren. Es ist allerdings zu berücksichtigen, daß wasserlösliche Vitamine, die in die Garflüssigkeit übergetreten sind, in dieser noch während des andauernden Garprozesses meist sehr rasch auf Grund einer Oxidation durch Luftsauerstoff zerstört werden. Durch das Verwenden der Kochflüssigkeit können deshalb lediglich Mineralstoffverluste sicher vermieden werden.
- Auslaugen von Aromastoffen
  Der Verlust von Aromastoffen kann zum Auftreten eines faden Geschmacks der Lebensmittel führen.
- Verlust der Konsistenz von festen Lebensmitteln
  Der Verlust des „Bisses" führt bei einigen Lebensmitteln zu einem veränderten Mundgefühl und damit zu einer Verminderung des Genußwerts.
- Thermische Veränderungen an bestimmten Lebensmittelinhaltsstoffen
  Insbesondere beim Braten und Grillen können durch das Einwirken von höheren Temperaturen in Gegenwart von Luftsauerstoff Substanzen gebildet werden, die wegen ihrer nachteiligen Eigenschaften unerwünscht sind (z. B. potentiell cancerogene Substanzen [aus aromatischen Aminosäuren], toxische Oxidationsprodukte [aus Fettsäuren bzw. Glycerin der Fette], Fehlaromen [nichtenzymatische Bräunung]). Gleichzeitig kann es dadurch zur Zerstörung von essentiellen Nahrungsfaktoren kommen.
  Eine Erniedrigung des Gehalts an den essentiellen Aminosäuren Lysin und, in geringerem Maße, Threonin auf Grund ihrer Einbindung in nichtenzymatische Bräunungsreaktionen tritt in bemerkbarem Umfang nur beim Brotbacken (braune Brotrinde) und bei der Herstellung von Kondensmilch auf. Sie spielt bei einer vollwertigen Ernährung keine Rolle, da die Lysinversorgung ausreichend durch andere Lebensmittel gesichert

wird, auch unter Berücksichtigung der Tatsache, daß bereits die Getreideeiweiße arm an Lysin sind. Getreideerzeugnisse und Brot nehmen jedoch in der Bundesrepublik nicht mehr eine Schlüsselstellung bei der Eiweißversorgung ein. Eine mitunter diskutierte Anreicherung von Mehl mit Lysin ist keinesfalls erforderlich.

- Veränderungen des Aussehens (Bildung von Fehlfarben)
  Farbliche Veränderungen von Lebensmitteln und Speisen können insbesondere beim Einsatz von ungeeigneten Garverfahren auftreten und zu einem unappetitlichen Aussehen des gegarten Lebensmittels führen. Optisch ansprechende Speisen und Gerichte sind für die Ernährung von Kranken von besonderer Bedeutung.

Diese möglichen negativen Gesichtspunkte bei Garprozessen sind hauptsächlich bei der Zubereitung von Diäten zu beachten. Es sind schonende Garverfahren zu bevorzugen, bei deren Einsatz die positiven Effekte einer Wärmebehandlung genutzt, gleichzeitig aber nachteilige Effekte so gering wie möglich gehalten werden („Garen so wenig wie möglich, aber so lange wie nötig").

Blanchieren

Blanchieren ist kein richtiges thermisches Garverfahren. Die für eine Hitzegarung typischen Veränderungen an den Inhaltsstoffen der Lebensmittel finden beim Blanchieren wegen der kurzen Dauer des Blanchierens noch nicht statt. Nur bei wenigen sehr zarten Rohstoffen, z. B. bei Spinat, kann durch das Blanchieren ein gewisser Gareffekt erzielt werden. An einigen Lebensmitteln können jedoch durch Blanchieren eine Reihe von Veränderungen erzielt werden, die auch aus ernährungsphysiologischer Sicht positiv einzuschätzen sind und bei der Zubereitung von Diätnahrung genutzt werden sollten.

Die wichtigsten dieser positiven Effekte sind

- mechanisches Entfernen (Abwaschen) von Verunreinigungen und Mikroorganismen von der Oberfläche der Lebensmittel
  Das Entfernen von Verunreinigungen ist bei der Verwendung von heißem Wasser in einigen Fällen effektiver als das gründliche Spülen unter fließendem kaltem Wasser, da damit auch leicht fettige oder mit Hilfe von Fett bzw. Wachs anhaftende Verunreinigungen besser entfernt werden können. Aus erklärlichen Gründen eignet sich dieses Verfahren aber nicht für empfindliche Lebensmittel wie beispielsweise für Blattsalate.
- Abspülen und begrenztes Abtöten einer Reihe von Mikroorganismen, die an der Oberfläche des Lebensmittels haften
  Die Zahl aller anhaftenden Keime kann durch Blanchieren beträchtlich reduziert werden. Allerdings können beim Blanchieren nur wenige, äußerst hitzeempfindliche Keime inaktiviert werden. Dieser Prozeß ist

jedoch von zweitrangiger Bedeutung und kann eigentlich vernachlässigt werden. Es muß ausdrücklich darauf hingewiesen werden, daß durch Blanchieren kein echter Konservierungseffekt erzielt wird, auch wenn dadurch die mikrobiologische Sicherheit von Lebensmitteln graduell verbessert werden kann.

- Inaktivierung von zellulären Enzymen pflanzlicher Lebensmittel
  Durch die Inaktivierung von solchen Enzymen, die den Abbau von Makromolekülen und die Oxidation von Inhaltsstoffen katalysieren, kann die Qualität einiger Lebensmittel wesentlich stabilisiert werden. Es können dadurch die Prozesse verzögert werden, die zum Welken, zum Abbau von Vitaminen und zum Verderb führen. Das betrifft auch die meist oxidative Veränderung von pflanzeneigenen Farbstoffen, wodurch die natürlichen Farben der Lebensmittel weitgehend erhalten bleiben und das Auftreten von Fehlfarben verhindert werden kann. Auch der Verlust von spezifischen Aromastoffen und das Auftreten von Fehlaromen kann dadurch verzögert werden.
- Entfernen von Bitterstoffen
  Das in der klassischen Küche übliche Entfernen von typischen Bitterstoffen (Chicorée, Wirsing, Rosenkohl, Radicchio) ist teilweise umstritten, da diese charakteristischen Geschmacksnuancen von einer nicht unbedeutenden Anzahl von Menschen als nicht störend empfunden und sogar gewünscht werden. Auf der anderen Seite wird dieser etwas herbbittere Geschmack, den diese Gemüse unblanchiert aufweisen, von anderen Personen aus rein sensorischen Gründen abgelehnt. Er kann daher auch zusätzlich eine Beeinträchtigung des Appetits bewirken, was bei einer energiereichen Kost berücksichtigt werden muß. Außerdem muß beachtet werden, daß diese Bitterstoffe bei empfindlichen Personen, hauptsächlich bei bestehenden Erkrankungen des Magen-Darm-Trakts, unspezifische Nahrungsmittelunverträglichkeiten auslösen können.
- Lockerung des festen Gefüges von Pflanzenfasern
  Eine Lockerung des festen Gefüges von besonders ballaststoffreichen Gemüseteilen, insbesondere im Bereich von Blattstengeln, bewirkt eine insgesamt weichere Konsistenz der Lebensmittel und trägt bei Störungen in der Kaufunktion zu einer gewissen Erleichterung der Kautätigkeit sowie bei „magenempfindlichen" Personen zu einer gewissen Verbesserung der Verträglichkeit dieser ballaststoffreichen Lebensmittel bei. Dieser Effekt ist besonders von Bedeutung bei der Ernährung von Senioren, da auf diese Weise die bei ihnen oft zu beobachtende Ablehnung von ballaststoffreichen Lebensmitteln gemindert und damit die Versorgung mit Ballaststoffen verbessert werden kann.

Pochieren

Das Pochieren in wenig Flüssigkeit und bei genau eingehaltenen Temperaturen, die 80 °C nicht überschreiten sollen, ist ein ausgesprochen schonendes Garverfahren. Es eignet sich für Lebensmittel, die relativ leicht aufgeschlossen werden können wie beispielsweise Eier und Eierspeisen, bindegewebsarme bzw. vorzerkleinerte tierische Lebensmittel (Fische, Geflügel, Kalbfleisch) sowie Kartoffel- und Gemüsetimbalen und Süßspeisen. Ballaststoffreiche Lebensmittel sind zum Pochieren nicht geeignet.

Beim Pochieren wird in der Regel die Mehrzahl der lebenden Keime abgetötet, allerdings keine Sporen, die bei längerem Stehen der pochierten Lebensmittel wieder auskeimen können. Auch relativ hitzeresistente Keime werden oft nicht vollständig inaktiviert. Die Temperatur und die Garzeit müssen deswegen entsprechend hoch gewählt und insbesondere ausreichend lang sein, damit die im betreffenden Lebensmittel möglicherweise vorliegenden Keime sicher abgetötet werden. Das betrifft in der Hauptsache die Salmonellen und einige seltener vorkommende Enteritiserreger (siehe Kap. 6.2). Deshalb ist vorrangig beim Pochieren von Eiern, Eierspeisen und Geflügel auf 80 °C zu erhitzen und diese Temperatur so lange einzuhalten, bis die Kerntemperatur für mindestens 10 Minuten lang 70° C – besser aber 80 °C – erreicht hat.

Pochierte Speisen sind für den sofortigen Verzehr bestimmt. Bei einer Vorhaltung treten außerordentlich schnell Qualitätseinbußen auf, und außerdem ist bei ihnen die Gefahr eines Verderbs besonders groß. Sollten sie doch aufbewahrt werden müssen, so sind die Festlegungen der Lebensmittelhygiene-Verordnung genau einzuhalten. Sie sind besonders rasch abzukühlen und bei Kühlraumtemperaturen (unter 4 °C) höchstens 24 Stunden lang aufzubewahren. Bei dem Wiederaufwärmen ist darauf zu achten, daß die Speisen vollkommen durcherwärmt werden und daß auch im Inneren die zum Pochieren eingesetzte Temperatur erreicht wird.

Dämpfen

Beim Dämpfen wird das Gargut ausschließlich durch das Einwirken von Wasserdampf gegart. Die Gartemperatur liegt bei dem vorzugsweise herrschenden Luftdruck somit nahe 100 °C, eine ausreichend lange Einwirkungszeit vorausgesetzt, die für den vollständigen Temperaturausgleich im gesamten Gargut erforderlich ist. Beim Dämpfen von locker strukturierten Lebensmitteln, die nur eine kurze Garzeit erfordern, kann darum die Temperatur im Inneren des Lebensmittels beträchtlich unterhalb von 100 °C liegen.

Dämpfen eignet sich besonders für das Garen von Gemüse, Kartoffeln und Getreideerzeugnissen. Beim Dämpfen im Topf (mit Dämpfeinsatz) ist auf einen gut schließenden, möglichst schweren Deckel zu achten. Der direkte Kontakt des Garguts mit Wasser ist zu vermeiden. Der wesentlichste Vorteil des Dämpfens ist das weitestgehende Vermeiden eines Verlusts von wasserlöslichen Nährstoffen, da ein Auslaugen durch die Garflüssigkeit nicht stattfinden kann. Das betrifft bei Gemüsen und bei Kartoffeln insbesondere Verluste an Mineralstoffen, die beim Kochen relativ hoch sind. Auch die Vitaminverluste sind geringer, eine Inaktivierung hitzeempfindlicher Vitamine kann jedoch nicht verhindert werden. Geringe Verluste von wasserlöslichen Nährstoffen sind jedoch beim Dämpfen im Topf möglich (sie gelangen mit dem kondensierten Wasserdampf in das Wasser am Topfboden).

Dampfdruckgaren

Das Dampfdruckgaren ist dem Dämpfen ohne Druck überlegen. Die auf Grund des erhöhten Drucks auf über 100 °C erhöhte Temperatur des Dampfs verkürzt nicht nur die Gardauer, sondern sie vermindert auch wegen der kürzeren Gardauer die Inaktivierung von hitzempfindlichen Vitaminen. Außerdem werden unter diesen Bedingungen Mikroorganismen wesentlich schneller und sicherer abgetötet, insbesondere aber die relativ hitzebeständigen Staphylokokken- und Streptokokkentoxine. Das Garen mit Trockendampf (Steamer) ist wegen der sehr kurzen Garzeiten und der dadurch bedingten minimalen Verluste an wasserlöslichen Nährstoffen dem Garen mit Naßdampf (Dampftopf) nochmals überlegen.

Dünsten

Das Dünsten ist ein Garen im eigenem Saft, bei dem die Zugabe von Fremdflüssigkeit ganz entfällt bzw. auf ein Minimum begrenzt ist und bei dem zum Anschwitzen des Garguts nur wenig Fett zugegeben wird. Dünsten ist ebenfalls ein sehr schonendes Garverfahren. Es eignet sich besonders zum Garen von zarten bzw. bindegewebsarmen Lebensmitteln wie Gemüse, Obst, Fisch und Geflügel. Lebensmittel, die reich an Bindegewebe sind bzw. bei denen das Bindegewebe einen hohen Vernetzungsgrad aufweist, können durch Dünsten nicht ausreichend gegart werden.

Folgende Gesichtspunkte sind beim Dünsten besonders zu beachten:

- Die Hitzezufuhr ist so gering wie möglich zu halten, damit sich der Wasserdampf am gut schließenden Deckel kondensieren kann und nicht entweicht. Dadurch werden Verluste von wasserdampfflüchtigen Aromastoffen weitgehend vermieden.
- Bei fettarmem Gargut wie Gemüse verbessert die Zugabe von einer begrenzten Menge an Fett die Resorption von fettlöslichen Vitaminen, insbesondere die Resorption von β-Carotin und anderer Carotinoiden.

Garen in Alu-Folie und in Pergamentpapier

Das Garen in Alu-Folie bzw. in Pergamentpapier ist ebenfalls ein schonendes Garverfahren. Es ist dem Dünsten im eigenen Saft gleichzusetzen.

Unterschiede zwischen dem Garen in Alu-Folie und Pergamentpapier bestehen kaum. Beim Garen in der Alu-Folie wird die von außen einwirkende Wärmestrahlung lediglich etwas stärker reflektiert als von Pergamentpapier. Lebensmittel mit einer festeren Struktur und mit etwas längeren Garzeiten werden deshalb in Pergamentpapier etwas rascher gar als in Alu-Folie.

Die Vorteile eines Garens in Folie sind insbesondere für die Bereitung von Diäten bei Störungen im Magen-Darm-Trakt von Nutzen:

- Wasserlösliche Lebensmittelinhaltsstoffe gehen nicht verloren, es treten meist nur geringe Mengen an Saft aus, die mitverzehrt werden können.
- Das Eigenaroma der Lebensmittel bleibt weitgehend erhalten, so daß nur sparsam gewürzt werden muß. Diese Garmethode eignet sich daher besonders für die natriumarme Diät.

Kochen

Beim Kochen werden im Kochgut nur Temperaturen knapp unterhalb von 100 °C erreicht. Es besteht im Gargut stets ein von außen nach innen abfallender Temperaturgradient, der in Abhängigkeit von der Dicke des Kochguts unterschiedlich groß ist.

Das Kochen ist generell ein wenig schonendes Garverfahren, da Vitamine, Mineralstoffe und andere wasserlösliche Inhaltsstoffe durch den innigen Kontakt mit Kochwasser aus dem Kochgut ausgelaugt werden und in das Kochwasser übergehen. Ein Teil der hitzeempfindlichen Vitamine wird anschließend im Kochwasser zerstört, ein Prozeß, der durch zutretenden Luftsauerstoff beschleunigt werden kann. Eine Weiterverwendung des Kochwassers von Gemüse und Kartoffeln trägt deshalb nur in begrenztem Umfang zur Vitaminversorgung bei, lediglich die wasserlöslichen Mineralstoffe gehen bei diesem Vorgehen nicht verloren.

Kochen eignet sich auf der anderen Seite ausgezeichnet zum Herauslösen von Extraktivstoffen aus Fleisch (Aromastoffe, Aminosäuren u. a.). Auch die beim Anrösten von Gemüsen gebildeten Röstprodukte sind gut wasserlöslich.

Für das Garen folgender Lebensmittel ist Kochen besonders geeignet:

- Bereiten von Fleisch-, Geflügel- und Gemüsebrühen,
- Garen von bindegewebsreichem Rindfleisch und von Fleisch älterer Tiere (Suppenhuhn),
- Garen von Hülsenfrüchten (falls eine Dampfdruckgarung aus technischen Gründen nicht möglich ist).
- Bereiten von Soßen und Suppen auf Mehlbasis (es ist auf eine hinreichend lange Kochzeit von etwa 20 Minuten zu achten, um den Mehlgeschmack vollständig zu beseitigen).

Garen in der Mikrowelle

Das Garen in der Mikrowelle ist ein schonendes Garverfahren. Wesentliche Veränderungen finden am Gargut nicht statt. Der Garprozeß beruht ausschließlich auf einer Wärmeentwicklung, die im Inneren des Garguts erfolgt.

Die in der Mikrowelle wirkenden energiereichen elektromagnetischen Wellen dringen von allen Seiten tief in das Gargut ein. Im Gargut wird die Energie dieser Wellen in Wärme umgewandelt. Die Erwärmung der einzelnen Nahrungskomponenten erfolgt jedoch in Abhängigkeit von ihrem chemischen Aufbau nicht gleichmäßig, die größte Wärmeentwicklung erfolgt im Wasser. Da die meisten Speisen einen hohen Wassergehalt aufweisen und auch nahezu alle Nahrungskomponenten Wasser enthalten, fällt diese unterschiedlich schnelle Erwärmung kaum ins Gewicht, falls ausreichend lange Garzeiten eingehalten werden. Es ist allerdings erforderlich, vor dem Verzehr eine gewisse Zeit für den Temperaturausgleich innerhalb des Garguts verstreichen zu lassen, wofür in der Regel 2 bis 3 Minuten genügen.

Die elektromagnetischen Wellen werden von Metallen reflektiert, sie dringen in Metalle nicht ein. Metallhaltiges Geschirr ist deshalb für das Garen in der Mikrowelle nicht geeignet.

Das ideale Einsatzgebiet der Mikrowelle ist das rasche und meist schonende Auftauen von Tiefkühlerzeugnissen. Für das Auftauen von besonders großen Teilstücken ist die Mikrowelle aber nicht zu empfehlen, da es wegen der relativ langen Auftauzeit zu einem unerwünschtem Erwärmen der äußeren Partien und damit in diesem Bereich bereits zu einem Garprozeß kommen kann. Gleichzeitig wird dadurch die Vermehrung von Mikroorganismen begünstigt, die auch bei tiefgekühlten Lebensmitteln deren Oberflächen kontaminieren.

Die Mikrowelle ist außerdem besonders nützlich beim raschen Erwärmen von vorgefertigten, gekühlt bereitgehaltenen Speisen. Die Erwärmung des Garguts erfolgt dabei nahezu gleichmäßig. Der Wärmegradient ist in der Regel gering, falls die Teilstücke nicht zu groß sind. Infolge der geringen Wärmeeinwirkung auf die Oberfläche des Garguts bleiben eine Krustenbildung und eine Bräunung aus (bei Fleisch). Eine Bräunung und eine Krustenbildung können nur beim Einsatz einer zusätzlich im Mikrowellengerät vorhandenen Grilleinrichtung erreicht werden.

Bei größeren Portionen besteht die Gefahr, daß das Innere des Garguts trotz des relativ geringen Wärmegradienten eine niedrigere Temperatur (Kerntemperatur) aufweist als die äußeren Partien, was im wesentlichen durch die relativ kurze Garzeit bedingt ist. Es besteht deshalb die Gefahr, daß möglicherweise vorhandene Keime unvollständig abgetötet werden.

Diese Gefahr ist beim Aufwärmen von vorgefertigten Speisen besonders groß, da diese ein ausgezeichneter Nährboden für Mikroorganismen sind. Es ist dringend anzuraten, das Gargut, soweit es möglich ist, im Verlauf des Garprozesses mehrmals umzurühren, um diese Gefahr herabzusetzen. In Zweifelsfällen und zu Kontrollzwecken (Kontrollpunkt im HACCP-System, siehe Kap. 12.4.9) ist es angeraten, die am Ende des Garprozesses erreichte Kerntemperatur zu kontrollieren. Diese muß an allen Stellen 75 °C betragen, um ein Überleben von virulenten Keimen sicher ausschließen zu können.

Beim Einsatz der Mikrowelle zum Erwärmen von vorgefertigten Speisen, insbesondere von Säuglingsnahrung, muß auf einen ausreichenden Temperaturausgleich nach erfolgtem Erwärmen geachtet werden (2 bis 3 Minuten), um beim Verzehr die Gefahr eines Verbrennens sicher auszuschließen.

Generell ist beim Garen in der Mikrowelle darauf zu achten, daß das Gargut zuverlässig abgedeckt wird. Andernfalls ist die Gefahr von Wasserverlusten und eines teilweisen, meist oberflächlichen Austrocknens sehr groß. Auch eine auf das Gargut (Wassergehalt, a_W-Wert) nicht abgestimmte Garstufe kann zum Austrocknen führen.

Schmoren

Schmoren ist ein kombiniertes Garverfahren (Braten und Kochen bzw. Dünsten). Es wird in der Regel nicht zu den schonenden Garverfahren gerechnet, da es bei ihm, neben der Bildung von Röststoffen, wegen der längeren Garzeit zu etwas größeren Vitaminverlusten kommen kann. Auch der zum Anbraten erforderliche Fettzusatz kann aus ernährungsphysiologischer Sicht nicht als günstig angesehen werden. In einigen Fällen und unter Berücksichtigung einiger Vorkehrungen kann jedoch auch das Schmoren bei der Produktion verschiedener Diätkosten eine geeignete Garmethode sein. Das trifft insbesondere auf solche Situationen zu, bei denen Appetitlosigkeit besteht und eine energiereiche Kost unbedingt eingehalten werden muß, aber Unverträglichkeiten gegenüber Nahrungsmitteln nicht vorliegen. Es ist außerdem möglich, das zum Anbraten eingesetzte Fett und das aus dem Fleisch ausgetretene Fett durch Abschöpfen zu entfernen und damit den Fett- und Energiegehalt des geschmorten Gerichts zu reduzieren.

Durch das Anbraten des kompakten Schmorguts (Fleisch, Geflügel) entstehen Röst- und Aromastoffe, die die Magensaftproduktion stimulieren und somit appetitanregend sind. Bei dem anschließenden Dünsten werden diese Stoffe, soweit sie wasserlöslich sind, extrahiert und können so als Inhaltsstoffe des Bratensafts ihre positiven Eigenschaften besonders gut entfalten.

Ein Anbraten bei zu hohen Temperaturen ist unbedingt zu vermeiden. Die beim übermäßigen Rösten entstehenden Zersetzungsprodukte können bei einer erhöhten Empfindlichkeit der Magenschleimhaut zu deren Reizung führen. Auch eine Bildung von cancerogenen Stoffen kann nicht ausgeschlossen werden, sie wird jedoch oft überbewertet. Ein Teil der gebildeten Nitrosamine ist wasserdampfflüchtig und wird während des Schmorvorgangs zumindest teilweise entfernt (siehe Kap. 6.6.2.5 und 11.3.1.2.2.3).

Bei übermäßigem Erhitzen können sich insbesondere aus mehrfach ungesättigten Fettsäuren toxische Fettsäure-Oxidationsprodukte bilden, die geruch- und geschmacklos sind und die deswegen sensorisch nicht wahrgenommen werden können. Vor allem das Fett des Schweinefleischs enthält einen nicht zu vernachlässigenden Anteil an solchen Fettsäuren, so daß besonders bei ihm hohe Anbrattemperaturen (über 200 °C) nicht über einen längeren Zeitraum einwirken sollten.

Auch das Bindegewebe in den Fleischstücken von älteren Tieren wird bei hinreichend langen Schmorzeiten in großem Umfang aufgeschlossen, so daß selbst geschmorte Gerichte aus bindegewebsreichem Fleisch recht gut verdaut werden können. Die durch eine verlängerte Schmorzeit bedingten erhöhten Verluste an hitzeempfindlichen Vitaminen dürfen nicht überbewertet werden, da bereits schon bei kürzeren Schmorzeiten größere Vitaminverluste auftreten. Die Vitaminversorgung wird jedoch bei einer vollwertigen Kost bzw. einer korrekt bilanzierten Diät durch andere vitaminreiche Lebensmittel (Gemüse und Getreideerzeugnisse, Brot) hinreichend abgesichert, so daß diese beim Schmoren auftretenden Verluste vernachlässigt werden können.

Garmethoden mittels trockener Hitze

Garmethoden mittels trockener Hitze sind in der Regel weniger schonende Garverfahren und demzufolge für die Zubereitung von Krankenkost nicht besonders geeignet. Das gilt gleichermaßen für Garmethoden, bei denen die Hitzeeinwirkung direkt auf das Gargut erfolgt („heißer Stein", Grillen), wie auch für Garmethoden, bei denen die Hitzeübertragung mittels erhitztem Fett erfolgt. Während im Inneren des Gargutes, zumindest bei einem ausreichenden Wassergehalt des Garguts, die Gartemperatur höchstens nur auf Werte ansteigt, die knapp unterhalb von 100 °C liegen, betragen die auf die oberflächlichen Bezirke des Garguts einwirkenden Temperaturen weit mehr als 100 °C, mitunter mehr als 200 °C. Bei diesen hohen Temperaturen läuft im Lebensmittel eine Vielzahl von thermischen Prozessen ab. Diese führen oft zu ausgeprägten Strukturveränderungen, insbesondere an den Eiweißen, und zur Bildung von Aroma- und Röstprodukten (siehe Kap. 11.3.1.2.2.3). Die Strukturveränderungen führen zunächst zur Bildung der erwünschten Kruste, die den Austritt von Inhaltsstoffen aus dem Bratgut verhindert, zumindest aber beträchtlich einschränkt. Als nachteilige Wirkung kommt es aber auch zu einer Austrocknung der Randbezirke, verbunden mit tiefgreifenden Veränderungen in der Feinstruktur der Eiweiße. Diese Veränderungen bewirken eine schlechtere Quellfähigkeit und damit eine schlechtere Aufschließbarkeit der Eiweiße sowie eine zwar begrenzte, aber doch nachweisbare partielle Zerstörung von bestimmten Aminosäuren, insbesondere von den essentiellen Aminosäuren Lysin und Threonin. Dadurch können bei Verdauungsstörungen diese so veränderten Eiweiße im Magen-Darm-Trakt weniger gut aufgespalten werden. Bei einer eiweißarmen Kost kann sich außerdem eine mögliche Verringerung der biologischen Wertigkeit und eine Einschränkung im Ergänzungswert nachteilig auswirken. Deshalb sind bei den entsprechenden Krankheitsbildern bzw. Diäten entsprechend gegarte Lebensmittel nicht geeignet.

Bei Beachtung einer Reihe bestimmter Vorsichtsmaßnahmen, insbesondere der zeitlichen Begrenzung der Einwirkung von sehr hohen Anfangstemperaturen und deren exakter Regulierung (rasches Anbraten bei relativ hohen Temperaturen und anschließender rascher Reduzierung der Gartemperaturen), lassen sich jedoch einige dieser Garmethoden auch in der Diätküche einsetzen (ausgenommen die oben genannten Krankheitsbilder und Diätformen).

Braten im Ofen: Mit diesem Verfahren lassen sich größere Fleischstücke von guter Qualität relativ schonend zubereiten, wenn nach kurzen Anbratzeiten bei verhältnismäßig hohen Temperaturen (Schließen der Fleischporen und rasche Ausbildung einer festen Kruste) die Gartemperatur relativ niedrig gewählt und damit die Bildung von Röststoffen begrenzt wird und wenn weiterhin auf eine zusätzliche Fettzugabe weitgehend verzichtet wird. Bei ausreichend langer Bratzeit genügen sogar Gartemperaturen unter 100 °C (Niedrigtemperaturgaren, siehe Kap. 11.2.2.3). Es muß jedoch darauf geachtet werden, daß eine Kerntemperatur von 70 bis 80 °C sicher erreicht wird, bei der ein Inaktivieren von pathogenen Keimen garantiert ist. Bei hinreichend langer Garzeit von mehreren Stunden und dem Vermeiden eines Austrocknens kommt es auch bei diesen vergleichsweise niedrigen Temperaturen zu einem befriedigenden, oft auch zu einem recht weitgehenden Aufschluß von kollagenem Bindegewebe und dessen Überführung in extrahierbare Gelatine.

Braten in der Pfanne (Kurzgebratenes) und Sautieren: Diese Garmethode ist wenig schonend. Bei den zum Anbraten erforderlichen hohen Temperaturen werden vergleichsweise viel Röststoffe gebildet, die für das Auftreten von unspezifischen Unverträglichkeitsreaktionen verantwortlich sind. Es können dabei auch vermehrt toxische Fettsäure-Oxidationsprodukte gebildet werden. Auf der anderen Seite besteht bei zu niedrigen

Brattemperaturen die Gefahr, daß das Bratgut eine verhältnismäßig große Menge an Fett aufnimmt. Werden zusätzlich die Bratzeiten generell zu kurz gehalten, so muß man damit rechnen, daß die Kerntemperatur nur unzureichend ansteigt. Bei niedrigen Kerntemperaturen kann der Garprozeß im Inneren des Bratguts noch nicht vollständig abgelaufen sein. Möglicherweise vorliegende Mikroorganismen werden außerdem nicht vollständig abgetötet. Bei unzureichend gegartem Fleisch (nicht ausreichende Hitzedenaturierung des Eiweißes) kann die Verdaubarkeit beträchtlich eingeschränkt sein.

Grillen: Beim Grillen muß grundsätzlich zwischen 3 Verfahren unterschieden werden, die auch aus ernährungsphysiologischer Sicht beträchtlich voneinander abweichen:

- Grillen im Elektrogrill,
- Grillen über gasbeheiztem Grill,
- Grillen über dem Holzkohlefeuer.

Beim Grillen im Elektrogrill (Wärmeübertragung vorwiegend durch Infrarotstrahlung) ist eine schonende Zubereitung möglich. Es bestehen allerdings Unterschiede zwischen Horizontal- und Vertikalgrillgeräten. Diese Unterschiede machen sich besonders bei gasbeheizten Geräten bemerkbar.

Beim Grillen im Elektrogrill müssen folgende Punkte beachtet werden:

- Die Intensität der Temperatureinwirkung (die meisten Grillgeräte ermöglichen Temperaturen bis 350 °C) muß genau kontrolliert werden. Bei Temperaturen oberhalb von 250 °C kommt es zu einer übermäßig großen Ausbildung von Röststoffen und toxischen Zersetzungsprodukten (Fettsäure-Oxidationsprodukte, heterozyklische Umwandlungsprodukte aus Aminosäuren, Bildung von giftigem Acrolein durch die Zersetzung des Glycerinanteils der Fette). Zu niedrige Temperaturen führen dagegen zum vermehrten Austreten von Fleischsaft bzw. von Gemüsesaft mit der Folge von Nährstoffverlusten und Austrocknen des Grillguts. Bei zu geringem Wassergehalt des Grillguts ist der Garprozeß meist unzureichend. Vor allem laufen die wasserabhängigen Reaktionen wie das Quellen von Kollagen und Stärke auf Grund der meist niedrigeren Temperatur und der verhältnismäßig kurzen Garzeit unzureichend ab.
- Auf eine zusätzliche Fettzugabe kann beim Grillen meist verzichtet werden. Das Garen durch Grillen ist deshalb bei der Zubereitung von energiereduzierten Kostformen (hypokalorische Mischkost) von großem Vorteil.
- Eine weitere Gefahr besteht beim Verbrennen von abtropfendem Fett, wobei cancerogene Zersetzungsprodukte gebildet werden können.

Bei einem Vertikalgrill besteht diese Gefahr nicht. Allerdings ist bei diesen Geräten die Grilltemperatur, die direkt auf die einzelnen Teilstücke des Grillguts einwirkt, schwerer zu regulieren.

- Das Grillen mittels Griddleplatte ist in der Regel dem Braten in der Pfanne gleichzusetzen, da auch hier die Zugabe von Fett oft erforderlich ist.

Das Grillen auf einem gasbeheizten Grill kann in vielen Punkten mit dem Grillen auf dem Elektrogrill verglichen werden. Die Gefahr des Verbrennens von abtropfendem Fett ist bei dem Horizontalgrill größer als beim Elektrogrill (höhere lokale Entzündungstemperatur). Auf der anderen Seite kann im gasbeheizten Grill die Temperatur schneller als im Elektrogrill reguliert werden.

Das Grillen auf dem Holzkohlegrill ist für die Diätküche nicht geeignet. Auch für die Ernährung gesunder Personen ist das Grillen über glühender Holzkohle aus ernährungsphysiologischer Sicht auf Grund zahlreicher Nachteile nicht zu empfehlen.

Eine Ausnahme besteht beim Einsatz von modernen Geräten, bei denen die Heizflächen ähnlich wie bei modernen Elektrogrillgeräten vertikal angeordnet sind. Auch diese Geräte arbeiten nach dem Abstrahlungsprinzip, so daß abtropfendes Fett nicht verbrennen kann. Sie unterscheiden sich damit von den entsprechenden elektrisch beheizten Geräten nur dadurch, daß bei ihnen das Grillgut von den beim Verglühen der Holzkohle bzw. der zugelassenen Gewürzhölzer freigesetzten Aromastoffen umströmt und dadurch geschmacklich verändert wird. Eine Belastung mit Zersetzungsprodukten der Fettverbrennung tritt offenbar nicht ein. Die verschiedenen Aromastoffe, die beim Grillen im Vertikalverfahren gebildet werden, können jedoch auch zu einer Reizung im Magen-Darm-Trakt führen. Deshalb ist auch dieses Verfahren für die Zubereitung von Speisen für diätetische Zwecke nicht geeignet.

Beim Grillen auf dem konventionellen Holzkohlegrill, das meist angewendet wird, sind folgende Gesichtspunkte zu berücksichtigen:

- Die exakte Wärmeabgabe kann beim Holzkohlegrill nur schwer geregelt und nicht hinreichend genau kontrolliert werden. Es entstehen deshalb meist größere Mengen an Röststoffen und Fettoxidationsprodukten.
- Eine besondere Gefahr besteht beim Verbrennen von abtropfendem Fett, wobei in größerem Umfang teerähnliche Produkte und potentiell cancerogene Substanzen als Verbrennungsprodukte des Fetts gebildet werden können. Diese Substanzen lagern sich an der Oberfläche des Grillguts fest an. Sie können auch durch Abwischen nicht wieder entfernt werden.

- Über Holzkohle gegrillte Speisen lösen oft unspezifische Nahrungsmittelunverträglichkeiten aus.
- Eine besonders große Gefahr der Bildung von potentiel cancerogenen Stoffen besteht beim Grillen über nicht ausreichend durchgebrannter Holzkohle bzw. bei der Verwendung von Nadelholz, bearbeitetem Holz und von Holzabfällen sowie von Ästen oder Baumnadeln. Die Verwendung dieser Materialien ist verboten.

Fritieren

Fritieren ist keine schonende Garmethode. Beim Fritieren werden vom Fritiergut stets größere Mengen an Fritierfett aufgenommen. Das Ausmaß dieser Fettaufnahme ist großen Schwankungen unterworfen in Abhängigkeit von der Beschaffenheit des Fritierguts, den Eigenschaften des Fritierfetts und von der Fritiertemperatur.

Zu dieser Problematik kommt die zusätzliche Schwierigkeit, daß die Fettsäure-Zusammensetzung eines speziellen Fritierfetts nicht der Zusammensetzung entspricht, die aus ernährungsphysiologischen Gründen an ein optimal zusammengesetztes Nahrungsfett eigentlich zu stellen wären. Das Problem besteht darin, daß die als Fritierfett ausgewiesenen Fette bei ihrer spezifischen Verwendung zunächst auch unter gesundheitlichen Gesichtspunkten anderen Fetten weit überlegen sind. Ihre höhere Erhitzbarkeit auf Grund des hohen Rauchpunkts gestattet einen raschen Verschluß der Oberflächen des Grillguts, wodurch die Aufnahme von Fritierfett kleiner gehalten werden kann. Außerdem werden weniger Fettsäure-Oxidationsprodukte gebildet wegen des relativ geringen Anteils an mehrfach ungesättigten Fettsäuren. Das ernährungsphysiologische Problem besteht darin, daß das Fritierfett nicht wieder vollständig vom Fritiergut entfernt werden kann. Mit dem Fritiergut werden deshalb auch gewisse Mengen an Fritierfett verzehrt. Die Forderung, die Aufnahme von Fritierfett so niedrig wie möglich zu halten, kann in letzter Konsequenz nur durch eine Einschränkung des Verzehrs von fritierten Speisen erreicht werden. Ein Kompromiß kann nur durch das Einhalten von optimalen Fritierbedingungen erzielt werden wie optimale Fritiertemperatur, Einsatz von geeigneten Fritierfetten und weitgehendes Entfernen von anhaftendem Fritierfett.

An ein gutes Fritierfett sind folgende Anforderungen zu stellen:

- hoher Rauchpunkt (Mindestforderung 210 °C, bei guten Fritierfetten meist etwa 230 °C),
- niedriger Schmelzpunkt (ermöglicht ein ausreichend langes Abtropfen von Fritierfett während des Abkühlens des Fritierguts),
- geringer Gehalt an Trans-Fettsäuren (im Verlauf des wiederholten Gebrauchs des Fetts steigt der Gehalt an Trans-Fettsäuren beträchtlich an),
- hohe Stabilität seiner Fettsäuren gegenüber einer Oxidation.

Die Instabilität gegenüber einer Fettsäureoxidation nimmt mit dem Gehalt an mehrfach ungesättigten Fettsäuren zu. Die Stabilität der verschiedenen Fette bzw. Öle gegenüber hohen Temperaturen unterscheidet sich beträchtlich (siehe Tabelle 11.2.1). Das betrifft auch die Bildungsrate von Trans-Fettsäuren.

Tabelle 11.2.1:
Relative Stabilität verschiedener Fette bzw. Öle gegenüber hohen Temperaturen (bezogen auf die Stabilität von Sonnenblumenöl, das reich an mehrfach ungesättigten Fettsäuren ist)

Sonnenblumenöl, Sojaöl	1,0
Erdnußöl	1,2
Palmöl	1,5
Schweineschmalz	2,0
Butterschmalz, gehärtetes Sojaöl	2,3
Kokosfett, Rindertalg	2,4
gehärtetes Erdnußöl	4,4
spezielle Fritierfette	4,5 und darüber

Eine große Bedeutung kommt auch der Beschaffenheit des Fritierguts zu. Es sollte eine glatte und feste Oberfläche aufweisen, damit es möglichst wenig Fritierfett aufsaugt. Es dürfen auch keine locker anhaftenden Teilchen abbröckeln (lose Panade), da diese kleinen, meist kohlenhydratreichen Krümel bei den hohen Temperaturen rasch zersetzt werden und die verkohlten Überreste ausgezeichnete Katalysatoren für eine Oxidation des Fritierfetts sind. Das Fritiergut darf weiterhin nicht feucht sein, da es sonst wegen der hohen Verdampfungswärme des Wassers zu einem raschen Abkühlen des Fritierfetts kommen würde. Bei der Zubereitung von Pommes frites hat auch der Stärkegehalt und die Zusammensetzung der Stärke (Verhältnis von Amylose zu Amylopektin) der Kartoffeln wesentlichen Einfluß auf die Aufnahme von Fritierfett. Ein hoher Stärkegehalt bzw. ein hoher Anteil an Amylose bewirken eine geringere Aufnahme von Fett. Es gibt Bestrebungen, mit gentechnischen Verfahren solche Kartoffelsorten zu entwickeln, die beim Fritieren nur eine minimale Menge an Fett aufnehmen und damit speziell für die Produktion von Pommes frites und Bratkartoffeln geeignet sind.

Fritierte Speisen sind für die Krankenkost generell nicht geeignet. Es muß jedoch darauf hingewiesen werden, daß sachgerecht fritierte Gerichte von einem nicht zu kleinen Personenkreis anstandslos vertragen werden, der gegenüber anderen Lebensmitteln und Speisen Unverträglichkeitsreaktionen zeigt. Diese Tatsache sollte insbesondere bei einer energieangereicherten Kost berücksichtigt werden, da fritierte Gerichte appetitanregend sein können.

Es sei nur am Rand auf die Bedeutung der vorschriftsmäßigen Temperatur des Fritierfetts (möglichst 160 bis 180 °C, keinesfalls unter 140 °C) und des rechtzeitigen Wechsels des Fritierfetts hingewiesen. Ein Absinken des

Rauchpunkts und ein Aufschäumen (mit Überkochen) bei der erneuten Beschickung der Friteuse ist ein Zeichen dafür, daß das Fritierfett in beträchtlichem Maße verändert ist und bereits ausgetauscht hätte sein müssen.

Backen, Gratinieren und Rösten

Diesen Garmethoden ist gemeinsam das Garen durch ausschließliches Einwirken von trockener Hitze. Die dabei ablaufenden Veränderungen im Gargut hängen wesentlich von dessen Zusammensetzung ab, hauptsächlich von der Relation von Kohlenhydraten, Eiweißen und Fetten sowie vom Wassergehalt. Auch die Höhe der Temperatur ist von besonderer Bedeutung.

Für das Gratinieren und das Rösten gelten eine Vielzahl der Gesichtspunkte, die auch für das Grillen mit dem Elektrogrill zutreffend sind. Eine besondere Stellung nimmt das Überbacken von Gerichten mit Käse ein. Hierbei besteht die Möglichkeit, daß sich eine etwas größere Menge an Nitrosaminen bildet, da gereifter Käse einen etwas höheren Gehalt an sekundären Aminen enthält. Deswegen können sich auch beim Vorliegen von Nitrit, vorzugsweise in gepökelten Lebensmitteln, mehr Nitrosamine bilden, die möglicherweise wegen der sich bildenden festen Kruste nicht im üblichen Umfang mit dem Wasserdampf entweichen können. Bei einem gelegentlichen Verzehr von solchen Gerichten sind aber keine gesundheitlichen Gefahren zu befürchten.

11.2.2 Neuartige Garverfahren

Die stürmische Entwicklung neuer Küchengeräte erlaubt nicht nur ein rationelleres Arbeiten in der Restaurantküche, sondern schafft insbesondere in der Gemeinschaftsverpflegung die Voraussetzung, neben der Rationalisierung der Arbeit auch schonende Garverfahren einzusetzen, deren Umsetzung mit einer konventionellen Küchenausstattung an Grenzen stößt. Diese neuartigen Verfahren sichern bei sachgemäßem Einsatz eine sehr große lebensmittelhygienische Sicherheit, die in Klinikküchen und Küchen der Gemeinschaftsverpflegung, hauptsächlich für Senioren, einen besonders hohen Stellenwert besitzt. Die Anwendung dieser neuartigen Garverfahren hängt allerdings von der Ausstattung der Küche mit entsprechenden Geräten ab. Bei Neubauten oder Rekonstruktionsmaßnahmen sollte jedoch eingehend geprüft werden, ob nicht die dafür notwendigen Investitionen vorgenommen werden sollten.

11.2.2.1 Cook-&-Chill-Verfahren

Cook-&-Chill (Kochen und Kühlen) ist an sich zunächst kein neuartiges Garverfahren. Es ist die Verknüpfung des konventionellen Kochens mit einem sehr raschen Abkühlen und der anschließenden Kühllagerung der vorgefertigten Gerichte, die durch die neue Technik der einzusetzenden Geräte ermöglicht wird. Durch das rasche Abkühlen im Anschluß an die Speisenproduktion werden solche lebensmittelhygienischen Bedingungen garantiert, die eine hygienisch einwandfreie Bevorratung von vorgekochten Speisen bis zu 5 Tagen ermöglichen. Der kritische und entscheidende Punkt bei diesem Verfahren sind neuartige, leistungsfähigere Kühleinrichtungen, die das rasche Herunterkühlen der vorgegarten Speisen ermöglichen. Mit herkömmlichen Kühlverfahren und Kühlgeräten kann die erforderliche kurze Abkühlzeit nicht erreicht werden.

Diese rasche Abkühlzeit auf +3 °C innerhalb von 90 Minuten ist erforderlich, um den Temperaturbereich rasch zu durchlaufen, in dem sich Mikroorganismen optimal vermehren (in Abhängigkeit vom jeweiligen Mikroorganismus etwa 50 bis 10 °C). Dadurch wird eine nicht vertretbare Belastung des vorgefertigten Lebensmittels mit pathogenen Keimen und Fäulniserregern und somit ein Verderb sicher verhindert. Die vorgefertigten Speisen lassen sich bei 0 bis +3 °C bis zu 5 Tagen aufbewahren, falls die Bedingungen des Cook-&-Chill-Verfahrens exakt eingehalten werden.

Das Cook-&-Chill-Verfahren eignet sich besonders für Großküchen in der Gemeinschaftsverpflegung und in Kliniken. Es erlaubt auch die sichere und ökonomische Produktion von standardisierten Diäten. Besonders bei solchen Diäten kann damit auf die äußerst arbeitsaufwendige tägliche Produktion teilweise verzichtet werden (Vorproduktion für den angegebenen Zeitraum).

Vorteile des Verfahrens

Die wesentlichen Vorteile bestehen in einer Speisenzubereitung ohne zeitliche Belastungsspitzen. Durch die Entkopplung von Speisenproduktion und Speisenausgabe ist ein zeitunabhängiges Produzieren möglich (außerhalb der üblichen Spitzenbelastungen), wodurch wesentlich rationeller gearbeitet werden kann. Gleichzeitig lassen sich die Verluste an nicht verzehrten Gerichten reduzieren, und der Materialeinsatz kann ökonomischer gestaltet werden.

Nachteile des Verfahrens

Gewisse Nachteile des Verfahrens sind durch die Zwischenlagerung und durch das Regenerierverfahren bedingt. Bei beiden Schritten kann es zu Verlusten an Vitaminen kommen. Sie treten jedoch vorrangig auf, wenn das Regenerieren zu früh erfolgt und die Speisen infolgedessen längere Zeit warm gehalten werden. Diese möglichen Verluste können durch eine auf das Regenerieren zeitlich gut abgestimmte Essenausgabe sehr gering gehalten werden, insbesondere beim Einsatz von leistungsfähigen Regeneriertechniken.

Anforderungen an die Geräteausstattung

Das Verfahren benötigt geeignete Geräte (Schockkühler) zum raschen Herunterkühlen der gegarten Speisen. Die Schockkühler sind Hochleistungskühlgeräte, in denen eine ständige intensive Umwälzung der Kaltluft für das rasche Abkühlen der eingebrachten Speisen sorgt. Weitere Voraussetzungen sind ausreichend große Kühlraumkapazitäten und geeignete Techniken zum rationellen Regenerieren der Speisen unmittelbar vor deren Ausgabe. Die räumlichen Voraussetzungen lassen sich bei Neubauten oder grundlegenden Rekonstruktionsmaßnahmen leichter realisieren als in konventionell installierten Großküchen.

11.2.2.2 Vakuumgaren

Das Vakuumgaren ist auf der Grundlage des Vakuumierverfahrens entwickelt worden (siehe Kap. 6.5.4.8). Es ist ein außerordentlich schonendes Verfahren, das sich besonders für das Garen von empfindlichen Lebensmitteln eignet.

Prinzip des Garverfahrens

Das Prinzip des Vakuumgarens beruht auf der Tatsache, daß bei niedrigem Partialdruck Wasser bereits bei Temperaturen unterhalb von 100 °C kocht. Daher finden die Garprozesse, die durch siedendes Wasser und die dabei erfolgende Bildung von Wasserdampf bewirkt werden, bereits bei niedrigeren Temperaturen statt, wie beispielsweise das Platzen von Pflanzenzellen, das Quellen und die Extraktion von kollagenem Bindegewebe sowie das Quellen und Verkleistern von Stärke. Andere thermisch bedingte Veränderungen an den Lebensmitteln, die nicht an die Reaktion mit Wasser gebunden sind, laufen bei den niedrigeren Temperaturen dagegen langsamer oder überhaupt noch nicht ab, wie beispielsweise die partielle Zersetzung von Aminosäuren durch nichtenzymatische Bräunungsreaktionen. Das Lebensmittel wird wesentlich schonender gegart, empfindliche Inhaltsstoffe wie Vitamine werden weniger zerstört.

Das Vakuumgarverfahren kann sowohl für den sofortigen Verzehr der gegarten Speisen als auch für das Vorkochen mit anschließendem Kühllagern wie beim Cook-&-Chill-Verfahren eingesetzt werden. Bei der sofortigen Ausgabe der gegarten Speisen ergeben sich keine zusätzlichen Besonderheiten. Meist wird jedoch das Vakuumgarverfahren für das Vorkochen von Speisen und Gerichten eingesetzt, da die erforderlichen technischen Voraussetzungen bestehen. Entscheidend ist für diesen Fall wie beim Cook-&-Chill-Verfahren das rasche Abkühlen des Garguts am Ende der Garzeit, um dadurch eine Neubesiedlung mit Keimen und deren Vermehrung effektiv zu verhindern.

Lebensmittelhygienische Sicherheit des Garverfahrens

Die niedrigeren Siedetemperaturen des Wassers führen ebenfalls dazu, daß auch manche Mikroorganismen, mit denen die zu garenden Lebensmittel kontaminiert sind, u. U. schon bereits bei niedrigeren Temperaturen inaktiviert werden. Das gilt jedoch nicht für einige hitzestabile Bakterientoxine und Sporen. Da für das Vakuumgaren jedoch nur einwandfreie Waren eingesetzt werden sollten, kann eine Gefährdung durch solche Toxine praktisch ausgeschlossen werden.

Die Kerntemperaturen erreichen beim Einhalten der vorgeschriebenen Garzeiten auch den Bereich, der unter den jeweiligen Bedingungen zum Abtöten der meisten Keime erforderlich ist. Es ist jedoch dringend zu empfehlen, die Kerntemperatur bei Geflügel und Fleisch mittels einer Temperatursonde, die in den Kern einer Kontrollprobe eingebracht wird, zu überprüfen, um das Erreichen der Richtwerte für die Kerntemperatur garantieren zu können.

Wenige relativ selten vorkommende Keime, insbesondere Sporenbildner wie Clostridium botulinum und perfringens, werden beim Vakuumgaren nicht abgetötet. Es handelt sich hierbei um Keime, die vorzugsweise durch unsauberes Arbeiten verbreitet werden oder durch Verunreinigungen mit Erdresten auf die Lebensmittel gelangen. Deshalb kann das Vakuumgaren nur bei Lebensmitteln angewendet werden, die hygienisch absolut unbedenklich sind. Außerdem erfordert es höchste Sauberkeit beim Umgang mit den Lebensmitteln.

Zur Sicherung der hygienischen Unbedenklichkeit der vakuumgegarten Produkte ist bei einer vorgesehenen Bevorratung zusätzlich das sehr rasche Abkühlen auf Temperaturen von zunächst 10 °C (innerhalb von 90 Minuten) und danach weiter auf 3 °C (innerhalb von 150 Minuten) unbedingt erforderlich, um so ein erneutes Wachsen dieser Keime bzw. das Auskeimen der Sporen zu verhindern. Im Hinblick auf das schnelle Abkühlen besteht eine Parallelität zu dem Cook-&-Chill-Verfahren. Der einzige, aber wichtige Unterschied zwischen beiden Verfahren besteht hierbei darin, daß beim Vakuumgaren die Lebensmittel durch die luftdichte Vakuumverpackung vor einer erneuten Kontamination durch Mikroorganismen besser geschützt sind. Deshalb dürfen beim Vakuumgaren die Abkühlzeiten etwas großzügiger gehandhabt werden als beim Cook-&-Chill-Verfahren. Falls jedoch die technischen Voraussetzungen vorhanden sind, ist auch beim Vakuumgaren die für das Cook-&-Chill-Verfahren erforderliche kürzere Abkühlzeit anzustreben (innerhalb von 90 Minuten auf +3 °C).

Vorteile des Garverfahrens

Der im Vakuum ebenfalls erniedrigte Sauerstoffpartialdruck bewirkt, daß oxidative Veränderungen an Lebensmittelinhaltsstoffen wesentlich verlangsamt ablaufen. Das betrifft beispielsweise die Fettsäureoxidation oder die oxidative Zerstörung von Antioxidantien wie von Vitamin E und von Vitamin C.

Das ordnungsgemäß gegarte und abgekühlte Lebensmittel kann in der ungeöffneten Vakuumverpackung wesentlich länger aufbewahrt werden als mit herkömmlichen Verfahren gegarte Gerichte, ohne daß es zu größeren geschmacklichen Beeinträchtigungen kommt. Auch die hygienische Sicherheit ist wesentlich größer. Voraussetzung ist jedoch, daß die Verpackung nicht beschädigt wird und damit ein Eindringen von Luft und Mikroorganismen aus der Umwelt ausgeschlossen werden kann. Es empfiehlt sich trotzdem, die mikrobiologische Sicherheit gegebenenfalls überprüfen zu lassen. Die Lagerdauer bei +3 °C ist produktabhängig und kann zwischen 5 Tagen und 3 Wochen liegen.

Das Vakuumgaren bietet insbesondere für das schonende Zubereiten von Lebensmitteln gegenüber herkömmlichen Garmethoden wesentliche Vorteile:

- die Garzeiten sind beträchtlich kürzer,
- die Verluste an empfindlichen Nahrungsbestandteilen sind wesentlich geringer, es gehen keine Inhaltsstoffe verloren (Garen im geschlossenen Beutel), das Ausmaß der thermischen und oxidativen Veränderungen ist wesentlich geringer,
- das Gargut bleibt saftiger und behält seinen typischen Eigengeschmack (Garen im eigenen Saft), der Einsatz von Gewürzen (einschließlich Speisesalz) kann vermindert werden, es eignet sich aus diesem Grund besonders für die Produktion von kochsalzarmen Diäten,
- das Vakuumgaren eignet sich für alle Lebensmittel mit einer hinreichend festen Konsistenz (Fleisch, Fisch, Geflügel, Gemüse),
- das Vakuumgaren ermöglicht die Nutzung von Sonderangeboten und in stoßfreien Zeiten ein Garen auf Vorrat (insbesondere in der Gastronomie).

Garzeiten und Gartemperaturen

Die erforderlichen Garzeiten hängen bei den erforderlichen unterschiedlichen Temperaturen in gewissem Maße von der Güte des erzielten Vaku-

Tabelle 11.2.2:
Richtwerte für Gartemperaturen beim Vakuumgaren, die gleichzeitig die zu erreichenden Kerntemperaturen sind

Fisch, Farcen	70 °C
Pasteten, Terrinen	75 °C
Fleisch mit lockerem Bindegewebe (Kalb, Geflügel, Schwein)	80 °C
Fleisch mit festem Bindegewebe (Rind, Lamm, Wild, Wildgeflügel)	100 °C
Gemüse, Pilze, Früchte	90 °C

ums ab (Leistungsfähigkeit des Vakuumiergeräts, Einhaltung der Vakuumierzeiten). Die Temperaturen sollten 100 °C nicht überschreiten, um die Vorteile des schonenden Garens voll zu nutzen. Auch beim Vakuumgaren ist die Temperatur für die Qualität des gegarten Lebensmittels von entscheidender Bedeutung und hängt von der Art des Garguts ab (siehe Tabelle 11.2.2).

Erforderliche Geräteausstattung

Die technischen und insbesondere die räumlichen Anforderungen hängen wesentlich von dem Umfang ab, in dem das Vakuumgarverfahren eingesetzt werden soll. Es ist selbstverständlich, daß ein leistungsfähiges Vakuumiergerät und ein moderner Kombidämpfer als unbedingt benötigte Grundausstattung vorhanden sein müssen, ebenso ein entsprechendes Hochleistungsgerät zum raschen Abkühlen (siehe Kap. 11.2.2.1). Ein manuelles Abkühlen in Eiswasser kann nur eine Notlösung sein, die sich nicht über einen längeren Zeitraum realisieren läßt und zu keinem Rationalisierungseffekt führt. Die für die Lagerung erforderliche Kühlkapazität hängt wesentlich von dem Umfang ab, in dem dieses Verfahren eingesetzt werden soll. Bei einem geplanten Einsatz als Sicherheitsreserve zusätzlich zu der üblichen Küchentechnik läßt sich dieses System auch nachträglich in eine bereits installierte Küche integrieren. Der zusätzliche Raumbedarf dürfte dabei nicht zu groß sein.

11.2.2.3 Niedrigtemperaturgaren (NT-Garen)

Das Niedrigtemperaturgaren ist sowohl ein sehr schonendes Garverfahren als auch ein äußerst ökonomisches Verfahren, das sich vorwiegend für das Garen von Fleisch eignet. Für das Garen von Gemüse ist es kaum geeignet, da die langen Garzeiten trotz der niedrigen Temperaturen zur Zerstörung von wasserlöslichen Vitaminen führen und auch die Qualität des gegarten Gemüses ungünstig beeinflussen. Das NT-Verfahren erfordert einen leistungsfähigen Konvektomaten, am geeignetsten sind jedoch spezielle, für dieses Garverfahren konzipierte Öfen.

Prinzip des Verfahrens

Bei dem NT-Verfahren werden die Lebensmittel bei zunächst höheren Temperaturen von 120 bis 180 °C für einen sehr kurzen Zeitraum angegart, wobei es gegebenenfalls zur Ausbildung einer Kruste kommen soll. Das anschließende Weitergaren („Reifen") erfolgt dann über einen längeren Zeitraum von mehreren Stunden und bei wesentlich niedrigeren Temperaturen von 50 bis 90 °C, die allerdings auch auf die Kerntemperatur zutreffen müssen. Die Wärmeübertragung geschieht bei diesem Reifen durch statische Hitze (keine Umluft). Die Luftfeuchtigkeit ist im Garraum deshalb sehr hoch und beträgt bei ordnungsgemäß funktionierender Abdichtung etwa 98 %. Dadurch erleidet das Gargut kaum meßbare Flüssigkeitsverluste (maximal 4 bis 5 %), es bleibt saftig. Wegen der langen Garzeit bestehen keine Unterschiede zwischen der Kerntemperatur und der Temperatur der Randbezirke. Das beim Aufschneiden des Bratens oft auftretende und gefürchtete Austreten von Bratensaft erfolgt nicht. Auf einen Temperaturausgleich muß nicht gewartet werden.

Ernährungsphysiologische Vorteile

Der ernährungsphysiologische Vorteil des NT-Garens liegt in dem langsam verlaufenden Garprozeß. Das kollagene Bindegewebe des Fleischs kann innerhalb dieser Zeit in beträchtlich größerem Ausmaß quellen. Dadurch wird das Fleisch besonders zart, und das gequollene Kollagen kann von den Verdauungssäften leicht aufgespalten werden.

Bei dem langsamen Garen bei niedrigen Temperaturen treten im Gargut keine wesentlichen Unterschiede im Wasserdampfdruck auf. Dadurch werden im Fleischinneren Spannungen vermieden, wodurch das Austreten von Fleischsaft weitgehend verhindert wird, das Fleisch bleibt saftig. Ein Übergaren und Austrocknen von Randzonen ist nicht zu befürchten. Das gesamte Gargut ist einheitlich gegart und die Schnittfläche einheitlich.

Die Kerntemperatur hat sich im Verlauf des Garprozesses an die Temperatur der Randschichten vollkommen angeglichen. Die Kerntemperatur liegt dabei oft vergleichsweise höher als bei klassischen Garmethoden mit kurzen Garzeiten. Die höhere und längere Zeit bestehende Kerntemperatur garantiert das Abtöten von Mikroorganismen, mit denen das Fleisch kontaminiert sein könnte, in wesentlich größerem Maße.

Die während des Garprozesses auftretenden Gewichtsverluste sind beträchtlich kleiner. Ein größeres Stück, das aber den gleichen Nährstoffgehalt hat wie eine klassisch gegarte und dabei geschrumpfte Vergleichsportion, vermittelt ein größeres Sättigungsgefühl (Bedeutung bei Reduktionskosten).

Küchentechnische und ökonomische Vorteile

Die küchentechnischen und ökonomischen Vorteile bestehen in der Möglichkeit, die Arbeitsorganisation besser zu gestalten, verbunden mit einer Zeiteinsparung. Vorhandene Geräte können besser ausgelastet werden, und dies gestattet, möglicherweise kostengünstigen Nachtstrom zu nutzen.

- Eine Kontrolle des Garprozesses ist nicht erforderlich, da ein Übergaren wegen der niedrigen Gartemperaturen ausgeschlossen ist.

- Die Beschickung des Konvektomaten während Zeiten relativer Arbeitsruhe vermeidet zusätzliches Garen während der Zeiten der intensiven Küchenarbeit, die frei werdende Zeit ermöglicht eine intensivere Arbeit bei den verbleibenden Speisenzubereitungen und trägt somit zu einer Qualitätsverbesserung bei.
- Die vorhandenen Konvektomaten können in der Zeit nach Küchenschluß (in den Nachtstunden) für das NT-Garen eingesetzt und damit effektiv genutzt werden. Bei kostengünstigem Nachtstrom werden gleichzeitig die Betriebskosten gesenkt.

Delta-T-Verfahren (ΔT-Verfahren)

Das ΔT-Verfahren ist ein Sonderverfahren des Niedrigtemperaturgarens. Es erfordert einen modernen Konvektomaten, der die Temperatur des Garraums unter Berücksichtigung der im Gargut herrschenden Kerntemperatur (Kontrolle und Regelung über Temperaturmeßsonde) automatisch auf die vorgewählte Gartemperatur regelt. Das ΔT-Verfahren ermöglicht bei den optimal niedrigen Temperaturen kürzeste Garzeiten und damit ein äußerst schonendes Garen.

11.3 Einfluß von Garprozessen auf Lebensmittelinhaltsstoffe

Lebensmittel und ihre Inhaltsstoffe werden im Verlauf der verschiedenen Garverfahren in unterschiedlichem Ausmaß verändert. Diese Veränderungen können den Wert des Lebensmittels in ungleichem Umfang und in recht unterschiedlicher Weise beeinflussen.

Folgende Veränderungen sind möglich:

- Aufschluß von Inhaltsstoffen
  Eine Reihe von Inhaltsstoffen kann nur durch adäquate Garprozesse aufgeschlossen werden, wodurch sie besser oder überhaupt erst verwertet werden können.
- Veränderung der Konsistenz
  Durch die Zerstörung von Zellwänden und Stützsubstanzen, insbesondere bei pflanzlichen Lebensmitteln, und durch Strukturveränderungen an Eiweißen (Denaturierung, Schrumpfen von kollagenem Bindegewebe) und dem Quellen von Stärke kann sich die Konsistenz eines Lebensmittels beträchtlich verändern (Weichwerden bzw. Verfestigen).
- Verluste von Inhaltsstoffen
  Die Verluste betreffen hauptsächlich wasserlösliche Inhaltsstoffe, vorrangig Vitamine und Mineralstoffe, die entweder ausgelaugt werden oder durch das Einwirken von äußeren Faktoren (hohe Temperaturen, Luftsauerstoff, UV-Licht, Säuren und Basen) zerstört werden können.

- Ausbildung von Röst- und Aromastoffen
  Röst- und Aromastoffe entstehen vorwiegend beim Einwirken von Hitze. Ihrer Bildung liegen unterschiedliche chemische Reaktionsmechanismen zugrunde. Eine besondere Bedeutung kommt dabei der nichtenzymatischen Bräunung (Maillard-Reaktion) zu. Eine Vielzahl von unterschiedlichen Substanzen, deren Bildung diesem grundlegenden Reaktionsmechanismus nicht zugerechnet werden können, entstehen in minimalen Mengen zusätzlich bei dem Einwirken von trockener Hitze auf Eiweiße.
- Farbveränderungen
  Die bei Garprozessen erfolgenden erwünschten bzw. unerwünschten Farbveränderungen an den Inhaltsstoffen von Lebensmitteln sind ebenfalls verschiedenen Reaktionsmechanismen zuzuordnen. Eine besondere Bedeutung kommt dabei einer Reihe von unterschiedlichen Oxidationsprozessen zu.
- Bildung von potentiell schädlichen Stoffen
  Im Vordergrund steht die Bildung von Nitrosaminen aus Nitrit und sekundären Aminen, die durch höhere Temperaturen wesentlich beschleunigt bzw. erst ermöglicht wird, und die Bildung von potentiell cancerogenen Substanzen aus aromatischen und heterozyklischen Aminosäuren beim Erhitzen von Eiweiß auf hohe Temperaturen.

Die Mehrzahl dieser Veränderungen an den Lebensmitteln sind erwünscht bzw. für die Verwertbarkeit des betreffenden Lebensmittels unerläßlich. Auf der anderen Seite können von den gebildeten Substanzen bei einigen Personen unerwünschte Reaktionen ausgelöst werden (unspezifische Unverträglichkeiten), die insbesondere bei Erkrankungen zu Störungen des Magen-Darm-Trakts führen und weitere Beeinträchtigungen nach sich ziehen können.

Die Gefahren, die von potentiell schädlichen Nebenprodukten von Garprozessen ausgehen können, werden meist überbewertet. Sie spielen wegen der äußerst niedrigen Bildungsrate bei einer vernünftigen vollwertigen Ernährung und dem Einsatz von adäquaten Garmethoden keine Rolle.

11.3.1 Aufschluß von Lebensmittelinhaltsstoffen

11.3.1.1 Veränderungen an Kohlenhydraten (Stärke)

Die in den pflanzlichen Lebensmitteln vorliegende Stärke ist ohne vorhergehendes Garen unverdaulich. Sie liegt in den Lebensmitteln in Form von

Stärkekörnern vor. In diesen Stärkekörnern sind Amylose und Amylopektin in kristallinen Strukturen angeordnet, die durch starke physikalische und physikochemische Bindungskräfte stabilisiert werden. Diese Stärke kann ohne vorhergehenden Aufschluß durch Quellen und Verkleistern weder durch die α-Amylase der Verdauungssäfte noch durch Enzyme der Darmbakterien aufgespalten werden.

Aufschluß der Stärke (Quellen und Verkleistern)

Die feste kristalline Struktur des Stärkekorns kann durch das Einlagern von Wasser gelockert werden. Dazu ist außerdem die Zufuhr von Energie in Form von Wärme erforderlich, die zum Quellen und anschließend zum Verkleistern der Stärke führt. Diese beiden Prozesse gehen nahtlos ineinander über, so daß meist nicht mehr zwischen Quellen und Verkleistern unterschieden wird, sie werden meist unter dem Begriff Verkleistern zusammengefaßt.

Ein Stärkekorn nimmt zwar bereits schon bei Zimmertemperatur sehr geringe Mengen an Wasser auf, allerdings sehr langsam und nur bis zu einem sehr geringen Grad. Zu einem echten Quellen der Stärke kommt es dabei noch nicht. Erst bei einer Temperaturerhöhung werden die Bindungen zwischen den einzelnen Stärkemolekülen so gelockert, daß es zu einer erhöhten Wassereinlagerung kommt, ohne daß das Stärkekorn zunächst aufgelöst wird. Der Umfang dieser Wasseraufnahme hängt nicht nur von der erreichten Temperatur, sondern auch von der Zusammensetzung des Stärkekorns ab (Verhältnis zwischen Amylose und Amylopektin und deren Molekulargewichten, Verzweigungsgrad des Amylopektins). Er ist um so größer, je höher der Amylopektinanteil in der Stärke ist. Mit fortschreitender Temperaturerhöhung werden die Bindungen zwischen den einzelnen Stärkemolekülen schließlich vollständig gelöst. Dadurch kommt es unter weiterer Wasseraufnahme zum Auflösen der Stärkekörner. Die Stärkemoleküle bilden zusammen mit ihren Wasserhüllen einen Stärkekleister. Die Viskosität der Stärkelösung nimmt dadurch beträchtlich zu.

Die Temperaturen, bei denen die verschiedenen Stärken verkleistern, unterscheiden sich geringfügig, im wesentlichen auf Grund von unterschiedlichen Mengenverhältnissen, in denen Amylose und Amylopektin vorliegen. Das Verkleistern beginnt bei 60 bis 65 °C. Die Viskosität nimmt mit ansteigender Temperatur zu, die höchste Viskosität wird zwischen 79 und 96 °C erreicht. Bei einer weiteren Temperaturerhöhung bzw. einem längeren Einwirken der hohen Temperaturen nimmt die Viskosität wieder ab, die lockeren Bindungen zwischen den einzelnen, mit einer Wasserhülle umgebenen Stärkemolekülen werden immer mehr gelockert. Dieser Effekt ist für das beim langen Kochen zu beobachtende Dünnerwerden von angedickten Speisen verantwortlich.

Der typische Mehlgeschmack von gerade ausgequollenen Mehlsuppen ist durch die in Lösung überführte Amylose bedingt. Die Amylosemoleküle sind zwar bereits vollständig in Wasser gelöst, aber ihre typische Raumstruktur (spiralförmige Anordnung des Makromoleküls, siehe Kap. 3.3.5.1) ist noch erhalten. Diese kompakte Raumstruktur ist für diesen Mehlgeschmack verantwortlich. Durch längeres Kochen (mindestens 15 Minuten) wird diese Raumstruktur schrittweise zerstört. Der Mehlgeschmack verschwindet, sobald (nahezu) alle Amylosemoleküle in einer ungeordneten Form vorliegen. Der Mehlgeschmack kann auch durch das Bereiten einer Mehlschwitze (Roux) beseitigt werden. Durch das in Fett erfolgende Erhitzen auf Temperaturen über 100 °C wird die feste Raumstruktur der Amylose rascher zerstört als beim Kochen in Wasser. Beim Erhitzen in Fett auf Temperaturen oberhalb von 100 °C werden Amylosemoleküle außerdem schrittweise in kleinere, aber noch höhermolekulare Bruchstücke gespalten. Beim intensiveren und längeren Erhitzen werden auch einige Dextrine gebildet. Bei der Bereitung einer dunklen Mehlschwitze kommt es zusätzlich zu nichtenzymatischen Bräunungsreaktionen, wobei Melanoidine und Aromastoffe gebildet werden. Da die Struktur der Stärkemoleküle bei der Zubereitung einer Mehlschwitze teilweise verändert wird, nimmt die Wasserbindungskapazität von Mehlschwitzen mit zunehmender Erhitzungsdauer ebenfalls ab.

Gelbildung und Regradation der Stärke

Beim Abkühlen verfestigt sich ein nicht zu stark verdünnter Stärkekleister wieder. Zwischen den einzelnen Stärkemolekülen bilden sich dabei Wasserstoffbrücken aus. Dieser sog. Puddingeffekt bildet sich ab Temperaturen von etwa 38 °C aus. Dabei lagert sich ein kleiner Teil der Amylosemoleküle so eng zusammen, daß es zur Ausbildung von Amylosekristallen kommt. Diese kristalline Stärke kann nicht wieder in Lösung gebracht werden. Das gelingt auch nicht durch ein erneutes Erwärmen. Es ist lediglich möglich, zusammengeklumpte Aggregationen von solchen Kristallen durch intensives Rühren fein zu verteilen. Die in Form von Amylosekristallen vorliegende unlösliche Stärke kann deswegen von den Verdauungssäften nicht gespalten werden. Sie wird als regradatierte Stärke der resistenten Stärke zugeordnet (siehe auch Kap. 3.3.7).

Amylopektin zeigt ein anderes Verhalten als Amylose. Es kristallisiert beim Abkühlen nicht aus und kann deshalb von den Verdauungssäften vollständig aufgespalten werden.

In Abhängigkeit vom Verhältnis, in dem in der jeweiligen Stärke Amylose und Amylopektin vorliegen, bilden sich beim Abkühlen von verkleisterter Stärke relativ durchscheinende, lockere Gele (hoher Anteil an Amylopektin) bzw. trübere, festere Produkte (hoher Anteil an Amylose) aus. Für die Auswahl der jeweiligen Stärkesorte ist deswegen der vorgesehene Verwendungszweck entscheidend. Für die Herstellung von Süßspeisen werden daher die gängigsten Stärkesorten (Getreide- und Kartoffelstärke sowie Tapiokastärke) bevorzugt, die einen relativ niedrigen Amyloseanteil von etwa 20 bis 25 % aufweisen und klare Gele bilden. Für die Herstellung von tiefgefrorenen Convenience-Produkten werden dagegen Stärken mit einem wesentlich höheren Amylopektinanteil bevorzugt. Besonders amylopektinreiche Stärken sind die sog. Wachsstärken. Es handelt sich dabei um Stärken, die aus speziellen Züchtungen von Mais, Reis oder Hirse gewonnen werden (mit klassischen Züchtungsmethoden gewonnenes Saatgut, gentechnische Verfahren sind bisher offenbar noch nicht eingesetzt worden).

Ein besonderes Verhalten zeigt verkleisterte Kartoffelstärke, die beim Abkühlen weniger leicht Gele bildet. Sie bleibt bei vergleichbaren Konzentrationen länger flüssig und neigt zum Fadenziehen. Dieses spezielle Verhalten hängt allerdings stark von der in dem Stärkekleister vorliegenden Salzkonzentration ab.

Zellulose

Zellulose kann durch die Verdauungssäfte prinzipiell nicht gespalten werden. Sie wird bei den üblichen Garprozessen nicht verändert. Lediglich bei Temperaturen oberhalb von 100 °C, die beim Dampfdruckgaren auftreten, wird sie geringfügig hydrolysiert. Dabei wird das Molekulargewicht der Zellulose infolge des Sprengens von intramolekularen Bindungen zwar etwas verkleinert, und auch ihre Struktur wird etwas gelockert, aber dabei keine freie Glucose abgespalten. Die Verkleinerung der Moleküle und die Auflockerung der Zellulosefasern ermöglicht keine Spaltung durch die Verdauungssäfte des Menschen, sie verbessert lediglich die Angriffsmöglichkeit durch Darmbakterien und damit die Zelluloseverwertung durch die Darmflora.

Karamel

Beim langsamen Erhitzen von Rohrzucker bildet sich Karamel. Im Verlauf dieser Karamelisierung wird aus dem Zuckermolekül Wasser abgespalten (das als Wasserdampf verflüchtigt). Das Zuckermolekül wird dabei zersetzt, und es wird eine Vielzahl von Abbauprodukten gebildet. Diese sind verschiedenen chemischen Gruppen zuzuordnen und sind für das Aroma und die Farbe des Karamels verantwortlich. Die Mengen, die von den einzelnen Abbauprodukten gebildet werden, sind nicht konstant, sie schwanken in Abhängigkeit von der Höhe der einwirkenden Temperatur und der Dauer des Prozesses. In Abhängigkeit davon kann auch das Aroma vom Karamel differieren. Wichtige Karamelisierungsprodukte sind Maltol, ein Geschmacksverstärker (siehe Kap. 5.6.2), und Diacethyl.

Bei höheren Temperaturen werden die Zucker und auch Stärke weiter zersetzt unter Bildung von andersartigen Zersetzungsprodukten. Diese sind dann für den bitteren, nach Verbranntem schmeckenden Geschmack verantwortlich. Der bei vollständiger Zersetzung zurückbleibende Kohlenstoff ist praktisch geschmacklos. Allerdings sind einige der Zersetzungsprodukte, die bei höheren Temperaturen gebildet werden, relativ stabil gegenüber höheren Temperaturen.

11.3.1.2 Veränderungen an Eiweißen

Die Vielfältigkeit der Nahrungseiweiße und ihre unterschiedlichen räumlichen Strukturen, in denen sie in den verschiedenen eiweißhaltigen Lebensmitteln vorliegen, erlauben nur wenige allgemeingültige Aussagen über Veränderungen im Verlauf eines Garprozesses und die dadurch entstehenden ernährungsphysiologischen Konsequenzen. Hinzu kommt, daß eiweißhaltige Lebensmittel eine Vielzahl von anderen Inhaltsstoffen enthalten, die bei den Garprozessen ebenfalls verändert werden und dabei mit Eiweißen reagieren.

11.3.1.2.1 Prinzipielle Veränderungen an Eiweißen

Allen Eiweißen ist gemeinsam, daß ihre geordnete Raumstruktur bei ablaufenden Garprozessen zerstört wird. Diese Veränderungen werden unter dem Begriff einer Denaturierung zusammengefaßt (siehe Kap. 3.4.1.2). Zu weitreichenden Veränderungen, in deren Verlauf auch die am Aufbau der Eiweiße beteiligten Aminosäuren in unterschiedlichem Ausmaß verändert werden, kommt es erst bei höheren Temperaturen oder bei dem Einwirken von starken Säuren oder Laugen.

Eiweißdenaturierung

Aus ernährungsphysiologischer Sicht ist von Bedeutung, daß denaturierte Eiweiße, von wenigen Ausnahmen abgesehen, wesentlich leichter verdaulich sind als native Eiweiße. Ursache hierfür ist die meist rein räumlich bessere Zugänglichkeit der Säureamidbindungen innerhalb der Peptidketten.

Die Hitzedenaturierung ist bei Garprozessen der wichtigste Denaturierungsmechanismus. Die Temperatur, bei der die Raumstruktur der Eiweiße zerstört wird, ist bei den einzelnen Eiweißen unterschiedlich hoch. Sie liegt meist zwischen 60 und 80 °C. In einer wäßrigen Phase gelöste Eiweiße koagulieren und fällen als Flocken aus. Koaguliertes Eiweiß kann nur in den seltensten Fällen wieder in Lösung gebracht werden. Auch diese ausgeflockten Eiweiße werden in der Regel von den Proteasen der Verdauungssäfte sehr gut aufgeschlossen. Nur in Ausnahmefällen und unter bestimmten Bedingungen bilden sich bei dieser Denaturierung kompakte Strukturen, die für die Verdauungsenzyme schwer zugänglich sind und deswegen langsamer gespalten werden (z. B. schwer verdauliche hartgekochte Eier).

Durch das Einwirken von verdünnten Säuren werden ebenfalls Eiweiße denaturiert und in vielen Fällen anschließend ausgefällt. Die Geschwindigkeit, mit der diese Denaturierungsprozesse ablaufen, hängt von der Stärke der Säure und ihrer Konzentration ab. Auch die Geschwindigkeit, mit der die Säure in die unterschiedlich kompakten Lebensmittel eindringen kann, entscheidet mit über die Zeitspanne, die bis zu einer vollständigen Denaturierung verstreicht. In der Regel dauert dieser Prozeß einige Tage wie beispielsweise bei der Bereitung von Fischmarinaden (saurer Hering).

Bei der Denaturierung durch Alkali fällen gelöste Eiweiße meist nicht aus, und native kompakte Eiweißstrukturen werden in der Regel verflüssigt*.

Thermische Zersetzung von Eiweißen

Bei dem Einwirken von höheren Temperaturen kommt es zu einer fortschreitenden Zersetzung von Eiweißen. In den Eiweißmolekülen werden zunächst Wasserstoffatome entfernt. Es entstehen dabei eine Vielzahl von Zersetzungsprodukten, die vom Körper nicht mehr verwertet werden können. Eine weitere Temperaturerhöhung führt zu zusätzlichen Veränderungen, die über Zwischenstufen schließlich zur Verkohlung des Eiweißes führen. Eine Vielzahl der dabei gebildeten Produkte sind als Röst- und Aromastoffe für den charakteristischen Geschmack der betreffenden Speisen verantwortlich. Einige fallen allerdings durch einen unangenehm stechenden Geruch und einen bitteren Geschmack auf, wie beispielsweise der Geruch von verbrannten Haaren und Nägeln oder von verkohlten Spiegeleiern, der auf Zersetzungsprodukte von schwefelhaltigen Aminosäuren zurückzuführen ist. Darüber hinaus kommt es auch zur Bildung von potentiell cancerogenen Substanzen.

Beim Einwirken von Temperaturen über 150 °C werden Aminosäuren thermisch zersetzt (sog. Pyrolyse). Bei dieser Pyrolyse werden die meisten Aminosäuren in Wasser, Kohlendioxid und Stickoxide umgewandelt, und bei der Zersetzung von schwefelhaltigen Aminosäuren entstehen übelriechende schwefelhaltige Oxide. Die Pyrolyse von aromatischen und heterozyklischen Aminosäuren (Phenylalanin, Tyrosin und Tryptophan) führt u. a. zur Bildung einer Vielzahl von Substanzen, die als Aromastoffe

* Alkaliverätzungen sind deswegen besonders gefährlich, als erste Hilfemaßnahme ist umgehend mit reichlich Wasser, anschließend mit verdünnter schwacher Säure (Essigsäure, Zitronensäure) zu spülen und sofort ein Arzt aufzusuchen.

wirken oder die in höheren Konzentrationen potentielle cancerogene Eigenschaften aufweisen können. Eine solche schädigende Eigenschaft konnte im Reagenzglas nachgewiesen werden (Modellversuche an speziellen Bakterienstämmen, Veränderungen an den Nucleinsäuren der Bakterien). Bei der Verfütterung solcher Substanzen an Versuchstiere konnte eine solche schädliche Wirkung bisher nicht bestätigt werden, auch nicht mit Konzentrationen, die höher als im Modellversuch waren und bei der entsprechenden Zubereitung von Speisen nie erreicht werden. Die Konzentrationen dieser potentiell cancerogenen Substanzen sind in erhitzten eiweißhaltigen Lebensmitteln sehr gering. Sie können nur mit hochempfindlichen Methoden nachgewiesen werden. Man kann davon ausgehen, daß beim Verzehr von gebratenem oder auf dem Elektrogrill gegartem Fleisch eine cancerogene Gefahr nicht besteht. Die aufgenommenen Konzentrationen sind offenbar zu gering, außerdem werden diese Substanzen wahrscheinlich von den gleichzeitig gebildeten Melanoidinen (siehe Kap. 11.3.1.2.2.3) und von Ballaststoffen gebunden und mit diesen im Stuhl ausgeschieden.

11.3.1.2.2 Veränderungen an Fleisch und Fisch

Beim Garen von Fleisch können besonders typische Veränderungen beobachtet werden. Diese sind bedingt durch die komplexe räumliche Struktur der Muskulatur der Schlachttiere und durch die Besonderheiten der am Aufbau beteiligten unterschiedlichen Eiweiße (siehe Kap. 5.1.2.1 und 5.1.5.1). Beim Garen von Fisch sind diese Besonderheiten weniger stark ausgeprägt.

11.3.1.2.2.1 Einfluß von Unterschieden im strukturellen Aufbau auf den Garprozeß

Wesentlichen Einfluß auf den Garprozeß und den Geschmackswert des gegarten Fleischs haben folgende Bestandteile und ihre unterschiedlichen Relationen und Feinstrukturen:

- Menge und Organisation (Verdrillung und Vernetzung) des Bindegewebes,
- Menge des eingelagerten Fetts,
- Ausmaß der erfolgten Lockerung des Bindegewebes (siehe Kap. 11.3.1.2.2.2).

Beschaffenheit des Bindegewebes

Der Bindegewebsanteil der einzelnen Fleischstücke ist höher, als vielfach angenommen wird. Er beträgt im nicht zerlegten Fleisch etwa 12 %, bei parierten Fleischteilen immerhin noch durchschnittlich 7 %. Der Bindegewebsgehalt der einzelnen Fleischstücke ist unterschiedlich groß. Das bindegewebsreichste Fleischstück ist die Rinderhesse, den geringsten Bindegewebsanteil hat die Lende, insbesondere das Filetstück. Der Bindegewebsgehalt der einzelnen Fleischpartien bleibt auch mit zunehmendem Alter konstant, die Bindegewebsfasern werden aber immer stärker verdrillt und untereinander vernetzt (siehe Kap. 5.1.2.1.1).

Der Bindegewebsgehalt des Fischfleischs ist im Vergleich zum Fleisch der Schlachttiere gering. Das Bindegewebe der Fische ist außerdem sehr locker strukturiert, da es mechanisch wesentlich weniger beansprucht wird. Es wird deshalb bei Garprozessen im Gegensatz zum Bindegewebe des Fleischs sehr rasch aufgeschlossen und kann von den Verdauungssäften gut gespalten werden. Die Aufschließbarkeit des Bindegewebes des Fleischs von Schlachttieren kann durch verschiedene Verfahren verbessert werden (siehe Kap. 11.3.1.2.2.2).

Einlagerung von Fett (Marmorierung)

Das in die Muskulatur (d. h. in den Muskelzellen) eingelagerte Fett macht etwa 2 % der gesamten Fleischmasse aus. Das als Depotfett abgelagerte Fett wird in den Fettdepots im Unterhautfettgewebe (Speck) und in den Räumen zwischen den einzelnen Muskelpaketen abgelagert. Dieses Fett kann bei der Verarbeitung leicht entfernt werden. Die Menge des in der Muskulatur eingelagerten Fetts bleibt nahezu konstant, sie nimmt mit zunehmendem Alter der Schlachttiere eher leicht ab. In diesem Fett sind eine Vielzahl von fettlöslichen Stoffen gelöst, die teilweise Vorläufer von Aromastoffen sind. Die Bildung der eigentlichen Aromastoffe erfolgt durch die Wärmeeinwirkung während des Garprozesses. Die Marmorierung des Fleischs ist daher für den saftigen Geschmack des gegarten Fleischs von entscheidender Bedeutung, da es diese beim Garprozeß gebildeten fettlöslichen Aromastoffe als Geschmacksträger bindet. Weitere Aromastoffe werden durch die thermische Umwandlung von Lipiden des intramuskulären Fetts gebildet.

11.3.1.2.2.2 Lockerung der Fleischstruktur (Fleischreifung)

Die straffe Struktur des Bindegewebes, die bei einem Garprozeß, der sich sofort an die Schlachtung anschließt, zu einem Hartwerden der Fleischstücke führen würde, kann durch eine Vorbehandlung des schlachtfrischen Fleischs weitgehend vermieden werden. Zu diesen als Fleischreifung bezeichneten Verfahren sind zu rechnen

- Abhängen des Fleischs (Fleischreifung im engeren Sinn),
- Behandlung des Fleischs mit sog. Zartmachern,
- Einlegen der Fleischstücke in eine Marinade.

Fleischreifung

Bei der Reifung des schlachtfrischen Fleischs durch Abhängen wird das straffe Gefüge des Bindegewebes durch den partiellen Abbau des Kollagens gelockert.

Die Fleischreifung ist ein Prozeß, der durch den noch intakten Stoffwechsel der Muskelzellen katalysiert wird, der aber wegen des Todes des Tiers wesentliche Einschränkungen erfährt. Mit dem Tod eines Tiers kommen die Atmung und der Blutkreislauf zum Stillstand. Aus diesem Grund kann der Muskel nicht mehr mit Sauerstoff und Nährstoffen versorgt werden. In den Muskelzellen können folglich nur noch anaerobe Stoffwechselprozesse ablaufen, und diese lediglich in begrenzten Umfang. Zusätzlich ist der Abtransport von Stoffwechselprodukten nicht mehr möglich, die daher in den Muskelzellen liegenbleiben.

In der ersten Phase nach der Schlachtung verfestigt sich das schlachtfrische Fleisch, es kommt zur Totenstarre. Die Totenstarre bildet sich beim Rind innerhalb von 10 bis 24 Stunden, beim Schwein im Laufe von etwa 6 Stunden und beim Geflügel innerhalb von 2 bis 4 Stunden aus. Ursache der Totenstarre ist eine Säuerung und insbesondere eine drastische Abnahme des ATP-Gehalts innerhalb der Muskelzellen, wodurch sich die kontraktilen Muskeleiweiße verfestigen. Ursache für die Erniedrigung des p_H-Werts ist der anaerobe Abbau des Muskelglykogens durch die noch funktionsfähigen Enzyme der Muskelzellen, die deren Abbau über die Glykolyse katalysieren. Die am Ende des Glykolysewegs anfallende Brenztraubensäure kann wegen des Fehlens von Sauerstoff nicht weiter verbrannt werden (dadurch wird auch kein ATP regeneriert) und wird deshalb in Milchsäure umgewandelt, die in den Muskelzellen liegenbleibt (siehe auch Kap. 3.3.6.3). Der p_H-Wert des schlachtfrischen Fleischs wird durch diesen Anstau von Milchsäure innerhalb von 24 Stunden von p_H 6,5 auf p_H 5,4 gesenkt.

Der niedrige p_H-Wert, der gleichzeitig bestehende Energiemangel und weitere Störungen im Zellstoffwechsel führen zu einem begrenzten Abbau von Eiweiß. Eine besondere Rolle spielen dabei die Lysosomen der Muskelzellen, die aufbrechen und dadurch die in ihnen enthaltenen Enzyme freisetzen. Diese vorzugsweise im schwach sauren Bereich wirkenden Hydrolasen spalten Makromoleküle wie Nucleinsäuren und Eiweiße (siehe Kap. 2.1). Im Verlauf dieses partiellen Eiweißabbaus kommt es in den Muskelzellen zu einer Freisetzung von Kalziumionen. Diese Kalziumionen greifen an den Myofibrillen (intrazelluläre Muskelfasern) an, wodurch die Muskelstarre wieder gelöst wird.

Die p_H-Senkung macht das Fleisch widerstandsfähiger gegenüber einer Besiedlung durch zahlreiche Mikroorganismen und wertet das Fleisch in geschmacklicher Hinsicht auf. Milchsäure ist eine Genußsäure. Bei

p_H-Werten unterhalb von 5,8 ist auch die Pökelbereitschaft des Fleischs erhöht.

Für die Fleischreifung ist das Kathepsin von besonderer Bedeutung, das aus den Lysosomen freigesetzt wird. Es spaltet bevorzugt Peptidbindungen in den Eiweißen der Muskelzellmembranen und des Kollagens, ohne daß dabei das kontraktile Eiweiß der Muskelzellen in merklichem Maße angegriffen wird. Nach der zunächst erfolgenden Andauung der Zellmembranen der Muskelzellen kann das Kathepsin aus den Zellen austreten und die Bindegewebsfasern zwischen den einzelnen Muskelbündeln angreifen und lockern.

Diese als Fleischreifung bezeichnete Lockerung der Fleischstruktur beginnt zwar bereits kurze Zeit nach dem Schlachtprozeß, sie benötigt aber bei den üblichen Reifungstemperaturen von etwa 3 °C eine gewisse Zeit, die von der Tierart und dem Vernetzungsgrad des kollagenen Bindegewebes abhängt (Alter der Tiere). Sie beträgt bei Geflügel mindestens 36 und beim Schwein 60 Stunden, beim Kalb 7 und beim Rind mindestens 14 Tage. Die Reifungsdauer kann insbesondere beim Rind durch eine entsprechend geregelte Abkühlungs- und Reifungstemperatur im zeitlichen Verlauf gesteuert werden. Diese Möglichkeit wird besonders bei hochwertigem frischem Importfleisch genutzt, das während des Transports reift wie beispielsweise argentinisches Rind oder Neuseelandlamm. Es muß allerdings darauf geachtet werden, daß die Reifungstemperatur nicht zu tief absinkt, da Kathepsin relativ kälteempfindlich ist. Die Folge wäre ein irreversibler Stopp des Reifungsprozesses.

Parallel zu diesen Prozessen, die zu einer Lockerung des Fleischgefüges führen, kommt es auch zu enzymatischen Veränderungen an den Fetten, Nucleinsäuren und an einigen freien Aminosäuren, wobei eine Vielzahl verschiedener Aromastoffe gebildet wird. Bei dem partiellen Abbau von Nucleinsäuren werden Guanylsäure und Inosinsäure freigesetzt, die effektive Geschmacksverstärker sind.

Mit der Erniedrigung des p_H-Werts sinkt gleichzeitig das Wasserbindungsvermögen des Muskeleiweißes, wodurch ein Teil des zwischen den Muskelfasern gebundenen Wassers freigesetzt wird und bei Verletzungen an den Bindegewebshüllen der Muskeln abtropfen kann.

Diese Abnahme des Wasserbindungsvermögens hat auch für die Herstellung von Brühwürsten Konsequenzen. Schlachtwarmes Fleisch ist in der Lage, zusätzliches Fremdwasser zu binden, so daß sich durch Kuttern Fleisch, Fett und zusätzliches Wasser leicht zu einer stabilen Fett-Eiweiß-Wasser-Emulsion, dem sog. Brät, verarbeiten läßt und die Herstellung von Brühwürsten ermöglicht. Bei niedrigen p_H-Werten nimmt das Wasserbindungsvermögen stark ab, so daß es nicht mehr möglich ist, die für die Brühwurst erforderliche Menge an Wasser im Brät unterzubringen. Bei einer erneuten Erhöhung des p_H-Werts *nimmt zwar das Bindungsvermögen wieder zu, es erreicht aber bei weitem nicht wieder den Ausgangswert des schlachtfrischen Fleischs. Dieses ungenügende Wasserbindungsvermögen kann durch den Zusatz von Kutterhilfsstoffen ausgeglichen werden, wofür vorrangig die in diesen enthaltenen Diphosphate verantwortlich sind.*

Der Reifeprozeß kommt nach einiger Zeit zum Stillstand, da die Milchsäure von den Eiweißen des Fleischs und insbesondere von den bei der Kathepsinwirkung gebildeten Peptiden schrittweise abgefangen wird (Eiweiße und Peptide sind ausgezeichnete Puffersysteme). Neue Milchsäure kann wegen des bereits erfolgten vollständigen Abbaus des Glykogens nicht mehr nachgeliefert werden. Als Folge steigt der p_H-Wert im Fleisch wieder an. Er sollte bei gut abgehangenem Fleisch aber nicht über einem p_H-Wert von 6 liegen.

Bei einem p_H-Wert des Fleischs größer als 6,0 geht die geringere Anfälligkeit des ordnungsgemäß gereiften Fleischs gegenüber der Vermehrung von solchen Mikroorganismen schrittweise verloren, die im sauren Milieu nicht wachsen können. Die Keime, die natürlicherweise das Fleisch belasten, und andere Keime, mit denen unsachgemäß gelagertes Fleisch kontaminiert werden kann, können sich in diesem Fall auf dem Fleisch vermehren. Sie bewirken einen weiteren Anstieg des p_H-Werts und führen damit zu einem raschen Verderb, insbesondere durch ein schnelles Wachstum von Fäulniserregern.

<u>Besonderheiten der Fleischreifung bei Wild:</u> Der Glykogengehalt in der Muskulatur des erlegten Wilds ist im Gegensatz zu dem der Schlachttiere starken Schwankungen unterworfen. In der Regel ist er sehr niedrig, bedingt durch die ständige Bewegung der Tiere in der freien Wildbahn und infolge eines bereits erfolgten Abbaus wegen des Stresses bei einer Hatz oder der Flucht bis zum Tod. Daher ist die Milchsäurebildung im Fleisch der Wildtiere weniger ausgeprägt und der p_H-Abfall geringer. Unter diesen Bedingungen ist ein längeres Abhängen der erlegten Tiere zwecklos, es führt zu keiner Verbesserung der Fleischqualität. Es besteht vielmehr die Gefahr eines raschen Befalls mit Fäulniserregern. Das Auftreten des typischen strengen Geruchs von zu lange abgehangenem Wild (Hautgout) ist ein Zeichen einer bereits begonnenen Zersetzung von Eiweiß. An Stelle eines längeren Abhängens ist ein ausgiebiges Marinieren in einer schwach sauren Marinade wesentlich besser geeignet, das Bindegewebe aufzulockern und eine ausreichende Zartheit zu erreichen.

Ein Großteil des heute zum Verkauf angebotenen Wilds ist relativ jung. Deshalb ist bei diesen Tieren das Bindegewebe noch nicht so stark verdrillt und vernetzt, so daß es bei den gängigen Garverfahren hinreichend gelockert werden kann. Das Fleisch der nur in geringer Anzahl anfallenden älteren Tiere (alte Hirsche) sollte darum für Gerichte eingesetzt werden, die eine besonders lange Garzeit erfordern und auch gestatten (langsam durchgeschmorte Ragouts).

Für Wild (Haarwild und Federwild), das in Gattern oder Volieren gehalten wird, treffen diese Besonderheiten nicht zu, falls der Schlachtvorgang unter den gleichen Bedingungen wie bei Schlachttieren erfolgt.

Behandlung mit Zartmachern („Tenderizers")

Bei diesem Verfahren wird das Fleisch mit eiweißspaltenden Enzymen behandelt, die aus Pflanzen gewonnen werden. Diese Methode ist in der Bundesrepublik erlaubt, sie wird aber kaum eingesetzt. Eine Anwendung muß eindeutig deklariert werden (beim Fleisch und den anderen Schlachtprodukten). Zartmacher werden aber international relativ häufig benutzt, da das Verfahren kostengünstig ist und dadurch auch das Fleisch älterer Schlachttiere mürbe gemacht werden kann.

Die Behandlung mit Zartmachern wird bevorzugt in Anwendung gebracht, wenn das Fleisch zum Kurzbraten verwendet werden soll und somit besonders zart sein muß. Eine einfache Behandlung der Oberfläche der Fleischstücke (vom Handel werden für den Haushalt entsprechende Präparate gelegentlich angeboten) führt zu keinem befriedigenden Ergebnis, da die Zartmacher nicht tief genug in das Fleisch eindringen können. Die Oberfläche des so behandelten Fleischstücks zeigt nach dem Braten eine relativ weiche Beschaffenheit, während das Innere verhältnismäßig zäh bleibt. Die effektivste Anwendung von Zartmachern ist die Injektion direkt vor oder sofort nach der Schlachtung in den Muskel oder in die arteriellen Blutgefäße. Die zartmachende Wirkung setzt erst nach der Schlachtung (bei der Injektion unmittelbar vor der Schlachtung) beziehungsweise beim Erhitzen des Fleischstücks auf 70 bis 85 °C ein (die Kerntemperatur ist dann auf 30 bis 50 °C angestiegen, Temperaturoptimum der Proteasen).

Bevorzugt verwendete Enzyme sind das Papain (aus Papayafrüchten gewonnen), das Bromelin (aus Ananas gewonnen) und das Ficin (aus Feigen gewonnen). Der Saft der Papayafrüchte wurde bereits von den Indianern zur Fleischreifung eingesetzt.

Marinieren

Beim Einlegen von Fleisch in eine saure Marinade (Essig oder trockener Rotwein) kommt es zu einem Quellen der Eiweiße einschließlich des Kollagens und zu einer Aktivierung des Kathepsins, sobald der p_H-Wert auch im Inneren der Muskelzellen erniedrigt worden ist. Beim Marinieren mit Essig muß jedoch darauf geachtet werden, daß der p_H-Wert im Fleisch nicht zu stark absinkt, da sonst das Kathepsin inaktiviert werden kann. Es empfiehlt sich deswegen, die Konzentration an Essigsäure niedrig zu halten oder doch besser Rotwein zu benutzen. In der Regel muß hinreichend lange mariniert werden, damit der Marinade genügend Zeit zur Verfügung steht, um bis in das Innere des Fleischstücks zu diffundieren. In der ersten Phase des Marinierens werden die Säuren zunächst noch für kurze Zeit durch die Muskelproteine abgepuffert. Es kann davon ausgegangen werden, daß die Marinade innerhalb eines Tags etwa 1 cm tief eindringt. Eine Ausnahme ist das Marinieren mit relativ hoch konzentriertem Essig (Schnellmarinade), dessen Einsatz sich für ein notfalls erforderliches schnelles Marinieren eignet. Dieses Vorgehen sollte jedoch nur ausnahmsweise praktiziert werden, da das Kathepsin auf Grund der raschen p_H-Senkung im Fleisch inaktiviert wird, ehe es seine zartmachende Wirkung entfalten kann. Die vergleichsweise hohe Säurekonzentration in der Marinade sorgt lediglich für ein schnelleres Quellen des kollagenen Bindegewebes. Aus diesem Grund ist diese Art des Marinierens lediglich bei Schmorbraten mit längeren Garzeiten von Nutzen wie auch bei den klassischen Sauerbraten.

11.3.1.2.2.3 Veränderungen bei Hitzeeinwirkung

Kochen von Fleisch

Beim langsamen Erwärmen von Fleisch in Gegenwart von Wasser laufen mehrere Prozesse parallel ab. Die wichtigsten betreffen Veränderungen an den faserförmig angeordneten Muskelzellen, Veränderungen am Bindegewebe und den Austausch von wasserlöslichen Substanzen zwischen Fleisch und umgebendem Wasser.

Quellen der Eiweißmoleküle: Mit langsam ansteigender Temperatur wird zwischen die fibrillär angeordneten Eiweißmoleküle der Muskelzellen und insbesondere zwischen die Bindegewebsfasern zunehmend Wasser eingelagert. Diese Aufnahme von Wasser führt zum Quellen der Eiweiße. Diese Wassereinlagerung ist um so umfangreicher, je langsamer die Temperaturerhöhung erfolgt. Für das spätere Weichwerden von Fleisch mit stark vernetztem Bindegewebe ist deshalb sehr wichtig, daß für diese nur langsam verlaufende Lockerung der Kollagenstruktur möglichst viel Zeit zur Verfügung steht. Ein mit entscheidender Prozeß für dieses Lockern und Aufbrechen der Kollagenstrukturen ist weiterhin das Aufbrechen von hitzelabilen Quervernetzungen zwischen den einzelnen Kollagenfasern. Dadurch wird ein geringer Teil des Kollagens bei Temperaturen oberhalb von 40 °C wasserlöslich und als wasserlösliche Gelatine extrahiert.

Der Prozeß der Überführung von Kollagen in Gelatine kommt beim Überschreiten einer Grenztemperatur zunächst zum Stillstand, da sich das noch nicht aufgelöste Kollagen oberhalb dieser sog. Schrumpftemperatur zusammenzieht und ein festes und relativ hartes Netzwerk bildet. Dabei werden die bereits gebildete Gelatine und Extraktivstoffe (siehe unten) aus dem Fleischstück herausgepreßt. Das Fleisch wird zunächst zäh. Das weitere Quellen des Kollagens und seine Überführung in Gelatine erfolgt oberhalb der Schrumpftemperatur wesentlich langsamer. Daher ist das Weichkochen von Fleisch ein verhältnismäßig langsam verlaufender Prozeß, dessen Dauer wesentlich von der Beschaffenheit des Bindegewebes abhängt.

Die Schrumpftemperaturen des Bindegewebes der verschiedenen Tiere (Schlachttiere und Fische) unterscheiden sich beträchtlich:

Fischkollagen	etwa 45 °C,
Kollagen von Schlachttieren	etwa 60 bis 65 °C.

Die Schrumpftemperatur des Kollagens ist nicht mit der Gartemperatur identisch. Die Gartemperatur ist die Temperatur, bei der alle Eiweiße des Fleischs denaturiert sind. Die Gartemperaturen liegen allerdings meist nur gering oberhalb der Schrumpftemperatur, bei etwa 65 bis 70 °C. In der Praxis muß allerdings berücksichtigt werden, daß für das sichere Garen eines Fleischstücks entscheidend ist, daß auch die Kerntemperatur auf diese Höhe ansteigt. Fleisch und Fisch sind deswegen hinreichend gegart, wenn die Kerntemperatur diese Temperatur erreicht hat, vorausgesetzt daß das Bindegewebe bereits ausreichend gelockert bzw. in Gelatine überführt ist.

Die vollständige Kontraktion des Kollagens und die Verfestigung des gesamten Fleischsafts ist erst bei etwa 70° C abgeschlossen, da einige wenige Eiweiße, die im Fleisch vorliegen, eine gering höhere Gerinnungstemperatur haben als die Mehrzahl der am Aufbau beteiligten Eiweiße.

<u>Extraktion von Kollagen:</u> Die Extraktion von Kollagen und die damit erfolgende Überführung in lösliche Gelatine verläuft parallel zu den Veränderungen an den Eiweißen der Muskelzellen. Dieser Extraktionsprozeß kann bei niedrigen Temperaturen unterhalb der Schrumpftemperatur durch die Zugabe von Salz beschleunigt werden, da durch dessen Dissoziation in seine Ionen die Hydratation (Wassereinlagerung) und damit das Quellen des Kollagens begünstigt wird (Ansetzen von Fleisch bzw. Knochen unter Salzzugabe und langsames Erhitzen zum Bereiten von Brühen). Oberhalb der Schrumpftemperatur und insbesondere oberhalb der Gartemperatur beschleunigt eine Salzzugabe die Kollagenextraktion kaum.

<u>Extraktion von Extraktivstoffen:</u> Die Extraktion von wasserlöslichen Extraktivstoffen verläuft ebenfalls parallel zu den Veränderungen an den Eiweißen und der Extraktion von Gelatine. Bei den bereits im frischen Fleisch vorliegenden Extraktivstoffen handelt es sich um freie Aminosäuren, biogene Amine, stickstoffhaltige Substanzen wie Creatin und Purinkörper

sowie um zahlreiche andere Substanzen. Guanylsäure und Inosinsäure sowie Glutaminsäure sind als geschmackverstärkend wirkende Substanzen von besonderer Bedeutung. Diese Extraktivstoffe werden besonders gut bei Temperaturen knapp unterhalb des Schrumpfpunkts aus den bereits gequollenen Eiweißen herausgelöst. Dieser Prozeß kann durch die Zugabe von Salz beschleunigt werden.

Braten, Grillen, Rösten

Bei der Einwirkung von trockener Hitze oberhalb von 100 °C (Braten, Grillen, Rösten) kommt es an den äußeren Fleischschichten zu zusätzlichen Veränderungen, die insbesondere die Eiweiße betreffen:

- Ausbildung einer Bratenkruste,
- Bildung von speziellen Bräunungsprodukten (nichtenzymatische Bräunung),
- Bildung von Aromastoffen und anderen Röstprodukten (Extraktivstoffe),
- Bildung von potentiell cancerogenen Substanzen.

Die chemischen Veränderungen, die bei diesen Prozessen an den verschiedenen Inhaltsstoffen des Fleischs ablaufen, sind sehr vielschichtig. Diese Veränderungen betreffen nicht nur ausschließlich einen Inhaltsstoff, insbesondere die Eiweiße, sondern es sind teilweise auch andere Inhaltsstoffe, vorwiegend Kohlenhydrate, in solche Reaktionen einbezogen. Dabei nimmt die nichtenzymatische Bräunung (Maillard-Reaktion) eine herausragende Stellung ein. Sie ist für die Bildung einer Vielzahl von Aroma- und Röststoffen verantwortlich.

Ausbildung der Bratenkruste: Die Bratenkruste, die das Austreten von Fleischsaft und damit das Austrocknen des Bratens zum Großteil verhindert, besteht im wesentlichen aus koaguliertem Eiweiß. Die Festigkeit der Kruste ist darauf zurückzuführen, daß es parallel zur Denaturierung und zum Ausfällen der Eiweiße zum Verdampfen von Wasser aus der äußersten Eiweißschicht kommt. Dabei wird ein kleiner Teil der Eiweiße so verändert, so daß diese durch die Verdauungssäfte nur noch schwer aufgeschlossen werden können. Zusätzlich entstehen Röst- und Aromastoffe, die für die Farbe und den typischen Geschmack der Bratenkruste und des Bratensafts verantwortlich sind.

Kerntemperatur im Inneren des Bratens: Die feste Bratenkruste verhindert nicht nur das Austreten von Bratensaft und größere Wasserverluste wegen Verdampfens, sondern sie verzögert auch die Temperaturerhöhung im Inneren des Fleischstücks. Aus diesem Grund steigt die Kerntemperatur bei allen Garverfahren, die auf das Einwirken von trockener Hitze beruhen, wesentlich langsamer an als beim Kochen. Sie liegt deshalb oft weit unter 100 °C, auch wenn auf die Oberfläche des Fleischstücks Temperaturen einwirken, die nahe 200 °C liegen. Auch bei längerem Garen erreicht die Kerntemperatur nie genau 100 °C, sie liegt im besten Fall 1 bis 2 °C unter dem Siedepunkt des Wassers. Bei kurzgebratenem Fleisch liegen die Kerntemperaturen beispielsweise noch unterhalb der Gartemperatur (Steak medium 65 °C, Steak rare 30 bis 40 °C, Roastbeef rosa etwa 52 °C).

Bei diesen niedrigen Kerntemperaturen besteht die Gefahr, daß pathogene Mikroorganismen, die bis in das Innere des Lebensmittels vorgedrungen sein können, nicht mehr sicher abgetötet werden und somit eine Lebensmittelinfektion auslösen können. Es ist aus diesem Grund darauf zu achten, daß für solche Zubereitungen nur qualitativ hochwertiges Fleisch verwendet wird, bei dem mit großer Sicherheit eine intramuskuläre Belastung mit Mikroorganismen ausgeschlossen werden kann. Wegen der Zunahme der Belastung von Rindern mit den insbesondere für Kleinkinder gefährlichen EHEC-Erregern (siehe Kap. 6.2.2.1.2) ist dringend zu empfehlen, bei der Ernährung von Kranken, Senioren und speziell von Kleinkindern nur Rindfleisch einzusetzen, das gründlich durcherhitzt wurde.

Eine besondere Gefahr besteht bei Geflügelfleisch, das besonders oft mit Salmonellen belastet sein kann. Bei ihm ist erforderlich, daß eine Kerntemperatur von 70 °C mit Sicherheit erreicht wird. Da jedoch Salmonellen bei 70 °C erst nach mindestens 10 Minuten sicher abgetötet werden, und da auch bei einer Messung der Kerntemperatur eine Fehlerbreite einkalkuliert werden muß, ist dringend zu empfehlen, eine höhere Kerntemperatur (etwa 80 °C) durch Verlängern des Garprozesses anzustreben.

Bei gepökelten und bei geräucherten Produkten sind für einen vollständigen Garprozeß niedrigere Kerntemperaturen ausreichend (Kaßler, Schinken in Brotteig 63 bis 65° C). Die zusätzliche denaturierende und konservierende Wirkung des Pökelsalzes bzw. der Inhaltsstoffe des Rauchs begünstigen das Denaturieren des Eiweißes und unterstützen die Inaktivierung von Mikroorganismen. Auch hierbei sollte bei der Speisenzubereitung für Senioren, Kranke und Kinder aus Sicherheitsgründen eine etwas höhere Gartemperatur gewählt werden.

<u>Nichtenzymatische Bräunung (Maillard-Reaktion):</u> Die Bräunung, die beim Erhitzen verschiedener eiweißhaltiger Lebensmittel auftritt, wurde bereits 1912 von dem Franzosen Maillard näher untersucht, in ihren Grundzügen aufgeklärt sowie später nach ihm benannt. Maillard fand, daß der Ausgangsschritt dieser Bräunung eine Reaktion zwischen Zuckern (Mono-, Di- bzw. Polysacchariden) und Aminosäuren (freie Aminosäuren oder in Eiweiß gebundenen Aminosäuren) ist. Die in den ersten Reaktionsschritten gebildeten Substanzen sind äußerst reaktiv, so daß sie mit unterschiedlichen Reaktionspartnern rasch weiter reagieren können. Deshalb entstehen im weiteren Verlauf der Maillard-Reaktion eine Vielzahl von unterschiedlichen Substanzen. Die wichtigsten Endprodukte der Maillard-Reaktion sind Aromastoffe und braune Farbstoffe, sog. Melanoidine.

Die bei der Maillard-Reaktion gebildeten Aromastoffe sind für die Ausbildung der typischen Aromen des hitzegegarten Fleischs wesentlich verantwortlich. Im gebratenen Fleisch sind bisher mehr als 100 verschiedene Aromastoffe nachgewiesen worden, deren Bildung auf Mechanismen der Maillard-Reaktion zurückzuführen sind. Einige wenige dieser Aromastoffe sind als eine Art von Grundaromen für die typischen Geschmacksrichtungen von gebratenem Fleisch verantwortlich. Die zusätzlichen geschmacklichen Nuancen, die bei den verschiedenen Fleischstücken bzw. beim Fleisch der unterschiedlichen Schlachttiere auftreten, sind durch eine differenzierte Ergänzung durch eine Vielzahl anderer Aromastoffe bedingt.

Beim längeren Einwirken von höheren Temperaturen lagern sich einige Zwischenprodukte der Bräunungsreaktion unter weiterer Wasserabgabe in die braun gefärbten Melanoidine um. Diese Melanoidine sind für die Farbe von gut gebräunten Fleischstücken verantwortlich (aber auch für die Farbe der Brotkruste). Melanoidine besitzen offenbar Eigenschaften, die auch ernährungsphysiologische Vorteile aufweisen. Melanoidine werden im Magen-Darm-Trakt nicht oder nur in geringem Maß resorbiert. Sie haben die Eigenschaft, eine Reihe von aromatischen und heterozyklischen Substanzen besonders fest zu binden, die durch die thermische Zersetzung von Aminosäuren gebildet werden und denen cancerogene Eigenschaften zugeschrieben werden. Daher können diese potentiell schädlichen Substanzen offenbar nicht resorbiert werden. Sie werden zusammen mit den Melanoidinen mit dem Stuhl ausgeschieden. Auch toxische Substanzen, die beim Abbau von Aminosäuren durch die Darmbakterien gebildet werden können, werden möglicherweise durch die Melanoidine gebunden. Ein eindeutiger Beweis einer effektiven Schutzwirkung der Melanoidine beim Menschen steht jedoch noch aus.

Eine weitere Eigenschaft der Melanoidine ist ihre Fähigkeit, schwer wasserlösliche Aromastoffe zu binden. Melanoidine können somit als Aromaträger für schwer wasserlösliche, u. U. auch für fettlösliche Aromastoffe fungieren, wenn auch in geringerem Ausmaß als die Fette selbst. Der kräftige Geschmack von gebräunter Brotrinde könnte durch die in ihr befindlichen Melanoidine und durch die von diesen gebundenen Aromastoffe bedingt sein.

<u>Bildung von weiteren Aroma- und Röststoffen:</u> Die Vielzahl der gebildeten Aromastoffe ist kaum überschaubar. Neben den bereits genannten Produkten der Maillard-Reaktion sind es vor allem Produkte einer thermischen Veränderung von Aminosäuren, vor allem von aromatischen, heterozyklischen und schwefelhaltigen Aminosäuren. Diese Aromastoffe sind teilweise wasserlöslich, so daß sie aus dem gebräunten Fleisch extrahiert werden können. Sie ergänzen somit die bereits im rohen Fleisch enthaltenen Extraktivstoffe bei der Ausbildung des typischen Aromas des Bratensafts.

11.3.1.3 Veränderungen an Fetten

Die Veränderungen an Fetten, die im Verlauf von Garprozessen auftreten, hängen neben der Höhe der einwirkenden Temperaturen wesentlich vom Kontakt mit Luftsauerstoff und von den dadurch bedingten Oxidationen ab, die durch Katalysatoren begünstigt werden können.

Auf die Bildung von toxischen Fettsäure-Oxidationsprodukten beim Kontakt mit Luftsauerstoff ist bereits eingehend hingewiesen worden (siehe Kap. 3.5.1.3). Gesundheitliche Gefahren gehen dabei nur vom Verzehr von hitzegeschädigtem Bratfett aus, hauptsächlich von Fritierfett, das vom Fritiergut aufgesogen wurde. Das gilt auch bei einer gesteigerten Bildung von Trans-Fettsäuren (siehe Kap. 3.5.1.1).

Beim Erhitzen von Fett auf Temperaturen über 300 °C kommt es zu einer weiterreichenden Zersetzung der Fettsäuren und des Glycerins unter Bildung von Substanzen, die ebenfalls toxisch sind. Bei etwa 320 °C wird das Glycerin in Acrolein überführt, eine Substanz mit stark stechendem Geruch, die sehr rasch zu einer Reizung der Bindehaut des Auges und bei Fortbestehen der Einwirkung zu einer massiven Reizung der Schleimhäute der Atemwege führt. Acrolein kann bei chronischer Einwirkung cancerogen sein. Eine chronische Acroleinbelastung dürfte jedoch wegen der stark ausgeprägten akuten Beschwerden kaum auftreten.

Oxidative Veränderungen an den in den Lebensmitteln eingelagerten Fetten (z. B. Marmorierung von Fleisch) treten bei den üblichen Garprozessen wegen des fehlenden direkten Kontakts mit Luftsauerstoff und den niedrigen Temperaturen von weniger als 100 °C kaum auf. Es entstehen jedoch unter Wärmeeinwirkung auch aus den Fettsäuren einige Aromastoffe.

Flambieren von gebratenen Fleischgerichten

Das Flambieren von speziellen Fleischgerichten wird meist nur unter dem Blickwinkel der gehobenen Gastronomie bewertet. Ihm kann in einigen Fällen wie beim Flambieren von Pfannengerichten (z. B. Chateaubriand oder Entrecôte double) jedoch auch aus ernährungsphysiologischer Sicht eine positive Wirkung zugeschrieben werden:

- Überschüssiges Bratfett und potentiell toxische Fettsäure-Oxidationsprodukte, die an der Oberfläche des gebratenen Fleischs anhaften, werden vom Alkohol als Fettlösungsmittel gelöst. Dieses Fett und die Oxidationsprodukte verbrennen beim Flambieren zusammen mit dem leicht entflammbaren Alkohol.
- Beim Flambieren kommt es wegen des niedrigen Flammpunkts und der niedrigen Verbrennungstemperatur des Alkohols zu keinen weiteren Oxidationsprozessen und somit zu keiner zusätzlichen Bildung von potentiell toxischen Substanzen. Auch eine Reihe wichtiger Aro-

mastoffe gehen beim Flambieren nicht verloren, da deren Flammpunkt höher ist als die Verbrennungstemperatur des Alkohols.

- Das im Fleisch eingelagerte Fett und die in ihm gelösten Aromastoffe sowie die Melanoidine und Röstprodukte der Bratenkruste werden nicht mitverbrannt und bleiben als den Genußwert fördernde Substanzen erhalten.

11.3.1.4 Veränderungen beim Garen von Gemüse

Gemüse erfordern besonders schonende Garverfahren, um Nährstoffverluste, vorwiegend Verluste von Vitaminen, weitgehend zu minimieren. Auch wertvolle Mineralstoffe können beim unsachgemäßen Garen von Gemüse verlorengehen. Daher werden kurze Garzeiten angestrebt. Das Kochen von Gemüse ist möglichst zu vermeiden. Auch der Kontakt mit Luftsauerstoff kann nicht nur zu farblichen Veränderungen führen, sondern auch aus ernährungsphysiologischer Sicht nachteilig sein (Oxidation von sauerstoffempfindlichen Vitaminen).

Dem beim Kochen von Gemüse auftretenden Verfärben und Braunwerden liegen unterschiedliche Reaktionsmechanismen zugrunde. Die grüne Farbe des Blattgemüses ist vorrangig durch das Chlorophyll bedingt, das in den Chloroplasten angeordnet ist. Andere Farbtöne wie Gelb und Rot werden durch andere Pflanzenfarbstoffe hervorgerufen, bei denen die Carotinoide eine herausragende Stellung einnehmen. Auch andere Substanzen sind an der Ausbildung von typischen Pflanzenfarben beteiligt wie die Anthocyane und die Flavonoide, die den Mikronährstoffen zugerechnet werden. An den bei Garprozessen auftretenden Farbänderungen können Veränderungen an allen diesen Substanzen beteiligt sein, lediglich die Farbe der Carotinoide wird durch Garprozesse wenig beeinflußt. Zusätzlich können neue Farbtöne, insbesondere Braunverfärbungen, durch die Kondensation (Zusammenlagerung) von phenolischen Substanzen zu Polyphenolen und durch nichtenzymatische Bräunungsreaktionen auftreten. Eine enzymatische Bräunung beschränkt sich dagegen auf nicht erhitztes, aber zerkleinertes Gemüse, die dafür verantwortlichen Phenoloxidasen werden durch Erhitzen inaktiviert.

Die auffälligsten Farbveränderungen betreffen den Verlust der grünen Farbe, wie er beispielsweise bei Blattgemüse zu beobachten ist. Die leuchtende grüne Farbe des frischen Gemüses wird durch die besondere Anordnung des Chlorophylls in den Chloroplasten und deren Anordnung in den grün gefärbten Pflanzenzellen bewirkt, in denen sich das Chlorophyll befindet. Zwischen den Chloroplasten der einzelnen Pflanzenzellen befinden sich Lufttaschen. Diese Lufttaschen verstärken die grüne Farbe des Chlorophylls nach der Art eines Brennglaseffekts, wodurch die leuchtend grüne Farbe von frischem Gemüse erzeugt wird. Die in den Lufttaschen befindliche Luft wird beim hinreichend langen Erhitzen vollständig durch den entstehenden Wasserdampf verdrängt. Kühlt das Gemüse anschließend ab, so kondensiert der Wasserdampf, und die zuvor mit Luft gefüllten Taschen kollabieren. Die Verstärkung der grünen Farbe des Chlorophylls geht wegen Wegfallens des Brennglaseffekts verloren. Das Gemüse wird farblich unansehnlich.

Ein kurzes Blanchieren mit anschließendem raschem Abkühlen des Gemüses fixiert dagegen den natürlichen Zustand. Das Gemüse behält seine grüne Farbe, da die Luft bei einem nur kurzzeitigem Erhitzen nicht aus den Lufttaschen verdrängt wird.

Die nach längerem Kochen auftretende schmutzigbraungraue Verfärbung wird ebenfalls vorwiegend durch Veränderungen am Chlorophyll verursacht. Beim längeren Kochen werden in den Pflanzenzellen saure Äquivalente freigesetzt, die im frischen Gemüse in gebundener Form (als Salze) vorliegen. Diese sauren Äquivalente sind vorwiegend organische Säuren wie Oxalsäure, Phosphorsäure und einige andere Säuren. Sie reagieren sehr rasch mit den Magnesiumionen, die Bestandteil des Chlorophylls sind. Das Chlorophyll wird durch den Verlust der Magnesiumionen in das graubraune Phäophytin überführt. Auf Grund dieses Effekts wird beim längeren Kochen oxalsäurereiches Gemüse wie Spinat besonders unansehnlich.

Die Möglichkeiten, ein solches Verfärben zu verhindern oder zumindest einzudämmen, sind ziemlich begrenzt. Es empfiehlt sich, das Gemüse zu blanchieren bzw. sehr kurze Kochzeiten anzustreben. Außerdem ist die Zugabe von jeglicher Säure zu unterlassen, ausgenommen sind Champignons, bei denen durch eine Säurezugabe (Weißwein bzw. Zitronensaft) ein Braunwerden zumindest teilweise verhindert werden kann. Zusätzlich sollte auf einen möglichst vollkommenen Ausschluß von Luftsauerstoff geachtet werden.

Eine weitere Möglichkeit ist das Kochen bei leicht geöffnetem Deckel, die allerdings aus der Sicht eines schonenden Garens nicht zu empfehlen ist und deren Erfolgschancen sehr unsicher sind. Bei leicht geöffnetem Deckel und gleichzeitig sprudelndem Kochen können die freigesetzten Säuren mit dem Wasserdampf zumindest teilweise entfernt werden, indem sie mit dem Dampf mitgerissen werden. Das Kochen mit offenem Deckel birgt auf der anderen Seite durch den ungehinderten Zutritt von Luftsauerstoff die Gefahr einer beschleunigten Oxidation von Inhaltsstoffen, insbesondere von Vitamin C.

Das gelegentlich vorgeschlagene Kochen in reichlich Wasser ist nicht zu empfehlen. Als Begründung für dieses Vorgehen wird ins Feld geführt, daß bei einem sehr großen Überschuß an Wasser die freigesetzten Säuren so stark verdünnt werden, so daß sie nicht mehr Magnesium wegfangen können. Das Chlorophyll könne nun nicht mehr verändert werden. Dieses Vorgehen ist wegen der dabei auftretenden beträchtlichen Verluste an wasserlöslichen Vitaminen und Mineralstoffen nicht zu vertreten. Es entstehen zusätzlich Zeitverluste und hohe Energiekosten.

Auch das oft praktizierte Zugeben von Natriumbikarbonat zur Neutralisation der freigesetzten Säuren ist nicht zu empfehlen. Der dadurch eingestellte neutrale bis leicht alkalische p_H-Wert begünstigt die Zerstörung von Vitamin C, das bekanntlich äußerst alkalilabil ist. Ein unkontrollierter Anstieg des p_H-Werts kann außerdem zu unerwünschten Veränderungen an anderen Inhaltsstoffen führen.

11.3.2 Nährstoffverluste bei der Lagerung und Verarbeitung von Lebensmitteln

Bei der Lagerung von Lebensmitteln und bei der Zubereitung von Speisen und Gerichten treten Verluste an Nährstoffen auf. Die Höhe der Verluste hängt von den verschiedensten Faktoren ab wie Dauer der Lagerung und Lagertemperatur, Umwelteinflüsse bei der Lagerung wie Einwirkung von Luftsauerstoff und Tages- bzw. Sonnenlicht und die Zusammensetzung und die Beschaffenheit des betreffenden Lebensmittels. Bei der Lagerung von Lebensmitteln sowie deren Verarbeitung kommt es außerdem zu Veränderungen an den Inhaltsstoffen, auf die an verschiedenen anderen Stellen bereits ausführlich eingegangen worden ist (siehe Kap. 3, 5, 6 und 11.3.1).

Die Verluste von Lebensmittelinhaltsstoffen betreffen im wesentlichen niedermolekulare wasserlösliche Substanzen, insbesondere Vitamine und Mineralstoffe. Verluste an hochmolekularen Energieträgern sind vergleichsweise äußerst gering, so daß sie in der Regel vernachlässigt werden können. Eine Einbuße an solchen Nährstoffen ist fast ausschließlich auf einen Verderb zurückzuführen, wodurch das Lebensmittel oft ungenießbar wird. Auch Lagerungsverluste, die durch Schadinsekten bedingt sind, können beträchtliche Ausmaße annehmen.

Eine Ausnahme sind die bei Kartoffeln auftretenden Lagerverluste von Stärke. Auch während der Lagerung der Kartoffeln laufen in ihren intakten Zellen Stoffwechselprozesse ab, die den Erhalt der Zellstrukturen sichern und dadurch einen Verderb verhindern. Die zum Erhalt der Strukturen benötigte Energie wird durch den schrittweisen Abbau von Stärke gewonnen. Die Geschwindigkeit, mit der diese Stoffwechselprozesse ablaufen, hängt in beträchtlichem Umfang von den Lagerbedingungen ab, insbesondere von der Lagertemperatur. Bei Temperaturen oberhalb von 4 bis 10 °C werden diese Stoffwechselprozesse beschleunigt, so daß auch der Abbau der Stärke beschleunigt verläuft. Dem Verbraucher fallen diese Verluste an Stärke in der Regel nicht auf, da parallel zum Stärkeabbau auch Wasser verlorengeht. Das bei unsachgemäßer Lagerung zu beobachtende Schrumpfen der Kartoffeln ist auf einen überproportionalen Wasserverlust zurückzuführen, an dem die korkhaltige Schale nicht beteiligt ist.

Nährstoffverluste, insbesondere von Vitaminen, treten auch bei der Verarbeitung der Lebensmittel in der Lebensmittelindustrie auf. Die Höhe dieser Verluste kann in einigen Fällen beträchtlich sein und in Abhängigkeit von der Produktionstechnik differieren. In der Regel sind sie bekannt und werden in zunehmendem Maße bei der Angabe der Inhaltsstoffe von Fertigprodukten angegeben.

Bei den Nährstoffverlusten, die bei der Zubereitung und der Verarbeitung der Lebensmittel auftreten, muß unterschieden werden zwischen

- Verlusten bei der Vorbereitung der Lebensmittel (Putzverluste),
- Verlusten beim längeren Zwischenlagern von vorbereiteten Lebensmitteln,
- Verlusten von Anteilen verzehrfertiger Speisen und deren Zwischenstufen („Halbfertigprodukten") im Verlauf der Zubereitung (Reste in Schüsseln, Töpfen) und
- Garverlusten.

Einige dieser Verluste sind bis zu einem gewissen Grad unvermeidbar. Sie müssen bei der Berechnung der Nährstoffzufuhr berücksichtigt werden, insbesondere bei der Zubereitung von Diäten, da in den D-A-CH-Referenzwerten für die Zufuhr von Nährstoffen der tatsächliche Bedarf (der auch verzehrt wird) angegeben ist. Der in den meisten Tabellenwerken angegebene Nährstoffgehalt der einzelnen Lebensmittel ist in der Regel auf das gesamte Lebensmittel bezogen, Zubereitungsverluste bleiben somit meist unberücksichtigt.

<u>Verluste bei der Vorbereitung:</u> Diese Verluste, die im wesentlichen beim Säubern (Entfernen von), Waschen und Putzen von Gemüse, beim Parieren von Fleischstücken sowie bei der Säuberung und Vorbereitung von Fisch auftreten, werden insbesondere bei der Zubereitung von Diäten berücksichtigt, indem das fertig vorbereitete Lebensmittel abgewogen wird.

<u>Verluste beim Zwischenlagern:</u> Solche Verluste betreffen insbesondere wasserlösliche Vitamine und Mineralstoffe, falls die vorbereiteten Lebensmittel längere Zeit in Wasser aufbewahrt werden (Auslaugen dieser Nährstoffe). Diese Verluste können auch nicht durch ein entsprechenden Aufbewahren bei Kühlraumtemperatur vermieden werden, da die Austauschprozesse der wasserlöslichen Substanzen zwischen 2 (voneinander

getrennten) wäßrigen Lösungsräumen (Wassergehalt des Lebensmittels und Aufbewahrungswasser) kaum von der Temperatur abhängt, sondern im wesentlichen von den Konzentrationsunterschieden der betreffenden Substanz in den beiden Räumen. Auch kann die Geschwindigkeit und damit das Ausmaß dieser Verluste schwer vorausgesagt werden. Es gilt deswegen, auf ein solches Aufbewahren von vorbereiteten Lebensmitteln zu verzichten, aber zumindest, wenn nicht vermeidbar, auf ein Mindestmaß zu begrenzen.

Nährstoffverluste treten auch durch Lagern an der Luft bzw. durch Sonneneinstrahlung auf. Da jedoch hierbei auch beträchtliche Beeinträchtigungen am Genußwert der Lebensmittel stattfinden und auch die Gefahr einer Vermehrung von pathogenen Keimen sowie des Verderbs besteht, wird eine solche „Zwischenlagerung" nicht erfolgen.

Verluste von verzehrfertigen Speisenanteilen: Diese Verluste sind unvermeidbar und betreffen bei einer Speise alle Nährstoffe in gleichem Maße und in gleichem Umfang. Sie hängen in ihrer Höhe lediglich von der „Großzügigkeit" ab, mit der bei der Zubereitung der Speisen gearbeitet wird. Sie differieren auf der anderen Seite in Abhängigkeit von der Beschaffenheit der einzelnen Lebensmittel (bei Zucker sind diese Verluste vernachlässigbar klein). Im Durchschnitt dürften diese Verluste 10 bis 15 % betragen.

In neueren Datensammlungen sind auch die Nährstoffgehalte von zubereiteten Lebensmitteln angegeben. Diese Angaben sind für Küchen der Gemeinschaftsverpflegung von besonderem Interesse (z. B. Bundeslebensmittelschlüssel, Herausgeber: Bundesinstitut für gesundheitlichen Verbraucherschutz und Veterinärmedizin, Berlin, 1999).

Garverluste: Eigentliche Garverluste betreffen nahezu ausnahmslos Vitamine, die entsprechend ihrer jeweiligen Unbeständigkeit durch die Einwirkung von Hitze, Luftsauerstoff, Säuren oder Laugen partiell zerstört werden oder in die Kochflüssigkeit abgegeben werden (und falls diese nicht verzehrt, sondern verworfen wird). Verluste an anderen wasserlöslichen Nährstoffen wie von freien Aminosäuren spielen mengenmäßig keine Rolle. Auch die Verluste an verwertbarem Eiweiß (bzw. Aminosäuren), die durch nichtenzymatische Bräunungsreaktionen bzw. durch Krustenbildung verlorengehen, sind mengenmäßig von untergeordneter Bedeutung. Das betrifft auch die Verluste an der Aminosäure Lysin bei der Ausbildung der Brotkruste.

11.3.2.1 Vitaminverluste

Die Verluste von Vitaminen bei Lagerung von Lebensmitteln und der Zubereitung von Speisen sowie der Aufbewahrung von bereits zubereiteten Speisen sind die wichtigsten Nährstoffverluste, auf deren weitgehende Vermeidung besonders geachtet werden muß. Die Verluste sind bei den einzelnen Vitaminen unterschiedlich groß, sie werden wesentlich durch die Empfindlichkeit der betreffenden Vitamine gegenüber verschiedenen Umwelteinflüssen bestimmt (siehe Kap. 3.7 und Tabelle 3.7.1).

Eine exakte Einschätzung der Höhe von Vitaminverlusten ist sowohl bei einer Lagerung als auch bei den einzelnen Garprozessen äußerst schwierig. Ursache hierfür ist einmal die Tatsache, daß die in Lebensmitteln vorkommenden Vitamine nicht von den anderen Lebensmittelinhaltsstoffen getrennt vorliegen. Durch das wechselseitige Einwirken solcher Inhaltsstoffe wie beispielsweise von Mikronährstoffen kann die Stabilität der Vitamine beträchtlich beeinflußt werden. Deswegen nimmt der Vitamingehalt der verschiedenen Lebensmittel bei ihrer Lagerung (auch unter völlig identischen Bedingungen) in teilweise recht unterschiedlichem Maße ab. Zusätzliche Unterschiede können durch die Sortenvielfalt von Gemüse und insbesondere von Obst und durch den Reifegrad bei der Ernte bedingt sein. Ein weiterer Grund für unterschiedlich große Vitaminverluste ist die Tatsache, daß bei dem Garen von Lebensmitteln die einzelnen Garprozesse in ihrem zeitlichen Verlauf und die dabei stattfindenden Wechselwirkungen mit äußeren Faktoren wie Luftsauerstoff nicht genau definiert werden können, mit Ausnahme von solchen modernen, exakt standardisierten Garverfahren wie beispielsweise das Vakuumgaren oder das ΔT-Verfahren.

Verluste bei der Lagerung

Lagerungsverluste betreffen vorrangig wasserlösliche Vitamine in Kartoffeln und Gemüse, im wesentlichen Verluste von Vitamin C. Die Verluste an den Vitaminen der B-Gruppe sind, mit Ausnahme des Vitamin B_1, auf Grund deren guten Stabilität gegenüber Luftsauerstoff wesentlich geringer. Sie werden allerdings bei ständiger Lichteinwirkung, vorrangig von UV-Licht, bei zu langer Lagerung ebenfalls zerstört.

Verluste bei Lagertemperaturen von –18 °C: Entgegen der häufig vertretenen Ansicht, daß bei Temperaturen unterhalb des Gefrierpunkts keine Veränderungen an den Lebensmittelinhaltsstoffen auftreten, sind auch bei einer Lagerung von tiefgekühlten Lebensmitteln Vitaminverluste zu beobachten, die allerdings vergleichsweise gering sind. Höhere Verluste betreffen im wesentlichen den Abbau von Vitamin C in Gemüsen. Durch Blanchieren vor der Schockfrostung (Inaktivierung der Ascorbatoxidase) können die Verluste verringert werden. Bei einer kurzzeitigen Lagerung bis zu 2 Monaten betragen sie meist weniger als 10 % des ursprünglichen Vitaminbestands. Nach einer Lagerung über einen Zeitraum von 12 Monaten sind die Vitamin-C-Verluste allerdings ausgeprägter (siehe Tabelle 11.3.1).

Tabelle 11.3.1:
Verluste an Vitamin C in Gemüsen nach 12 Monaten Lagerung bei –18 °C (in % des Ausgangswerts)

Brokkoli	etwa 20
grüne Erbsen	etwa 30
Spinat	etwa 40
Blumenkohl	etwa 60

Verluste in Speziallagern und bei Temperaturen von 2 bis 3 °C: Die Vitaminverluste können bei einer Lagerung in Speziallagern bei kontrollierter Luftfeuchtigkeit und konstanten Temperaturen minimiert und auch annähernd genau abgeschätzt werden. Bei einer nicht kontrollierten Lagerung sind die Verluste naturgemäß höher und können in Abhängigkeit von den Lagerbedingungen beträchtlich variieren. Die für eine längere Lagerung geeigneten pflanzlichen Lebensmittel wie Kartoffeln, Sellerie und andere Knollengemüse sowie verschiedene Kohlsorten werden vom Großhandel ausschließlich in Räumen gelagert, in denen die jeweils optimalen Bedingungen für die Aufbewahrung eingehalten werden können.

Verluste von Vitamin C sind insbesondere bei Kartoffeln als wichtige Vitamin-C-Quelle möglichst gering zu halten, und das Ausmaß dieser Verluste ist hauptsächlich im Frühjahr bei der Kalkulation der Vitamin-C-Versorgung zu berücksichtigen (siehe Tabelle 11.3.2).

Tabelle 11.3.2:
Verluste an Vitamin C in Gemüsen (sog. lagerfähiges Gemüse) und Kartoffeln nach 12 Monaten Lagerung unter optimierten Lagerbedingungen bei 2 bis 3°C (in % des Ausgangswerts)

Weißkohl	etwa 20
Sellerie	etwa 30
Kartoffeln	etwa 50
Karotten	etwa 65

Verluste bei der Lagerung bei Kühlschranktemperaturen: Die bei einer kurzzeitigen Lagerung von Gemüsen im Kühlschrank auftretenden Vitaminverluste werden meist unterschätzt. Auch bei der Lagerung bei Kühlraumtemperaturen ist das Vitamin C am stärksten betroffen. Diese Verluste sind um so höher, je höher die relative Luftfeuchtigkeit ist (bei gleicher Lagertemperatur). Die Höhe dieser Verluste unterstützt nachhaltig die Forderung nach einer größtmöglichen Frische der zu verarbeitenden Gemüse und Salate. Bei einer Lagerung im Kühlschrank oder Kühlraum muß zusätzlich berücksichtigt werden, daß die Temperaturen wegen des wiederholten Öffnens des Kühlschranks bzw. des Kühlraums oft kurzzeitig ansteigen und daß damit gleichzeitig eine Luftbewegung und somit ein ständiger Luftaustausch stattfindet. Alle diese Faktoren begünstigen den Vitaminabbau. Unter diesen Lagerbedingungen sind die Unterschiede in den Vitaminverlusten zwischen den einzelnen Gemüsesorten besonders ausgeprägt und höher als bei einer Lagerung unter optimalen und konstant gehaltenen Bedingungen (siehe Tabelle 11.3.3).

Tabelle 11.3.3:
Verluste an Vitamin C in Gemüsen nach 3 Tagen Lagerung im Kühlschrank (in % des Ausgangswerts)

Kohlrabi	etwa 5
Blumenkohl, Weißkohl, grüne Erbsen	etwa 10
Lauch	etwa 25
grüne Bohnen	etwa 35
Spinat, Kopfsalat	etwa 40

Verluste bei der Lagerung bei Zimmertemperatur (etwa 20 °C): Die Aufbewahrung von verderblichen Lebensmitteln bei Zimmertemperatur ist nach der Lebensmittelhygiene-Verordnung nicht gestattet. Neben der Gefahr des raschen Verderbs und des Auftretens einer Lebensmittelvergiftung (nach dem Verzehr solcherart verdorbener Lebensmittel) kommt es bei diesen Temperaturen zur raschen Zerstörung von Vitaminen, was eine zusätzliche Wertminderung bedeutet. Das Ausmaß dieser Verluste veranschaulicht deutlich, daß auch aus der Sicht der Versorgung mit essentiellen Nahrungsbestandteilen eine solche Aufbewahrung absolut ungeeignet ist und infolgedessen die Zeitspanne zwischen Vorbereitung und Weiterverarbeitung so kurz wie möglich zu halten ist (siehe Tabelle 11.3.4).

Tabelle 11.3.4:
Verluste an Vitamin C in Gemüsen nach 3 Tagen Lagerung bei Zimmertemperatur bei durchschnittlicher Luftfeuchtigkeit und Vermeidung von direkter Sonneneinstrahlung (in % des Ausgangswerts)

Blumenkohl	etwa 35
grüne Erbsen	etwa 40
grüne Bohnen, Kopfsalat	etwa 50
Spinat	etwa 65

Verluste bei der Herstellung und Lagerung von Konserven und TK-Produkten

Bei der industriellen Herstellung von Konserven und diesen gleichzustellenden lagerfähigen Convenience-Produkten wird dem möglichst weitgehenden Erhalt von Vitaminen und anderen Inhaltsstoffen große Beachtung beigemessen. Die Verluste sind wegen einer ausgefeilten Technologie in der Regel kleiner als bei einer vergleichbaren Haltbarmachung unter den Bedingungen des Haushalts oder der Restaurantküche. Die modernen Techniken der Lebensmittelindustrie gestatten einmal ein rasches Erhitzen bzw. Einfrosten und damit einen raschen Durchlauf von kritischen Temperaturbereichen. Außerdem trägt der relativ sichere Schutz vor der Einwirkung von Luftsauerstoff zur Minimierung der Verluste von oxidationsgefährdeten Vitaminen bei.

Die Vitaminverluste betragen bei der Sterilisation von Vollkonserven in der Regel weniger als 20 %, lediglich bei dem relativ hitzelabilen Vitamin B_1 können diese 25 bis 30 % betragen. Zusätzliche Vitaminverluste treten bei der anschließenden Lagerung der Konserven auf. Die Höhe dieser Verluste wird auch durch die Lagertemperatur beeinflußt. Es empfiehlt sich deswegen, Sterilkonserven kühl zu lagern, auch wenn eine Lagerung bei Kühlraumtemperaturen aus lebensmittelhygienischer Sicht nicht erforderlich ist. Bei der Kühllagerung können außerdem zusätzlich solche Reaktionen von Inhaltsstoffen minimiert werden, die zu einer Qualitätsminderung führen könnten.

Bei der Produktion von Tiefkühlware einschließlich der Herstellung von TK-Convenience-Produkten können die Vitaminverluste durch eine effektive Schockfrostung auf ein Mindestmaß herabgedrückt werden. Außerdem verhindert ein möglichst weitgehender Ausschluß von Luftsauerstoff die übermäßige Vitaminzerstörung. Bei der Lagerung solcher Erzeugnisse ist neben der korrekten Einhaltung der vorgeschriebenen Lagertemperatur auf eine Unversehrtheit der Verpackung zu achten, um einen unnötigen Kontakt mit Luftsauerstoff zu verhindern. Das betrifft in ganz besonderem Maße vakuumverpackte Erzeugnisse und solche, die unter Schutzgasatmosphäre abgepackt sind.

Verluste bei der Vor- und Zubereitung von Speisen und Gerichten

Beträchtliche Vitaminverluste können bei der unsachgemäßen Vor- und Zubereitung von Speisen und Gerichten auftreten. Gefahren eines Vitaminverlusts bestehen dabei in jeder Phase der Speisenproduktion.

Vorbereitung: Vitaminverluste können bereits bei einer unsachgemäßen Vorbereitung der Lebensmittel eintreten, hauptsächlich bei Gemüsen, Salaten und Obst. Diese werden vornehmlich durch folgende Fehler im Arbeitsablauf verursacht:

- Zu frühes Entnehmen der Lebensmittel aus der Kühllagerung
  Die hohen, in der Küche herrschenden Temperaturen, der intensive Kontakt mit Luftsauerstoff und gegebenenfalls die Einwirkung von

Sonnenlicht beschleunigen den Abbau von Vitaminen. Bei zu langer Lagerung in der Wärme können beginnende Abbauprozesse (mikrobiell oder durch zelleigene Enzyme bedingt) zu einem zusätzlichen Vitaminabbau führen (z. B. Aktivierung der Ascorbatoxidase).

- Zu langes Wässern der noch nicht gewaschenen Lebensmittel (Einweichen statt sofortiges gründliches Waschen) und zu langes Aufbewahren der gewaschenen (und geschälten) Lebensmittel unter Wasser

  Bei dieser Vorgehensweise ist die Gefahr des Auslaugens von wasserlöslichen Vitaminen besonders groß. Das betrifft in der Hauptsache Verluste von Vitamin C. Geschälte Kartoffeln sollten deswegen nicht längere Zeit unter Wasser aufbewahrt werden, da sie eine wichtige Vitamin-C-Quelle sind.
- Zu frühes Schneiden von Gemüsen und Salaten

  Durch die beim Schneiden stattfindende Zellzerstörung wird die Ascorbatoxidase aktiviert, deren Wirkung durch geringste Spuren von Eisen katalytisch beschleunigt wird. Die Verluste an Vitamin C können durch das sofortige Ansäuern von Salaten (Zugabe von Zitronensaft oder Essig) verringert werden.
- Unsachgemäßes Auftauen von tiefgefrorenen Lebensmitteln

  Vitaminverluste treten auch beim Auftauen von tiefgefrorenen Lebensmitteln auf. Sie sind um so größer, je länger der Auftauprozeß dauert. Kleinere Portionen von tiefgekühlten Lebensmitteln sollten deshalb zweckmäßigerweise im Gargefäß noch im gefrorenen Zustand rasch erhitzt und dabei aufgetaut werden. Größere Portionen wie beispielsweise große Fleischstücke sind dagegen bei Kühlraumtemperatur langsam aufzutauen. Dadurch werden die Vitaminverluste im Vergleich zum Auftauen bei Raumtemperatur verhältnismäßig klein gehalten. Gleichzeitig wird dadurch die Gefahr einer Vermehrung von Mikroorganismen eingeschränkt.

<u>Garen der Lebensmittel:</u> Beim Garen von Lebensmitteln treten als Folge der Temperaturerhöhung wesentlich größere Vitaminverluste auf. Diese Verluste sind bei den einzelnen Garmethoden unterschiedlich groß, sie hängen wesentlich ab von der Dauer der Hitzeeinwirkung, der Geschwindigkeit, mit der ein kritischer Temperaturbereich beim Erhitzen durchlaufen wird, und von der Intensität des Einwirkens von Luftsauerstoff. Die Beschleunigung der oxidativen Zerstörung von Vitaminen durch die katalytische Wirkung von Spuren von Metallen (insbesondere Eisen und Kupfer), die aus dem Kochgeschirr herausgelöst werden können, spielt heute keine oder nur noch eine untergeordnete Rolle. Auch die Struktur des Lebensmittels hat einen gewissen Einfluß auf das Ausmaß der Vitaminverluste. Lebensmittel, die eine längere Garzeit erfordern, erleiden verständlicherweise größere Verluste.

Ein Teil der wasserlöslichen Vitamine wird beim Garprozeß nicht direkt zerstört, sondern tritt in die Garflüssigkeit über. Diese Vitamine können im weiteren Verlauf des Garvorgangs auch in der Garflüssigkeit in unterschiedlichem Ausmaß zerstört werden. Es empfiehlt sich trotzdem, die Garflüssigkeit nach Möglichkeit weiterzuverwenden.

Die Höhe der beim Garen auftretenden Verluste hängt bei den einzelnen Vitaminen vorrangig von der Stabilität bzw. Instabilität gegenüber Hitze ab. Die Empfindlichkeit gegenüber Luftsauerstoff kann unter bestimmten Voraussetzungen auch im Verlauf von Garprozessen zu größeren Einbußen führen. Diese auf Oxidation beruhende Verluste können durch schonende Garverfahren teilweise vermieden werden, bei denen der Zutritt von Luftsauerstoff weitgehend unterbunden wird (z. B. Vakuumgaren, siehe Kap 11.2.2.2). Darüber hinaus haben auch die Dauer der Garprozesse und die Höhe der Gartemperatur wesentlichen Einfluß auf das Ausmaß der Verluste.

Trotz dieser bestehenden Problematik bei der Einschätzung der Verluste kann die durchschnittliche Höhe dieser Verluste näherungsweise abgeschätzt werden unter der Voraussetzung, daß schonende Garprozesse mit möglichst kurzen Garzeiten eingesetzt werden und gegebenenfalls zusätzliche Verluste durch vermeidbares übermäßiges Einwirken von Luftsauerstoff sowie ein Warmhalten der zubereiteten Speisen vermieden wird.

Vorzugsweise muß bei folgenden wasserlöslichen Vitaminen im Verlauf von Garprozessen mit größeren Verlusten gerechnet werden:

- Folsäure,
- Vitamin B_1,
- Vitamin B_2,
- Vitamin B_6 und
- Vitamin C.

Folsäure: Bei der Folsäure bzw. den Folaten sind die Verluste besonders groß. Bei der Einschätzung der Verluste muß außerdem beachtet werden, daß nur freie Folsäure (PGA) resorbiert werden kann (siehe Kap. 3.7.2.6), daß aber andererseits die Umwandlung von Folat (konjugierte Folsäure) in freie Folsäure durch Garprozesse in geringem Maße begünstigt werden kann. Die durchschnittlichen Verluste bei der Zubereitung von Speisen werden für freie Folsäure mit 50 % veranschlagt, für Folate auf bis zu 70 %.

Vitamin B_1: Vitamin B_1 ist das hitzeempfindlichste Vitamin, das außerdem auch durch die Einwirkung von Luftsauerstoff zerstört wird. Die Garzeiten von Vitamin-B_1-reichen Lebensmitteln sollten darum möglichst kurz gehalten werden. Beim schonenden Dünsten von Gemüse gelingt es, die Verluste relativ gering zu halten. Beim Garen von Fleisch, das besonders reich an Vitamin B_1 ist, insbesondere Schweinefleisch, können die Verluste nur beim raschen Grillen bzw. beim Kurzbraten verhältnismäßig gering gehalten werden (ein Minus von 20 bis 30 %). Beim Kochen oder Schmoren sind die Vitamineinbußen trotz möglichst kurzer Garzeiten wesentlich größer und betragen meist 60 bis 70 % und mehr. Es ist deswegen nicht angebracht, die Garzeiten von solchen Fleischgerichten auf Kosten des Genußwerts besonders kurz zu halten. Die ausreichende Versorgung mit Vitamin B_1 muß in diesen Fällen durch schonend gegarte Beilagen gesichert werden.

Als Durchschnittswerte für die Verluste bei der Zubereitung aller Vitamin-B_1-haltigen Lebensmittel werden etwa 30 % angesetzt.

Vitamin B_2, Vitamin B_6: Die Verluste an diesen Vitaminen, mit denen bei schonenden Garprozessen gerechnet werden muß, sind nicht so hoch wie beim Vitamin B_1. Weil aber ein Mangel an Vitamin B_6 für den Organismus weitreichende Konsequenzen haben kann, muß auch hier darauf geachtet werden, daß größere Verluste vermieden werden. Da diese gut wasserlöslichen Vitamine in vergleichsweise großen Mengen in die Kochflüssigkeit übertreten, sollte dies durch schonendes Garen (Dämpfen) vermieden bzw. sollte die Kochflüssigkeit nicht verworfen werden.

Als Durchschnittswerte für die Garverluste werden bei beiden Vitaminen etwa 20 % veranschlagt.

Tabelle 11.3.5:
Verluste an Vitamin C beim Garen von Kartoffeln und Gemüsen bei unterschiedlichen Garverfahren im Gargut, in Klammern bei Weiterverwendung der Garflüssigkeit (in % des Ausgangswerts)

	Kochen	Dämpfen	Dünsten
Kartoffeln	etwa 30 (15)	etwa 20 (12)	etwa 15 (15)
Rotkohl	etwa 70 (60)	etwa 70 (65)	etwa 55 (55)
Blumenkohl	etwa 40 (15)	etwa 20 (15)	etwa 15 (15)

Vitamin C: Die Verluste an Vitamin C sind bei sorgsamem Garen niedriger, als dies oft angenommen wird, obwohl Vitamin C hitzelabil, empfindlich gegenüber Luftsauerstoff und alkalilabil ist. Vitamin C tritt in einem verhältnismäßig hohen Prozentsatz in das Kochwasser über. Die Höhe der Verluste hängt wesentlich vom eingesetzten Garverfahren ab (siehe Tabelle 11.3.5). Deswegen sollte Gemüse möglichst nur gedämpft werden. In den Fällen, in denen sich ein Kochen nicht umgehen läßt, ist die Menge des Kochwassers möglichst klein zu halten, und der Zutritt von Luftsauerstoff sollte weitgehend unterbunden werden (stets zugedeckt garen). Außerdem sollte das Kochwasser weiterverwendet werden. Es empfiehlt sich, Kartoffeln zu dämpfen (Konvektomat). Die Garzeiten sind so kurz wie möglich zu halten. Beträchtliche Vitamin-C-Verluste treten beim längeren Warmhalten von Speisen auf (siehe unten).

Als Durchschnittswerte für die Garverluste werden für Vitamin C etwa 30 % angegeben unter der Voraussetzung, daß schonende Garverfahren eingesetzt wurden und die fertigen Speisen umgehend verzehrt werden. Bei wenig schonenden Garverfahren und nach einer längeren Warmhalteperiode können die Vitamin-C-Verluste bis zu 100 % betragen.

Fettlösliche Vitamine: Bei den fettlöslichen Vitaminen sind die Garverluste vergleichsweise gering. Zumindest zu einem gewissen Teil ist dafür mit verantwortlich, daß diese Vitamine nur mit Fett vergesellschaftet in den Lebensmitteln vorkommen, in denen sie gleichsam „eingehüllt" sind und dadurch vergleichsweise gut vor der Einwirkung von Luftsauerstoff geschützt sind. Die durchschnittlichen Garverluste werden bei Vitamin A mit 20 %, bei den Vitaminen D und E mit je 10 % veranschlagt.

Das Warmhalten von Speisen

Die mengenmäßig größten Vitaminverluste treten beim längeren Warmhalten von Speisen auf. Die Zerstörung von hitzelabilen Vitaminen hängt nicht von dem Garprozeß an sich ab, sondern von dem Einwirken höherer Temperaturen und von Luftsauerstoff. Daher setzt sich der Abbau von Vitaminen bei der für die Bereithaltung von warmen Speisen gesetzlich geforderten Mindesttemperatur von 65 °C mit verhältnismäßig hoher Geschwindigkeit fort (eine Temperaturerhöhung um 20 °C verdoppelt generell die Reaktionsgeschwindigkeit, sog. RGT-Regel). Beim Warmhalten der Speisen kommt als zusätzlicher Faktor noch hinzu, daß der beim Kochen bestehende Schutz vor dem Einwirken von Luftsauerstoff wegfällt. Der beim Kochen entstehende Wasserdampf verhindert zumindest teilweise einen Kontakt von Luftsauerstoff mit dem Gargut. Durch den möglichen Kontakt mit Luftsauerstoff wird der oxidative Abbau von Vitaminen begünstigt, vor allem von Vitamin C. In Kartoffeln, die 2 Stunden lang im Thermophor bei etwa 80°C aufbewahrt wurden, ist in den meisten Fällen das gesamte Vitamin C zerstört. Deshalb ist darauf zu achten, daß die Vorhalteperioden von warmen Gerichten möglichst kurz sind. Der Vitamingehalt von Speisen, die bei einer gut organisierten Speisenversorgung in der Gemeinschaftsverpflegung bzw. im Restaurant ausgegeben werden, ist oft niedriger als aus den oben angegebenen Werten für Vitaminverluste zu vermuten ist. Auch während einer mitunter zeitlich ausgedehnten Speiseneinnahme kann es noch auf dem Teller zu Vitamineinbußen kommen. Die Gefahr von Vitaminverlusten, die beim Warmhalten von Speisen auftreten können, muß insbesondere beim Regenerieren und der nachfolgenden Ausgabe von Gerichten beim Cook-&-Chill-Verfahren beachtet werden.

11.3.2.2 Mineralstoffverluste

Mineralstoffverluste, die bei der Lagerung und dem Garen von Lebensmitteln auftreten, sind ausschließlich durch einen Schwund von flüssigen Lebensmittelbestandteilen (Austreten von Fleischsaft, Verlust von Fruchtsaft) sowie auf ein Auslaugen von Mineralstoffen während der Vorbereitung und des Garens durch die Garflüssigkeit bedingt. Mineralstoffe können nicht abgebaut werden.

Echte Verluste von Mineralstoffen sind bei allen Garverfahren nahezu vollständig ausgeschlossen unter der Voraussetzung, daß die Garflüssigkeit nicht verworfen, sondern weiterverwendet wird. Defizite treten somit vorrangig beim Kochen in größeren Volumina an Garflüssigkeit auf. Das Auslaugen von Mineralstoffen wird beim Kochen in Salzwasser durch den Austausch von Natrium- und Chloridionen gegen ionisierte Mineralstoffe des Garguts verstärkt. Das betrifft insbesondere den Austausch mit Kaliumionen beim Garen von kaliumreichen Lebensmitteln wie Kartoffeln und den meisten Gemüsen. Auch beim Kochen von Fleisch können beträchtliche Mengen an Kalium gegen Natrium des gesalzenen Kochwassers ausgetauscht werden.

Küchenpraxis

KAPITEL 12

Ausgewählte
Gesichtspunkte
des Lebensmittelrechts
und der
Lebensmittelhygiene

12 Ausgewählte Gesichtspunkte des Lebensmittelrechts und der Lebensmittelhygiene

KAPITEL 12

Die beim Umgang mit Lebensmitteln zu beachtenden Vorkehrungen (insbesondere in Hinblick auf deren hygienischer Sicherheit) und die Anforderungen, die an die Beschaffenheit der einzelnen Lebensmittel zu stellen sind, werden durch Gesetze und Verordnungen vorgegeben. Weitere gesonderte Gesetze und Vorschriften betreffen die persönliche Hygiene aller Personen, die in die Herstellung und Verarbeitung sowie in die Weitergabe von Lebensmitteln an den Verbraucher einbezogen sind. Diese Gesetze und Verordnungen dienen vorrangig dem Schutz des Verbrauchers vor gesundheitlichen Schäden. Darüber hinaus soll dieser gleichzeitig vor einer Übervorteilung und Täuschung bewahrt werden. Das Einhalten aller Gesetze und Verordnungen wird durch staatliche Kontrollen überprüft, dabei festgestellte Verstöße werden mit Bußgeld, in schweren Fällen mit Strafen geahndet.

Geschichtliche Entwicklung des Lebensmittelrechts

Der Gefährdung der Gesundheit durch den Verzehr von verdorbenen Lebensmitteln und der Übervorteilung des Verbrauchers beim Kauf von Lebensmitteln wurde schon in früheren Zeiten eine große Bedeutung beigemessen, obwohl die Kontrolle der Qualität und Unbedenklichkeit von Lebensmitteln noch nicht auf einer wissenschaftlich begründeten Basis erfolgen konnte. Erste rechtliche Verfahrensweisen, die als Vorstufen eines Lebensmittelrechts angesehen werden können, entwickelten sich in allen Kulturkreisen mit der Arbeitsteilung zwischen Stadt und Land. Diese frühen rechtlichen Festlegungen betrafen insbesondere Maßnahmen zum Schutz des Käufers vor einer Übervorteilung. Die ältesten nachweisbaren Vorschriften (vor 3000 Jahren) betrafen Reinheitsanforderungen beim Wein.

In Deutschland sind erste lebensmittelrechtliche Regelungen vom Beginn des Mittelalters (um 1100) in Form von Marktordnungen überliefert, die in verschiedenen städtischen Gesetzen fixiert waren. Die in diesen Ordnungen für Verstöße vorgesehenen Strafen waren oft drakonisch (bei Verkauf von angeblich verdorbenem Fleisch Inhaftierung des Delinquenten, der zum Verzehr des von ihm zum Verkauf angebotenen Fleischs verurteilt wurde; in anderen Fällen ein Verbot, Handel oder Handwerk weiter auszuüben, Todesstrafe bei Weinpanschen). Das Reinheitsgebot für Bier von 1516, vom Bayernherzog Wilhelm IV. erlassen, kann als erstes deutsches Lebensmittelgesetz angesehen werden, das nicht auf einen örtlich engen Geltungsbereich wie auf eine Stadt begrenzt war und das auch heute noch gültig ist.

Eine weitere Form der Lebensmittelüberwachung im Mittelalter waren die Zunftgesetze der Fleischer und Bäcker. Diese Zunftordnungen stellten eine Art von Selbstkontrolle innerhalb der betreffenden Innungen dar. Sie können als erste Vorstufen einer Verpflichtung zur Selbstkontrolle angesehen werden, wie sie heute in zunehmendem Maße von der Lebensmittelindustrie wahrgenommen wird und wie sie für das Erarbeiten eines HACCP-Konzepts in der Lebensmittelhygiene-Verordnung vom 5. 9. 1997 (siehe Kap. 12.4) gefordert wird. Diese Zunftgesetze garantierten eine gewisse „Unbedenklichkeit" der entsprechenden Lebensmittel, sie waren aber kein Lebensmittelrecht im eigentlichen Sinne. Hauptziel dieser Zunftgesetze war jedoch vorrangig der Schutz der Mitglieder einer Zunft vor gegenseitiger Übervorteilung („Schutz vor unlauterem Wettbewerb"). Die offenbar am häufigsten aufgedeckte Verfälschung von Lebensmitteln war das Beimengen von Gips zum Mehl (Getreide war im Mittelalter das Hauptnahrungsmittel).

Mitte des 19. Jahrhunderts wurden die Forderungen nach gesetzlichen Regelungen zum Schutz vor Lebensmittelverfälschungen lauter, da der Handel mit Lebensmitteln als Folge der zunehmenden Industrialisierung und des Entstehens von Großstädten einen großen Aufschwung nahm. Bis zu dieser Zeit existierten in den einzelnen Staaten und Ländern praktisch keine lebensmittelrechtlichen Vorschriften, die wesentlich über die Zunftgesetze des Mittelalters hinausgingen. Dieser Mangel und auch das Fehlen von Richtlinien zur Bekämpfung von Seuchen führte in Deutschland im Jahre 1876 zur Gründung des „Kaiserlichen Gesundheitsamtes" in Berlin mit der Aufgabe, Maßnahmen zur Bekämpfung von Seuchen und zur Sicherung einer gesunden Ernährung zu erarbeiten.

Als eines der ersten Ergebnisse der Arbeit dieses neugeschaffenen Amts wurde 1879 das erste deutsche Lebensmittelgesetz verabschiedet. Zielsetzungen des Gesetzes waren die Sicherung der gesundheitlichen Unbedenklichkeit der in den Verkehr gebrachten Lebensmittel und der Schutz des Verbrauchers vor Täuschung und Übervorteilung. Die einzelnen Paragraphen des Gesetzes wurden durch Regelungen für Bier, Wein, Milcherzeugnisse, Margarine und andere Lebensmittel untermauert.

Dieses Lebensmittelgesetz von 1879 blieb bis 1927 unverändert in Kraft. Es wurde den jeweiligen neuen Bedingungen, die sich mit dem wissenschaftlichen Fortschritt ergaben, durch den Erlaß von Durchführungsbestimmungen ständig angepaßt und erst 1927 durch ein grundlegend neues Lebensmittelgesetz ersetzt. In diesem neuen Gesetz wurden bereits einzelne Festlegungen, die nur bestimmte Lebensmittel betrafen, in sog. Verordnungen als Anhang fixiert. Dadurch wurde die Möglichkeit geschaffen, die gesetzlichen Regelungen rasch dem jeweils neuen Erkenntnisstand lediglich durch den Austausch von einzelnen Verordnungen anzupassen, ohne große Gesetzesänderungen vornehmen zu müssen.

Beispiele solcher zusätzlich erlassenen Verordnungen waren eine Butter-Verordnung, die einen Butterfettgehalt von 84 % vorschrieb und das Zumengen von anderen Fetten (z. B. Talg) verbot, oder eine Margarine-Verordnung, die u. a. den Zusatz von Stärke vorschrieb, um das Strecken von Butter mit Margarine zu unterbinden (Stärke kann durch die Jod-Stärke-Reaktion an Hand der dabei auftretenden Blaufärbung sehr leicht nachgewiesen werden). Ein Beispiel für zahlreiche später erlassene Durchführungs-Verordnungen ist das Verbot des Zusatzes von Buttergelb zu Margarine (und Butter), einem Azofarbstoff, der cancerogen wirkt. Als Ersatz zur Gelbfärbung der Margarine wurde der natürliche „Farbstoff" Carotin zugelassen.

Nach dem Zweiten Weltkrieg wurden am bestehenden Lebensmittelgesetz zunächst zahlreiche Überarbeitungen vorgenommen. Erst 1974 wurde in der Bundesrepublik mit dem Lebensmittel- und Bedarfsgegenstände-Gesetz ein grundlegend neues Lebensmittelgesetz erlassen.

Gegenwärtiger Stand des Lebensmittelrechts in der Bundesrepublik und in der Europäischen Union

Das Lebensmittel- und Bedarfsgegenstände-Gesetz vom 15. 8. 1974 (LMBG) ist das derzeitig gültige Lebensmittelrecht in Deutschland. Es ist mehrmals an veränderte Bedingungen angepaßt worden, die 1997 in einer Neufassung berücksichtigt wurden (siehe Kap. 12.1). Die nachgeordneten Gesetze und Verordnungen, welche die Verfahrensweisen bei der Herstellung, Lagerung und dem Inverkehrbringen von Lebensmitteln regeln, werden wie das LMBG im Bundesgesetzblatt, Teil I (BGBl. I) veröffentlicht. Sie treten mit dem Zeitpunkt der Veröffentlichung in Kraft, falls nicht im Text des Gesetzes oder der Verordnung ein anderer Zeitpunkt ausdrücklich genannt wird. Nur ein kleiner Teil von Verfügungen, die auf Grund besonderer Situationen rasch umgesetzt werden müssen und meist von einzelnen Ministerien erlassen werden (z. B. Bundesministerium für Gesundheit für Maßnahmen, die im Interesse des gesundheitlichen Schutzes der Verbraucher sofort einzuleiten sind), werden in besonderen Fällen im Bundesanzeiger (BAnz) veröffentlicht.

Eine zusätzliche (übergeordnete) Rechtsebene bildet das europäische Recht, dessen Richtlinien gegenüber dem nationalen Recht Priorität genießen. Im EWG-Vertrag ist festgelegt, daß zwischen den Mitgliedsstaaten der Europäischen Union und den Vertragsstaaten des europäischen Wirtschaftsraums der freie Warenverkehr garantiert werden muß (gemeinsamer Markt, Artikel 30 des EWG-Vertrags). Lebensmittel, die in Ländern der EG in den Verkehr gebracht werden, müssen zunächst nur den gesetzlichen Anforderungen des Mitgliedslands entsprechen, in dem sie hergestellt werden. Das gilt auch für die Lebensmittel, die aus anderen Ländern der EG in ein Mitgliedsland der EG eingeführt werden. Sowohl die gesetzlichen Anforderungen in Hinblick auf Zusammensetzung und Sicherheit des Lebensmittels als auch die Vorschriften über seine Kennzeichnung müssen sich nur nach dem sog. Heimatlandprinzip richten (nach dem Recht des Staats der EG, in dem das betreffende Lebensmittel produziert wurde), auch wenn eine Zulassung oder eine derartige Kennzeichnung solcher Lebensmittel mit dem bisherigen deutschen Lebensmittelrecht (oder dem eines anderen Mitgliedslands) nicht in Einklang steht. Die nationalen Gesundheitsbehörden können die Einfuhr von einzelnen Lebensmitteln aus Mitgliedsländern der EG, die diese Anforderungen erfüllen, nur in zwingenden Gründen des gesundheitlichen Verbraucherschutzes untersagen.

Aus diesen Gründen ist es erforderlich (insbesondere im Interesse des Verbraucherschutzes), auch für alle lebensmittelrechtlichen Fragen einheitliche europäische Normen zu schaffen und das Lebensmittelrecht der einzelnen Länder der EG weitgehend zu vereinheitlichen, zu harmonisieren. Das betrifft insbesondere lebensmittelrechtliche Bestimmungen über die Beschaffenheit von Lebensmitteln, über deren Herstellungs- und Verarbeitungsmethoden sowie Bestimmungen über die Sicherheit von Lebensmitteln (Lebensmittelhygiene, zugelassene Höchstmengen von potentiellen Schadstoffen). Bereits in den letzten Jahren sind von der Europäischen Kommission zahlreiche solcher Rechtsvorschriften erlassen worden, die dann von den einzelnen Mitgliedsstaaten innerhalb einer festgelegten Frist in nationales Recht umgesetzt werden müssen, unbeschadet der Tatsache, daß diese „mit ihrer Veröffentlichung im Amtsblatt der Europäischen Gemeinschaften unmittelbare Rechtswirksamkeit in der Bundesrepublik Deutschland erlangt haben" (BGBl. I). Nach der Umsetzung in nationales Recht (Erlaß neuer oder Veränderung bestehender Gesetze oder Verordnungen) sind sie in den jeweiligen Ländern gültiges Recht. In der Bundesrepublik erfolgt diese Harmonisierung in Einklang mit dem LMBG. Hierzu werden je nach dem Umfang der erforderlichen Anpassungen unterschiedlich umfangreiche Änderungsverordnungen zu den bestehenden Gesetzen bzw. Verordnungen erlassen bzw. diese neu formuliert und im Bundesgesetzblatt veröffentlicht. In einigen Fällen werden dabei die notwendigen Änderungen von mehreren Verordnungen in einem einheitlichen Gesetzestext zusammengefaßt (beispielsweise Verordnung über Butter und zu Änderungen von milch- und margarinerechtlicher Vorschriften [3. 2. 1997, siehe Kap. 12.2.7], Verordnungen zu Änderungen von fleisch- und lebensmittelrechtlichen Vorschriften [24. 3. 1999 und 3. 12. 1997, siehe Kap. 12.2.4], Verordnung zur Neuordnung über Zusatzstoffe [29. 1. 1998, siehe Kap. 12.2.1]) oder eine völlig neu formulierte Verordnung erlassen (Lebensmittelhygiene-Verordnung, 5. 9. 1997, siehe Kap. 12.4).

Die Kommission der Europäischen Gemeinschaften geht zum derzeitigen Zeitpunkt davon aus, daß das Lebensmittelrecht der EG und seiner Mitgliedsstaaten (und die Sicherheit der in den Mitgliedsstaaten der EG produzierten Lebensmittel) trotz der von ihm im internationalen Vergleich eingenommenen Spitzenstellung in den nächsten Jahren grundlegende Veränderungen im Sinne einer Verbesserung der Harmonisierung und der Sicherheit der Lebensmittel bedarf. Es wird deswegen die Bildung einer unabhängigen Europäischen Lebensmittelbehörde gefordert und geschätzt, daß in den kommenden Jahren mehr als 80 neue EG-Rechtsvorschriften erlassen werden müßten, zusätzlich zu den bereits getroffenen Angleichungen, unbeschadet der Tatsache, daß bei einigen Rechtsvorschriften die Überführung in nationales Recht noch aussteht (Weißbuch zur Lebensmittelsicherheit der Kommission der EG, Januar 2000).

Die konsequente Einhaltung aller gesetzlichen Vorschriften für den Umgang mit Lebensmitteln wird nicht nur vom Gesetzgeber, sondern auch von den Verbrauchern im Interesse ihrer Sicherheit erwartet. Die Einhaltung wird von den zuständigen staatlichen Aufsichtsbehörden kontrolliert. Verstöße werden je nach der Schwere als Ordnungswidrigkeit bzw. als Straftat gewertet und entsprechend geahndet. Jeder Bürger ist prinzipiell verpflichtet, abwendbare Schäden an Personen oder Gegenständen zu vermeiden (Prinzip der Sorgfaltspflicht, Gesetz über Ordnungswidrigkeiten i. d. F. vom 9. 2. 1987, BGBl. I S. 602). Das Befolgen der Gesetze und Verordnungen setzt voraus, daß diese hinreichend bekannt sind. Es besteht somit auch eine Erkundungspflicht („Unkenntnis schützt nicht vor Strafe"). Die auf dem Lebensmittelsektor benötigten Informationen können durch das gewissenhafte Verfolgen der Fachpresse (Fachzeitschriften, Mitteilungsblätter der Fachverbände) eingeholt werden. Allerdings ersetzen die so erhaltenen Hinweise in vielen Fällen nicht die genaue Einsichtnahme in den Gesetzes- bzw. Verordnungstext. Eine gewisse Schwierigkeit ergibt sich dabei aus der Verfahrensweise, mit der die sich ergebenden Veränderungen formuliert, erlassen und im Bundesgesetzblatt veröffentlicht werden, und daß bei diesen Vorschriften jeweils die zuletzt veröffentlichte Fassung gültig ist. Meist sind bei den Angleichungen nur wenige Passagen des bisher gültigen Textes verändert worden, und nur diese Veränderungen werden unter Hinweis auf die vorhergehenden Textstellen (Artikel, Paragraphen) aufgeführt, nicht aber der vollständige Gesetzestext (einschließlich der unverändert weiterhin gültigen Passagen). Eine solche Veränderung der ursprünglichen Fassung ist aus dem Zusatz „i. d. F. vom ..." ersichtlich. Daraus ergibt sich oft die Notwendigkeit, das Gesetz oder die Verordnung schrittweise zurückzuverfolgen, ein oftmals zeitaufwendiger und umständlicher Prozeß. In den nachfolgenden kurzen Hinweisen auf besonders wichtige lebensmittelrechtliche Gesetze und Verordnungen wird versucht, diese Problematik so weit wie möglich zu minimieren.

Es muß ausdrücklich darauf hingewiesen werden, daß die nachfolgend gegebenen Hinweise auf lebensmittelrechtliche Gesetze und Verordnungen nur eine Auswahl der wichtigsten Vorschriften und der jeweils wichtigsten

Passagen sind, die bewußt keinen Anspruch auf Vollständigkeit erheben. Für weiterführende Informationen muß auf das Bundesgesetzblatt bzw. die einschlägige Fachliteratur verwiesen werden (z. B. L. Bertling: Erlaubt – Verboten in Gastronomie und Gemeinschaftsverpflegung, 6. Auflage, Deutscher Fachverlag, Frankfurt am Main, 1999).

12.1 Lebensmittel- und Bedarfsgegenstände-Gesetz (LMBG) i. d. F. vom 20. 7. 2000 (BGBl. I S. 1045)

Das LMBG ist das derzeitig in der Bundesrepublik Deutschland geltende Rahmengesetz für das gesamte Lebensmittelrecht. Es wurde als neues Gesetzeswerk am 15. 8. 1974 erlassen und ist seitdem mehrfach den neuen Erfordernissen angepaßt worden. Eine Neufassung des vollständigen Gesetzes vom 9. 9. 1997 (BGBl. I S. 2296) berücksichtigt alle zuvor erlassenen Veränderungsvorschriften. Mit der Verordnung vom 22. 12. 1997 wurde es der neuen Verordnung über Schiedsverfahren angepaßt, die damit auch bei Verstößen gegen das LMBG und nachgeordneten Gesetzen bzw. Verordnungen angewendet werden kann. Durch weitere Änderungen wurde das LMBG an das derzeit (2000) geltende Lebensmittelrecht angepaßt.

Das LMBG wird ergänzt durch Verordnungen, die den Verkehr mit jeweils speziellen Lebensmitteln oder grundsätzliche Vorschriften regeln (z. B. Kennzeichnung von Lebensmitteln, Lebensmittelhygiene). Sie werden bei Bedarf ebenfalls entsprechend neuen wissenschaftlichen Erkenntnissen oder sich neu ergebenden Bedingungen verändert oder durch neu formulierte Verordnungen ersetzt (siehe oben). Sie müssen mit dem LMBG in Einklang stehen.

Aufbau, Inhalt und Zielstellung des LMBG

Das LMBG gilt für alle Prozesse, die mit der Herstellung und mit dem Verkehr von Lebensmitteln in Zusammenhang stehen. Es ist ein Rahmengesetz und damit die allgemeine Rechtsgrundlage, die auch die nachgeordnete Gesetzgebung einschließlich der Verordnungen regelt. In das Gesetz einbezogen sind auch Tabakwaren und solche Bedarfsgegenstände, die die Gesundheit des Menschen direkt beeinflussen können, ohne daß sie verzehrt werden und als Lebensmittel im eigentlichen Sinn zu verstehen sind (z. B. kosmetische Artikel). Die wesentlichsten Veränderungen gegenüber dem bis dahin bestehenden Lebensmittelrecht, die mit dem LMBG geschaffen wurden, betreffen folgende Punkte:

- Das LMBG unterscheidet nicht (mehr) zwischen Lebens- und Genußmitteln, sie werden einheitlich als Lebensmittel deklariert.

- Es wurde der Begriff Zusatzstoffe neu eingeführt (international als „food additives“ seit langem benutzt). Zusatzstoffe wurden zuvor als Fremdstoffe bezeichnet.

  Der in der Presse und in den Medien oft benutzte Begriff Lebensmittelzusatzstoff ist im LMBG nicht verankert, er ist aber fachlich gesehen nicht falsch, er kann, in der Laienpresse benutzt, Mißverständnisse vermeiden.
- Das LMBG enthält gesonderte gesetzliche Regelungen für Tabakerzeugnisse, die per Definition nicht den Lebensmitteln zugeordnet sind. Tabakerzeugnisse sind im Gegensatz zu den alkoholischen Getränken nach dem Gesetz keine Genußmittel und damit auch keine Lebensmittel.
- Dem LMBG unterliegen auch kosmetische und vergleichbare Artikel und solche Bedarfsgegenstände, die mit Nahrungsmitteln bzw. mit den Menschen bei der Nahrungsaufnahme oder bei der Körperpflege in Kontakt kommen können, wie Desinfektions- und Waschmittel, Seife, Lippenstifte, Zahnpasten, Raumspray und Materialien für Küchengeräte und Bestecke sowie Arbeitsflächen von Kücheneinrichtungen usw.
- Mit den Festlegungen des LMBG wird grundsätzlich verboten, Stoffe als Lebensmittel in den Verkehr zu bringen, deren Verzehr geeignet ist, die Gesundheit zu schädigen. Es ermächtigt gleichzeitig den zuständigen Gesetzgeber, Verbote zu erlassen (z. B. Einfuhrverbote) oder Auflagen zu erteilen (z. B. Nachweis der ordnungsgemäßen Technologie oder Sachkenntnis bei der Herstellung von Lebensmitteln), die dieser zum Schutz der Bevölkerung vor Gesundheitsschäden für unerläßlich hält.
- Das LMBG verbietet Aussagen (Werbung) über gesundheitliche Wirkungen von Lebensmitteln oder Zusatzstoffen, wenn diese Wirkungen nach dem allgemeinen naturwissenschaftlichen (und medizinischen) Wissensstand nicht eindeutig bewiesen sind.
- Im LMBG wird die gesetzliche Einordnung des Deutschen Lebensmittelbuches festgelegt (siehe Kap. 12.2.8).
- Im LMBG wurde die Kennzeichnungspflicht für abgepackte Lebensmittel und diesen gleichzustellenden Lebensmitteln aufgenommen.
- Das LMBG regelt die Rahmenbedingungen für die Lebensmittelüberwachung und das Lebensmittelmonitoring. Diese Überwachung ist Aufgabe der Bundesländer, die dafür die dafür zuständigen Ämter und Untersuchungsanstalten einrichten. Es wird gleichzeitig festgelegt, daß die mit dem Verkehr von Lebensmitteln befaßten Personen (Betriebsleiter, Geschäftsführer, Küchenleiter) bei vorgenommenen Kontrollen zur Duldung und Mitwirkung verpflichtet sind.
- Mit dem LMBG wurde eine Differenzierung bei den Strafmaßnahmen für Ordnungswidrigkeiten und vorsätzliche bzw. fahrlässige Verstöße gegen lebensmittelrechtliche Bestimmungen vorgenommen (sog. „Entkriminalisierung“ des Lebensmittelrechts).

Wichtige Punkte des LMBG

Die wesentlichsten Festlegungen des LMBG sind als genrerelle Rechtsgrundlage für alle Bereiche, die Lebensmittel verarbeiten, von grundlegender Bedeutung. Die genaue Kenntnis aller Punkte des LMBG und aller nachgeordneten Verordnungen ist jedoch nicht für alle Personengruppen gleichermaßen erforderlich, die in den verschiedensten Bereichen mit der Verarbeitung von Lebensmitteln und dem Verkehr von Lebensmitteln beschäftigt sind. Für die in der Gastronomie und der Gemeinschaftsverpflegung tätigen Personen sind insbesondere solche Festlegungen von untergeordneter Bedeutung, die Fragen bei der industriellen Herstellung von Lebensmitteln betreffen. Sie sind nur dann von Interesse, wenn sie Rückschlüsse auf die (unterschiedliche) Qualität dieser Lebensmittel erlauben, falls diese von ihnen bei der Speisenzubereitung verarbeitet werden.

Nachfolgend herausgestellte Punkte des LMBG sind von genereller Bedeutung und somit auch für die Gastronomie und Gemeinschaftsverpflegung.

Definition des Lebensmittels: Lebensmittel sind Stoffe, die bestimmt sind, in unverändertem, zubereitetem oder verarbeitetem Zustand vom Menschen verzehrt zu werden; ausgenommen sind nur solche Stoffe, die überwiegend dazu bestimmt sind, zu anderen Zwecken als zur Ernährung oder zum Genuß verwendet zu werden. Den Lebensmitteln sind gleichgestellt ihre Umhüllungen, Überzüge oder sonstige Umschließungen, die dazu bestimmt sind, mitverzehrt zu werden oder bei denen ein Verzehr vorauszusehen ist.

Definition von Zusatzstoffen: Zusatzstoffe sind Stoffe, die den Lebensmitteln zugesetzt werden zwecks Beeinflussung der Beschaffenheit der Lebensmittel oder zum Erzielen bestimmter Eigenschaften, beispielsweise Haltbarkeit oder Farbe, oder zum Erzielen von Wirkungen wie gesundheitliche Effekte, beispielsweise Vitamine oder Süßungsmittel.

Den Zusatzstoffen werden nicht zugeordnet

1. Stoffe natürlicher Herkunft,
2. naturidentische Stoffe (bei Zusatz wegen ihres Nähr-, Geruchs- oder Geschmackswerts),
3. Trink- und Tafelwasser.

Für Zusatzstoffe gilt fürs erste ein Verbotsprinzip: Der Zusatz von Zusatzstoffen ist zunächst grundsätzlich verboten. Ein Zusatz ist nur erlaubt, wenn hierzu eine spezielle Zulassungs- oder Ausnahmegenehmigung erteilt worden ist. Die Erteilung einer solchen Genehmigung erfolgt durch entsprechende Verordnungen und durch die Aufnahme in die Liste der zugelassenen Zusatzstoffe (E-Nr. im Rahmen der EG-Harmonisierung) bzw.

durch eine Sondergenehmigung, die auf den beantragenden Betrieb, verbunden mit zusätzlichen Auflagen, und auch zeitlich begrenzt sein kann.

Definition des Verbrauchers: Der Verbraucher von Lebensmitteln ist zunächst der Käufer, der Lebensmittel zum persönlichen Verzehr oder zur Verwendung im eigenen Haushalt erwirbt. Dem Verbraucher sind Gaststätten, Einrichtungen der Gemeinschaftsverpflegung und Gewerbetreibende gleichgestellt, die Lebensmittel zum Verbrauch (Verarbeitung) innerhalb ihrer Betriebsstätte bzw. zum Wiederverkauf erwerben.

Grundsätzliche Verbote: Es ist grundsätzlich verboten, Lebensmittel für andere Personen so herzustellen oder zu behandeln, daß ihr Verzehr geeignet ist, die Gesundheit zu schädigen (z. B. Auslösung von Lebensmittelvergiftungen durch den Zusatz von nicht zugelassenen Zusatzstoffen oder durch den Zusatz von zu hohen Konzentrationen von zugelassenen Zusatzstoffen, durch verdorbene Lebensmittel, auch das Weiterverwenden von völlig verbrauchtem Fritierfett wird als Verstoß gegen dieses Verbot gewertet). Weiterhin ist es verboten, Stoffe (die keine Lebensmittel sind) als Lebensmittel in den Verkehr zu bringen, deren Verzehr geeignet ist, die Gesundheit zu schädigen.

Dieses grundsätzliche Verbot wird durch zahlreiche Verordnungen untermauert. Es verpflichtet darüber hinaus jeden mit der Herstellung und Weiterverarbeitung von Lebensmitteln Beschäftigten, alle erforderlichen Maßnahmen auf Grund seiner erworbenen beruflichen Qualifikationen eigenverantwortlich zu ergreifen bzw. zu unterlassen, die zu gesundheitlichen Schädigungen führen könnten.

Einbeziehung von Küchengeräten und sonstigem Gaststättenbedarf in das Lebensmittelrecht: Es ist verboten, Bedarfsgegenstände (dazu sind auch Küchengeräte, Geschirr u. a. zu rechnen) so zu behandeln, daß sie geeignet sind, durch die Abgabe oder das Freisetzen von Giften oder Verunreinigungen die Gesundheit zu schädigen, bzw. daß durch ihre Benutzung oder Behandlung Gifte auf Lebensmittel übergehen können.

Diese Bestimmungen sind vordergründig für die Industriebetriebe von Bedeutung, die Geräte und andere Bedarfsgegenstände für die Lebensmittelindustrie, für Küchen und Gaststätten sowie für Haushalte produzieren. Sie betreffen aber in einigen Fällen die Gastronomie selbst. So ist beispielsweise das unsachgemäße Putzen von Silberbestecken (mit gesundheitsschädigenden Putzmitteln), die Verwendung von bleihaltigen Trinkgefäßen oder das Aufbewahren von Speisen in verzinkten Gefäßen verboten.

Überwachung des Verkehrs mit Lebensmitteln: Die Zuständigkeit für die Überwachung liegt bei den einzelnen Bundesländern, welche die untergeordneten Behörden (Landratsamt, Ordnungsamt der kreisfreien Stadt oder der Stadtbezirke von Großstädten) entsprechend anweisen. Die Durchführung der Kontrollen und Probenentnahmen erfolgt durch Lebensmittelkontrolleure, in besonderen Fällen durch wissenschaftliche Sachverständige wie Lebensmittelchemiker, Veterinäre oder Kommunalhygieniker. In begründeten Fällen, die ein schnelles Handeln auf Grund von Gefahren erfordern, die von einem wahrscheinlichen Risiko ausgehen, können entsprechende Kontrollen bzw. Probenentnahmen auch von Polizeibeamten vorgenommen werden. Die Untersuchung von Lebensmittelproben (Belastung mit Mikroorganismen und/oder Schadstoffen, Vorliegen von unerlaubten Zusätzen bzw. Verderb) erfolgt in den staatlichen Untersuchungsämtern.

Die zuständigen Behörden sind verpflichtet, in regelmäßigen Abständen die Einhaltung aller Vorschriften zu überprüfen und Proben zu entnehmen. Die Häufigkeit dieser Kontrollen richtet sich nach der Höhe des in der betreffenden Einrichtung bestehenden Risikos, das sowohl von dem Charakter der verarbeiteten Lebensmittel, den räumlichen und ausstattungsmäßigen Voraussetzungen als auch von dem Ergebnis der vorangegangenen Kontrollen abhängt. Bei beanstandeten Mängeln, insbesondere in Hinblick auf die Einhaltung von Hygienestandards, werden diese in kürzeren Abständen wiederholt. Bei erteilten Auflagen zur Abstellung von Mängeln wird deren Erfüllung nach Ablauf der hierzu eingeräumten Frist durch Nachkontrollen überprüft.

Es gilt eine Duldungs- und Mitwirkungspflicht. Neben dem Gewähren des ungehinderten Zutritts zu den Betriebsstätten und der Duldung von Probenentnahmen ist auch jederzeit der Einblick in die entsprechenden Unterlagen (z. B. Lieferscheine) zu gestatten.

Bei der Probenentnahme ist vom Lebensmittelkontrolleur eine Empfangsbestätigung auszustellen und eine 2. Probe zurückzulassen. Der Kontrollierte kann auf diese Gegenprobe verzichten (davon ist abzuraten, da bei einer Beanstandung keine Möglichkeit des Gegenbeweises besteht). Die zurückgelassene Probe ist amtlich zu verschließen oder zu versiegeln und vom Kontrolleur mit dem Entnahmedatum zu versehen sowie mit dem Datum, nach dessen Ablauf der Verschluß oder die Versiegelung aufgehoben ist. Für die Probenentnahme ist eine Entschädigung nicht vorgesehen, sie kann in Ausnahmefällen (Härtefälle) maximal die Höhe des Verkaufspreises betragen

Ahndung von Zuwiderhandlungen und Verstößen: Verstöße gegen Vorschriften des LMGB, der nachgeordneten Verordnungen und des Infektionsschutzgesetzes (Tätigkeitsverbote und Meldevorschriften), die dem Schutz der Gesundheit dienen, werden entsprechend der Schwere der Vergehen als Ordnungswidrigkeiten bzw. als Straftaten geahndet und mit Bußgeld oder mit Strafe bedroht (Geld- bzw. Freiheitsstrafen). Als vorsätzliche oder fahrlässige Verstöße werden alle Verletzungen des Lebensmittelrechts gewertet, die zu einer gesundheitlichen Schädigung führen bzw. schon geführt haben, eine Täuschung bezweckten, gegen Kennzeichnungsvorschriften verstießen oder die Vorschriften über den Einsatz von Zusatzstoffen mißachteten (Geldstrafen bis zu 50 000 DM und/oder Freiheitsstrafen bis zu 3 Jahren). Leichtere Verstöße können als Ordnungswidrigkeiten mit Bußgeld belegt werden. Das betrifft insbesondere fahrlässige Zuwiderhandlungen, die bei Kontrollen erstmalig beanstandet wurden. Verstöße gegen Bestimmungen des Infektionsschutzgesetzes werden nach den Straf- und Bußgeldvorschriften dieses Gesetzes geahndet.

Diese mit dem LMBG getroffene Neuregelung der Strafmaße setzt aber nicht Strafandrohungen des Strafgesetzbuchs außer Kraft, die bei erfolgten Schädigungen (z. B. fahrlässige oder vorsätzliche Körperverletzung oder Tötung) verhängt werden können. Auch wirtschaftliche Konsequenzen, die einen wesentlich größeren Schaden herbeigeführt haben, können wegen eines Verstoßes gegen andere Gesetze mit größeren Strafen geahndet werden.

12.2 Ausgewählte lebensmittelrechtliche Gesetze und Verordnungen

Für die einzelnen Lebensmittel, Zusatzstoffe und andere im LMBG erfaßten Stoffe und Gegenstände werden auf der Grundlage des LMBG Durchführungsverordnungen erlassen. Diese Verordnungen regeln die Herstellung, Reinheit, Lagerung und Verarbeitung von bestimmten Lebensmitteln. Sie werden in gewissen Zeitabständen den neuen Erfordernissen angepaßt.

Für einige Sonderfälle sind auch von den einzelnen Bundesländern gesonderte Verordnungen und Richtlinien erlassen worden, die allerdings nicht gegen das LMBG und gegen die von der Bundesregierung erlassenen Verordnungen verstoßen dürfen. Diese betrafen in der Vergangenheit im wesentlichen Fragen der Lagerung von Lebensmitteln (Angabe von Mindesttemperaturen). Sie sind in den letzten Jahren zum größten Teil durch einheitliche Verordnungen, insbesondere durch die Lebensmittelhygiene-Verordnung vom 5. 9. 1997, abgelöst worden (siehe Kap. 12.4). Das LMBG erlaubt den einzelnen Bundesländern allerdings weiterhin, gesonderte, nur für ihren Bereich gültige Verordnungen zu erlassen, so lange diese mit den diesbezüglichen Gesetzen und Verordnungen der Bundesrepublik bzw. der Europäischen Kommission in Einklang stehen.

Für den Umgang und das Inverkehrbringen von Lebensmitteln sind auch einige Paragraphen des Infektionsschutzgesetzes zu beachten (siehe Kap. 12.3).

Für die bauliche Einrichtung von Küchen und für die Entsorgung von Abfällen sind weitere gesetzliche Vorschriften zu beachten wie die Arbeitsstätten-Verordnung und Verordnungen, die die Entsorgung von

Abfällen regeln. Auch die gesetzlichen Regelungen, die den Arbeitsschutz betreffen, weisen Beziehungen zum Lebensmittelrecht auf.

Nachfolgend soll nur auf die wichtigsten lebensmittelrechtlichen Verordnungen eingegangen werden und in dem Umfang, der für die Gastronomie und die Einrichtungen der Gemeinschaftsverpflegung unbedingt erforderlich ist. Auf die Verordnung über den Verkehr mit diätetischen Lebensmitteln (Diät-Verordnung) wird gesondert eingegangen (siehe Kapitel 10.1).

12.2.1 Verordnung zur Neuordnung lebensmittelrechtlicher Vorschriften über Zusatzstoffe vom 29. 1. 1998 (BGBl. I S. 229)

Die bisherigen Verordnungen über Zusatzstoffe sind durch diese Verordnung abgelöst worden, die vorrangig der Anpassung an das EU-Recht unter Berücksichtigung der wissenschaftlichen Fortschritte dient. Gleichzeitig sind damit die bisher in 22 verschiedenen Einzelverordnungen festgeschriebenen Richtlinien für den Einsatz von Zusatzstoffen in einer einzigen Verordnung zusammengefaßt worden (z. B. Zusatzstoffe der „alten" Speiseeis-Verordnung, Zusatzstoffe für die Herstellung von Käse u. a.), damit überschaubarer geworden, obwohl sie wesentlich ergänzt und verändert wurden. Sie ist damit eine Verordnung, die in einem bisher kaum gewesenen Umfang in andere bereits geltende lebensmittelrechtliche Vorschriften eingreift.

Die äußerst umfangreichen gesetzlichen Regelungen für den Einsatz von Zusatzstoffen sind zunächst vordergründig für die Lebensmittelindustrie von Bedeutung. Sie sind aber auch in zunehmendem Maße für die Gastronomie wichtig, da nicht nur in der Restaurantküche und in den Einrichtungen der Gemeinschaftsverpflegung Zusatzstoffe in vermehrtem Umfang eingesetzt werden, sondern weil auch in diesen Einrichtungen eine entsprechende Kennzeichnung der angebotenen Speisen über beigefügte Zusatzstoffe erforderlich ist.

Die Verordnung zur Neuordnung lebensmittelrechtlicher Vorschriften über Zusatzstoffe, mitunter (unkorrekt) kurz „Zusatzstoff-Verordnung" genannt, umfaßt 2 in sich geschlossene Verordnungen:

- Zusatzstoff-Zulassungs-Verordnung (ZZulV),
- Zusatzstoff-Verkehrs-Verordnung (ZVerkV).

Zusatzstoff-Zulassungs-Verordnung (ZZulV) vom 29. 1. 1998 (BGBl. I S. 231)

Die Zusatzstoff-Zulassungs-Verordnung ist die wichtigste Verordnung über Zusatzstoffe, zumindest für die lebensmittelverarbeitenden Einrichtungen wie Küchen von Restaurants und in der Gemeinschaftsverpflegung:

- Sie listet sämtliche zugelassenen Zusatzstoffe auf, sie ist somit eine Positivliste. Den zugelassenen Zusatzstoffen ist eine E-Nummer zugeordnet.

  Der Zusatz von Stoffen, die in dieser Liste nicht aufgeführt sind, zu Lebensmitteln ist verboten.
- In ihr sind auch Aromastoffe aufgelistet, die Lebensmitteln bzw. Getränken zugesetzt werden dürfen, obwohl Aromen den Zusatzstoffen nicht zugeordnet werden (sie unterliegen der Aromen-Verordnung, die von der EG-Kommission überarbeitet werden soll).

  Für die Gastronomie bzw. Gemeinschaftspflegung sind Chinin und (synthetisches) Vanillin von Interesse, da deren Zusatz zu Getränken bzw. Speisen deklariert werden soll.
- Sie legt Höchstmengen für den Zusatz von Zusatzstoffen fest.

  Für einige Zusatzstoffe wie beispielsweise Genußsäuren sind keine mengenmäßigen Begrenzungen festgelegt.

  Für die Gastronomie sowie für die Gemeinschaftsverpflegung sind die Regelungen über den Einsatz von Natriumnitrit (Pökelsalz) sowie von schwefliger Säure und deren Salze (Sulfite) von Interesse.

  Die Angaben über zulässige Höchstmengen sind insbesondere für die Lebensmittelindustrie von Bedeutung. In der Gastronomie und in Einrichtungen der Gemeinschaftsverpflegung werden diese Höchstmengen bei der sachgemäßen Zubereitung von Speisen praktisch nicht erreicht (Ausnahme Nitrit und Sulfit). Das Einhalten der maximal zulässigen Höchstmengen muß der Hersteller von bearbeiteten Lebensmitteln garantieren.
- Sie legt die Lebensmittel fest, denen Zusatzstoffe zugesetzt werden dürfen.

  Zusatzstoffe dürfen einigen Lebensmitteln generell nicht zugesetzt werden.
- Sie führt Zusatzstoffe auf, die bestimmten Lebensmitteln nicht zugesetzt werden dürfen.

  Während ein Großteil dieser Festlegungen nahezu ausschließlich industriell gefertigte Erzeugnisse betrifft, sind einige Verbote auch in der Küchenpraxis zu beachten:

  Der Zusatz von Natriumnitrit (Pökelsalz) zu (frischem) Hackfleisch und der Zusatz von schwefliger Säure bzw. von Sulfit (Salze der schwefligen Säure) zu frischem Fisch oder frischen Fischwaren bzw. zu Fleisch ist verboten.

  Nitrit bewirkt die Bildung von intensiv rot gefärbtem Nitroso-Myoglobin (Pökelfarbe), die ein Grauwerden von Hackfleisch bei einer längeren Lagerung verhindert und damit optisch eine Frische vortäuscht, die nicht vorhanden sein muß. Abgesehen von einer Täuschung des Verbrauchers können auch unzulässig lange Aufbewahrungszeiten mit der Gefahr einer massiven bakteriellen Besiedlung kaschiert werden. Pökelsalz darf lediglich tiefgekühlten Hackfleischerzeugnissen zugesetzt werden, bei denen eine Graufärbung ohne Nitritzusatz trotz einwandfreier Beschaffenheit und Lagerung nicht zu vermeiden wäre (siehe Kap. 5.1.2.1.4, 6.5.4.2 und 6.6.2.1).

Schweflige Säure kann den bei der Zersetzung von rohem Fisch- oder Fleischeiweiß auftretenden typischen Zersetzungsgeruch vollständig unterdrücken. Abgesehen von einer Täuschung des Kunden kann es durch den Verzehr von Zersetzungsprodukten, insbesondere von biogenen Aminen, zu schweren Lebensmittelvergiftungen kommen (siehe Kap. 6.5.4.7).

- Sie regelt die Kenntlichmachung von Lebensmitteln bzw. Speisen, denen Zusatzstoffe zugesetzt wurden.

  Der Gehalt an Zusatzstoffen in Lebensmitteln muß kenntlich gemacht werden (auf der Verpackung bzw. durch Schilder bei nicht verpackten Erzeugnissen). Für diese Kennzeichnung der bei der Herstellung zugesetzten Zusatzstoffe sind genau definierte Deklarationen vorgeschrieben (siehe Tabelle 12.2.1).

Tabelle 12.2.1:
Deklarationen, die für die Kennzeichnung der verschiedenen eingesetzten Zusatzstoffe vorgeschrieben sind

Farbstoffe	„mit Farbstoff"
Konservierungsstoffe	„mit Konservierungsstoff" oder „konserviert"
Antioxidationsmittel	„mit Antioxidationsmittel"
Geschmacksverstärker	„mit Geschmacksverstärker"
Sulfit (mehr als 10 mg/kg oder l als SO_2)	„geschwefelt"
Eisen-II-gluconat (Oliven)	„geschwärzt"
Wachs (Oberfläche von Obst u. Früchten)	„gewachst"
Diphosphate (Fleischerzeugnisse)	„mit Phosphat"
Süßstoffe	„mit Süßungsmittel" bzw. „mit Süßungsmitteln" (bei Süßstoffmischungen)
Zuckeraustauschstoffe (Tafelsüßen)[1,2]	„auf der Grundlage von ..."[3]

[1] Tafelsüßen: Erzeugnisse aus Süßungsmitteln mit anderen Zutaten, die an der Stelle von Zucker zum Süßen verwendet werden (Zuckeraustauschstoffe bzw. Süßstoffe)

[2] Bei Zusatz von Zuckeraustauschstoffen (Tafelsüße) zu Lebensmitteln in einer Konzentration von mehr als 100g/kg Gesamtgewicht muß folgender Hinweis hinzugefügt werden:
„kann bei übermäßigem Verzehr abführend wirken"
Bei Zusatz von Aspartam „enthält eine Phenylalaninquelle"

[3] Der eingesetzte Austauschstoff ist zu benennen

In Gaststätten und Einrichtungen der Gemeinschaftsverpflegung darf die Kenntlichmachung auf der Speisekarte erfolgen. Der Zusatz eines oder mehrerer Zusatzstoffe kann direkt beim Lebensmittel (Gericht) angegeben werden, praktischer und auch erlaubt ist die Angabe in einer Fußnote. Eine genau festgelegte Reihenfolge, in der die Zusatzstoffe aufgeführt werden, ist nicht mehr vorgeschrieben (die bisher übliche Reihenfolge sollte aber zweckmäßigerweise beibehalten werden, da die Gäste an diese Reihenfolge gewöhnt sind). Deklarationspflichtig (auch auf der Speisekarte) ist auch ein zum Verzehr nicht geeigneter Kunststoffüberzug von Lebensmitteln (z. B. bei Käse), soweit dieser nicht bereits in der Küche entfernt wurde. In Einrichtungen der Gemeinschaftsverpflegung und der Selbstbedienung kann die Deklaration auch als Aushang (gut sichtbar) oder in Form einer schriftlichen Mitteilung erfolgen (z. B. auf dem Wochenspeiseplan).

Zusatzstoff-Verkehrs-Verordnung (ZVerkV) vom 29. 1. 1998 (BGBl. I S. 269)

Die Zusatzstoff-Verkehrs-Verordnung regelt, wie Zusatzstoffe in den Verkehr gebracht werden und unter welchen Bedingungen diese zur Herstellung von Lebensmitteln eingesetzt werden dürfen:

- Sie legt die Reinheitsanforderungen an die Zusatzstoffe fest, die Lebensmitteln zugesetzt werden,
- sie legt fest, bei welchen Zusatzstoffen Warnhinweise auf den Verpackungen erforderlich sind (z. B. Natriumnitritgehalt bei Pökelsalz), und wie diese zu formulieren sind.

Die Festlegungen dieser Verordnung sind im wesentlichen nur für die lebensmittelverarbeitende Industrie von Bedeutung.

12.2.2 Gesetzliche Festlegungen für die Kennzeichnung von Lebensmitteln

Für die Kennzeichnung von Lebensmitteln bestehen zahlreiche Verordnungen. Nachfolgend kann nur auf solche Vorschriften hingewiesen werden, die für die Gastronomie einschließlich Gemeinschaftsverpflegung in Hinblick der Auszeichnung der angebotenen Speisen und für den Einkauf von Waren von besonderer Bedeutung sind:

- Lebensmittelkennzeichnungs-Verordnung (LMKV) i. d. F. vom 29. 1. 1998.
- Nährwertkennzeichnungs-Verordnung i. d. F. vom 5. 5. 1999 (siehe Kap. 12.2.3).
- Zusatzstoff-Zulassungs-Verordnung vom 29. 1. 1998 (siehe Kap 12.2.1)
- Novel-Food-Verordnung vom 15. 7. 1997 (Kennzeichnung von neuartigen und gentechnisch veränderten Lebensmitteln).
- Rindfleischetikettierungs-Gesetz (siehe Kap. 12.2.4.4).
- Vorschriften zur Kennzeichnung, die in produktspezifischen Verordnungen festgelegt sind (Hackfleisch-Verordnung, Butter-Verordnung, Käse-Verordnung, Verordnung zum Schutz der Verbraucher vor BSE u. a.).

- Kennzeichnung von Lebensmitteln, die mit ionisierenden Strahlen bestrahlt wurden.

Aus diesen Vorschriften zur Kennzeichnung von Lebensmitteln und Speisen und der Deklaration bestimmter Inhaltsstoffe ergeben sich für die Gastronomie und die Gemeinschaftsverpflegung zahlreiche Verpflichtungen, die sowohl die Kontrolle der angelieferten Lebensmittel auf ihre Unbedenklichkeit an Hand der vorgeschriebenen Kennzeichnung betreffen als auch die entsprechenden Auszeichnung der angebotenen Speisen und Getränken (siehe unten).

Lebensmittelkennzeichnungs-Verordnung (LMKV) i. d. F. vom 14. 10. 1999 (BGBl. I S. 2053)

Mit der Lebensmittelkennzeichnungs-Verordnung vom 29. 1. 1998 (BGBl. I S. 230) wurde zunächst die EG-Kennzeichnungsrichtlinie in nationales Recht umgesetzt. Die derzeit gültige Form berücksichtigt die Verordnung zur Änderung der Lebensmittelkennzeichnungs-Verordnung und anderer lebensmittelrechtlicher Vorschriften vom 14. 10. 1999, welche die EG-Richtlinie 97/4/EG vom 14. 2. 1997 bezüglich der Mengenangaben im Zutatenverzeichnis und der Deklaration von Stärke präzisiert (siehe unten).

Die Kennzeichnungs-Verordnung regelt die Kennzeichnung von Lebensmitteln in Fertigpackungen. Sie dient dem Schutz des Verbrauchers vor einer Täuschung, gleichzeitig soll sie ihm wichtige Informationen über den Inhalt des abgepackten Lebensmittels übermitteln. Auf Grund des ständig zunehmenden Einsatzes von vorgefertigten Lebensmitteln (z. B. Grundstoffe für Soßen) einschließlich von Convenience-Produkten in den Küchen der Restaurants und Gemeinschaftsverpflegung sind diese Angaben nicht nur ausschließlich für den Einzelkunden von Interesse, sondern auch für die den in den o. g. Einrichtungen tätigen Personenkreis, da sich bei einer Verwendung solcher Lebensmittel gegebenenfalls auch die Verpflichtung zur Kennzeichnung der hergestellten Speisen ergibt, falls sie deklarationspflichtige Zutaten enthalten.

Folgende Angaben sind auf der Verpackung abgepackter Lebensmittel anzugeben:

- Verkehrsbezeichnung des Lebensmittels,
- Name oder die Firma und Anschrift des Herstellers, Verpackers (Abfüllers) oder Verkäufers,
- Angaben über die Zusammensetzung des Lebensmittels (Zutatenverzeichnis),
- Mindesthaltbarkeitsdauer (MHD),
- Alkoholgehalt bei Getränken (bei einem Gehalt von mehr als 1,2 Vol.-%).

Verkehrsbezeichnung: Die Verkehrsbezeichnung ist nach dem LMBG die in Rechtsvorschriften (Gesetze, Verordnungen) festgelegte Bezeichnung des betreffenden Lebensmittels. Sollte eine solche für das betreffende Lebensmittel nicht existieren, dann ist die nach der allgemeinen Verkehrsauffassung übliche Bezeichnung zu verwenden. Fehlt auch eine solche, so ist das Lebensmittel so zu beschreiben, daß eine Verwechslung nicht möglich ist und gleichzeitig das Lebensmittel hinreichend in seinen Eigenschaften beschrieben wird. Die Form des Beschreibens eines Lebensmittels gewinnt zunehmend an Bedeutung, da es in vielen Fällen nur so möglich ist, ein Lebensmittel hinreichend zu definieren, insbesondere wenn in Rahmen des internationalen Handels Produkte eines Landes mit einem Namen auf den Markt gelangen, unter dem in einem anderen Land ein anderes Lebensmittel verstanden wird.

Der Begriff Verkehrsbezeichnung kann auch für die Angaben auf Speisekarten gelten, die für den Gast in Hinblick auf ihre Aussagekraft als Lebensmittelkennzeichnung zu werten sind. Auch hier ist eine prägnante Beschreibung des betreffenden Gerichts für dessen Charakterisierung besser geeignet als die Verwendung von nicht eindeutig einzuordnenden neu geschaffenen Namen.

Zutatenverzeichnis: Das Zutatenverzeichnis gibt Auskunft über die Bestandteile des Lebensmittels. Bisher mußten diese Zutaten nur in absteigender Reihenfolge ihres Gewichtsanteils angegeben werden, eine genaue Gewichtsangabe war nicht erforderlich, aber jederzeit statthaft.

Die Richtlinie 97/4/EG über die quantitative Zutatenkennzeichnung („Quantitative Ingredient Declaration", sog. „Quid-Richtlinie") schreibt vor, daß die Mengen von wertbestimmenden Inhaltsstoffen eines Lebensmittels genau anzugeben sind (in Prozentanteilen). Diese Festlegungen (in nationales Recht durch die Verordnung vom 14. 10. 1999 umgesetzt) gelten nicht nur für Lebensmittel in Fertigpackungen, sondern auch für Käse und Milcherzeugnisse. Ausgenommen von dieser Deklarationspflicht sind Stoffe, die natürlicherweise in den Lebensmitteln vorkommen (z. B. Vitamine, Mineralstoffe, Ballaststoffe). Eine prozentuale Angabe einer Zutat muß jedoch gemacht werden, wenn diese besonders hervorgehoben wird (z. B. als Vitaminanreicherung oder als Zusatz von hochwertigem Eiweiß). Die genaue Gewichtsangabe ist auch erforderlich, wenn diese durch andere gesetzliche Festlegungen vorgeschrieben ist (z. B. Fettgehalt von Streichfetten). Eine prozentuale Angabe ist dagegen nicht erforderlich, wenn das Abtropfgewicht der verpackten Ware angegeben werden muß (Fertigpackungs-Verordnung) oder wenn nur kleine Mengen zur Geschmacksverbesserung zugegeben wurden (Aromen, Kräuter). Für Lebensmittel, die lose verkauft werden, ist eine Deklaration der mengenmäßigen Zusammensetzung nicht vorgeschrieben.

Die Angaben im Zutatenverzeichnis dürfen bis zum 31. 12. 2000 noch nach den bisherig geltenden Festlegungen gemacht werden, noch vorhandene Bestände an derart ausgezeichneten Fertigverpackungen dürfen auch nach diesem Zeitpunkt noch verkauft werden.

Eine ebenfalls wichtige Neuregelung (Umsetzungstermine wie oben) betrifft die vorgeschriebene Deklaration von Stärke. Die Angabe „Stärke" muß mit der Angabe ihrer Herkunft ergänzt werden, wenn sie Gluten enthalten könnte (z. B. Weizenstärke). Dadurch soll gesichert werden, daß Patienten mit einer gluteninduzierten Enteropathie vor dem Verzehr solcher Produkte gewarnt werden, da bei den üblichen Herstellungsverfahren geringe Eiweißreste in der gewonnenen Stärke verbleiben. In dieser Änderungsverordnung wird außerdem darauf hingewiesen, daß bei chemisch modifizierten Stärken die Angabe des Klassennamens genügt.

Mindesthaltbarkeitsdauer (MHD): Zusätzlich zu der MHD müssen die Lagerbedingungen angegeben werden, die einen vorzeitigen Verderb des Lebensmittels verhindern und bei deren Einhaltung vom Hersteller die angegebene MHD garantiert wird.

Die MHD ist kein Verfallsdatum (ein Verbrauchsdatum darf aber nicht mit der MHD verwechselt werden, siehe unten), auch nach Ablauf der MHD kann das Lebensmittel gesundheitlich unbedenklich und somit noch genießbar sein. Mit der (vorgeschriebenen) Angabe einer MHD garantiert der Hersteller, daß beim Einhalten der vorgeschriebenen Lagerungsbedingungen die erwartete Qualität sowohl in Hinsicht auf eine gesundheitliche Unbedenklichkeit als auch aus sensorischem und optischem Blickwinkel bis zum angegebenen Zeitpunkt gesichert ist. Nach Ablauf der MHD muß vom Verbraucher (Küchenchef) eigenverantwortlich entschieden werden, ob das Lebensmittel den Anforderungen noch entspricht, nicht verdorben ist und deshalb gegebenenfalls ohne Bedenken eingesetzt und verzehrt werden kann.

Verbrauchsdatum: Ein angegebenes Verbrauchsdatum ist ein Verfallsdatum, nach dessen Ablauf das Lebensmittel nicht mehr in den Verkehr gebracht und nicht mehr verzehrt werden darf. Ein Verbrauchsdatum muß bei mikrobiologisch besonders gefährdeten Lebensmitteln angegeben werden. Dies betrifft die als sehr leicht verderblich eingestufte Lebensmittel („für den alsbaldigen Verbrauch bestimmt"), die bei vorgegebenen Temperaturen aufbewahrt werden müssen. Es sollte an dieser Stelle nochmals darauf hingewiesen werden, daß es auch bei tiefgefrorenem Hackfleisch und Hackfleischerzeugnissen keine MHD gibt. Die bei diesen Produkten angegebene Haltbarkeitsdauer ist ein Verbrauchsdatum, nach dessen Überschreitung der Verzehr von nicht durcherhitzter Ware verboten ist (siehe Kap. 12.2.4.3).

Alkoholgehalt: Der Alkoholgehalt von Getränken muß angegeben werden, wenn dieser mehr als 1,2 Vol.-% beträgt. Diese Angabe muß zusammen mit der Verkehrsbezeichnung, der Mengenangabe und der MHD im gleichen Blickfeld angeordnet sein (eine Angabe über einen Alkoholgehalt darf nicht zu übersehen sein).

Kennzeichnung von neuartigen Lebensmitteln

Eine weitere Kennzeichnungspflicht besteht für alle Lebensmittel, die nach der Novel-Food-Verordnung vom 15. 7. 1997 (siehe Kap. 5.7.4.1) als neuartig einzustufen sind. Diese Kennzeichnungsverpflichtung wird durch die „Neufassung der neuartigen Lebensmittel- und Lebensmittelzutaten-Verordnung (NLV)" vom 14. 2. 2000 (BGBl. I S. 123) geregelt, welche die seit dem 1. 9. 1999 geltenden Rechtsvorschriften zusammenfaßt (unkorrekt: „Neuartige Lebensmittel-Verordnung").

Die Verordnung und die Kennzeichnungspflicht betrifft nicht nur solche Lebensmittel, die aus gentechnisch veränderten Organismen hergestellt oder zu deren Herstellung gentechnisch veränderte Organismen eingesetzt wurden (obwohl diese im Vordergrund des öffentlichen Interesses stehen), sondern auch solche, die nach der Novel-Food-Verordnung ebenfalls als neuartig einzustufen sind. Die bei den betreffenden Lebensmitteln geforderten Kennzeichnungen werden in der Novel-Food-Verordnung festgelegt sowie durch Ergänzungsverordnungen zur EG-Etikettierungs-Verordnung vom 1. 11. 1997 und weiteren Richtlinien (z. B. EG-Richtlinie vom 11. 1. 2000) präzisiert.

Die entsprechenden Verfahrensweisen und Vorschriften werden zum gegenwärtigen Zeitpunkt intensiv (teilweise kontrovers) diskutiert. Von der Kommission der EG wird angestrebt, möglichst bald eine umfassende Anpassung an die zur Zeit bestehenden Vorschriften auf der Basis der bisher gemachten Erfahrungen und der neuen wissenschaftlichen Erkenntnisse vorzunehmen.

Kennzeichnungspflicht: Der Einsatz von neuartigen Lebensmitteln muß in der Gastronomie und in den Einrichtungen der Gemeinschaftsverpflegung auf der Speisekarte, dem Wochenspeiseplan oder in anderer geeigneter Weise entsprechend den Vorgaben der Kennzeichnungs-Verordnung deklariert werden. Für diese Einrichtungen sind diese Kennzeichnungsverpflichtungen vorerst noch von geringem Interesse, da neuartige Lebensmittel im Sinne der Novel-Food-Verordnung (insbesondere mit gentechnischen Methoden hergestellte) in Deutschland bisher (2000) kaum in den Handel gelangt sind. Es muß aber damit gerechnet werden, daß sich die Sachlage kurzfristig ändern kann.

Die Kennzeichnungsverpflichtung für Lebensmittel, zu deren Herstellung gentechnische Hilfsmittel oder gentechnisch veränderte Organismen eingesetzt wurden, besteht zunächst prinzipiell dann, wenn in dem Lebensmittel veränderte DNA oder veränderte Proteine (im Vergleich zum traditionellen Lebensmittel) vorliegen. Andernfalls ist eine entsprechende Kennzeichnung nicht erforderlich. Lebensmittel, bei denen unbeabsichtigt eine Beimischung von gentechnisch veränderten Bestandteilen erfolgt ist (z. B. bei der Lagerung, auf dem Transport oder bei der Verarbeitung), müssen erst dann entsprechend deklariert werden, wenn ein Schwellenwert von 1 % überschritten wird (EG-Richtlinie vom 11. 1. 2000).

Kennzeichnungspflichten bestehen zum gegenwärtigen Zeitpunkt bei bestimmten Erzeugnissen aus transgenem Mais und transgenen Sojabohnen sowie für Zusatzstoffe und Aromen, die gentechnisch veränderte Bestandteile enthalten. Andere gentechnisch veränderte Lebensmittel werden nicht bzw. noch nicht vom Handel angeboten. Als potentielle Kandidaten einer Kennzeichnungspflicht könnten Erzeugnisse gesehen werden, die Bestandteile von gentechnisch veränderten Organismen enthalten (z. B. „Antimatsch-Tomaten"), die aber noch nicht angeboten werden.

Zu den kennzeichnungspflichtigen Produkten aus transgenem Mais bzw. Sojabohnen sind nachfolgend aufgezählte Erzeugnisse einzuordnen, da sie durch gentechnische Methoden veränderte Eiweiße enthalten bzw. enthalten könnten:

- Cornflakes, Maismehl, Maisgrieß und daraus hergestellte Erzeugnisse (z. B. Polenta), Maisstärke, modifizierte Stärken und Dextrine,
- Sojakerne, Sojaflocken, Sojasprossen, Sojamehl, Sojaproteinkonzentrate und daraus hergestellte Erzeugnisse, Sojalecithin als Zutat.

Nicht kennzeichnungspflichtige Produkte aus produziertem transgenem Mais bzw. Sojabohnen sind dagegen Erzeugnisse, bei denen durch die vorgenommenen Veränderungen am genetischen Material eine Veränderung gegenüber den klassischen Produkten nicht erfolgt sein kann; Stärke bzw. Pflanzenöl sind unverändert, sie unterscheiden sich nicht von den entsprechenden Produkten aus „klassischen" Sojabohnen oder Mais:

- raffiniertes Maiskeimöl, Glucosesirup, Glucose-Fructose-Sirup,
- raffiniertes Sojaöl, Enzyme aus Sojabohnen, Sojalecithin als Zusatzstoff (für Zusatzstoffe wird eine hohe Reinheit gefordert, nicht aber für Zusätze, die als Zutaten verwendet werden).

Kennzeichnung von gentechnisch freien Lebensmitteln

Eine freiwillige Kennzeichnung von eindeutig gentechnisch freien Lebensmitteln wurde zunächst durch eine nationale Verordnung geregelt (seit 13. 10. 1998 in Kraft). Sie ist durch die Festlegungen der „neuartigen Lebensmittel-Verordnung" (2. Änderung) vom 13. 8. 1999 (BGBl. I S. 1885) abgelöst worden. Es darf nur die dort festgelegte Bezeichnung „ohne

Gentechnik" verwendet werden und nur in den Fällen, in denen für die Herstellung des betreffenden Lebensmittels keine Rohstoffe verwendet wurden, die aus gentechnisch veränderten Organismen stammen, und wenn zusätzlich keinerlei mit gentechnischen Methoden gewonnenen Hilfsmittel zu deren Produktion eingesetzt wurden, auch wenn sie im Endprodukt nicht nachweisbar sind (Enzyme, Lösungsmittel, gentechnisch veränderte Futtermittel, Futtermittelzusatzstoffe oder Tierarzneimittel bei der Aufzucht der Tiere). Es muß jederzeit der Nachweis über die Einhaltung dieser Voraussetzungen geführt werden können.

Produktspezifische Verordnungen zu Kennzeichnung

In den produktspezifischen Verordnungen sind zahlreiche Vorschriften über eine entsprechende Kennzeichnung enthalten, die zum Teil auch eine Kennzeichnungspflicht bei Speisen nach sich ziehen, die aus diesen hergestellt wurden. Es gibt dabei Überschneidungen, da sich eine Reihe von Verpflichtungen zur Deklaration auch aus der Zusatzstoff-Kennzeichnungs-Verordnung ergeben (Einzelheiten siehe unten).

Verordnung zum Schutz der Verbraucher vor BSE i. d. F. vom 29. 6. 2000 (BGBl. I S. 997)

Zum Schutz der Verbraucher vor BSE sind von der Kommission der EG sowie von der Bundesrepublik Deutschland zahlreiche Verordnungen erlassen worden, die dem jeweiligen Kenntnisstand Rechnung tragen sollten. Diese regelten neben dem Verbot der Einfuhr von Rindern, Fleisch und Fleischerzeugnissen auch Vorschriften bzw. Verbote der Verarbeitung von Hirn und Rückenmark und die entsprechenden Kontrollen. Auf Grund der wissenschaftlichen Fortschritte, die insbesondere bei der Suche eines sicheren und schnellen Nachweises von BSE-belastetem Fleisch erzielt werden, muß mit neuen Veränderungs-Verordnungen innerhalb der EG gerechnet werden.

Die (nationale) Verordnung vom 23. 3. 2000 (BGBl. I S. 244) legt nach der Aufhebung des generellen Importverbots für Rinder aus dem Vereinigten Königreich von Großbritannien und Nordirland sowie aus Portugal (ausgenommen die Azoren) eine Kennzeichnungspflicht für das Fleisch von britischen Rindern fest, das auf Grund der nunmehr geltenden Ausnahmeregelung importiert werden darf. Diese Ausnahmeregelung, die den Import gestattet, gilt für Fleisch, das aus zugelassenen Betrieben stammt, die vom Bundesministerium für Gesundheit im Bundesanzeiger (BAnz) bekanntgemacht wurden, und für das ein Gesundheitszeugnis als Begleitpapier vorgewiesen werden kann. Dieses Fleisch ist mit einem 6eckigen Stempel (8,5 cm x 4,5 cm) zu kennzeichnen, in dem die Großbuchstaben XEL sowie die Zulassungsnummer des Betriebs angegeben sind (siehe Abb. 12.2.1). Dieses Fleisch muß mit der Angabe „Britisches XEL-Fleisch" versehen werden, falls es in Verkehr gebracht wird. Es muß in der Gastronomie und Gemeinschaftsverpflegung auf der Speisekarte, Wochenspeiseplan, Rundschreiben oder Aushang entsprechend deklariert werden, falls es in irgendeiner Form zu Speisen oder Gerichten verarbeitet worden ist (auch bei der Verarbeitung zu Wurstwaren, Fleischsalaten und anderen Fleischzubereitungen). Dieser Hinweis soll darauf hinweisen, daß das Fleisch von Rindern stammt, die in den genannten Ländern geboren, aufgezogen und geschlachtet wurden und vor der Schlachtung BSE-frei waren.

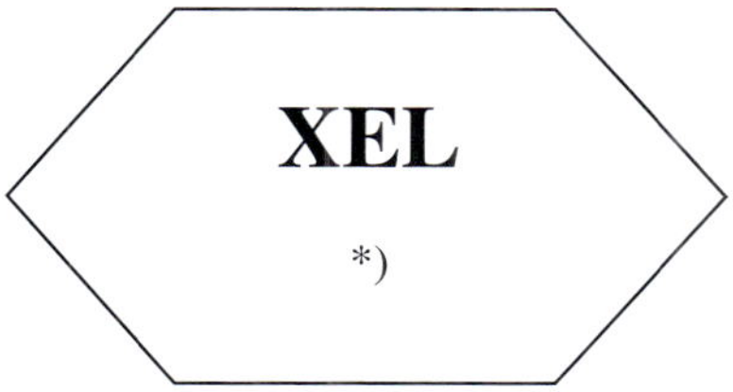

*) Zulassungsnummer des Betriebs

Zusätzliches Kennzeichen für Fleisch von Rindern, die in Großbritannien und Nordirland geboren, aufgezogen und geschlachtet wurden.

Zusätzliches Kennzeichen von Rindern, die nicht in Großbritannien und Nordirland geschlachtet wurden.

Zusätzliches Kennzeichen für Fleisch von Rindern, die nicht in Portugal (ausgenommen Azoren) geschlachtet wurden.

Abb. 12.2.1: Kennzeichnung für Fleisch von Rindern, deren Einfuhr entsprechend der Ausnahmeregelung gestattet ist und zusätzlich vorgenommen werden muß

Auch das Fleisch von britischen Rindern, welche die o. g. Ausnahmebedingungen erfüllen, aber nicht in Großbritannien oder Nordirland bzw. Portugal geschlachtet wurden, muß mit einem Stempel gekennzeichnet werden (siehe Abb. 12.2.1).

Kennzeichnung von bestrahlten Lebensmitteln

Alle Produkte, die mit ionisierenden Strahlen behandelt wurden, müssen deklariert werden. Die Bestrahlung von Lebensmitteln mit ionisierenden Strahlen ist in der Bundesrepublik zwar zunächst weiterhin verboten (LMBG), seit kurzem dürfen jedoch innerhalb der EG bestrahlte Gewürze frei gehandelt werden. Das betrifft somit auch mit bestrahlten Gewürzen zubereitete Lebensmittel wie Würste oder Fertiggerichte. Diese müssen als „bestrahlt" oder als „mit ionisierenden Strahlen behandelt" gekennzeichnet werden. In den USA ist die Bestrahlung von rohem Fleisch und von Fleischerzeugnissen erlaubt (ebenso die Bestrahlung von Geflügelfleisch). Die Bestrahlung von Fleisch wurde in den USA zugelassen, da es offenbar das einzige Verfahren ist, mit dem die gefährlichen EHEC-Erreger sicher abgetötet werden können, ohne daß das Fleisch gründlich durcherhitzt werden muß.

Deklarationspflicht in Gaststätten und in Einrichtungen der Gemeinschaftsverpflegung

Die Kennzeichnungspflicht von Lebensmitteln und Speisen, die in Gaststätten und in Einrichtungen der Gemeinschaftsverpflegung angeboten werden und denen bestimmte Zusatzstoffe sowie andere, für das Lebensmittel nicht typische Begleitstoffe zugesetzt wurden, ist ebenfalls gesetzlich geregelt, allerdings nicht in einer einzigen Verordnung festgelegt. Das gilt auch für die Verpflegung, die auf den Stationen von Krankenhäusern und Kliniken ausgegeben wird. Die früher für Krankenhäuser bestehenden Sonderregelungen sind aufgehoben worden. Besonders zu beachten sind folgende Verpflichtungen zur Deklaration:

- Kennzeichnung von Zusatzstoffen, die bei der Speisenzubereitung zugesetzt wurden bzw. bereits in den eingesetzten Lebensmitteln (Produkte der Lebensmittelindustrie) enthalten waren
  Die Verfahrensweise und die betreffenden Zusatzstoffe werden durch die Zusatzstoff-Zulassungs-VO festgelegt (siehe Kap. 12.2.1 sowie Tabelle 12.2.1). Es betrifft den Zusatz von Farbstoffen, Konservierungsstoffen, Antioxidantien, Geschmacksverstärkern, Süßungsmitteln und schwefliger Säure (SO_2) sowie den Zusatz von Phosphaten zu Fleischerzeugnissen, die Schwärzung von Oliven und das Wachsen von Obst.
- Kennzeichnung eines Zusatzes von Fremdeiweiß zu Fleischerzeugnissen

Besonders hervorzuheben ist die Notwendigkeit der Angabe eines Zusatzes von Milch oder Milcherzeugnissen (Kondensmilch, Trockenmilch, Molkeneiweiß), um Allergiker zu warnen, die auf diese Eiweiße krankhaft reagieren.

Das gleiche gilt für den Zusatz von Hühnereiweiß (Frischei, Flüssigei, Eiklar, Gefrierei-Erzeugnisse).

Auch der Zusatz von pflanzlichem Eiweiß (z. B. Soja-, Erbsen-, Weizen-, Lupineneiweiß) muß aus dem gleichen Grund deklariert werden.

- Kennzeichnung eines Zusatzes von Kohlenhydraten (Stärke, modifizierte Stärke) zu Fleischerzeugnissen

  Die Deklarationspflicht betrifft Fleischerzeugnisse wie Wurstwaren, denen üblicherweise Kohlenhydrate in Form von Stärke nicht zugesetzt werden. Sie gilt nicht für Speisen bzw. Zubereitungen, die bekanntermaßen unter Zusatz von Kohlenhydraten produziert werden wie die Panaden von Fleisch- und Fischgerichten oder Bratfischerzeugnissen (Bratheringe). Die Deklaration kann auch über die Verkehrsbezeichnung erfolgen (z. B. Grützwurst, wodurch der Zusatz von Grütze [Getreideschrot] eindeutig deklariert ist).
- Kennzeichnung eines Zusatzes von anderen Lebensmitteln wie Gemüsen (z. B. Paprika, Gurke, Pilze, Rosinen u. a.) zu Fleischerzeugnissen

  Der Zusatz kann über die Verkehrsbezeichnung oder durch die gesonderte Angabe deklariert werden. Falls auf Grund der starken Zerkleinerung des zugesetzten Lebensmittels dieses nicht mehr zu erkennen ist, so muß die Menge des Zusatzes angegeben werden (z. B. ... mit 10 % Tomate).
- Kennzeichnung des Brennwerts von Speisen, die als „kalorienarme Mahlzeit zur Gewichtsverringerung" deklariert werden

  Speisen dürfen nur dann als kalorienarm deklariert werden, wenn der Brennwert der Hauptmahlzeit 1680 kJ (400 kcal) nicht überschreitet.

  Angaben über den Brennwert von üblichen Speisen und Getränken sind nicht erforderlich. Bei Angabe eines Brennwerts müssen jedoch gleichzeitig die Fett-, Eiweiß- und Kohlenhydratanteile ausgewiesen werden.
- Kennzeichnung des Einsatzes von neuartigen einschließlich gentechnisch veränderten Lebensmitteln

  Zum gegenwärtigen Zeitpunkt (2000) ist diese Verpflichtung noch von geringem Interesse, da derartige Lebensmittel praktisch noch nicht im Verkehr sind.
- Kennzeichnung des Einsatzes von britischem Rindfleisch („Britisches XEL-Fleisch")

  Die Auszeichnungspflicht betrifft auch Fleischerzeugnisse und Fleischzubereitungen, bei denen solches Fleisch verarbeitet wurde (Lieferpapiere auch bei Wurstwaren und Fleischzubereitungen genau kontrollieren).

KAPITEL 13

- Kennzeichnung des Einsatzes von bestrahlten Lebensmitteln
  Diese Verpflichtung ist noch nicht aktuell, da Lebensmittel, die mit ionisierenden Strahlen bestrahlt wurden, praktisch noch nicht im Verkehr sind. Der Einsatz von bestrahlten Gewürzen muß deklariert werden, nicht jedoch die Verwendung von Lebensmitteln, die mit UV-Licht bestrahlt wurden.
- Kennzeichnung des Zusatzes von künstlichen Aromastoffen und Chinin (bei Getränken)
  Die vom Hersteller gemachten Angaben über einen Chininzusatz bei Getränken müssen auf der Speise- bzw. Getränkekarte zusätzlich ausgewiesen werden. Die Kennzeichnungspflicht für künstliche Aromastoffe betrifft im wesentlichen synthetisch hergestelltes Vanillin in Süßspeisen und Raucharomen bei Fleischwaren (Schinken), möglicherweise auch bei Fischräucherwaren.

Die Kennzeichnung von deklarationspflichtigen Zusätzen wird leicht übersehen bei der Abgabe von Lebensmitteln, die in der Küche keine zusätzliche Behandlung erfahren wie Käse, Fleischerzeugnisse oder Speiseeis. Nachfolgend soll auf die wichtigsten Punkte der Kennzeichnungspflicht bei diesen Produkten unter dem produktspezifischen Gesichtspunkt hingewiesen werden. Wiederholungen zu den bereits gemachten Hinweisen sind dabei unvermeidbar, auf die zugehörigen Fundstellen wird nicht verwiesen.

Käse: Eine Kennzeichnung der Fettgehaltsstufe und des Wassergehalts ist nicht erforderlich, allerdings sollte jederzeit die entsprechende Auskunft gegeben werden können (Aufbewahren der Verpackung bzw. Begleitpapiere). Außerdem ist es unbedingt erforderlich, auf Anfrage genaue Auskunft geben zu können, ob ein angebotener Käse aus der Milch einer anderen Tierart (z. B. Schafskäse, Ziegenkäse) frei von Kuhmilcheiweiß ist oder ein Erzeugnis hergestellt unter Zusatz von Kuhmilch (Warnhinweis für Personen mit einer Kuhmilchallergie). Eine generelle Kennzeichnungspflicht besteht in folgenden Fällen:

- Zusatz von bzw. Oberflächenbehandlung mit Antibiotika oder Sorbinsäure
  Käse können zur Verhinderung eines Befalls mit Fremdkeimen mit Natamycin (E 235) oder Nisin (E 234) behandelt werden bzw. ihre Oberfläche kann mit Sorbinsäure oder Hexamethylentetramin (E 239) konserviert werden. Vorgeschriebene Deklaration: „mit Konservierungsstoff" oder „konserviert", die Angabe des Stoffs ist freigestellt, ist aber zu empfehlen.
- Kunststoffüberzug bei Hartkäse, Schnittkäse oder halbfestem Schnittkäse
  Falls der Kunststoffüberzug nicht bereits in der Küche entfernt wurde, muß der Hinweis „Kunststoffüberzug, nicht zum Verzehr geeignet" angebracht werden.

- Farbstoffzusatz

  Bei einigen Käsen dürfen bei der Herstellung bestimmte Farbstoffe zugesetzt werden (der Zusatz muß vom Hersteller auf der Verpackung ausgewiesen werden). Diese Käse müssen auf der Speisekarte mit dem Zusatz „mit Farbstoff“ ausgezeichnet werden.

<u>Fleischerzeugnisse (Fleisch- und Wurstwaren):</u> Da in der Regel in den Küchen von Restaurants und der Gemeinschaftsverpflegung keine Fleischerzeugnisse hergestellt werden, ist besonders darauf zu achten, daß die auf Verpackungen bzw. Begleitpapieren angegebenen Hinweise über Zusätze sorgfältig beachtet werden und deklarationspflichtige Zusätze bzw. Bestandteile ordnungsgemäß ausgezeichnet werden.

- Zusatzstoffe

  Deklariert werden muß der Zusatz von Pökelsalz (Natriumnitrit, E 250), von Geschmacksverstärkern und von Antioxidantien, ebenso der nunmehr in wenigen Ausnahmefällen erlaubte Zusatz von Farbstoffen (Zusatzstoff-Zulassungs-Verordnung vom 29. 1. 1998). Fleisch und Fleischerzeugnisse dürfen jedoch weiterhin fast ausnahmslos nicht gefärbt werden (die Umrötung mit Nitrit [Pökelware] ist keine Färbung).
- Zusatz von artfremdem Eiweiß

  Der Zusatz von artfremdem Eiweiß (Milcheiweiß, Sojaeiweiß) zu Wurstwaren muß grundsätzlich deklariert werden (Warnhinweis für Allergiker).
- Zusatz von Stärke bzw. stärkehaltigen Zutaten

  Es muß das zugesetzte Produkt genau angegeben werden. Bei der Zugabe von Stärke muß die Stärkeart deklariert werden, falls sie Gluten enthalten könnte (z. B. Weizenstärke).
- Formfleischerzeugnisse

  Die Kenntlichmachung muß durch die Bezeichnung „Formfleisch“ erfolgen, die der Verkehrsbezeichnung des Produkts vorangestellt wird.
- Verarbeitung von britischem XEL-Fleisch

<u>Speiseeis:</u> Eine Kennzeichnungspflicht besteht in folgender Hinsicht:

- Speiseeis-Sorte

  Die jeweilige Speiseeis-Sorte muß entsprechend der Festlegung der Speiseeis-Verordnung (Fundstelle: Leitsätze des Deutschen Lebensmittelbuchs) angegeben werden, insbesondere beim Straßenverkauf bzw. bei der Abgabe in der Selbstbedienungsversorgung.
- Zusatzstoffe

  Zusatzstoffe (Aromastoffe, Farbstoffe und Süßungsmittel) dürfen bei der Herstellung von allen Speiseeis-Sorten entsprechend der Speiseeis-Verordnung (Fundstelle: Zusatzstoff-Kennzeichnungs-Verordnung) eingesetzt werden. Sie müssen entsprechend deklariert werden („unter Verwendung von künstlichen Aromen" bzw. „mit Farbstoff"). Diese Festlegung ist besonders beim Verkauf von industriell gefertigtem Eis zu beachten.

Die Angaben über die Zusätze müssen auf den Speisekarten (gegebenenfalls auf den Getränkekarten), auf den Speiseplänen der Einrichtungen der Gemeinschaftsverpflegung (die Angabe auf den Wochenspeiseplänen ist zulässig) oder durch Aushang (Einrichtungen mit Selbstbedienung) deutlich sichtbar gegeben werden. Sie müssen direkt bei den betreffenden Speisen bzw. Lebensmitteln aufgeführt werden bzw. muß der Zusatz aus der Verkehrsbezeichnung klar ersichtlich sein. Die Angabe in Form einer Fußnote ist nur für Zusatzstoffe erlaubt.

Der zuständige Leiter ist dafür verantwortlich, daß alle im Lebensmittel oder der Speise enthaltenen deklarationspflichtigen Zusätze ausgezeichnet werden. Dazu gehören auch die in den industriell gefertigten Lebensmitteln bereits enthaltenen Zusätze, die entweder auf der Verpackung oder in den Begleitpapieren angegeben sind.

12.2.3 Nährwertkennzeichnungs-Verordnung (NKV) i. d. F. vom 5. 5. 1999 (BGBl. I S. 924)

Die Nährwertkennzeichnungs-Verordnung vom 25. 11. 1994 (BGBl. I S. 3526) wurde durch die Verordnung zur Neuordnung über Zusatzstoffe vom 29. 1. 1998 grundlegend geändert. Die letzte Änderung vom 5. 5. 1999 betrifft Neuregelungen für Bedingungen, die von Lebensmitteln für die kalorienarme Ernährung erfüllt werden müssen.

Die Verordnung regelt die Kennzeichnung von Lebensmitteln, die sich auf Grund ihrer besonderen Zusammensetzung für eine speziell ausgerichtete, gesundheitsbewußte Ernährung eignen und entsprechend beworben werden. Sie gilt auch für solche konventionellen Lebensmittel, bei denen der Hersteller freiwillig genaue Angaben über den Nährwert seiner Erzeugnisse macht, die über die Anforderungen hinausgehen, die von der Lebensmittelkennzeichnungs-Verordnung verlangt werden.

Die Nährwertkennzeichnungs-Verordnung gilt nahezu ausnahmslos für Lebensmittel in Fertigpackungen. Sie definiert die Begriffe der brennwertbezogenen und nährwertbezogenen Angaben sowie die Berechnungsgrundlagen des physiologischen Brennwerts (es werden die Brennwerte der einzelnen Energieträger festgelegt) und regelt die sich daraus ergebenden Kennzeichnungspflichten. Mit den in den letzten Jahren erfolgten Änderungen wird u. a. die EG-Rechtsvorschrift 96/8/EG in nationales Recht umgesetzt. Diese Verordnung ist gleichzeitig auch für die Kennzeichnung von entsprechenden diätetischen Lebensmitteln bindend, die der Diät-Verordnung unterliegen.

Brennwertbezogene Angaben

Auf den Fertigpackungen gemachte Angaben über den Brennwert müssen in kJ oder kcal erfolgen und auf 100 g des Lebensmittels bzw. bei Flüssigkeiten auf 100 ml bezogen werden. Bei einer Angabe des Brennwerts eines Lebensmittels muß gleichzeitig der Gehalt an verwertbaren Kohlenhydraten, Fetten und Eiweißen angegeben werden (Nährwertangabe, gilt auch für die freiwillige Angabe des Brennwerts bei konventionellen Lebensmitteln). Die Brennwerte der einzelnen Nährstoffe werden durch die Verordnung gesetzlich festgelegt (in kJ bzw. kcal pro g). Sie müssen als Grundlage für die Brennwertangabe des zu kennzeichnenden Lebensmittels verwendet werden:

Fett	37 kJ (9 kcal)	Alkohol	29 kJ (7 kcal)
Eiweiß	17 kJ (4 kcal)	organische Säuren	13 kJ (3 kcal)
Kohlenhydrate	17 kJ (4 kcal)	mehrwertige Alkohole*	10 kJ (2,4 kcal)

* Zuckeraustauschstoffe (Sorbit, Xylit u. a.)

Darüber hinaus gelten weitere Festlegungen:

- Als brennwertreduzierte Lebensmittel ausgewiesene Erzeugnisse müssen eine Reduktion des Brennwerts um mindestens 30 % gegenüber einem vergleichbaren herkömmlichen Lebensmittel aufweisen.
- Bei Lebensmitteln, die mehr als 10 % Zuckeraustauschstoffe (Sorbit, Xylit u. a.) enthalten, muß der Brennwert deklariert werden. Sie müssen zusätzlich mit dem Hinweis „kann bei übermäßigem Verzehr abführend wirken" versehen sein.

Nährstoffbezogene Angaben

Die Angaben über den Nährstoffgehalt müssen ebenfalls auf 100 g (Lebensmittel) bzw. auf 100 ml (Flüssigkeiten) bezogen angegeben werden. Nährstoffbezogene Angaben können sich auf den Gehalt an Eiweißen, Kohlenhydraten, Fetten, Cholesterin, Mineralstoffen einschließlich Spurenelementen und Alkohol beziehen. Der Gehalt an Natrium (Kochsalz) kann gesondert ausgewiesen werden. Nährstoffbezogene Angaben müssen erfolgen, wenn bei der Kennzeichnung des Lebensmittels auf einen verminderten Nährwert hingewiesen wird, der den Gehalt eines vergleichbaren herkömmlichen Lebensmittels um mehr als 30 % unterschreitet.

Anforderungen an Lebensmittel für eine kalorienarme Ernährung

Zubereitungen für einzelne Mahlzeiten oder für eine Tagesration: Lebensmittel, die für eine kalorienarme Ernährung zur Gewichtsverringerung bestimmt sind und eine ganze Tagesration bzw. mehrere Mahlzeiten im Rahmen einer Tagesration ersetzen sollen, gelten als diätetische Lebensmittel gemäß der Diät-Verordnung. Ihre physiologischen Brennwerte dürfen vorgegebene Höchstwerte nicht überschreiten, sie müssen aber auch einen Mindestgehalt an verwertbarer Energie aufweisen (siehe Tabelle 12.2.2). Sie sind als „Tagesration für gewichtskontrollierende Ernährung" bzw. als „Mahlzeit für eine gewichtskontrollierende Ernährung" zu deklarieren und dürfen nur unter dieser Bezeichnung beworben werden. Ein andersgearteter Hinweis auf eine brennwertreduzierte Kost als Ersatz für eine Tagesration oder Mahlzeit ist nicht gestattet.

Tabelle 12.2.2:
Einzuhaltende physiologische Brennwerte für Tagesrationen bzw. für eine verzehrfertige Mahlzeit, die bei der Deklaration „gewichtskontrollierende Ernährung" eingehalten werden müssen, in kJ (kcal)

	Höchstwerte	Mindestwerte
Tagesration	5040 (1200)	3360 (800)
verzehrfertige Mahlzeit	1680 (400)	840 (200)

Weitere Festlegungen betreffen den Eiweißgehalt solcher Zubereitungen, der zur Sicherung einer ausgeglichenen Eiweißbilanz mindestens 25 % der gesamten Energiezufuhr betragen muß, aber 50 % nicht übersteigen darf. Die Tagesration an Eiweiß darf höchstens 125 g betragen. Die Festlegungen für die Sicherung der Zufuhr von biologisch hochwertigem Eiweiß an Hand des sog. chemischen Indexes (unter Berücksichtigung des Gehalts an essentiellen Aminosäuren) ist nur für die Lebensmittelindustrie von Interesse (Sicherung einer ausgewogenen Eiweißzufuhr ohne aufwendige Bestimmung der biologischen Wertigkeit, die in der Praxis nur unter unvertretbarem Aufwand durchführbar wäre). Der Zusatz von Aminosäuren ist ausschließlich zur Verbesserung des Nährwerts gestattet. Dadurch soll verhindert werden, daß Aminosäuren unter dem Aspekt einer postulierten gesundheitsfördernden Wirkung unkontrolliert zugesetzt werden.

Fette dürfen mit maximal 30 % zur Deckung der Energiezufuhr beitragen. Die Tagesration an Linolsäure muß mindestens 4,5 g betragen, die Menge in einer verzehrfertigen Mahlzeit mindestens 1 g.

In einer Tagesration müssen mindestens 10 g Ballaststoffe enthalten sein, als Höchstmenge werden 30 g angegeben.

Weitere Angaben betreffen den Gehalt einer Tagesration an Vitaminen und Mineralstoffen. Diese unterscheiden sich kaum von den neuen D-A-CH-Referenzwerten.

<u>Kalorienarm deklarierte Lebensmittel:</u> Als kalorienarm dürfen auch besonders hergestellte Lebensmittel einschließlich vorgefertigte Speisen (Convenience-Produkte) deklariert werden, wenn sie sich durch einen deutlich geringeren Energiegehalt (mindestens 30 %) von den „klassischen" Lebensmitteln unterscheiden. Darüber hinaus gibt es konkrete Festlegungen für ausgewählte Lebensmittel (siehe Tabelle 12.2.3).

Tabelle 12.2.3:
Physiologische Brennwerte, die von energiereduziert deklarierten Lebensmitteln nicht überschritten werden dürfen, in kJ (kcal) pro 100 g bzw. 100 ml des verzehrfertigen Lebensmittels

Getränke, Suppen, Brühen	84	(20)
Speisen (Convenience-Produkte)	210	(50)
Brot und Dauerbackwaren sowie Knabberartikel auf Getreide- oder Kartoffelbasis	1260	(300)
Feinbackwaren (ausgenommen Obstkuchen)	1260	(300)
Obstkuchen	840	(200)
Fleischerzeugnisse (ausgenommen Leber- und Blutwürste)	840	(200)
Leberwürste	1050	(250)
Blutwürste	590	(140)
Erzeugnisse aus Heringen, Makrelen, Sardinen	670	(160)

Lebensmittel, die den Anforderungen der Nährwertkennzeichnungs-Verordnung und der Diät-Verordnung nicht entsprechen, dürfen nicht als schlankmachend oder gewichtsverringernd deklariert oder beworben werden.

Anforderungen an Lebensmittel mit einem reduzierten Kochsalzgehalt (natriumarm)

Nach den Festlegungen der Nährwertkennzeichnungs-Verordnung dürfen kochsalzreduzierte Lebensmittel als solche deklariert werden, wenn sie weniger als 120 mg Natrium pro 100 g verzehrfertiges Lebensmittel bzw. weniger als 2 mg Natrium pro 100 ml eines entsprechend deklarierten Getränks enthalten. Für einige Lebensmittel, die aus rein geschmacklichen Gründen einen höheren Kochsalzgehalt aufweisen, sind höhere Werte zulässig, sie dürfen aber die in Tabelle 12.2.4 angegebenen Werte nicht überschreiten. Diese kochsalzreduzierten Lebensmittel sind für die gesundheitsbewußte Ernährung der gesunden Bevölkerung gedacht. Für Patienten, die eine genau definierte kochsalzarme Kost einhalten müssen, stehen zusätzlich entsprechende diätetische Lebensmittel zur Verfügung, welche die Festlegungen der Diät-Verordnung erfüllen müssen.

Tabelle 12.2.4:
Kochsalzgehalt, der von Lebensmitteln nicht überschritten werden darf, die als Lebensmittel mit vermindertem Kochsalzgehalt deklariert werden, in mg Natrium pro 100 g

Brot, Kleingebäck und sonstige Backwaren	250
Fertiggerichte und fertige Teilgerichte	250
Suppen, Brühen, Soßen	250
Erzeugnisse aus Fisch, Schalen-, Krusten- und Weichtieren	250
Kartoffeltrockenerzeugisse	300
Kochwürste	400
Käse und Erzeugnisse aus Käse	450
Brühwürste und Kochpökelware	500

12.2.4 Gesetze und Verordnungen über den Verkehr mit Fleisch

Über den Verkehr und den Umgang mit Schlachttieren und Fleisch sind mehrere Gesetze bzw. Verordnungen erlassen worden. Sie betreffen neben veterinärmedizinischen und hygienischen Standards bei der Schlachtung insbesondere Regelungen über Lagerung und Verarbeitung von Fleisch sowie von Fleisch- und Wurstwaren. Nachfolgend werden nur die für die Gastronomie und die Einrichtungen der Gemeinschaftsverpflegung relevanten Gesichtspunkte herausgestellt.

12.2.4.1 Fleischhygiene-Verordnung (FlHV) i.d.F. vom 29.6.2000 (BGBl. I S. 997)

Die bei Drucklegung gültige Fassung der Fleischhygiene-Verordnung (Zweite Verordnung zur Änderung fleisch- und gefügelfleischhygienerechtlicher Vorschriften vom 24. 3. 1999, BGBl. I S. 498) basiert auf der Fleischhygiene-Verordnung vom 21.5.1997 (BGBl. I S. 1138), die bereits am 3. 12. 1997 (Verordnung zur Veränderung fleisch- und lebensmittelrechtlicher Vorschriften, BGBl. I S. 2786) präzisiert wurde. Mit der letzten Ergänzung vom 29. 6. 2000 wurden die Festlegungen zum Schutz der Verbraucher vor BSE berücksichtigt. Nachfolgend soll nur auf die wichtigsten Punkte der gültigen Fassung eingegangen werden, die in diesen 3 Verordnungen niedergelegt sind.

Die Fleischhygiene-Verordnung regelt die Kontrolle der Schlachttiere und des Fleischs von Schlachttieren sowie dessen Transport und Lagerung. Tiere, deren Fleisch zum Genuß durch den Menschen bestimmt ist, unterliegen der Schlachttier- und Fleischuntersuchung (vor und nach der Schlachtung).

Für erlegtes Wild gelten bis auf wenige Ausnahmen (siehe unten) ebenfalls die Bestimmungen der Fleischhygiene-Verordnung. In der Fleischhygiene-Verordnung werden außerdem mehrere Begriffsbestimmungen genau definiert. Darüber hinaus werden für einige Fleischprodukte (Fleischerzeugnisse, Fleischzubereitungen) sowie für Separatorenfleisch und Hackfleisch Festlegungen getroffen, die teilweise als generelle Vorgaben für die gesonderte Hackfleisch-Verordnung zu werten sind (siehe Kap. 12.2.4.3).

Begriffsbestimmungen

Von den genau definierten Begriffsbestimmungen sind die nachfolgend aufgeführten von besonderem Interesse, da bei ihrer korrekten Anwendung Mißverständnisse vermieden werden können.

Fleischerzeugnisse: Unter Fleischerzeugnissen werden nach dem Gesetz Produkte aus Fleisch verstanden, bei denen die Merkmale von frischem Fleisch nicht mehr vorhanden sind. Fleischextrakt, gereinigte Därme, Mägen und ähnliche Erzeugnisse werden damit den Fleischerzeugnissen zugerechnet.

Fleischzubereitungen: Als Fleischzubereitungen werden solche Produkte aus Fleisch verstanden, denen Würzstoffe, Zusatzstoffe oder Lebensmittel zugesetzt wurden.

Hackfleisch, Separatorenfleisch: In der Verordnung wird festgelegt, daß Separatorenfleisch nicht dem Hackfleisch zuzurechnen ist. Unter Separatorenfleisch wird das frische Fleisch verstanden, das nach dem Entbeinen maschinell vom Knochen abgetrennt wird. Wirbelsäulen von Rindern, Schweinen, Schafen und Ziegen dürfen dazu nicht verwendet werden. Hackfleisch darf nur aus frischem Fleisch hergestellt werden, das von Rindern, Schweinen, Schafen, Ziegen, Einhufern oder Geflügel (Festlegung der Geflügelfleischhygiene-Verordnung, siehe Kap. 12.2.4.5) stammt.

Schlachttieruntersuchung

Die Untersuchung der Schlachttiere muß durch einen Amtstierarzt erfolgen. Diese Untersuchung beinhaltet eine Lebendbeschau (vor der Schlachtung) und die Fleischbeschau (nach der Schlachtung). Die Lebendbeschau dient der Kontrolle des Gesundheitszustands des Schlachttiers, der Erkennung von Infektionen oder Tierseuchen und der Kontrolle auf mögliche Injektionsstellen, die auf die Verabreichung von wachstumsfördernden Mitteln hinweisen könnten. Der Pflicht zur Untersuchung unterliegen alle Schlachttiere. Die Untersuchung ist jedoch den spezifischen Besonderheiten der einzelnen Tierarten angepaßt:

- Rinder und Schafe, Ziegen und andere Paarhufer; Pferde und andere Einhufer wie Esel, Maulesel und Maultiere, Kaninchen (Gruppe 1)
- Schweine und andere potentielle Trichinenträger (Gruppe 2)
- Haarwild aus Tierfarmen, sog. Gehegewild, das nicht durch Bejagen getötet wurde (Gruppe 3)

Bei der Jagd erlegtes Haarwild unterliegt verständlicherweise nur der Fleischbeschau.

Fleischbeschau und Freigabe bzw. Kennzeichnung der Einstufung (Stempel)

Die Fleischbeschau dient zur Feststellung der Qualität des Fleischs und beinhaltet gleichzeitig die Freigabe des Fleischs für den menschlichen Verzehr. An die Fleischbeschau ist die Untersuchung auf Bandwurmfinnen und Trichinen und die Entnahme von Stichproben für Rückstandsbestimmungen von Schadstoffen gekoppelt. Die Fleischbeschau ist für alle Mitgliedsländer der EG bindend vorgeschrieben, auch für Fleisch, das aus Drittländern in die EG importiert wird.

Der Untersuchung auf möglichen Trichinenbefall unterliegen Schweine und andere potentielle Trichinenträger wie Wildschwein, Bär, Nutria und Dachs (Gruppe 2) sowie Einhufer. Trichinenbefall tritt bei den o. g. Tieren als Einzeltiererkrankung auf, aus diesem Grund ist die Untersuchung jedes einzelnen Tiers vorgeschrieben. Es ist festgelegt, welche Fleischstücke generell und welche auf Trichinen kontrolliert werden müssen (Zwerchfell bei Schwein und Nutria, bei anderen Tieren der Gruppe 2 zusätzlich aus dem Vorderlauf, bei Einhufern Zunge und Kaumuskulatur).

Bei Schweinefleisch ist an Stelle der Trichinenuntersuchung auch das Tiefgefrieren des Fleischs zugelassen, wodurch die Trichinen sicher abgetötet werden (mindestens 10 bzw. 20 Tage bei –15 °C bzw. –23 °C).

Die Fleischbeschaustempel sind der diesbezüglichen EG-Richtlinie angeglichen und für den Verkehr innerhalb der EG und für dazu zugelassene Betriebe bindend. Die bisher in der Bundesrepublik üblichen Stempel dürfen nur noch von Betrieben benutzt werden, die nicht für den Verkehr innerhalb der EG zugelassen sind. Die „EG-Stempel" für taugliches und damit für den Verkehr zugelassenes Fleisch (einschließlich des in Gehegen gezüchteten Haarwilds und Hauskaninchen) sind oval, das Herkunftsland ist im Stempel angegeben (D für Deutschland, für die anderen EG-Staaten das entsprechende Länderkürzel), außerdem die Bezeichnung EWG. Zusätzliche Buchstaben (sog. Kürzel) oder Zahlen dienen der Kategorisierung des Fleischs, außerdem ist die Veterinärkontroll-Nummer angegeben. Der Stempel für Schweinefleisch von nicht kastrierten Ebern und von Zwittern enthält zusätzlich 2 Querbalken. Der Stempel für bejagtes Wild ist fünfeckig in Form eines Hauses (siehe Abb. 12.2.2).

Die gleichen Stempelformen sind auch für Geflügelfleisch vorgeschrieben (Schlacht- bzw. Wildgeflügel, oval bzw. fünfeckig, siehe Kap. 12.2.4.5).

Die „alten" Stempelformen (Rechteck) werden kaum noch verwendet. Sie werden von den Schlachtbetrieben benutzt, die nicht entsprechend den EG-Richtlinien zugelassen sind und die EG-einheitlichen Stempel nicht benutzen dürfen. Der rechteckige Stempel ist jedoch für Pferdefleisch zusätzlich zum „EG-Stempel" vorgeschrieben und erhält dann den Zusatz „Pferd".

Pferdefleisch (auch Fette und Fleisch- und Wurstwaren vom Pferd) sowie das Fleisch anderer Einhufer darf nur verarbeitet und daraus zubereitete Gerichte dürfen nur verkauft werden, wenn die zuständige Polizeibehörde die Genehmigung hierzu erteilt hat und wenn im Gastraum durch Aushang unübersehbar darauf hingewiesen wird. Die Verarbeitung von Pferdefleisch ist in der Gemeinschaftsverpflegung nicht statthaft.

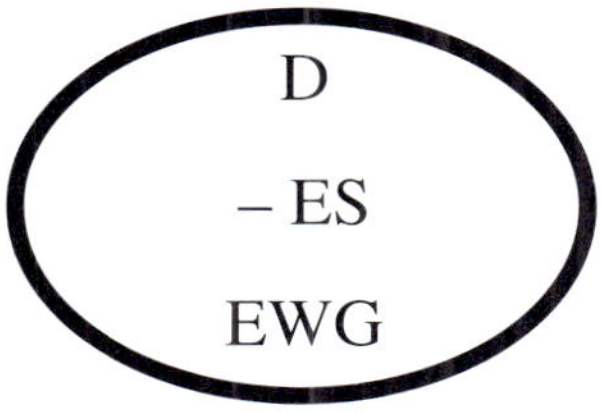

Kürzel für das jeweilige Mitgliedsland der EWG (D für Deutschland)

Kürzel zur Charakterisierung des Fleischs (Bedeutung siehe unten) und Veterinärkontroll-Nr.

Kennzeichnung für EWG-Fleisch (Gemeinsamer Markt)

Kürzel zur Charakterisierung des Fleischs:

ES	Rind (einschließlich Bison und Wasserbüffel) und Nebenprodukte, Schweine, Schafe, Ziegen und Einhufer* (als Haustiere gehalten) sowie in Gehegen gehaltenes Haarwild
EZ	Teilstücke, Hackfleisch, Fleischzubereitungen
EV	Fleischerzeugnisse (mit Reg.-Nr. des Verarbeitungsbetriebs)
EH	Erzeugnisse aus eigenständiger Produktion
EZ	Umhüllungskennzeichnung bei erfolgter Umverpackung
8 –	Fleisch- (und Geflügel-)Erzeugnisse mit einem geringen Fleischanteil
ESK	Hauskaninchen
EZK	zerlegte Hauskaninchen
ESG	Schlachtgeflügel
EZG	zerlegtes Schlachtgeflügel

Weitere Stempel:

– EW, erlegtes Haarwild, Federwild

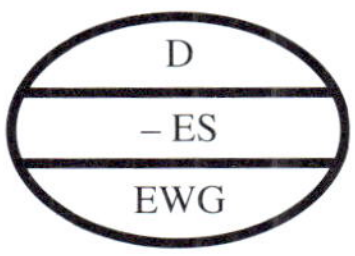

Nicht kastrierte Schweine (Eber), Zwitter oder Kryptorchide von Schweinen

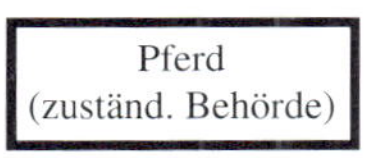

* Die Kennzeichnung ist zusätzlich zum ovalen Stempel (–ES) erforderlich

Abb. 12.2.2: Kennzeichnung von Fleisch von Schlachttieren, Wild und Geflügel, das zum Verzehr freigegeben ist (Stempelformen der nach EG-Recht zugelassenen Betriebe)

12.2.4.2 Fleisch-Verordnung

Die Fleisch-Verordnung in ihrer Fassung vom 21. 1. 1982 (BGBl. I S. 89) ist durch zahlreiche Zusätze an Neuregelungen auf anderen Gebieten des Verkehrs mit Lebensmitteln angepaßt worden, die jedoch wenig Einfluß auf die grundlegenden Festlegungen der Verordnung haben (z. B. Anpassung an die Neuregelung über Zusatzstoffe, Gestattung der Verwendung von jodiertem Speisesalz bei der Herstellung von Fleischerzeugnissen u. a.) bzw. durch generell gültige Vorschriften hinreichend bekannt sind. Die Fleisch-Verordnung regelt die Verarbeitung von Fleisch, die bei der Herstellung von Fleischerzeugnissen einzuhaltenden Zutaten und die Zugabe von erlaubten Zusätzen. Auch die Kenntlichmachung solcher Zusätze wird durch die Fleisch-Verordnung geregelt. Sie wird durch die Fleischhygiene-Verordnung und Hackfleisch-Verordnung ergänzt.

Die für die Gastronomie bzw. Gemeinschaftsverpflegung wichtigsten Punkte der Fleisch-Verordnung und der gesondert erlassenen Durchführungsbestimmungen sind:

Vorschriften für das Räuchern

Die Verwendung von Nadelholzspänen und Spänen von bearbeitetem Holz ist verboten, erlaubt sind nur Späne von Laubbäumen und der Zusatz von Gewürzkräutern zu den Räucherspänen. Die Vorschriften für die Konstruktion von Räucherkammern, die die Kontamination des Räucherguts mit teerähnlichen Inhaltsstoffen des Rauchs weitgehend verhindern, gelten noch nicht für das gelegentliche Räuchern in den Küchen von Restaurants. Das dabei praktizierte Räucherverfahren (kurzzeitiges Räuchern in geschlossenen Gefäßen) gestattet kein intensives Durchdringen des Räucherguts mit Rauchprodukten und damit keine umfangreichere Belastung (bewirkt aber auch keinen Konservierungseffekt) und ist somit nur für die Aromabildung von Bedeutung.

Die Verwendung von Flüssigrauch ist in der Bundesrepublik noch verboten, es sei denn, es ist durch Erteilen einer Sondergenehmigung erlaubt worden. Entsprechende Ausnahmegenehmigungen werden bereits seit einiger Zeit in größerem Umfang erteilt. Der Einsatz von Flüssigrauch muß als Aromazusatz deklariert werden („Raucharoma"). Entsprechende Erzeugnisse aus den Ländern der EG dürfen in der Bundesrepublik ohne Begrenzung in den Verkehr gebracht werden. Eine Verordnung der EG über Raucharomen ist in Vorbereitung.

Vorschriften über den Einsatz von Kutterhilfsmitteln bei der Bereitung von Brät

In der Verordnung werden zugelassene Kutterhilfsmittel und die Höhe der maximal zugelassenen Konzentrationen dieser Stoffe wie Milchsäure,

Zitronensäure und Weinsäure sowie von Diphosphaten aufgeführt (die zulässige Höchstmenge beträgt für alle Stoffe zusammen 3 g/kg Brät [Fleisch und Fett]).

Vorschriften zur Brühwurstherstellung

Für die Herstellung von Brühwürsten aus nicht schlachtfrischem Fleisch ist der Zusatz von maximal 0,3 % Diphosphat erlaubt.

Vorschrift über die Verwendung von Pökelsalz

Der Gehalt an Natriumnitrit im Pökelsalz, der bisher 0,4 bis maximal 0,5 % betragen mußte, muß nicht mehr eingehalten werden, ein bestimmtes Mischungsverhältnis ist nicht vorgeschrieben. Nitrit darf aber auch weiterhin nur zusammen mit Kochsalz, jodiertem Kochsalz oder Kochsalzersatz eingesetzt werden. Vorschriften über die Herstellung von Nitritpökelsalz sind in der Zusatzstoff-Verkehrs-Verordnung festgelegt.

Aus lebensmittelhygienischen und toxikologischen Gesichtspunkten wird empfohlen (Verfasser), die bisher vorgeschriebene Konzentration von 0,5 % Nitrit auch weiterhin einzuhalten.

Vorschriften für erlaubte Zusätze bei Fleischerzeugnissen einschließlich Wurstwaren

Zur Herstellung von Wurstwaren waren nach dem bisher geltenden deutschen Lebensmittelrecht andere Zusätze als Fleisch, Innereien und Blut sowie Speck und Schwarten, Salz und Gewürze nicht erlaubt. Regionale Besonderheiten (z. B. Grützwurst, Blutwurst mit Rosinen) wurden durch Ausnahmeregelungen zugelassen und mußten entsprechend deklariert werden.

Im Rahmen der EG-Harmonisierung ist nunmehr auch der Zusatz von anderen Rohstoffen erlaubt (Gemüse, Milcheiweiß, Trockenmilch oder Molke, Bindemittel auf Kohlenhydratbasis wie Guarkernmehl u. a.). Die Zusätze müssen deklariert werden, entweder durch eine eindeutige Verkehrsbezeichnung oder als gesondert auszuweisender Zusatz (z. B. Fremdeiweiß) bzw. Zusatzstoff (siehe hierzu Kap. 12.2.2).

12.2.4.3 Hackfleisch-Verordnung (HFlV) i. d. F. vom 3. 12. 1997 (BGBl. I S. 2786 und S. 2839)

Die Hackfleisch-Verordnung ist mit der Verordnung zur Veränderung von fleisch- und lebensmittelrechtlicher Vorschriften vom 3. 12. 1997 (BGBl. I S. 2786) präzisiert worden (auf Seite 2839 der Verordnung). Wesentliche Vorschriften für die Kühlung und den Transport von Hackfleisch enthält auch die Lebensmittelhygiene-Verordnung. Weitere Hinweise über die Herstellung und den Verkehr von Hackfleischerzeugnissen sind in den Leitsätzen für Fleisch und Fleischerzeugnisse des Deutschen Lebensmittelbuchs enthalten.

In der Hackfleisch-Verordnung (und in den Leitsätzen des Deutschen Lebensmittelbuchs) ist festgelegt, welche Produkte als Hackfleischerzeugnisse eingestuft werden müssen und damit den Auflagen der Verordnung unterliegen:

- zerkleinertes Fleisch wie Hackfleisch und Schabefleisch (auch zubereitet wie beispielsweise Hackepeter), geschnetzeltes Fleisch,
- Erzeugnisse aus zerkleinertem Fleisch, die noch nicht gründlich durcherhitzt wurden, wie bereits vorbereitete Fleischklöße und -klopse, Frikadellen, Buletten, Fleischfüllungen,
- Bratwürste sowie bestimmte Rohwurst- und Brühwurst-Halbfabrikate und Fleischbräte,
- zerkleinerte Innereien wie Leberhack sowie Erzeugnisse, die unter Verwendung von zerkleinerten Innereien hergestellt sind,
- Fleischzuschnitte wie Steaks, Filets und Schnitzel, die mit Mürbeschneidern (Steaker) oder Geräten mit ähnlicher Wirkung (Fleischklopfer) behandelt wurden,
- Schaschlik und in ähnlicher Weise hergestellte Erzeugnisse aus gestückeltem Fleisch oder gestückelten Innereien auf Spießen (hierzu sind auch Döner zu rechnen).

Die Hackfleisch-Verordnung enthält weiterhin generelle Festlegungen für die Aufbewahrung und die Verarbeitung dieser Fleischerzeugnisse:

- Die Aufbewahrungstemperatur darf 4 °C nicht überschreiten; sie darf nur beim Transport (Anlieferung, Warenannahme, Umlagerung) kurzfristig auf maximal 7 °C ansteigen.
- Die Aufbewahrungszeit darf höchstens 1 Tag betragen (die Verordnung besagt 1 Verkaufsperiode, deshalb ist ein Aufbewahren von vorbereiteten Erzeugnissen über Nacht nicht statthaft). Nach Ablauf dieser Zeit muß das Hackfleisch sofort und somit vor dem Verzehr gründlich durcherhitzt werden. Es ist andernfalls zu verwerfen.
- Der Zusatz von Nitritpökelsalz, von Sulfit und Schönungsmitteln (z. B. Niacin) zu Hackfleisch ist verboten.

  Das bisherige Verbot des Zusatzes von Nitritpökelsalz zu anderen Fleisch- und Wurstwaren ist dagegen durch die Zusatzstoff-Zulassungs-Verordnung (29. 1. 1998) aufgehoben worden (Brühwursterzeugnisse wie Bratwürste oder Weißwürste, Kochwurst, Zungenwurst, Gelbwurst und Kalbskäse, Fleischklopse, Frikadellen, Buletten und Fleischfüllungen aus zerkleinertem Fleisch).

Nitrit und Niacin bewirken eine stabile Rotfärbung des Fleischs, wodurch eine Grauverfärbung verhindert wird, die ein sicheres Zeichen einer zu langen (und zu warmen) Lagerung ist. Sulfit (schweflige Säure) unterdrückt effektiv jeglichen Verwesungsgeruch.

- Tiefgefrorenes Hackfleisch darf nur aus frisch geschlachtetem Fleisch (nicht abgehangenem Fleisch) hergestellt werden. Die Kühlkette (–18 °C) darf nie unterbrochen und das TK-Hackfleisch nicht länger als 6 Monate gelagert werden. Erlaubte Zusätze müssen deklariert werden (in diesem Fall ist Pökelsalz erlaubt). Ein nochmaliges Einfrosten von bereits aufgetautem Hackfleisch ist ebenfalls verboten. An Stelle einer MHD muß das Verbrauchsdatum (mit Angabe der vorgeschriebenen Lagertemperatur von –18 °C) angegeben werden und außerdem der Hinweis „nach dem Auftauen sofort zu verbrauchen". Nach Ablauf des Verbrauchsdatums darf tiefgefrorenes Hackfleisch nicht mehr verzehrt werden.
  Aus dieser Festlegung ergibt sich, daß die Herstellung von tiefgefrorenem Hackfleisch nur in den dafür geeigneten Schlacht- bzw. Verarbeitungsbetrieben erfolgen kann. Das Tiefgefrieren von Hackfleisch, das in Küchen von Gaststätten oder Einrichtungen der Gemeinschaftsverpflegung hergestellt wurde, ist nicht statthaft.
- Hackfleischerzeugnisse aus Wild und aus Geflügelfleisch dürfen nur im gefrorenen Zustand in den Verkehr gebracht werden. Es wird dringend davor gewarnt, in der Gemeinschaftsverpflegung solche Hackfleischerzeugnisse einzusetzen.
  Geflügelfleisch ist erfahrungsgemäß häufig und in größerem Umfang mit Salmonellen belastet. Die Belastung von Wild durch pathogene Keime ist schlecht kontrollierbar und kann ebenfalls relativ hoch sein. Die Gefahr einer Infektion mit pathogenen Keimen kann bei Hackfleisch von diesen Tierarten daher nur durch die rasche Herstellung (frisches Fleisch) und sofortiges Tiefkühlen sicher verhindert werden.

Für Hackfleisch aus Fleisch verschiedener Tiere sind die bisher festgelegten Grenzwerte für den maximal zulässigen Fettgehalt entfallen. Sie sollten vor einem überhöhten Fettgehalt schützen, der früher oft durch den Zusatz von Rindertalg erzielt wurde (der Zusatz von Talg ist auch weiterhin untersagt). Es wird jedoch empfohlen, auch in Zukunft diese bisher vorgeschriebenen Höchstwerte, insbesondere im Interesse einer gesunden Ernährung, nicht zu überschreiten. Diese Grenzwerte entsprechen außerdem den Leitsätzen für Fleisch und Fleischerzeugnisse des Deutschen Lebensmittelbuchs:

◆ Tatar	6 %
◆ Schabe- und Hackfleisch vom Rind	20 %
◆ Hackfleisch vom Schwein	35 %
◆ Hackfleisch von Rind und Schwein, gemischt	30 %

12.2.4.4 Rindfleischetikettierungs-Verordnung vom 9. 3. 1998 (BGBl. I S. 438)

Das der Rindfleischetikettierungs-Verordnung vorgeschaltete Gesetz gleichen Namens (RiFlEtikettG) vom 26. 2. 1998 (BGBl. I S. 183) dient der Umsetzung der EG-Verordnung zur Registrierung und Kennzeichnung von Rindern und der Etikettierung von Rindfleisch vom 21.4.1997 (820/97 EG) in nationales Recht. Ettikettierungs-Gesetz und -Verordnung sind in der Zwischenzeit mehrfach geändert worden. Die Termine für die Umsetzung sind von der EG ebenfalls verschoben worden.

Ziel der Festlegungen der EG, das mit der Etiketttierungs-Verordnung umgesetzt werden soll, ist der lückenlose Nachweis der Herkunft des in Verkehr gebrachten Fleischs. Dadurch soll weiterhin ausgeschlossen werden, daß Fleisch unter Umgehung der Kontrollen, die im Rahmen der Bekämpfung von Tierseuchen durchgeführt werden, in den Handel und damit an die Verbraucher gelangt.

Einer Etikettierung von Fleisch muß die umfassende Registrierung und Kennzeichnung der Rinder (Ohrmarke, Rinderpaß, Bestandsregister und Begleitpapiere) vorausgehen. Für eine lückenlose Etikettierung des auf dem Gemeinsamen Markt angebotenen Fleischs ist die Umsetzung der Registrierung aller Rinder und die einheitliche Handhabung der Begleitpapiere in allen Ländern der EG unabdingbare Voraussetzung. Nach den Vorgaben der Europäischen Kommission sollte die obligatorische Etikettierung in allen Mitgliedsländern ab 1. 1. 2000 durchgeführt werden, eine entsprechende Kennzeichnung auf freiwilliger Basis ist bereits seit Juli 1998 erlaubt.

Gegenstand der Etikettierung (Kennzeichnung)

Etikettiert werden muß frisches, gekühltes und gefrorenes Fleisch. Rindfleischerzeugnisse sind von dieser Pflicht ausgenommen. Diese unterliegen den Etikettierungsvorschriften des allgemeinen Lebensmittelrechts (Lebensmittelkennzeichnungs-Verordnung, Fleischhygiene-Verordnung, Hackfleisch-Verordnung, Leitsätze des Deutschen Lebensmittelbuchs).

Die Etikettierungspflicht gilt für verpacktes Fleisch (vakuumverpackt, CA-verpackt, andersartig verpackt) für den Verkauf an Großkunden (z. B. Gaststätten, Einrichtungen der Gemeinschaftsverpflegung) und an Verbraucher im Einzelhandel einschließlich in der Selbstbedienung. Auch lose verkauftes Fleisch, unabhängig von der Größe des Fleischteils, muß entsprechend gekennzeichnet werden (Tierhälften, größere Fleischstücke, Verkauf über den Ladentisch).

Eine neue Richtlinie der EG legt fest, daß seit dem 1. 9. 2000 bei abgepacktem Rindfleisch auf der Verpackung das Land der Schlachtung und das Land des

Zerlegens anzugeben ist. Diese Angaben sind auch bei Rinderhack zu machen, nicht aber bei Erzeugnissen aus Rindfleisch wie beispielsweise gemischtes Hack oder marinierte Steaks. In der Bundesrepublik (nationale Regelung) muß seit dem 1. 11. 2000 auch das Herkunftsland des Tiers bzw. der Tiere (Geburtsland) angegeben werden. Diese Angabe muß in den anderen EU-Ländern erst ab dem Jahr 2002 erfolgen.

Form der Etikettierung

Die Etikettierung kann in Form von aufgeklebten Etiketten auf der Verpackung, durch Beschriftung an der Ladentheke oder durch Aushang im Verkaufsraum erfolgen. Entsprechende Angaben sind zusätzlich auch auf dem Lieferschein zu machen (Großabnehmer, Wiederverkäufer).

Auf dem Etikett muß der Inhaber des Etikettierungssystems mit Namen und Logo angegeben werden und die Referenznummer, die eine lückenlose Zurückverfolgbarkeit garantieren muß (siehe unten).

Darüber hinaus sollten weitere Angaben gemacht werden:

- Herkunft des Fleischs nach Rindertyp gemäß der Handelsklassenfestlegung (Jungbulle, Ochse, Färse, Kalb) oder alternativ die Angabe „Rindfleisch" und Art des Teilstücks (z. B. Oberschale, Roastbeef, Bug, Filet).
- Angaben über das Herkunftsland (Muttertier, Geburtsland), Ort der Aufzucht (Mast), Land der Mast und Sitz des Schlachtbetriebs und Ort der Zerlegung der Schlachtkörper (Angabe des jeweiligen Lands mit dem Kürzel entsprechend der EG-Übereinkunft).
- Auf dem Etikett dürfen weitere Angaben entsprechend getroffenen Absprachen zwischen Schlachtbetrieb und Abnehmer gemacht werden.

Nachweisführung und Rückverfolgbarkeit

Die Nachweisführung der Herkunft kann entweder durch Einzeltiernachweis oder durch Gruppenbildung erfolgen. Beim Einzelnachweis ist die Angabe des Tierhalters erforderlich, beim Gruppennachweis (Chargenbildung) muß die regionale Herkunft von Tieren mit gleichen Merkmalen angegeben werden (z. B. „Deutsches Rindfleisch", „Deutsches Jungbullenfleisch").

An Hand der Angaben muß es möglich sein, die Herkunft des Fleischs (auch von einzelnen Fleischpartien) bis zum Geburtsland zu rekonstruieren.

Etikettierungssysteme und Überwachung

Jeder Marktbeteiligte (z. B. Schlachtbetrieb) oder eine Organisation von Marktbeteiligten (z. B. Centrale Marketing-Gesellschaft der deutschen Agrarwirtschaft mbH [CMA], Deutscher Fleischer-Verband [DFV]) kann ein Etikettierungssystem konzipieren. Dieses muß von der Bundesanstalt für Landwirtschaft und Ernährung (BLE) genehmigt werden. Die Etikettierung wird wiederum von privaten neutralen Kontrollstellen überwacht, die dazu von der BLE ermächtigt werden und von dieser staatlich überwacht werden. Die BLE kann Ordnungsgelder bis zu 50 000 DM verhängen, schwere Verstöße können strafrechtlich verfolgt werden.

12.2.4.5 Geflügelfleischhygiene-Verordnung (GFlHV) i. d. F. vom 29. 6. 2000 (BGBl. I S. 997)

Das Geflügelfleischhygiene-Gesetz vom 17. 7. 1996 (BGBl. I S. 991) legte gesetzliche Rahmenbedingungen für die Haltung, Schlachtung und das Inverkehrbringen von Geflügel fest und setzte gleichzeitig alle vorher bestehenden diesbezüglichen gesetzlichen Vorschriften außer Kraft. Es ist der eigentlichen Geflügelfleischhygiene-Verordnung vorgeschaltet. Die Verordnung von fleisch- und lebensmittelrechtlicher Vorschriften vom 3. 12. 1997 (BGBl. I S. 2786) enthält als wesentliches Teilstück eine neue Geflügelfleischhygiene-Verordnung (ab Seite 2787). Sie ist durch die zweite Verordnung von fleisch- und geflügelfleichrechtlicher Vorschriften vom 24. 3. 1999 (BGBl. I S. 498) präzisiert worden, indem die enthaltenen Vorschriften für Kühlen, Lagern und Transport an die Lebensmittelhygiene-Verordnung vom 5. 9. 1997 (siehe Kap. 12.4) angeglichen wurden.

Die für Geflügelfleisch erlassenen Vorschriften zeigen eine Reihe Gemeinsamkeiten mit den entsprechenden Festlegungen, die für das Fleisch von Schlachttieren gelten. Das betrifft u. a. die Kennzeichnung des als genußfähig eingestuften Geflügelfleischs durch Stempel, die in der Form und der verwendeten Kürzel den Stempeln für Fleisch bzw. Fleisch von bejagtem Haarwild entsprechen (siehe Abb. 12.2.2). Besondere Vorschriften regeln die Kennzeichnung von Geflügel in Sammelverpackungen (mit entfernbaren Plaketten an jedem Einzeltier zusätzlich zur Kennzeichnung der Verpackung).

Es sind weiterhin spezifische, für Geflügelfleisch geltende Hygieneanforderungen erlassen, ebenso Festlegungen für die Aufzuchtbedingungen (Verbot des Zusatzes von Antibiotika zum Futter zwecks Förderung der Fleischausbildung) und für die Vermarktung getroffen worden (Verbot des Einsatzes von sog. Mürbemachern oder Zartmachern, Proteasen wie Papain oder Bromelin, zur „Schönung" des Fleisches von alten Legehennen durch Lockerung des stark vernetzten kollagenen Bindegewebes).

Unabhängig von den Vorschriften der Gefügelfleischhygiene-Verordnung sind in der Gastronomie und insbesondere in Einrichtungen der Gemeinschaftsverpflegung alle Sicherheitsvorkehrungen zur Verhinderung der Übertragung von Salmonellen zu treffen:

- Geflügel ist gesondert zu lagern (von anderen Lebensmitteln getrennt), auch nicht zusammen mit Fleisch oder Wild.

- Beim Auftauen von TK-Geflügel muß das Tauwasser sicher aufgefangen werden, ohne daß andere Lebensmittel oder Gerätschaften mit ihm in Berührung kommen (Abtropfenlassen über einer Schale), das Tauwasser ist zu desinfizieren und anschließend zu verwerfen, die Auffangschale ist vor der gründlichen Endreinigung zu desinfizieren.
- Geflügel ist auf einem gesonderten Arbeitsplatz zu verarbeiten, der Arbeitsplatz und die benutzten Arbeitsmittel sind anschließend zu desinfizieren. Holzgegenstände wie Schneidebretter aus Holz dürfen nicht benutzt werden (möglicherweise vorliegende Salmonellen und auch andere Mikroorganismen haften auf der fasrigen Oberflächenstruktur des Holzes fest und sind auch durch gründlichstes Reinigen kaum vollständig zu entfernen).
- Die Hände sind im Anschluß an die Verarbeitung von Geflügel umgehend unter fließendem Wasser gründlich zu waschen und zu desinfizieren.

Es sollte auch an dieser Stelle nochmals darauf hingewiesen werden, daß Salmonellen erst beim Einwirken von Temperaturen von mindestens 70 °C und für die Zeitdauer von 10 Minuten sicher abgetötet werden. Geflügelgerichte sind deswegen ausreichend zu erhitzen. Dieser Hinweis ist besonders bei der Zubereitung von Gerichten aus relativ zartem Geflügelfleisch (Barbarie-Entenbrust, Putenbrust) zu beachten, die sehr rasch gar sind. Die Gefahr einer Salmonelleninfektion ist besonders hoch bei Geflügelsalat, der unzureichend gegart und vor dem Verzehr länger aufbewahrt wurde.

12.2.5 Fischhygiene-Verordnung (FischHV) vom 8.6.2000 (BGBl. I S. 819)

Die Fischhygiene-Verordnung regelt die Verarbeitung und das Inverkehrbringen von Fischen und Schalentieren der Hochsee- und Küstenfischerei und betrifft Fabrikschiffe, Verarbeitungsbetriebe sowie die Vermarktung auf Großmärkten. Sie gilt nicht für handwerkliche Betriebe des Fischfangs. Sie regelt gleichzeitig die Veterinärkontrolle und die Verpackung einschließlich der Kennzeichnung.

Für die Gastronomie und die Gemeinschaftsverpflegung sind lediglich die Festlegungen für die Behandlung der Fische und Schalentiere nach dem Fang sowie für deren Transport und Kühlung von Interesse, um dadurch die ordnungsgemäße Qualität und Sicherheit der angelieferten Ware besser beurteilen zu können. Darüber hinaus sind die Festlegungen der Lebensmittelhygiene-Verordnung zu beachten (siehe Kap. 12.4).

Die wesentlichen Festlegungen der Verordnung, die für die Gastronomie Bedeutung haben, sind

- Fische sind nach dem Fang unverzüglich auszunehmen. Von dieser Regelung sind ausgenommen Rotbarsch, Plattfische, Heringe und

Makrelen sowie Sprotten und Fische vergleichbarer Größe, die sofort nach dem Fang gekühlt oder tiefgefroren werden.

- Fische aus Aquakulturen sind nach dem Schlachten ebenfalls unverzüglich auszunehmen.
- Lebende Muscheln dürfen nur in Packungen oder Behältnissen in den Verkehr gebracht werden. Sie müssen zwischen +2 °C und +10 °C gelagert werden. In Fertigpackungen angebotene lebende Muscheln sind zu kennzeichnen mit
  Herkunftsland,
  Muschelart,
  Verpackungsdatum (Tag/Monat) und
  Hinweis auf erfolgte Reinigung, falls die Muscheln gereinigt wurden.
- Eine Mindesthaltsbarkeitsdauer (MHD) ist nicht anzugeben, an dessen Stelle der Hinweis „Diese Muscheln müssen zum Zeitpunkt des Verkaufs lebend sein".
- Der Einzelhändler muß einen Teil der Verpackung oder des Etiketts mindestens 60 Tage aufbewahren, nachdem er den Inhalt einer Verpackung in Einzelmengen aufgeteilt hat. Er muß diese den Aufsichtsbehörden auf Aufforderung aushändigen.
- Es besteht ein Verkaufsverbot für
  giftige Fische (u. a. Igelfisch und giftige Tropenfische [Tetraodontidae, Diodontidea, Molidae, Canthigasteridea]),
  Makrelenfische und Heringsfische mit einem Histamingehalt von mehr als 200 mg/kg (bei in Kochsalz gereiften Sardellen [Anchovis] von mehr als 400 mg/kg),
  Fische und Muscheln, die Algentoxine enthalten.

12.2.6 Hühnereier-Verordnung i. d. F. vom 16. 12. 1994 (BGBl. I S. 3837)

Die Hühnereier-Verordnung vom 5. 7. 1994 (BAnz. S. 6973) wurde durch die Verordnung vom 16. 12. 1994 nur geringfügig geändert (Streichen eines Satzes).

Die Hühnereier-Verordnung dient vorrangig dem Schutz des Verbrauchers vor einer Salmonelleninfektion, da Hühnereier relativ leicht mit Salmonellen kontaminiert sein können (siehe Kap. 5.1.6.2). Der Verderb von Hühnereiern als Folge eines Befalls mit anderen pathogenen bzw. fäulniserregenden Keimen kommt dagegen vergleichsweise selten vor. Auch der Verderb durch Eiweißzersetzung ist bei der üblichen Hühnerhaltung und der Vermarktung der Eier äußerst selten. Ein Verkauf von angebrüteten und damit verdorbenen Eiern durch den Handel kann bei der üblichen Massentierhaltung (Batterie- und Bodenhaltung) praktisch ausgeschlossen werden, lediglich bei Eiern von Hühnern, die auf kleineren Bauernhöfen freilaufend gehalten wurden, ist ein solcher Verderb gelegentlich möglich.

Wesentliche Punkte der Hühnereier-Verordnung (und die sich ergebenden Konsequenzen) sind

- Die Eier müssen nach dem Legen innerhalb von 21 Tagen an den Endverbraucher abgegeben und ab dem 18. Tag nach dem Legen bei + 5 °C bis + 8 °C gelagert werden (Kühlschranktemperatur).
  Auf die Einhaltung dieser Fristen ist besonders zu achten, da beim Erzeuger (Betreiber von Legebatterien und von Großanlagen für Bodenhaltung sowie Kleinbauern) nur in den seltensten Fällen eine ordnungsgemäße Lagerwirtschaft garantiert ist.
  Es empfiehlt sich, insbesondere in Zweifelsfällen entsprechende Garantien (Zertifikate, schriftliche Unbedenklichkeitserklärungen des Hühnerhalters und des Lieferanten) vom Lieferanten einzuholen und aufzubewahren.
  Die regelmäßige Kontrolle der eigenen Lagerbestände ist dringend erforderlich, Überplanbestände sind möglichst zu vermeiden.
- Die Eier sind beim Transport und bei der Lagerung vor schädlichen äußeren Einwirkungen zu schützen, insbesondere vor Verunreinigungen, Feuchtigkeit, direkter Sonneneinwirkung und starken Temperaturschwankungen.
- Die deklarierte Mindesthaltbarkeitsdauer (MHD) darf maximal 28 Tage (ab Legetermin) betragen.
  Bei der Abnahme von Eiern ist auf die Anlieferung von legefrischen Eiern besonders zu achten. Nach Überschreiten der MHD sollten die Eier nur nach gründlichem Durcherhitzen verzehrt werden (hartgekochte Eier, Verarbeitung zu Backwaren [nicht zu Cremefüllungen]).
- Auf der Verpackung abgepackter Eier müssen für den Verbraucher folgende Hinweise angebracht werden: Angabe der MHD (siehe oben) und der Verbraucherhinweis „Bei Kühlschranktemperatur aufzubewahren – nach … (Ablauf der MHD) durcherhitzen". Die Angabe des Legedatums ist freigestellt, ebenso das Aufstempeln des Legedatums auf das Ei.
  Eier mit aufgestempeltem Legedatum bieten eine erhöhte Sicherheit, ein Täuschungsversuch durch aufgestempelte falsche Legedaten kann von den Aufsichtsbehörden relativ leicht aufgedeckt werden.
- Nach dem 21. Tag dürfen Eier nur noch zur industriellen Verarbeitung abgegeben werden, eine Abgabe an Endverbraucher ist ab diesem Zeitpunkt verboten, d. h. auch an die Gastronomie und Einrichtungen der Gemeinschaftsverpflegung.
  Die Annahme von Eiern, die diesen Anforderungen nicht entsprechen, ist abzulehnen, gegebenenfalls ist die zuständige Aufsichtsbehörde zu informieren.
- In Gaststätten müssen roheihaltige Speisen, die nicht erhitzt wurden, innerhalb von 2 Stunden nach der Herstellung abgegeben werden. Sollten sie länger aufbewahrt werden, so müssen sie sofort nach der

Herstellung rasch auf +7 °C abgekühlt werden. Auch bei einer zwischenzeitlichen Aufbewahrung bei 7 °C müssen solche Speisen innerhalb von 24 Stunden abgegeben werden. Werden roheihaltige Speisen tiefgefroren aufbewahrt, so muß deren Abgabe analog innerhalb von 2 Stunden bzw. 24 Stunden nach erfolgtem Auftauen erfolgen (es muß bei Kühlraumtemperatur aufgetaut werden).

- Rückstellproben von roheihaltigen Speisen (ab 30 abgegebenen Portionen gesetzlich vorgeschrieben) müssen mindestens 96 Stunden lang bei höchstens + 4 °C aufbewahrt werden. Diese Temperatur ist im eigenen Interesse strikt einzuhalten, um eine unkontrollierte explosionsartige Vermehrung von noch vorhandenen einzelnen Keimen weitgehend zu verhindern.
- In der Gemeinschaftsverpflegung von alten oder kranken Personen sowie von Kindern sind mit Eiern zubereitete Speisen vollständig zu erhitzen (mindestens 70 °C für die Dauer von mindestens 10 Minuten). Die Abgabe von Eierspeisen, die nicht wärmebehandelt wurden, ist in der Gemeinschaftsverpflegung verboten.

Enteneier-Verordnung

Enteneier (und Gänseeier sowie Puteneier) müssen einen Aufdruck mit kochechter Farbe tragen „Entenei – 10 Minuten kochen!" Sie dürfen roh oder weich gekocht nicht verzehrt werden, ihre Verwendung zur Herstellung von ungenügend durcherhitzten Eierspeisen ist verboten. Enteneier dürfen in der Gemeinschaftsverpflegung nicht eingesetzt werden. Sie sind besonders häufig und intensiv mit Salmonellen verseucht.

12.2.7 Gesetzliche Regelungen für den Verkehr mit Milch und Milcherzeugnissen

Die Bezeichnung „Milch" ist nunmehr europaweit lebensmittelrechtlich geschützt und der Kuhmilch vorbehalten (Artikel 2 der EG-Richtlinie 1998/87). Milch von anderen Tieren muß entsprechend dieser Richtlinie genau spezifiziert werden (z. B. Ziegenmilch, Schafmilch, Büffelmilch, Stutenmilch).

Die Verordnungen über den Verkehr mit Milch und Erzeugnissen auf Milchbasis und deren Bearbeitung bzw. Herstellung sind äußerst umfangreich und in Detailfragen vielfach ergänzt worden.

Es soll deswegen nur auf die wichtigsten gesetzlichen Festlegungen hingewiesen werden, wobei auf den Verweis der jeweils gültigen Fassung der Verordnungen verzichtet wurde, soweit sie für die Gastronomie und Gemeinschaftsverpflegung von untergeordneter Bedeutung sind.

Verordnung über Hygiene- und Qualitätsanforderungen an Milch und Erzeugnisse auf Milchbasis (Milch-Verordnung) vom 24.4.1995 (BGBl. I S. 544)*

Die Milch-Verordnung enthält Vorschriften über Hygiene- und Qualitätsanforderungen beim Gewinnen, Herstellen, Behandeln und beim Inverkehrbringen von Rohmilch sowie von wärmebehandelter Milch. Sie ist damit auch Grundlage für die gesonderten Vorschriften für die Erzeugnisse auf Milchbasis, für deren Herstellung die hygienerechtliche Festlegungen für den Verkehr mit Milch eingehalten werden müssen. Diese generelle Milch-Verordnung wird ergänzt durch gesonderte Verordnungen für diese Erzeugnisse.

In der Verordnung wird festgelegt, welche Produkte dem Sammelbegriff „Erzeugnissen auf Milchbasis" zuzuordnen sind:

- Milcherzeugnisse,
- Käse,
- Butter und
- Speiseeis.

Wesentliche Punkte der Verordnung sind Vorschriften für den Transport, für das Inverkehrbringen und für die Wärmebehandlung von Milch. Herausgestellt werden sollten folgende Festlegungen zu den einzelnen Milchsorten.

Rohmilch: Unter Rohmilch wird die Milch verstanden, die ohne vorhergehende Wärmebehandlung direkt vom Erzeuger abgegeben wird (ab Hof). Eine generelle Abgabe ist verboten, Rohmilch darf nur an Familienangehörige und an Personen abgegeben werden, die im Erzeugerbetrieb beschäftigt sind. Einzige Ausnahmeregelung betrifft Alm- oder Alpbetriebe, die Rohmilch auch an Wanderer oder an Berghütten verkaufen dürfen. Mit der Neufassung der Verordnung wurde diese Festlegung etwas gelockert. An der Abgabestelle muß der deutlich lesbare Hinweis „Rohmilch, vor dem Verzehr abkochen" angebracht sein.

Vorzugsmilch: Der Verkauf von Vorzugsmilch darf nur von dazu zugelassenen Höfen erfolgen (von der Hygieneaufsicht nach Festlegungen der Milch-Verordnung). Für Vorzugsmilch, die im Handel angeboten wird, muß die entsprechende Herkunft eindeutig nachgewiesen werden, auf das ständige Einhalten der Kühlkette (< 8 °C) und das exakte Einhalten der zulässigen Lagerzeiten (maximal 96 Stunden nach dem Melken) ist zu achten.

Auf der Verpackung muß der Hinweis „Rohmilch – verbrauchen bis ..., aufbewahren bei höchstens +8 °C" angegeben werden. Als spätester Verbrauchstermin ist eine Frist von 96 Stunden anzugeben (Neufassung der Milch-Verordnung).

** Neufassung vom 20. 7. 2000 (BGBl. I S. 1178)*

Die Verwendung von Vorzugsmilch in der Gemeinschaftsverpflegung ist in Deutschland laut einer Verfügung aus dem Jahr 1997 verboten.

Konsummilch: Unter Konsummilch wird die Milch verstanden, die in einer zugelassenen Molkerei einer Wärmebehandlung unterzogen wurde (siehe unten), unabhängig von ihrem Fettgehalt (Vollmilch, teilentrahmte und entrahmte Milch).

Vollmilch: Unter Vollmilch wird solche Milch verstanden, die in einer Molkerei einer Wärmebehandlung unterzogen wurde. Es wird dabei zwischen standardisierter und nichtstandardisierter Vollmilch unterschieden:

Der Fettgehalt der nichtstandardisierten Vollmilch darf nach dem Melken nicht verändert werden, er muß aber mindestens 3 % betragen. Der Fettgehalt der standardisierten Vollmilch muß (mindestens) 3,5 % betragen.

Teilentrahmte Milch: Der Fettgehalt der teilentrahmten Milch muß mindestens 1,5 % und darf maximal 1,8 % betragen.

Entrahmte Milch: Die Bezeichnung „Magermilch" ist nach einer EG-Richtlinie erlaubt. Der Fettgehalt der entrahmten Milch darf nach einer EG-Richtlinie maximal 0,5 % betragen, er ist somit höher als in der Bundesrepublik bisher festgelegt (0,3 %).

Der Fettgehalt der Konsummilch muß auf der Verpackung entsprechend der Kennzeichnungs-Verordnung angegeben werden.

Eine Anreicherung mit Eiweiß ist bei teilentrahmter und entrahmter Milch erlaubt.

Wärmebehandlung: Die Bedingungen für die unterschiedlichen Methoden der Wärmebehandlung werden eindeutig festgelegt:

- Thermisierung
  Vorbehandlung von Rohmilch vor einer zusätzlichen Wärmebehandlung durch Erhitzen im Durchflußverfahren auf 57 bis 68 °C für längstens 30 Sekunden. Diese Milch darf nicht als Konsummilch an Verbraucher abgegeben werden.
- Pasteurisierung
  Eine Pasteurisierung, bei der alle vegetativen Keime abgetötet werden, muß nach einem von 3 verschiedenen Verfahren durchgeführt werden:
  Dauererhitzen auf 62 bis 65 °C für die Dauer von 30 bis 32 Minuten,
  Kurzzeiterhitzen im (langsamen) Durchflußverfahren auf 72 bis 75 °C für die Dauer von 15 bis 30 Sekunden oder
  Hocherhitzen im (schnellen) Durchflußverfahren auf 85 bis 127 °C für die Dauer von etwa 3 Sekunden.

- Ultrahochthermisierung (UHT)
  Durchflußverfahren auf 135 °C (H-Milch).
- Sterilisieren
  Erhitzen in verschlossenen Gefäßen auf mindestens 110 °C.

Käse-Verordnung

Die Käse-Verordnung vom 14. 4. 1986 (BGBl. I S. 412) ist mehrfach geändert worden. Als derzeit gültige Verordnung gilt die Fassung vom 29. 1. 1998 (BGBl. I S. 299), mit der die bisherigen Festlegungen an die neue Zusatzstoff-Verordnung angepaßt wurden (bei Hart- und Schnittkäse müssen eventuell vorhandene Kunststoffüberzüge deklariert werden). Die Käse-Verordnung enthält verfahrenstechnische Festlegungen, die nahezu ausschließlich den Produzenten betreffen. Von genereller Bedeutung sind die Festlegungen zur Einteilung der Käse nach Fettgehaltsstufen bzw. nach ihrem Wassergehalt (siehe Kap. 5.1.1.1) und der Maßgabe, daß in der Bundesrepublik zur Herstellung der meisten Käsesorten pasteurisierte Milch verwendet werden muß (Frischkäse, Sauermilchkäse, Weichkäse, bei dem aber Ausnahmegenehmigungen möglich sind). Bei der Herstellung von Schnittkäse und Hartkäse ist der Einsatz von Rohmilch erlaubt.

In ergänzenden Verordnungen sind Festlegungen getroffen für die Deklaration von bestimmten Käsesorten mit geographischen Bezeichnungen (z. B. Allgäuer Bergkäse), an deren Herstellung bestimmte Anforderungen gestellt werden. Für gesonderte, als Markenkäse ausgewiesene Produkte gilt sinngemäß das gleiche wie für die Kennzeichnung von Markenbutter (siehe unten).

Butter-Verordnung

Die derzeitig gültige Butter-Verordnung basiert im wesentlichen auf der Verordnung über Butter und zur Änderung von milch- und margarinerechtlichen Vorschriften vom 3. 2. 1997 (BGBl. I S. 144), die durch ergänzende Verordnungen an neue lebensmittelrechtliche Festlegungen angepaßt wurde (z. B. Gestattung des Einsatzes von jodiertem Speisesalz, Anpassung an die Zusatzstoff-Verordnung vom 29. 1. 1998).

Die Verordnung regelt die Herstellung, die Qualitätskontrolle und Einstufung in Handelsklassen sowie die Kennzeichnung der Butter, die in den Grundzügen der Lebensmittelkennzeichnungs-Verordnung folgt (Name und Anschrift des Herstellers, MHD).

Einteilung der Butter nach Herstellungsverfahren: Die Einteilung der Butter nach den bekannten unterschiedlichen Herstellungsverfahren (siehe Kap. 5.3.1) wird rechtlich festgeschrieben und die zu erfüllenden Kriterien festgelegt:

- Sauerrahmbutter
  Herstellung aus sauer gelegter Milch oder Rahm, der p_H-Wert muß in der wäßrigen Phase bei p_H 5,1 oder darunter liegen,

- Süßrahmbutter
  Herstellung aus nicht sauer gelegter Milch oder Rahm, der p_H-Wert muß in der wäßrigen Phase bei p_H 6,4 oder höher liegen,
- mild gesäuerte Butter
  Herstellung aus nicht sauer gelegter Milch oder Rahm (eine andersartige Säuerung ist nicht vorgeschrieben), der p_H-Wert muß in der wäßrigen Phase bei p_H 6,4 oder niedriger liegen.

Einteilung in Handelsklassen: Die Einteilung in Handelsklassen erfolgt nach der Qualitätsprüfung durch die Aufsichtsbehörde. Als Prüfkriterien dienen die sensorische Einschätzung (Geschmack, Geruch, Farbe), die Wasserverteilung in der Butter und die Streichfähigkeit:

- Deutsche Markenbutter (mindestens 4 von 5 möglichen Punkten)
- Deutsche Molkereibutter (mindestens 3 von 5 möglichen Punkten)

Butter, die direkt von Erzeugerbetrieb (Bauernhof) abgegeben wird und nicht in einer zugelassenen Molkerei hergestellt wurde, ist als „Landbutter" zu deklarieren.

Der Zusatz von β-Carotin ist erlaubt.

Gütezeichen für „in Deutschland geprüfte Markenware": Das bisherige Gütezeichen für deutsche Markenbutter ist im Rahmen der Schaffung des Gemeinsamen Europäischen Markts durch das genannte neue Gütezeichen ersetzt worden. Dieses garantiert nicht mehr ein Herkunftsland, sondern nur die in Deutschland erfolgte Prüfung. Eine erlaubte, aber nicht vorgeschriebene zusätzliche Herkunftsangabe muß jedoch korrekt sein (andernfalls handelt es sich nach dem LMBG um eine Täuschung). Die Kennzeichnung der Butter als geprüfte Markenware ist keine Pflicht, sie ist eine freiwillige Kennzeichnung. Butter aus anderen EG-Mitgliedsländern kann das neue Gütezeichen ebenfalls erhalten. Es wird nach erfolgter Qualitätskontrolle durch die Überwachungsstellen des Bundeslands erteilt, in dem der Antrag auf Erteilung gestellt wurde.

Fettreduzierte Butter, Milchstreichfett: Es ist statthaft, Butter mit einem geringeren Fettgehalt herzustellen (der Wassergehalt ist entsprechend erhöht). Für diese Erzeugnisse sind die Verkehrsbezeichnung und der Fettgehalt festgelegt:

- Dreiviertelfettbutter — Fettgehalt 60 bis 62 % (Gewichtseinheiten)
- Halbfettbutter — Fettgehalt 40 bis 42 % (Gewichtseinheiten)

Fettmischungen, bestehend aus Butter (Milchfett) und anderen Streichfetten (z. B. Margarine), werden als Milchstreichfett bezeichnet. Der in der Fettmischung enthaltene Milchfettanteil ist als Prozentsatz vom gesamten Fettgehalt anzugeben.

12.2.8 Leitsätze des Deutschen Lebensmittelbuchs

Die Deutsche Lebensmittelbuch-Kommission erarbeitet im Auftrag des Gesundheitsministers der Bundesrepublik Deutschland auf der Grundlage des LMBG Leitsätze, in denen die Herstellung, die Beschaffenheit und sonstige besondere Merkmale ausgewählter Lebensmittel beschrieben werden. Diese Richtlinien werden zusammengefaßt als Deutsches Lebensmittelbuch bezeichnet.

Die einzelnen Leitsätze sind Sachverständigengutachten, sie sind aber keine rechtsverbindliche Normen. Sie enthalten somit keine Gebote und Verbote. Eine Einhaltung der Leitsätze gibt aber die Gewähr, daß nicht gegen bestehendes Recht verstoßen wird. Die Leitsätze werden vom Bundesministerium für Gesundheit im Bundesanzeiger (BAnz) veröffentlicht. Bisher sind mehr als 20 solcher Leitsätze veröffentlicht worden. Sie sind überwiegend für lebensmittelproduzierende Betriebe von Bedeutung. Die äußerst umfangreichen Leitsätze für Fleisch, Fleischerzeugnisse und Zubereitungen mit Fleisch sowie die sich daraus ergebenden lebensmittelrechtlichen Konsequenzen müssen in der Gastronomie nur bei der Herstellung von Fleischerzeugnissen in Eigenproduktion besonders beachtet werden.

Für die Gastronomie sind die Leitsätze für Speiseeis und Speiseeis-Halberzeugnisse von Bedeutung.

Leitsätze für Speiseeis und Speiseeis-Halberzeugnisse

Die umfangreichen Richtlinien von 1994 für die Herstellung von Speiseeis und sog. Speiseeis-Halberzeugnisse (Zubereitungen, die zur Herstellung von Speiseeis eingesetzt werden, aber selbst kein Speiseeis sind) regeln die zu beachtenden Verfahrensweisen bei der Herstellung und dem Verkauf von Speiseeis nahezu umfassend. Lebensmittelrechtlich gilt jedoch die Speiseeis-Verordnung i. d. F. vom 29. 1. 1998, welche die Verwendung von Zusatzstoffen bei der Speiseeisherstellung regelt, und nach der Milch-Verordnung vom 24. 4. 1995 ist Speiseeis ein Erzeugnis auf der Basis von Milch, für das die lebensmittelrechtlichen Bestimmungen für den Umgang mit Milch bindend sind. Weitere lebensmittelhygienischen Vorschriften für die Herstellung von Speiseeis ergeben sich aus der Lebensmittelhygiene-Verordnung. Sie müssen konsequent eingehalten werden, weil bei unsachgemäßem Handling Speiseeis eine große Gefahrenquelle für Infektionen mit Salmonellen und anderen darmpathogenen Keimen ist. Verstöße werden nach den Bestimmungen des LMBG geahndet.

Auf folgende Punkte muß besonders hingewiesen werden:

- Zur Herstellung von Speiseeis dürfen nur hitzebehandelte Milch oder Milcherzeugnisse (Rahm) verwendet werden. Nicht pasteurisierte Zusätze

(z. B. frische Früchte) dürfen erst nach erfolgtem Pasteurisieren der Speiseeisansätze zugesetzt werden.

- Zur Herstellung darf nur Trinkwasser verwendet werden, falls die Rezeptur der entsprechenden Speiseeis-Sorte einen Zusatz von Wasser erlaubt.
- Erlaubte Zusatzstoffe (insbesondere Farbstoffe) für die Speiseeisherstellung sind in der Zusatzstoff-Zulassungs-Verordnung gesondert aufgelistet.
- Der Zusatz von Konservierungsstoffen ist bei der Herstellung von Speiseeis verboten. Die Verwendung von Obst und Fruchtsäften, die mit Konservierungsmitteln haltbar gemacht sind, ist dagegen erlaubt. In diesem Fall ist der Zusatz kenntlich zu machen („mit Konservierungsstoff").
- Speiseeis muß ständig ausreichend gekühlt aufbewahrt werden. Ein erneutes Verarbeiten von aufgetauten Zubereitungen ist verboten.

Die Leitsätze enthalten auch die Vorgaben für die Herstellung von Speiseeis und deren unterschiedlichen Qualitätsstufen. Es werden 10 verschiedene Sorten aufgeführt, die sich in ihrem Anteil an Milch, ihrem Milchfettgehalt, dem Zusatz von Eiern und Fruchtanteilen unterscheiden.

12.2.9 Weitere gesetzliche Regelungen zum Schutz vor gesundheitlichen Schäden

Die im LMBG verankerte Verpflichtung zur Verhinderung jeglicher gesundheitlicher Schäden, die durch den Verzehr von Lebensmitteln ausgelöst werden könnten, erfordert auch Maßnahmen, die eine Belastung durch Fremdstoffe ausschließen, die ab bestimmten Konzentrationen toxisch wirken. Zu diesen Stoffen sind vorrangig zu rechnen

- Kontaminationen und Rückstände in Lebensmitteln,
- Reinigungs- und Desinfektionsmittel,
- Schädlingsbekämpfungsmittel,
- Schadstoffe, die bei der Herstellung bzw. Verarbeitung von Lebensmitteln unbeabsichtigt (aber fahrlässig) in diese gelangen.

<u>Kontaminationen und Rückstände:</u> Die Einhaltung von zulässigen Grenzwerten ist Aufgabe der Primärhersteller von Lebensmitteln. Die Verpflichtung der Einrichtungen von Gastronomie und Gemeinschaftsverpflegung besteht darin, bei Bekanntwerden einer unzulässigen Belastung von Lebensmitteln deren Annahme zu verweigern und bereits vorhandene nicht weiter zu verarbeiten oder anderweitig an Verbraucher abzugeben sowie notfalls die zuständigen Aufsichtsbehörden zu informieren.

Reinigungs- und Desinfektionsmittel: Die erforderlichen Maßnahmen, die bei der Verwendung und Aufbewahrung dieser Mittel zu beachten sind, sind durch die Lebensmittelhygiene-Verordnung eindeutig geregelt.

Schädlingsbekämpfungsmittel: Von Schädlingsbekämpfungsmitteln können für die menschliche Gesundheit beträchtliche Gefahren ausgehen. Die bei ihrem Einsatz zu beachtenden Vorkehrungen, insbesondere zum Vermeiden von Kontakten mit Lebensmitteln, differieren bei den verschiedenen Mitteln. Die Bekämpfung von tierischen Schädlingen sollte deswegen grundsätzlich den dazu staatlich zugelassenen Personen überlassen werden, die über die zu beachtenden Vorkehrungen informiert sind. Für die Leiter der Küchen in Gastronomie und Gemeinschaftsverpflegung besteht eine Mitwirkungspflicht, eine Informationspflicht, indem sie den Schädlingsbekämpfer über die jeweiligen Besonderheiten bei der Lagerung der Lebensmittel informieren und sich selbst kundig machen, welche Vorkehrungen von ihnen nach der erfolgten Bekämpfung eingehalten werden müssen.

Schadstoffe: Es versteht sich selbstredend, daß sorgsam darauf geachtet wird, eine Belastung von Lebensmitteln mit Schadstoffen und Giften zu vermeiden. Die Lagerung von solchen Stoffen in Küchen und zugehörigen Nebenräumen ist verboten. Gefahren können von einer unbeabsichtigten, aber fahrlässigen Kontamination von Lebensmitteln mit Schwermetallen ausgehen, insbesondere mit Blei und Zink. Auch Kupfer kann insbesondere bei Säuglingen zu ernsthaften gesundheitlichen Schäden führen.

Blei und Zink sind gefährliche Gifte. Durch wäßrige Flüssigkeiten, insbesondere durch Säuren (auch durch schwache Genußsäuren), werden diese beiden Metalle leicht aus blei- oder zinkhaltigen Gefäßen herausgelöst. Eine ständige Bleiaufnahme kann zu einer chronischen Bleivergiftung führen, größere Mengen an Zink verursachen akute Vergiftungserscheinungen. In der Gastronomie ist das Verbot der Benutzung von blei- oder zinkhaltigen Trinkgefäßen oder Geschirr sowie das Verbot der Zubereitung und Aufbewahrung von Speisen in entsprechenden Gefäßen konsequent zu beachten. Zusätzlich zu den lebensmittelrechtlichen Vorschriften (LMBG und Lebensmittelhygiene-Verordnung) verbieten auch gesonderte Gesetze, die den Umgang mit Zink bzw. Blei regeln, den Einsatz von Gegenständen aus Zink bzw. Blei bei der Herstellung bzw. Abgabe von Lebensmitteln.

Eine Gesundheitsgefährdung ist bei einer ständigen Aufnahme von Trinkwasser möglich, das im Haushalt aus noch installierten Bleirohren entnommen wird (im Leitungssystem der öffentlichen Trinkwasserversorgung sind keine Bleirohre installiert). Das betrifft insbesondere die Verwendung von Wasser als Trinkwasser bzw. zur Speisenzubereitung, das längere Zeit in den Bleirohren gestanden hat. Soweit Bleirohre innerhalb der Hauswasserversorgung noch nicht ausgetauscht wurden, sollte das zuerst entnommene Wasser (Wasser am frühen Morgen) verworfen und nicht getrunken bzw. nicht zur Speisenzubereitung verwendet werden. Die zulässige Höchstmenge von Blei im Trinkwasser ist von der EG von bisher 50 µg/l auf 10 µg/l herabgesetzt worden (dieser Wert entspricht den Empfehlungen der WHO, in der Trinkwasser-Verordnung war bisher ein Grenzwert von 40 µg/l festgelegt).

Einen Grenzwert von Zink in Lebensmitteln oder Getränken, der nicht überschritten werden darf, gibt es noch nicht. In der Trinkwasser-Verordnung wird auf einen Richtwert von 5 mg/l orientiert (anzustrebender Wert, der möglichst nicht überschritten werden sollte). Eine Gefahr besteht nur durch eine akute Vergiftung mit beträchtlich größeren Zinkmengen, die in den erforderlichen Konzentrationen nur durch Säuren aus Zinkgefäßen herausgelöst werden können (Aufbewahren von saurem Kartoffelsalat in Zinkeimern).

Eine generell gültige Verordnung, die Grenzwerte für Kupfer in Lebensmitteln festlegt, gibt es ebenfalls noch nicht. Die Trinkwasser-Verordnung orientiert auf einen Kupfergehalt von 3 mg/l, der nicht überschritten werden sollte (Richtwert), die Wein-Verordnung auf einen Richtwert von 2 mg/l. Gefährdet durch höhere Kupferkonzentrationen sind ausnahmslos Säuglinge, wenn sie nicht gestillt werden und ihre Nahrung unter Verwendung von kupferhaltigem Wasser zubereitet wird. Das Auftreten von frühkindlichen Leberzirrhosen ist möglicherweise auf einen höheren Kupfergehalt im Trinkwasser zurückzuführen (bei mehr als 10 mg/l). Bei Erwachsenen sind Kupfervergiftungen nicht bekannt. Erhöhte Kupferwerte sind nur möglich, wenn im System der Hauswasserversorgung Kupferrohre installiert sind, aus denen, vorzugsweise bei hartem Wasser, Kupferionen herausgelöst werden können (siehe Kap. 3.9.2.5 und Kap. 6.6.3). Bei einer Neuinstallation von Wasserleitungen (z. B. beim Austausch alter Bleirohre) sollte auf den Einsatz von Kupferrohren verzichtet werden. Innen verzinnte Kupferrohre sind dagegen unbedenklich.

12.3 Infektionsschutzgesetz (IfSG) vom 20. 7. 2000 (BGBl. I S. 1045)

Das Gesetz zur Verhütung und Bekämpfung von Infektionskrankheiten beim Menschen (Infektionsschutzgesetz – IfSG) vom 20. 7. 2000 ist seit dem 1. 1. 2001 gültig. Es löst das bis dahin gültige Bundesseuchengesetz vom 18. 12. 1978 (BGBl. I S. 2262 und 1980 S. 151) in seiner Fassung vom 9. 11. 1998 (BGBl. I S. 3425) ab.

Das Infektionsschutzgesetz regelt als Rahmengesetz alle Maßnahmen, die vom Gesetzgeber zur Verhütung und Bekämpfung von Infektionskrankheiten gefordert werden. Darüber hinaus enthält es Bestimmungen über die Verpflichtung zur Meldung resp. Erfassung der Personen, die an solchen Krankheiten erkranken, sowie der Todesfälle, die als Gefolge einer solchen Erkrankung auftreten können (meldepflichtige Krankheiten). Auch die in Ausnahmefällen gegebenenfalls zu treffenden Zwangsmaßnahmen (z. B. Tätigkeitsverbot, Quarantäne) werden durch das Gesetz geregelt.

Weiterhin werden die gesetzlichen Rahmenbedingungen für die Desinfektion kontaminierter Räume und Gegenstände sowie für die Bekämpfung von Gesundheitsschädlingen (Nager, Insekten, Kopfläuse und Krätzemilben) vorgegeben.

Im Gesetz werden die allgemeinen Anforderungen definiert, die an die Qualität des Wassers für den menschlichen Gebrauch zu stellen sind und die durch noch zu erlassene Rechtsverordnungen präzisiert werden sollen. Solche Vorgaben für die Sicherheit der Unbedenklichkeit des Trinkwassers waren bereits im Bundesseuchengesetz enthalten, die durch die Trinkwasser-Verordnung vom 5. 12. 1990 (BGBl. I S. 2612) umgesetzt wurden. Durch das Verankern der gesetzlichen Vorgaben für die Kontrolle des Trinkwassers im Bundesseuchen- bzw. Infektionsschutzgesetz werden dessen besondere Stellung für das Leben des Menschen und die möglichen Gefahren herausgestellt, die von verseuchtem Trinkwasser ausgehen können. Im Infektionsschutzgesetz sind außerdem generelle Vorgaben für die Beschaffenheit von Schwimm- und Badebeckenwasser sowie für die Abwasserentsorgung enthalten.

Eine besondere Bedeutung wird dem Infektionsschutz bei der Herstellung und dem Inverkehrbringen von Lebensmitteln beigemessen. Die gesundheitlichen Anforderungen, die an das Personal beim Umgang mit Lebensmitteln zu stellen sind, und die Maßnahmen, die bei entsprechenden Erkrankungen dieses Personenkreises zu treffen sind, werden in einem gesonderten Abschnitt des Infektionsschutzgesetzes zusammengefaßt (8. Abschnitt).

Für Schulen und sonstige Gemeinschaftseinrichtungen, in denen neben der großen Populationsdichte mit einer besonders großen gesundheitlichen Gefährdung der Betreuten bzw. Insassen gerechnet werden muß, gelten zusätzliche Vorschriften (6. Abschnitt). Die weiterführenden Festlegungen für diese Einrichtungen können unter bestimmten Bedingungen auch für deren Küchenpersonal zutreffen.

Gesundheitliche Anforderungen an das Personal beim Umgang mit Lebensmitteln

Personen, die bei ihrer Tätigkeit mit Lebensmitteln im Sinne des Gesetzes (siehe unten) in Berührung kommen, oder die in Küchen von Gaststätten und sonstigen Einrichtungen mit oder zur Gemeinschaftsverpflegung arbeiten, dürfen an keiner über Lebensmittel übertragbaren Infektionskrankheit erkrankt sein, dürfen keine Dauerausscheider von darmpathogenen Keimen sein und nicht an bestimmten Hautkrankheiten leiden. Sie dürfen außerdem, falls sie die Tätigkeiten gewerbsmäßig ausüben, nur dann beschäftigt werden, wenn ihnen vom zuständigen Gesundheitsamt eine diesbezügliche Genehmigung erteilt wurde (siehe unten). Beim Auftreten einer solchen Erkrankung darf die Tätigkeit so lange nicht mehr ausgeübt werden, bis vom Arzt die Unbedenklichkeit einer Tätigkeit in diesen Einrichtungen erneut attestiert wurde. Das Auftreten solcher Erkrankungen ist meldepflichtig. Zu dem betroffenen Personenkreis gehören neben Köchen und Kellnern auch Aushilfskräfte, Küchenhilfen, Spülpersonal und anderes Personal, das direkt oder indirekt mit Lebensmitteln in Berührung kommen kann.

Erkrankungen, bei denen ein Tätigkeits- und Beschäftigungsverbot besteht: Ein Verbot einer Tätigkeit, bei der es zu einer Berührung mit Lebensmitteln kommt, betrifft vorrangig Erkrankungen, die durch Mikroorganismen oder Viren ausgelöst werden und übertragbar sind. Insbesondere betrifft es solche Erreger, die Massenerkrankungen (Epidemien) auslösen können. Diese Krankheiten werden fast ausnahmslos durch Erreger ausgelöst, die über den Magen-Darm-Trakt und somit durch die Aufnahme von kontaminiertem Trinkwasser oder Lebensmitteln übertragen werden. In vereinzelten Fällen kann eine Übertragung auch bei mangelhafter persönlicher Hygiene erfolgen (Schmierinfektionen), obwohl alle Belange der betrieblichen Hygiene keinerlei Anlaß zu Beanstandungen geben.

Ein Beschäftigungsverbot besteht auch für Dauerausscheider von darmpathogenen Keimen und bei bestimmten Hautkrankheiten. Alle diese Erkrankungen sind meldepflichtig.

Auch bei dem Verdacht, daß ein beschäftigter Mitarbeiter an einer solchen Krankheit möglicherweise erkrankt ist, darf dieser im Küchenbetrieb sowie bei der Ausgabe der Speisen bis zum Ausschluß des bestehenden Verdachts nicht mehr weiter beschäftigt werden. Auch der Zutritt zu den Küchen- und Lagerräumen sollte ihm vorläufig untersagt werden. Darüber hinaus ist der Arbeitgeber verpflichtet, die zur Verhinderung der Weiterverbreitung der Krankheitserreger erforderlichen Maßnahmen unverzüglich einzuleiten (z. B. Durchführung von Desinfektionsmaßnahmen).

Betriebsfremden Personen ist in der Regel der Zutritt zu Küchen und den ihr zugeordneten Nebenräumen (z. B. Lager- und Kühlräumen) nicht zu gestatten. In besonderen Ausnahmefällen ist darauf zu achten, daß diese Personen mit Lebensmitteln nicht in Berührung kommen.

Ein Tätigkeits- und Beschäftigungsverbot in den Einrichtungen der Gastronomie, Gemeinschaftsverpflegung und beim Umgang mit Lebensmitteln besteht für Personen, die

- an folgenden Krankheiten erkrankt sind oder dessen verdächtig sind:
  Typhus abdominalis,
  Paratyphus,
  Cholera,
  Shigellenruhr,
  Salmonellose,
  infektiöse Gastroenteritis anderer Art (z. B. EHEC) und
  Virushepatitis A oder E.

Da dem Betriebsleiter (Gaststättenleiter, Küchenchef) eine genaue Diagnose aus erklärlichen Gründen nicht möglich ist, sollte bei allen Durchfallerkrankungen, Erkrankungen, die mit Ikterus (Gelbsucht) einhergehen, und anderen unklaren Erkrankungen (auch leichterer Natur) umgehend ein Arzt konsultiert werden. Der betroffene Mitarbeiter muß bis zur sicheren Abklärung der Krankheit (Ausschluß einer entsprechenden Erkrankung) von der Arbeit freigestellt werden.

- an infizierten Wunden oder an Hautkrankheiten erkrankt sind, bei den die Möglichkeit besteht, daß deren Krankheitserreger über Lebensmittel übertragen werden
- die nachfolgend aufgeführte Krankheitserreger ausscheiden (sog. Dauerausscheider):
  Shigellen (Ruhr),
  Salmonellen,
  enterohämorrhagische Escherichia coli (EHEC) und/oder
  Choleravibrionen.

<u>Lebensmittel im Sinne des Infektionsschutzgesetzes:</u> Das Infektionsschutzgesetz definiert eindeutig, was unter dem Gesichtspunkt des Infektionsschutzes als Lebensmittel zu verstehen ist. Für die Gastronomie und Einrichtungen der Gemeinschaftsverpflegung ist diese Einteilung, bei der zwischen einzelnen Lebensmitteln differenziert wird, ohne Bedeutung. Sie könnte lediglich für den Handel bei dem Transport von bestimmten, nachfolgend nicht aufgeführten Lebensmitteln in Fertigpackungen u. U. von Interesse sein.

Als Lebensmittel im Sinne des Infektionsschutzgesetzes gelten:

- Fleisch, Geflügelfleisch und Erzeugnisse daraus,
- Milch und Erzeugnisse auf Milchbasis,
- Fische, Krebse oder Weichtiere und Erzeugnisse daraus,
- Eiprodukte,
- Säuglings- und Kleinkindernahrung,

- Speiseeis und Speiseeis-Halberzeugnisse,
- Backwaren mit nicht durchgebackener oder durcherhitzter Füllung oder Auflage,
- Feinkost-, Rohkost- und Kartoffelsalate, Marinaden, Mayonnaisen, andere emulgierte Soßen, Nahrungshefen.

Belehrungen und Bescheinigung des Gesundheitsamts: Personen dürfen eine Arbeit mit Lebensmitteln erstmalig nur dann ausüben, wenn sie eine nicht mehr als 3 Monate alte Bescheinigung des Gesundheitsamts (Abteilung Gesundheit und Soziales des Kreisamts bzw. Stadtbezirksamts, Abteilung Lebensmittelpersonalhygiene) oder eines vom Gesundheitsamt beauftragten Arztes vorlegen, aus der ersichtlich ist, daß sie über die bestehenden Tätigkeitsverbote bei bestimmten Erkrankungen (siehe oben) und der ihnen obliegenden Meldepflicht bei entsprechenden Erkrankungen (Anzeigepflicht) mündlich und schriftlich belehrt wurden und daß sie nach erfolgter Belehrung schriftlich erklärt haben, daß ihnen keine Tatsachen bekannt sind, die für ein Tätigkeitsverbot sprechen würden. Diese Bescheinigung ersetzt das bisherige Zeugnis nach § 18 des Bundesseuchengesetzes („rote Karte"). Ein solches bereits erteiltes Zeugnis ersetzt die neue Bescheinigung des Infektionsschutzgesetzes.

Unbeschadet der Belehrung durch das Gesundheitsamt hat der Arbeitgeber den neu einzustellenden Mitarbeiter über die Tätigkeitsverbote und die Verpflichtung zu belehren, entsprechende Erkrankungen umgehend zu melden. Diese Belehrung ist zu dokumentieren. Sie ist jährlich zu wiederholen.

Die Bescheinigung des Gesundheitsamts und die letzte Dokumentation der Belehrung im Betrieb sind beim Arbeitgeber aufzubewahren, so daß sie bei Kontrollen der dazu zuständigen Behörde jederzeit vorgelegt werden können. Bei Tätigkeiten eines Mitarbeiters an wechselnden Standorten genügt die Vorlage einer beglaubigten Abschrift oder einer beglaubigten Kopie.

Auch Personen, die in amtlicher Eigenschaft oder im Rahmen ihrer Ausbildung mit Lebensmitteln in Berührung kommen, dürfen ihre Tätigkeit nicht ausüben, wenn sie an einer der aufgeführten Krankheiten erkrankt sind.

Die Mitarbeiter sind durch die Einstellungsbelehrung bzw. durch deren jährlichen Wiederholung darauf hinzuweisen, daß sie sich bei bestehendem Verdacht in ärztliche Behandlung zu begeben und den Betriebsleiter umgehend zu informieren haben. Diese Unterrichtung kann auch mit der allgemeinen Hygienebelehrung (siehe Kap. 12.4.5 und 12.4.8) gekoppelt werden.

<u>*Regelmäßige Untersuchungen des Personals:*</u> *Eine gesetzliche Pflicht für die Durchführung von Wiederholungsuntersuchungen auf die Ausscheidung von pathogenen Keimen mit dem Stuhl ist im Infektionsschutzgesetz nicht verankert. Eine nicht durchgeführte Wiederholungsuntersuchung zieht für den Betriebsleiter somit zunächst keine strafrechtlichen Konsequenzen nach sich, falls die jährlich zu erfolgende Wiederholungsbelehrung ordnungsgemäß erfolgte und dokumentiert wurde. Aufgetretene Zwischenfälle, die auf eine Belastung von Lebensmitteln mit Keimen zurückzuführen sind, die von Mitarbeitern (Dauerausscheider oder erkranktes Personal) verursacht wurden und die bei einer in regelmäßigen Abständen erfolgten Überprüfung hätten verhindert werden können, können jedoch als mangelhafte Sorgfaltspflicht geahndet werden. Darüber hinaus besteht die Möglichkeit, daß geschädigte Personen (Gäste) zivilrechtlich Schadensersatzansprüche stellen und Schmerzensgeld fordern. Gleichzeitig muß damit gerechnet werden, daß beim Auftreten solcher Zwischenfälle vom Gesundheitsamt und von der Hygieneaufsicht gewissenhaft nach Schwachstellen bei der Einhaltung der gesetzlich vorgeschriebenen Hygienemaßnahmen gesucht wird (und daß solche meist auch gefunden werden), die dann als solche geahndet werden.*

Eine mindestens jährliche Untersuchung des gesamten Personals sollte deswegen die Regel sein, insbesondere in Hinblick auf etwaige Dauerausscheider nach zwischenzeitlich überstandenen Infekten mit darmpathogenen Keimen (Stuhlprobe). Es ist anzuraten, diese Stuhluntersuchungen am Ende der Sommerperiode vorzunehmen, um die in der warmen Jahreszeit häufiger auftretenden infektiösen Darmerkrankungen mit oft leichtem und mitunter unerkanntem Verlauf (mit der Möglichkeit der Ausbildung einer Dauerausscheidung) mit zu erfassen. Das gilt insbesondere nach Beendigung eines Urlaubs in südlichen Ländern, von denen das gehäufte Auftreten von infektiösen Darmerkrankungen bekannt ist. Eine außerplanmäßige Stuhluntersuchung sollte nach jeder überstandenen Krankheit, die mit Durchfällen verbunden war, die Regel sein. Ein entsprechender negativer Befund kann (mit Zustimmung der betreffenden Person) auch vom behandelnden Arzt abgefordert werden. Zur Abgabe einer Stuhlprobe ist der Beschäftigte verpflichtet, er kann diese nicht verweigern.

Zusätzliche Vorschriften für Schulen und sonstige Gemeinschaftseinrichtungen

Für Schulen und Gemeinschaftseinrichtungen, in denen überwiegend Säuglinge, Kinder oder Jugendliche betreut werden, gelten zusätzliche Vorschriften (Kindergrippen, Kindergärten, Kindertagesstätten, Kinderhorte, Schulen und sonstige Ausbildungseinrichtungen, Heime, Ferienlager und ähnliche Einrichtungen). Das betrifft insbesondere die gesundheitlichen Anforderungen, die an das Personal gestellt werden, die Lehr-, Erziehungs-, Pflege-, Aufsichts- oder sonstige Tätigkeiten ausüben. Ein Tätigkeitsverbot besteht in diesen Einrichtungen bei einer Erkrankung (oder Verdacht auf eine Erkrankung) an weiteren Infektionskrankheiten (zusätzlich zu den für die Gastronomie bestehenden) wie z. B. Diphtherie, Keuchhusten, Scharlach, Windpocken u. a. sowie bei einer Verlausung. Ein Beschäftigungsverbot besteht auch beim Auftreten einer Reihe von Infektionskrankheiten (oder dem Verdacht des Auftretens) in der Wohngemeinschaft des Beschäftigten.

Trinkwasser

Die Reinheit des Trinkwassers entsprechend den Anforderungen des Infektionsschutzgesetzes und anderer entsprechenden Richtlinien wird vom Wasserwerk garantiert und dort ständig kontrolliert, eine nochmalige Kontrolle des verwendeten Trinkwassers aus der öffentlichen Trinkwasserversorgung ist in der Gastronomie und in Einrichtungen der Gemeinschaftsverpflegung nicht erforderlich.

An dieser Stelle ist darauf hinzuweisen, daß auch das in Küchen und diesen gleichgestellten Räumen als Brauchwasser eingesetzte Wasser (z. B. Kühlwasser) die Reinheitsanforderungen für Trinkwasser erfüllen muß, da andernfalls die Gefahr der Verunreinigung des Trinkwassers oder der Speisen durch unsauberes Brauchwasser bestehen könnte. Für die Herstellung von Eis und Dampf, die mit Lebensmitteln in Berührung kommen können, darf ebenfalls nur Trinkwasser verwendet werden (Lebensmittelhygiene-Verordnung). Daraus ergibt sich, daß in Küchen für alle Prozesse generell nur Trinkwasser aus der öffentlichen Trinkwasserversorgung zu verwenden ist. Eine gesonderte Brauchwasserversorgung ist auch für Großküchen grundsätzlich verboten.

Wasser, das nicht aus der öffentlichen Trinkwasserversorgung stammt, darf erst nach eingehender Kontrolle, die vom Gesundheitsamt durchgeführt wird, und anschließend erteilter Erlaubnis verwendet werden. Es muß Trinkwasserqualität aufweisen. Auch nach erteilter Genehmigung muß es vom Gesundheitsamt regelmäßig kontrolliert werden (mikrobiologische und chemische Unbedenklichkeit). Das Gesundheitsamt muß durch den Betrieb hierzu regelmäßig aufgefordert werden. Nach einer vorübergehenden Stillegung der Anlage darf aus ihr erst nach einer erneut ausgesprochenen Betriebserlaubnis Wasser entnommen werden. Der Betreiber muß bei von ihm vorzunehmenden regelmäßigen Kontrollen darauf achten, daß es zwischenzeitlich zu keiner Verunreinigung kommt. Diese Kontrollen und die erforderlichen Sicherheitsmaßnahmen sind wesentlich teurer als die Wasserentnahme aus der öffentlichen Trinkwasserversorgung einschließlich der Neuverlegung von zusätzlichen Versorgungsleitungen bis zur Einrichtung.

Bekämpfung von tierischen Schädlingen

Das Infektionsschutzgesetz enthält auch die gesetzlichen Grundlagen zur Bekämpfung von tierischen Schädlingen. Beim Auftreten von Ratten, Mäusen, Schadinsekten (Küchenschaben, Pharaoameisen, Fliegen u. a.) sowie anderen tierischen Schädlingen sind wegen der Gefahr der Übertragung von Krankheitserregern durch diese Schädlinge und der Gefahr der generellen Verunreinigung von Lebensmitteln entsprechende Bekämpfungsmaßnahmen gemäß den gesetzlichen Vorschriften durchzuführen, die bisher in anderen Verordnungen festgelegt sind (Arbeitsstätten-Verordnung, Lebensmittelhygiene-Verordnung). Das Infektionsschutzgesetz ermächtigt die zuständigen Behörden, in Ergänzung dazu neue geeignetere Bekämpfungsmaßnahmen anzuordnen und weiterführende Rechtsvorschriften zu erlassen.

Die zuständige Behörde kann anordnen, daß mit der Bekämpfung staatlich zugelassene Schädlingsbekämpfer zu betrauen sind. Es dürfen ferner nur Bekämpfungsmittel verwendet werden, die zum Einsatz in Lebensmittelbetrieben zugelassen sind. Der Schädlingsbekämpfer sollte vor Beginn der Bekämpfungsmaßnahme auf diese Anforderung hingewiesen werden. Die besonderen Vorschriften für das Auslegen von Gift im Küchenbereich sind ebenfalls zu beachten. Für größere Einrichtungen empfehlen sich routinemäßige Bekämpfungsaktionen, die in regelmäßigen Abständen vorgenommen werden, auch wenn keine tierischen Schädlinge beobachtet wurden. Es ist dadurch möglich, das denkbare Auftreten solcher Schädlinge im Keim zu ersticken. Insbesondere Schadinsekten (Kakerlaken, Pharaoameisen) können sich aus kleinsten Populationen heraus explosionsartig vermehren.

Bußgeld- und Strafvorschriften

Verstöße gegen das Infektionsschutzgesetz werden je nach Schwere des Vergehens als Ordnungswidrigkeit mit einer Geldbuße bis zu 2500 bzw. bis zu 25 000 Euro bzw. als Straftat mit Freiheitsstrafen von 3 Monaten bis zu 5 Jahren oder mit Geldstrafe bestraft. Besonders hervorzuheben ist, daß die Beschäftigung eines Mitarbeiters, der an einer Krankheit erkrankt ist, die ein Beschäftigungsverbot nach sich zieht, mit einer Freiheitsstrafe bis zu 2 Jahren oder mit Geldstrafe bestraft wird. Die gleiche Strafandrohung richtet sich auch gegen die Person, welche die verbotene Tätigkeit ausübt.

12.4 Lebensmittelhygiene-Verordnung vom 5. 9. 1997 (BGBl. I S. 2008)

Mit der Lebensmittelhygiene-Verordnung vom 5. 9. 1997 werden nahezu alle Hygienevorschriften, die beim Umgang mit Lebensmitteln zu beachten sind, neu geregelt bzw. in komprimierter Form zusammengefaßt. Sie setzt außerdem die europäische Lebensmittelhygiene-Richtlinie 93/43/EG in nationales Recht um. Gleichzeitig wurden mit ihrer Verabschiedung die früheren Lebensmittelhygiene-Verordnungen der einzelnen Bundesländer außer Kraft gesetzt. Damit sind in Deutschland auch für die Belange der Lebensmittelhygiene erstmalig einheitliche Regelungen geschaffen worden. Alle anderen spezifischen lebensmittelrechtlichen Gesetze und Verordnungen, die einzelne Lebensmittel oder Lebensmittelgruppen betreffen, und die darin getroffenen hygienebezogenen Festlegungen behalten weiterhin ihre Gültigkeit. In einer Reihe von Fällen sind sie durch Änderungs-Verordnungen an die Lebensmittelhygiene-Verordnung vom 5.9.1997 angeglichen worden. Auch das LMBG, das als Rahmengesetz der Lebensmittelhygiene-Verordnung vorgeschaltet ist, sowie die Trinkwasser-Verordnung behalten weiterhin ihre Gültigkeit.

Die Lebensmittelhygiene-Verordnung ist für alle Einrichtungen und Betriebe bindend, die Lebensmittel herstellen, verarbeiten oder in den Verkehr bringen. Lediglich das primäre Erzeugen von Lebensmitteln (landwirtschaftliche Tierhaltung und Pflanzenproduktion) und Tierfuttermittel unterliegen nicht den Auflagen dieser Verordnung. Von der Europäischen Kommission wird allerdings angestrebt, eine entsprechende Verordnung auch für die primäre Produktion von Lebensmitteln und für Futtermittel möglichst rasch zu verabschieden.

Der eigenverantwortlichen Kontrolle und der Festlegung von betriebsspezifischen Kontrollmaßnahmen auf dem Hygienesektor wird mit der Verordnung ein größerer Stellenwert als bisher eingeräumt. Die gesetzlich bereits vorgeschriebene eigenverantwortliche betriebliche Kontrolle der Produktionsprozesse und deren Qualitätssicherung muß sich auch auf die Hygienevorschriften erstrecken. Die dazu erforderlichen Maßnahmen müssen den konkreten Bedingungen im jeweiligen Betrieb angepaßt werden, wobei den Betrieben eine größere Eigenverantwortung auferlegt (und auch eingeräumt) wird (HACCP-Konzept, siehe Kap. 12.4.9). Daraus ergibt sich, daß ein gut durchdachtes, den betriebsspezifischen Bedingungen angepaßtes HACCP-Konzept nicht nur zu einer größeren Sicherheit, sondern auch in den Betrieben zu einer Erleichterung der Arbeitsprozesse führen kann.

12.4.1 Gegenstand der Lebensmittelhygiene-Verordnung

Die einzelnen Kapitel und Paragraphen der Verordnung können zu den nachfolgend aufgeführten Schwerpunkten zusammengefaßt werden, die nicht mit der Gliederung der Verordnung voll übereinstimmen (der vollständige Text der Verordnung ist im Gesetzblatt nachzulesen):

- Definition von Gefahren, die beim Herstellen und Verarbeiten von Lebensmitteln abgewendet werden müssen, um die Gesundheit und das Leben von Menschen nicht zu gefährden,

- Anforderungen, die in hygienischer Hinsicht an die Betriebsstätten zu stellen sind (Küchen und zugehörige Nebenräume sowie Räume, die zur Nahrungsaufnahme dienen, wie Gasträume, Kantinen)
  - hinsichtlich des baulichen Zustands,
  - hinsichtlich der Ausstattung und der Beschaffenheit von Vorrichtungen und Geräten,
- Bedingungen, die beim Umgang mit Lebensmitteln eingehalten werden müssen,
- Anforderungen an die Verhaltensweisen des Personals (persönliche Hygiene),
- Bedingungen, die beim Umgang mit Abfällen eingehalten werden müssen,
- Erstellen eines betriebsspezifischen Kontrollkonzepts (HACCP-Konzept) für die Durchführung von Eigenkontrollen sowie Durchführung und Dokumentation solcher Kontrollen.

Die in der Verordnung aufgelisteten Vorschriften sind aus verständlichen Gründen teilweise relativ allgemein gehalten, insbesondere in Hinblick auf die Beschaffenheit und Ausstattung der Räume und Geräte (die Ausstattung und der Arbeitsablauf eines Großbetriebs der Lebensmittelindustrie unterscheiden sich grundlegend von denen einer Küche eines Restaurants oder der Gemeinschaftsverpflegung). Die jeweils bestehenden Besonderheiten müssen bei dem Erarbeiten eines HACCP-Konzepts und dessen Umsetzung berücksichtigt werden. Auf der anderen Seite sind in jedem Betrieb die vorgegebenen Hygienestandards ohne jegliche Abstriche einzuhalten.

12.4.2 Gefährdungen, die von Lebensmitteln abgewendet werden müssen

Alle gesundheitlichen Gefahren, die vom Verzehr von Lebensmitteln ausgehen können, müssen erfaßt und durch geeignete Maßnahmen abgewendet werden. Die in Küchen vorrangig auftretenden Gefährdungen sind nachfolgend aufgelistet, wobei die Reihenfolge gleichzeitig eine Gewichtung sowohl im Hinblick auf die Häufigkeit der Gefährdung als auch auf die Schwere der möglicherweise ausgelösten Schädigungen beinhaltet:

- Befall von Lebensmitteln durch Mikroorganismen (Lebensmittelinfektionen durch Keime, Vergiftungen durch Bakterientoxine oder durch verdorbene Lebensmittel),
- Verunreinigungen durch Fremd- oder Giftstoffe wie beispielsweise Reinigungs-, Desinfektions- und Schädlingsbekämpfungsmittel sowie andere Schadstoffe,
- Verletzungen des Verdauungstrakts durch Fremdkörper (z. B. Glassplitter),

- Kontamination von Lebensmitteln durch tierische Schädlinge sowie durch menschliche oder tierische Ausscheidungen,
- Gefährdungen durch den Verzehr von Lebensmitteln oder Speisen, die mit Hilfe ungeeigneter Zubereitungsverfahren oder durch unsachgemäße Zubereitungsweise hergestellt wurden (z.B. zu hohe oder zu niedrige Temperaturen, dadurch bedingt Bildung von toxischen Oxidationsprodukten, mangelhafte Inaktivierung von Mikroorganismen oder Toxinen oder unzureichende Inaktivierung von toxischen Inhaltsstoffen).

In Ausnahmefällen sind auch weitere Gefährdungen möglich, die ebenfalls zu einer Beeinträchtigung von Lebensmitteln und damit zu einer Gesundheitsgefährdung führen können:

- Luftverunreinigungen durch Gase, Dämpfe, Rauch oder Aerosole, die selbst giftig sind oder feinste Partikel von toxischen Stoffen enthalten und die sich auch durch üble Gerüche bemerkbar machen können (z. B. Belastung von Küchen in unmittelbarer Nähe von Industrieanlagen),
- Verunreinigungen durch verschmutzte und mangelhaft abgeleitete bzw. beseitigte Abwässer (z. B. bei unzureichender Entwässerung der Küchenräume, die zu Geruchsbelästigung und zu einer verstärkten Vermehrung von Mikroorganismen führen können),
- Einwirkung von ungewöhnlichen Witterungseinflüssen (z. B. sommerliche Hitze und damit verbundenes vollständiges oder teilweises Versagen der Kühleinrichtungen, zu hohe Umgebungstemperatur und zu hohe Luftfeuchtigkeit für die Aufbewahrung von Lebensmitteln, die normalerweise bei Raumtemperatur gelagert werden).

12.4.3 Anforderungen an die Betriebsstätten

Spezielle Anforderungen an die Beschaffenheit von Betriebsstätten, die eine hygienisch einwandfreie Verarbeitung von Lebensmitteln sichern sollen, sind im Prinzip nicht neu und bereits durch die Arbeitsstätten-Verordnung sowie durch verschiedene DIN-Normen und VDI-Richtlinien gesetzlich verankert. Die Anforderungen, die in diesen Vorschriften an die Beschaffenheit der Arbeitsstätten gestellt werden, sind auch weiterhin gültig. Das gilt ebenfalls für die Auflagen des Brand- und Arbeitsschutzes.

Für die Erleichterung der eigenen Arbeitsorganisation ist es deshalb zweckmäßig, bei einer Zusammenstellung der Kontrollpunkte und der Analyse des Betriebszustands nach den Vorgaben der Lebensmittelhygiene-Verordnung gleichzeitig auch die Anforderungen und Auflagen zu berücksichtigen, die sich auf Grund dieser anderen gesetzlichen Vorschriften ergeben. Auf diese Vorschriften wird nachfolgend nicht eingegangen.

Generelle Anforderungen an die Betriebsstätten

Die Betriebsstätten und die zugehörigen Funktionsräume sowie die in ihnen installierten Ausrüstungen und Geräte müssen nach den Vorgaben der Lebensmittelhygiene-Verordnung so beschaffen sein, daß bei der Lagerung und Verarbeitung von Lebensmitteln deren nachteilige Beeinflussung sicher ausgeschlossen werden kann. Sie müssen deshalb folgende Anforderungen erfüllen:

- Eine gründliche Reinigung und Desinfektion der Räume, Ausrüstungen und Geräte muß jederzeit möglich sein.
- In den Räumen müssen Temperaturen herrschen oder erzielt werden können (Heizung bzw. Kühlung sowie Be- und Entlüftung), die für das Herstellen und für das Verarbeiten von Lebensmitteln sowie für deren Lagerung geeignet sind.
- Im Küchenraum müssen leicht erreichbare Handwaschbecken in ausreichender Anzahl vorhanden sein (in Abhängigkeit von der Anzahl der Beschäftigten und der Erreichbarkeit von den einzelnen Arbeitsplätzen).
- Es müssen Toiletten mit Wasserspülung verfügbar sein, die Toilettenräume müssen mit Handwaschbecken ausgerüstet sein. Die Toilettenräume dürfen keinen direkten Zugang zu Räumen haben, in denen Lebensmittel gelagert oder bearbeitet werden.
- Die Betriebsräume (Küchen-, Lager- und Kühlräume) dürfen nicht für betriebsfremde Zwecke genutzt werden.
- Die Pausenräume (auch für das Küchenpersonal) müssen außerhalb des eigentlichen Küchenbereichs liegen.

Diese generellen Anforderungen können nur bei Beachtung einiger spezieller baulicher Maßnahmen und einer den jeweiligen Anforderungen angepaßten Hygienepraxis erfüllt werden. Sie werden in kleinen Einrichtungen weniger großzügig realisiert werden können als in Großküchen, trotzdem müssen in allen Fällen die genannten Mindestanforderungen erfüllt sein. Besonderer Aufmerksamkeit bedürfen diese Anforderungen in der Gemeinschaftsverpflegung, insbesondere in Kliniken und bei der Versorgung von Kleinkindern und Senioren.

Anforderungen an den baulichen Zustand von Betriebsräumen

Um den Anforderungen zu genügen, die an die Betriebsräume generell gestellt werden (siehe oben), müssen sie die nachfolgend aufgeführten baulichen Voraussetzungen erfüllen:

- Der Fußboden soll wasserundurchlässig und leicht zu desinfizieren sein (gleichzeitig darf er keine Unebenheiten aufweisen, und seine Oberfläche muß auch im feuchten Zustand rutschfest sein, Arbeitsschutzbestimmung). Gegebenenfalls muß eine Fußbodenentwässerung vorhanden sein (bzw. geschaffen werden).

- Die Wände und Decken sowie Deckenvorrichtungen müssen glatt, abwaschbar und leicht zu reinigen sein. Es muß mit Sicherheit ausgeschlossen werden können, daß sich von Decken oder Wänden ablösende Materialien in darunter befindliche Lebensmittel oder Speisen fallen können (z. B. Deckenputz, abblätternde Farbreste). Das gilt auch für Gegenstände, die oberhalb der Arbeitsflächen aufbewahrt werden (z. B. Gewürzdosen).
- Die Räume dürfen keine toten Winkel oder für eine Reinigung unzugängliche Nischen oder Spalten aufweisen (sog. Schmutzecken oder nicht abgedichtete Durchbrüche von Rohrleitungen). Solche toten Winkel sind ideale Brutstätten für Schadinsekten, insbesondere für Küchenschaben und Pharaoameisen.
- Die Türen und Fenster müssen glatte, abwaschbare Oberflächen haben. Fenster und andere Öffnungen, die ins Freie geöffnet werden können, müssen mit Insektengittern ausgestattet sein, die sich zu Reinigungszwecken leicht entfernen lassen.
- Alle Oberflächen von Einrichtungen und Geräten, die mit Lebensmitteln in Berührung kommen können, müssen aus glattem, abwaschbarem Material bestehen (Verhinderung der Ansammlung von Mikroorganismen in feinsten Rillen oder Unebenheiten). Diese Forderung betrifft alle Arbeitsflächen (Küchentische, Schneidebretter) und Gerätschaften. Schneidebretter aus Holz sollten nicht verwendet werden, bei der Verarbeitung von Geflügel sind sie verboten. Darüber hinaus müssen die Oberflächen korrosionsbeständig und resistent gegenüber Säuren und schwachen Laugen sein, um ein Herauslösen von Metallionen oder anderen Bestandteilen sicher auszuschließen (Aluminium ist säureempfindlich).
- Die Be- und Entlüftung der Räume muß den Erfordernissen entsprechen. Insbesondere ist darauf zu achten, daß der Luftstrom nicht vom unreinen Teil zum reinen Teil der Betriebsstätte gerichtet ist (Verhinderung des Transports von Staub oder Sporen, die den noch nicht gereinigten Lebensmitteln anhaften können, auf bereits gereinigte bzw. gegarte Lebensmittel). Gegebenenfalls muß eine mechanische Belüftungsanlage installiert werden, die eine ordnungsgemäße Entlüftung garantiert. Die einströmende Frischluft darf nicht mit Dämpfen (aus Industrieabgasen) oder Gerüchen belastet sein (besonders für ländliche Gaststätten von Bedeutung, die räumlich an einen Landwirtschaftsbetrieb gekoppelt sind). Gegebenenfalls ist eine Belüftungsanlage erforderlich, die mit geeigneten Filtern ausgestattet ist.
- Für die Reinigung von Lebensmitteln müssen gesonderte Einrichtungen (Spülbecken) vorhanden sein. Handwaschbecken dürfen für die Reinigung von Lebensmitteln nicht benutzt werden.
- Die Betriebsstätten müssen über eine ausreichende natürliche und/oder künstliche Beleuchtung verfügen.

- Die Vorküche („unreiner" Teil der Küche) ist, soweit es die räumlichen Voraussetzungen erlauben, in einem gesonderten Raum – von der eigentlichen Küche getrennt („reiner" Teil) – einzurichten. Für Fleisch, Geflügel, Wild in der Decke und Gemüse müssen gesonderte Arbeitsflächen zur Verfügung stehen. In kleineren Einrichtungen und beim Fehlen der räumlichen Voraussetzungen muß besonders penibel auf gesonderte Arbeitsflächen für Vorbereitung und Endfertigung geachtet werden. Lebensmittel der unterschiedlichen Gruppen müssen dann in zeitlich getrennten Arbeitsgängen verarbeitet werden, die Arbeitsflächen müssen zwischen den einzelnen Arbeitsgängen gründlich gereinigt und gegebenenfalls desinfiziert werden (Geflügel, Wild in der Decke).
- Es müssen den Erfordernissen entsprechend ausreichende Kühlmöglichkeiten vorhanden sein wie Kühlräume (7 °C und 2 °C), Tiefkühlräume (–18 °C) und bzw. oder Kühlschränke und Gefriertruhen bzw. Tiefkühlschränke. Steht nur ein Kühlraum zur Verfügung, so müssen die verschiedenen Lebensmittel getrennt in unterschiedlichen Bereichen aufbewahrt werden. Die Bestimmungen der Geflügelfleischhygiene-Verordnung und der Fischhygiene-Verordnung (getrennte Lagerung) sind zu beachten (siehe auch Kap. 6.5.1 und 12.4.4.2).

  Die Temperatur der Kühlräume und Tiefkühlräume muß regelmäßig kontrolliert werden. Eine automatische Temperaturmessung ist deshalb wünschenswert, möglichst mit fortlaufender automatischer Registrierung. Die Temperaturanzeige sollte außerhalb des Kühlraums angebracht sein, eine zusätzliche akustische Warnanlage kann bei einem unvertretbaren Temperaturanstieg warnen und damit den Verderb von Lebensmitteln und somit Verluste vermeiden. Falls keine automatische Aufzeichnung der Temperaturmeßwerte möglich ist, muß die Kühlraumtemperatur ständig „per Hand" kontrolliert, die Meßwerte müssen protokolliert und 1 Jahr lang aufbewahrt werden.

  Nur durch die regelmäßige Kontrolle der Kühltemperaturen kann ausgeschlossen werden, daß die Kühlkette zu keinem Zeitpunkt unterbrochen war und daß die Gefahr eines Verderbs von Lebensmitteln besteht.
- Es sollte angestrebt werden, getrennte Räume für die Lagerung von rohen und bereits gegarten Speisen einzurichten. Falls das nicht möglich ist, müssen diese in gesonderten Bereichen gelagert werden.
- Anforderungen an Sanitäranlagen

  Die Handwaschbecken in den Küchen- und in den Toilettenräumen müssen sowohl mit einer Kaltwasser- als auch mit einer Warmwasserzufuhr ausgestattet sein. Darüber hinaus müssen Mittel zum hygienischen Reinigen und Trocknen der Hände vorhanden sein.

  Es ist anzustreben, daß die Wasserzufuhr zu den Handwaschbecken über Armhebel oder über berührungslose Regler bedient wird, insbesondere gilt das für Toilettenräume. Außerdem sollte eine Handwaschlotion

und eine Desinfektionslösung (vorzugsweise auf Alkoholbasis) bereitgehalten werden.
Zum Händetrocknen sind Einwegpapierhandtücher zu empfehlen, die aus Spendern entnommen werden. Sie sind Luftduschen vorzuziehen. Gewöhnliche Handtücher, die mehrfach und von verschiedenen Personen genutzt werden können, dürfen nicht verwendet werden.
Auf eine Händedesinfektion nach erfolgter Handreinigung ist besonders in Küchen der Gemeinschaftsverpflegung zu achten, nach der Verarbeitung von Geflügel ist eine Händedesinfektion vorgeschrieben.

- Küchen müssen mit einem Fettabscheider ausgestattet sein, der eine Belastung des Abwassers mit Fetten und Ölen verhindert. Der Fettabscheider ist regelmäßig auf seine Funktionsfähigkeit zu kontrollieren und rechtzeitig zu reinigen.

12.4.4 Anforderungen an den Umgang mit Lebensmitteln

Die Lebensmittelhygiene-Verordnung stellt spezifische Anforderungen, die beim Umgang mit Lebensmitteln eingehalten werden müssen.

- Kontrolle der Lebensmittel bei der Warenannahme
  Die Annahme von Lebensmitteln, die den Anforderungen der Lebensmittelhygiene-Verordnung nicht entsprechen, ist zu verweigern.
- Sachgerechte Lagerung der Lebensmittel
  Einhaltung von vorgeschriebenen Lagertemperaturen und soweit wie möglich der empfohlenen Luftfeuchtigkeit (das Einhalten der optimalen Luftfeuchtigkeit wird von der Lebensmittelhygiene-Verordnung nicht gefordert, es verhindert aber in beträchtlichem Maße einen Qualitätsverlust bzw. einen vorzeitigen Verderb).
- Sachgerechte Be- und Verarbeitung der Lebensmittel unter Einhaltung aller lebensmittelhygienischen Vorgaben
- Einhaltung der Vorgaben für die Ausgabe und Lagerung von Speisen und Gerichten
  Einhaltung von Temperaturen und maximal zulässigen Zeiträumen für das Vorhalten der zubereiteten Speisen.
  Einhaltung der Bedingungen für die Aufbewahrung von vorgefertigten Gerichten.

12.4.4.1 Warenannahme

Die Kontrolle der angelieferten Waren ist mit besonderer Sorgfalt vorzunehmen, da sich nachträgliche Reklamationen nicht nur schwierig gestalten und oft zu wirtschaftlichen Schäden führen, sondern weil verdorbene, mit Mikrorganismen oder Schadinsekten belastete Waren bereits eingelagertes einwandfreies Lagergut verseuchen können. Außerdem besteht die Gefahr, daß solche Waren (falls sie angenommen wurden) auf Grund einer Verwechslung oder unzureichender Kontrolle unbeabsichtigt weiterverarbeitet werden. Nicht einwandfreie Waren dürfen daher nicht angenommen werden.

Die Kontrolle bei der Warenannahme muß sich vorrangig auf folgende Punkte konzentrieren:

- Sicht- und Geruchskontrolle,
- Temperaturkontrolle und
- Kontrolle der Lieferpapiere.

Sicht- und Geruchskontrolle

Die sensorische Kontrolle der angelieferten Lebensmittel ist besonders sorgsam vorzunehmen, da sie für den Küchenleiter oder den beauftragten Mitarbeiter die einzige Möglichkeit ist, einen Verderb bzw. einen möglichen Befall mit pathogenen Mikroorganismen zu erkennen. Bereits bei bestehendem Verdacht eines Verderbs ist diese Ware zurückzuweisen. In Fällen eines massiven Verderbs ist gegebenenfalls das Untersuchungsamt zu benachrichtigen.

Zu beurteilen ist die sichtbare und geruchlich wahrnehmbare einwandfreie Beschaffenheit der Waren:

- Ausschluß von Schimmelbefall und von Zeichen einer Gärung,
- Freisein von Verunreinigungen (Fremdkörper bzw. Verschmutzungen),
- Fehlen von Fäulnis- oder Verwesungsgeruch und von lebensmittelatypischen Gerüchen,
- Freisein vom Befall mit tierischen Schädlingen (vorrangig Schadinsekten) und Verschmutzung mit tierischen Exkrementen, Tierhaaren oder Federn und
- Unversehrtheit der Verpackung bei verpackten Waren.

Die wichtigsten zu beachtenden Kriterien sind folgende:

- *Frischfleisch darf nicht schmierig oder verschmutzt sein und einen auffälligen Geruch aufweisen,*
- *Frischfisch darf keinen atypischen Geruch aufweisen, das Fischfleisch muß druckfest sein, bei unzerlegten Fischen dürfen die Augen nicht getrübt sein, und die Kiemen müssen eine rote Farbe zeigen,*
- *Milcherzeugnisse dürfen keinen Schimmelbefall haben, sie dürfen nicht gären und keinen atypischen Geruch aufweisen,*
- *Gemüse, Kräuter und Obst dürfen keinen Schimmelbefall erkennen lassen, sie dürfen nicht angefault sein,*
- *Verpackungen von Tiefkühlerzeugnissen müssen unbeschädigt sein, bei tiefgekühltem Fleisch darf kein Gefrierbrand erkennbar sein,*
- *Konservendosen dürfen nicht angerostet sein und dürfen keine Bombagen aufweisen.*

Temperaturkontrolle

Während die meisten Kontrollaufgaben durch Augenschein und Geruch vorgenommen werden können und müssen, ist das exakte Einhalten der vorgeschriebenen Temperaturen für tiefgekühlte und leicht verderbliche Lebensmittel rein sensorisch nicht mit hinreichender Genauigkeit überprüfbar. Es ist deshalb erforderlich, die für die Lagerung und für den Transport vorgeschriebenen Temperaturen (siehe Tabelle 12.4.1) durch eine Temperaturmessung zu kontrollieren. Von den für den Transport und für die Lagerung vorgeschriebenen Temperaturen kann nur kurzfristig und innerhalb der zulässigen Spannbreite abgewichen werden, wenn sich beim Be- bzw. Entladen ein Abweichen von dieser Temperatur nicht vermeiden läßt und eine nachteilige Beeinträchtigung des Lebensmittels nicht erfolgt.

Tabelle 12.4.1:
Temperaturen, die bei der Lagerung von tiefgefrorenen oder leichtverderblichen Lebensmitteln nicht überschritten werden dürfen (Auswahl)

Tiefgefrorene Lebensmittel[1]	–18 °C
Gefrorenes Fleisch, Geflügelfleisch und Eiprodukte	– 12° C
Speiseeis zum Ausportionieren	– 10 °C
Konsummilch, Milcherzeugnisse, Frischkäse	+ 10 °C
Weich- und Schnittkäse, Butter	+ 10 °C
Vorzugsmilch	+ 8 °C
Frischfleisch	+ 7 °C
Innereien	+ 3 °C
Geflügelfleisch, frisch	+ 4 °C
Haarwild, erlegt, frisch	+ 7 °C
Übriges Wild	+ 4 °C
Hackfleisch[2]	+ 4 °C
Leichtverderbliche Fleischerzeugnisse	+ 7 °C
Hühnereier[3]	+ 8 °C
Roheihaltige Lebensmittel (z. B. Mayonnaise)[4]	+ 7 °C
Eiprodukte ohne Vorbehandlung[5]	+ 4 °C
Frischfisch, Fischerzeugnisse[6]	+ 2°C
Gekochte Krebs- und Weichtiererzeugnisse[6]	+ 2 °C
Muscheln, lebend	+ 10 °C

[1] Ein kurzfristiger Temperaturanstieg um 3 °C bei Transport oder Entladung ist zulässig.
[2] Es sind die Bestimmungen der Hackfleisch-VO zu beachten, beim Verkauf darf die Temperatur auf +7 °C ansteigen.
[3] Vorgeschriebene Lagertemperatur ab 18. Tag nach dem Legen.
[4] Die Erzeugnisse müssen innerhalb von 24 Stunden abgegeben werden.
[5] Die Erzeugnisse müssen am Tag der Herstellung verwendet werden.
[6] Die Aufbewahrung in schmelzendem Eis ist zu bevorzugen.

Die regelmäßige routinemäßige genaue Messung der Anlieferungstemperatur mit geeigneten Thermometern ist daher dringend zu empfehlen, in Zweifelsfällen ist die Kontrolle unbedingt erforderlich.

Zur Temperaturmessung stehen Thermometer zur Verfügung, die jeweils auf einem zweier unterschiedlicher Meßprinzipien beruhen:

- Kontaktthermometer und
- Infrarotthermometer.

Kontaktthermometer: Mit elektronischen Kontaktthermometern können Temperaturen direkt auf der Oberfläche der Ware und, bei Ausstattung des Thermometers mit spitzen Meßsonden, die Temperaturen im Inneren des Lebensmittels gemessen werden (Kerntemperatur). Mit Hilfe von Kontaktthermometern lassen sich die Temperaturen an und im Lebensmittel recht exakt ermitteln. Die Kontrolle der Kerntemperatur ist besonders aussagekräftig und bietet eine besonders große Sicherheit, da dabei auch eine Unterbrechung der Kühlkette, die während der Anlieferung möglicherweise stattfand, erkannt werden kann. Nach einer Unterbrechung der Kühlkette und anschließender erneuter Kühlung erreicht die Oberflächentemperatur im Gegensatz zur Kerntemperatur relativ rasch wieder die vorgeschriebenen Werte.

Infrarotthermometer: Mit Infrarotthermometern wird die von der Oberfläche abgegebene Wärmestrahlung gemessen, folglich nur die Oberflächentemperatur der Ware. Aussagen über die Kerntemperatur können durch Messungen mit einem Infrarotthermometer nicht gemacht werden. Die Messung der Oberflächentemperatur mit Hilfe dieser Methode ist außerdem nicht so genau wie die Messungen, die mit Hilfe von Kontaktthermometern vorgenommen werden, da die von den unterschiedlichen Lebensmitteln abgegebene Wärmestrahlung durch verschiedene Faktoren beeinflußt werden kann. Messungen mit einem Infrarotthermometer eignen sich aber wegen ihrer einfachen Handhabung besonders für schnelle, orientierende Temperaturkontrollen von umfangreicheren Warenlieferungen.

Eine zusätzliche Sicherheit im Hinblick auf eine Unbedenklichkeit der angelieferten Waren ist gegeben, wenn bereits der Lieferant die Vorschriften der Lebensmittelhygiene-Verordnung nachweisbar einhält (Qualitätsmanagement-Zertifikat nach ISO 9000). Falls die Lieferfahrzeuge mit Temperaturschreibern ausgerüstet sind, kann der Ausdruck der Schreiber dem Lieferschein beigegeben werden und als Nachweis einer erfolgten Temperaturkontrolle während des Transports und bei der Anlieferung dienen. Gleichzeitig wird dadurch die Warenannahme wesentlich vereinfacht und damit beschleunigt.

Kontrolle der Lieferpapiere

Bei der Kontrolle der Lieferpapiere ist nicht nur auf die Vollständigkeit der Lieferung zu achten, sondern auch auf eine Übereinstimmung der Verbrauchsfristen bzw. der MHD an den Waren mit den Angaben auf dem Lieferschein, insbesondere bei tiefgekühlten und leicht verderblichen Lebensmitteln. Weiterhin ist die Übereinstimmung der Herkunftsangaben (auch die vorschriftsmäßige Rindfleisch-Etikettierung) zu überprüfen. Die Waren sind zurückweisen, falls die Angaben auf dem Lieferschein nicht mit denen auf der Ware übereinstimmen und insbesondere, wenn die MHD bereits überschritten ist.

12.4.4.2 Lagerung von Lebensmitteln

Die wichtigsten für die Lagerung und den Transport von Lebensmitteln hervorzuhebenden Punkte betreffen die Beschaffenheit der Lagerräume und der Lager- bzw. Transportbehälter sowie die Lagerbedingungen. Es ergeben sich dabei vielfältige Übereinstimmungen mit bereits in anderen Punkten festgelegten Anforderungen. Es wird deswegen nur kurz auf die wichtigsten Vorschriften hingewiesen.

Lagerräume und Behältnisse für die Lagerung und den Transport

Nach der Verordnung müssen die für die Lagerung vorgesehenen Räume und Behältnisse so beschaffen sein, daß die „Verkehrsfähigkeit" des Lebensmittels nicht beeinträchtigt wird. Das Lebensmittel darf durch die Lagerung in qualitativer Hinsicht nicht verändert werden. Damit werden beispielsweise auch die Anforderungen eingeschlossen, die an Kühleinrichtungen zu stellen sind. Vom Lagerbehälter dürfen keine potentiellen Schadstoffe auf die Lebensmittel übergehen, und Lebensmittel dürfen nicht durch Dämpfe, Gase oder andere Umweltbeeinflussungen belastet werden.

Lagerungsbedingungen

Hervorzuheben sind die Vorschriften, die folgende Prozesse betreffen:

- Lagerung von Trockengut
- Beschriftung von Aufbewahrungsgefäßen
- Lagerung von leichtverderblichen Lebensmitteln

Lagerung von Trockengut: Bei der Lagerung von Trockengut muß das Aufbewahrungsgefäß mit einem dicht schließenden Deckel fest verschlossen werden, um eine Verunreinigung sicher zu verhindern. Das alleinige Verschließen des Aufbewahrungsgefäßes mit Folie (Klarsicht- oder Aluminiumfolie) ist nicht zulässig.

Die üblichen Hinweise „kühl", „trocken" bzw. „lichtgeschützt aufbewahren" werden in der Lebensmittelhygiene-Verordnung nicht explizit erwähnt. Die entsprechenden Lagerbedingungen sind in der Regel für die Genußfähigkeit der entsprechenden Lebensmittel von besonderer Bedeutung und sollten besonders beachtet werden.

Beschriftung von Aufbewahrungsgefäßen: Die gelagerten Lebensmittel (in Gefäßen bzw. in Verpackungen) müssen eindeutig beschriftet werden, sie sind übersichtlich aufzubewahren.

Die Forderung einer eindeutigen Beschriftung wird in der Lebensmittelhygiene-Verordnung nochmals hervorgehoben, obwohl sie sich bereits aus dem LMBG ergibt. Bei mangelhafter Beschriftung besteht die Gefahr der Verwechslung, so daß die geforderte Sorgfalt zum Vermeiden jeglicher gesundheitlicher Gefährdungen verletzt wird.

Lagerung von leichtverderblichen Lebensmitteln: Bei der Lagerung von leichtverderblichen Lebensmitteln müssen die vorgeschriebenen Lagertemperaturen und vorgegebenen Verbrauchsfristen besonders sorgfältig eingehalten werden. Diese sind mit den Temperaturen identisch, die bei der Anlieferung gefordert werden (siehe Tabelle 12.4.1). Unabhängig vom Verbrauchsdatum (siehe unten) ist bei diesen Lebensmitteln vor ihrer Ausgabe bzw. Verarbeitung deren Unbedenklichkeit eigenverantwortlich zu prüfen.

Die Verbrauchsfristen von leichtverderblichen Lebensmitteln sind entsprechend der Empfindlichkeit der einzelnen Erzeugnisse differenziert festgelegt:

- Lebensmittel für den sofortigen Verbrauch
  Diese Lebensmittel müssen am Herstellungstag verzehrt werden. Auch eine etwaige Weiterverarbeitung ist nur am Herstellungstag gestattet.
  Ein späterer Verzehr verarbeiteter Lebensmittel, die primär für den sofortigen Verbrauch bestimmt sind, ist nur zulässig, wenn diese am Herstellungstag einer entsprechenden Wärmebehandlung unterzogen wurden (z. B. Weiterverarbeitung von Hackfleisch zu Frikadellen).
- Lebensmittel für den alsbaldigen Verbrauch
  Diese Lebensmittel müssen innerhalb einer Frist von wenigen Tagen, die für die jeweiligen Lebensmittel spezifisch sind (Verbrauchsdatum), weiterverarbeitet oder verzehrt werden. Die Lebensmittel müssen bis zum Verbrauch entsprechend den jeweiligen Festlegungen gekühlt gelagert werden.
  Bei leichtverderblichen industriell gefertigten Lebensmitteln muß vom Hersteller das Verbrauchsdatum zusammen mit der Angabe der einzuhaltenden Lagertemperatur angegeben werden (siehe auch Lebensmittelkennzeichnungs-Verordnung, Kap. 12.2.2). Die maximal zulässige Lagerdauer eines leichtverderblichen Lebensmittels hängt ab von der Natur des Lebensmittels und von der Effektivität einer

möglicherweise vorgenommenen schonenden Konservierung (pasteurisiert, Zusatz von Genußsäuren und/oder Kochsalz, mit oder ohne Zusatz von Konservierungsstoffen). Nach Überschreiten des Verbrauchsdatums dürfen diese Lebensmittel weder verzehrt noch weiterverarbeitet werden. Bei leichtverderblichen Lebensmitteln ist die Angabe einer MHD unzulässig, sie sind nach Ablauf des Verbrauchsdatums zu verwerfen.

Weitere Gesichtspunkte für die Lagerung bei niedrigen Temperaturen

Besondere Beachtung erfordert die Lagerung von kühl aufzubewahrenden Lebensmitteln, falls für die verschiedenen Lebensmittel dieser Gruppe nur ein einziger und keine gesonderten Kühlräume zur Verfügung stehen. In diesem Fall muß gesichert werden, daß auch die Lebensmittel mit der niedrigsten Lagertemperatur ausreichend gekühlt werden und daß von nicht gereinigten Lebensmitteln (erdbelastetes Gemüse) keine Gefährdung für andere Lebensmittel ausgehen kann (Kontamination von sauberen Lebensmitteln oder vorgefertigten Gerichten). Auch Eier sind separat und abgedeckt zu lagern, um damit eine Übertragung von Keimen (Salmonellen), die an den Schalen haften können, auf andere Lebensmittel zu verhindern.

Von unbearbeiteten Lebensmitteln, die in natürlicher Weise mit Mikroorganismen belastet sind, geht ein starker „Infektionsdruck" in Richtung gegarter Speisen aus, die wegen des bereits erfolgten Aufschlusses von Inhaltsstoffen dieser Speisen für Mikroorganismen ein sehr guter Nährboden sind. Diese gegarten Speisen können deshalb über die Raumluft besonders leicht mit Keimen neu besiedelt werden. Ein einfaches Abdekken der gegarten Speisen bietet keinen ausreichenden Schutz vor einer solchen Neubesiedlung, da die über den noch nicht vollständig abgekühlten Speisen ruhende Luft beim endgültigen Temperaturausgleich ein kleineres Volumen beansprucht (sie „zieht" sich zusammen). Dadurch wird mit Keimen belastete Luft (aus der Kühlraumatmosphäre) angesaugt.

Bei der Lagerung in Tiefkühlräumen ist es zweckmäßig, bei gering tieferen Temperaturen (mindestens –20 °C) als vorgeschrieben (–18 °C) zu lagern. In diesem Fall führt eine möglicherweise auftretende Unterbrechung der Kühlung (kurzzeitiger Ausfall des Kühlaggregats, kurzzeitiger Stromausfall) nicht zum sofortigen Überschreiten der vorgeschriebenen Lagertemperatur, da das tiefer gekühlte Lebensmittel eine größere „Kühlreserve" besitzt.

12.4.4.3 Be- und Verarbeitung von Lebensmitteln (Produktion)

Die lebensmittelhygienischen Anforderungen für die Be- und Verarbeitung von Lebensmitteln mußten in der Verordnung sehr allgemein gehalten werden. Sie sind den jeweiligen konkreten Bedingungen anzupassen. Die dabei getroffenen Maßnahmen sind konsequent einzuhalten, ebenso wie alle anderen Vorschriften und Vorgaben, die in anderen lebensmittelrechtlichen Gesetzen und Verordnungen festgelegt sind (siehe Kap. 12.2).

Als Gefährdungen, auf deren Vermeidung besonderes Augenmerk zu legen ist, werden besonders hervorgehoben:

- Lebensmittelinfektionen und Lebensmittelvergiftungen als Folge einer Kontamination mit Mikroorganismen und deren Toxine,
- akute und chronische Vergiftungen durch Schadstoffe, die bei der Verarbeitung in die Speisen gelangen könnten, und
- Verletzungen durch Fremdkörper, die ebenfalls bei der Zubereitung in Speisen gelangen können (z. B. Glassplitter).

Eine Belastung von Lebensmitteln durch hinlänglich bekannte Gifte wird selbstredend ausgeschlossen (z. B. durch Giftpilze). Daraus resultierende gesundheitliche Schädigungen würden strafrechtliche Ahndungen nach sich ziehen.

Die Voraussetzungen, die gegeben sein müssen, um eine hygienisch einwandfreie Verarbeitung zu ermöglichen, sind in den Anforderungen an die Betriebsstätten festgelegt, die Einhaltung der persönlichen Hygiene ist ebenfalls ein entscheidender Sicherheitsfaktor.

Die einzelnen Arbeitsschritte bei der Speisenproduktion sollen räumlich voneinander getrennt sein. Ist eine Trennung durch die Verlagerung in verschiedene Räume oder zumindest an unterschiedliche Arbeitsplätze nicht möglich, so ist jeder Arbeitsplatz zwischen den einzelnen Arbeitsfolgen gründlich zu reinigen (siehe Kap. 12.4.3).

Vorbereitung

Die Vorbereitung erfordert besondere Sorgfalt, insbesondere in den Fällen, bei den noch nicht gesäuberte und teilweise mit Schmutz behaftete Lebensmittel bearbeitet werden.

Folgende Punkte sind dabei besonders zu beachten:

- Arbeitsgänge, bei denen noch nicht gesäuberte und verschmutzte Lebensmittel bearbeitet werden (vorzugsweise Gemüse), sind von solchen Arbeitsgängen zu trennen, bei denen bereits gesäuberte Lebensmittel zubereitet werden.
- Die Bearbeitung von tierischen und pflanzlichen Lebensmitteln ist räumlich zu trennen, um deren Kreuzkontamination mit Keimen zu verhindern. Pflanzliche Lebensmittel sind häufig mit Erdkeimen, insbesondere mit Erdsporen belastet, tierische Lebensmittel dagegen mit pathogenen Keimen und Fäulniserregern, die sich zum größten Teil optimal bei Körpertemperatur vermehren können.

- Die Bearbeitung von tierischen und pflanzlichen Lebensmitteln ist zeitlich zu trennen, falls sie nicht an räumlich getrennten Arbeitsplätzen bearbeitet bzw. von verschiedenen Personen gesäubert und für die Weiterverarbeitung vorbereitet werden. Die Hände sind zwischen beiden Bearbeitungsschritten gründlich zu reinigen, ebenfalls der Arbeitsplatz und die Gerätschaften, falls deren Wechsel objektiv nicht möglich ist.
- Der Arbeitsplatz und die Arbeitsmittel sind nach jedem Arbeitsschritt gründlich zu reinigen.
- Die gesonderte Bearbeitung von Geflügelfleisch und das gesonderte Bearbeiten von Haarwild, das in der Decke anliegt, ist gesetzlich zwingend vorgeschrieben. Auch innerhalb der anderen Lebensmittelgruppen sollte (soweit wie möglich) eine gesonderte Bearbeitung erfolgen.
- Die einzelnen Arbeitsgänge sind zügig und möglichst ohne Unterbrechung auszuführen. Das fertig vorbereitete Lebensmittel ist (falls es nicht umgehend weiterverarbeitet wird) bis zur Weiterverarbeitung gekühlt zu lagern.
- Tiefgekühlte Lebensmittel sind vorzugsweise bei Kühlraumtemperaturen aufzutauen. Dadurch kann verhindert werden, daß in bereits aufgetauten Randschichten des Lebensmittels ein Anstieg der Temperatur über Kühlraumwerte hinaus erfolgt (beim Auftauen bei Zimmertemperatur ist damit zu rechnen). Bei Zimmertemperaturen können sich in den Randschichten des Lebensmittels pathogene Keime und Fäulniserreger relativ rasch vermehren. Eine solche Vermehrung wird durch die beim Gefrier-Tau-Prozeß aufgelockerte Struktur des Lebensmittels begünstigt, die für die Keime ein idealer Nährboden ist. Besonders gefährdet sind tierische Lebensmittel wie Fleisch und Innereien, Geflügel und insbesondere Fisch, die von Natur aus stärker mit Mikroorganismen belastet sind bzw. einen besonders gut aufschließbaren Nährboden bieten.

Gefrostete Lebensmittel sind beim Auftauen mit Folie abzudecken, um eine zusätzliche Kontamination mit Keimen aus der Umgebung zu verhindern (insbesondere Kühlschränke sind trotz regelmäßiger Säuberung oft mit Keimen, insbesondere mit Hefen besiedelt). Das Tauwasser ist aufzufangen und zu verwerfen.

Geflügel und Geflügelfleisch ist gesondert, von anderen Lebensmitteln sicher getrennt, in Siebeinsätzen aufzutauen. Dieses Tauwasser ist aufzufangen, zu desinfizieren und anschließend zu verwerfen.

Verpackte TK-Produkte sind vor dem Auftauen aus der Verpackung zu entnehmen und unter Beachtung der oben aufgeführten Gesichtspunkte aufzutauen.

Kalte Produktion

Kalte Speisen können leichter eine Lebensmittelinfektion auslösen als warme Speisen und Gerichte (bei unachtsamem Verhalten bei der Zubereitung), da sie keiner Wärmebehandlung unterzogen werden, bei der eine größere Zahl von Keimen abgetötet wird.

Folgende Punkte sind deswegen besonders zu beachten:

- Die Verarbeitungszeiten sollten so kurz wie möglich gehalten werden.
- Die Lebensmittel sind möglichst frisch zu verarbeiten, eine Lagerung über einen längeren Zeitraum ist möglichst zu vermeiden. Tiefgefrorene Lebensmittel sind erst kurz vor der Verarbeitung aufzutauen.
- Beim Vermengen oder Anrichten von Salaten, beim Belegen von Brötchen oder Baguettes mit Aufschnitt sowie beim Arbeiten am kalten Büfett sind Einweghandschuhe aus Kunststoff zu tragen.
- Die benutzten Arbeitsmittel müssen gut zu reinigen und gegebenenfalls zu desinfizieren sein. In den Fällen, in denen das nicht möglich ist, ist der Einsatz von Einwegmaterialien vorgeschrieben (z. B. Spritzbeutel, insbesondere in der Patisserie bei der Verarbeitung von roheihaltigen Zubereitungen).
- Zubereitete Speisen, Salate und Dressings sowie Aufschnitt (Fleisch- und Wurstwaren, Käse) und zubereitete Fischwaren sind bis zur Ausgabe gekühlt zu lagern.

  Die vorgegebene Temperatur von höchstens +7 °C und die maximal zulässigen Aufbewahrungszeiten sind einzuhalten. Zubereitete kalte Speisen dürfen auch bis zum Folgetag aufbewahrt werden, die Vorhaltezeit darf dabei aber 30 Stunden nicht übersteigen (kürzere Aufbewahrungszeiten gelten für Hackfleisch und andere Zubereitungen aus Fisch und Eiern, siehe unten). Eine längere Aufbewahrungszeit ist für Salate, Fleisch- und Wurstwaren sowie Backwaren mit Cremefüllung zulässig, die bei +7 °C maximal 3 Tage vorgehalten werden dürfen.
- Produkte mit rohem Hackfleisch, Fisch oder nicht erhitztem Ei (Rohei) müssen bei +4 °C oder bei niedrigeren Temperaturen aufbewahrt werden. Rohes Hackfleisch und diesem gleichgestellte Erzeugnisse dürfen nicht über Nacht vorgehalten werden. Nicht ausgegebene Produkte sind noch am gleichen Tag gründlich zu erhitzen (z. B. Verarbeitung zu Buletten, Frikadellen), oder sie sind am Ende der Verkaufsperiode (nach Küchenschluß) zu verwerfen (Hackfleisch-Verordnung, siehe Kap. 12.2.4.3).
- Besondere Vorsicht ist bei der Verarbeitung von Hühnereiern geboten (Festlegungen der Hühnereier-Verordnung einhalten, siehe Kap. 12.2.6). Besonders zu beachten sind hierbei das gründliche Waschen der Hände nach dem Aufschlagen von Eiern und die sofortige Entsorgung der Eischalen (die Schalen können mit Salmonellen kontaminiert sein). Von allen Speisen, die unter Verwendung von rohen Hühnereiern hergestellt wurden, sind ab der Abgabe von 30 Portionen Rückstellproben zu entnehmen und mindestens 96 Stunden bei maximal + 4 °C aufzubewahren (siehe unten).

Die Abgabe von Eiergerichten, die nicht gründlich durcherhitzt wurden, ist in der Gemeinschaftsverpflegung von alten und kranken Personen sowie Kindern generell verboten.

Warme Produktion

Wichtigster Punkt für die warme Produktion ist die Einhaltung der vorgegebenen Gartemperaturen, um ein sicheres Abtöten der Keime zu garantieren, mit denen die Lebensmittel belastet sein können. Dabei ist darauf zu achten, daß auch die erforderliche Kerntemperatur sicher erreicht und auch ausreichend lange gehalten wird (besonders wichtig bei Geflügel und bei Eierspeisen).

Folgende Punkte sind besonders zu beachten:

- Beim Kochen von Speisen muß das Kochwasser für eine ausreichend lange Zeit gründlich kochen (sprudelnd kochen, nicht nur simmern), um so ein vollständiges Durcherhitzen des Garguts zu sichern.
- Fleisch- und Fischgerichte sind in der Regel so zu erhitzen, daß eine Kerntemperatur von 70 °C erreicht und für die Dauer von mindestens 10 Minuten eingehalten wird. Bei einer Kerntemperatur von 80 °C genügt eine Einwirkungszeit von 3 Minuten (sicheres Abtöten von Salmonellen). Bei Eierspeisen aus Rohei sind diese Bedingungen (insbesondere eine Einwirkungszeit von 10 Minuten) strikt einzuhalten.
- Bei Gerichten, die weniger intensiv erhitzt werden (z. B. Steak rare = blutig), ist auf die hygienisch einwandfreie Beschaffenheit der Rohware besonders zu achten. Kann eine entsprechend hohe Qualität der Rohware nicht mit großer Sicherheit garantiert werden, so darf das Fleisch erst nach gründlichem Durcherhitzen verzehrt werden (Schmorgerichte, Gulasch).
- Geflügelfleisch und Gerichte aus Hackfleisch sind auf Grund einer möglicherweise erhöhten Belastung mit Mikroorganismen grundsätzlich vollkommen durchzuerhitzen, die oben angegebenen Kerntemperaturen von 80 °C müssen sicher erreicht werden. Hackfleisch, das am Ende des Arbeitstags verarbeitet wird (damit es nicht verworfen werden muß), ist besonders gründlich zu garen (eine höhere Kerntemperatur und eine längere Garzeit sind dringend anzuraten).
- Vorgefertigte Gerichte einschließlich tiefgekühlter Fertiggerichte, die aufgewärmt werden, sind ebenfalls gründlich zu erhitzen. Das Erreichen der Ausgabetemperatur von 65 °C ist nicht ausreichend, da bei dieser Temperatur die meisten Keime noch nicht sicher abgetötet werden.
  Das ausreichende Erhitzen ist erforderlich, da auch bei sorgsamster Aufbewahrung der vorgegarten Speisen eine Neubesiedlung mit pathogenen Keimen nicht sicher ausgeschlossen werden kann. Außerdem bieten die durch den ersten Garprozeß und den Gefrier-Tau-Prozeß aufgelocker-

ten Lebensmittelstrukturen für Mikroorganismen einen idealen Nährboden. Auf das Erreichen der erforderlichen Temperatur (auch Kerntemperatur) ist auch beim Erwärmen in der Mikrowelle zu achten, da auch in der Mikrowelle die Oberfläche der Speisen schneller erwärmt werden kann als das Speiseninnere.

- Fertig gegarte Speisen und Gerichte müssen bei mindestens 65 °C warm gehalten werden, sie dürfen maximal bis zu 4 Stunden aufbewahrt werden (vom Zeitpunkt der Fertigstellung bis zur Ausgabe zum sofort erfolgenden Verzehr gerechnet).
- Vorgefertigte warme Gerichte (Vorproduktion bzw. Überproduktion) müssen innerhalb von 3 Stunden auf +10 °C abgekühlt werden. Sie dürfen danach bei +4 °C maximal für die Dauer von 30 Stunden aufbewahrt werden oder sind nach Erreichen einer Temperatur von +7 °C umgehend einzufrosten und bei mindestens –18 °C zu lagern. Die zum Schockfrosten eingesetzten Kühlgeräte sollten mit Temperaturen von –35 °C arbeiten.

Rückstellproben

Von allen Speisen, die unter Verwendung von rohen Hühnereiern hergestellt wurden und die anschließend nicht genügend erhitzt wurden, sind Rückstellproben zu entnehmen und mindestens 96 Stunden bei maximal 4 °C aufzubewahren. Diese Proben müssen eindeutig beschriftet werden (Produktbezeichnung, Datum und Stunde der Herstellung, gegebenenfalls „Chargen-Nr."). Die Pflicht zur Entnahme und zum Aufbewahren von Rückstellproben beginnt bei der Abgabe von mehr als 30 Portionen. Es empfiehlt sich, auch bei der Abgabe einer kleineren Anzahl von Portionen Rückstellproben aufzubewahren, um diese gegebenenfalls (bei unbegründeten Anschuldigungen) als Gegenbeweis nutzen zu können.

In der Gemeinschaftsverpflegung für alte und kranke Personen sowie für Kinder dürfen Speisen, die unter der Verwendung von Rohei hergestellt wurden, nur abgegeben werden, wenn sie ausreichend erhitzt wurden (sichere Abtötung aller möglicherweise vorliegenden Salmonellen, siehe oben sowie Kap. 5.1.6.2 und 6.2.2.1).

12.4.4.4 Ausgabe von Speisen und Gerichten

Bereits zubereitete Speisen und Gerichte, die nicht umgehend verzehrt werden, dürfen nur bei den vorgegebenen Temperaturen bereitgehalten werden (nachfolgend aufgeführt). Die Auslagezeit (Aufbewahrungsfrist) ist zeitlich begrenzt. Bereits ausgegebene, aber nicht verzehrte Speisen (an den Gast ausgegebene Speisen bzw. auf einem Büfett angebotene Speisen) sind sofort bzw. am Ende der zulässigen Ausgabezeit zu entsorgen.

Die zulässigen Ausgabetemperaturen und Ausgabezeiten dürfen keinesfalls überschritten werden:

- kalte Speisen
  Ausgabe- und Aufbewahrungstemperatur maximal +7 °C, Auslagezeit maximal 2 Stunden
- warme Speisen
  Ausgabe- und Aufbewahrungstemperatur mindestens 65 °C, Auslagezeit maximal 4 Stunden.

12.4.5 Personalhygiene

Die gesundheitlichen Voraussetzungen, welche von den einzelnen Personen erfüllt werden müssen, die in lebensmittelverarbeitenden Betrieben beschäftigt sind, werden durch das Infektionsschutzgesetz geregelt (siehe Kap. 12.3). Zusätzlich zu den Festlegungen für die Erteilung einer Beschäftigungserlaubnis sind wichtige Prinzipien der persönlichen Hygiene zu beachten, die auch die Übertragung von nicht meldepflichtigen infektiösen Erkrankungen sicher verhindern sollen.

Personen, die an Durchfall, Übelkeit und Erbrechen leiden, eitrige Wunden aufweisen und an Erkrankungen des Nasen-Rachen-Raums mit Schnupfen, starkem Husten bzw. Auswurf erkrankt sind, dürfen so lange nicht mit Lebensmitteln umgehen, bis ärztlicherseits keinerlei Bedenken mehr bestehen. Kleinere, nicht infizierte (eiternde) Wunden, bei denen die Gefahr einer Übertragung von Keimen auf Lebensmittel nicht besteht, sind durch wasserdichte Verbände sicher abzudecken. Das Arbeiten unter Wasser oder mit feuchten Lebensmitteln oder anderen feuchten Materialien ist bis zum vollständigen Abheilen der Wunden zu unterlassen. Ein Anhusten von Lebensmitteln ist generell zu vermeiden, gegebenenfalls ist beim Arbeiten mit Lebensmitteln ein Mundschutz zu tragen. Das gilt insbesondere bei leichten Infekten der oberen Luftwege, die eine Arbeitsbefreiung nicht erforderlich machen bzw. gerechtfertigen.

Persönliche Hygiene

Die sachkundige Belehrung und die Motivation aller Mitarbeiter zum Einhalten der Standards der persönlichen Hygiene sind ein entscheidender Faktor für ein in lebensmittelhygienischer Hinsicht sicheres Arbeiten. Bei mangelnder Bereitschaft der Mitarbeiter zu einem konstruktiven Zusammenwirken werden oft Fehler in der persönlichen Hygiene begangen, die trotz regelmäßiger und ordnungsgemäß durchgeführter Kontrollmaßnahmen schwer aufgedeckt werden können.

Der wichtigste Punkt der persönlichen Hygiene ist Sauberkeit, sowohl den eigenen Körper betreffend als auch Sauberkeit im Umgang mit den Lebensmitteln und Gerätschaften. In der Lebensmittelhygiene-Verordnung werden besondere Regelungen vorgeschrieben, die folgende Teilgebiete der Arbeitshygiene betreffen:

- Arbeitskleidung und
- persönliche Sauberkeit.

<u>Arbeitskleidung:</u> Die Arbeitskleidung, zu der auch eine geeignete Kopfbedeckung gehört (Kochmütze, Haarnetz oder Tuch), muß sauber sein und sollte täglich gewechselt werden. Stark verschmutzte Kleidungsstücke sind umgehend zu wechseln. Die Arbeitskleidung ist als Kochwäsche zu waschen, um anhaftende Keime sicher abzutöten.

Straßenkleidung (Jacken, Mäntel) einschließlich Straßenschuhe dürfen im Küchenbereich nicht getragen und dort auch nicht aufbewahrt werden. Private Kleidung (Hemden, Blusen, Pullover, Strickjacken) ist stets unter der Arbeitskleidung (Schutzkleidung) zu tragen. Zum Wechseln der Kleidung müssen geeignete Umkleideräume vorhanden sein.

<u>Persönliche Sauberkeit:</u> Der gesamte Körper ist täglich gründlich zu reinigen (duschen). Entsprechende Duschanlagen müssen im Betrieb zur Verfügung stehen.

Auf das regelmäßige Waschen der Hände muß besonders geachtet werden. Das gilt insbesondere

- unmittelbar vor Arbeitsbeginn,
- nach dem Berühren von verschmutzen Gegenständen und nach Reinigungsarbeiten,
- nach dem Berühren von Verpackungsmaterial,
- nach Arbeiten mit Rohwaren (Gemüse, Wild in Decke u. a.),
- nach Beendigung von Arbeiten im unreinen Bereich,
- nach Arbeiten im Lager und außerhalb des Küchenbereichs und
- nach jedem Toilettenbesuch.

Während der Küchenarbeit ist das Tragen von Schmuck an den Händen und Unterarmen verboten (Ringe, Armreife und Armketten). Beim Tragen dieser Schmuckgegenstände besteht die Gefahr, daß sich Lebensmittelreste und mit diesen auch Keime zwischen dem Schmuckstück und der Haut festsetzen, die u. U. auch beim gründlichen Waschen nicht vollständig entfernt werden können.

Beim Vermengen oder Anrichten von Salaten sowie beim Belegen von Brötchen oder Arbeiten am kalten Büfett sind Einweghandschuhe aus Kunststoff zu tragen.

Das Ablecken von Fingern und das Verkosten von Speisen mit bereits benutzten Löffeln ist verboten.

Essen, Trinken und Rauchen sind in der Küche verboten, es sind dafür die vorgesehenen Räume außerhalb der Küche zu nutzen.

12.4.6 Reinigung und Desinfektion

Für die Reinigung und Desinfektion der Betriebsstätten, Einrichtungen und Geräte sind in der Lebensmittelhygiene-Verordnung nur allgemeine Hinweise und Anforderungen enthalten. Die zu treffenden Maßnahmen sind den betrieblichen Besonderheiten anzupassen und im Hygiene- bzw. Reinigungsplan festzulegen.

Aus diesen generellen Festlegungen sind für Restaurantküchen und Küchen in der Gemeinschaftsverpflegung die nachfolgend aufgeführten Punkte besonders zu beachten:

- Die Betriebsräume sind stets sauberzuhalten und bei Verschmutzung umgehend zu reinigen. Am Ende eines Arbeitstags hat eine Endreinigung zu erfolgen. In regelmäßigen Abständen ist eine Grundreinigung vorzunehmen, mindestens aber 2mal im Jahr. An die Grundreinigung ist eine gründliche Desinfektion anzuschließen. In Küchen von Krankenhäusern und anderen Einrichtungen der Gemeinschaftsverpflegung ist eine Desinfektion in kürzeren Abständen erforderlich.
- Arbeitsflächen und Wände, die direkt an die Arbeitsflächen angrenzen, sind bei grober Verschmutzung sofort zu reinigen, andernfalls am Ende eines jeden Arbeitsgangs. Eine Endreinigung und nachfolgende Desinfektion ist am Ende des Arbeitstags vorzunehmen.
- Fleischwolf, Kutter, Aufschnittmaschinen und andere zerkleinernde Küchenmaschinen sind nach jedem Gebrauch gründlich zu reinigen. Fleischwolf und Kutter sowie Teile anderer Maschinen, mit denen Fleisch (und Fisch) zerkleinert wurde, sind nach der Reinigung zusätzlich zu desinfizieren.
- Kühlräume und Kühlschränke sind wöchentlich zu reinigen. Tiefkühleinrichtungen müssen vor dem Reinigen abgetaut werden.
- Zum Naßreinigen (Reinigen mit Wasser) darf nur Trinkwasser verwendet werden.

  Beim Reinigen von Geschirr kann das Vorspülen bei niedrigen Temperaturen (etwa 40 °C) erfolgen, im Hauptwaschgang sollte die Temperatur bei gleichzeitiger Verwendung eines Desinfektionsmittels mindestens 60 °C betragen (bei 60 °C ist der Schmelzpunkt aller Fette überschritten, sie können deshalb sicher entfernt werden). Das Klarspülen sollte bei höheren Temperaturen (etwa 85 °C) erfolgen, um ein vollständiges Entfernen von Reinigungs- und Desinfektionsmitteln zu sichern (bessere Löslichkeit dieser Mittel bei höheren Temperaturen).
- Ein Nachpolieren und Nachtrocknen von gereinigten Gerätschaften, Töpfen und Geschirr ist verboten, um die Gefahr einer nachträglichen

Kontamination mit Keimen sicher auszuschließen. Ein Nachpolieren ist nur bei Gläsern und Bestecken gestattet, hierzu darf ausschließlich ein sauberes und trockenes Tuch benutzt werden. Der Einsatz von Poliermitteln ist beim Nachpolieren von Bestecken verboten.

- Jeder Desinfektion muß eine gründliche Reinigung vorausgehen.
- Es dürfen nur solche Reinigungs- und Desinfektionsmittel verwendet werden, die für Lebensmittelbetriebe zugelassen sind. Die für das jeweilige Mittel vorgeschriebenen Konzentrationen, Temperaturen (in der Regel mindestens 60 °C) und Einwirkungszeiten sind einzuhalten, fehlende Informationen sind vor dem Einsatz des betreffenden Mittels vom Hersteller anzufordern. Nach einer Reinigung mit Reinigungsmitteln oder nach einer Desinfektion sind die Arbeitsflächen oder Gegenstände gründlich klarzuspülen und die Arbeitsflächen abzutrocknen.
- Gereinigte Gegenstände (Töpfe, Pfannen) dürfen nicht auf dem Fußboden abgestellt werden.
- Beim Auftreten von Schadnagern oder Schadinsekten sind umgehend entsprechende Bekämpfungsmaßnahmen einzuleiten. Nach der Arbeitsstätten-Verordnung ist der Umgang mit Schädlingsbekämpfungsmitteln und somit die fachgerechte Bekämpfung nur fachlich geschultem Personal mit entsprechender Lizenz gestattet.

12.4.7 Aufbewahrung von Abfällen, anderen Stoffen und Zubereitungen, Entsorgung

Die fachgerechte kurzfristige Aufbewahrung und die rasche Entsorgung von Abfällen trägt wesentlich bei zur Eindämmung der Gefahr einer Vermehrung pathogener Keime, von Schadinsekten und der Verbreitung von Keimen durch die Schadinsekten. Unsachgemäß gelagerte Abfälle bzw. nicht umgehend entsorgte verdorbene Lebensmittel (beispielsweise angefaultes Obst) begünstigen besonders die Vermehrung von Fliegen. Fliegen tragen wesentlich zur Verbreitung von pathogenen Mikroorganismen bei, insbesondere von Erregern von infektiösen Darmerkrankungen. Sie sind hochgradig bei mangelhaften Hygienezuständen in der Umwelt für das plötzliche Auftreten von Massenerkrankungen verantwortlich (Typhus und Ruhr in Notzeiten). Die Verbreitung des Helicobacter pylori (verantwortlich für das Entstehen von Magengeschwüren, siehe Kap. 7.1.3.3) durch Fliegen ist zwar umstritten, kann aber nicht ausgeschlossen werden.

Lagerung von Abfällen

Es ist verboten, Lebensmittelabfälle und andere Abfälle in Räumen zu lagern, in denen Lebensmittel verarbeitet oder gelagert werden. Ausgenommen von diesem Verbot sind nur die Abfälle, die im Verlauf eines Arbeitsprozesses anfallen und deren sofortige Entsorgung den ordnungsgemäßen Betriebsablauf empfindlich stören würde. Lebensmittelabfälle dürfen somit nur dann kurzzeitig und in geringen Mengen in der Küche zwischengelagert werden, wenn sie nach Beendigung der betreffenden Arbeitsschritte umgehend entsorgt werden. Die Abfälle müssen während dieser Zwischenlagerung in der Küche in gut verschließbaren Behältern aufbewahrt werden, die ohne Handbetätigung geöffnet werden können. Die Behälter müssen in einwandfreiem Zustand gehalten und leicht und sicher gereinigt sowie desinfiziert werden können.

Die Abfallager außerhalb der Küche müssen so gestaltet sein, daß sie problemlos saubergehalten und von tierischen Schädlingen möglichst nicht erreicht werden können. Von dem Abfallager dürfen keine nachteilige Beeinflussungen ausgehen, vor allem keine Beeinflussungen von Lebensmitteln, des Trinkwassers und von anderen betrieblichen Einrichtungen. Das bedeutet, daß die Anlage und Ausstattung der Abfallager eine rasche Zersetzung der Abfälle und deren Besiedlung mit Mikroorganismen oder Schadinsekten sowie ein Erreichen durch Nager ausschließt, so daß von ihnen auch keine Geruchsbelästigungen ausgehen können. Zu verhindern ist beispielsweise eine Erwärmung der Abfallager durch direkte Sonneneinstrahlung, ein mangelhafter Verschluß und der freie Zugang zu den Lagern für unberechtigte Personen.

Ein fachgerechter und regelmäßiger Abtransport der Abfälle durch die zuständigen Entsorgungsbetriebe muß gewährleistet sein.

Andere Stoffe und Zubereitungen (Reinigungs- und Desinfektionsmittel)

Unter dieser Bezeichnung werden in der Verordnung alle gefährlichen, insbesondere giftigen Stoffe und Stoffgemische verstanden, die in der Küche und in den zugeordneten Räumen für besondere Aufgaben eingesetzt werden müssen. In der Küche sind das vorrangig Reinigungs- und Desinfektionsmittel. Diese müssen in verschlossenen Behältnissen, die deutlich beschriftet sein müssen, gesondert gelagert werden. Eine Aufbewahrung von solchen Stoffen in der Küche, in Vorbereitungsräumen und in Lagerräumen für Lebensmittel einschließlich Kühlräumen ist verboten.

12.4.8 Schulung und Belehrung der Mitarbeiter

Die Lebensmittelhygiene-Verordnung schreibt die regelmäßige Durchführung von Belehrungen der Mitarbeiter vor. Als Richtlinie für diese Belehrungen kann die DIN-Norm 10514 „Lebensmittelhygiene – Hygieneschulung" dienen. Verantwortlich für die ordnungsgemäße Durchführung der Belehrungen ist der jeweilige Leiter (z. B. Betriebsleiter, Gaststättenleiter oder Küchenchef). Er kann diese Aufgabe an solche ihm unterstellte Mitarbeiter delegieren, die hierzu auf Grund ihrer Qualifikation geeignet sind (z. B. Berufsausbildung, Teilnahme an entsprechenden Lehrgängen). Die Kontrolle über die Durchführung und der Nachweis über durchgeführte Belehrungen obliegt aber in jedem Fall dem zuständigen Leiter.

Es ist auch möglich, diese Schulung einer dazu geeigneten Lehrkraft zu übertragen, die nicht im Betrieb angestellt ist. Die Durchführung einer Schulung durch betriebsfremde Lehrkräfte ist oft von Vorteil, da diese nicht „betriebsblind“ sind und damit auch kleinere Fehler ansprechen, die im Trubel des Tagesgeschäfts von den Mitarbeitern (und Leitern) leicht übersehen werden können. Auch solche meist als „Lappalien“ angesehenen kleineren Mängel können aber beim Zusammentreffen mehrerer ungünstiger Bedingungen ernsthafte Komplikationen auslösen. Es ist allerdings angebracht, daß sich eine externe Lehrkraft im Vorfeld der Belehrung eingehend über den konkreten Betriebsablauf und über die räumlichen Besonderheiten informiert.

Die regelmäßigen Belehrungen müssen auf die tatsächlichen Bedingungen im Betrieb ausgerichtet sein. Das besagt, daß Belehrungen über bestimmte Lebensmittel oder Arbeitsgänge, die im betreffenden Betrieb nicht vorkommen bzw. durchgeführt werden, auch nicht erforderlich sind, beispielsweise in Konditoreien Belehrungen über den Umgang mit Geflügel oder Frischfisch. Die Belehrungen sollten sich zweckmäßigerweise an den betriebsspezifisch erarbeiteten Checklisten des HACCP-Kontrollsystems orientieren (siehe unten). Sie sind durch die allgemeinen lebensmittelhygienischen Gesichtspunkte sowie durch die wichtigen Punkte der persönlichen Hygiene zu ergänzen.

Es ist weiterhin sinnvoll, diese Belehrungen zielgerichtet auf den zu unterweisenden Personenkreis auszurichten. Dazu sollten im Vorfeld folgende Fragen geklärt und die entsprechenden Festlegungen getroffen werden:

- Welcher Personenkreis muß jeweils in welchem Umfang belehrt werden?
- Welche Verhaltensweisen (persönliche Hygiene, Umgang mit den Lebensmitteln) müssen bei den jeweiligen Arbeitsprozessen besonders berücksichtigt werden?
- Welche Kenntnisse müssen in welchem Umfang über die Eigenschaften von Lebensmitteln, über die Wachstumsbedingungen von Mikroorganismen sowie über die Wirkungen von Giften und Schadstoffen übermittelt werden?
- Welche konkreten Verhaltensnormen müssen vorgegeben werden, die beim Eintreten von kritischen Situationen eingehalten werden müssen (Festlegungen über Gefahrenmeldung, Gefahrenbekämpfung und Gefahrenbeseitigung)?
- Wann müssen die Belehrungen erfolgen, und in welchem Abstand sind sie zu wiederholen?

Bei dem Erarbeiten der Schulungspläne ist es zweckmäßig, nicht nur die Belehrungen nach den gesetzlichen Anforderungen der Lebensmittelhygiene-Verordnung isoliert zu berücksichtigen, sondern diese sinnvoll mit Belehrungen über weitere mögliche Gefahrenpunkte im Betriebsablauf zu verknüpfen, die sich aus anderen gesetzlichen Festlegungen ergeben wie beispielsweise aus dem Infektionschutzgesetz, der Arbeitsstätten-Verordnung, den Verordnungen über den Umgang mit Gefahrgut, den Arbeitsschutzbestimmungen beim Arbeiten an Maschinen, Geräten und in Kühl- und Gefrierräumen sowie den Vorschriften für den Brandschutz.

Beim Aufstellen eines Rahmenschulungsplans sollten auch folgende Gesichtspunkte berücksichtigt werden:

- Differenzierung des Schulungsinhalts,
- Belehrung von neu eingestellten Mitarbeitern,
- Häufigkeit der Belehrungen,
- Vorschriften für außerplanmäßige Belehrungen,
- Maßnahmen zur Belehrung aller Mitarbeiter und
- Dokumentation der Belehrungen.

Differenzierung des Schulungsinhalts

Die Belehrung sollte in ihrer Spezifität und in ihrem Umfang auf die jeweilige Aufgabe des betreffenden Personenkreises abgestimmt werden. Grundsätzlich sind alle Mitarbeiter eines Betriebs, in dem Lebensmittel verarbeitet werden, in die Grundzüge der persönlichen Hygiene und der Lebensmittelhygiene einzuweisen.

Personen, die nicht direkt mit Lebensmitteln oder mit bestimmten Lebensmitteln in Kontakt kommen, müssen dagegen nicht ausführlich über spezifische Verhaltensnormen beim Umgang mit und über die Eigenschaften von Lebensmitteln geschult werden. Dieser Personenkreis muß aber ausdrücklich darauf hingewiesen werden, daß ihm der Zutritt zu bestimmten Räumen des Betriebs verboten ist (z. B. Verwaltungspersonal kein Zutritt zur Küche, zu Lagerräumen für Lebensmittel und Kühlräumen; Servicepersonal kein Zutritt zu Vorbereitungsräumen und Kühlräumen, in denen nicht bearbeitete Lebensmittel gelagert werden).

Belehrung von neu eingestellten Mitarbeitern

Die Belehrung neuer Mitarbeiter muß vor der Arbeitsaufnahme erfolgen, besonders individuell gestaltet werden und den Vorkenntnissen sowie dem Bildungsstand des jeweiligen neuen Mitarbeiters Rechnung tragen. Im Vordergrund dieser „Einstellungsbelehrung" sollten persönliche Hygiene und die Grundprinzipien der Lebensmittelhygiene stehen, dabei konzentriert ausgerichtet auf das zukünftige direkte Arbeitsfeld des neuen Mitarbeiters.

Es muß hierbei berücksichtigt werden, daß nicht nur die Aufnahmefähigkeit des Mitarbeiters zeitlich begrenzt ist, sondern daß ihm auch das gesamte Umfeld des neuen Arbeitsplatzes oft fremd ist. Es ist zweckmäßig, nach einer gewissen Einarbeitungszeit die erste Einweisung durch eine weitere Belehrung zu ergänzen, unbeschadet der kontinuierlichen arbeitsbegleitenden Hinweise während der direkten Einarbeitung in das neue Tätigkeitsfeld.

Häufigkeit der Belehrungen

Es wird empfohlen, die Belehrungen mindestens einmal im Jahr zu wiederholen. Als zweckmäßig hat es sich aber erwiesen, die Belehrungen in kürzeren Zeitabständen durchzuführen, beispielsweise monatlich, und dabei nur 1 oder 2 Teilgebiete des gesamten Komplexes zu behandeln. Bei diesem Vorgehen kann die Belehrung zum jeweiligen Gegenstand ausführlicher gestaltet werden, die Aufnahmefähigkeit der Mitarbeiter wird nicht überfordert, und es besteht die Möglichkeit, gezielter auf auftauchende Fragen einzugehen.

Bei dieser Vorgehensweise müssen alle Teilgebiete der erforderlichen Gesamtschulung einmal im Jahr ausführlich behandelt werden. Es ist trotzdem zweckmäßig, den gesamten Komplex einmal jährlich im Zusammenhang darzustellen.

Vorschriften für außerplanmäßige Belehrungen

Zusätzlich zu den routinemäßigen Schulungen werden Belehrungen erforderlich, wenn es zu Änderungen im Produktionsablauf kommt (beispielsweise Einführung neuer Garverfahren). Außerplanmäßige Belehrungen sind auch erforderlich, wenn es zu Störungen im Betriebsablauf (Havarien wie beispielsweise der Ausfall von Kühlanlagen) oder zu anderen Zwischenfällen gekommen ist (massenhafter Verderb von Lebensmitteln, Auftreten von Lebensmittelinfektionen, grober Verstoß gegen Hygienevorschriften).

Zeitpunkt der Belehrungen

Der Zeitpunkt der Belehrungen ist so zu legen, daß an ihr möglichst alle Mitarbeiter teilnehmen können. Falls dies aus betriebstechnischen Gründen nicht möglich ist, muß mit den fehlenden Mitarbeitern eine Nachbelehrung durchgeführt werden. Diese Nachbelehrungen sind entsprechend zu planen und zu kontrollieren, da hierbei besonders leicht eine Nichtteilnahme einzelner Mitarbeiter übersehen wird.

Dokumentation der Belehrungen

Die durchgeführten Belehrungen sind zur Sicherung des eindeutigen Nachweises der erfolgten Durchführung zu dokumentieren. Dazu ist es erforderlich, den oder die Gegenstände der Belehrung stichpunktartig festzuhalten. Es genügt nicht, nur ein Schlagwort oder die Nummer eines Paragraphen anzugeben (bei Kontrollen könnte sonst die Qualität der Belehrung angezweifelt werden). Die teilnehmenden Mitarbeiter sollten durch eigenhändige Unterschrift ihre Teilnahme bestätigen. Neben dem Datum sollten auch Uhrzeit und Dauer der Schulung protokolliert werden, um gegebenenfalls den Nachweis über eine ordnungsgemäß durchgeführte Schulung erbringen zu können. Wird die Schulung durch betriebsfremde Lehrkräfte durchgeführt, so ist neben ihrer schriftlichen Bestätigung über die von ihnen vorgenommenen Belehrungen auch die Qualifikation sowie die Anschrift der Lehrkraft zu protokollieren.

Belehrung über Tätigkeitsverbote

Die jährlich zu wiederholenden Belehrungen über das Tätigkeitsverbot bei Erkrankungen an übertragbaren Krankheiten, bestimmten Hautkrankheiten und der Dauerausscheidung von darmpathogenen Keimen entsprechend den Bestimmungen des Infektionsschutzgesetzes (siehe Kap. 12.3) sind zweckmäßigerweise gemeinsam mit den Belehrungen über die Punkte der Lebensmittelhygiene-Verordnung durchzuführen.

12.4.9 Installieren eines betriebsspezifischen Kontrollsystems (HACCP-Konzept)

Die Verpflichtung zur Durchführung von betriebseigenen Kontrollen zur Sicherung der Unbedenklichkeit der hergestellten Lebensmittel und Speisen ist keine neue Forderung der Lebensmittelhygiene-Verordnung. Die Verantwortung der zuständigen Leiter, die Unbedenklichkeit von Lebensmitteln zu garantieren, wurde bereits durch das bisher geltende Lebensmittelrecht festgelegt. Auch die Verpflichtung, die vorgenommenen betriebseigenen Kontrollen gegenüber den zuständigen Überwachungsbehörden offenzulegen, ist bereits im LMBG verankert. Neu ist lediglich, daß diese vorgeschriebenen Kontrollmaßnahmen an die Richtlinien der EG angepaßt sind (und damit innerhalb der EG einheitlich sind) und die Sicherheitsstandards sowie die sich daraus ableitenden Kontrollmaßnahmen dem derzeitigen Stand der wissenschaftlichen Erkenntnisse entsprechen. Gleichzeitig wird den Betrieben eine größere Eigenverantwortung zugestanden und ihnen dadurch ermöglicht, die erforderlichen Kontrollmaßnahmen den im jeweiligen Betrieb bestehenden konkreten Bedingungen anzupassen. Daraus ergibt sich eine Erleichterung der Arbeit (u. U. weniger Kontrollpunkte), wenn auch der Aufwand für die erforderliche Protokollierung etwas größer sein dürfte.

Das zu erarbeitende HACCP-System soll mit Hilfe des installierten konkreten Kontrollsystems eine höchstmögliche Sicherheit der hergestellten

Lebensmittel und Speisen garantieren. Voraussetzung hierfür ist eine kritische Begutachtung aller Arbeitsabläufe, wobei alle möglichen Gefahrenpunkte erkannt werden sollten. Daraus ist der konkrete Sicherungsplan abzuleiten, der auf besonders kritische Gefahrenpunkte hinweist und die an diesen Punkten der Produktion vorzunehmenden Kontrollmaßnahmen festlegt.

Das HACCP-Konzept basiert auf den von der FAO und der WHO empfohlenen Richtlinien zum Umgang mit Lebensmitteln (sog. Codex Alimentarius), die international anerkannt sind. Dieses Sicherheitskonzept ist ebenfalls international abgestimmt und anerkannt, in den USA wird es seit etwa 1970 mit Erfolg praktiziert.

Die Bezeichnung HACCP steht für

H =	Hazard	=	Gefährdung
A =	Analysis	=	Analyse
C =	Critical	=	kritisch
C =	Control	=	Kontrolle
P =	Point	=	Punkt

= Gefährdungsanalyse und (Festlegung) kritischer Kontrollpunkte.

Gefährdungsanalyse: Am Anfang der Erarbeitung eines HACCP-Konzepts steht eine umfassende Gefährdungsanalyse. Dabei sollen alle Gefahren analysiert und erfaßt werden, welche die im Betrieb verarbeiteten Lebensmittel in hygienischer Sicht negativ beeinflussen könnten, sowohl bei der Verarbeitung als auch bei der Lagerung und dem Transport. Solche Gefahren für die Lebensmittel und für die aus ihnen bereiteten Speisen können ausgehen von

- einer Besiedlung der Lebensmittel durch Mikroorganismen und einer Belastung durch die von ihnen gebildeten Toxine,
- einem Verderb von Lebensmitteln und einer Schädigung durch die dabei gebildeten Zersetzungsprodukte,
- einer Verunreinigung durch Schadstoffe (Rückstände in unsachgemäß produzierten oder gelagerten Lebensmitteln, Desinfektionsmittel u. a.),
- einer Beimengung von Fremdkörpern (Glassplitter, z. B. Glasbruch beim Öffnen von Gläsern oder Flaschen),
- einer Beeinträchtigung durch Gase, Dämpfe und Rauch (Absorption dampfförmiger Gifte durch die Lebensmittel bei der Lagerung bzw. Zubereitung, Niederschlag von Rauchpartikeln mit daran gebundenen Schadstoffen),
- einer unsachgemäßen Lagerung, Verarbeitung und Vorhaltung (zu hohe bzw. zu niedrige Temperaturen, zu lange bzw. zu kurze Zeiten),
- einer Verunreinigung durch Abfälle und Abwasser.

Bei einer ersten Analyse aller potentiellen Gefahren muß in jedem konkreten Fall das tatsächlich bestehende Risiko abgeschätzt werden. Gefahrenstellen, die rein theoretisch zwar denkbar sind, von denen aber nach menschlichem Ermessen eine Gefährdung praktisch nicht ausgehen kann, müssen in das Überwachungsprogramm nicht als Kontrollpunkt aufgenommen werden. Es wird auch nicht davon ausgegangen, daß alle theoretisch denkbaren (und nicht denkbaren) Gefahren von vornherein sicher erkannt und vollkommen ausgeschlossen werden können.

Das bedeutet, daß beispielsweise die Temperatur von kochendem Wasser nicht durch eine Temperaturmessung überprüft werden muß (etwaige Luftdruckschwankungen, die den Siedepunkt des Wassers geringstfügig verändern, müssen nicht erfaßt werden) und daß der Inhalt einer Saft- oder Mineralwasserflasche, bei deren sorgfältigem Öffnen ein Abplatzen von Glassplittern auch bei einer Blickkontrolle nicht bemerkt wurde, nicht in jedem Fall sicherheitshalber durch ein Haarsieb filtriert werden muß.

Kritischer Kontrollpunkt: Für die Arbeitsschritte, an denen auf Grund der Gefahrenanalyse Störungen oder Veränderungen auftreten können, die die Sicherheit des Lebensmittels negativ beeinflussen können, müssen geeignete Kontrollmaßnahmen festgelegt werden (kritische Kontrollpunkte). Dabei ist gleichzeitig in einem Maßnahmenplan (Havarieplan) festzulegen, welche konkreten Maßnahmen bei gegebenenfalls auftretenden Gefahren einzuleiten sind, um Auswirkungen auf das Lebensmittel und damit auf den Menschen zu verhindern (z. B. beim Überschreiten der Lagertemperatur für Hackfleisch ist dieses umgehend zu Frikadellen zu verarbeiten oder zu vernichten).

Für die einzelnen Kontrollen und für die Gesamtkontrolle sind die Verantwortlichen namentlich festzulegen. Die Gefahrenanalyse, die Überwachung der kritischen Kontrollpunkte und die Sicherungsmaßnahmen sind in regelmäßigen Abständen zu überprüfen.

Erarbeiten einer HACCP-Studie

Die Analyse des gesamten Produktionsablaufs (Warenannahme, Lagerung, Be- und Verarbeitung, Warenausgabe, Entsorgung und Reinigung, Personalhygiene) ist Voraussetzung für ein sachbezogenes HACCP-System. Einer betriebsbezogenen Analyse kommt insbesondere in der Gastronomie und den Einrichtungen der Gemeinschaftsverpflegung eine besondere Bedeutung zu, da sich die Produktionsabläufe und die räumlichen und apparativen Voraussetzungen in den einzelnen Betrieben oft beträchtlich unterscheiden.

Das Erarbeiten einer HACCP-Studie, das dringend zu empfehlen ist, ist gesetzlich nicht ausdrücklich vorgeschrieben. Auch die Festlegung des Umfangs dieser Studie und der sich daraus ableitenden Checklisten (siehe unten) ist den einzelnen Einrichtungen überlassen. Im Interesse der eigenen Sicherheit und der Transparenz nach außen (z. B. bei Hygienekontrollen, Beweismaterial bei ungerechtfertigten Beschuldigungen) ist das Erstellen einer Studie, aus der die spezifischen Bedingungen des Betriebs eindeutig ersichtlich sind, dringend anzuraten.

Die gesetzlich vorgeschriebenen Kontrollmaßnahmen und die Nachweisführung über die Kontrollen müssen auch dann durchgeführt werden, wenn keine HACCP-Studie und ein darauf basierendes HACCP-Konzept erarbeitet wurde.

Erarbeiten eines HACCP-Konzepts

An Hand der erarbeiteten HACCP-Studie, der Festlegungen der Lebensmittelhygiene-Verordnung und der anderen lebensmittelrechtlichen Gesetze und Verordnungen ist ein detaillierter Kontrollplan aufzustellen. Dieser Kontroll- und Maßnahmenplan muß folgende Punkte enthalten:

- Kontrollpunkte und Kontrolltermine (Kontrollplan)
  Die einzelnen zu kontrollierenden Punkte und die Kontrollmaßnahmen (Temperatur, Sauberkeit, Zeitdauer eines Prozesses oder der Lagerung) sind konkret festzulegen, ebenso die Zeitpunkte, zu denen die Kontrollen zu erfolgen haben (z. B. bei Anlieferung, Häufigkeit der Kontrollen innerhalb konkreter Zeiträume, wie oft und wann).
- Maßnahmen beim Auftreten von Störungen, um diese zu beheben und um gleichzeitig Gefährdungen zu verhüten (Maßnahmenplan)
  Es ist genau festzulegen, was im konkreten Fall zu veranlassen ist (z. B. bei Ausfall eines Kühlraums: Umlagern von bestimmten Lebensmitteln, sofortige Weiterverarbeitung mit gründlichem Durcherhitzen, Verwerfen der Lebensmittel). Außerdem sind Festlegungen zur Beseitigung der Störung (bei Geräteausfall) zu treffen. Gegebenenfalls können bereits Ausweichmaßnahmen für die Dauer des Fortbestehens der Störung festgelegt werden (z. B. Änderung des Garverfahrens, Einsatz von Convenience-Produkten).
- Benennen von Verantwortlichen für die Durchführung der Kontrollmaßnahmen
  Grundsätzlich ist der Leiter für die korrekte Durchführung aller Maßnahmen verantwortlich, die im Rahmen des HACCP-Konzepts festgelegt sind. Er kann jedoch einzelne Maßnahmen an Mitarbeiter delegieren und diese für die Durchführung verantwortlich machen. Das entbindet ihn jedoch nicht von der Pflicht, die ordnungsgemäße Durchführung der delegierten Aufgaben zu kontrollieren.
- Dokumentation der Kontrollen und der gegebenenfalls ergriffenen Maßnahmen zum Abstellen der Gefährdung
  Eine lückenlose Dokumentation aller Kontrollwerte ist bei Überprüfungen durch die Überwachungsbehörde der Nachweis, daß die

gesetzlichen Vorschriften der Lebensmittelhygiene eingehalten wurden. Im Falle einer trotz aller Gewissenhaftigkeit aufgetretenen Gefährdung durch den Verzehr von Lebensmitteln kann damit auch glaubhaft gemacht werden, daß diese offensichtlich nicht durch fahrlässiges oder gar vorsätzliches Fehlverhalten verursacht wurden. Die Protokolle über die durchgeführten Kontrollen sind mindestens 1 Jahr lang aufzubewahren.

Kontrollplan: Es ist zweckmäßig, Kontrollpläne an Hand gesonderter Checklisten und Kontrollisten (Prüfblätter) aufzustellen, die jeweils einzelne Arbeitsschritte bzw. Kontrollbereiche betreffen. Die durchgeführten Kontrollen und die dabei erhobenen Ergebnisse lassen sich in entsprechend gestalteten Dokumenten (freie Spalten für das Eintragen von Kontrollterminen und anderen Vermerken) ohne besonderen Arbeitsaufwand festhalten.

Die Checklisten einzelner Einrichtungen werden sich naturgemäß unterscheiden, allerdings müssen die in der Lebensmittelhygiene-Verordnung vorgeschriebenen und zu kontrollierenden Kriterien enthalten sein.

Für folgende Maßnahmen bzw. Vorgänge sind zweckmäßigerweise Checklisten anzulegen:

- Überprüfung der Funktionstüchtigkeit der Betriebsstätte
- Warenannahme
  Kontrolle der Waren auf ordnungsgemäßen Zustand einschließlich Kontrolle der Temperatur von gekühlten Waren,
- Lagerhaltung
  Einhaltung der Lagerbedingungen sowie der Verbrauchstermine (dieser Kontrollplan kann mit der Datei für den Lagerbestand gekoppelt werden),
- Reinigung von Küchenräumen, Sanitärräumen, Kühl- und Lagerräumen,
- Entsorgungsmaßnahmen

In manchen Fällen wird es sich als zweckmäßig erweisen, betriebsspezifisch zusätzliche Checklisten zu erarbeiten und für die routinemäßige Kontrolle einzusetzen. Die Vorschläge für die Gestaltung einiger solcher Checklisten sind lediglich als Anregungen anzusehen, die den konkreten Bedingungen angepaßt werden müssen (siehe Tabellen 12.4.2 bis 12.4.4).

Maßnahmenplan: Die ergänzenden Maßnahmenpläne, in denen die bei einer Havarie einzuleitenden Schritte festgehalten sind, sind besonders dann von Nutzen, wenn Havarien außerhalb der üblichen Arbeitszeit bzw. in Zeiten mit geringem Arbeitsanfall (und minimaler personeller Besetzung) auftreten und schnelle Entscheidungen von einzelnen Mitarbeitern getroffen werden müssen, ohne daß bereits eine Abstimmung mit dem zuständigen Leiter erfolgen konnte.

Tabelle 12.4.2:
Vorschlag für eine Checkliste für die Betriebsbesichtigung (gründliche Begehung der gesamten Betriebsstätte, bei der überprüft werden soll, ob deren baulicher Zustand den gesetzlichen Anforderungen entspricht)

	o. k.	nicht o. k. einzuleitende Maßnahmen (Verweis auf Protokoll)
Wasserundurchlässige und desinfizierbare Fußböden, ebener und stolperfreier Fußboden		
Möglichkeiten der Abwasserableitung im Fußboden (Fußbodenentwässerung)		
Fettabscheider, der leicht zu reinigen ist		
Glatte, helle, abwaschbare, wasserundurchlässige Wände		
Decken und Deckenvorrichtungen leicht zu reinigen, fest haftender Anstrich		
Türen und Fenster mit glatten, abwaschbaren Oberflächen		
Ausreichende Be- und Entlüftung, natürlich oder mechanisch, Richtung des Luftstroms (von rein zu unrein)		
Be- und Entlüftungsfilter, die leicht zu reinigen und auszutauschen sind		
Ausreichende natürliche und/oder künstliche Beleuchtung		
Leicht waschbare Insektengitter vor den Fenstern und Öffnungen, die ins Freie geöffnet werden können		
Arbeitsplätze mit glatten, abwaschbaren, desinfizierbaren und korrosionssicheren Oberflächen		
Getrennte Arbeitsbereiche für das Verarbeiten von reinen und unreinen Lebensmitteln		
Korrosionsbeständige Vorrichtungen zur Reinigung und Desinfektion von Arbeitsgeräten (Spülmaschinen, Spülbecken), Spülbecken mit Kalt- und Warmwasseranschluß		
Handwaschbecken in der Küche mit Warm- und Kaltwasseranschluß, berührungslose Bedienung der Armaturen oder Armaturen mit Armbedienung		
Voll funktionsfähige Räume und Geräte zur sachgerechten Lagerung von Lebensmitteln 1. Kühlräume, Kühlschränke und Temperaturerfassung 2. Lagerraum für Trockenware, frei von Schädlingen		
Den Anforderungen entsprechende Einrichtungen zur Ausgabe und zum Transport von Speisen (Thermobehälter)		
Personaltoilettenräume ohne direkten Zugang zu Räumen, in denen Lebensmittel verarbeitet oder in Verkehr gebracht werden		
Toilettenräume mit ausreichender Entlüftung		
Gesonderte Handwaschbecken in den Toilettenräumen mit Warm- und Kaltwasseranschluß, berührungslose Bedienung der Armaturen oder Armaturen mit Armbedienung		

Tabelle 12.4.3:
Vorschlag für eine Checkliste für die Überprüfung der Entsorgung von Abfällen sowie die Reinigung und Desinfektion

	o. k.	nicht o. k. einzuleitende Maßnahmen (Verweis auf Protokoll)
Abfallbehälter mt Deckel, die ohne Handberührung geöffnet werden können		
Sachgerechte Lagerung von Abfällen außerhalb des Küchenbereichs bis zur Endentsorgung: • kein Befall mit Schadinsekten und Schadnagern • kein Zugang durch unberechtigte Personen • keine übermäßige Wärmebelastung (keine direkte Sonneneinstrahlung)		
Spülmaschinen und Spülbecken voll funktionsfähig		
Reinigungs- und Desinfektionsmittel, von Lebensmitteln getrennt gelagert (gesonderte Räume)		

Tabelle 12.4.4:
Vorschlag für einen Reinigungs- und Desinfektionsplan

Zu reinigender Gegenstand	Reinigungsintervall*	Desinfektionsintervall
Arbeitstische, sonstige Arbeitsflächen	nach Abschluß eines Arbeitsgangs tägl. Endreinigung	bei Erfordernis umgehend (Geflügel, Wild in Decke, rohe Eier, Fisch, Fleisch)
Arbeitsmittel, Küchenmaschinen, Gargeräte jeder Art	nach Benutzung	nach Reinigung
Behälter für Speisenaufbewahrung und -ausgabe	täglich	täglich
Waschbecken, Ausgüsse	täglich	täglich
Handtücher, Geschirrtücher Putzlappen	täglich (Weißwäsche mind. 70 °C)	
Fußböden und Abflüsse in der Küche	täglich	wöchentlich
Toiletten, Wasch- und Sozialräume	täglich (nicht durch das Küchenpersonal)	täglich (nicht durch das Küchenpersonal)
Kühlschränke und Fußböden der Kühlräume	wöchentlich	wöchentlich
Geflieste Wände und Türen	wöchentlich	
Fußböden in Trockenbereichen, in Fluren und Treppenhäusern	wöchentlich	
Vorratsschränke, Regalflächen in Lager- und Kühlräumen	monatlich	bei sich ergebender Notwendigkeit
Abzugshauben und Luftfilter Lüftungsgitter	monatlich	
Fußboden in Tiefkühlräumen	monatlich (Trockenreinigung)	
Tiefkühleinrichtungen	monatlich	

* Die angegebenen Reinigungsintervalle müssen unbedingt eingehalten werden, im Bedarfsfall, insbesondere bei sichtbarer Verschmutzung, muß sofort gereinigt werden.

Die Maßnahmenpläne müssen keine umfangreichen Schriftwerke sein, mitunter genügt ein knapper Hinweis (z. B. Lebensmittel ist zu verwerfen und umgehend zu entsorgen!, Lieferant, MHD bzw. Verbrauchsfrist notieren). Auch bei der Gestaltung dieser Maßnahmenpläne ist es zweckmäßig, Anlagen anzufügen, in denen notwendig gewordene Maßnahmen dokumentiert werden können. Andernfalls besteht die Gefahr, daß vergessen wird, gesonderte Protokolle anzufertigen. Außerdem gehen solche Einzelprotokolle erfahrungsgemäß leicht verloren.

Verwendete Abkürzungen

Maßsysteme

Für die Maßeinheiten (CGS-System) wurden folgende Abkürzungen durchgehend verwendet:

Gewichts- bzw. Mengenangaben

g	=	Gramm
mg	=	Milligramm (10^{-3} g)
kg	=	Kilogramm (10^{3} g)
µg	=	Mikrogramm (10^{-6} g)

Volumen- und Konzentrationsangaben

l	=	Liter
ml	=	Milliliter (10^{-3} l)
mg%	=	mg des gelösten Stoffs in 100 g Lösungsmittel
Vol.-%	=	ml des gelösten Stoffs in 100 ml Lösung

Angaben des Energieinhalts

kcal	=	Kilokalorie
kJ	=	Kilojoule

Umrechnungsfaktoren

1 kcal	=	4,1854 kJ
1 kJ	=	0,23892 kcal

1 kcal ist der Energiebetrag, der benötigt wird, um 1 kg reines Wasser von 14,5 °C um 1 °C zu erwärmen.

Sonstige Abkürzungen

ADH	Alkoholdehydrogenase
ADI-Wert	zulässiger Höchstwert einer Substanz in Lebensmitteln (acceptable daily intake)
ADP	Adenosindiphosphat
AIDS	Acquired Immune Deficiency Syndrome
ATP	Adenosintriphosphat
BE	Broteinheit
BgVV	Bundesinstitut für gesundheitlichen Verbraucherschutz und Veterinärmedizin
BMI	Body-Mass-Index
BSE	Bovine spongiforme Enzephalopathie (Rinderwahnsinn)

CA-Verpackung	Verpackung unter kontrollierter Atmosphäre
CLA	konjugierte Linolsäure
DGE	Deutsche Gesellschaft für Ernährung e.V.
DGEM	Deutsche Gesellschaft für Ernährungsmedizin
DHA	Docosahexaensäure
DNA (DNS)	Desoxyribonucleinsäure
EHEC	entero-hämorrhagische Escherichia coli
EPA	Eicosapentaensäure
FAO	Food and Agriculture Organization (Spezialorganisation der UNO)
GAD	Gastronomische Akademie Deutschlands
GV	Gemeinschaftsverpflegung
GVO	genetisch veränderte Organismen
HACCP	Hazard Analysis Critical Control Point (Konzept zur Kontrolle kritischer Punkte bei der Herstellung und Verarbeitung von Lebensmitteln)
HDL	high density lipoproteins
HIV	Human Immunodeficiency Virus
H-Milch	ultrahocherhitzte Milch
KHE	Kohlenhydrateinheiten
LCT(-Fette)	Fette mit langkettigen Fettsäuren (long chain triglycerides)
LDL	light density lipoproteins
MAO-Hemmer	Monoaminoxidase-Hemmer
MCT-Fette	Fette mit mittelkettigen Fettsäuren (middle chain triglycerides)
MEOS	mikrosomales alkoholoxidierendes System
MHD	Mindesthaltbarkeitsdauer
NAD^+/$NADH+H^+$	Nicotinsäureamid-adenin-dinucleotid/reduzierte Form ($NADH_2$)
$NADP^+$	Nicotinsäureamid-adenin-dinucleotidphosphat
NOEL	no observed effect level (Konzentration eines Stoffs, die gerade noch keine Schäden auslöst)
PAC (PAK)	Polycyclische aromatische Kohlenwasserstoffe
PCB	Polychlorierte Biphenyle
PHB-Ester	p-Hydroxybenzoesäure-Ester (Konservierungsmittel)
PKU	Phenylketonurie
PUFA	mehrfach ungesättigte Fettsäuren (polyunsaturated fatty acids)
RNA (RNS)	Ribonucleinsäure
TK	Tiefkühl-...
UL-Wert	Tolerable Upper intake Level (Obergrenze der tolerierbaren Aufnahme)
VLDL	very light density lipoproteins

WHO	Weltgesundheitsorganisation
ZNS	Zentralnervensystem

Chemische Symbole wichtiger Elemente

C	Kohlenstoff
H	Wasserstoff
Ni	Nickel
Ca	Kalzium
J	Jod
O	Sauerstoff
Cl	Chlor
K	Kalium
P	Phosphor
Co	Kobalt
Mg	Magnesium
S	Schwefel
Cu	Kupfer
Mn	Mangan
Se	Selen
F	Fluor
N	Stickstoff
Zn	Zink
Fe	Eisen

Formeln von ausgewählten chemischen Verbindungen

NH_3	Ammoniak
NH_4OH	Ammoniumhydroxid
KOH	Kalilauge
CO_2	Kohlendioxid
H_2CO_3	Kohlensäure
NaCl	Natriumchlorid (Kochsalz)
NaOH	Natronlauge
$-PO_4$ (P_a)	Phosphatrest (anorganisches Phosphat)
HCl	Salzsäure
H_2SO_4	Schwefelsäure
H_2SO_3	Schweflige Säure
$-SO_4$	Sulfatrest
H_2O	Wasser

Sachwortverzeichnis

B

C

D

F

N

O

P

S

Z

Impressum

Anschrift des Verfassers:

Prof. Dr. Günter Richter
Rudolf-Seiffert-Straße 17
D-10369 Berlin

ISBN 3-87516-705-8

Lektorat/Herstellung:
Hans-Jürgen Fug-Möller, Bruni Fetscher

Copy Editing:
Hans-Peter Ritter, Heinz Zimmermann

Grafische Gestaltung:
Karin Jambor

Fotos:
Fotodesign Hoffmann & Reichelt, Delmenhorst

Illustrationen und Formelsatz:
Enbé-Design, Baasner, Stuttgart

Gesamtherstellung:
Matthaes Druck, Stuttgart

Printed in Germany